D1692595

Werner Stegmaier
Philosophie der Orientierung

W DE G

Werner Stegmaier

Philosophie der Orientierung

Walter de Gruyter · Berlin · New York

∞ Gedruckt auf säurefreiem Papier
das die US-ANSI-Norm über Haltbarkeit erfüllt.

ISBN 978-3-11-020025-6

Bibliografische Information der Deutschen Nationalbibliothek

Die Deutsche Nationalbibliothek verzeichnet diese Publikation in der Deutschen
Nationalbibliografie; detaillierte bibliografische Daten sind im Internet
über http://dnb.d-nb.de abrufbar.

© Copyright 2008 by Walter de Gruyter GmbH & Co. KG, D-10785 Berlin.

Dieses Werk einschließlich aller seiner Teile ist urheberrechtlich geschützt. Jede Verwertung außerhalb der engen Grenzen des Urheberrechtsgesetzes ist ohne Zustimmung des Verlages unzulässig und strafbar. Das gilt insbesondere für Vervielfältigungen, Übersetzungen, Mikroverfilmungen und die Einspeicherung und Verarbeitung in elektronischen Systemen.

Printed in Germany

Einbandgestaltung: Martin Zech, Bremen, unter Verwendung eines Cartoons von Hans Traxler
(© Hans Traxler), mit freundlicher Genehmigung Hans Traxler.
Datei: Schwab Scantechnik, Göttingen
Druck und buchbinderische Verarbeitung: Hubert & Co. GmbH & Co. KG, Göttingen

Inhaltsübersicht

Inhaltsverzeichnis VII

Vorwort XV

1. Vororientierung: Einleitung 1
2. Vorfeld: Vorkommen der Orientierung 34
3. Vorgeschichte: Evolution des philosophischen Begriffs der Orientierung 55
4. *Orientierung als Sich-Zurechtfinden* 151
5. *Orientierung als Übersicht* 177
6. *Orientierung als Ausrichtung in Spielräumen* 191
7. *Orientierung als Halt* 226
8. *Orientierung in Zeichen* 269
9. *Orientierung in Routinen* 291
10. *Orientierung als Fluktuanz* 321
11. *Orientierung in doppelter Kontingenz* 361
12. *Orientierung durch Achtung* 425
13. *Orientierung durch Planung* 460
14. *Orientierung durch kritische Distanzierung* 506
15. *Orientierung durch Selbstbindung* 541
16. *Orientierung durch Reflexion von Selbstbindungen* 591
17. *Orientierung durch Standardisierung* 627
18. *Absehen von der Orientierung in der Orientierung* 645

19. Schluss: Der Tod (in) der Orientierung 657

Zitierte Literatur 674
Namenregister 724
Begriffsregister 738

Inhaltsverzeichnis

Vorwort XV

1. Vororientierung: Einleitung 1
   1.1. Bedürfnis nach Orientierung 1
   1.2. Ursprünglichkeit, Selbstbezüglichkeit und Zeitlichkeit der Orientierung: Umgang mit Paradoxien 5
   1.3. Orientierung unter Ungewissheit: Verlass auf Plausibilitäten 14
   1.4. Anschlussfähigkeit der Orientierung durch Selbststrukturierung 22
   1.5. Analyse der Orientierung: Anschlüsse und Methoden .. 28

2. Vorfeld: Vorkommen der Orientierung 34
   2.1. Menschliche Orientierung 34
   2.2. Orientierungen bei Tieren, Pflanzen und Teilchen 35
   2.3. Orientierung im Zusammenspiel von Orientierungssystemen 42
   2.4. Menschliche Orientierung mit Karten und Kompassen . 48

3. Vorgeschichte: Evolution des philosophischen Begriffs der Orientierung 55
   3.1. Das Wort ‚Orientierung' 55
   3.2. Der philosophische Begriff ‚Orientierung' 62
      3.2.1. Orientierung im Streit um Glauben und Vernunft (M. MENDELSSOHN) 63
      3.2.2. Das Bedürfnis der Vernunft nach Orientierung (I. KANT) 78
      3.2.3. Phänomenologie und Genealogie des Bedürfnisses nach Orientierung (TH. WIZENMANN) 97
      3.2.4. Das Bedürfnis fester Punkte außer der Vernunft (J. G. HERDER) 100

3.2.5. Orientierung als Supplement alles realen
Wissens (J. G. Fichte, F. D. Schleiermacher,
A. Schopenhauer) 103
3.2.6. Philosophie als Weltorientierung (J. Baumann,
E. Kapp , E. Dühring) 111
3.2.7. Phänomenologie der Orientierung als System im
X der Außenwelt (W. Dilthey, E. Husserl,
O. Becker, M. Merleau-Ponty, F. Hausdorff) 114
3.2.8. Orientierung an fremdem Verhalten
(M. Weber) 121
3.2.9. Vorläufige Orientierung durch die Sprache
(M. Buber, F. Mauthner, L. Wittgenstein,
K. Bühler) 126
3.2.10. Orientierung als Umsicht des besorgenden
Umgangs (M. Heidegger) 134
3.2.11. Wissenschaftliche Weltorientierung als
Wegbereitung für Metaphysik (K. Jaspers,
N. Hartmann) 143
3.2.12. Orientierung als Haltnehmen in der Welt
(K. Ulmer) 144
3.2.13. Vernunft als Orientierungsweise (H. Lenk u.
H.F. Spinner, J. Mittelstrass, O. Marquard) 145
3.2.14. Orientierung als Primitivtechnik des Abtastens
der Umwelt auf Kontingenz (N. Luhmann) .. 147
3.2.15. Orientierung des Denkens vor der Orientierung
im Denken (G. Deleuze) 150

4. Situation der Orientierung: Zeitnot
Orientierung als Sich-Zurechtfinden 151

4.1. Orientierung über die Situation in der Situation 151
4.2. Irritation durch Überraschungen 158
4.3. Grundstimmung der Orientierung: Beunruhigung durch
Zeitdruck 162
4.4. Grundhaltung der Orientierung: Aufmerksamkeit und
Mut 167

5. Selektivität der Orientierung: Sichten
   Orientierung als Übersicht 177
   - 5.1. Die Sprache des Sichtens in der Orientierung über Orientierung 177
   - 5.2. Ausrichten der Aufmerksamkeit beim Sichten der Situation: Sinn 181
   - 5.3. Gewinnen von Übersicht: Paradoxie des Alles-und-Nichts-Sehens 185
   - 5.4. Selektion von Sichten: Von der Absicht bis zur Zuversicht 187

6. Ausrichten der Orientierung nach Horizonten, Standpunkten und Perspektiven
   Orientierung als Ausrichtung in Spielräumen 191
   - 6.1. Die Sprache des Richtens: Ordnungen der Orientierung 191
   - 6.2. Paradoxe Grenze der Sicht: Horizont 194
   - 6.3. Zentrum eines Horizonts: Standpunkt 199
   - 6.4. Sicht von einem Standpunkt aus: Perspektive 206
   - 6.5. Beweglichkeit von Horizont, Standpunkt und Perspektive 214
   - 6.6. Verräumlichung der Zeiten, Verzeitlichung der Räume der Orientierung 216
   - 6.7. Bewegliche Spielräume der Orientierung 221

7. Halt der Orientierung: Anhaltspunkte
   Orientierung als Halt 226
   - 7.1. Die Sprache des Halts in der Orientierung über Orientierung 229
   - 7.2. Der Halt der Anhaltspunkte 237
   - 7.3. Abkürzung der Situation in Punkte 238
   - 7.4. Die Attraktivität der Anhaltspunkte 241
   - 7.5. Spielräume für neue Anhaltspunkte 244
   - 7.6. Paradoxe Entscheidung unter Anhaltspunkten 246
   - 7.7. Affektive Bewertung von Anhaltspunkten 254
   - 7.8. Passen von Anhaltspunkten: Haltbare Schemata 256
   - 7.9. Spielräume der Orientierung im Gehirn 263

8. Zeichen als Anhaltspunkte: Orientierung als
   Weltabkürzungskunst
               Orientierung in Zeichen 269
   - 8.1. Von Anhaltspunkten über Markierungen zu Zeichen .. 271
   - 8.2. Stehenbleibende Zeichen – Spielräume für
     Sinnverschiebungen 275
   - 8.3. Orientierung als Weltabkürzungskunst 282
   - 8.4. Orientierung über Unbekanntes: Das Zeichen X 285

9. Selbststabilisierung und Selbstdifferenzierung der Orientierung:
   Routinen, versetzte Kontinuitäten und Orientierungswelten
               Orientierung in Routinen 291
   - 9.1. Das Selbst als Selbstbezüglichkeit der Orientierung 293
   - 9.2. Selbststabilisierung der Orientierung durch
     Selbststrukturierung: Vertrautheit, Routinen, Gefühle,
     Plausibilitäten und Gedächtnisse 302
   - 9.3. Routinierter Routinenwechsel, versetzte Kontinuitäten . 310
   - 9.4. Selbstdifferenzierung der Orientierung:
     Orientierungswelten 312
   - 9.5. Desorientierungen und Evolution der Orientierung ... 317

10. Selbstreflexion der Orientierung: Spielräume des Denkens
                Orientierung als Fluktuanz 321
    - 10.1. Die Selbstbezüglichkeit des Denkens und ihre
      Paradoxien 322
    - 10.2. Denken als Orientierungsleistung: Distanzierung von der
      Situation in der Situation 333
    - 10.3. Bewusstheit des Denkens als Merklichkeit von
      Entscheidungen über Unterscheidungen 337
    - 10.4. Beruhigende Ordnung von Irritationen: Halt in
      Begriffen durch logische Disziplin 346
    - 10.5. Beweglichkeit von Begriffen: Fluktuanzen 356

11. Orientierung an anderer Orientierung: Interaktion und
    Kommunikation
             Orientierung in doppelter Kontingenz 361
    - 11.1. Beunruhigung und Beruhigung durch andere
      Orientierungen 363

11.2. Körperdistanzen, Körperzeichen, Blickwechsel, Interaktionsrituale: Orientierungsregeln in Anwesenheit anderer 369
11.3. Übernahme anderer Orientierungen: Nachahmung und Anpassung 393
11.4. Sprechen als Orientierungsgewinn und -verlust, Sprachen als Orientierungsroutinen 398
11.5. Doppelte Kontingenz der Kommunikation: Sorge um Anschlussfähigkeit, Diplomatie der Zeichen, Aufbau von Vertrauen, Einhaltung von Distanzsphären 408
11.6. Absichten und Willen als Fluchtpunkte der Orientierung über andere Orientierung 422

12. Stabilisierung und Differenzierung der Orientierung an anderer Orientierung: Achtung von Identitäten
   Orientierung durch Achtung 425

12.1. Die Sprache des Achtens in der Orientierung über Orientierung 428
12.2. Identitäten: Fixpunkte einer wechselseitigen Orientierung 430
12.3. Erschließung von Identitäten: Kommunikation über Drittes und Dritte 439
12.4. Sexuelle Orientierung, sexuelle Identität 442
12.5. Profilierung annehmbarer Identitäten: Selbstdarstellungen 447
12.6. Identifikation mit Identifikationen: Identität im Umgang mit Identitäten 452

13. Rechnen mit anderer Orientierung: Ökonomische, mediale, politische und rechtliche Orientierung
   Orientierung durch Planung 460

13.1. Nöte des Überlebens und Zusammenlebens: Gesellschaftliche Ordnungen und individuelle Freiheiten 460
13.2. Ökonomische Abkürzungen: Waren, Märkte, Geld 465
13.3. Übersicht durch Massenmedien: Orientierung an der Öffentlichkeit 470
13.4. Politische Umsicht und Weitsicht: Orientierung und Entscheidung für andere 478

13.5. Rechtliche Absicherung von Absichten in Abkommen: Garantierte Zwänge für garantierte Spielräume 493

14. Kritische Disziplinierung der Orientierung, kreative Desorientierung und Halt am ewig Unbegreiflichen: Wissenschaft, Kunst und Religion
   Orientierung durch kritische Distanzierung 506

   14.1. Wissenschaftliche Orientierung: Kritische Disziplinierung der Orientierung 507
   14.2. Künstlerische Orientierung: kreative Desorientierung .. 523
   14.3. Religiöse Orientierung: Halt am ewig Unbegreiflichen . 528

15. Selbstbindung der Orientierung: Moralische Orientierung
    Orientierung durch Selbstbindung 541

    15.1. Schließung der Spielräume der Orientierung: Moralische Nötigung 545
    15.2. Anhaltspunkte und Zeichen moralisch relevanter Situationen 548
    15.3. Selbststabilisierung der moralischen Orientierung: moralische Routinen, moralische Identitäten, herrschende Moralen und Moralmärkte 553
    15.4. Moralische Nötigung zu Einordnung und eigener Verantwortung 561
    15.5. Selbstdifferenzierung der moralischen Orientierung: Moralische Charaktere, Normen, Werte, Orientierungswelten und ihre Spielräume 569
    15.6. Perspektivierungen der moralischen Nötigung 580
    15.7. Moralische Paradoxien: Irritationen zur Evolution der moralischen Orientierung 588

16. Selbstreflexion der moralischen Orientierung: Ethische Orientierung
    Orientierung durch Reflexion von Selbstbindungen 591

    16.1. Nötigung zu einer Moral im Umgang mit Moralen: Verzicht auf Gegenseitigkeit 591
    16.2. Ethische Orientierung: Reflexion der eigenen Moral an anderen Moralen 597
    16.3. Tugenden der ethischen Orientierung 604

16.4. Paradoxe Fluchtpunkte der ethischen Orientierung 608
16.5. Ethische Souveränität: Zeichen Setzen für andere 625

17. Weltorientierung in globalisierter Kommunikation
    Orientierung durch Standardisierung 627
    17.1. Weltorientierung als globale Orientierung 627
    17.2. Globalisierte Interaktion und Kommunikation:
          Standardisierte Spielräume für Überraschungen 633
    17.3. Fluktuante Wertorientierung in der Weltorientierung:
          Zeit-Werte 643

18. Metaphysik in der Orientierung
    Absehen von der Orientierung in der Orientierung 645
    18.1. Bedürfnis nach festem Halt an festen Beständen:
          Transzendierung der Orientierung durch Metaphysik .. 645
    18.2. Ursprung der Metaphysik in Orientierungsbedürfnissen
          und ihr Wandel mit der Zeit 652

19. Schluss: Der Tod (in) der Orientierung 657

Zitierte Literatur 674

Namenregister 724

Begriffsregister 738

Vorwort

‚Orientierung' ist heute ein allgegenwärtiger Begriff ebenso im alltäglichen wie im wissenschaftlichen und philosophischen Sprachgebrauch und dies in den meisten europäischen Sprachen. Er wird, besonders in der Philosophie, zumeist zur Definition anderer Begriffe gebraucht, ohne selbst definiert zu werden, und so ist ‚Orientierung' ein Letzt- und Grundbegriff. Damit verhält es sich auch richtig, in doppeltem Sinn: zum einen geht Orientierung tatsächlich allen Definitionen voraus – man muss bereits orientiert sein, um etwas definieren zu können –, zum andern ist Orientierung gerade dann erfolgreich, wenn sie nicht fraglich, nicht problematisch, nicht definitionsbedürftig, sondern selbstverständlich ist. Fraglich wird sie, wenn sie nicht mehr gelingt. Erst, wenn man desorientiert ist, setzen Problematisierungen und Definitionsversuche ein. Ist das Nötige geklärt und sie gelingt neu, wird sie wieder selbstverständlich. Philosophen nehmen Desorientierungen zum Anlass von Reflexionen, hier also der Orientierung selbst. Und damit verhält es sich wiederum richtig. Denn wenn Orientierung allem Begreifen vorausgeht, ist sie es, in der sich weitgehend fraglos entscheidet, was überhaupt und wie es zu begreifen ist. Orientierung ist der Anfang nicht nur aller Entscheidungen im Leben, sondern auch in der Wissenschaft, und so kommt philosophisch alles auf ihre Klärung an.

Orientierung beginnt jedoch nicht mit philosophischer Orientierung. Unter ‚Orientierung' versteht man gewöhnlich die Leistung, sich in immer neuen Situationen immer neu zurechtzufinden. Orientieren muss man sich nicht nur in jedem neuen Land und in jeder neuen Stadt, sondern auch in jedem neuen Büro und in jeder neuen Hand- oder Hosentasche, und nicht nur in Örtlichkeiten, sondern auch in Interaktionen und Kommunikationen, und hier nicht nur in der Wirtschaft, der Politik, den Medien, dem Recht, der Wissenschaft, der Moral, der Pädagogik, der Religion und der Philosophie, sondern auch in jedem Gespräch, in jedem Text, in jeder web site und natürlich auch in umfangreichen Büchern wie diesem hier, und zurechtfinden muss man sich auch und vor allem andern in jedem neuen Menschen und – was meist ganz unauffällig verläuft, oft aber den Ausschlag gibt – seinem Gesicht. Orientierung sorgt dafür, dass man rasch weiß, mit wem und womit man

‚es zu tun hat', ob man ‚etwas mit ihm anfangen kann' oder nicht, und entscheidet so, ob man sich jemand oder etwas überhaupt zuwendet. Eine Philosophie der Orientierung muss an alltägliche Orientierungen anschließen, die ihrerseits nicht schon eine philosophische Orientierung einschließen müssen.

In der Orientierung hat man es zunächst mit etwas zu tun, von dem man noch gar nicht weiß, worum es sich handelt: einer neuen Situation. Wird in der einschlägigen Literatur nach Orientierung gefragt, ist schon an eine bestimmte Orientierung gedacht, die in einer Welt, die Orientierungsverluste und Orientierungslosigkeit aufweist, Halt und Bestand gibt. Die angebotene Orientierung soll dann möglichst für alle und für immer gelten. Aber damit wird die Orientierung unterschätzt. Es ist vergleichsweise leicht, Standards und Normen anzusetzen, die, wenn alle sich daran halten, ihr Verhalten zueinander berechenbar machen. Orientierung muss aber auch imstande sein, sich auf unvorhersehbare, überraschende Situationen einzustellen, sich also auch selbst zu ändern, wenn die Situation sich ändert. Ihre erstaunliche Leistung ist nicht so sehr, Halt und Bestand auf Dauer zu geben, sondern mit der Zeit gehen zu können. Dazu muss sie bewegliche Strukturen ausbilden, die wohl Halt und Bestand, aber stets Halt und Bestand nur auf Zeit ermöglichen. Mit HERAKLIT gesagt, muss die Orientierung im Fluss bleiben, einem Fluss, der zugleich derselbe bleibt und doch immer anders wird und in den man nicht zum zweiten Mal steigt, ohne selbst schon ein anderer geworden zu sein. Die Orientierung hat die Struktur eines Flusses, dessen Ufer ebenfalls im Fluss bleiben. Die alltägliche Orientierung hat damit wenig, die Philosophie jedoch seit jeher große Schwierigkeiten.

Dieses Buch stellt sich ihnen neu und, was die Frage nach der Orientierung im ganzen betrifft, zum ersten Mal. Es will nicht eine bestimmte Orientierung geben, sondern klären, was Orientierung überhaupt ist, wie sie strukturiert ist und wie sie funktioniert. Es geht von der schlichten Tatsache aus, dass man bei allem, was man tut, denkt und sagt, im Alltag ebenso wie in den Wissenschaften und der Philosophie, schon orientiert sein muss – auch dann, wenn man Orientierungen von anderen übernimmt. Um einen Stadtplan benutzen zu können, muss man sich schon einigermaßen in Städten und mit Stadtplänen auskennen, um einer Gebrauchsanweisung für ein technisches Gerät folgen zu können, muss man schon etwas von Technik und von Gebrauchsanweisungen verstehen, um von einem Rat guten Gebrauch machen zu können, muss man im übrigen schon gut beraten sein. Orientierung setzt immer schon Orientierung voraus, Orientierung schließt immer schon an Orientierung an. So steht sie am Anfang von allem, ist aber selbst ohne Anfang. Sie ist, *als* Orientierung, immer neue Orientierung oder immer Umorientierung. Sie geht von sich selbst aus und bezieht sich zugleich auf anderes, ist selbstbezüglich und fremdbezüglich. Ihr Fremdbezug ist nur durch ihren Selbstbezug möglich, ihr Selbstbezug aber nur für ihren Fremdbezug notwendig. Denn sie wird als Orientierung immer nur aktuell, wenn sie sich auf anderes, Neues, noch Fremdes bezieht. Selbstbezüglichkeiten aber können im Denken Paradoxien erzeugen. Man kann wahrheitsgemäß sagen, dass man lügt, begreifen, dass man etwas nicht begreift, beredt schweigen, entscheiden, sich nicht zu entscheiden, in der Zeit Zeitloses unterscheiden, mit Unbekannten rechnen und schließlich auch die Menge aller Mengen bilden, die sich nicht selbst enthält, und die Unvollständigkeit mathematischer Beweise vollständig mathematisch beweisen. Solche paradoxen Selbstbezüglichkeiten, die Wissenschaften wie die Logik und die Mathematik in Krisen bringen können, machen der alltäglichen Orientierung keine Probleme. Sie kann ganz selbstverständlich auch mit Paradoxien arbeiten. Und darum muss eine Philosophie der Orientierung sich wohl an den Wissenschaften orientieren, aber auch hinter sie zurückgehen. Der Begriff der Orientierung, der im Alltag, den Wissenschaften und der Philosophie so selbstverständlich gebraucht wird, könnte nach Jahrtausenden philosophischer und wissenschaftlicher Kritik alles Selbstverständlichen das letzte Selbstverständliche sein, was noch geblieben ist.

Und dennoch ist er ein Begriff für etwas, das auch verloren gehen und dessen man darum nie sicher sein kann. Was selbstverständlich wird, wird unmerklich und nicht mehr eigens beachtet. Es kann sich dann jedoch, unter neuen Umständen, herausstellen, dass es so selbstverständlich nicht war, und je tiefer Selbstverständlichkeiten liegen, je fragloser sie geworden sind, desto mehr kann dann, wenn sie in Bewegung geraten, all das wieder in Fluss kommen, was auf sie gebaut war. Wenn aber die Orientierung am Anfang von allem steht, ohne ein greifbarer Anfang zu sein, gerät man an Fragen so grundlegender Art, dass sich die grundlegendsten philosophischen Fragen neu stellen. Vielleicht ist eben darum nach der Orientierung kaum gefragt worden.

Ausdrücklich gefragt nach ihr hat Immanuel KANT in seiner kleinen, nicht für die ‚Schule‘, sondern für die ‚Welt‘ bestimmten Schrift von 1786 *Was heißt: Sich im Denken orientieren?* Er verfasste sie zwischen den beiden Auflagen (1781 und 1787) seiner *Kritik der reinen Vernunft* als Antwort auf eine Schrift des zu Anfang des Jahres 1786 verstorbenen Moses MENDELSSOHN, der den Begriff der Orientierung dort unauffällig eingeführt hatte, um schwerwiegende, für das Judentum existenzbedrohende Schwierigkeiten auszuräumen. Die Auseinandersetzung Kants mit Mendelssohn über die Orientierung ist noch immer der wichtigste Anhaltspunkt für eine philosophische Analyse der Orientierung. Beider Ausgangspunkt war die Vernunft der Aufklärung, die zur Kritik ihrer selbst, also ihrerseits zu Selbstbezüglichkeit fähig sein sollte: „alle Begriffe," so Kant, „ja alle Fragen, welche uns die reine Vernunft vorlegt, [liegen] nicht etwa in der Erfahrung, sondern selbst wiederum nur in der Vernunft".[1] Bei Mendelssohn sollte Orientierung zwischen ‚gemeinem Menschenverstand' und ‚spekulativer Vernunft' entscheiden, und zwar von einem jeweiligen ‚Punkt' aus, an dem sich diese Entscheidung stellte. Kant war schon 1768 davon ausgegangen, dass die Vernunft stets eines ‚Standpunkts' bedarf, von dem aus sie sich jeweils auf das Nicht-Vernünftige, die sich unablässig verändernde Welt beziehen kann. Dieser Standpunkt ist aber der eines Körpers, an den die menschliche Vernunft gebunden ist und der seinerseits der empirischen Welt angehört. In seiner Orientierungs-Schrift hat Kant dann klar gemacht, dass die Vernunft, das ‚Vermögen der Prinzipien', in ihrem Weltbezug ‚Mangel' leidet, dass sie ‚Bedürfnisse' hat, die ihre scheinbar unbegrenzte ‚Reichweite' auf den jeweiligen ‚Horizont' der sinnlichen Welt einschränkt, den ihr jeweiliger Standpunkt freigibt. Er führte den Begriff der Orientierung so als Supplement des Begriffs der Vernunft ein. In der Philosophie vergleichsweise jung, machte der Begriff der Orientierung von Kant aus eine ebenso unauffällige wie unaufhaltsame Karriere, nicht nur im philosophischen, sondern auch im wissenschaftlichen und alltäglichen Sprachgebrauch. Dabei löste sich die Rede von der Orientierung schließlich vom Begriff der Vernunft, und Vernunft wird inzwischen ihrerseits in die Orientierung eingeordnet und als spezifische Orientierungsleistung verstanden. Im 20. Jahrhundert begannen vor allem Martin Heidegger, Ludwig Wittgenstein und Niklas Luhmann damit, die Orientierung vor der Vernunft zu denken, ohne jedoch die Orientierung bereits wieder zu einem eigenen Thema zu machen; dazu trugen besonders Karl Jaspers, Karl Ulmer, Helmut F. Spinner und Jürgen Mittelstrass bei.

Kant wollte mit seiner *Kritik der reinen Vernunft* „nicht ein System der Wissenschaft selbst" geben, sondern deren „Umriß" verzeichnen, „sowohl in Ansehung ihrer Grenzen, als auch den ganzen inneren Gliederbau derselben",[2] also die Reichweite und die Struktur der Vernunft

---

1 Kant, Kritik der reinen Vernunft, A 763 / B 791.
2 Kant, Kritik der reinen Vernunft, B XXII f.

bestimmen – durch die Vernunft selbst. Auch um zu fragen, was das Sich-Orientieren und Orientiert-Sein vor der Vernunft einschließt, muss man in irgendeiner Weise schon orientiert sein. Auch hier ist kein Standpunkt außerhalb jeder Orientierung möglich. So ist auch eine Philosophie, die hinter den Begriff der Vernunft auf den Begriff der Orientierung zurückgeht, nur als Orientierung über Orientierung oder, im Sinn KANTS, als kritische Philosophie der Orientierung möglich. Orientierung ist ein Ganzes, das nur als Ganzes operieren kann, ‚von außen' nicht zu fassen, ‚nach innen' aber unbegrenzt analysier- und differenzierbar. Eine Philosophie der Orientierung könnte immer weiter ins Detail gehen, sie ist grundsätzlich unabschließbar und so immer in Gefahr, die Übersicht, die sie schafft, durch ein Zuviel an Analysen und Differenzierungen wieder zu verspielen. Übersicht ist die erste Erwartung an Orientierung, und gerade eine Philosophie der Orientierung muss darum zum Schluss kommen. So muss sie sich auf einen übersichtlichen Grundriss beschränken. Er ist immer noch umfangreich genug. Geklärt werden sollen

— die Bedingungen der Möglichkeit der Orientierung überhaupt, einschließlich ihrer Selbststabilisierung, Selbstdifferenzierung und Selbstreflexion (4.-10.),
— die Bedingungen der Orientierung an anderer Orientierung in Interaktion und Kommunikation und deren Selbststabilisierung, Selbstdifferenzierung und Selbstreflexion (11.-12.),
— die Bedingungen der Orientierung in besonderen Orientierungssystemen wie der Ökonomie, den Massenmedien, der Politik, des Rechts, der Wissenschaft, der Kunst und der Religion (13.-14.),
— die Bedingungen der moralischen Orientierung und ihrer Selbstreflexion in der (hier so genannten) ethischen Orientierung (15.-16.),
— die Bedingungen der Weltorientierung in der globalisierten Kommunikation (17.) und schließlich
— die Bedingungen der Metaphysik, des Absehens von der Orientierung in der Orientierung (18.).
— Die Philosophie der Orientierung endet mit der
— Bedeutung des Todes für die Orientierung (19.).
— Am Anfang stehen Vororientierungen zu
— den Bedingungen der Möglichkeit einer *Philosophie* der Orientierung (1.),
— dem Vorkommen der Orientierung bei Tieren, Pflanzen und Teilchen und ihrer Entwicklung beim Menschen (2.) und
— zur Vorgeschichte des philosophischen Begriffs der Orientierung (3.).

Bei alldem geht es stets um die aktuellen Bedingungen der Möglichkeit der Orientierung. Sie sind auch im weiteren Text an vielen Stellen nicht ohne einen Rückgang in die Geschichte der Philosophie und ohne Erkundungen bei den aktuellen Wissenschaften plausibel zu machen. Solche Passagen sind zur Übersichtlichkeit in kleinerer Schrift gesetzt. Wer daran nicht interessiert ist, kann sie leicht überspringen.

In dieses Buch sind viele Ergebnisse meiner Arbeiten aus den letzten 17 Jahren eingegangen, seit ich meine Bonner Antrittsvorlesung über das Thema „Was heißt: Sich im Denken orientieren?' Zur Möglichkeit philosophischer Weltorientierung nach Kant" hielt. Hier liegt nun der Versuch einer Philosophie der Orientierung im ganzen vor. Die vielfältigen Anregungen, die ich von anderen erhalten habe, konnte ich, ebenfalls um der Übersichtlichkeit willen, nur in besonderen Fällen ausdrücklich kenntlich machen. Das gilt besonders für die, denen ich für dieses Buch am meisten verdanke: neben Immanuel KANT Friedrich NIETZSCHE, Ludwig WITTGENSTEIN, Emmanuel LEVINAS, Niklas LUHMANN, Karl ULMER, Josef SIMON und Jacques DERRIDA. Man kann es auch als eine Untersuchung darüber lesen, wie ihr Denken in die alltägliche, wissenschaftliche und philosophische Orientierung eingegangen ist oder doch eingehen könnte.

Für kritische Hinweise zu den Kapiteln über das Recht und die Religion danke ich herzlich Gerrit MANSSEN, Christoph ENDERS und Ingolf U. DALFERTH, für aufschlussreiche Diskussionen meinem Kollegen Konrad OTT, meinen Doktorand(inn)en und Student(inn)en und den Hörer(innen) meiner Vorträge über Themen des Buches, für die Durchsicht des Manuskripts im ganzen Brigitte KNEILE, Hagen HENKE, Hartwig FRANK und besonders Ines MIELKE und für die spontane Begeisterung, mit der sie das Buch ins Verlagsprogramm aufgenommen hat, Gertrud GRÜNKORN.

Greifswald, am 19. November 2007   Werner Stegmaier

1. Vororientierung: Einleitung

1.1. Bedürfnis nach Orientierung
1.2. Ursprünglichkeit, Selbstbezüglichkeit und Zeitlichkeit der Orientierung
1.3. Orientierung unter Ungewissheit: Verlass auf Plausibilitäten
1.4. Anschlussfähigkeit der Orientierung durch Selbststrukturierung
1.5. Analyse der Orientierung: Anschlüsse und Methoden

1.1. Bedürfnis nach Orientierung

Man sucht nicht, sondern findet zuerst. Wenn Orientierung, schlicht und alltagssprachlich gesagt, die *Leistung* ist, *sich zurechtzufinden*, so ist dieses Sich-Zurechtfinden ein Finden, ohne dass man schon etwas gesucht hätte. Man findet in der Orientierung etwas vor, trifft etwas an, was auf einen zukommt, eine Situation, mit der man es zu tun hat, Umstände, die man dabei berücksichtigen muss. Die indoeuropäische Wurzel von ‚finden' ist *pent-, ‚auf etwas treten'. Man merkt, worum es geht, indem man darauf stößt, man orientiert sich, indem man herausfindet, wo man sich befindet, und man findet sich zurecht, wenn man das, was man vorfindet, richtig zuordnen und sinnvoll mit ihm umgehen kann. So besteht die Leistung der Orientierung zunächst in zweierlei: die Umstände einer Situation auszumachen und sie einander zuordnen zu können. Die Umstände sind zunächst zufällig oder kontingent, ohne vorgegebenen Zusammenhang. Übersieht man einen unter ihnen, der ausschlaggebend ist, stellt man falsche Zusammenhänge her – man ist (mehr oder weniger) desorientiert. Orientierung kann also versagen und bedarf, wenn sie versagt, der Anstrengung. Man sucht sich dann zu orientieren im Sinn von ‚man bemüht sich'. Aber auch dann sucht man nicht schon etwas Bestimmtes, sondern bemüht sich, unter dem, was man vorfindet, haltbare Zusammenhänge herzustellen, Zusammenhänge, mit denen man, wie man sagt, etwas anfangen kann. Dazu hat man zumeist wenig Zeit. Man muss rasch handeln, einerseits, um ungünstige Umstände sich nicht nachteilig auswirken, andererseits, um günstige Umstände nicht ungenutzt vorübergehen zu lassen. Um handeln zu können, muss man erfolgversprechende Handlungsmöglichkeiten ausmachen. Aber auch dann sucht man noch nicht nach einem ausgemachten Ziel, sondern nach Handlungsmöglichkeiten, die sinnvolle Ziele bieten. So ist Orientierung in einem zweiten Schritt als *Leistung* zu bestimmen, *sich zurechtzufinden, um erfolgversprechende Handlungsmöglichkeiten auszumachen*, oder wieder schlicht alltagssprachlich gesagt: mit dem, was auf einen zukommt, ‚zurechtzukommen' und so ‚weiterzukommen'. Kann man nicht erfolgversprechend handeln, wird man, wie man sagt, die Situation nicht ‚bewältigen' und läuft Gefahr, von ihr ‚überwältigt' zu werden. Auch die Ausdrücke ‚bewältigen' und ‚überwältigen' bezeichnen gut, worum es sich bei der Orientierung handelt. Sie gehen auf die indo-europäische Wurzel *wal-dh zurück, die, wie im lat. ‚valēre', den Sinn ‚stark sein', ‚herrschen', ‚beherrschen' hatte, und so sagt man denn auch, wer in seiner Orientierung mit den Umständen zurechtkomme und damit weiterkomme, ‚beherrsche die Situation'. Damit bestimmt sich Orientierung in einem dritten Schritt als *Leistung, sich in einer Situation zurechtzufinden, um Handlungsmöglichkeiten auszumachen, durch die sich die Situation beherrschen lässt.*

Orientierung ist nicht nur für Menschen lebensnotwendig, sondern auch für Tiere und selbst für einige Pflanzen (2.2.).[1] Sie ist, wie Ernährung und Atmung ein elementares, unabweisbares, nicht suspendierbares *Lebensbedürfnis*.[2] Sie macht sich wie die Ernährung als Hunger und Durst und die Atmung als Atemnot erst, wovon KANT schon ausging, durch ihren Mangel bemerkbar. Denn gewöhnlich *ist* man hinreichend orientiert, *hat* man durchaus Orientierung, und das Bedürfnis nach Orientierung meldet sich erst, wenn die Orientierung einmal ausbleibt. Es meldet sich als Beunruhigung, in einer Situation nicht orientiert zu sein, und kann sich zu Angst und Verzweiflung auswachsen, ‚nicht mehr aus und ein zu wissen' und ‚sich überhaupt nicht mehr auszukennen'. Aber auch dann mangelt es zumeist nicht an Orientierung überhaupt, sondern

---

1 Die Ziffern beziehen sich auf das (orientierende) Inhaltsverzeichnis. Interne Verweise werden auch künftig mit Hilfe der Abschnitts-Nummern gegeben.
2 In seiner nicht nur für seine funktionale Anthropologie grundlegenden Übersicht über die „Grundbedürfnisse" des Menschen zählt Bronislaw Malinowski, Eine wissenschaftliche Theorie der Kultur, übers. v. Fritz Levi mit einer Einleitung von Paul Reiwald, Frankfurt am Main 1975, 123, Stoffwechsel, Fortpflanzung, körperliche Bequemlichkeit, Sicherheit, Bewegung, Wachstum, Gesundheit auf, an die, insbesondere an die Grundbedürfnisse der Bequemlichkeit und Sicherheit, die „abgeleiteten Bedürfnisse" der „kulturellen Imperative" anschließen. Die Orientierung fehlt.

nur an Orientierung in einem bestimmten Bereich oder in einer bestimmten Hinsicht. Wer zu einer Versammlung geht und sich orientiert, wer alles da ist, weiß im allgemeinen schon, wo er hingehen muss und wozu die Leute zusammengekommen sind, und wer sich in seinem Auto mit Hilfe eines Navigationssystems zu orientieren sucht, muss sich (hoffentlich) nicht zugleich auch noch über den Gebrauch des Navigationssystems orientieren. Den Mangel an Orientierung, den man in einer Situation erfährt, sucht man zunächst mit Hilfe der Orientierung auszugleichen, die man weiterhin hat. Das kann dann mehr oder weniger schnell und mehr oder weniger hinreichend gelingen. Gelingt es nicht auf Anhieb, sieht man sich nach Orientierungshilfen um, nach Anhaltspunkten in der Umgebung, nach Hinweiszeichen, nach dem Verhalten anderer, die sich offenbar hinreichend orientieren können, und bei fortdauernden Orientierungsproblemen nach Rat von Vertrauten oder Experten. Aber auch mit solchen Hilfen muss man wieder etwas anfangen können, muss man unter seinen Umständen, die niemals die der andern sind, sinnvoll von ihnen Gebrauch machen können, und dies kann wieder hinreichend gelingen oder nicht. So ist man zuletzt mit seiner Orientierung allein. Orientierung als Leistung, sich in einer Situation zurechtzufinden, um Handlungsmöglichkeiten auszumachen, durch die sich die Situation beherrschen lässt, ist die Leistung einer *individuellen Fähigkeit*, und man kann mit seiner individuellen Fähigkeit der einen Situation gewachsen sein, der andern nicht. Für jede Orientierung können immer wieder unvermutete, überraschende Umstände eintreten, unter denen ihre Fähigkeiten versagen. So kann man sich seiner Orientierung nie völlig sicher sein.

Eine philosophische Analyse der Orientierung muss darum nicht nur davon ausgehen, dass man immer schon orientiert ist, sondern zugleich davon, dass man stets in unvermutete, überraschende Orientierungssituationen geraten kann (4.). Bedingungen der Möglichkeit, sich in individuellen, immer anderen Situationen zu orientieren, können von der Philosophie und den Wissenschaften zwar nur als allgemeine erörtert werden und sind auch nur als allgemeine von allgemeinem Belang. Aber auch das Überrascht-Werden in der Orientierung ist etwas Allgemeines, auch wenn die Überraschungen immer andere sind. Und soweit die Orientierung im ganzen überraschende Strukturen aufweisen könnte, wird man die Spielräume ihrer Analyse vorab möglichst wenig einschränken und sich, soweit es geht, mit philosophischen Vorentscheidungen zurückhalten. Vorentscheidungen liegen auch in der Wiederaufnahme geläufiger Unterscheidungen. Selbst und gerade philosophische

Standardunterscheidungen wie Erkennen und Handeln oder Wahrnehmen, Fühlen, Denken sind im Blick auf die Orientierung schon Vorentscheidungen. Man kann, aber muss nicht so unterscheiden. Sofern es in der Orientierung darum geht, mit all dem zurechtzukommen, was auf einen zukommt, *dienen alle Unterscheidungen der Orientierung*. Alle sind einmal auf der Suche nach Orientierung gefunden und mit jedem neuen Gebrauch ist neu über ihre Tauglichkeit zur Orientierung entschieden worden. Unter neuen Umständen können so aber auch neue Entscheidungen für neue Unterscheidungen notwendig werden, und eine philosophische Analyse der Orientierung muss solche Entscheidungen offenhalten. Sofern eine philosophische Analyse der Orientierung ein *Denken der Orientierung* ist, gilt das auch für die Rede vom Denken selbst. Die Philosophie hat sich schon in ihrer Frühzeit als eigentliches Denken vom alltäglichen Denken unterschieden und sich das Denken dieses Denkens bis heute immer neu zur Aufgabe gemacht. Dabei hat sich das Denken des Denkens seinerseits durch immer neue Entscheidungen über seine Unterscheidungen vielfältig gewandelt, erweitert und wieder verengt, so dass heute ein großes Repertoire zur Verfügung steht, es zu denken. Dennoch scheint es, dass es angesichts der Komplexität der Orientierung und der Steigerung dieser Komplexität während der gut zweieinhalbtausend Jahre, seit es philosophische Bemühungen gibt, noch immer zu einfach und zu starr bestimmt wird, um dieser Komplexität gerecht zu werden. Wiewohl Orientierung zumeist problemlos vor sich geht, ist sie mit unseren herkömmlichen Begriffen vom Denken und Erkennen schwer zu denken. So wie die Schwerkraft wohl ein Parameter des Zu-Boden-Fallens eines Blattes im Wind ist, wird mit ihr sein Zu-Boden-Fallen doch nicht entfernt erfasst: das Blatt kann noch lange in der Luft schweben, bevor es zu Boden fällt, noch weite Wege zurücklegen und selbst noch in die Höhe steigen. Mit einiger Genauigkeit wäre der Ort, wo es am Boden auftrifft, nur unter künstlichen Bedingungen, in einem luftleeren Raum vorauszuberechnen. So wie die Newtonsche Physik sich heute schlicht ausnimmt gegenüber der aktuellen Physik, könnte auch das Denken in traditionellen Unterscheidungen die komplexen Bezüge der Orientierung nur sehr dürftig erschließen. Das Denken wurde in der Philosophie seit PLATON und ARISTOTELES so gedacht, dass es allgemein gültig feststellt, was ist, einschließlich dessen, was es selbst ist. In der Orientierung dagegen als Sich-Zurechtfinden in einer Situation und Sich-klar-Werden über sie steht zunächst nichts fest, schon gar nicht allgemein gültig, und Feststellungen jeder Art können der Orientierung wohl weiterhelfen, können sie aber auch voreilig festlegen und so ihren

Fortgang behindern.³ Was die Philosophie Denken genannt hat, das wissenschaftliche Denken in logischer Disziplin, ist für die Orientierung fraglos unentbehrlich. Dennoch hat das Denken in ihr weit vielfältigere Funktionen (10.). Im Denken der Orientierung wird man darum auch die Bestimmung des Denkens selbst offenhalten und Unterscheidungen für es entwickeln, die Spielräume für individuelle Weisen des Denkens in individuellen Situationen lassen.

Soweit Orientierung ein unabweisbares Lebensbedürfnis ist, ist die Frage nach ihr nicht in erster Linie eine theoretische, sondern zunächst eine *pragmatische Frage*, eine Frage nicht definitiver Feststellungen, sondern der Spielräume des Umgangs mit Feststellungen beim Zurechtkommen mit unablässig anderen Situationen. Soweit das Bedürfnis nach Orientierung jemand aber in Not bringen kann, ist sie auch eine *ethische Frage*. Moralische und ethische Orientierung sind integrale Bestandteile der Orientierung. Bei einer Orientierung, die anderen ‚gegeben' oder ‚geboten' werden soll, ist vor allem an moralische und ethische Orientierung gedacht, und KANT hat das Bedürfnis nach Orientierung auch in moralphilosophischer Absicht eingeführt (3.2.2.). Moralische und ethische Orientierung – die hier als normative und reflexive Orientierung unterschieden werden (15., 16.) – könnten dennoch besondere Weisen der Orientierung sein und darum in der alltäglichen Orientierung besondere Voraussetzungen haben. Die neue Erschließung des Ethischen als moralischer und ethischer Orientierung ist ein Schwergewicht dieses Buches.

1.2. Ursprünglichkeit, Selbstbezüglichkeit und Zeitlichkeit der Orientierung: Umgang mit Paradoxien

Sofern Orientierung allem definitiven Feststellen vorausgeht, ist sie *ursprünglich*, ein Ursprung oder Anfang, gr. ἀρχή, lat. principium, wie ihn die Philosophie seit ihren Ursprüngen oder Anfängen gesucht hat. Sie ist

---

3 Platon hatte auch dies berücksichtigt, wenn er das Gute als das bestimmte, „was jede Seele anstrebt und um dessentwillen sie alles tut, ahnend, dass es etwas sei, doch ratlos und unfähig, hinreichend zu erfassen, was es wohl ist, ebenso außerstande es mit beharrender Gewissheit zu erfahren" (Politeia, 505 d). Vgl. Günter Figal, Handlungsorientierung und anderes als das. Überlegungen zur Platonischen ‚Idee des Guten', in: Rainer Enskat (Hg.), Amicus Plato, magis amica veritas. Festschrift für Wolfgang Wieland zum 65. Geburtstag, Berlin/New York 1998, 144–153.

jedoch ein Prinzip, das, eben weil es allem definitiven Feststellen vorausliegt, seinerseits nicht definitiv festzustellen ist. Jedenfalls ist sie nicht von anderem her zu begreifen. Also ist alles aus ihr zu begreifen, und so ist sie ein *unbegreiflicher Ursprung oder Anfang alles Begreifens*. Damit ist sie ein Ursprung, der nicht nur fraglich bleibt, sondern auch fragen lässt, ob es hier und überhaupt noch sinnvoll ist, nach einem Ursprung oder Prinzip zu fragen. Denn auch der Frage nach einem Ursprung der Orientierung geht ja wiederum schon eine Orientierung voraus, und so ist, wenn man an der Frage festhält, die Orientierung auch Prinzip ihrer selbst, nur aus sich selbst zu begreifen. So ist sie, wenn ein Prinzip, dann ein *selbstbezügliches Prinzip*, und ihr Prinzip ist dann ihre Selbstbezüglichkeit.

Selbstbezügliche Bezüge wurden im antiken Denken des Seins vermieden, weil sie, so ARISTOTELES, zu infiniten Regressen führen.[4] Es gehört zu den großen Neuerungen des modernen Denkens, dass es selbstbezügliche Bezüge nicht nur zugelassen hat, sondern auch produktiv mit ihnen umzugehen lernte. So setzte DESCARTES mit seinem Argument, man könne an allem zweifeln, nur nicht daran, dass man zweifle, bei der Selbstbezüglichkeit des Denkens an, und er dachte das Denken entsprechend nicht mehr positiv als Denken des Seins, sondern negativ als Zweifeln-Können an allem, das ist, außer dem Denken selbst (10.1.). Das selbstbezügliche Denken des Denkens ist nur scheinbar durch ARISTOTELES' Begriff der νόησις νοήσεως (Met. Λ 9) vorbereitet. Νόησις ist hier noch als das gedacht, was das Gedachte ‚aufnimmt' (δεκτικόν) oder ‚berührt' (θιγγάνων), das Gedachte also noch als Seiendes voraussetzt. Auch DESCARTES dachte jedoch das selbstbezügliche Sein des Denkens noch einmal aristotelisch als Substanz (res cogitans), und dieses Denken des Denkens als Substanz wurde, auf HUME's Anstoß hin, erst von KANT aufgegeben. KANT hat Substanz nur noch als eine der Kategorien gedacht, unter denen der Verstand Gegenstände denkt, dieses kritische Denken aber wiederum einer Vernunft zugeschrieben, die ihrerseits einer selbstbezüglichen Kritik fähig ist. So wird mit KANTs Kritik der Vernunft durch die Vernunft selbst klar und entschieden die Selbstbezüglichkeit zu ihrem Prinzip.[5] Im kritischen Anschluss an KANT rekonstruiert HEGEL die Unterscheidungen der Vernunft oder nun des Geistes konsequent aus ihrer Selbstbezüglichkeit. Geist ist nun der Begriff für die schlüssige Orientierung des Denkens

---

4   Zur Vermeidung des infiniten Regresses als Grundzug und Grenze des aristotelischen Denkens vgl. Franz Dirlmeier in seinem Kommentar zu Aristoteles, Nikomachische Ethik, Darmstadt ⁹1991, 267 f.
5   Ihm folgt auch die Einteilung der Vernunft in ‚Vermögen'. Vgl. Josef Simon, Kant. Die fremde Vernunft und die Sprache der Philosophie, Berlin/New York 2003, 337: „Die in der ‚Kritik' behandelten ‚Vermögen' sind keine dem Menschen als Naturwesen objektiv zugeschriebenen Eigenschaften. Sie werden lediglich im Zusammenhang mit der transzendentalen Fragestellung dieses Werkes erörtert."

1.2. Ursprünglichkeit, Selbstbezüglichkeit und Zeitlichkeit der Orientierung

über seine Unterscheidungen, die es instandsetzt, sich sicher unter ihnen zu bewegen. Die Begriffe von Vernunft und Geist unterstellten mit der Selbstbezüglichkeit des Denkens noch dessen Sein und Einheit. Im kritischen Anschluss wiederum an HEGEL hat LUHMANN darum auf sie verzichtet, auf den Begriff der Beobachtung umgestellt und eine Pluralität selbstbezüglich operierender Beobachtungssysteme gedacht, die einander zum Gegenstand ihrer Beobachtungen machen und im Sinn KANTS nur in solchen Beobachtungen als Gegenstände erscheinen. Selbstbezüglichkeit ist damit vollends vom Denken des Seins gelöst und zu einem bloßen Prinzip von Operationen gemacht.

Dass jeder Orientierung eine Orientierung vorausgeht und eine andere folgt, heißt zugleich, dass sie *in sich zeitlich* ist. Sofern Orientierung mit immer neuen Umständen, immer anderen Situationen, also unablässiger Veränderung zu tun hat, hat sie es mit der Zeit zu tun, ist es ihre Funktion, mit der Zeit zurechtzukommen. Dazu muss sie aber Zeit überhaupt unterscheiden können, und sie muss *sich* von der Zeit unterscheiden können, und sofern diese Unterscheidungen *ihre* Unterscheidungen sind, muss sie selbst oder in sich zeitlich sein. Als in sich zeitliche kann sie sich zugleich auf die Zeit einlassen und sich ihr entziehen, kann in diesem Sinn also zugleich zeitlich und nicht-zeitlich sein. Darin kann man einen logischen Widerspruch und, soweit dieser Widerspruch logisch nicht auflösbar ist, eine Antinomie oder Paradoxie sehen. Die alltägliche Orientierung ist aber auch dadurch nicht behindert, und auch für Widersprüche gilt, dass man schon orientiert sein muss, um sie feststellen zu können. Wenn, nach ARISTOTELES, die Vermeidung von Widersprüchen das erste Prinzip der Logik und, *als* Prinzip der Logik, das „festeste Prinzip von allen" ist,[6] dann geht die Orientierung auch der Logik, zumindest der traditionellen Logik, voraus und ist darum nicht aus ihr zu gewinnen, ohne dass sie selbst deshalb unlogisch sein müsste.

Im ersten Versuch, die Zeit logisch zu denken, der *Physik* des ARISTOTELES (IV, 10–14), haben sich Aporien ergeben, die bis heute zur Diskussion stehen.[7] Zunächst in der Frage, *ob die Zeit ist*: Wäre die Zeit, so ARISTOTELES und auch schon PARMENIDES, dann wäre sie ein widersprüchliches Seiendes, das aus Nicht-Seiendem, dem, was nicht mehr ist, und dem, was noch nicht ist, zusammengesetzt ist. Fasste man sie deshalb als das unmittelbare Jetzt (νῦν), so wäre sie ein ebenso widersprüchliches Teilbares ohne Teile: Denn die Zeit sei wohl immer weiter in Teile teilbar, das Jetzt aber sei dann kein Teil (μέρος) der Zeit mehr, sondern eine bloße Grenze (πέρας) zwischen dem Zukünftigen und dem Vergangenen. Als eine solche Grenze sei das Jetzt wiederum widersprüchlich,

---

6 Aristoteles, Metaphysik, Γ/IV 3, 1005 b 19 f.
7 Vgl. Peter Janich, Art. Zeit, in: Enzyklopädie Philosophie und Wissenschaftstheorie, hg. v. Jürgen Mittelstraß, Bd. 4, Stuttgart/Weimar 1996, 827–830.

nämlich stets dasselbe und doch nie dasselbe, sondern ein immer Anderes (ἀεὶ ἕτερον). Ferner sei die Zeit überall und doch außer allem (πανταχοῦ καὶ παρὰ πᾶσιν): Denn alles in der Natur entstehe und vergehe, sie selbst aber könne nicht entstehen und vergehen. Und schließlich sei die Zeit eine Bewegung und doch keine Bewegung: Denn Bewegungen könnten schneller und langsamer sein, die Zeit aber offenbar nicht. ARISTOTELES hat die Aporien logisch nicht aufgelöst, sondern das Problem der Zeit einerseits phänomenologisch, andererseits pragmatisch gelöst. In unserer Wahrnehmung werde der Zeit nur das Vergehen zugeschrieben: Das Bestehende (τὸ ὑπάρχον) scheint aus sich selbst entstanden zu sein und von der Zeit nur verdrängt zu werden (ἐξίστημι, 221 b3). Das gelte auch für das Denken, sofern es vergesse. Deshalb müssten die mehr recht haben, denen die Zeit nicht als das Weiseste (σοφώτατον), sondern als das Unwissendste (ἀμαθέστατον) gelte (222 b17–19). Andererseits sei das Denken doch der Grund der Zeit. Denn Zeit lasse sich nicht ohne Bewegung und Bewegung nicht ohne Zeit, beides aber nicht ohne das Denken (νοῦς) denken, weil nur das Denken imstande sei, die Zeit zu messen. Da ein Maß aber ein Maß für alles sein müsse, müsse auch die Zeit eine sein und an Einem gemessen werden. Und so verfällt ARISTOTELES zuletzt auf die pragmatische Lösung, das, woran das Denken die Zeit am besten messen kann, den regelmäßigen Kreislauf der Gestirne, selbst als Zeit zu denken: „Die Zeit selbst scheint (δοκεῖ) ein Kreis zu sein." (223 b28 f) Zuvor macht er jedoch eine aufschlussreiche Bemerkung, die fast unbeachtet geblieben ist, die Zeit aber noch einmal ganz anders verstehen lässt: „Jede Veränderung ist von Natur aus etwas Verrücktes" (μεταβολὴ δὲ πᾶσα φύσει ἐκστατικόν, Phys. IV 13, 222 b16). Ein ἐκστατικόν ist nach ARISTOTELES „das von der Natur Abweichende gegenüber dem Naturgemäßen" (Phys. VII 3, 246 a10-b3), etwas aus der Ordnung Geratenes und insofern im deutschen Wortsinn ‚Verrücktes'. So „rückt" auch die Wahrnehmung „die Seele aus ihrem Wesen heraus" (ἐξίστατ' ἂν ἐκ τῆς οὐσίας, de an. A 3, 406 b7 f, 10–15), sofern sie das Denken neu anstößt, und ebenso ein πάθος, sofern es Denken in Erregung versetzt (NE VII 8, 1151 a20 f; vgl. VII 2, 1045 b8–14). So aber ist für ARISTOTELES die Zeit im ganzen das, was das Denken nicht begreifen, nur messen und durch das es selbst ver-rückt werden kann.[8]

ARISTOTELES' vielfältige Aporien der Zeit lassen sich auf die eine zuspitzen, dass die Zeit, indem sie festgestellt wird, zum Stehen gebracht wird (7.), dass sie, wenn man sagt, dass sie ist und was sie ist, und dabei unterstellt, dass sie auch bleibt, was sie ist, schon nicht mehr zeitlich, schon nicht mehr die *Zeit* ist, *in der alles, selbst das Erleben, Denken und Messen der Zeit, anders werden kann.*[9] Andererseits braucht aber auch jede

---

8 Vgl. Verf., Aporien der Vollendung. Ist Aristoteles' *Metaphysik* eine Metaphysik?, in: Danilo N. Basta / Slobodan Zunjic / Mladen Kozomora (Hg.), Kriza i perspektive filozofije. Mihailo Djuriću za sedamdeseti rodendam (Festschrift für Mihailo Djurić zum 70. Geburtstag), Belgrad 1995, 383–406.
9 Vgl. Niklas Luhmann, Vertrauen. Ein Mechanismus der Reduktion sozialer Komplexität (1968), 3., durchges. Aufl., Stuttgart 1989, 15: „Die Zeitdimension

1.2. Ursprünglichkeit, Selbstbezüglichkeit und Zeitlichkeit der Orientierung

Feststellung der Zeit, sei es eine schlichte Feststellung des ‚Jetzt' oder eine Philosophie oder Theorie der Zeit, ihrerseits Zeit, und so ist das Denken von Zeit ebenso selbstbezüglich und logisch zirkulär. Das Problem wird in der alltäglichen Orientierung so gelöst, dass alles Denken, einschließlich des Denkens der Zeit, ein *Denken auf Zeit* ist. Die Orientierung ist auch in ihrer Zeitlichkeit selbstbezüglich, ist Orientierung *über* die Zeit *in* der Zeit oder eben Orientierung *auf* Zeit.

Antinomien oder Paradoxien[10] entstehen, wenn eine zweiwertige Unterscheidung, deren Werte einander negieren, auf sich selbst bezogen und dabei ihr negativer Wert auf sie angewendet wird, z. B. wenn jemand die Unterscheidung von Wahrheit und Lüge gebraucht und sagt, es sei wahr, dass er lügt, oder die Unterscheidung von Recht und Unrecht und in Frage stellt, ob es gerecht und nicht vielmehr ungerecht ist, nach Recht und Unrecht zu urteilen, oder wenn die Menge aller Mengen gebildet wird, die sich nicht selbst enthalten.[11] Dann kann zwischen den beiden einander widersprechenden Alternativen nicht entschieden werden, sondern beide sind gleich richtig – wenn jemand sagt, es sei wahr, dass er lügt, ist ebenso richtig, dass er die Wahrheit sagt, wie dass er lügt. Die Moderne, die Selbstbezüglichkeiten im Denken nicht mehr gescheut hat, hat wiederum solche Paradoxien vermieden und sie nach Kräften auf-

---

[…] zeichnet vor, daß alles anders werden kann.", ‚Alles' schließt auch den Begriff der Zeit selbst ein. In der Geschichte der Philosophie und der Wissenschaften sind viele Begriffe der Zeit vertreten worden, die ihrerseits ihre Zeit gehabt haben.

10 Die Begriffe ‚Antinomie' und ‚Paradoxie' können im heutigen wissenschaftlichen Sprachgebrauch unterschieden und gleichbedeutend gebraucht werden. Vgl. Kuno Lorenz, Art. Antinomie, und Christian Thiel, Art. Paradoxie, in: Enzyklopädie Philosophie und Wissenschaftstheorie, hg. v. Jürgen Mittelstraß, Stuttgart/Weimar 1995, Bd. 1, 131 f. bzw. Bd. 3, 40 f., und Elke Brendel, Art. Antinomie, und Frank Kannetzky, Art. Paradoxie, in: Enzyklopädie Philosophie, hg. v. Hans Jörg Sandkühler, Hamburg 1999, 72–76 bzw. 990–994. Im Folgenden wird der Begriff Paradoxie gebraucht und zwar im Sinn „einer widerspruchsvollen, sowohl wahren als auch falschen Aussage, ohne daß bei ihrer Aufstellung offenkundige Fehler in den Voraussetzungen oder in den Schlußfolgerungen gemacht wurden" (Lorenz, ebd.).

11 Paradoxien entstehen nicht, wenn nur der positive Wert der Unterscheidung auf die Unterscheidung selbst angewendet wird, z. B. jemand sagt, es sei wahr, dass er die Wahrheit sagt, oder gut, nach Gut und Böse zu urteilen. Paradoxien anderer Art, vor allem auch rhetorische, bleiben hier außer Betracht. Vgl. dazu Paul Geyer / Roland Hagenbüchle (Hg.), Das Paradox. Eine Herausforderung des abendländischen Denkens, Tübingen 1992.

zulösen versucht.¹² Doch sucht man unter den Alternativen einer Antinomie oder Paradoxie die eine als richtig, die andere als falsch zu erweisen, also zwischen ihnen zu entscheiden, gerät das Denken in eine Oszillation und blockiert. Nachdem schon die Hermeneutik die Produktivität auch von ‚Zirkeln' entdeckt hatte, die zuvor als logisch fehlerhaft galten, hat LUHMANN auch die durch Paradoxien ausgelösten Oszillationen und Blockierungen des Denkens als *Mittel* des Denkens begriffen: Eben weil Paradoxien das Denken blockieren, kann es nicht mehr ‚hinter sie zurückgehen', und so können gerade sie zu ‚letzten' und ‚festen' Anfängen oder Ursprüngen des Denkens werden. Man kann dann nicht nur bei ihnen anfangen, sie können auch für das Denken produktiv werden, weil man nun mit beiden Alternativen operieren und damit neue Spielräume des Denkens erschließen kann.¹³

LUHMANNS Erfahrung war: „man stößt auf eine fast zwanghafte Angst vor dem Paradox, die dazu führt, daß die Logik der Selbstreferenz, das heißt der Anwendung des Codes auf den Code selbst, nicht mitvollzogen

---

12 Vgl. zuletzt etwa R. M. Sainsbury, Paradoxes. Second Edition, Cambridge/New York/Melbourne 1995, deutsch: Paradoxien. Erweiterte Ausgabe, aus dem Engl. übers. v. Vincent C. Müller, Stuttgart 2001, und Nicholas Rescher, Paradoxes. Their Roots, Range, and Resolution, Chicago and La Salle, Illinois 2001.

13 Zum produktiven Umgang mit Paradoxien vgl. vor allem Niklas Luhmann, Ökologische Kommunikation. Kann die moderne Gesellschaft sich auf ökologische Gefährdungen einstellen?, Opladen 1986, 54 ff.; Sthenographie und Euryalistik, in: Hans Ulrich Gumbrecht / K. Ludwig Pfeiffer (Hg.), Paradoxien, Dissonanzen, Zusammenbrüche. Situationen offener Epistemologie, Frankfurt am Main 1991, 58–82; Beobachtungen der Moderne, Opladen 1992, 75, 85 und 89; Die Paradoxie der Form, in: Dirk Baecker (Hg.), Kalkül der Form, Frankfurt am Main 1993, 197–212; Die Paradoxie des Entscheidens, in: Verwaltungs-Archiv 84.3 (1993), 287–310; Tautologie und Paradoxie in den Selbstbeschreibungen der modernen Gesellschaft (1987), in: N.L., Protest. Systemtheorie und soziale Bewegungen, hg. u. eingel. v. Kai-Uwe Hellmann, Frankfurt am Main 1996, 79–106; Die Gesellschaft der Gesellschaft, Frankfurt am Main 1997, 55–59, und zuletzt und mit besonderer Prägnanz: Die Religion der Gesellschaft, hg. von André Kieserling, Frankfurt am Main 2000, 17 f., 55 ff., 74, 131 ff. u. 155 ff. – Zur Rehabilitierung der Paradoxie bei George Spencer Brown, auf den Luhmann sich regelmäßig beruft, vgl. G.B.S., Laws of Form – Gesetze der Form (engl. Or.ausg. London 1969), übers. v. Thomas Wolf, Lübeck: Bohmeier 1997, xxi u. xxxi. Luhmann, Die Politik der Gesellschaft, hg. v. André Kieserling, Frankfurt am Main 2000, 275 f., Anm. 1 u. 3, führt wiederum theoretische Literatur zur Paradoxie und zur Technik des Paradoxierens schon zu Beginn der Moderne an: Ortensio Lando, Paradossi, cioe sentente fuori del commun parere, Vinegia 1545, und: Anonym (André Morellet), Theorie des Paradoxen, Leipzig 1778.

1.2. Ursprünglichkeit, Selbstbezüglichkeit und Zeitlichkeit der Orientierung

wird."[14] Die alltägliche Orientierung hat keine Angst vor Paradoxien,[15] und auch Wissenschaften brauchen sie nach LUHMANN nicht mehr zu haben. Durch den Selbstbezug binärer Unterscheidungen schließen sich ‚Systeme' zusammen, die sich, von ihrer Start-Paradoxie ausgehend, durch Wiederanwendung ihrer Unterscheidungen immer weiter differenzieren und so gehaltvolle Strukturen bilden können. So kann das Wissenschaftssystem zwar nicht entscheiden, ob die Unterscheidung von wahr und falsch selbst wahr oder falsch ist, aber durch die Wiederanwendung der Unterscheidung von wahr und falsch Theorien hervorbringen, die sich in jedem Punkt auf Wahrheit und Falschheit hin überprüfen lassen, und das Rechtssystem kann nicht entscheiden, ob die Unterscheidung von Recht und Unrecht selbst gerecht oder ungerecht ist, aber durch die Wiederanwendung der Unterscheidung von gerecht und ungerecht Urteile hervorbringen, die sich in jedem Punkt auf Recht und Unrecht hin überprüfen lassen. Paradoxien werden auf diese Weise nicht mehr vermieden, sondern durch passende Unterscheidungen ‚entfaltet'.[16] Selbstbezügliche, mit dem Selbstbezug ihrer ursprünglichen Unterscheidungen anfangende Systeme des Denkens, die beide Alternativen offenhalten,[17] können so an die Stelle traditioneller Letztbegründungen treten, die, *als* Begründungen, doch immer weiter nach ihren Gründen befragt werden können.[18]

---

14 Luhmann, Die Religion der Gesellschaft, a.O., 70 f.
15 Ein Paradox kann, so Wittgenstein in den Philosophischen Untersuchungen, § 95, im alltäglichen Sprachgebrauch „die Form einer Selbstverständlichkeit" haben.
16 Vgl. Luhmann, Das Recht der Gesellschaft, a.O., 323: „Die Form der Differenzierung garantiert die Entfaltung der Paradoxie – nichts weiter."
17 Vgl. Luhmann, Das Recht der Gesellschaft, Frankfurt am Main 1993, 320: „die Paradoxie ist das Heiligtum des Systems, seine Gottheit in vielerlei Gestalt: als unitas multiplex und als re-entry der Form in die Form, als Selbigkeit des Unterschiedenen, als Bestimmbarkeit der Unbestimmbarkeit, als Selbstlegitimation."
18 Die berühmte Letztbegründung, die Karl-Otto Apel für seine transzendentale Universalpragmatik konzipiert hat, ist ihrerseits selbstbezüglich: Danach kann der Satz des zu vermeidenden Widerspruchs seinerseits nicht ohne Widerspruch negiert werden (vgl. Carl Friedrich Gethmann, Art. Letztbegründung, in: Enzyklopädie Philosophie und Wissenschaftstheorie, hg. v. Jürgen Mittelstraß, Bd. 2, Stuttgart/Weimar 1995, 595–598). Das trifft zu, und damit kann im Sinne Luhmanns die Diskursethik als selbstbezügliches System starten – ohne freilich die Kommunikation der Gesellschaft im ganzen integrieren zu können, wie sie beansprucht, und auch ohne es zu dem zu bringen, was Luhmann ein

Mit Paradoxien kann man wiederum auf unterschiedliche Weise umgehen. Man kann eine Paradoxie erstens unsichtbar machen oder ‚invisibilisieren'. Man gebraucht dann Begriffe so, dass die Paradoxie in ihnen nicht zutagetritt, indem man z. B. Wissenschaft einfach für wahr und Rechtsprechung einfach für gerecht und darum für selbstverständlich ausgibt oder, was die Orientierung betrifft, deren ebenfalls paradoxe Anlage als zugleich zeitliche und nicht-zeitliche übergeht zugunsten einer Orientierung, die man einfach ‚hat'. Zweitens kann man die paradoxierende Anwendung einer Unterscheidung auf sich selbst verbieten, z. B. indem man Selbstbezüge der Sprache, die alltäglich ohne weiteres eingeräumt werden (‚ich sage jetzt nichts' und habe damit schon etwas gesagt, ‚ich fasse mich kurz' und habe damit schon zu viel gesagt), durch die Unterscheidung von Objekt- und Metasprache ausschließt oder die Nachfrage nach dem Wert der Moral eines Moralpredigers moralisch sanktioniert. Aber man kann eben drittens Selbstbezüge auch gezielt nutzen, um mit ihnen systematische Selbstbezüge zu starten, und viertens selbstbezügliche Systeme auf ihre Start-Paradoxien hin analysieren, um gegebenenfalls Alternativen zu ihnen zu finden.[19]

Sofern Orientierung ursprünglich selbstbezüglich ist, sie es unablässig mit der Feststellung dessen, was nie feststeht, kurz: mit der Zeit zu tun hat, und, um es mit der Zeit aufzunehmen, selbst zugleich zeitlich und nicht-zeitlich sein muss, besteht sie in einem fortgesetzten Paradoxie-Management. Selbstbezüglichkeit bedeutet jedoch nicht, dass sich Selbstbezügliches *nur* auf sich selbst bezieht (wofür dann der psychologische Begriff des Autismus und der philosophische Begriff des Solipsismus steht), sondern dass es sich *auch* auf sich selbst bezieht. Im *bloßen* Selbstbezug wäre Orientierung nicht Orientierung ‚über etwas' und damit gar keine Orientierung. Ihr Selbstbezug hat so die Funktion, einen Fremdbezug zu ermöglichen. Um Orientierung über anderes und nicht nur über sich selbst zu sein, muss Orientierung anderes *als* anderes unterscheiden können, und um anderes als anderes unterscheiden zu können, muss sie *sich* von diesem anderen unterscheiden, muss das, was man ‚Vorstellungen', und das, was man ‚Wahrnehmungen' nennt, ‚auseinan-

---

Funktionssystem der Kommunikation der Gesellschaft nennt (vgl. Luhmann, Die Gesellschaft der Gesellschaft, a.O., 229 f.).

19 Zur systematischen Übersicht über die Möglichkeiten des Paradoxie-Managements nach Luhmann vgl. Elena Esposito, Paradoxien als Unterscheidungen von Unterscheidungen, in: Hans Ulrich Gumbrecht / K. Ludwig Pfeiffer (Hg.), Paradoxien, Dissonanzen, Zusammenbrüche. Situationen offener Epistemologie, Frankfurt am Main 1991, 58–82.

1.2. Ursprünglichkeit, Selbstbezüglichkeit und Zeitlichkeit der Orientierung

derhalten' können. Das gelingt meistens, manchmal aber auch nicht; man kann ‚sich täuschen', ‚sich etwas nur einbilden'. Dann sucht man nach Verfahren, Selbstbezug und Fremdbezug getrennt zu testen. Man hört ein merkwürdiges Rauschen, fragt sich, rauscht da ein Bach oder rauscht es in meinem Ohr, und sieht sich nach einem Bach in der Nähe um. Ist da ein Bach, ist es gut. *Der Selbstbezug ist auf den Fremdbezug ausgerichtet, der Fremdbezug der Orientierung ist der Sinn ihres Selbstbezugs.*

Indem KANT das selbstbezügliche, reine Denken DESCARTES' an die sinnliche Wahrnehmung von Gegebenem band, bestimmte er den Sinn seines Selbstbezugs als Fremdbezug: „Das Denken ist die Handlung, gegebene Anschauung auf einen Gegenstand zu beziehen."[20] Den Fremdbezug unterschied er dabei als Affektion („die Wirkung eines Gegenstandes auf die Vorstellungsfähigkeit") vom Selbstbezug als Reflexion („das Bewußtsein des Verhältnisses gegebener Vorstellungen zu unseren verschiedenen Erkenntnisquellen, durch welches allein ihr Verhältnis untereinander richtig bestimmt werden kann").[21] Das Affizierende als solches bleibt jenseits seiner Wirkung auf die Vorstellungsfähigkeit notwendig unbekannt oder ein transzendentales Objekt = X, das Unbekannte einer Gleichung, dessen Wert durch die Gleichung ermittelt werden soll (8.4.). Es bleibt fremd und wird nur unter den eingeschränkten Bedingungen des Erkennenden *für* diesen Erkennenden oder im selbstkritischen Selbstbezug der Vernunft bestimmt. Während KANT den Fremdbezug und den Selbstbezug des Denkens noch traditionell als ‚Vermögen' der Sinnlichkeit und des Verstands unterschied, gebrauchte HEGEL die Unterscheidung von Selbstbezug und Fremdbezug methodisch. Er unterschied nun formal den ‚Begriff' des Denkens vom ‚Gegenstand' dieses Begriffs. Dabei kann ein Begriff der Begriff verschiedener Gegenstände und ein Gegenstand der Gegenstand verschiedener Begriffe sein, was wiederum die Reflexion, der Selbstbezug, des Begriffs offenbart. Die Reflexion der Beziehung des jeweiligen Begriffs auf einen jeweiligen Gegenstand hält so das Verhältnis des Selbstbezugs und des Fremdbezugs des Begriffs in ‚Bewegung', die HEGEL als „Erfahrung des Bewußtseins" versteht[22] und deren Weg er als schrittweise Entfaltung des Begriffs des Bewusstseins als Selbstbewusstsein, Vernunft und Geist begreift. ‚Geist' ist dann sein Begriff für die vollkommene Beweglichkeit unter allen Begriffen des Begreifens von Gegenständen oder für die Einbeziehung aller Fremdbezüge in den Selbstbezug des Denkens. DILTHEY hat die Unterscheidungen von Verstand und Sinnlichkeit, Bewusstsein, Selbstbewusstsein, Vernunft und Geist in den Begriff des Seelenlebens (1.4.), LUHMANN in den Begriff der Beobachtung zurückgenommen und unmittelbar bei der Unterscheidung von Selbstbezug und Fremdbezug in der Beobachtung angesetzt. Ein Beobachter muss seine Beobachtung vom Beobachteten, in KANTS Begriffen

---

20 Kant, Kritik der reinen Vernunft, A 247 / B 304.
21 Ebd., A 19 / B 34, A 260 / B 316.
22 Hegel, Phänomenologie des Geistes, Theorie-Werkausgabe, hg. v. Karl Markus Michel und Eva Moldenhauer, Frankfurt am Main 1970 [= ThWA], 3.80.

das Subjektive vom Objektiven der Beobachtung, unterscheiden können. Dies ist, so LUHMANN, wiederum nur möglich durch einen Selbstbezug der Beobachtung, in dem sie ihren Selbstbezug von ihrem Fremdbezug unterscheidet. Dabei ‚schließt sich' die Beobachtung ‚operativ' zu einem ‚System', das als solches seine ‚Umwelt' von sich unterscheidet und sie so *als* Umwelt beobachtet. Nur solche selbstbezüglichen Systeme sind zu Beobachtungen von anderem imstande. Beobachtungen sind daher stets Beobachtungen von Beobachtungssystemen und selbstbezügliche Systeme fremdbezügliche Systeme zur Beobachtung ihrer Umwelt. In die Explikation seines Begriffs der Beobachtung hat Luhmann wiederum den Begriff der Orientierung eingeschrieben: „Operative Schließung besagt: eigene Rekursivität, Orientierung an selbstproduzierten Eigenwerten, Selbstversorgung mit Gedächtnis und mit Oszillation im Rahmen eigener Unterscheidungen, also Herstellung und Fortschreibung einer eigenen Vergangenheit und einer eigenen Zukunft. Sie besagt nicht: Unabhängigkeit von der Umwelt."[23]

1.3. Orientierung unter Ungewissheit: Verlass auf Plausibilitäten

Fremde Umstände einer neuen Situation werden vertraut, wenn man sich über sie orientiert. Man kennt sie dann. Aber auch wenn man sie kennt, bleibt die Situation ungewiss. Sie wird in der Orientierung immer nur so weit erschlossen, dass man sich in ihr zurechtfinden und mit ihr zurechtkommen kann. Man hat gewöhnlich nicht die Zeit, sich ein sicheres Wissen über all ihre Umstände zu verschaffen. Um zügig etwas zu tun und die Situation bewältigen zu können, muss man sich an wenige Anhaltspunkte halten (7.), ohne sich ihrer in jeder Hinsicht versichern zu können, und das meiste ganz im Ungewissen lassen. Das reicht zumeist auch aus. Es ist die *Grundbedingung jeder Orientierung, unter Ungewissheit zu operieren*. Man verlässt sich in der Orientierung auf Anhaltspunkte, rechnet mit den Risiken ihrer Ungewissheit und bleibt weiter auf sie aufmerksam. Auch dort, wo man Anhaltspunkte prüft und sich ihrer vergewissert, kann man nie gewiss sein, ob man auch unter veränderten Umständen noch an ihnen festhalten kann. Gewissheiten der Orientierung sind *ihre* Gewissheiten, die sie unter Ungewissheit erworben hat, und da sie sich dabei nie aller Umstände vergewissern konnte, die für ihre Gewissheiten von Belang sein könnten, sind sie Gewissheiten unter bleibender Ungewissheit. Es ist ihr bleibendes Risiko, dass sich immer noch anderes von Belang findet, als sie in der Situation zunächst ausgemacht hat, und sie besteht im Umgang mit eben diesem Risiko.

---

23 Luhmann, Die Politik der Gesellschaft, a.O., 111.

1.3. Orientierung unter Ungewissheit: Verlass auf Plausibilitäten

Die Orientierung bewältigt ihr Risiko so, dass sie, als Orientierung auf Zeit, sich auf alles, worauf sie sich verlässt, immer nur auf Zeit, bis auf weiteres verlässt. Sie ist unter dem Druck der Zeit darauf angewiesen, vieles unmittelbar hinzunehmen, und behält sich darum vor, es zu gegebener Zeit wieder aufzugeben. Sie arbeitet mit vorläufigen Gewissheiten und lässt sich auf sie jeweils so weit ein, wie es für die Bewältigung der Situation notwendig ist. Was unmittelbar und vorläufig gewiss ist, ist plausibel. Das Wort ‚plausibel' kommt von lat. ‚plaudere', klatschen, mit Händen, Füßen oder irgendwelchen Utensilien Beifall spenden, spontan zustimmen: Plausibel ist das, dem man spontan, ohne weitere Fragen und Begründungen, zustimmt, Plausibilitäten sind Annahmen, die nicht erst ‚gemacht' und noch weniger begründet zu werden brauchen. Sie sind mit einem Wort selbstverständlich. *Jede Orientierung verlässt sich auf das, was ihr plausibel oder selbstverständlich ist.*

Als selbstverständliche werden Plausibilitäten nicht artikuliert, nicht explizit gemacht. Sie werden fraglos vorausgesetzt. Werden sie erst artikuliert, werden sie damit Nachfragen ausgesetzt und dadurch fraglich. Man lässt sie ‚auf sich beruhen'. Erst wenn sie, unter entsprechenden Umständen, von sich aus fraglich werden, ‚bringt' man sie ‚zur Sprache', artikuliert man sie und verlangt dann gegebenenfalls nach Begründungen durch Argumente. Das Wort ‚Argument' kommt ebenfalls aus dem Lat., von ‚arguere', klar, durchsichtig machen. Argumente sollen durchsichtig oder explizit machen, was zuvor undurchsichtig oder implizit war. Dazu müssen sie selbst plausibel sein, und zwar jeweils für die, die sie überzeugen sollen. Dem einen kann aber anderes als dem andern plausibel sein, und so kann dasselbe Argument den einen überzeugen, den andern nicht. Überzeugt ein Argument jemand nicht, muss man es mit anderen Argumenten versuchen, von denen man hofft, dass sie für ihn nun plausibel sind.[24] Oder man ‚hält' sein Argument ‚aufrecht' und ‚stützt' es durch weitere Argumente, unter Umständen durch ganze Argumentationsketten und Begründungszusammenhänge. In der alltäglichen Orientierung dürfen solche Argumentationsketten jedoch nicht zu lang werden, wenn nicht die Übersicht über sie und damit auch ihre Beweiskraft

---

24 Vgl. Simon, Kant, a.O., 99 f.: Kant fügt, wenn jemand, wie er schreibt, an einem Beweise „nicht genug hätte" (Kritik der reinen Vernunft, A 506 / B 534), „für den Fall, daß ein Argument nicht überzeugt, ein weiteres hinzu, [...] wie [es auch] auf dem Gebiet des Rechts gebräuchlich ist." S. auch Niklas Luhmann, Die Realität der Massenmedien, 2., erw. Aufl. Opladen 1996, 197: „Aus zahllosen möglichen kausalen Konstellationen wird eine herausgegriffen, die plausibel gemacht werden kann."

verlorengehen soll. Auch Argumentationen stehen in der alltäglichen Orientierung unter Zeitdruck: Sie sind um so plausibler, je kürzer und übersichtlicher sie sind, und am plausibelsten ist das eine ‚schlagende‘, alle Zweifel auf einmal ‚niederschlagende‘ Argument, das keiner weiteren Argumente mehr bedarf, – das also wiederum unmittelbar plausibel ist. So führen auch Argumentationen wieder auf Plausibilitäten zurück. Das gilt auch für wissenschaftliche Begründungen: Auch sie müssen aus pragmatischen Gründen irgendwo enden, und auch sie enden bei Plausibilitäten. *Eben weil Plausibilitäten keine Begründungen mehr brauchen, können Begründungen bei ihnen enden und von ihnen ausgehen.* Plausibilitäten sind auch in den Wissenschaften immer dort in Kraft, wo man sich beim Begründen zufriedengibt und zufriedengeben muss.

Weil nun aber anderen anderes plausibel sein kann, kann man sich gegenüber andern nicht ohne weiteres auf Plausibilitäten *berufen*, zumal Plausibilitäten immer auch fehlgehen können, wie die alltägliche ebenso wie die wissenschaftliche Erfahrung hinreichend zeigt. Plausibilitäten, auf die man sich berufen will, müssen ihrerseits begründet sein, sich auf Argumente stützen, die im Zweifelsfall geltend gemacht werden können. Das machen Kinder klar, die von Eltern und Lehrern in die Plausibilitäten der Gesellschaft eingeführt werden, in der sie leben: sie fragen unerbittlich nach (‚warum schlachtet man Schweine und nicht Hunde?‘). Sie erwerben Plausibilitäten auf Grund von (mehr oder weniger überzeugenden) Argumentationen. Die Argumentationen treten mit der Zeit zurück, die Plausibilitäten bleiben und werden wieder fraglos, implizit (bis die eigenen Kinder wieder nach ihnen fragen). So werden auch *Plausibilitäten, wenn sie mitgeteilt werden, paradox: Sie beruhen auf Argumenten, die sie in Frage stellen können und die man darum (möglichst) auf sich beruhen lässt.* Sie oszillieren zwischen Fraglichkeit und Fraglosigkeit.

Eine Orientierung kann so auch ihrer Plausibilitäten oder Selbstverständlichkeiten nicht sicher sein. Aber sie erhalten sich doch so lange, bis sie in Frage gestellt werden, und auch dafür, dass sie in Frage gestellt werden, spielen sich wiederum Plausibilitäten ein, Standards, wonach man sinnvoll fragen kann und was als unsinnige Nachfrage abgetan wird (‚so ist das eben‘). Dies sind die *Plausibilitätsstandards einer Gruppe oder Gesellschaft* oder das, worin ihre Mitglieder einander fraglos verstehen: Sie schützen Plausibilitäten vor Nachfragen, bewahren ihre implizite Geltung. Wie implizite Plausibilitäten oder Selbstverständlichkeiten die Orientierung der Einzelnen, so ermöglichen implizite, selbstverständliche Plausibilitätsstandards die Orientierung aneinander, nicht nur in pragmatischen, sondern auch und vor allem in moralischen Belangen. Was

1.3. Orientierung unter Ungewissheit: Verlass auf Plausibilitäten   17

aber einer Gruppe oder Gesellschaft selbstverständlich ist, muss es wiederum nicht einer andern sein, und so können auch ihre Plausibilitätsstandards in der Begegnung mit Angehörigen anderer Gruppen und Gesellschaften wieder fraglich werden. Haben schließlich verschiedene Gruppen und Gesellschaften dauerhaft miteinander zu tun oder leben sie zusammen, werden sich auch dafür wieder Plausibilitätsstandards einstellen usw. Es bleibt bei Plausibilitäten und Plausibilitätsstandards, die auf Zeit in Geltung sind.

Plausibilitäten der Orientierung sind ebenso wie die Orientierung selbst in der Philosophie und Wissenschaftstheorie kaum thematisiert worden,[25] statt dessen Wahrscheinlichkeit oder Evidenz. Was plausibel ist, ist aber nicht wahrscheinlich und nicht evident. Denn Wahrscheinlichkeit wird von der Wahrheit her als eingeschränkt zuverlässige Wahrheit verstanden und schließt so Zweifel ein, und Evidenz schließt Zweifel aus. Dagegen ließe sich an Plausiblem durchaus zweifeln, es kommt jedoch, solange es plausibel ist, kein Zweifel auf. *Auch nach Wahrscheinlichkeit und Evidenz wird bei Plausiblem nicht gefragt.*

PEIRCE[26] hat im Prozess der wissenschaftlichen Hypothesenbildung zwischen einer überraschenden Beobachtung und dem Akzeptieren einer Hypothese, das selbst wieder überraschend sein könne, „Bewertungsstufen von Plausibilität (plausiblity)" unterschieden. Im ersten Stadium, der „Retroduktion", bei der „aus einem Konsequens auf das Antezedens" geschlossen werde, seien „spontane Konjekturen der instinktiven Vernunft" plausibel, die „keine Sicherheit" gewährten, aber Deduktionen, „Explikation[en] der Hypothese durch logische Analyse", und Induktionen, Überprüfungen der Übereinstimmung der Hypothese mit der Erfahrung, erst möglich machten. Bei einer Retroduktion, der Klärung der Umstände und Suche nach Gründen, handle es sich um ein Nicht-anders-Können, darum, dass „wir nicht anders können, als die Konjektur mit genau der Bewertung zu akzeptieren, die wir für ihre Anerkennung brauchen". Ihre Plausibilität sei die „Einfachheit" eines „ganz eigentümlichen Vertrauens", gegenüber der die „Einfachheit im logischen Sinn" zweitrangig sei.[27] WITT-

---

25 Repräsentative Wörterbücher wie das Historische Wörterbuch der Philosophie und die Enzyklopädie Philosophie und Wissenschaftstheorie führen kein Stichwort dazu.
26 Peirce, Ein vernachlässigtes Argument für die Realität Gottes (1908), in: Charles Sanders Peirce, Religionsphilosophische Schriften, übers. u. hg. v. Hermann Deuser, Hamburg 1995, 329–359, hier 343–351.
27 Die Retroduktion nennt Peirce auch Abduktion. Die Abduktion ist in formallogischer Sicht die Schlussform der Plausibilisierung und damit charakteristisch für die Orientierung. Hartwig Frank hat sie zugleich bei Nietzsche nachgewiesen (Orientierung durch Abduktion. Nietzsches semiotischer Pragmatismus, Vortrag zum Kolloquium „Orientierung" am 12. Juli 2006 in Greifswald, unveröff. Ms.).

GENSTEIN hat in seinen *Philosophischen Untersuchungen*, ohne den Begriff zu verwenden, das Nicht-Explizite von Plausibilitäten betont – „Die für uns wichtigsten Aspekte der Dinge sind durch ihre Einfachheit und Alltäglichkeit verborgen. [...] Die eigentlichen Grundlagen seiner Forschung fallen dem Menschen gar nicht auf."[28] – und in seinen Bemerkungen *Über Gewißheit* nochmals bekräftigt, „ein Grundsatz des Forschens und Handelns" könne „einfach dem Zweifel entzogen" sein und „als eine Selbstverständlichkeit hingenommen, nie in Frage gezogen, ja vielleicht nie ausgesprochen" werden: „Es kann z. B. sein, daß *unser ganzes Forschen* so eingestellt ist, daß dadurch gewisse Sätze, wenn sie je ausgesprochen werden, abseits allen Zweifels stehen. Sie liegen abseits von der Straße, auf der sich das Forschen bewegt."[29] „Man könnte Einem, der gegen die zweifellosen Sätze Einwände machen wollte, einfach sagen ‚Ach Unsinn!'. Also ihm nicht antworten, sondern ihn zurechtweisen."[30] „Ich will eigentlich sagen, daß ein Sprachspiel nur möglich ist, wenn man sich auf etwas verläßt. (Ich habe nicht gesagt ‚auf etwas verlassen kann'.)"[31] Die Verlässlichkeit wird nicht explizit und so auch nicht Zweifeln ausgesetzt. Es geht hier also, so WITTGENSTEIN, nicht um Wissen, sondern um Sicherheit, um wenigstens vorläufige Sicherheit: „Ja, ist nicht der Gebrauch des Wortes Wissen, als eines ausgezeichneten philosophischen Worts, überhaupt ganz falsch? Wenn ‚wissen' dieses Interesse hat, warum nicht ‚sicher sein'? Offenbar, weil es zu subjektiv wäre. [...] man will nicht subjektive Sicherheit ausdrücken, auch nicht die größte, sondern dies, daß gewisse Sätze am Grunde aller Fragen und alles Denkens zu liegen scheinen."[32] Dass sie am Grund aller Fragen und alles Denkens liegen, heißt nach WITTGENSTEIN nicht schon, dass sie ihnen zugrundeliegen, sondern nur, dass mit ihnen der Grund alles Fragens erreicht ist, dass man bei ihnen einfach aufhört zu fragen: „Ich bin auf dem Grund meiner Überzeugungen angelangt. – Und von dieser Grundmauer könnte man beinahe sagen, sie werde vom ganzen Haus getragen."[33] Plausibilitäten sind kein Grund, auf den man baut, sondern auf dem man ankommt, indem man mit Zweifeln aufhört: „Was für einen Grund habe ich, Lehrbüchern der Experimentalphysik zu trauen? – Ich habe keinen Grund, ihnen nicht zu trauen. Und ich traue ihnen. Ich weiß, wie solche Bücher entstehen – oder vielmehr, ich glaube es zu wissen. Ich habe einige Evidenz, aber sie reicht nicht weit und ist von sehr zerstreuter Art. Ich habe Dinge gehört, gesehen, gelesen."[34]

Durch Abduktionen, so Frank, werden Hypothesen, durch die etwas zunächst Unplausibles plausibel gemacht werden kann, selbst plausibel. Vgl. dazu auch Uwe Wirth, Vom freien Spiel der Einbildungskraft zum Spiel der Wissenschaft: Die Rolle der Abduktion, in: Zeitschrift für Semiotik 23.3–4 (2001), 379-392.
28 Wittgenstein, Philosophische Untersuchungen, § 129.
29 Wittgenstein, Über Gewißheit, § 87 f., in: Werkausgabe [= WA], Bd. 8, Frankfurt am Main 1984, 137.
30 Ebd., § 495, WA 8.219. Vgl. § 344, WA 8.187: „Mein *Leben* besteht darin, daß ich mich mit manchem zufriedengebe."
31 Ebd., § 509, WA 8.221.
32 Ebd., § 415, WA 8.201.
33 Ebd., § 248, WA 8.169.
34 Ebd., § 600, WA 8.241. Vgl. § 603, WA 8.242.

1.3. Orientierung unter Ungewissheit: Verlass auf Plausibilitäten

Von Plausibilitäten, soweit sie artikuliert, aber nicht mehr begründet und definiert werden, Begründungen und Definitionen bei ihnen enden, kann man wohl, wie man sagt, ‚einen Begriff haben' im Sinn von ‚sich mit ihnen auskennen', ‚mit ihnen hinreichend sicher umgehen können', aber eben keine logisch definierten Begriffe. Für das, wo Definitionen von Begriffen enden, hat die philosophische Sprache neben den Begriffen der Wahrscheinlichkeit und Evidenz die Begriffe der Empfindung und der Anschauung, für das Empfundene den Begriff des Gefühls und für das Angeschaute den Begriff des Bildes. Werden sie sprachlich artikuliert, erscheinen sie als Gefühle ansprechende Sprachbilder oder Metaphern. Gefühle, Bilder, Metaphern können definierte Begriffe verständlicher, plausibler machen, und sie müssen zuletzt die Begriffe, durch die Begriffe definiert werden, plausibel machen. KANT hat seine Abhandlung *Was heißt: Sich im Denken orientieren?* damit eingeleitet, dass auch und gerade „reine Verstandesbegriffe" erst „zum *Erfahrungsgebrauche* tauglich" werden, wenn ihnen „*bildliche* Vorstellungen" anhängen, die ihnen „Sinn und Bedeutung verschaffen".[35] Dies gilt nicht nur im Sinn der *Kritik der reinen Vernunft,* nach der Begriffe leer bleiben, wenn sie nicht durch Anschauungen erfüllt werden. Nach KANT gehen Begriffe und selbst reine Verstandesbegriffe ihrerseits auch aus Entsinnlichungen von bildlichen Vorstellungen hervor. Reine Verstandesbegriffe, denen nach der *Kritik der reinen Vernunft* Schemata ihr „Bild [...] verschaffen",[36] sind so gewonnen, dass „wir" von der „konkreten Verstandeshandlung die Beimischung des Bildes [...] weglassen", so dass „ihr Umfang nun erweitert ist und eine Regel des Denkens überhaupt enthält."[37] Begriffe sind von Bildern abstrahiert, und KANT hat daraus eine überraschende und wenig beachtete Folgerung gezogen. Denn die Vernunft kann aus ihrer Not, in ihrem Erfahrungsgebrauch auf bildliche Vorstellungen angewiesen zu sein – KANT vermeidet in seinem Werk den Begriff Metapher[38] –, eine Tugend

---

35 Kant, Was heißt: Sich im Denken orientiren?, AA VIII, 133.
36 Kant, Kritik der reinen Vernunft, A 140 / B 179 f. – Zu Kants Differenzierungen des Schemas vgl. Verf., Art. Schema, Schematismus I, in: Historisches Wörterbuch der Philosophie, Bd. 8, Basel/Darmstadt 1992, Sp. 1246–1291, hier 1250–1252, und die dort genannte Literatur.
37 Kant, Was heißt: Sich im Denken orientiren?, AA VIII, 133.
38 Kant gebrauchte den Begriff der Metapher in seinem Werk nur ein Mal, in seiner Rezension von Herders *Ideen zur Philosophie der Geschichte der Menschheit,* die er mit ihrem „Gewebe von kühnen Metaphern, poetischen Bildern, mythologischen Anspielungen" ablehnt (AA VIII, 60).

machen und gezielt aus den bildlichen Vorstellungen neue Regeln des Denkens gewinnen:

> manche *heuristische* Methode zu denken liegt in dem Erfahrungsgebrauche unseres Verstandes und unserer Vernunft vielleicht noch verborgen, welche, wenn wir sie behutsam aus jener Erfahrung herauszuziehen verständen, die Philosophie wohl mit mancher nützlichen Maxime, selbst im abstracten Denken, bereichern könnte.[39]

Diese Heuristik hat NIETZSCHE dann, ohne expliziten Bezug auf KANT,[40] in seiner frühen unveröffentlichten Schrift *Ueber Wahrheit und Lüge im aussermoralischen Sinne* zum Grundzug der „Bildung der Begriffe"[41] überhaupt gemacht und dabei dann auch den *Begriff des Begriffs* vom Bild und der Metapher her gedacht. Begriffe haben danach ihren Ursprung in Bildern und Metaphern, sie sind in Begriffe „aufgelöste" Bilder, zu einem Schema „verflüchtigte" anschauliche Metaphern. Bilder und Metaphern sind als solche nicht definiert, nicht festgestellt und halten so die Sprache im Fluss. Sie sind im Wortsinn – ,Metapher' kommt von gr. μεταφέρειν , ,etwas von da nach dort bewegen, verlegen, verschieben' – das, was die Sprache „beweglich" hält, ihr die Spielräume für Erweiterungen und Verschiebungen lässt, auf die sie angewiesen ist, um dem unablässigen Wechsel der Situationen ihres Gebrauchs entsprechen zu können. Werden sie jedoch immer gleich gebraucht, „nutzen" sie sich „ab", werden „sinnlich kraftlos", „entfärben" sich, „kühlen ab", werden „hart" und „starr", verfestigen sich zu Begriffen, die man dann durch Definitionen vollends fest-stellen kann:[42]

> Man darf hier den Menschen wohl bewundern als ein gewaltiges Baugenie, dem auf beweglichen Fundamenten und gleichsam auf fliessendem Wasser das Aufthürmen eines unendlich complicirten Begriffsdomes gelingt; freilich, um auf solchen Fundamenten Halt zu finden, muss es ein Bau, wie aus

---

39 Kant, Was heißt: Sich im Denken orientiren?, AA VIII, 133.
40 Dazwischen liegen die Kant-Rezeption Wilhelm von Humboldts und die Humboldt-Rezeption Gustav Gerbers, dessen Werk *Sprache als Kunst* (1871) Nietzsche ausgewertet hatte. Vgl. dazu Anthonie Meijers, Gustav Gerber und Friedrich Nietzsche. Zum historischen Hintergrund der sprachphilosophischen Auffassungen des frühen Nietzsche, in: Nietzsche-Studien 17 (1988), 369–390.
41 Nietzsche, Ueber Wahrheit und Lüge im aussermoralischen Sinne, in: Sämtliche Werke. Kritische Studienausgabe in 15 Bänden, hg. v. Giorgio Colli und Mazzino Montinari, München/Berlin/New York 1980 [= KSA], Bd. 1, 879–886, hier 881.
42 Ebd., 881 u. 883.

1.3. Orientierung unter Ungewissheit: Verlass auf Plausibilitäten 21

Spinnefäden sein, so zart, um von der Welle mit fortgetragen, so fest, um nicht von dem Winde auseinander geblasen zu werden.[43]

In beweglichen Netzen bleiben auch Begriffe beweglich oder, wenn es notwendig wird, neu metaphorisierbar. Sie sind auf Zeit festgestellte Metaphern und können im alltäglichen wie im wissenschaftlichen Sprachgebrauch neu in Bewegung kommen. *Um einerseits Feststellungen zu erlauben und andererseits Bewegung in ihren Feststellungen zuzulassen, oszillieren auch Begriffssprachen zwischen Metapher und Begriff.*

An KANT und NIETZSCHE hat (wiederum ohne expliziten Bezug auf deren Vorarbeiten) Hans BLUMENBERG mit seinem Begriff der „absoluten Metapher" angeschlossen[44] und ihn wieder mit dem Begriff der Orientierung verknüpft. Danach gehören Metaphern zu den „Grundbeständen der philosophischen Sprache". Sie lassen sich nicht in das, was die philosophische Tradition weitgehend für das „Eigentliche" hielt, „in die Logizität zurückholen", sondern erweisen sich „gegenüber dem terminologischen Anspruch als resistent", können „nicht in Begrifflichkeit aufgelöst" und nur durch eine andere Metapher „ersetzt bzw. vertreten oder durch eine genauere korrigiert werden".[45] In Metaphern, so BLUMENBERG weiter, kommt „ein implikatives Wissensbedürfnis zum Vorschein, das sich im Wie eines Verhaltens auf das Was eines umfassenden und tragenden Ganzen angewiesen weiß und sein Sich-einrichten zu orientieren sucht."[46] Metaphern können unauffällig das Sich-einrichten in der Welt orientieren, es mit ihren Bildgehalten ausrichten. Sie können auch dort noch plausibel sein, wo begriffliche Explikationen und Definitionen nicht mehr möglich sind, und durch ihre Plausibilität gegebene Begriffe plausibilisieren. Das schlagendste Beispiel ist der Begriff der Orientierung selbst: Er ist als Metapher verblasst und doch sichtlich eine Metapher, die Metapher der Ausrichtung nach dem Orient, dorthin, wo – lat. oriri – die Sonne aufgeht. Er scheint nicht oder nur schwer ‚in Begrifflichkeit aufgelöst' werden zu können – jedenfalls hielt man das bisher kaum für notwendig –, und er ist eine sprudelnde Quelle immer

---

43 Ebd., 882.
44 Hans Blumenberg, Paradigmen zu einer Metaphorologie [1960, Neudruck:], Frankfurt am Main 1998. – Vgl. dazu die umfassende, über den religionsphilosophischen Horizont hinausgehende Studie von Philipp Stoellger, Metapher und Lebenswelt. Hans Blumenbergs Metaphorologie als Lebensweltshermeneutik und ihr religionsphilosophischer Horizont, Tübingen 2000.
45 Blumenberg, Paradigmen zu einer Metaphorologie, 10–13.
46 Ebd., 25.

neuer Metaphern geworden, die auch ihrerseits zu philosophischen Begriffen geworden sind, wie ‚Standpunkt', ‚Horizont' und ‚Perspektive' (6.). Selbst BLUMENBERG hat die Metapher der Orientierung nicht als solche registriert, sondern seinerseits in seinen *Paradigmen zu einer Metaphorologie* lediglich regelmäßig auf sie zurückgegriffen und sie zur Erläuterung der absoluten Metapher benutzt. Er fand in absoluten Metaphern eine „untergründige Schicht des Denkens", die in den philosophischen Systemen nicht explizit, „wohl aber impliziert durchstimmend, färbend, strukturierend gegenwärtig und wirksam gewesen ist", und sah in ihnen eben deshalb „*Orientierungen*", „ganz elementare *Modellvorstellungen*":[47]

> Ihr Gehalt bestimmt als Anhalt von Orientierungen ein Verhalten, sie geben einer Welt Struktur, repräsentieren das nie erfahrbare, nie übersehbare Ganze der Realität. Dem historisch verstehenden Blick indizieren sie also die fundamentalen, tragenden Gewißheiten, Vermutungen, Wertungen, aus denen sich die Haltungen, Erwartungen, Tätigkeiten und Untätigkeiten, Sehnsüchte und Enttäuschungen, Interessen und Gleichgültigkeiten einer Epoche regulierten.[48]

Absolute Metaphern und allen voran die absolute Metapher der Orientierung selbst fungieren als fraglose Plausibilitäten der Orientierung.

1.4. Anschlussfähigkeit der Orientierung durch Selbststrukturierung

Dass Orientierung als Leistung, mit einer Situation zurechtzukommen, ihren Erfolg darin hat, ‚weiterzukommen', also weitergehen, weitermachen oder weiterleben zu können, ‚mitzukommen' mit dem, was rundum geschieht, oder ‚sich auf der Höhe der Situation zu halten', lässt sich inzwischen in *einen* Begriff fassen, der durch LUHMANN gängig geworden ist: ‚Anschlussfähigkeit'. Anschlussfähigkeit zeigt sich darin, ‚was jemand aus einer Situation machen', ‚wieviel er mit ihr anfangen' und ‚was er aus ihr lernen' kann. Wenn HEIDEGGER von der „Sorge" als dem „Sein des Daseins" sprach, dem es „in seinem Sein *um* dieses Sein selbst geht",[49] so ist dies „zunächst und zumeist" die Sorge um Anschlussfähigkeit.

---

47 Ebd., 15 f.
48 Ebd., 25.
49 Heidegger, Sein und Zeit, Tübingen [10]1963, 12.

1.4. Anschlussfähigkeit der Orientierung durch Selbststrukturierung

Wie anschlussfähig eine Orientierung ist, hängt wiederum davon ab, wie gut sie strukturiert ist und wie leicht sie sich weiter strukturieren kann, und in ihrer Ursprünglichkeit und Selbstbezüglichkeit muss sie es selbst sein, die sich strukturiert. Wenn Orientierung allem Erkennen und Handeln vorausgeht, ist kein *a priori* vor ihr vorauszusetzen, keine allgemeine reine Logik, keine reinen Verstandesbegriffe, keine reinen Formen der Anschauung, keine Freiheit. Statt dessen sind Unterscheidungen wie Verstand und Anschauung oder Notwendigkeit und Freiheit als Unterscheidungen zur Orientierung und, sofern sie für Orientierungen in wechselnden Situationen gelten sollen, als Unterscheidungen zur Strukturierung der Orientierung zu verstehen, und ihre Plausibilität liegt wiederum darin, wieweit sie die Anschlussfähigkeit einer Orientierung verständlich machen, und ihr Erfolg darin, wieweit sie sie steigern können.

‚Struktur' kommt von lat. ‚struere', schichten, bauen, errichten, und bedeutet im Wortsinn eine schrittweise errichtete Ordnung. Als philosophischer Begriff wurde ‚Struktur' durch DILTHEY prominent, der ihn als Grundbegriff einer neuen beschreibenden Psychologie gebrauchte, die er als „Strukturlehre" zur „Grundlage der Geisteswissenschaften" machen wollte.[50] Dabei ging er von der „Lebendigkeit" des „Seelenlebens" aus, in dem sich Orientierung vollzieht und strukturiert, um nun ohne apriorische Vorgaben dessen „Struktur" zu beschreiben: „Es gibt eine *Struktur* des Seelenlebens, so deutlich erkennbar als die des tierischen Körpers." Vorauszusetzen waren dabei keine „Vermögen", auch kein „Kern" des Seelenlebens, sondern nur der Fremdbezug des Selbstbezugs (1.2.): „Leben besteht überall in der Wechselwirkung eines beseelten Körpers mit einer Außenwelt, die das Milieu derselben bildet."[51] DILTHEY ging von einem bloßen „Spiel" von Heterogenem aus. „Befriedigung der Triebe, Erreichen und Erhalten von Lust, von Lebenserfüllung und Steigerung des Daseins, Abwehr des Mindernden, Drückenden, Hem-

---

50 Dilthey, Der Aufbau der geschichtlichen Welt in den Geisteswissenschaften, in: Gesammelte Schriften [= GS] VII, 17. – Vgl. Peter Krausser, Kritik der endlichen Vernunft. Wilhelm Diltheys Revolution der allgemeinen Wissenschafts- und Handlungstheorie, Frankfurt am Main 1968, und Mathias Kross, Art. Struktur, in: Historisches Wörterbuch der Philosophie, Bd. 10, Basel/Darmstadt 1998, Sp. 303–314.

51 Dilthey, Die Einbildungskraft des Dichters. Bausteine für eine Poetik, GS VI, 167. – Zur Vorbereitung von Luhmanns Systemtheorie durch Dilthey vgl. Alois Hahn, Die Systemtheorie Wilhelm Diltheys, in: Berliner Jahrbuch für Soziologie 9.1 (1999), 5–24.

menden: das ist es, was das Spiel unserer Wahrnehmungen und Gedanken unseren willkürlichen Handlungen zu einem Strukturzusammenhang verbindet. Ein Bündel von Trieben und Gefühlen, das ist das Zentrum unserer seelischen Struktur, von welchem aus das Spiel der Eindrücke durch den Gefühlsanteil, der von diesem Zentrum aus ihnen zuteil wird, in die Aufmerksamkeit erhoben, Wahrnehmungen und deren Verbindungen mit Erinnerungen, Gedankenreihen gebildet werden, an welche alsdann Steigerung des Daseins oder Schmerz, Furcht, Zorn sich anschließen." Das Entscheidende „für das ganze Studium dieses seelischen Strukturzusammenhangs" sei, daß die Strukturen sich aus Lebenszusammenhängen ergäben und in ihnen „erlebt", nicht für sie erdacht würden.[52] Und sofern für uns alles, was geschieht, sich im „Seelenleben" abspielt, sind, so DILTHEY, von seinen Strukturen aus auch die „Systeme" und „Organisationen", die sich in der Kommunikation mit anderen strukturieren und ausdifferenzieren, zu verstehen und darum ebenfalls durch den Begriff der Struktur zu erschließen.

Der Begriff der Struktur wurde nach DILTHEY rasch zu einem Leitbegriff nicht nur der Geistes- oder Kulturwissenschaften, sondern auch der Mathematik und der Naturwissenschaften. Er eröffnete ein ganzes Spektrum von Strukturalismen und half, auch hinter die traditionellen Gegensätze des Allgemeinen und des Konkreten und des Zeitlosen und Zeitlichen zurück- und damit nicht mehr von allgemeinen und zeitlosen Formen auszugehen, die mit konkreten und zeitlichen Inhalten gefüllt werden und vom Wechsel dieser Inhalte dabei unberührt bleiben sollten. Statt dessen ermöglichte er, ähnliche Strukturen in verschiedenartigen – physischen, psychischen, sprachlichen, sozialen, ethnischen, moralischen, religiösen, wissenschaftlichen – Verhältnissen wahrzunehmen und miteinander vergleichbar zu machen. Im Zug der Karriere des Strukturbegriffs ging jedoch weitgehend verloren, was für DILTHEY an ihm wesentlich war und wesentlich auch für die Selbststrukturierung der Orientierung ist: dass Strukturen mit der Zeit „erworben"[53] werden und sich darum auch mit der Zeit verändern und wieder auflösen können. Sie bleiben, um mit DILTHEY eine weitere absolute Metapher zu benutzen, im „Fluß" des Lebens: es ist, „als sollten in einem beständig strömenden

---

52 Dilthey, Ideen über eine beschreibende und zergliedernde Psychologie, GS V, 204 ff.
53 Dilthey, Die Einbildungskraft des Dichters. Bausteine für eine Poetik, GS VI, 175, Der Aufbau der geschichtlichen Welt in den Geisteswissenschaften, GS VII, 14, u. ö.

1.4. Anschlussfähigkeit der Orientierung durch Selbststrukturierung 25

Fluß Linien gezogen werden, Figuren gezeichnet, die standhielten".[54] Die Fluss-Metapher ist inzwischen auch in den physikalisch-chemischen Begriff des Fließgleichgewichts eingegangen, mit dem *Strukturen* erfasst werden, *die durch das Fortfließen des Flusses im Fluss entstehen, sich so lange erhalten, wie der Fluss anhält:* Strömungswirbel in strömendem Wasser, Wolken aus aufsteigendem Dunst, lebendige Organismen und Ökosysteme in der Zu- und Abfuhr von Stoff, Energie und Entropie, Kommunikationssysteme im Zusammenleben von Tieren und Menschen, Märkte im Austausch von Waren, Leistungen und Zuwendungen, Organisationen im Austausch von Personen auf ihren ‚Stellen' – und Orientierungen im unablässigen Wechsel von Situationen. Ihre Strukturen ergeben sich, wie nach DILTHEY im „Seelenleben", „mitten in dem Wechsel der Vorgänge, mitten in der Zufälligkeit des Nebeneinanderbestandes [...] und der Abfolge" der Gegebenheiten, Ereignisse oder Erlebnisse.[55] Sie stellen wohl allgemeine, aber kontingente Ordnungen dar, die sich zufällig im Konkreten ergeben, das sie durchfließt, und das Konkrete so lange strukturieren, wie es sie durchfließt. DEWEY hat hier von einer „intricate mixture of the stable and the precarious, the fixed and the unpredictably novel, the assured and the uncertain"[56] gesprochen und Struktur und Strukturiertes nur noch durch ihre Fließgeschwindigkeiten unterschieden: „Structure is an arrangement of changing events such that properties which change slowly, limit and direct a series of quick changes and give them an order which they do not otherwise possess."[57] Daran anschließend hat LUHMANN Strukturen von Prozessen unterschieden und gezeigt, dass diese Unterscheidung auch wieder auf sich selbst anwendbar ist. Denn auch eine Strukturierung ist ein Prozess und Prozesse können Strukturen haben.[58] Strukturen sind somit kontingent, zeitlich und selektiv:[59] zufällig zu einer Zeit im Zufälligen entstanden, schränken sie im Folgenden die Zufälligkeit ein, indem sie nun nur noch bestimmte

---

54 Dilthey, Der Aufbau der geschichtlichen Welt in den Geisteswissenschaften, GS VII, 280. – Zur philosophischen Metapher des Fließens vgl. Verf., Art. Fließen, in: Wörterbuch der philosophischen Metaphern, hg. von Ralf Konersmann, Darmstadt 2007, 102–121.
55 Ebd., GS VII, 15.
56 John Dewey, Existence as Precarious and as Stable, in: J. A. Boydston (Hg.), John Dewey. The Later Works, 1925–1953, Volume 1, Carbondale 1981, 55.
57 Ebd., 64.
58 Vgl. Luhmann, Soziale Systeme. Grundriß eine allgemeinen Theorie, Frankfurt am Main 1984, 73–75, 388 f.
59 Vgl. ebd., 377–387.

Verhaltensmöglichkeiten zulassen – z.B. Wasser in Wirbeln strömen und Individuen in Organisationen agieren lassen. Sie scheiden das Wasser *im* Strömungswirbel vom Wasser *außerhalb* des Strömungswirbels und Individuen *in* Organisationen von Individuen *außerhalb* von Organisation, und an solche Scheidungen (oder Selektionen) können Unterscheidungen – des Stroms vom Strömungswirbel, des Unorganisierten vom Organisierten – anschließen.

Die Differenz von Struktur und Strukturiertem ist so auch die Differenz von Unterscheidung und Unterschiedenem. *Unterscheidungen der Orientierung lassen sich damit als Selbststrukturierungen der Orientierung verstehen.* Ihre (unter-)scheidenden Strukturen fungieren als „Wiederverwendbarkeiten" unter wechselnden Bedingungen,[60] die sich „in immer neuen, von Fall zu Fall ganz verschiedenen Situationen" bewähren (oder nicht) – und sich dabei verschieben können. Dadurch bekommen sie „etwas Undefinierbares", sie sind „immer aus diesen Mischerfordernissen von Spezifikation und Generalisierung, Kontextfreiheit, Herausziehen von Identitäten einerseits und Kontextfitting, Kontextabhängigkeit, Kontextbewährung in der Wiederverwendung andererseits zusammengesetzt".[61] Die Selbstkonstruktion der Orientierung vollzieht sich so im Sinne DERRIDAS zugleich als Selbst*de*konstruktion. ‚Dekonstruieren' heißt wörtlich ‚umbauen, umschichten'. Dekonstruktion bedeutet nicht mehr (aber auch nicht weniger), als entstandene Begriffsstrukturen unter veränderten Umständen neu auf ihre Haltbarkeit hin zu überpüfen und auf die Prozesse des ‚Verschiebens' (*différance*) und Zerstreuens (*dissémination*) zu achten, denen sie unterliegen.[62]

---

60 Luhmann, Einführung in die Systemtheorie [Vorlesung 1991/92], hg. von Dirk Baecker, Heidelberg/Darmstadt 2004, 332.
61 Ebd., 333. – Vgl. Nietzsche, Zur Genealogie der Moral II, Nr. 13, KSA 5.317: „alle Begriffe, in denen sich ein ganzer Prozess semiotisch zusammenfasst, entziehen sich der Definition; definirbar ist nur Das, was keine Geschichte hat." Nietzsche spricht von einer „Aufeinanderfolge von mehr oder minder tiefgehenden, mehr oder minder von einander unabhängigen, an ihm sich abspielenden Überwältigungsprozessen, hinzugerechnet die dagegen jedes Mal aufgewendeten Widerstände, die versuchten Form-Verwandlungen zum Zweck der Vertheidigung und Reaktion, auch die Resultate gelungener Gegenaktionen." (ebd., II, Nr. 12, KSA 5.314 f.).
62 Vgl. Derrida, Marges de la philosophie, Paris 1972, deutsch: Randgänge der Philosophie (versch. Übersetzer), Wien 1988, und J.D., La dissémination, Paris 1972, deutsch: Dissemination, übers. v. Hans-Dieter Gondek, Wien 1995, und Luhmanns Verweise auf Derrida in: Soziale Systeme, a.O., 201 f., 368 f., und in: Die Gesellschaft der Gesellschaft, a.O., 873 u. 1146.

1.4. Anschlussfähigkeit der Orientierung durch Selbststrukturierung 27

Mit einem solchen Begriff der Struktur (diesseits und jenseits des Strukturalismus) ist in der aktuellen Situation der Philosophie am besten auf die Frage zu antworten, wie mit der Zeit gehende Orientierungen ‚Halt finden', wie sie sich, auch wenn sie in sich nichts fest voraussetzen und sich auch an nichts außer ihnen fest halten können, sondern in allem der Zeit ausgesetzt sind, in der alles anders werden kann, doch auf Zeit an etwas halten können. Sie halten sich an die im Wechsel der Situationen von ihnen selbst erworbenen Strukturen, indem sie neue Situationen nach ihnen strukturieren und so hinreichend bestimmte Handlungsmöglichkeiten gewinnen. Die Handlungsmöglichkeiten werden um so vielfältiger, je differenzierter sich Orientierungen strukturiert haben, und so steigern Orientierungen ihre Anschlussfähigkeit, indem sie ihre Selbststrukturierung steigern, das heißt ihre Strukturen zugleich differenzieren und stabilisieren. Die Selbststrukturierung beginnt mit der Unterscheidung von Situation und Orientierung, die in allen weiteren Unterscheidungen fortwirkt (4.), setzt sich fort mit der Unterscheidung von Sichten auf die Situation (5.), von Standpunkten und Horizonten solcher Sichten (6.), von Anhaltspunkten der Situation, die sich in ihnen unterscheiden lassen, zu wiedererkennbaren Mustern zusammentreten (7.) und durch Zeichen bezeichnet werden können (8.). Aus Mustern solcher Muster bildet sich das Selbst einer Orientierung heraus, das zu Routinen finden und wiederum Muster von Routinen als Orientierungswelten ausdifferenzieren (9.) und all dies in wachsender Distanz zu konkreten Orientierungssituationen durch Denken reflektieren kann (10.). Indem sich Orientierungen mit ihren jeweiligen Orientierungs- und Denkstrukturen aneinander orientieren, entstehen Strukturen der Interaktion und Kommunikation (11.), die wechselseitige Identifikationen ermöglichen (12.) und die sich weiter als Kommunikationssysteme der Wirtschaft, der Massenmedien, der Politik und des Rechts (13.) und der Wissenschaft, der Kunst und der Religion (14.) differenzieren und ausdifferenzieren. Die wachsend komplexe pragmatische Orientierung kann in bestimmten Situationen durch die moralische Orientierung unterbrochen werden, sofern sie einer unbedingten Nötigung zu einer bestimmten Handlungsweise, einer ihr als alternativlos geltenden Pflicht, folgt und sich dadurch selbst bindet (15.). Soweit sie aber in der Orientierung an anderer Orientierung bei anderen auf andere Moralen stößt, sieht sich auch die moralische Orientierung genötigt, ihre unbedingte Selbstbindung zu reflektieren und Strukturen einer Moral im Umgang mit anderen Moralen oder einer ethischen Orientierung zu entwickeln (16.). Sie werden für die Weltorientierung in globalisierter Kommunikation unerlässlich (17.). Das Bedürfnis nach festen Strukturen kann Orientierungen in bedrängten Situationen aber auch nötigen, von allen Spielräumen abzusehen, die ihre Strukturen lassen und lassen müssen, wenn sie mit der Zeit gehen sollen, und Halt in Metaphysiken zu suchen (18.). Auch die traditionelle Metaphysik hat auf Orientierungsbedürfnisse geantwortet: mit dem Begriff des Seins auf das Orientierungsproblem der Unbeständigkeit und der Zeit überhaupt, mit dem Begriff der Welt auf das Orientierungsproblem der Unübersichtlichkeit der Situation, in der jede Gegebenheit und Begebenheit von unbegrenzt vielen weiteren Gegebenheiten abhängig sein kann, mit dem Begriff der Seele und dem des freien Willens auf das Problem des ‚Wer?' der Orientierung und der Beherrschbarkeit der Orientierung an anderer Orientierung und mit dem Begriff Gottes als einer Instanz schlechthinniger Beständigkeit, Übersichtlichkeit und Beherrschbarkeit auf das Orientierungsproblem schlechthin, die Ungewissheit.

1.5. Analyse der Orientierung: Anschlüsse und Methoden

Auch eine *Philosophie der Orientierung* ist Teil der Selbststukturierung der Orientierung, eine Orientierung über Orientierung im Fluss der Orientierung. Sie begründet und verteidigt daher *keine philosophische ‚Position'*.[63] Als -ismen titulierte oder in -ismen formulierte ‚Positionen' der Philosophie sind schon ‚Standpunkte' besonderer Sichten, die an einzelnen Anhaltspunkten der Orientierung ansetzen und gleichermaßen plausibel sein können. Eine Philosophie der Orientierung kann bei solchen Positionen nicht stehenbleiben, sondern muss nach ihren Funktionen in der Orientierung und den Standards fragen, die sie plausibel machen (18.2.). Sie kann die Vielfalt von Philosophien als Ausdruck der

---

63 Zur Kritik der „Positionalität" in der Philosophie vgl. Damir Smiljanić, Philosophische Positionalität im Lichte des Perspektivismus. Ein metaphilosophischer Versuch, Marburg 2006. Smiljani geht von Vorarbeiten der vorliegenden Philosophie der Orientierung aus und argumentiert in ihrem Sinn. Er nimmt jedoch eine „Meta-Ebene" (283) für eine „Metaphilosophie" an, die alle „Standorte" und an sie gebundenen „Standpunkte" des Philosophierens (341 f., Anm.) unter sich lassen soll. Auch ‚Ebenen' sind Voraussetzungen für ‚Positionen'. Bertrand Russell hatte in seiner Typentheorie mit der Einführung solcher Ebenen die logischen Antinomien der Mengenlehre zu vermeiden gesucht, die aus deren Selbstbezüglichkeit entsprangen. In der Orientierung aber ist Selbstbezüglichkeit grundlegend und braucht nicht durch Ebenen vermieden werden (1.2.).

1.5. Analyse der Orientierung: Anschlüsse und Methoden

Vielfalt von Möglichkeiten verstehen, in der Orientierung über Orientierung unterschiedliche Standpunkte zu beziehen. Sie wird dabei nicht nur aktuelle, sondern auch historische Standpunkte der Philosophie einbeziehen, soweit dort Unterscheidungen gefunden, geprägt und überliefert wurden, die bis heute maßgeblich geblieben sind. Die Semantik der Orientierung selbst ist für die Verhältnisse der Philosophie noch jung, etwas mehr als zweihundert Jahre (3.). Sie ging aus dem Willen zur Aufklärung der Vernunft über sich selbst hervor und setzte ihrerseits Unterscheidungen der europäischen Philosophie seit ihren Anfängen voraus. Sofern sich die Philosophie immer neu genötigt sah, nach ihren eigenen Voraussetzungen zu fragen – und so hatte sie PLATON bestimmt[64] –, war ihr Gang im Grundzug kritisch. Nach zweihundert Jahren ist es nun an der Zeit, auch die Semantik der Orientierung kritisch zu befragen, unter den aktuellen Bedingungen neu zu entfalten und ihre Plausibilität gegenüber älteren Semantiken wie denen des Seins, des Bewusstseins oder der Vernunft zu prüfen.

Dies wird im *Anschluss an die Wissenschaften* geschehen, die zur Analyse der Orientierung beigetragen haben: zunächst die Geographie und die Kartographie, von denen die Philosophie das Wort ‚orientieren' übernommen hat, dann die Biologie, soweit sie die Orientierungsfähigkeiten der Pflanzen und Tiere erforscht. Ihre für eine Philosophie der Orientierung relevanten Ergebnisse werden im folgenden Kapitel (2.) dargestellt. Die Psychologie hat gegen Ende des 19. Jahrhunderts begonnen, auch die Orientierungsmechanismen des Menschen in seiner Umwelt zu untersuchen (2.2.). Zur Analyse der Orientierung von Menschen aneinander hat die Soziologie ebenso reiches Material wie aufschlussreiche Unterscheidungen bereitgestellt, insbesondere Georg SIMMEL mit seiner zugleich formalen und auf das Individuum ausgerichteten Soziologie an der Wende zum 20. Jahrhundert, und seit den 60er Jahren des 20. Jahrhunderts Erving GOFFMAN mit seinen mikrosoziologischen Studien zu den Techniken der Identitätswahrung, zu Interaktionsritualen im unmittelbaren Gegenüber und im öffentlichen Austausch (11.). Niklas LUHMANN wiederum hat in philosophischer Gründlichkeit die Bedingungen der Möglichkeit der wechselseitigen Orientierung überhaupt in Konkurrenz zur „alteuropäischen Denkweise, zur Denkweise einer ontologisch-metaphysischen Tradition und ihres spezifischen Humanismus"[65] von der Kommunikation der Gesellschaft

---

64 Platon, Politeia, 510b-e.
65 Luhmann, Einführung in die Systemtheorie, a.O., 343.

aus zu klären versucht. Seine Systemtheorie lässt ebensowenig wie die Orientierung einen Standpunkt außerhalb ihrer selbst zu, und LUHMANN hat vorgeführt, wie und mit welchem Gewinn sie selbstbezüglich zu entfalten ist. Er wollte nicht mehr voraussetzen als die Evolutionstheorie und die „kantische Fragetechnik" nach den Bedingungen der Möglichkeit dessen, was als wirklich erscheint,[66] und hat dabei auch den Begriff der Orientierung thematisiert (3.2.14.). Sein Focus war auf die Spielräume der Orientierung in modernen westlichen Gesellschaften gerichtet, und auch der Focus dieser Philosophie der Orientierung ist es. Er ist zweifellos ungebührlich eng, und die Ethnologie, die Kulturanthropologie und die Kulturwissenschaften im ganzen laden ein, ihn nach allen Seiten zu überschreiten. Nicht nur aus Gründen der Kompetenz, auch um der Gründlichkeit und Übersichtlichkeit einer *Philosophie* der Orientierung willen wird hier jedoch Beschränkung nötig sein.

Die wichtigsten *Anschlüsse in der Philosophie* sind in dieser Vororientierung schon deutlich geworden. Zu ihnen gehören auch und zunächst die Philosophien, die den Begriff der Orientierung explizit aufgenommen und zu seiner Analyse beigetragen haben. Ihnen ist ein ausführlicher Abschnitt gewidmet (3.2.).

Auch die *grundlegende methodische Schwierigkeit* einer Philosophie der Orientierung ist schon zum Vorschein gekommen (1.3.), die *Paradoxie, die Selbstverständlichkeit der Orientierung zum Gegenstand einer theoretischen Analyse zu machen*. Mit dem Versuch einer theoretischen Analyse stellt sich eine Philosophie der Orientierung nicht nur jenseits dessen auf, worin sie selbst eingebunden ist, sondern setzt das, worauf sie zu ihrem Gelingen angewiesen ist, auch dem Risiko von Nachfragen aus und droht so seine Selbstverständlichkeit zu zerstören.[67] Die Schwierigkeit taucht, wie angedeutet, schon in KANTS Einleitung zu seiner Orientierungs-Schrift auf. Er sah die Philosophie in der Spannung, sich einerseits an unmittelbar verständliche „gegebene Begriffe" der Alltagsorientierung und Alltagskommunikation halten und diese andererseits doch wissenschaftlich bestimmen und dadurch von ihrer Selbstverständlichkeit lösen zu müssen.[68] Die Philosophie muss auch mit ihren Analysen des Selbst-

---

66 Ebd., 323.
67 Vgl. Hans Blumenberg, Das Dilemma der Selbstverständlichkeit, in: H. B., Zu den Sachen und zurück. Aus dem Nachlaß hg. v. Manfred Sommer, Frankfurt am Main 2002, 304.
68 Kant, Kritik der reinen Vernunft, A 729 f. / B 757 f. – In einer Nachlass-Notiz spricht Kant von der Alltagsorientierung und Alltagskommunikation als der

1.5. Analyse der Orientierung: Anschlüsse und Methoden

verständlichen im Horizont der Selbstverständlichkeit, ihre wissenschaftliche Orientierung über die alltägliche Orientierung für diese alltägliche Orientierung plausibel bleiben. Das geeignetste Mittel dazu könnte eben die Einführung des Begriffs der Orientierung in die Philosophie gewesen sein, der seither ebenso in der alltäglichen wie in der wissenschaftlichen und philosophischen Kommunikation wie kaum ein anderer plausibel geworden ist. Und KANT hat mit ihr nicht nur dem Bedürfnis nach Orientierung zuerst einen systematischen Ort in der Selbstkritik der Vernunft gegeben, sondern dabei auch schon das Verfahren ihrer Analyse vorgegeben, die *selbstbezügliche Kritik*.

In die selbstbezügliche Kritik haben vor allem KIERKEGAARD, DILTHEY und NIETZSCHE auch den theoretischen Standpunkt einbezogen, indem sie versuchten, ihn in ‚das Leben' zurückzuholen und seine besonderen Bedingungen darin zu klären. Dies hat in HEIDEGGERS *Sein und Zeit* zum expliziten *Ansatz bei der „Grundverfassung der Alltäglichkeit des Daseins"* geführt, in der es sich „zunächst und zumeist" zeige.[69] Alltäglich ist das, was sich wohl nicht immer, aber doch über eine gewisse Zeit hinweg so regelmäßig ereignet, dass es für die, die es erfahren, selbstverständlich geworden ist – und das kann im Leben vieler auch Hunger, Not und Terror sein. HEIDEGGER nannte die Alltäglichkeit auch „durchschnittlich", sofern in ihr von Besonderheiten abgesehen wird, die dann gegenüber dem Selbstverständlichen *als* Besonderheiten auffallen, und so lässt sich das Durchschnittlich-Alltägliche am ehesten negativ fassen als das, was nicht auffällt. Im Modus der „Unauffälligkeit", „unauffälligen Vertrautheit" oder „Selbstverständlichkeit" zeigt sich, so HEIDEGGER, „das nächst Zuhandene", und je unauffälliger etwas ist, um so „hartnäckiger und ursprünglicher" wirkt es sich aus.[70] Die Orientierung aber bestimmt HEIDEGGER gerade als „die Umsicht des besorgenden Zugangs" mit Zuhandenem (3.2.10.).[71] Dem kann auch eine Philosophie der Orientierung folgen. Ebenso der von HEIDEGGER vorgeschlagenen

---

„gesunden Vernunft in der Artigkeit, Umgange, Anständigkeit": „Der philosophen Geschäfte" aber sollte es sein, eben „die geheime Urtheile der gemeinen Vernunft zergliedern." (Kant, Nachlaß, Reflexionen zur Anthropologie, AA XV, 180).

69 Heidegger, Sein und Zeit, a.O., 16 f.
70 Ebd., 81, 104, 121, 126. – Die „Berufung auf Selbstverständlichkeit" hat Heidegger, unter Bezug auf die oben angeführte Nachlass-Notiz Kants, „im Umkreis der philosophischen Grundbegriffe" jedoch zu Recht vermieden, eben weil es die Philosophie nicht bei der Selbstverständlichkeit ihrer Begriffe belassen könne (ebd., 4).
71 Ebd., 79.

Methode der Analyse des durchschnittlich alltäglichen Daseins, der Phänomenologie, die er als Aufzeigen dessen bestimmt, „was sich zeigt, so wie es sich von sich selbst her zeigt", was in seiner Selbstverständlichkeit aber erst entdeckt und verständlich gemacht werden muss.[72] *Eine phänomenologische Philosophie der alltäglichen Orientierung beschreibt lediglich Beobachtungen in alltäglichen und alltäglich verständlichen philosophischen Begriffen.*

Weil HEIDEGGER auf eine *„eigentliche* Existenz" und ihr „Vorlaufen in den Tod" hinauswollte, setzte er das „durchschnittlich Alltägliche" zum „Vulgären" und „Uneigentlichen" oder zum „verfallenden" Seins- und Verhaltensmodus des „Man" herab. Er bezog in dieses Man auch den theoretischen Standpunkt ein, für den das Zuhandene zu einem bloß Vorhandenen, das umsichtig Besorgte zu einem Gleichgültigen und darum einem für alle gleich Gültigen werde.[73] Phänomenologisch besteht jedoch kein Grund, in der theoretischen Distanz zur Sorge des Daseins schon ein Verfallen in „öffentliche Ausgelegtheit" und „Gerede" und seine eigentliche Existenz im Ergreifen „eigenster Möglichkeiten" zu sehen.[74] Jede Handlungsmöglichkeit, auf die sich jemand in seiner Orientierung einlässt, ist, auch wenn er sich dabei an andern orientiert, *seine* Handlungsmöglichkeit, mit der er in *seiner* Situation weiterkommt oder nicht. Eine Philosophie der Orientierung wird darum auf die Unterscheidung eigentlich – uneigentlich verzichten. HUSSERL hat sie in seiner *Krisis*-Schrift zu Recht und mit Erfolg durch die Unterscheidung von Lebenswelt und theoretisch objektivierter Welt ersetzt (14.1.). In der Orientierung kann eine theoretisch distanzierte Haltung zu ihr notwendig werden und hilfreich sein, und in diesem Fall ist sie ebenfalls lebensbedeutsam. Aber auch sie wird nur von Zeit zu Zeit eingenommen und bleibt so in die Orientierung und ihre Bedürfnisse eingebunden. Dies hat insbesondere MERLEAU-PONTY deutlich gemacht.

Die Selbstverständlichkeiten der alltäglichen Orientierung sind am zugänglichsten in der Sprache der alltäglichen Orientierung. Wenn Orientierung ein Alltagsproblem ist, muss die Alltagssprache auch eine Sprache für sie haben. Sie muss sich durch immer neuen Gebrauch eingespielt haben, der sich von Situation zu Situation bewährt haben und weiter bewähren muss. Jeder ist frei, so oder anders zu reden und dabei auch neue Redeweisen ins Spiel zu bringen, zugleich aber darauf angewiesen, dass andere sie verstehen und auf sie eingehen. So kommt es zu immer neuen Abstimmungen über den Sprachgebrauch im doppelten Sinn: zu einer ständigen Abstimmung der Kommunizierenden aufeinander und dabei zur ständigen Abstimmung über die Plausibilität einer

---

72 Ebd., 34 ff.
73 Vgl. ebd., 224 f.
74 Ebd., 177, 263.

1.5. Analyse der Orientierung: Anschlüsse und Methoden

Sprechweise für den jeweils andern. So zeigt sich an den Sprechweisen, die sich durch zahllose Sprecher in zahllosen Sprechsituationen durchgesetzt haben, wie die alltäglichen Bedürfnisse der Orientierung plausibel zum Ausdruck kommen. Das phänomenologische Vorgehen wird darum durch ein *sprachphänomenologisches* ergänzt. Dabei können wiederum Etymologien aufschlussreiche Hinweise geben, ohne dass sie darum schon so etwas wie eine ‚ursprüngliche' und darum ‚eigentliche' Bedeutung angeben würden. Das sprachphänomenologische Vorgehen bindet jedoch an eine bestimmte Sprache, hier an die deutsche, die zufällig die Sprache des Autors ist und damit die Sprache, in der und durch die er sich orientiert. In anderen Sprachen könnte die Orientierung über Orientierung anders ausfallen, und dies könnte dann auch auf andere Weisen der Orientierung verweisen. Die Rückführung der theoretischen Verwendung von Begriffen auf den alltagssprachlichen Gebrauch der Wörter oder die Therapie der Philosophie von der Theorie hat, darin bisher unerreicht, WITTGENSTEIN vorgeführt, und im Sinn seines „denk nicht, sondern schau!"[75] wird eine Philosophie der Orientierung einfach zu ‚schauen' versuchen, was man zur Orientierung über Orientierung ‚sagen kann'. Auch darin, dass sie die alltägliche Sprache der Orientierung zu ihrer Beschreibung der Orientierung benutzt, ist sie selbstbezüglich.

---

75 Wittgenstein, Philosophische Untersuchungen, § 66.

2. Vorfeld: Vorkommen der Orientierung

2.1. Menschliche Orientierung
2.2. Orientierungen bei Tieren, Pflanzen und Teilchen
2.3. Orientierung im Zusammenspiel von Orientierungssystemen
2.4. Menschliche Orientierung mit Karten und Kompassen

2.1. Menschliche Orientierung

Die menschliche Orientierung ist vielfältig. Spricht man von Orientierung überhaupt, meint man entweder die *geographische Orientierung* im Gelände, in Gebäuden, in Städten, auf See, im Luftraum, die *pragmatische Orientierung* z.B. im Gebrauch von Geräten und in der Bewältigung von Anforderungen oder die *kommunikative Orientierung* in Gesprächen, in Berichten, Erzählungen und Schriftsätzen, in Büchern, in Wissenschaften, im Internet. Im Jargon ‚kommt man hier klar‘, ‚bekommt es hin‘, ‚blickt durch‘ – oder nicht. Daneben unterscheidet man die *sexuelle Orientierung* in der Präferenz des andern oder desselben Geschlechts in den Spielarten der körperlichen Liebe, die *schulische* und die *berufliche Orientierung* in der Wahl eines Ausbildungswegs und eines Berufs,[1] die *ökonomische Orientierung* beim Umgang mit knappen Ressourcen, die *politische Orientierung* beim Treffen und in der Beurteilung von die Gesellschaft im ganzen bindenden Entscheidungen, die *rechtliche Orientierung* bei der Abwägung des Einsatzes von Rechtsmitteln, die *wissenschaftliche Orientierung* beim Beziehen einer ‚Position‘ in wissenschaftlichen Diskursen, die *künstlerische Orientierung* im Interesse für spezifische Mittel, Gegenstände und Stile einer Kunst, die *religiöse Orientierung* im Bekenntnis zu einer ‚Glaubensrichtung‘, die *moralische* und die *ethische Orientierung* (die manchmal getrennt werden, manchmal

---

[1] In Deutschland hat man für die Schulkarriere in vielen Ländern eine ‚Orientierungsstufe‘ eingeführt, in Frankreich die ‚orientation scolaire‘ und die ‚orientation professionnelle‘ zur Sache professioneller ‚orienteurs‘ gemacht (vgl. Maurice Reuchlin, Orientation professionnelle et scolaire, in: Encyclopaedia Universalis (30 Bde.), Bd. 17, Paris 1992, 105–107.

nicht) im Sich-Halten an moralische Prinzipien, Normen und Werte und deren kritischer Reflexion und schließlich die *Weltorientierung*, die Orientierung im globalen Horizont. Allen ist gemeinsam, dass sie es mit ‚Spielräumen' zu tun haben, in denen Alternativen auftreten, über die entschieden werden muss, dass diese Entscheidungen unter Ungewissheit getroffen werden müssen und darum Mut erfordern. Orientierungen haben darum gemeinsame Strukturen, sind aber nicht einheitlich und dürfen es nicht sein, wenn sie individuellen Situationen gerecht werden wollen. Auch wenn sie sich langfristig festlegen, müssen sie sich für wechselnde Kontexte offenhalten, die sie, ‚wenn es darauf ankommt', zu Umorientierungen nötigen können. Orientierungen sind zuletzt individuelle Orientierungen individueller Menschen in individuellen Situationen. Sie sind in wechselnden Situationen ‚gut' oder weniger gut, können ‚gestört' werden und ganz ‚versagen', und manchmal kann der eine ‚sich nicht vorstellen', warum ein anderer in seiner Orientierung ‚sich so schwer tut', was ihm in seiner Orientierung ‚so leicht fällt'.

Der menschlichen Orientierung mit ihren vielfältigen Strukturen wird in den folgenden Kapiteln ausführlich nachgegangen. Über Orientierungen verfügen jedoch nicht nur und nicht erst Menschen. Menschen teilen Orientierungsweisen mit Tieren und Pflanzen, und auch die Orientierungen der leblosen Elemente, aus denen ihre Körper aufgebaut sind, gehen in ihre Orientierungen ein. Die Orientierungen von Tieren, Pflanzen und Teilchen werden nach und nach erforscht; sie sind jedoch so komplex und in vielem so schwer zu fassen, dass die wissenschaftliche Orientierungsforschung in weiten Bereichen noch am Anfang steht. Auch sie kann dabei nicht anders als (selbstbezüglich) von der menschlichen Orientierung ausgehen.

2.2. Orientierungen bei Tieren, Pflanzen und Teilchen

Die für Menschen augenfälligste Orientierung ist die autonome räumliche Ausrichtung von Lebewesen. Sie reicht von ‚Orientierungsbewegungen' auf nahe Reize hin bis zu periodischen ‚Migrationen' zwischen Lebensräumen. *Orientierungsbewegungen*, die frei bewegliche Menschen und Tiere in der Nahdistanz vollziehen, nennt die Biologie ‚Taxien', die Orientierungsbewegungen von Pflanzen und festgewachsenen Tieren ‚Tropismen'.[2] Tropismen folgen der Schwerkraft (Geotropismus), be-

---

2 Vgl. die differenzierte Darstellung von Hermann Schöne, Orientierung im

stimmten Reizquellen wie dem Licht (Phototropismus), insbesondere dem Sonnenlicht (Heliotropismus), dem Wasser (Hydrotropismus), chemischen Stoffen (Chemotropismus), der Wärme oder Kälte (Thermotropismus) und Berührungen (Haptotropismus). Sie können über Alternativen der Zu- oder Abwendung verfügen (‚positiver‘ und ‚negativer‘ Tropismus), können zusammenwirken und komplexe Krümmungsbewegungen hervorbringen. Pflanzen erzeugen sie durch Wachstums- und durch ‚Turgorbewegungen‘, elastische Dehnungen durch Verlagerung des osmotischen Drucks in den Zellen. Manche Pflanzen winden sich dabei nur nach rechts, manche nur nach links; ihre auffällige Rechts-Links-Orientierung war einer der Ausgangspunkte der Philosophie der Orientierung im 18. Jahrhundert (3.2.2.).[3]

Voraussetzung der Orientierung sich autonom bewegender Tiere ist die Fähigkeit, sich im *Gleichgewicht* zu halten. Das Gleichgewicht, physikalisch gesprochen ein ‚labiles Gleichgewicht‘, muss in der Bewegung unablässig neu justiert werden. Höhere Tiere halten überwiegend eine Grund- oder Normalhaltung (normal stance) ein, kriechen auf dem Bauch, gehen auf allen Vieren, stehen auf den Füßen usw. Wirbeltiere von den Fischen und Lurchen bis zu den Vögeln und Menschen bewahren die gewünschte Haltung mit Hilfe eines Gleichgewichtsapparats im Innenohr, im Gehör, und vermutlich nicht zufällig: das Gehör ist wie der Geruchssinn, aber anders als der Gesichtssinn nicht vorab ausgerichtet, nimmt ‚rundum‘ Reize auf und und kann dennoch, wie der Gesichtssinn, die Richtung ermitteln, aus der die Reize kommen. Das Gleichgewicht wird anhand der Bewegung von Flüssigkeiten gewährleistet: im sog. Ohrlabyrinth, drei senkrecht zueinander stehenden mit Flüssigkeit gefüllten Bogengängen, werden mit Hilfe von dünnen Härchen, die als Rezeptoren dienen, die Bewegungen des Körpers nach oben und unten, vorn und hinten und links und rechts registriert, und die Rezeptoren leiten über Nervenfasern geeignete Signale zum Zentralnervensystem, das seinerseits an das Muskelsystem geeignete Signale zur

---

Raum. Formen und Mechanismen der Lenkung des Verhaltens im Raum bei Tier und Mensch (1980), 2. unveränd. Aufl. Stuttgart 1983, und die einführende Übersicht zu Gang und Stand der Forschung von Georges Thinès, Orientation animale, in: Encyclopaedia Universalis (30 Bde.), Bd. 17, Paris 1992, 100–105.

3   Zur Bedeutung von Rechts und Links in Mythologie, Religion, Mathematik, Physik, Biologie, Physiologie, Psychologie und Soziologie vgl. den Forschungsbericht von Vilma Fritsch, Links und Rechts in Wissenschaft und Leben, Stuttgart 1964.

2.2. Orientierungen bei Tieren, Pflanzen und Teilchen

Aufrechterhaltung des Gleichgewichts sendet.[4] All das geschieht unmerklich. Die physiologisch hochkomplexe Kunst des Sich-im-Gleichgewicht-Haltens wird erst auffällig, wenn sie versagt.

Über den Gleichgewichtsapparat hinaus hat sich *kein eigenes Organ für die Richtungsorientierung* finden lassen.[5] Bei der Orientierung nach oben und unten und vorn und hinten scheint ein besonderes Organ auch überflüssig zu sein: die Orientierung nach oben und unten, das Sich-aufrecht-Halten, ist an der Schwerkraft ausgerichtet, die Orientierung nach vorn und hinten ist, soweit die Augen an einer Seite des Kopfes lokalisiert sind, die dann als ‚Vorderseite' gilt, durch die Blickrichtung vorgegeben. Beide Orientierungen lassen kaum Zweifel zu.[6] Schwierigkeiten können jedoch bei der Unterscheidung von rechts und links ent-

---

4   Vgl. die illustrative Darstellung von Donald E. Parker, Gleichgewichts- und Orientierungssinn, in: Physiologie der Sinne, mit einer Einführung von Hans Peter Zenner und Eberhart Zrenner (Reihe Verständliche Forschung / Deutsche Ausgabe von Scientific American), Heidelberg/Berlin/Oxford 1994, 56–67.

5   Man hatte lange danach gesucht. Vgl. C. Viguier, Le sens de l'orientation et ses organes chez les animaux et chez l'homme, in: Revue philosophique de la France et de l'étranger 14 (Juillet 1882), 1–36. – Ernst Mach, Experimentalphysiker, Sinnesphysiologe und Philosoph, hat auf der Grundlage einer schon guten Kenntnis der Funktionsweisen des Ohrlabyrinths eingehende Forschungen, z.T. mit Selbstexperimenten in eigens konstruierten Drehapparaten, angestellt, um die Zusammenhänge zwischen „Gleichgewichtssinn" und „Orientierungsempfindungen" zu erforschen. Er vermutete, „dass das Gehörorgan sich aus einem Organ für Empfindung von Bewegungen entwickelt hat, durch Anpassung an schwache periodische Bewegungsreize, und dass viele bei niederen Thieren für Gehörorgane gehaltenen Apparate gar keine eigentlichen Gehörorgane sind" (Über Orientierungsempfindungen. Vortrag, gehalten den 24. Februar 1897, in: Schriften des Vereins zur Verbreitung naturwissenschaftlicher Kenntnisse in Wien, Bd. 37 (1897), 405–433, unter Verweis auf Ernst Machs Werk: Beiträge zur Analyse der Empfindungen, Jena 1886, 117 ff. Vgl. zuvor Mach, Über den Gleichgewichtssinn, in: Sitzungsberichte der Österreichischen Akademie der Wissenschaften (Math.-Naturw. Klasse) 69 (1874), 44; Grundlinien der Lehre von den Bewegungsempfindungen, Leipzig 1875). Es gelang Mach jedoch nicht, einen eigenen Orientierungssinn zu isolieren.

6   In vielen Kulturen wurden die Richtungen axiologisch asymmetriert, wurde oben vor unten und vorn vor hinten ausgezeichnet. Die Oben-Unten-Asymmetrierung wurde bei den alten Griechen erheblich irritiert, als man die Kugelgestalt der Erde zu akzeptieren begann (vgl. Platon, Timaios 62c-d). Nun wurde die Mitte bevorzugt. Vgl. Walter Burkert, Konstruktion des Raumes und räumliche Kategorien im griechischen Denken, in: Dagmar Reichert (Hg.), Räumliches Denken, Zürich 1996, 57–85, hier 69.

stehen, für die es in Körperbau und Körperhaltung keine Vorgabe gibt.[7] Soweit man von ‚Orientierungssinn' sprechen kann, ist der ganze Körper sein Organ. Er verrechnet außer den Signalen des Gleichgewichtsapparats auch die des Gesichts-, des Gehörs-, des Geruchs- und des seinerseits hochdifferenzierten Tastsinns, komplex vernetzter Informationssysteme, die eingehende Reize bei Bedarf verstärken oder dämpfen oder ganz ignorieren, um jeweils geeignete Körperbewegungen zum Gewinn weiterer Informationen auszulösen. Die dezentrale Organisation der körperlichen Orientierung von Wirbeltieren hat differenzierte Evolutionen des ‚Orientierungssinns', unterschiedliche Ausprägungen seiner unterschiedlichen Fähigkeiten zugelassen.[8] Maßgeblich dafür war stets, den Körper möglichst rasch dem jeweils Überlebenswichtigen zuwenden zu können.

Als Orientierungen in übertragenem und reduziertem Sinn kann man auch Drehbewegungen von nicht-lebendigen Stoffen verstehen. So hat die Physik die Ausrichtung beständiger elektrischer Dipole durch ein äußeres Feld *Orientierungs-Polarisation* genannt. Die auffälligste, schon früh beobachtete Polarisation war der Magnetismus. Auch er beschränkt sich nicht auf eine bloße Ausrichtung bestimmter Stoffe zu bestimmten Polen hin: ‚dia- und paramagnetische' Stoffen werden erst durch ein Magnetfeld magnetisiert, und ‚ferromagnetische' Stoffe können selbst ein

---

[7] So wird Rechts-Links-Blindheit möglich. Manche Wiederkäuer, bes. Schafe, können an der Drehkrankheit leiden, einer Gehirnkrankheit, die Kreis- und Rollbewegungen auslöst.

[8] Sie reichen bis in die menschlichen Sprachen hinein. Christiane von Stutterheim, Zum Ausdruck von Zeit- und Raumkonzepten in deutschen und englischen Texten, in: Zeitschrift für germanistische Linguistik 25.2 (1997), 147–166, hat charakteristische Differenzen in der sprachlichen Artikulation von Raum und Zeit im Deutschen und im Englischen nachgewiesen. Danach geht das Deutsche in der Beschreibung von Räumlichem eher von Richtungen (rechts-links, vorn-hinten, oben-unten) seiner Wahrnehmung aus, das Englische eher von der charakteristischen Gestalt der wahrgenommenen Objekte. Das könnte darauf zurückzuführen sein, dass das Englische nur eine, die präverbale Stelle für Objekte als Satzsubjekte vorsieht, das Deutsche hier dagegen mit seiner freieren Satzstellung Spielräume lässt. Eine Forschungsgruppe des Max-Planck-Instituts für Psycholinguistik hat in Zusammenarbeit mit Eric Pedersen und Eve Danziger verschiedene Sprachfamilien untersucht, stark abweichende Konzeptualisierungen schon der Richtungen freigelegt und experimentell nachgewiesen, dass mit der sprachlichen Konzeptualisierung der Richtungen auch deren Kognition variiert (Eric Pederson / Eve Danziger / David Wilkins / Stephen Levinson / Sotaro Kita / Gunter Senft, Semantic Typology and Spatial Conceptualization, in: Language. Journal of the Linguistic Society of America, 74.3 (1998), 557–589).

2.2. Orientierungen bei Tieren, Pflanzen und Teilchen

Magnetfeld erzeugen. Der Magnetismus verhilft wiederum manchen Tieren, darunter Zugvögeln, Honigbienen und Bakterien, zur Richtungsorientierung, und Menschen nutzen ihn in Magnetkompassen (2.4.).

Magnetfelder werden schon durch die Drehung von Elementarteilchen um ihre eigene Achse, ihren ‚Spin', erzeugt. Für jedes Elementarteilchen ist ein Drehimpuls charakteristisch; aus den Drehimpulsen aller Elementarteilchen eines Atoms oder Moleküls errechnet sich deren Gesamtdrehimpuls. Bis in die kleinsten bisher analysierbaren Elemente der Natur hinein finden sich alternative Bewegungsrichtungen, die ein charakteristisches Verhalten auslösen. Die Wahrscheinlichkeit steigt, daß im Mikrokosmos *jeweils eine Richtung ausgezeichnet* ist, im Makrokosmos dagegen nicht. Im Mesokosmos, dem Raum des biologischen Lebens, sind wiederum Proteine lebender Organismen ausschließlich aus linksförmigen (L-)Aminosäuren aufgebaut, ohne dass es dafür bisher eine hinreichende Erklärung gäbe. Es „besteht die Möglichkeit, daß die Erde mit zwei voneinander vollkommen unabhängigen Lebensformen hätte bevölkert werden können, mit zweierlei Arten von Pflanzen, Tieren und menschlichen Wesen, von denen die einen der anderen Nahrung nicht hätten essen noch mit ihnen gemeinsame Nachkommen hätten zeugen können", und die Vermutung ist nicht abzuweisen, dass der erste lebende Organismus zufällig ein paar Moleküle mit L-Konfiguration herausgegriffen und die folgenden Generationen die Einstellung auf L-Aminosäuren von ihm geerbt haben.[9]

Mathematisch wurde die ‚*Orientierbarkeit*' erst im 20. Jahrhundert befriedigend gefasst. Sie wurde im Kontext der *analysis situs*[10] erörtert und

---

9   Egbert Brieskorn, Lineare Algebra und analytische Geometrie I. Noten zu einer Vorlesung mit historischen Anmerkungen hg. v. Erhard Scholz, Braunschweig/Wiesbaden 1983, 582.

10 An die *analysis situs* knüpfte auch Kant in seiner frühen Schrift *Von dem ersten Grunde des Unterschiedes der Gegenden im Raume* (1768) an (3.2.2.). Er warf dabei in Auseinandersetzung mit dem „berühmten *Leibniz*" die Frage nach der philosophischen Bestimmung des Raums neu auf. Er führte dazu die Unterscheidung der „Lage" als der „Beziehung eines Dinges im Raume auf das andere" von der „Gegend" ein, nach welcher sich solche Lagen im Raum ausrichten: „im abgezogensten Verstande besteht die Gegend nicht in der Beziehung eines Dinges im Raume auf das andere, welches eigentlich der Begriff der Lage ist, sondern in dem Verhältnisse des Systems dieser Lagen zu dem absoluten Weltraume. Bei allem Ausgedehnten ist die Lage seiner Theile gegen einander aus ihm selbst hinreichend zu erkennen, die Gegend aber, wohin diese Ordnung der Theile gerichtet ist, bezieht sich auf den Raum außer demselben und zwar nicht auf

setzt die Einführung von Vektoren als ‚orientierten Strecken‘, höher strukturierte topologische Mannigfaltigkeiten und den Einsatz von algebraischer Topologie voraus.¹¹ Augenfälligster Ausgangs- und Anhaltspunkt sind die menschlichen Hände, die sich als rechte und linke unterscheiden und die man wiederum nach rechts und links drehen kann: sie sind Beispiele für deckungsgleiche Flächen, die nicht in der Fläche, sondern nur durch Drehung im Raum zur Deckung zu bringen sind. Das setzt eine Drehachse voraus – bei der Drehung der Hand ist das der Arm, bei der Drehung des Körpers im ganzen eine gedachte ‚Achse‘ durch Kopf und Füße –, von deren ‚Standpunkt‘ (6.3.) aus die Orientierung erfolgt.

> dessen Örter, weil dieses nichts anders sein würde, als die Lage eben derselben Theile in einem äußeren Verhältniß, sondern auf den allgemeinen Raum als eine Einheit, wovon jede Ausdehnung wie ein Theil angesehen werden muß." (AA II, 377 f.) Der Begriff eines absoluten Raums, mit dem Kant hier noch operierte, hat zu problematischen Versuchen geführt, ihn mit mathematischen Mitteln zu widerlegen (vgl. bes. Kurt Reidemeister, Raum und Zahl, Berlin/Göttingen/Heidelberg 1957), und ebenso problematischen Gegen-Versuchen, seine Argumente vom entwickelten Standpunkt der Transzendentalphilosophie aus (vgl. Heinrich Lange, Über den Unterschied der Gegenden im Raume, in: Kant-Studien 50 (1958/59), 479–499) oder auf andere Weise nachzubessern; vgl. Friedrich Kaulbach, Die Metaphysik des Raumes bei Leibniz und Kant (Kant-Studien Ergänzungshefte, Bd. 79), Köln 1960, 92–98. Michael Radner / Daisie Radner, Kantian Space and the Ontological Alternatives, in: Kant-Studien 78 (1987), 385–402, gehen davon aus, dass Kants Konzeption der „orientability" deren aktuellem mathematischem Verständnis nicht widerstreitet. Sie stellen sie klärend in den Kontext der zeitgenössischen philosophischen Raum-Diskussion und heben sie von den substanz- bzw. relationsontologischen Alternativen bei Descartes und Leibniz ab. Die Bedeutung der Abhandlung *Von dem ersten Grunde des Unterschiedes der Gegenden im Raume* für das philosophische Problem der Orientierung wurde über der Raumproblematik weitgehend übergangen (vgl. Fritsch, Rechts und Links in Wissenschaft und Leben, a.O., 142–146). – Das gilt auch für den Band James van Cleve / Robert E. Frederick (Hg.), The Philosophy of Right and Left. Incongruent Counterparts and the Nature of Space, Dordrecht/Boston/London 1991, 39–41, der Beiträge einer intensiven anglo-amerikanischen Debatte zur *philosophischen* Unterscheidung von Rechts und Links im Anschluss an Kants Abhandlung versammelt.
>
> 11 ‚Orientierbarkeit‘ wird durch eine Theorie n-dimensionaler reeller Vektorräume definiert, wobei für n = 1 die ‚Richtung‘ (einer Strecke), für n = 2 ‚Drehsinn‘ einer Fläche heißt. „Mathematisch ist also […] keine Orientierung ausgezeichnet, da die Links- und Rechtsorientierung nur in der kombinatorischen Unterscheidung von geraden und ungeraden Permutationen linear unabhängiger Vektoren besteht." (Klaus Mainzer, Art. Orientierung, in: Enzyklopädie Philosophie und Wissenschaftstheorie, hg. v. J. Mittelstraß, Bd. 2 (1995), 1094). Vgl. Y. Rudyak / A.V. Cernavskii, Art. Orientation, in: Encyclopaedia of Mathematics, Bd. 7 (1991), 16–19, und Brieskorn, Lineare Algebra, a.O., 579–589.

2.2. Orientierungen bei Tieren, Pflanzen und Teilchen 41

Das Problem der Orientierbarkeit stellte sich mathematisch in seiner ganzen Schärfe, als August Ferdinand MÖBIUS 1861 in einer bei der Pariser Akademie eingereichten Preisschrift *Memoire sur les polyedres* sog. ‚einseitige' Flächen vorstellte.[12] Das einfachste Beispiel ist hier das später so genannte Möbiusband, eine lange rechteckige Fläche, die in ihrem Verlauf um 180° gedreht und deren schmale Enden aneinandergefügt werden, so dass man, ohne die Ränder zu überschreiten, von einer Seite auf die andere Seite gelangen kann. Sofern im Durchlaufen des Bandes Rechts und Links die Seiten wechseln, ist diese Fläche ‚nichtorientierbar'[13] und wurde in den Graphiken M. C. ESCHERS zur Irritation der Richtungsorientierung eingesetzt.[14]

---

12 In seinem frühen Werk *Der barycentrische Calcül – ein neues Hülfsmittel zur analytischen Behandlung der Geometrie, dargestellt und insbesondere auf die Bildung neuer Classen von Aufgaben und die Entwickelung mehrerer Eigenschaften der Kegelschnitte angewendet* (1827), in: August Ferdinand Möbius, Gesammelte Werke, Bd. 1, hg. v. R. Baltzer, Leipzig 1885, hatte Möbius (1790–1868) in einer Anmerkung zum § 140 („Construction eines Systems von Puncten, welches einem gegebenen Systeme gleich und ähnlich ist") über „Figuren im Raume, welche einander gleich und ähnlich sind, aber nicht zur Congruenz gebracht werden können" (171 f.), auf den „sonderbaren" Tatbestand aufmerksam gemacht, dass sich „zwei auf verschiedene Seiten [einer] Ebene fallende" „gleiche und ähnliche" Flächen nur als „linke" und „rechte" unterscheiden lassen, aber nicht ohne „eine halbe Umdrehung" „um eine Axe" „zur Coincidenz" bringen lassen. Was Kant ‚Lage' nannte, bestimmte Möbius nun schärfer so, „dass dem gegenseitigen Abstand je zweier Puncte der einen Figur dem gegenseitigen Abstande der entsprechenden Puncte in der anderen Figur gleich ist" (ebd., § 139, S. 169). Er ging jedoch noch davon aus, dass ein „Raum von vier Dimensionen […] nicht gedacht werden kann".

13 Das Wort ‚orientierbar' führte nach der theoretischen Ausarbeitung des Problems durch Felix Klein und W. v. Dyck H. Tietze in: Über die topologischen Invarianten mehrdimensionaler Mannigfaltigkeiten, in: Monatshefte für Mathematik und Physik 19 (1908), 1–118, ein. Vgl. den Kommentar von Egbert Brieskorn und Moritz Epple zu Felix Hausdorffs al. Paul Mongrés *Das Chaos in kosmischer Auslese*, in: Felix Hausdorff, Philosophisches Werk: Sant' Ilario, Das Chaos in kosmischer Auslese, Essays zu Nietzsche. Gesammelte Werke. Bd. VII, hg. v. Werner Stegmaier, Heidelberg 2004, 855–858.

14 In der Mathematik wurde die Irritation so bewältigt, dass man für eine zusammenhängende orientierbare Mannigfaltigkeit genau zwei mögliche Orientierungen unterschied. Danach ist eine umkehrbar eindeutige, beiderseits stetige Abbildung einer solchen Mannigfaltigkeit auf sich selbst (ein ‚Homöomorphismus') ‚orientierungserhaltend', wenn sie diese Orientierungen nicht vertauscht, ‚orientierungsumkehrend', wenn sie sie vertauscht. Einfache Beispiele für Orientierungsumkehrungen sind Spiegelungen.

Man wird streiten können, ob man bei alternativen Drehbewegungen in Mathematik, Physik, Chemie und Botanik in einem noch vergleichbaren Sinn von Orientierung sprechen will wie bei der Orientierung von Tieren und Menschen. Im alltäglichen Sprachgebrauch liegt die Schwelle bei der Möglichkeit freier Bewegung im Gelände und die Angewiesenheit auf diese freie Bewegung zum Überleben. Die freie Bewegung ermöglicht, ‚eigene Wege' zu gehen, zwingt aber auch dazu, sie ‚selbst' zu finden, und macht dafür Orientierungssysteme notwendig, die instandsetzen, die Umgebung daraufhin zu erkunden, was sie zum Überleben und ‚besseren' Leben bieten kann. Ihre Parameter sind dann nicht nur die physikalischen Kräfte, denen zu gehorchen zur evolutiven Grundausstattung aller Lebewesen gehört, sondern auch und vor allem andere Lebewesen, von denen sie sich ernähren können, und die biologische Evolution, die davon ‚lebt'.

2.3. Orientierung im Zusammenspiel von Orientierungssystemen

Charakteristisch für die Orientierung höherer Tiere ist das Zusammenspiel mehrerer dezentral organisierter, nicht hierarchisierter, sondern *vernetzter Orientierungssysteme*. Sie erschließen jeweils unterschiedliche Anhaltspunkte der Situation (7.), die nicht immer gleichermaßen zur Verfügung stehen. Voneinander unabhängige Orientierungssysteme, die miteinander kooperieren, steigern den Überlebenserfolg, indem sie Toleranz für Störungen und Ausfälle der einzelnen Orientierungssysteme schaffen.

Die Orientierungsweisen von Tieren sind seit dem Ende des 19. Jahrhunderts intensiv erforscht worden.[15] Dabei wurde der Begriff Orientierung enger und weiter, im äußersten Fall so weit gefasst, dass er nicht nur Ausrichtungen auf andere, näher oder ferner gelegene Orte (‚Translationen'), sondern das gesamte Verhalten der Tiere umfasste, soweit es an Überleben und Fortpflanzung ausgerichtete Steuerungsmechanismen er-

---

15 Als Pionier gilt der deutsch-amerikanische Biologie Jacques Loeb (1859–1924) mit seinem Werk: Der Heliotropismus der Tiere und seine Übereinstimmung mit dem Heliotropismus der Pflanzen, Würzburg 1889. Grundlegende Systematisierungen gelangen Alfred Kühn, Die Orientierung der Tiere im Raum, Jena 1919, und erneut G. S. Fraenkel / D. L. Gunn, The Orientation of Animals, Oxford 1940, 2. Aufl. New York 1961.

2.3. Orientierung im Zusammenspiel von Orientierungssystemen

kennen ließ.[16] Ausgenommen waren dann nur noch Schreckreaktionen.[17] In der konkreten *Orientierungsforschung* löste man sich schrittweise von der Fixierung auf den sog. Orientierungsreflex, die ‚konditionierte' Ausrichtung von Tieren auf bestimmte Reize, wie sie von Iwan PAWLOW untersucht und kanonisiert wurde.[18] Reiz-Reaktions-Beziehungen erwie-

---

16 Vgl. die Definition der Orientierung in der (m.W. ersten) lehrbuchartigen wissenschaftlichen Gesamtdarstellung von Fritz Hartmann, Die Orientierung. Die Physiologie, Psychologie und Pathologie derselben auf biologischen und anatomischen Grundlagen, Leipzig 1902, 52 f.: „Wir verstehen [...] unter Orientierung jenen elementaren biologischen Grundvorgang, welcher in seinem normalen Ablaufe durch die Phylogenese der ihm dienlichen Reizleitung zweckmässig bestimmt ist, demzufolge die peripheren Sinnesoberflächen zu den einwirkenden Reizen in bestimmter Weise eingestellt werden, und welcher Vorgang als weitere, ebenso bestimmte Folge einer gesetzmässigen Beziehung der Lage des Sinnesorganes zur Körperlage eine Einstellung dieser zur Reizrichtung hervorruft, und damit der Organismus nach Lage, Bewegung und Bewegungsrichtung zum einwirkenden Reize in bestimmter Weise sich verändert." Eingangs nennt Hartmann die Orientierung „die vornehmste biologische Erscheinung dieser Organismen. Wenn wir sehen, wie die Orientierung der niederen Tiere unter der Einwirkung des Lichtes zu ihrer Lebensweise, Ernährung im ursächlichen Zusammenhange steht, wie die Orientierung der Tiere zu mechanischen und chemischen Reizen sich als ein mächtiger Schutzapparat gegen Gefahr einerseits, als wichtige Vorbedingung zum endlichen Effekte des Fortpflanzungsgeschäftes erweist, dann darf *man dieser durch alles Lebendige sich wie ein leitendes Fatum durchziehenden Erscheinung wohl den Wert einer biologischen Grunderscheinung beimessen.*" (16).
17 Vgl. Schöne, Orientierung im Raum, a.O., 67.
18 Das Historische Wörterbuch der Philosophie enthielt zur Orientierung zunächst nur einen Artikel ‚Orientierungsreflex' (von E. Scheerer in Bd. 6, Basel/Darmstadt 1984, Sp. 1371–1373). Der Orientierungsreflex wird dort so definiert: „Der Organismus antwortet auf jede Änderung der Umweltsituation mit einem charakteristischen, komplexen Reaktionsmuster, das motorische, vegetative, sensorische und zentralnervöse Komponenten enthält und in seiner Gesamtheit die Ausrichtung (Orientierung) auf die Umweltveränderung und ihre optimale Verarbeitung realisiert." Solche (eng gefassten) Reflexe erfolgen unabhängig von Art und Richtung der Reizänderung und sind darum konditionierbar. Von ihnen aus deutete Pawlow – bestimmend für die sowjetrussische Psychologie und Philosophie – dann auch Sprechen und Denken als Reflexketten höherer Ordnung; Psychologie ließ sich so in eine Physiologie der Konditionierung aufheben. Noch zur Zeit der Sowjetunion wurde das Konzept jedoch von P. J. Galperin gelockert. Er verstand Psychologie nun als Wissenschaft von der „Orientierungstätigkeit" überhaupt, die darin besteht, „sich vor allem in einer Situation mit den Signalmerkmalen der ‚Neuartigkeit' zurechtzufinden", und entsprechend in Situationen zu wirken beginnt, „in denen kein fertiger Mechanismus zur erfolgreichen Lösung ihrer Aufgaben vorhanden ist" (zit. nach Scheerer, a.O.). D.

sen sich häufig als nicht konstant:[19] die Reaktion auf den Reiz kann verzögert werden, unterschiedlich ausfallen oder ganz ausbleiben, und so konnte man dann gerade das, was *zwischen* Reiz und Reaktion tritt, ‚Orientierung' nennen.[20] Was das ist, blieb für die Zoologie und Ethologie schwer fassbar. Man nannte es provisorisch den ‚spezifischen zentralen Zustand', aus dem heraus die ‚Orientierungsreaktion' erfolgt (oder nicht); dieser kommt durch eine Vielfalt von Faktoren wie konzentrierte Aufmerksamkeit, weitere Exploration, wachsende Emotion und Motivation zustande, die wiederum erst Schwellenwerte überschreiten müssen, um wirksam zu werden.[21]

Auch Arnold GEHLEN hat, ausgehend von der Instinktreduktion, der Weltoffenheit und dem Antriebsüberschuss des Menschen, die Orientierung als einen solchen ausschlaggebenden Zwischenzustand beschrieben: „*Zwischen* die elementaren Bedürfnisse und ihre äußeren, nach unvorhersehbaren und zufälligen Bedingungen wechselnden Erfüllungen ist eingeschaltet das ganze System der Weltorientierung und Handlung, also die Zwischenwelt der bewußten Praxis und Sacherfahrung, die über Hand, Auge, Tastsinn und Sprache läuft. Eben darin miteinander verknüpft, schiebt sich schließlich der gesamte soziale Zusammenhang zwischen die first-hand-Bedürfnisse des Einzelnen und deren Erfüllungen. Es ist nun dieselbe Instinktreduktion, die auf der einen Seite den direkten Automatismus abbaut, der bei genügendem inneren Reizspiegel, wenn der zugeordnete Auslöser aufscheint, die angeborene Reaktion enthemmt, und auf der anderen Seite ein neues, vom Instinktdruck *entlastetes* System von Verhaltensweisen in Freiheit setzt. [...] Anders ausgedrückt: es besteht eine weitgehende Unabhängigkeit der Handlungen sowie des wahrnehmenden und denkenden Bewußtseins von den eigenen elementaren Bedürfnissen und Antrieben oder die Fähigkeit, beide Seiten sozusagen ‚auszuhängen' oder einen *‚Hiatus'* freizulegen."[22] GEHLEN verstand unter „weltoffen" auch unmittelbar „orientierbar".[23]

An der tierischen Orientierung haben Menschen besonders die überlegenen Fähigkeiten in der Fernorientierung staunen lassen – die Zielsicherheit der Vögel bei ihren ‚Zügen' und der Aale, Lachse und Meeres-

---

E. Berlyne beschränkte den Begriff Orientierungsreflex schließlich auf die Irritation und Einstellung der Sinnesorgane im Unterschied zur (von Pawlow gemeinten) ‚Orientierungsreaktion' (s.u.).
19 Vgl. Schöne, Orientierung im Raum, a.O., 71 ff.
20 Vgl. Helmut F. Spinner, Der Mensch als Orientierungswesen: Identität und Alterität aus der Sicht der Doppelvernunft, in: Wolfgang Eßbach (Hg.), wir / ihr / sie. Identität und Alterität in Theorie und Methode, Würzburg 2000, 57.
21 Vgl. Schöne, Orientierung im Raum, a.O., 49.
22 Arnold Gehlen, Der Mensch, seine Natur und seine Stellung in der Welt, Berlin 1940, 53.
23 Ebd., 195.

2.3. Orientierung im Zusammenspiel von Orientierungssystemen 45

schildkröten bei ihren ‚Wanderungen' –,[24] und die Orientierungskommunikation der Bienen bei ihren ‚Tänzen'.[25] Die zoologische und ethologische Forschung hat längst auch weniger spektakuläre und doch nicht minder erstaunliche Orientierungsweisen einer Vielzahl weiterer Tierarten durch aufwendige Beobachtungsreihen und Experimente erschlossen, eine differenzierte Begrifflichkeit für die *Funktionen der tierischen Orientierung* im ganzen und die besonderen Leistungen der Sinnesbereiche im einzelnen erarbeitet und, wo immer möglich, überprüfbare Messungen vorgelegt.[26] Sie konnte dabei nicht umhin, metaphorisch Begriffe der menschlichen Orientierung zu verwenden wie ‚Kurs', ‚Karte', ‚Kompass', ‚Landmarke', ‚Muster', ‚Weg', ‚Ziel', ‚Zeitprogramm' – und vor allem ‚Orientierung' selbst. Eben dieser (unvermeidlich) *anthropomorphe Begriffsgebrauch* macht sie, über ihre messbaren Ergebnisse hinaus, für die Erschließung der menschlichen Orientierung aufschlußreich.

So werden in der *Fernorientierung von Tieren* eine Kompass-Kursorientierung und eine Zielorientierung (auch ‚Navigation' oder ‚Pilotieren') unterschieden. Durch Kompassorientierung wird die Richtung des ‚Zuges' oder der ‚Wanderung', kurz: der Kurs ermittelt, durch Zielorientierung, wo sich auf dem Kurs das zu erreichende Ziel befindet. Die Kompassorientierung, die vom Menschen nicht (mehr) beherrscht wird, wurde in der Evolution offenbar schon früh von einfachen Lebewesen entwickelt. Sie macht eine sog. Vektornavigation möglich, die, wenn sie, wie etwa bei Ameisen, mit einem Zeitprogramm kombiniert ist, das Tier in einer bestimmten Richtung eine bestimmte Strecke laufen und so, wenn keine Störungen eintreten, schon zu einem bestimmten Ziel kommen lässt.[27] Solche ‚Sollrichtungen' sind, wie Versetzungsversuche gezeigt haben, häufig genetisch programmiert – auch Zugknicks oder Bogenzüge können darin einbezogen sein. Treten jedoch Störungen ein, tauchen z. B. Hindernisse auf oder machen Rücken- oder Gegenwinde beim Zug bzw. ungewohnte Strömungen im Wasser das Zeitprogramm unzuverlässig, werden Kompensationsmechanismen und damit mehrere Kompasse notwendig, die teils zugleich, teils im Wechsel verwendet werden (und das können für Fern- und Nahorientierung wiederum teils

---

24 Vgl. Peter Berthold, Vogelzug. Eine kurze, aktuelle Gesamtübersicht, Darmstadt 1990 u. ö.
25 Karl von Frisch, Tanzsprache und Orientierung der Bienen, Berlin/Heidelberg/New York 1965.
26 Vgl. Schöne, Orientierung im Raum, a.O., passim.
27 Vgl. ebd., 119.

dieselben, teils andere sein). Selbst bei nah verwandten Tieren können solche Kompasse stark divergieren, sind also evolutionär hoch differenziert.

Die wichtigsten *biologischen Kompasse*, die bisher entdeckt wurden, sind der *Magnetkompass*, der auch bei schlechter und ganz fehlender Sicht (z. B. bei Nachtflügen) einsetzbar ist. Er nutzt das Erdmagnetfeld, findet sich bei Bakterien, Schnecken, Krebsen, Insekten, Fischen, Amphibien, Reptilien, Säugern und, vor allem, Vögeln und ist der (vergleichsweise) einfachste aller bisher bekannten Mechanismen zur Richtungsorientierung. Aktuelle Forschungen weisen bei Bakterien auf in Reihen angeordnete Magnetit-Kristalle im Zellinnern hin, die ihnen ermöglichen, sich an den Feldlinien der Erde zu orientieren, um, wenn sie weggeschwemmt werden, ihren angestammten Lebensraum im Schlamm von Fluss-, See- und Meeresböden wiederfinden zu können.[28] Vögel scheinen über Magnetsensoren in Gestalt von Magnetit-Partikeln in der Haut des Schnabels zu verfügen, die die Stärke des (zum Äquator hin abnehmenden) Erdmagnetfelds messen und mit Magnetsensoren im Auge kombiniert sind, die mittels eines komplizierten physikalisch-chemischen Prozesses die Richtungsnavigation für die interkontinentalen Flüge ermöglichen.[29] Dennoch ist das Erdmagnetfeld keine dauerhaft verlässliche Bezugsgröße, da seine Polarität im Verlauf der Erdgeschichte mehrfach gewechselt hat (ohne dass sich dies bisher hinreichend erklären ließe). Als weiterer Kompass wird von vielen Tierarten der *Sonnenkompass* genutzt, die Orientierung am Umlauf der Sonne, über die auch Menschen bis zu einem gewissen Grad verfügen. Er ist bei langen Flügen in Nord-Süd- und Süd-Nord-Richtung jedoch nur zuverlässig, wenn der veränderte Sonnenumlauf ‚verrechnet' wird. Dies geschieht mit Hilfe einer ‚inneren Uhr' (circadiane Periodik), die man in Experimenten verstellen kann.[30]

---

28 Vgl. den Forschungsbericht von Markus Breidenich (Navigation im Schlammboden. Wie sich manche Bakterien ihren eigenen Magnetkompass bauen) in: Frankfurter Allgemeine Zeitung vom 15. 12. 2005, S. 34.

29 Vgl. die Forschungsberichte von Reinhardt Wandtner über die Ergebnisse des Ehepaars Wiltschko vom Zoologischen Institut der Universität Frankfurt am Main und anderer Forschergruppen in: Frankfurter Allgemeine Zeitung vom 19. 5. 2004, S. N 1, und vom 4. 10. 2006, S. N 1. Danach dient das Eiweiß Crytochrom, der mutmaßliche Magnetsensor im Vogelauge, offenbar auch Pflanzen als Fühler für Magnetfelder, die in bestimmten Fällen ihr Wachstum steigern können.

30 Vgl. A. Sollberger, Biologische Rhythmusforschung, in: Hans-Georg Gadamer / Paul Vogler (Hg.), Neue Anthropologie, Bd. 1: Biologische Anthropologie, 1. Teil, Stuttgart/München 1972, 108–151.

2.3. Orientierung im Zusammenspiel von Orientierungssystemen

Der Sonnenkompass führt ebenfalls zu Schwierigkeiten bei Äquatorüberquerung und ist selbst bei den so orientierungssicheren Brieftauben nicht sehr genau – er lässt Abweichungen von bis zu 5° zu -, aber offenbar ausreichend. Als weitere Kompasse wurden weniger der Mond, der oft eher als Störquelle wirkt, als der Sonnenuntergang mit seiner Lichtpolarisation ermittelt – viele Vögel können auch ultraviolettes Licht sowie die Polarisationsebene von polarisiertem Licht wahrnehmen. Manche Vögel benutzen ferner einen *Sternkompass*, was sich daraus entnehmen lässt, dass ihr Orientierungsvermögen bei bedecktem Himmel deutlich sinkt. Zur Orientierung wird offenbar ein Sternmuster im Norden verwendet, um das sich das Himmelsgewölbe scheinbar dreht. Die Nutzung des Sternkompasses muss offenbar erlernt werden – er fällt aus, wenn Vögel in ihrer Jugendzeit den Sternenhimmel nicht beobachten konnten – , ist also wahrscheinlich ein evolutionär junger Kompass. Als Kompasse zur Richtungsorientierung können schließlich örtlich spezifische Winde – Vögel rechnen offenbar mit solchen Winden und ‚verrechnen' sie zur Orientierung (wie, ist bisher unbekannt) –, Infraschallmuster von Meeren, Gebirgen usw., Luftdruckunterschiede, Duftfelder (olfaktorischer, Geruchs- oder Duftkompass) dienen.

Letztere können auch schon die Zielorientierung ermöglichen oder unterstützen. Die Zielorientierung arbeitet jedoch wesentlich anders, mit der Erstellung ‚*kognitiver Karten*': zum einen Gradientenkarten, die wiederum die Kompassorientierung unterstützen, indem sie die Veränderungen geophysikalischer Größen (u.a. des Magnetfelds und des Sonnenstands) bei der Überquerung der Erdoberfläche ‚verzeichnen', zum andern topographische Karten, in denen signifikante Anhaltspunkte des überquerten bzw. durchquerten Geländes oder Gewässers markiert werden. Da Gewässer weniger signifikante und vor allem weniger feststehende Anhaltspunkte bieten, handelt es sich dabei vor allem um Landmarken, charakteristische Geländeformen (Berge, Flüsse), Vegetationen, Gebäude, Duftfelder, Schallquellen u.v.a. Die sog. Markenorientierung ist der menschlichen am nächsten – jüngst hat sich herausgestellt, dass Tauben gerne Autobahnen folgen, an Autobahnkreuzen abbiegen und zuweilen sogar Kreisverkehre beachten.[31] Besonders hilfreich scheinen dabei wiederum Markenmuster zu sein, Konfigurationen mehrerer Marken, bei denen einzelne Marken hinzutreten oder ausfallen können. Wenn bei entsprechenden Versuchsanordnungen in der Orientierung von Bienen Markenmuster und Sonnenstand in Konkurrenz

---

31 Vgl. Ostseezeitung vom 6. Febr. 2004.

treten, halten sie sich bevorzugt an die Markenmuster – nicht jedoch an Einzelmarken. Die Markenorientierung kann aber offenbar nur jedes Tier für sich – wir würden sagen: durch eigene Erfahrung – erwerben. Bienen können sie jedenfalls nicht an ihre Stockgenossinnen weitergeben.[32]

2.4. Menschliche Orientierung mit Karten und Kompassen

Menschen sind zur Fernorientierung in der Regel ganz auf Karten und Kompasse angewiesen. Eben darauf bezieht sich auch ursprünglich das Wort ‚orientieren'. ZEDLERS *Grosses vollständiges Universal-Lexikon aller Wissenschaften und Künste* führt in seinem 25. Band aus dem Jahr 1740 ‚*orienter*' noch als französisches Fremdwort an im Sinn von ‚eine Karte orientieren', ‚auf ihr die Himmelsrichtungen kennzeichnen':

> ORIENTER, heisset bey denen Frantzosen so viel, als auf einem Riße durch Einzeichnung eines Compaßes, oder auch nur einer Magnet-Nadel bemercken, wie der Platz gegen die Gegenden der Welt, als Morgen, Mittag, Abend und Mitternacht lieget.
>
> ORIENTER UNE CARTE, heisset in der Geographie, eine Land-Karte mit ihren Theilen nach der Welt-Gegend richtig abtheilen.
>
> ORIENTER UN PLAN, heisset die Situation eines Rißes nach den vier Haupt-Theilen der Welt bemercken.[33]

Der Magnetkompass war in Europa schon um 1200 bekannt.[34] Mit ihm werden Karten freilich nach Norden, zum Nordpol hin ausgerichtet.

---

32 Vgl. Schöne, Orientierung im Raum, a.O., 190 f.
33 [Johann Heinrich Zedler], Grosses vollständiges Universal Lexicon aller Wissenschaften und Künste, welche bisshero durch menschlichen Verstand und Witz erfunden und verbessert worden [...], 64 Bde. [Bde. 19 bis 64 hg. von Carl Günther Ludovici], Halle/Leipzig (Johann Heinrich Zedler) 1732–1750, Bd. 25 (1740), Sp. 1888. Zum enormen Erfolg des Zedlerschen Lexikons im 18. Jahrhundert vgl. Paul Raabe, Gelehrte Nachschlagewerke im 18. Jahrhundert, in: P.R., Bücherlust und Lesefreuden. Beiträge zur Geschichte des Buchwesens im 18. und 19. Jahrhundert, Stuttgart 1984, 89–105. – Die genannten transitiven Verwendungen von ‚orienter' haben sich im Frz. bis heute erhalten. Vgl. Grand Larousse Encyclopédie en dix volumes, Bd. 7, Paris 1963, 1004, und Dictionnaire encyclopédique Quillet, 8 Bde., Bd. 6, Paris 1970, 4799.
34 Vgl. zur Geschichte des Magnetkompasses und seiner Auswirkungen auf die Seefahrt und den Welthandel die anschauliche Darstellung von Amir D. Aczel, Der Kompaß. Eine Erfindung verändert die Welt, aus dem Engl. übers. v. Hainer Kober, Reinbek bei Hamburg 2005. Danach war der Kompaß nachweislich schon Jahrhunderte früher in China bekannt, wurde dort jedoch mehr zur

2.4. Menschliche Orientierung mit Karten und Kompassen

Landkarten hatten dennoch bis in die Neuzeit hinein am oberen Rand den Osten, wo die Sonne aufgeht und der Tag und das Leben beginnt.[35] Viele Kulturen umgaben den Sonnenaufgang im Osten mit einer *religiösen Aura*.[36] Der Osten wurde zum Land des Lichts und des Lebens, der Westen zum Land des Dunkels und des Todes, die Himmelsgegenden hatten ihre eigenen Götter.[37] Die Ägypter des Alten Reiches bestatteten ihre Toten mit dem Kopf nach Osten, damit sie in ihr Land, den Westen, blicken konnten (später und in anderen Kulturen konnte man auch umgekehrt verfahren: die Toten mit dem Kopf nach Westen in das Land des Lebens blicken lassen). Die Hauptfront griechischer Tempel war so nach Osten ausgerichtet, dass die Strahlen der aufgehenden Sonne das Götterbild im Inneren aufglänzen ließen. Die Römer bauten Städte nach einem Ost-West- und Nord-Süd-Koordinatensystem, das zum Ursprung auch der rechtlichen Grundteilung wurde. In manchen Religionen wendete man sich zum Gebet nach Osten, für die Hebräer lag dort das Paradies. Vor allem aber fuhr Christus nach der Lehre des Christentums gen Osten, dem Ölberg zu, zum Himmel auf und wurde von dort wieder erwartet, so dass man die Kirchen ‚orientierte'.[38] Im Osten stand der

---

Weissagung und kaum zur geographischen Orientierung benutzt (85–98). Der Name ‚Kompass' stammt aus Italien, das im 13. Jahrhundert zur mächtigsten Seefahrtsnation wurde. It. ‚compasso' heißt ‚Zirkel, Kreis', kommt seinerseits von vulgär-lat. ‚compassare', ‚ringsum, im Kreis abschreiten' (von lat. ‚passus', ‚Schritt') und bezeichnete das Sich-Drehen der Magnetnadel sei es auf Wasser oder auf einer Nadel, die schließlich in einem Kästchen (it. bussola) angebracht wurde. ‚Bussola' wurde im Italienischen dann zum Namen des Kompasses, ein ‚compasso' konnte dagegen auch eine Seekarte und ein Seehandbuch sein (130).

35 Vgl. Manfred Sommer, Suchen und Finden. Lebensweltliche Formen, Frankfurt am Main 2002, 249.
36 Vgl. ausführlich und unter Verweis auf die umfangreiche zeitgenössische religionsgeschichtliche Forschung Ernst Cassirer, Philosophie der symbolischen Formen, 3 Bde., Berlin 1923–29, Neudruck Darmstadt 1994, II, 119–128. Cassirer ordnet ‚Orientierung' überhaupt dem „*mythischen Denken*" zu, das dazu tendiere, „alle Unterschiede, die es setzt und ergreift, in räumliche Unterschiede zu verwandeln und sie sich in dieser Form unmittelbar zu vergegenwärtigen" (ebd. I, 30, II 116. Vgl. I, 159 ff., und II, 116 ff.).
37 Namen für die vier Himmelsrichtungen tauchen vermutlich zuerst in der Hebräischen Bibel auf. Sie sind dort geographische Bezeichnungen für die Peripherie des Landes Israel: der Süden etwa heißt nach der Negev-Wüste ‚negev', der Westen nach dem Meer ‚jam'. Vgl. Aczel, Der Kompaß, a.O., 49.
38 Allerdings sind gerade die ältesten Hauptkirchen Roms, S. Giovanni in Laterano und St. Peter, nicht ‚orientiert'. Vgl. C.-M. Edsmann und F. Merkel, Art. Orientation, in: Die Religion in Geschichte und Gegenwart, 3. Aufl. 1960, Bd. 4, Sp. 1690 f.

Altar, von Westen kam der Teufel, der Süden war Symbol des Heiligen Geistes und der Norden das Symbol der Abkehr von Gott, vom Licht, vom Glauben.[39] Das dürfte dazu beigetragen haben, dass man das ‚Einnorden' von Karten weiterhin ‚Orientieren' nannte – abgesehen davon, dass ‚Septentrionalisieren' allzu schwer auszusprechen gewesen wäre.

ZEDLERS *Universal-Lexikon* verzeichnet noch nicht den reflexiven Gebrauch ‚sich orientieren' und auch noch nicht den substantivischen Gebrauch ‚Orientierung'. Man ‚orientierte' nicht sich, sondern eine Karte, indem man auf ihr einen Kompass markierte („bemercken"), so dass sich die übrigen Markierungen der Karte den Himmelsrichtungen zuordnen ließen. Zur *Ausrichtung der Karte* musste (und muss bis heute) der gezeichnete Kompass auf der Karte mit einem weiteren, echten Kompass außerhalb der Karte in Übereinstimmung gebracht werden. „Riß" (das noch in ‚Grundriss', ‚Aufriss', ‚Schattenriss' erhalten ist) meint seinerseits eine Zeichnung, eine Einritzung von Markierungen auf großem und festem Papier (it. cartone, frz. carton), das gut in der Hand zu halten und leicht zu drehen ist. Die Karte wird zu ihrer Ausrichtung „gegen die Gegenden der Welt" gedreht. „Gegend" hat zu ZEDLERS Zeit noch den buchstäblichen Sinn des gegenüber liegenden Landstrichs, dem man entgegengehen, auf den man zugehen kann; das Wort ist vermutlich aus dem vulgärlat. *contrata regio*, ‚entgegengesetztes Gebiet', ‚gegenüberliegende Gegend (!)' entlehnt worden, das sich auch in frz. *contree*, ‚Gegend, Landschaft', engl. *country* und it. *contrada* findet. „Gegenden der Welt" oder „Welt-Gegenden" sind so das, was am Himmel dem eigenen Standpunkt in vier Richtungen gegenüberliegt, die „vier Haupt-Theile", in die die Welt durch den Kompass eingeteilt wird.

Zum Stichwort „Land-Charte" verzeichnet ZEDLERS *Universal-Lexikon* wiederum:

> LAND-CHARTE, Lat. Mappa Geographica oder Charta Geographica, ist eine Vorstellung von einem gewissen Theile der Ober-Fläche auf der Erde, wie solche auf einer ebenen Fläche erscheinet. Weil nemlich die Ober-Fläche der Erde die Figur einer erhabenen Kugel hat, so können die Örter, welche sich auf derselben befinden, nicht mit ihrer vollkommenen Lage gegen einander auf ebenen Flächen vorgestellet werden. Man kann sie aber doch so vorstellen, wie sie unserm Auge erscheinen würden, wenn unser Auge so weit von derselben entfernet wäre, daß die Figur ihrer Fläche nur wie ein ebener Teller erschiene: oder wenn zwischen unserm Auge und der Erd-Fläche eine ebene und vollkommen durchsichtige Fläche befestiget wäre, wie die Fläche

---

39 Vgl. Cassirer, Philosophie der symbolischen Formen, a.O., II, 126.

auf diese Taffel müßte gemahlet werden, wenn die Oerter darauf unserm Auge eben so erscheinen sollten, wie sie demselben auf der Kugel-Fläche selbst zu liegen scheinen. Es ist dieses eine perspectivische Proiection, vermöge deren man sich vorstellt, daß zwischen dem Auge und dem Cörper, den man entwerfen will, eine durchsichtige Taffel gestellet wird, und jeden Punct an dem Orte abmahlet, von der von ihm ins Auge fallende Licht-Strahl die Taffel durchschneidet.[40]

Betont wird der Charakter der bloßen Vorstellung, der Erscheinung, des Scheins einer Landkarte. Sie gibt eine Übersicht von einem gedachten, weit über die Erdoberfläche erhobenen Standpunkt aus, eine virtuelle Übersicht aus einem Himmelsstandpunkt, die man zusammenfalten und mit sich tragen kann. Mit einer Karte erhebt man sich zur Orientierung virtuell in den Himmel – die Metapher dafür ist die ‚Vogelperspektive‘, für die der Vogel freilich wiederum als in der Luft stehend angenommen wird.[41] Der Zweck der *Herstellung von Karten* war zunächst jedoch nicht die Übersicht als solche, sondern die Festlegung von Gebietsaufteilungen (‚Gemarkungen‘) und die Wegweisung für militärische Züge, bis sie dann immer mehr auch für diplomatische, kaufmännische, wissenschaftliche und schließlich private ‚touristische‘ Reisen verwendet wurden. Unterschiedliche Bedürfnisse bedingten, wie ZEDLER ausführt, dann auch unterschiedliche Anlagen und Markierungen der Karten.

ZEDLER führt die erste Landkarte noch auf ANAXIMANDER VON MILET zurück. Tatsächlich war die *Kartographie* eine schon im alten Babylonien, China und Ägypten bekannte Kunst. Die Griechen führten (auch) in sie jedoch wissen-

---

40 [Zedler,] Grosses vollständiges Universal-Lexikon, a.O., Bd. 16, 1737, 393–397, hier 393.
41 Auch Kant benutzt die Metapher der „Vogelperspective", allerdings im Abschnitt *Von den Schwächen und Krankheiten der Seele in Ansehung ihres Erkenntnißvermögens* seiner *Anthropologie in pragmatischer Hinsicht* (AA VII, 216). Durch die Vogelperspektive werde „ein ganz anderes Urtheil über die Gegend veranlaßt, als wenn sie von der Ebene aus betrachtet wird" -, womit Kant eine „Gemüthsstörung" erläutert, die „nicht blos Unordnung und Abweichung von der Regel des Gebrauchs der Vernunft, sondern auch positive Unvernunft, d.i. eine andere Regel, ein ganz verschiedener Standpunkt [ist], worein, so zu sagen, die Seele versetzt wird, und aus dem sie alle Gegenstände anders sieht und aus dem *Sensorio communi,* das zur Einheit des Lebens (des Thiers) erfordert wird, sich in einen davon entfernten Platz versetzt findet (daher das Wort Verrückung) [...]. Zwar fühlt oder sieht die Seele sich nicht an einer andern Stelle (denn sie kann sich selbst nach ihrem Orte im Raum, ohne einen Widerspruch zu begehen, nicht wahrnehmen, weil sie sich sonst als Object ihres äußeren Sinnes anschauen würde, da sie sich selbst nur Object des inneren Sinnes sein kann); aber man erklärt sich dadurch, so gut wie man kann, die sogenannte Verrückung."

schaftliche Gesichtspunkte ein, erstellten Karten nicht mehr nur nach Reiseerfahrungen, sondern auch auf Grund mathematisch-astronomischer Theoreme. Dies begann mit EUDOXOS VON KNIDOS, der bereits von der Kugelgestalt der Erde ausging[42] und mathematisch-astronomische ‚Sphären' konstruierte, mit deren Hilfe sich die Planetenbewegung berechnen ließ, und auf dieser Grundlage erstellte ERATOSTHENES VON KYRENE dann den ersten Entwurf einer Gradnetzkarte der bekannten Welt. Auf ihn geht auch den Begriff ‚Geographie', ‚Zeichnung, Niederschrift der Erde' zurück. PTOLEMAIOS gelang dann im 2. Jahrhundert n. Chr. in seinen Schriften zur Geographie eine konische Kartenprojektion, durch die sich die Lage von mehr als 8000 Orten der damals bekannten nördlichen Hemisphäre (vorwiegend) astronomisch bestimmen ließ. Die Römer, die auf rasche Erreichbarkeit aller Gebiete ihres expandierenden Reiches bedacht sein mussten, entwickelten Wegekarten, sog. Itinerarien mit Angaben zum Straßennetz, den Stationen und Entfernungen zwischen ihnen. Ein neuer Schub in der Kartenproduktion und Entwicklung der Kartographie lösten zu Beginn der Neuzeit die Entdeckungsreisen über die Ozeane und die Erfindung des Buchdrucks aus. Im 18. Jahrhundert wurden, ausgehend von Frankreich, die Kartennetzentwürfe dann mathematisch perfektioniert, durch Leonhard EULER und (den von KANT bewunderten) Johann Heinrich LAMBERT, der hier seine zeichentheoretischen und -philosophischen Interessen fruchtbar machte. Auf der Grundlage systematischer astronomischer Beobachtungen und exakter trigonometrischer Messungen wurde die bisher noch vorherrschende bildhafte Darstellung schematisiert, insbesondere durch den französischen Geographen Guillaume DELISIE (1675–1726). ‚Orienter une carte' war etwas, was man im 18. Jahrhundert besonders gut in Frankreich beherrschte und deshalb auch französisch benannt wurde.[43]

---

42 Der Erdkarte des Anaximander lag noch die Kreisform der Erde mit Griechenland im Mittelpunkt zugrunde.
43 Vgl. [Zedler,] Grosses vollständiges Universal-Lexikon, a.O., Bd. 16, 1737, 397, und die ausführlichen Artikel zur Erstellung von Karten und zur Konstruktion von Kompassen in der *Encyclopédie* (Encyclopédie ou Dictionnaire raisonné des sciences, des arts et des métiers, par une société de gens de lettres, mis en ordre et publié par M. Diderot, de l' Académie Royale des Sciences et Belles-Lettres de Prusse, et, quant à la partie mathématique, par M. d' Alembert, de l' Académie Royale des Sciences de Paris et de celle de Prusse et de la Société Royale de Londres, Paris u. a. 1751–1772, Bd. 2 (1752, datiert 1751), 706–709 (Carte), und Bd. 3 (1753), 751–760 (Compas), und danach in [William Owen et alii], A New and Complete Dictionary of Arts and Sciences; Comprehending All the Branches of Useful Knowledge, with Accurate Descriptions as well of the various Machines, Instruments, Tools, Figures and Schemes necessary for illustrating them, as of The Classes, Kinds, Preparations, and Uses of Natural Productions, whether Animals, Vegetables, Minerals, Fossils, or Fluids, Together with The Kingdoms, Provinces, Cities, Towns, and other Remarkable Places throughout the World. Illustrated with above Three Hundred Copper-Plates, curiously engraved by Mr. Jefferys, Geographer and Engraver to his Royal Highness the Prince of Wales. The Whole extracted from the Best Authors in all Languages. By

2.4. Menschliche Orientierung mit Karten und Kompassen

Inzwischen heißt „die maßstäblich verkleinerte, vereinfachte und erläuterte Grundrissdarstellung räumlich verteilter Gegenstände und Sachverhalte der Erde oder eines anderen Weltkörpers" *„Orientierungskarte".*[44] Sie gibt nicht wieder, was ist, sondern entwirft, wie schon ZEDLER betonte, eine „perspectivische Projection". Auf Karten wird die gekrümmte Erdoberfläche plan und daher stets verzerrt abgebildet. Man kann lediglich zwischen Verzerrungen wählen.[45] Projektionen können entweder flächentreu (,äquivalent'), was man bei Landkarten schätzt, oder längentreu (wobei eine vollständig längentreue Karte der Erde nicht möglich ist) oder winkeltreu (,konform'), was in der Geodäsie und in der Navigation im See- und Luftverkehr Vorrang hat – ,rundum treu' sind sie niemals. Völlig verzerrungstreu kann nur ein geographischer ,Globus' sein, der freilich niemals als ganzer auf einmal überblickt werden kann – er hat immer eine unbeobachtete Rückseite.

Karten zeichnen so eine Reihe erster *Grundbedingungen der Orientierung* vor. Sie geben eine virtuelle ,Situation' in Gestalt einer Grundrisszeichnung in Umrisslinien vor, die durch Flächenfarben ausgefüllt werden können – die Orientierung vollzieht sich stets in einer konkreten Situation (4.1.). Sie tragen in die ,Situation' eine ,Signatur', Zeichen, ein, die durch Objektbilder (z. B. für Bäume und Büsche), geometrische Figuren (Punkte, Linien, Flächen, Kreise, Dreiecke, Quadrate usw.), Zahlen (z. B. Höhenangaben) oder Namen (von Städten, Flüssen, Bergen usw.) schematisieren, was sie bezeichnen. Ihr Orientierungswert kann durch Form, Größe oder Farbe verstärkt und durch Diagramme ergänzt werden – die Orientierung kürzt die Welt in Zeichen ab (8.3.). Aber Karten sind

---

a Society of Gentlemen, 4 Bde. in 8 Teilbänden, London (W. Owen) 1754–1755, Bd. I, Teil 2 (1754), 684–687 (Compass), Bd. 3 (1754), 1985–1991 (Map).

44 Vgl. Brockhaus Enzyklopädie in 20 Bdn, Bd. 9, Wiesbaden 1970, 793.

45 Nämlich zwischen ,konischen' Projektionen der Kugel- auf eine Kegeloberfläche, was bei Karten mittlerer Breiten mit größter Erstreckung in ost-westlicher Richtung bevorzugt wird, ,zylindrischen' Projektionen der Kugel- auf einer Zylinderoberfläche, die sich für Karten äquatorialer Gebiete mit ausgeprägter ost-westlicher Richtung eignen, oder ,azimutalen' (von arab. Azimut, ,Richtungskreis, Winkel, unter dem eine geodätische Linie den Meridian schneidet') Projektionen der Kugel- auf eine Tangentialoberfläche, die zwar eine unverzerrte Abbildung am Berührungspunkt gewährleistet, dazu aber eine wachsende Verzerrung in wachsender Entfernung von ihm in Kauf nimmt. (Zylindrische und azimutale Projektionen lassen sich wiederum als Grenzfälle der konischen Projektion verstehen, die eine als Kegelprojektion mit dem Öffnungswinkel 0°, die andere als Kegelprojektion mit dem Öffnungswinkel 180°.)

nur brauchbar, nachdem man auf ihnen den eigenen Standpunkt gefunden und so die virtuelle mit der wirklichen Situation verknüpft hat.

3. Vorgeschichte: Evolution des philosophischen Begriffs der Orientierung

3.1. Das Wort ‚Orientierung'
3.2. Der philosophische Begriff ‚Orientierung'

Der Begriff Orientierung hat eine Vorgeschichte, die für die Verhältnisse der Philosophie nicht lang ist: etwas mehr als zweihundert Jahre. In dieser Zeit hat er eine erstaunliche Karriere durchlaufen, ist vom geographischen in den philosophischen und dann bald in den alltäglichen Sprachgebrauch übergegangen – und dabei absolute Metapher geblieben (1.3.). Geschichten philosophischer Begriffe sind Evolutionen: in der Konkurrenz unter Begriffen stellt sich mit der Zeit und auf Zeit heraus, welche am brauchbarsten sind und worin. Mit ihrer Geschichte können so die Strukturelemente erschlossen werden, die sie brauchbar gemacht haben, und die Kontexte, die ihnen dazu verhalfen; mit den letzteren können sich auch die ersteren verändern. Dabei gibt die Wortgeschichte, die an der Lexikographie ablesbar ist, eine Vororientierung für die Begriffsgeschichte, die aus den philosophischen Werken selbst zu entnehmen ist.

3.1. Das Wort ‚Orientierung'

Das Wort ‚orientieren' kommt von lat. ‚oriens', ‚sich erhebend': der ‚Orient' ist, von Europa aus gesehen, das Land, das in Richtung der ‚aufgehenden Sonne' (sol oriens) liegt, gegenüber dem ‚Okzident', dem Land im Westen, wo sie untergeht (sol occidens), und ‚orientieren' heißt ursprünglich also ‚dem Osten zuwenden'. Über das Italienische (‚orientare') und Französische (‚orienter') gelangte das Wort in die übrigen europäischen Sprachen. Als ZEDLERS *Grosses vollständiges Universal-Lexikon aller Wissenschaften und Künste* es 1740 unter Verweis auf den französischen Sprachgebrauch verzeichnete (2.4.), war es noch wenig geläufig.[1] Im 1765 erschienenen 11. Band von DIDEROTS und D'ALEM-

---

1   Man findet wohl Stichwörter, die sachlich mit Orientierung, insbesondere der

BERTS *Encyclopédie* wird dann neben dem transitiven Sinn des Karten und Gebäude Orientierens und einem weiteren des Segel in den Wind Setzens auch der reflexive Gebrauch ‚sich orientieren' aufgeführt, noch im Rahmen der geographischen Ausrichtung und auf die Himmelsrichtungen bezogen, aber auch schon im allgemeineren Sinn, nämlich „sich genau

---

geographischen und astronomischen zu tun haben, wie ‚Kompaß', ‚Horizont' und ‚Perspektive' und auch ‚Orient', aber noch nicht orientieren. Vgl. Joh. Micraelius, Lexicon philosophicum terminorum philosophis usitatorum ordine alphabetico sic digestorum, ut inde facile liceat cognosse, praesertim si tam latinus, quam graecus index praemissus non negligatur, quid in singulis disciplinis quomodo sit distinguendum et definiendum. Editio secunda, Stetini (Jeremias Mamphrasius) M D CLXII (= 1662), Sp. 307: „COMPASSUS est pyxis nautica, acumagnetica instructa, cuius beneficio plagae mundi & meridianus invenitur. Vitruvio dicitur Amusium.", Sp. 573: „HORIZON est circulus maximus immobilis, qui vulgo dicitur *Finitor*, & *Finiens*, & conspicuam mundi partem dividit ab occultatâ. [...]", Sp. 995: „PERSPECTIVA est praxis quaedam optica: ars nempe pingendi figuram cujuslibet corporis in plano, ut, qualis visui apparet, talis quoque in eodem plano exhibeatur. Sumitur alias pro ipsa Optica. Vid. *Optica.*" – Rodolphus Goclenius, Lexicon philosophicum, quo tanquam clave philosophiae fores aperiuntur, Francofurti (Matthias Becker / Petrus Musculus) 1613, bzw. ders., Lexicon philosophicum graecum, opus sane omnibus philosophiae alumnis valde necessarium cum perspicientia Philosophysici sermonis plurimum etiam ad cognitionem rerum utile, Marchioburgi (Rudolphus Hutwelckerus / Petrus Musculus) 1615; Pierre Bayle, Dictionaire historique et critique, 3 Bde. Troisième édition, A laquelle on a ajoûté la Vie de l'1Auteur, & mis ses Additions & Corrections à leur place, Rotterdam 1715; Johann Georg Walch, Philosophisches Lexicon, darinnen die in allen Theilen der Philosophie, als Logic, Metaphysic, Physic, Pneumatic, Ethic, natürlichen Theologie und Rechtsgelehrsamkeit, wie auch Politic fürkommenden Materien und Kunst-Wörter erkläret, und aus der Historie erläutert; die Streitigkeiten der ältern und neuern Philosophen erzehlet, die dahin gehörigen Bücher und Schrifften angeführet, und alles nach Alphabetischer Ordnung vorgestellet worden, mit nöthigen Registern versehen und herausgegeben. Zweyte verbesserte und mit denen Leben alter und neuer Philosophen vermehrte Auflage, Leipzig (Joh. Friedrich Gleditschers seel. Sohn) 1733, und Johann Friedrich Stiebritz, Philosophiae Wolfianae contractae. Tomus I. Logicam Ontologiam et Cosmologiam generalem complectens. Cum praefatione Christiani Wolfii. Tomus 11. Psychologiam, empiricam atque rationalem, nec non Theologiam naturalem complectens, Halae Magdeburgicae 1744–1745, verzeichnen auch solche Stichworte nicht. Noch nach Zedler taucht das Stichwort ‚orientieren' selten auf. Das Reale Staats-, Zeitungs- und Conversationslexikon, Neue verbesserte Auflage, Leipzig 1764, und die Encyclopaedia Britannica: or, a Dictionary of Art and Sciences, in three volumes, by a Society of Gentlemen in Scotland, compiled upon a new Plan, Edinburgh 1771, führen es noch nicht.

der Stelle versichern, wo man ist" und „sich an einem Ort anhand eines Anhaltspunkts zurechtfinden, um daraus einen Plan zu entwerfen":

> ORIENTER v. act. *(Astr. & Gnom.)* se dit principalement d'un cadran mobile, que l'on place dans la situation où il doit être par rapport aux points cardinaux, ensorte que la méridienne tracée sur ce cadran, tombe dans le plan du meridien. *Voyez* Cadran, Meridien, &c.
>
> ORIENTER, s', à la lettre, c'est examiner de quel côté on a l'orient, & par consequent les trois autres points cardinaux. Mais en general on appelle *s'orienter*, s'assurer précisement, soit sur terre, soit sur mer, de l'endroit où l'on est. *(O)*
>
> ORIENTER, *(Archit.)* c'est marquer sur le terrain, avec la boussole, ou sur le dessein, avec une rose des vents, la disposition d'un bâtiment par rapport aux points cardinaux de l'horison. On dit aussi *s' orienter,* pour se reconnoître dans un lieu, d'après quelque endroit remarquable, pour en lever le plan. *(D. J)*
>
> ORIENTER LES VOILES, *(Marine.)* c'est les brasser & situer de maniere qu'elles reçoivent le vent. *(Z)*[2]

Um 1774 ist der reflexive Gebrauch auch im Deutschen zu belegen, ebenfalls im verallgemeinerten Sinn, aber weiterhin in Verbindung mit Anhaltspunkten. So spricht Lichtenberg in seinen *Sudelbüchern* von der „Anzahl der festen Punkte aus denen wir uns in allen Vorfällen des Lebens geschwinder orientieren können".[3]

Mit Kants Schrift *Was heißt: Sich im Denken orientieren?* wurde das Wort ‚Orientiren' im Deutschen so gängig, dass es einem anonymen

---

2   Encyclopédie ou Dictionnaire raisonné des sciences, des arts et des métiers, par une société de gens de lettres, mis en ordre et publie par M. Diderot, a.O., Bd. 11 (1765), 644 (textidentisch Encyclopédie, ou Dictionnaire universel raisonné des connoaissances humaines, mis en ordre par M. de Felice, 42 Bde., Yverdon 1770–1775, Bd. 23 (1773), 451).

3   Georg Christoph Lichtenberg, Schriften und Briefe, hg. v. Wolfgang Promies, Bd. I: Sudelbücher I, München 1994, 243 (1773–1775, [81]): „Die Komödie bessert nicht unmittelbar, vielleicht auch die Satyre nicht, ich meine man legt die Laster nicht ab, die sie lächerlich macht. Aber das können sie tun, sie vergrößern unsern Gesichtskreis, vermehren die Anzahl der festen Punkte aus denen wir uns in allen Vorfällen des Lebens geschwinder orientieren können." Der Hinweis auf die „Satyre" bezieht sich auf die „zezuanische Geschichte" (vgl. ebd., [86]). Den „Zezuanern" wiederum schreibt Lichtenberg einen erstaunlich präzisen *geographischen* Orientierungssinn zu: „Die Zezuaner haben scharfe Gesichter. Es sind zwei Türme, sagte einer von uns, Nein, sagte unser zezuanischer Führer: Türme können es nicht sein, denn wir sind nicht von der Stelle gekommen und jetzt sind sie über 5° 6′ Minuten von einander da sie vorher kaum 5° 5′ waren." Die geographische Herkunft ist so auch hier noch präsent.

Autor, der mit „Deutschlieb" unterzeichnete, im *Hildesheimischen Magazin* von 1790 eine Glosse wert war.[4] Er äußerte Unmut über diese „fremde Waare",

> das latein-deutsche Zeitwort, *Orientiren*, welches gleich bey seiner Ankunft viele Aufnahme erhielt, und welches, besonders von vielen Neulingen, die gar zu gern als deutsche Cronen leuchten wollen, bey jeder auffallenden Gelegenheit herbey geholet, und zu Zeiten in verschrobener Gestalt aufgestellt wird.

Deutschlieb verweist dabei auf einen Artikel *Proben der fortschreitenden Bereicherung der deutschen Sprache* im *Hannoverschen Magazin* von 1786,[5] dessen Autor sich seinerseits nur einen „dunkeln Begriff" vom neuen Wort machen kann – nun einen ganz vom geographischen Gebrauch gelösten:

> Orientiren kommt in den neuern Schriften nicht selten vor. Nach dem dunkeln Begriffe, den ich von diesem Worte habe, heißt es, sich ins rechte Verhältniß gegen eine Sache versetzen, mit derselben durchgängig bekannt machen.

Und Deutschlieb gibt ihm recht. Da ‚Orientiren' von ‚Orient', ‚Morgenland', komme, ziehe er es vor, „nicht so fremdmodisch" zu reden und stattdessen *„morgenländern"* zu sagen. Denn

> Sich Orientiren, sollte woll in der nächsten und ersten Bedeutung, heissen, eine lebhafte Vorstellung der Lage, der Sitten und der Gebräuche der Morgenländer sich machen (situm et mores orientis, planissima repraesentatione cogitare) um besonders die Bücher und Schriftstellen, welche in orientalischer Sprache geschrieben sind, zu verstehen, und in ein helles Licht zu setzen,

– also Orientalistik betreiben. „Aus dieser Bedeutung fließt" dann, so Deutschlieb, „die vorhin angegebene":

> So heißt es z. B. der Advocat hat sich in dem Streithandel orientirt, eben so viel als wenn ich sagen würde, er kennet den Streithandel von innen und von aussen, er hat sich ganz hinein gearbeitet und weiß alle Wendungen und Windungen desselben.

‚Morgenländern' hat sich sichtlich nicht durchgesetzt. Doch auch der Umweg über die Orientalistik hat vom ‚seinen geographischen Standpunkt und die Himmelsrichtungen kennen' zu einem generellen ‚sich mit

---

4   Hildesheimisches Magazin 4 (1790), Sp. 349–352. – Den Hinweis verdanke ich, neben vielen andern, Andreas Urs Sommer.
5   Nach Deutschliebs Angabe St 97, S. 1542.

3.1. Das Wort ‚Orientierung'

etwas auskennen', ‚etwas in- und auswendig kennen' geführt. In diesem Sinn geht das Wort dann auch in die allgemeinen Lexika ein. Johann Georg KRÜNITZ definiert in seiner *Oeconomischen-technologischen Encyclopädie* von 1807 das reflexive ‚sich orientieren' als

> Sich vorbereiten, in die gehörige Lage setzen, um etwas in dem richtigen Gesichtspuncte sehen und treffend beurtheilen zu können.[6]

Bei Johann Christoph ADELUNGS *Grammatisch-kritischem Wörterbuch* von 1811 wird daraus ein Begriff für die Verdeutlichung von etwas überhaupt:

> Orientiren, verb. reg. act. aus dem Franz. orienter, ein nur in der Seefahrt und Erdmeßkunst übliches Wort. Einen Riß orientiren, dessen Theile in die gehörigen Weltgegenden bringen. Figürlich, einen deutlichen Begriff von einer Sache beybringen. Sich orientiren, sich die Lage, Beschaffenheit einer Sache deutlich machen.[7]

So ging der Begriff dann auch in die philosophische Lexikographie ein, hier gleich mit der Konsequenz, die Philosophie überhaupt zur Orientierungs-Wissenschaft zu erklären. Wilhelm Traugott KRUG, ein Schüler KANTS und dessen Nachfolger auf dem Königsberger Lehrstuhl, führt in seinem *Allgemeinen Handwörterbuch der philosophischen Wissenschaften nebst ihrer Literatur und Geschichte* zunächst wieder die geographische Bedeutung an („den Orient oder den Ort am Horizonte suchen, wo die Sonne zur Zeit der Tag- und Nachtgleiche aufgeht"), um dann zu notieren:

> Es wird aber dieser Ausdruck auf das Gebiet der Erkenntniß übertragen, und da heißt *sich orientiren* soviel als sich auf jenem Gebiete zurecht finden, und zwar dadurch, daß man die Gesetze der Erkenntniß aufsucht. Da nun dies bloß durch Philosophiren möglich ist, so ist die Philosophie gleichsam

---

6   Johann Georg Krünitz, Oeconomisch-technologische Encyclopädie oder allgemeines System der Land-Haus-und-Staats-Wirthschaft in alphabetischer Ordnung, 242 Bde., Berlin 1773–1858, 105. Theil, Berlin 1807, S. 433. – Johann Christian Lossius, Neues philosophisches allgemeines Real-Lexicon oder Wörterbuch der gesammten philosophischen Wissenschaften in einzelnen, nach alphabetischer Ordnung der Kunstwörter auf einander folgenden Artikeln, 4 Bde., Erfurt (J. E. G. Rudolphi) 1803–1805, hat dagegen (noch) keine Stichworte Horizont, (sich) orientiren, Perspective, Standpunkt, Topographie.

7   Johann Christoph Adelung, Grammatisch-kritisches Wörterbuch der Hochdeutschen Mundart mit beständiger Vergleichung der übrigen Mundarten, besonders aber der Oberdeutschen [1793]. Mit D. W. Soltau's Beyträgen; revidirt und berichtiget von Franz Xaver Schönberger. 4 Theile, Wien (B. Ph. Bauer) 1811, Dritter Theil: M-Scr (1811), Sp. 308.

die *Orientirungs-Wissenschaft* in Bezug auf alle übrige Wissenschaften. Soll sie aber dieß sein, so muß sie freilich vorher ihren eignen Orient oder Aufgangspunct gefunden haben. Ob sie diesen bereits gefunden, ist zur Zeit noch problematisch.[8]

Im Lauf des 19. Jahrhunderts setzt sich der reflexive Gebrauch ‚sich orientieren' durch, im geographischen und im allgemeinen Sinn, die gänzliche Ablösung des allgemeinen Sinns vom geographischen jedoch nicht. MEYERS *Großes Conversations-Lexicon* von 1848 führt den allgemeinen Sinn weiter als ‚übertragenen' an:

> Orientiren (v. Lat.), sich o., eigentlich am Horizont den Orient suchen, um danach die übrigen Himmelsgegenden zu bestimmen, daher im Allgemeinen f. v. a. sich zurecht zu finden suchen durch Beobachtung von Merkzeichen, mag dies nun im eigentlichen Sinne von einer Lokalität gelten, oder in übertragener Bedeutung von Erkenntnissen jeder Art, in denen man zur Klarheit und zum Verständnis des Zusammenhanges gelangen will, zu verstehen seyn.[9]

---

8   Wilhelm Traugott Krug, Allgemeines Handwörterbuch der philosophischen Wissenschaften nebst ihrer Literatur und Geschichte, Leipzig 1827–1834, Bd. 3: 1828, 118 (ebenso 2. Aufl. Leipzig 1832–1838, Bd. 3: 1833, 131).

9   Das große Conversations-Lexicon für die gebildeten Stände. In Verbindung mit Staatsmännern, Gelehrten, Künstlern und Technikern hg. von J. Meyer. Original-Ausgabe. Hildburghausen/Amsterdam/Paris/Philadelphia: Bibliographisches Institut, 1848, 2. Abteilung, Bd. 1, 410. Der Artikel nimmt dann die Bestimmungen von Zedlers *Universal-Lexikon* und von Diderots *Encyclopédie* wieder auf: „Insbesondere 1) sich o. (Seew.), a) durch Beobachtung der Gestirne, mit Hülfe des Kompasses und durch Vergleichung der Karten auf dem Meere, wenn kein Land in Sicht ist, den Ort bestimmen, wo man weilt, bei welcher Gelegenheit zugleich die Tiefe des Wassers untersucht und mit der auf den Seekarten angegebenen verglichen wird; – b) die Segel o., sie so wenden, daß sie den Wind gehörig fassen und mit Hülfe des Steuers dem Schiffe den verlangten Lauf geben; – 2) (Meßk.), a) den Meßtische o., ihn in eine mit seiner früheren vollkommen parallelen Lage bringen, f. Meßtisch; – b) eine Aufnahme, Karte usw. o., sie so anlegen, daß bei aufrecht zu lesender Schrift Norden nach oben, Süden nach unten, Osten rechts und Westen links sich befinden und der mittlere Meridian senkrecht auf dem untern Rande steht." – [H. A. Pierer,] Pierer's Universal-Lexikon der Vergangenheit und Gegenwart oder neuestes encyclopädisches Wörterbuch der Wissenschaften, Künste und Gewerbe, 4., umgearbeitete und stark vermehrte Aufl. in 34 Bdn., Bd. 12, Altenburg (H. A. Pierer) 1861, 362, schließt den verallgemeinerten Sinn (an 2. und 3. Stelle) in den ursprünglich geographischen ein: „Orientiren (v. lat.), 1) den Orient am Horizont suchen, um danach auch die übrigen Himmelsgegenden zu bestimmen; 2) sich o., sich irgendwo durch Beachtung von Merkzeichen zurechtfinden; 3) dies auch in anderen Erkenntnissen, um in diesen Klarheit und Zusammenhang zu erlangen; 4) eine Karte, Compaß, Riß so legen, daß sie mit den Himmelsgegenden

3.1. Das Wort ‚Orientierung'

Die Eintragung in GRIMMS *Deutschem Wörterbuch* 1889 schließt an den alten ZEDLER-Text an, akzentuiert ihn jedoch neu:

> aus ital. orientare, franz. orienter, trans. u. reflexiv (in ermangelung der Magnetnadel) aus einer bekannten Weltgegend die übrigen, namentlich die östliche zu finden suchen, dann überhaupt in eine gegend, in einen raum, in eine lage oder ein verhältnis sich zurechtfinden.[10]

Sie weist auch auf die italienische Tradition des Wortes hin,[11] übergeht nun aber ganz den alten transitiven Gebrauch, das Ausrichten von Karten. Statt dessen erscheint das Sich-Orientieren nun als *Problem*: als Problem, sich gerade in „ermangelung der Magnetnadel" zurechtzufinden und so mit seiner Orientierung auf sich selbst angewiesen zu sein. Es wird auch nicht mehr mit dem Dativ gebraucht (‚sich in einem Raum, in einer Lage' zurechtfinden), sondern mit dem Akkusativ (‚in einen Raum, in eine Lage') und damit die bloße Ausrichtung betont, die noch kein Ziel, keinen Horizont, keinen Halt hat. Am Ende des 19. Jahrhunderts, als NIETZSCHE den Nihilismus ausrief, tritt die Ungewissheit des Sich-Orientierens in den Vordergrund (1.3.).

Um 1830 wird andererseits das Substantiv ‚Orientierung' geläufig im Sinn einer Orientierung, die man ‚hat' und die man darum andern

---

übereinstimmen." – Die 10. Auflage des *Brockhaus* von 1853 (Allgemeine deutsche Real-Encyklopädie für die gebildeten Stände. Conversations-Lexikon. 10., verbesserte und vermehrte Auflage. In funfzehn Bänden, Bd. 11, Leipzig (Brockhaus) 1853, 440) betont dagegen weiter den geographischen Gebrauch: „Sich orientiren heißt ursprünglich seine Stellung gegen die Weltgegenden bestimmen, sodaß man weiß, wo Osten, Süden u. s. w. zu suchen sind, wozu es nur der Bestimmung einer einzigen Weltgegend bedarf [...]. Einen Himmelsglobus u. s. w. orientiren heißt, demselben seine richtige Lage gegen die Weltgegenden geben. Im weitem Sinne heißt sich orientiren so viel als sich zurechtfinden." Die 14. vollständig neubearbeitete Auflage des *Brockhaus* von 1894 (jetzt unter dem Titel: Brockhaus' Konversations-Lexikon) belässt es im wesentlichen dabei und fügt lediglich einen Abschnitt über den Kirchenbau hinzu. Die 7. Aufl. von Meyers Lexikon (Bd. 9, Leipzig 1928, 67) zieht darin nach und fügt nun als weiteres Stichwort „Orientierungssinn", freilich nur „bei Naturmenschen und Tieren", hinzu.

10 Jacob und Wilhelm Grimm, Deutsches Wörterbuch in 16 Bdn., Leipzig 1854–1954, Bd. 7, Leipzig 1889, 1346. Im Anschluss werden Passagen aus Kants Orientierungs-Schrift und eine Wendung aus dem Reisebericht von Johann Gottfried Seume (1763–1810), Spaziergang nach Syrakus im Jahre 1801 (Weimar 1802, 197) zitiert: *„substantivisch:* wir verirrten uns .. und ich muszte .. mit meiner topographie im orientiren helfen."

11 Der Hinweis findet sich schon in Herders Metakritik, 304, Anm. (3.2.4.): „Von den Levantefahrern stammt der Ausdruck."

,geben' kann. Um 1870 wird es zu ,Weltorientierung' erweitert, und ,Weltorientierung' kann dann auch für ,Philosophie' überhaupt stehen (3.2.6.). Zugleich wird es mannigfaltig differenziert. Inzwischen sind, um nur ein paar wenige Zusammensetzungen und Weiterbildungen zu nennen, ,Orientierungspunkt', ,Orientierungssinn', ,Orientierungsvermögen', ,Orientierungsdatum' (für die Wirtschaft und die Wirtschaftspolitik), ,Orientierungshilfe', ,Orientiertheit', ,Orientierungslauf' und ,Orientierungsfahrt' (als Sportart, im Wettbewerb zu Fuß oder mit dem Motorrad mit Hilfe von Kompass und Karte die schnellsten Wege zu vorgegebenen Zielen finden), ,Orientierungsstufe' (als Abschnitt im schulischen Bildungsweg) gängig geworden,[12] jüngst auch ,Orientierungskraft'.

3.2. Der philosophische Begriff ,Orientierung'

In die Philosophie[13] kam der Begriff des Sich-Orientierens durch einen Glaubensstreit. Der Jude MENDELSSOHN wollte mit seiner Hilfe die Auseinandersetzung um Glauben und Vernunft beilegen, in den ihn der Christ JACOBI hineingezogen hatte. Anlass war die Frage, ob LESSING, der

---

12 Vgl. Brockhaus-Wahrig, Deutsches Wörterbuch in sechs Bänden, hg. v. Gerhard Wahrig, Hildegard Krämer und Harald Zimmermann, 4. Band, Wiesbaden/Stuttgart 1982, 927. – Das Schweizer Lexikon in sechs Bänden, Bd. 5, Horw/Luzern 1993, 50, verzeichnet unter ,Orientierung' allerdings lediglich eine von den Jesuiten hg. Zeitschrift, die bis Ende des II. Weltkriegs „Berichte über nat.-soz., kommunist. und sozialist. Organisationen in der Schweiz" veröffentlicht habe und sich heute „theol. und gesellschaftl. Fragen, Dritte Welt und Befreiungstheologie" widme. – Der Duden. Das große Wörterbuch der deutschen Sprache in acht Bänden, 2., völlig neu bearb. und stark erw. Aufl., Bd. 5, Mannheim u. a. 1994, 2455, weist wiederum auf den besonderen schweizerischen Sprachgebrauch von ,orientieren' als ,in Kenntnis setzen', ,informieren' hin. – In der DDR hat sich der Sprachgebrauch ,etwas oder jemand auf etwas orientieren' ausgebildet (vgl. Hermann Paul, Deutsches Wörterbuch, 9., vollst. neu bearb. Aufl., Tübingen 1992). Er erscheint auch in Heideggers *Sein und Zeit* (3.2.10.).
13 Vgl. Ernst Wolfgang Orth, Orientierung über Orientierung. Zur Medialität der Kultur als Welt des Menschen, in: Zeitschrift für philosophische Forschung 50 (1996), 167–182, wiederabgedruckt in: E.W.O., Was ist und was heißt ,Kultur'? Dimensionen der Kultur und Medialität der menschlichen Orientierung, Würzburg 2000, 29–44, und Verf., Art. Weltorientierung, Orientierung, in: Historisches Wörterbuch der Philosophie, Bd. 12, Basel/Darmstadt 2005, Sp. 498–507.

MENDELSSOHN zum Vorbild seines *Nathan* genommen hatte und der die Entscheidung zwischen Vernunft und Glauben durch Toleranz zu vermeiden suchte, Spinozist und damit – nach damaligen Verständnis – Atheist war. Grund der Einführung des Begriffs des Sich-Orientierens in die Philosophie war so zuletzt die Philosophie SPINOZAS. Im Streit um Glauben und Vernunft zu vermitteln, blieb eine Aufgabe des Begriffs bis heute. Die Vermittlung verschob alle drei Begriffe, Glaube, Vernunft und Orientierung, nachhaltig. Das zeigte sich schon bei MENDELSSOHN und KANT.

3.2.1. Orientierung im Streit um Glauben und Vernunft (M. MENDELSSOHN)

Friedrich Heinrich JACOBI (1743–1819), Kaufmann, Schriftsteller, streitbarer Vertreter des christlichen Glaubens und Erfinder des Begriffs ‚Nihilismus',[14] entfachte den Spinozismus- oder Pantheismusstreit[15] auf

---

14 Vgl. Theobald Süß, Der Nihilismus bei F. J. Jacobi, in: Theologische Literaturzeitung 76 (1951), Sp. 193–200, Otto Pöggeler, Hegel und die Anfänge der Nihilismus-Diskussion, in: Man and World 3 (1970), 163–199, beide wiederabgedruckt in: Dieter Arendt (Hg.), Der Nihilismus als Phänomen der Geistesgeschichte in der wissenschaftlichen Diskussion unseres Jahrhunderts, Darmstadt 1974 (Wege der Forschung, Bd. 360), 65–78 und 307–349, und Hans-Jürgen Gawoll, Nihilismus und Metaphysik. Entwicklungsgeschichtliche Untersuchung vom deutschen Idealismus bis zu Heidegger, Stuttgart-Bad Cannstatt 1989.

15 Zum Verlauf der Debatte vgl. Benno Erdmann, Kant's Kriticismus in der ersten und zweiten Auflage der Kritik der reinen Vernunft. Eine historische Untersuchung, Leipzig 1878, Nachdruck Hildesheim 1973, 118–128 u. 143–148; Karl Vorländer, Einleitung zu: I. Kants Kleinere Schriften zur Logik und Metaphysik, 2. Abt.: Die Schriften von 1766–1786 (Philos. Bibl. Bd. 46b), Leipzig 1905, xxvii-xxxviii; Heinrich Scholz (Hg.), Die Hauptschriften zum Pantheismusstreit zwischen Jacobi und Mendelssohn, Berlin 1916; Hermann Timm, Gott und die Freiheit. Studien zur Religionsphilosophie der Goethezeit, Bd. 1: Die Spinozarenaissance, Frankfurt am Main 1974; Kurt Christ, Jacobi und Mendelssohn. Eine Analyse des Spinozastreits, Würzburg 1988; Yirmiyahu Yovel, Mendelssohns Projekt: Vier Herausforderungen, in: Verf. (Hg.), Die philosophische Aktualität der jüdischen Tradition, Frankfurt am Main 2000, 331–350, und Eva Schürmann / Norbert Waszek / Frank Weinreich (Hg.), Spinoza im Deutschland des achtzehnten Jahrhunderts. Zur Erinnerung an Hans-Christian Lucas, Stuttgart-Bad Cannstatt 2002, bes. Teil II: Aspekte des ‚Spinoza-Streits', 171–325. Ebenso historisch gründlich wie sachlich aufschlussreich hat nicht nur den Spinozismusstreit, sondern auch die Spinoza-Rezeption in Deutschland davor und

3. Vorgeschichte: Evolution des philosophischen Begriffs der Orientierung

dem Höhepunkt der europäischen Aufklärung. Er war ein Glaubensstreiter mit einem weiten philosophischen Horizont, hatte als junger Mann in Genf die französische Aufklärung kennengelernt, dann die Schriften des noch ‚vorkritischen' KANT studiert und später dessen kritische Schriften einer Generalkritik unterzogen. Im Anschluss an Adam SMITH trat er für eine grundlegende Liberalisierung der Wirtschaft ein, tat sich mit Romanen und als Herausgeber des *Teutschen Merkur* hervor und wurde schließlich Präsident der Bayerischen Akademie der Wissenschaften. Historisch der Gegenaufklärung zugerechnet, brachte er in MENDELSSOHN und KANT die deutsche Aufklärung zu einer Aufklärung ihrer selbst. Von den zahlreichen Kontroversen, die er auslöste, war die Spinozismus-Debatte die folgenreichste. SPINOZA war in Deutschland bis dahin das Schreckbild eines jüdischen Häretikers und Atheisten gewesen,[16] und entsprechend hatte man seine Philosophie verkürzt und verzeichnet. Nun wurde sie zum philosophischen Horizont, der auf das Bedürfnis aufmerksam machte, sich zu orientieren. Denn sie irritierte wie keine andere: sie konnte ebenso wie als atheistische auch als religiöse, ja sogar als die religiöseste gelesen werden, die es je gab,[17] und so faszinierte

---

danach Rüdiger Otto, Studien zur Spinozarezeption in Deutschland im 18. Jahrhundert, Frankfurt am Main u.a. 1994, aufgearbeitet. S. dort auch die weitere, von Otto sorgfältig ausgewertete Literatur. In allen genannten Darstellungen bleibt das Philosophem der Orientierung im Hintergrund. In den Vordergrund gerückt hat es inzwischen Bernhard Jensen, Was heißt sich orientieren? Von der Krise der Aufklärung zur Orientierung der Vernunft nach Kant, München 2003, leider auf eine, gemessen an Ottos Arbeit, historisch nachlässige und, gemessen an den früheren Arbeiten, begrifflich wenig sorgfältige Weise.

16 Vgl. Walch, Philosophisches Lexicon, a.O., Sp. 2411–2418, und (mit demselben Text) Zedler, Universal-Lexikon, a.O., Bd. 39 (1744), 88–94. Danach war der Spinozismus „diejenige Art der Atheisterey, da man nur eine und zwar materialische Substantz statuiret, folglich GOtt und die Welt vor eins hält". Spinoza habe wohl „Schuld" an einem solchen „Irrthum" und „Verleitung" zu ihm, doch habe „diese Art des Atheismi" viele, z.T. sehr alte Quellen und Spinoza habe sie nur „in eine systematische Ordnung gebracht". Doch, so die apologetische Gegenthese, keine Lehre von Gott könne Atheismus sein, ohne sich selbst zu widersprechen – und das wird nun diskutiert, mit dem Ergebnis, dass „das Systema des Spinoza" „mit der leichtesten Mühe" endgültig „umgestossen" wird. Das Hauptargument, nach Spinoza sei Gott ausgedehnt und also teilbar, ist allerdings unzutreffend.

17 Vgl. den berühmten Brief Goethes an Jacobi vom 9. Juni 1785: „Du erkennst die höchste Realität an, welche der Grund des ganzen Spinozismus ist, worauf alles übrige ruht, woraus alles übrige fliest. Er beweist nicht das Daseyn Gottes, das Daseyn ist Gott. Und wenn ihn andre deshalb *Atheum* schelten, so möchte ich

sie Atheisten *und* Religiöse.[18] Die anhaltende Faszination der *Ethik*, die 1677 postum in lateinischer Sprache, 1744 auch in deutscher Übersetzung erschienen war, höhlte nach über einem Jahrhundert ihre Tabuierung aus, und den Durchbruch zu ihrer philosophischen Enttabuierung und ihrem großen Erfolg im Deutschen Idealismus bewirkte, entgegen dem Sinn seines Anregers, der Spinozismus-Streit.

SPINOZA übersprang mit seiner *Ethik* die Grenzen der Religionen, die Grenzen zwischen Religion und Philosophie und die Grenzen zwischen den philosophischen Disziplinen. Er begann sie als Metaphysik, zog aus dem Begriff Gottes, dass alles aus ihm zu begreifen, er selbst aber nicht zu begreifen ist (14.3.), ebenso rationale wie irritierende Konsequenzen, paradoxierte damit die philosophische Theologie und ließ sie in eine Ethik münden. Indem er Gott als Schöpfer von allem als Ursache auch seiner selbst (*causa sui*) begriff, ließ er Ursache und Wirkung zusammenfallen, paradoxierte dadurch die Unterscheidung und mit ihr auch den Begriff Gottes: als *causa sui* war er zugleich Ursache und Wirkung seiner selbst und, sofern Ursache und Wirkung einen Gegensatz bilden und einander ausschließen, keines von beiden. Die Start-Paradoxie hat weitere zur Folge. Paradoxiert wird zunächst die Schöpfung als Handlung und die ihr zugrunde liegende Allmacht Gottes. Denn wenn Gott zugleich Ursache und Wirkung ist, kann nichts zwischen ihnen liegen, kein Handeln und keine Zeit, und dann ist er auch nicht als Schaffender vom Geschaffenen, als Schöpfer von der von ihm geschaffenen Natur zu unterscheiden (*deus sive natura*). Er *ist* die Natur und, sofern er darin nicht zu unterscheiden ist, zugleich nichts – hier setzt der Atheismus-Vorwurf an. In der All-Natur verschwindet die Paradoxie zunächst: Sie kann als *natura naturans* und *natura naturata*, schaffende und geschaffene Natur unterschieden werden. Ursachen und Wirkungen sind dann jedoch nicht aus der Ganzheit der Natur zu isolieren und nach einem von ihr abstrahierten Kausalitätsgesetz zu identifizieren: In der All-Natur hängt alles mit allem auf undurchdringlich komplexe, nicht auf ein einziges Gesetz zu bringende Weise zusammen; die Natur als Gott (*natura sive deus*) ist ebenso begreiflich und unbegreiflich wie Gott. Damit entsteht eine neue Paradoxie. Denn wenn alles in der Natur stets im Zusammenhang mit allem übrigen betrachtet werden muss, so ist alles in der Natur zugleich Teil und Ganzes, und nichts kann wiederum zugleich Teil und Ganzes sein. Davon ist auch das menschliche Denken betroffen. Es muss, um etwas adäquat zu denken, es stets im Zusammenhang des für es undurchdringlich komplexen Ganzen denken, was ihm, das seinerseits nur

---

ihn *theissimum* ia *christianissimum* nennen und preisen". (Goethes Briefe, in: Goethes Werke, Großherzogin-Sophien-Ausgabe, IV/7, Weimar 1891, 62).

18 Schleiermacher erkannte das klar und vorurteilslos noch während der Auseinandersetzungen des Spinozismus-Streits und zog bald darauf seine revolutionären Konsequenzen für die Religion und die Religionsphilosophie daraus. Vgl. Günter Meckenstock, Schleiermachers frühe Spinoza-Studien, in: Eva Schürmann / Norbert Waszek / Frank Weinreich (Hg.), Spinoza im Deutschland des achtzehnten Jahrhunderts. Zur Erinnerung an Hans-Christian Lucas, Stuttgart-Bad Cannstatt 2002, 441–457.

ein *modus* der Natur ist, der unter deren für es undurchdringlich komplexen Bedingungen denkt, niemals möglich ist. So kann es nur so denken, dass es zwischen den Gegensätzen, in denen es denkt, oszilliert oder wechselnde Perspektiven einnimmt (*sub specie* ...). Die Ethik, in die SPINOZA seine paradoxe Metaphysik münden ließ, wertete die Natur, sofern nun Gott sich überall in ihr zeigte, gegenüber dem Christentum wieder auf (was etwa der junge GOETHE begeistert aufnahm) und machte es zum natürlichen Ziel alles Handelns, die Zusammenhänge dieser Natur so weit wie irgend möglich einzusehen, um sich in ihr (und damit gegen Gott) nicht zu verfehlen und sich dadurch selbst unglücklich zu machen. Sich so weit wie möglich in die Natur, die Gott ist, hineinzufinden, heißt auch, so gut wie möglich mit all*em* andern und all*en* anderen auszukommen und ihm und ihnen gerecht zu werden und darum die eigenen Wünsche und Bedürfnisse in Rücksicht auf die Wünsche und Bedürfnisse alles und aller andern zurückzustellen. Sofern es aber Gott ist, der in allen Teilen der Natur auf sich selbst wirkt und so alle Teile sich vorbehaltlos einander zuwenden lässt, ist er es auch, durch den und in dem vorbehaltlose oder mit LESSING „von Vorurteilen freie" Liebe möglich wird – als wiederum paradoxe Liebe Gottes zu sich selbst (*amor dei intellectualis*).

JACOBI hatte SPINOZAS Philosophie wie kaum jemand zuvor analytisch zu erschließen verstanden, bestärkte aber den Atheismus-Verdacht.[19] Er legte es auf Polarisierung an und arbeitete auf einen öffentlichen Konflikt hin, indem er die berühmtesten Namen seiner Zeit gezielt in die gefährliche Nähe zum Spinozismus-Atheismus brachte. Da der Atheismus-Verdacht aufgrund der paradoxen Anlage der *Ethik* nicht abzuweisen war, die *Ethik* aber lediglich die Konsequenzen aus dem Versuch zog, Gott in philosophischen Begriffen zu fassen, ließ sich mit ihm die philosophische Theologie überhaupt diskreditieren: SPINOZA hatte laut JACOBI gezeigt, dass philosophische Theologie als solche atheistisch ist. Gegen deren

---

19 Vgl. Friedrich Heinrich Jacobi, Über die Lehre des Spinoza, in Briefen an den Herrn Moses Mendelssohn, Breslau 1785, jetzt in: Werke. Gesamtausgabe [= WGA], hg. von Klaus Hammacher und Walter Jaeschke, Bd. I/1: Schriften zum Spinozastreit, Hamburg/Stuttgart 1998. – Zu Jacobis Spinoza-Rezeption im ganzen vgl. Otto, Studien zur Spinozarezeption, a.O., 172–182, zu den Defiziten seiner Spinoza-Deutung Alexander Altmann, Lessing und Jacobi: Das Gespräch über den Spinozismus, in: A.A., Die trostvolle Aufklärung. Studien zur Metaphysik und politischen Theorie Moses Mendelssohns, Stuttgart-Bad Cannstatt 1982, 50–83, bes. 52–63. – Jacobis erster Lehrsatz in *Über die Lehre des Spinoza* lautet schlicht: „Spinozismus ist Atheismus." (WGA I/1, 120). Zu seinen Quellen vgl. den Komm. in WGA I/2, 386 f. S. auch Moses Mendelssohn, Morgenstunden, in: Moses Mendelssohn, Gesammelte Schriften. Jubiläumsausgabe, hg. von Alexander Altmann, Stuttgart-Bad Cannstatt 1971 ff. [= JA], Bd. III/2 (1974), 104, und dazu wiederum den Verweis auf Wolff im Komm., ebd., 295 f.

3.2. Der philosophische Begriff ‚Orientierung': Mendelssohn

‚Vernunft' stellte er den ‚Glauben', fasste ihn jedoch nicht nur als religiösen Glauben, sondern, im Anschluss an HUME, als „Element aller menschlichen Erkenntniß und Würksamkeit".[20] Er entgrenzte ihn seinerseits philosophisch. *Seine Entgrenzung des religiösen Begriffs des Glaubens zu einem philosophischen war der historische Eröffnungszug für die Philosophie der Orientierung.*

Um Glauben sollte es sich danach immer dort handeln, wo die Vernunft etwas als gegeben voraussetzen muss, um es dann ihren Begriffen zu unterwerfen. JACOBI sprach auch bei bloß sinnlicher Wahrnehmung, sofern sie etwas zu verdanken ist, über das die Vernunft nicht verfügt, provozierend von ‚Offenbarung'.[21] Indem die Vernunft aber das, was ihr gegeben ist, ihren Begriffen unterwerfe, löse sie es als Gegebenes auf und ordne es in ihrem Sinn. So hat man es mit einer zweifachen ‚Offenbarung' zu tun, sinnlich gegebenen und begriffenen Gegenständen. Die Vernunft aber, die nur die ihre hat, lässt, so JACOBI, die des Glaubens als nichtig erscheinen und wird so selbst Ursprung des Nihilismus.[22] Sie

---

20 Jacobi, Die Lehre des Spinoza, a.O., WGA I/1, 125. Vgl. ebd. 116: „Wenn nun jedes *für Wahr halten*, welches nicht aus Vernunftgründen entspringt, Glaube ist, so muß die Ueberzeugung aus Vernunftgründen selbst aus dem Glauben kommen, und ihre Kraft von ihm allein empfangen." (wiederholt in: David Hume über den Glauben, oder Idealismus und Realismus. Ein Gespräch (1787), in: Friedrich Heinrich Jacobi's Werke, Bd. 2, Leipzig 1815, 145, mit dem Zusatz: „*(denn dieser Gegensatz von Vernunfterkenntniß und Glaube war von Mendelssohn selbst [!] angegeben)*". Jacobi konnte hier zugleich Kant folgen, der, wohl ebenso im Anschluss an Hume, in der Methodenlehre seiner *Kritik der reinen Vernunft* den Begriff des Glaubens als eines „Modus des Fürwahrhaltens" in einen „pragmatischen", „doktrinalen" und „moralischen Glauben" differenziert hatte (Kritik der reinen Vernunft, A 823/B 851 – A 831/B 859).

21 Mendelssohn wird in seiner Erwiderung bitter kommentieren: „so hatte auch Aristoteles *Offenbarungen* und Spinoza war ein *Glaubensheld*." (*An die Freunde Lessings. Ein Anhang zu Herrn Jacobi Briefwechsel über die Lehre des Spinoza*, JA III/2, 196). – Sofern für Spinoza Gott und damit auch die Natur zuletzt nicht auf Begriffe zu bringen und eben darum Gegenstand der Liebe sind, ist Jacobis Polarität von Glaube und Vernunft auch schon Spinozas *Ethik* inhärent. Diese Konsequenz wollte Jacobi jedoch nicht mehr ziehen.

22 Vgl. Friedrich Heinrich Jacobi, Sendschreiben an Fichte (1799), in: Werke, Leipzig 1812 – 1827, Nachdruck Darmstadt 1968, Bd. 4, 19 ff.: „Wir begreifen eine Sache nur, indem wir sie konstruieren, in Gedanken vor uns entstehen, werden lassen können [...]. Wenn daher ein Wesen ein von uns vollständig begriffener Gegenstand werden soll, so müssen wir es *objektiv* – als für sich bestehend – in Gedanken aufheben, vernichten, um es durchaus *subjektiv*, unser eigenes Geschöpf – ein bloßes Schema – werden zu lassen. Es darf nichts in ihm bleiben und einen wesentlichen Teil seines Begriffs ausmachen, was nicht *unsere*

kann von sich aus gar nicht, eben weil sie nur ihre ‚Offenbarung' hat, sinnlich gegebene Sinnzusammenhänge von übersinnlich-religiösen, also ‚Sinnliches' und ‚Übersinnliches', Natur und Gott, hinreichend unterscheiden – und verweist eben darum, so Jacobi, auf einen nicht durch Vernunft und in Begriffen fassbaren, sondern im Glauben anzunehmenden Gott. Sieht sie das ein und gesteht sie sich das ein, muss sie ihre Grenzen neu ziehen.

Dies geschah in einem ersten Schritt durch Moses Mendelssohn. Mendelssohn sah sich im Spinozismus-Streit in doppelter Weise persönlich verpflichtet, und seine Einführung des Philosophems der Orientierung stand im Zeichen dieser Verpflichtung. Die historischen Zusammenhänge sind bekannt: Nach dem Tod Lessings (1781), der sich höchstes Ansehen als Aufklärer erworben hatte, führte Jacobi 1783–1785 einen privaten Briefwechsel mit Mendelssohn und teilte darin mit, Lessing, der Freund Mendelssohns, habe sich zuletzt von der Wahrheit der Lehre Spinozas überzeugt, jedoch nur zu ihm, Jacobi, nicht aber zu Mendelssohn davon gesprochen.[23] In seiner Schrift *Über die Lehre des Spinoza, in Briefen an den Herrn Moses Mendelssohn* (1785) veröffentlichte er den Briefwechsel ohne Mendelssohns Zustimmung, so dass dieser öffentlich reagieren musste, um seinen verstorbenen Freund zu verteidigen.[24] Wenn er, ein Jude, den Spinozismus Lessings und damit Spinoza, den des Atheismus verdächtigen Juden, verteidigte, lief er aber Gefahr, sein eigenes Lebenswerk in Frage zu stellen: den Aufweis der Vernünftigkeit des Judentums, der es in der aufgeklärten Gesellschaft seiner Zeit auch für Christen akzeptabel machen sollte (und der in der Tat die bürgerliche Emanzipation der Juden vorbereitete).[25] Ebenso wie

---

Handlung, jetzt: eine bloße Darstellung unserer produktiven Einbildungskraft, wäre." Wie für Spinozas Gott gilt dann auch für den alles konstruierenden Geist: „Auch sein eigener Schöpfer kann er nur unter der angegebenen, allgemeinen Bedingung sein; er muß sich dem *Wesen* nach vernichten, um allein im *Begriffe* zu entstehen; sich zu haben: in dem Begriffe eines reinen, absoluten Ausgehens und Eingehens, ursprünglich – aus nichts, zu nichts, für nichts, in nichts."

23 Ob und wie weit sich Lessing tatsächlich zur „Lehre des Spinoza" bekannt hat oder auch seinerseits lediglich die Verfemung Spinozas zurückwies, kann hier offen bleiben. Vgl. dazu Scholz (Hg.), Die Hauptschriften zum Pantheismusstreit, a.O., Einl. LXVIII.

24 Vgl. die Einleitung Mendelssohns zu seiner Schrift *An die Freunde Lessings* und das Vorwort des Herausgebers, in: JA III/2, 186 f. bzw. 180 f.

25 Vgl. bes. Moses Mendelssohn, Phädon, oder über die Unsterblichkeit der Seele, in drey Gesprächen, Berlin/Stettin 1767, und mehr noch in: Jerusalem, oder über religiöse Macht und Judenthum, Berlin 1783, in: JA III/1 bzw. VIII, 99–204.

LESSING war er dem Judentum verpflichtet. Nach der Alternative von Glaube und Vernunft, vor die nach JACOBI der Spinozismus stellte, aber konnte der Glaube im *religiösen* Sinn wieder nur der christliche Glaube sein. MENDELSSOHN war dagegen bereits in seiner frühen Preisschrift *Abhandlung über die Evidenz in Metaphysischen Wissenschaften* (1764) für einen philosophischen und dann, besonders in *Jerusalem, oder über religiöse Macht und Judenthum* (1783), auch für einen religiösen Pluralismus eingetreten. Für das Judentum stellte sich nach seinem Verständnis die Alternative von Glaube und Vernunft gar nicht. Denn es leitet ohne Glaubensbekenntnisse einerseits und ohne Vernunftdoktrinen andererseits das Handeln durch das „positive Ritualgesetz", die Halacha, deren Zeichen für jedermann lesbar sind, deren Sinn aber nur durch die Tora im ganzen offenbar wird.[26] Die Tora wiederum ist nach der jüdischen Tradition von Gott selbst geschrieben, der in seinen Geboten, so wiederum die Tora selbst, jegliches Bild (und damit auch jeglichen Begriff) von sich verboten hat. So konnte es im Judentum gar nicht darum gehen, den Sinn der Schöpfung und der Gebote Gottes abschließend zu begreifen, und so auch nicht, wie im Christentum, zu einem Streit zwischen Glauben und Vernunft kommen. Man kann sich als Jude ohne philosophische Theologie auf die Halacha verlassen, die das Handeln leitet, ohne letztlich verstanden werden zu können, kurz: sich an ihr orientieren.

In der Philosophie der damaligen Zeit stand für dieses Selbstverständliche am ehesten der Begriff des ‚Gemeinsinns' oder des ‚gesunden

---

26 Moses Mendelssohn an die Freunde Lessings. Ein Anhang zu Herrn Jacobi Briefwechsel über die Lehre des Spinoza (1786), in: JA, III/2, 196. Vgl. dazu Daniel Krochmalnik, Das Zeremoniell als Zeichensprache. Moses Mendelssohns Apologie des Judentums im Rahmen der aufklärerischen Semiotik, in: Josef Simon / Werner Stegmaier (Hg.), Fremde Vernunft. Zeichen und Interpretation IV, Frankfurt am Main 1998, 238–285. – Philosophisch lehnte Mendelssohn schon in seiner frühen Schrift *Über die Empfindungen* (1755, in: JA I, 41–123) eine Entgegensetzung von Vernunft und Gefühl ab und stellte über sie das Vergnügen an der Schönheit, der Einheit im Mannigfaltigen, an der intellektuellen Vollkommenheit, der Einhelligkeit im Mannigfaltigen, an der sinnlichen Lust, dem verbesserten Zustand des Leibes und über all dies das unschätzbare Vergnügen an der philosophischen Weisheit. Auch hierin lassen sich leicht spezifische Elemente der jüdischen Tradition erkennen. In seiner *Abhandlung über die Evidenz in Metaphysischen Wissenschaften* (JA II, 267–339) schreibt Mendelssohn die geringere Faßlichkeit der Metaphysik gegenüber der Mathematik ihrem Mangel an „wesentlichen Zeichen" zu.

Menschenverstands' zur Verfügung.[27] MENDELSSOHN berief sich in seiner Antwort auf JACOBI darum auf ihn. Er stellte den Spinozismus weder als falsch noch als wahr, sondern als überzogene „Spekulation" oder „Sophisterey" dar,[28] die dem „gesunden" oder „schlichten Menschenverstand" nicht standhalte. In den *Morgenstunden* widmete er ihm eine „Widerlegung", versuchte zugleich aber auch eine „Annäherung" und fand den „Vereinigungspunkt" in einem „geläuterten Pantheismus", der sich „mit Religion und Sittlichkeit" vertrage, „in so weit sie praktisch sind". Diesen „geläuterten Pantheismus" hielt er sowohl mit der Person LESSINGS für vereinbar – er legt ihn LESSING in den Mund – als auch mit dem Judentum, die ihm darum beide um so liebenswerter schienen.[29] So verschob er die bedrohliche Alternative von Glaube und Vernunft auf die passable Alternative von gesundem Menschenverstand und spekulativer Vernunft. Sie musste dann nicht mehr als ausschließende Alternative verstanden werden. Denn ein aufgeklärter Mensch kommt ohne beide, gesunden Menschenverstand und spekulative Vernunft, nicht aus, und so handelte es sich bei ihnen lediglich um Anhaltspunkte, zwischen denen man, so MENDELSSOHN, den rechten ‚Weg' zu finden hatte. *Er nahm die ihm von JACOBI aufgezwungene Alternative von Glauben und Vernunft in die Vernunft selbst hinein, eine Vernunft, die ebenso fraglos Gegebenes akzeptieren kann, wie sie, soweit es sinnvoll ist, auf Gründen und Beweisen besteht.* Und an diesem Punkt der Entscheidung zwischen dem Hinnehmen von fraglos Selbstverständlichem und dem Nachfragen nach Gründen und Beweisen setzte MENDELSSOHN den Begriff des Sich-Orientierens ein.

---

27 Vgl. A. v. Maydell / R. Wiehl, Art. Gemeinsinn, in: Historisches Wörterbuch der Philosophie, Bd. 3, Basel/Darmstadt 1974, Sp. 243–247.

28 Mendelssohn an die Freunde Lessings, JA III/2, 199 u. ö. Zu Mendelssohns früher und (vergleichsweise) guter Spinoza-Kenntnis vgl. Otto, Studien zur Spinozarezeption, a.O., 183–186, und Ursula Goldenbaum, Mendelssohns schwierige Beziehung zu Spinoza, in: Eva Schürmann / Norbert Waszek / Frank Weinreich (Hg.), Spinoza im Deutschland des achtzehnten Jahrhunderts. Zur Erinnerung an Hans-Christian Lucas, Stuttgart-Bad Cannstatt 2002, 265–317. Seit seinen *Philosophischen Gesprächen*, seiner ersten Veröffentlichung überhaupt (1755), arbeitete Mendelssohn gegen die Verfemung Spinozas an, indem er ihn zum Opfer der Umorientierung von der cartesischen Philosophie zur leibnizwolffschen stilisierte, der er sich selbst anschloss. Spinozas ‚Atheismus' wurde dabei zum bedauerlichen und behebbaren Nebeneffekt.

29 Vgl. Mendelssohn, Morgenstunden, Kap. XIV, JA III/2, 114–124, und An die Freunde Lessings, ebd., 188.

3.2. Der philosophische Begriff ‚Orientierung': Mendelssohn

Dies geschah in seinen *Morgenstunden, oder Vorlesungen über das Daseyn Gottes*, die im Oktober 1785 erschienen.[30] Seine Einführung des Begriffs des Sich-Orientierens war von langer Hand vorbereitet, nicht nur durch seine lebenslangen jüdischen Studien, sondern auch durch seine frühen Analysen des Vergnügens beim Erschließen des Gegenwärtigen.[31] In seinen dialogisch angelegten Studien *Über die Empfindungen* (1755) versuchte er eine Phänomenologie der Lenkung der Aufmerksamkeit beim „Anschauen des Gantzen", der Abfolge zunächst des „Wählens" „zuträglicher" Gegenstände, dann des „Empfindens" im Sinn eines ersten „hinlänglichen" Auffassens ihrer Beschaffenheit, dann erst des „Überdenkens" im Sinn des Verdeutlichens von Einzelheiten und ihrer Zusammenhänge und schließlich des „Genießens" des Gesamteindrucks unter Absehung von den Einzelheiten:

> Mein Wahlspruch ist: *wehle, empfinde, überdenke* und *geniesse*. *Wehle*: unter den Gegenständen, die dich umgeben, erlies dir solche, die deiner Wohlfart zuträglich sind. *Empfinde* sie: verschafe dir hinlängliche Begriffe von ihrer Beschafenheit. *Ueberdenke*: stelle dir alle eintzelne Theile deutlich vor, und erwege ihre Verhältnisse und Beziehungen auf das Gantze. Alsdenn *geniesse*: richte deine Aufmerksamkeit auf den Gegenstand selbst. Hüte dich, in diesem Augenblicke an die Beschaffenheit einzelner Theile zu gedenken. Laß die Fähigkeiten deiner Seele walten. Durch das Anschauen des Gantzen, werden die Theile ihre hellen Farben verlieren, sie werden aber Spuren hinter sich lassen, die den Begrif des Gantzen aufklähren, und dem Vergnügen, das daraus entstehet, eine grössere Lebhaftigkeit verschaffen.[32]

Denken ist hier nur ein – und das letzte – Moment in der Ausrichtung der Aufmerksamkeit, es folgt erst den Prozessen der Empfindung. MENDELSSOHN bezog in seine Phänomenologie dessen, was er später ‚sich orientieren' nannte, auch den physiologischen Kontext ein: Gesamtempfindungen versetzen Körper und Seele über „tausend labyrinthische

---

30 Der Titel *Morgenstunden* erinnert daran, dass Mendelssohn „drey Jünglingen von schätzbaren Geistesgaben und noch beßrem Herzen", darunter seinem Sohn, Vorlesungen „ohne allen Schulzwang" hielt – in den frühen Morgenstunden, in denen die „Nervenschwäche", die ihm seit Jahren das Leben erschwerte, ihn „noch heiter" sein ließ (ebd., JA III/2, 4). – Zur Entstehungsgeschichte der *Morgenstunden* vgl. ausführlich Leo Strauss, ebd., XII-XCV. Auf den Begriff des Sich-Orientierens geht Strauss (auch in seiner „Analyse des Inhalts") nicht ein.

31 Wichtige Hinweise verdanke ich hier Ingelore König und ihrer im Entstehen begriffenen Dissertation *Die Ursprünge des philosophischen Orientierungsbegriffs in der deutschen Philosophie des 18. Jahrhunderts*.

32 Mendelssohn, Über die Empfindungen, JA I, 54.

Gänge" „nervigter Gefässe" in eine „harmonische Spannung",[33] die das Zusammenspiel von Empfinden und Denken lenkt. In *Von dem Vergnügen* heißt es:

> Da sich die Seele ihrer genauen Verknüpfung mit dem Leibe bewust ist; So muß sie auch alles dasjenige wollen, was auf der Erhaltung unseres Leibes abzielt.

Sie sucht einen „verbesserten Zustand des Körpers"[34] zu schaffen. Später fügte er im Horizont der Ästhetik und im Anschluss an Alexander BAUMGARTEN feine Differenzierungen von Lust, Vergnügen und angenehmer Empfindung hinzu und eine Analyse der Wirkung von Zeichen und Worten in der Mitteilung.[35]

In den *Morgenstunden* erscheint – noch immer vor der Erwiderung auf JACOBI – für den „Totaleindruck" des Gegenwärtigen im Wachzustand, in dem die Seele in der Lage ist, die „Oberherrschaft" zu „führen" dann der Ausdruck „sich orientieren", ausdrücklich als metaphorisch gekennzeichnet („gleichsam"):

> Die Seele weiset einer jeden subjectiven Ideenverbindung ihren Ort in Zeit und Raum an, und ertheilt ihnen den gehörigen Grad von Licht und Kraft: sie lenkt die Aufmerksamkeit, regiert die Bewegungswerkzeuge, und leitet selbst den Gang der Vernunft beym anhaltenden Nachdenken. Alle Würkungen der Seele befinden sich wie in einer wohlgestimmten Harmonie, so lange der Totaleindruk des Gegenwärtigen den Grundton angiebt, auf welchen sie sich stützen.[36]

> Der Nachtwandler wird die Gegenstände, die ihn unmittelbar berühren, zu vermeiden suchen, oder aus dem Wege räumen; und dieses um so viel eher, wenn es Dinge sind, die er auch im Wachen, ohne Bewußtseyn, so zu behandeln gewohnt ist. Der Totaleindruck kann immer noch fehlen, durch welchen die Seele sich in der gegenwärtigen Welt gleichsam orientirt und zum völligen Erwachen gebracht wird.[37]

Im Übergang zum Wachzustand ermöglicht das Sich-Orientieren, nicht der „Gang der strengen Vernunft und des Nachdenkens", der auch „im Traume" und bei „Wahnwitzigen" noch möglich ist, die „Uebersicht des Gegenwärtigen":

---

33 Ebd., 82.
34 Moses Mendelssohn, Von dem Vergnügen (1755), in: JA I 130 u. 131.
35 Vgl. Moses Mendelssohn, Ueber die Hauptgrundsätze der schönen Künste und Wissenschaften, in: JA I, Philosophische Schriften (1771), 437 ff.
36 Mendelssohn, Morgenstunden, JA III/2, 50.
37 Ebd., 52.

3.2. Der philosophische Begriff ‚Orientierung': Mendelssohn

Wahnwitzige in Dingen, die keine Uebersicht des Gegenwärtigen erfordern, und blos den Gang der strengen Vernunft und des Nachdenkens fortgehen, oft sehr gut zurecht kommen und die sinnreichsten Meditationen oft mit Vernunft und Ordnung auszuarbeiten im Stande sind; und man hat sogar Erscheinungen von Träumenden, die einen Beweis im Traume ausgeführt haben, der ihnen vorher im Wachen nicht gelingen wollte. So fremde dieses auch scheinet, so lässt es sich doch, einigermaßen begreiflich machen, wenn man auf den angesehenen Unterschied zwischen Träumen und Wachen Acht hat, und die eigentlichen Hindernisse in Betrachtung zieht, die dem vernünftigen Nachdenken im Traume sonst im Wege stehen.[38]

Was Träume sehen lassen, muss sich im Erwachen bewähren. MENDELSSOHN expliziert den *Begriff* des Sich-Orientierens durch die Erzählung eines allegorischen Traums der Vernunft,[39] um ihn „lebhaft" verständlich zu machen. Der allegorische Traum, so MENDELSSOHN, sei keine „Schwärmerei", sondern gehe auf eine Erzählung von Abendgästen über eine „Reise im Schweizergebürge" zurück, die ihrerseits schon „beinahe allegorische Bedeutung" gehabt und seinen Traum ausgelöst habe. Er lässt darin den „*Gemeinsinn (sensus communis)*" in Gestalt eines „jungen derben Schweizers" auftreten, der „nicht von dem feinsten Verstande", starrköpfig und „nicht zum Nachgeben zu bringen" ist und die „überzeugendsten Gründe" mit „einem plattwitzigen Einfall" zu parieren pflegt, und stellt ihm die „*Beschauung (contemplatio)*" an die Seite in Gestalt einer Frau, „lang und hager, ernsthaft, mit in sich gesenkten Blicken, von schwärmerischer Physiognomie und phantastisch bekleidet" und merkwürdigen Flügeln am Hinterkopf. Beide sind „Führer" von „Wanderern" durch die Alpen, aber sie „entzweyen sich zuweilen auf eine kurze Zeit, nicht selten aus geringfügigen Ursachen" und laufen schließlich an einem „Scheideweg" auseinander, der junge Mann „mit raschen Schritten" nach der Rechten, die Frau flatternd „mit ihrem flügelähnlichen Wesen" nach der Linken. Die Wanderer beobachten das „bestürzt" und bleiben stehen, und als sich „einer von uns" umsieht, erblickt er die „Vernunft" in Gestalt „einer etwas ältlichen Matrone", die „mit gemessenen Schritten" auf die orientierungslosen Wanderer zukommt, ihnen Mut zuspricht, sie über die beiden Gestalten aufklärt und dann mit gut vernehmlicher Stimme erklärt:

> Wenn denn die Reisenden standhaft genug sind, am Scheideweg zu warten, und keinem von beyden zu folgen; so kommen sie [der derbe junge Mann und die flatterhafte Frau, W.S.] zurück, um ihren Zwist von mir entscheiden

---

38 Ebd., 53.
39 Ebd., 81 f.

> zu lassen. In den meisten Fällen pfleget das Recht auf seiner Seite zu seyn, und die Frauensperson, wider die Erwartung, sich belehren zu lassen. Hingegen wenn auch das Recht zuweilen auf ihrer Seite ist; so ist er, der Starrköpfige, nicht zum Nachgeben zu bringen. [...] Indessen wissen die Reisenden, die mir trauen, doch woran sie sich zu halten haben.

An die Vernunft kann man „sich halten", weil sie ihre Vernünftigkeit auch in Situationen beweist, in die sie Entzweiungen des gesunden Menschenverstands und der Spekulation bringen können – indem sie zwischen ihnen „entscheidet". Man muss dann jedoch „standhaft" bleiben, um auf sie zu hören. MENDELSSOHN lässt den Traum damit enden, dass die Reisenden die Vernunft nach ihrem Namen fragen:

> Auf Erden, sprach sie, nennet man mich, *Vernunft*; die himmlischen – Hier wurde sie plötzlich von einem entsetzlichen Geräusche unterbrochen. Ein schwärmerischer Haufen hatte sich aus der Gegend um die Dame Beschauung versammelt, und faßte den Vorsatz, den *Gemeinsinn* so wohl, als die *Vernunft* zu vertreiben. Sie drangen mit Geschrei und Ungestüm auf uns ein, wir erschraken – und ich erwachte.

Der wahre Name, den die himmlischen zu nennen wüssten, wird nicht mehr genannt. Die Stimme der Vernunft aber, die man „auf Erden" so nennt, kann sich im lauten Streit der spekulativen Argumentationen verlieren. *So ist auch die Vernunft nichts, dessen man sicher sein kann, sondern das, was zwischen gesundem Menschenverstand und Spekulation unterscheiden und, wenn es unter ihnen zum Konflikt kommt, entscheiden kann.*

Auch dabei geht es um die Wahrheit. „In Wahrheit", so beginnt MENDELSSOHN die Auslegung seines „Traums", „pfleget mir diese Regel auch im Wachen zur Richtschnur zu dienen":

> So oft mich meine Spekulation zu weit von der Heerstraße des Gemeinsinns abzuführen scheint, so stehe ich still und suche mich zu orientiren. Ich sehe auf den Punkt zurück, von welchem wir ausgegangen, und suche meine beiden Wegweiser zu vergleichen.[40]

Die Wahrheit steht nicht von sich aus fest, und die Vernunft hat nur die „Richtschnur", sie sich nicht einfach durch den gemeinen Menschenverstand vorgeben zu lassen *oder* sie durch Spekulation zu ermitteln, sondern stets beide zu berücksichtigen und im Umgang mit beiden „Erfahrung" zu gewinnen:

---

40 Ebd., 82.

3.2. Der philosophische Begriff ‚Orientierung': Mendelssohn

Die Erfahrung hat mich gelehrt, daß in den mehresten Fällen, das Recht auf Seiten des Gemeinsinns zu seyn pfleget, und die Vernunft muß sehr entscheidend für die Speculation sprechen, wenn ich jenen verlassen und dieser folgen soll. Ja sie muß mir deutlich vor Augen legen, wie der Gemeinsinn hat von der Wahrheit abkommen und auf Irrwege gerathen können, um mich zu überführen, daß seine Beharrlichkeit blos ungelehriger Eigensinn sey.

Gegen das Sich-Orientieren der in der Berücksichtigung ihrer beiden Wegweiser erfahrenen Vernunft können nach MENDELSSOHN die Zweifel wenig austragen, die „Idealisten, Egoisten und Skeptiker" und der „Spinozist" vorbringen.[41] Ihre Behauptungen, die Leugnung des wirklichen Daseins der materiellen Welt (Idealismus), des Daseins aller Substanzen außer sich (Egoismus) und der Ungewissheit von allem überhaupt (Skeptizismus) und die Ansicht vom eigenen Sein als „bloßem Gedanken in Gott" (Spinozismus), sind, so MENDELSSOHN schon zuvor, lebensferne „Ungereimtheiten", von denen er nicht glauben könne, sie seien „jemals im Ernst behauptet worden";[42] all ihre Zweifel hinderten einen „Geometer" nicht, „mit aller erforderlichen Zuverläßigkeit zu verfahren".[43] *Das Sich-Orientieren, wie es MENDELSSOHN im Blick hat, gelingt auch unter Zweifeln an letzten Gründen.* Es kann selbst seine eigene Zeitlichkeit einräumen:

Daß ich selbst nicht immer derselbe bleibe, sagt mir mein unmittelbares inneres Gefühl. Die Aussage des inneren Gefühls ist, subjective betrachtet, von der höchsten Evidenz, und wenn von mir selbst, als Object die Rede ist, auch eine objective Wahrheit. Wer sich veränderlich denkt, der ist es.[44]

---

41 Ebd., 82 ff.
42 Ebd., 79.
43 Ebd., 83. – Mendelssohn nimmt dabei für den Bereich der „Erscheinungen" bereits den Standpunkt Kants ein: Der Geometer, der „objective" Aussagen über die Wirklichkeit macht, „will durch sein Resultat blos Erscheinungen ausmachen und mit Bestimmtheit angeben. Er darf also nur die mit ihnen verknüpfte sinnliche Erscheinung voraussetzen, um von seinen Resultaten versichert zu seyn." Anders verhalte es sich dagegen mit der „natürlichen Theologie", die Mendelssohn, im Gegensatz zu Kant, noch für möglich hält (ebd.).
44 Ebd., 85. – Mendelssohn geht so weit, aus dieser Zeitlichkeit des Sich-Orientierens einen neuen Beweis für das Dasein Gottes abzuleiten (wobei er Leibniz' These von der besten aller Welten voraussetzt): Wenn „entgegenstehende Sätze" über mein eigenes Dasein nacheinander denkbar und wahr sind („ich sitze und ich sitze nicht", da ich inzwischen aufgestanden bin), muss das Spätere das Bessere sein und der Grund der Veränderung im Dasein eines Gottes liegen, der dieses Bessere will.

In der Verteidigungsschrift gegen JACOBI, *Moses Mendelssohn an die Freunde Lessings*, nahm MENDELSSOHN den Begriff des Sich-Orientierens ohne allegorische Szenerie wieder auf und präzisierte ihn zugleich. Die Vernunft besteht danach in der Ausrichtung des gesunden Menschenverstands und der Spekulation aneinander, nämlich so, dass der gesunde Menschenverstand die Spekulation, wo nötig, *orientiert*, ihr den „Weg" vorgibt, –

> Wenn ich der Spekulation eine Zeitlang durch Dornen und Hecken nachgeklettert bin, so suche ich mich mit dem *bon sens* zu orientieren und sehe mich wenigstens nach dem Wege um, wo ich wieder mit ihm zusammenkommen kann.⁴⁵

– und die Spekulation den gesunden Menschenverstand, wo nötig, *korrigiert* und ihm Kriterien liefert, die Richtigkeit des Wegs zu überprüfen:

> Meiner Spekulation weise ich bloß das Geschäft an, die Aussprüche des gesunden Menschenverstandes zu berichten, und so viel, als möglich, in Vernunfterkenntniß zu verwandeln. So lange sie beyde, gesunde Vernunft und Spekulation, noch in gutem Vernehmen sind, so folge ich ihnen, wohin sie mich leiten. So bald sie sich entzweyen: so suche ich mich zu orientiren, und sie beide, wo möglich, auf den Punkt zurückzuführen, von welchem wir ausgegangen sind.⁴⁶

In seiner Verteidigungsschrift gegen JACOBI, der letzten, die er abschließen konnte, verteidigte MENDELSSOHN nicht nur LESSING gegen den Spinozismus- und Atheismus-Vorwürfe, sondern auch sein Judentum gegen das Ansinnen, es „in den Schoß des Glaubens zu führen". Das

---

45 Mendelssohn an die Freunde Lessings, JA III/2, 202 f.
46 Ebd., 198. – Damit lag der Vorwurf der Zirkularität nahe, den der junge Thomas Wizenmann, der im Haus Jacobis lebte und als dessen Parteigänger galt, anonym in der Schrift *Die Resultate der Jacobischen und Mendelssohnschen Philosophie; kritisch untersucht von einem Freywilligen.* (Leipzig 1786, Neudruck mit einem Nachwort von Reiner Wild, Hildesheim 1984) denn auch erhob. Er sehe, so Wizenmann, „nicht ein, mit welchem Fug eine Demonstration, die sich orientiren muß, eine Demonstration, die eines Leitfadens bedarf, eine Demonstration, die ihre Evidenz auf keine Weise in sich selbst trägt, je eine *Demonstration* genannt werden kann." (80) „Und wie kann ich die Spekulation durch Aussprüche [des gesunden Menschenverstands] orientiren, welche sie selbst berichtiget hat." (170) Der gesunde Menschenverstand aber, auf den die Demonstration rekurriren solle, entspreche der Sache nach dem Glauben bei Jacobi (36 ff.). Wizenmann hatte recht, nur konnte die Zirkularität des Sich-Orientierens der Sache nach kein Vorwurf mehr sein. – Vgl. zu Wizenmanns Rolle im Pantheismusstreit ausführlich Otto, Studien zur Spinozarezeption, a.O., 194–214, und unten zu Kant (3.2.2.).

3.2. Der philosophische Begriff ‚Orientierung': Mendelssohn

Judentum ist für ihn gerade das Beispiel einer gelingenden Orientierung ohne letztgültige Kriterien, keine „Religion" im Sinn eines „Glaubens an ewige Wahrheiten", sondern eine „vernunftmäßige Überzeugung" im Sinn „eines schlichten gesunden Menschenverstandes, der die Dinge gerade ins Auge faßt und ruhig überlegt"; es kann durchaus von „metaphysischen Argumentationen" Gebrauch machen, hängt aber „schlechterdings" nicht von ihnen ab.[47] So verbindet sich für ihn der Begriff des Sich-Orientierens mit dem Vertrauen in die Jahrtausende alte Tradition einer Orientierung, die mit immer neuem Vergnügen den Scharfsinn des Talmud pflegte, ohne in irgendeiner Lebenslage an der Tora irre zu werden:

> In jeder Lage des Lebens, in welcher der Mensch sich befindet; auf jeder Stufe der Aufklärung, auf welcher er steht, hat er Data und Vermögen, Gelegenheit und Kräfte genug, sich von den Wahrheiten der Vernunftreligion zu überführen.[48]

MENDELSSOHN war von Anfang an deutlich – und das wird unausgesprochen maßgeblich bleiben für den philosophischen Sinn des Begriffs der Orientierung – , dass bei allen oder doch den meisten Fragen und Zweifeln immer noch Orientierung möglich ist, dass sie dabei aber auf sich selbst angewiesen bleibt, keine letztgültigen Kriterien und nicht einmal einen klaren Begriff (nur einen „Traum") von sich selbst hat und sich gleichwohl mit dem zurechtfindet, was ihr in der Situation zu Gebote steht, indem sie es aufeinander bezieht und gegeneinanderhält. Er gebrauchte ‚sich orientieren' daher auch von Anfang an reflexiv. Er führte die Metapher geographisch ein (die allegorische Wanderung), löste sie aber zugleich von ihrer geographischen Herkunft. Für das Problem der Orientierung, wie es sich MENDELSSOHN stellte, gab es keine äußerlich vorgegebenen Anhaltspunkte mehr wie den Ort des Sonnenaufgangs oder den Ausschlag der Kompassnadel und auch keine letzten metaphysischen Gründe. *Die Vernunft in seinem Sinn konnte sich nur an sich selbst ausrichten, sich selbst orientieren.*

---

47 Ebd., 197 f.
48 Ebd., 198. – Anton Hütter, Moses Mendelssohn. Philosophie zwischen gemeinem Menschenverstand und unnützer Spekulation, Cuxhaven 1990, 66, interpretiert den Schluss der Traumallegorie im Sinn des „allgemeinen Zugs des jüdischen Denkens […], im Bereich der Religion so sparsam wie möglich mit fixierenden Begriffen umzugehen."

3.2.2. Das Bedürfnis der Vernunft nach Orientierung
(I. Kant)

Mendelssohn hatten Jacobis Angriffe so zu schaffen gemacht, dass sie seinen Tod beschleunigten; er starb in den ersten Januartagen 1786 in Berlin.[49] Sein jäher Tod löste einen großen Aufruhr in der Gelehrtenrepublik aus, und Kant, der mit Mendelssohn in großer gegenseitiger Achtung verbunden war, auch wenn sie philosophisch vieles trennte,[50] nahm, von vielen Seiten dazu gedrängt,[51] nach Mendelssohns Tod die

---

49 Vgl. das Vorwort des Herausgebers der Schrift *An die Freunde Lessings*, JA III/2, 179 ff., und Reinhard Brandt, Immanuel Kant: „Über die Heilung des Körpers, soweit sie Sache der Philosophen ist." Und: Woran starb Moses Mendelssohn?, in: Kant-Studien 90 (1999), 354–366.

50 Mendelssohn hatte im „Vorbericht" der *Morgenstunden* Kant wohl den „alles zermalmenden" genannt (JA III/2, 3), an der viel zitierten Stelle aber vorausgeschickt, dass ihm seine seit über 12 Jahren anhaltende „Nervenschwäche" „das Lesen fremder Gedanken" erschwere, so dass die Philosophie für ihn noch auf dem „Punkt" von etwa 1775 stehe. Er wisse, dass seine Philosophie „nicht mehr die Philosophie der Zeiten" sei, dass die „Schule", in der er sich „gebildet" habe, „vielleicht allzu eigenmächtig herrschen wollte" und mit ihrem „Despotismus" nun „zur Widersetzlichkeit" reize. Der „Hang zum Materialismus" einerseits und „zur Schwärmerey" andererseits, der dadurch eingerissen sei, erfordere „eine allgemeine Umwälzung", die freilich „beßren Kräften" vorbehalten sei: denen Kants.

51 Vgl. den Brief von Marcus Herz vom 27. Febr. 1786, AA X, 431 f.: „Was sagen Sie denn zu dem Aufruhr der seit und über Moses Tod unter Predigern und Genies, Teufelsbannern und possigten Dichtern, Schwärmern und Musikanten begint, zu dem der GeheimRath zu Pimplendorf das Zeichen gab? Wenn doch ein Mann wie Sie diesem lumpigten Schwarm ein einziges ernsthaftes: *stille da!*: zuriefe; ich wette, er würde zerstreut wie Spreu vom Winde. […] Es heißt hier schon seit einiger Zeit, daß Sie wider Jacobis Schrift einige Bogen drucken lassen, welches mir um so wahrscheinlicher ist, da Sie Moses letzten Brief unbeantwortet gelassen. Wenn es Ihnen doch gefiele, bey der Gelegenheit zum Besten Ihres verstorbenen Freundes wider die gegenwartigen und vermuthlich noch aufstehenden unvernünftigen Jacobiten etc. Etwas zu sagen!" Kant wurde dazu auch dringlich und wiederholt von Johann Erich Biester, einem der Redakteure der Berlinischen Monatsschrift, aufgefordert (vgl. AA VIII, 483). Hamann hatte sich erzählen lassen und an Jacobi geschrieben, Kant habe sich bei einer Einladung in dieser Richtung geäußert und sei „bis zur Schwärmerey von M.[endelssohns] Originalgenie und seinem Jerusalem eingenommen gewesen. Das erste soll er in die Geschicklichkeit gesetzt haben, mit der M. die Kunst sich jedes Umstandes zu Nutz zu machen gewußt, jede Hypothese in ihr günstiges Licht zu setzen." (Johann Georg Hamann, Brief vom 9. April 1786 an Friedrich Heinrich Jacobi, in: J. G. H., Briefwechsel, Bd. 6, hg. v. Arthur Henkel, Frankfurt am Main

3.2. Der philosophische Begriff ‚Orientierung‘: Kant

Kontroverse auf. Dabei hielt er sich in Sachen SPINOZA zurück, weil dieser einerseits „so leicht nicht zu widerlegen", andererseits „sein Begriff von dem Urwesen gar nicht zu verstehen" sei.⁵² JACOBI wollte er jedoch entschieden entgegentreten.⁵³ Er befürchtete ein neues Überhandnehmen der „Schwärmerei", die schließlich, nach dem zu erwartenden Tod FRIEDRICHS DES GROßEN (er starb am 17. August 1786), obrigkeitliche Maßnahmen gegen „die Freiheit zu denken" überhaupt auslösen und „dieses Unglück noch dazu dem übrigen, schuldlosen Theile über den Hals ziehen" könne.⁵⁴ Die Not, in die die *Mendelssohn- und Jacobi'sche Streitigkeit*⁵⁵ die Aufklärung gebracht hatte, war nach KANT nur durch „Kritik" abzuwenden.⁵⁶ Sie war eine Gelegenheit, die Leistungsfähigkeit seiner bisher wenig verstandenen *Kritik der reinen Vernunft* unter Beweis zu stellen, und sie hatte auch KANT selbst in Bedrängnis gebracht – weil JACOBI seine SPINOZA-Darstellung mit Zitaten aus der *Kritik* untermauert hatte.⁵⁷

Das war die Stunde des philosophischen Begriffs des Sich-Orientierens. KANT nahm ihn auf und machte ihn zum Gegenstand und Titelbegriff seiner Abhandlung *Was heißt: Sich im Denken orientiren?*, die in der *Berlinischen Monatsschrift* vom Oktober 1786 erschien. Sie wurde zum bedeutsamsten Dokument einer kritischen Philosophie der Orientierung. KANT gebrauchte den Begriff ansonsten kaum, auch nicht in der

---

1975, 349). Vgl. Manfred Kühn, Kant. Eine Biographie. Aus dem Engl. v. Martin Pfeiffer, München 2003, 369.

52 Kant, Kritik der Urteilskraft, § 72, AA V, 391. Kant hatte sichtlich den paradoxen Ansatz von Spinozas *Ethik* erkannt.

53 Vgl. seinen Brief an Marcus Herz vom 7. April 1786 (AA X, 442): „Die *Jacobi*sche Grille ist keine ernstliche, sondern nur eine affectirte *Genie*schwärmerey, um sich einen Nahmen zu machen, und ist daher kaum einer ernstlichen Wiederlegung [!] werth. Vielleicht, daß ich etwas in die Berl. M. S. einrücke, um dieses Gaukelwerk aufzudecken." In seiner Orientierungs-Schrift spricht Kant (ohne Jacobi beim Namen zu nennen) von „Genies", die mit ihren „freien Schwüngen" „aller Schwärmerei, Aberglauben, ja selbst der Atheisterei eine weite Pforte" öffnen (Was heißt: Sich im Denken orientiren?, AA VIII, 144 und 143).

54 Kant, Was heißt: Sich im Denken orientiren?, AA VIII, 147.

55 Ebd., 134.

56 Ebd., 138.

57 Vgl. Jacobi, Über die Lehre des Spinoza, a.O., WGA I/1, 96, 105 u. ö., und dazu I/2, 436 f. – Kant reagierte darauf so, dass er in einer Anmerkung zur Orientierungs-Schrift Punkte geltend machte, in denen der „Spinozism" „dogmatisch" sei und daher im Gegensatz zu seiner *Kritik* stehe, nämlich in seiner mathematischen Beweismethode, seiner (so Kant) Hypostasierung des Denkens und seiner Anmaßung einer Erkenntnis aus bloßer Vernunft, die „gerade zur Schwärmerei" führe. Er verurteilte den Spinozismus nicht als solchen (AA VIII, 143 f.).

2. Auflage seiner *Kritik der reinen Vernunft,* die er zur selben Zeit vorbereitete. Er behielt ihn offenbar MENDELSSOHN und der Auseinandersetzung mit ihm vor und setzte so die *argumentatio ad hominem,* die Bindung an bestimmte Adressaten, im Diskurs der Orientierung fort. Die *argumentatio ad hominem* hat es nach der Transzendentalen Methodenlehre der *Kritik der reinen Vernunft* „nicht mit der Zensur des Richters, sondern den Ansprüchen ihres Mitbürgers zu tun". Sie ist eine „Rechtfertigung" nicht nach der Wahrheit (κατ' ἀλήθειαν), die niemand für sich in Anspruch nehmen könne, sondern gegenüber einem andern Menschen (κατ' ἄνθρωπον), der „dogmatisch" Wahrheitsansprüche erhebe.[58] Der „Gebrauch" der Vernunft ist dann, so KANT, „polemisch" (was für ihn ‚kämpfend', nicht ‚herabsetzend' hieß). KANT setzte sich mit den dogmatischen Ansprüchen des verstorbenen MENDELSSOHN hart auseinander, eben weil er sich in der „Maxime der *Selbsterhaltung* der Vernunft"[59] mit ihm einig sah. Im Zug dieser Auseinandersetzung erweiterte er aber zugleich den Horizont seiner eigenen kritischen Philosophie.[60]

---

58 Auch die Argumentation Wizenmanns gegen Mendelssohn, auf die er sich in der Orientierungs-Schrift mehrfach bezieht, verstand Kant als *argumentatio ad hominem* (Was heißt: Sich im Denken orientiren?, AA VIII, 134). – Vgl. Simon, Kant, a.O., 453 f. (mit Bezug auf Kants Stellung zu Mendelssohns Judentum). Nach Simon ist „eine auch sich selbst gegenüber kritische Philosophie" sich nicht nur bewusst, „daß sie keinen übergeordneten, von ihrer [eigenen] geschichtlichen Bedingtheit unabhängigen Begriff von Religion geben kann" (455), sondern in allen Punkten von einem geschichtlich bedingten Standpunkt ausgeht. Darum muss im Prinzip stets, „so wie Kant es in allen wichtigen Punkten selbst unternimmt, ad hominem argumentiert werden, d. h. gegen eine andere Person, die ihren Standpunkt absolut setzt, weil sie seinen begrenzten Horizont nicht bemerkt." (301) In einer *argumentatio ad hominem* werde aber ebenso „die *andere* Perspektive und der *andere* Sprachgebrauch einer fremden Vernunft" gegen den eigenen, möglicher-, weil unerkannterweise ebenfalls dogmatischen Anspruch geltend gemacht (545).
59 Kant, Was heißt: Sich im Denken orientiren?, 147, Anm.
60 Vgl. die Pionierstudie von Friedrich Kaulbach, Weltorientierung, Weltkenntnis und pragmatische Vernunft bei Kant, in: Friedrich Kaulbach und Joachim Ritter (Hg.), Kritik und Metaphysik. Studien. Heinz Heimsoeth zum achtzigsten Geburtstag, Berlin 1966, 60–75. – Jürgen Mittelstraß, Was heißt: sich im Denken orientieren?, in: J.M., Wissenschaft als Lebensform. Reden über philosophische Orientierungen in Wissenschaft und Universität, Frankfurt am Main 1982, 162–184, setzt dagegen Kants Orientierungsbegriff als selbstverständlich voraus, um von ihm aus eine neue, eigene Bestimmung der Philosophie zu versuchen. 1992 folgte dann mein eigener Versuch, von Kants Orientierungs-Schrift aus eine kritische Philosophie der Orientierung anzustoßen („Was heißt: Sich im

3.2. Der philosophische Begriff ‚Orientierung': Kant

Zugleich mit der Orientierungs-Schrift ließ KANT *Einige Bemerkungen* zu Ludwig Heinrich JAKOBS *Prüfung der Mendelssohnschen Morgenstunden oder aller spekulativen Beweise für das Dasein Gottes* abdrucken.[61] Er nannte MENDELSSOHN dort einen „versuchten Philosophen", der einen „rechtschaffenen", nämlich kritischen Philosophen in „Versuchung" führe, die „scrupulöse Kritik [...] für ungegründete Bedenklichkeit zu halten".[62] Er versuche, es sich „bequem" zu machen, indem er die „*Entscheidung* des Streits der reinen Vernunft mit ihr selbst" vermeide und auf eine „vollständige Kritik dieses ihres Vermögens" verzichte. Der „scharfsinnige" MENDELSSOHN bediene sich in den *Morgenstunden* dazu „zweier Kunststücke, deren sich auch wohl sonst bequeme Richter zu bedienen pflegen nämlich, den Streit entweder gütlich *beizulegen,* oder ihn als für gar keinen Gerichtshof gehörig *abzuweisen.*"[63] Er suche die Lösung der „*Streitigkeiten der philosophischen Schulen*" darin, sie „*für bloße Wortstreitigkeiten zu erklären, oder doch wenigstens ursprünglich von Wortstreitigkeiten herzuleiten*", was sie eben nicht seien, wenn man „eine geraume Zeit hindurch gestritten" habe, ohne „den Mißverstand bemerken" zu können. Es reiche dann nicht aus, den angeblichen Wortstreit durch Worterfindungen, die „*Logomachie*" durch „Logodädalie" beizulegen.[64]

Um eine gütliche Worterfindung zur Beilegung eines Streits handelte es sich beim Begriff des Sich-Orientierens danach nicht – KANT nahm ihn ernst, um ihn nun in seiner Weise zu bestimmen:

 Denken orientieren?" Zur Möglichkeit philosophischer Weltorientierung nach Kant, in: Allgemeine Zeitschrift für Philosophie 17.1 (1992), 1–16).
61 Einige Bemerkungen von Herrn Professor Kant, Vorwort zu: Ludwig Heinrich Jakob, Prüfung der Mendelssohnschen Morgenstunden oder aller spekulativen Beweise für das Dasein Gottes in Vorlesungen. Nebst einer Abhandlung von Herrn Professor Kant, Leipzig 1786, XLIX-LX, wiederabgedr. AA VIII, 151–155. Die Bemerkungen wurden fast zugleich mit der Orientierungs-Schrift abgeschlossen (Anfang August 1786) und erschienen auch fast zugleich mit ihr (Oktober 1786).
62 Ebd., 151. – Das Wortspiel von Versuch und Versuchung spielt auf eine oben zitierte Passage Mendelssohns in den *Morgenstunden* an: Mit den idealistischen, egoistischen, spinozistischen und skeptischen „Ungereimtheiten" hat man, heißt es dort, „blos die Vernunft auf die Probe setzen und versuchen wollen, ob sie mit dem gesunden Menschenverstand gleichen Schritt halte" (JA III/2, 79).
63 Vgl. ebd., AA VIII, 152.
64 Ebd., 152 f.

> Der erweiterte und genauer bestimmte Begriff des *Sichorientirens* kann uns behüflich sein, die Maxime der gesunden Vernunft in ihren Bearbeitungen zur Erkenntniß übersinnlicher Gegenstände deutlich darzustellen.[65]

KANT übernahm von MENDELSSOHN so auch den Focus der Bestimmung des Begriffs des Sich-Orientierens, die „Erkenntniß übersinnlicher Gegenstände". Sein Ziel aber war, die *Vernunft selbst als Anhaltspunkt ihrer Orientierung auszuweisen* dabei zugleich „Festigkeit des Glaubens" zu gewinnen.[66] So sollte dem Streit um Glauben und Vernunft der Boden entzogen werden.

Seine Kritik an MENDELSSOHN setzt beim Gebrauch des Begriffs ‚Vernunft' selbst an. MENDELSSOHN habe „bald den *Gemeinsinn* (Morgenstunden), bald die *gesunde Vernunft*, bald den *schlichten Menschenverstand* (an Lessings Freunde)" zum „Leitungsmittel" gemacht, habe so den „*spekulativen* Vernunftgebrauch" in Frage gestellt, ohne die „Gränze, wo sie [die Vernunft in ihrem spekulativen Gebrauch] stehen bleiben muß", angeben zu können,[67] und dadurch das Verhältnis von „gemeiner gesunder Vernunft" und „Speculation" in einer „Zweideutigkeit" belassen, die eben „zum Grundsatze der Schwärmerei und der gänzlichen Entthronung der Vernunft" dienen könne.[68] Der Begriff des Sich-Ori-

---

65 Kant, Was heißt: Sich im Denken orientiren?, AA VIII, 134.
66 Ebd., 141, Anm.
67 Ebd., 138, Anm.
68 Ebd., 133 f. – Für Kant konnte der „gesunde Menschenverstand" ohnehin, wie er bereits in den *Prolegomena* geschrieben hatte, kein „Leitungsmittel" für den „speculativen Gebrauch der Vernunft" sein, sondern lediglich eine letzte „Nothülfe", auf die man sich „als ein Orakel beruft", „wenn man nichts Kluges zu seiner Rechtfertigung vorzubringen weiß". Auch der „schalste Schwätzer" könne damit „ohne alle Einsicht trotzig tun" und es „mit dem gründlichsten Kopfe getrost aufnehmen" (Prolegomena zu einer jeden künftigen Metaphysik, die als Wissenschaft wird auftreten können, AA IV, 259). In seiner – jährlich vorgetragenen – *Logik*-Vorlesung hielt sich Kant dagegen an Mendelssohn. Es heißt dort: „Der gemeine Menschenverstand (sensus communis) ist auch an sich ein Probirstein, um die Fehler des *künstlichen* Verstandesgebrauchs zu entdecken. Das heißt: sich *im Denken,* oder im speculativen Vernunftgebrauche durch den gemeinen Verstand *orientiren,* wenn man den *gemeinen* Verstand als Probe zu Beurtheilung der Richtigkeit des *speculativen* gebraucht." (AA IX, 57; vgl. auch Fortschritte der Metaphysik [1791], AA XX, 261 und 301). Gegen Ende der *Prolegomena* hatte er geschrieben: „Also kann man sich in der Metaphysik, als einer speculativen Wissenschaft der reinen Vernunft, niemals auf den gemeinen Menschenverstand berufen, aber wohl, wenn man genöthigt ist, sie zu verlassen und auf alles reine speculative Erkenntniß, welches jederzeit ein Wissen sein muß, mithin auch auf Metaphysik selbst und deren Belehrung (bei gewissen

3.2. Der philosophische Begriff ‚Orientierung': Kant

entierens dagegen ist für KANT das schlagende Beispiel dafür, wie „*bildliche* Vorstellungen" Begriffe „zum *Erfahrungsgebrauche* tauglich" machen und wie aus diesem „manche nützliche Maxime selbst im abstracten Denken" gewonnen werden kann (1.3.).[69] Er „erweitert" den gegebenen Wortgebrauch schrittweise so weit, dass er auch das Denken selbst einschließt und schließlich alles übrige aus ihm ausschließt. Dabei hält er die „geographische" als „eigentliche" Bedeutung fest:

> Sich *orientiren* heißt in der eigentlichen Bedeutung des Worts: aus einer gegebenen Weltgegend (in deren vier wir den Horizont eintheilen) die übrigen, namentlich den *Aufgang* zu finden.[70]

Dabei übergeht er von Anfang an die Orientierungs-Unsicherheit, die MENDELSSOHN ebenso wie die *Encyclopédie* voraussetzten (3.1.): nach seiner Bestimmung hat man, um sich geographisch zu orientieren, schon eine „gegebene Weltgegend" als sicheren Ausgangspunkt, muss sie nicht erst identifizieren, um ihr die übrigen zuordnen zu können. *KANT geht von einer Situation ohne Orientierungs-Unsicherheit und ohne Entscheidungs-Spielraum aus, und es wird ihm auch im Folgenden um die Sicherheit der Orientierung gehen – der Orientierung dann im Denken oder durch bloße Vernunft.*

Er setzt nur eine Orientierungs-Unsicherheit voraus, die Rechts-Links-Unterscheidung. Durch sie war er schon in seiner Abhandlung *Von dem ersten Grunde des Unterschiedes der Gegenden im Raume* von 1768 auf das Problem des Sich-Orientierens gestoßen, ohne dass er dort den Begriff schon hatte oder gebrauchte (2.2.).[71] Die Rechts-Links-Unterscheidung ist danach nicht nur Bedingung der Orientierung im Gelände, in Städten usw., sondern auch beim Lesen von Schriften: „Bei einem beschriebenen Blatte z.E. unterscheiden wir zuerst die obere von der unteren Seite der Schrift, wir bemerken den Unterschied der vorderen und hintern Seite, und dann sehen wir auf die Lage der Schriftzüge von der

---

Angelegenheiten) Verzicht zu thun, und ein vernünftiger Glaube uns allein möglich, zu unserm Bedürfniß auch hinreichend (vielleicht gar heilsamer als das Wissen selbst) befunden wird." (AA IV, 371) Hier weist er auf das spätere Orientierungs-Konzept voraus.

69 Kant, Was heißt: Sich im Denken orientiren?, AA VIII, 133.
70 Ebd., 134.
71 Friedrich Kaulbach, Immanuel Kant, Berlin 1969, 84–87, trägt nachträglich die Begriffe ‚Orientierung' und ‚Weltorientierung' in die Interpretation der frühen Schrift ein, mit der Folge, dass aus dem „absoluten" oder „reinen Raum" bei Kant ein „für die frühe Subjektivitätsphilosophie Kants" bedeutsamer „Orientierungsraum" wird.

Linken gegen die Rechte oder umgekehrt."⁷² Aber trotz der „augenscheinlichsten Erfahrung", dass die rechte und die linke Hand sich unterscheiden, lassen sie sich doch durch *kein Merkmal* unterscheiden, weder im Denken noch in der Wahrnehmung.⁷³ Man kann ,rechts' nur durch die Negation von ,links', also zirkulär definieren (im Scherz: ,rechts ist da, wo der Daumen links ist'), und man kann wohl *nach* rechts und links, aber nicht Rechts und Links *selbst* sehen. *Der Rechts-Links-Unterschied entzieht sich sowohl dem Denken als auch der Wahrnehmung und irritiert so eine der Leitunterscheidungen des abendländischen philosophischen Denkens und auch noch* KANTS.⁷⁴ Er ist, so KANT, ein Unter-

---

72 Kant, Von dem ersten Grunde des Unterschiedes der Gegenden im Raume, AA II, 379.
73 Ebd., 383.
74 Kant hat auf die Merkwürdigkeit der Rechts-Links-Unterscheidung mehrfach in unterschiedlicher Weise Bezug genommen. In *Von dem ersten Grunde des Unterschiedes der Gegenden im Raume* (1768) führt er sie als Hauptargument für die Annahme eines absoluten Raumes an (2.2.), in der Dissertation *De mundi sensibilis atque intelligibilis forma et principiis* (1770) als Argument für seine neue Auffassung des Raumes als reiner Anschauung. In der Transzendentalen Ästhetik der *Kritik der reinen Vernunft* (1781 und 1787) verwendet er das Argument jedoch nicht mehr, wohl aus dem schlichten Grund der Knappheit (vgl. A 24 f./B 40), dann aber wieder zur Verdeutlichung in den *Prolegomena* (1783, AA IV, 285 ff.), worauf er in einer „Abschweifung" der *Metaphysischen Anfangsgründe der Naturwissenschaft* (1786) noch einmal verweist (AA IV, 483 f.). Das Argument ist stets, dass die rechte und die linke Seite „durch keinen (noch so großen) Scharfsinn diskursiv beschrieben, d.h. auf Verstandesmerkmale zurückgeführt werden können (discursive describi s. ad notas intellectuales revocari nulla mentis acie possunt)" (De mundi, AA II, 403, vgl. Prol., AA IV, 286; MA, AA IV, 484). Die Aussparung des Arguments in beiden Auflagen der *Kritik der reinen Vernunft* hat dazu geführt, dass es in der Kommentar-Literatur bis heute kaum berücksichtigt wurde. Hans Vaihinger ist auf „Das Paradoxon der symmetrischen Gegenstände" jedoch in einem Anhang zu seinem *Commentar zu Kants Kritik der reinen Vernunft* (Stuttgart/Berlin/Leipzig 1892, Bd. 2, 518–532) eingegangen, diskutiert dort auch die vorausgehende Literatur und kommt zu dem Schluss, dass sich „der ganze Beweiswerth des berühmten Arguments auf Null reducirt" (528). Er behandelt es jedoch nur in Hinsicht auf das Raumproblem, wobei n-dimensionale Räume für ihn – 1892 – noch ein „sonderbarer" und „abenteuerlicher Gedanke" sind (531 f.; vgl. dagegen Felix Hausdorff al. Paul Mongré, Das Chaos in kosmischer Auslese, a.O., 89–91 = Neuausgabe 683–685, der Kants Argumentation verteidigt; s.u. 3.2.7.). Vom Orientierungs-Problem, mit dem Kant es „verquickt" habe, will er es aber wiederum ausdrücklich getrennt sehen (523 f., Anm.). Auch Ernst Cassirer, Das Erkenntnisproblem in der Philosophie und Wissenschaft der neueren Zeit, Bd. 2, Berlin 1907, Neudruck der 3. Aufl. Darmstadt 1994, 619 f., diskutiert die „Gegenden im Raum" nur in

3.2. Der philosophische Begriff ‚Orientierung': Kant

schied, der „gegeben" ist, ohne verstanden werden zu können („dari, non intelligi").[75] Man lernt ihn lediglich durch Einübung. Er ist gegeben, aber auf andere Weise als Wahrnehmungen und Begriffe: durch den bloßen *Standpunkt*, von dem aus man Rechts und Links, Vorn und Hinten und Oben und Unten unterscheidet,[76] den Standpunkt des Körpers *in* der Welt, in der man sich orientiert.[77] Denkt man sich, so KANT, Rechts und

---

Bezug auf das Raumproblem, ebenso Norman Kemp Smith, A Commentary on Kant'1 s Critique of Pure Reason, London 1918, 161–166: „The Paradox of Incongruous Counterparts", den Rechts-Links-Unterschied. In seiner *Philosophie der symbolischen Formen* stellt Cassirer dann zwar historisch die Verbindung mit dem Problem der Orientierung in *Was heißt: Sich im Denken orientiren?* her (a.O., II, 116), geht ihm jedoch nicht systematisch nach und gebraucht selbst den Begriff Orientierung nur im Sinn der bloßen und im wesentlichen unproblematischen räumlichen Ausrichtung. Ähnlich ist das Bild in der jüngeren Forschung. Vgl. etwa Klaus Reich in seiner Einleitung zu seiner Ausgabe der Dissertation in der Philosophischen Bibliothek (Bd. 251, Hamburg 1958, XIV f.), Karl Vogel, Kant und Paradoxien der Vielheit. Die Monadenlehre in Kants philosophischer Entwicklung bis zum Antinomienkapitel der Kritik der reinen Vernunft, Meisenheim am Glan 1975, 239–248, und Walter Patt, Transzendentaler Idealismus. Kants Lehre von der Subjektivität der Anschauung in der Dissertation von 1770 und in der „Kritik der reinen Vernunft", Berlin/New York 1987, 217 f., der das Argument ebenfalls nur als „ergänzend" versteht und es lediglich als „Hinweis auf die Subjektivität des Raumes" wertet. Schon früh ist, etwa von Gauss, eingewendet worden (vgl. Vaihinger, Commentar, a.O., 527 f.), es sei im übrigen gar nicht ersichtlich, inwiefern der Rechts-Links-Unterschied ein Argument für die Absolutheit bzw. Idealität des Raumes sein könne. So zuletzt auch Lawrence Sklar, Incongruous Counterparts, Intrinsic Features, and the Substantiviality of Space, in: The Journal of Philosophy 71 (1974), 277–290, in seiner Antwort auf Peter Remnant, Incongruent Counterparts and Absolute Space, in: Mind 62 (1963), 393–399, u.a. Ohne weiteres ersichtlich ist jedoch, dass der Rechts-Links-Unterschied, da er sich weder von der Wahrnehmung noch (auf dem Stand Kants) mathematisch fassen lässt, für beide ein Orientierungs-Problem aufwirft.

75 Kant, Metaphysische Anfangsgründe der Naturwissenschaft, AA IV, 484.
76 In Aristoteles' Kosmologie, nach der jeder Körper seinen ihm zugehörigen Ort im Kosmos hat, sind diese Unterschiede (noch) nicht auf einen Standpunkt bezogen (πρὸς ἡμᾶς καὶ θέσει), sondern im Ganzen selbst unterschieden (ἐν αὐτῷ τῷ ὅλῳ διώρισται, Physik III 5, 205 b 31–34). Nach (dem Kant-Kenner) Hans Wagner (Aristoteles, Physikvorlesung, übers. von H.W., 4. Aufl. Berlin 1983, 519) bezieht sich θέσει auf „die Lagerelation zwischen Gefügegliedern".
77 Darin unterscheidet er sich vom transzendenten „Standpunkt", „aus dem" der Vernunft „notwendig schwindlicht wird, weil sie sich […] von allem mit der Erfahrung stimmigen Gebrauch gänzlich abgeschnitten sieht" (Kritik der reinen Vernunft, A 689/B 717). Kant gebraucht den Begriff „Standpunkt" häufig, bes. in der *Kritik der reinen Vernunft*, in der Regel aber im übertragenen Sinn des Standpunkts einer Beurteilung. Der ‚bodenständige' Sinn ist noch spürbar in der

Links, Oben und Unten, Vorne und Hinten als „Durchschnittsflächen", dann ist der Körper (bzw. sein Schwerpunkt) der Punkt, in dem sie sich „durchkreuzen" und von dem sie als Dimensionen ausgehen. Insofern ist er „der erste Grund [...], den Begriff der Gegenden im Raume zu erzeugen".[78] „Unser Körper" ist aber auch der Bezugspunkt aller Weltkenntnis, sofern „wir alles, was außer uns ist, durch die Sinne nur in so fern kennen, als es in Beziehung auf uns selbst steht".[79]

Wenn man für die Rechts-Links-Unterscheidung kein ‚äußeres' Merkmal hat und doch zu ihr fähig ist, dann muss sie, so KANT, einen „inneren Grund" haben, der „dem innern Sinne" zugänglich ist.[80] So weist er das „Urtheil der Gegenden" einem „Gefühl" zu, dem „verschiedenen Gefühl der rechten und linken Seite".[81] Aber auch dies ist sichtlich eine Verlegenheitsauskunft, denn Rechts und Links werden ja auch nicht gefühlt wie Freude oder Schmerz. KANT sagt denn zugleich auch „wissen": „aus einer bekannten Gegend, z.E. Norden, [...] wissen, auf welcher Seite des Horizonts ich den Sonnenaufgang zu suchen hätte".[82] In *Was heißt: Sich im Denken orientiren?* von 1786, also nach der ersten Auflage der *Kritik der reinen Vernunft* (1781) und nach den *Prolegomena* (1783), nimmt er die Rede vom „Gefühl" wieder auf, spricht nun aber von dem „Gefühl eines Unterschiedes an meinem eigenen *Subject*" (statt wie zuvor an „unserem Körper"), nennt das „Gefühl" „einen *subjectiven* Unterscheidungsgrund" „bei allen objectiven Datis am Himmel" und diesen subjektiven Unterscheidungsgrund „*a priori*":

> Sich *orientiren* heißt in der eigentlichen Bedeutung des Worts: aus einer gegebenen Weltgegend (in deren vier wir den Horizont eintheilen) die übrigen, namentlich den *Aufgang* zu finden. Sehe ich nun die Sonne am Himmel und weiß, daß es nun die Mittagszeit ist, so weiß ich Süden, Westen, Norden und Osten zu finden. Zu diesem Behuf bedarf ich aber durchaus das Gefühl eines Unterschiedes an meinem eigenen *Subject*, nämlich der rechten und linken Hand. Ich nenne es ein *Gefühl:* weil diese zwei Seiten äußerlich in der Anschauung keinen merklichen Unterschied

---

Grundlegung zur Metaphysik der Sitten, AA IV, 425: „Hier sehen wir nun die Philosophie in der That auf einen mißlichen Standpunkt gestellt, der fest sein soll, unerachtet er weder im Himmel, noch auf der Erde an etwas gehängt oder woran gestützt wird." und in Opus postumum, AA XXI, 348: „Vom Schwindeln aus einem hohen Standpunct u. der Seekrankheit".

78 Kant, Von dem ersten Grunde des Unterschiedes der Gegenden im Raume, AA II, 378 f.
79 Ebd., 378.
80 Ebd., 382 f.
81 Ebd., 380.
82 Ebd., 379.

3.2. Der philosophische Begriff ‚Orientierung': Kant

zeigen. Ohne dieses Vermögen: in der Beschreibung eines Cirkels, ohne an ihm irgend eine Verschiedenheit der Gegenstände zu bedürfen, doch die Bewegung von der Linken zur Rechten von der in entgegengesetzter Richtung zu unterscheiden und dadurch eine Verschiedenheit in der Lage der Gegenstände *a priori* zu bestimmen, würde ich nicht wissen, ob ich Westen dem Südpunkte des Horizonts zur Rechten oder zur Linken setzen und so den Kreis durch Norden und Osten bis wieder zu Süden vollenden sollte. Also orientire ich mich *geographisch* bei allen objectiven Datis am Himmel doch nur durch einen *subjectiven* Unterscheidungsgrund; und wenn in einem Tage durch ein Wunder alle Sternbilder zwar übrigens dieselbe Gestalt und eben dieselbe Stellung gegen einander behielten, nur daß die Richtung derselben, die sonst östlich war, jetzt westlich geworden wäre, so würde in der nächsten sternhellen Nacht zwar kein menschliches Auge die geringste Veränderung bemerken, und selbst der Astronom, wenn er bloß auf das, was er sieht, und nicht zugleich, was er fühlt, Acht gäbe, würde sich unvermeidlich *desorientiren*. So aber kommt ihm ganz natürlich das zwar durch die Natur angelegte, aber durch öftere Ausübung gewohnte Unterscheidungsvermögen durchs Gefühl der rechten und linken Hand zu Hülfe; und er wird, wenn er nur den Polarstern ins Auge nimmt, nicht allein die vorgegangene Veränderung bemerken, sondern sich auch ungeachtet derselben *orientiren* können.[83]

Ein Gefühl a priori, das sich durch Einübung einstellt, fügt sich schwer in die „Karte",[84] die KANT in der *Kritik der reinen Vernunft* von den ‚Vermögen' der Vernunft gezeichnet hat. Noch in seiner kurz vor der Orientierungs-Schrift publizierten *Grundlegung zur Metaphysik der Sitten* (1785) hatte er (in einer Parenthese) die Berufung auf Gefühle zur Begründung von Erkenntnissen scharf zurückgewiesen –

(so leicht auch die Berufung auf selbigen ist, indem diejenigen, die nicht *denken* können, selbst in dem, was bloß auf allgemeine Gesetze ankommt, sich durchs *Fühlen* auszuhelfen glauben, so wenig auch Gefühle, die dem Grade nach von Natur unendlich von einander unterschieden sind, […] auch einer durch sein Gefühl für andere gar nicht gültig urtheilen kann)[85]

---

83 Kant, Was heißt: Sich im Denken orientiren?, AA VIII, 134 f.
84 Kant, Kritik der reinen Vernunft, A 236/B 295.
85 Kant, GMS, AA IV, 442. – Erst in der *Kritik der Urteilskraft*, so Wolfgang Wieland, Urteil und Gefühl. Kants Theorie der Urteilskraft, Göttingen 2001, 16 f., wird Kant zu seiner Überraschung entdecken, dass empirische Erkenntnisse auch auf Gefühle begründet werden können und müssen: „Bei der Konzeption der kritischen Philosophie hatte Kant zunächst jedenfalls noch nicht damit gerechnet, daß die apriorische Ausstattung der Subjektivität die Sphäre der Emotionen berühren und an wenigstens einer Stelle sogar in sie hineinreichen könnte."

– und versucht in der Orientierungs-Schrift darum nun jenes „Gefühl" weiter zu ergründen. In seiner Definition des Sich-im-Denken-Orientierens geht er auf den Begriff des Fürwahrhaltens aus der Transzendentalen Methodenlehre der *Kritik der reinen Vernunft* zurück:[86]

> Sich im Denken überhaupt *orientiren* heißt also: sich bei der Unzulänglichkeit der objectiven Principien der Vernunft, im Fürwahrhalten nach einem subjectiven Princip derselben bestimmen.[87]

Von den drei Modi des Fürwahrhaltens, Meinen, Glauben und Wissen, bestimmt er das Glauben als das Fürwahrhalten, das zur Voraussetzung eines Handelns wird.[88] Seine Definition des Glaubens ist der des Sich-Orientierens sehr nahe:

> Aller *Glaube* ist nun ein subjectiv zureichendes, objectiv aber *mit Bewußtsein* unzureichendes Fürwahrhalten; also wird er dem *Wissen* entgegengesetzt.[89]

Beim Sich-im-Denken-Orientieren fehlt lediglich das Definiens „mit Bewußtsein", das im Denken schon impliziert ist, und es ist nicht selbst ein „Fürwahrhalten", sondern etwas „im Fürwahrhalten". KANT macht hier einen feinen, aber bedeutungsvollen Unterschied: Das Sich-Orientieren, auch im Denken, ist nicht eine Art des Fürwahrhaltens neben den übrigen, sondern eine Voraussetzung *in* allem Fürwahrhalten – sofern nämlich alles Fürwahrhalten im Sich-Orientieren unvermeidlich von einem Standpunkt ausgeht. *Das Sich-Orientieren ist ein Glauben, das in allem Fürwahrhalten, auch im Meinen und Wissen, vorausgesetzt ist. So ist es eine Voraussetzung aller Vernunft, die sich ihrer Kritik entzieht.*

---

86 Kant, Kritik der reinen Vernunft, A 820–831/B 848–859; AA VIII, 141. – Simon, Kant, a.O., hat die Modi des Fürwahrhaltens zum Schlüssel seiner Kant-Interpretation gemacht; zu ihrer Systematik vgl. bes. 131 f.
87 Kant, Was heißt: Sich im Denken orientiren?, AA VIII, 136, Anm.
88 Vgl. Kant, Kritik der reinen Vernunft, A 824/B 852: „Der Arzt muß bei einem Kranken, der in Gefahr ist, etwas tun, kennt aber die Krankheit nicht. Er sieht auf die Erscheinungen, und urteilt, weil er nichts Besseres weiß, es sei die Schwindsucht. Sein Glaube ist selbst in seinem eigenen Urteile bloß zufällig, ein anderer möchte es vielleicht besser treffen. Ich nenne dergleichen zufälligen Glauben, der aber dem wirklichen Gebrauche der Mittel zu gewissen Handlungen zum Grunde liegt, den *pragmatischen Glauben.*" Gemeinsam ist dem religiösen und dem pragmatischen Glauben der Bezug auf ein letztlich Unerkennbares, dort Gott in seiner Unbegreiflichkeit, hier die Handlungssituation in ihrer Unüberschaubarkeit (vgl. zu Jacobi 3.2.1.).
89 Kant, Was heißt: Sich im Denken orientiren?, AA VIII, 141. Vgl. Kritik der reinen Vernunft, A 822/B 850.

3.2. Der philosophische Begriff ‚Orientierung': Kant

Darin zeigt sich, so KANT, ein „Mangel" der Vernunft, ein Mangel, den sie einsieht und als auf Begriffe drängende Vernunft zu „ergänzen", „auszufüllen" oder „durch Analogien zu ersetzen" versucht.[90] KANT denkt das Sich-Orientieren von diesem Mangel her. Danach „fühlt" die Vernunft nicht, sondern „wirkt" ein Gefühl, bewirkt das „Gefühl des Bedürfnisses":

> Die Vernunft fühlt nicht; sie sieht ihren Mangel ein und wirkt durch den *Erkenntnißtrieb* das Gefühl des Bedürfnisses.[91]

Dieses Bedürfnis ist jedoch ihr „*eigenes Bedürfniß*",[92] ihr Bedürfnis nach Orientierung. *Indem die Vernunft selbst im Sich-Orientieren das Gefühl ihres eigenen Bedürfnisses bewirkt, wird sie zu einer bedürftigen Vernunft.* KANT zieht daraus starke Folgerungen. Das Sich-Orientieren, zu dem MENDELSSOHN vorgedrungen war, das „Leitungsmittel", sich im Denken zu orientieren, ist „ein Folgesatz des Bedürfnisses", es ist „nicht *Er-*

---

90 Vgl. Kant, Kritik der reinen Vernunft, A 530/B 558, A 625/B 653, A 637/B 665, A 641/B 669, A 33/B 50.

91 Kant, Was heißt: Sich im Denken orientiren?, AA VIII, 139 f., Anm. Kant fährt fort: „Es ist hiemit, wie mit dem moralischen Gefühl bewandt, welches kein moralisches Gesetz verursacht, denn dieses entspringt gänzlich aus der Vernunft; sondern durch moralische Gesetze, mithin durch die Vernunft verursacht oder gewirkt wird, indem der rege und doch freie Wille bestimmter Gründe bedarf."

92 Ebd., 136. – Kant gebraucht den Begriff Bedürfnis in der Orientierungs-Schrift 22 mal in substantivischer und 6 mal in verbaler Form. Bedürfnis ist in seinem Werk ein nahezu ubiquitärer Begriff – auch in Bezug auf die Vernunft. Die Vernunft kann nach Kant „durch eigenes Bedürfniß getrieben" sein (Kritik der reinen Vernunft, B 21), sie sucht sich „den Anschlag zu einem Gebäude in Verhältniß auf den Vorrath, der uns gegeben und zugleich unserem Bedürfniß angemessen ist, zu machen" (Kritik der reinen Vernunft, B 735), ist „nicht tauglich genug [...], um den Willen in Ansehung der Gegenstände desselben und der Befriedigung aller unserer Bedürfnisse (die sie zum Theil selbst vervielfältigt) sicher zu leiten, als zu welchem Zwecke ein eingepflanzter Naturinstinct viel gewisser geführt haben würde" (Grundlegung zur Metaphysik der Sitten, AA IV, 396), wobei „unbefriedigte Bedürfnisse" „leicht eine große *Versuchung zu Übertretung der Pflichten*" werden können (ebd., 399; vgl. ebd., 405, Kritik der praktischen Vernunft, § 7, AA V, 32). In der Einleitung zur *Kritik der Urteilskraft* (AA V, 184) spricht Kant vom „Bedürfniß des Verstandes" nach „gesetzlicher Einheit in einer Verbindung, die wir [...] zugleich doch als an sich zufällig erkennen". Dort (ebd., 210) ist auch von der Nötigung des Urteils durch Bedürfnisse die Rede („Alles Interesse setzt Bedürfniß voraus, oder bringt eines hervor; und als Bestimmungsgrund des Beifalls läßt es das Urtheil über den Gegenstand nicht mehr frei sein.") und vom „Bedürfniß, irgend jemand dafür dankbar zu sein", wenn man „sich, umgeben von einer schönen Natur, in einem ruhigen, heitern Genusse seines Daseins befindet" (§ 86, Anm., ebd., 445).

kenntniß, sondern gefühltes *Bedürfniß* der Vernunft".[93] KANT räumt das „*Recht des Bedürfnisses* der Vernunft ein, als eines subjectiven Grundes etwas vorauszusetzen und anzunehmen, was sie durch objective Gründe zu wissen sich nicht anmaßen darf". Bei einem prinzipiellen Mangel an Einsicht bleibt

> doch ein genugsamer subjectiver Grund der *Annehmung* darin, daß die Vernunft es *bedarf*: etwas, was ihr verständlich ist, voraus zu setzen, um diese gegebene Erscheinung daraus zu erklären, da alles, womit sie sonst nur einen Begriff verbinden kann, diesem Bedürfnisse nicht abhilft.

Im Sich-Orientieren steht so „*Bedürfniß für Einsicht*", und man hat sich vorzusehen,

> das, was nur abgenöthigte *Voraussetzung* ist, nicht für *freie Einsicht* auszugeben, um dem Gegner, mit dem wir uns aufs Dogmatisiren eingelassen haben, nicht ohne Noth Schwächen darzubieten, deren er sich zu unserem Nachtheil bedienen kann.[94]

Das Bedürfnis der Vernunft nach Orientierung rechtfertigt danach unausweisbare, jedoch nicht dogmatisch zu behauptende Annahmen. Das soll nun insbesondere für die „Mendelssohn- und Jacobi'sche Streitigkeit" um Glauben und Vernunft gelten, die MENDELSSOHN in das Problem transformiert hatte, sich, wie KANT es formuliert, im „Raume des Übersinnlichen" zu orientieren. Das „Leitungsmittel" dazu ist dann nicht entweder der Glaube oder die Vernunft, sondern der „Vernunftglaube", der Glaube, dessen die Vernunft bedürftig ist.[95] *Vernunft und Glaube sind in der Orientierung zusammengeschlossen, die Unterscheidung, auf die Jacobi gedrängt hatte, ist in ihr aufgehoben.*

In der Orientierungs-Schrift rekonstruiert KANT den Begriff des Vernunftsglaubens, indem er das „geographische" Verfahren sich zu orientieren schrittweise über ein „mathematisches" zu einem „logischen" „erweitert" oder entgrenzt. In dem, was er hier „sich [...] *mathematisch* orientiren" nennt, sieht er zunächst einerseits von den „Weltgegenden" oder Himmelsrichtungen, andererseits von der sinnlichen Wahrnehmung ab. Dabei geht er von einem „gegebenen Raum" aus, in dem die Lagebeziehungen im Sinn der frühen Schrift über die *Gegenden im Raume* vollständig bekannt sind. Er gibt das Beispiel „eines mir bekannten Zimmers", in dem ich, „wenn ich nur einen einzigen Gegenstand, dessen

---

93 Ebd., 139 f.
94 Kant, Was heißt: Sich im Denken orientiren?, AA VIII, 137–139 mit Anm.
95 Ebd., 144. Vgl. Kritik der reinen Vernunft, A 828 f./B 856 f.

3.2. Der philosophische Begriff ‚Orientierung': Kant

Stelle ich im Gedächtniß habe, anfassen kann", auch im Finstern die übrigen finde. Voraussetzung dafür ist dann nur noch die Rechts-Links-Unterscheidung:

> hätte mir jemand zum Spaße alle Gegenstände zwar in derselben Ordnung unter einander, aber links gesetzt, was vorher rechts war, so würde ich mich in einem Zimmer, wo sonst alle Wände ganz gleich wären, gar nicht finden können.[96]

Beim Verfahren, sich „überhaupt *im Denken, d.i. logisch*, zu orientiren", wird schließlich, so KANT, auch noch von den Lagebeziehungen in einem „gegebenen Raum" abstrahiert. Damit ist „nach der Analogie" das „Geschäft der reinen Vernunft" erreicht, die „ganz und gar kein Objekt der Anschauung, sondern bloß Raum für dieselbe" vorfindet. Der „Raum" ist hier jedoch nicht die ‚reine Anschauungsform' der *Kritik der reinen Vernunft*, sondern ist ein nur noch metaphorischer Raum, der „für uns mit dicker Nacht erfüllte Raum des Übersinnlichen", in dem die Vernunft für die Erkenntnis nicht auf sinnliche Wahrnehmungen zurückgreifen kann, sondern das „Recht" hat, sich „lediglich durch ihr eigenes Bedürfniß zu *orientiren*".[97] KANT hält am Ausdruck „Raum" offenbar deshalb fest, weil MENDELSSOHN gerade für diesen „Raum des Übersinnlichen" Orientierung empfohlen hatte. Hier wird die Vernunft jedoch nicht zu einem „theoretischen", sondern nur einem „praktischen Gebrauch" genötigt. Theoretisch „*wollen*" wir im Raum des Übersinnlichen – hier über das Dasein Gottes und die Art seines Daseins – wohl „*urteilen*", können es nach der *Kritik der reinen Vernunft* aber nicht; „*urtheilen müssen*" wir dagegen im „praktischen Gebrauch" der Vernunft, der, nach KANT, in der „Vorschrift der moralischen Gesetze" besteht und darum ebenfalls „rein" von allem Sinnlichen ist. Der „reine Vernunftglaube" schränkt als Glaube theoretisch die Orientierung ein und ermöglicht sie praktisch als Leitungsmittel der Vernunft für die Vernunft ohne die MENDELSSOHNsche „Zweideutigkeit":

> Ein reiner Vernunftglaube ist also der Wegweiser oder Compaß, wodurch der speculative Denker sich auf seinen Vernunftstreifereien im Felde übersinnlicher Gegenstände orientiren, der Mensch von gemeiner doch (moralisch) gesunder Vernunft aber seinen Weg sowohl in theoretischer als auch in praktischer Absicht dem ganzen Zwecke seiner Bestimmung völlig ange-

---

96 Ebd., 135. – In einer „mathematischen" Orientierung ist auch vom sinnlichen Anfassen abstrahiert, wovon man im Beispiel freilich *nicht* absehen kann. Vgl. Heidegger Kritik an Kants „Konstruktion" (3.2.10.).
97 Ebd., 137.

messen vorzeichnen kann; und dieser Vernunftglaube ist es auch, der jedem anderen Glauben, ja jeder Offenbarung, zum Grunde gelegt werden muß.[98]

Damit sind für KANT auch die Ansprüche JACOBIS auf „Offenbarung" kritisch begrenzt. Jahre später schreibt er versöhnlich an ihn:

> Für Ew: Wohlgeb. schönes mir zugeschicktes Werk: über die Lehre des Spinoza, neueste Ausgabe, sage gleichfalls den ergebensten Dank. Sie haben sich dadurch das Verdienst erworben, zuerst die Schwierigkeiten in ihrer größten Klarheit darzustellen, welche den teleologischen Weg zur Theologie umgeben u. vermuthlich Spinozen zu seinem System vermocht haben: Mit raschen Schritten auf Unternehmungen zu einem großen, aber weit entfernten Ziel, ausgehen, ist der gründlichen Einsicht zu aller Zeit nachtheilig gewesen. Der die Klippen zeigt, hat sie darum doch nicht hingestellt, u. ob er gleich gar die Unmöglichkeit behauptet, zwischen denselben *mit vollen Seegeln* (des Dogmatismus) durchzukommen, so hat er darum doch nicht *alle* Möglichkeit einer glücklichen Durchfahrt abgeläugnet. Ich finde nicht daß Sie hierzu den Compaß der Vernunft unnöthig, oder gar irre leitend zu sein, urtheilen. Etwas, was über die Speculation hinzukommt, aber doch nur in ihr, der Vernunft, selbst liegt u. was wir zwar (mit dem Namen der Freiheit, einem übersinnlichen Vermögen der Causalität in uns) zu benennen, aber nicht zu begreifen wissen, ist das nothwendige Ergänzungsstück derselben.[99]

Ein „Compaß der Vernunft"[100] war das, was KANT selbst mit seinen Kritiken konstruieren wollte, ein „Leitungsmittel" zur Orientierung der Vernunft über die Spielräume ihres haltbaren Gebrauchs. Schon in der ersten Auflage der *Kritik der reinen Vernunft* (1781) hatte er im Abschnitt *Von der Unmöglichkeit einer sceptischen Befriedigung der mit sich selbst veruneinigten reinen Vernunft*[101] die Szene einer „dogmatischen Wanderung" entworfen, ähnlich der in MENDELSSOHNS allegorischem Traum. Sie verläuft in den drei Schritten Dogmatik, Skepsis, Kritik:

> So ist der Scepticism ein Ruheplatz für die menschliche Vernunft, da sie sich über ihre dogmatische Wanderung besinnen und den Entwurf von der

---

98 Ebd., 142.
99 Kant, Brief an F. H. Jacobi vom 30. August 1789, AA XI, 75 f. Jacobi blieb in seiner Antwort freilich streitbar (vgl. seinen Brief an Kant vom 16. November 1789, AA XI, 103–105). – Die Metapher der Klippen hatte Kant in der 2. Aufl. der Kritik der reinen Vernunft gebraucht. Vgl. Kritik der reinen Vernunft, B 127: „Wir sind jetzt im Begriffe einen Versuch zu machen, ob man nicht die menschliche Vernunft zwischen diesen beiden Klippen glücklich durchbringen, ihr bestimmte Grenzen anweisen und dennoch das ganze Feld ihrer zweckmäßigen Thätigkeit für sie geöffnet erhalten können."
100 Vgl. auch Kant, Prolegomena, AA IV, 262, und Fortschritte der Metaphysik, AA XX, 227 u. 261.
101 Kritik der reinen Vernunft, A 758–769/B 786–797.

3.2. Der philosophische Begriff ‚Orientierung': Kant

Gegend machen kann, wo sie sich befindet, um ihren Weg fernerhin mit mehrerer Sicherheit wählen zu können, aber nicht ein Wohnplatz zum beständigen Aufenthalte; denn dieser kann nur in einer völligen Gewißheit angetroffen werden, es sei nun der Erkenntniß der Gegenstände selbst, oder der Grenzen, innerhalb denen alle unsere Erkenntniß von Gegenständen eingeschlossen ist.[102]

Das skeptische Haltmachen bringt auf den Weg zur Kritik, und die Kritik schafft „völlige Gewißheit" nicht über Gegenstände, sondern über die „Grenzen" des Gebrauchs der Vernunft zur Erkenntnis von Gegenständen. Die Skepsis kann nach KANT so wenig wie das Sich-Orientieren ein „beständiger Aufenthalt" sein, aber sie nötigt, einen „Entwurf von der Gegend" zu machen, was ihr „berühmter" Vertreter David HUME zuerst geleistet habe. KANT nennt ihn darum einen „Geographen der menschlichen Vernunft", und er versucht diese Geographie zu verbessern und eine neue „Karte des Landes" der Vernunft zu entwerfen.[103] HUME habe „die Fakta der Vernunft" zusammengetragen, die ihm jedoch als „Schranken" erschienen, die von der Vernunft prinzipiell nicht zu überschreiten seien. Da seine empirische Untersuchung aber solche prinzipiellen Aussagen nicht zulasse,[104] müsse der Ansatz der Geographie selbst verändert werden. Denn denke man sich die Vernunft als „unbestimmbar weit ausgebreitete Ebene" der Erdfläche in Gestalt eines Tellers, so stoße man in der Tat stets an „Schranken" seiner „jedesmal wirklichen Erdkunde", die sich jedoch als „Grenzen" erweisen, die man stets wieder überschreiten kann. So komme man nie an ein Ende der Erdfläche, könne man nie „wissen, wie weit sie sich erstrecke". Ist man jedoch

soweit gekommen, zu wissen, daß die Erde eine Kugel und ihre Fläche eine Kugelfläche sei, so kann ich auch aus einem kleinen Theil derselben, z. B. der

---

102 Ebd., A 761/B 789.
103 Ebd., A 760/B 788, A 236/B 295.
104 In losen Blättern zu den *Fortschritten der Metaphysik* hat Kant die Erschließung von „Facta der Vernunft" historisch erläutert: „Anfangs durch gemeine Vernunft z. B. von den Weltkörpern und ihrer Bewegung. Aber man kam auch auf Zwecke: Endlich aber da man bemerkt daß man über alle Dinge Vernunftgründe aufsuchen könne so fing man an seine Vernunftbegriffe (oder die des Verstandes) aufzuzählen vorher aber das Denken überhaupt ohne Object zu zergliedern. Jenes geschah durch Aristoteles Dieses noch früher durch die Logiker – – Eine philosophische Geschichte der Philosophie ist selber nicht historisch oder empirisch sondern rational d.i. *a priori* möglich. Denn ob sie gleich Facta der Vernunft aufstellt so entlehnt sie solche nicht von der Geschichtserzählung sondern sie zieht sie aus der Natur der menschlichen Vernunft als philosophische Archäologie." (AA XX, 341).

Größe eines Grades, den Durchmesser und durch diesen die völlige Begrenzung der Erde, d.i. ihre Oberfläche, bestimmt und nach Principien *a priori* erkennen [...].[105]

Im geographischen Bild der sich zur Kugel schließenden Erdoberfläche wird die kritische Vermessung der Vernunft selbstbezüglich, und eine Kritik der Vernunft durch die Vernunft selbst wird möglich: die *Kritik der reinen Vernunft*.

Die 2. Auflage der *Kritik der reinen Vernunft* leitet KANT dann mit MENDELSSOHNS Orientierungs-Szenerie ein: Wenn der „Gang" der „Vernunftgeschäfte" „in Stecken" gerate, müsse man „öfters wieder zurückgehen und einen andern Weg einschlagen", sonst bleibe es bei einem bloßen „Herumtappen".[106] Die *Kritik* ihrerseits aber gibt wiederum nur eine begrenzte Orientierung. Sie umreißt nur einen bestimmten Horizont, den „Horizont der *Wissenschaft*", neben dem KANT zahlreiche andere Horizonte aufzählt, darunter vielfältige „Privat-Horizonte" mit ihren jeweiligen „Standpunkten".[107] Und nur der Horizont der Wissenschaft, der „*Principien* bedarf, um nach denselben zu bestimmen, *was wir wissen und nicht wissen können*", lässt sich „fixiren",[108] die übrigen nicht. *KANT geht in pragmatischer Hinsicht ganz selbstverständlich von einer beweglichen, nicht von einer ‚festen' Orientierung aus.* Er empfiehlt Maximen einerseits zur „Erweiterung", andererseits zur „Demarcation unserer Erkenntniß", der (nicht zu frühen) Selbstbestimmung seiner Horizonte, ihres ent-

---

[105] Kant, Kritik der reinen Vernunft, A 759/B 787. – In den *Prolegomena* bedankt sich Kant noch einmal für den „Wink, den *Humes* Zweifel geben konnten", fügt allerdings hinzu, daß Hume „gleichfalls nichts von einer dergleichen möglichen förmlichen Wissenschaft ahndete, sondern sein Schiff, um es in Sicherheit zu bringen, auf den Strand (den Scepticism) setzte, da es denn liegen und verfaulen mag, statt dessen es bei mir darauf ankommt, ihm einen Piloten zu geben, der nach sicheren Principien der Steuermannskunst, die aus der Kenntniß des Globus gezogen sind, mit einer vollständigen Seekarte und einem Compaß versehen, das Schiff sicher führen könne, wohin es ihm gut dünkt." (AA IV, 262, vgl. Kritik der reinen Vernunft, A 235 f./B 294 f.).

[106] Kant, Kritik der reinen Vernunft, B VII.

[107] Kant, Logik, AA IX, 41. – Vgl. die umfassende Dokumentation von Kants Horizont-Begriff und seiner Vorgeschichte bei Leibniz, Baumgarten und Meier in Hans-Jürgen Engfer, Art. Horizont II, in: Historisches Wörterbuch der Philosophie, Bd. 3, Basel/Darmstadt 1974, Sp. 1194–1200. Engfer erkennt im Horizont-Begriff einen „Schlüsselbegriff der Philosophie Kants". Vgl. aktuell Josef Simon, Das Ich und seine Horizonte. Zur Metapher des Horizonts bei Kant, in: Ralf Elm (Hg.), Horizonte des Horizontbegriffs. Hermeneutische, phänomenologische und interkulturelle Studien, Sankt Augustin 2004, 85–102.

[108] Ebd.

3.2. Der philosophische Begriff ‚Orientierung': Kant

schiedenen Festhaltens (aber nicht: Fixierens), ihrer Ausrichtung an der eigenen „Fähigkeit", seinem „Wohlgefallen" und seinen „Pflichten". In der alltäglichen Orientierung ist jeder auf seine Horizonte beschränkt. Darum empfiehlt KANT,

> den Horizont Anderer nicht nach dem seinigen [zu] messen, und nicht das für unnütz [zu] halten, was *uns* zu Nichts nützt; es würde verwegen sein, den Horizont Anderer bestimmen zu wollen, weil man theils ihre Fähigkeiten, theils ihre Absichten nicht genug kennt.[109]

Nach KANTs Vorlesungen zur *Anthropologie in pragmatischer Hinsicht* kennt man noch nicht einmal den eigenen Horizont ‚genug'. Denn er umfasst ein „unermeßliches" „Feld von Sinnenanschauungen und Empfindungen, deren wir uns nicht bewusst sind, ob wir gleich unbezweifelt schließen können, daß wir sie haben, d.i. *dunkeler* Vorstellungen im Menschen (und so auch in Thieren)"; „die klaren [enthalten] dagegen nur unendlich wenige Punkte derselben [...], die dem Bewußtsein offen liegen". Das Bewusstsein hält immer nur wenige klare Vorstellungen als Anhaltspunkte bewusst. KANT stellt mit „Bewunderung" fest, dass also auch das Bewusstsein sich als „große *Karte*" organisiert, auf der „nur wenig Stellen *illuminirt* sind".[110] Denn auch hier geht es nicht um eine vollständige und gewisse Übersicht über alles Gegebene, sondern nur um ‚Punkte', die von Fall zu Fall für die Orientierung zweckmäßig sind. KANT hat außer dem „Standpunkt" eine Fülle solcher Orientierungspunkte unterschieden: u.a. den „Anziehungspunkt", den „Unterstützungspunkt" und den „Bildungspunkt",[111] den „Gravitationspunkt",[112] einen „Nordpunkt"[113] und einen „Südpunkt",[114] einen „Ruhepunkt" für die Einbildungskraft,[115] „Beziehungspunkte" für die Vernunft,[116] einen „Vereinigungspunkt" im Übersinnlichen und für „alle, die das Gute lie-

---

109 Ebd., 43.
110 Kant, Anthropologie in pragmatischer Hinsicht, AA VII, 135.
111 Kant, Allgemeine Naturgeschichte und Theorie des Himmels, AA I, 265, 311, 314.
112 Kant, Der einzig mögliche Beweisgrund zu einer Demonstration des Daseins Gottes, AA II, 145.
113 Kant, Physische Geographie, AA IX, 231.
114 Kant, Was heißt: Sich im Denken orientiren?, AA VIII, 135.
115 Kant, Kritik der reinen Vernunft, A 449/B 477: „eurer Einbildung einen Ruhepunkt verschaffen".
116 Ebd., A 853/B 881: „Theologie und Moral die zwei Triebfedern, oder besser Beziehungspunkte zu allen abgezogenen Vernunftforschungen".

ben",¹¹⁷ einen „Glaubenspunkt" für die Religion¹¹⁸ und einen „Umwendungspunkt" im Fortschreiten des Menschengeschlechts.¹¹⁹ Die Zweckmäßigkeit solcher Punkte zu beurteilen ist in der Systematik von KANTS Kritik die Sache der Urteilskraft. Und in der *Kritik der Urteilskraft* kommt KANT auch noch einmal auf den Begriff des Sich-Orientierens zurück. Auch für unseren „Begriff von einer subjectiven Zweckmäßigkeit der Natur in ihren Formen nach empirischen Gesetzen", heißt es dort, ist es notwendig, „sich in dieser ihrer übergroßen Mannigfaltigkeit Begriffe zu verschaffen (in ihr orientiren zu können)".¹²⁰ KANT ging so weit, den Begriff des Begriffs selbst und seine Einteilung in Gattungen und Arten in die Metaphorik von Punkt und Horizont zu übersetzen. Im Zusammenhang mit dem „regulativen Gebrauch der Ideen der reinen Vernunft" heißt es in der *Kritik der reinen Vernunft*:

> Man kann einen jeden Begriff als einen Punkt ansehen, der als der Standpunkt eines Zuschauers seinen Horizont hat, d.i. eine Menge von Dingen, die aus demselben können vorgestellt und gleichsam überschauet werden. Innerhalb diesem Horizonte muß eine Menge von Punkten ins Unendliche angegeben werden können, deren jeder wiederum seinen engeren Gesichtskreis hat; d.i. jede Art enthält Unterarten nach dem Princip der Specification, und der logische Horizont besteht nur aus kleineren Horizonten (Unterarten), nicht aber aus Punkten, die keinen Umfang haben (Individuen). Aber zu verschiedenen Horizonten, d.i. Gattungen, die aus eben so viel Begriffen bestimmt werden, läßt sich ein gemeinschaftlicher Horizont, daraus man sie insgesammt als aus einem Mittelpunkte überschauet, gezogen denken, welcher die höhere Gattung ist, bis endlich die höchste Gattung der allgemeine und wahre Horizont ist, der aus dem Standpunkte des höchsten Begriffs bestimmt wird und alle Mannigfaltigkeit als Gattungen, Arten und Unterarten unter sich befaßt.¹²¹

---

117 Kant, Kritik der Urteilskraft, § 57, AA V, 341: „die Antinomieen wider Willen nöthigen, über das Sinnliche hinaus zu sehen und im Übersinnlichen den Vereinigungspunkt aller unserer Vermögen *a priori* zu suchen", und Die Religion innerhalb der Grenzen der bloßen Vernunft, AA VI, 94: „Es ist von der moralisch-gesetzgebenden Vernunft außer den Gesetzen, die sie jedem Einzelnen vorschreibt, noch überdem eine Fahne der Tugend als Vereinigungspunkt für alle, die das Gute lieben, ausgesteckt, um sich darunter zu versammeln und so allererst über das sie rastlos anfechtende Böse die Oberhand zu bekommen".
118 Kant, Die Religion innerhalb der Grenzen der bloßen Vernunft, AA VI, 107.
119 Kant, Der Streit der Fakultäten, AA VII, 83.
120 Kant, Kritik der Urteilskraft, AA V, 193. Vgl. Kritik der Urteilskraft, § 9, AA V, 217, u. § 85, 440, und Die Religion innerhalb der Grenzen der bloßen Vernunft, AA VI, 5.
121 Kant, Kritik der reinen Vernunft, A 658 f./B 686 f. – Vgl. Friedrich Kaulbach, Perspektivismus und Rechtsprinzip in Kants Kritik der reinen Vernunft, in:

3.2.3. Phänomenologie und Genealogie des Bedürfnisses nach Orientierung
(TH. WIZENMANN)

Thomas WIZENMANN, ein junger Anhänger JACOBIS, der, mit erst 26 Jahren, seinerseits 1786 eine anonyme Abhandlung *Die Resultate der Jacobischen und Mendelsohnschen Philosophie* veröffentlicht hatte,[122] antwortete 1787 auf KANTS Orientierungs-Schrift mit einer Entgegnung *An den Herrn Professor Kant von dem Verfasser der Resultate Jacobischer und Mendelsohnscher Philosophie*,[123] die KANT in seiner *Kritik der praktischen Vernunft* (1788) wiederum als die eines „sehr feinen und hellen Kopfes" würdigte.[124] WIZENMANN wies KANTS Vorwurf in der Orientierungs-Schrift zurück, er habe ihn mit dem Spinozismus in Verbindung bringen wollen,[125] und versuchte statt dessen, KANTS Gedanken der bedürftigen Vernunft weiterzudenken. Er setzte dabei erneut bei den Ursprüngen des Spinozismus-Streits an und entwickelte in den Spielräumen, die er eröffnet hatte, die Phänomenologie des Sich-Orientierens weiter. Er machte seinerseits gegen KANT geltend, dass sich subjektive und objektive Bestimmungsgründe des Fürwahrhaltens eben nicht klar trennen lassen; so lasse sich auch ein vom Vernunftbedürfnis abgenötigter Glaube nicht prinzipiell von schwärmerischen Hirngespinsten unterscheiden. Da KANT selbst beim Sich-Orientieren im Denken auf „blos [...] subjektiven

---

Allgemeine Zeitschrift für Philosophie 10.2 (1985), 21–35, ders., Philosophie des Perspektivismus. 1. Teil: Wahrheit und Perspektive bei Kant, Hegel und Nietzsche, Tübingen 1990, 11–136, bes. 34 ff., und Simon, Kant, a.O., 48.

122 Die Resultate der Jacobischen und Mendelsohnschen Philosophie; kritisch untersucht von einem Freywilligen. Non quis? sed quid? Leipzig 1786, wiederabgedruckt mit einem Nachwort von Reiner Wild, Hildesheim 1984. Kant verweist auf die Abhandlung in seiner Orientierungs-Schrift, AA VIII, 134. – Thomas Wizenmann wurde am 2. November 1759 (acht Tage vor Friedrich Schiller) in Ludwigsburg geboren und starb am 22. Februar 1787 im Hause Jacobis in Pempelfort an Tuberkulose.
123 In: Deutsches Museum 1787, 116–156.
124 Kant, Kritik der praktischen Vernunft, AA V, 143 f., Anm.
125 Kant, Was heißt: Sich im Denken orientiren?, AA VIII, 143 f., Anm.; Wizenmann, An den Herrn Professor Kant, 124, Anm. – In: Die Resultate der Jacobischen und Mendelsohnschen Philosophie, 172 f., hatte Wizenmann stattdessen emphatisch auf Kants *Kritik* verwiesen: „Kants Zweifel stehen da, wie schroffe, himmelanstrebende Felsen: bahnet hier erst einen Weg, ihr Philosophen, ehe ihr von Vernunftgründen weiter redet."

Gründen im Fürwahrhalten" bestehe, sei auch der Vernunftglaube zuletzt ein bloßer „Bedürfnißglaube".[126]

In seiner Antwort, die WIZENMANN nicht mehr erlebte, differenzierte KANT daraufhin das Bedürfnis der Vernunft nach seiner Herkunft. Es handle sich dabei nicht um ein „auf *Neigung* gegründetes" Bedürfnis, sondern um „ein *Vernunftbedürfniß*", das „aus einem objectiven Bestimmungsgrunde des Willens, nämlich dem moralischen Gesetze," entspringe.[127] Danach blieb die Vernunft auch in ihrem Bedürfnis autonom. Dagegen hatte WIZENMANN freilich vorab schon eingewendet, dass es sich hier um einen Zirkel handle: KANT mache in seiner Moralphilosophie „die Realität der Sittlichkeit von der Voraussezung eines Gottes, und die Realität eines Gottes von der Voraussezung der Sittlichkeit abhängig", arbeite also mit „wechselsweise […] anticipirten Begriffen". Die „Voraussezung eines Gottes" könne so das Bedürfnis der Vernunft nicht „befriedigen", sondern nur „die Frage der Vernunft um ein Glied weiter hinaus verschieben".[128] KANT komme mit seinem Denken des Sich-Orientierens so nicht zur „Gewißheit, sondern nur einer Art von Wahrscheinlichkeit" in einem Gleichgewicht von Gründen, unter denen zu entscheiden die Vernunft kein Kriterium mehr habe.[129]

WIZENMANN schloss daran, bevor er seine Schrift krankheitshalber abbrechen musste, unter der Vorgabe, KANTS Denken des Sich-Orientierens versuchsweise „dogmatisch" weiterzudenken, eine eigene aufschlussreiche und vorausweisende Phänomenologie des Sich-Orientierens an.[130] *Er stellte gegen KANT die Autonomie der Vernunft und damit auch die Sicherheit ihrer Orientierung in Frage.* Ein Bedürfnis bedeute eine „Abhängigkeit von der Natur", mit deren Bewusstsein „das Gefühl einer beständigen Unsicherheit seines Daseins und Wohls unzertrennlich verknüpft" sei. Es wirke jedoch „nicht anhaltend", weil „Neigungen und Vorstellungen von tausend andern Gegenständen abwechselnd angezogen werden". Dadurch komme wiederum die „Sehnsucht" auf, „entweder den äussern Umständen oder seinem innern Selbst oder beidem zugleich mehr Beständigkeit zu geben", und so gehe es bei jedem Bedürfnis der Vernunft zuletzt um ein Bedürfnis nach „Sicherheit des Daseins", nach „Beruhigung" des „auf Erden herumgeworfenen Menschen", von dem

---

126 Wizenmann, An den Herrn Professor Kant, 137, 142.
127 Kant, Kritik der praktischen Vernunft, AA V, 144, Anm.
128 Wizenmann, An den Herrn Professor Kant, 140 f.
129 Ebd., 143 f.
130 Ebd., 144–156. Die folgenden Zitate entstammen diesen Seiten.

auch KANT mit seinem Entwurf eines Vernunftglaubens und vielleicht die Philosophie überhaupt ausgehe. Dies legte für WIZENMANN statt eines beweisenden ein – wie NIETZSCHE es dann nannte – genealogisches Verfahren nahe, eine schrittweise zurückgehende Erschließung, „wozu uns die Natur so sanft und eindringend beredet". Dabei stieß er auf ein Zusammenfließen „mehrerer kleiner Zuflüsse" zur „Quelle" der „Gotteserkenntniß", die „Halt [...] für uns" schaffe. Sie beginne nicht mit Syllogismen, sondern durch – schon von MENDELSSOHN so genannte – „Totaleindrücke" (3.2.1.), mit denen die „Absichten [der Natur] schneller und sicherer zu erreichen sind", und der Mangel an Einsicht werde nicht durch bewusste Voraussetzungen, sondern „durch Vertrauen ergänzet". Der Philosoph dürfe dabei nur „nie vergessen [...], die Linie fest im Auge zu behalten, wo sich sein Glaube von der Einsicht scheidet, damit er gegen andere duldsam bleibe, und selbst nicht in Schwärmerei, d.i., in den Verstoß seines Glaubens mit seiner Einsicht, und seiner Einsicht mit seinem Glauben, gerathe". Eben dies hatte MENDELSSOHN das Sich-Orientieren genannt. WIZENMANN vermied jedoch den Begriff, offenbar um sich auf seiner Suche nach den Ursprüngen der „Gotteserkenntniß" von ihm abzugrenzen. Sie eröffne „ein Feld, wo der Himmel weit, die Pfade beleuchtet und die Aussichten reizender sind". WIZENMANN konnte für seine nicht auf die Autonomie der Vernunft festgelegte Genealogie des Bedürfnisses nach „Gotteserkenntniß" ganz disparate Anhaltspunkte geltend machen und tat das nun nicht mehr in einem theologischen oder moralischen, sondern religionswissenschaftlichen Horizont. Neben Sicherheit und Beruhigung führte er das Bedürfnis an, unberechenbare und bedrohliche Ereignisse wie Gewitter übersinnlichen Akteuren mit „Personalität" und „Freithätigkeit" zuzuschreiben, was dann wieder das Bedürfnis entstehen lasse, solche Gottesvorstellungen zu „reinigen". Philosophische Anstrengungen um „metaphysische Reinigkeit" des Gottesbegriffs aber führten, wenn dessen Quellen in den „Erscheinungen" nicht berücksichtigt würden, zu einem „fingirten Vernunftbegriff". Darin stimmte WIZENMANN wieder mit dem Ansatz von KANTS kritischer Philosophie überein:

> Die Vernunft, so fern sie urtheilt oder wirksam ist, muß also nothwendig mit Erscheinungen, der Materie des Urtheils, verknüpft sein, und es giebt keinen Begrif, der von der Vernunft allein ausgienge.[131]

---

131 Jacobi war damit jedoch nicht zufrieden. Nach dem Tod Wizenmanns am 22. Febr. 1787 in seinem Hause (vgl. Jacobis Brief an Hamann vom 27. Febr. 1787, in: Hamann, Briefwechsel, a.O., Bd. 7, 114) schrieb er an Ha-

3.2.4. Das Bedürfnis fester Punkte außer der Vernunft (J. G. Herder)

HERDER war mutig zu neuen Orientierungen entschlossen, wollte sich, wie er schrieb, aufs offene Meer begeben und dort wohl „die Pole nicht verlaßen, um die sich alles dreht, *Wahrheit, Bewußtseyn* des *Wohlwollens, Glückseligkeit der Menschheit!*", aber „auf der *größten Höhe des Meers,* auf welcher wir jetzt schweben, in *Irr-* und *Nebellichte,* das vielleicht ärger ist, als *völlige Nacht,* [...] fleißig nach diesen Sternen, den Punkten aller *Richtung, Sicherheit* und *Ruhe* hinsehen, und denn mit *Treue* und *Emsigkeit* unsern Lauf steuren!"[132] Die Rede vom Sich-Orientieren griff er jedoch scharf an. Im Anschluss an die Kontroverse mit KANT, die er entfachte, begann sie sich rasch in den philosophischen Sprachgebrauch einzubürgern; A. G. KÄSTNER nannte 1790 in einem Brief an KANT „orientiren" eines der neuen „Modewörter" im „jezigen philosophischen jargon".[133] HERDER mokierte sich in seinen *Gesprächen über* SPINOZAS *System* von 1787 zunächst nur darüber: Beweise von der Art SPINOZAS könnten in der Philosophie leicht zu „Scheinbeweisen" werden, und dann werde man „aufgebracht, daß man Sätze der Art demonstrirt sieht und muß sich orientiren":

> Trügliche Philosophie, in welcher man sich orientiren muß; da eben sie, auch schon der Methode nach, uns orientiren sollte.[134]

---

mann: „Der Unfug des Kantischen Orientierens ist [durch Wizenmann] auch nicht ganz von seiner Quelle entblößt." (Brief vom 30. April 1787, ebd., 184).

132 Johann Gottfried Herder, Auch eine Philosophie der Geschichte zur Bildung der Menschheit, in: Herders Sämmtliche Werke in 33 Bdn., hg. v. Bernhard Suphan, Berlin 1877–1919, Bd. 5, 584. – Vgl. Kant, Kritik der reinen Vernunft, A 235 f./B 294 f.: Das „Land der Wahrheit [ist] umgeben von einem weiten und stürmischen Oceane, dem eigentlichen Sitze des Scheins, wo manche Nebelbank und manches bald wegschmelzende Eis neue Länder lügt und, indem es den auf Entdeckungen herumschwärmenden Seefahrer unaufhörlich mit leeren Hoffnungen täuscht, ihn in Abenteuer verflechtet, von denen er niemals ablassen und sie doch auch niemals zu Ende bringen kann."

133 Brief vom 2. Okt. 1790, AA XI, 214.

134 Johann Gottfried Herder, Gott. Einige Gespräche über Spinoza's System (1787/1800), in: Sämmtliche Werke, a.O., Bd. 16, 464 f. – Die erste Stelle ergänzte Herder in der Ausgabe von 1800: „... aufgebracht, wenn man Sätze der Art dem Scheine nach *demonstrirt* sieht, und sich zuletzt orientiren muß, wie man mit der gesunden Vernunft daran sei." Die zweite so: „Sonderbare Philosophie, die *sich zuletzt* orientiret; da eben sie, dem Inhalt wie der Methode nach, vom Anfange bis zum Ende *uns* orientiren sollte."

3.2. Der philosophische Begriff ‚Orientierung': Herder

Der Angriff folgte in HERDERS *Metakritik zur Kritik der reinen Vernunft* von 1799. Aus einem Schüler KANTS zu dessen erbittertem Gegner geworden, nahm er dabei ebenfalls vieles vorweg, was erst viel später wieder in die Diskussion eingeführt werden sollte. Er wurde KANT sicherlich nicht gerecht, ließ dessen Anhaltspunkte aber schärfer hervortreten.

Er knüpfte mit seiner Kritik an die Schlussbemerkung der *Kritik der reinen Vernunft* an, in der KANT sie seinerseits – ohne schon den Begriff zu gebrauchen – ins Bild der Orientierung im Gelände gebracht hatte:

> Der *kritische* Weg ist allein noch offen. Wenn der Leser diesen in meiner Gesellschaft durchzuwandern Gefälligkeit und Geduld gehabt hat, so mag er jetzt urteilen, ob nicht, wenn es ihm beliebt, das Seinige dazu beizutragen, um diesen Fußsteig zur Heeresstraße zu machen, dasjenige, was viele Jahrhunderte nicht leisten konnten, noch vor Ablauf des gegenwärtigen erreicht werden möge: nämlich die menschliche Vernunft in dem, was ihre Wißbegierde jederzeit, bisher aber vergeblich beschäftigt hat, zur völligen Befriedigung zu bringen.[135]

HERDER fügte nun hinzu:

> Da also der kritische Weg *allein* noch offen, jeder andre also zugeschlossen seyn soll: so wollen und müßen wir den allein offnen Weg noch vor Ablauf des gegenwärtigen Jahrhunderts verfolgen, zu solchem Zweck aber vorher uns *orientiren*.[136]

Er stellte nicht mehr wie KANT die Frage, wie man sich *durch* die Vernunft orientiert, sondern, worauf KANT selbst hingeführt hatte, wie man sich *in* ihr orientiert: „*Welches ist die Sphäre menschlicher Erkenntnißkräfte, besonders der Vernunft? Wie orientirt man sich in ihr?*"[137] Angesichts ihres Bedürfnisses nach Orientierung blieb für HERDER wie für WIZENMANN fraglich, wie sich die reine Vernunft in einer Kritik ihrer Erkenntnisquellen selbst zum Gegenstand machen sollte. HERDER polemisierte darum gegen die Voraussetzung der ‚Reinheit' der Vernunft, ihrer Möglichkeit, sich aus allen Lebenszusammenhängen zu lösen, und setzte ihre offensichtliche Einbindung in Kultur und Geschichte dagegen. In unterschiedlichen Kulturen finde man unterschiedlich „wiederkehrende *Perioden der Vernunft*" als „*Lebensweisheit*", „*Cultur*", „*Ueberkultur*" und „*reingeläuterte* Lebensweisheit" – oder eben „*Transcendentaldampf*", und

---

135 Kant, Kritik der reinen Vernunft, A 856/B 884.
136 Johann Gottfried Herder, Eine *Metakritik* zur Kritik der reinen Vernunft, Zweiter Theil: Vernunft und Sprache (1799), in: Sämmtliche Werke, a.O., Bd. 21, 291.
137 Ebd.

jedesmal werde an *die* Vernunft geglaubt, als ob die eigene Vernunft schon „die gesammte Menschenvernunft" wäre: „Die Geschichte zeigt, daß man in jedem Zustande die Summe des Gesammtdenkens *Vernunft* nennet, wenn es gleich oft Vernünftelei und grobe Unvernunft war."[138] Mit „Wahrheit" habe ich es nur zu tun, sofern und soweit ich meine Vernunft auch als Vernunft ihres Gegenstands, der Natur, erfahren könne, und ohne diesen Bezug auf die Gegenstände der Natur sei die Vernunft ein „Traum": „Wer mir die Welt der Gegenstände, an denen ich die Vernunft erprobe, entwendet, hat mir die Vernunft selbst entwandt, die fortan mit ihr selbst im kritischen Idealismus, d.i. in einem synthetischen Traum nur dichtet, nur spielet."[139] Der „*Vernunftglaube*" bestehe eben in der Anerkennung von gegebenen Gegenständen, und die Vernunft müsse selbst als (so oder so) gegeben betrachtet werden: „Anerkennen will ich das Universum, wie es mir gegeben ist und ich ihm gegeben bin; nicht von oben herab, sondern von unten hinauf soll die Menschheit bauen und sich durch ihre eigne Mühe Känntniße *erwerben*."[140] Der Vernunftglaube komme allmählich als „sich [...] bewährende Gewißheit" zustande, die eine Vielfalt von Arten und Graden einschließe, die „einander mit harmonischem Zwist bestärken"; HERDER unterschied darin schematisch „*sinnliche*, d.i. *innewerdende* Gewißheit", „*anerkennende* Verstandesgewißheit", „*Grund und Folge zusammenfaßende* d.i. Vernunftgewißheit" und „*im Unermeßenen bestimmende Maasgewißheit*".[141] Das „Ding an sich" aber sei kein „problematisches, nie zu findendes, aber immer zu verfolgendes *Geheimding*", sondern „*anerkennbare Wahrheit*", die ich „im Zusammenhange der Welt wie im innersten Zusammenhange meiner Gedanken finde", einem Zusammenhang, der schon verlorengegangen sei, wenn der Zugang zu ihr getrennten ‚Vermögen' zugewiesen werde.[142]

All dies hätten sinnvolle Fortentwicklungen des Begriffs des Sich-Orientierens sein können, und HERDER nahm denn auch in einer Fußnote auf KANTS Orientierungs-Schrift Bezug.[143] Er wies den Begriff dort jedoch ab, weil KANT „den Sinn des Worts" verfehlt habe. HERDER griff, um das zu zeigen, wieder auf den geographisch-kartographischen

---
138 Ebd., 296 f.
139 Ebd., 298.
140 Ebd., 300.
141 Ebd., 299.
142 Ebd., 298.
143 Ebd., 297.

transitiven Sinn von ‚Orientieren' zurück. In ihm seien die ‚Weltgegenden' als an sich gegebene „*veste Puncte*" vorauszusetzen:

> *Orientiren* heißt: die vier Weltgegenden finden; so orientirt man Charten, Segel u.f. Von den Levantefahrern stammt der Ausdruck. Nun waren, ehe wir waren, Weltgegenden da, die auch, wenn ich sie nicht beachte, daseyn werden; durch meine eigensinnige Stellung rechts und links kann ich sie weder bestimmen noch ändern. Der wandelbare Horizont meiner Person ändert nicht den vesten Horizont der Weltgegend.

Herder übersprang die – für Kant ausschlaggebende – Rechts-Links-Unterscheidung, ohne die die Zuordnung der Weltgegenden und damit auch das Orientieren von Karten nicht möglich ist. So verschwand für ihn das Problem des Sich-Orientierens wieder. Um es zu ironisieren, verdrehte er bewusst den starken reflexiven Gebrauch der *Encyclopédie* von ‚sich orientieren' (herausfinden, wo man selbst ist, um sich das übrige zuordnen zu können) und machte auch das Selbst zu einem ‚festen Punkt', an den alles übrige fest geknüpft sei:

> Schon der Begriff, daß ich im Denken mich orientiren *könne*, schließt in sich, daß ich mich orientiren *müße*, d. i. daß es außer wie in mir *veste Puncte* gebe, die ich in Uebereinstimmung zu bringen habe. Dies heißt, ohne Sophismen, *sich orientiren*, finden, wo man in der Welt sei, wie sie sich zu uns, wir uns zu ihr verhalten. Orientire ich mich bloß *mit mir selbst*, d. i. werfe ich alle Weltgegenden in mich hinein, und bestimme sie nach meinem eigensinnigen Egoismus: so kann ich in der wahren Welt sehr desorientirt sein. Unternähme ichs gar, die Welt nach mir zu orientiren, so desorientire ich sie wie ich mich drehe, oder wie mir der Kopf schwindelt. Der Welten orientirende Egoismus kann nicht anders als eine *Schwindelphilosophie* werden; in ihr ist man mit jeder Gewißheit am Ende.[144]

3.2.5. Orientierung als Supplement alles realen Wissens (J. G. Fichte, F. D. Schleiermacher, A. Schopenhauer)

Dem Bedarf der Orientierung an äußeren, gegebenen Anhaltspunkten wurde im Deutschen Idealismus und von Schopenhauer weiter nachgegangen. Für Fichte, Schelling, Hegel, Schleiermacher und Schopenhauer war ‚sich orientieren' nun gängige Redeweise für das Sich-Zurechtfinden in Umgebungen überhaupt geworden, so selbstverständlich, dass sie ihren Sinn nicht mehr eigens reflektieren. Indem je-

---

144 Ebd.

doch FICHTE, SCHLEIERMACHER und SCHOPENHAUER dem Moment des Bedürfnisses in ihr weiter nachgingen, brachten sie die Orientierung und ihren Begriff gegenüber KANT in Bewegung. Bewusst und konsequent geschah das jedoch nur bei SCHLEIERMACHER.

FICHTE trug in seiner *Grundlage der gesammten Wissenschaftslehre als Handschrift für seine Zuhörer* von 1794 den Begriff des Sich-Orientierens in die *Rekonstruktion des Prozesses der Bestimmung von etwas überhaupt* ein (jedoch nur in Parenthesen). Er ging dabei nicht mehr von schon bekannten Merkmalen schon bekannter Gegenstände aus, sondern von „Totalitäten" von Gegebenem und ihrem Wechsel in einer „absoluten Totalität". Ein Wechsel mache eine „unbestimmte, aber bestimmbare Sphäre" aus; bestimmt werde sie durch das Ausschließen von Gliedern: „Also die Form des Wechsels ist gegenseitiges Ausschliessen der Wechselglieder von der absoluten Totalität." Dabei sei nicht vorgegeben, welches im Wechsel der Totalitäten „die eigentliche Totalität" sei: „Die Totalität in beider Rücksicht ist Totalität". Zum Bemerken des Wechsels zwischen Totalitäten von Gegebenem sei daher „ein anderes Merkmal" notwendig, das seinerseits nicht schon bestimmt, aber wiederum bestimmbar sei, „ein X", an dem man sich orientiere:

> (Denkt euch als Zuschauer dieses wechselseitigen Ausschliessens. Wenn ihr die zwiefache Totalität nicht unterscheiden könnt, zwischen welcher der Wechsel schwebt, so ist für euch kein Wechsel, Ihr könnt sie aber nicht unterscheiden, wenn nicht ausser beiden, insofern sie nichts als Totalität sind, irgend ein X liegt, nach welchem ihr euch orientirt.) Mithin wird zum Behuf der Möglichkeit des postulirten Wechsels die *Bestimmbarkeit* der Totalität, als solcher, vorausgesetzt; es wird vorausgesetzt, dass man beide Totalitäten an irgend etwas unterscheiden könne; und diese Bestimmbarkeit ist *die Materie des Wechsels,* dasjenige, woran der Wechsel fortläuft, und wodurch einzig und allein er fixirt wird.[145]

Durch die Bestimmung von etwas durch das Ich wird die Selbstbestimmung des Ich miterfasst. Es setzt, so FICHTE im *Grundriß des Eigenthümlichen der Wissenschaftslehre* von 1795, von einem „Punct" aus „Grenzen", um sie dadurch auch schon zu überschreiten. Das Sich-Orientieren wird so zur Bewegung von immer neuen Be- und Entgrenzungen, zur laufenden Grenzüberschreitung des Ich selbst, ohne dass es sich selbst dabei beobachten könnte:

---

145 Johann Gottlieb Fichte, Grundlage der gesammten Wissenschaftslehre als Handschrift für seine Zuhörer (1794/95), in: Sämmtliche Werke, hg. von I. H. Fichte, Leipzig 1845/46, Bd. 1, 195 f.

3.2. Der philosophische Begriff ‚Orientierung': Schleiermacher

(Das was hier deducirt worden, im Bewusstseyn ursprünglich, und gleich bei der Entstehung desselben zu bemerken, und sich gleichsam auf der That zu ergreifen, ist darum unmöglich, weil bei der Reflexion über seine eigene bestimmte Handelsweise das Gemüth schon auf einer weit höheren Stufe der Reflexion sich befinden muss.)[146]

Das Sich-Orientieren verläuft darum auch nicht schon nach vorgegebenen logischen Regeln, sondern knüpft an „einer neuen Reihe im Bewusstseyn" an, in deren Gegebenheiten sich das Ich selbst erst wieder finden muss:

(Aber etwas ähnliches können wir bei dem, was man Anknüpfung einer neuen Reihe im Bewusstseyn nennen möchte, etwa beim Erwachen aus einem tiefen Schlafe oder aus einer Ohnmacht, besonders an einem uns unbekannten Orte, wahrnehmen. Das, womit dann unser Bewusstseyn anhebt, ist allemal das Ich; wir suchen und finden zunächst uns selbst; und nun richten wir unsere Aufmerksamkeit auf die Dinge um uns her, um durch sie uns zu orientiren, wir fragen uns: wo bin ich? wie bin ich hiehergekommen? was ist zuletzt mit mir vorgegangen? um die jetzige Reihe der Vorstellungen an andere abgelaufene anzuknüpfen.)[147]

Eine wechselseitige Zuordnung von Ich und Umgebung zeigt sich auch in der räumlichen Orientierung. Auch dort wird nach FICHTE einerseits von einer Stelle ausgegangen, *von der aus* der Raum bestimmt wird, die dann andererseits als Stelle *in* diesem Raum bestimmt wird. Sie verläuft so ebenfalls ohne vorgegebene Ordnung in „absoluter Spontaneität":

Setzet A in den unendlichen leeren Raum; es bleibt so unbestimmt, als es war, und ihr könnt mir die Frage, *wo* es sey, nicht beantworten, denn ihr habt keinen bestimmten Punct, nach welchem ihr messen, von welchem aus ihr euch orientiren könntet. Die Stelle, welche es einnimmt, ist durch nichts bestimmt, als durch A, und A ist durch nichts bestimmt, als durch seine Stelle. Mithin ist da schlechthin keine Bestimmung als lediglich, weil und inwiefern ihr eine setzt; es ist eine Synthesis durch absolute Spontaneität.[148]

Zu beobachten aber ist all das nur in einer Reflexion zweiter Ordnung, der des „Wissenschaftslehrers". Erst er hat sich, zum Zweck der Wissenschaft, eine verlässliche Orientierung über die Orientierung erworben, einschließlich ihrer Routinen, der Abweichungen davon und ihrer Paradoxien:

---

146 Johann Gottlieb Fichte, Grundriss des Eigenthümlichen der Wissenschaftslehre (1795), a.O., 362.
147 Ebd. (Forts.).
148 Ebd., 401 f.

Ihm ist es immer am Leichtesten, Alles von vorn an, und von Neuem aufzubauen, indem er die Risse zu jedem wissenschaftlichen Gebäude in sich trägt; er ist daher in jedem verworrenen Baue sehr leicht orientirt. Hierzu kommt die Sicherheit und das Vertrauen auf seinen Blick, das er sich in der Wissenschaftslehre, als einer Leiterin alles Raisonnements, erworben hat; die Unerschütterlichkeit, mit der er jeder Abweichung von der gewohnten Bahn, und jeder Paradoxie entgegensieht.[149]

SCHLEIERMACHER entwickelte den Orientierungs-Begriff in dieser Richtung weiter.[150] Er konzipierte die Wissensbildung überhaupt als Orien-

---

[149] Johann Gottlieb Fichte, Sonnenklarer Bericht über das Wesen der neuesten Philosophie (1801), a.O., II, 404 f. Vgl. Wissenschaftslehre (1804), a.O., X, 154. – In: Über das Verhältnis der Logik zur Philosophie (1812), 24. Vortrag (a.O., IX, 329), erinnerte Fichte an Kants Beispiel der „dicken Finsterniß" in einem bekannten Zimmer, in dem man sich durch „Tappen" orientieren kann, und warf Kant vor, er habe „neben seiner transscendentalen Logik doch die gemeine" noch „stehen und gelten lassen" wollen. Die „genetische Einsicht des Denkens", die er, Fichte, dargetan habe, führe nun darüber hinaus. – In einem Gelegenheitsgedicht anlässlich seiner Wahl zum Vorsitzenden einer „christlich deutschen Gesellschaft" kam Fichte auch auf die Traum-Allegorie Mendelssohns zurück („Doch es giebt auch für sterbliche Augen / Kennzeichen, die zur Prüfung taugen, / Dass man sich orientiren kann. / Das Eine geb' ich im Gleichniss an.") – mit antisemitischen Seitenhieben, von denen er sich zugleich distanziert (Kleinere Gedichte. Am 18. Januar 1812, in: a.O., VIII, 468–471).

[150] Schelling gebrauchte den Begriff des Orientierens im Sinn des frühen Fichte, jedoch in passiver Form. Danach „gehört eine fortdauernde Einwirkung dazu, um in der intellektuellen Welt immer aufs neue orientirt zu werden" (Friedrich Wilhelm Josef Schelling, System des transzendentalen Idealismus (1800), in: Schellings Werke, hg. v. Manfred Schröter, Bd. 2, München 1927, 550 f.). – Hegel erwähnte den Begriff im Zusammenhang mit dem Spinozismus-Streit (Vorlesungen über die Geschichte der Philosophie, ThWA, 10.311) und gebrauchte ihn auch selbst im Sinn einer Orientierung am gesunden Menschenverstand bzw. der Erfahrung: Die „Empirie" fordere mit Recht, dass ein auf „wesenlose Abstraktionen" fixiertes Philosophieren „sich an der Erfahrung orientieren müsse." (Über die wissenschaftlichen Behandlungsarten des Naturrechts, ThWA, 2.451; vgl. Vorwort zur Enzyklopädie (1830), ThWA, 8.33, und Vorlesungen über die Geschichte der Philosophie, ThWA, 19.548 u. 589). Daneben verwendete er ihn auch im Sinn des Sich-Orientierens an einem „festen Punkt" (Vorlesungen über die Geschichte der Philosophie, ThWA, 19.592) und im Sinn des ‚Übersicht-Gewinnens' (Vorlesungen über die Ästhetik, ThWA, 13.29, und Vorlesungen über die Geschichte der Philosophie, Einleitung [Heidelberger Niederschrift], ThWA, 18.23, Fn. 12). Carl C. Vaught, Hegel and the Problem of Difference: A Critique of Dialectical Reflection, in: William Desmond (Hg.), Hegel and his Critics. Philosophy in the Aftermath of Hegel, Albany, New York 1989, 35–46, bes. 46, führt „the concepts of orientation and

3.2. Der philosophische Begriff ‚Orientierung': Schleiermacher 107

tierung und schuf für sie eine differenzierte Begrifflichkeit. Danach ist *jedes Wissen der Orientierung bedürftig, und kein Wissen kommt ohne sie zustande.* SCHLEIERMACHER dachte das Wissen von Anfang an als Wissen von Individuen, die um ihres Zusammenlebens willen zu einem allgemein, für alle gültigen Wissen zu kommen versuchen. Wissen wäre es jedoch erst, wenn es Wissen des Ganzen wäre und dabei auch die Kenntnis aller Bedingungen seines Zustandekommens einschlösse. Ein solches Wissen ist aber für Individuen, die immer nur unter ihren besonderen Bedingungen erkennen können, nicht erreichbar, sondern kann nur Ziel eines Strebens sein. Darum ist Wissen, so SCHLEIERMACHER, immer „im Werden", und die Philosophie muss bei diesem Werden ansetzen. Im Werden des Wissens zum Ganzen des Wissens aber bleiben alle Unterscheidungen provisorisch, auch die, durch die sich die Vernunft selbst unterscheidet; sie sind Unterscheidungen, mehr nicht. Wissen kommt wiederum nur durch solche Unterscheidungen zustande; es gilt dann als (vorläufig) wahr, wenn Unterscheidungen sich zu Zusammenhängen fügen und einander stützen. Unterscheidungen aber lassen Spielräume in der Erfassung und Erschließung des Gegebenen; SCHLEIERMACHER arbeitete nun regelmäßig mit dem Begriff „Spielraum". Er verstand Gegensätze in Unterscheidungen als „Pole" der Orientierung, in deren Spielraum sich Wissen entwickelt und verschiebt; das Denken, das sich zwischen polaren Gegensätzen bewegt, folgt somit einem „oscillirenden Verfahren".[151] Der Oszillationsprozess fängt „unvermeidlich" irgendwo „aus der Mitte" zwischen den Polen an und kommt „durch die skeptische Annahme und das freie Fantasiren zum wahren Wissen".[152]

Mit der Konzeption einer Orientierung am Ganzen schloss SCHLEIERMACHER wieder an SPINOZA an und gewann den religiösen Glauben als Horizont der Wissensbildung zurück. Dem Ganzen, das unbegreiflich bleibt, gebührt – mit SPINOZA – der Name Gott; aber auch Gott ist nur durch polare Gegensätze zu unterscheiden. SCHLEIERMACHER unterschied ihn bzw. die Orientierung am Ganzen durch die Pole Gestaltlosigkeit

---

analogy" in die Bewegung der Begriffe Raum und Zeit in Hegels *Phänomenologie des Geistes* ein. Vgl. auch Kap. 7., Einleitung.
151 Friedrich Daniel Ernst Schleiermacher, Dialektik (1814/15), Einleitung zur Dialektik (1833), hg. v. Andreas Arndt, Hamburg 1988, 90. – Zum Konzept von Schleiermachers Dialektik im ganzen vgl. Verf., Friedrich Daniel Ernst Schleiermacher, *Dialektik*, in: Verf., Interpretationen. Hauptwerke der Philosophie. Von Kant bis Nietzsche, unter Mitwirkung von Hartwig Frank, Stuttgart 1997, 240–273.
152 Ebd. (Dialektik 1814/15), 104, 81.

("Chaos") und endgültige Gestaltung ("höchste substantielle Kraft"), Unberechenbarkeit ("Schicksal") und vollkommene Berechnung ("Vorsehung"). In diesem Spielraum, in dem sich die Orientierung bewegt, muss alles Wissen durch schrittweise Verknüpfungen von Unterscheidungen oder durch „Dialektik" „construirt" werden.[153] Der Umgang mit Unterscheidungen überhaupt, heißt es in der *Dialektik* von 1814/15, ist

> Mittel sich über jedes Einzelne als Wissen gegebene zu orientiren durch Anknüpfung an die zur Klarheit gebrachten letzten Principien alles Wissens, auch ohne jedes in seinem unmittelbaren wissenschaftlichen Zusammenhang aufgefaßt zu haben. Also Supplement alles realen Wissens welches man nicht auf dem scientifischen Wege selbst erlangt hat.[154]

Die „Construction" von Begriffen verläuft nach SCHLEIERMACHER über Schemata:[155] „die einzelnen Wahrnehmungen gruppiren" sich nach Schemata,[156] an die Begriffe anschließen, die die Sprache fixiert: „Die Unbestimmtheit des allgemeinen Bildes bedarf einer [...] Fixirung" in einem „Bezeichnungssystem".[157] Umgekehrt nehmen auch die sprachlichen Fixierungen am „Schematisirungsprozeß" teil. Die Schemata sind verschiebbar und austauschbar, „je nachdem die Entwicklungsverhältnisse sind; alles dieses aber geht dem Begriff eigentlich voran."[158] Begriffe *haben* so keine Bedeutung, sondern *bekommen* Bedeutung im jeweiligen Gebrauch. Die Verschiebbarkeit des Schemas im „Spiel des Auf- und Absteigens" zwischen Gegenstand, Schema, Begriff, Urteil und Theorie erfordert laufend eine „Entscheidung" des denkenden Individuums, die „Entscheidung einen im Bestimmtwerden begriffenen Eindruk als ein einzelnes bestimmtes Sein zu sezen".[159]

Zur „Construction" von haltbaren Begriffen aus verschiebbaren Schemata tritt in der Wissensbildung die „Combination" als Bildung größerer Zusammenhänge von Wissen oder die „Architektonik": Zusammenhänge des Wissens werden bewusst „erbaut", und sie können darum so und anders erbaut und immer wieder auch umgebaut werden. SCHLEIERMACHER rechnete systematisch mit der Notwendigkeit laufender

---

153 Vgl. ebd., 8: „Also das einwohnende Sein Gottes als das Princip alles Wissens; aber dieses Wissen nicht anders haben wollen als in der Construction des realen Wissens."
154 Ebd., 9 f.
155 Ebd., 90 ff.
156 Ebd. (Dialektik 1833), 145.
157 Ebd. (Dialektik 1814/15), 96.
158 Ebd., 92.
159 Ebd., 95 u. 90.

Umorientierung. Er stellte darum der Architektonik zuletzt die „Heuristik" zur Seite, die Kunst, von vorhandenen Einsichten aus zu neuen Einsichten zu kommen. Diese „Kunst", die ein besonderes „Talent" erfordert, verfährt nach den Prinzipien der „Kongruenz" und der „Analogie", der Kunst, in immer neuen Orientierungssituationen Passungen und Entsprechungen zu finden. Sie ist zugleich eine Kunst der Abkürzung, der Abkürzung der Gegebenheiten einer Situation in Anhaltspunkte. SCHLEIERMACHER hat wie schon KANT (3.2.2.) eine Vielzahl solcher „Punkte" differenziert und charakterisiert (auch er, ohne sie zu systematisieren). Er unterschied u. a. „Lichtpunkte und Bewegungspunkte",[160] einen „Anknüpfungspunkt" von einem „Durchgangspunkt" und einem „Saturationspunkt",[161] einen „Entwiklungspunkt", „Vermittlungspunkt", „Anfangspunkt", „Centralpunkt",[162] einen „Bildungspunkt", „Uebergangspunkt", „Endpunkt".[163] Mit der Rede von Punkten in der Wissensbildung machte er sich weiter das Erbe der Geographie zunutze, überkomplexe Situationen auf überschaubare Punkte zu reduzieren, um sie miteinander zu Karten zu vernetzen. Auch Gegensätze in Unterscheidungen sind zuletzt „entgegengesetzte Nichtigkeitspunkte",[164] „abgestekte" oder „aufgestellte Gesichtspunkte",[165] die nicht schon bestimmen, was ist, sondern nur umreißen, wie etwas bestimmt werden kann.

SCHOPENHAUER ergänzte *Die Welt als Wille und Vorstellung* in der 2. Auflage von 1844 durch Kapitel *Ueber die Gedankenassociation* und *Von den wesentlichen Unvollkommenheiten des Intellekts* und konzipierte dabei das ‚Orientieren' ebenfalls als Supplement des Denkens, das für ihn „Diener" des es unbewusst „antreibenden" Willens war. Er übersetzte das „Gesetz" des Denkens, den „Satz vom Grunde", zurück in das „Gesetz der Motivation" zur „Gedankenassociation" „in dieser oder jener Richtung". Da aber das Bewusstsein zugleich durch „*äußere* (sinnliche) Anlässe" zu Vorstellungen motiviert wird, kommt es, so SCHOPENHAUER, zu „häufigen Unterbrechungen unsers Gedankenlaufs, welche eine gewisse Zerstücke-

---

160 Ebd., 89.
161 Schleiermacher, Ästhetik (1819/25), Über den Begriff der Kunst (1831/32), hg. v. Thomas Lehnerer, Hamburg 1984, 38, 23, 29.
162 Schleiermacher, Vorlesungen über die Lehre vom Staat, in: Kritische Gesamtausgabe, 2. Abt.: Vorlesungen, Bd. 8, Berlin/New York 1998, 74, 76 f., 78.
163 Schleiermacher, Akademie-Abhandlungen, in: Kritische Gesamtausgabe I/11, a.O., 113, 123, 139, 260.
164 Schleiermacher, Ueber die verschiedene Gestaltung der Staatsvertheidigung, in: Kritische Gesamtausgabe I/11, Berlin/New York 2002, 361–377, hier 369.
165 Ebd., 376.

lung und Verwirrung unsers Denkens herbeiführen". Diskontinuitäten im Denken halten die Aufmerksamkeit „für alle vorkommenden Fälle" offen:

> denn im Interesse des Willens liegt, daß überhaupt gedacht werde, damit man möglichst orientirt sei, für alle vorkommenden Fälle.[166]

Daran schloss SCHOPENHAUER eine Phänomenologie des „Gedankenlaufs" an: So wenig wie das Auge kann das Bewusstsein allzu lange einen Gegenstand fixieren, ohne dass „die Umrisse in einander fließen, sich verwirren und endlich Alles dunkel wird". Die Konzentration auch auf „die wichtigste und angelegenste Sache" wird darum unvermeidlich durch die Beschäftigung des Bewusstseins „mit unbedeutenden und gleichgültigen Dingen" unterbrochen. Kommt man dann später, z. B. nach einer „wohldurchschlafenen Nacht", auf jenen „wichtigen Gegenstand" zurück, ist er schon in eine andere „Stimmung und Ansicht" versetzt – man ist dann selbst ein anderer geworden:

> so kommen wir an ihn wie an eine neue Sache, in der wir uns von Neuem, wiewohl schneller, orientiren, und auch der angenehme, oder widrige Eindruck derselben auf unsern Willen tritt von Neuem ein. Inzwischen kommen wir selbst nicht ganz unverändert zurück. Denn mit der physischen Mischung der Säfte und Spannung der Nerven, welche, nach Stunden, Tagen und Jahreszeiten, stets wechselt, ändert sich auch unsere Stimmung und Ansicht: zudem haben die in der Zwischenzeit dagewesenen fremdartigen Vorstellungen einen Nachklang zurückgelassen, dessen Ton auf die folgenden Einfluß hat. Daher erscheint uns die selbe Sache zu verschiedenen Zeiten, Morgens, Abends, Nachmittags, oder am andern Tage, oft sehr verschieden: entgegengesetzte Ansichten derselben drängen sich jetzt auf und vermehren unsern Zweifel. Darum spricht man vom Beschlafen einer Angelegenheit und fordert zu großen Entschlüssen lange Ueberlegungszeit.

Die Diskontinuität des Gedankenlaufs ist so keineswegs nur eine „Schwäche". Sie bringt statt dessen den

> Vortheil, daß wir, nach der Zerstreuung und der physischen Umstimmung, als komparativ Andere, frisch und fremd zu unserer Angelegenheit zurückkehren und so sie mehrmals in stark verändertem Lichte erblicken können.[167]

So erschloss SCHOPENHAUER von seinem metaphysischen Prinzip des unbewusst treibenden Willens aus die Fähigkeit der Orientierung, kontinuierlich

---

[166] Arthur Schopenhauer, Die Welt als Wille und Vorstellung, 2. Bd., in: Sämtliche Werke, hg. nach der Gesamtausgabe von Julius Frauenstädt von Arthur Hübscher, Leipzig 1938, III, 149.
[167] Ebd., 150 f.

auf Diskontinuierliches aufmerksam zu bleiben und sich dadurch laufend auf wechselnde Situationen einzustellen.

3.2.6. Philosophie als Weltorientierung
(J. BAUMANN, E. KAPP, E. DÜHRING)

Je mehr man sich im Lauf des 19. Jahrhunderts von der Bedingtheit und Bedürftigkeit der Vernunft überzeugte, desto mehr trat der Begriff Orientierung in den Vordergrund. Er wurde zum Begriff einer ‚Totalität' von Wissen nicht mehr in Gestalt eines Systems nach Prinzipien, sondern des Zusammentretens vielfältigen Wissens. Er löste sich von der Religion; der Spinozismus-Streit trat zurück. Seit 1830 wurde der Begriff Orientierung in substantivierter Form (3.1.) in Titeln philosophischer Werke gebraucht, ohne dass es dabei schon um ihn selbst ging.[168] In ihrer Substantivierung erschien die Orientierung jedoch mehr und mehr auch selbst als Gegenstand von Untersuchungen; sie wurde positiviert und bald auch pluralisiert (‚Orientierungen').

Julius BAUMANN führte 1872 in seiner *Philosophie als Orientirung über die Welt* den Begriff „Weltorientierung" ein. Er übersetzte die erkenntnistheoretische Frage: „was ist thatsächlich das Sichere und wirklich Vorhandene in dem, was alle Welt Wissen nennt und immer genannt hat?"[169] in die Begrifflichkeit der Orientierung, wollte den „Begriff der Philosophie recht eigentlich aus dem allgemeinen Leben und insbesondere aus dem Leben der Wissenschaften" hervorwachsen lassen. Danach bieten die einzelnen Wissenschaften „blos Orientirungen über einzelne Theile der Welt, nicht über diese als Ganzes": „Jede Wissenschaft für sich stellt ein Stück Weltorientirung dar, alle zusammen also die ganze Orientirung". Orientirung aber sei erst zur Gewissheit hinreichend, wenn sie (im Sinne SCHLEIERMACHERS) das „Ganze" erschlossen habe. Dies sei die Aufgabe der Philosophie, sofern sie über „letzte Principien zu ori-

---

168 Vgl. G. von Mehring, Zur Orientierung über den Standpunkt des philosophischen Forschens in unserer Zeit, Stuttgart 1830, und Moritz Wilhelm Drobisch, Beiträge zur Orientirung über Herbart's System der Philosophie, Leipzig 1843. Auch im zu seiner Zeit außerordentlich einflussreichen Werk von Friedrich Albert Lange, Geschichte des Materialismus und Kritik seiner Bedeutung in der Gegenwart, 2 Bde., 1. Aufl. 1866, 2. Aufl. 1875, Neudruck hg. u. eingel. v. Alfred Schmidt, Frankfurt am Main 1974, wurde ‚Orientierung' regelmäßig substantivisch gebraucht. Vgl. u. a. 176, 478, 540, 605, 633.
169 Julius Baumann, Philosophie als Orientierung über die Welt, Leipzig 1872, iv.

entiren sucht", die die Wissenschaften schon voraussetzen. BAUMANN machte den Begriff der Orientierung zum Spitzenbegriff der noch traditionellen Wissenspyramide. Er konzipierte eine „Stufenfolge" der Orientierung: elementar sei bei jedermann „das Bestreben sich durch Nachdenken über die Welt zu orientiren" (erste Stufe), die Wissenschaften geben verschiedene Orientierungen in verschiedenen Disziplinen (zweite Stufe) und die Philosophie „wissenschaftliche Orientierung über die Welt" (dritte Stufe).[170] Die Untersuchungsrichtung aber war nun umgekehrt: Prinzipien werden nicht mehr vorausgesetzt, um aus ihnen Systeme der Bedingungen der Möglichkeit der Erkenntnis zu deduzieren, sondern aus den alltäglichen und den wissenschaftlichen Orientierungen erschlossen. *Heuristik ging jetzt vor Systematik.*

Wenig später entwarf Ernst KAPP in seinen *Grundlinien einer Philosophie der Technik* von 1877 den Aufbau der Weltorientierung von der leiblichen „Selbstorientierung" aus. Er ging auch noch hinter die Wissenschaften zurück und davon aus, „dass sich der Mensch vom Menschen aus über die Welt zu orientiren habe": alle „Orientierung über die Welt" entspringe der „Selbstorientierung" des Einzelnen und hier zuerst seiner „Leiblichkeit". Auf der Grundlage der zeitgenössischen Evolutionstheorie, Anatomie und Physiologie und unter ständigem Bezug auf einschlägige aktuelle Forschungen hielt KAPP einen konsequent „*anthropocentrischen Standpunkt*" durch, um die „Cultur" als Orientierungsleistung zu erschließen. Sein Leitgedanke und Leitbegriff war die „Organprojection",[171] der menschliche Leib seine große Metapher der menschlichen Welt. Mit seiner freien Hand als dem „Werkzeug der Werkzeuge" (ARISTOTELES) habe sich der Mensch immer weiter ausgreifende Werkzeuge geschaffen, mit der er sich Welt erschließt und mehr und mehr, wie HEIDEGGER dann sagte, ‚zuhanden' macht. Die Hand fungiert zugleich als „Zählmodus", der Fuß als „Maassstab im eminenten Sinn". Handhabbare Instrumente wie das Teleskop und das Mikroskop erweitern den Horizont der sinnlichen Wahrnehmung unter „Abstimmung zwischen dem sich projicirenden Organ und dem projicirten Werkzeug". Die Projektion setzt sich auch noch fort mit der Dampfmaschine als der (damaligen) „Maschine der Maschinen" und der Eisenbahntechnik, die sie ermöglichte; dabei geht die „Maschinenwerdung des Menschen" mit einer

---

170 Ebd., 31, 18 f., 27, 29, 30 f.
171 Ernst Kapp, Grundlinien einer Philosophie der Technik. Zur Entstehungsgeschichte der Cultur aus neuen Gesichtspunkten, Braunschweig 1877, Nachdruck mit einer Einleitung von Hans-Martin Sass Düsseldorf 1978, 10, 13, 23, 27.

3.2. Der philosophische Begriff ‚Orientierung': Dühring

„Menschwerdung der Maschine" einher: „organisches Vorbild des Eisenbahnsystems" und des „Telegraphensystems" ist das „Netz der Blutgefässe". Da auch die Sprache von leiblichen Bedürfnissen ausgeht und von leiblichen Organen hervorgebracht wird, ist sie ebenfalls als Organprojektion zu verstehen und aus dem Verbund von „Sprachorganismus" und „leiblichen Organismus" dann auch der „Staatsorganismus" unter Einschluss von Wirtschaft und Verkehr. So ist die Welt des Menschen eine leiblich, technisch und sprachlich gestaltete Orientierungswelt, in der er selbst „alleiniger Maassstab der Dinge" ist.[172]

Eugen DÜHRING begann, ebenfalls unter Voraussetzung von DARWINS Evolutionstheorie, die Weltorientierung ökonomisch, aus dem Einsatz knapper „Kräfte" zu konzipieren. Danach sind *Ökonomie und Evolution Prinzipien der Orientierung*. DÜHRING fasste sie in den Begriff des sich unter wechselnden Bedingungen fortentwickelnden „Schemas": Gegen das herkömmliche Streben nach „Gesetzmässigkeit" und die „veralteten Kategorienlehren" setzte er das „Weltschema", das sich in „Individualgestalten" ausbilde, von denen aus es wissenschaftlich erschlossen werden könne. Es entstehe, wenn in einem evolutionären Prozess „Kräftecombinationen" nach spezifischen Schemata der „Einschränkung" und der „Vereinigung" aufeinander wirken. Darum ist die „wissenschaftliche Orientierung" nicht vorschnell in Philosophie aufzuheben, sondern „die thatsächliche Oekonomie der Dinge im ganzen und in den Theilen" aufgrund „unmittelbarer und individueller, gleichsam weltstatistischer Thatsachen" Schritt für Schritt zu einem „einzigen Systemschema der Welt" zusammenzuführen.[173]

---

172 Ebd., 41, 68 ff., 77 ff., 126 ff., 278 ff., 307 ff., 27.
173 Eugen Dühring, Logik und Wissenschaftstheorie. Denkerisches Gesammtsystem verstandes-souveräner Geisteshaltung, Leipzig 1878, zit. nach der 2. Aufl. 1905, 220–223, 243–251. – Nietzsche, der Dühring scharf angriff, machte vom Begriff Orientierung im veröffentlichten Werk keinen Gebrauch, möglicherweise eben deshalb, weil er hier ähnlich wie Dühring dachte. Er kannte den Begriff jedoch, wie eine Notiz im Nachlass zeigt, in der er fragte, ob der „Zweck", nach dem man zu handeln glaubt, nicht lediglich „eine *Begleiterscheinung*" des Handelns sei, „ein in das Bewußtsein vorausgeworfenes blasses Zeichenbild, das uns zur Orientirung dient" (Nachlass 1886/87, 7 [1], in: Friedrich Nietzsche, Sämtliche Werke. Kritische Studienausgabe [KSA] in 15 Bänden, hg. von Giorgio Colli und Mazzino Montinari, München/Berlin/New York 1980, 12.248).

3.2.7. Phänomenologie der Orientierung als System im X der Außenwelt (W. Dilthey, E. Husserl, O. Becker, M. Merleau-Ponty, F. Hausdorff)

Ende des 19. Jahrhunderts wird die spekulative Dimension der Weltorientierung durch physiologische, psychologische und phänomenologische Analysen konkreter Orientierungsleistungen ergänzt und untersetzt (2.2.). Eine grundlegend neue philosophische Fassung erhielt die Orientierung bei Wilhelm Dilthey, der sie *vom Begriff des Lebens aus* erschloss. Er bestimmte das Leben[174] als *fließende* Einheit, deren Grenze sich wie ein Horizont verschiebt, sobald man sich ihr nähert und sie als Gegenstand zu bestimmen versucht, als *umfassende* Einheit, insofern sie durch nichts außer ihr begrenzt ist, als „Inbegriff dessen, was uns im Erleben und Verstehen aufgeht", also nur ‚von innen' zugänglich ist und auch im philosophischen Erkennen nicht überschritten werden kann,[175] als *selbstbezügliche* Einheit, die die Selbstbezüglichkeit des transzendentalen Subjekts übergreift, sofern sie in allen Versuchen, sie zu bestimmen, schon vorausgesetzt ist, und als *gestaltende* oder *schaffende* Einheit, sofern sie sich selbst gliedert und sich dadurch in begrenzt haltbaren Gestalten verständlich und kommensurabel macht.

Sofern das Leben der Gegenstand aller Orientierung ist, ist damit auch schon das Leben der Orientierung umrissen. Dilthey konzipierte sie, ohne sie jedoch generell so zu nennen, als Selbstauslegung des Lebens,[176] die er durch die fünf Momente Individualität, Perspektivität, Hypothetizität, Reflexivität und Irreversibilität bestimmte: *Individuell* ist die Selbstauslegung des Lebens, weil sie stets von einer individuellen ‚Lebenseinheit' unter deren individuellen Lebensbedingungen ausgeht, wobei eine solche Lebenseinheit einen einzelnen Menschen, eine Gruppe von Menschen oder die Menschheit im ganzen umfassen kann. *Perspektivisch* ist sie, weil Lebenseinheiten ihrerseits nur durch Strukturen be-

---

174 Vgl. Verf., Philosophie der Fluktuanz. Dilthey und Nietzsche, Göttingen 1992, 166 ff., und: Diltheys Beitrag zu einer Philosophie der Orientierung, in: Gudrun Bertram-Kühne / Frithjof Rodi (Hg.), Dilthey und die hermeneutische Wende in der Philosophie, Göttingen 2007.

175 Dilthey, Der Aufbau der geschichtlichen Welt in den Geisteswissenschaften, GS VII, 131.

176 Den Begriff der „Selbstauslegung des Lebens" haben Otto Friedrich Bollnow, Dilthey. Eine Einführung in seine Philosophie (1936¹), Stuttgart/Berlin/Köln/Mainz 1967³, 35, und unabhängig von ihm Karl Ulmer, Philosophie der modernen Lebenswelt, Tübingen 1972, 202, geprägt.

stehen können, in deren Grenzen sie ihre Lebensbedingungen auslegen. *Hypothetisch* ist sie, weil die Eingrenzung in Perspektiven anderes ausgrenzt, das sich doch wieder geltend machen kann, so dass die Perspektiven verändert oder gewechselt werden müssen: „Beständig wechselt unsere Auffassung von der Bedeutung des Lebens", sie ist „bestimmt-unbestimmt".[177] *Reflexiv* ist sie, weil eine Lebenseinheit Wechsel ihrer Auffassung von der Bedeutung des Lebens nur dadurch erfahren kann, dass sie sich von ihrer Welt unterscheidet, deren Teil sie zugleich ist, so dass sie zugleich ihre Welt bestimmt und von ihr bestimmt ist. Und *irreversibel* ist sie, weil jedes Geschehen in einem Leben, auch jede Reflexion darauf, es unumkehrbar verändert. Die lebendige, sich laufend verändernde Orientierung findet gleichwohl hinreichenden Halt an „erworbenen Strukturzusammenhängen" (1.4.).

Den *Begriff* der Orientierung gebrauchte DILTHEY im I., veröffentlichten Band seiner *Einleitung in die Geisteswissenschaften* (1883) zunächst im Sinn der Orientierung im Raum.[178] In den Ausarbeitungen zum II. Band von 1880 bis 1890 erweiterte er den Sinn des „Orientiertseins"[179] und machte es zu einem zentralen Begriff seiner „Grundlegung der Erkenntnis". Er ging dabei von HERBARTS These von der „Enge des Bewußtseins" aus, die eine Verteilung bzw. Ausrichtung der „Aufmerksamkeit" erzwinge,[180] hielt sich dann jedoch auch an die „Orientierung der Tiere".[181] In ständiger Auseinandersetzung mit der wissenschaftlich-

---

177 Dilthey, Der Aufbau der geschichtlichen Welt in den Geisteswissenschaften, GS VII, 233.
178 Vgl. Dilthey, Einleitung in die Geisteswissenschaften, GS I, 25, 145 ff., 210, 386 (in Kants Sinn: 278). Vgl. auch Dilthey, Psychologie als Erfahrungswissenschaft. Erster Teil: Vorlesungen zur Psychologie und Anthropologie (ca. 1875–1894), hg. v. Guy van Kerckhoven und Hans-Ulrich Lessing, Göttingen 1997, GS XXI, 220.
179 Dilthey, Grundlegung der Wissenschaften vom Menschen, der Gesellschaft und der Geschichte. Ausarbeitungen und Entwürfe zum zweiten Band der Einleitung in die Geisteswissenschaften, hg. v. Helmut Johach und Frithjof Rodi, Göttingen 1982, GS XIX, 148.
180 Ebd., 132.
181 Ebd., 149. – Die These von der Enge des Bewusstseins im Sinn einer begrenzten Kapazität der Aufmerksamkeit, die Dilthey auch in seinen Vorlesungen zur Psychologie und Anthropologie regelmäßig vortrug (vgl. GS XXI, 230 ff. u. ö.), hat sich in der Psychologie bis in die 60er Jahre des 20. Jahrhunderts gehalten, ist inzwischen aber überholt. Vgl. Alexander H. C. van der Heijden, Visuelle Aufmerksamkeit, in: Odmar Neumann / Andres F. Sanders (Hg.), Aufmerksamkeit, Göttingen/Bern/Toronto/Seattle 1996 (Enzyklopädie der Psychologie, hg. v. Niels Bierbaumer u. a., Themenbereich C: Theorie und Forschung, Serie

philosophischen Erforschung der Orientierungsleistungen in LOTZES medizinischer Psychologie, VON HELMHOLTZ' Sinnesphysiologie und WUNDTS experimenteller Physiologie entwickelte er eine Phänomenologie des Orientiertseins ohne Kausalzuschreibungen: „Wir haben keine Vorstellung von dem in der Verursachung stattfindenden Vorgang, und jedes metaphysische Arrangement des Kausalitätsverhältnisses (wie noch zuletzt das von LOTZE) vermag nur ein ebenfalls von uns nicht vorstellbares, dazu aber ersonnenes Verhältnis an die Stelle zu setzen."[182] An dessen Stelle setzte er die *Interaktion von „Systemen", die durch „Störungen" aufeinander wirken*. Störungen oder nach aktuellem Sprachgebrauch: Irritationen (4.2.) sind Wirkungen, deren Ursachen nicht klar sind und die Systeme darum veranlassen, erst nach Ursachen zu suchen, die unbestimmt bleiben können. Systeme können Störungen nur auf ihre eigene Weise deuten: „eine Störung auf ein System", so DILTHEY, „wird am natürlichsten so wirkend gedacht, daß sie einen dem System entsprechenden Effekt hervorbringt." Der Effekt ist ein „konstruierendes Gewahrwerden", eine „Konstruktion von Außenwelt". ‚System' ist dabei als selbstbezügliche, sich selbst ordnende, zugleich ‚geschlossene' und ‚offene' Ordnung gedacht: geschlossen, sofern es die irritierende „Außenwelt" von sich selbst unterscheidet, und offen, sofern es sie verarbeitet (1.2.). „Man könnte sich", so DILTHEY, immer „auch ein anderes System denken. Aber unter den angegebenen Bedingungen muss man sich irgendein System denken".[183] Das „Orientiertsein" besteht dann darin, dass „die Außen-

---

II: Kognition, Bd. 2), 7–60, hier 28 ff. Zugleich ist auch das Konzept des Bewusstseins selbst fraglich geworden (10.3.). Dilthey unterschied in seiner Konzeption der Orientierung das Bewusstsein vom „psychischen Leben" (GS XIX, 141, vgl. GS VII, 159), zu dem es nur in besonderen, auffälligen Fällen „hinzutritt" (GS XIX, 147). Als hinderlich erwies sich hier freilich sein „Satz der Phänomenalität", wonach „alles, was für mich da ist, unter der allgemeinsten Bedingung [steht], Tatsache meines Bewußtseins zu sein" (GS V, 90 u. ö.). Statt von „Tatsachen des Bewußtseins" sprach Dilthey jedoch später von „Erlebnissen". Vgl. Frithjof Rodi, Der „schaffende" Ausdruck. Bemerkungen zu einer Kategorie des späten Dilthey [2001], in: F.R., Das strukturierte Ganze. Studien zum Werk von Wilhelm Dilthey, Weilerswist 2003, 121–132, hier 124. Johannes Rütsche, Widerstand und Wirklichkeit: Wilhelm Diltheys psychologisch-historische Realitätsphilosophie, in: Theologie und Philosophie 74 (1999), 504-526, bes. 508 ff., macht deutlich, wie Dilthey die „Entwicklung des Realitätsbewußtseins" aus Nicht-Bewusstem zu gewinnen suchte, kritisiert dies freilich als „rohen Naturalismus" (508, vgl. 524).
182 Dilthey, Grundlegung der Wissenschaften vom Menschen, 147.
183 Ebd., 148–151. – Es *gibt* für Dilthey (wie später für Luhmann) keine Systeme, aber man muss sie denken, um das „Orientiertsein" ohne metaphysische Vor-

welt", die vom Selbst „originaliter verschieden" ist, ihm „als ein Ganzes, Nicht-Ich gegeben [ist], innerhalb dessen jeder einzelne Sinneseffekt eine Stelle einnehmen muß."[184] Es strukturiert sich vom „festen Gerüst" der Körpererfahrung aus als „Vorstellungsgerüst, innerhalb dessen wir jede einzelne psychische Lage fixieren," als „Netz, innerhalb dessen und mit dessen Hilfe wir die einzelne Lage verzeichnen." Auch das „Ich" ist als „Mittelpunkt" eine bloße „Vorstellung unseres Ich" und Teil dieses Netzes oder „Geflechts"; es bildet sich in „einer sich verbreitenden Gliederung" mit ihm aus, an der ebenso Phantasie wie Denken beteiligt sind.[185] Und zugleich mit der Außenwelt und dem Ich strukturiert sich auch der Raum:

> Das Orientiertsein hat in dem Ich seinen Mittelpunkt, und die Art, wie im Körper sich die Nerven verbreiten nach allen Seiten, ist der Typus des Horizontes. Die Art, wie in einem Ganzen für uns ein Sinneseffekt als Außen orientiert ist, ist eben der Raum.[186]

Mit der Selbstbezüglichkeit des Systems der Orientierung verband DILTHEY dessen *Selbstdifferenzierung*. Er ging von einem „kontinuierlichen Fluß" von „Inhalten" aus, der, „durch das ganze Leben geschaffen", das „Selbst" durchströmt, von dem das Bewusstsein aber „in jedem gegebenen Lebensmoment" nur einen „Teil" in „Beziehungen" aufnehmen kann, die es selbst zwischen den Inhalten herstellt.[187] Im kontinuierlichen Fluß von Inhalten liegt dann die „Kontinuität des psychischen Lebensprozesses": Beziehungen, die ihrerseits durchgehend aufeinander bezogen sind, treten auf, erhellen sich und verlieren sich wieder im Dunkel; DILTHEY denkt an ein Abschattungs- und Aufhellungs-Kontinuum mit wechselnden Inhalten, wie es HUSSERL später in seiner Phänomenologie des inneren Zeitbewusstseins beschrieben hat. Dieses Kontinuum hat seinen Halt in sich, in fortlaufenden Anschlüssen von Beziehungen; es vollzieht sich als „Synthesis [...], deren Glieder rück- und vorwärts einem objektiven Zusammenhang angehören, in dem wir uns erkennend und handelnd befinden". Aber die „Inhalte" machen nicht schon das Orientierungssystem aus, sondern erst die Art, wie das System mit ihnen umgeht, sich in und an ihnen orientiert. DILTHEY unterschied in seinen Ausarbeitungen darum „Inhalte" und „Akte": Akte verknüpfen Inhalte und bilden

---

aussetzungen denken zu können. Dilthey hat damit wichtige Grundzüge von Luhmanns Systemtheorie vorweggenommen (1.4.).
184 Ebd., 148.
185 Ebd., 168, 149, 165, 166.
186 Ebd., 148, vgl. 150.
187 Ebd., 140.

ihrerseits Kontinua. Ein „System der psychischen Inhalte" bildet so in fallweiser Verknüpfung mit einem „System des psychischen Prozesses" das „System des Individuums". Für die Unterscheidung spricht, so DILTHEY, dass sich Inhalte im Fluß „relativ isolieren" lassen, indem sie „durch die Aufmerksamkeit herausgehoben" werden, womit „Abstraktion" einsetzt. Dagegen wird durch Akte etwas zum „Abschluß" gebracht „durch eine Fixierung des Ertrags in einem gegebenen Moment" und dadurch Diskretheit bewirkt. Isolierung und Diskretion liegen für den theoretischen Beobachter nahe zusammen, unterscheiden sich jedoch im Lebenszusammenhang. Akte werden dadurch bewusst, dass etwas „einen – wenn auch nur inneren – sprachlichen Ausdruck empfängt oder Bewegungen einleitet". Sie treten dann als „Denk-" bzw. „Urteilsakt" oder als „Willensakt" hervor. Als Akte aber lösen sie im Lebenszusammenhang etwas aus, *wirken* sie in ihm und sind insofern „Lebensakte", die jeweils einem „Interesse" der „Selbsterhaltung" des Orientierungssystems folgen. Darum ist der „Wille", das „Prinzip von Veränderungen" überhaupt, auch ihr letztes Prinzip, und seine Veränderungen werden wiederum nicht theoretisch beobachtet, sondern im „Gefühl" gemessen: Gefühl ist, so DILTHEY, „eine Wertmessung der Veränderung des Zustands".[188]

Das „Selbstbewußtsein" ist darum zunächst nicht als Bewusstsein, sondern als „Gefühl", als „Selbstgefühl" gegeben, das auch Tieren zuzuschreiben ist. „Selbstbewußtsein und Weltbewußtsein" sind durch die Erfahrung des „Drucks" oder des „Widerstands" der Außenwelt gegen den eigenen Willen unterschieden, der „eine Aktivität außer mir offenbart". In ihm werden wir „zugleich unseres Selbst und eines Wirkenden, das unser Selbst bestimmt, inne", nicht durch einen „theoretischen Vorgang" für „einen Zuschauer, das Ich, das vor der Bühne der Welt sitzt": „wenn jemand sich wünscht, er möchte sein Selbst auslöschen, um die Dinge zu sehen, wie sie sind, so würde mit dieser Vernichtung der Antrieb wegfallen, überhaupt zu sehen."[189] Der *Begriff des Selbst*, wie ihn DILTHEY zu verstehen lernte, ist somit lediglich eine Abkürzung der Selbstbezüglichkeit der Orientierung (9.1.), und seine Bildung ist durch Fremdbezüge veranlasst: „unser Selbst setzen wir nur, indem wir eine Welt setzen, und der wichtigste Hebel ihrer Ausbildung, der nun noch neu hinzutritt, liegt in der Vorstellung eines fremden Selbst",[190] also in der *Orientierung an anderer Orientierung* (11.).

---

188 Ebd., 141–146.
189 Ebd., 153–161.
190 Ebd., 168.

3.2. Der philosophische Begriff ‚Orientierung': Husserl

HUSSERL hat seine Phänomenologie nicht als Philosophie der Orientierung ausgearbeitet. Dagegen stand sein Festhalten am transzendentalphilosophischen Standpunkt, der als solcher schon für KANT keiner Orientierung bedurft hatte.[191] Er gebrauchte den Begriff Orientierung zwar vielfach, im Gegensatz zum Begriff des Horizonts aber nur zurückhaltend terminologisch. ‚Orientierung' erscheint vielmehr häufig in Anführungszeichen. HUSSERL zog den Begriff vor allem heran, wo es um „wechselnde ‚Orientierungen'" im Raum ging, sprach aber zugleich von „zeitlichen Orientierungen' [...], in denen Raumdinge (die ja zugleich Zeitobjekte sind) erscheinen", und entfaltete die „*Modi der zeitlichen Orientierung*" als die „Ablaufphänome", die „immanente Zeitobjekte konstituieren".[192] Im Verhältnis zum Andern, der als „fremder Leib" begegnet, ist der eigene Leib als „identischer Beziehungspunkt" aller Akte „Orientierungsnull"; in der „Einfühlung" ist das Ich „um den andern Leib orientiert".[193] Die Welt ist eine „orientierte Welt", in der man sich stets auch an andern orientiert. Jeder hat in der Sprache HUSSERLS darin „einen Kern relativ originaler Gegebenheiten [...], und zwar als Kern eines Horizontes, der ein Titel für eine komplizierte und bei aller Unbestimmtheit doch mitgeltende und antizipierende Intentionalität ist" und in dem als einem „Einfühlungshorizont[...] jedes andere Ich im voraus schon impliziert ist."[194]

HUSSERLS Schüler Oskar BECKER begriff dann den Raum, in dem Menschen etwas lokalisieren können, auch terminologisch als „Orientierungssystem", das durch verschiedene Sinne als „Stellensystem" aufgebaut und in kontinuierlicher Abgleichung unwillkürlicher und willkürlicher Bewegungen seinerseits situativ „orientiert" wird. Der *„orien-*

---

191 Vgl. dazu Verf., Nach der Subjektivität: Selbstbezüge der Orientierung, in: Ingolf U. Dalferth / Philipp Stoellger (Hg.), Krisen der Subjektivität. Problemfelder eines strittigen Paradigmas, Tübingen 2005, 79–101.
192 Edmund Husserl, Zur Phänomenologie des inneren Zeitbewußtseins (1893–1917), in: Husserliana. Edmund Husserl, Gesammelte Werke [= Hua], Bd. X, hg. v. Rudolf Boehm, Haag 1966, 26 f. Zu den „wechselnden" oder „relativen' ‚Orientierungen'" vgl. Husserl, Ideen zu einer reinen Phänomenologie und phänomenologischen Philosophie. Erstes Buch: Allgemeine Einführung in die reine Phänomenologie, neu hg. v. K. Schuhmann, Hua III/1, Haag 1976, § 97/S. 227, 231 f., § 150/S. 350 f.
193 Husserl, Zur Phänomenologie der Intersubjektivität. Texte aus dem Nachlaß, hg. v. Iso Kern, Hua XV, Haag 1973, 643.
194 Husserl, Die Krisis der europäischen Wissenschaften und die transzendentale Phänomenologie. Eine Einleitung in die phänomenologische Philosophie, hg. v. Walter Biemel, Hua VI, Haag 1954, 258.

tierte Raum" ist der „Umweltraum" des Einzelnen, sein Mittelpunkt dessen „absolutes ‚Hier'". Von ihm aus können durch Grenzübergänge („Limesphänomene") die „Idealgebilde" des geometrischen Raums gewonnen werden.[195] Maurice MERLEAU-PONTY zeigte im Anschluss an BECKER in seiner *Phänomenologie der Wahrnehmung*, dass „die Orientierung sich durch einen umfassenden Akt des Wahrnehmungssubjekts konstituiert", der nicht schon vom Leib und seinem Standpunkt vorgegeben ist. Der Leib fungiere in der Wahrnehmung seinerseits als „Masse labyrinthischer kinästhetischer Taktilgegebenheiten" oder „System möglicher Aktionen", das durch geeignete Experimente, etwa mit Brillen, die die Netzhautbilder umkehren, seinerseits umgekehrt werden kann. Die „phänomenale Orientierung der Gegenstände" ist darum kein bloßer „Reflex" einer vorgegebenen „Orientierung in der Welt", sondern diese benötigt ihrerseits „Verankerungspunkte" (points d'ancrage) im „möglichst vielfältigen und möglichst klar artikulierten Schauspiel" der Wahrnehmung (in) der jeweiligen Situation, ohne dass das Wahrnehmungssubjekt den Prozess dieser Verankerung selbst beobachten und kontrollieren kann.[196] So ist nach MERLEAU-PONTY *keine letzte Verankerung des Orientierungsprozesses* anzunehmen. Jede Orientierung hält sich an schon vorausgehende, „Sein" ist immer schon „Orientiertsein" (être orienté), und das Subjekt ist „Geschichte" (histoire) und als solches „die Folge einer Vorgeschichte" (la suite d'une préhistoire).[197]

Für den Mathematiker Felix HAUSDORFF, der unter dem Pseudonym Paul Mongré an NIETZSCHE und KANT anschließende philosophische Werke verfasste, wurde die mathematische Konzeption n-dimensionaler Räume im 19. Jahrhundert ebenfalls Anlass der Konzeption eines Orientierungsraums, die im Ergebnis mit (dem viel späteren) MERLEAU-PONTYS übereinkommt. Danach hat aller „Kosmos", jede Ordnung der Welt, nur „Orientierungswert" in dem für uns unbestimmbaren „Chaos", jeder „Kosmos" ist eine „Auslese" aus dem „Chaos" nach einem Bedürfnis, dem die jeweilige Selektion folgt. Das „Projektionsverfahren" seiner Orientierung ist dem Sich-Orientierenden dabei unbekannt; er ‚hat' nur die Welt, die er in seiner Orientierung projiziert, oder nur seine

---

195 Oskar Becker, Beiträge zur phänomenologischen Begründung der Geometrie und ihrer physikalischen Anwendungen, in: Jahrbuch für Philosophie und phänomenologische Forschung 6 (1923), 385–560 (Hervorhebung W.S.).
196 Maurice Merleau-Ponty, Phénoménologie de la perception, Paris 1945, deutsch: Phänomenologie der Wahrnehmung, aus dem Frz. übers. von Rudolf Boehm, Berlin 1966 (mit Seitenkonkordanz zum frz. Original), 288–293.
197 Ebd., 294–297.

„Karte". Insofern, so HAUSDORFF, ist die „Zuordnung zwischen Karte und Original [...] *beliebig*". Doch der Orientierungswert leidet darunter nicht: „die Verzerrung fällt nicht in unser Bewußtsein, weil nicht nur die Objekte, sondern auch wir selbst und unsere Meßinstrumente davon gleichmäßig betroffen werden."[198] Resultat ist ein *„transzendentaler Nihilismus"*: über unsere Orientierung hinaus, die unseren Bedürfnissen folgt, lässt sich nichts behaupten.[199]

3.2.8. Orientierung an fremdem Verhalten (M. WEBER)

Max WEBERS Werk ist vom Begriff der Orientierung durchzogen. Auch er, sonst sorgfältig auf die Definition seiner Begriffe bedacht, führte ihn nicht eigens ein und gebrauchte ihn auch unspezifisch, etwa in seiner *Rede zur allgemeinen Orientierung von österreichischen Offizieren in Wien 1918* über den *Sozialismus*.[200] Er bezog ihn nun auch auf das soziale Verhalten oder das „Gesellschaftshandeln" und unterschied neben der „empirisch-naturwissenschaftlichen und geographischen Orientierung"[201] auch „politische",[202] „religiöse",[203] „ethische"[204] bzw. „ethisch religiöse"[205] und „wirtschaftliche Orientierung".[206] Alles Gesellschaftshandeln ist nach WEBER

---

198 Felix Hausdorff, Das Raumproblem, in: Annalen der Naturphilosophie 3 (1903), 14 f.
199 Paul Mongré [alias Felix Hausdorff], Das Chaos in kosmischer Auslese. Ein erkenntniskritischer Versuch (1898), in: Felix Hausdorff, Gesammelte Werke, a.O., 773–803.
200 In: Max Weber, Gesammelte Aufsätze zur Soziologie und Sozialpolitik, hg. von Marianne Weber, Tübingen 1924, 492–518, hier 492.
201 Max Weber, Die Wirtschaftsethik der Weltreligionen, I. Konfuzianismus und Taoismus, in: Gesammelte Aufsätze zur Religionssoziologie, Bd. 1, Tübingen 1920, 533.
202 Ebd., 535.
203 Max Weber, Die protestantische Ethik und der Geist des Kapitalismus, in: Gesammelte Aufsätze zur Religionssoziologie, Tübingen 1920, Bd. 1, 148 u. ö.
204 Max Weber, Die Wirtschaftsethik der Weltreligionen. Das antike Judentum, in: Gesammelte Aufsätze zur Religionssoziologie, Bd. 3, hg. v. Marianne Weber, Tübingen 1921, 147.
205 Max Weber, Wirtschaft und Gesellschaft. Grundriß der verstehenden Soziologie, 5. Aufl., hg. v. Johannes Winckelmann, Tübingen 1972, 366.
206 Ebd., 31 f.

Ausdruck einer auf die Orientierung des Handelns, des fremden und eigenen, an seinen Ordnungen, aber an sich auf gar nichts sonst gerichteten und daher sehr verschieden gearteten Interessenkonstellation bei den Beteiligten.[207]

Dies schließt vier für das Verständnis der Orientierung bedeutsame neue Momente ein: (1) Orientiert wird nicht nur das Wahrnehmen und das Denken, sondern auch das Handeln. *Orientierungen des Handelns* von Personen nannte WEBER „sinnhaft verständlich" oder kurz „sinnhaft".[208] (2) Orientiert wird nicht nur das eigene, sondern auch das fremde Handeln; beide *orientieren sich aneinander.*[209] (3) Beide *orientieren sich an Ordnungen*, die von ihnen als geltend unterstellt werden und nur in der wechselseitigen Orientierung zur Geltung kommen. Im Gesellschaftshandeln rechnet man mit einem bestimmten Verhalten des andern und damit, dass die andern ebenfalls mit einem bestimmten Verhalten rechnen; so kommen Normen zustande (11.2.). Man orientiert sich, so WEBER, auch und gerade dann an einer Ordnung, wenn man ihr bewusst entgegenhandelt.[210] Die „empirische ‚Geltung'" einer Ordnung, „d.h. die Tatsache: daß das Handeln durch sinnhafte Orientierung an ihrem (subjektiv erfaßten) Sinn orientiert und dadurch beeinflußt wird," liegt darum in der „Chance ihres ‚Befolgtwerdens'".[211] Bei der „Orientierung des Handelns an einer Ordnung" braucht diese darum nicht „gesatzt", d.h. ausdrücklich vereinbart oder erlassen zu sein und brauchen in der Regel auch keine Motive genannt zu werden. Werden sie genannt, können sie allzu leicht vorgetäuscht werden; die Orientierung des Handelns an einer Ordnung kann „bei den Beteiligten aus sehr verschiedenen Motiven" stattfinden.[212] Das zeigt sich exemplarisch am Markt bei der

---

207 Max Weber, Ueber einige Kategorien der verstehenden Soziologie, in: M.W., Gesammelte Aufsätze zur Wissenschaftslehre, hg. v. Johannes Winckelmann, 7. Aufl. 1988, 452.
208 Weber, Wirtschaft und Gesellschaft, 6, 11. – Das heißt noch nicht „rational" und auch nicht wissenschaftlich durchschaubar: „Inwieweit die problematische Hoffnung besteht, experimentell auch die Existenz ‚psychologischer' und ‚sinnhafter' Orientierung wahrscheinlich zu machen, könnte heute wohl selbst der Fachmann kaum sagen." (Ebd., 8)
209 Vgl. Max Weber, Soziologische Grundbegriffe, in: Gesammelte Aufsätze zur Wissenschaftslehre, a.O., 564. Weber verweist hier auf Del Tarde; vgl. dazu Kap. 11.3.
210 Vgl. Max Weber, Ueber einige Kategorien der verstehenden Soziologie, in: Gesammelte Aufsätze zur Wissenschaftslehre, a.O., 443.
211 Ebd., 445.
212 Weber, Soziologische Grundbegriffe, a.O., 574.

3.2. Der philosophische Begriff ‚Orientierung': Weber

Preisbildung oder der „Orientierung im Preis- und Konkurrenzkampf".[213] (4) Orientierung des sozialen Verhaltens ist eine Orientierung *an* etwas, das nicht als Wissen verfügbar sein muß wie etwa bei der „Orientierung an ‚*Rechts*regeln'".[214] Als Terminus gebraucht WEBER ‚Orientierung' stets in diesem Sinn einer ‚Orientierung *an* …'.

Die *wechselseitige Orientierung des Handelns* an „*Einverständnis'-Chancen*", kurz: das „Einverständnishandeln",[215] darf, so WEBER, nicht schon als „Solidarität'" missverstanden werden; es ist lediglich ein Handeln „unter Orientierung an den Erwartungen des Verhaltens des andern"[216] und kann ebenso wie Loyalität auch Kampf einschließen. Einverständnishandeln in diesem Sinn muss den Handelnden auch nicht ‚klar' sein: „die Orientierung an fremdem Verhalten und der Sinn des eigenen Handelns [sind] ja keineswegs immer eindeutig feststellbar oder auch nur bewußt und noch seltener: vollständig bewußt". Darum ist „sinnhafte ‚Orientierung'" auch von „bloßer ‚Beeinflussung' […] nicht immer sicher zu scheiden."[217] Das „Maß von Selbständigkeit der Orientierung des Handelns im Einzelfall"[218] kann sehr unterschiedlich sein; die Skala reicht von „traditionaler Orientiertheit" bis zu „rationaler Orientierung"[219] und in der Motivierung von „affektueller" bis zu „wertrationaler Orientierung des Handelns".[220] Unterschiedlich stark und entsprechend stabil kann auch die „Verbindlichkeit" der Orientierung aneinander sein. So sind die „Gleichartigkeiten, Regelmäßigkeiten und Kontinuitäten der Einstellung und des Handelns", die in der Orientierung von Marktinteressenten aneinander spontan entstehen, „sehr oft weit stabiler […], als wenn Handeln sich an Normen und Pflichten orientiert, die einem Kreise von Menschen tatsächlich für ‚verbindlich' gelten."[221] Und eine „nur aus zweckrationalen Motiven innegehaltene

---

213 Weber, Wirtschaft und Gesellschaft, a.O., 43.
214 Ebd., 190.
215 Weber, Ueber einige Kategorien der verstehenden Soziologie, a.O., 456.
216 Ebd., 463, 468.
217 Weber, Wirtschaft und Gesellschaft, a.O., 12 = Soziologische Grundbegriffe, a.O., 564.
218 Weber, Wirtschaft und Gesellschaft, a.O., 27.
219 Ebd., 35.
220 Weber, Wirtschaft und Gesellschaft, a.O., 12 = Soziologische Grundbegriffe, a.O., 566 f.
221 Weber, Wirtschaft und Gesellschaft, a.O., 15 = Soziologische Grundbegriffe, a.O., 572. Weber fährt fort: „Diese Erscheinung: daß Orientierung an der nackten eigenen und fremden Interessenlage Wirkungen hervorbringt, welche jenen gleichstehen, die durch Normierung - und zwar sehr oft vergeblich - zu

Ordnung ist im allgemeinen weit labiler als die lediglich kraft Sitte, infolge der Eingelebtheit eines Verhaltens, erfolgende Orientierung an dieser". Stabiler aber noch als solche eingespielten Regelmäßigkeiten in bestimmten Sachzusammenhängen und eingelebtes Verhalten im allgemeinen sind nach WEBER, bei fließenden Übergängen, Orientierungen „mit dem Prestige der Vorbildlichkeit oder Verbindlichkeit, wir wollen sagen: der ‚Legitimität', auftretende".[222]

Schwinden aber traditionale und mit dem Prestige der Legitimität auftretende Orientierungen, wird die „Orientierung an der Chance" vorherrschend, wie sie in der marktwirtschaftlichen Orientierung typisch ist.[223] Durch das Geld als dem „formal rationalsten Mittel der Orientierung wirtschaftlichen Handelns"[224] wird dann „ein an Kapitalrechnung autonom orientierbares Handeln" möglich,[225] eine „autonome Orientierung an Erwerbschancen",[226] und dies im „Druck der Not bei zunehmender absoluter oder (regelmäßig) relativer Enge des Versorgungsspielraums".[227] Eine solche *Autonomie der Orientierung in der Orientierung an ihren eigenen Orientierungsmitteln* könnte nach WEBER aber Charakter der sozialen Orientierung überhaupt (und vielleicht nicht nur dieser) sein: „Für die Soziologie aber ‚ist' eben lediglich jene Chance der Orientierung an dieser *Vorstellung* [vom Gelten einer durchschnittlich so und so verstandenen Ordnung] ‚die' geltende Ordnung."[228]

Der Grundzug der Orientierung als „Orientierung an der Chance" macht dann auch ihre „Flüssigkeit" denkbar;[229] WEBERS „theoretische Begriffsbildung" in den Sozialwissenschaften war vor allem darauf ausgerichtet, die Flüssigkeit des Sinns denken zu können.[230] Dem diente auch sein Konzept einer „Orientierung an idealtypischen Begriffen", das

---

  erzwingen gesucht werden, hat insbesondere auf wirtschaftlichem Gebiet große
  Aufmerksamkeit erregt: - sie war geradezu eine der Quellen des Entstehens der
  Nationalökonomie als Wissenschaft."
222 Ebd., 16 / 574.
223 Weber, Wirtschaft und Gesellschaft, a.O., 42.
224 Ebd., 45.
225 Ebd., 48.
226 Ebd., 60.
227 Ebd., 35.
228 Ebd., 17.
229 Weber, Wirtschaft und Gesellschaft, a.O., 12 = Soziologische Grundbegriffe, a.O., 564.
230 Er schließt darin der Sache nach, wenn auch nicht explizit, an Nietzsche an. Vgl. dessen Zur Genealogie der Moral II, Nr. 12, KSA 5.315 („Die Form ist flüssig, der ‚Sinn' ist es aber noch mehr ..."), und dazu Verf., Nietzsches ‚Genealogie der Moral'. Werkinterpretation, Darmstadt 1994, 70–88.

er in *Die ‚Objektivität' sozialwissenschaftlicher und sozialpolitischer Erkenntnis* entwarf.[231] „Kulturprobleme" ändern sich unablässig, so dass auch der Sinn „flüssig bleibt". Darum ist in der Erkenntnis der „Kulturwirklichkeit" nicht von „Gesetzen" auszugehen, sondern von „dem Willen, bewußt zur Welt *Stellung* zu nehmen und ihr einen *Sinn* zu verleihen."[232] Während der Begriff, so WEBER, nach herkömmlichem Verständnis „eine *Darstellung* des Wirklichen" geben sollte, lässt der „Idealtypus" *Spielräume für Akzentuierungen und Perspektivierungen der Orientierung*. Er ist „durch *gedankliche* Steigerung bestimmter Elemente der Wirklichkeit gewonnen [...], durch einseitige *Steigerung eines* oder *einiger* Gesichtspunkte und durch Zusammenschluß einer Fülle von diffus und diskret, hier mehr, dort weniger, stellenweise gar nicht, vorhandenen *Einzel*erscheinungen, die sich jenen einseitig herausgehobenen Gesichtspunkten fügen, zu einem in sich einheitlichen *Gedanken*bilde",[233] also ein „konstruiertes Schema" als „idealtypisches *Orientierungsmittel*".[234] WEBER begriff die *theoretische Begriffsbildung* damit ihrerseits *als Orientierung*, wie sie schon KANT zu denken begonnen hatte (3.2.2.). Idealtypen, sofern sie konturieren, was sich immer nur in vielfach überlagerten und verwischten Spuren zeigt, sind „von hohem heuristischem Wert für die Forschung und hohem systematischem Wert für die Darstellung". Ihr „Maßstab" ist allein „der Erfolg für die Erkenntnis konkreter Kulturerscheinungen in ihrem Zusammenhang, ihrer ursächlichen Bedingtheit und ihrer *Bedeutung*. Nicht als Ziel, sondern als *Mittel* kommt mithin die Bildung abstrakter Idealtypen in Betracht." Sie bleiben insofern auch für WEBER noch vorläufig, behalten jedoch eine kritische Funktion in der Begriffsbildung. Sie sind „*Grenz*begriffe", was für WEBER hieß: Begriffe unter ständigem kritischem Vorbehalt. Sie zwingen „in jedem *einzelnen Falle* festzustellen, wie nahe oder wie fern die Wirklichkeit jenem Idealbilde steht": ein Idealtypus hat „seinen logischen Zweck erfüllt, gerade *indem* er seine eigene *Un*wirklichkeit manifestierte." Dies gilt aber für alle Begriffe, „in denen wir die [soziale] Wirklichkeit zu erfassen suchen". Sie stehen in einem „steten Umbildungsprozeß":

---

231 Weber, Die ‚Objektivität' sozialwissenschaftlicher und sozialpolitischer Erkenntnis, in: Gesammelte Aufsätze zur Wissenschaftslehre, a.O., 201.
232 Ebd., 184, 181, 180.
233 Ebd., 190 f.
234 Weber, Die Wirtschaftsethik der Weltreligionen, Zwischenbetrachtung, a.O., 536.

Die Geschichte der Wissenschaften vom sozialen Leben ist und bleibt [...] ein steter Wechsel zwischen dem Versuch, durch Begriffsbildung Tatsachen gedanklich zu ordnen, – der Auflösung der so gewonnenen Gedankenbilder durch Erweiterung und Verschiebung des wissenschaftlichen Horizontes, – und der Neubildung von Begriffen auf der so veränderten Grundlage.[235]

3.2.9. Vorläufige Orientierung durch die Sprache
(M. Buber, F. Mauthner, L. Wittgenstein, K. Bühler)

Am *linguistic turn*, der sich um die Wende vom 19. zum 20. Jahrhundert vollzieht, nimmt auch die Reflexion der Orientierung teil. Die Orientierungsleistung der Sprache, die in der europäischen Philosophie immer schon deutlich war, wurde jetzt auch mit dem Phänomen und dem Begriff der Orientierung in Verbindung gebracht, zunächst von Denkern, die aus der jüdischen Tradition kamen. Auch von ihnen weiterhin kritisch: Die europäische Philosophie war zumeist davon ausgegangen, dass die Sprache der ‚Wirklichkeit' nie ganz angemessen sei und nur ‚ungefähr' und nur ‚vorläufig' über sie orientiere. So setzte auch der junge Martin Buber „Orientierungswissen" in Gegensatz zur „Wirklichkeit". Maßstab des Orientierungswissens sei das „Erleben" der eigenen „aufgerichteten Leibesseele" und ihres „Raumdurchdringens", und zwischen deren verfestigtem Wissen und dessen „Realisierung" entstehe eine Kluft: „die Orientierung zerscheidet und entsondert, die Realisierung vollzieht und proklamiert" die „Wirklichkeit". Dabei bedeuteten die „kugelrunde monistische" (spinozistische) und die „kegelspitze theologische" (jacobische) Orientierung mit ihren „zuverlässigen Retorten" gleichermaßen „Entwirklichung" des „Augenblicks": „überall, wo das Orientierungswissen selbständig waltete, war es Raubwirtschaft". So habe man sich eines solchen Wissens zu entschlagen und sich (Nietzsche stand im Hintergrund) neu dem „Chaos" zu stellen – der Realisierende müsse „zuallererst das Chaos realisieren".[236]

Fritz Mauthner, der mit Buber befreundet war, akzeptierte wohl ‚Orientierung' als „natürliche Orientierung", als „Orientierung der menschlichen Aufmerksamkeit" in der „Wirklichkeitswelt". Er stufte

---

235 Weber, Die ‚Objektivität' sozialwissenschaftlicher und sozialpolitischer Erkenntnis, a.O., 198 f., 193, 194, 191, 203, 207.
236 Martin Buber, Daniel. Gespräche von der Verwirklichung (1913), in: Werke, Bd. 1, München/Heidelberg 1962, 12 f., 28, 30, 32, 23.

3.2. Der philosophische Begriff ‚Orientierung': Buber

nicht nur alle Instinkte, Gefühle, Assoziationen, Begriffe, Erkenntnisse „in ihrem Werte für die Orientierung", „für die praktische Orientierung in der Welt" ein,[237] sondern auch Verstand und Vernunft. Er rechnete dabei mit einem spezifischen „Menscheninstinkt", „der sich in der Welt auf seine Weise orientieren will":[238]

> Verstehe ich unter Verstand (mit Schopenhauer etwa) die Orientierung oder meinetwegen das Orientierungsvermögen in der Wirklichkeitswelt, wo denn die Tiere sehr viel Verstand haben, verstehe ich unter Vernunft die Orientierung in der Begriffswelt oder der Sprache, wo denn die Tiere sehr wenig Vernunft haben, so kann ich sagen, daß der Verstand allein die konkrete Welt kennt (*begreift* erinnert zu sehr an Begriff oder Wort), daß die Vernunft allein in Abstraktionen zu Hause ist, und daß darum auch die höchste Vernunft sich in der Welt nicht auskennen würde, ließe sie sich nicht glücklicherweise instinktiv vom Verstande leiten. Instinkte sind niemals abstrakt, niemals begrifflich.[239]

Für Menschen aber sei die Sprache das wichtigste Mittel der Orientierung „in der objektiven Welt",[240] und „Orientierung ist der einzige Zweck der Sprache". Sie bringt jedoch, im Sinne BUBERS, ihre eigenen „Formen" hervor:

> Die Sprache *muß*, wenn sie von den Dingen der Wirklichkeitswelt sprechen will, diese Dinge, auch die innern Erlebnisse und die zufälligen, unorganischen Anhäufungen, ordnen, begrifflich ordnen, nach Analogie der organischen Formen oder Einheiten, die vom Artgedächtnis *zweckmäßig* geschaffen worden sind. Die Sprache könnte sich ohne natürliche oder künstliche Formen in der Welt nicht orientieren.

So kann sie immer nur „ungefähre"[241] oder „vorläufige Orientierung"[242] sein; sie ist von Grund auf mit Metaphern durchsetzt. MAUTHNERS Sprachkritik und Sprachskepsis ging weiterhin von der Erwartung einer wirklichkeitsgetreuen und in diesem Sinn zuverlässigen Orientierung aus. Wenn nur vorläufig, dann orientiert die Sprache eigentlich nicht: In den Schulen werden „Wortgespenster" und „Wortleichen" gelehrt, nicht „die

---
237 Fritz Mauthner, Wörterbuch der Philosophie. Neue Beiträge zu einer Kritik der Sprache (1. Aufl. München/Leipzig 1910/11), 2. verm. Aufl. Leipzig 1923/24, Ebd., Art. Art, I, 79; Art. Bacon's Gespensterlehre, I, 138.
238 Ebd., Art. Dualismus, I, 301.
239 Ebd., Art. Abstraktion, I, 15. Vgl. Art. Raum, III, 10; Art. Ordnung (ordinär), II, 505; Art. Ursache, III, 333; Art. Zeit, III, 464; Art. denken, I, 278.
240 Ebd., Art. Kraft, II, 235 f.
241 Ebd., Art. Form, I, 506.
242 Ebd., Einleitung, I, xxvi, Art. Instinkt, II, 159.

Sprache, die uns in der Welt orientieren kann."[243] Aber auch in einer „obersten Schule" der „Sprachkritik", wie MAUTHNER sie sich wünscht, könnte nur „die Einsicht errungen" werden,

> daß keine Schule der Welt eine Sprache lehren kann, die der Sehnsucht des Menschen gemäß völlig in der Umwelt orientiert. Die jeweilige, die vorläufige Sprache ist immer das Werkzeug des Unterrichts oder der Schule; eine Idealsprache ist das Ziel des Unterrichts: oder vielmehr seine Sehnsucht, weil es eine vollkommene Sprache nicht gibt.[244]

So sehr er seine messianische Erwartung auf Orientierung durch die Sprache enttäuscht sah, am Orientierungs-Begriff selbst zweifelte der Sprachkritiker MAUTHNER nicht, auch er setzte ihn als selbstverständlich voraus.

WITTGENSTEIN, der die „Sprachkritik" weitertrieb, „allerdings nicht im Sinne Mauthners",[245] traute der Sprache, mied den Orientierungs-Begriff aber weitgehend (vielleicht, in Fortsetzung der *argumentatio ad hominem*, wegen MAUTHNER – wie schon HERDER wegen KANT, NIETZSCHE wegen DÜHRING). Dennoch ist seine ganze Philosophie als Antwort auf die Frage „Was heißt: Sich in der Sprache orientieren?" zu verstehen,[246] und wo WITTGENSTEIN den Orientierungs-Begriff doch verwendete, gebrauchte er ihn außerordentlich subtil und aufschlussreich. Er nahm zunächst im *Tractatus logico-philosophicus* das „Kantsche Problem von der rechten und linken Hand, die man nicht zur Deckung bringen kann," wieder auf, jedoch nur, um es als Scheinproblem beiseitezulegen.[247] Sprache, scheint er nahezulegen, orientiert hinreichend,

---

243 Ebd., Art. Schule, III, 161.
244 Ebd., Art. Sprache, III, 159.
245 Ludwig Wittgenstein, Tractatus logico-philosophicus. Logisch-philosophische Abhandlung, in: Schriften, Frankfurt am Main 1960, 4.0031. – Zur Auseinandersetzung Wittgensteins mit Mauthner vgl. die Hinweise in Gottfried Gabriel, Art. Mauthner, Fritz, in: Enzyklopädie Philosophie und Wissenschaftstheorie, hg. v. Jürgen Mittelstraß, Bd. 2, Stuttgart/Weimar 1995, 814 f.
246 Vgl. Verf., Zwischen Kulturen. Orientierung in Zeichen nach Wittgenstein, in: Wilhelm Lütterfelds und Djavid Salehi (Hg.), „Wir können uns nicht in sie finden". Probleme interkultureller Verständigung und Kooperation, Wittgenstein-Studien 3 (2001), 53–67.
247 Wittgenstein, Tr. 6.36111. Vgl. schon Bertrand Russell, The Principles of Mathematics (1903), New York/London 1996, 417 f. Für Russell hat der Rechts-Links-Unterschied, der Kant „puzzled", unter den Voraussetzungen seiner Theorie der Mathematik „nothing mysterious". Was Wittgenstein mit seiner Argumentation bezweckte, ist unklar, der Kommentator Max Black (A Comp-

3.2. Der philosophische Begriff ‚Orientierung': Wittgenstein

indem sie ihre „logische Form" im „logischen Raum" als „Bild" der Welt „projiziert". Und dass „die Grenzen *der* Sprache (der Sprache, die allein ich verstehe) die Grenzen *meiner* Welt bedeuten",[248] ist schon hier auf die Orientierung des Einzelnen bezogen.

Den Orientierungs-Begriff selbst verwendete WITTGENSTEIN im *Tractatus* nicht, er taucht jedoch in den Bemerkungen aus den Jahren 1930/31 auf. Im Zusammenhang mit der Problematik, wie sich die Sprache auf die „Wirklichkeit" bezieht, mit ihr ein „System" bildet, stellte er dort die Projektions-Metaphorik aus dem *Tractatus* durch den alten geographisch-kartographischen Gebrauch des ‚Eine-Karte-Orientierens' in Frage:

> Der Satz besteht also nicht aus Bild, Projectionsregel und einer daran angebrachten Scheibe mit einem Pfeil die man entweder nach rechts oder links stellen /drehen/ kann. Analoges wie von ‚ja' und ‚nein' gilt von ‚wahr' und ‚falsch'. – Ja und Nein verhalten sich nicht wie rechts und links sondern wie Umkehren zu Lassen-wie-es-ist. D.h., wie Wenden zu Nicht-Wenden /Stehenbleiben/, nicht wie Rechtswenden zu Linkswenden.[249]

In der Orientierung in der Wirklichkeit durch die Sprache könne man Sprache und Wirklichkeit ohne weiteres und ohne Kriterium in einem Dritten unterscheiden, habe dafür gleichsam ein „absolutes Gehör".[250] Später geht die Metaphorik in die des Schmeckens über –

> Die Sprache kann nicht durch eine Erklärung gelehrt werden. – Da Zeit und Wahrheitsfunktionen so verschieden schmecken und da sie ihr Wesen allein und ganz in der Grammatik offenbaren, so muß die Grammatik den verschiedenen Geschmack erklären. – Das eine schmeckt nach Inhalt, das andre nach Darstellungsform. – Sie schmecken so verschieden, wie der Plan und der Strich durch den Plan.

– und schließlich in die Metaphorik des Mitspielens in einem Spielraum:

> Es spielt doch die Wirklichkeit außerhalb des Zeichens in dem Symbol mit und denken wir daran ob nicht hier der Unterschied zwischen Inhalt und Wahrheitsfunktion liegt. Denn alles was zum Sinn gehört, gehört zum Symbol.[251]

---

anion to Wittgenstein's ‚Tractatus', Ithaca/New York 1964, 363 f.) in diesem Punkt ratlos.
248 Wittgenstein, Tr. 5.62.
249 Ludwig Wittgenstein, Bemerkungen, in: Wiener Ausgabe. Studien, Texte, Bd. 3, hg. v. Michael Nedo, Wien/New York 1995, 47 f.
250 Ebd.
251 Wittgenstein, Bemerkungen, a.O., 72.

'Symbol' ist hier der Begriff für den Sinn des Zeichens in der Wirklichkeit, und dieser Sinn, der das Zeichen ausrichtet, für seine „Anknüpfung an die Wirklichkeit" sorgt, ist – im Sinn des geographisch-kartographischen Gebrauchs von ‚Orientieren' – eine „Orientierungsregel":

> Wenn ich sage ‚ich gehe jetzt dort hin', so kommt in dem Symbol manches vor was in dem Zeichen allein nicht liegt. Der Satz, wenn ich ihn etwa, von unbekannter Hand auf einen Zettel geschrieben irgendwo vorfinde, sagt gar nichts; das Wort ‚ich', das Wort ‚jetzt' und ‚dorthin' sind allein ohne die Gegenwart der sprechenden Person, der gegenwärtigen Situation und der im Raum gezeigten Richtung bedeutungslos. – ‚Jetzt', ‚früher', ‚hier', ‚dort', ‚ich', ‚du', ‚dieses' sind solche Wörter zur Anknüpfung an die Wirklichkeit. […] – Ich sage jemandem ‚geh dort hin', er hört die Worte, versteht sie aber nicht, da ich ihn nicht beim sprechen angeschaut habe. Das gleicht einem Plan ohne Orientierungsregel.[252]

Eine solche Orientierungsregel kann dann nicht nur eine Windrose auf der Karte sein. Einer Orientierungsregel wird auch gefolgt, wenn Zeichen auf der Karte mit dem abgeglichen werden, was ihnen „in der Gegend entspricht". Sie muss nicht eigens ausgewiesen sein, sondern kann sich aus jeweils sich findenden Entsprechungen mit der Wirklichkeit ergeben:

> Nun könnte man fragen: Gehört die Windrose noch zum Plan? Oder vielmehr: gehört die Regel nach der die Windrose angewandt wird, noch zum Plan? Und es ist klar daß ich diese Regel durch eine andere Orientierungsregel ersetzen kann in der von der Windrose nicht die Rede ist sondern statt dessen etwa von einem Weg auf dem Plan und was ihm in der Gegend entspricht.[253]

Eine Orientierungsregel ist danach eine „Übersetzungsregel"; wollte man sie ihrerseits erklären, geriete man in einen Zirkel:

> Aber ich sagte ja schon daß der Plan mit der Wirklichkeit durch eine Übersetzungsregel verbunden sein müsse. […] Die Grammatik erklärt die Bedeutung der Wörter soweit sie zu erklären ist. – Und zu erklären ist sie soweit, als nach ihr zu fragen ist, und nach ihr fragen kann man soweit, als sie zu erklären ist.[254]

Später beschränkte sich WITTGENSTEIN im Blick auf „Die Landkarte und ihre Orientierung" auf bloße „Orientierungszeichen":

---

252 Ebd., 73.
253 Ebd.
254 Ebd., 74 f.

3.2. Der philosophische Begriff ‚Orientierung': Wittgenstein 131

Es ist klar, daß, wer einen Plan macht, ein Bild macht. – Aber es gibt noch etwas anderes: Wenn er nämlich auf den Plan und die Wirklichkeit Orientierungszeichen macht.[255]

In den *Philosophischen Untersuchungen* vermied er den Begriff der Orientierung wieder, nutzte die Metaphorik von „Weg" und „Wegweiser" aber rege weiter.

Eine Regel steht da wie ein Wegweiser.[256]

Zur Beschreibung der vielfachen Weisen des „Gebrauchs" der Sprache, die keinem gemeinsamen Prinzip folgen, gebrauchte er jetzt die Metapher der „Sprachspiele", die als „Lebensformen" Spielräume lassen und lassen müssen,[257] und gab, weiterhin ohne das Wort zu gebrauchen, eine prägnante neue Definition der Orientierung im „Begriff der übersichtlichen Darstellung", der für ihn „von grundlegender Bedeutung" sei:

Die übersichtliche Darstellung vermittelt das Verständnis, welches eben darin besteht, daß wir die ‚Zusammenhänge sehen'.

Orientierung beginnt damit, eine Übersicht zu bekommen und Zusammenhänge zu sehen, um sie dann, wenn nötig, festzustellen und zu ergründen. Eben dies aber machte für WITTGENSTEIN das Philosophieren aus. Er bestimmte es als Effekt einer Desorientierung:

Ein philosophisches Problem hat die Form: ‚Ich kenne mich nicht aus.'[258]

Zu seinem Konzept des Gebrauchs der Sprache wurde WITTGENSTEIN wiederum durch Karl BÜHLER angeregt, der sich seinerseits, wie er schrieb, durch den „Schematismus der Verstandesbegriffe" in KANTS *Kritik der reinen Vernunft* (also nicht dessen Orientierungs-Schrift) an-

---

255 Wittgenstein, Bemerkungen zur Philosophie, in: Wiener Ausgabe. Studien, Texte, Bd. 4, hg. v. Michael Nedo, Wien/New York 1995, 54 f.
256 Wittgenstein, Philosophische Untersuchungen, § 85.
257 Ebd., §§ 85, 88, 23.
258 Ebd., §§ 122 u. 123. – Das Sich-nicht-Auskennen ist bei Wittgenstein zunächst ein Sich-nicht-Auskennen in der Sprache und die „übersichtliche Darstellung" dann eine Klärung der „Grammatik", die die Vielfalt der Weisen des Gebrauchs eines Ausdrucks anschaulich macht. Wittgenstein bedient sich dabei wiederum geographischer Metaphern. Vgl. Peter M. S. Hacker, Übersichtlichkeit und übersichtliche Darstellungen, in: Deutsche Zeitschrift für Philosophie 52.3 (2004), 405–420. Zum Umfang und der Herkunft von Wittgensteins Gebrauch des Begriffs ‚Übersicht' vgl. Hans-Johann Glock, Wittgenstein-Lexikon (1996), aus dem Engl. übers. v. Ernst-Michael Lange, Darmstadt 2000, 343–347.

regen ließ.²⁵⁹ BÜHLER entwickelte explizit ein Orientierungs-Konzept der Sprache. Er verstand die Sprache als „Organon" der Orientierung, das Zeichen als „Orientierungsgerät des Gemeinschaftslebens"²⁶⁰ und das Sprechen als Orientierungsgeschehen. Unter ständiger Polemik gegen die „Logiker", die in die „Sprachzeichen" „etwas zu viel an philosophischen Spekulationen hineingedacht" hätten und Zirkel und Regresse scheuten, ging er von der jeweiligen Situation des Sprechens aus:

> Die Theorie muß von der schlichten Tatsache ausgehen, daß eine demonstratio ad oculos und ad aures das einfachste und zweckmäßigste Verhalten ist, das Lebewesen einschlagen können, die im sozialen Kontakt eine erweiterte und verfeinerte Berücksichtigung der Situationsumstände und dazu Zeigwörter brauchen.²⁶¹

Die Sprache und ihre Zeichen erbringen mit ihrer „Ausdrucksfunktion", ihrer „Appellfunktion" und ihrer „Darstellungsfunktion" eine dreifache Orientierungsleistung: Man teilt sich in der wechselseitigen Orientierung durch Sprachzeichen zugleich selbst mit, appelliert an den andern, um etwas bei ihm zu bewirken, und stellt gegebenenfalls etwas dar. Das geschieht stets von einer „subjektiven Orientierung" aus: Dem Standpunkt in der räumlichen Orientierung entspricht in der sprachlichen die „Origo" eines „Zeigfelds" oder „hier-jetzt-ich-Systems", das durch „Zeigwörter" wie ‚hier – dort', ‚jetzt – vorher', ‚ich – du', ‚dieses – jenes' „markiert" ist; die „Symbolfelder" in der Darstellungsfunktion sind über solche „Zeigfelder" auf die Wirklichkeit bezogen.²⁶² Zeigwörter sind Orientierungshilfen. Sie fungieren in der Appellfunktion als „Signale", sie

> steuern den Partner in zweckmäßiger Weise. Der Partner wird angerufen durch sie, und sein suchender Blick, allgemeiner seine suchende Wahrnehmungstätigkeit, seine sinnliche Rezeptionsbereitschaft wird durch die Zeigwörter auf Hilfen verwiesen, gestenartige Hilfen und deren Äquivalente, die seine Orientierung im Bereich der Situationsumstände verbessern.²⁶³

Der Aufbau eines Zeigfelds in der Sprache, das BÜHLER das „kontextliche Zeigfeld" nennt, macht Orientierung auch in Abwesenheit möglich. Das Orientiertsein wird dann „hinübergenommen [...] in den ‚Phantasie-

---

259 Karl Bühler, Sprachtheorie. Die Darstellungsfunktion der Sprache, Jena 1934, Neudruck Stuttgart 1999, 251 f.
260 Ebd., 48. Vgl. 252.
261 Ebd., 105.
262 Ebd., 102, 149, 123, 149 ff.
263 Ebd., 105 f.

raum'".²⁶⁴ Dabei sind und bleiben „alle Verkehrspartner" in ihrer „‚subjektiven Orientierung' [...] befangen" und können sich mit Hilfe der sprachlichen Orientierungshilfen dennoch dem jeweils „fremden Orientierungssystem" anpassen. Auf dem Weg solcher Anpassungen vollzieht sich ein „kaum noch bemerktes Spiel von Versetzungen":

> Jeder benimmt sich wohlorientiert in dem seinigen und versteht das Verhalten des anderen.²⁶⁵

Wohlorientiertheit untereinander ohne explizite Kriterien ist die Leistung der alltäglichen Sprache für die alltägliche Orientierung:

> Die Umgangssprache demonstriert häufiger, mannigfaltiger, sorgloser als die Wissenschaft, das ist wahr. Aber sie erfüllt damit ohne allzuviele Mißverständnisse und auf kürzestem Wege die elementarsten praktischen Mitteilungsbedürfnisse der Menschen.²⁶⁶

So karg WITTGENSTEIN mit dem Orientierungs-Begriff umging, so vielfältig hat BÜHLER ihn aufgefächert, durch Bildung von Komposita, (wie „Orientierungsfeld", „Orientierungsgerät", „Orientierungskonvention", „Orientierungstafel"),²⁶⁷ durch Differenzierung der Orientierungs-Marken („hier, jetzt, ich" als „sprachliche Ortsmarke, Zeitmarke, Individualmarke"),²⁶⁸ der „Standpunktskoordinaten" („Kopfkoordinaten", „Brustkoordinaten", Bein-Becken-Koordinaten, je nach den Drehbewegungen der Körperteile gegeneinander),²⁶⁹ durch Unterscheidung einer ‚egozentrischen" Orientierung (auf einem eigenen festen Standpunkt) und einer „topomnestischen" Orientierung (beim Mitfahren auf einem Fahrzeug „vorn" in der Bewegungsrichtung)²⁷⁰ und von „Grad[en] von Orientiertheit" mit dem Fluchtpunkt der „Gesamtorientierung des wachen Menschen".²⁷¹

---

264 Ebd., 124–126.
265 Ebd., 138, 102 f.
266 Ebd., 106.
267 Ebd., 140, 48, 93, 128.
268 Ebd., 107.
269 Ebd., 131.
270 Ebd., 131, 136.
271 Ebd., 124, 127.

3.2.10. Orientierung als Umsicht des besorgenden Umgangs (M. Heidegger)

Heidegger hat nach Kant die umfassendste und gründlichste Analyse des Sich-Orientierens vorgelegt. Er gebrauchte den Begriff der Orientierung in der nun gängig gewordenen Weise als „Orientierung an …", sowohl im Sinn einer „vorgängigen" oder „schematischen Orientierung" als auch im Sinn einer „primären und gar ausschließlichen", „grundsätzlichen" und „prinzipiellen Grundorientierung".[272] Er fasste im Begriff der Orientierung die *Grunddimension der Philosophie*.

Darin bezog er zunächst auch den *Begriff der Weltanschauung* ein, der durch Dilthey und Jaspers prominent geworden war[273] und mit dem Begriff der Orientierung konkurrierte. Weltanschauung galt als feste Orientierung, die von einem Individuum unter seinen Lebensbedingungen erworben wird, durch Wissenschaften abgesichert werden kann und sein Leben im weiteren leitet. Nach Heideggers frühen Freiburger Vorlesungen ist sie

> das System als übersichtliche Ordnung und ordnende Charakterisierung der verschiedenen Gebiete und Werte des Lebens und Bezeichnung ihres Zusammenhangs, zugleich mit dem ‚Nebengedanken', daß damit eine Sicherheit und Bestimmtheit gegeben ist für die eigene Orientierung des eigenen praktischen Lebens.[274]

Heidegger richtete sich gegen die „Orientierung an den Wissenschaften". Wenn die Philosophie ihr folge, um „‚wissenschaftliche Philosophie'" zu werden, gebe sie ihre eigene, „ursprünglichere" Dimension auf. Die Philosophie habe sich, „um der Wissenschaftlichkeit der Philosophie willen, einer Orientierung an den Wissenschaften gerade zu entschlagen, um so die ‚Wissenschaftlichkeit' um so ursprünglicher zu

---

272 Vgl. Martin Heidegger, Phänomenologische Interpretationen zu Aristoteles. Einführung in die phänomenologische Forschung (WS 1921/22), in: Gesamtausgabe [= GA], II. Abt.: Vorlesungen, Bd. 61, hg. v. Walter Bröcker und Käte Bröcker-Oltmanns, Frankfurt am Main 1985, 2., durchges. Aufl. 1994, 77, 112, 80, 69; Ontologie (Hermeneutik der Faktizität) (SS 1923), GA, II. Abt.: Vorlesungen, Bd. 63, hg. v. Käte Bröcker-Oltmanns, Frankfurt am Main 1982, 2. Aufl. 1995, 68, 73; Sein und Zeit (1927), GA, I. Abt.: Veröffentlichte Schriften, Bd. 2, hg. v. Friedrich-Wilhelm von Herrmann, Frankfurt am Main 1977, zitiert nach: Sein und Zeit, 10. Aufl. Tübingen 1963, 52, 96, 98 f., 106 u. ö.
273 Wilhelm Dilthey, Weltanschauungslehre. Abhandlungen zur Philosophie der Philosophie (1880–1911), GS VIII, hg. v. Bernhard Groethuysen, Stuttgart/Göttingen 1931; Karl Jaspers, Psychologie der Weltanschauungen, Berlin 1919.
274 Heidegger, Phänomenologische Interpretationen zu Aristoteles, GA 61, 43 f.

3.2. Der philosophische Begriff ‚Orientierung': Heidegger

entdecken".²⁷⁵ Das „Problem der Bindung und Orientierung philosophischer Interpretation und Erkenntnis" sei nur im „genuinen Felde der philosophischen Problematik selbst entwickelbar".²⁷⁶ Im Anschluss einerseits an die ‚Lebensphilosophie', unter deren Namen man damals die Philosophien besonders NIETZSCHES, BERGSONS und DILTHEYS zusammenfasste, anderseits an HUSSERLS Phänomenologie suchte HEIDEGGER den Begriff der Orientierung tiefer zu legen. In den Freiburger Vorlesungen aus den „Kriegsnotsemestern" 1919 brachte er ihn in *Gegensatz zum Denken aus Prinzipien*. Mit HUSSERL auf dem „Weg vom Theoretischen herkommend, in der Weise des immer mehr Sichfreimachens von ihm," wollte er „die Urintention des wahrhaften Lebens überhaupt, die Urhaltung des Erlebens und Lebens als solchen, die absolute, mit dem Erleben selbst identische *Lebenssympathie*" für das Philosophieren wiedergewinnen: wir „*sehen* diese Grundhaltung immer, wir haben *zu* ihr eine Orientierung." Nur so seien in der Philosophie Parteiungen in -ismen zu vermeiden:

> entscheidende Direktion: Nicht von außen und oben her eine Methode zu konstruieren, durch dialektische Überlegungen einen neuen theoretischen Weg auszuklügeln. Weil die Phänomenologie allein sich selbst und nur durch sich selbst sich bewähren kann, ist jede Standpunktnahme eine Sünde wider ihren eigensten Geist. Und die *Todsünde* wäre die Meinung, *sie selbst sei ein Standpunkt*.²⁷⁷

Im Wintersemester 1921/22 fragte HEIDEGGER im Blick auf die ‚ursprüngliche' Philosophie nach der Definition überhaupt und setzte dabei zu einer *tiefgreifenden Phänomenologie der Orientierung* an. Philosophie sei weder auf das bloße ‚Erleben' zu beschränken noch in eine vorausgehende ‚Definition' zu zwingen; soweit in ihrer Definition „eine *echte Intention*" liege, liege sie in der „Notwendigkeit einer prinzipiellen Orientierung der Philosophie".²⁷⁸ Etwas ‚prinzipiell orientieren' hieß in HEIDEGGERS phänomenologischem Zugang es „ursprünglich" aus einer „Situation des Lebens" heraus mit einer „vorgreifenden Erfassungstendenz" „ansprechen", um sich dann „an" es zu „halten". Die „Definitionsidee der ‚formalen' Logik" als Bestimmung aus *genus proximum* und *differentia spe-*

---

275 Ebd., 43–47.
276 Ebd., 166.
277 Heidegger, Zur Bestimmung der Philosophie (1919), GA 56/57, hg. v. Bernd Heimbüchel, Frankfurt am Main 1987, 2., durchges. u. erg. Aufl. 1999, 110.
278 Heidegger, Phänomenologische Interpretationen zu Aristoteles, a.O., GA 61, 15 f.

cifica sei dagegen „unbesehen" und „unkritisch" schon vorab auf eine „Bestimmungsnorm" festgelegt, und so werde die „volle Grunderfahrung" im Erschließen von Gegebenem verschlossen.²⁷⁹ HEIDEGGER nahm damit die Vorentscheidung der europäischen Philosophie für das Allgemeine im Sinn „eines allgemeinen, umfassenden, auf alle Fälle passenden Begriffs", unter dem das übrige nur „Sache" und „Fall" ist, zurück.²⁸⁰ Seine „Idee der Definition" lautete statt dessen: *„Das situations- und vorgriffsgebührende, aus der zu gewinnenden Grunderfahrung zugreifende, gegenstandsansprechende ihn Bestimmen in seinem Was-Wie-Sein"*, das „je nach den verschiedenen Erkenntnis- und Erfahrungszusammenhängen verschiedenen Sinn" hat.²⁸¹ Eine solche prinzipielle Orientierung schließe „Zeitigung, Ansatz, Zugang, Aneignung, Verwahrung, Erneuerung" ein. Sie zeige zunächst nur eine „Sinnrichtung" an, treffe eine „'Vor-kehrung'", indem sie „den zu bestimmenden Gegenstand gerade nicht voll und eigentlich gibt, sondern nur anzeigt, als echt anzeigend aber gerade prinzipiell vorgibt".²⁸² Dieser „Anzeige- und Verweisungscharakter" sei kein Mangel, sondern „etwas Entscheidendes"; er entspreche der „entscheidenden Ausgangssituation […] für die vollzugshafte Bewegung in der Richtung der vollen Zueignung des Gegenstandes bzw. des ihn Habens". In ihr sei man „auf dem Sprung" zu dem, was man dann „herausholen" kann. Die „Angemessenheit" der „Richtungnahme" sei dabei noch „absolut *fraglich*"; der „Skeptizismus" im „Grundergriff" beherrsche die „ursprüngliche *Evidenzsituation*", die Situation der „vorgrifflichen Orientierung".²⁸³ ‚Vorgrifflich' hieß ‚vorläufig', ‚provisorisch', aber auch ‚vorbegrifflich', ‚vortheoretisch'. HEIDEGGER entdeckte die vorgriffliche Orientierung als das, was allen Fragen und Auslegungen vorausgeht und sie erst ermöglicht.

Den Begriff der Orientierung selbst befragte auch HEIDEGGER nicht weiter.²⁸⁴ Auch die Kategorien des „faktischen Lebens", die er unterschied und die Momente auch des Sich-Orientierens sind, entfaltete er nicht aus dessen Begriff: „Vollzug", „Zeitigung" von „Möglichkeiten", „Sorgen",

---

279 Ebd., 18–21.
280 Ebd., 25.
281 Ebd., 19.
282 Ebd., 31 f.
283 Ebd., 33–35, 63.
284 Das blieb auch in *Sein und Zeit* so. In den Partien, in denen Heidegger die Orientierung dort thematisiert (s.u.), gebrauchte er den Orientierungs-Begriff ‚unbesehen' und ‚unkritisch' nebeneinander nicht-thematisch und thematisch (vgl. bes. 106).

3.2. Der philosophische Begriff ‚Orientierung': Heidegger

„Bedeutsamkeit", „Weisungen des Sorgens", „Abhebung je besonderer Sorgenswelten" als jeweilige „Um-, Mit- und Selbstwelt", „Verschiebbarkeit" der „Umgangsweite", „Neigung", „Geneigtheit", „Mitgenommenwerden", „Reluzenz" und „Prästruktion" in der „Bewegung", „Zerstreuung", Gewinnung und Tilgung von „Abstand", „Abriegelung", „Endlosigkeit der Verfehlbarkeiten", „Ruinanz", „Fraglichkeit".[285] Zugleich erschloss er jedoch die Wortfelder des ‚Sinns' (5.3.) und des ‚Halts' (7.1.) weiter: Die Philosophie habe sich auf den ihr eigenen „Bezugssinn", „Vollzugssinn" und „Zeitigungssinn" ihres „Sichverhaltens" zu Seiendem zu besinnen, von dem ihr Bezug „gehalten" werde und dessen „Gehaltssinn" sich daraus ergebe.[286] In weiteren, *Sein und Zeit* phänomenologisch und terminologisch vorbereitenden Vorlesungen fügte er das Wortfeld des ‚Sichtens' hinzu, im Doppelsinn des ‚etwas als etwas Ausmachens' und des ‚Auswählens, Aussonderns' dessen, woran man weiter festhalten will (5.1.). Die Situation oder das ‚Da', wie HEIDEGGER nun sagt, wird orientiert, indem sie in diesem Doppelsinn gesichtet wird. Hier nahm er von DILTHEY den Begriff des ‚Orientiertseins' auf (3.2.7.), dessen „Ausgelegtheit" „fließend" sei:

> Die Ausgelegtheit umgrenzt fließend den Bezirk, aus dem das Dasein selbst Fragen und Ansprüche stellt. Sie ist das, was dem ‚Da' im faktischen Da-sein den Charakter eines Orientiertseins, einer bestimmten Umgrenzung seiner möglichen Sichtart und Sichtweite gibt.[287]

In *Sein und Zeit* (1927) gab HEIDEGGER dann eine „thematische Interpretation der Orientierung"[288] auf der Ebene der „Fundamentalontologie". Die Abschnitte zu „Verweisung und Zeichen" (§ 17) und zur „Räumlichkeit des Daseins" (§§ 22–24) im Kapitel über „Die Weltlichkeit der Welt" gehören zu den phänomenologisch stärksten Partien seines Hauptwerks. Er bestimmte die welt- und raumerschließende Orientierung nun von der „Sorge" her als „Umsicht des besorgenden Umgangs". Danach ist es der besorgende Umgang selbst, der „sich eine Orientierung gibt und sichert". Das zeigt sich an der „Verweisung" in

---

285 Ebd., 79–155.
286 Ebd., 52 f.
287 Heidegger, Ontologie (Hermeneutik der Faktizität), a.O., 32, vgl. 74. – Ansprüche auf weltanschauliche Orientierung wehrte Heidegger weiterhin teils ironisch, teils polemisch ab. In traditioneller „Auslegungsrichtung" wolle die zeitgenössische Philosophie noch immer „universales Ordnen" sein (ebd. 43, 59) und, um öffentlich zu wirken, „jeder möglichen Weltanschauung die grundsätzliche Orientierung und Verfestigung" bieten (ebd. 59, 63).
288 Heidegger, Sein und Zeit, a.O., 110.

„Zeichen", die Teil des „besorgenden Umgangs" sind.[289] Sie sind „zunächst und zumeist" nicht als „Gegenstand" theoretisch-teilnahmsloser Betrachtung „vorhanden" und stehen auch nicht schon „für" etwas „Vorhandenes", sondern sind „zuhanden", um auf „Zuhandenes" zu verweisen.[290] Sie sind „Zeigzeug", das Orientierung gibt, indem es „weist", nicht über die Orientierung hinaus, sondern wieder auf Zeichen, so dass Zeichen aufeinander „verweisen" und „Verweisungszusammenhänge" bilden, die eine „Bewandtnisganzheit" ergeben. Dabei ziehen sie die Aufmerksamkeit nicht auf sich, sondern „halten an sich", haben den „Charakter des ansichhaltenden Nichtheraustretens". Die Orientierung lässt sich unmerklich von ihnen leiten, „geht" mit ihnen „mit" und gewinnt so „Übersicht" über „das jeweilige Umhafte der Umwelt", die Situation, und dies *in* der jeweiligen Situation, dem ‚Da' (4.1.). Zeichen *als* Zuhandenes *für* Zuhandenes gehen ununterscheidbar in die Orientierung ein: Zuhandenes verweist aufeinander, Zeichen verweisen auf Zuhandenes, und zuhandene Zeichen verweisen aufeinander; Orientierung ist daher immer auch eine Orientierung in Zeichen. HEIDEGGER rechnete dabei mit einer „Mannigfaltigkeit möglicher Zeichen", „deren Zeigung jeweils verschieden ist", „Anzeichen, Vor- und Rückzeichen, Merkzeichen, Kennzeichen", deutete ihre ‚Bewandtnis' aber nur an. Alles kann von Fall zu Fall „zum Zeichen genommen" werden und dadurch auf anderes in seiner Zuhandenheit verweisen, es in seiner Zuhandenheit „entdecken". „Verweisungszusammenhänge" der Orientierung sind so nicht Abbildungs-, sondern Entdeckungszusammenhänge:

> Das Zeigen beschafft nicht nur die umsichtig orientierte Verfügbarkeit eines zuhandenen Zeugganzen und der Umwelt überhaupt, das Zeichenstiften kann sogar allererst entdecken.

„Unverstandenes Zeug", „mit dem man bislang ‚nichts anzufangen' wußte", kann dann eine „Bewandtnis" für den „besorgenden Umgang" bekommen, man kann neu mit ihm anfangen. Das Zeichen, fasste HEIDEGGER zusammen,

> wendet sich an die Umsicht des besorgenden Umgangs, so zwar, daß die seiner Weisung folgende Umsicht in solchem Mitgehen das jeweilige Um-

---

289 Vgl. Günter Figal, Gegenständlichkeit. Das Hermeneutische und die Philosophie, Tübingen 2006, 246–248.
290 Heidegger, Sein und Zeit, a.O., 79. – Cassirer betrachtete Heideggers Bindung der Orientierung an den Umgang mit „Zuhandenem" seinerseits als bloße Vorstufe zur „Form des Vorhandenen" (Philosophie der symbolischen Formen, a.O., III, 173 f., Anm.).

hafte der Umwelt in eine ausdrückliche ‚Übersicht' bringt. Das umsichtige Übersehen erfaßt nicht das Zuhandene; es gewinnt vielmehr eine Orientierung innerhalb der Umwelt.[291]

Das „Umhafte der Umwelt" legte HEIDEGGER als „Räumlichkeit des Daseins" aus – und schränkte Orientierung dabei wieder auf ein begrenztes „Phänomen" ein. Hier setzte er sich auch wieder mit KANT auseinander, dem freilich nicht „an einer thematischen Interpretation der Orientierung" gelegen gewesen sei.[292] Den „vollen Zusammenhang" des „Phänomens der Orientierung" sah HEIDEGGER nun in der „existenzialen Verfassung des In-der-Welt-seins", nannte sie jedoch seinerseits nicht mehr „Orientierung". Er setzte bei der „nächsten Erschlossenheit" der „Räumlichkeit des Daseins" an – *vor* allen mathematisch-abstrakten Unterscheidungen des Raums – und sprach ihn mit dem frühen KANT als „Gegend" an („Vorgängigkeit des Begegnens von Raum (als Gegend) im jeweiligen umweltlichen Begegnen des Zuhandenen").[293] Gegenden waren für ihn jedoch nicht erst die Himmelsgegenden und auch nicht die zu ihrer Bestimmung notwendigen Unterscheidungen oben-unten, vorn-hinten, rechts-links, sondern das, wo etwas im vertrauten besorgenden Umgang „hingehört", wo es seinen „Platz" hat, wohin man sich ausrichtet, um es in gewohnter Weise zu finden, oder das „im besorgenden Umgang umsichtig vorweg im Blick gehaltene Wohin des möglichen zeughaften Hingehörens". Für diesen Sinn von ‚Gegend' führte HEIDEGGER einen neuen Wortgebrauch in die Philosophie der Orientierung ein, das ‚*Orientiertsein-auf*'. Der Platz, wo etwas hingehört, ist „auf eine Gegend und innerhalb ihrer orientiert", das „Wo seiner Zuhandenheit ist für das Besorgen in Rechnung gestellt und auf das übrige Zuhandene orientiert", die Räume eines Hauses sind „auf" den Lauf der Sonne „orientiert".[294] Das Passiv ist für HEIDEGGER bedeutsam: Es ist nicht das Ich, nicht das Subjekt, das *sich* orientiert, nachdem es sich schon als Subjekt konstituiert hat, wie es bei KANT den Anschein hat, kein „weltloses Subjekt", das *sich* durch Orientierung eine Welt erschließt, sondern das Dasein findet sich „immer schon" in vertrauten Gegenden, die es auf sich ausrichtet, weil es schon in ihnen eingerichtet ist. Weil solche Ge-

---

291 Heidegger, Sein und Zeit, a.O., 77–81.
292 Ebd., 109 f.
293 Ebd., 109–111. – Zur schrittweisen Thematisierung des Raumes als „vorhandenem" durch Geodäsie und Geometrie, in der das „Phänomen der Orientierung" verlorengehe, verwies Heidegger auf Oskar Becker (3.2.7.).
294 Ebd., 102 f., vgl. auch 107.

140   3. Vorgeschichte: Evolution des philosophischen Begriffs der Orientierung

genden auf sich ausrichten, sind sie selbst auch keine Richtungen, sondern, so HEIDEGGER, „Platzmannigfaltigkeiten", Verweisungszusammenhänge aus Plätzen, die im besorgenden Umgang mit der Zeit zustandegekommen sind. Danach ist ‚Gegend' eine „umsichtig orientierte Platzganzheit des zuhandenen Zeugs" und die Orientierung darum „gegendhaft". Zeichen können dabei, dann als eigens angebrachte Zeichen, „die ausdrückliche und leicht handliche Angabe von Richtungen" in solche „umsichtig gebrauchten Gegenden" übernehmen und diese dadurch „ausdrücklich offen" halten.[295]

Auch Himmelsgegenden haben nach HEIDEGGER also nicht zuerst einen geographischen Sinn, sondern sind „zuhanden". Man orientiert nicht zuerst *sich*, indem man den Osten, Süden, Westen, Norden identifiziert, sondern *sie* orientieren durch den „alltäglichen Gebrauch", der von Sonne, Licht und Wärme im Tagesablauf gemacht wird. Sie sind zunächst „Plätze" im Lauf der Sonne, „Aufgang, Mittag, Niedergang, Mitternacht" und zeigen so „Gegenden" an, in die Häuser (mit ihrer Sonnen- und Wetterseite), Kirchen und Gräber ausgerichtet werden.[296] Solche Gegenden haben, so HEIDEGGER, ihr eigenes Oben und Unten, Vorn und Hinten, nicht aber ein Rechts und Links. Weil der Rechts-Links-Unterschied, bei dem KANT das Orientierungsproblem angesetzt hatte, an den Standpunkt des Subjekts gebunden ist, kann es glauben, dass es *sich* orientiert, und weil KANT vom Rechts-Links-Unterschied ausgehe, gerate er in einen „konstruktiven Ansatz" und verkenne „den vollen Zusammenhang der Konstituion einer möglichen Orientierung" und damit auch „die wahrhafte Verfassung des Subjekts" in seiner vorgängigen „gegendhaften Orientierung".[297] Ihr „„Raum-geben'" oder

---

295 Ebd., 112, 103, 108.
296 Ebd., 103.
297 Ebd., 109, 103. – Heidegger betrachtete dabei freilich wie schon Herder (3.2.4.) Rechts und Links als „feste Richtungen", die das Subjekt am Leib hat, insbesondere in Gestalt der rechten und linken Hand (ebd., 108 f.). In Kants Szenerie zur Verdeutlichung der ‚mathematischen' Orientierung in einem dunklen, aber vertrauten Zimmer (3.2.2.) sei jedoch nicht der Rechts-Links-Unterschied, sondern der vertraute „Zeugzusammenhang" entscheidend. Kant hatte dagegen geltend gemacht, dass die vertraute Ordnung, die „ich im Gedächtnis habe", desorientiert würde, wenn der Rechts-Links-Unterschied plötzlich umgekehrt würde. Dass Kant von „Gedächtnis" sprach, zeigte für Heidegger eine „psychologische Interpretation" an, an deren Stelle er die „existenzial-ontologische" setzte. Die Erinnerung an die vertraute Ordnung geht freilich auch bei Kant auf „öftere Ausübung", also ebenfalls auf Vertrautheit durch ständigen Umgang, zurück (AA VIII, 135).

3.2. Der philosophische Begriff ‚Orientierung': Heidegger 141

„Einräumen" habe den Charakter des „Entwurfs" und damit der „Zeitlichkeit", die so auch die „daseinsmäßige Räumlichkeit" einschließt. Zusammen machten die Zeitlichkeit und Räumlichkeit des Daseins seinen „Spielraum" aus, den Raum des „Sicheinräumens des Daseins" überhaupt: „Der Entwurf ist die existenziale Seinsverfassung des Spielraums des faktischen Seinkönnens."[298]

In den *Beiträgen zur Philosophie*, an denen er seit 1936 arbeitete, entwickelte HEIDEGGER dann ohne weiteren Rückgriff auf den Begriff der Orientierung den *Begriff des Spielraums* zum Begriff des „Zeit-Spiel-Raums" weiter.[299] Das Thema der Orientierung verschwand damit jedoch nicht. HEIDEGGER umriss es nun lediglich mit neuen, auf alte Wurzeln zurückgreifenden deutschen Wortbildungen in einem „Vorriß", der „den Anklang, das Zuspiel, den Sprung, die Gründung, die Zukünftigen, den letzten Gott" zusammenfügen oder in die „Fuge" bringen sollte. Das „denkerische Sagen" aber, das diese Fuge fügt (vormals die Philosophie), ist wieder „eine *Weisung*" (vormals Orientierung). Ihr Kennzeichen ist, dass sie nicht „Lehre" sein kann und will.[300] Statt dessen sollte sie im Andenken an ältere „Vollzüge" der Seinsfrage „Vor-bereitung" sein, „den Weg bahnen, auf den Weg zwingen". Und auch „der Weg dieses Erdenkens des Seyns hat nicht schon die feste Einzeichnung in einer Landkarte", sondern durch diesen Weg wird das „Land" erst Land, das man begehen und bewohnen kann. Die orientierende Erschließung des Seins führte so wieder zur MENDELSSOHNSCHEN Situation der Entscheidung zurück: Die „Eröffnung des Zeit-Spiel-Raums" vollzieht sich, so HEIDEGGER, in „Ent-scheidungen", nicht in Entscheidungen eines weltlosen Subjekts, sondern „in der Zugehörigkeit des Menschen zum Seyn", der mit seinem Denken schicksalhaft Wege „scheidet" und darum wieder zu „Ent-scheidungen", neuen und nun ursprünglicheren Fügungen kommen muss, für die er wiederum kein Kriterium an der Hand hat, sondern die er sich „er-springen" muss.[301]

In seinem Vortrag von 1952 *Was heißt Denken?* nahm HEIDEGGER schließlich den Titel von KANTS Orientierungs-Schrift wieder auf – gezielt verkürzt um das Sich-Orientieren.[302] Auch hier ist es jedoch nicht

---

298 Heidegger, Sein und Zeit, a.O., 111, 368, 145.
299 Heidegger, Beiträge zur Philosophie (Vom Ereignis), GA 65, 6 u.ö.
300 Ebd., 6 f., vgl. 85.
301 Ebd., 86–88.
302 Heidegger, Was heißt Denken?, in: Vorträge und Aufsätze, Pfullingen 1954, 129–143.

verschwunden. HEIDEGGER ließ es vielmehr im Denken aufgehen, um das Denken überhaupt nun als Sich-Orientieren zu denken. Danach will Denken, bevor es sich als wissenschaftliches auf begriffliche und methodische Setzungen festlegt, um etwas zu „beweisen", zuerst „weisen" auf das, was es „anspricht" und ihm „zu denken *gibt*", sich ihm aber zugleich auch „entzieht" und „vorenthält" – und es eben dadurch anzieht. Was ihm zu denken gibt, zieht es in einen Spielraum, auf den es sich einlässt. HEIDEGGER nennt dies das „Ereignis" schlechthin, und „Ereignis" hätte auch zum Titel der *Beiträge* werden sollen, wären daraus mehr als Beiträge geworden.[303] Die Denkenden als Weisenden, die „in das Sichentziehende zeigen", werden, so HEIDEGGER nun, dabei selbst zu „Zeichen". Sie zeigen wie Zeiger, die von dem, was zu denken gibt, ausgerichtet werden und darum, mit HÖLDERLIN, selbst „deutungslos" sind.[304] Das *weisende Denken* ist *das* Orientierungs-Ereignis. Es ist, so HEIDEGGER, indem es „denkend auf einen Gang in das zu-Denkende unterwegs" ist und sich dabei immer auch in einen „Irrgang" verlieren kann, geduldiges „Warten" auf das Zu-Denkende, ist „Vernehmen" von Gegebenem, an das es sich hält, und „Wohnen" im Zu-Denkenden, in dem es sich aufhält. Damit ging HEIDEGGER noch einmal ausdrücklich über KANT hinaus, zum „unscheinbaren Ereignis" des Erscheinens des „Seins des Seienden", das sich freilich weiter „vorenthält".[305]

---

303 Ebd., 134 f.
304 Ebd., 133–136. – Heidegger rehabilitiert bei der Gelegenheit des Verweises auf Hölderlins Hymne *Mnemosyne* (Zweite Fassung, in: Friedrich Hölderlin, Sämtliche Werke, hg. v. Friedrich Beißner, Frankfurt am Main 1965, 380–382, hier 380) zugleich Kants Rede vom „Gedächtnis": „Gedächtnis" sei als „die Versammlung des Denkens an das vor allem anderen zu-Bedenkende" zu denken und damit „Quellgrund des Dichtens", von dem alles Fügen ausgeht (Heidegger, Was heißt Denken, a.O., 136 f.).
305 Ebd., 139–143.

3.2.11. Wissenschaftliche Weltorientierung als Wegbereitung für Metaphysik
(K. Jaspers, N. Hartmann)

Jaspers hat den Begriff der Orientierung prominent gemacht – in Gestalt der wissenschaftlichen oder „wissenden Weltorientierung".[306] Er nahm, ohne ihn zu nennen und wohl auch ohne ihn zu kennen, das von Baumann entworfene Programm einer Weltorientierung aus der Integration der Wissenschaften auf (3.2.6.), machte den Begriff ‚Weltorientierung' nun jedoch zur Schnittstelle von Wissenschaft und „Existenz". Weltorientierung hat danach die Aufgabe, das Wissen der Wissenschaften so zu integrieren, dass es zur Voraussetzung existentieller Entscheidungen werden kann. In seinen Disziplinen ist es unvermeidlich „in Zerrissenheit", darum „scheitert" „systematische Weltorientierung" notwendig, ihr Scheitern aber führt zur Besinnung auf die eigene „Existenz". Weltorientierung wird so für die „Existenzerhellung" zur „objektiven" Voraussetzung oder zur „Existenzobjektivität", die übernommen oder verworfen werden kann. Sie ist nur auf „Dinge in der Welt" bezogen, nicht auf die Welt selbst, „die mir ja nie vorkommt und nie vorkommen kann", sondern erst in ihrer „Transzendenz" bewusst wird, die „durch die Methoden der Weltorientierung" jedoch nicht vollzogen werden kann, sondern nach Metaphysik verlangt: „Was in den Wissenschaften der Weltorientierung gewusst wird, drängt sich auf als das Sein schlechthin." So ist Weltorientierung schließlich „Wegbereitung *für Metaphysik*"; sie bleibt aber Weltorientierung auch dann, „wenn das geschlossene Weltganze zerbrochen ist".[307] In der philosophischen Scheidung von Weltorientierung, Existenzerhellung und Metaphysik wird, im Gegenzug zu Heidegger, die Orientierung zu einer bloßen Vorstufe der Philosophie und Philosophie „in der Zerbrochenheit des Daseinsganzen" nach dem Verlust der „Transzendenz" erneut auf Einheit und Ganzheit festgelegt: „Wahres Sein aber finden wir nur, wo sich *die drei Seinsweisen* von Welt, Existenz und Transzendenz für uns ohne Unklarheit *in eins* verflechten, so daß keine ohne die andere ist." Auch wenn Einheit und Ganzheit nicht mehr zu erreichen sind, lässt, so Jaspers, die *„bedingungsloseste forschende Weltorientierung"* sie doch „spüren".[308]

---
306 Karl Jaspers, Philosophie, 3 Bde., Berlin 1932, Bd. 1: Philosophische Weltorientierung, 73.
307 Ebd., 64, 115, 70, 81, 131, 212, 236.
308 Ebd., 73 f.

Dies gilt, ohne Einschaltung der ‚Existenz', auch für Nicolai HARTMANN. Auch nach ihm hat „alle Deutung von Realverhältnissen den Sinn einer Orientierung des Menschen in der Welt", wobei die Wissenschaft „Hauptträger" dieser Orientierung ist. Sie kann freilich zum „Hauptträger einer ganz anderen Weltorientierung" als der alltäglichen werden.[309]

3.2.12. Orientierung als Haltnehmen in der Welt (K. ULMER)

Karl ULMER begriff die Weltorientierung im Gegenzug wiederum zu JASPERS nicht mehr als Vorstufe, sondern als „Sache der Philosophie" selbst und erschloss sie als erster systematisch aus den Momenten „Blickfeld", „Horizont", „Ferne", „Richtung des Blickes", „Gesichtsfeld", „Gesichtspunkt", „Durchblick (Perspektive)", „Standpunkt", „Öffnung" und „Boden", zunächst wiederum, ohne den Begriff ‚Orientierung' terminologisch zu gebrauchen.[310] Nach seiner *Philosophie der modernen Lebenswelt* ist die „Weltorientierung" zwar ebenfalls noch „von der eigentlichen philosophischen Bestimmung" der Philosophie „in der spekulativen Ebene" zu unterscheiden, in der „die Sachverhältnisse selbst neu einzurichten" sind. Als Zuwendung zu der „Umgebung", in der sich jemand befindet, „um eine Übersicht über ihren Zusammenhang, über die Bedeutung ihrer einzelnen Glieder und über seine mögliche Stellung darin zu gewinnen", ist sie jedoch „das Rückgrat jeder Art des Weltverstehens. Sie ist ein Wissen von der allgemeinsten Ordnung, das in jedem Wissen vom Ganzen lebendig sein muß, soll dieses in den Fugen bleiben".[311] Dieses Wissen muss aus der Lebenswelt selbst gewonnen werden;

> *die Gesetzmäßigkeit und Einheit, die darin erfaßt werden soll, hat nicht mehr den Charakter eines Systems, sondern den einer ‚Struktur', so wie Dilthey dieses Wort verstand, und ihre Erfassung hat nicht mehr den Charakter einer absoluten Übereinstimmung und Aneignung, sondern eines Haltnehmens und sich Haltens.*[312]

Die Orientierung hält sich an den Halt, den sie von sich aus in der Welt gewinnen kann, ohne dass dem eine theoretische Begründung vorausgehen oder folgen muss; Begründungen werden statt dessen schon im

---

309 Nicolai Hartmann, Teleologisches Denken, Berlin 1951, 7, 18.
310 Karl Ulmer, Von der Sache der Philosophie, Freiburg/München 1959.
311 Karl Ulmer, Philosophie der modernen Lebenswelt, Tübingen 1972, 101–103.
312 Ebd., 382.

Blick auf Neuorientierungen gesucht. ULMERS Philosophie der Orientierung verfährt darum einerseits konstruktiv: hier unterschied er die „Weltbahnen" der Verhältnisse des Menschen zur Natur, zu Seinesgleichen, zum Göttlichen und zu sich selbst, andererseits deskriptiv: hier nahm er die geschichtlich gewachsenen institutionellen Gliederungen der Lebenswelt auf, die sich in der Einteilung der Berufe, der Ressorts von Regierungen, der Wissenschaften an den Universitäten und der Fächer in allgemeinbildenden Schulen niedergeschlagen haben, und schließlich kontrastiv, indem sie diese Ordnungsentwürfe aufeinander bezog und anhand ihrer Kontraste mögliche Desorientierungen vor allem im Bildungswesen ermittelte. Dabei kann, so ULMER, die „unmittelbare Selbstbesinnung des Lebens", bei der DILTHEY angesetzt habe, zwar nicht „Leitfaden und Grundlage" für die Wissenschaft und die Philosophie, aber ein „entscheidender Anhalt und Rückhalt" sein.[313]

3.2.13. Vernunft als Orientierungsweise
(H. LENK u. H.F. SPINNER, J. MITTELSTRASS, O. MARQUARD)

Bedurfte die Vernunft nach KANT und SCHLEIERMACHER des Supplements der Orientierung, so wurde sie seit ca. 1980 zunehmend als eine „Orientierungsweise" unter anderen gefasst. *Der Begriff der Vernunft wurde nun ohne großes Aufhebens dem Begriff der Orientierung untergeordnet.* Hans LENK und Helmut F. SPINNER unterschieden in einem Spektrum, das von einer „prinzipiellen" bis zu einer „okkasionellen" Vernunft reicht, 22 „Rationalitätstypen", die sie nicht mehr unter dem Begriff der Vernunft, sondern unter dem der Orientierung zusammenfassten[314] und denen im „Gesamtverhalten" weitere „Orientierungsweisen" gegenüberstehen. Ihre Grundbestimmung der Orientierung war der Spielraum oder das „Freibleiben" in der Identifikation von etwas als etwas: „‚Orientiert' ist menschliches Verhalten, wenn es noch auf etwas anderes ausgerichtet ist als sich selbst und seine Eigenwelt", und „‚qualifiziert orientiert'" ist es, wenn es dabei nach Kriterien „wählbare Op-

---

313 Ebd., 206.
314 Hans Lenk / Helmut F. Spinner, Rationalitätstypen, Rationalitätskonzepte und Rationalitätstheorien im Überblick. Zur Rationalismuskritik und Neufassung der ‚Vernunft' heute, in: Herbert Stachowiak (Hg.), Pragmatik. Handbuch pragmatischen Denkens, Bd. 3: Allgemeine philosophische Pragmatik, Hamburg 1989, 1–31.

tionen" hat. „Freibleibende ‚Orientierung an …'" steht in Gegensatz zu „vorbehaltloser ‚Identifizierung mit …'". In „distanziertem Verhältnis zur Welt, zu sich selbst und auch zur eigenen Vernunft" ist der Mensch ein „Orientierungswesen par excellence".[315] Jürgen MITTELSTRASS grenzte ein „universales" wissenschaftlich-philosophisches „Orientierungswissen" von „partiellem" technischem „Verfügungswissen" ab,[316] wobei die „Idee der Vernunft als eines Orientierungswissens" die „ältere", schon im „Sokratischen Dialog" entwickelte sei.[317] Odo MARQUARD bestimmte Orien-

---

[315] Helmut F. Spinner, Der ganze Rationalismus einer Welt von Gegensätzen. Fallstudien zur Doppelvernunft, Frankfurt am Main 1994, 240–243. – In: Der Mensch als Orientierungswesen: Identität und Alterität aus der Sicht der Doppelvernunft, a.O., schloss Spinner daran moralisch aufgeladene Typisierungen an. Im „Übergang vom zweigliedrigen Reaktionsmodell des nichtorientierten Verhaltens zum dreigliedrigen Rationalmodell der orientierten menschlichen Gesamtaktivität" unterschied er vom „Menschenbild des festgelegten ‚Identikers'" das „des offenen ‚Orientierers'" (oder vom „alternativlosen ‚Identiker'" den „selbstaktiven ‚Orientierer'" (39 f.), um so über „Pfadfinderfragen der Zielbestimmung, des Wegweisens, des Zurechtfindens in unübersichtlichen Situationen" (41) und zugleich – Spinner versteht sich als Soziologe – über Luhmanns Systemtheorie hinauszuführen. Sein, wie er schrieb, „theoretisch ausgereiftes und empirisch anwendungsfähiges Orientierungskonzept der dualen Rationalitätstheorie (‚Doppelvernunft')" (53) lässt freilich, anders als Luhmanns Theorie sozialer Systeme, phänomenologische Sensibilität und methodische Strenge vermissen; sie arbeitet weitgehend mit ad-hoc-Hypothesen. Sie geht von einer „fünffachen Orientierungsleistung" aus – (1) Transzendenz (nämlich des eigenen Standpunkts – den man freilich auch in der Transzendenz mitnimmt), (2) Kontingenz (in der Wahl zwischen Optionen, die man durch die Wahl aber schon einschränkt), (3) Kritik (in der Bezugnahme auf ‚Außenkriterien' – aber was wäre in der Orientierung ‚außen'?), (4) Autonomie (Eigensteuerung des Verhaltens – aber wie wäre das Eigene einer Orientierung zu fassen?) und (5) Kohärenz („Durchsystematisierung des zu rationalisierenden Materials" – wann ist sie für eine Orientierung angezeigt und notwendig?) (59) – und zielt vor allem auf „Werte" und „Rationalität", die in „drei maßgeblichen" und „einheitlichen" „Orientierungsrahmen" zur Geltung kommen sollen: Familie, Nation, Menschheit (die wohl eher die ‚Werte' des 19. Jahrhunderts waren).
[316] Jürgen Mittelstraß, Wissenschaft als Lebensform. Reden über philosophische Orientierungen in Wissenschaft und Universität, Frankfurt am Main 1982, 7 f., 30 u. ö.
[317] Ebd., 59, 138–161. – Beim XVIII. Deutschen Kongress für Philosophie in Konstanz 1999 war ein Kolloquium dem „Orientierungswissen" gewidmet. Vgl. Jürgen Mittelstraß (Hg.), Die Zukunft des Wissens. XVIII. Deutscher Kongress für Philosophie, Konstanz, 4.-8. Oktober 1999, Berlin 2000, 335–385. – Zur Kritik der prominent gewordenen Mittelstraß'schen Unterscheidung vgl. Andreas Luckner, Orientierungswissen und Theorietechnik, in: Dialektik 2000/2, 57–78, bes. 58 u. 76, und Christiane Schildknecht, Argument und Einsicht. Ori-

tierung als Aufgabe der Geisteswissenschaften.[318] Auch für ihn wurde die Freiheit der Spielräume zu einem besonderen Wert der Orientierung, der dem definitiver Bestimmtheit und technischer Verfügbarkeit gleich, wenn nicht überlegen war.

3.2.14. Orientierung als Primitivtechnik des Abtastens der Umwelt auf Kontingenz (N. LUHMANN)

Niklas LUHMANN bestimmte im Rahmen seiner Theorie sozialer Systeme auch den Begriff der Orientierung neu, neu auch unter philosophischem Gesichtspunkt. Orientierung sei Sache des „individuellen psychischen Systems" oder des „Bewußtseins" und vollziehe sich als Wechselspiel von „Erwartung" und „Enttäuschung", in dem „das System die Kontingenz seiner Umwelt in Beziehung auf sich selbst abtastet und als eigene Ungewißheit in den Prozeß autopoietischer Reproduktion übernimmt".[319] Danach geht es in der Orientierung um „Unsicherheitsabsorption", zumal in der Orientierung aneinander, in der man einander nur beobachten, aber nicht durchschauen kann: man hat hier „keine basale Zustandsgewißheit und keine darauf aufbauenden Verhaltensvorhersagen". So sehr sich LUHMANN sonst von Max WEBER distanzierte, darin führte er dessen Linie fort: „Die Unsicherheitsabsorption läuft über die Stabilisierung von Erwartungen, nicht über die Stabilisierung des Verhaltens selbst, was natürlich voraussetzt, daß das Verhalten nicht ohne Orientierung an Erwartungen gewählt wird." Begriffe wie ‚Person', ‚Intelligenz', ‚Gedächtnis', ‚Lernen', durch die man der Orientierung Bestand zu geben sucht, sind „Kunstgriffe von Beobachtern, mit denen Nichtbeobachtbares gedeutet" wird.[320] LUHMANN löste ihre essentiellen Anmutungen systematisch in pragmatische Orientierungsleistungen auf:

> ‚Person' ist die Bezeichnung dafür, daß man nicht beobachten kann, wie es zustande kommt, daß Erwartungen durch Zusammenhang in einem psy-

---

entierungswissen als Begründungswissen?, in: Werner Stegmaier (Hg.), Orientierung. Philosophische Perspektiven, Frankfurt am Main 2005, 138–152, 140 f. – Zum Orientierungswissen als Klugheit vgl. Andreas Luckner, Klugheit, Berlin/New York 2005, 23–27.
318 Odo Marquard, Die Unvermeidlichkeit der Geisteswissenschaften, in: O.M., Apologie des Zufälligen. Philosophische Studien, Stuttgart 1986, 98–116.
319 Niklas Luhmann, Soziale Systeme. Grundriß einer allgemeinen Theorie, Frankfurt am Main 1984, 362 f.
320 Ebd., 157–159.

chischen System an Wahrscheinlichkeit gewinnen (oder anders formuliert: für den Sicherheitsgewinn des Kennenlernens). ‚Intelligenz' ist die Bezeichnung dafür, daß man nicht beobachten kann, wie es zustande kommt, daß das selbstreferentielle System im Kontakt mit sich selbst die eine und nicht die andere Problemlösung wählt. ‚Gedächtnis' ist die Bezeichnung dafür, daß man nicht beobachten kann, wie der komplexe aktuelle Zustand eines Systems in den nächsten übergeht, so daß man statt dessen auf ausgewählte vergangene Inputs als Indikatoren zurückgreifen muß. ‚Lernen' ist die Bezeichnung dafür, daß man nicht beobachten kann, wie Informationen dadurch weitreichende Konsequenzen auslösen, daß sie in einem System partielle Strukturänderungen bewirken, ohne dadurch die Selbstidentifikation des Systems zu unterbrechen. Die Beispiele ließen sich vermehren.[321]

In seiner „Abklärung der Aufklärung" entzog LUHMANN so auch der Annahme einer „gleichen Beteiligung aller Menschen an einer gemeinsamen Vernunft, die sie ohne weitere institutionelle Vermittlung besitzen," den Boden.[322] Inzwischen gehe es nicht mehr „um Emanzipation zur Vernunft, sondern um Emanzipation von der Vernunft, und diese Emanzipation ist nicht anzustreben, sondern bereits passiert."[323] Dennoch und um so mehr hielt LUHMANN an KANTS „radikalerem Theorietyp" fest, der Frage nicht mehr nach dem, was etwas ist, sondern nach Bedingungen der Möglichkeit zu denken und zu sagen, was etwas ist, kurz: der Umstellung von Wahrscheinlichkeit auf Unwahrscheinlichkeit. Eine Theorie, die nach Bedingungen der Möglichkeit fragt, will

---

321 Ebd., 158.
322 Luhmann, Soziologische Aufklärung, in: N.L., Soziologische Aufklärung 1: Aufsätze zur Theorie sozialer Systeme, Opladen 1970, 66–91 (Münsteraner Antrittsvorlesung vom 25. 1. 1967), 66 f. Luhmann fuhr fort: „Daß der einzelne Mensch durch Reflexion auf seine eigene Vernünftigkeit allen Menschen Gemeinsames finden und Konsens, ja Wahrheit erreichen könne, wird Soziologen nicht einleuchten, und ebensowenig wird es die Meinung tun, daß diese Reflexion und dieses Gemeinsame die Form praktischer Handlungsregeln annähmen, die, einmal entdeckt, von jedermann angewandt werden könnten." Soziologie als „abgeklärte Aufklärung" behält für Luhmann gleichwohl kritischen Sinn als „Versuch, der Aufklärung ihre Grenzen zu gewinnen" (ebd.). Sie laufe auf „ein Reflexivwerden der Aufklärung", auf einen „Fortschritt im Problembewußtsein und in der Distanz der Aufklärung zu sich selbst" hinaus (86).
323 Luhmann, Beobachtungen der Moderne, Opladen 1992, 42. Hier fuhr Luhmann fort: „Wer immer sich für vernünftig hält und dies sagt, wird beobachtet und dekonstruiert." – Vgl. u. a. Luhmann, Die Kunst der Gesellschaft, Frankfurt am Main 1995, 96, und: Ethik als Reflexionstheorie der Moral, in: N.L., Gesellschaftsstruktur und Semantik. Studien zur Wissenssoziologie der modernen Gesellschaft, Bd. 3, Frankfurt am Main, 1989, 373: „Vielleicht geht es ohne Vernunft besser."

das Normale, alltäglich Erfahrbare ins Unwahrscheinliche auflösen und dann begreiflich machen, daß es trotzdem mit hinreichender Regelmäßigkeit zustandekommt. Die Welt, wie sie ist und bekannt ist, muss von der Aussageebene des Unwahrscheinlichen her rekonstruiert werden.[324]

Dies gilt auch für die Orientierung, die, wo sie gelingt, rasch selbstverständlich wird und doch, wie sich zeigt, wenn sie einmal nicht gelingt, nie selbstverständlich ist. *Auch und gerade das Selbstverständliche muss von der theoretischen Analyse als Unwahrscheinliches behandelt werden.* Wie schon HEIDEGGER stellte LUHMANN darum von ‚Sein' auf ‚Anderssein-Können' oder auf ‚Zeit' um. Die Ungewissheit des Kommenden wirkt als ‚Druck' auf die Orientierung: „Unter Zeitdruck stehend ist jedes soziale System zu sofortigen Anschlußselektionen gezwungen, und es kann weder alle Möglichkeiten realisieren, die im funktionalen Vergleich sichtbar gemacht werden können, noch die beste von ihnen herausfinden."[325] Orientierung sucht darum nur in besonderen Fällen zeitraubende Vergewisserung durch Nachfragen und verläuft weitgehend fraglos.[326] Sie ist (in nicht-pejorativem Sinn) „eine Primitivtechnik schlechthin", die nicht voraussetzt, „daß man weiß (oder gar: beschreiben kann), wer man ist, und auch nicht, daß man sich in der Umwelt auskennt", wenn sie nur „den Zugang zu Anschlußvorstellungen hinreichend vorstrukturiert". Sie bleibt kontingent und offen für Kontingenz, kann ihre Kontingenz jedoch schrittweise einschränken: Mit der allmählichen Abarbeitung „völlig willkürlicher Erwartungen" kann sich eine weniger enttäuschungsanfällige „Groborientierung" ausbilden.[327] Das heißt: Orientierung kann *lernen*; durch ihre Lernfähigkeit erhält sie sich selbst. Auch in der Ausbildung seiner eigenen Theorie erwies sich LUHMANN immer neu als lernfähig – und machte dabei laufenden Gebrauch vom Orientierungs-Begriff.

---

[324] Luhmann, Allgemeine Theorie sozialer Systeme, in: N.L., Soziologische Aufklärung 3: Soziales System, Gesellschaft, Organisation, Opladen 1981, 11–177, hier 12.
[325] Luhmann, Soziale Systeme, a.O., 469 f.
[326] Ebd., 268. Vgl. Luhmann, Die Politik der Gesellschaft, a.O., 274: „sich orientieren ... statt nachzufragen".
[327] Luhmann, Soziale Systeme, a.O., 362 f.

3.2.15. Orientierung des Denkens vor der Orientierung im Denken (G. Deleuze)

Die in der jüngsten Philosophie radikalste Freisetzung des Denkens von Stabilisierungen jeder Art hat Gilles Deleuze versucht. Er erprobte das Denken eines frei flottierenden Sinns. Sinn, der in „Sätzen des Denkens" artikuliert wird, sei an „Lebenszustände" gebunden, und da Lebenszustände sich niemals identisch wiederholen, hat es die *Logik des Sinns* mit unablässig sich wandelnden ‚Phantasmata' entlang von immer neuen ‚Ereignissen' zu tun. So stellte Deleuze Kants Frage neu:

> Sobald man fragt ‚Was heißt, sich im Denken orientieren?', wird deutlich, daß das Denken selbst schon Achsen und Orientierungen voraussetzt, denen gemäß es sich entwickelt, daß es über eine Geographie verfügt, noch bevor es eine Geschichte hat, daß es Dimensionen absteckt, noch bevor es Systeme entwirft. Die Höhe ist der eigentliche platonische Orient.[328]

Wenn man sich nach Kant im Denken orientiert, tut man das anhand der Karte der Kritik und des Kompasses eines Vernunftglaubens und nimmt dabei von seinem körperlichen Standpunkt auf dem Boden aus einen transzendentalen Standpunkt in der ‚Höhe' ein, den Platon im Gleichnis über der Höhle in Aussicht gestellt hatte und an dem sich die europäische Philosophie seither orientierte. Nach Nietzsches Zweifel „an dieser Orientierung durch das Hohe"[329] muss sich, so Deleuze, die Orientierung umstellen, und zu ihrer Umorientierung hielt er an der geographischen Orientierungs-Metaphorik fest. Er konzipierte sie zum einen mit Nietzsche als Verhältnis von ‚Oberflächen', unter denen ‚Tiefen' gesucht werden, die sich, solange unter ihnen weiter nach Tiefen gesucht wird, wieder als Oberflächen herausstellen, zum andern als ‚Achsen und Orientierungen', an denen das Denken jeweils schon ausgerichtet ist, wenn es zu suchen beginnt. Die letzte Konsequenz der philosophischen Orientierung über Orientierung ist so die Voraussetzung einer Orientierung des Denkens vor jeder Orientierung durch das Denken oder die Ursprünglichkeit, Selbstbezüglichkeit und Zeitlichkeit der Orientierung (1.2.).

---

328 Gilles Deleuze, Logique du sens, Paris 1969, deutsch: Logik des Sinns, aus dem Frz. v. Bernhard Dieckmann, Frankfurt am Main 1993, 162 f.
329 Ebd.

4. Situation der Orientierung: Zeitnot
Orientierung als Sich-Zurechtfinden

4.1. Orientierung über die Situation in der Situation
4.2. Irritation durch Überraschungen
4.3. Grundstimmung der Orientierung: Beunruhigung durch Zeitdruck
4.4. Grundhaltung der Orientierung: Aufmerksamkeit und Mut

4.1. Orientierung über die Situation in der Situation

Orientierung wurde eingangs bestimmt als Leistung, sich in einer Situation zurechtzufinden, um in ihr erfolgversprechende Handlungsmöglichkeiten auszumachen, durch die sich die Situation beherrschen lässt, oder, um auch den (philosophisch hoch aufgeladenen) Handlungsbegriff zunächst zurückzunehmen, als Leistung, eine Situation daraufhin zu erschließen, was man tun muss, um sie zu bewältigen (1.1.). Dabei kommt es nicht darauf an, irgendetwas zu tun, sondern das in der Situation ‚Richtige', nämlich Erfolgversprechende zu tun. Das Erfolgversprechende ist das, womit ‚aus einer Situation am meisten gemacht' wird. Eine Fußballmannschaft etwa gilt als ‚orientierungslos', wenn sie nicht so zusammenspielt, dass sie Tore schießt oder doch, mit etwas Glück, Tore schießen könnte. Die Situation ist das, womit Orientierung zu tun hat, und sie ‚bewältigt' sie, indem sie mit ihr ‚zurechtkommt' und damit ‚weiterkommt'. ‚*Situation' ist das Korrelat zu ‚Orientierung'.*

Das *Wort ‚Situation'* kommt wie ‚Orientierung' aus der Geographie. Es stammt von lat. ‚situs', ‚Lage' (z. B. von Ländereien oder Körperteilen oder Punkten zueinander), sein Gebrauch wurde ebenfalls über seinen geographischen und geometrischen hinaus erweitert, und so bedeutet es nun auch ‚Sachlage', ‚Zustand', ‚Lage der Dinge' im allgemeinen. Mittellat. ‚situare', frz. ‚situer' wurde v. a. militärisch gebraucht für (Truppen oder Kanonen) ‚in die richtige Lage oder Stellung bringen'; inzwischen kann man selbst ‚gut' oder ‚schlecht situiert' sein und sich auch in seiner Meinung zu einem ‚Punkt' so oder so ‚situieren'. ‚Situation' im Sinn der Grundrisszeichnung einer Karte war schon in der Definition der *Encyc-*

lopédie von ‚orienter' enthalten (3.1.): ‚situer' hieß das Zuordnen der Einträge auf der Karte zueinander, ‚orienter' das Ausrichten der Karte nach den Himmelsrichtungen.

‚Situation' und ‚Orientierung' als Korrelate einer Unterscheidung schließen wie alle Korrelationen (z. B. Form und Inhalt, Ursache und Wirkung, Subjekt und Objekt) zugleich einander aus, sofern sie einen Unterschied machen, und ein, sofern sie ohne einander nicht denkbar sind. Der Unterschied, den die Korrelation von Situation und Orientierung macht, ist der denkbar elementarste Unterschied, nämlich der Unterschied, dass überhaupt ein Unterschied gemacht wird: dass die Situation erschlossen wird, heißt, dass in ihr etwas unterschieden wird, dass es in ihr zu Unterscheidungen kommt. *Die Korrelation von Situation und Orientierung ist die Unterscheidung, die zu Unterscheidungen führt.*

Die erste Unterscheidung, die die Orientierung machen muss, ist die Unterscheidung ihrer selbst von der Situation. ‚Geht' sie in der Situation völlig ‚auf', kann sie sich nicht ‚über' sie orientieren; sie muss ‚sich' daher in irgendeiner Weise von ihr ‚abheben'. Erst aus der Distanz des Sich-Abhebens der Orientierung von der Situation ist ein ‚Sich-Einlassen' auf sie möglich. Das Sich-Abheben der Orientierung von der Situation ist die Voraussetzung der Orientierung über sie und ihr *Anfang als Orientierung*, die Unterscheidung der Orientierung von der Situation also Voraussetzung aller weiteren Unterscheidungen. Darum ist sie auch nicht zu begründen; denn dies wäre wieder nur durch Unterscheidungen möglich.

Eine Situation, in der man sich zurechtfinden und mit der man zurechtkommen muss, ist neu, ‚eine veränderte Lage der Dinge'. *Orientierungssituationen sind neue Situationen.* Mehr oder weniger neu ist aber jede Situation, sofern man jedenfalls nicht erwarten und voraussetzen kann, dass immer alles gleich bleibt, sondern damit rechnet, dass alles – mehr oder weniger – seine Zeit hat. Für jede Orientierung zu einer jeweiligen Zeit kann in einer Situation aber Unterschiedliches ‚neu' sein; ‚neu' ist für jede Orientierung zu jeder Zeit eben das, was für sie einen Unterschied macht: Wo bisher ein Haus stand, steht auf einmal keines mehr, wo bisher nur eine Bus-Linie verkehrte, verkehren jetzt zwei, nachdem bisher die Kanzlerin selbst wichtige Entscheidungen verkündete, tut das nun ein Regierungssprecher. Derartiges kann in einer Orientierung bemerkt werden oder nicht, es kann ‚eine Rolle spielen' oder nicht, und sie kann darauf reagieren oder nicht. Orientierungen können zu jeder Zeit mehr oder weniger ‚wach', mehr oder weniger ‚aufgeschlossen' für Neues sein, und so können Situationen als mehr oder weniger neu erscheinen. Emphatisch begrüßt hat HERDER neue und wechselnde Situationen; der Wechsel beflügelte sein Denken. Zu seiner berühmten Schiffsreise 1769 notierte er etwa:

> So denkt man, wenn man aus Situation in Situation tritt, und was gibt ein Schiff, das zwischen Himmel und Meer schwebt, nicht für weite Sphäre zu denken! Alles gibt hier dem Gedanken Flügel und Bewegung und weiten Luftkreis! Das flatternde Segel, das immer wankende Schiff, der rauschende Wellenstrom, die fliegende Wolke, der weite unendliche Luftkreis! Auf der Erde ist man an einen toten Punkt angeheftet; und in den engen Kreis einer Situation eingeschlossen.[1]

In einer Orientierungssituation ist etwas ‚gegeben', sie ist der Inbegriff des ‚in' ihr ‚Gegebenen'. Man spricht von ‚Gegebenheiten' einer Situation, die man ‚vorfindet', auf die man ‚stößt' oder ‚trifft', ohne sie gesucht zu haben (1.1.). ‚Es gibt' sie einfach, und nun hat man mit ihnen zu tun. Das ‚es' bleibt anonym, das ‚Geben' ist ein Geben ohne einen Gebenden. Terminologisch ist das schlicht Gegebene das Kontingente; lat. ‚contingere' bedeutet seinerseits ‚an etwas stoßen', ‚berühren', ‚treffen', ‚finden', ‚begegnen', ‚widerfahren'. Sofern Orientierung mit dem zu tun hat, was es in einer Situation jeweils gibt, ist sie danach *Umgang mit Kontingenz*.

Aber nicht mit allem, was es in einer Situation gibt, hat man auch zu tun. Es ist immer nur weniges, womit man ‚sich befassen' muss und das darum ‚von Belang' ist. ‚Belang' kommt von ‚langen', ‚nach jemandem langen', und meint das, worauf jemand in einer Situation trifft und was ihn zugleich ‚*be*trifft'; mit einem Begriff, den SCHLEIERMACHER in der Philosophie heimisch gemacht hat, ist er das ‚Bedeutsame'. Terminologisch ist er das Relevante, von lat. ‚relevare', eig. ‚wieder erheben' aus einer unangenehmen Lage, ‚erleichtern', (z. B.) von einer Krankheit oder einer Steuerlast ‚befreien'. Eine unangenehme Lage ist eine (mehr oder weniger drückende) Not. Von Belang ist danach in einer Situation, was (mehr oder weniger) nötigt, ‚sich damit zu befassen'.[2] Somit ist *Orientierung der Umgang mit relevanter Kontingenz*.

Beim ‚Eintritt' der Situation (oder auch: in die Situation) ist noch offen, was in ihr von Belang oder bedeutsam sein wird. In der jeweiligen Situation, in der man sich befindet, muss man das jeweils erst ‚heraus-

---

1 Johann Gottfried Herder, Journal meiner Reise im Jahr 1769, in: Herders Sämmtliche Werke (Suphan), IV, 348.
2 Alfred Schütz hat in einem nicht zur Veröffentlichung vorgesehenen Entwurf aus den Jahren 1947 bis 1951 die Relevanz phänomenologisch erschlossen und begrifflich in Motivations-, thematische und Auslegungsrelevanzen entfaltet in: Das Problem der Relevanz, hg. und erläutert von Richard M. Zaner. Mit einer Einleitung von Thomas Luckmann, Frankfurt am Main 1971.

finden'. Dabei ist die Situation nicht schon begrenzt, weder räumlich noch zeitlich. Was von Belang sein wird, kann zeitlich und räumlich sehr nahe und sehr fern sein: ein Geräusch im Ohr, Stimmen, die ans Ohr dringen, Geschichten, die erzählt werden, Nachrichten, die von den Medien verbreitet werden, politische Entscheidungen, die verkündet werden, wissenschaftliche Entdeckungen und Berechnungen, die veröffentlicht werden, darunter etwa die Erwärmung der Erdoberfläche, die starke Auswirkungen auf das Leben auf ihr haben kann. Sie alle können in der jeweiligen Situation von Belang sein oder nicht, ‚eine Rolle spielen' oder nicht. Und hinter allem, von dem man sich betreffen lässt, können ‚sich' weitere mehr oder weniger bedeutsame Belange ‚auftun'. Da ‚sich' die Belange einer Orientierungssituation immer erst ‚ergeben', kann sich ihr Umkreis unversehens erweitern oder verengen. Man unterhält sich während eines Hotelfrühstücks am Tisch über mehr oder weniger Belangloses und hört plötzlich vom Nebentisch her seinen Namen (der Umkreis der Belange erweitert sich), man hat mit Machenschaften des neuen Kollegen und Konkurrenten gerechnet, und er erweist sich als kooperativ und loyal (der Umkreis der Belange verengt sich). Belange einer Situation können ‚immer weitere Kreise ziehen', sie sind keine ‚Bestände', die man ein für alle Mal feststellen kann, sondern ‚Umstände', die einander umgeben. Sie können ‚unversehens' ‚auftauchen' und ‚verschwinden'. Und da auf irgendeine Weise ‚alles mit allem zusammenhängen' kann, ist in einer *Orientierungssituation* nie abzusehen, was ‚am Ende' in ihr von Belang sein wird. Darum ist sie *zuletzt nur negativ zu bestimmen als das, woraus nichts als irrelevant auszuschließen ist.* Sie ist der Inbegriff kontingenter und relevanter Gegebenheiten, die noch nicht erfasst, noch nicht festgestellt, noch nicht auf Begriffe gebracht sind, und sie bleibt immer noch anders, als man sie in Begriffen fassen kann. In positiven Begriffen ist sie ‚einmalig', individuell, und das heißt wiederum, dass sie *nur negativ zu begreifen ist als das, was sich dem Begreifen entzieht.*

Aber auch für die Wahrnehmung ist sie unfassbar, nämlich in den möglichen Belangen, die ‚sich herausstellen' können oder nicht, ‚unübersehbar'. Auch die Wahrnehmung setzt als Wahrnehmung von Einzelnem schon die Abgrenzung, Unterscheidung, Isolierung von Einzelnem voraus. Für die Orientierung in einer Situation ist aber noch offen, was wie wovon abgegrenzt, unterschieden, isoliert wird, das Stimmengewirr im Frühstücksraum des Hotels vom Lärm der auf der Straße einsetzenden Baumaschinen, die Stimme des Gegenübers im Stimmengewirr oder der Ton, den er in seine Worte legt und der sich seit gestern so merkwürdig verändert hat. So gilt, was nach KANT für die Rechts-

Links-Unterscheidung gilt, für die Situation im ganzen: sie ist *weder für das Denken noch für die Wahrnehmung gegeben*. Auch ‚Denken' und ‚Wahrnehmen' sind Unterschiede für eine Orientierung (vornehmlich die philosophische Orientierung), und die Unterscheidung kann in einer Situation hilfreich sein, in einer andern nicht.

Trotz der prinzipiellen Unabgrenzbarkeit, Unbegreiflichkeit und Unübersehbarkeit sind Orientierungssituationen doch räumlich und zeitlich begrenzt, begreiflich und übersehbar. Sie begrenzen sich eben dadurch, dass die Belange, mit denen man es gegenwärtig zu tun hat, irgendwo enden, und dass man sich darauf beschränkt, die zu begreifen, die man übersieht. *Die Orientierung limitiert die Situation, um sie zu erschließen, und erweitert sie nach Bedarf.* Die ‚gegenwärtige Situation' ist immer ein ‚Hier und Jetzt', aber dieses Hier und Jetzt ist nicht einfach der Augenblick, *in* dem, und der Ort, *an* dem man sich befindet. Der räumliche und zeitliche Umkreis der Belange einer Situation kann z. B. der Sandkasten selbstvergessen spielender Kinder sein, ein selten stattfindendes und darum lang erwartetes und lang nachwirkendes Familienfest, ein um nachhaltige politische Reformen bemühtes Land, ein zur wirtschaftlichen und politischen Einigung strebender Kontinent, die Erde im ganzen und die ungewisse Zukunft des Lebens auf ihr oder auch das sich ins Unendliche ausdehnende und vielleicht wieder kollabierende Universum. Sie kann wenige Sekunden oder viele Milliarden von Jahren dauern. Sie schließt jedoch immer (mehr oder weniger lange) Vergangenes ein, das für die Zukunft bedeutsam ist, seien es der Klaps, den ein Kind gerade einem andern gegeben hat, politische Entscheidungen, die schon von früheren Regierungen getroffen wurden, oder wissenschaftliche Berechnungen, deren theoretische Grundlagen schon vor Jahrhunderten entwickelt wurden. In der Situation der Orientierung besteht die *Gegenwart in Belangen von Vergangenem für Künftiges*, und soweit die Zukunft ‚offen' ist, ist auch die Gegenwart offen.[3] Dem entspricht das Wort: ‚Gegenwart' kommt von altgerm. ‚warten, Kommendem entgegensehen, Ausschau halten'. Sie ist nicht schon gegeben; man muss erst herausfinden, worin sie besteht.

---

3 Vgl. dazu Husserls exemplarische Analysen in seinen Vorlesungen zur Phänomenologie des inneren Zeitbewußtseins, a.O., und Wittgensteins Bemerkung: „Was ist denn die ‚gegenwärtige Situation'? Nun, daß das und das der Fall ist. *Nicht:* ‚daß das und das *jetzt* der Fall ist'." (Bemerkungen zur Philosophie, Wiener Ausgabe, Bd. 4, a.O., 54).

Die Orientierung über eine Situation vollzieht sich jedoch *in* der Situation, die sie erschließt, und sie verändert die Situation, die sie erschließt. Ist die Situation erschlossen, ‚sieht' man ‚klarer', ‚weiß' man, ‚womit man es zu tun hat', und eine ‚geklärte' Situation ist eine andere als eine ‚ungeklärte'. Dass die Orientierung die Situation, die sie erschließt, auch schon verändert, ist ihre *Start-Paradoxie*. Sie bedingt, dass sie auch niemals enden kann (1.2.). Sie bewegt sich dennoch nicht in einem bloßen Zirkel, sondern erneuert sich fortlaufend im fortlaufenden Rückgriff auf ihre Ergebnisse. Ein fortlaufender Rückgriff auf die eigenen Ergebnisse wird in Informatik, Logik und Mathematik Rekursivität genannt. *So ist die Orientierung über eine Situation in dieser Situation ein rekursiver Umgang mit der jeweils relevanten Kontingenz.*

Das Griechische hatte für die ‚Umstände' einer Situation die wörtlich entsprechende Unterscheidung ὑπόστασις-περίστασις. Nach ARISTOTELES hat Bestand das, was im Denken ‚zum Stehen gekommen' (ἱστάναι) und darum von ihm festzustellen ist (7.8.). Aber nicht alles im Kosmos hat einen solchen Bestand, inbesondere nicht das menschliche Handeln, und hier komme es dann auf die Beobachtung der Umstände an. Man habe es dann mit Einzelnem (καθ' ἕκαστα) zu tun, das sich nicht ohne weiteres verallgemeinern und nur in der Wahrnehmung unterscheiden lasse (ἐν τῇ αἰσθήσει ἡ κρίσις), so dass man sie laufend im Auge behalten müsse (πρὸς τοῦτο βλέποντες), wie das, so ARISTOTELES, gute Künstler tun.[4] Um ontologisch von der Metaphysik der Substanz (οὐσία, ὑπόστασις) loszukommen, die ARISTOTELES begründet hatte, sprach LEVINAS von einem ‚Sich-Losreißen' (arrachement) aus dem bloßen ‚es gibt' (il y a) oder der ‚Trennung' (séparation) vom ‚anonymen Sein' oder dem ‚chaotischen Rauschen': „Das", so LEVINAS, „ist die Situation des Bewußtseins (la situation de la conscience)."[5] SARTRE hat diese ‚Situation' mit ‚Freiheit' korreliert und dadurch den Freiheits-Begriffs radikalisiert und paradoxiert. Danach gibt es „Freiheit nur *in Situation* (en *situation*), und es gibt Situation nur durch die Freiheit"; „auf dem Gebiet der reinen Kontingenz" sind wir „zur Freiheit verurteilt" – dies ist das

---

4 Aristoteles, Nikomachische Ethik, II 9, 1009 b 22 f., u. II 5, 1106 b 13.
5 Emmanuel Levinas, Signature, zuerst unter dem Titel: Emmanuel Levinas (né en 1906), in: G. Deledalle u. D. Huisman (Hg.), Les Philosophes français d'aujourd'hui par eux-mêmes. Autobiographies de la philosophie française contemporaine, Paris 1963, 325–328, wiederabgedruckt in: Difficile liberté. Essais sur le Judaïsme, Paris 1963, 2., vermehrte und veränd. Aufl. 1976, 405–412, hier 408, deutsch: Unterschrift, in: E.L., Eigennamen. Meditationen über Sprache und Literatur. Textauswahl und Nachwort von Felix Philipp Ingold, aus dem Frz. v. Frank Miething, München 1988, 107–114, hier 110 (übers. als „Dies ist die Situierung des Bewußtseins."). – Vgl. Verf., Levinas. Reihe Meisterdenker, Freiburg/Basel/Wien 2002, 71–85.

„Paradox der Freiheit".⁶ MERLEAU-PONTY hat das existenzphilosophische Pathos wieder abgekühlt: „der ‚Anteil der Situation' und der ‚Anteil der Freiheit' [ist] unmöglich voneinander abzugrenzen".⁷ In den aktuellen Handlungstheorien, die vom Begriff der Situation Gebrauch machen, wird die Handlungssituation meist schon als objektiv bestimmt vorausgesetzt. Der Begriff der Situation ist jedoch, so GADAMER, gerade „dadurch charakterisiert, daß man sich nicht ihr gegenüber befindet und daher kein gegenständliches Wissen von ihr haben kann."⁸ Auch Erving GOFFMAN ging in seiner Mikrosoziologie davon aus, „daß Menschen, die sich gerade in einer Situation befinden, vor der Frage stehen: Was geht hier eigentlich vor?" Situationen könnten räumlich und zeitlich einen ganz verschiedenen Umfang haben, und in den meisten Situationen geschehe vieles gleichzeitig, während Beobachter, wenn sie danach gefragt werden, vereinfachend zumeist nur eines und dann nicht dasselbe herausstellten.⁹ Die Unterscheidung des „Unterschieds, der einen Unterschied macht", also von Belang ist, geht auf Gregory BATESON zurück,¹⁰ auf den sich ebenso GOFFMAN wie LUHMANN beriefen. LUHMANN hat für den rekursiven Umgang mit relevanter Kontingenz die schlichte Metapher des „Abtastens" gefunden (3.2.14.). In Situationsethiken wird „mit dem Verweis auf den konkreten und einmaligen Charakter jeder Entscheidungssituation der Rückgriff auf allgemeine normative Orientierungen kritisiert" (was den Papst Pius XII. veranlasste, sie zu verurteilen).¹¹ Allgemeine

---

6 Jean-Paul Sartre, L'être et le néant. Essai d'ontologie phénoménologique, Paris 1950, deutsch: Das Sein und das Nichts. Versuch einer phänomenologischen Ontologie, hg. v. Traugott König, deutsch von Hans Schöneberg und Traugott König, Reinbek bei Hamburg 1991, 569/845, 567/842, 565/838, 569/845.

7 Merleau-Ponty, Phänomenologie der Wahrnehmung, a.O., 515. – Im Anschluss an Merleau-Ponty kritisiert Karl Mertens, Handeln in Situationen. Situatives Handeln im Kontext philosophischer Theorien, unveröff. Habil.-Schr. Kiel 2000, die Selbstblockierung der Handlungstheorien gegenüber der Situativität des Handelns. Er bleibt dabei allerdings selbst beim Begriff des Handelns mit seinen Implikationen von Freiheit, Absicht, Wille usw., die er eingangs im Rückgriff auf Gorgias suspendiert.

8 Hans-Georg Gadamer, Wahrheit und Methode. Grundzüge einer philosophischen Hermeneutik, Tübingen 1960, 285.

9 Erving Goffman, Frame Analysis. An Essay on the Organization of Experience, London 1974, deutsch: Rahmen-Analyse. Ein Versuch über die Organisation von Alltagserfahrungen, übers. v. Hermann Vetter, Frankfurt am Main 1977, 17 f.

10 Gregory Bateson, Steps to an Ecology of Mind. Collected Essays in Anthropology, Psychiatry, Evolution und Epistemology, San Francisco 1972, deutsch: Ökologie des Geistes. Anthropologische, psychologische, biologische und epistemologische Perspektiven, übers. v. Hans Günter Holl, Frankfurt am Main 1981, 271 f., 315, 489: „A ‚bit' of information is definable as a difference which makes a difference."

11 Friedrich Kambartel, Art. Situation, in: Enzyklopädie Philosophie und Wissenschaftstheorie, hg. v. Jürgen Mittelstraß, Bd. 3, Stuttgart/Weimar 1995, 821. Zur historischen Konkretisierung vgl. F. J. Wetz und U. Laucken, Art. Situation,

Normen gelten in aller Regel „nur relativ zu in der Normenformulierung beschriebenen Situationen", und die bloße Rede von Situationen nimmt ihr schon ihren „konkreten, durch Beschreibungen nicht ausschöpfbaren" Charakter.[12] Doch Situationen können, müssen aber nicht immer ethisch von Belang sein. Daran haben in der Theoretischen Philosophie Situationslogiken angeschlossen, vor allem der in den Geschichts- und Sozialwissenschaften ‚methodische Individualismus' nach Karl POPPER.[13] Danach verhält man sich in einer Situation ‚logisch' dann, wenn man ihr ‚gerecht' wird, sich also ‚situationsgerecht' verhält. Die Situationsadäquatheit kann freilich wiederum nur unter Voraussetzung eines Situationsmodells festgestellt werden, das seinerseits jederzeit falsifizierbar ist, weil kein Situationsmodell eine Situation hinreichend beschreiben kann. Dies gilt auch noch für die an den späten WITTGENSTEIN anschließende Situationssemantik von Jon BARWISE und John PERRY,[14] die davon ausgeht, dass die Bedeutung eines Satzes immer auch eine Funktion des Kontextes seiner Äußerung – der Situation – ist. Auch eine solche Situationssemantik muss Klassen bilden (die Klasse der Situationen, in der der Satz geäußert wird, und die Klasse der Situationen, die durch den Satz beschrieben werden) und so von der jeweiligen und einmaligen Situation abstrahieren. Damit bleibt auch für eine Situationslogik und eine Situationssemantik die Beschreibung der Situation und vor ihr die Orientierung über die Situation *in* der Situation der maßgebliche Anfang. Für die Kognitionsforschung sind Situationen ein besonderes Problem. Denn während sie bei realen ‚situierten Handlungen' nicht repräsentiert zu werden brauchen, müssen sie bei Computersimulationen eigens dargestellt werden, und dadurch kann dann der Anschein eines Bedürfnisses nach möglichst vollständiger Repräsentation der Situation auch in der Realität entstehen.[15]

4.2. Irritation durch Überraschungen

Der rekursive Umgang mit relevanter Kontingenz ist alltagssprachlich der *Umgang mit Überraschungen*. Bei ihrer Situation hat die Orientierung mit etwas zu tun, von dem sie noch nicht ‚weiß', womit sie es zu tun hat,[16] und das, wenn sie es ‚weiß', nicht mehr das ist, womit sie es zu tun hatte.

---

in: Historisches Wörterbuch der Philosophie, Bd. 9, Basel/Darmstadt 1995, Sp. 923–937, hier 928.
12 Kambartel, Art. Situation, a.O. Vgl. dazu auch den folgenden Art. Situationsethik von Oswald Schwemmer.
13 Karl Popper, Das Elend des Historizismus [1944/45], Tübingen 1965.
14 Jon Barwise / John Perry, Situationen und Einstellungen. Grundlagen der Situationssemantik [1983], Berlin/New York 1987.
15 Arthur B. Markman und Eric Dietrich, Extending the classical view of representation, in: Trends in Cognitive Sciences 4.12 (2000). Vgl. den Forschungsbericht in der Frankfurter Allgemeinen Zeitung vom 1. August 2001, S. N 6.
16 Bei Heidegger hieß das: Das Gegebene in der Situation ist nicht „eigentlich" gegeben, sondern „absolut *fraglich*" (vgl. 3.2.10.).

4.2. Irritation durch Überraschungen

‚Überraschung' ist ein treffendes Wort dafür: Die Situation kommt rasch ‚über' die Orientierung, die Orientierung muss rasch ‚mit ihr fertig werden', und sie beginnt damit, indem sie in dem, was ‚auf sie zukommt', rasch ‚Unterscheidungen trifft'. Sie kann dafür nur von Unterscheidungen Gebrauch machen, die sie schon ‚hat', ohne jedoch schon ‚wissen' zu können, welche Unterscheidungen auf welche Gegebenheiten der neuen Situation passen. Sie passen immer nur bedingt; denn sie hat zunächst nur Unterscheidungen, die *bisher* passten. So muss sie, um das Neue ‚abzutasten', zugleich ihre Unterscheidungen daraufhin abtasten, ob und wie weit sie das Neue fassen können. Und sie muss sie dann unter Umständen (rekursiv) der neuen Situation anpassen. Ist das geschehen, ‚flaut' die Überraschung ab, die Orientierung ist neu auf die neue Situation ‚eingestellt'.

Sie ist darum keine Wirkung, deren Ursache die Situation wäre. Der Gebrauch der Korrelation ‚Ursache und Wirkung' setzt zum einen voraus, dass Ursache und Wirkung schon unterschieden, also getrennt identifizierbar sind, zum andern, dass sie nach einer von beiden unterschiedenen ‚Kausalität' miteinander verknüpft sind. Beides lässt sich im Verhältnis von Situation und Orientierung nicht schon voraussetzen. Statt dessen irritieren überraschende Situationen die Orientierung. Lat. ‚irritare' heißt ‚anregen', ‚reizen', ‚aufreizen', ‚aufbringen': Irritation ist eine Anregung, Reizung oder, wie DILTHEY sie nannte (3.2.7.), Störung, deren Ursachen nicht klar sind. *Irritationen verunsichern* darum und veranlassen, nach ihren Ursachen zu *suchen* – ohne dass man schon ‚wüsste', *wo* man sie zu suchen hat, und ohne dass man je sicher sein könnte, sie gefunden zu haben. Ein seltsames Geräusch, das man nicht orten kann, ein Verhalten, das man sich nicht erklären kann, eine Bemerkung, mit der man nichts anfangen kann, einander widersprechende Wegweiser, ein Zusammentreffen von Umständen, bei dem es ‚nicht mit rechten Dingen zugehen' kann, sind (mehr oder weniger starke) Desorientierungen gerade im Hinblick auf Ursache und Wirkung. Sie ‚reizen' die Orientierung, dem nachzugehen, ‚was dahintersteckt', sie lösen Orientierungsbedürfnisse aus und lassen sie merklich werden.

Störungen bzw. Irritationen sind in der Philosophie wenig beachtet worden. Außer bei DILTHEY spielten sie jedoch bei HEGEL und LUHMANN eine bedeutsame Rolle. HEGEL bestimmte durch die Begriffe Sensibilität, Irritabilität und Reproduktion das organische Leben. ‚Sensibel' sind Lebewesen, sofern sie mit ihren Sinnen unablässig ihre Umwelt abtasten und verarbeiten, was sie bieten. ‚Irritabel' sind sie, sofern sie auf Störungen durch andere reagieren. Beides lässt unterschiedliche Grade zu und setzt Selbstbezüglichkeit oder, mit HEGEL, eine „Reflexion-in-sich" voraus:

> die *Sensibilität* drückt überhaupt den einfachen Begriff der organischen Reflexion-in-sich oder die allgemeine Flüssigkeit desselben aus, die *Irritabilität* aber die organische Elastizität, sich in der Reflexion zugleich *reagierend* zu verhalten, und die dem ersten ruhigen *Insichsein* entgegengesetzte Verwirklichung, worin jenes abstrakte Fürsichsein ein Sein *für Anderes* ist.[17]

In der Reproduktion stellt das irritierte Lebewesen seine Reflexion-in-sich neu wieder her – es findet zu einem neuen Gleichgewicht.[18] LUHMANN hat den Begriff der Irritation noch nicht in der *Theorie sozialer Systeme*, um so mehr aber in seinem Abschlusswerk *Die Gesellschaft der Gesellschaft* terminologisch verwendet. Er steht dort zunächst für „negative bzw. nicht typisierbare Reize", auf die ein System unter seinen Bedingungen reagiert – oder nicht.[19] Dabei „kann es sich um positive und um negative, um freudige und um leidige Überraschungen handeln". Die Irritierbarkeit steigt mit der evolutionären Differenzierung von Systemen. Sie setzt „keinen Gleichgewichtszustand voraus, in den das System nach einer Störung zurückkehrt", sondern veranlasst es, einen neuen Gleichgewichtszustand unter den neuen Bedingungen zu finden. Bei „Irritationsflut" kann das System „in Formen einer Hektik des Stillstandes" verfallen, „einer Änderungsplanung, die unkontrollierte Evolutionen auslöst". Bei Irritationen hat das System Schwierigkeiten, sich von seiner Umwelt zu unterscheiden (kommt das Geräusch im Ohr von außen oder aus dem Ohr?). Im „Prozeßbegriff der Irritation", vermutet LUHMANN darum, könnte sich eine Paradoxie verbergen, „nämlich die Paradoxie der Einheit von System und Umwelt" und damit eine „Grundparadoxie" seiner Systemtheorie.[20]

---

17 Hegel, Phänomenologie des Geistes, ThWA, 3.204.
18 In der *Phänomenologie des Geistes* bezieht Hegel die Reproduktion unmittelbar auf die Erhaltung der Gattung: „Die *Reproduktion* aber ist die Aktion dieses *ganzen* in sich reflektierten Organismus, seine Tätigkeit als Zwecks an sich oder als *Gattung*, worin also das Individuum sich von sich selbst abstößt, entweder seine organischen Teile oder das ganze Individuum erzeugend wiederholt." (ThWA, 3.204), in der (späteren) *Wissenschaft der Logik*, Abschnitt Das lebendige Individuum, dagegen zunächst auf die Selbsterhaltung des Individuums: „Die Reproduktion ist erst das Ganze, die unmittelbare Einheit mit sich, in der es zugleich zum Verhältnisse gekommen ist." (ThWA, 6.479). Vgl. den Zusatz zur Enzyklopädie, § 353.
19 Luhmann, Die Gesellschaft der Gesellschaft, a.O., 118.
20 Ebd., 791, 504, 789, 791, 794 f. Vgl. auch Luhmann, Die Behandlung von Irritationen: Abweichung oder Neuheit?, in: N.L., Gesellschaftsstruktur und Semantik. Studien zur Wissenssoziologie der modernen Gesellschaft, Bd. 4, Frankfurt am Main 1995, 55–100. Danach kann mit Irritationen nur „auf Grund von Anhaltspunkten, die gerade zur Hand sind", umgegangen werden (62).

4.2. Irritation durch Überraschungen

KANT hat die Begriffe der Situation und Irritation nur selten, wo aber doch, prägnant gebraucht. Irritation gehörte auch für ihn zu den Grundbedingungen des Lebens. Er hielt sich dabei an den Begriff der (individuell unterschiedlich zu Gebote stehenden) Kraft. Eine Irritation rege die „Kraft" an, die dann zu ihrer Bewältigung aufgewendet werden kann und daraufhin wiederhergestellt werden muss. Im späten Nachlass notierte KANT:

> Im Leben des Menschen ist irritation (Reitzung), incitation (Krafterregung), consumtion (Kraftaufwand) und restauration (Kraftherstellung).[21]

Als im Zug der Arbeit an seiner *Kritik der reinen Vernunft* ein Ruf an die Universität Halle an ihn ergangen war und der Minister von ZEDLITZ, dem er die *Kritik der reinen Vernunft* dann widmen sollte, ihn wiederholt und nachdrücklich aufgefordert hatte, ihm zu folgen, schrieb KANT an seinen Schüler, Freund und ärztlichen Berater Marcus HERZ in Berlin:

> Auserlesener und unschätzbarer Freund
>
> Briefe von der Art, als ich sie von Ihnen bekomme, versetzen mich in eine Empfindung, die, nach meinem Geschmak, das Leben inniglich versüßt und gewissermaßen ein Vorschmak eines andern zu seyn scheint; wenn ich in Ihrer redlichen und dankbaren Seele den tröstenden Beweis, der nicht ganz fehlschlagenden Hofnung zu lesen vermeyne, daß mein akademisches Leben in Ansehung des Hauptzweks den ich iederzeit vor Augen habe nicht fruchtlos verstreichen werde, nämlich gute und auf Grundsätze errichtete Gesinnungen zu verbreiten, in gutgeschaffenen Seelen zu bevestigen und dadurch der Ausbildung der Talente die einzige zweckmäßige Richtung zu geben.
>
> In diesem Betracht vermischt sich meine angenehme Empfindung doch mit etwas Schwermüthigem, wenn ich mir einen Schauplatz eröfnet sehe, wo diese Absicht in weit größerem Umfange zu befördern ist und mich gleichwohl durch den kleinen Antheil von Lebenskraft, der mir zugemessen worden, davon ausgeschlossen finde. Gewinn und Aufsehen auf einer großen Bühne haben, wie Sie wissen, wenig Antrieb vor mich. Eine friedliche und gerade meiner Bedürfnis angemessene Situation, abwechselnd mit Arbeit, Spekulation und Umgang besetzt, wo mein sehr leicht afficirtes, aber sonst sorgenfreyes Gemüth und mein noch mehr läunischer, doch niemals kranker Körper, ohne Anstrengung in Beschäftigung erhalten werden, ist alles was ich gewünscht und erhalten habe. Alle Veränderung macht mich bange, ob sie gleich den größten Anschein zur Verbesserung meines Zustandes giebt und ich glaube auf diesen Instinkt meiner Natur Acht haben zu müssen, wenn ich anders den Faden, den mir die Parzen sehr dünne und zart spinnen, noch etwas in die Länge ziehen will. Den größten Dank also meinen Gönnern

---

21 Kant, Reflexionen aus dem Nachlaß 1792–1804, AA XV, 959.

und Freunden, die so gütig gegen mich gesinnet sind, sich meiner Wohlfarth anzunehmen, aber zugleich eine ergebenste Bitte, diese Gesinnung dahin zu verwenden, mir in meiner gegenwärtigen Lage alle Beunruhigung (wovon ich zwar noch immer frey gewesen bin) abzuwehren und dagegen in Schutz zu nehmen.[22]

KANT mit seiner labilen Gesundheit wollte sich die „Situation" erhalten, in der er seine *Kritik* zu Ende bringen konnte, und sich möglichst wenig Überraschungen und Störungen aussetzen. Er hatte zu einer Einrichtung seines Lebens gefunden, die ihn sein Gleichgewicht wahren, ihn „ohne Anstrengung in Beschäftigung erhalten" und seine Aufgaben befriedigend erfüllen ließ – das *Bedürfnis jeder Lebensorientierung*. Es machte ihn wohl „schwermüthig", sich größeren Aufgaben nicht stellen zu können, die ihm von höchster Stelle zugetraut und zugemutet wurden, nicht aus frustriertem Ehrgeiz, sondern aus moralischen Gründen, weil er so den „Hauptzwek" seines Lebens, „gute und auf Grundsätze errichtete Gesinnungen zu verbreiten", nicht, wie es geboten wäre, „in weit größerem Umfange befördern" konnte. Doch die Bedingung, sie zu erfüllen, war für ihn die ihm zur Verfügung stehende „Lebenskraft", die ihm nur zu einem „kleinen Antheil" zu Gebote stand und darum, in seiner Selbsteinschätzung, nur wenig Raum zu den unausweichlichen Irritationen einer neuen Lebenssituation ließ. Er gestand frei ein, dass er davon kein sicheres Wissen hatte. Es machte ihn lediglich „bange", sich unabsehbaren Veränderungen auszusetzen, und er vertraute hier auf „diesen Instinkt [s]einer Natur", „alle Beunruhigung abzuwehren". KANT konnte so leben und musste vielleicht so leben. Aber Beunruhigung lässt sich nicht völlig abwehren. Das Leben und seine Orientierung lebt auch von der Beunruhigung.

4.3. Grundstimmung der Orientierung: Beunruhigung durch Zeitdruck

Mehr oder weniger starke Irritationen mehr oder weniger neuer Situationen halten die Orientierung in ständiger Beunruhigung. *Beunruhigung ist die Grundstimmung der Orientierung.* Sie ist kein Wissen, weil es hier noch nichts zu wissen gibt, und auch kein Gefühl, weil es hier nichts zu fühlen gibt. In der Sprache der Orientierung ist statt dessen von Modi des ‚Stimmens' die Rede. Die ‚Stimme' ist etwas Individuelles; sie charakte-

---

22 Kant, Briefwechsel, AA X, 230 f.

4.3. Grundstimmung der Orientierung: Beunruhigung durch Zeitdruck 163

risiert ein Individuum ebenso wie sein Gesicht; man kann es sogleich an ihr erkennen, und doch ist sie kaum zu beschreiben (11.2.(2)). Das Verbum ‚stimmen' bezieht sich auf Beziehungen zwischen Individuen und Individuellem. Zwischen Individuen kann ‚es stimmen' oder nicht, und in einer Situation kann etwas ‚zusammenstimmen' oder nicht, in beiden Fällen ohne dass man sagen könnte, warum. ‚Auf' eine heikle Situation muss man sich ‚einstimmen', um sie zu erschließen, und ‚mit' andern muss man ‚sich abstimmen', bevor man mit ihnen etwas beschließen kann. Man sucht herauszufinden, was ‚stimmt', und es dann zu ‚bestimmen'. Man ‚stimmt' jemand ‚zu', wenn jemand den eigenen Meinungen entgegenkommt, und kann dann mit ihm zur ‚Übereinstimmung' kommen. Und erst, wenn es zu Übereinstimmungen in Aussagen kommt, kann man nach Kriterien solcher Übereinstimmungen fragen und dann auch nach der Wahrheit als ‚Überstimmung von Aussagen und Sachverhalten'. Dem gehen ‚Stimmungen' voraus, die die Orientierung ganz unterschiedlich ‚stimmen' können – bedenklich oder unbeschwert, erwartungsvoll oder misstrauisch, ernst oder scherzhaft, erregt oder gelangweilt usw. –, so dass sie die Situation ganz unterschiedlich wahrnehmen wird. Und Situationen können ihrerseits mit ihren Gegebenheiten schon eine bestimmte ‚Stimmung verbreiten'. Auch die Wissenschaft, die ohne Stimmung zu sein scheint, setzt eine bestimmte Stimmung, die der Nüchternheit, Kühle und Strenge, voraus, die erst eigens ‚geschaffen' werden muss und nur mit einigem Aufwand – beruhigte Zonen, kahle Arbeitszimmer und Hörsäle, kühle Labore, disziplinierte Sprache, zurückgenommenes Outfit usw. – geschaffen werden kann (14.1.). *In ihren Stimmungen geht die Orientierung am weitesten in ihrer Situation auf; hat sie sich auf die Situation eingestimmt, wird sie mit einem Wort ‚stimmig'.*

Weil Stimmungen und mit ihnen die Stimmigkeit der Orientierung ‚sich' in der individuellen Situation ‚von selbst einstellen' müssen und das geschehen kann oder nicht und weil sie leicht ‚verfliegen' und ‚kippen' können, sind sie nicht voraussehbar, planbar und berechenbar, und so bleibt stets die Beunruhigung, ob man ‚es' mit seiner Orientierung auch ‚trifft' und daher die ‚richtigen' Unterscheidungen ‚trifft'. ‚Falsche Unterscheidungen', etwa scherzhafte, wo ernste angebracht gewesen wären, oder umgekehrt, können eine ‚Situation verderben', und damit steigen die Schwierigkeiten, sie zu bewältigen. Beunruhigung ist deshalb die Grundstimmung der Stimmungen der Orientierung. Hält die Beunruhigung an, ob man es mit seiner Orientierung trifft, kann sie zur *Angst* werden. Es ‚wird' dann wörtlich ‚eng', es scheinen keine Handlungsspielräume zu bleiben. Hält die Angst an, kann sie sich zur *Verzweiflung* steigern, in der die Zweifel an den eigenen Handlungsmöglichkeiten alles Handeln lähmen. Und hält die Verzweiflung lange an, kann sie in *Depression* münden, dem ‚Niederdrücken' aller Aussichten, ‚mit seinem Leben klarzukommen'. Angst ist die Grundstimmung, dass die Orientierung in einer Situation nicht gelingen wird, Verzweiflung, dass sie auch in wiederholten Situationen nicht gelingt, Depression die andauernde Verzweiflung, dass sie in keiner relevanten Situationen mehr gelungen ist und gelingen wird. Bei gelingender Orientierung, bei hinreichender Erschließung von Handlungsmöglichkeiten, die sich erfolgreich verwirklichen lassen, tritt dagegen Beruhigung ein. *Beruhigung ist das Kennzeichen der gelingenden Orientierung und auch schon ihr Maßstab.* Jede Orientierung, die gelingt, wird ruhig, und sie wird ruhig, weil sie gelingt. In der Beruhigung lässt die Nötigung zur Orientierung nach.

Die Stimmung als Grundbestimmung der Orientierung wurde von KIERKEGAARD in die Philosophie eingeführt.[23] KIERKEGAARD hat von der Stimmung von Begriffen gesprochen als dem, was an ihnen nicht zu begreifen ist und woraus sie ihrerseits zu begreifen sind. Die Stimmung, in der Begriffe gebraucht werden, gibt ihnen erst ihre Bedeutsamkeit und damit auch ihren Sinn. KIERKEGAARD stieß auf die Bedeutsamkeit der Stimmung bei der Erörterung des Begriffs der Sünde in *Der Begriff Angst*.[24] Die ständige Möglichkeit der Sünde erzeuge Angst vor ihr, und die Angst bringe sie so nahe, dass sie zu ihr verleiten könne – die Angst vor der Sünde bringt in die Stimmung der Sünde. Werde die Sünde aber (wie von HEGEL) ‚auf den Begriff gebracht', sei sie schon missverstanden, denn damit sei man mit ihr schon fertiggeworden. Die von der Angst erregte Sünde verlange statt dessen, um sie aufzuhalten, wiederum eine Stimmung, nämlich die Stimmung des Ernstes, die die Stimmung des verantwortlichen Handelns ist (15.2.). NIETZSCHE hat dann Beunruhigung und Beruhigung als Pole des Orientierungsbedürfnisses überhaupt gefasst. Im Aph. Nr. 355 der *Fröhlichen Wissenschaft* fragte er: „ist unser Bedürfniss nach Erkennen nicht eben dies Bedürfniss nach Bekanntem, der Wille, unter allem Fremden, Ungewöhnlichen, Fragwürdigen Etwas aufzudecken, das uns nicht mehr beunruhigt? Sollte es nicht der *Instinkt der Furcht* sein, der uns erkennen heisst? Sollte das Frohlocken des Erkennenden nicht eben das Frohlocken des wieder erlangten Sicherheitsgefühls

---

23 Vgl. F. J. Wetz, Art. Stimmung, in: Historisches Wörterbuch der Philosophie, Bd. 10, Basel/Darmstadt 1998, 173–176. Zu den Schwierigkeiten der Bestimmung des Stimmungs-Begriffs vgl. Brian Parkinson, Peter Totterdell, Rob. B. Briner, Shirley Reynolds, Stimmungen. Struktur, Dynamik und Beeinflussungsmöglichkeiten eines psychologischen Phänomens, aus dem Engl. übers. v. Maren Klostermann, Stuttgart 2004.
24 Sören Kierkegaard, Der Begriff Angst, in: Gesammelte Werke in 36 Abteilungen, hg. v. Emanuel Hirsch, Hayo Gerdes u. a., Düsseldorf/Köln 1950–1969 / Gütersloh 1979–1986, 11./12. Abt., 11 f.

sein?..."²⁵ Das „Frohlocken des wieder erlangten Sicherheitsgefühls" hat LUHMANN dann „Unsicherheitsabsorption" (3.2.14.) genannt.

In immer neuen Situationen, die immer neu zu bewältigen sind und in der Regel erfolgreich bewältigt werden, wechseln Beunruhigung und Beruhigung der Orientierung einander laufend ab, sie oszillieren. In der *Oszillation der Orientierung zwischen Beunruhigung und Beruhigung* ist Beunruhigung jedoch nicht einfach der negative, Beruhigung der positive Wert. Beunruhigung tritt nicht nur ein, wenn etwas Überraschendes geschieht, sondern auch, wenn nichts Überraschendes geschieht und die Orientierung damit funktionslos ist. Orientierung ist darauf eingestellt und erfährt sich darin, dass laufend etwas (mehr oder weniger) Irritierendes, Überraschendes geschieht, kurz: ‚etwas los ist', mit dem sie laufend zu tun hat, und so wirkt es seinerseits beunruhigend, wenn ‚nichts los ist'. ‚Los' in Wendungen ‚loskommen', ‚losgehen' hängt mit ‚lösen', ‚abbrechen', ‚abreißen' zusammen: wenn nichts los ist, nichts Neues anfängt, bei dem man erst sehen muss, was man ‚damit anfangen' kann, hat die Orientierung auch nichts zusammenzubringen und läuft leer. Ebenso wie Furcht vor Veränderungen hat man darum auch Lust an Veränderungen. Lust an Veränderung hat man natürlich vor allem, wenn eine Situation in irgendeiner Weise lästig wird und schwer zu ertragen ist, aber auch, wenn in einer angenehmen Situation lange genug Ruhe eingekehrt ist und sich ‚Langeweile' einstellt. Man sucht dann nach ‚Unterhaltung', und Unterhaltung ist zunächst und zumeist *Aufrechterhaltung der Orientierung* (7.1.). Die Lust an Veränderung ist eine Lust an der ‚Lebendigkeit' der Orientierung. Man sucht sie (mehr oder weniger) in ‚Abenteuern' – ‚Abenteuer' kommt von mhd. ‚aventiure', ‚Ereignis', das auf jemand ‚zukommt' (von lat. ‚advenire', wörtl. ‚herankommen') und ‚Wagnis', das jemand ‚eingeht', und das können dann sportliche, touristische, politische, ökonomische oder auch wissenschaftliche, künstlerische oder religiöse sein, die dann (mehr oder weniger) produktiv und kreativ ausfallen können (13., 14.), vor allem aber die Wagnisse des alltäglichen, selbst brav bürgerlichen Lebens wie Kochen, Autofahren, Heiraten, Haus-Bauen, Kinder-Bekommen ... Auch in mit Bedacht ruhig gehaltenen Orientierungen geht es nicht nur um Ruhe, sondern um Beunruhigung und Beruhigung oder um die Beruhigung von Beunruhigungen und die Beunruhigung von Beruhigungen: man kann nicht nur

---

25 Nietzsche, KSA 3.594. – S. auch Jaspers, Psychologie der Weltanschauungen, a.O., 309 f.

über eingetretene Ruhe beunruhigt, sondern auch über anhaltende Unruhe beruhigt sein.

Wird die Orientierung darin als lebendig erfahren, dass sie zwischen Beunruhigung und Beruhigung über irritierende, überraschende, unterhaltende Ereignisse oszilliert, so hängt, was im einzelnen als beunruhigend und was als beruhigend erfahren wird, davon ab, worin die Ursache der Ereignisse vermutet wird. Wird die Ursache der Situation zugeschrieben, die noch nicht hinreichend zu überschauen und damit auch nicht zu berechnen ist, wirken die Ereignisse als *Gefahr*, der man ‚ausgesetzt' ist und die ‚gewittert' wird, kann die Orientierung die Ereignisse einigermaßen einschätzen und ‚etwas mit ihnen anfangen', nimmt sie sie als *Risiko* wahr, das sie ‚eingeht'.[26] Risiken geht die Orientierung in neuen Situationen immer ein, man orientiert sich immer unter *Ungewissheit* (1.3.) – ansonsten müsste man sich nicht orientieren, und dann geschähe auch nichts Neues. Dass immer Neues geschieht, setzt die *Zeit* voraus in dem Sinn, dass immer etwas anders werden kann und damit alles immer (mehr oder weniger) ungewiss ist (1.2.). Zeit wird in Orientierungssituationen als *Zeitnot* und *Zeitdruck* erfahren: Zeitnot, sofern die Orientierung Zeit nötig hat, um die Situation zu erschließen und Möglichkeiten zu finden, mit ihren (mehr oder weniger) überraschenden Gegebenheiten fertigzuwerden, Zeitdruck, sofern dabei die Zeit ‚drängt', in dieser Situation das zu tun, was jetzt erfolgreich zu tun ist. Der Zeitdruck der Orientierung ist so ‚normal', dass eine gelegentliche Befreiung von ihm auffällt und (meist) als angenehm erfahren wird, als ‚Freizeit' (von Zeitdruck freie Zeit) und (wenn der Kalauer erlaubt ist) ‚Muße zur Muse'. Für die Wissenschaft und insbesondere die Philosophie, soweit von ihnen Grundlagen- und nicht ökonomisch anwendbare Forschung erwartet wird, sind bisher Vorkehrungen getroffen worden, den Zeitdruck zu mindern; sie darf (oder durfte) sich für ihre Forschungen ‚Zeit lassen'. In diesem Privileg könnte ein Grund liegen, warum die Philosophie bisher so wenig Sinn für die Nöte der Orientierung bewiesen hat.

Neue Gegebenheiten von Belang setzen jedoch nicht nur unter Druck, auf sie zu reagieren bei ‚Strafe, dass man zu spät kommt'. Sie lassen sich auch als *Gelegenheiten* nutzen. Gelegenheiten sind günstige Gegebenheiten, aber Gegebenheiten auf Zeit; sie müssen in der Situation im Doppelsinn ‚wahrgenommen', also zugleich ‚erkannt' und ‚genutzt' werden. Dafür, was eine Gelegenheit ist, gibt es wiederum kein überge-

---

26 Vgl. Niklas Luhmann, Soziologie des Risikos, Berlin/New York 1991, 30 ff.

ordnetes Kriterium: sie zeigt sich jetzt in dieser Situation und ist auch nur in dieser Situation eine Gelegenheit; nur geringfügig veränderte Umstände können die Situation schon wieder ‚schlecht aussehen' lassen.[27] Es kann darum auch trotz des Zeitdrucks angezeigt sein, ‚Gelegenheiten abzuwarten'. Sie kommen ‚mit der Zeit', man muss sie ‚zur rechten Zeit' ergreifen und ihnen ‚gerecht' werden. Sofern Orientierung es mit Gelegenheiten zu tun hat, steht sie nicht nur unter Zeitdruck, sondern ist zugleich eine Sache des καιρός, der günstigen Zeit, in der sich Gelegenheiten ‚auftun'. Ihre erfolgreiche Nutzung schafft das gesuchte Gleichgewicht in der jeweilgen Situation, ihre dauerhafte erfolgreiche Nutzung ein dauerhaftes Gleichgewicht in Gestalt von Selbstvertrauen und in ethischer Hinsicht die Haltung der ‚Ausgeglichenheit'. Ausgeglichene Menschen zeichnet aus, dass sie auch in schwierigen Situationen ‚ruhiger' bleiben als andere, dass sie die Oszillation von Beunruhigung und Beruhigung zu dämpfen vermögen. Wer sich in seinen Lebensverhältnissen sicher orientieren gelernt hat, wird mit der Zeit im ganzen ‚ruhiger', und wer gelernt hat, auch mit dem Wechsel von Beunruhigung und Beruhigung ruhig umzugehen, wird ‚gelassen'. Dafür genügt heute ein Wort: ‚cool'.

4.4. Grundhaltung der Orientierung: Aufmerksamkeit und Mut

Die Antwort der Orientierung auf Beunruhigungen (angenehme und unangenehme) ist die Erhöhung der Aufmerksamkeit. Aufmerksamkeit wird als Spannungszustand erlebt, der ‚steigen' und ‚sinken' oder ‚nachlassen' und ‚erlahmen' kann. Er ‚erlahmt' in der Orientierung nie ganz; mit seinem gänzlichen Erlahmen würde die Orientierung erlöschen. Aufmerksamkeit ist lebensnotwendig, um Gefahren zu begegnen.[28] Sie kann unwillkürlich von etwas ‚in Anspruch genommen' werden und sich willkürlich ‚auf

---

27 Whitehead hat ‚events' darum ‚actual occasions' genannt, ‚Gelegenheiten, die sich aktuell aktualisieren'. Vgl. Verf., Experimentelle Kosmologie. Whiteheads Versuch, Sein als Zeit zu denken, in: P. Baumanns (Hg.), Realität und Begriff. Festschrift für Jakob Barion zum 95. Geburtstag, Würzburg 1993, 319–343.
28 Auch die Aufmerksamkeit unterlag der Evolution und hat sich in ihr spezifiziert. Vgl. Klaus Atzwanger, Verhaltensbiologische Aspekte der Aufmerksamkeit, in: Aleida und Jan Assmann (Hg.), Aufmerksamkeiten. Archäologie der literarischen Kommunikation VII, München 2001, 57–67.

etwas richten'.²⁹ Da zunächst offen ist, woher die Gefahren kommen, muss die Aufmerksamkeit zunächst ungerichtet sein; sie tastet unablässig die Situation auf mögliche Gefahren hin ab. Dabei kann sie dann auch anderes von Belang entdecken, angefangen mit Nahrung und Geschlechtspartnern und, nach zahllosen Evolutionen, endend mit Gegenständen ‚theoretischer Neugier'. Sie sinkt, wenn sie nicht durch etwas von Belang in der Situation angeregt wird, und muss dann durch eigene Anstrengungen aufrechterhalten werden. Sie aufrechtzuerhalten fällt in einer ereignisreichen Umgebung leichter als in einer ereignislosen; eine ereignisreiche Umgebung kann sie aber auch ‚ablenken'. Es kann dann zu ‚Sprüngen' der Aufmerksamkeit kommen oder auch zu ihrer ‚Teilung'.³⁰ Teilung kann die Aufmerksamkeit ‚schwächen', sie vom einen zugunsten des andern abziehen, aber auch ‚stärken', sie im ganzen ‚anspannen'. Die Anspannung ist jedoch nur in Grenzen effektiv; die Aufmerksamkeit hat, je nach Individuum und Situation, ein begrenztes ‚Fassungsvermögen' (Kapazität) und kann darum ‚überfordert' sein. In Situationen, deren Komplexität ihre Kapazität übersteigt, sucht sie, um sich zu entlasten, Regelmäßigkeiten zu finden. Sie ‚hält sich' jedoch nur auf kurze Zeit, in der Regel wenige Sekunden bei denselben Gegebenheiten ‚auf', ‚schweift' dann unwillkürlich ‚ab' und muss, wenn ein Gegenstand ‚festgehalten' werden soll, regelmäßig neu ‚zurückgerufen' werden. Damit setzt das willkürliche ‚Aufrechterhalten' der Aufmerksamkeit ein. William JAMES,

---

29 Vgl. Martin Eimer / Dieter Nattkemper / Erich Schröger / Wolfgang Prinz, Unwillkürliche Aufmerksamkeit, in: Neumann / Sanders (Hg.), Aufmerksamkeit, a.O., 219–266. Beide, die willkürliche (oder kontrollierte oder exogene) und die unwillkürliche (oder automatische oder endogene) werden dabei ‚angezogen', die erstere von spezifischen Ereignissen, „die sich auf latente Wünsche, Bedürfnisse oder Interessen der beobachtenden Person richten und zu diesen latenten Dispositionen passen wie ein Schlüssel zu seinem Schloß" (ebd., 221), letztere von Überraschungen (oder Abweichungen vom Erwarteten), die sich in „Pegelsprünge", schlagartige Änderungen der Reizintensität, und „Regelbrüche", Durchbrechungen von Ereignissequenzen (ein Wasserhahn beginnt zu tropfen oder ein ständig tropfender Wasserhahn hört auf zu tropfen), einteilen lassen (ebd., 223). Die Übergänge sind fließend; in beiden Fällen reagiert die „Orientierungsreaktion" auf Neuheit (ebd., 226), und es ist weniger die Plötzlichkeit, die sie auslöst, als der Pegel der Summe aller Veränderungen der Situation – ändert sich vieles zugleich, beunruhigt das besonders. Darüberhinaus ist mit „‚verdeckten Orientierungen der Aufmerksamkeit' (‚covert orienting')" zu rechnen, die sich nicht an beobachtbaren Anlässen festmachen lassen (ebd., 230).
30 Vgl. Andries F. Sanders / Mieke Donk, Visuelles Suchen, und Herbert Heuer, Doppeltätigkeiten, in: Neumann / Sanders (Hg.), Aufmerksamkeit, a.O., 61–113 u. 163–218.

4.4. Grundhaltung der Orientierung: Aufmerksamkeit und Mut

der sich mit den zahlreichen Forschungen seiner Zeit zur Aufmerksamkeit intensiv auseinandersetzte, beschrieb es so:

> Was man aufrecht erhaltene willkürliche Aufmerksamkeit nennt, ist eine Wiederholung aufeinanderfolgender Anstrengungen, welche den betreffenden Gegenstand immer wieder vor das Bewußtsein zurückrufen. [Das bedeutet,] daß dasjenige, was während dieser Zeit vorhanden ist, nicht *etwas* im psychologischen Sinn *Identisches* darstellt, sondern sich aus sukzessiv auftretenden, miteinander in Beziehung stehenden Inhalten zusammensetzt, die nur ein identisches *Thema* bilden, auf welches die Aufmerksamkeit gerichtet ist.[31]

Demnach ist das ‚Schweifen' der Aufmerksamkeit, mit dem sie die Situation auf Relevantes hin abtastet, nicht ihr Mangel, sondern ihr ursprünglicher Modus, und das willkürliche Festhalten der Aufmerksamkeit ist nur begrenzt effektiv: Wird etwas starr fixiert, verliert es seine Kontur, wird ein Wort mehrmals wiederholt (‚eine Rose ist eine Rose ist eine Rose ist eine Rose …'), verliert es seinen Sinn. So muss sich auch die Aufmerksamkeit, um für die Orientierung effektiv zu sein, in einem Spielraum halten, und sofern dieses ‚Sich-Halten' der Anstrengung bedarf, ist sie eine ‚Haltung' (7.1.): *Die Orientierung antwortet auf die Grundstimmung der Beunruhigung mit der Grundhaltung der Aufmerksamkeit.* Mit ihr beginnt sich die Orientierung zu konturieren, und damit wird die Orientierung überhaupt erst Orientierung.

Eben darum ist die Aufmerksamkeit, wie die Beunruhigung, schwer zu fassen. Denn sucht man sie zu fassen, wendet man ihr ihrerseits Aufmerksamkeit zu, und was man so zu fassen bekommt, ist eine schon selbstbezügliche Aufmerksamkeit oder „Selbstaufmerksamkeit",[32] die leicht mit Bewusstsein oder Selbstbewusstsein zu verwechseln ist. Die Übergänge dorthin sind fließend (10.3.). In der Orientierung ist die Aufmerksamkeit die ‚Einstellung' auf Gegebenheiten von Belang. Ihre Funktion ist dann zunächst, ‚darauf zu achten',[33] *ob* sich etwas von Belang verändert, um dann zu ‚beobachten', *was* sich verändert, *wofür* es

---

31 William James, Psychologie, übers. v. Marie Dürr, Leipzig 1909, 223.
32 Vgl. Georg Franck, Ökonomie der Aufmerksamkeit. Ein Entwurf, München 1998, 18 u. 26. Franck spannt mit seiner disziplinenübergreifenden Diskussion der Probleme, Aufmerksamkeit zu fassen und zu würdigen, den Bogen von der Aufmerksamkeit als dem „Geschäft der Wissenschaft" über die Aufmerksamkeit als „neuer Währung" in der „Ökonomie der Selbstwertschätzung" („mentaler Kapitalismus", 213) bis zur „moralischen Eleganz" der vornehmen Zurückhaltung im sozialen Kampf um Aufmerksamkeit.
33 Zur Sprache des Achtens in der Orientierung über Orientierung vgl. 12.1.

von Belang ist und was man ‚damit anfangen' könnte. Im Lat. sind die Funktionen unterschieden als ‚attendere' und ‚observare', und der Unterschied hat sich bis heute im französischen und englischen ‚attention' und ‚observation' erhalten. Wie in der Situation nicht schon ‚etwas' im Sinn von etwas Isoliertem, Identifiziertem und Definiertem gegeben ist, so ist Aufmerksamkeit in der Situation auch nicht schon Aufmerksamkeit ‚auf' etwas schon Bestimmtes oder, mit dem durch BRENTANO und HUSSERL prominent gewordenen, aber ins Mittelalter zurückgehenden Begriff, ‚Intention'.[34] Intention ist die schon ausgerichtete, orientierte Aufmerksamkeit; zu dieser Ausrichtung muss es in der Orientierung aber erst kommen, und das setzt eine unausgerichtete, unorientierte Aufmerksamkeit voraus. In Neurophysiologie und Psychologie werden sie als nicht-selektive und selektive, in der philosophischen Phänomenologie weniger glücklich als passive und aktive Aufmerksamkeit unterschieden.[35] Die nicht-selektive, auf Irritationen und Überraschungen jeder Art eingestellte Aufmerksamkeit ist die Voraussetzung der selektiven; sie ‚überwacht' die Situation, um Gegebenheiten zu entdecken, die Anlass zu gezielter Ausrichtung der Aufmerksamkeit werden können. Sie bewegt

---

34 Vgl. die Artikel ‚Intentio' und ‚Intentionalität' von P. Engelhardt bzw. U. Claesges in: Historisches Wörterbuch der Philosophie, Bd. 4, Basel/Darmstadt 1976, Sp. 466–474 bzw. 475. – Husserl, so Hans Blumenberg, Auffallen und Aufmerken, in: H.B., Zu den Sachen und zurück, a.O., 182–206, hier 192, „hat die zentrale Stellung des Themas [Aufmerksamkeit] für seine Phänomenologie als Theorie des Bewußtseins nicht verkannt", und dennoch ist er zugunsten des Studiums der Intentionalität „an einer Phänomenologie der Aufmerksamkeit [...] mit bemerkenswerter Hartnäckigkeit vorbeigegangen." Besonders im Blick auf die Zeitkonstitution der Inhalte des Bewußtseins sei diese „Vernachlässigung in der Phänomenologie unverzeihlich" (198). Blumenberg selbst leitet die Funktion der Aufmerksamkeit aus der „Enge" des Bewusstseins als „Notbehelf des einzelnen und einzigen Bewußtseins zur Bewältigung der Fülle des gleichzeitig im Raum Gegebenen" ab (198–200) und macht sie damit schon zu einer Funktion des Bewusstseins, vermerkt aber zugleich die Ablenkbarkeit der Aufmerksamkeit, die den Intentionen des Bewusstseins gerade zuwiderlaufe (199).
35 Zum aktuellen Stand der psychologischen Forschung vgl. Odmar Neumann und Andries F. Sanders (Hg.), Aufmerksamkeit, a.O. Nach Odmar Neumann, Theorien der Aufmerksamkeit, in: ebd., 559–643, hier 627, wird zwischen zwei Verarbeitungsstufen unterschieden, „einer ersten, nicht selektiven, datengesteuerten (‚automatischen') Stufe und einer zweiten, selektiven (‚kontrollierten') Stufe, auf der die konstruktiven Prozesse stattfinden." Nach Bernhard Waldenfels, Phänomenologie der Aufmerksamkeit, Frankfurt am Main 2004, 16, geht es in der präselektiven Aufmerksamkeit darum, „*daß* überhaupt etwas in der Erfahrung auftritt, daß gerade *dieses und solches* auftritt *und nicht vielmehr anderes* und daß es *in einem bestimmten Zusammenhang* auftritt."

sich zwischen den Extremen von Lethargie, Indifferenz oder Gleichgültigkeit auf der einen Seite und Interesse, Aufschrecken und Schock auf der andern Seite, die selektive dagegen zwischen Konzentration und Zerstreutheit. Für den Zustand gespannter (und paradoxer) Erwartung von Unerwartetem, den die präselektive Aufmerksamkeit ausmacht, hat die Alltagssprache den Begriff der ‚Wachsamkeit' (engl. ‚vigilance' oder ‚sustained attention'), der als ‚Vigilanz' auch zum Terminus der Forschung geworden ist.[36] Gehirnphysiologisch entspricht ihm, dass das Gehirn „nie ruhig [ist], sondern ständig hochkomplexe Erregungsmuster [generiert], auch wenn Außenreize fehlen."[37] Die Wachsamkeit beschränkt sich nicht auf das, was man ‚Bewusstsein' nennt. An ihr arbeitet der ganze Körper nicht nur mit den fünf Sinnen, sondern mit all seinen Organen und vor allem die zuweilen ‚sechster Sinn' genannte Haut mit. Sie agiert und reagiert weitgehend autonom, äußert sich in ‚Reflexen', darunter dem PAWLOWschen ‚Orientierungsreflex' (engl. orienting response) (2.4.).

Im Spektrum der historischen Konzeptionen der Aufmerksamkeit lassen sich ein Engeaspekt (ARISTOTELES), ein Tätigkeitsaspekt (AUGUSTINUS), ein Klarheitsaspekt (BURIDAN), ein Fixierungs- und ein effektorischer Aspekt (DESCARTES) und ein motivationaler Aspekt (LEIBNIZ) unterscheiden. Voluntaristisch wird die Aktivität, sensualistisch die Rezeptivität der Aufmerksamkeit akzentuiert. LEIBNIZ konzipierte in seiner Monadenlehre das Sein schlechthin als ‚perception', als Aufmerksam-Sein auf anderes, das unter besonderen Bedingungen zur perception von perceptions oder ‚apperception', zum Aufmerksam-Sein auf das Aufmerksam-Sein werden kann. Vom Bewusstsein wird Aufmerksamkeit als besondere Leistung erst im Anschluss an LOCKE abgehoben.[38]

---

36 Vgl. Harry S. Koelega, Vigilanz, in: Neumann / Sanders (Hg.), Aufmerksamkeit, a.O., 403–478.
37 Wolf Singer, Der Beobachter im Gehirn. Essays zur Hirnforschung, Frankfurt am Main 2002, 108.
38 Odmar Neumann, Art. Aufmerksamkeit in: Historisches Wörterbuch der Philosophie, Bd. 1, Basel/Darmstadt 1971, Sp. 635–645. – Zu Formen der Aufmerksamkeit und ihrer religiösen, philosophischen und literarischen Tradition vgl. Frank Kermode, Forms of Attention, Chicago/London 1985, Stefan Matuschek, Über das Staunen. Eine ideengeschichtliche Analyse, Tübingen 1991, und Jan Assmann, Die Aufmerksamkeit Gottes. Die religiöse Dimension der Aufmerksamkeit in Israel und Ägypten, in: Aleida und Jan Assmann (Hg.), Aufmerksamkeiten, a.O., 69–89. Assmann stellt die Aufmerksamkeit auf Auffälliges (am Himmel) im alten Mesopotamien der Aufmerksamkeit auf Regelmäßiges (vor allem des Sonnenumlaufs) im alten Ägypten gegenüber. In Israel wurde die Aufmerksamkeit auf die (geschriebene) Tora und ihre ‚Weisung' umorientiert. Aleida Assmann unterscheidet in ihrer Einleitung (ebd., 11–23)

Dass die Aufmerksamkeit erst ausgerichtet wird, hat HEGEL deutlich gemacht, der bei aller Kunst der Dialektik auch erstaunliche Phänomenologien vorgelegt hat.[39] Er thematisierte die Aufmerksamkeit unter dem „subjektiven Geist" und dessen „Psychologie" zunächst als „unmittelbares Finden", ohne das „nichts für ihn", den subjektiven Geist, ist. *Was* durch sie aber für ihn ist, ist „das *Andere seiner selbst*", das als etwas, was *nicht* von ihm selbst kommt, in *seine* Aufmerksamkeit fällt. So ist die Aufmerksamkeit „noch nicht *Erkenntnis* [...], aber doch *Kenntnis* von der Sache. Die Aufmerksamkeit macht daher den Anfang der Bildung aus." Erst wenn „das Aufmerken" auf etwas Bemerkenswertes gestoßen ist, wird es zu einem „Sicherfüllen mit einem Inhalte", zu einem Intendieren. Dann ist die Aufmerksamkeit „etwas von meiner *Willkür* Abhängendes", dann bin ich aufmerksam, „wenn ich es sein *will*":

> Hieraus folgt aber nicht, daß die Aufmerksamkeit etwas Leichtes sei. Sie erfordert vielmehr eine Anstrengung, da der Mensch, wenn er den einen Gegenstand erfassen will, von allem anderen, von allen den tausend in seinem Kopfe sich bewegenden Dingen, von seinen sonstigen Interessen, sogar von seiner eigenen Person abstrahieren und, mit Unterdrückung seiner die Sache nicht zu Worte kommen lassenden, sondern vorschnell darüber aburteilenden Eitelkeit, starr sich in die Sache vertiefen, dieselbe, ohne mit seinen Reflexionen darein zu fahren, in sich walten lassen oder sich auf sie fixieren muß. Die Aufmerksamkeit enthält also die *Negation* des *eigenen Sichgeltendmachens* und das *Sichhingeben* an die *Sache*.

HEGEL nannte diese Negation die „Abgetrenntheit" des Gefundenen *als* Gefundenen, dessen, was man zunächst vorfindet, um sich dann mit ihm zu befassen – oder nicht. Den Begriff der „selektiven Aufmerksamkeit" hat dann William JAMES geprägt, und er bestimmt auch sie zunächst als „Aufmerksamkeitsgewohnheiten":

> Das Bewußtsein wendet stets einem Teil seines Objekts mehr Interesse zu als einem anderen und betätigt sich beständig in anziehender und abstoßender oder in auswählender Weise. [...] Wir ignorieren tatsächlich die meisten vor uns befindlichen Dinge. [...] Der Geist trifft nach seinem eigenen Gesetz die

---

„strategische" und „transzendierende Aufmerksamkeit": strategische Aufmerksamkeit zur Bewältigung von Lebensproblemen, „wo immer es um Gefahr und Gewinn, um Macht und Erfolg geht, sei es in der Savanne der Jäger und Sammler, sei es im Dschungel der Medienkonkurrenz", transzendierende Aufmerksamkeit zur Sinndeutung und Erkenntnis der Wahrheit mit der ethischen Möglichkeit der „Öffnung gegenüber einem Fremden, Unbekannten, Anderen, die immer nur unter geschützten Bedingungen erfolgen kann", sieht für beide jedoch keine gemeinsame Wurzel: die Aufmerksamkeit sei „von Anfang an in diese beiden Richtungen gespalten", und darum sei auch von „Aufmerksamkeiten" im Plural zu sprechen. Statt dessen setzt sie eine „Umschaltkompetenz [...] vom Alltäglichen aufs Außeralltägliche und vom Sinnlichen aufs Geistige bzw. vom Abstrakten aufs Sinnliche, vom Gewöhnlichen aufs Ungewöhnliche und vom Zweckmäßigen aufs Bedeutungsvolle" an.

39 Hegel, Enzyklopädie, § 448, ThWA, 10.249–253.

Auswahl und entscheidet darüber, welche besondere Empfindung für realer und gültiger gehalten werden soll als die übrigen. Was dann, in einer durch die selektive Tätigkeit unseres Geistes derart individualisierten Welt, unsere ‚Erfahrung' genannt wird, ist fast gänzlich bestimmt durch unsere Aufmerksamkeitsgewohnheiten.[40]

Seit dem 19. Jahrhundert wurde die Aufmerksamkeit experimentell erforscht; die Reflexion philosophisch-begrifflicher Vorgaben, die darin weiterwirkten, trat dabei zurück. Im Mittelpunkt standen Aufmerksamkeitsumfänge (Wieviel kann bei begrenzter Prozesskapazität des Gehirns gleichzeitig ‚im Blick behalten' werden?), Aufmerksamkeitstypen (fixierend und fluktuierend) und Aufmerksamkeitsphasen (physiologisch bedingte periodisch Schwankungen der Intensität der Aufmerksamkeit).[41] Physiologisch messbar ist das Schwanken der Aufmerksamkeit an Herzrhythmus, elektrischem Hautwiderstand, Gehirnaktivität (Alpha-Blockade im EEG), Größe der Pupillen, Atmungsmustern, Muskelspannungen, Blutzirkulation, Veränderung der Verdauung u. a.[42] Die phänomenologische Erforschung hat sich erst spät und nun mit großer Subtilität der präselektiven Aufmerksamkeit zugewandt.[43]

(Mikro-)soziologisch hat GOFFMAN die Aufmerksamkeit zwischen den Polen der Arglosigkeit und der Alarmiertheit angesetzt. Ihre Funktion ist danach die „konstante Überwachung" der Situation, ob „alles in Ordnung ist": „sollte wirklich etwas ‚los' sein, kann die bis dahin durchgeführte Tätigkeit aufgegeben und die ganze Aufmerksamkeit mobilisiert werden, um mit der jeweiligen Angelegenheit fertig zu werden." GOFFMAN erklärt sie „ganz darwinistisch: Wenn die Individuen nicht auf geringfügige Anzeichen für Gefahren oder Gelegenheiten rasch reagieren würden, wären sie nicht reaktionsfähig genug; wenn sie diese Reaktionsbereitschaft übertreiben würden, würden sie vor lauter Aufregung keine Zeit mehr für all die anderen für das Überleben wichtigen Dinge haben."[44] Die Orientierungssituation ist dann „der umgebende Bereich, in dem Alarmzeichen auftreten können"; er beginnt beim eigenen Körper und kann sich bis zum Einzugsgebiet von Unwettern und Naturkatastrophen und zur Reichweite von Atomraketen erstrecken; Alarmzeichen können aber auch Nachrichten sein

---

40 James, Psychologie, a.O., 169, 171. In seinem Kapitel zur Aufmerksamkeit (216–237) behandelt James auch die „unwillkürliche", „reflexartige und passive" Aufmerksamkeit.
41 Vgl. Maurits W. van der Molen, Energetik und Reaktionsprozeß: Zwei Leitlinien der Experimentalpsychologie, in: Neumann / Sanders (Hg.), Aufmerksamkeit, a.O., 333–401, und Albertus A. Wijers u. a., Die hirnelektrische Analyse der selektiven Aufmerksamkeit, in: ebd., 479–558.
42 Vgl. Eimer / Nattkemper / Schröger / Prinz, Unwillkürliche Aufmerksamkeit, a.O., 225.
43 Vgl. Waldenfels, Phänomenologie der Aufmerksamkeit, a.O., passim.
44 Erving Goffman, Relations in Public. Microstudies of Public Order, New York 1971, deutsch: Das Individuum im öffentlichen Austausch. Mikrostudien zur öffentlichen Ordnung, übers. v. R. u. R. Wiggershaus, Frankfurt am Main 1974, 318.

wie die vom Streik der Fluglosten, wenn man eine Flugreise antreten will. Auf Alarmzeichen wird unterschiedlich reagiert; die Temperamente reichen von Menschen, die wie Rotwild leicht „hochschrecken", bis zu solchen, bei denen es, wie bei Kühen, „eine Zeitlang dauert, bis sie in Bewegung kommen". Angesichts der „Kompliziertheit des Alarmprozesses", dass man nämlich „jedem Ereignis, das sich als eine Alarmquelle erweisen könnte, für einen Augenblick seine Aufmerksamkeit schenkt und [...] dort, wo sich nicht sogleich die Harmlosigkeit dieses Ereignisses herausstellt, weiterhin wachsam ist, bis die Angelegenheit geklärt ist", erweist es sich als eine feine Kunst, mit Alarmzeichen umzugehen. Dazu gehören „das Unberücksichtigtlassen falscher Alarmsignale, die Fähigkeit, mit Ereignissen wirksam fertig zu werden, nachdem man sie sich etwas weiter hat entwickeln lassen, als andere es sich unter Wahrung ihrer Sicherheit leisten können; ein Riecher für kleine Hinweise, die anderen entgehen, was dazu führt, dass einem früher als anderen klar wird, dass etwas im Gange ist, so dass einem mehr als die sonst übliche Zeit zur Verfügung steht, auf etwas zu reagieren, bevor es zu spät ist. Wo all dies vorhanden ist, haben wir es mit jeder kühlen Effizienz zu tun, die auf Erfahrung beruht und die auch wirklich manchmal ‚Erfahrung' genannt wird" – nicht erst bei Piloten, Schwertschluckern, Skiläufern, Schlangenabrichtern oder Bombenentschärfern.[45]

Die Strukturierung der Aufmerksamkeit ist auch die Strukturierung der Orientierung. Sie wird der Gegenstand der weiteren Analysen sein. Sofern die Orientierung durch sie einerseits auf Gefahren und Risiken, andererseits auf Gelegenheiten der jeweiligen Situation aufmerksam wird, gehört zu ihr auch Mut, Mut, sich den Gefahren zu stellen, unvermeidliche Risiken einzugehen und, ohne Gewissheit des Erfolgs, günstige Gelegenheiten zu ergreifen. Mut ist Mut zum Handeln unter Ungewissheit, und *sofern sich Orientierung immer unter Ungewissheit vollzieht (1.3.), fordert sie immer Mut.* DILTHEY bestimmte ihn als „das Innewerden einer Aktivität, welche sich den Tatsachen gewachsen fühlt."[46] In seiner germ. Wurzel bedeutete ‚Mut' ‚Erregt-Sein', ‚Wollen', ‚Begehren', ‚Zorn'. Danach wird er, wie die Aufmerksamkeit, durch die Situation selbst erregt, er ‚kommt' unwillkürlich ‚auf', man verfügt nicht über ihn, er kann auch ‚ausbleiben' oder ‚versagen'. Die alten Griechen hatten für ihn das Wort θυμός, und θυμός war zugleich das ‚Gemüt' im ganzen, Leben, Herz und auch Verstand und Geist, vor allem aber Leidenschaft und, wie das Verbum θύω, ‚sich heftig bewegen, rasen, in Dampf oder Rauch aufgehen' besagt, besonders Zorn. Unter den griechischen Helden, die in die Literatur eingegangen sind, erregte den θυμός der unablässige Kampf (ἀγών) um Ehre (τιμή), wohl gegen die Feinde, aber auch un-

---

45 Ebd., 334, 323 f., 327 f., 324, 330.
46 Dilthey, GS XIX, 162.

tereinander, und die Sorge war darum – HOMERS *Ilias* ist davon beherrscht –, ihn gegen die Feinde zu erregen und zu erhalten, zugleich aber gegeneinander zu beherrschen. Achills Mut, ohne den die Griechen Troja nicht zu Fall bringen konnten, wird durch Zerwürfnisse zum unbändigen, den Krieg selbst missachtenden Zorn gegen Agamemnon, den Anführer der griechischen Streitmacht, und erst nach dem ebenso grenzenlosen Schmerz über den Verlust seines engsten Freundes Patroklos wird er zur Vernunft gebracht und ebnet so den Weg zum Sieg. Für die alten Römer war ‚Mut' schon etwas stärker Beherrschtes. Ihr Wort dafür, ‚animus', stammt von gr. ἄνεμος, ‚Hauch, Wind', nahm wohl ebenfalls den Sinn von ‚Gemüt, Seele, Leidenschaft, Zorn' an, wurde nun aber als tätiges Gemüt von ‚anima' als der aufnahmefähigen, sensiblen, rezeptiven Seite des Gemüts unterschieden, und hatte ein starkes Gewicht in der Fähigkeit zum überlegten Urteil und dem Selbstvertrauen, das aus ihm kommt. Inzwischen haben wir es in den glücklich befriedeten Zonen eines staatlich gesicherten Mindestlebensstandards eher damit zu tun, ‚uns Mut zu machen', um wachsenden globalen Gefahren zu begegnen, dazu unsererseits wachsende Risiken einzugehen und sich über – zumeist berechtigte – Bedenken ‚hinwegzusetzen'. Risiken einzugehen heißt, auf ‚Vermutungen' hin zu handeln, über deren Ungewissheit und Vorläufigkeit man sich im klaren ist, und solche Risiken sind, wenn andere in sie eingeschlossen werden, immer auch ‚Zumutungen' für sie. So sucht man einander teils durch Gründe zu ‚ermutigen', teils durch Bedenken zu ‚entmutigen', und Gründe und Bedenken können gelegentlich auch die Seite wechseln. So hat auch der Mut Grenzen – und kein Kriterium außer der Situation selbst, in der er ‚gebraucht' wird. Und erst im nachhinein, wenn Erfolg oder Misserfolg eines Handelns sichtbar geworden sind, lässt sich dann sagen, ob es der ‚rechte Mut' oder ‚Übermut' war, der zu ihm ermutigt hat – wenn er zu ihm ermutigt hat.

KANT hat den Mut auch zur Bedingung der Aufklärung gemacht,[47] und NIETZSCHE hat sich ein ganzes Tableau von Unterscheidungen des Muts angelegt:

> Ich unterscheide den Muth vor Personen, den Muth vor Sachen und den Muth vor dem Papier. Letzterer war zum Beispiel der Muth David Straußens. Ich unterscheide nochmals den Muth vor Zeugen und den Muth ohne Zeugen: der Muth eines Christen, eines Gottgläubigen überhaupt kann niemals Muth ohne Zeugen sein - er ist damit allein schon degradirt. Ich unterscheide endlich den Muth aus Temperament und den Muth aus Furcht

---

47 Vgl. Kant, Beantwortung der Frage: Was ist Aufklärung?, AA VIII, 35.

vor der Furcht: ein Einzelfall der letzteren Species ist der moralische Muth. Hierzu kommt noch der Muth aus Verzweiflung.[48]

---

48 Nietzsche, Nachlass 1888, 14[165], KSA 13.349.

5. Selektivität der Orientierung: Sichten
Orientierung als Übersicht

5.1. Die Sprache des Sichtens in der Orientierung über Orientierung
5.2. Ausrichten der Aufmerksamkeit beim Sichten der Situation: Sinn
5.3. Gewinnen von Übersicht: Paradoxie des Alles-und-Nichts-Sehens
5.4. Selektion von Sichten: Von der Absicht bis zur Zuversicht

5.1. Die Sprache des Sichtens in der Orientierung über Orientierung

Man orientiert sich mit allen Sinnen, doch in der alltäglichen Sprache der Orientierung hat das Sehen einen Vorrang: die Ausrichtung der Aufmerksamkeit wird vor allem durch das Wortfeld des Sehens und Sichtens artikuliert. Das scheint alten Lebensbedingungen des Menschen geschuldet: beim Aufspüren von Lebens- und Überlebensnotwendigem und dem Suchen von Wegen, das zu ihm führt, war er vor allem auf das Sehen angewiesen, und sein aufrechter Gang ermöglichte ihm einen freien Blick.[1] Manfred SOMMER ist in seiner phänomenologischen Analyse des alltäglichen Suchens und Findens darum vom Menschen als altem Jagdtier und seinem Jagdblick ausgegangen.[2] Die Jagd ist eine Ursituation der Orientierung, und das Wort ‚sehen' bezog sich ursprünglich offenbar gar nicht auf die Menschen selbst, sondern auf Hunde, die ihnen halfen, Wild aufzuspüren und zu verfolgen. Die indoeuropäische Wurzel von

---

1 Der freie Blick beim aufrechten Gang hat dann auch in der Philosophie zu dem bekannten „Zwang" geführt, „für Erkennen und alles, was auf seiner Linie liegt, Metaphern aus dem Sehbereich zu gebrauchen" (Helmuth Plessner, Anthropologie der Sinne, in: H.P., Philosophische Anthropologie, hg. v. Günter Dux, Frankfurt am Main 1970, 201). Blind Geborene würden ihre Orientierung sicherlich in vielem anders beschreiben. Das Sehen ist jedoch mit dem Tasten eng verbunden: „Das Auge führt die Hand, die Hand bestätigt das Auge." (ebd., 232). Sie schließen sich, auch in der Sprache der Orientierung, zu einem „Auge-Hand-Feld" zusammen: „Einsehen und Begreifen sind nicht zufällig Metaphern für dieselbe Sache." (ebd., 208).
2 Sommer, Suchen und Finden, a.O., 143 ff.

,sehen', *sek-, bedeutete vermutlich ,(mit den Augen) verfolgen', was in lat. ,sequi' und lett. ,sekt', ,folgen, spüren, wittern', noch nachklingt. Beim Suchen hält man nach etwas Ausschau, und dabei wird das Sehen zum selektiven Sehen, zum ,Sichten'. Das deutsche Wort ,sichten' bedeutet sowohl ,etwas zu sehen bekommen' als auch ,etwas daraufhin durchsehen, was darin von Belang ist', also zugleich ,sehen' und ,sondern', und dieses Sondern ist ein Aussondern, ein ,Absehen' von dem, was für die Suche nicht von Belang ist, also ein Seligieren. *,Sichten' stellt den Übergang von der nicht-selektiven, unausgerichteten, zur selektiven, ausgerichteten Aufmerksamkeit her.*[3] *Als Sichten wird das Sehen fähig, sich selbst auszurichten, also selbstbezüglich.* Seine Selektion ist eine Limitation, eine Einschränkung auf das, was in der (Jagd-)Situation von Belang ist (5.2.), und die Ausrichtung des Sichtens eine Selbsteinschränkung.[4] Im Zug ihrer Selbsteinschränkung bei der Suche wird das Gesuchte – das ja noch nicht zu sehen ist -, zum Mittelpunkt, zum Zentrum des Gesichtsfelds, und alles übrige gerät an den Rand, an die Peripherie. Bei der Suche zentriert sich, ,konzentriert sich' die Orientierung. Die Konzentration im Sichten (aber auch im Hören, das dann zum Zuhören und Hinhören wird) und damit die *Unterscheidung von Zentrum und Peripherie* ist Grundbedingung der weiteren Selbststrukturierung der Orientierung.

Mit der Zentrum-Peripherie-Unterscheidung haben sich zahlreiche methodisch unterschiedlich angelegte psychologische Untersuchungen befaßt. Ihre physiologische Bedingung ist die Retina des menschlichen Auges, in der die ,Zentralgrube' (fovea centralis) im ,gelben Fleck', die Stelle des schärfsten Sehens, von Peripherien abnehmend scharfen Sehens umgeben ist; das Periphere im Gesichtsfeld wird in den Peripherien der Retina weniger detailliert wahrgenommen und verarbeitet.[5] Dennoch ziehen „periphere Hinweisreize" die Aufmerksamkeit unwillkürlich und schneller auf sich, was in funktionalen Unterschieden zwischen

---

3 Die etymologische Herkunft unterscheidet sich jedoch: Der seligierende Sinn von ,sichten' gehört dem Wortfeld ,seihen', ,sieben', ,durch Sieben reinigen' zu.
4 Vgl. Luhmann, Die Politik der Gesellschaft, a.O., 118: Die „Selbsteinschränkung" ist eine „Transformation von unbegrenzten Entscheidungsmöglichkeiten in Sinnhorizonte, die im System selbst als limitierend behandelt werden können". Aus logischer Sicht trifft die Orientierung, wäre sie von Anfang an eine logische Operation, limitative oder unendliche Urteile, sie schließt unendlich Vieles aus, um sich auf Eines zu beschränken und dieses weiterzubestimmen (z. B. nichtmenschlich, nicht-männlich, nicht-jugendlich …). Vgl. Kant, Kritik der reinen Vernunft, A 71–73 / B 97 f.
5 Vgl. Geoffrey Underwood / John Everatt, Automatische und gesteuerte Informationsverarbeitung: Die Rolle der Aufmerksamkeit bei der Verarbeitung des Neuen, in: Neumann / Sanders (Hg.), Aufmerksamkeit, a.O., 267–331, hier 300–307.

retinalen X- und Y-Ganglienzellen begründet ist: „Während X-Zellen für kontinuierliche Stimulation sensitiv sind, erreichen die Y-Zellen ihr Aktivitätsmaximum bei plötzlichen Intensitätsveränderungen eines Stimulus. Ihre rezeptiven Felder sind größer als die von X-Zellen. Sie sind außerdem gleichmäßig über foveale und periphere Netzhautbereiche verteilt, während X-Zellen vorwiegend im Bereich der fovea anzutreffen sind."[6] Mit Hilfe der Y-Zellen bleibt die Orientierung für Überraschungen am Rande immer offen und kann rasch auf sie reagieren; zugleich erhöht die Fixierung der Aufmerksamkeit die Wahrnehmungsschwelle für sie,[7] so dass Konzentration möglich bleibt. Im Ganzen fehlt jedoch „noch völlig ein theoretisches Rahmenkonzept für die verwendeten Zielreiz-Hintergrund-Konfigurationen und ihre Auswirkungen auf die Entdeckung".[8] Wahrscheinlich ist eine primäre „Kontextsteuerung" der Suche, die bei der Entdeckung von „Zielreizen" in eine „Zielreiz-Steuerung" übergeht.[9] „Zielzeichen sind seltene Ereignisse, während Kontextelemente bei der Durchmusterung ständig (und immer wieder erneut) angetroffen werden. Unter diesen Bedingungen ist die Bereitstellung eines Modells der potentiellen Kontextsymbole eine ökonomische Grundlage für die Steuerung des Suchens."[10] Ein Beispiel dafür ist beim Hören, der „auditiven Aufmerksamkeit", „die Lösung des ‚Cocktailparty-Problems'", das allmählich deutlichere Hören oder ‚Heraushören' der Stimme dessen, mit dem man zu einer Unterhaltung findet, aus einem Stimmengewirr.[11] – Die Unterscheidung von Zentrum und Peripherie ist metaphysisch vielfach genutzt und fixiert worden, insbesondere in der kosmologischen und theologischen Spekulation; Athanasius KIRCHER hat im 17. Jahrhundert eine ganze „Centrosophia" entwickelt.[12]

‚Sicht' kann nicht nur das Sehen (wie in ‚Gesicht' im Sinn von ‚Gesichtssinn'), sondern auch das Gesehene (wie in ‚Ansicht' von etwas) und außerdem die Bedingungen des Sehens meinen (wie in ‚gute' oder ‚schlechte Sicht', ‚in Sicht'- oder ‚außer Sicht'-Sein). Im letzteren Sinn wurde es besonders in der Seemannssprache gebraucht und weiter differenziert (‚sichtiges Wetter', ‚auf Sicht fahren'). Sie wiederum ging seit dem 16. Jahrhundert in die Kaufmannssprache ein – für die Zahlung mit

---

6 Eimer / Nattkemper / Schröger / Prinz, Unwillkürliche Aufmerksamkeit, a.O., 232.
7 Ebd., 239–241.
8 Sanders / Donk, Visuelles Suchen, in: Neumann / Sanders (Hg.), Aufmerksamkeit, a.O., 67.
9 Ebd., 81.
10 Eimer / Nattkemper / Schröger / Prinz, Unwillkürliche Aufmerksamkeit, a.O., 254.
11 Vgl. Gert ten Hoopen, Auditive Aufmerksamkeit, in: Neumann / Sanders (Hg.), Aufmerksamkeit, a.O., 115–161, hier 116–123.
12 Vgl. P. R. Blum, Art. Zentrum, in: Historisches Wörterbuch der Philosophie, Bd. 12, Basel/Darmstadt 2004, Sp. 1298–1301.

Wechseln: ‚Sicht' ist auch die Laufzeit eines Wechsels, Wechsel werden ‚auf kurze' oder ‚lange Sicht' ausgestellt. Inzwischen kann man generell ‚etwas auf lange Sicht vorbereiten', auch wenn es hier kaum mehr etwas zu sehen gibt. So auch beim Kommunizieren, Argumentieren und Nachdenken, bei dem man nach wie vor etwas ‚im Auge' oder ‚im Blick behalten' und ‚aus dem Auge, aus dem Blick verlieren' kann. Das auch nach der Zivilisierung des Jagdverhaltens weitertradierte, vielfach differenzierte und metaphorisierte Wortfeld des Sichtens beherrscht auch das Sprachspiel des philosophischen und wissenschaftlichen Erkennens; das gr. θεωρεῖν, von dem sich ‚Theorie' ableitet, bedeutete ursprünglich ‚eigens zum Schauen kommen', insbesondere in ein eigens dazu errichtetes θέατρον, das ‚Theater' (14.1.(3)). Im Selbstverständnis der Philosophie und der Wissenschaften geht der theoretische Blick jedoch von einem erhöhten und festen Standpunkt aus, der, wie auf den oberen Rängen des Theaters, eine vollkommene Übersicht ermöglicht (5.3.), und darüber gerät dann die Bewegtheit der alltäglichen Orientierung leicht aus dem Blick.

Denn bei der Jagd setzt man sich der Gefahr aus, selbst gejagt zu werden. So sucht man beim Jagen selbst nicht gesehen zu werden, hält also beim Sichten möglichst still. Im Stillstehen ist es zudem leichter, anderes in seiner Bewegung zu verfolgen. Durch seine Bewegung hebt es sich von seiner Umgebung ab, wird es auffällig, wird es sichtbar, während der Sichtende unauffällig, unsichtbar bleibt: *in der Ursituation der Jagd macht Bewegung sichtbar, Ruhe unsichtbar*. Indem etwas sichtbar wird, ist es ‚herausgefunden', der Jagende kann es ‚in den Blick fassen', ‚im Blick behalten' und in seinen weiteren Bewegungen ‚mit seinen Blicken verfolgen' – die tierischen und menschlichen Wahrnehmungsapparate sprechen zumeist stärker auf Bewegungen als auf Bleibendes an.[13] Das Sich-Bewegende kann sich jedoch, eben weil es sich bewegt, auch rasch ‚dem Blick entziehen'. Dann muss der Jagende auch sich selbst bewegen, um es zu verfolgen, dessen Bewegung also in Bewegung wahrnehmen. Das steigert den Druck der Situation und die Anforderungen, sie zu bewältigen. Zum einen macht sich durch seine Bewegung auch der Jagende sichtbar und kann nun selbst zum Gejagten werden, zum andern muss sein Wahrnehmungsapparat die bewegten Anblicke des Verfolgten laufend mit seinen eigenen bewegten Sichten verrechnen. Dabei ver-

---

13 Vgl. Sanders / Donk, Visuelles Suchen, in: Neumann / Sanders (Hg.), Aufmerksamkeit, a.O., 64.

vielfältigen sich die Sichten, und die Sprache der Orientierung hat dementsprechende Differenzierungen entwickelt (5.4.).

5.2. Ausrichten der Aufmerksamkeit beim Sichten der Situation: Sinn

Die Orientierung beginnt nicht mit Zielen, die man erreichen möchte, sondern mit dem Sichten der Situation auf erfolgversprechende Handlungsmöglichkeiten hin, die dann auch Ziele ‚ins Auge fassen' lassen. Erfolgversprechende Handlungsmöglichkeiten müssen ‚sich' in der Orientierung erst ‚finden', man muss sie ‚herausfinden' unter den unbegrenzt vielen Möglichkeiten, die jede Situation bietet. Sie finden sich durch die Limitation, die Einschränkung der Aufmerksamkeit beim Sichten der Situation auf das, was von Belang ist, und an dieser Selektion sind meist verschiedene Sinne beteiligt. *Was für die Orientierung in einer Situation von Belang ist, ist der Anfang von ‚Sinn': Sinn ist für die Orientierung das, womit sie ‚etwas anfangen kann'.* Etymologisch erscheint das Wort ‚Sinn' nur im Deutschen und Niederländischen. Es hatte hier den Sinn von ‚Gang', ‚Reise', ‚Weg', verstand sich also unmittelbar aus dem Zusammenhang der Orientierung. Dieser Sinn hat sich noch erhalten in der Wendung ‚in diesem Sinn fortfahren'. ‚Sinn' ist danach eine Richtung, die man eingeschlagen hat und weiterverfolgt, während man alles übrige ‚beiseite' lässt, und was nun in dieser Richtung liegt, ‚hat' oder ‚macht' Sinn, das übrige nicht.[14] Was in einer Richtung liegt, passt so zusammen, dass man weiterkommt, dass es einen ‚Weg' weist, auf dem man sich ‚bewegen' kann, heraus aus dem Druck der Situation. Sinn wird dabei erst eröffnet, ‚ergibt sich' erst, ist noch nicht bestimmt. ‚Sinnen' hieß ahd. außer ‚gehen' und ‚reisen' auch ‚streben' und ‚begehren', ‚sinnen *auf* etwas'. Mit ihm hängt ‚senden', ‚auf die Reise schicken', zusammen; ein ‚Gesinde' war zunächst eine Reisebegleitung oder Gefolgschaft. Dieses ‚senden' floss wiederum mit einer anderen germ. Wurzel ‚sent' zusammen, die ebenfalls ‚eine Richtung nehmen', ‚eine Fährte suchen' bedeutete; von ihr ging auch lat. ‚sentire', ‚fühlen', ‚wahrnehmen', aus und ‚sensus', der ‚Sinn' im Sinn von Sinnesorganen, die auf spezifische Reize, Bilder, Töne, Gerüche usw., ausgerichtet sind, also ebenfalls selektiv ‚sinnen'. Auch der Sinn von Worten, Sätzen, Texten, Geschichten für die

---

14 Vgl. Josef Simon, Philosophie des Zeichens, Berlin/New York 1989, 233.

Orientierung lässt sich so verstehen: als der Sinn, den sie für jemand ‚bekommen', wenn er sie hört oder liest, die Richtung, in die seine Vorstellungen durch sie gewiesen werden. Man versteht, sagt man, ‚etwas in diesem Sinn' oder ‚in dieser Richtung'.

‚Sinn' nennt man dann auch das, was von sich aus Vorstellungen ausrichtet, also seinerseits Sinn schafft. Man kann danach etwas ‚im Sinn haben', jemand kann etwas ‚in den Sinn kommen', und dieser Sinn kann etwas ‚ersinnen' und ‚aussinnen'. Man kann dabei so oder so ‚gesinnt' sein, der Sinn kann unterschiedlich gestimmt (‚Leichtsinn', ‚Frohsinn', ‚Tiefsinn'), unterschiedlich ‚geschärft' (‚Scharfsinn', ‚Stumpfsinn', ‚Schwachsinn') und für andere unterschiedlich ‚einsichtig' sein (‚Eigensinn', ‚Wahnsinn'). Pragmatisch kann er zum ‚Sinn für etwas', moralisch zur ‚Gesinnung' werden. In alldem ist ‚Sinn' limitativ, nicht positiv bestimmt: man kann mit ihm etwas anfangen, weil er auf etwas beschränkt, aber er besagt noch nicht, was. Er unterscheidet nur Sinn von Nicht-Sinn. Orientierung fängt darum nicht erst mit Wahrnehmungen, Bildern oder Begriffen an, sondern mit Sinn. Wahrnehmungen, Bilder oder Begriffe sind Unterscheidungen, die ihrerseits ‚Sinn machen' können oder nicht, sie setzen Sinn schon voraus. Darum ist *der Begriff ‚Sinn' nicht auf andere rückführbar, sondern selbstbezüglich wie die Orientierung selbst* – auch den Sinn von ‚Sinn' zu verstehen und zu bestimmen, setzt Sinn schon voraus. So ist Sinn nicht nur das, womit die Orientierung etwas anfangen kann, sie kann auch nur mit Sinn anfangen. Sie ist im ganzen als selektiver Sinnfindungsprozess zu verstehen.

Vom Sinn überhaupt hat die Philosophie nur zurückhaltend gehandelt. Der Sinn von ‚Sinn' als Verstehen in einer bestimmten ‚Richtung' im Unterschied zur ‚Bedeutung' des Gegenstands selbst ist jedoch auch bei FREGE noch erhalten; dass ‚Morgenstern' und ‚Abendstern' bei gleicher ‚Bedeutung' verschiedenen ‚Sinn' haben, heißt: der Gegenstand ist in ihnen unterschiedlich gegeben, das Verstehen unterschiedlich ausgerichtet.[15] Nach HEIDEGGER ist Sinn „das durch Vorhabe, Vorsicht und Vorgriff strukturierte Woraufhin des Entwurfs, aus dem her etwas als etwas verständlich wird." Das heißt: Der Sinn ist nicht schon bestimmt, er ermöglicht Bestimmungen, und es ist das „sinnvolle" Dasein in seiner „Erschlossenheit", das Bestimmungen in Begriffen ermöglicht.[16] Für LUHMANN, der mit seinem Sinn-Begriff an HUSSERL anschließt, ohne dessen transzendentale Position zu übernehmen, ist Sinn das Medium, in dem psychische und soziale Systeme operieren. Insofern kann es für sie keinen Nicht-Sinn geben, sie stehen unter „Sinnzwang", sie fangen mit Sinn an. Sie operieren mit Sinn durch Sinnselektion, d. h. durch Einschränkung von Sinn, indem sie jeweils *einen* Sinn

---

15 Vgl. Simon, Kant, a.O., 562 ff.
16 Heidegger, Sein und Zeit, § 32, S. 151.

5.2. Ausrichten der Aufmerksamkeit beim Sichten der Situation: Sinn 183

auf Kosten alles übrigen Sinns aktualisieren, der als potentieller Sinn erhalten bleibt. Im fortlaufenden Operieren stehen sie so unter dem „Zwang zur laufenden Aktualitätsverlagerung", und damit ist „als Grundtatbestand ein Moment der Unruhe eingebaut": Sinn ist „basal instabil", ist „Sinnbewegung" ohne einen „'Träger'" dieser Bewegung. Er ist – LUHMANN legt „Wert auf die paradoxe Formulierung – ein endloser, also unbestimmbarer Verweisungszusammenhang, der aber in bestimmter Weise zugänglich gemacht und reproduziert werden kann", nämlich „ausnahmslos selektiv".[17] Worauf LUHMANNS Theorie sozialer Systeme dennoch verzichten will oder muss, ist der Ansatz bei einem Individuum, „das lebt und über sich selbst nachdenkt und Sinn als Form der Orientierung überhaupt oder als Form einer befriedigenden Orientierung praktiziert."[18] Dabei scheint er an die Frage nach dem ‚Sinn des Lebens' zu denken.

Wenn es der Sinn der Orientierung ist, stets Sinn zu finden, mit dem sie etwas anfangen kann, liegt es nahe, dass es ihr dabei um den *Sinn des Lebens* im ganzen geht. Doch damit ginge sie über ihre Möglichkeiten und ihre Notwendigkeiten hinaus. Um einen Sinn für das Leben im ganzen zu finden, müsste sie das Leben im ganzen überschauen können, und dazu gehörte dann nicht nur das Leben des sich jeweils orientierenden Individuums, sondern auch das aller übrigen, mit denen es auf irgendeine Weise zu tun hat und die sein Leben beeinflussen können. Aus dem Leben in diesem Sinn lässt sich nichts ausschließen, es umfasst alles, was es geben und sich ereignen kann, und darum kann es, wie KANT schon für den Begriff der Welt zeigte,[19] keiner Orientierung jemals im ganzen gegeben sein. Vom ‚Sinn *des* Lebens', sei es eines einzelnen oder des Lebens im ganzen, kann man nicht uneingeschränkt sprechen. Da Sinn nur durch Einschränkung zu gewinnen ist, wird dabei das Leben schon eingeschränkt, und so ist der Sinn des Lebens nicht der gesuchte Sinn eines oder des Lebens im ganzen. Niemand kann sein oder das Leben im ganzen so überblicken, dass es in ihm einen Sinn finden oder ihm einen Sinn geben könnte, es sei denn im nachhinein. Das schließt nicht aus, dass man einen solchen Sinn ‚sucht' und dabei seinem Leben auch ‚eine Richtung gibt'. Man wird das tun, solange man wichtige Belange seines Lebens und des Lebens im übrigen nicht in Einklang bringen kann, wenn lang gehegte Wünsche und Ansprüche nicht erfüllt werden, große und immer neue Anstrengungen nicht zum Erfolg führen, wenn also die Sinnfindung langfristig nicht befriedigend gelingt und

---

17 Vgl. Luhmann, Soziale Systeme, a.O., 92–147 (zit. 97 f., 99, 101, 141), und Die Gesellschaft der Gesellschaft, a.O., 44–59 (zit. 49 f., 55).
18 Luhmann, Einführung in die Systemtheorie, a.O., 224.
19 Vgl. Kant, Kritik der reinen Vernunft, A 504 f. / B 533 f.

Angst und Verzweiflung eintritt. Aber Angst und Verzweiflung helfen nicht zur Orientierung, sondern schränken sie noch mehr ein, und Richtungsentscheidungen, die man in ihnen trifft, werden wieder fraglich, wenn die Situation sich beruhigt hat. Auch in ruhigeren Verläufen nötigt das Leben zumeist dazu, Richtungen, die man eingeschlagen hat, bei Gelegenheit wieder zu ändern; der ‚Sinn des Lebens' wird für eine noch junge Frau, die nach ihm fragt, in der Regel ein anderer sein als für eine im Berufsleben stehende und für Kinder verantwortliche und als für eine Rentnerin; er wird so immer nur ein Sinn des Lebens auf Zeit und jeweils ein eingeschränkter sein, der Alternativen lässt. *Man findet nicht einen Sinn des Lebens, sondern entscheidet sich für ihn und damit gegen anderes, und diese Entscheidung oder Selektion trifft man in einer Situation, die sich ändern und darum auch Änderungen der Entscheidung notwendig machen kann.* Sich auf eine zu einer bestimmten Zeit getroffene Entscheidung über den Sinn seines Lebens für die gesamte Zeit seines Lebens festzulegen, kann ihm dauernde Orientierung geben, wird die Orientierung aber auch hindern, ‚mit der Zeit zu gehen', und ihr damit *ihren* Sinn nehmen. Die Frage nach dem Sinn des Lebens, wenn sie in einer Situation einmal aufgekommen ist, wird darum zumeist auch nicht positiv und nicht definitiv beantwortet, sondern so, dass sie gar nicht mehr gestellt wird. Sie pflegt sich zu erledigen, wenn sich in der Situation neue passende Handlungsmöglichkeiten eingestellt haben, wenn es gelungen ist, sich so orientieren, dass wieder ‚alles' einigermaßen ‚stimmt' oder ‚passt', ohne dass man alles übersehen könnte, was da stimmt, und Kriterien und Gründe angeben könnte und wollte, nach denen es passt. Solche Handlungsmöglichkeiten, die hinreichend Sinn geben, müssen dann nicht schon Handlungsmöglichkeiten für das ganze weitere Leben sein. WITTGENSTEIN, ein hartnäckiger Sinnsucher, notierte gegen Ende seines *Tractatus logico-philosophicus*:

> Die Lösung vom Problem des Lebens merkt man am Verschwinden dieses Problems. (Ist dies nicht der Grund, warum Menschen, denen der Sinn des Lebens nach langen Zweifeln klar wurde, warum diese dann nicht sagen konnten, worin dieser Sinn bestand.)[20]

---

20 Wittgenstein, Tractatus logico-philosophicus, 6.521. Vgl. Sigmund Freud in seinem berühmten Brief an Marie Bonaparte vom 13. Aug. 1937: „Im Moment, da man nach Sinn und Wert des Lebens fragt, ist man krank."- Zur Geschichte des (beschränkten) Sinns eines „existentiell-normativen Gebrauchs des Sinnbegriffs" und seiner Kritik vgl. Volker Gerhardt, Art. Sinn des Lebens, in: Historisches Wörterbuch der Philosophie, Bd. 9, Basel/Darmstadt 1995, Sp. 815–824.

5.3. Gewinnen von Übersicht: Paradoxie des Alles-und-Nichts-Sehens

Bei klarer Sicht bleibt die Orientierung ruhig, bei unklarer Sicht wird sie unruhig. Wenn etwas klar in Sicht ist, achtet man nicht auf die Sicht, nur auf das, was in Sicht ist. Sichtverhältnisse fallen erst auf, wenn sie beeinträchtigt sind. Das galt schon für das Gleichgewicht (2.2.), und wie um das Gleichgewicht muss man sich dann um Sicht bemühen. Und so auch um Sinn. Sinn ‚findet' oder ‚ergibt sich' zumeist ‚ohne weiteres' und ‚von selbst'. Die Sinnfindung fällt erst auf, wenn sie schwierig wird. Wenn aber Sinn sich in einer Situation nicht ohne weiteres findet, wenn man Schwierigkeiten hat, etwas mit ihr anzufangen (‚was soll ich bloß machen?'), sucht man eigens ‚Übersicht' über sie zu ‚gewinnen' oder, sofern das Aufwand und Anstrengung kostet, sie ‚sich zu verschaffen', Übersicht über die Gegebenheiten und die möglichen Belange der Situation, über das, was in ihr Sinn ergeben, Sinn machen könnte. *Übersicht ist eine Sicht zweiter Ordnung, eine Sicht auf Sichten, die Richtungen zeigen, Wege eröffnen, Handlungsmöglichkeiten bieten, um weiterzukommen, also wiederum eine selbstbezügliche Sicht, die unterschiedliche Sichten sichtbar werden und zwischen ihnen entscheiden lässt.*

‚Übersehen' hat in der und für die Orientierung einen dreifachen Sinn. *(1)* Wenn man Übersicht gewinnen will, sucht man *alles, was in einer Situation von Belang ist, zu übersehen.* In der geographischen Orientierung wird das durch eine erhöhte Sicht, als Sicht räumlich über allem möglich. Man ‚übersteigt', ‚transzendiert' im wörtlichen Sinn die Situation, um zu einem ‚Panorama', wörtlich einem ‚Alles-Sehen',[21] zu kommen. So hat man sich meist Götter vorgestellt, in der Höhe, im ‚Himmel', am höchsten Punkt des ‚Himmelsgewölbes' sitzend, mit vollkommener Übersicht über die menschlichen Dinge, und so hat man sich auch das Ideal der philosophischen und wissenschaftlichen Theorie gedacht (14.1.). In der alltäglichen Orientierung von Menschen gibt es dazu nur Vor- und Zwischenstufen: die Übersicht über den Umkreis, die ihm sein aufrechter Gang (und auch noch das Sitzen auf Theaterrängen, auf Stühlen und auf Fahrzeugsitzen) ermöglicht, und die erweiterte Übersicht von Türmen und von Bergen aus, die freilich dort stehen, wo sie stehen, und die man erst mühsam besteigen muss. Und auch von dort sind Panoramen weiterhin begrenzt, Türme und Berge können einander

---

21 ‚Panorama' ist kein altgriechisches Wort, sondern wurde erst im 18. Jahrhundert gebildet.

die Sicht nehmen. Jenseits der höchsten Türme und Berge bietet sich dann die ‚Vogelperspektive' an, die man in unserer Zeit, dank gesteigertem technischem Aufwand, real in Gleitschirmen, Ballons, Hubschraubern, Flugzeugen und, unter weiter gesteigertem Aufwand, in Raumschiffen einnehmen und genießen kann. Sie sind jedoch nur in besonderen Fällen eine Option für die alltägliche Orientierung. Die Flugzeug- und Raumschiffperspektive ist wie die Vogelperspektive zudem selbst bewegt; sie bewegt sich rasch über den Umkreis hinaus, den man zu übersehen sucht. In der alltäglichen Orientierung ist dagegen zunächst eine möglichst unaufwändige und rasche Übersicht dort nötig, wo man sich befindet und sich zurechtzufinden muss. Reicht in der geographischen Orientierung dafür der schlichte Umblick nicht aus, behilft man sich mit Karten (2.4.). Karten kann man sich mit seinen Händen einerseits vor die Augen, andererseits vor und damit über das Gelände halten, in dem man sich zu orientieren sucht, und damit von oben herab beides, die Karte und das Gelände, überblicken. Man gewinnt den orientierenden Überblick, indem man zwischen den zwei Überblicken, dem Überblick über die Karte und dem Überblick über das Gelände, osziliert. Die Übersicht über Karten und mit Hilfe der Karten über das Gelände ist die *alltägliche Transzendenz der Orientierung*, die Übersicht, die man ‚in der Hand hat', über die man (vergleichsweise) leicht verfügen kann und die auch zum Türmebauen, Bergsteigen und Fliegen unerlässlich ist. Auch hier lassen sich die Verhältnisse der geographischen Orientierung in die ‚Orientierung im Denken' übertragen: mit Hilfe von Zeichen, durch die man, wie auf Karten, Gegebenheiten markieren und die man, wenn sie ihrerseits unübersichtlich werden, durch weitere Zeichen abkürzen kann (8.1., 8.3.). Soweit man sie nicht im Gedächtnis behalten kann, notiert man sie auf Papier oder Bildschirme, die wie Karten (mehr oder weniger) leicht handhabbar sind. Übersicht über Texte schafft man durch über sie gesetzte ‚Überschriften' und stellt sie in Inhaltsübersichten zusammen, die man am Anfang oder am Ende von Büchern einfügt, und Bücher versieht man (heute) mit möglichst übersichtlichen Titeln, die man wiederum in Verzeichnissen übersichtlich zusammenstellen kann. Auch all diese Übersichten ‚hat man in der Hand' und kann leicht über sie verfügen.

(2) Der zweite Sinn von ‚Übersehen' paradoxiert den ersten: *Indem man alles sieht, sieht man nichts.* ‚Übersehen' heißt auch ‚über etwas hinwegsehen', ‚im Sehen über etwas hinweggehen', und wenn man in einer Situation alles zu übersehen sucht, kann und darf man sich auf nichts Einzelnes in ihr konzentrieren. Wird beim Sichten *etwas* ins Auge

gefasst und alles übrige ausgeschlossen, so wird in der Übersicht *alles* ins Auge gefasst und zugleich ausgeschlossen. Dies ist die Paradoxie vom Ganzen und den Teilen oder vom Wald und den Bäumen. Das Ganze besteht wohl aus den Teilen und der Wald aus den Bäumen. Sieht man aber den Wald, so übersieht, übergeht man die einzelnen Bäume, und sieht man einzelne Bäume, so übersieht, übergeht man den Wald. Das Alles-und-Nichts-Sehen oder Zugleich-Sehen-und-Nicht-Sehen im Übersehen macht, auch wenn es logisch paradox ist, der alltäglichen Orientierung in der Regel kein Problem. Sie löst es, indem sie die Paradoxie temporalisiert, nämlich auch hier oszilliert, nun zwischen Hinsehen und Absehen.[22] Man sieht einmal den Wald, indem von den einzelnen Bäumen absieht, und dann die einzelnen Bäume, indem man vom Wald absieht, und hält doch beides fast zugleich gegenwärtig. Und so ordnet man auch den Wald und daneben den Hügel und die Kirchturmspitze ins Gelände ein und Wörter in Sätze, Sätze in Texte usw.

(3) Der dritte Sinn von ‚Übersehen' verbindet die beiden ersten. *Im oszillierenden Hinsehen auf und Absehen von den einzelnen Gegebenheiten der Situation zeigt sich, wie diese zusammenpassen, zusammenstimmen, zeigen sich Zusammenhänge, Sinnzusammenhänge,* entsteht die „übersichtliche Darstellung", nach WITTGENSTEIN „das Verständnis, welches eben darin besteht, dass wir die ‚Zusammenhänge sehen'" (3.2.9.). Auch eine Situation, mit der man zunächst Schwierigkeiten hatte, bekommt dann einen Sinn, mit dem man etwas anfangen kann.

5.4. Selektion von Sichten: Von der Absicht bis zur Zuversicht

Die Übersicht als Sicht zweiter Ordnung, als Sicht auf Sichten, die Handlungsmöglichkeiten bieten und Wege eröffnen, um weiterzukommen, macht ihrerseits die Unterscheidung von Sichten möglich. Zunächst unterschiedliche *Hinsichten:* ein Sichten der Gegebenheiten der Situation aus unterschiedlichen Zusammenhängen, die für sie von Belang sein können. In unterschiedlichen Hinsichten bekommen die Gegebenheiten

---

22 Gadamer, Wahrheit und Methode, a.O., 164, 178, nimmt statt dessen einen Zirkel an, der wohl logisch vitiös, hermeneutisch aber fruchtbar sei. Die Metapher legt an Stelle des abgleichenden Hin und Her, das schrittweise weiterkommt, einen in sich geschlossenen Kreis nahe, der nicht über sich hinausführt. Dilthey, den Gadamer kritisiert, hat die Kreismetapher durch seinen Begriff des in der Zeit erworbenen Strukturzusammenhangs (1.4.) ersetzt (vgl. ebd., 210).

einen unterschiedlichen Sinn. Wird einem Sinn von ihnen gefolgt, verbindet sich mit der Hinsicht eine *Absicht*. ‚Absehen' hatte im Frühnhd. den Sinn ‚mit der Büchse zielen', der noch in ‚es auf jemand abgesehen haben', und generell den Sinn ‚abschätzen, abmessen' (nämlich beim Zielen die Entfernung), der im Adjektiv ‚absehbar' erhalten ist (‚absehbares Risiko'). Die Absicht, die man mit etwas hat, kann wiederum vielfältigere Hinsichten von ihm erforderlich machen, um zu einer detaillierteren *Ansicht* von ihm zu kommen. Erweist sich für die Absicht, die man mit etwas hat, eine Hinsicht als erfolgversprechender als die übrigen, von denen man dann absieht, kann man auf diese doch weiter *Rücksicht* nehmen, um sie gegebenenfalls wieder zu berücksichtigen. Sie werden zur Peripherie der Absicht.

Vollständigkeit der Hinsichten ist in der Orientierung weder möglich noch nötig. Sie können beschränkt bleiben und von Fall zu Fall vermehrt werden; wenn dadurch die Übersicht gefährdet wird, kann auch wieder von ihnen abgesehen werden. Denn die Übersicht, die man gewinnen kann, kann man auch verlieren. Man muss sie darum sichern. Das geschieht zunächst durch *Umsicht*. Umsicht ist eine besondere Leistung und darum eine Tugend der Orientierung, über die der eine mehr, der andere weniger verfügt. Sie besteht darin, sich bei seinen Hinsichten, die man unwillkürlich einnimmt, und den Absichten, die sich dadurch nahelegen, stets auch nach weiteren Hinsichten ‚umzusehen', die in der Situation von Belang sein und von anderen eingenommen werden könnten, um sie bei seinem Handeln zu berücksichtigen und so vermeidbare Konflikte zu vermeiden. Geschieht dies in Voraussicht auf noch nicht absehbare Sichten und hält man mit dem Handeln darum zurück, wird die Umsicht zur *Vorsicht*, und kann man erfolgversprechende Aussichten sicher einschätzen, beweist man *Weitsicht*.[23] Wo Umsicht, Vorsicht und Weitsicht

---

23 Mit Sommer, Suchen und Finden, a.O., 347, lässt sich die „gestufte Weitsicht" am Alltag des Autofahrens exemplifizieren. Sie stuft sich als periphere Sicht auf Lenkrad, Armaturenbrett und Kühlerhaube bzw. über sie hinweg, als Sicht auf die Straße in unterschiedlichen Zonen (auf das unmittelbar vorausfahrende Auto, die Spitze der vorausfahrenden Schlange, die freie Strecke davor, auf der man überholen könnte, und als Sicht auf den weiteren Verlauf der Straße an der gegenüberliegenden Peripherie, an deren Rand Hinweistafeln auftauchen. Sie sind „mir alle simultan präsent, ich [besetze sie] im raschen Wechsel mit meiner Aufmerksamkeit […], immer auf der Suche nach relevanten Gegenständen, Vorkommnissen, Hinweisen [und] stets darauf bedacht, die Zone als ganze und Zonen insgesamt und somit meinen bevorstehenden Weg und mein nächstes Ziel nicht aus dem Auge zu verlieren." Zur alltäglichen Umsicht beim Autofahren

5.4. Selektion von Sichten: Von der Absicht bis zur Zuversicht 189

nicht oder nicht im nötigen Maß erwartet werden können, etwa bei kleinen Kindern, wird *Aufsicht* erforderlich, mit der man Verantwortung für die sichere Orientierung anderer übernimmt.

Die Sicht, die man für die gesichertste hält und an der man darum auf unabsehbare Zeit festhalten zu können glaubt, ist die *Einsicht*. Sie ist jedoch auch die metaphysikanfälligste. Das Wort ‚Einsicht' legt die Sicht in ein ‚Inneres' nahe (10.3.), in etwas, demgegenüber alle Hinsichten in wechselnden Situationen und aus wechselnden Zusammenhängen äußerlich sind. Sie würde alle Hinsichten erübrigen, den umsichtigen Umgang mit Sichten überhaupt transzendieren oder, nach den Metaphern, die hier gebraucht werden, unterlaufen. Einsichten in das Innere der Dinge lassen alle Hinsichten als Oberflächen einer ‚Tiefe' erscheinen, die es, solange sich noch Hinsichten unterscheiden lassen, weiter zu ‚vertiefen' gilt. Doch das ‚Innere' und seine ‚Tiefe' sind nur Metaphern, sie sind nur in Gedanken sichtbar, und die Einsicht, die dorthin zu gelangen sucht, ist eine Sicht ins Unsichtbare, in jenen ‚Raum des Übersinnlichen', der nach KANT eine besondere Orientierung durch einen ‚Vernunftglauben' erfordert (3.2.2.).

Wo Sichten sich auf die Sichten anderer beziehen, bekommen sie ethische Bedeutung. Das beginnt mit der *Rücksicht*. Hier ist die ethische Bedeutung sogar die ursprüngliche. ‚Rücksicht' ist eine Lehnübersetzung aus dem 18. Jahrhundert von lat. ‚respectus', ‚Beachtung, Achtung'. Als ethische Tugend hält sie dazu an, ständig auf die Absichten anderer aufmerksam zu bleiben. Sie schließt auch die Vorsicht im Umgang mit andern ein, die Zurückhaltung, sie eigenen Absichten zu unterwerfen. Wird man selbst den Absichten anderer unterworfen, kann man dafür *Nachsicht* haben. ‚Nachsehen' heißt zum einen ‚etwas, das man nur flüchtig angesehen hat, noch einmal und nun genauer ansehen' (‚da muss ich noch einmal nachsehen') und zum andern ‚jemand nachsehen', ihr mit den Blicken folgen, wenn sie weggeht. Geht sie mit etwas weg, das man selbst gerne bekommen oder behalten hätte, ‚hat' man ‚das Nachsehen', und dies, dass ein anderer die eigenen Interessen nicht berücksichtigt hat, kann man ihm dann im ethischen Sinn ‚nachsehen'. Man verzichtet so auch auf künftige Wiedergutmachung. Gilt die Rücksicht der Gegenwart und die Nachsicht der Vergangenheit, so die *Zuversicht* der Zukunft. Der Sinn von ‚Zuversicht' war im Ahd. und Mhd. noch ‚sich versehen mit etwas zu etwas', ‚sich voraussehend mit etwas versehen,

---

gehören zudem laufende Seitenblicke auf das Armaturenbrett und Rückblicke über den Innenspiegel und die Außenspiegel.

was man brauchen wird'. Daraus wurde die Erwartung von Gutem und Schlimmem, später nur noch von Gutem, also die Hoffnung, insbesondere die Hoffnung auf Gottes Hilfe und, in gefestigtem Glauben, das feste Vertrauen darauf. Und im Sinn eines festen Vertrauens in die Zukunft, eine auch künftig gelingende Orientierung, hat sich ‚Zuversicht' auch über den religiösen Kontext hinaus erhalten.

6. Ausrichten der Orientierung nach Horizonten, Standpunkten und Perspektiven
Orientierung als Ausrichtung in Spielräumen

6.1. Die Sprache des Richtens: Ordnungen der Orientierung
6.2. Paradoxe Grenze der Sicht: Horizont
6.3. Zentrum eines Horizonts: Standpunkt
6.4. Sicht von einem Standpunkt aus: Perspektive
6.5. Beweglichkeit von Horizont, Standpunkt und Perspektive
6.6. Verräumlichung der Zeiten, Verzeitlichung der Räume der Orientierung
6.7. Bewegliche Spielräume der Orientierung

6.1. Die Sprache des Richtens: Ordnungen der Orientierung

Wenn der Anfang des Sich-Orientierens in einer Situation das Sich-Ausrichten der Sicht auf Sinn ist, so ist die Richtung auf Sinn die von der Orientierung ‚vorgesehene' Richtung, die Richtung, mit der sie allein etwas anfangen kann.[1] Das ‚Vorsehen' dieser Richtung ist ein Sichten vor dem Sichten, ein Sehen, das erst ermöglicht, Sinnvolles zu sehen – wie beim Ausrichten einer Karte, das sinnvolle Wege im Gelände sichtbar macht. *Die Ausrichtung der Sicht schafft Übersicht durch Ordnung.* ‚Ordnung' ist ein Lehnwort aus dem lat. ‚ordo', das ‚Fadenreihe eines

---

[1] In seiner Auslegung des platonischen Höhlengleichnisses hat Heidegger gegen die „Richtigkeit des Blickens", die ὀρθότης, aus der dann die „Übereinstimmung des Erkennens mit der Sache selbst" geworden sei, die ursprünglichere „Unverborgenheit", die ἀ-λήθεια, als „Wesen der Wahrheit" gesetzt, die seit Platon in der „Geschichte" des Seins vergessen worden sei. Damit wandte er sich jedoch nicht gegen die „Richtigkeit" als solche, ohne die ein „Blicken" und eine „Sicht" nicht denkbar ist, sondern gegen ihre fraglose Voraussetzung und das Vergessen des „Sicheinlassens" auf und das „Sichrichten" nach dem Seienden, an das er, Heidegger, nun in einer neuen „Not" des Fragens nach dem Sein „erinnere" (Heidegger, Platons Lehre von der Wahrheit [1930/31], in: M.H., Wegmarken, Frankfurt am Main 1967, 109–144, bes. 136 f., wiederabgedruckt in GA 9, 201–236).

Gewebes' und von da aus jede Reihe von Gleichartigem bedeutete, z. B. der Sitze im Theater oder der Glieder militärischer Abteilungen, dann auch den Rang in solchen Gliederungen und schließlich die gehörige Abfolge in Berichten und Erzählungen. ‚Reihe' geht auf eine idg. Wurzel *rei-, ‚ritzen', ‚reißen', ‚schneiden' zurück; im Ahd. bedeutete ‚rīhan' ebenfalls ‚auf einen Faden ziehen', ‚aufspießen', im Mhd. dann ‚rīhe' ‚eingeritzte Linie', ‚Rille', ‚Rinne', ‚Abzugsgraben'. Ordnung besteht danach darin, dass Gegebenheiten ausgerichtet, in eine Reihe gebracht und dadurch übersichtlich gemacht werden, so dass sie alle leicht und schnell aufgefunden werden können: *Ordnungen erleichtern und beschleunigen die Orientierung.*

‚Richten' geht seinerseits auf ein gemeingerm. Verb mit dem Sinn ‚in eine Reihe bringen', ‚gerademachen', zurück, der in der aktuellen deutschen Sprache mit ‚ausrichten' ausgedrückt wird; er klingt noch nach in Wendungen wie ‚sie wird es schon richten' und ‚Betten, Zimmer, Maschinen richten'. Bis ins 19. Jahrhundert hinein war ein Substantiv ‚Richte' gebräuchlich im Unterschied zu ‚Schiefe' oder ‚Krumme'; Häuser konnten ‚in der Richte' stehen, man konnte ‚aus der Richte', nämlich aus dem Gleichgewicht geraten, und eine Freundschaft, die in Konflikte geraten war, wieder ‚in die Richte bringen'; zu GOETHES Zeit war der Orientierungspunkt noch der ‚Richtpunkt', der kürzeste Weg der ‚Richtweg' und eine Handlungsmaxime ein ‚Richtsatz'. Diese ‚Richte' ist noch im ‚Richtblei' erhalten, dem ‚senkrecht' zum Erdmittelpunkt hin abgesenkten Lot, im ‚Richtholz' und der ‚Richtschnur' des Zimmermanns und, vor allem, in den ‚Richtlinien' für professionelle Tätigkeiten jeder Art. ‚Richtung' hat sich erst um 1800 eingebürgert, zunächst noch für die Handlung des Ausrichtens, dann auch und schließlich nur noch im Sinn der ‚eingeschlagenen' Richtung. Eine Richtung verweist auf eine ‚Gegend', darunter eine ‚Himmelsgegend', die wir inzwischen ebenfalls ‚Himmelsrichtung' nennen, und eine Gegend ist das, was man in einer Richtung vorfindet. KANT gebrauchte die Begriffe noch mit diesem Unterschied (3.2.2.). ‚Gegend' aber heißt im Lat. ‚regio', das von ‚regere' kommt, das ursprünglich ebenso ‚richten, ausrichten' bedeutete; so verschmolzen ‚Gegend' und ‚Richtung'. Von ‚regere' wiederum ist ‚regula' abgeleitet, die im Deutschen zur ‚Regel' wurde und ‚Richtschnur' weitgehend abgelöst hat. Zu ‚richten' gehört so auch ‚regeln'; ein ‚rector' ist jemand, der ‚ausrichtet' und ‚regelt', also nach Regeln ordnet, und ‚rex' ein ‚Herrscher', der, auch gewaltsam, (s)eine Ordnung schafft.

‚Richten' lässt, mit unterschiedlichen Präpositionen verbunden, *unterschiedliche Orientierungsmöglichkeiten* zu: Man kann etwas (z. B. den

6.1. Die Sprache des Richtens: Ordnungen der Orientierung 193

Finger oder eine Pistole) ‚*auf*' jemand richten, seine Gedanken ‚*in*' die Zukunft richten, ein Schreiben oder eine Bitte ‚*an*' jemand richten und sich ‚*nach*' etwas oder jemand richten. Das Verb wurde seinerseits zum Adjektiv ‚recht' gebildet, das dann von ‚richten' aus zu ‚richtig' weitergebildet wurde. ‚Richtig' hieß zunächst ‚der vorgesehenen Richtung', dem ‚rechten Weg' folgend. ‚Falsch' wurde im Mhd. noch von Menschen gesagt, die treulos und betrügerisch schienen. ‚Falsch' geht seinerseits auf lat. ‚falsus' und ‚falsus' auf ‚fallere', ‚täuschen', zurück; mit ‚falsch' war also eine absichtliche Desorientierung und mit ‚richtig' eine hilfreiche Orientierung gemeint. ‚Richtig' ist kurz gesagt, was ‚in Ordnung' ist: So kann man ‚seine Sache richtig machen', ‚ein richtiger Mann', ‚eine richtig gute Anwältin' sein und ‚sich richtig darüber freuen' und auf der andern Seite daran zweifeln, ob ‚hier alles richtig' ist und ‚mit rechten Dingen zugeht'. Und weil ‚recht' ist, was gut geordnet ist, und die Menschen überwiegend rechtshändig sind, galt ‚die rechte' in vielen Kulturen auch als die gut ordnende Hand und die linke als die ‚linkische'.

Das Wortfeld des Richtens bringt eine *breite Vielfalt alltäglicher Ordnungen* zur Sprache. ‚Richt' oder ‚Richte' war auch einmal der ‚Gang' einer Mahlzeit und lebt noch in ‚Gericht' fort. Solche Gerichte kann man wiederum ‚vorrichten', ‚herrichten' und ‚anrichten' (‚es ist angerichtet'); bereitete man sich im Mittelalter auf einen Essensgast vor, hieß das ‚sich auf einen richten'. Man kann vorbereitend all das ‚hinrichten', was nachher rasch zu Hand sein muss. ‚Richten' kann man aber auch Gebäude, indem man sie mit einem Dachstuhl versieht, was dann mit einem ‚Richtfest' begangen wird (‚heute wird gerichtet'); zuvor werden Gerüste ‚aufgerichtet' und die Mauern ‚errichtet', und das fertige Haus wird dann ‚eingerichtet'. Professionelle Tätigkeiten werden nach Regeln oder Routinen ‚verrichtet', Hunde werden ‚abgerichtet', aus der Ordnung Geratenes wird ‚zurechtgerichtet'. Wenn Geschehnisse ‚berichtet' werden, werden sie in eine zeitliche Reihe und eine narrative Ordnung gebracht (12.5.). ‚Richtet' man im übertragenen Sinn ‚etwas aus', bewirkt man etwas, stellt man irgendwo eine neue Ordnung her. Natürlich wird ‚richten' auch moralisch gebraucht: ‚Aufrichtig' ist von ‚sich aufrichten' abgeleitet; ‚aufrecht' werden ritterlich Angriffe, ‚aufrichtig' Verführungen zur Lüge abgewehrt. Man kann jedoch auch ‚gegen jemand etwas ausrichten', ihn dabei übel ‚zurichten' oder ganz ‚zugrunderichten', nämlich zum Grund, zum Boden hin richten. Das ‚Richten' von ‚Richtern' schließlich ist das befugte Wiederherstellen der ‚Rechtsordnung' gegen die, die von ihr ‚abgewichen' sind oder sie ‚gebrochen' haben; die äußerste Möglichkeit der Rechtsprechung ist die Verurteilung zum Tode, die ‚Hinrichtung' von Rechtsbrechern – ‚hinrichten' bedeutete so viel wie ‚zugrunderichten'. Die Rechtsordnung ist die Voraussetzung für viele weitere Ordnungen im Zusammenleben von Menschen und wurde darum zum Vorbild für Ordnung überhaupt (13.4.). Die vorsokratischen Philosophen dachten die Ordnung der Natur von der Ordnung des Rechts her, und noch in KANTS *Kritik der reinen Vernunft* blieb die Rechtsmetaphorik herrschend.

Die Orientierung im ganzen richtet sich nach Horizonten, Standpunkten und Perspektiven aus und hat darin ihre erste Ordnung, gleichsam ihre Grundordnung. ‚Horizont', ‚Standpunkt' und ‚Perspektive' sind die klassischen Termini im philosophischen und alltäglichen Sprachspiel der Orientierung (6.2.-6.4.). Sie sind, wie ‚Orientierung' selbst, zu absoluten Metaphern geworden (1.3.). Ein Standpunkt kann ein geographischer, aber ebenso ein politischer, wissenschaftlicher, moralischer, religiöser Standpunkt sein, und für solche Standpunkte gibt es kaum einen passenderen Begriff als eben ‚Standpunkt'. Ebenso versteht man etwas ‚in einem Horizont' (z. B. wie HEIDEGGER Sein im Horizont von Zeit), wie man ein Schiff ‚vor dem Horizont' des Meeres sieht, und man betrachtet etwas unter verschiedenen ‚Perspektiven' ebenso im Gespräch wie mit den leiblichen Augen. Horizonte, Standpunkte und Perspektiven sind allesamt beweglich, ihre Beweglichkeit ermöglicht die Bewegung der Orientierung, ihr Mitgehen mit der Zeit (6.5.). In ihnen ist ihrerseits die Zeit verräumlicht und der Raum verzeitlicht, so schaffen sie die spezifische Raum-Zeit-Ordnung der Orientierung (6.6.). Es ist eine Raum-Zeit-Ordnung, die stets Spielräume zur Bewegung lässt, und auch ‚Spielraum' ist eine absolute Metapher (6.7.).

6.2. Paradoxe Grenze der Sicht: Horizont

Wie ‚Orientierung' ein substantiviertes Verbum ist, ‚Horizont' ein substantiviertes Partizip. Gr. ὁρίζων heißt ‚begrenzend', und der Horizont ist ein ὁρίζων κύκλος, ein ‚begrenzender Kreis'. Ὁρίζειν war in seinem transitiven Gebrauch als ‚begrenzen, durch Grenzen trennen, bestimmen, definieren' für die griechische Orientierung ein Grundwort. Intr. bedeutete es außerdem ‚an etwas angrenzen' (πρός τι), med. ‚für sich eine Grenze setzen' (z. B. eine Grenze, bis zu der man geht oder Land bebaut) und übertragen ‚etwas für etwas erklären' (z. B. eine Handlung nach dem Gesetz für rechtens erklären); die Grenze war danach stets von dem her gedacht, der sie zieht. In der aristotelischen Philosophie wurde das

Substantiv ὁρισμός in der Bedeutung ‚Bestimmung, Definition' zum Terminus. Der Horizont (ὁ ὁρίζων κύκλος) war bei ARISTOTELES noch einer, nämlich der den Blick begrenzende Kreis des Himmels.[2] Im Mittelalter, bei WILHELM VON AUVERGNE und anderen, wurde ‚horizon', lat. ‚finiens', dagegen zur Scheidelinie zwischen dem Sterblichen und dem Unsterblichen, zwischen der Zeit und der Ewigkeit, der Grenze, auf der die christliche Seele existiert. In der Moderne verlor sich der theologisch-metaphysische Sinn. Mit KOPERNIKUS wurde der irdische Standpunkt zu einem beweglichen, dessen Bewegung mathematisch am leichtesten von einem anderen Standpunkt, der Sonne, aus zu berechnen ist. Der Augenschein der Erdenbewohner, dass die Sonne am Horizont auf- und untergeht, wird fraglich, zu einem bloßen Schein, den der Verstand ‚durchschauen' kann. Seither spaltete sich der menschliche Horizont in einen Verstandeshorizont (‚horizon rationalis' oder ‚astronomicus' oder ‚verus') und einen Sinneshorizont (‚horizon sensibilis' oder ‚adparens' oder ‚visus').[3] Das *Lexicon philosophicum* des Johannes MICRAELIUS von 1662 bestimmte den Horizont nun ausschließlich astronomisch als den „größten unbeweglichen Kreis, gewöhnlich der ‚Abschluss' oder der ‚abschließende' genannt, der den sichtbaren Teil der Welt vom verborgenen, der Sicht entzogenen, trennt".[4] Er ging nun von der prinzipiellen Standpunktbezogenheit der Orientierung und der Beweglichkeit der Standpunkte aus: Parallel zum Horizont auf der Erdoberfläche, in dessen Mittelpunkt man jeweils steht und „bis zu dem unsere Sicht reicht (quousque excurrit visus noster)", ist, so MICRAELIUS, der astronomische Horizont zu denken, dessen Mittelpunkt der Erdmittelpunkt ist und der den Himmel in zwei Hemisphären teilt. Die Senkrechte durch beide Punkte zeigt den ‚Zenit', den für den Betrachter höchsten Punkt am Himmel, an (arab. ‚Richtung des Kopfes'), dem in der anderen Hemisphäre der ‚Nadir' (arab. ‚gegenüberliegend') entspricht. Durch Zenit

---

2   Vgl. Aristoteles, De caelo, II 14, 297 b 34. Zu weiteren Belegen, auch für das Folgende, vgl. N. Hinske / H. J. Engfer / P. Janssen / M. Scherner, Art. Horizont, in: Historisches Wörterbuch der Philosophie, Bd. 3, Basel/Darmstadt 1974, Sp. 1187–1206, und (aus vorwiegend literaturwissenschaftlicher Sicht) Albrecht Koschorke, Geschichte des Horizonts. Grenze und Grenzüberschreitungen in literarischen Landschaftsbildern, Frankfurt am Main 1990.
3   Vgl. Zedler, Grosses vollständiges Universal Lexicon aller Wissenschaften und Künste, a.O., Bd. 13 (1739), Sp. 849 f.
4   Micraelius, Lexicon philosophicum terminorum, a.O., Sp. 572: „HORIZON est circulus maximus immobilis, qui vulgò dicitur *Finitor, & Finiens, &* conspicuam mundi partem dividit ab occultatâ."

und Nadir lässt sich wieder eine Horizontlinie ziehen, die sich dann mit dem Standpunkt auf der Erdoberfläche bewegt. Die Sterne und die Sonne aber scheinen aufzusteigen und unterzugehen, weil sich auch die Erdoberfläche und mit ihr der Standpunkt auf ihr relativ zum Himmel bewegt. DIDEROTS und D'ALEMBERTS *Encyclopédie* tradierte die Unterscheidung des „wahren oder astronomischen (vrai ou astronomique)" oder „Horizonts schlechthin (absolument *horizon*)" vom sinnlichen oder scheinbaren und behielt auch die alte Definition bei („grand cercle de la sphere qui la divise en deux parties ou hémispheres"), ersetzte nun aber „verborgen" durch „unsichtbar" (dont l'un est supérieur & visible, & l'autre intérieur & invisible").[5] Die untere Hemisphäre ist nicht schlechthin verborgen, sondern nur auf Zeit unsichtbar; wechselt man den Standpunkt, wird sie sichtbar. *Mit dem Verbergenden ging auch das Bergende, das jeder Begrenzung innewohnt, vollends verloren, der eine Horizont des ‚Kosmos‘, der ‚schönen Ordnung der Welt‘, wich einer Vielfalt flüchtiger Horizonte.*

Ein Horizont ist heute die Grenze, die eine Rundsicht abschließt – je nachdem, wo man steht. Er begrenzt die Übersicht (5.3.); man kann, um Übersicht zu gewinnen, ‚den Blick über den Horizont schweifen lassen‘, ihn mit dem (sinnlichen oder geistigen) Auge ‚ausschreiten‘ und anderen Übersicht über ein Themenfeld durch eine ‚tour d'horizon‘ geben. Nach dem Vorbild des ‚Himmelsgewölbes‘ werden Horizonte als (mehr oder weniger metaphorisch verflüchtigte) Kugelhälften vorgestellt, ‚vor‘, ‚in‘ oder ‚aus‘ denen man etwas sieht bzw. versteht. Auffällig wird der Horizont in Küstengegenden, wo das Land flach und das Meer offen ist und er als Grenzlinie zum Himmel sichtbar zu werden scheint. Er zeigt sich jedoch als *paradoxe Grenze*, als Grenze des Abgrenzens überhaupt. Sieht man etwas *vor* einem Horizont, so ist er selbst zu sehen und doch nicht zu

---

5 Encyclopédie (Felice), a.O., Bd. 23 (1773), 455. – So auch schon mit britischer Prägnanz [William Owen et alii], A New and Complete Dictionary of Arts and Sciences; Comprehending All the Branches of Useful Knowledge, with Accurate Descriptions as well of the various Machines, Instruments. Tools, Figures and Schemes necessary for illustrating them, as of The Classes, Kinds, Preparations, and Uses of Natural Productions, whether Animals, Vegetables, Minerals, Fossils, or Fluids, Together with The Kingdoms, Provinces, Cities, Towns, and other Remarkable Places throughout the World. Illustrated with above Three Hundred Copper-Plates, curiously engraved by Mr. Jefferys, Geographer and Engraver to his Royal Highness the Prince of Wales. The Whole extracted from the Best Authors in all Languages. By a Society of Gentlemen, 4 Bde. in 8 Teilbänden, London (W. Owen) 1754–1755, 1635 f.

sehen. Denn sieht man *auf* ihn, ist er schon kein Horizont mehr; statt dessen sieht man das, was man dann sieht, bereits wieder vor einem anderen Horizont. Ebenso beim Horizont, *in* oder *aus* dem man etwas versteht: thematisiert man ihn, versteht man ihn schon in oder aus einem anderen Horizont (so thematisierte HEIDEGGER die Zeit, in deren Horizont er das ‚Sein' zu verstehen suchte, im Horizont des menschlichen ‚Daseins'). *‚Horizont' ist der Begriff oder die absolute Metapher dafür, dass man nur etwas sehen und verstehen kann, wenn man die Sicht begrenzt, sie ‚konzentriert', und dabei nicht zugleich auf die Grenze sieht, sondern sie am Rand, an der Peripherie, im ‚Hintergrund' lässt.* So, als weder sichtbare noch unsichtbare Grenze des Sehens und Verstehens, macht ein Horizont das Sehen und Verstehen und damit das Abgrenzen, Unterscheiden, Sichten überhaupt erst möglich; er ist das ausgeschlossene Dritte der Unterscheidung von sichtbar und unsichtbar, ihre Einheit und Bedingung der Möglichkeit. Sofern er das Abgrenzen ermöglicht und sich ihm dabei entzieht, ist er jedoch kein greifbarer Grund, sondern ‚Hintergrund' des Sichtens. Ein Schiff ‚verschwindet' am Horizont, ein anderes ‚taucht aus dem Hintergrund auf',[6] man sieht ein Bild ‚vor dem Hintergrund' der Wand, versteht ein Ereignis ‚auf dem Hintergrund' der Geschichte – die (absolute) Metapher des Hintergrunds entparadoxiert die (absolute) Metapher des Horizonts. Die *Unterscheidung von Vordergrund und Hintergrund* richtet die Unterscheidung von Zentrum und Peripherie aus, die das Sehen als Sichten überhaupt mit sich bringt (5.1.), der Hintergrund ist eine Peripherie in einer Richtung. Beim Schiff am Horizont ist die Peripherie durch die Krümmung der Erdoberfläche physisch begrenzt, ansonsten durch die Reichweite des Blicks. Sofern aber Hintergründe zu Vordergründen werden, wenn man *auf* sie sieht, und dann vor weiteren Hintergründen gesehen werden, sind auch sie paradox, und ihre Paradoxie wird wieder durch die Zeit entparadoxiert (5.3.): Man sieht den Horizont weder noch sieht man ihn nicht, sondern man sieht *bis* zum Horizont, der immer fern ist. Doch nähert man sich ihm, weicht er zurück, man kann ihn nicht überschreiten, aber verschieben. So ist er zwar eine räumliche, aber keine zeitliche Grenze. An Horizonten endet die Orientierung, aber an jedem Horizont tun sich auch wieder neue Horizonte auf. So sind sie *Grenzen des Abgrenzens, aber nur auf Zeit* (1.2.).

---

6   Vgl. Sommer, Suchen und Finden, a.O., 83–85.

Als die Philosophie das Weltverstehen von Horizonten her zu denken begann, setzte sie schon bei der Pluralität von Horizonten – und ‚Welten‘ an.⁷ LEIBNIZ rekonstruierte die Ordnung der Welt methodisch mit Hilfe der Begriffe Horizont, Gesichtspunkt (point de vue) und Perspektive und begriff die Welt als System von Perspektiven, die von Gott ausgehen und in ihm zusammenlaufen und, jede in ihren Grenzen, Gegenstände füreinander sind. Auch das Denken der Menschen ist danach in begrenzte Perspektiven, ‚Monaden‘, eingeschlossen. In LEIBNIZ' Schule wurden die Horizonte innerhalb der menschlichen Erkenntnis differenziert, worauf KANT in der Einleitung zu seiner regelmäßig vorgetragenen *Logik*-Vorlesung zurückgriff. Er stellte seinen Kritizismus unter das Zeichen des Kopernikanischen Perspektivenwechsels,⁸ verstand ihn als Begrenzung des Horizonts des wissenschaftlichen „Vernunfterkenntnisses", zu der ihn HUMES Empirismus genötigt habe, entfaltete ihn unter dem „doppelten Gesichtspunkt" von Verstand und Sinnlichkeit.⁹ Weil es in der *Kritik der reinen Vernunft* aber um einen *besonderen* Horizont, den „Horizont der Wissenschaft" ging, der, soweit er „rational" und nicht „historisch" sei, als einziger zu „fixieren" sei,¹⁰ gebrauchte KANT dort die Begriffe Horizont und Perspektive nur am Rande, und so rückten die Horizonte und der Perspektivismus wieder aus dem Blickfeld der Philosophie. NIETZSCHE verzichtete auch noch auf KANTS transzendentale Setzungen und machte so den Weg für ein Denken in individuellen, zeitlichen und beweglichen Horizonten frei, das er „Phänomenalismus und Perspektivismus" nannte, worunter er explizit auch sein eigenes Philosophieren subsumierte.¹¹ Nach NIETZSCHE gibt es für den Menschen „allein unter allen Thieren keine ewigen Horizonte und Perspektiven"; stattdessen habe er es mit einer unablässigen „Verschiebung, Verzerrung und scheinbaren Teleologie der Horizonte und was Alles zum Perspektivischen gehört" zu tun. Doch er könne darauf hinarbeiten, seine Perspektiven „*in der Gewalt zu haben*" und aus- und einzuhängen: so dass man sich gerade die *Verschiedenheit* der Perspektiven und der Affekt-Interpretationen für die Erkenntniss nutzbar zu machen weiss". So und nur so könne man zu einer neuen Objektivität kommen, die auch dem Einzelnen „gerecht" werden könne.¹² Nachdem HUSSERL, noch einmal im Anschluss an KANT, in seiner Transzendentalen Phänomenologie dann Horizonte als transzendentale

---

7 Die Formel ‚pluralité des mondes‘, ‚Vielzahl der Welten‘ wurde prominent durch Bernard Le Bovier Fontenelles (1657–1757) und sein in fast alle europäische Sprachen übersetztes Werk: Entretiens sur la pluralité des mondes (1686, dt. Übers. 1727 unter dem Titel: Dialoge über die Mehrheit der Welten von Johann Christoph Gottsched). Fontenelle stellt darin die moderne kopernikanische Astronomie prägnant und elegant für eine fiktive kluge und wissbegierige Marquise dar.
8 Kant, Kritik der reinen Vernunft, B XVI.
9 Ebd., B XIX, Anm.
10 Kant, Logik, AA IX, 41.
11 Nietzsche, Die fröhliche Wissenschaft, Nr. 354, KSA 3.593.
12 Nietzsche, Die fröhliche Wissenschaft, Nr. 143, KSA 3.491, Menschliches, Allzumenschliches, Vorrede 6, KSA 2.20, Zur Genealogie der Moral III, Nr. 12, KSA 5.364 f.

Bedingungen jedes Gegebenseins von Gegebenem erwiesen hatte, nahm HEIDEGGER erneut die transzendentalen Vorgaben zurück und stellte in *Sein und Zeit* die Frage nach dem Sinn von Sein ganz in den Horizont der Zeit. Und während DERRIDA auf die Paradoxierung des Begriffs der Grenze durch den Begriff des Horizonts verwies – „Der Horizont ist die Grenze und die Abwesenheit der Grenze, das Verschwinden des Horizonts am Horizont, die A-Horizontalität des Horizonts, die Grenze als Abwesenheit der Grenze"[13] -, blieb LUHMANN, von dem man dies um so mehr erwartet hätte, hier HUSSERL verpflichtet. Der Horizont sei gar keine Grenze, und so entstehe in dessen Begriff auch keine Paradoxie: „Der Horizont ist keine Grenze, man kann ihn nicht überschreiten."[14] Zugleich machte LUHMANN jedoch, ebenfalls mit HUSSERL, auf die „Zeitdimension" der Horizonte aufmerksam: Sie lassen Endloshorizonte, d. h. ‚hinter' jedem Horizont weitere Horizonte zu, die „Vorstellung des Anfangs bzw. Endes schließt der Horizontbegriff gerade aus".[15] So wird der Horizont, sofern er „alle Möglichkeiten einschließt und weitere Möglichkeiten anzeigt, […] ein Ende und ein Darüberhinaus anzeigt, […] zugleich notwendig und von jedem Standort aus willkürlich begrenzt" ist, dann doch paradox.[16] Diese Paradoxie aber werde, so LUHMANN, zum „Mysterium", wenn, wie von LEIBNIZ und von HUSSERL, ein letzter umschließender Horizont, ein Universal- oder Welthorizont, unterstellt werde, „wenn die Welt nur noch ein Horizont" sei, der keine Horizonte mehr ‚hinter' sich hat.[17]

6.3. Zentrum eines Horizonts: Standpunkt

Der Standpunkt der Orientierung ist der (metaphorische) ‚Punkt', auf dem man in einem Horizont ‚steht' und von dem aus man sieht und versteht, was man in diesem Horizont sehen und verstehen kann. Das kann ein geographischer, politischer, wissenschaftlicher, moralischer, religiöser oder anderer Standpunkt sein; man kann ihn jeweils ‚betreten' und ‚verlassen', ‚einnehmen' und ‚aufgeben', und insofern kann man viele Standpunkte zugleich ‚haben'. Man ‚hat' jedoch immer auch einen Standpunkt, den man nicht einnehmen und aufgeben kann, den *Standpunkt des eigenen Körpers in der Welt*. Er ist der Bezugs- und Ausgangspunkt aller Orientierung, an ihn ist auch alle Vernunft gebunden, und darum war KANT in seiner Philosophie der Orientierung von ihm ausgegangen (3.2.2.). Zu ihm ist, mit einem Wort, alle Orientierung relativ,

---

13 Jacques Derrida, Politiques de l'amitié, Paris 1994, deutsch: Politik[en] der Freundschaft, übers. v. Stefan Lorenzer, Frankfurt am Main 2000, 33.
14 Luhmann, Soziale Systeme, a.O., 114 f.
15 Ebd., 116.
16 Ebd., 283.
17 Luhmann, Die Gesellschaft der Gesellschaft, a.O., 147.

und insofern ist er *das Absolute der Orientierung*.[18] Und mit seinem Körper steht man nicht nur in einer Situation, von ihm hängt auch die ‚Stimmung' (4.3.), die ‚psycho-physische Befindlichkeit' der Orientierung ab. Er gibt, je nachdem, wie gesund, leistungsfähig, attraktiv er ist, schon einen Gutteil der Handlungs- und Lebensmöglichkeiten vor, und je nachdem wie er ‚an guten' oder ‚schlechten Tagen' ‚drauf' ist, wird die Orientierung leichter oder schwerer gelingen. An seinem Körper, seiner Gesundheit, Leistungsfähigkeit und Attraktivität kann man ‚arbeiten', aber doch nur in Grenzen (aus einem unsportlichen Menschen kann man keinen Olympiasieger machen). Das gilt über die Körperlichkeit hinaus auch für die Lebensbedingungen im übrigen, die Begabungen, die man ‚mitbringt', die soziale und familiäre Umgebung, in der man aufwächst, die Einflüsse, unter die man gerät, die Erfahrungen, die man macht, den Charakter, den man dabei ausbildet. Da ‚kann man etwas tun', aber auch darin, was man da tun kann und tut, ist man noch von ihnen ‚geprägt'. Soweit seine Lebensbedingungen einen Menschen prägen, machen sie den Standpunkt seiner Orientierung mit aus. So ist der Standpunkt, von dem eine Orientierung ausgeht, *der Inbegriff dessen, was jemand in seiner Orientierung jeweils schon mitbringt und in sie einbringt und wovon er nur in (mehr oder weniger engen) Grenzen abrücken kann*, und so wird in der Sprache der Orientierung ‚Standpunkt' aktuell auch am häufigsten gebraucht. Der ‚Standpunkt' gibt die ‚Gesichtspunkte' vor, unter denen man erschließt, was man tun kann.

Von ‚Gesichtspunkt' oder ‚Sehepunkt' sprach man zunächst häufiger als von ‚Standpunkt'.[19] Für ZEDLER war ‚Standpunkt' nur ein Begriff der Geodäsie: „STAND-PUNCT, Lat. Statio, Stationis Punctum, [...] wird in der ausübenden Geometrie der Punct auf dem Erdboden gennenet, in welchem der Mittelpunct des Instruments, womit man misset, ordentlich eintreffen soll".[20] ‚Sehepunkt' wurde um 1750 dagegen schon übertragen gebraucht. (Der Wolffianer) Johann Martin CHLADENIUS sprach bereits vom „Sehe-Punckt" für die „richtige Ausle-

---

18 Ingolf U. Dalferth, Die Wirklichkeit des Möglichen. Hermeneutische Religionsphilosophie, Tübingen 2003, 149, spricht (metaphorisch) von „absoluter Lokalisierung".
19 Vgl. Kurt Röttgers, Der Standpunkt und die Gesichtspunkte, in: Archiv für Begriffsgeschichte 37 (1994), 257–284, und: Art. Standpunkt, Gesichtspunkt, in: Historisches Wörterbuch der Philosophie, Bd. 10, Basel/Darmstadt 1998, Sp. 103 f., und zuletzt Smiljani, Philosophische Positionalität, a.O., 162–165.
20 Zedler, Grosses vollständiges Universal Lexicon aller Wissenschaften und Künste, a.O., Bd. 39 (1744), Sp. 1134.

6.3. Zentrum eines Horizonts: Standpunkt

gung vernünfftiger Reden und Schrifften"[21] und zählte ihn zu den „allerwichtigsten" Begriffen „in der gantzen Philosophie",[22] und der (Anti-Wolffianer) Christian August CRUSIUS forderte in seiner Lehre „Von der Auslegung und Interpretation", „aus der Vergleichung aller Umstände gleichsam den rechten Sehe-Punct zu bestimmen, aus welchem der Verfasser eine Sache gesehen hat, und sich in den Gedancken in denselbigen zu stellen".[23] Auch KANT gebrauchte ‚Gesichtspunkt' in diesem Sinn, nun aber auch ‚Standpunkt', und betonte damit die ‚Bodenständigkeit' auch des Denkens. Philosophie „aus dem Standpunkte eines Menschen",[24] dessen Vernunft im Sinn MENDELSSOHNS „in den Fall gerät, sich mit sich selbst zu entzweien, nachdem sie ihren Gegenstand aus zwei verschiedenen Standpunkten erwägt",[25] könne nur dann „irre geführt" werden, wenn sie „den Boden der Erfahrung, der doch die Merkzeichen ihres Ganges enthalten muß, verläßt" (3.2.2.).[26] In KANTS früher Schrift von 1768 *Von dem ersten Grunde des Unterschiedes der Gegenden im Raum* ist der konkrete Sinn der Metapher des Standpunkts noch spürbar, wenn er dort sagt, „die allergenaueste Himmelskarte [...] würde mich doch nicht in den Stand setzen, aus einer bekannten Gegend, z.E. Norden, zu wissen, auf welcher Seite des Horizonts ich den Sonnenaufgang zu suchen hätte." „Stand" bedeutet hier, wie KANT zuvor erläutert, das Aufrechtstehen des Körpers (nicht nur des geodätischen Meßgeräts) auf der „Horizontalfläche" des Bodens.[27]

Der Standpunkt des Körpers, an den die aktuellen Metaphorisierungen anschließen, *scheint* nur ein Punkt zu sein, denn auf einem Punkt kann man nicht stehen, und selbst als Punkt steht er nicht fest, denn man kann sich ja mit ihm bewegen, die Stelle, wo man steht, verändern. Dennoch bleibt er der absolute Standpunkt. Denn bewegt man sich, sei es um die eigene Achse, um die Umgebung rundum zu übersehen, sei es um eine andere Stelle einzunehmen und dort einen neuen Überblick zu bekommen, nimmt man seinen Standpunkt immer mit; wie man ihn auch

---

21 Johann Martin Chladenius, Einleitung zur richtigen Auslegung vernünfftiger Reden und Schriften, Leipzig 1742, neu hg. v. Lutz Geldsetzer Düsseldorf 1969.
22 Johann Martin Chladenius, Allgemeine Geschichtswissenschaft, worinnen der Grund zu einer neuen Einsicht in allen Arten der Gelehrtheit gelegt wird, Leipzig 1752, neu hg. v. Reinhart Koselleck, Wien, Köln, Graz 1985, 100 f.
23 Christian August Crusius, Weg zur Gewißheit und Zuverläßigkeit der menschlichen Erkenntniß, Leipzig 1747, jetzt in: Die philosophischen Hauptwerke, hg. v. G. Tonelli, Bd. 3, Hildesheim 1965, 1091.
24 Kant, Kritik der reinen Vernunft, A 26/B 42.
25 Ebd., A 461/B 489.
26 Ebd., A 689/B 717.
27 Kant, Von dem ersten Grunde des Unterschiedes der Gegenden im Raume, a.O., AA II, 379. – Vgl. Friedrich Kaulbach, Der Begriff des Standpunktes im Zusammenhang des Kantischen Denkens, in: Archiv für Philosophie 12 (1963), 14–45.

bewegt, man sieht, was man sieht, immer nur ‚von ihm aus', während andere von anderen Standpunkten aus anderes sehen. Ein bloßer Punkt aber ist er, weil es nicht einfach der Körper ist, der den Standpunkt ‚einnimmt'. Denn man kann ja auch seinen Körper (ohne Spiegel) ansehen, an ihm herabsehen, und sieht dabei immer noch von einem Standpunkt aus, und auch wenn man sitzt und liegt, hat man noch einen Standpunkt. Der Standpunkt wäre so nicht die Stelle, wo die Füße stehen, sondern es müssten die Augen sein, mit denen man sieht und die man (ohne Spiegel) selbst nicht zu sehen bekommt, und so wäre er doch eher der ‚Sehepunkt', von dem aus man (physisch) sieht. Als solcher wäre er wie der Horizont eine paradoxe Grenze des Sehens so nun ein *paradoxer Ausgangspunkt des Sehens*, von dem aus man alles sieht, der aber selbst nicht gesehen werden kann, der ‚blinde Fleck' der Orientierung, buchstäblich lokalisiert im blinden Fleck der Augen. Aber niemand wird seinen Standpunkt in seinen Augen sehen,[28] und verlegte man ihn doch in die Augen, wären Blinde gänzlich orientierungslos. Der Standpunkt der Orientierung ist nicht der Körper und sind nicht die Augen, er ist auch nicht der jeweilige physikalische Schwerpunkt des Körpers (dann würde er sich im Sitzen und Liegen ändern), er hat im Körper keinen bestimmten Ort, er lässt sich in ihm nicht lokalisieren, er scheint nur eine *imaginäre Mitte* im oder am Körper zu sein.

Paradox ist er dennoch. Wie der Horizont ist er fraglos gegeben (man ‚hat' einen Standpunkt) und doch nicht gegeben (man hat ihn nur imaginär), und man kann ihn nicht verlassen (man nimmt ihn immer mit) und doch verlassen (man kann ihn verlagern). Man ‚hat' ihn, ohne dass man da etwas hätte, nimmt ihn mit, ohne dass da etwas wäre, was man mitnähme. Die Paradoxien entparadoxieren sich, wenn man auf das Wortfeld des Findens zurückgeht, die Wendung, man ‚befinde sich' auf einem Standpunkt. Bedeutete die indo-europäische Wurzel von ‚finden', *pent-, ‚auf etwas treten' (1.1.), so nahm ‚befinden' im Alt- und Mittelhochdeutschen (‚bifindan', ‚bevinden') den Sinn von ‚bemerken, kennenlernen' (wie noch in ‚herausfinden') an – das Verbalpräfix ‚be-' kann die gezielte Ausrichtung eines Vorgangs bezeichnen wie in ‚bebauen' vs. ‚bauen', ‚beschimpfen' vs. ‚schimpfen', ‚bezeichnen' vs. ‚zeichnen'. ‚Sich befinden' heißt danach ‚bemerken, wer und wo man ist', ‚sich selbst in seiner Umgebung finden' oder ‚zurechtfinden' und dabei ‚herausfinden', wer man ist. Und das entspricht dem phänomenologischen Befund. Der Standpunkt der eigenen Orientierung steht deshalb nicht schon fest,

---

28 Vgl. Wittgenstein, Tractatus logico-philosophicus, 5.633–5.634.

scheint nur eine imaginäre Mitte zu sein, weil man ihn in seiner Orientierung seinerseits erst ‚finden' muss, weil sich *in* der Orientierung erst zeigt, wo man ist und wie man sich dabei befindet. Darauf ‚stößt' man vor allem dann, wenn andere an der eigenen Orientierung ‚Anstoß nehmen', sei es, dass man ihnen körperlich im Weg steht oder mit seinen Äußerungen einen missliebigen Standpunkt vertritt. *Standpunkte fallen gegenüber anderen Standpunkten auf* (und wenn man in den Spiegel sieht, scheint man sich von einem anderen Standpunkt ‚hinter dem Spiegel' aus zu sehen). Ist aber der Standpunkt, auf dem man ‚sich befindet', der Ausgangspunkt aller Orientierung, die zuletzt immer die eigene ist, seinerseits ‚vorgefunden', muss man sich ‚in ihn' erst gegenüber anderen Standpunkten ‚hineinfinden' und ‚auf ihm zurechtfinden', so ist er auch als absoluter kontingent. *Der jeweilige Standpunkt der Orientierung ist ein kontingentes Absolutes.* In der Orientierung fallen das Absolute und das Notwendige nicht zusammen, in der Orientierung ist auch ihr Absolutes, ihr Standpunkt, kontingent, und die Kontingenz des absoluten Standpunkts der Orientierung ist der Ursprung und Ausgang aller weiterer Kontingenzen.[29]

Sofern in der Orientierung unvermeidlich alles auf den eigenen Standpunkt zuläuft und von ihm ausgeht, ist ihr eine *vor- und außermoralische Egozentrik* eigen. MERLEAU-PONTY hat sie in seiner *Phänomenologie der Wahrnehmung* detailliert analysiert. Weil sich das ‚Ego', das seine Welt erschließt, dabei nicht als einheitlich und fest zeigt, vermied er dabei die Rede vom Standpunkt. Denn schon die Horizonte und Ausrichtungen der verschiedenen Sinne, die doch alle auf *einen* Bezugspunkt der Orientierung zurückverweisen, unterscheiden sich erheblich und müssen in der Orientierung eigens integriert werden.[30] Um etwas zu

---

29 Hier könnte ‚Relativismus' vermutet werden, und Relativismus wird in der Philosophie zumeist gefürchtet. Man fürchtet absolute Haltlosigkeit. Der Gegensatz wäre jedoch ‚Absolutismus' und damit absolute Bewegungslosigkeit. Die Orientierung hält sich an ein Absolutes, das selbst beweglich ist. Zu ihrem Halt vgl. Kap. 7.
30 Vgl. Merleau-Ponty, Phänomenologie der Wahrnehmung, a.O., 273: Die „Einheit der Sinne" ist nicht „als deren Subsumtion unter ein ursprüngliches Bewusstsein […] zu verstehen, sondern als die nie vollendete Integration der Sinne in einen einzigen Erkennungsorganismus (organisme connaissant)." Dass zumeist von fünf Sinnen ausgegangen wird, verdankt sich komplexen geistesgeschichtlichen Entscheidungsprozessen; im alten Indien und im alten China z. B. unterschied und zählte man anders, die aktuelle Sinnesphysiologie unterscheidet nach vielfältigen einander überkreuzenden Kriterien. Vgl. E. Scheerer, Art. Sinne, die, in: Historisches Wörterbuch der Philosophie, Bd. 9, Basel/Darmstadt 1995,

schmecken, muss man es in den Mund nehmen, sich einverleiben, und man tut das vor allem, wenn man isst und trinkt, hält ansonsten aber zu allem und allen möglichst Distanz, außer wenn man liebt. Der *Geschmack* ist ohne Ausrichtung. Der über den ganzen Körper verteilte *Tastsinn* erschließt die unmittelbare Umgebung des Körpers, indem er mit diesem Körper, ebenfalls ohne Distanz, aber immer auf dem Sprung zur Distanzierung, andere Körper berührt. Gegenüber dem Horizont des Geschmacks ist der des Tastsinns erheblich weiter; er reicht etwa so weit, wie die zum Tasten ausgestreckten Hände reichen, und sie lassen sich, wenn man sich mit dem Körper dreht, rundum in alle Richtungen ausrichten. Der *Geruchssinn*, zentriert in der Nase (die man sich notfalls zuhalten kann), erkundet ohne Körperberührung die nahe Distanz; Gerüche wehen mit der Luft heran, man wird von ihnen überrascht und sieht sich nach ihren Ursprüngen um. Der Geruchssinn selbst kann nicht unmittelbar orten, aus welcher Richtung sie kommen; man kann jedoch, da die Intensität von Gerüchen mit der Nähe zu ihren Ursprüngen abnimmt, die Richtung einkreisen und muss sich dazu selbst bewegen. Er wirkt wie die beiden andern Nahsinne vor allem an der affektiven Anziehung und Abstoßung mit.[31] Das *Gehör* reicht in erheblich weitere Distanzen; er ist wie der Gesichtssinn auch ohne besondere Anlässe immer ‚wach', tastet von sich aus laufend die Umgebung nach auffälligen Vorkommnissen ab. Er kann ohne Bewegung des Körpers Entfernungen und Richtungen einschätzen (und um so besser, je mehr man stillhält), Entfernungen vor allem anhand des Differierens von Lautstärken, Richtungen durch das Hören mit zwei in Distanz platzierten Ohren, die (minimale) Zeitdifferenzen beim Eintreffen von Geräuschen registrieren; das menschliche Gehör spricht schon auf eine Zeitdifferenz von 30 Millisekunden an, was

---

Sp. 824–869. Hier geht es nur um wenige schematische Unterschiede der Sinne in ihren Horizonten und Ausrichtungen. – Zum (ziemlich fruchtlosen) Streit um einen Vorrang unter den Sinnen vgl. Plessner, Anthropologie der Sinne, a.O., 187–251, bes. 211.

31 Hubert Tellenbach, Geschmack und Atmosphäre. Medien menschlichen Elementarkontaktes, Salzburg 1968, fasst im Blick auf Tiere, bei denen Geschmacks- und Geruchssinn im Schnabel bzw. der Schnauze konzentriert sind, beide zum „Oralsinn" zusammen (13). Manche Tiere „riechen" so ausgeprägt im intransitiven und transitiven Sinn, dass sie sich durch Düfte, die sie ausströmen und wittern, aneinander orientieren und, oft über weite Entfernungen hinweg, auch Jagdgebiete markieren können (20 f.). Auch Menschen nehmen als Säuglinge die ersten Kontakte durch Riechen, Schmecken und Saugen auf (22) und können später ‚einen guten Riecher' für etwas entwickeln, in diesem metaphorischen Sinn also besondere Orientierungssinne ausbilden.

einer Richtungsempfindlichkeit von 3° entspricht. Die Geschwindigkeit, mit der sich etwas nähert oder entfernt, wird mit Hilfe des Dopplereffekts bei der Übertragung der Schallwellen durch die Luft errechnet. Wie der Geschmack und der Tast- und Geruchssinn ist auch das Gehör beim Menschen jedoch nicht schon ausgerichtet, sondern rundum wachsam; er vor allem kann darum auch vor Gefahren alarmieren und auf Reize reagieren, die weder durch Drücke, Wärme und Gerüche auf sich aufmerksam machen noch im Gesichtsfeld liegen (so dass man zur Warnung ruft, schreit, hupt, Sirenen einschaltet und zur Lockung die Stimme möglichst angenehm moduliert). Der *Gesichtssinn* schließlich, der mit Photonen arbeitet, die durch elektromagnetische Wellen übertragen werden, ist der schnellste und erreicht die weitesten Distanzen. Er nun ist ein ausgerichteter Sinn, und darum bedarf er keiner besonderen Fähigkeiten, um Richtungen zu orten; er schweift regelmäßig über die Umgebung und kann in jeder Richtung, in der sich etwas von Belang zeigt, am leichtesten identifizieren, worum es sich handelt, und es zugleich lokalisieren. Ebenfalls als Doppelorgan angelegt (wobei das zweite Auge hier nicht so sehr die Richtung zu bestimmen als die Schärfe zu verbessern hilft), schätzt er Entfernungen durch ‚Tiefensehen' ab: anhand von ‚Fernefaktoren' wie Überschneidungen, teilweisen Verdeckungen, Größenunterschieden und Texturänderungen, scheinbaren Größenänderungen bewegter Gegenstände, Unterschieden in der Höhenlage, der Helligkeit, der Farbe und der Schärfe, Differenzen in der Netzhautabbildung bei seitlicher Bewegung des Kopfes (die ‚Kopfbewegungsparallaxe'), Akkommodationen der Augenlinse und ‚Körperlichkeitsfaktoren' wie perspektivischen Verschiebungen, Licht- und Schattenverteilung (einige davon werden auch in der perspektivischen Malerei berücksichtigt; 6.4.).

Mit den unterschiedlichen Distanzen, die die Sinne erreichen, sind unterschiedliche Distanzgefühle verbunden, mit den unterschiedlichen operativen Möglichkeiten unterschiedliche Sensibilitäten für Risiken und Gefahren (4.3.). Mit den Händen und den Augen, die sich ausrichten lassen, kann man eher spontan agieren, Risiken eingehen, mit der Nase und den Ohren eher abwartend rezipieren und auf Gefahren achten. Wo man in bedrohlichen Situationen sehen und greifen kann, ist man ruhiger, als wenn man auf Schnuppern und Lauschen angewiesen ist. Hören und Sehen kann man durch technische Geräte (Verstärker, Ferngläser) schärfen (wodurch aber die Zuordnung unter den Sinnen schwieriger wird), Schmecken, Tasten und Riechen nicht, hier ist man ganz auf die eigene Feinfühligkeit angewiesen, usw. Die Sinne mit ihren besonderen Qualitäten arbeiten auf besondere Weise, und sie finden nicht in einem festen Zentrum zusammen, das ihnen vorgeordnet wäre und sie steuert, auch nicht im Bewusstsein, das nur das Wenigste von der Arbeit der Sinne registriert und bei noch weniger Gelegenheiten in sie eingreift. Sie wirken vielmehr wie verschiedene Orientierungssysteme (2.3.) zusammen, die, teils genetisch programmiert, teils durch Erfahrung eingespielt, aufeinander abgestimmt sind, einander ergänzen und aushelfen, wenn eines von ihnen versagt, aber auch auf vielfache Weise beeinflussen (etwas kann angenehm zu berühren sein und bei Licht erschrecken, Töne können Farben, Gerüche Konturen annehmen, Farben können kalt und warm erscheinen usw.).[32] Sie machen den Ausgangspunkt der Orientierung, die imaginäre Mitte ihres Standpunkts, ihr kontingent Absolutes undurchdringlich vielfältig – darum aber nicht orientierungslos.

6.4. Sicht von einem Standpunkt aus: Perspektive

Das Gesichtsfeld zwischen dem Standpunkt und dem Horizont ist die Perspektive. Der Begriff Perspektive knüpft an das Sehen und seine Ausrichtung an: das ‚Gesichtsfeld' eines ausgerichteten Blicks ist ein begrenzter Ausschnitt aus dem Umkreis um den Standpunkt, dem ‚Gesichtskreis'.[33] Das Wort ‚Perspektive' stammt von lat. ‚specere', ‚schauen, sehen'; ‚perspicere' bedeutete ‚durch etwas hindurchschauen, hineinsehen, genau ansehen, durchschauen'. Seit etwa 1600 konnte man das Ferne genauer durch ein Fernrohr oder das ‚Perspectiv' sehen, und dieses Perspectiv machte (und macht) die Ausschnitthaftigkeit, die Selektivität

---

32 Vgl. Merleau-Ponty, Phänomenologie der Wahrnehmung, a.O., 260–275, bes. 274: „Die Sinne übersetzen sich in einander, ohne dazu eines Dolmetschs zu bedürfen, sie begreifen einander, ohne dazu des Durchgangs zu einer Idee zu bedürfen." Plessner, Anthropologie der Sinne, a.O., 197, spricht von einer *„negativen Einheit der Sinne"*, die aktuelle Sinnesphysiologie von ‚Wahrnehmungs-' oder ‚Sinnessystemen', die nicht primär auf ein Bewusstsein hingeordnet und nicht von ihm gesteuert sind.

33 Zur Unterscheidung von Gesichtsfeld und Gesichtskreis vgl. Ulmer, Von der Sache der Philosophie, a.O., 13, und Sommer, Suchen und Finden, a.O., 85 u. ö. Für Sulzer bedeutete ‚Gesichtskreis' noch „den ganzen Raum, den ein Mensch mit unverwandtem Aug auf einmal übersehen kann, oder würklich übersieht", also ‚Gesichtsfeld' (Johann Georg Sulzer, Allgemeine Theorie der Schönen Künste. In einzeln, nach alphabetischer Ordnung der Kunstwörter auf einander folgenden, Artikeln abgehandelt, Bd. 1, Leipzig 1771, 470).

6.4. Sicht von einem Standpunkt aus: Perspektive

auch des natürlichen Sehens manifest. Perspektivität, sofern sie den Blick begrenzt, scheint ein Orientierungsverlust zu sein. Aber sie ist zugleich ein Orientierungsgewinn. Perspektiven, die man einnimmt, sind Hinsichten, die sich mit Absichten verbinden; da sie je nach Bedarf durch weitere Hinsichten ergänzt oder durch andere ersetzt werden können (5.4.), kürzen sie das Sehen ab und vervielfältigen es zugleich, sie differenzieren das Sehen. *Das perspektivische Sehen, wie wir es kennen, hat immer Alternativen, ist Immer-auch-anders-sehen-Können.*

Das perspektivische Sehen muss gelernt werden. Im Kleinkindalter ist man zunächst lange damit befasst, Dinge, Tiere, andere Menschen rundum zu betasten, bis man sich distanziert mit ihren bloßen Ansichten begnügt. Man ‚sichtet' dann das, womit man zu tun hat, nur so lange, wie es zur Erschließung der Situation von Belang ist, durchläuft nur so viele Perspektiven wie nötig, um mit Dingen und Menschen richtig umzugehen, unterstellt die weiteren Hinsichten und erspart sich, wenn es keinen besonderen Anlass dafür gibt, das ‚Nachsehen'. Das gilt nicht nur für das physiologische Sehen. Wie ‚Horizont' und ‚Standpunkt' wird auch ‚Perspektive' in vielfältigen Übertragungen gebraucht; man kann ebenso vielfältige Perspektiven ‚haben' oder ‚einnehmen' wie Standpunkte, von denen sie ausgehen. Auf Standpunkte und Perspektiven wird in der alltäglichen Orientierung inzwischen ‚besonderer Wert gelegt', die Beschränkung auf sie einerseits, ihre Vervielfältigung andererseits, so dass, wer behauptet, vollständig zu erfassen, wer jemand oder was etwas ist, weniger Vertrauen als Verdacht weckt. Statt dessen werden ‚Perspektiven durchgespielt', um ein möglichst differenziertes ‚Bild' von jemand oder etwas zu bekommen.

Aufmerksam auf die Perspektive wurde und machte besonders die Malerei der anbrechenden Moderne.[34] Seit dem Ende des 14. Jahrhunderts bemühte man sich um eine dem Augenschein entsprechende Darstellung der ‚Tiefe' von Räumen; ‚Perspektive' bedeutete zunächst ‚ars perspectiva', ‚Perspektivkunst', und behielt diesen Sinn bis zum Ende des 18. Jahrhunderts.[35] Die Kunst bestand darin, dreidimensionale Gegen-

---

34 Vgl. Gottfried Boehm, Studien zur Perspektivität. Philosophie und Kunst in der frühen Neuzeit, Heidelberg 1969. Die Untersuchung setzt mit der Darstellung der Zentralperspektive in der Malerei der anbrechenden Moderne ein, führt bis zu Husserl und Heidegger und von ihnen über Nicolaus Cusanus zu Descartes zurück.

35 Einen Überblick über die bis zur Mitte des 18. Jahrhunderts erschienene reichhaltige Literatur zur Perspektivkunst gibt Zedler, Grosses vollständiges Universal Lexicon aller Wissenschaften und Künste, a.O., Bd. 27 (1741), Sp. 691 f. Die

stände so auf einer zweidimensionalen Ebene wiederzugeben, dass sie dem Auge natürlich erschienen. Wird etwa jemand seitlich abgewandt dargestellt, müssen seine Arme und Hände, wenn sie gleich groß erscheinen sollen, unterschiedlich groß wiedergegeben werden. ‚Richtig', ‚wahr', ‚naturgetreu' erscheinen sie in der ‚Illusion' der perspektivischen Verkürzung, die aber eben die Verkürzung der ‚natürlichen' Wahrnehmung und also keine Illusion ist; mit den geometrischen und technischen Verfahren der perspektivischen Malerei wurden auch die Verkürzungen des natürlichen perspektivischen Sehens deutlich. Vom ‚Distanz-' oder ‚Gesichtspunkt' des Betrachters aus mussten im Bild, damit es natürlich schien, ‚Perspektivlinien' auf einen ‚Augen-' bzw. ‚Fluchtpunkt' zulaufen, der auf einer ‚Horizontlinie' liegt, und die dargestellten Gegenstände mussten dazu im richtigen Maßstab verkürzt werden. Wie das zu geschehen hatte, wurde in zahlreichen Anleitungen erläutert, die zunehmend verfeinert wurden, z. B. durch Entwürfe von ‚Vogel-', ‚Kavaliers-' (Reiter-) oder ‚Froschperspektiven'. Als Anfang wurde zunächst, wie bei der Anlage geographischer Karten, eine perspektivische Grundrisszeichnung empfohlen, in die die Figuren eingetragen wurden. LAMBERT zeigte dann jedoch, dass ein solcher Grundriss so wenig für die Zeichnung wie für das Auge notwendig ist: die Perspektive kann auch „von freyen Stücken" verfertigt werden.[36] Sie sollte, wie es in der *Encyclopédie* DIDEROTS

---

späteren Lexika der Aufklärung bringen (mit abweichenden Terminologien) ausführliche Artikel zur Perspektive mit detaillierten Darstellungen ihrer Verfahren. Vgl. (wiederum besonders prägnant) Owen, A New and Complete Dictionary of Arts and Sciences (1754/55), a.O., 2404–2408, mit einem abschließenden Katalog von 19 Regeln für die gute Perspektive; Encyclopédie (Diderot / d'Alembert), a.O., Bd. 12 (1765), 433–439; Sulzer, Allgemeine Theorie der Schönen Künste, a.O., Bd. 2 (1774), 890–899, und (den Text von Sulzer übernehmend) Krünitz, Oeconomisch-technologische Encyclopädie oder allgemeines System der Land-Haus-und-Staats-Wirthschaft in alphabetischer Ordnung, a.O., Bd. 108 (1808), 710–745. Der Dichter Andreas Gryphius, so Krünitz, ebd., 711, suchte das Wort ‚Perspektive' durch ‚Schaukunst' zu ersetzen, „welches aber den Begriff nicht ausdrückt, und auch keinen Beifall erhalten hat."

36 Johann Heinrich Lambert, Die freye Perspektive, oder Anweisung, Jeden perspektivischen Aufriß von freyen Stücken und ohne Grundriß zu verfertigen, Zürich 1759. Lamberts sehr erfolgreiche Abhandlung beginnt mit dem Satz: „Die sichtbaren Dinge stellen sich dem Auge ganz anders vor als sie in der That sind." Sie ging seinem philosophisch-systematischen Werk *Neues Organon oder Gedanken über die Erforschung und Bezeichnung des Wahren und dessen Unterscheidung vom Irrthum und Schein* (2 Bde., Leipzig 1764) und seiner *Anlage zur Architectonic, oder Theorie des Einfachen und Ersten in der philosophischen und mathematischen Erkenntniß* (2 Bde., Riga 1771) voraus und erschien 1774 in zweiter, erweiterter Auflage.

und D'ALEMBERTS hieß, „das unwillkürliche Urteil verführen (séduire le jugement involontaire)",³⁷ das Auge etwas unwillkürlich sehen lassen, was es so nicht sieht, die räumliche Tiefe im ebenen Bild:³⁸ einer gut gemalten Perspektive kann sich der Blick kaum entziehen. Aber auch in der Natur *sieht* das Auge nicht Tiefe, sondern *konstruiert* sie. *Durch die perspektivische Malerei der Moderne wurde die ‚natürliche' Optik als Perspektivkunst manifest.*³⁹

Schon in der griechischen und römischen Antike gab es Ansätze zur *Körperperspektive*, der Figurendarstellung in Verkürzungen und Schrägansichten, und zur *Raumperspektive* in der Prospektmalerei (σκηνογραφία). Die Perspektivkunst war als Optik Teil der Geometrie der Projektion; sie wurde auf den Grundlagen der Geometrie EUKLIDS in der Moderne von DESARGUES, PASCAL und – wiederum – LEIBNIZ mathematisch entwickelt.⁴⁰ Im Mittelalter gab man vor der illusionierenden Darstellung des von Gott Geschaffenen der *Bedeutungsperspektive* den Vorrang: das Bedeutende, Christus, Maria, die Heiligen, wurden größer, das weniger Bedeutende kleiner dargestellt. Der Durchbruch zur *Zentralperspektive* kam in der italienischen Frührenaissance um 1420 mit Filippo BRUNELLESCHI, dem Baumeister des Florentiner Doms, und seinem Kreis, zu dem unter anderen MASACCIO gehörte, dessen Drei-

---

37 Encyclopédie, a.O., Bd. 12 (1765), 433–439. – Ähnlich Lambert, Die freye Perspektive, a.O., 120 (§ 217). Nach Lambert (ebd.) muss gleichwohl „der Schein der Sachen von ihrer wahren Gestalt" unterschieden werden. Ebenso stellt die *Encyclopédie* der „perspective pratique", der „méthode de représenter de ce qui paroît à nos yeux ou ce que notre imagination conçoit, & de le représenter sous une forme semblable aux objets que nous voyons", eine „perspective spéculative" zur Seite als „théorie des différentes apparences ou représentations de certains objets, suivant les différentes positions de l'oeil qui le regarde" (ebd., 433).
38 Befolgte der Maler die Prinzipien der Perspektivkunst, so Ladislav Kvasz, Was bedeutet es, ein geometrisches Bild zu verstehen? Ein Vergleich der Darstellungsweisen in der euklidischen, projektiven und nichteuklidischen Geometrie, in: Reichert (Hg.), Räumliches Denken, a.O., 95–123, so „erschien auf dem Gemälde eine spezifische Linie – der Horizont. Doch der Maler durfte den Horizont nicht mit einem Zug seines Pinsels erzeugen. Den Horizont durfte man nicht malen. Er zeigt sich nur, wenn das Bild fertig ist."
39 So Micraelius, Lexicon philosophicum (1662), a.O., Sp. 995: „PERSPECTIVA est praxis quaedam optica: ars nempe pingendi figuram cujuslibet corporis in plano, ut, qualis visui apparet, talis quoque in eodem plano exhibeatur. Sumitur alias pro ipsa Optica. Vid. *Optica.*"
40 Vgl. Gert König, Art. Perspektive, Perspektivismus, perspektivisch I (Philosophie), in: Historisches Wörterbuch der Philosophie, Bd. 7, Basel/Darmstadt 1989, Sp. 363–375, hier 363 f.

faltigkeitsfresko in S. Maria Novella zu Florenz (um 1427) als erstes einheitlich zentralperspektivisch angelegtes Bild gilt;[41] bald schon (um 1435) folgte die erste theoretische Darstellung der „prospettiva legittima" durch Leon Battista ALBERTI mit der Einführung des Augenpunkts. Zwischen 1490 und 1500 erprobte man erste zentralperspektivische Entwürfe idealer Städte;[42] parallel dazu wurde in der französischen, burgundisch-niederländischen und venezianischen Malerei die *Farbperspektive* entwickelt, die Nutzung von Farb- und Lichtabstufungen zur perspektivischen Darstellung. Indem man das Bedeutende in den Fluchtpunkt der Perspektive setzte, wurde sie durch die alte Bedeutungsperspektive neu bereichert – LEONARDO, RAFFAEL und DÜRER, der selbst eine *Unterweysung der Messung* (1525) verfasste, wurden darin Meister. LEONARDO entwickelte aufgrund eigener theoretischer Untersuchungen u. a. der Anatomie des Auges die ‚perspectiva artificialis', die ein einziges starres Auge voraussetzt, durch das ‚sfumato' zu einer ‚perspectiva naturalis' weiter, indem er in wachsender Entfernung der abgebildeten Gegenstände die Konturen verschwimmen ließ und so die Trübung durch die Luft berücksichtigte. Damit war die *Verschleierungsperspektive* (mezzo confuso) geschaffen, die die Figuren plastischer hervortreten lässt und ihnen zugleich Atmosphäre gibt. Zunehmend wurde die Perspektivkunst auch in der Architektur, bei der Gestaltung von Innenräumen, Gängen, Plafonds, eingesetzt;[43] so ist sie im alltäglichen Lebensumfeld selbstverständlich geworden.

---

41 Vgl. Leonhard Schmeiser, Die Erfindung der Zentralperspektive und die Entstehung der neuzeitlichen Wissenschaft, München 2002, der die schrittweise Ausbildung der zentralperspektivischen Malerei in freilich wenig durchsichtigen Perspektiven in die Religions- und Geistesgeschichte des 15. und 16. Jahrhunderts einbettet. Er weist u. a. darauf hin, dass Kopernikus während seiner Studien in Italien 1496–1503 dort auch auf die neue perspektivische Malerei gestoßen sein muss und von ihr Anregungen für seinen astronomischen Perspektivismus gezogen haben könnte (84 f., 102 ff.).

42 Zu den gelungensten und prominentesten gehört die architektonische Vedute, die dem Sieneser Francesco di Giorgio Martini zugeschrieben wird (um 1490/ 1500), der auch einen *Trattato di Architettura* verfasste. Die Tafel, die im Zug ihrer Entstehung mehrfach überarbeitet worden ist, zeigt ein Bild im Bild: über einer gemalten Wandtäfelung, die eine nicht gemalte ergänzt haben dürfte, den perspektivischen Ausblick auf eine ideale Stadtarchitektur, die so zugleich als Ausblick und als Bild des Ausblicks gezeigt wird. Vgl. dazu Hannelore Lützmann in: Staatliche Museen zu Berlin / Gemäldegalerie Berlin, 200 Meisterwerke, Berlin 1998, 336 f. (Kat. Nr. 1615).

43 Zur praktischen und theoretischen Weiterentwicklung der Perspektivkunst (mit Literaturangaben) vgl. Walter Kambartel, Art. Perspektive, Perspektivismus,

6.4. Sicht von einem Standpunkt aus: Perspektive

In der Philosophie wurde die Perspektivkunst vor allem durch LAMBERTS *Freye Perspective* und SULZERS *Allgemeine Theorie der Schönen Künste* präsent. Mit ihr verschob sich die klassische Unterscheidung des Rationalen und vom Sinnlichen. Sie zeigte das Rationale *im* Sinnlichen, als Konstruktionsprinzip des Sinnlichen, und so war das Rationale nicht mehr als ‚Zeitloses‘, ‚Wesentliches‘, ‚Inneres‘ gegenüber dem Sinnlichen einem nur ‚Zeitlichen‘, ‚Zufälligen‘, ‚Äußerlichen‘ haltbar. Damit bereitete die Perspektivkunst KANTS Konstruktivismus („Gedanken ohne Inhalt sind leer, Anschauungen ohne Begriffe sind blind")[44] vor und machte ihn plausibel. Die Einheit der Unterscheidung des Rationalen und Sinnlichen war für KANT nicht mehr das Sein, sondern der Entwurf oder die Zeichnung:[45] „Um aber irgend etwas im Raum zu erkennen, z. B. eine Linie, muss ich sie *ziehen*".[46] Wie die Begriffe des Verstandes als Mittelpunkte von Horizonten, in denen man „überschaut", was sie umfassen,[47] so konzipierte KANT die *Ideen der Vernunft als Fluchtpunkte auf Horizontlinien des Denkens*. In den *Träumen eines Geistersehers* von 1766 dachte er schon die Wahrnehmung von Gegenständen im Sinn der Perspektivkunst:

> Hiebei wird es sehr wahrscheinlich: daß unsere Seele das empfundene Object dahin in ihrer Vorstellung versetze, wo die verschiedene Richtungslinien des Eindrucks, die dasselbe gemacht hat, wenn sie fortgezogen werden, zusammenstoßen. Daher sieht man einen strahlenden Punkt an demjenigen Orte, wo die von dem Auge in der Richtung des Einfalls der Lichtstrahlen zurückgezogene Linien sich schneiden. Dieser Punkt, welchen man den Sehepunkt nennt, ist zwar in der Wirkung der Zerstreuungspunkt, aber in der Vorstellung der Sammlungspunkt der Directionslinien, nach welchen die Empfindung eingedrückt wird (*focus imaginarius*).[48]

Da die Wahrnehmung es unvermeidlich mit imaginären Fluchtpunkten zu tun hat, beschwört sie bei „Geistersehern" die Gefahr von „Hirnge-

---

perspektivisch II (Kunst), in: Historisches Wörterbuch der Philosophie, Bd. 7, Basel/Darmstadt 1989, Sp. 375–377.
44 Kant, Kritik der reinen Vernunft, A 51/B 75.
45 It. ‚disegno‘. Disegno ist nach dem *Trattato dell'Arte della Pittura* von Giovanni Paolo Lomazzo (Milano 1584), der die Kunsttheorie der Renaissance kompendienartig zusammenfaßte, die künstlerische Vervollkommnung des meist unvollkommen sich darbietenden Naturgegenstands.
46 Kant, Kritik der reinen Vernunft, B 137 f. Vgl. B 162.
47 Kant, Kritik der reinen Vernunft, A 658 f./B 686 f. (vgl. 3.2.2.).
48 Kant, Träume eines Geistersehers, erläutert durch Träume einer Metaphysik, AA II, 344.

spinsten". Sie besteht nach der *Kritik der reinen Vernunft* auch noch für die Zusammenführung von Begriffen in transszendentale Ideen, die

> einen vortrefflichen und unentbehrlich nothwendigen regulativen Gebrauch [haben], nämlich den Verstand zu einem gewissen Ziele zu richten, in Aussicht auf welches die Richtungslinien aller seiner Regeln in einem Punkt zusammenlaufen, der, ob er zwar nur eine Idee (*focus imaginarius*), d.i. ein Punkt, ist, aus welchem die Verstandesbegriffe wirklich nicht ausgehen, indem er ganz außerhalb den Grenzen möglicher Erfahrung liegt, dennoch dazu dient, ihnen die größte Einheit neben der größten Ausbreitung zu verschaffen.

Denn daraus entspringe

> die Täuschung, als wenn diese Richtungslinien von einem Gegenstande selbst, der außer dem Felde empirisch möglicher Erkenntniß läge, ausgeschossen wären (so wie die Objecte hinter der Spiegelfläche gesehen werden) [...].[49]

Die „kollektive Einheit" der Verstandeserkenntnisse ist nach KANT nicht mehr in widerspruchsfreie Begriffe zu fassen. Eben darum sind fiktive Fluchtpunkte notwendig, um Übersicht über sie zu gewinnen. ‚Fluchtpunkt' kommt von ‚fliegen', er ist der Punkt, auf den eine in ‚Fluchtlinie' fliegende Vogelschar zuzufliegen scheint, und KANT übersetzt zuvor ‚transzendent' mit ‚überfliegend'.[50] Die „kollektive Einheit" ist, so sind nach KANT schon die Ideen bei PLATON zu verstehen, eine „projektierte Einheit".[51] Ideen als Fluchtpunkte für Begriffe haben da „fortzuhelfen", „wo der Verstand allein nicht zu Regeln hinlangt". Ihre „Illusion" ist schon dort „unentbehrlich nothwendig", wo man etwas „vor Augen" und dabei anderes „im Rücken" hat, so dass man beides nur in nacheinander eingenommenen Perspektiven erfassen kann und es erst zu einer „kollektiven Einheit" zusammenführen muss.[52] Zuletzt ist auch Gott ein solcher „Punkt", der „weit über ihrer Sphäre [sc. der Sphäre der Vernunft] liegt".[53] Der „gemeine Verstand", so KANT, der „in den Ideen des un-

---

49 Kant, Kritik der reinen Vernunft, A 644/B 672. – Franco Farinelli zieht daraus in: Von der Natur der Moderne: eine Kritik der kartographischen Vernunft, in: Reichert (Hg.), Räumliches Denken, a.O., 267–301, hier 282, die Konsequenz, der focus imaginarius sei „nichts anderes als die *reine Vernunft*, und Kants erste *Kritik* die kartographische Beschreibung der Projektion".
50 Kant, Kritik der reinen Vernunft, A 643 f./B 671 f.; vgl. A 702/B 730.
51 Ebd., A 647 f./B 675 f.
52 Ebd., A 644 f./B 672 f.
53 Ebd., A 676/B 704.

6.4. Sicht von einem Standpunkt aus: Perspektive

bedingten Anfangs aller Synthesis nicht die mindeste Schwierigkeit" findet,

> hat in den Begriffen des absolut Ersten (über dessen Möglichkeit er nicht grübelt) eine Gemächlichkeit und zugleich einen festen Punkt, um die Leitschnur seiner Schritte daran zu knüpfen, da er hingegen an dem rastlosen Aufsteigen vom Bedingten zur Bedingung, jederzeit mit einem Fuße in der Luft, gar kein Wohlgefallen finden kann.[54]

Als NIETZSCHE künftigen Philosophen empfahl, von den Künstlern das Perspektivieren „abzulernen" –

> Sich von den Dingen entfernen, bis man Vieles von ihnen nicht mehr sieht und Vieles hinzusehen muss, *um sie noch zu sehen* – oder die Dinge um die Ecke und wie in einem Ausschnitte sehen – oder sie so stellen, dass sie sich theilweise verstellen und nur perspectivische Durchblicke gestatten – oder sie durch gefärbtes Glas oder im Lichte der Abendröthe anschauen – oder ihnen eine Oberfläche und Haut geben, welche keine volle Transparenz hat,[55] –

begann die Malerei mit VAN GOGH, CÉZANNE, dem Kubismus und dem Konstruktivismus sich bereits von der Perspektive abzuwenden. Nun fiel die Perspektivkunst wieder auf, weil sie inzwischen selbstverständlich geworden war, nun aber gezielt durchbrochen wurde. Das Immer-anders-sehen-Können behauptete sich jetzt durch die Negation der perspektivischen Illusion. Die Kunst machte nun durch kreative Desorientierung auf die Bedingungen der Orientierung aufmerksam (14.2.).[56]

---

54 Ebd., A 467/B 495. – Husserl, Ideen zu einer reinen Phänomenologie und phänomenologischen Philosophie I, a.O., 270 f., setzte dann das *noema*, den gedanklich erfassten empirischen Gegenstand überhaupt, als „Verknüpfungspunkt oder ‚Träger' der Prädikate" oder „puren", „zentralen Einheitspunkt" an.
55 Nietzsche, Die fröhliche Wissenschaft, Nr. 299, KSA 3.538.
56 C. F. Graumann, Grundlagen einer Phänomenologie und Psychologie der Perspektivität, Berlin 1960, hat, ausgehend von der Perspektivkunst der Malerei, die Ergebnisse der Phänomenologie (v.a. Husserls, Sartres, Merleau-Pontys und Gurwitschs) und der Psychologie, insbesondere der Motivation, zur Analyse der Perspektivität zusammengeführt. Sein Akzent lag noch auf Ganzheit der Perspektiven im (virtuellen) Gegenstand, nicht auf dem Durchlaufen unterschiedlicher Perspektiven. In der Tradition von Leibniz haben sich noch lange Perspektivismen mit transzendenter Garantie ihrer Übersetzung ineinander – nach Nicolas Rescher der „myth of the God's eye" – gehalten, immer mehr haben sich aber auch Perspektivismen ohne diese Garantie durchgesetzt. Vgl. König, Art. Perspektive, Perspektivismus, perspektivisch I (Philosophie), a.O.

6.5. Beweglichkeit von Horizont, Standpunkt und Perspektive

In der alltäglichen Orientierung ist stets eine Vielzahl von Perspektiven aktuell, leiblichen und geistigen, die einander ergänzen, aber auch überlagern und stören können. Mit jeder Umorientierung verändert sich auch das Geflecht der Perspektiven, eine Umorientierung ist eine Umordnung von Perspektiven, die *Bewegung der Orientierung eine Bewegung ihrer Perspektiven*. Und sofern die Orientierung immer in Bewegung ist und sein muss, um mit der Zeit gehen zu können, ist die Fixierung einer Perspektive, die festgestellte Perspektive, der Ausnahmefall, für den es besondere Gründe geben muss. Horizonte, Standpunkte, Perspektiven können jedoch nicht einfach gewechselt, durch andere ersetzt werden; das würde schon eine transzendente Instanz voraussetzen, die jenseits der Perspektiven über ihren Wechsel entscheiden könnte. Statt dessen gehen Perspektiven ineinander über, die eine führt zur andern, und so stehen sie in Kontinuität zueinander, ihre Bewegung vollzieht sich in einem kontinuierlichen Übergang, in einer, so MERLEAU-PONTY, „zeitlichen und unvollendeten (temporel et inachevé)" „Verkettung unserer Perspektiven (enchaînement de nos perspectives)".[57]

Diese Kontinuität im Übergang lässt sich aus dem Zusammenhang von Horizont, Standpunkt und Perspektive selbst verstehen. Eine Perspektive verändert sich, wenn sich ihr Horizont oder ihr Standpunkt oder beide verändern, und sie können sich in der alltäglichen Orientierung ein Stück weit unabhängig voneinander verändern. Man kann von seinem Standpunkt aus engere und weitere Umkreise ins Auge fassen, einmal auf etwas ‚hinblicken', um es in einem engeren Horizont, dann von ihm ‚aufblicken', um es in einem weiteren Horizont zu sehen. Man kann aber auch den Blick auf es festhalten und den Standpunkt verändern, z. B. um es herumgehen. Auch wenn Horizont und Standpunkt prinzipiell voneinander abhängig sind, der Horizont sich mit dem Standpunkt verändert, kann man seinen Standpunkt doch *in* einem Horizont verändern, ohne dass der Horizont sich *merklich* verändert, und ebenso von einem festgehaltenen Standpunkt aus den Horizont erweitern und verengen. Wird ein Standpunkt aber lange genug verändert, tut sich von einem gewissen Punkt an ein anderer Horizont auf, in dem man dann auch seinen Standpunkt neu orientieren muss. In der alltäglichen Orientierung

---

57 Merleau-Ponty, Phänomenologie der Wahrnehmung, a.O., 385. Merleau-Ponty geht dabei von der „Zeit als dem Maß des Seins" und der „Synthese der Horizonte" als „wesentlich zeitlicher" aus (382).

6.5. Beweglichkeit von Horizont, Standpunkt und Perspektive

besteht ein gleichsam *elastisches Verhältnis von Standpunkt und Horizont*, sie können sich auseinanderziehen und zusammenrücken und, wenn ihr bisheriges Verhältnis überzogen ist, plötzlich in ein neues springen. So wird eine kontinuierliche Verschiebung beider möglich. Der Anlass der Verschiebung ist auch hier, dass am bisherigen Horizont, der Peripherie der Perspektive, etwas Neues von Belang ‚auftaucht'. Man fasst – im idealtypischen Fall -, was da auftaucht, in den Blick, verengt den Horizont darauf, um es sich näher anzusehen, und erweitert dann wieder den Horizont, um nun auch das Umfeld des Neuen zu erkunden und zu sehen, was es mit ihm auf sich hat. Und dann wird man vielleicht auch den Standpunkt verändern, indem man näher herangeht, und mit ihm wiederum den Horizont. Die Neuorientierung vollzieht sich auf diese Weise als *kontinuierliche Perspektivenverschiebung*, und diese kontinuierliche Perspektivenverschiebung ist der Modus der Kontinuität der Orientierung. Wenn in der Orientierung immer alles der Umorientierung unterliegen kann, bleibt der Anhalt der Orientierung nur ihre eigene Kontinuität, die immer neue Übergänge gewährleisten, in der darum aber nichts immer dasselbe bleiben muss.

Der Gräzist und Sinologe François JULLIEN hat auf der Suche nach einer „Infra-Philosophie", einer Philosophie dessen, was die europäische Philosophie als fraglos oder zu befragen unwürdig stehen ließ, in seiner Arbeit *Über die „Zeit"* im wechselnden Bezug auf das antike griechische und das alte chinesische Denken die besondere Rücksicht des letzteren auf die Beweglichkeit von Horizont, Standpunkt und Perspektive herausgearbeitet. Auch wenn es sich wiederum um eine unvermeidlich europäische Sicht auf China handelt, zeigt sie doch ein anders akzentuiertes Denken, das von der Situation ausgeht – „es gibt nichts in China, was nicht zunächst *situiert* wäre"[58] – und ohne eine Entgegensetzung von Ewigem und Zeitlichem, ohne eine Schöpfung und ein Ende der Zeiten und ohne allgemeinen Begriff der Zeit auskommt. Es bewegte sich statt dessen in Begriffen des Moments (shi) und der Dauer (jiu), konkreten Zeiten mit konkreten Situationen; das stärkste Beispiel dafür sind die Jahreszeiten, in denen sich mit dem Klima und der Vegetation auch die Eindrücke des Raums verändern. Dabei war alles in Kontinuität gedacht: keine dramatischen Ereignisse, wie Europäer sie schätzen, sondern unspektakuläre, aber nicht weniger folgenreiche Übergänge des Alterns und des Aufgehens. Die Kontinuität aber kam durch Ineinandergreifen vielfacher Prozesse zustande, die je ihre eigenen Rhythmus haben, und die Aufmerksamkeit galt darum gerade den kaum merklichen Anfängen von Veränderungen. Darum zeugte es von Weisheit, keine festen Standpunkte zu beziehen, keine definitiven Unterscheidungen vorzunehmen, keine

---

58 François Jullien, Du „temps". Éléments d'une philosophie du vivre, Paris 2001; deutsch: Über die „Zeit". Elemente einer Philosophie des Lebens, aus dem Frz. v. Heinz Jatho, Zürich/Berlin 2004, 154.

Zukunftspläne zu machen, um möglichst nicht von sich aus in den Gang der Dinge einzugreifen, sondern ohne „Übereilung" und ohne „Verzögerung" Gelegenheiten wahrzunehmen, den weiteren Verlauf zu beobachten und Zufriedenheit im Moment zu finden (an shi).[59] Wurde man im richtigen Moment tätig, entstand von selbst, was mit Anstrengung nicht zu erreichen wäre; zu jener Weisheit gehörte auch, noch in der ungünstigsten Situation günstige Faktoren zu erkennen, die weiterführen könnten (4.3.). Dem Prozess der unablässigen behutsamen Umorientierung wurde nichts unterstellt, was ihm zugrunde läge; seine Kontinuität lag allein in der laufenden Modifikation dessen, ,was geht' (im Doppelsinn des Vorangehens und des Zulässigen: yong). So konnte auch jede Beschreibung nur von momentaner Gültigkeit sein.

6.6. Verräumlichung der Zeiten, Verzeitlichung der Räume der Orientierung

Jeder Horizont der Orientierung ist auch ein Raum- und ein Zeit-Horizont, jede Perspektive auch eine Raum- und eine Zeit-Perspektive. Der Raum der Orientierung ist kein schon nach Metern abgegrenzter Raum und ihre Zeit keine schon durch Uhren gemessene Zeit; die metrische Einteilung von Räumen und Zeiten setzen schon spezifische Orientierungswelten voraus. *Raum- und Zeit-Horizonte der Orientierung sind zunächst die, die zur Erschließung der Situation von Belang sind*, und dabei muss die Metrik nicht von Belang sein: mehr oder weniger ,enge' oder ,weite' Raum-Horizonte und mehr oder weniger ,kurz- oder langfristige' Zeit-Horizonte für das, was zu tun ist, und für die Gelegenheiten und Gefahren, die sich dabei auftun. Eine ,Frist' ist eine Zeit, die ein Ende hat, eine Zeit unter Druck; man kann sie ,noch haben' oder eben nicht mehr haben und muss sich dann darum bemühen oder darauf hoffen, dass sie noch ,eingeräumt' wird. Es sind die Belange der Situation selbst, die von Fall zu Fall eine Verengung oder Erweiterung der Raum- und Zeit-Horizonte veranlassen, und das geschieht in aller Regel rasch, unmerklich, routiniert und ebenfalls ,in' der Zeit, unter deren Druck die Orientierung ständig steht und in der alles ,seine Zeit hat', auch die Raum- und Zeit-Horizonte der Orientierung für ihre jeweiligen Vorhaben. Die alltägliche Orientierung hat es danach stets mit wenigstens drei Zeiten zu tun: erstens der Zeit, unter deren Druck jede Orientierung steht und die auch ihre Perspektiven ,ihre Zeit haben' lässt, zweitens der Zeit im jeweiligen Zeit-Horizont oder der Frist und drittens der technisch

---

59 Ebd., 45, 177.

6.6. Verräumlichung der Zeiten, Verzeitlichung der Räume der Orientierung

gemessenen Zeit oder Uhrzeit, die sozial institutionalisierte Zeit, in der ‚Termine gemacht' werden – sie ist die auffälligste, aber ‚jüngste' in der Entwicklung der Menschheit und des Einzelnen. Von der ersten sprach (unter anderen) die Hebräische Bibel mit ihrem ‚Alles hat seine Zeit' des Kohelet,[60] zu der zweiten hat die phänomenologische Philosophie die maßgeblichen Analysen beigetragen,[61] und von der dritten handelt nach der Seite ihrer Messbarkeit die Physik, nach der Seite ihrer sozialen Verbindlichkeit die Soziologie.[62] Dazwischen lassen sich weitere Zeiten einfügen, die die Orientierung mitbestimmen: die kultische Zeit, die Kulturen spezifisch prägt, deren Terminierung ehemals Priestern oblag und die von Religionswissenschaft und Ethnologie erschlossen wird;[63] die historische Zeit, in der die Geschichte in Epochen eingeteilt, durch Entwicklungen gekennzeichnet und mit Ereignissen besetzt wird[64] und die in der Geschichtswissenschaft zum Gegenstand einer reflexiven Geschichtstheorie geworden ist;[65] die Zeit der biologischen Rhythmen leiblicher Prozesse und darunter die Zeit der neurophysiologischen Rhythmen von Gehirnen, Zeiten, die nicht bewusst zu erleben, aber naturwissenschaftlich zu erforschen sind;[66] die Zeit der Evolution des Lebens überhaupt,[67] in der sich solche Rhythmen und solche kultischen, historischen und physikalischen Einteilungen erst ergeben und in der sich

---

60 Kohelet 3, 1–8.
61 Vgl. insbesondere Husserls Vorlesungen zur Phänomenologie des inneren Zeitbewußtseins.
62 Vgl. die klassische Studie von Norbert Elias, Über die Zeit. Arbeiten zur Wissenssoziologie II, hg. v. Michael Schröter, Frankfurt am Main 1984.
63 Vgl. Aleida Assmann, Zeit und Tradition. Kulturelle Strategien der Dauer (Beiträge zur Geschichtskultur, hg. v. Jörn Rüsen, Bd. 15), Köln/Weimar/Wien 1999, und Reinhart Herzog / Reinhart Koselleck (Hg.), Epochenschwelle und Epochenbewußtsein (Poetik und Hermeneutik, Bd. 12), München 1987.
64 Vgl. Hayden White, The Content of the Form. Narrative Discourse and Historical Representation, Baltimore and London 1987, deutsch: Die Bedeutung der Form. Erzählstrukturen in der Geschichtsschreibung, aus dem Amer. übers. v. Margit Smuda, Frankfurt am Main 1990.
65 Vgl. die Pionierstudien von Reinhart Koselleck in: R.K., Vergangene Zukunft. Zur Semantik geschichtlicher Zeiten, Frankfurt am Main 1989.
66 Vgl. das Standardwerk von Ernst Pöppel, Grenzen des Bewußtseins. Über Wirklichkeit und Welterfahrung, Stuttgart 1985.
67 Vgl. die Studie von Stephen Jay Gould, Die Entdeckung der Tiefenzeit. Zeitpfeil oder Zeitzyklus in der Geschichte unserer Erde, aus dem Amer. v. Holger Fließbach, München 1990, der die Geschichte der Erschließung der Erdzeit im 18. und 19. Jahrhundert unter besonderer Berücksichtigung der durch Metaphern geleiteten Theoriebildung darlegt.

auch die Wissenschaften entwickelt haben mit ihren Versuchen, überzeitliche Gesetze zu formulieren; schließlich die Zeit des Universums, in der auch diese Evolution ihre Zeit hat.[68]

Sofern die Zeit, in der alles, auch jede Vorstellung und jeder Begriff der Zeit, seine Zeit hat, alle Versuche, sie sich vorzustellen und zu begreifen, paradoxiert (1.2.), muss sich die Orientierung mit Vorstellungen und Begriffen der Zeit behelfen, die deren Paradoxien wiederum entparadoxieren. Solchen Vorstellungen und Begriffen ist gemeinsam, dass sie die Zeit, welche es auch sei, verräumlichen. Die elementare Vorstellung der Zeit ist die eines *Nacheinander* und die des Raums die Vorstellung eines *Nebeneinander*. Aber auch die Vorstellung eines Nacheinander wird, sofern es die Vorstellung als gleichzeitig vorstellt, unvermeidlich zur Vorstellung eines Nebeneinander, und da Bleibendes in der Zeit nur als Wiederkehrendes möglich ist und wir Wiederkehrendes als abzählbare Einheiten festhalten, die darum wiederum nebeneinander zu stehen kommen, wird auch und erst recht aus jeder Vorstellung von Bleibendem in der Zeit die Vorstellung eines Nebeneinander. (‚Bleiben' geht auf eine alte Präfixbildung zu einem germ. Sprachbereich untergegangenen starken Verb *liban, ‚haften, klebrig sein' zurück, das mit ‚Leim' zusammengehört; es bedeutete also einmal ‚klebenbleiben'.[69]) So zeigen die klassischen analogen Zeiger-Uhren, die das aktuelle Bild von der Zeit vor allem geprägt haben, die Zeit so, als ob sie in nach Stunden, Minuten und Sekunden abzählbaren Rundläufen verliefe, und von NEWTON hat man gelernt, dass dies die „absolute, wahre und mathematische Zeit" sei. Weil sie in den Bewegungsgesetzen der Physik als universaler Parameter fungieren sollte, nahm NEWTON sie als „in sich und ihrer Natur nach gleichförmig (*aequabiliter*) und ohne Beziehung auf etwas Äußeres" fließende an und erklärte dagegen alle Zeit, die nicht als gleichförmig fließend erlebt wird, zur nur „landläufig so genannten" und nur „relativen" und „scheinbaren" Zeit.[70] Doch damit erklärte er eine Vorstellung der Zeit für bestimmte Zwecke, hier der Formulierung universaler Be-

---

68 Vgl. den ebenso grundsätzlichen wie prägnanten Umriss von Carl Friedrich von Weizsäcker, Der Tod, in: Ansgar Paus (Hg.), Grenzerfahrung Tod, Graz/Wien/Köln 1976, 319–338, hier 320–327.
69 Vgl. (wie auch in andern Fällen) Duden Etymologie. Herkunftswörterbuch der deutschen Sprache, Mannheim/Wien/Zürich 1963 u.ö, hier 71, und Friedrich Kluge, Etymologisches Wörterbuch der deutschen Sprache, 20. Aufl., bearb. v. Walther Mitzka, Berlin 1967, hier 83.
70 Newton, Philosophiae naturalis principia mathematica, London 1687, 5 (Definitiones I, Scholium). Vgl. zum Horizont 6.2.

6.6. Verräumlichung der Zeiten, Verzeitlichung der Räume der Orientierung 219

wegungsgesetze, für die ‚wahre' Zeit. Auch selbst im Gang der modernen Physik ließ sich die Vorstellung einer absoluten und wahren Zeit nicht halten; sie war nur notwendig für die klassische mechanische Physik, und mit der relativistischen hatte auch sie ihre Zeit. Sie war angesichts dessen, dass in der Orientierung alles seine Zeit hat, mit KANT eine „abgenöthigte Voraussetzung" oder eine „Illusion", die „gleichwohl unentbehrlich nothwendig" ist und die „man doch hindern kann, dass sie nicht betrügt".[71] *Mit der Verräumlichung der Zeit ist in der Orientierung von der Zeit, in der alles seine Zeit hat, abgesehen, aber dies wiederum: auf Zeit.*

LUHMANN hat, zunächst im Anschluss an WHITEHEAD,[72] den Übergang von Zeit (der Zeit, in der alles seine Zeit hat) in Raum aus dem bloßen Begriff der Gleichzeitigkeit gedacht. Auch im Denken von Gleichzeitigkeit wird abgesehen von der Zeit, in der alles seine Zeit hat. Wenn in dieser Zeit alles von allem beeinflusst werden kann und jeder Einfluss Zeit braucht, ist im Denken von Gleichzeitigkeit diese mögliche allseitige Beeinflussung (Interdependenz) und damit die Zeit sistiert, und alles bleibt unabhängig voneinander, was es ist, oder unbeeinflusst nebeneinander.[73] Die „temporale Modalisierung" beginnt mit einer „Fixierung von Ereignisstrukturen".[74] Raum, schrieb LUHMANN zuletzt, „ist nur

---

71 Kant, Was heißt: Sich im Denken orientiren?, AA VIII, 138, Anm., u. Kritik der reinen Vernunft, A 644 f./B 672 f.: „Eine Illusion (welche man doch hindern kann, daß sie nicht betrügt) ist gleichwohl unentbehrlich nothwendig". – Nietzsche hat dann auch Kants „synthetische Urtheile a priori" und seine Vorstellung der Zeit als „reine Anschauungsform" zu den „unentbehrlichsten Fiktionen" gerechnet: „wir sind grundsätzlich geneigt zu behaupten, dass die falschesten Urtheile (zu denen die synthetischen Urtheile a priori gehören) uns die unentbehrlichsten sind, dass ohne ein Geltenlassen der logischen Fiktionen, ohne ein Messen der Wirklichkeit an der rein erfundenen Welt des Unbedingten, Sich-selbst-Gleichen, ohne eine beständige Fälschung der Welt durch die Zahl der Mensch nicht leben könnte" (Jenseits von Gut und Böse, Nr. 4, KSA 5.18). – Nach Simon, Kant, a.O., 277, ist Raum und Zeit auch bei Kant von den Bedürfnissen der Orientierung her zu verstehen. Die Vorstellung von Raum und Zeit bedeute nur etwas, „wenn wir sinnlich affiziert" und genötigt werden, den Affekt durch Begriffe zu objektivieren. Die Affektion setze nach Kant aber schon den „Standpunkt des Menschen" voraus. Auf diesem Standpunkt *orientierten* Raum und Zeit; ein ‚rein' denkendes Wesen, für das sie reine Begriffe wären, hätte dieses Orientierungsbedürfnis dagegen nicht. Die Frage, was Raum und Zeit ‚an sich' seien, sei insofern für *unsere* Orientierung desorientierend.
72 Vgl. Luhmann, Soziale Systeme, a.O., 393–396, 600.
73 Vgl. Niklas Luhmann, Gleichzeitigkeit und Synchronisation, in: N.L., Soziologische Aufklärung, Bd. 5: Konstruktivistische Perspektiven, Opladen 1990, 95–130.
74 Niklas Luhmann, Temporalisierung von Komplexität: Zur Semantik neuzeitlicher Zeitbegriffe, in: N.L., Gesellschaftsstruktur und Semantik. Studien zur Wissenssoziologie der modernen Gesellschaft, Bd. 1, Frankfurt am Main 1980,

ein Fall von Paradoxieentfaltung durch Unterscheidungen, die auf die Inkonsistenzen neurophysiologischer Informationsverarbeitung abgestimmt sind und insofern für Tiere und Menschen ‚naheliegen'."[75]

Von der Zeit, in der alles seine Zeit hat, kann nicht nur abge*sehen*, sie kann und muss auch – wiewohl wieder nur auf Zeit – abge*halten* werden. Paradigma dafür ist alles Lebendige. Lebendiges ist aufgrund von negentropischen Prozessen imstande, Strukturen aufzubauen, die dem unablässigen Angriff der Zeit widerstehen, indem sie sich unablässig wiederherstellen (Autopoiesis).[76] Dies sind dann wiederum (oder sie erscheinen als) räumliche Gestalten, die einen Platz im Raum einnehmen und sich autonom in ihm bewegen, und diese autonome Bewegung ist wiederum – vor aller Geometrie, Geodäsie und Geographie – von elementarem Belang für den Jagdblick (5.1.). Räume, von denen die Zeit abgehalten wird, sind aber auch auf Dauer angelegte Lebensräume wie Nester, Höhlen und Häuser, die laufend ‚instandgesetzt', also durch ständige Pflege vor Einflüssen der Zeit geschützt und so in einem bestimmten Stand gehalten werden.[77] Doch auch solche Räume werden ebenfalls in wechselnden Perspektiven erfahren, in der Orientierung also wieder verzeitlicht. *Der Verräumlichung der Zeiten folgt wieder eine Verzeitlichung der Räume der Orientierung*, und soweit Horizont, Standpunkt und Perspektive ebenfalls räumliche Metaphern sind, gilt das auch für sie.

235–300, hier 243. – Zur historischen Semantik vgl. außerdem Luhmann, Weltzeit und Systemgeschichte. Über Beziehungen zwischen Zeithorizonten und sozialen Strukturen gesellschaftlicher Systeme (1973), in: Soziologische Aufklärung, Bd. 2: Aufsätze zur Theorie der Gesellschaft, Opladen 1975, 103–133, und: Geheimnis, Zeit und Ewigkeit, in: N.L. / Peter Fuchs, Reden und Schweigen, Frankfurt am Main 1989, 101–127.

75 Niklas Luhmann, Das Recht der Gesellschaft, Frankfurt am Main 1993, 321, Anm. 50.

76 Vgl. Ilya Prigogine, Vom Sein zum Werden. Zeit und Komplexität in den Naturwissenschaften, München 1979, und H. R. Maturana, Biologie der Realität, Frankfurt am Main 1998.

77 Vgl. Otto Friedrich Bollnows vielfach wiederaufgelegte Studie *Mensch und Raum* von 1963 (10. Aufl. Stuttgart 2004, zit. nach der 6. Aufl. Stuttgart 1990, 310): „Die erste Forderung richtet sich gegen die Heimatlosigkeit des haltlos im Raum irrenden Flüchtlings und Abenteuers. Sie besagt die Notwendigkeit, sich an einer bestimmten Stelle im Raum niederzulassen, sich dort fest zu begründen und einen Eigenraum der Geborgenheit zu schaffen." Bollnows Denken der Raum-Befindlichkeit wurde unter Einbeziehung neuerer Arbeiten von Gernot Böhme und Bernhard Waldenfels weitergeführt von Eduard Kaeser, Leib und Landschaft. Für ein Naturverständnis „bei Sinnen", in: Philosophia naturalis 36 (1999), 117–156.

Auch sie sind zuletzt ‚unentbehrlich notwendige Illusionen' der Orientierung, Vorstellungen, ohne die man sich im unablässigen ‚Fluss' der Zeit nur schwer über die Orientierung orientieren könnte – und selbst der Fluss ist noch eine räumliche Metapher für die Zeit.[78]

6.7. Bewegliche Spielräume der Orientierung

Für verschiebbare Grenzen wie die Horizonte und bewegliche Räume wie die Perspektiven der Orientierung hat die Sprache der Orientierung wieder ein unmittelbar plausibles, aber schwer auf den Begriff zu bringendes Wort: ‚Spielraum'. Ein Spielraum ist ein Raum und doch kein Raum, und darin gibt es ein Spiel und doch kein Spiel, jedenfalls beim ‚Handlungsspielraum', dem inzwischen gängigsten Gebrauch von ‚Spielraum'; in der Verbindung von ‚Raum' und ‚Spiel' verschiebt sich der Sinn von beiden. Wie nun nicht anders zu erwarten ist, birgt und verbirgt auch die Metapher des Spielraums eine Paradoxie. Ein Spielraum ist ein durch Regeln begrenzter ‚Raum' einer Bewegung, in dem eine nicht diesen Regeln gehorchende ‚spielerische' Bewegung, ein in diesem Sinn von Regeln freies ‚Spiel' möglich wird, kurz: eine *geregelte Grenze ungeregelten Verhaltens*. ‚Innerhalb' der Grenze kann das Verhalten wohl eigenen Regeln gehorchen. Doch es sind dann nicht die, die ihm Grenzen setzen und sein freies Spiel dadurch erst ermöglichen. Denn ein regelfreies Verhalten ist in geordneten Verhältnissen immer nur in Grenzen möglich, wenn die Ordnungen sich nicht ganz auflösen sollen.

Das Wort ‚Spielraum' hatte im Deutschen zunächst einen militärischen Gebrauch: Spielraum war der Raum, der einem Geschoß im Geschützrohr bleiben muss, damit es seinen freien Flug antreten kann. Dieser Raum muss, wenn der Schuss ins Ziel treffen soll, genau bemessen sein, die Kugel darf im Rohr weder zu viel noch zu wenig Spielraum – oder, wie man auch sagte, ‚Luftraum', ‚Windspiel', ‚Spielung' – haben.[79] Einen solchen Spielraum muss auch eine Tür in ihrem Rahmen, ein Rad in seinem Lager haben usw., alles, was sich im ‚Rahmen' von etwas bewegen können soll. Weil hier zwei voneinander unabhängige Elemente

---

78 Vgl. Verf., Art. Fließen, a.O.
79 Vgl. Zedler, Grosses vollständiges Universal Lexicon aller Wissenschaften und Künste, a.O., Bd. 38 (1743), Sp. 1636. S. auch Sven K. Knebel, Art. Spielraum, in: Historisches Wörterbuch der Philosophie, Bd. 9, Basel/Darmstadt 1995, Sp. 1390–1392.

zusammenpassen müssen, ist er kaum präzise zu errechnen und muss letlich erprobt werden und erst recht die Spielräume, die Eltern ihren Kindern, Vorgesetzte ihren Mitarbeitern, Regierende den Regierten lassen müssen. Sie stehen auch nicht fest, sondern können sich mit der Zeit verändern. Eine Zeit lang versuchte man darum auf den Zusatz ‚-raum' zu verzichten und nur von ‚Spiel' zu sprechen und von ‚Spielraum' statt dessen als Raum eines Theaterspiels. Doch setzte sich nach dem *Grimmschen Wörterbuch* diese Redeweise nicht durch. (Nie gebraucht wurde ‚Spielraum' offenbar im Sinn eines Raums zum Spielen für Kinder; hier redet man von ‚Spielzimmer' oder ‚Spielplatz' im Freien). Am meisten, so das *Grimmsche Wörterbuch*, wurde im Deutschen ‚Spielraum' „in freierer weise gebraucht" als „der umkreis, innerhalb dessen sich jemand oder etwas entfalten, bethätigen, wirken kann". Ein solcher Freiraum kann gewährt werden, man kann ihn sich aber auch durch eigenes Tun mit der Zeit schaffen und vergrössern. So nach einer Preußischen Geschichte: „bei aller strenge in den prinzipien ging doch ein hauch der freiheit durch das heerwesen, da innerhalb des unverrückbar festen rahmens der individualität spielraum gewährt wurde zu selbständiger ... bethätigung".[80] Die lateinischen Wörter für ‚Spielraum', ‚campus' (offenes Feld), ‚spatium' (freibleibender Raum), ‚latitudo' (Breite z. B. eines Grabens) haben ebenfalls militärische Anklänge und verzichten darauf, das Spiel ins Spiel zu bringen, das Französische kann zwischen Raum (‚champ libre') und Spiel (‚jeu') wählen, das Englische differenziert sehr stark: es kennt ebenfalls das ‚(free) play', aber auch den ‚elbow-room' und den ‚room to move', außerdem ‚(full) scope', ‚range' (of a gun, of influence, of oppositions, of temperature, etwas kann out of oder beyond someone's range sein), ‚clearance' oder ‚clear space' (die ‚lichte Weite' im Deutschen), ‚leeway' (aus der Sprache der Seefahrt, ‚Abdrift', to allow or give somebody leeway), ‚allowance' (‚Erlaubnis', die jemand ‚eingeräumt' wird, z. B. luggage allowance bei Flügen oder allowance for errors).

In der Philosophie hat KANT den Begriff des Spielraums bereits regelmäßig verwendet, theoretisch im Sinn eines Spielraums für Wahrheit und Irrtum oder eines „Spielraums der Wiedersprüche" [sic!],[81] praktisch im Sinn „weiter" oder „unvollkommener" Pflichten, die „der freien Willkür einen Spielraum verstatte[n]"[82] und ästhetisch im Sinn der Belebung der Einbildungskraft durch „Geist"

---

80 Hans Prutz, Preußische Geschichte, 4 Bde., Stuttgart 1900–1902, Bd. 4, S. 63, zit. nach Grimm, Deutsches Wörterbuch, a.O., Stichwort ‚Spielraum' und Quellenverzeichnis.
81 Kant, Logik, AA IX, 55, Reflexionen zur Logik, AA XVI, 269 f.
82 Kant, Metaphysik der Sitten, AA VI, 446, vgl. 390 u. 393.

und „Witz".[83] Eine signifikante Rolle spielte der Spielraum auch bei späteren Denkern der Orientierung, vor allem bei SCHLEIERMACHER (3.2.5.) und HEIDEGGER (3.2.10.).[84] ULMER (3.2.12.) hat ‚Spielraum' philosophisch am weitesten gebraucht für „die Welt als die Öffnung, die alles befaßt, was es für den Menschen gibt und für das er offen ist, aus der sich sein Verhalten bestimmt und die den Spielraum seines Tuns und Lassens gibt".[85] WITTGENSTEIN hatte im *Tractatus logico-philosophicus* den (metaphorischen) Terminus in die Philosophie der Logik eingeführt – zur Bestimmung des Verhältnisses von (allgemeinen) Sätzen und (individuellen) Tatsachen – und dabei das Eingrenzende und Beschränkende, aber auch das Abgrenzende und Ermöglichende des Spielraums herausgestellt: „Die Wahrheitsbedingungen bestimmen den Spielraum, der den Tatsachen durch den Satz gelassen wird. (Der Satz, das Bild, das Modell, sind im negativen Sinne wie ein fester Körper, der die Bewegungsfreiheit der anderen beschränkt; im positiven Sinne, wie der von fester Substanz begrenzte Raum, worin ein Körper Platz hat.)"[86] Logische Sätze haben danach für die Welt darin Sinn, dass sie aufgrund von Wahrheitsbedingungen Tatsachen Spielraum ‚lassen', aber auch erst geben: „Es verändert ja die Wahr- oder Falschheit *jedes* Satzes etwas am allgemeinen Bau der Welt. Und der Spielraum, welcher ihrem Bau durch die Gesamtheit der Elementarsätze gelassen wird, ist eben derjenige, welchen die ganz allgemeinen Sätze begrenzen."[87] In den *Philosophischen Untersuchungen*, in denen er die Philosophie des Sprachspiels entwickelte, rekurrierte WITTGENSTEIN explizit auf den Spielraum „zwischen Lager und Zapfen": „Wir sagen z. B., die Maschine *habe* (besäße) [...] Bewegungsmöglichkeiten; wir sprechen von der ideal starren Maschine, die sich nur so und so bewegen *könne*. Die Bewegungs*möglichkeit*, was ist sie? Sie ist nicht die *Bewegung*; aber sie scheint auch nicht die bloße physikalische Bedingung der Bewegung zu sein, – etwa, daß zwischen Lager und Zapfen ein Spielraum ist, der Zapfen nicht zu streng ins Lager paßt."[88]

---

83 Kant, Anthropologie, AA VII, 225.
84 Heidegger spricht in Sein und Zeit, a.O., § 70, 368 f., in Auseinandersetzung mit Kants Bestimmung von Raum und Zeit als reiner Anschauungsformen vom existenzialen „Sich-Einräumen des Daseins" in einem „Spielraum" des ihm „Gehörigen", einem „eingeräumten Raum", den es „mitnehmen" kann.
85 Ulmer, Von der Sache der Philosophie, a.O., 22.
86 Wittgenstein, Tractatus logico-philosophicus, 4.463. – Vgl. zur Stelle David Hyder, The Mechanics of Meaning. Propositional Content and the Logical Space of Wittgenstein's *Tractatus* (Quellen und Studien zur Philosophie, Bd. 57), Berlin/New York 2002, 127 f.
87 Ebd., 5.5262.
88 Wittgenstein, Philosophische Untersuchungen, § 194. – So dürfte der Sinn von Wittgensteins Begriff des „Sprachspiels" nicht, wie oft vermutet wird, darin liegen, dass Sprachspiele durch Regeln geregelt sind, die möglichst in Logiken und Grammatiken explizit gemacht werden sollten, sondern dass sie Spielräume lassen, Regeln zu folgen, die *nicht* explizit zu sein brauchen, sondern sich mit der Zeit einspielen und mit der Zeit dann auch verschieben können. Vgl. Verf., Zwischen Kulturen. Orientierung in Zeichen nach Wittgenstein, a.O. – Zum

Im Sinn begrenzter Räume freier Bewegung sind Perspektiven der Orientierung Spielräume der Orientierung. Durch das elastische Verhältnis ihrer Standpunkte und Horizonte sind sie darüberhinaus Spielräume mit beweglichen Grenzen, lassen nicht nur Bewegung in sich zu, sondern bewegen sich auch selbst. Geschützrohre nutzen sich mit der Zeit ab, Lager ‚leiern' nach langem Gebrauch allmählich ‚aus', Kinder, Mitarbeiterinnen und Regierte werden, wenn ihnen Spielraum gelassen wird, selbständiger und selbstverantwortlicher und lassen sich dann Spielräume nicht mehr nur gewähren, sondern ‚nehmen' sie sich. Handlungsspielräume, die sich nach einer Seite erweitern, können sich nach einer andern Seite verengen (man gewinnt Einfluss in einem Wahlamt und macht sich dabei von Bürokratien abhängig), die geregelten Grenzen von Spielräumen überhaupt können sich durch das ungeregelte Verhalten in ihnen mit der Zeit so lockern, dass sie sich schließlich ganz auflösen (wie ‚locker gehandhabte' Vorschriften).

Nach dem Sich-Zurechtfinden und dem Gewinnen von Übersicht ist die Ausrichtung der Orientierung in den Spielräumen von Horizonten, Standpunkten und Perspektiven ein weiterer Grundzug der Orientierung. Er charakterisiert ihre Art von Freiheit. Sie ist durch Regeln, die ‚in der Regel' gelten, begrenzt, also keine unbedingte und als solche nur metaphysisch zu begründende Freiheit.[89] ‚Spielraum', wie Horizont, Standpunkt und Perspektive eine offenbar unersetzbare und damit wiederum absolute Metapher in BLUMENBERGS Sinn, ist der prägnanteste ‚Begriff' für die begrenzten Freiheiten, die wir in der Orientierung haben, dafür, dass wir in ihr nicht in allem, sondern nur in manchem frei sind, in manchem entscheidbare Handlungsmöglichkeiten finden, in vielem andern aber nicht. Auch der Handlungsspielraum, den die Orientierung von Fall zu Fall lässt, ist kein einheitlicher, nach einheitlichen Regeln begrenzter Spielraum; auch er ist in sich vielfältig, schließt vielfältige

---

Versuch einer logisch-wissenschaftstheoretischen Definition von ‚Spielraum' im Anschluss an den Wiener Kreis vgl. Gereon Wolters, Art. Spielraum, in: Enzyklopädie Philosophie und Wissenschaftstheorie, hg. v. Jürgen Mittelstraß, Bd. 4, Stuttgart/Weimar 1996, 36–38.

89 Kant begründete die Freiheit zum moralischen Handeln, die nach seiner Konzeption unbedingt sein musste, in einer „Metaphysik der Sitten" und konnte sie nur so begründen. – Spinner, Was heißt Wissensorientierung?, a.O., 42, spricht statt von Spielraum von „alternativoffener Lösungsmöglichkeit für orientiertes Verhalten" und gesellschaftlichen „Rahmenbedingungen" „durch Regelwerke", „an denen man sich *freibleibend* orientieren kann, ohne das konkrete Verhalten zu determinieren – im Gegensatz zu Befehlen, die ein bestimmtes Verhalten vorschreiben, und Maßnahmen, welche Einzelfall-Lösungen vollziehen."

‚Freiheiten' ein, die man in der jeweiligen Situation erst herausfinden muss, um sie dann, unter Zeitdruck, zu nutzen. Insoweit ist auch das SARTREsche ‚Zur-Freiheit-verdammt-Sein' unrealistisch überzogen. Verdammt ist man in der alltäglichen Orientierung eher zum Spiel – nicht einem Spiel, in dem es ,um weiter nichts geht', sondern zum Spiel eines Spielers, der unter ständiger Ungewissheit ‚auf gut Glück' setzen und laufend auch ‚Verluste einstecken' muss. Dabei geht es dann nicht so sehr um Handlungs*freiheit* als um Handlungs*sicherheit*, um den ‚Halt' in der Orientierung.

7. Halt der Orientierung: Anhaltspunkte
Orientierung als Halt

7.1. Die Sprache des Halts in der Orientierung über Orientierung
7.2. Der Halt der Anhaltspunkte
7.3. Abkürzung der Situation in Punkte
7.4. Die Attraktivität der Anhaltspunkte
7.5. Spielräume für neue Anhaltspunkte
7.6. Paradoxe Entscheidung unter Anhaltspunkten
7.7. Affektive Bewertung von Anhaltspunkten
7.8. Passen von Anhaltspunkten: Haltbare Schemata
7.9. Spielräume der Orientierung im Gehirn

Sich in seiner Situation zurechtzufinden, darin Übersicht zu gewinnen und sich richtig auszurichten sucht man in der Orientierung, sagt man, um ‚Halt zu finden'. Halt hält Bewegung, Fall und Verfall auf: *Die Sprache des Halts verrät die beständige Not der Orientierung, in ihrer Bewegung zu entgleiten, zu Fall zu kommen und in Verfall zu geraten.* Neben der Metaphorik der Sicht und der Richtung bestimmt die Metaphorik des Halts am stärksten die Sprache der Orientierung; ihr Wortfeld des Haltens ist das ausgeprägteste und prägendste. Ihr Spektrum reicht vom Halten im Sinn des (intr.) Zum-Stehen- und Zustandekommens über das Halten im Sinn des (tr.) Zum-Stehen-Bringens und Am-Fallen-Hinderns, den Sinn des (intr.) Bestehens und Dem-Verfall-Widerstehens und den Sinn des (refl.) Sich-Verhaltens, Sich-Zusammennehmens bis zum Sinn des (tr.) Sich-ins-Verhältnis-Setzens und Für-etwas-Haltens (7.1.). Die Orientierung kann in ihrer Ursprünglichkeit und Selbstbezüglichkeit ihren Halt nur aus sich selbst gewinnen. Sie gewinnt ihn mit Hilfe von ‚Anhaltspunkten', ‚an' die sie sich ‚hält' (7.2.). Anhaltspunkte sind in der Situation vorgegeben, die Orientierung muss sie jedoch erst finden, aus den unübersehbaren Gegebenheiten der Situation selbst herausfinden und herausgreifen. Wie der ‚Standpunkt', der Inbegriff dessen, was jemand in seiner Orientierung schon mitbringt und in sie einbringt, werden auch sie zu ‚Punkten' abgekürzt (7.3.). Von ihnen hängt alles Weitere ab; sie ‚ziehen' die Orientierung so ‚an', dass man sich ihnen nicht entziehen kann (7.4.). Sie lassen, als bloße Anhaltspunkte, jedoch zugleich Spielräume für weitere Anhaltspunkte (7.5.). Man muss dann entscheiden, an welche Anhaltspunkte man sich halten will, und solche Entscheidungen schon treffen, bevor man die Situation hinreichend kennt; man entscheidet also eigentlich Unentscheidbares und trifft die Entscheidungen zumeist ohne ein Bewusstsein der Entscheidung (7.6.). Die Selektion hält sich daran, was jeweils Belang ist,[1] und was regelmäßig von Belang ist, geht in eine unwillkürliche affektive Bewertung der Anhaltspunkte ein (7.7.). Einzelne Anhaltspunkte reichen zu einer haltbaren Orientierung in der Regel nicht aus. Ein hinreichender Anhalt ergibt sich erst dann, wenn mehrere Anhaltspunkte zueinander passen. Er hängt davon ab, wie sich Anhaltspunkte in einer Situation zueinander ‚verhalten', ‚Verhältnissen' von Anhaltspunkten, in denen sie einander stützen, einander Halt geben. Längerfristig haltbare Verhältnisse entstehen, wenn sich zueinander passende Anhaltspunkte zu Mustern und Schemata ordnen, die man schon bekannten zuordnen kann (7.8.). Die Strukturen, in denen die Orientierung Halt in einer Situation gewinnt, zeigen deutliche Entsprechungen zu den Strukturen, die in letzter Zeit die Hirnforschung in der Arbeit des Gehirns bei der Orientierung herausgefunden hat (7.9.).

ARISTOTELES hatte von PLATON das Problem übernommen, wie das Sein des PARMENIDES und mit dem Werden HERAKLITS zusammengedacht werden kann. Er folgte PLATONS Weg, die Unterscheidung von Sein und Werden nicht mehr als ausschließende Entgegensetzung zu denken, und dachte sie als Einschließung des einen in das andere, als Sein *im* Werden und Werden *von* Seiendem. Er ging dabei weiter vom Werden aus, das der Erfahrung überall und unabweisbar begegnet. Die Lösung war eine (absolute) Metapher, die Metapher des im Werden „zum Stehen kommenden" Seins. Dieses Zum-Stehen-Kommen (ἱστάναι) bedeutet nicht mit der Bewegung aufzuhören, sondern *in* der Bewegung, *in* der Veränderung, *im* Werden selbst Halt zu finden – so wie sich Kreisbewegungen als andauernde und in diesem Sinn ‚anhaltende' Kreisbewegungen und Wellen als ‚stehende Wellen' halten können. Ein solches Zum-Stehen-Kommen oder Zum-Stehen-gekommen-Sein (στῆναι), Zur-Ruhe-gekommen-Sein (ἠρεμῆσαι)[2] in der Bewegung ist, so ARISTOTELES, notwendig (ἀνάγκη στῆναι), damit man *sagen* kann, dass etwas ist; andernfalls ginge es nicht nur mit der Bewegung, sondern auch mit deren Bestimmung heraklitisch ‚ins Unbegrenzte' (εἰς ἄπειρον).[3]

---

1 Manfred Sommer spricht von „Relevanzprüfung". Vgl. Sommer, Suchen und Finden, a.O., 375: „Mindestens das wird mir ständig abverlangt: Auffassung (‚Kommt da ein Zeichen?'), Relevanzprüfung (‚Geht's mich was an?') und Interpretation (‚Was bedeutet es für mich?')."
2 Aristoteles, Physik VII 3, 247 b 11.
3 Aristoteles, Metaphysik, XII 3, 1070 a 2–4. Vgl. ebd., IV 5, 1010 a 22, und Physik VII 3, 247 b 11–18. – Nach Wolfgang Wieland, Die aristotelische

In der Bewegung zum Stehen kommen Bewegungen nach ARISTOTELES erst durch das Denken. Denken war für ihn nicht wie in der Moderne als ‚Bewusstsein' von seinem ‚Gegenstand' oder als ‚Subjekt' von seinem ‚Objekt' getrennt vom Gedachten; für die Antike und so auch für ARISTOTELES gehörte das Denken selbst der Natur (φύσις) und damit der Bewegung zu, die in ihm zum Stehen kommt. Es kommt, so ARISTOTELES, im Satz zum Stehen. Wer einen Namen (ὄνομα), der etwas anzeigt (σημαίνει τι), ausspricht, bringt sein Denken im genannten Sinn zum Stehen, und der, der den Satz hört, kommt zur Ruhe (ἵστησι γὰρ ὁ λέγων τὴν διάνοιαν, καὶ ὁ ἀκούσας ἠρέμησεν).[4] Erster Anhaltpunkt für eine in der Natur und im Satz zum Stehen kommende Bewegung ist für ARISTOTELES, dass aus Namensgleichem Namengleiches entsteht, z.B. ein Mensch aus Menschen. Darin zeige sich ein Sich-Halten (ἔχειν) oder eine Haltung (ἕξις) der Bewegung, an die das Denken sich halten kann: In der Natur hält sich die stehende Bewegung nach ARISTOTELES so, dass sich in der Fortzeugung von Lebewesen einer Art der Anblick (εἶδος) oder die Form (μορφή) durchhält und nur Stoff (ὕλη), in Gestalt der einzelnen Exemplare der Art, ausgetauscht wird.[5] Was sich dabei als ständiger Anblick (εἶδος) bietet, weil es sich in der Fortzeugung der nach ihm geformten Lebewesen erhält, ist das Muster eines Werdens und als solches der Begriff der Art. Wenn dann von diesem Muster nur ein Teil auftaucht, weiß man schon irgendwie (πως) das Ganze (τὸ καθόλου).[6]

Denken seinerseits ist das εἶδος des Menschen. In ihm kann er sich an sich selbst halten und dadurch Selbständigkeit gewinnen.[7] Allerdings wieder nur bedingt. ARISTOTELES' letzter Anhalt dafür, dass das unablässige Anders-Werden in einer anhaltenden und gleichförmigen Bewegung zum Stehen kommt, ist das göttliche „unbewegte Bewegende" (κινοῦν αὐτὸ ἀκίνητον).[8] Er dachte es so, dass auch es lebendig und bewegt und nur insofern unbewegt ist, als es nicht *von anderem* bewegt oder in seiner Bewegung behindert wird, sondern sich selbst in einer immer gleichen sich selbst schließenden Bewegung bewegt.[9] Nach einer solchen gänzlich ungestörten stehenden Bewegung strebt, so ARISTOTELES, alles übrige, das an hinderliche stoffliche Bedingungen gebunden ist, und so bewegt das göttliche unbewegte Bewegende als Begehrtes (ὀρεκτόν) oder Geliebtes (ἐρώμενον).[10] Es ist Anhalt anhaltender Bewegungen.

Alle Orientierung ist darauf angewiesen, dass in ihr etwas zum Stehen kommt und bleibt, wie es ist, so dass man sagen kann, es ‚ist'. Sie bedarf

---

Physik, 3. Aufl., Göttingen 1992, 314 ff., sind bei Aristoteles „Bewegungszusammenhänge" und „Bedingungszusammenhänge" zu unterscheiden. Sein Verbot des infiniten Regresses galt nur für die zweiten, nicht für die ersten.
4 Aristoteles, De interpretatione 3, 16 b 20 f.
5 Aristoteles, Metaphysik, XII 3, 1070 a 4–18. Zu ἔχειν und ἕξις vgl. Physik VII 3, 247 b 1–3.
6 Aristoteles, Physik VII 3, 247 b 5–7.
7 Vgl. Aristoteles, de anima II 1 und III 3–8.
8 Aristoteles, Metaphysik, XII 7, 1072 b 7.
9 Ebd., 1072 b 14–30.
10 Ebd., 1072 a 26, 1073 b 3.

bleibender Gegenstände, bestimmter Wortbedeutungen, verlässlicher Charaktere, stabiler Institutionen, auf die sie sich dauernd beziehen kann, auch wenn sie sich dauernd verändern können. Aus diesem Bedürfnis entstanden Metaphysiken und Ontologien, auch und gerade aus ARISTOTELES' Gedanken des Zum-Stehen-Kommens *in* der Bewegung. Was bleibt, muss in der Orientierung jedoch nicht *immer* bleiben, muss nicht schon etwas schlechthin Zeitloses sein, das in allen Situationen und über alle möglichen Situationen hinaus bleibt und ‚in allen möglichen Welten' gilt. Es reicht aus, wenn es sich auf Zeit hält, eben die Zeit, in der man kurz-, mittel- oder langfristig mit ihm zu tun hat, mit ihm umgeht, darüber nachdenkt und kommuniziert. Um sich überhaupt auf die Zeit einlassen zu können, muss die Orientierung etwas von ihr unterscheiden, etwas gegen die Zeit ‚festhalten', aber auch dies auf Zeit, wenn sie sich nicht für immer ‚festlegen' will. Der Bedarf der Orientierung an Halt ist ein ‚Standhalten' *gegen* die Zeit *in* der Zeit, und so ist die Frage, wie es zu einem solchen Halt auf Zeit in der Orientierung kommt oder kurz: wie in ihr etwas zum Stehen, zum Stand, ‚zustandekommt'.

7.1. Die Sprache des Halts in der Orientierung über Orientierung

Das Sprachspiel des Halts ist in der deutschen Sprache in verschiedene Wortarten – Verben, Substantive, Adjektive –, innerhalb ihrer in eine Vielzahl von Präfixbildungen und bei den Verben häufig wiederum in einen intransitiven, transitiven und reflexiven Gebrauch verzweigt. Es bietet ein semantisches Netz vielfach aneinander anschließender, aber auch gegenläufiger und einander durchkreuzender Wege des ‚Halt-Findens', ‚Halt-Gebens' und ‚Halt-Habens', das in seiner Dichte schwer zu überschauen und zu ordnen ist; doch eben in seiner Dichte trägt das Netz. Andere europäische Sprachen haben eine ähnlich differenzierte Metaphorik des Halts ausgebildet, jede wieder mit anderen Akzenten und eigenen Feinheiten. Im Griechischen geht sie vom Verb ἔχειν aus (ursprünglich ‚etwas in seiner Macht, Gewalt haben'), im Lateinischen einerseits von ‚habere' (‚haben', aus ‚capere', ‚ergreifen'), andererseits von ‚tenere' (aus ‚tendere', ‚dehnen, spannen': ‚ausgedehnt, gespannt sein, sich oder anderes in dieser Ausdehnung und Spannung halten'), im Französischen von (dem ursprünglich lat.) ‚tenir' (mit Wendungen wie ‚se tenir', ‚tenir pour', ‚tenir à', ‚se tenir en'),[11] im Englischen von ‚hold'. Wie das engl. ‚hold' stammt das deutsche ‚halten' von einer indoeuropäischen Wurzel *kel-, ‚treiben', ab, nämlich ‚Vieh treiben, Vieh hüten, Vieh halten', mit dem sich der Sinn ‚rufen', ‚schreien', nämlich ‚das Vieh durch Rufe zusammenhalten' verbunden hat. So hätte ‚halten' einmal den Sinn gehabt von ‚zusammenhalten, was unablässig auseinanderlaufen will', und eben darin ist die Leistung des Halts in der Orientierung zu vermuten.

(A) Das Feld des Zum-Stehen-Kommens oder Zustandekommens. – Das Simplex *‚halten'*, intr. gebraucht, hat erstens (1) den Sinn ‚stehenbleiben, zum Stillstand kommen': ‚Die Straßenbahn hält an der Haltestelle'. Dazu gibt es ein erstes Substantiv *‚Halt'* (1): ‚Die Straßenbahn macht Halt'; wenn Massen in Bewegung geraten, kann es ‚kein Halten mehr geben'. Das intr. *‚anhalten'* fügt ‚halten' (1) einen besonderen Anlass hinzu: Die Straßenbahn ‚hält an', wenn z. B. die Menschenmenge auf die Schienen gelaufen ist. Beim Gehen oder beim Sprechen kann man kurz *‚innehalten'*, oft um sich zu orientieren (wie es bei MENDELSSOHN hieß: „… stehe ich still und suche mich zu orientiren"; 3.2.1.). Eine alte Form von ‚innehalten' war *‚einhalten'*, und aktuell kann man noch *‚Einhalt gebieten'*.

(B) Das Feld des Zum-Stehen-Bringens. – Was nicht von selbst zum Stillstand kommt, kann man tr. zum Stillstand bringen, indem man es am Auseinanderlaufen hindert. So *‚hält'* (2) man Vieh, um es sich zunutze zu machen. In einem weiteren Sinn kann man (sich) auch ‚Personal halten' und militärisch ‚eine Stellung halten'. Auch beim tr. Gebrauch von ‚halten' (2) kann das Präfix ‚an-' hinzutreten: *‚anhalten'*, zum Stillstand bringen kann man so z. B. einen Einkaufswagen, der über den abschüssigen Platz auf geparkte Autos zurollt, und ‚Anhalter' können fahrende Autos zum Mitfahren anhalten. Man kann auch übertragen jemand *‚zu*

---

11 Derrida spielt das Sprachspiel ansatzweise durch in: Foi et savoir. Les deux sources de la ‚religion' aux limites de la simple raison, in: Thierry Marchaisse (Hg.), La religion. Séminaire de Capri sous la direction de Jacques Derrida et Gianni Vattimo. Avec la participation de Maurizio Ferraris, Hans-Georg Gadamer, Aldo Gargani, Eugenio Trías et Vincenco Vitiello, Paris 1996, 9–86, hier 81 f. Anm., deutsch: Glaube und Wissen. Die beiden Quellen der ‚Religion' an den Grenzen der bloßen Vernunft, übers. von Alexander García Düttmann, in: Jacques Derrida / Gianni Vattimo, Die Religion, Frankfurt am Main 2001, 9–106, hier 100, Anm. (zu Heideggers Gebrauch des Wortfelds 81 f. mit Anm. u. 99), und in: Voyous. Deux essais sur la raison, Paris 2003, 22 f., deutsch: Schurken. Zwei Essays über die Vernunft, aus dem Frz. v. Horst Brühmann, Frankfurt am Main 2006, 18 f.

7.1. Die Sprache des Halts in der Orientierung über Orientierung

etwas anhalten', dafür sorgen, dass er sich auf eine bestimmte Weise verhält, z. B. den Fahrer des Autos, in das man eingestiegen ist, dazu, die zulässige Höchstgeschwindigkeit ‚*einzuhalten'*. Um ihn nicht zu noch rasenterem Fahren zu provozieren, kann man entsprechende Äußerungen aber auch ‚*zurückhalten'*. ‚*Hält*' man etwas ‚*auf*', z. B. einen Zug, der abfahren soll, hält man es nur auf Zeit an, verzögert man seine Bewegung nur. ‚*Hält*' man refl. ‚*sich auf*', will man auf Zeit an einem Ort bleiben, ‚hält' man ‚*sich mit etwas auf*', wird man von etwas aufgehalten, um das man sich kümmern will oder muss.

(C) Das Feld des Stützens, Bewahrens, Instandhaltens ist das am reichsten verzweigte und am dichtesten vernetzte. Es geht weiter von tr. ‚halten' (2) aus, nun aber nicht im Sinn von ‚am Auseinanderlaufen hindern', sondern von ‚am Fallen hindern', sei es am Herunterfallen oder am Umfallen oder am Verfallen.

(a) Zunächst kann man *etwas an einem Ort oder in einem Zustand ‚halten*' (3), an bzw. in dem es von selbst nicht bleiben würde. So hält man etwas gegen die Schwerkraft in die oder in der Höhe, z. B. ein Kind auf dem Arm oder ein Buch in der Hand; Angeln halten in diesem Sinn die Tür, Pfeiler die Brücke, Karyatiden und Atlanten symbolisch Gebäudemauern. Prädikativ ergänzt kann man ‚jemand gefangen halten', ‚den Mund (geschlossen) halten', ‚seinen Laden in Ordnung halten', ‚eine Stelle besetzt halten', sich selbst ‚aufrecht halten' und übertragen ‚den Kopf hoch halten' und ‚die Ohren steif halten'; man kann ‚die Füße warm halten' und ‚sich jemand warm halten' und, durch Präpositionen ergänzt, ‚jemand in Ehren halten' und ‚jemand im Amt halten' (statt ihn ‚fallen zu lassen'). Der Zustand kann seinerseits eine Bewegung sein: So hält man etwas ‚in Bewegung' oder ‚in Gang' oder zwischen Bewegung und Ruhe ‚in der Schwebe', ‚im Gleichgewicht'. Macht das Am-Fallen-Hindern größere Anstrengungen notwendig, muss man etwas oder jemand ‚*festhalten*', eine schlecht befestigte Stange, einen torkelnden Menschen. Übertragen kann man auch eine Bemerkung festhalten, damit sie im weiteren Gespräch ‚nicht untergeht', und ‚an' einer Behauptung ‚festhalten'. Substantivierungen dieses tr. Haltens (3) im Sinn des Festhaltens sind ‚*Halter*' (1), z. B. Halter an der Wand, ‚Federhalter' und ‚Büstenhalter'. Wenn Stellen besetzt bleiben sollen, ohne dass man sie selbst besetzen kann, setzt man ‚*Platzhalter*' und ‚*Statthalter*' ein. Und hierher gehört dann auch der ‚*Halt*' (2) im Sinn von ‚Stütze' wie in ‚Halt geben' und ‚bei jemand Halt finden', also der Halt, den man sich generell von der Orientierung durch andere wünscht. Er kann verstärkt werden zum ‚*Rückhalt*' für jemand, der zu ‚fallen' oder zu ‚stürzen' droht, z. B. ein Minister. In der Landsknechtssprache hieß das noch ‚die Stange halten'.

(b) Wenn das ‚halten' (3) nicht nur bedeutet, etwas in einem bestimmten Zustand, jemand an einer bestimmten Stelle zu halten, sondern auch daran zu hindern, dass etwas ganz verfällt, verschwindet, verlustig geht, *ermöglicht* es *das Fortbestehen von etwas*: so in ‚am Leben halten', ‚Ruhe halten', ‚Gebote halten', ‚Wort halten', ‚Versprechen halten', mit abverbialen Präfixen ‚ein Gebäude instandhalten', ‚einen Spielraum offenhalten', ‚eine These aufrecht(er)halten'. Hierher gehört in der älteren Sprache auch ‚Hof halten' und ‚Gericht halten' und aktuell ‚jemand in Kenntnis halten', ‚eine Zeitung halten' (nämlich regelmäßig ‚kommen lassen') und auch ‚eine Rede halten': jeweils werden bestimmte Ordnungen eingehalten. ‚Am Leben halten' wird nicht nur von Lebendigem, sondern etwa auch von Unternehmen oder Vereinen gesagt; sie werden durch geeignete Maßnahmen ‚*erhalten*'. Das Präfix ‚er-' bedeutete zunächst ‚heraus, hervor', dann aber auch ‚zum Ende hin'; mit ihm wird das Fortbestehen-von-etwas-Ermöglichen zur zielbewussten Dauertätigkeit. ‚Erhalten' kann aber auch bedeuten ‚etwas bekommen, in den Besitz von etwas kommen' (ein Auto, ein Grundstück, Aktien erhalten), und der Besitzer ist dann der ‚*Halter*' (2). Besitz wiederum kann man ‚*behalten*', nicht wieder weggeben, und, etwa auf einer Reise, ‚bei sich behalten', um ihn ‚wohlbehalten' nach Hause zu bringen. ‚Erhalten' als ‚in seinem Bestand erhalten' schließt auch ‚jemand *freihalten*' ein, nämlich frei von Kosten halten, die Kosten für seinen ‚*Unterhalt*' übernehmen, und ‚halten' (3) bezieht sich so auch auf Personen. Man ‚unterhält' seine Familie, indem man für ihren ‚Lebensunterhalt' sorgt, einen Betrieb, in dem man Geld und Arbeit in ihn investiert. Man kann sich aber auch nur ‚mit' jemand ‚unterhalten' und ihn dadurch ‚bei Laune halten', und davon ist das Substantiv ‚*Unterhaltung*' abgeleitet. ‚Unter' hat im Germ. zwei Ursprünge, zum einen ‚darunter' wie in ‚eine Stütze unterlegen', zum andern ‚zwischen' wie in ‚unter vier Augen besprechen', ‚unter uns bleiben', ‚sich unter meinen Sachen befinden', ‚in seinem Haus unterbringen'; auf das erste ‚unter' geht das ‚jemand auf seine Kosten unterhalten', auf das zweite das ‚sich mit jemand unterhalten' zurück. Beide geben dem Zusammenleben und der Orientierung an anderer Orientierung wiederum elementaren Halt. Das ‚von unten stützen', ‚als Grundlage dienen' wurde in Gestalt des griechischen ὑποκεῖσθαι (‚darunterliegen') und ὑποκείμενον (das ‚Darunterliegende'), das auf dem Weg über ὑπόστασις (wörtlich das ‚Darunterstellen') in das lat. ‚substare', ‚substantia' (wörtlich ‚darunterstehen', das ‚Darunterstehen') übersetzt wurde, durch ARISTOTELES zum maßgeblichen (metaphorischen) Begriff der europäischen Metaphysik.[12]

(c) Der Sinn von ‚halten' (3) als ‚bewahren' dominiert in ‚*enthalten*': Ein ‚*Behälter*' hat den Sinn, das, was er enthält, nicht nur am Verlustiggehen, sondern *überhaupt an Veränderungen zu hindern*, er gibt ihm Halt (2), indem er ihm eine haltbare Form gibt. ‚Enthalten' kommt von ‚in-t-halten, in sich halten', ‚etwas eingeschlossen halten', und das Eingeschlossene ist der ‚*Inhalt*'. Die Form, die hält, und Inhalt, der gehalten wird, ist die zweite maßgebliche Unterscheidung der Metaphysik des ARISTOTELES, die auch KANT in seiner *Kritik der reinen Vernunft* noch fraglos eingesetzt hat – um der Substanz-Metaphysik den Boden zu entziehen.[13] Beide dachten Begriffe als feste Formen, die ihrem Inhalt, dem, wie sie annahmen, flüchtigen Sinnlichen der Wahrnehmung, Halt und Form geben und es so über die Veränderungen der Zeit hinweg erhalten. Aktuell spricht man ebenso vom ‚Inhalt' eines Textes und von ‚Gedächtnisinhalten', als ob Text und Gedächtnis wie Formen etwas enthielten, das sie austauschen könnten, ohne sich selbst zu verändern. Vom Inhalt eines Buches oder seinem ‚Stoff' wird sein ‚*Gehalt*' unterschieden: er ist das, was am jeweilgen Inhalt für den jeweiligen Leser von Belang ist. Im Mhd. war ‚Gehalt' noch ‚Gewahrsam', ‚Gefängnis', später ebenfalls ‚Behältnis' und ‚Halt', aber auch das (bessere oder schlechtere) Futter. Auch Stoffe können einen Gehalt haben, z. B. Münzen einen ‚Silbergehalt' und Spirituosen einen ‚Alkoholgehalt'; eine Behauptung kann einen ‚Wahrheitsgehalt' haben. Gehalt ist nicht mehr der Inhalt einer Form, sondern das Dritte der Unterscheidung von Inhalt und Form, das, worin beide aufeinander bezogen sind und worin sie einander entsprechen sollen. Hans BLUMENBERG hat vom ‚Gehalt' absoluter Metaphern gesprochen als dem, was sie zur Strukturierung der Welt tauglich macht, ohne darum logische Begriffe zu sein, in denen sich ‚Inhalte' und ‚Umfänge' unterscheiden ließen.[14] Ein Roman kann bei ähnlichem ‚In-

---

12 Vgl. Verf., Substanz. Grundbegriff der Metaphysik, Stuttgart-Bad Cannstatt 1977, 89 f., Anm. 7, und Jens Halfwassen, Art. Substanz I (Antike), in: Historisches Wörterbuch der Philosophie, Bd. 10, Basel/Darmstadt 1998, Sp. 495–507.
13 Vgl. Verf., „Denken". Interpretationen des Denkens in der Philosophie der Moderne, in: Emil Angehrn / Bernard Baertschi (Hg.), Studia Philosophica 57 (1998), 209–228.
14 Vgl. Blumenberg, Paradigmen zu einer Metaphorologie, a.O., 25. Die Halt-Metaphorik bleibt auch hier maßgeblich: „Ihr *Gehalt* [sc. der absoluter Metaphern] bestimmt als *Anhalt* von Orientierungen ein *Verhalten*, sie geben einer

halt' ‚gehaltloser', ein Wein bei verwandter Herkunft ‚gehaltvoller' als ein anderer sein. Von ‚der Gehalt' (mask.) hat sich seit dem 18. Jahrhundert ‚das Gehalt' (neutr.) abgespalten, hier wieder im Sinn des ‚Unterhalts' eines Angestellten. So gibt es auch einen Plural ‚Gehälter' (Monatsgehälter, Jahresgehälter): Sie machen den Geldwert der Dienstleistung aus, die jemand für einen andern erbringt.

(D) Das Feld des Bestehens als Dem-Verfall-Widerstehens. – Was von sich aus dem Verfall oder Beeinträchtigungen widersteht, ‚*hält*' (4) wiederum intr. und ohne weiteren Zusatz. Gebäude, die nicht einfallen, Speisen, die nicht verderben, militärische Fronten, die stehen, Strukturen, die nicht verfallen, ‚halten' oder auch ‚halten sich' in diesem Sinn mehr oder weniger lange; je nachdem, welche Dauer von ihnen erwartet wird, können sie ‚(sich) gut oder schlecht halten'. Mit eigenen Anstrengungen kann man sich bestimmte Eigenschaften erhalten, z. B. ‚sich fit oder jung halten'; ansonsten kann ‚sich' etwas auch nur auf Grund geeigneter Umstände ‚erhalten' (z. B. Schriftrollen in einer klimatisch günstigen Höhle). Etwas kann aber auch ‚an etwas halten', z. B. Farbe an einer Wand; sie widersteht dann dem Ab-, Herunter-, Wegfallen. Widersteht sie den Angriffen der Witterung, ist sie ‚haltbar'. Haltbar kann übertragen auch eine These sein, die dann Einwänden ‚standhält', so wie Gebäude Erschütterungen ‚*standhalten*' oder sie ‚aushalten'. In ‚standhalten' ist der eigene Stand, die ‚Selbständigkeit' akzentuiert, in ‚*aushalten*' die Widerstandsfähigkeit gegen Beeinträchtigungen. Man kann ‚etwas nicht (mehr) aushalten', z. B. Schmerzen, aber auch trotz Schmerzen ‚*durchhalten*' und, wenn ein anderer, z. B. bei einem Marathonlauf, durchhält, dabei ‚*mithalten*', ohne zusammenzubrechen. Eine Stimmung kann ‚*sich durchhalten*', selbst wenn die Situation sich vielfach ändert, und um Beeinträchtigungen von sich ‚ab-' und ‚fernzuhalten' im Sinn von tr. ‚halten' (3), kann man ‚sich' zu ihnen ‚*auf Distanz halten*'.

Auch das intr. ‚halten' (4) hat ein Substantiv ‚*Halt*' (3) zur Seite, und dies ist der Halt, den die Orientierung aus sich selbst gewinnt. Er ist ein ‚*Zusammenhalt*', wie ihn eine Mannschaft oder eine Truppe brauchen, um sich mit ihren Gegnern erfolgreich auseinandersetzen zu können. Der Zusammenhalt kann dann wieder ‚gut' oder ‚schlecht' sein, und er kann

---

Welt Struktur, repräsentieren das nie erfahrbare, nie übersehbare Ganze der Realität. Dem historisch verstehenden Blick indizieren sie also die fundamentalen, tragenden Gewissheiten, Vermutungen, Wertungen, aus denen sich die *Haltungen*, Erwartungen, Tätigkeiten und Untätigkeiten, Sehnsüchte und Enttäuschungen, Interessen und Gleichgültigkeiten einer Epoche regulierten." (Kursivierungen W.S.)

7.1. Die Sprache des Halts in der Orientierung über Orientierung 235

in der ‚Haltlosigkeit' ganz verlustiggehen. Zu diesem Halt (3) gehört auch die ‚Haltung', die man gegenüber ‚Neigungen' beweist. Das beginnt mit der ‚Körperhaltung' und setzt sich im ‚Haltung bewahren' und in ‚moralischen Haltungen' fort. ‚Haltung' kann ferner eine dauerhaft geäußerte, mehr oder weniger ‚unbeirrbare' Meinung zu einem Thema, also eine ‚Position' oder ein Standpunkt sein, sei es einer Person (‚er hat nun mal diese Haltung / diesen Standpunkt'), sei es einer Institution (‚die Haltung / der Standpunkt der französischen Regierung in der Palästinafrage').[15] Am Halt (3), den eine Orientierung aus sich selbst gewinnt, und den Haltungen, die sie dabei zeigt, wird sie für andere in ihrem Standpunkt erkennbar.

(E) Das Feld des Sich-Zusammennehmens. – ‚Halt', ‚Haltung' (3) bewahrt man in einem regelmäßigen, richtigen ‚Sich-Verhalten', und man ‚verhält sich', indem man ‚sich zusammennimmt'. *Verhalten* hatte ursprünglich den Sinn ‚hemmen, verlangsamen, in mehreren Schritten zum Halten bringen'; er ist im Adjektiv ‚verhalten' noch lebendig: etwas ‚mit verhaltener Stimme' sagen. Das Verhalten ist dann schon kontrolliert und wird entsprechend bewertet (‚sich gut oder schlecht verhalten'). In Zusammensetzungen, Präfigierungen und reflexiven Verwendungen von ‚halten' (4) wird das noch deutlicher, in *‚an sich halten', ‚sich zurückhalten', ‚sich enthalten'* (hier bedeutet das Präfix ‚ent-' nicht ‚in', sondern ‚weg' wie in ‚entführen'); letztere werden auch zu Eigenschaften (*‚Zurückhaltung', ‚Enthaltung', ‚Enthaltsamkeit'*) substantiviert. Was sich zusammennimmt und auf diese Weise zusammenhält, kann sich dann mehr oder weniger frei ‚zu etwas oder jemand verhalten' und, entsprechende Spielräume vorausgesetzt, ‚es nach Belieben halten'. Dieses Verhalten-zu ist wiederum substantiviert in *‚Verhältnis'* (‚im Verhältnis zu etwas oder jemand stehen', ‚sich ins Verhältnis setzen zu', ‚ein Verhältnis mit jemand eingehen'). In einem Verhältnis geben sich beide Seiten gegenseitig Halt (2); der Halt der Verhältnisse ist der Halt in vernetzten Ordnungen. Beim ‚Halt' oder der ‚Haltung' (3) im Verhalten nach Regeln, die man ‚gehalten' ist ‚einzuhalten', kann das Kriterium der Bewertung in präpositionalen Zusätzen zu ‚halten' (4) angegeben werden wie in *‚auf Ehre*

---

15 Kant gebrauchte ‚Haltung' noch wie ‚Halt' (3) in einem denkbar starken Sinn. Vgl. Kritik der reinen Vernunft, A 613 / B 641: „Die unbedingte Nothwendigkeit, die wir als den letzten Träger aller Dinge so unentbehrlich bedürfen, ist der wahre Abgrund für die menschliche Vernunft. […] Hier sinkt alles unter uns, und die größte Vollkommenheit, wie die kleinste schwebt ohne Haltung bloß vor der speculativen Vernunft, der es nichts kostet, die eine so wie die andere ohne die mindeste Hinderniß verschwinden zu lassen."

halten': Im Sprachgebrauch des 19. Jahrhunderts hatten Männer auf Ehre und Frauen ‚*auf sich zu halten'*. Auch jetzt noch kann, wer ‚Halt' und ‚Haltung' im ‚Verhalten' hat, ‚*zu jemand halten'*, das heißt an einem ‚Verhältnis', einer Bindung auch unter Bedrängnissen festhalten und damit sich zu einem Verhältnis verhalten.[16] (‚Zuohalten' wurde allerdings im Mhd. noch von außerehelichen Verhältnissen, später von ‚Zuhältern' gesagt).

(F) Das Feld des Sich-ins-Verhältnis-Setzens-zu. – Wozu man sich ins Verhältnis setzt, das ‚hält' man schließlich ‚für' etwas – wieder mit einem einfachen tr. ‚*halten'* (5). In der älteren Sprache konnte man noch ‚dafür halten, dass …', wenn man dieser oder jener Meinung war. ‚*Etwas für etwas halten'* hat sich im philosophischen Sprachgebrauch des 18. Jahrhunderts als Übersetzung des lat. ‚habere pro' eingebürgert (z. B. ‚pro amico, certo, explorato', ‚für einen Freund, für sicher, für ausgemacht halten'). Mit ‚pro', ‚für' ist gemeint ‚an Stelle von'; ‚halten für' hat danach den Sinn von ‚eine Stelle mit etwas besetzt halten, die auch anders besetzt werden könnte': Wenn man etwas für etwas hält, lässt man zu, dass andere es für etwas anderes halten können; das ‚halten für' hält Spielräume in der Orientierung an anderer Orientierung offen. Man kann es moralisch akzentuieren wie in ‚(viel oder wenig) von oder auf etwas halten', ‚etwas für unter seiner Würde halten', jemand ‚etwas zugute halten', jemand ‚hochhalten'. Hält man etwas für wahr, so hält man es für sich als wahr fest, ohne darum zu wissen, ob es wahr *ist*, und ‚behält sich vor', sich später anders zu entscheiden. Das ‚*Fürwahrhalten'* schließt einen ‚*Vorbehalt'* gegen eine Wahrheit an sich ein; KANT ist in seiner *Kritik der reinen Vernunft* konsequent von der (dogmatisch behaupteten) Wahrheit zum (kritisch reflektierten) Fürwahrhalten übergegangen. Im Fürwahrhalten kann man Standpunkte ‚*auseinanderhalten'* und einen ‚*gegen'* einen anderen ‚*halten'*; dafür hatte KANT wiederum das Substantiv ‚*Gegenhaltung'*.[17]

---

16 Vgl. die berühmte Bestimmung des Selbst zu Beginn des Ersten Abschnitts von Kierkegaards *Die Krankheit zum Tode:* „Was aber ist das Selbst? Das Selbst ist ein Verhältnis, das sich zu sich verhält, oder ist das an dem Verhältnisse, daß das Verhältnis sich zu sich selbst verhält; das Selbst ist nicht das Verhältnis, sondern daß das Verhältnis sich zu sich selbst verhält." (Vgl. Kap. 9.1.(9)).

17 Vgl. Kant, Grundlegung zur Metaphysik der Sitten, AA IV, 405: „wegen der Quelle ihres Princips und richtigen Bestimmung desselben in Gegenhaltung mit den Maximen, die sich auf Bedürfniß und Neigung fußen, Erkundigung und deutliche Anweisung zu bekommen". Um eine solche Gegenhaltung handelt es sich auch bei der Überprüfung des ‚Gefühls' durch ‚meine Vernunft' in der

7.2. Der Halt der Anhaltspunkte

Man orientiert sich, indem man sich ‚*an* etwas oder jemand' orientiert, und man orientiert sich an etwas oder jemand, indem man ‚sich an etwas oder jemand *hält*'. Das, woran man sich hält, ist der ‚Anhaltspunkt': *Die Orientierung hält sich an Anhaltspunkte.* Das *Grimmsche Wörterbuch* verzeichnet in seinem ersten Band von 1854 unter dem Stichwort ‚Anhaltspunct' neben dem damals aktuellen Sinn „die stelle des anhalts an den eisenbahnen" den älteren „im markscheiden der punct, wo die schnur des markscheiders zuerst angehalten wird". Danach hatte ‚Anhaltspunkt' zunächst wie ‚orientieren' einen geographisch-geodätischen Sinn, den Sinn des Scheidepunkts in der Abgrenzung und Vermessung von Geländen. Zum heute aktuellen Sinn eines ‚Anhaltspunkts der Orientierung' tragen alle umrissenen semantischen Felder des Halts bei: *Der Anhaltspunkt der Orientierung ist ein ‚Punkt', an dem sie in ihrer Bewegung (A) ‚anhält', mit dem sie (B) ‚sich aufhält' und den sie (C) ‚festhält', jedoch nur so, dass sie ihn ‚im Auge behält'. Sie ‚hält sich' (D) zu ihm ‚auf Distanz', ‚hält sich zurück' (E), ihn sogleich (F) ‚für' haltbar ‚zu halten', sondern setzt sich zu ihm in ein ‚Verhältnis', in dem sie ihn ‚gegen' weitere Anhaltspunkte ‚halten' und so über seine ‚Haltbarkeit' entscheiden kann. Anhaltspunkte der Orientierung bleiben ‚unter Vorbehalt'. Sie werden in der Sprache der Sicht immer nur ‚berücksichtigt' – von weiteren Anhaltspunkten aus. So richten sie in der Sprache des Richtens die Orientierung aus.* Im Gegensatz zu ‚festhalten' und ‚sich festhalten an', bei dem man etwas anfasst oder umfasst, das selbst hält und von dem man darum festen Halt erwartet, so dass man ‚sich' darauf ‚verlässt', ist der Halt im ‚sich halten an' Anhaltspunkte ein ‚Halt auf Distanz' und damit ein *paradoxer Halt*. Der Steuermann eines Schiffs hält sich an die beiderseits des Schifffahrtswegs eingebrachten Tonnen, steuert aber nicht auf sie zu, sondern in dem Spielraum, den sie bezeichnen, zwischen ihnen hindurch. KIERKEGAARD hat so, ohne den Begriff zu gebrauchen, das Sich-Orientieren beschrieben, in einer Fußnote zu seiner *Rechenschaft* als Schriftsteller:

Orientierungs-Schrift: „um nur zu urtheilen, ob das Gott sei, was mir erscheint, was auf mein Gefühl innerlich und äußerlich wirkt, ich ihn an meinen Vernunftbegriff von Gott halten und darnach prüfen müsse, nicht ob er diesem adäquat sei, sondern bloß ob er ihm nicht widerspreche." (AA VIII, 142).

> Es ist wie eine Seemarke, *nach* der gesteuert wird, wohl zu merken, derart daß der Steuernde versteht, daß er sich gerade *in einem gewissen Abstande von ihr halten solle*.[18]

Der Steuermann behält die Seemarken im Blick, solange er sie passiert, ‚berücksichtigt' sie auf Zeit; *hat* er sie passiert, sind sie in der Regel nicht mehr von Belang und verschwinden aus seinem Blickfeld. Auf amtlich eingebrachte Tonnen darf und muss er sich verlassen. Wagt er sich jedoch über den vorgezeichneten Schifffahrtsweg hinaus, muss er sich eigene Anhaltspunkte zum Steuern suchen und selbst entscheiden, an welche er sich halten kann. Von andern in ihrer Haltbarkeit garantierte Anhaltspunkte, auf die man sich fraglos verlassen darf, sind nicht der Regelfall der Orientierung. In der Regel muss man sich zu seiner Orientierung selbst Anhaltspunkte wählen, ohne schon wissen zu können, ob sie halten, und eben darum bleibt man zu ihnen auf Distanz und hält sich an sie nur unter Vorbehalt.

7.3. Abkürzung der Situation in Punkte

Als natürliche Perspektivenkunst behandelt die Orientierung nicht nur das, wovon sie ausgeht, sondern auch das, woran sie sich hält, als ‚Punkte'. Das Arsenal von Orientierungspunkten, die schon KANT und SCHLEIERMACHER über den ‚Gesichtspunkt' und den ‚Standpunkt' hinaus namhaft machten (3.2.2., 3.2.5.), hat sich in der alltäglichen Sprache der Orientierung inzwischen enorm erweitert. ‚Orientierungspunkt' selbst ist ein gängiger Begriff geworden; zu einem Thema werden ‚Punkte' vorgebracht, Berichte und Erzählungen haben einen ‚Ausgangspunkt', einen ‚Höhepunkt' und einen ‚Endpunkt', ‚Abhandlungen' außerdem ‚Angelpunkte' und ‚Schwerpunkte', Pläne haben ‚Eckpunkte'; man kann Leistungen nach ‚Leistungspunkten' bewerten, die Zeit nach ‚Zeitpunkten',

---

18 Kierkegaard, Über meine Wirksamkeit als Schriftsteller, Gesammelte Werke, a.O., 33. Abt.: Die Schriften über sich selbst, 4, Anm. – Kierkegaard leitet die Fußnote, in der er auf knappstem Raum die Spielräume seiner zugleich religiösen und philosophischen „Schriftstellerei" umreißt, damit ein, dass er der „direkten Mitteilung", dem Lehren mit „Vollmacht", durch seine Pseudonyme „Halt gebietet". Sein schriftstellerisches Werk im ganzen könne für den Leser nur eine „Seemarke" sein, eine „indirekte Mitteilung", die ihm helfen, aber eben nur helfen kann, selbst seinen Weg zum oder im Christentum zu finden, sich selbst für oder gegen es zu entscheiden. Alle Anhaltspunkte der Orientierung sind in diesem (nicht nur religiösen) Sinn „indirekte Mitteilungen".

7.3. Abkürzung der Situation in Punkte

Sachzusammenhänge nach ‚Sachpunkten', Verhandlungen nach ‚Tagesordnungspunkten' einteilen, kann dabei ‚die Dinge auf den Punkt bringen' und ‚den Punkt verfehlen', einen früheren ‚Punkt' nochmals ansprechen und sich zum ‚Mittelpunkt' einer Debatte machen.

Die Punkte, von denen die Perspektive in der Bildenden Kunst ausging (6.4.), waren noch geometrische Punkte. *Geometrische Punkte sind ihrerseits paradox:* Sie sind nicht ausgedehnt, weil sie nicht teilbar sind, und müssen doch ausgedehnt sein, um sichtbar zu sein.[19]

Man kann, gleichgültig wie fiktiv sie sind, auf sie zeigen – frz. heißt der Zeigefinger ‚index'.[20] Physisch wurden Punkte, um sie möglichst klein zu halten, mit Nadeln gestochen: Das Wort ‚Punkt' kommt von lat. ‚pungere', ‚stechen', und bedeutete zunächst ‚Einstich', Einstiche auf Platten und auf Papier. In der Bildhauerei wird der Steinblock mit Tasterzirkel und Punktiermaschine ‚punktiert', in der Kartographie werden Punkte zu Zeichen, in Schriften werden ‚Interpunktions'-Zeichen zur Einteilung von Sinneinheiten und damit zur besseren Übersicht über ihren Sinn benutzt, in alten Handschriften verwendete man Punkte zur

---

19 Die Paradoxie ist seit der antiken Philosophie virulent. Aristoteles bestand in seiner Auseinandersetzung mit den zenonischen Paradoxien der Bewegung darauf, dass der Punkt (στίγμα) nur als (nicht teilbare) Grenze (ὅρος), nicht als (teilbarer) Ort (τόπος) zu betrachten sei (Phys. 212 b 24, 215 b 18, 220 a 10, 227 a 28, 231 a 25), und warf den Platonikern vor, den Punkt als Quelle der Ausdehnung anzusetzen (Met. 1084 b 26). Dem Platonismus aber folgte der mathematische Symbolismus in der Philosophie der beginnenden Neuzeit, v. a. Nikolaus von Kues, der das Sein Gottes, bewusst paradox, als unendliche Kugel explizierte, in der Mittelpunkt, Inhalt und Umfang zusammenfallen (De docta ignorantia, I 23), während Galilei im Zug seiner Mathematisierung der Naturwissenschaften die physischen Gegenstände auf physische Punkte konzentrierte. Leibniz entparadoxierte die Paradoxie dann wohl durch die Unterscheidung mathematischer, physischer und metaphysischer Punkte, nahm dafür aber die Paradoxie der logisch determinierten, physisch aber ‚fensterlosen' Monade in Kauf. Vgl. Friedrich Kaulbach, Art. Punkt, Punktualität, in: Historisches Wörterbuch der Philosophie, Bd. 7, Basel/Darmstadt 1989, Sp. 1711–1714.

20 Vgl. Levinas, Notes sur le sens (1979), in: E.L., De Dieu qui vient à l'idée, Paris 1982, 231–257, hier 235 f., deutsch: Bemerkungen über den Sinn, in: E.L., Wenn Gott ins Denken einfällt. Diskurse über die Betroffenheit von Transzendenz, übers. v. Thomas Wiemer, Freiburg/München 1985, 195–228, hier 200: „Die Hand überprüft das Auge, in ihr vollzieht sich – irreduzierbar auf die taktile Empfindung – das Erfassen und das Übernehmen." Auch das, was sich „unter gattungsmäßige Identitäten einordnen" lässt, ist etwas, „das ein *Zeigefinger* (un *index*) als Punkt (point) in der Gegenwart dieser Versammlung zu bezeichnen und zu identifizieren imstande ist: Washeit und Identität eines Dings, eines Festen, eines Ziels, eines Seienden."

Einsparung von selbstverständlichen Wortenden und damit zur Abkürzung. Auch die lange gepflegte Orakelpraktik kannte eine Punktierkunst: Aus zufällig am Boden markierten oder nach einem bestimmten System auf Papier verteilten Punkten wurde die Zukunft gedeutet. Die Praktiken der Geomantie, die aus dem Orient stammte und mit deren Hilfe man im Mittelalter u. a. Erdbeben vorherzusagen suchte, wurden bis ins 18. Jahrhundert in ‚Punktierbüchern' zusammengestellt.[21]

Mit der Rede von Punkten schließt die Sprache der Orientierung an die Geometrie, die Perspektivkunst und wiederum an die Geographie an. Die Reduktion des sinnlich stets ausgedehnt Gegebenen auf unausgedehnte Punkte und von nicht-sinnlichen Gegebenheiten wie Abhandlungen und Verhandlungen auf sinnlich ‚festzumachende' Punkte ist *erstens* ein *Mittel der Abkürzung* – in ihrer Zeitnot ist Abkürzung ein Grundbedürfnis der Orientierung (8.). Wie die Physik auf die Schwerpunkte von Körpern, an denen virtuell die Massenkräfte angreifen, beschränkt sich die Orientierung auf Anhaltspunkte, in denen virtuell ihre Belange zusammenlaufen, und kann so zunächst vom Weiteren absehen. Die Reduktion von schlechthin Überkomplexem auf schlechthin Einfaches ermöglicht *zweitens* eine rasche *Übersicht* über das jeweils Gegebene – Punkte sind, als unteilbare, schlechthin übersichtlich, sie lassen sich nebeneinander ordnen und verräumlichen so auf Zeit das Geschehen der Situation (6.6.). Indem sie Übersicht schaffen, nehmen die Punkte auch an der Paradoxie der Übersicht teil, machen das Ganze auf Kosten des Einzelnen sichtbar (5.3.). Punkte erlauben aber *drittens* auch *Vernetzungen*, topologische Ordnungen im geometrischen und im übertragenen Sinn. Sie schaffen dadurch eine neue Anschaulichkeit in Aufrissen, Zeichnungen, Schemata, Bildern, eine wohl reduzierte, dafür aber nachvollziehbar geordnete und dadurch orientierende Anschaulichkeit. Die mehr oder weniger schematischen Figuren, die aus vernetzten Punkten entstehen, können ihrerseits wieder anschaulich ausgefüllt, ‚auf die Reihe gebracht', in Listen geordnete ‚Sachpunkte' wieder ‚näher ausgeführt', ‚Schaubilder' (Diagramme) wieder interpretiert werden.

KANT hat die Funktion der Einbildungskraft darin gesehen, das Sinnliche für den Verstand übersichtlich und das Begriffliche für die Sinnlichkeit anschaulich zu machen, und er hat sich seinerseits darum

---

21 Kant kannte das Punktieren noch als Tätowieren. Vgl. Physische Geographie, AA IX 398: „Die Araber sind mittelmäßig groß, schlank, schwärzlich, haben eine feine Stimme, sind tapfer. Sie punktiren ihre Haut gerne mit Nadeln und reiben dann ätzende Farben in dieselbe. Viele tragen Nasenringe."

bemüht, begriffliche Ordnungen topologisch in ‚Tafeln' darzustellen. Auch logische ‚Begriffspyramiden', Verhältnisse begrifflicher Über- und Unterordnung, bedürfen, um übersichtlich zu bleiben, topologischer Darstellungen. Sie machen *Abstraktionen* nach Merkmalen (Prädikaten) übersichtlich. Auch Abstraktionen sind Abkürzungen, sie ‚ziehen' wörtlich Merkmale ‚ab', um sie in Begriffen zu definieren, sie schaffen ebenfalls Übersicht und ermöglichen Vernetzungen, jedoch auf andere Art und unter weiteren Voraussetzungen und über gegebene Situationen hinaus (10.4.). Ihnen gegenüber kann man Abkürzungen in Punkte, die die Fülle des in der Situation Gegebenen ‚zusammenziehen', um zunächst über *diese* Situation zu orientieren, *Kontraktionen* nennen. Abstraktionen und Kontraktionen können in der Orientierung ineinandergreifen. Abstrakte Begriffe können immer nur durch abstrakte Begriffe, Anhaltspunkte immer nur durch Anhaltspunkte verkürzt und erweitert werden, aber die Begriffsbildung kann bei Anhaltspunkten ansetzen und Begriffe können wieder zu Anhaltspunkten werden.

7.4. Die Attraktivität der Anhaltspunkte

Ein Anhaltspunkt ist ein Halt, den die Orientierung in einer Situation selbst wählt und an den sie sich auf Distanz und mit Vorbehalt hält. Wie kommt sie dazu, in etwas einen Anhaltspunkt zu finden und nicht in etwas anderem? Es kann sich wie beim Ausrichten der Aufmerksamkeit und dem Finden von Sinn (5.2.) auch hier noch nicht wirklich um eine Wahl handeln: die Orientierung hat, solange sie die Situation anhand von Anhaltspunkten erschließt, noch keine ‚handfesten' Alternativen unter ihnen geschweige denn eine Wahl aus wohlerwogenen Gründen. Sie ‚stößt' auch auf Anhaltspunkte, ‚findet' sie, ‚verfällt' auf sie. Dazu müssen ‚sich' Anhaltspunkte selbst ‚anbieten', müssen ‚sich' im Wortsinn im Orientierungsprozess ‚herausstellen', sich aus den übrigen Gegebenheiten der Situation ‚herausheben'. Worauf sie dann verfällt, hängt von ihren jeweiligen Bedürfnissen ab, ein Jäger orientiert sich anders im Gelände als ein Spaziergänger, beiden fällt anderes auf, für beide ist anderes ‚attraktiv'. ‚Attraktiv' ist wörtlich, was die Aufmerksamkeit ‚an sich' oder ‚auf sich' zieht (von lat. ‚attrahere', ‚an sich ziehen', ‚anlocken') und, wenn es sie länger bindet, ‚fasziniert' (von lat. ‚fasciare', ‚einwickeln', ‚fesseln') – für einen Greifswalder Spaziergänger z. B. eine einsame Eiche in der vorpommerschen Boddenlandschaft, die Kirchtürme im Stadtpanorama, Graffitis an der Wand einer Pumpstation, das heisere Schreien hoch über ihm fliegender Kraniche, der frische Duft der Ostsee. *Die Kontraktion folgt einer Attraktion.* Die Aufmerksamkeit ‚bleibt hängen' bei dem, was sie angezogen hat, sie hält inne beim Abtasten der Situation, hält sich für gewisse Zeit mit ihm auf und kehrt, wenn die Faszination anhält, wieder dorthin zurück. In diesem Hängen-Bleiben, Sich-Aufhalten und Zurückkehren, der Kontraktion auf die Attraktion hin, stellt sich heraus, was für die Orientierung in der jeweiligen Situation von Belang ist. Lat. ‚relevare', von dem ‚relevant', ‚bedeutsam', ‚von Belang' abgeleitet ist (4.1.), ist im Frz. zu ‚se relever', ‚sich wieder erheben', geworden und bedeutet dort nicht nur ‚sich von einem Leiden', sondern auch schlicht ‚sich vom Bett oder vom Boden erheben', und vom Letzteren hat sich dann das plastische ‚Relief' abgeleitet: ergeben sich Anhaltspunkte von Belang, geben sie der Situation *Relief,* machen sie plastisch, schaffen Übersicht durch Hervorhebungen.[22] Attraktive Anhaltspunkte konzentrieren die Aufmerksamkeit, richten sie so aus, dass von ihnen Sinn ausgeht (5.1.).

Nach der traditionellen philosophischen Unterscheidung des Ästhetischen vom Logischen ist die Attraktivität der Anhaltspunkte ästhetisch. Günter WOHLFART hat dem „Punkt" umfassende „ästhetische Meditationen" gewidmet und am Beispiel von Bildern gezeigt, wie bei ihrer Betrachtung ein „springender Punkt" den Blick „innehalten" lässt.[23] Dieser springende Punkt oder die „Pointe" (ihrerseits eine frz. Ableitung aus vulgärlat. ‚puncta', ‚Stich', ‚scharfe Spitze') ist kein sichtbarer Punkt, weder ein geometrischer noch ein physischer, keiner, der auf dem Bild gekennzeichnet wäre, sondern aus dem sich, wenn man ihn ‚erwischt', plötzlich der Sinn des Bildes im ganzen ergibt, der aus ihm ‚herausspringt'. Er ist seine „sinnerfüllte dichte Stelle".[24] *Weil Anhaltspunkte sinnerfüllte dichte Stellen sind, kann von ihnen Sinn ausgehen.* Wie attraktiv sie sind, zeigt sich an der Mühe, die man hat, sich von ihnen ‚abzuwenden'; am attraktivsten sind für die meisten Menschen schöne Menschen, für die sie dann schon einmal ‚alles stehen und liegen lassen'.

---

22 Vgl. Waldenfels, Phänomenologie der Aufmerksamkeit, a.O., 101–103 (unter Verweis auf Husserl und Alexander Pfänder): „Was unsere Aufmerksamkeit gewinnt, drängt sich nicht nur auf, es drängt sich auch vor." (103).

23 Günter Wohlfart, Der Punkt. Ästhetische Meditationen, Freiburg/München 1986, 106.

24 Ebd., 108. Vgl. ebd., 107: „Der ästhetisch bedeutende Punkt ist nicht ein sichtbarer Punkt unter Punkten, sondern die unsichtbare Pointe des Gebildes, der Punkt, der die gesamte Interpunktion des Gebildes bestimmt."

7.4. Die Attraktivität der Anhaltspunkte

Wie Ausgangspunkte von Sinn zustandekommen, hat auch LUHMANN ständig beschäftigt. Auch er ging davon aus, dass Beobachtungssysteme sich die „Orientierung" durch „Punktualisierung" erleichtern. Sie komme ihrerseits durch „Asymmetrisierung" zustande.[25] Asymmetrisierung ist ein „Grundbegriff" LUHMANNS, mit dem er an BATESON anschließt. Er besagt,

> daß ein System zur Ermöglichung seiner Operationen Bezugspunkte wählt, die in diesen Operationen nicht mehr in Frage gestellt werden, sondern als gegeben hingenommen werden müssen. Obgleich ein solches Postulieren selbst die Funktion hat, Interdependenzen zu unterbrechen und Anschlußoperationen zu ermöglichen, schließt das System die Möglichkeit aus (zumindest vorläufig aus, oder für die betreffenden Operationen aus), an Hand dieser Funktion nach Alternativen zu suchen. Die Asymmetrie wird nicht als Moment der Autopoiesis, sie wird als allopoietisch gegeben behandelt. Man mag dies prinzipiell oder pragmatisch rechtfertigen: in jedem Fall ist dies ein Beispiel dafür, daß auch ein Durchschauen der Funktion, ja selbst ein Bewußtsein der Fiktionalität am Erfordernis eines solchen Verfahrens nichts ändern könnte.[26]

Jene asymmetrierten, für erste alternativlos gestellten Bezugspunkte sind, beschrieben mit den Mitteln der Systemtheorie, die Anhaltspunkte der Orientierung. Sie sind „postuliert", sofern die Orientierung sich nur mit Vorbehalt an sie hält, und sie werden „als allopoietisch gegeben behandelt", sofern die Orientierung sie vorfindet, auch wenn sie sie von ihrem Standpunkt aus vorfindet und andere anderes vorfinden könnten. Sie hält sich „vorläufig" an sie, weil sie an ihnen erst Richtung und damit Sinn gewinnt, für den es wohl Alternativen gibt, aber nicht im Zug dieses Vorfindens. Und sie kann sich über das Konstruktive und Fiktive dieses Verfahrens im klaren sein und doch nicht anders verfahren. LUHMANN nannte die Anhaltspunkte kurzerhand „Attraktoren", die „Schwerpunktbildungen" ermöglichen und dadurch das „Chaos" organisieren:

> Im evolutionstheoretischen Kontext heißt dies, daß Attraktorbildungen nicht auf einen sinngebenden Anfang oder Grund zurückgeführt werden können, sondern wie zufällig entstehen, dann aber in ihren Folgen festgeschrieben werden. Das System ist insofern ein historisches System ohne letzten Grund dafür, daß es so ist, wie es ist. Und im bewußtseins- bzw. kommunikationstheoretischen Kontext heißt dies, daß Attraktoren als ‚Werte' fungieren, daß man es also vorzieht, ihnen zu folgen, weil anderenfalls der Ordnungsverlust, eben das ‚Chaos', unerträglich wäre.[27]

---

25 Luhmann, Soziale Systeme, a.O., 232 f.
26 Ebd., 631 f. – Vgl. erläuternd André Kieserling, Kommunikation unter Anwesenden. Studien über Interaktionssysteme, Frankfurt am Main 1999, 190 f.
27 Niklas Luhmann, Das Recht der Gesellschaft, Frankfurt am Main 1993, 354 f. – Für den Begriff des Attraktors beruft sich Luhmann auf Michael Stadler / Peter Kruse, Visuelles Gedächtnis für Formen und das Problem der Bedeutungszuweisung in kognitiven Systemen, in: Siegfried J. Schmidt (Hg.), Gedächtnis.

Die Attraktivität von Anhaltspunkten kann man gezielt steigern, und das nutzt jede Art von ‚Werbung'; Werbung ist Werbung um Aufmerksamkeit mit profilierten Anhaltspunkten. Profiliert sie ihre Anhaltspunkte stark, fällt sie als solche, als Werbung, auf und kann eben dadurch unattraktiv werden. Das ‚Auffallen' *von Anhaltspunkten*, an die sich die Orientierung dann hält, verläuft dagegen zumeist so routiniert, dass es *selbst nicht auffällt*. Der Gang, die Gesten, die Gesichtszüge, die Kleidung eines Menschen, der einem zufällig begegnet, liefern augenblicklich zahllose Anhaltspunkte dafür, was man mit ihm anfangen, wie man mit ihm reden und umgehen kann (11.3.), aber nur wenige davon sind in den meisten Fällen wirklich auffällig (vielleicht ein freundliches Lächeln, ein irritierter Blick, ein verrutschtes Toupé). Und sie gehen im Wortsinn zumeist rasch vorüber. Bei aller Attraktivität ‚fesseln' sie die Aufmerksamkeit immer nur auf kurze Zeit und verweisen weiter auf neue Anhaltspunkte.[28]

7.5. Spielräume für neue Anhaltspunkte

Jeder Anhaltspunkt hat seinen räumlichen und zeitlichen Umkreis, den er kontrahiert und konzentriert. In diesem Umkreis, mit dem sich die Orientierung so auf gewisse Zeit aufhält, aber können sich weitere attraktive Anhaltspunkte zeigen und nun ihrerseits die Aufmerksamkeit anziehen: aus der einsam stehenden Eiche steigt ein Seeadler auf, man folgt seinem Flug und verliert die Eiche aus dem Blick, der Adler entschwindet und statt dessen sieht man Schwäne über die Boddengewässer

---

Probleme und Perspektiven der interdisziplinären Gedächtnisforschung, Frankfurt am Main 1991, 250–266.

[28] Psychologisch ist nach Walter Kintsch / Anders Ericsson, Die kognitive Funktion des Gedächtnisses, in: Dietrich Albert / Kurt-Hermann Stapf (Hg.), Enzyklopädie der Psychologie, Serie: Kognition, Bd. 4: Gedächtnis, Göttingen/Bern/Toronto/Seattle 1996, 541–601, hier 543 u. 547, für die Verarbeitung von Anhaltspunkten der Orientierung das jetzt so genannte Arbeitsgedächtnis anzusetzen, das das traditionell angenommene Kurzzeitgedächtnis einschließt, aber nicht nur als bloßer Speicher, sondern als „die Summe aller momentan aktiven kognitiven Prozesse" oder „cognitive workspace" verstanden wird. Es dient der kurzfristigen Speicherung von Informationen, die „von anderen kognitiven Prozessen noch gebraucht werden", mit denen also noch gearbeitet wird. Experimentell sind die Gedächtnisprozesse allerdings vorwiegend anhand des Lesens, Textverstehens und Problemlösens erforscht, und das unter zumeist hoch eingeschränkten Laborbedingungen.

fliegen. Die elastische Bewegung von Standpunkten und Horizonten (6.5.) erlaubt neuen Anhaltspunkten zu folgen und zu immer wieder neuen überzugehen, sich von Anhaltspunkt zu Anhaltspunkt zu bewegen. *In den Spielräumen von Standpunkt und Horizont der Orientierung (6.7.) schafft die Kette der Anhaltspunkte die Kontinuität, und Ketten von Anhaltspunkten schaffen Spuren von Sinn.*[29]

In der Bewegung, zu der sie die unablässig wechselnden Situationen nötigen, kann sich die Orientierung immer nur auf Zeit mit Anhaltspunkten aufhalten. So tauscht sie sie unablässig aus, bleibt dabei aber immer auf Anhaltspunkte angewiesen. Im unablässigen und kontinuierlichen Austausch ihrer Anhaltspunkte bleibt jedoch ihr kontingenter *Standpunkt* absolut (6.3.) – er wird im Kontext der Anhaltspunkte zum *Bezugspunkt für den kontinuierlichen Austausch von Anhaltspunkten.* Indem man sich an immer wieder neue Anhaltspunkte hält, seine Perspektiven wechselt, seinen Standpunkt verändert, erfährt man sich als jemand, der immer wieder anderes sieht und tut und doch alles, was er sieht und tut, auf charakteristische Weise sieht und tut: in der Konsequenz seiner bisherigen Erfahrungen. Und an den wechselnden Anhaltspunkten in wechselnden Situationen erfährt die Orientierung auch die *Zeit* selbst: als *kontinuierlichen Wechsel von Anhaltspunkten*. Da in der Bewegung der Orientierung alle Anhaltspunkte wieder ‚verschwinden‘, muss sie, um sie länger oder auf Dauer festzuhalten, immer wieder auf sie zurückkommen. Kommt sie auf sie zurück, hat sich der Kontext der Anhaltspunkte jedoch schon geändert, und damit haben sie schon nicht mehr denselben Sinn. Und so wird die Zeit im kontinuierlichen Wechsel von Anhaltspunkten auch immer schon als unumkehrbar, irreversibel, erfahren.

Im Zurückkommen auf Anhaltspunkte von besonderem Belang kann die Orientierung ihnen ‚näher nachgehen‘, die Anhaltspunkte in ihrem Umkreis vermehren und verdichten und so ‚genauer zu Gesicht bekommen‘, worum es bei ihnen geht: man nähert sich der Eiche, um dort vielleicht den Adlerhorst zu entdecken, findet ihn nicht, befragt Kenner, zieht Handbücher heran. *Kenntnisse* sind *Verdichtungen von Anhaltspunkten*, auf die man immer wieder zurückkommen und zu denen man bei Bedarf weitere Anhaltspunkte finden kann. Leitend bleibt auch für sie die Attraktivität der Anhaltspunkte einerseits, das Interesse an ihnen andererseits: man muss sich nicht für Seeadler und ihre Horste interes-

---

29 Vgl. Verf., Anhaltspunkte. Spuren zur Orientierung, in: Sibylle Krämer / Werner Kogge / Gernot Grube (Hg.), Spur. Spurenlesen als Orientierungstechnik und Wissenskunst, Frankfurt am Main 2007, 82–94.

sieren. Und auch beim Erwerb von Kenntnissen wirkt die Paradoxie der Übersicht fort (5.3.): erfasst man mehr Details, kann man den Überblick verlieren, und so kann man auch Details, die sich durch immer weitere Details vermehren lassen, die immer noch von Interesse sein könnten, wieder nur ‚überfliegen' (wie man es bei der Zeitungslektüre tut). Widmet man seine Aufmerksamkeit dem Umkreis bestimmter Anhaltspunkte länger und mit Ruhe, kommt unvermeidlich wieder die Unruhe auf (4.3.), ob man nicht über den neuen Anhaltspunkten, die sich dabei anbieten, weitere, die von weiterem und vielleicht größerem Belang sein könnten, übersieht. Die Unruhe der Orientierung treibt über alle Anhaltspunkte, an die man sich hält, hinaus zu weiteren und nötigt, bisherige ‚fallen zu lassen'. Sie zwingt laufend zu Entscheidungen unter Anhaltspunkten.

7.6. Paradoxe Entscheidung unter Anhaltspunkten

Anhaltspunkte werden wie die Sichten auf sie weitestgehend unmerklich seligiert. Wird die Selektion bemerkt, fällt sie als solche auf, wird sie zur Entscheidung. Sie ist auch dann nicht schon eine Entscheidung mit klaren Entscheidungsgründen, sondern wird als *Entscheidungszwang* erfahren, als Zwang, sich im Fortgang der Orientierung zwischen sich anbietenden Anhaltspunkten entscheiden zu müssen (liest man einen Zeitungsartikel ausführlich, hat man keine Zeit mehr für andere). *In der Erschließung der Situation stehen alle Entscheidungen unter Anhaltspunkten noch unter Ungewissheit und erfolgen darum ihrerseits ‚tastend' und unter Vorbehalt.* Soweit sich dabei Fehlgriffe ergeben (hat es sich gelohnt, so ausführlich zu lesen?), lenken sie die Aufmerksamkeit auf die sonst unmerklichen Selektionen und führen so zu wachsender Umsicht im Umgang mit Anhaltspunkten. Wird die Ungewissheit ihrerseits auffällig, erhöht sich aber auch der Druck der Situation auf die weiteren Entscheidungen unter Anhaltspunkten.

‚Entscheiden' ist in der Orientierung wieder ganz *wörtlich zu nehmen*. ‚Scheiden' ist ‚trennen, absondern, seligieren'; das Präfix ‚ent-' hat hier den Sinn von ‚weg-', ‚aus-' und zugleich einen älteren ‚auf – hin', ‚entgegen', ‚gegenüber' (darin verwandt mit gr. ἀντί, ‚gegen', und lat. ante, ‚vor'); das ergibt den Sinn ‚in dem, dem man entgegengeht oder das einem entgegenkommt, etwas abscheiden'. Auch Entscheidungen werden gerne – und wurden es ja auch von MENDELSSOHN – metaphorisch-geographisch als Entscheidungen zwischen Wegen geschildert (Herakles

7.6. Paradoxe Entscheidung unter Anhaltspunkten 247

am Scheideweg); sie sind ‚schwer', wenn sich zwei gangbare Wege anbieten und man doch nur einen weitergehen kann und dabei den andern, ähnlich vielversprechenden, unwiderruflich aus dem Auge verlieren wird (für Herakles stand ein Leben voller Freuden gegen ein Leben voll Arbeit und Mühe, aber auch voll Ruhm). ‚Entschieden' werden aber auch Streitigkeiten, die ebenfalls Parteien ‚trennen'; mit der Entscheidung wird der einen ‚Seite' ‚stattgegeben' und sie kann nun ‚fortfahren', während die andere ‚das Nachsehen hat'. ‚Entscheidet' man ‚sich', so entscheidet man einen Streit mit sich selbst, scheidet die in der gegebenen Situation strittigen Belange. Dabei muss dann ein ‚Umstand', also wiederum ein Anhaltspunkt der Situation, ‚den Ausschlag geben', und *er* ist dann ‚entscheidend'; der ‚Ausschlag' konnte in seinem ursprünglichen Sinn ein Fechthieb, das Sich-Neigen eines Waagebalkens und der Austrieb einer Pflanze sein, die alle ungewiss sind. Auch rationale Entscheidungen müssen, wenn Regeln, Werte, Normen und Prinzipien miteinander in Konflikt geraten, zuletzt ‚aufgrund der Umstände' getroffen werden, also mit Hilfe von Anhaltspunkten, die sich aus der Situation ergeben und an die sich die Entscheidung dann hält. Entscheiden die Umstände, kann ‚*es* sich' so oder so ‚entscheiden' (früher setzte man hier in gewichtigen Fällen noch ‚das Schicksal' ein, das ‚(sich) so entschieden' habe). ‚Ist' dann aber ‚etwas entschieden', ist es irreversibel und nur durch neue Entscheidungen (in entsprechend neuen Situationen) wieder zu ändern.

Damit wird durch Entscheidungen auch *Vergangenheit und Zukunft* unterschieden. Das Vergangene ist das, was entschieden ist, das Künftige das, was noch zu entscheiden ist. Die Gegenwart gehört, soweit in ihr noch zu entscheiden ist, zum Künftigen und soweit sie nicht mehr zu entscheiden ist, zur Vergangenheit: für die Orientierung sind Vergangenheit und Zukunft Horizonte des Entschiedenen und Entscheidbaren, und die Gegenwart ist die Zeit der Entscheidung.[30] Soweit Entscheidungen unter Ungewissheit beunruhigen, ‚ruht' darum das Vergangene. Dennoch kann man es nicht einfach ‚auf sich beruhen lassen'. Da alles Künftige durch Vergangenes bedingt ist und Vergangenes, wenn auch

---

30 Vgl. Luhmann, Das Recht der Gesellschaft, a.O., 325: Entscheidung ist „eine Form, mit der der Zusammenhang von Vergangenheit und Zukunft unterbrochen und wiederhergestellt wird" – „die Verbindung wird gekappt und einer Entscheidung überlassen", und Elena Esposito, Soziales Vergessen. Formen und Medien des Gedächtnisses der Gesellschaft, Frankfurt am Main 2002, 313: „Wenn die Zukunft bereits bekannt wäre, gäbe es nichts mehr zu entscheiden – gerade, weil niemand wissen kann, wie sie sich zutragen wird, ist man zur Orientierung in der Gegenwart auf Entscheidungen angewiesen."

nicht alles, sich auf das Künftige auswirkt, ,lässt' auch es zuweilen ,nicht ruhen', muss dann wieder ,aufgegriffen' und in neuen Kontexten neu entschieden werden. Vergangenes ist für die Orientierung darum erst vergangen, wenn es sich nicht mehr auswirkt, wenn man mit etwas ,neu anfangen' kann, etwas ,neu entscheiden' kann. Neue, von der Vergangenheit wenig geprägte Entscheidungen sind aber auch die ungewissesten – und darum wieder die beunruhigendsten.[31]

Mit einer wie immer ungewissen Entscheidung macht man fürs erste der Ungewissheit ein Ende, ,findet' Gewissheit, welchem Weg jetzt zu folgen und was jetzt zu tun ist, und darin Beruhigung. Doch eben nur auf Zeit: durch die Entscheidung in einem ,Punkt' ist wieder eine neue Situation entstanden, die bald wieder beunruhigen kann; die Oszillation zwischen Beruhigung und Beunruhigung (4.3.) kehrt bei jeder Entscheidung unter Anhaltspunkten wieder (man hat sich für einen Weg entschieden, den man noch nicht kennt, und nun kommen neue Ungewissheiten, und nicht jeder ist ein Herakles). Die Ungewissheit der Orientierung ist nicht aufzuheben, und so fällt auch jede ihrer neuen Entscheidungen unter neuen Anhaltspunkten wieder unter Ungewissheit. Entscheidungen aber, die unter Ungewissheit fallen, sind paradox, sind *Entscheidungen von eigentlich Unentscheidbarem:* denn unter Ungewissheit hat man keine hinreichenden Gründe zur Entscheidung, und eben wenn man keine hinreichenden Gründe zur Entscheidung hat, muss man entscheiden. Wo alles gewiss ist oder wo die Präferenzen klar sind (wenn es für Herakles nur den Weg der Tugend und nicht auch der Freuden gäbe), gibt es nichts zu entscheiden, sondern ist alles schon entschieden; dann handelt es sich gar nicht um Entscheidungen, und so sind Entscheidungen unter Gewissheit ebenfalls paradox. Und selbst wenn man ,gute Gründe' für eine Entscheidung hat, die dann ,entscheiden', muss man sich von ihnen erst durch Argumente überzeugen und sich für sie entscheiden (während andere sich vielleicht *gegen* sie entscheiden; 1.3.). Und da es zu jedem Grund wieder Gegengründe geben kann, bleiben auch alle Gründe Anhaltspunkte, zwischen denen die Orientierung entscheiden muss.

„Die klassische Vorstellung, gute Entscheidungen seien richtige Entscheidungen und richtige Entscheidungen seien durch rationale Abwägung von Zwecken und

---

31 Nietzsche ließ seinen Zarathustra darum größtes Pathos auf die „Erlösung" von der Vergangenheit legen: damit sein „Wille" frei werde. Vgl. Also sprach Zarathustra II, Von der Erlösung, KSA 4.177–182.

Mitteln zu erreichen, befindet sich in voller Auflösung."[32] Aus der Philosophie, der Mathematik, der Kybernetik und den Wirtschaftswissenschaften heraus haben sich *Entscheidungstheorien* entwickelt, deskriptive und normative, die beim individuellen oder beim kollektiven Entscheiden ansetzen.[33] Sofern sie als Theorien Paradoxien ausschließen, laufen sie Gefahr, mit den Paradoxien der Entscheidung auch ihren Gegenstand, die Entscheidung, zu eliminieren.[34] Mit der Vorentscheidung für ,Rationalität' (rational choice) bleiben nur noch rationale Gründe im Blickfeld, die dann auch zu rationalen Ergebnissen führen, allerdings nur unter der „unrealistischen Annahme" der vollständigen Transparenz der Entscheidungssituation und des größtmöglichen berechenbaren Nutzens als Entscheidungskriterium.[35] Nimmt man die utilitaristische Rationalitätsgewissheit zugunsten realistischerer Entscheidungsbedingungen zurück, gehen die Entscheidungstheorien in Spieltheorien über, die nur noch Empfehlungen, keine Voraussagen mehr ermöglichen.

Für eine Philosophie der Orientierung ist die *Psychologie* der Entscheidungsfindung, des ,naturalistic decision making' besonders aufschlussreich. In experimentellen Inszenierungen wurde systematisch beobachtet, unter welchen Entscheidungsbedingungen welche Entscheidungskriterien herangezogen werden und wie es dabei zu Entscheidungsgewissheit kommt.[36] Danach stehen ,natürliche Entscheidungen' unter der Randbedingung, stets nur so viel Ungewissheit zuzulassen, also für entscheidbar zu halten, wie in der Situation auch entschieden werden kann, und die Komplexität der Situation darauf zu reduzieren. „The problem of decision making, as seen in this framework, is a matter of directing and maintaining the continuous flow of behaviour towards some set of goals rather than a set of discrete episodes involving choice dilemmas."[37] Im ,con-

---

32 Niklas Luhmann, Die Paradoxie des Entscheidens, in: Verwaltungs-Archiv 84.3 (1993), 287–310, hier 288.

33 Vgl. zum Probabilismus des 16. und 17. Jahrhunderts als „Vorläufer der modernen Theorie des rationalen Entscheidens" und zum „systematischen Umgang mit Handeln unter Unsicherheit", allerdings beschränkt auf den Bereich der Ethik, Rudolf Schüßler, Moral im Zweifel, Bd. 1: Die scholastische Theorie des Entscheidens unter moralischer Unsicherheit, Paderborn 2003.

34 Vgl. dazu (wiederum mit Blick auf die Ethik) Hilary Putnam, Über die Rationalität von Präferenzen, in: Allgemeine Zeitschrift für Philosophie 21.3 (1996), 209–228.

35 Vgl. Herbert R. Ganslandt, Art. Entscheidungstheorie, in: Enzyklopädie Philosophie und Wissenschaftstheorie, hg. v. Jürgen Mittelstraß, Bd. 1, Stuttgart/Weimar 1995, 554–556, und Ulrich Metschl, Von Plausibilitäten und Wahrscheinlichkeiten. Über die Schwierigkeiten der Orientierung in der öffentlichen Entscheidungsfindung, in: Stegmaier (Hg.), Orientierung, a.O., 117–137.

36 Vgl. G. A. Klein / J. Orasanu / R. Calderwood / C. E. Zsambok (Hg.), Decision Making in Action: Models and Methods, Norwood, NJ 1993. – Für vielfache Hinweise danke ich Anette Hiemisch, Greifswald.

37 B. Brehmer, Strategies in real-time dynamic decision making, in: R. Hogarth (Hg.), Insight in decision making. A Tribute to Hillel J. Einhorn, Chicago 1990, 262–279, hier 262.

tinuous flow of behaviour' wird auch erst über Ziele entschieden und stets mit unberechenbaren Folgen von Entscheidungen gerechnet. Nach dem „Rubikonmodell der Handlungsphasen",[38] das sich am validesten erwiesen hat, lassen sich im Handeln des Einzelnen eine „prädezisionale Phase" unterscheiden, die zur Zielbildung führt, eine „präaktionale Phase", die die Aktion präpariert und initiiert,[39] eine „aktionale Phase" der Durchführung der Aktion und schließlich eine „postaktionale Phase" der nachträglichen Einschätzung der Aktion anhand ihrer Folgen.[40] In jeder Phase kann der Entscheidungprozess umgelenkt oder abgebrochen werden, wird also über die Entscheidung selbst neu entschieden. In der postaktionalen Phase, nach Überschreitung des „Rubikon", aber wird alles getan, die zunächst noch fragliche Entscheidung, nachdem sie einmal getroffen ist, nachträglich als richtig zu rechtfertigen, indem Gründe, die für sie gesprochen haben, bestärkt und Gegengründe ,heruntergespielt' und schließlich vergessen werden. Es kommt zu einer systematischen „Informationsverzerrung", die schon NIETZSCHE prägnant beschrieben hat:

,Das habe ich gethan', sagt mein Gedächtniss. Das kann ich nicht gethan haben – sagt mein Stolz und bleibt unerbittlich. Endlich – giebt das Gedächtniss nach.[41]

Im Umgang mit der Ungewissheit, unter der Entscheidungen fallen, hat die Psychologie „Orientierungsstile" typisiert und sie mit experimentellen Verfahren profiliert.[42] Danach sind Menschen in Situationen des alltäglichen Lebens charakteristisch und dauerhaft entweder an Ungewissheit oder an Gewissheit orientiert. Ungewissheitsorientierte suchen sich neuen und besonders neuen sozialen Umgebungen auszusetzen und riskieren damit Umorientierungen über sich und andere; sie gelten als aufgeschlossen (open-minded) und undogmatisch und

---

38 Vgl. E. Heise / P. Gerjets / R. Westermann, Idealized action phases. A concise Rubicon-theory, in: M. Kuokkanen (Hg.), Structuralism, idealization and approximation, Amsterdam 1994, 141–158, und P. M. Gollwitzer, Das Rubikonmodell der Handlungsphasen, in: J. Kuhl / H. Heckhausen (Hg.), Enzyklopädie der Psychologie, Serie: Motivation und Emotion, Bd. 4: Motivation, Volition, Handlung, Göttingen/Bern/Toronto/Seattle 1996, 531–582.
39 Nach R. Lipshitz, Decision Making as Argument-driven Action, in: G. A. Klein / J. Orasanu / R. Calderwood / C. E. Zsambok (Hg.), Decision Making in Action: Models and Methods, Norwood, NJ 1993, 172–181, werden hier ,matching decisions' getroffen, durch die die relevanten Anhaltspunkte der jeweiligen Situation und passende Handlungsoptionen ermittelt werden.
40 Nach Lipshitz, ebd., ,reassessment decisions'.
41 Nietzsche, Jenseits von Gut und Böse, Nr. 68, KSA 5.86.
42 Vgl. die Pilotstudie von R. M. Sorrentino / J. C. Short / J. O. Raynor, Uncertainty orientation: Implication for affective and cognitive views of achievement behavior, in: Journal of Personality and Social Psychology 46 (1984), 189–206, und, auf Lernkontexte bezogen, Günter L. Huber, Ungewißheits- und Gewißheitsorientierung im interkulturellen Bereich, in: H. Mandl / M. Dreher / H.-J. Konradt (Hg.), Entwicklung und Denken im interkulturellen Kontext, Göttingen 1993, 75–98.

schätzen sich selbst als umgänglich, einfühlsam und durchsetzungsfähig ein. Gewissheitsorientierte wollen dagegen ihre Lebensbedingungen möglichst stabil halten und vermeiden Umorientierungen; sie gelten als verschlossen (closed-minded) und dogmatisch und schätzen sich selbst als vorsichtig und zurückhaltend ein.

In der *Philosophie* hat DERRIDA im Zug einer „Entfaltung der klassischen, unabdingbaren, unerschütterlichen Konsequenz eines klassischen Begriffs der Entscheidung" die Paradoxie jeder (echten) Entscheidung als einer Entscheidung von Unentscheidbarem herausgearbeitet. Er verstand jede Entscheidung als singuläres Ereignis, das nicht auf Begriffe des Bisherigen zu reduzieren ist, sondern deren Kontext und Kontinuität „unterbricht", „zerreißt" (déchire) und insofern einen „absoluten Anfang" markiert.[43] Entscheidungsprozesse in allen Bereichen der Kommunikation der Gesellschaft ohne die herkömmlichen philosophischen Voraussetzungen von Vernunft und freiem Willen zu rekonstruieren, war wiederum auch eines der großen Anliegen von LUHMANNS soziologischer *Systemtheorie*. Er arbeitete, ohne auf soziologische Vorarbeiten zurückgreifen zu können,[44] – vorzugsweise berief er sich seinerseits auf DERRIDA – die Paradoxie der Entscheidung systematisch heraus. Er ging davon aus, dass Entscheidung „nicht ein Bewußtseinszustand, sondern eine Sinnstruktur" und die Wahl*handlung* (choice) darum „nur ein Teilaspekt" ist, und konstruierte die Entscheidung als Reaktion auf eine Erwartung, der man folgen oder von der man abweichen kann. Mit der „Orientierung an Erwartungen" könne man die „hochgradig unrealistische" Annahme aufgeben, es gehe bei Entscheidungen um die „Differenz von besser und schlechter im Hinblick auf Präferenzen". Sie kann unter ungewissen Bedingungen noch gar nicht greifen und ist ihrerseits gut von der Orientierung an Erwartungen her zu verstehen, sofern eben unter hinreichend gewissen Bedingungen eine Orientierung am Nutzen erwartet wird als ein Entscheidungsverhalten, das sich in der Gesellschaft „sehen lassen kann". Mit der „Orientierung an Erwartungen" kann man auch einräumen, dass im Sinn der Entscheidungspsychologie auch eine Entscheidungs*situation* schon „konstruiert" wird – was für den einen entschiedenes Handeln ist, kann für einen andern selbstverständliches Verhalten sein, so dass jemand „mit der Feststellung überrascht" werden kann, „eine Entscheidung getroffen zu haben", der er sich selbst gar nicht bewusst war. Umgekehrt verliert „ein Handeln, das zur Routine wird, den Charakter einer Entscheidung",[45] und es besteht dann auch kein Bedürfnis mehr, es jemand

---

43 Derrida, Politik[en] der Freundschaft, a.O., 104–106. – Michael Großheim, Erkennen oder Entscheiden. Der Begriff der ‚Situation' zwischen theoretischer und praktischer Philosophie, in: Internationales Jahrbuch für Hermeneutik 1 (2002), 279–300, der die Verknüpfung der Begriffe Situation und Entscheidung in der Philosophie von Dilthey über Sartre und Merleau-Ponty bis zu Bollnow historisch verfolgt, geht hier jedoch nicht mit.
44 Luhmann, Soziale Systeme, a.O., 399.
45 Ebd., 400–403, ausführlicher Luhmann, Die Wirtschaft der Gesellschaft, Frankfurt am Main 1988, 272–301 („Soziologische Aspekte des Entscheidungsverhaltens"). Am Ende dieses Kapitels verweist Luhmann auf Derrida (vgl. auch Die Paradoxie des Entscheidens, a.O., 290).

zuzuschreiben.[46] Zuschreibungen sind eine spezifische und voraussetzungsreiche Weise des Sich-Orientierens (12.).[47]

Bei ungewissen Entscheidungen bleibt der Ausgang ungewiss, und darum läge es nahe, Entscheidungen generell kurzfristig zu treffen und unter veränderten Umständen anhand neuer attraktiver Anhaltspunkte jeweils wieder neu zu entscheiden. Dann kommt es freilich nicht zu einer längerfristig haltbaren Ausrichtung der Orientierung, psychologisch gesprochen zu extremer Ungewissheitsorientierung. Statt dessen wird ‚an' einmal gefallenen Entscheidungen wiederum (mehr oder weniger) ‚festgehalten', die weitere Orientierung ‚auf' sie ‚festgelegt', es kommt zur *‚Entschiedenheit' der Orientierung*. Entschiedenheit ist die Haltung, sich in einem Punkt nicht mehr anders zu entscheiden, also auch keine weiteren Anhaltspunkte mehr zu berücksichtigen, wenn es die Situation nahelegt (‚entschiedene Meinung', ‚entschiedener Wille'), also eine *selbstbezügliche Entscheidung über Entscheidungen*. Über den Halt, an dem sie längerfristig festhalten will, entscheidet die Orientierung selbst – gegen anderen möglichen Halt. Ihr Halt entspringt einer Entscheidung zweiter Ordnung.

DESCARTES hat die Entschiedenheit in seinem *Discours de la méthode* zu einer Regel seiner „morale par provision" gemacht. Er ging nach seinem Zweifel an allen herkömmlichen wissenschaftlichen Kenntnissen von einer Situation vollkommener Orientierungslosigkeit aus, der man nur durch die Entscheidung zu irgendeiner Ausrichtung entkommen könne, welche es auch sei, und an der man dann entschieden festzuhalten habe. Man solle sich verhalten wie Reisende, die sich im Wald verirrt haben. Sie dürfen, schrieb er,

> nicht herumirren und sich bald nach der einen Richtung, bald nach der andern wenden und noch weniger an einer Stelle stehenbleiben, sondern müssen immer so weit wie möglich geradeaus in derselben Richtung vorangehen und dürfen die Richtung nicht aus schwachen Rücksichten verän-

---

46 Vgl. Luhmann, Die Politik der Gesellschaft, a.O., 142: „Bei Entscheidung denkt man zunächst an einen spontanen, jedenfalls an einen nicht weiter zurückführbaren Entschluss, der dann nur auf die Person, die entscheidet, oder auf einen collective actor zugerechnet werden kann. Die undurchsichtige Auswahl wird durch einen uneinsichtigen Faktor ‚Subjekt' erklärt. Dabei gilt das ‚Subjekt' als authentischer Interpret seiner Ziele, Motive, Präferenzen, Interessen; es liegt ihnen ‚zugrunde'."
47 Zur Paradoxie der Entscheidung von Unentscheidbarem im Recht und in der Politik vgl. 13.4. und 13.5.

dern, auch wenn es vielleicht zu Beginn nur der Zufall war, der sie bestimmt hat, sie zu wählen; denn auf diese Weise werden sie, wenn sie nicht schon dorthin kommen, wohin sie wünschen, doch bei irgendeinem Ziel ankommen, wo es wahrscheinlich besser sein wird als mitten im Wald.[48]

In der Ungewissheit der Situation und auch über die in ihr erfolgversprechenden Ziele bleibt nur, sich entschieden zu entscheiden, und aus entschiedenen Entscheidungen können sich dann langfristig haltbare Ziele ergeben. Die Entschiedenheit hebt die Paradoxie der Entscheidung nicht auf, macht sie aber erfolgreich handhabbar: mit dem entschiedenen Festhalten an unter Ungewissheit getroffenen Entscheidungen, ihrer Entscheidung gegen neue Entscheidungen, die ihre einmal eingeschlagene Ausrichtung zurücknehmen würden, *entscheidet sich die Orientierung, Ungewissheit als Gewissheit zu behandeln*. So beruhigt sie sich mit einer Entscheidung.

Nun ist es in DESCARTES' Szenerie aber schwer, in einem Wald unbeirrt geradeaus zu gehen; gerade hier wird man sich auf gewundene Wege einlassen müssen, die leicht, zumal man gerade im Wald wenig Übersicht hat, von der eingeschlagenen Richtung abbringen können. DESCARTES empfahl denn auch bei der Erläuterung seiner Regeln Vorsicht und Umsicht auch in der Entschiedenheit: Er wolle sich zwar statt auf viele einander durchkreuzende Meinungen lieber auf die eigene klare Entscheidung verlassen. Aber die Meinungen anderer, so vielfältig und unübersichtlich sie sind, könnten sich ja dennoch bewährt haben. Denn es verhalte sich damit ebenso

> wie mit den großen Wegen, die sich zwischen den Bergen hinwinden: dadurch, daß sie häufig benutzt werden, werden sie nach und nach so eben und bequem, daß es viel besser ist, ihnen zu folgen, als in mehr gerader Richtung gehen zu wollen und dabei über Felsen zu klettern und in abgründige Tiefen hinabzusteigen.[49]

Mit rücksichtsloser Entschiedenheit läuft man Gefahr, sein ganzes Leben lang herumzuirren. Stößt man im Wald auf einen ausgetretenen Weg, wird es sich empfehlen, die Richtung, für die man sich entschieden hat, bis auf weiteres zu ändern, um so doch rascher aus dem Wald heraus- und zu neuer Übersicht zu kommen. Angesichts des Risikos von Entscheidungen empfiehlt sich wohl Entschiedenheit als fester Halt im Unge-

---

48 René Descartes, Discours de la méthode pour bien conduire sa raison et chercher la vérité dans les sciences, in: Œuvres et Lettres, hg. v. André Bridoux (Bibliothèque de la Pléiade), Paris 1953, 142.
49 Ebd., 135.

wissen – sie vermeidet mit neuen Entscheidungen auch neue Risiken. Aber auch Entschiedenheit ist riskant und hat darum ihre Zeit. Allzu ‚feste' Orientierungen können ebenso in Abgründe führen. Orientierung muss beweglich, entscheidbar bleiben.

7.7. Affektive Bewertung von Anhaltspunkten

Der Mut zur Orientierung unter Ungewissheit (4.4.) ist auch der Mut zur Entscheidung für Anhaltspunkte und zur Entschiedenheit, an ihnen festzuhalten, unter bleibender Beunruhigung: man hätte sich immer auch anders entscheiden können und würde dann vielleicht besser fahren. Zu einer anhaltenden Beruhigung bedarf die Orientierung darum einer anhaltenden Entlastung von unablässig neuen Entscheidungen zwischen unablässig neuen Anhaltspunkten. Sie entlastet sich durch Lernen: indem sie haltbare von unhaltbaren Anhaltspunkten zu unterscheiden lernt. Auch ‚lernen' entstammt der Jagdsprache. Dort hatte es einmal den Sinn ‚einer Spur nachgehen, nachspüren'. Orientierung lässt sich nur begrenzt lehren, das meiste muss sie selbst lernen: indem sie ein ‚Gespür' für Haltbares entwickelt, an das sie sich auch langfristig halten kann. Physiologisch kann sie sich auf zahllose angeborene, also evolutionär bewährte *Reflexe* verlassen: der ‚fitte' Organismus antwortet vor allem dort, wo es um sein Überleben und hier wieder das Überleben der eigenen Gene, also um Gefahrenabwehr, Nahrung und Fortpflanzung geht, unwillkürlich und schnellstmöglich auf äußere oder innere ‚Reize' mit ‚Reaktionen', die ihn unversehrt erhalten. ‚Orientierungsreflexe' können nach PAWLOW auch gezielt ‚konditioniert', adressiert werden (2.3.); sie funktionieren dann ähnlich wie angeborene Reflexe. Unwillkürliches Verhalten lernt man jedoch zumeist durch zufällige Erfahrungen mit dem, was sich als zu- oder abträglich erweist. Man brennt sich als Kind am Herd und nähert sich ihm erst einmal nicht mehr, man verdirbt sich mit einer Speise so den Magen, dass man einen Ekel gegen sie entwickelt, jemand erlebt so schwere menschliche Enttäuschungen, dass er bindungsunfähig wird; andererseits kann man durch Liebe, die man erfährt, liebevoll und liebenswürdig werden, durch feine Genüsse zum Gourmet heranwachsen und durch gelungenen Umgang mit Technik zum geschickten Handwerker. Man hat das alles zumeist so nicht gewollt, nicht angestrebt, konnte es gar wollen, nicht anstreben; die Erfahrungen selbst haben einen mit der Zeit dazu gebracht, sie haben sich ‚einverleibt', sind in den Standpunkt der Orientierung (als den Inbegriff dessen, was sie prägt) eingegangen – man hat *Affektreaktionen* entwickelt. Sie können ein ähnlich unwillkürliches Verhalten auslösen wie Reflexe, gehen oft mit starken Veränderungen von Puls, Blutdruck, Atmung, Mimik und Gestik einher (,lassen das Herz höher schlagen'), beanspruchen für den Moment die volle Aufmerksamkeit und lassen kaum Spielraum für anderes. Damit schränken sie die Orientierung ein – und entlasten sie dadurch. Sie nimmt weitere Anhaltspunkte gar nicht mehr wahr und muss so auch nicht zwischen ihnen entscheiden. *Reflexe und einverleibte Affektreaktionen nehmen der Orientierung Selektionen unter Anhaltspunkten ab.*

,Affekt' kommt von lat. ,afficere', wörtlich ,anmachen', ,jemand mit etwas zusetzen', Gutem oder Schlechtem. Affekte sind mehr als ,Attraktoren' (7.4.), sie lassen keine Wahl, und so sind Anhaltspunkte, die Affekte auslösen, *feste Anhaltspunkte für ,gut' und ,schlecht'.* Sie äußern sich in Gefühlen des ,Hingezogen-' und ,Abgestoßen-Werdens' (,sie war mir sofort sympathisch') und gehen unwillkürlich auch in moralische Urteile ein.[50] Und auch sie sind *paradox:* sie richten die Orientierung in der jeweiligen Situation scharf aus, erlauben ihr aber keine Übersicht über sie, sie schaffen sofort ,klare Verhältnisse' und machen die Orientierung befangen, sie kontrollieren das Verhalten so, dass sie selbst nur schwer zu kontrollieren sind, sie sind kaum spürbar, aber wenn man auf sie aufmerksam wird, können sie sich verändern (,sie ist sympathisch, aber bei einer Prüfung darf das keine Rolle spielen').[51]

Die affektive Steuerung der Orientierung ist *neurobiologisch* vor allem im limbischen System angesiedelt, das lokal und evolutionär zwischen dem (ältesten) Hirnstamm, der elementare Lebensprozesse regelt, und dem (jüngsten) Großhirn liegt, das u. a. Denken und Sprechen regelt.[52] Für ihre Symptomatik hat Antonio DAMASIO eine ,Theorie der somatischen Marker' entwickelt: Danach sind Unterscheidungen nach angenehm und unangenehm regelmäßig messbaren körperlichen Veränderungen (besonders der Haut) zuzuordnen und auch in Ge-

---

50 Zur schwierigen Abgrenzung von Affekten, Empfindungen, Wünschen, Emotionen, Überzeugungen und moralischen Haltungen vgl. Richard Wollheim, Emotionen. Eine Philosophie der Gefühle, aus dem Engl. übers. v. Dietmar Zimmer, München 2001.
51 Vgl. Philipp Stoellger, Orten statt Ordnen. Probleme der Ordnung und Ortung der Affekte, in: Ph.S. (Hg.), Affekte, Hermeneutische Blätter 1/2, Zürich 2004, 23–35, bes. 25 f.
52 Vgl. Gerhard Roth, Das Gehirn und seine Wirklichkeit. Kognitive Neurobiologie und ihre philosophischen Konsequenzen, 5. Aufl., Frankfurt am Main 1996, 178–212, und ders., Fühlen, Denken, Handeln. Wie das Gehirn unser Verhalten steuert, neue, vollst. überarb. Ausg., Frankfurt am Main 2003, 256–377. Roth widerspricht im einzelnen gängigen evolutionären Differenzierungen.

hirnströmen nachweisbar.[53] *Neurochemisch* und *elektroencephalographisch* (EEG) haben sich v. a. fünf Affekte unterscheiden lassen: Interesse (für die Erschließung der Situation), Angst (vor den Gefahren der Situation), Wut (über ein überraschendes Eintreten von Einbußen), Glück und Panik (über das Gelingen bzw. Misslingen von Orientierungen). Allen gemeinsam sind Erregungs- und Beruhigungsrhythmen mit Möglichkeiten des *bootstrapping* ('Hochfahrens') in Krisensituationen, das ein *bootstrapping* der Aufmerksamkeit überhaupt und der bewussten Interpretation von Irritationen, der von der *Kognitionspsychologie* so genannten „meaning action", auslösen kann, die dabei entsprechend ‚affiziert' bleibt.[54] So kann sich eine „emotional intelligence" ausbilden.[55] Der Psychiater Luc Ciompi[56] hat in erklärtem Anschluss an Heideggers ‚Gestimmtsein' des ‚Daseins' eine „Affektlogik" entworfen, in der „Affekt" und „Logik" komplementär zusammenwirken: Bei allen Lernvorgängen werde eine affektive Polarisierung mitgelernt, die mit Hilfe der nichtlinearen Dynamik als ‚Bifurkationen', alternative Entwicklungen eines Systems bei minimal unterschiedlichen Ausgangs- oder Randbedingungen, zu denken seien. Philosophisch wurden Theorien einer Rationalität der Gefühle entwickelt, in die die Rationalität der Vernunft so eingebettet ist, dass sie nur mit, nicht ohne Gefühle denken kann.[57]

7.8. Passen von Anhaltspunkten: Haltbare Schemata

Sinn kommt nach dem Bisherigen in der Orientierung durch mehrfache Limitationen oder Selektionen der Gegebenheiten der Situation zustande,

---

53 Antonio Damasio, Descartes' Irrtum. Denken, Fühlen und das menschliche Gehirn, München 1995.
54 Vgl. Hans und Shulamith Kreitler, Cognitive Orientation and Behavior, New York 1976, Shulamith Kreitler, Consciousness and States of Consciousness: An Evolutionary Perspective, in: Evolution and Cognition 8 (2002), 27–42, und dazu Johanna Seibt, Kognitive Orientierung als epistemisches Abenteuer, in: Werner Stegmaier (Hg.), Orientierung. Philosophische Perspektiven, Frankfurt am Main 2005, 197–224.
55 Daniel Goleman, Emotional Intelligence. Why it can matter more than IQ, New York 1995.
56 Luc Ciompi, Die emotionalen Grundlagen des Denkens. Entwurf einer fraktalen Affektlogik, Göttingen 1997. – Eingangs (11) gibt Ciompi einen kurzen Abriss dessen, was in der Kognitionsforschung inzwischen ‚emotionale Wende' heißt.
57 Vgl. u. a. Ronald de Sousa, Die Rationalität des Gefühls (1987), übers. v. Helmut Pape unter Mitarbeit von Astrid Pape und Ilse Griem, Frankfurt am Main 1997, und mit ähnlicher Ausrichtung, aber dichterem Bezug auf historische Philosophien und mit stärkerem Gefühlswert (Liebe) Eva-Maria Engelen, Erkenntnis und Liebe. Zur fundierenden Rolle des Gefühls bei den Leistungen der Vernunft, Göttingen 2003.

— die Einschränkung auf attraktive Anhaltspunkte von Belang (7.2.-7.4.),
— die Einschränkung durch die Kontinuität der Anhaltspunkte, von denen jeder stets im Umkreis eines andern auftaucht, und die Einschränkung der Anhaltspunkte durch den eigenen Standpunkt, der in ihrem Austausch nicht austauschbar ist (7.5.),
— die Einschränkung durch Entscheidungen zwischen Anhaltspunkten, durch die Scheidung zwischen Vergangenem und Künftigem und durch die Entschiedenheit von Entscheidungen (7.6.) und
— die Einschränkung der Anhaltspunkte durch Orientierungsreflexe und Affektreaktionen (7.7.).

Den Einschränkungen liegt außer dem Bedürfnis überhaupt, sich in einer Situation zurechtzufinden, um erfolgversprechende Handlungsmöglichkeiten auszumachen, kein gemeinsames Prinzip zugrunde, das einen systematischen Zusammenhang erwarten ließe. Haltbare Zusammenhänge der Orientierung müssen sich aus dem Zusammenhalt von Anhaltspunkten ergeben, die kontingent sind und von Situation zu Situation wechseln können. *Die Orientierung kann nur dadurch Halt über wechselnde Situationen hinweg gewinnen, dass sie im weitesten Sinn ökonomisch mit ihnen umgeht: umsichtig Zeit und Kräfte sparend, so dass sie rasch und leicht ihren Belangen nachkommen kann.*

Das ökonomischste Kriterium der Selektion von Anhaltspunkten ist, ob sie zueinander passen, ist ihre *Passung*. Dass Anhaltspunkte zueinander passen, setzt nur die Anhaltspunkte selbst voraus und eine Orientierung, die mit ihnen ‚etwas anfangen' kann und sich für sie entscheidet. Man sieht sich beim Versuch, sich zurechtzufinden, nach zueinander passenden Anhaltspunkten um, hält sich an sie und übergeht die übrigen. So kommt man rasch weiter, immer im Ausblick auf weitere zu den vorigen passenden Anhaltspunkten. Verdichten sich die passenden Anhaltspunkte hinreichend, kann man es riskieren zu handeln. Man hört an einem quälend heißen Sommernachmittag von ferne fröhliches Geschrei aus vielen Kinderstimmen und sieht dann noch Familien mit Fahrrädern in diese Richtung fahren – das passt, da muss ein Schwimmbad sein, man macht sich auf. Die schöne Flussaue schwindet nun aus dem Blick, das Geschrei wird in der eingeschlagenen Richtung lauter, ein großer, voll besetzter Parkplatz taucht auf, und da sieht man auch schon den Eingang zum Schwimmbad mit dem Kassenhäuschen. Das Wort ‚passen', das dem französischen ‚passer' entlehnt ist, deckt das gut ab. Es besagt (1) intr. ‚zu etwas passen' und ‚jemand passen' im Sinn von ‚sich gut an- oder einfügen', 'gelegen kommen', ('das passt gut', 'das passt mir nicht'), (2) tr. als 'aufpassen' und 'abpassen' 'Vorübergehendes aufmerksam verfolgen' und so lange, bis kommt, was man erwartet, und (3) wieder intr. 'passen', beim Skatspielen ein Spiel 'vorübergehen lassen', beim 'Reizen' nicht mithalten. Wenn Anhaltspunkte gelegen kommen (das Schwimmbad bei der Hitze) und gut zueinander passen (das Kindergeschrei, die nachkommenden Familien), passt man auf weitere auf (das lauter werdende Geschrei, den Parkplatz) und den ausschlaggebenden ab (den Eingang zum Schwimmbad mit dem Kassenhäuschen), und passt dann bei den übrigen (die schöne Flussaue).[58]

Für die Orientierung sind Passungen um so hilfreicher, je weniger das Passende voneinander abhängt. Sieht man Familien aus verschiedenen Richtungen dorthin fahren, wo das fröhliche Geschrei zu hören ist, ist das ein stärkerer Hinweis, dass dort ein Schwimmbad zu finden ist, als wenn sie hintereinander in einer Schlange fahren und offenbar zusammengehören; fragt man in einer Stadt nach einer schwer zu findenden Straße, vertraut man Auskünften von zwei unabhängigen Passanten mehr als einem Paar, bei dem der eine den andern in seiner (vielleicht falschen) Auskunft bestärkt. Je unabhängiger Anhaltspunkte voneinander sind, desto unwahrscheinlicher, darum aber auch aussagekräftiger ist ihre Passung. Auch zwei voneinander unabhängige Auskünfte können falsch sein, so wie zwei voneinander abhängige zutreffen können, aber im zweiten Fall reduzieren sich zwei Anhaltspunkte auf einen, auf den man sich dann allein verlassen müsste, während im ersten Fall zwei bleiben, von denen der eine den andern in Frage stellen kann, so dass man gewarnt ist und sich nach einem dritten umsehen wird, der dann einen der beiden ersten bekräftigen wird oder nicht (dann muss man sich nach einem vierten umsehen). Unabhängig voneinander sind Anhaltspunkte kontingent füreinander; dass sie zusammenpassen, ist unwahrscheinlich, und wenn sie dann doch zusammenpassen, treffen sie mit größerer Wahrscheinlichkeit zu, als wenn sie voneinander abhängig sind. Passungen sind (als bloße Passungen) kontingent, und weil sie kontingent sind, kann man ihnen folgen. *Dass etwas zueinander passt, hat kein Kriterium*

---

58 Das frz. 'passer' hat aktuell ein noch weit größeres Sinnspektrum, von intr.'entlanggehen', 'vorbeigehen (oder -fahren oder -fliegen)', 'bei jemand vorbeigehen, ihn kurz besuchen', 'übergehen', 'laufen lassen', 'durchkommen', 'durchlaufen', 'als etwas oder jemand durchgehen' (passer pour), 'bei jemand (auprès) gut oder schlecht ankommen', 'vergehen' über tr. 'an etwas entlang- oder vorbeigehen', 'etwas durchbekommen', 'Zeit verbringen' bis zu refl. 'geschehen', 'gut oder schlecht laufen', um nur einige Bedeutungen zu nennen.

außer dem, dass es eben passt. Sobald aber etwas passt, wird es selbst zum Kriterium, zum Kriterium der Selektion alles weiteren. Was nicht zu Anhaltspunkten passt, die untereinander gut zusammenpassen, lässt man ‚passieren' und passt statt dessen auf die auf und die ab, die zu den schon passenden ebenfalls passen.[59]

Passungen, die kein Kriterium außer sich selbst haben, sind mit einem Wort *evident*, sind wörtlich ‚ersichtlich' in dem, was man sieht, ‚leuchten' von sich aus ‚ein'. Sie sind evident auch in der Kunst, die ebenfalls dem Kriterium der Passung folgt: Beim Verfertigen von Kunstwerken kann irgendwomit angefangen, ein kontingenter Anfang gemacht werden; aber das Weitere muss dazu passen (GOETHES Mephistopheles: „Das Erste steht uns frei, beim zweiten sind wir Knechte"),[60] und je mehr Passendes hinzugefügt wird, je mehr das Werk ‚Form annimmt', desto mehr wird als unpassend ausgeschlossen, zu einem desto schärferen Kriterium für das Passende und Unpassende wird das Werk, bis es schließlich ‚steht' und ‚alles passt' und ihm nichts mehr hinzuzufügen ist. Seine Passungen sind immer nur Passungen zu ihm selbst und für es selbst; zu anderem kann anderes passen, und so kann es unterschiedliche Kriterien des Passens geben. So auch bei der Orientierung und ihren jeweiligen Anhaltspunkten. Sie lässt sich auf untereinander und zu ihr Passendes ein, ‚verlässt sich' darauf, und hat zunächst nichts anderes, um sich darauf zu verlassen; in verschiedenen Situationen kann aber anderes anders zueinander und dennoch zu der jeweiligen Orientierung passen. Die Evidenz, die ‚Ersichtlichkeit', das ‚Einleuchten' von Passungen, ist in der Kunst eine ästhetische, und so kann man auch evidente Passungen von Anhaltspunkten in der alltäglichen Orientierung ästhetische nennen. Aber auch die logische Evidenz, die Passung logischer Determinanten, muss zuletzt ‚von selbst' ersichtlich sein. Was logisch nicht evident ist, kann logisch analysiert und dadurch logisch evident gemacht werden, aber die Analysen müssen dann irgendwann ‚selbstevident' sein. Wie die ästhetische kann die logische Evidenz „*erzeugt*, aber nicht *bewiesen* werden. Damit gehört Evidenz zu den *pragmatischen Konstituentien* jeglicher Argumentation und Einsicht."[61] Und damit sind Passungen, die ohne Kriterien außer sich selbst sind, Kriterium *aller* Orientierung.

---

59 Für die Psychologie der Entscheidung setzt sich die Informationsverzerrung fort.
60 Goethe, Faust I, Studierzimmer.
61 Jürgen Mittelstraß, Art. Evidenz, in: Enzyklopädie Philosophie und Wissenschaftstheorie, hg. v. Jürgen Mittelstraß, Bd. 1, Stuttgart/Weimar 1995, 609 f.

NIETZSCHE hat das (paradoxe) Kriterium der Passung im Ästhetischen *und* Logischen in seinen Notizen auf die Formel gebracht: „Bevor ‚gedacht‘ wird, muß schon ‚gedichtet‘ worden sein; das *Zurechtbilden* zu identischen Fällen, zur *Scheinbarkeit* des Gleichen ist ursprünglicher als das *Erkennen* des *Gleichen*."[62] Nelson GOODMAN hat in seinen *Sprachen der Kunst*, die zugleich *Weisen der Welterzeugung* sind, eine enge „Affinität zwischen Kunst, Wissenschaft und Wahrnehmung" herausgearbeitet und vorgeschlagen, vom Begriff der Wahrheit zu denen des Passens (fit) und des Musters (sample) überzugehen.[63] LUHMANN hat die Unterscheidung „passend – nichtpassend" als „binäre Codierung" des Funktionssystems Kunst eingesetzt, die Kunst aber zugleich als „Weltkunst" entfaltet und an ihr vielleicht am gelungensten (wenn man will: am passendsten) in seine Systemtheorie eingeführt. Danach entsteht „Form" überhaupt „als Umarbeitung von Zufall in zufallsabhängige Notwendigkeit".[64]

Passung ist auch schon Sinn; in Passungen finden Sinnrichtungen Halt aneinander. Wie oft beschrieben, geht Sinn nach langem Tasten und Suchen ‚plötzlich‘ auf, leuchtet er ‚auf einmal‘ ein, wird er ‚schlagartig‘ klar – er ‚springt ins Auge‘, wenn in einer Perspektive zu vielen attraktiven Anhaltspunkten ohne rechten Zusammenhang ein weiterer tritt und sie sich plötzlich wie Stücke eines Puzzles zusammenfügen. KANT sprach von „Lust" und „Wohlgefallen", wenn sich für die Urteilskraft etwas ohne Begriffe passend fügt.[65] Es erleichtert, auf Passungen zu stoßen, und macht Freude; die beunruhigende Spannung des ‚nichts damit anfangen können‘ löst sich im ‚jetzt ist alles klar‘, und die Freude bekräftigt darin, an der gefundenen Passung festzuhalten. Kriminalromane und -filme

---

62 Nietzsche, Nachlass 1887, 10[159], KSA 12.550. Vgl. Nachlass 1885, 40[17], KSA 11.636: „Die Vergröberung als Grundmittel, um Wiederkehr, identische Fälle erscheinen zu lassen; bevor also ‚gedacht‘ wurde, muß schon *gedichtet* worden sein, der formende Sinn ist ursprünglicher als der ‚denkende‘".
63 Nelson Goodman, Sprachen der Kunst, Entwurf einer Symboltheorie (1968), übers. v. Bernd Philippi, Frankfurt am Main 1995, und ders., Weisen der Welterzeugung (1978), übers. v. Max Looser, Frankfurt am Main 1984, hier 161. – Vgl. zum Passen bei Nietzsche und Goodman und als gemeinsames Kriterium von Logik und Ästhetik Günter Abel, Logik und Ästhetik, in: Nietzsche-Studien 16 (1987), 112–148, bes. 129–131, zur Rolle von Goodmans Begriff der Passung im aktuellen Wahrheitsdiskurs Philipp Stoellger, Wirksame Wahrheit. Zur effektiven Dimension der Wahrheit in Anspruch und Zeugnis, in: Ingolf U. Dalferth / Philipp Stoellger (Hg.), Wahrheit in Perspektiven. Probleme einer offenen Konstellation, Tübingen 2004, 333–382, hier 360–365.
64 Niklas Luhmann, Weltkunst, in: Niklas Luhmann / Frederick D. Bunsen / Dirk Baecker, Unbeobachtbare Welt. Über Kunst und Architektur, Bielefeld 1990, 7–45, hier 11 u. 16.
65 Kant, Kritik der Urteilskraft, § 5, AA V, 210.

7.8. Passen von Anhaltspunkten: Haltbare Schemata

zeigen regelmäßig, wie die Spannung steigt, wenn Anhaltspunkte, die sichtlich von Belang sind, keinen Zusammenhang ergeben und die Spannung sich löst, wenn durch ein letztes Indiz auf einmal klar wird, wie sie zusammenpassen. Alfred HITCHCOCK aber, der ‚Meister des suspense', pflegte in seinen Filmen scheinbar schon klare Zusammenhänge durch neue Anhaltspunkte neu in Frage zu stellen, den Sinn wieder wegkippen und dann mit wieder neuen Anhaltspunkten einen anderen Sinn herausspringen zu lassen, und führte so vor, wie für Passungen von Anhaltspunkten jeder einzelne Anhaltspunkt eine entscheidende Rolle spielen kann. Auch *in der alltäglichen Orientierung bleibt jede Passung in Spannung* – in Spannung, ob sie sich halten lässt, wenn neue Anhaltspunkte auftauchen, die sich in diesem Zusammenhang nicht übergehen lassen.

Passungen, die Sinnzusammenhänge ergeben, können ‚halten' (4) oder nicht. Halten sie sich in wechselnden Situationen durch, werden sie zu *haltbaren Mustern.* Muster (von it. ‚mostra', ‚Ausstellungsstück', aus lat. monstrare, ‚zeigen') sind Vorzeichnungen, Vorbilder, Modelle, die sich von Situation zu Situation übertragen lassen und in ihnen vorzeichnen, vorbilden, was sich wie zusammenfügen lässt.[66] Sie ermöglichen *Wiedererkennen.* Die ersten auftauchenden Anhaltspunkte genügen dann schon, um die übrigen ‚automatisch' zu ergänzen – beim Wiedererkennen von Gesichtern oder beim Lesen von Texten fällt das besonders auf. NIETZSCHE hat die Orientierung an Mustern phänomenologisch gut beschrieben:

> So wenig ein Leser heute die einzelnen Worte (oder gar Silben) einer Seite sämmtlich abliest – er nimmt vielmehr aus zwanzig Worten ungefähr fünf nach Zufall heraus und ‚erräth' den zu diesen fünf Worten muthmaasslich zugehörigen Sinn —, eben so wenig sehen wir einen Baum genau und vollständig, in Hinsicht auf Blätter, Zweige, Farbe, Gestalt; es fällt uns so sehr viel leichter, ein Ungefähr von Baum hin zu phantasiren. Selbst inmitten der seltsamsten Erlebnisse machen wir es noch ebenso: wir erdichten uns den grössten Theil des Erlebnisses und sind kaum dazu zu zwingen, nicht als ‚Erfinder' irgend einem Vorgange zuzuschauen. Dies Alles will sagen: [...]

---

66 Der Begriff des Musters ist, auch unter den Namen des Modells oder des Paradigmas, in der gegenwärtigen Philosophie und den Wissenschaften zu vielfältigem Gebrauch gekommen, auch hier in der Funktion, anhand weniger ausgewählter Anhaltspunkte Unübersichtliches übersichtlich bzw. Unsichtbares sichtbar zu machen. Vgl. Gereon Wolters, Art. Modell, in: Enzyklopädie Philosophie und Wissenschaftstheorie, hg. v. Jürgen Mittelstraß, Bd. 2, Stuttgart/Weimar 1995, 911–913, und Carl F. Gethman, Art. Paradigma, ebd., Bd. 3, 33–37.

man ist viel mehr Künstler als man weiss. – In einem lebhaften Gespräch sehe ich oftmals das Gesicht der Person, mit der ich rede, je nach dem Gedanken, den sie äussert, oder den ich bei ihr hervorgerufen glaube, so deutlich und feinbestimmt vor mir, dass dieser Grad von Deutlichkeit weit über die Kraft meines Sehvermögens hinausgeht: – die Feinheit des Muskelspiels und des Augen-Ausdrucks muss also von mir hinzugedichtet sein. Wahrscheinlich machte die Person ein ganz anderes Gesicht oder gar keins.[67]

Bewähren sich Muster im Wiedererkennen, sind sie ,haltbar' sowohl im Sinn von ,anhaltend' wie von ,zustimmungsfähig, plausibel'. Muster werden jedoch als starr vorgestellt; in der Orientierung dagegen verschieben auch sie sich mit der Zeit, verändern sich mit dem, was wiedererkannt wird, dem Gesicht, das mit der Zeit altert. Für verschiebbare Muster bietet sich der Begriff *Schema* an; auch bei ihm ist an eine Vorzeichnung, ein Umriss ohne sinnliche Fülle gedacht, aber weniger an ein auf anderes übertragbares Vorbild. Gr. σχῆμα gehört zu ἔχειν, hier im Sinn von ,sich verhalten', und wurde für die äußere Haltung, die sich jemand gibt, die Gestalt, zu der etwas findet, und das Aussehen überhaupt, aber auch für die Abfolge von Tanzschritten und für mathematische Figuren gebraucht. In der Philosophie hat der Begriff eine bis zu den Pythagoreern zurückreichende Geschichte;[68] KANT vermittelte durch ihn Anschauungen und Begriffe (7.3.), SCHLEIERMACHER verstand die Begriffsbildung überhaupt aus ihm und setzte sie als im Werden des Wissens verschiebbar an (3.2.5.). Auch verschiebbare Schemata sind in der Orientierung haltbar und haltbarer als starre Muster, weil sie Anhaltspunkte

---

67 Nietzsche, Jenseits von Gut und Böse, Nr. 192, KSA 5.113 f. – Vgl. Nachlass 1881, 11[13], KSA 9.445 f. (zit. 11.4.) – Die ruckweise oder „Sakkadenbewegung" der Augen beim Lesen wurde zu Nietzsches Zeit erforscht und zusammenfassend beschrieben von Emile Javal, Physiologie des Lesens und Schreibens (1905), Leipzig 1907. Die vom Auge selektiv angesteuerten Buchstabengruppen werden danach wiederum auf Punkte konzentriert. Javal zog daraus Konsequenzen für die Typographie vor allem von Schulbüchern (vgl. Bettina Rommel, Psychophysiologie der Buchstaben, in: Hans Ulrich Gumbrecht / K. Ludwig Pfeiffer (Hg.), Materialität der Kommunikation, Frankfurt am Main 1988, 310–325, hier 315–318).

68 Vgl. Verf., Art. Schema, Schematismus I, a.O. – In der Psychologie hat vor allem Jean Piaget die Bildung von „Schemata" im Wechselspiel von „Akkommodation" an die Objekte der Umwelt und „Assimilation" der Objekte der Umwelt ausführlich dokumentiert. Vgl. u. a. Jean Piaget, Nachahmung, Spiel und Traum. Die Entwicklung der Symbolfunktion beim Kinde (1945), aus dem Frz. übers. von Leo Montada, in: Gesammelte Werke, Bd. 5, 1975, 21–116, hier 103–105 u. 112–116, und Theo Herrmann, Schema, Schematismus II, in: Historisches Wörterbuch der Philosophie, Bd. 8, Basel/Darmstadt 1992, Sp. 1261–1263.

austauschen und so mit der Zeit gehen können; sie sind fluktuant (10.5.). In ihnen bleibt der Zusammenhalt, das Verhältnis der Anhaltspunkte beweglich, und so lassen sie, da keine Situation einer andern ganz entspricht, Spielräume für wechselnde Anhaltspunkte, lassen zu, dass Gesichter sich verändern, Bäume wachsen und Wörter einen neuen Sinn bekommen. Doch von einem bestimmten Punkt der Verschiebung an sind auch Schemata, die Wiedererkennen in wechselnden Situationen ermöglichen, selbst nicht mehr wiederzuerkennen. Dann werden sie haltlos und verfallen ihrerseits.

7.9. Spielräume der Orientierung im Gehirn

Inzwischen hat die neurophysiologische Hirnforschung die Bedingungen des Orientierungsgeschehens und der Musterbildung im menschlichen Gehirn zu klären begonnen. Für eine Philosophie der Orientierung ist sie besonders aufschlussreich. Denn wiewohl die menschliche Orientierung nicht ohne weiteres auf Gehirnfunktionen zu reduzieren ist, kann sie sich doch nur in deren Spielräumen vollziehen. Andererseits bewegt sich aber auch die Hirnforschung unvermeidlich im Zirkel der Orientierung. Denn auch Hirnforscher unterliegen den Bedingungen menschlicher Orientierung.[69]

Nach dem Stand der sich angesichts der Komplexität des Gehirns noch immer in den Anfängen befindlichen Forschung zeigen sich starke Analogien in den Analysen der Funktionsweisen des menschlichen Gehirns und der menschlichen Orientierung. Nach Wolf SINGER,

> tun wir gut daran, uns das Gehirn als *distributiv organisiertes, hochdynamisches System* vorzustellen, das sich selbst organisiert, anstatt seine Funktionen einer zentralistischen Bewertungs- und Entscheidungsinstanz unterzuordnen; als System, das sich seine Kodierungsräume gleichermaßen in der *Topologie seiner Verschaltung* und in der *zeitlichen Struktur seiner Aktivitätsmuster* erschließt, das Relationen nicht nur über Konvergenz anatomischer Verbindungen, sondern auch durch *zeitliche Koordination von Entladungsmustern* auszudrücken weiß, das Inhalte nicht nur explizit in hochspezialisierten Neuronen, sondern auch implizit in *dynamisch assoziierten Ensembles* repräsentieren kann und das schließlich *auf der Basis seines Vorwissens unentwegt Hypothesen über die es umgebende Welt formuliert*, also die Initiative hat, anstatt lediglich auf Reize zu reagieren.[70]

---

69 Vgl. Roth, Das Gehirn und seine Wirklichkeit, a.O., 21–24 u. 362 f.
70 Singer, Der Beobachter im Gehirn, a.O., 111 (Hervorhebungen W.S).

Das Gehirn ist danach „nie ruhig, sondern generiert ständig hochkomplexe Erregungsmuster, auch wenn Außenreize fehlen." Dabei handelt es sich um „raumzeitliche Kohärenzmuster", die physiologisch in „Erregungsfluktuationen größerer Zellpopulationen" bestehen. In sie werden die von den Sinnesorganen einlaufenden Signale in sinnvoller Weise eingeordnet. Durch „Telekommunikation", elektrische Signalübertragung im Gehirn, können in Populationen von Nervenzellen quasi-gleichzeitige „Aktivitätsmuster" entstehen, die „fast immer eine periodische, oszillatorische Struktur" haben und synchron entladen.[71] So entstehen „statistische Bindungen" auf Zeit, mit denen das Gehirn auf seine Umwelt antwortet. „Unterschiedlichste Gruppierungsoperationen mit maximalen Freiheitsgraden" oszillieren mit einer mittleren Frequenz von etwa 40 Hz und wirken als rhythmisch agierende „Merkmalsdetektoren".[72] Auf diese Weise kann das menschliche Gehirn in seiner Umwelt, zu der auch der Körper gehört, unterschiedlichste und zeitlich rasch wechselnde Anhaltspunkte ausmachen.

Die Organisation des menschlichen Gehirns verdankt sich gut nachvollziehbaren evolutionären Selektionsprozessen und arbeitet seinerseits mit Selektionsprozessen. Dabei sind Denkprozesse nicht prinzipiell von sensorischen Prozessen unterschieden, da sie ebenso auf Funktionen der Großhirnrinde beruhen, die „immer nach den gleichen Prinzipien" arbeitet.[73] Das „Reiz-Reaktions-Geschehen", das auch noch die Orientierungsreflexe beherrscht, läuft vor allem (strenge Scheidungen scheint das Gehirn so wenig wie die Orientierung zu kennen) in den evolutionär ältesten Teilen des Gehirns ab, dem Kleinhirn und dem Stammhirn; hier wird weitgehend noch mit genetisch programmierten seriellen Selektionen gearbeitet. Die evolutionär jüngste und in ihrem Volumen überragende Großhirnrinde nutzt dagegen vorwiegend parallele Selektionen, die die in der menschlichen Orientierung erfahrbaren Spielräume schaffen. Möglich werden sie durch eine topologische Verteilung von Funktionen in Areale, die ihrerseits vielfältig verschaltet sind, also eine Netzstruktur. In der Auseinandersetzung des Kindes mit seiner Umwelt bis etwa zur Geschlechtsreife konsolidieren sich die Verschaltungen entsprechend der Häufigkeit ihrer Nutzung. Auch hier laufen Selektionsprozesse ab: Das Gehirn hält genetisch mehr Verschaltungsmöglichkeiten vor, als in der Regel genutzt werden, nachhaltig genutzte

---

71 Ebd., 108 f.
72 Ebd., 134, 207.
73 Ebd., 172.

werden konsolidiert, nachhaltig nicht genutzte getilgt, und dabei ist „Ausprobieren' [...] der ökonomischste, wenn nicht sogar einzig gangbare Weg".⁷⁴ Die Architektur des individuellen Gehirns wird im Spielraum des genetisch vorgegebenen Repertoires nach effektivem Gebrauch, nicht nach einer vorgegebenen Logik entworfen.

Danach stellt die „Plastizität" der „Gehirnarchitektur" die Bedingungen bereit, Orientierungsleistungen an den erfahrenen Bedürfnissen des Individuums auszurichten. Dabei wirken die je realisierten Strukturen als „Determinanten für die jeweils nächsten Veränderungen":

> Dies bedeutet, daß die gesamte Vorgeschichte mitentscheidet, welcher Ast der je nächsten Verzweigungen im ontogetischen Entwicklungsprozeß beschritten werden soll. Diese *Kette bedingter Wahrscheinlichkeiten* hat bei der Unzahl möglicher Verzweigungen zur Folge, daß die Voraussagbarkeit des Endzustandes prinzipiell begrenzt ist, auch wenn jeder einzelne Differenzierungsschritt natürlich determiniert ist. Dies wiederum schränkt die Unterscheidbarkeit von Angeborenem und Erworbenem drastisch ein.⁷⁵

Die Plastizität wird freilich mit „erhöhter Vulnerabilität" erkauft: „Erfahrungsentzug" bringt den Entwicklungsprozess zum Stillstand.⁷⁶ Dies gilt auch noch für das ausgereifte Gehirn. Nach der Geschlechtsreife wird die Plastizität zwar eingeschränkt, verschwindet aber nicht: in der Orientierung des Erwachsenen sind individuelle Strukturen in der Regel stabilisiert, aber nicht erstarrt.

In der konkreten Verarbeitung von Irritationen der Umwelt ist auch von der Hirnforschung bisher am weitesten der Sehvorgang ausgelotet worden. Hier zeigen sich Strategien der „Segmentierung" und der „Überlappung". Segmentierung bedeutet: Bewegung, Farbe, Helligkeit usw. werden von verschiedenen Nervenensembles registriert und je nach Bedarf zur Objektidentifikation rekombiniert. Überlappung bedeutet:

---

74 Ebd., 129.
75 Ebd., 138 f. (Hervorhebung W.S.). – Ciompi, Die emotionalen Grundlagen des Denkens, a.O., 49, bringt hier wieder die Wegmetaphorik ins Spiel: „Ingesamt gleichen die mentalen Strukturen oder Programme somit einem durch den Gebrauch selbst angelegten und im Gebrauch ständig weiter aus- und umgebauten Weg- oder Straßensystem mit einigen früh schon festgelegten breit ausgewalzten Hauptachsen und einer komplex verschachtelten Hierarchie von mehr oder weniger fixen Verbindungsstraßen und -sträßchen zweiter und dritter bis n-ter Ordnung. Selbst Fuß- und Schleichwege fehlen nicht, und aus einem zunächst ganz unauffälligen Seitenpfad mag sich mit der Zeit ein immer häufiger benutzter Fühl-, Denk- und Verhaltensweg, zuletzt vielleicht sogar ein vollautomatischer ‚Gemeinplatz' entwickeln."
76 Singer, Der Beobachter im Gehirn, a.O., 94 f., 113.

> Eine bestimmte Zelle kann zu verschiedenen Zeitpunkten Mitglied unterschiedlicher Populationen werden und dadurch an der Repräsentation sehr vieler verschiedener Merkmale partizipieren. Dies wiederum kann ausgenutzt werden, um die Zahl der für die Repräsentation unterschiedlicher Merkmale erforderlichen Neuronen drastisch zu reduzieren. [...] Auch die Repräsentation von neuen Merkmalen bereitet keine Schwierigkeiten, da hierfür lediglich die Kombination der jeweils erregten Nervenzellen verändert werden muß. *Es ist nicht erforderlich, neue Verbindungen zu knüpfen, es genügt, eine neue Konstellation bereits vorhandener miteinander interagierender Neuronen zu aktivieren.*[77]

Die Rekombination segmentierter und überlappter Anhaltspunkte und Muster erfolgt wiederum nach „Kohärenzkriterien". Dabei folgt das Gehirn der Grundtendenz, „Konturen, die zusammenhängen, als zu einer Figur gehörig zu gruppieren": es scheint sich an die Geschlossenheit der Kontur, der „guten Fortsetzung sich überschneidender Konturgrenzen" (wenn Figuren partiell verdeckt sind), an symmetrische Verhältnisse (sofern die meisten Lebewesen, mit denen man zu tun hat, morphologisch radial- oder axialsymmetrisch gebaut sind), besonders aber an das „gemeinsame Schicksal", die gemeinsame Bewegung kontinuierlicher, naher oder ähnlicher Anhaltspunkte zu halten[78] – das menschliche Gehirn scheint vor allem auf kontinuierliche Bewegungen kohärenter Konturen zu orientieren. So sind Muster in Bewegung besonders gut wiederzuerkennen:

> Bei Wiederauftreten einer bereits gespeicherten Musterkonstellation werden die gebahnten Verbindungen bevorzugt aktiviert, *das Muster wird wiedererkannt.* Selbst wenn nur Teilaspekte des ursprünglich gelernten Musters angeboten werden, kann aufgrund der bereits geprägten Verbindungen das gesamte Muster reaktiviert werden. Das gleiche gilt, wenn das neue Muster lediglich gewisse Ähnlichkeiten mit bereits gespeicherten Inhalten aufweist. *Lernfähige Nervennetze verhalten sich also wie assoziative Speicher. Sie haben die Fähigkeit, von Teilaspekten ausgehend zu generalisieren.*[79]

Aus evaluierten und konsolidierten Aktivitätsmustern werden weitere *„Kriterien für Adäquatheit und Verhaltensrelevanz"* abgeleitet. Insofern lässt sich auch gehirnphysiologisch von Entscheidungen des Gehirns sprechen:

> *Entscheidungen* entstehen im Gehirn als Resultat von Selbstorganisationsprozessen, wobei Kompetition zwischen unterschiedlich wahrscheinlichen

---

77 Ebd., 157 (Hervorhebung W.S.).
78 Ebd., 89.
79 Ebd., 140 (Hervorhebung W.S.).

7.9. Spielräume der Orientierung im Gehirn

Gruppierungsanordnungen die treibende Kraft und *kohärente Systemzustände die Konvergenzpunkte der Entscheidungstrajektorien* darstellen.[80]

Danach erfolgen auch Entscheidungen des Gehirns auf Passungen hin. Sie werden wiederum seligiert und stabilisiert durch Abgleichung der lokal aktiven Muster untereinander im „Zusammenspiel zahlreicher, über das ganze Gehirn verteilter Bewertungsfunktionen", also wiederum durch einen „distributiven Entscheidungsproze߄.[81]

***

Wie fragil aller Halt in der Orientierung bleibt und bleiben muss, hat niemand schöner gezeigt und gesagt als Bertolt BRECHT mit seinem Lied der *Liebenden*. Sie singen vom Flug der Kraniche:

> Sieh jene Kraniche in großem Bogen!
> Die Wolken, welche ihnen beigegeben
> Zogen mit ihnen schon, als sie entflogen
> Aus einem Leben in ein andres Leben.
> In gleicher Höhe und mit gleicher Eile
> Scheinen sie alle beide nur daneben.
> Daß so der Kranich mit der Wolke teile
> Den schönen Himmel, den sie kurz befliegen
> Und keines andres sehen als das Wiegen
> Des andern in dem Wind, den beide spüren
> Die jetzt im Fluge beieinander liegen.
> So mag der Wind sie in das Nichts entführen
> Wenn sie nur nicht vergehen und sich bleiben
> Solange kann sie beide nichts berühren
> Solange kann man sie von jedem Ort vertreiben
> Wo Regen drohen oder Schüsse schallen.
> So unter Sonn und Monds wenig verschiedenen Scheiben
> Fliegen sie hin, einander ganz verfallen.
> Wohin ihr?
> Nirgendhin.
> Von wem davon?
> Von allen.

---

80 Ebd., 168 f. (Hervorhebung W.S.).
81 Ebd., 168, 128. – Vgl. auch (in populärer Darstellung) Gary Marcus, Der Ursprung des Geistes. Wie Gene unser Denken prägen, aus dem Am. v. Christoph Trunk, Düsseldorf/Zürich 2005.

Ihr fragt, wie lange sind sie schon beisammen?
Seit kurzem.
Und wann werden sie sich trennen?
Bald.
So *scheint* die Liebe Liebenden ein Halt.[82]

---

[82] In: Bertolt Brecht, Gesammelte Gedichte, Frankfurt am Main 1976, Bd. 4, 1129 f.

8. Zeichen als Anhaltspunkte: Orientierung als Weltabkürzungskunst
Orientierung in Zeichen

8.1. Von Anhaltspunkten über Markierungen zu Zeichen
8.2. Stehenbleibende Zeichen – Spielräume für Sinnverschiebungen
8.3. Orientierung als Weltabkürzungskunst
8.4. Orientierung über Unbekanntes: das Zeichen X

Zeichen sind starke, auffällig gemachte Anhaltspunkte. Sie werden als Anhaltspunkte für etwas gegeben, das sich nicht von selbst zeigt. Das besagt auch das Wort ‚Zeichen': Es stammt von einer indoeur. Wurzel *taikna-, ‚hell glänzen, hervorschimmern', von der auch gr. δείκνυμι, ‚zeigen, anzeigen, aufzeigen, zum Vorschein bringen, beweisen', lat. ‚dicere', ‚sagen', und das deutsche, heute kaum mehr gebräuchliche ‚zeihen', ‚auf jemand zeigen, jemand beschuldigen, bezichtigen' und ‚auf etwas zeigen, einen Tatbestand offenbaren' herkommen. Auch um die Zeichen geht es nicht selbst: Sie machen etwas auffällig, was nicht von selbst auffällt, sie ziehen die Aufmerksamkeit auf sich, um auf anderes aufmerksam zu machen. Um anderes auffällig zu machen, müssen sie selbst besonders auffällig sein,[1] und besonders auffällig können sie schon von sich aus sein (wie z. B. ein Muttermal), oder sie können auffällig gemacht, von jemand besonders ‚betont' oder eigens ‚gegeben' werden. Als besonders auffällige sind Zeichen für die Orientierung besonders attraktiv; sie kann sich leicht ‚an sie halten'. Ihre Auffälligkeit und Attraktivität kann aber auch genutzt werden, um von anderem abzulenken oder zu täuschen. Darum geht die Orientierung auch mit ihnen umsichtig und vorsichtig um; wer Zeichen wahrnimmt, muss wiederum unterscheiden und entscheiden, welche in seiner Situation für ihn von Belang sind, welche nicht. Als starke Anhaltspunkte ‚prägen sich' Zeichen ‚ein'; sie sind Elemente des ‚Gedächtnisses' (oder der Gedächtnisse) der

---

[1] Vgl. Günter Abel, Zeichen der Wirklichkeit, Frankfurt am Main 2004, 21.

Orientierung.² Das Gedächtnis ‚bewahrt' sie über wechselnde Situationen hinweg; so ermöglichen sie der Orientierung, sich von der jeweiligen Situation zu lösen. Wie Anhaltspunkte auf Anhaltspunkte verweisen Zeichen auf Zeichen, bilden Verweisungszusammenhänge von Zeichen, die sich, soweit sie ‚behalten' werden, zurückverfolgen lassen. So kann mit Zeichen Vergangenes ‚festgehalten' werden, und aus Zeichen lassen sich eigene Zeichenwelten mit neuen räumlichen und zeitlichen Horizonten schaffen. Anders als bloße Anhaltspunkte lassen sich Zeichen aber auch abkürzen – wieder in Zeichen (die unübersehbaren Zeichen eines Buches z. B. in kurze Titel und Zwischentitel). Nach der Abkürzung der Gegebenheiten der Situation auf Anhaltspunkte (7.3.) gewinnt die Orientierung mit der Abkürzung von Zeichen in Zeichen eine Weise der Abkürzung, die sich unabhängig von der jeweiligen Situation unbegrenzt fortsetzen lässt. Sie ermöglicht die Abstraktion, durch die die Orientierung Halt auch für die Zukunft und damit überhaupt Zukunft gewinnt. Zeichentheorien und Zeichenphilosophien haben vielfache Zugänge zum Zeichen denkbar gemacht. Eine Philosophie der Orientierung wird sie vor allem aus dem Bedürfnis nach Abkürzung und damit nach Beschleunigung der Orientierung verstehen.

HEIDEGGER hat in *Sein und Zeit* den Begriff des Zeichens zusammen mit dem Begriff der Orientierung eingeführt.³ Im Rahmen seiner Analyse der „Weltlichkeit der Welt" als eines „Bewandtniszusammenhangs" verstand er die Zeichen als „Zeig-Zeug" für die „Umsicht des besorgenden Umgangs": sie schaffen „Übersicht" und damit „Orientierung". Er setzte dabei zwar zunächst bei technisch hergestelltem und in seinem Gebrauch vorab definiertem „Zeig-Zeug" an, dessen „Werk" das *Auffallenlassen* von Zuhandenem" sei – sein Beispiel ist die damals neue Erfindung des ausschwenkbaren Richtungspfeils eines Kraftwagens -, ging dann jedoch auf den „ursprünglicheren Sinn" des Zeichens zurück im *Zum-Zeichen-Nehmen*" von etwas, das schon „vorfindlich" sei, aber eben nicht als bloß „Vorhandenes", „mit dem man bislang ‚nichts anzufangen' wußte", sondern als „Zuhandenes", das nun eben dadurch auffällt, dass man mit ihm ‚etwas anfangen' kann. „Das Zeichen selbst entnimmt seine Auffälligkeit der Unauffälligkeit des in der Alltäglichkeit ‚selbstverständlich' zuhandenen Zeugganzen", und das durch es auffällig Gewordene „gewinnt die beunruhigende Aufdringlichkeit eines nächst Zuhandenen". Nach GEHLEN bringen Sprache und Zeichen die entscheidende Entlastung der Orientierung: „Zwischen die Wahrnehmung und die tätige Behandlung des Wahrgenommenen wird eine Zwischenphase nichtverändernden Verkehrs mit den Dingen (Planung) gelegt." – „Die empfindbare Fülle

---
2 Das ‚Gedächtnis' der Orientierung ist seinerseits hochdifferenziert. Vgl. Albert / Stapf, (Hg.), Gedächtnis, Enzyklopädie der Psychologie, a.O., und zum Überblick Roth, Fühlen, Denken, Handeln, a.O., 153–176.
3 Heidegger, Sein und Zeit, a.O., § 17, S. 76–83.

der Welt wird gerade dadurch, daß sie tätig vermehrt wird, doch wieder zusammengezogen und verdichtet in sehr bestimmten, leichten Symbolen – die andererseits selbst schon Aktionen sind. Es ist dies das Meisterstück menschlicher Leistung: ein Maximum an Orientierung und Symbolisierung zugleich mit der höchst erleichterten Verfügung über das Wahrgenommene, das durch die Worte unvergleichlich in das Selbstgefühl der eigenen Tätigkeit gezogen wird."[4]

8.1. Von Anhaltspunkten über Markierungen zu Zeichen

In der Orientierung schließen Zeichen an Anhaltspunkte an. Anhaltspunkte können gleitend in Zeichen übergehen. Da unsere Orientierung immer schon mit Zeichen arbeitet (auch hier in diesen Sätzen), sind die Übergänge für uns schwer zu beobachten; wir können das Zeichenhafte unserer Orientierung nur von Zeichen unserer Orientierung aus rekonstruieren, die Zeichen unserer Orientierung sind, wie die Orientierung überhaupt, selbstbezüglich.

Wenn die sich anbietenden Anhaltspunkte und Muster von Anhaltspunkten, die zu einer ersten Übersicht über die Situation verhelfen und ihr Sinn geben, aufgrund ihrer Vielzahl und Vielfalt ihrerseits unübersichtlich werden, bedarf die Orientierung wiederum einer Übersicht über sie. Sie setzt die Ökonomie der Anhaltspunkte fort, indem sie die Anhaltspunkte und Muster weiter seligiert und sich an besonders ,markante' unter ihnen hält. *Markant* sind Anhaltspunkte, die besonders auffallen, ohne dass sie schon von besonderem Belang sein müssen: ein mäandrierender Fluss in einer weiten Ebene, ein herausragender Berggipfel, ein Obelisk in der Mitte eines Platzes, ein Farbfleck auf einer weißen Wand, scharfe Gesichtszüge, eine rauhe oder eine schrille Stimme. Markante Anhaltspunkte drängen sich auf, die Orientierung hält sich länger mit ihnen auf und kehrt zu ihnen zurück. So verdrängen sie andere Anhaltspunkte aus der Aufmerksamkeit und werden eher behalten; sie verstärken die Selektion unter Anhaltspunkten. ,Markant' bedeutet ,auffallend', ,ausgeprägt', ,einprägsam' und dadurch ,abgrenzend'. Das Wort geht auf eine indoeur. Wurzel *marka- zurück, aus der ,Mark', ,Markstein', ,Markgraf' usw. hervorgegangen sind und die ,Grenze' und ,umgrenztes Gebiet' bedeutet. Auf dem Umweg über die it. und frz. Kaufmannssprache (it. ,marca', frz. ,marque') wurde ,Marke' im 18. Jahrhundert als Zeichen zur Abgrenzung, Unterscheidung, Kenn-

---

4   Gehlen, Der Mensch, a.O., 49.

zeichnung ins Deutsche rückentlehnt. Statt des alten ‚merken', ‚bemerken', das ZEDLER in seiner Definition von ‚orienter' noch verwendete (2.4.), kommt so ‚markieren', ‚mit einem Kennzeichen versehen', in Gebrauch. Im aktuellen deutschen Sprachgebrauch ist ‚Marke' mit ‚Zeichen' zum ‚Markenzeichen' verknüpft, einem Zeichen, mit dem man eine ‚Marke', eine gut am Markt eingeführte, von andern deutlich unterschiedene oder zu unterscheidende Ware, ‚auszeichnet'.[5]

Hat das von sich aus Markante einen besonderen Belang für die Orientierung, kann es zusätzlich *markiert* und so noch deutlicher hervorgehoben werden, bei Gestalten durch ‚Nachzeichnung' ihrer Kontur, bei Worten durch ‚Nachdruck'. Markiert werden kann aber auch ein Anhaltspunkt, der nicht von sich aus markant, für die Orientierung jedoch besonders relevant ist, z. B. ein unauffälliger Zugang zu bedeutsamen Örtlichkeiten. Anhaltende Markierungen sind am leichtesten bei Sichtbarem möglich, und so wird das Sichtbare in der Orientierung durch die Markierung weiter ausgezeichnet. Sichtbare Markierungen sind als Einkreisungen, Einfärbungen, Anstreichungen, Unterstreichungen (die zur Metapher für das Sprechen werden können: ‚einen Punkt besonders unterstreichen') oder, wenn es um Anhaltspunkte als solche geht, Ankreuzungen möglich: das X markiert durch den Kreuzungspunkt seiner Linien den Anhaltspunkt, auf den die Orientierung etwas verkürzt (8.4.). Markierungen können etwas ‚zeichnen' (wie eine Krankheit ein Gesicht) und gehen dabei in das ‚Gezeichnete' selbst ein,[6] oder es ‚nachzeichnen', z. B. bei kriminalistischen Ermittlungen die Umrisse eines Ermordeten auf dem Boden. Leichter sind An- und Nachzeichnungen auf Karten und Blättern; hier werden schon Zeichen (der Name des Ortes, zu dem man hinfinden will, ein Begriff in einem Text, auf den man zurückkommen will) markiert. Wird Komplexeres nachgezeichnet, kann die

---

5 Vgl. Jacques Derrida, signature événement contexte, in: J.D., Marges de la philosophie, Paris 1972, 365–393, hier 377 ff., deutsch: Signatur Ereignis Kontext, übers. v. D. W. Tuckwiller, in: Randgänge der Philosophie, 2. überarb. Aufl. Wien 1999, 325–351, hier 335 ff. Derrida entwickelt hier die Begriffe der Schrift und des Schriftzeichens (signe) ebenfalls vom Begriff der Marke (marque) her. – Etymologisch ungeklärt ist, ob und wie im Deutschen ‚das Mark' (wie in ‚Knochenmark', ‚ins Mark treffen', in manchen Sprachen auch ‚Gehirn') mit dem Femininum ‚die Mark' zusammenhängt.
6 Gott in der Hebräischen Bibel (Gen. 4, 15) zeichnet Kain, der seinen Bruder Abel ermordet hatte, indem er ihm ein unablösbares Zeichen aufzeichnet, jedoch nicht, um ihn zu brandmarken und ihn der Rache freizugeben, sondern um ihn vor der Rache anderer zu schützen. Gott setzt die Kette des Menschengeschlechts mit dem von ihm Gezeichneten fort.

8.1. Von Anhaltspunkten über Markierungen zu Zeichen 273

Markierung es übersichtlich machen, z. B. ein U-Bahn-Netz. Werden markante Nachzeichnungen aus ihrer Umgebung gelöst, gehen sie in Bildzeichen über. Bildzeichen, ‚icons', z. B. für Fußgänger, die an einer Straßenkreuzung stehenbleiben oder gehen sollen, oder für Funktionen in Computerprogrammen, sind international als Orientierungszeichen im Gebrauch (17.2.(1)). Wird auch auf Bildlichkeit verzichtet oder verliert die Bildlichkeit ihre Kenntlichkeit, werden Markierungen zu Chiffren (aus mittellat. ‚cifra' über das altfrz. ‚cifre', ‚Null', das über das arab. ‚sifr' aus dem altind. ‚sunya-m', ‚leeres Zeichen' kommt), aus denen die Anhaltspunkte nicht mehr zu entnehmen sind, an die sie anschlossen. Das gilt für ‚Ziffern' (die sich ebenfalls von ‚Chiffren' ableiten) und (mehr oder weniger) für Schriftzeichen.

Schriftzeichen sind gezeichnete, aus bloßen Strichen bestehende Zeichen, die in allen Kulturen aus Bildern hervorgegangen sind.[7] Soweit sie keine markanten Bilder mehr erkennen lassen, sind sie zu ‚bloßen' *Zeichen* geworden. Bloße Zeichen sind leicht lesbar und auch für die, die sie nicht zu lesen verstehen, als Zeichen erkennbar. Dadurch sind sie für die Orientierung besonders auffällig und attraktiv. Sofern der Sinn des einmal von ihnen Dargestellten verblasst ist, erscheinen sie als willkürlich, ‚arbiträr' im Verhältnis zum Bezeichneten. Wie der Strukturalismus herausgearbeitet hat, bekommen sie ihren Sinn dann nicht mehr vom Bezeichneten, sondern durch ihre Unterscheidung von anderen Zeichen oder ihre Stelle in einem Zeichensystem – mit der Arbitrarität der Zeichen wird das Zeichensystem selbständig, autonom gegenüber den Situationen, in denen es verwendet wird. Mit Hilfe arbiträrer Zeichensysteme löst sich die Orientierung weitgehend von der Situation und verschafft sich dadurch neue Spielräume in ihr. Orientierung ist denn auch weitgehend eine Orientierung in Zeichen.[8]

Die Arbitrarität der Zeichen ist darin manifest, dass das Bezeichnete anders bezeichnet werden könnte und in anderen Sprachen zumeist auch anders bezeichnet wird. Zeichen scheinen darum beliebig zu sein und so der Orientierung gerade keinen Halt zu bieten. Das hat ihnen das

---

7 Vgl. Harald Haarmann, Universalgeschichte der Schrift, Frankfurt am Main 1990, zu den sozioökonomischen Ursprungsbedingungen der Entwicklung von Schrift Jack Goody, Die Logik der Schrift und die Organisation von Gesellschaft, Frankfurt am Main 1990, zur ‚Revolution' des griechischen Alphabets Eric A. Havelock, Schriftlichkeit. Das griechische Alphabet als kulturelle Revolution, Weinheim 1990.
8 Vgl. Josef Simon (Hg.), Orientierung in Zeichen. Zeichen und Interpretation III, Frankfurt am Main 1997.

Misstrauen der metaphysischen Tradition der europäischen Philosophie eingebracht. Danach sind Zeichen ‚nur' Zeichen, die ‚für etwas stehen', das ohne sie besteht und anders als sie seinen Halt in sich hat. Das lässt sich an einfachen Beispielen plausibel machen: ein Tisch bleibt ein Tisch, auch wenn er ‚table' genannt wird. Doch solche scheinbar schlagenden Beispiele sind für die Orientierung nicht haltbar. Denn der Tisch kann von den Zeichen ‚Tisch' und ‚table' wieder nur durch Zeichen und in der Regel nur durch komplexere (‚Möbelstück aus einer horizontalen, von einem Untergestell getragenen Platte') unterschieden werden, und die Rede von ‚Dingen' oder ‚Sachen' im Unterschied von ihren Zeichen ist ebenfalls eine Rede in Zeichen. Dennoch müssen Zeichen irgendwo einen Anhalt haben. Sie haben ihn an Anhaltspunkten der Orientierung. Die ‚Dinge an sich', auf die die Metaphysik zielte, sind Anhaltspunkte der Situation, an die man sich für den Sinn von Zeichen klar beziehen können sollte. Im einfachen Fall des Tischs kann man mit dem Finger auf alles zeigen, wofür das Zeichen ‚Tisch' gebraucht wird und das sich in der Situation dafür anbietet (‚hier, das ist ein Tisch und auch das dort und das dort'). In komplexeren Fällen sind für solche Hinweise entsprechend komplexe Vermittlungen notwendig, für die man wiederum komplexer Zeichensysteme bedarf (z. B. um deutlich zu machen, was Gerechtigkeit ist, die man nicht sehen und hören und auf die man nicht zeigen kann). Aber auch und gerade hier braucht man für das Verständnis von Zeichen markante Anhaltspunkte (für das Zeichen ‚Gerechtigkeit' z. B. an den Urteilen König SALOMOS). *Auch und gerade arbiträre Zeichen und Zeichensysteme, die sich von der jeweiligen Situation lösen, müssen weiterhin an markante Anhaltspunkte, sei es der gegebenen Situation, sei es im Gedächtnis behaltener, anknüpfen, um zu orientieren, ohne dass sie deshalb ‚für' solche Anhaltspunkte stünden.* Man kann in der Orientierung wie von Anhaltspunkten zu Anhaltspunkten von Zeichen zu Zeichen übergehen, muss dabei mit den Zeichen aber immer Anschluss an markante Anhaltspunkte halten.

Das metaphysische Zeichen-Verständnis, das sich in der europäischen Philosophie über Jahrtausende gehalten hat, ist von ARISTOTELES' Bestimmung des Verhältnisses von Sachen und Zeichen zu Beginn seiner Schrift über das Verstehen ausgegangen.[9] Danach artikuliert die Seele (ψυχή) mit der Stimme Lautzeichen (τὰ ἐν τῇ φωνῇ), die in Schriftzeichen (γράμματα) niedergeschrieben werden können. Da beide Arten von Zeichen (σύμβολα, σημεῖα) nicht bei allen dieselben sind, können sie nicht die Sache wiedergeben, sondern sind willkürlich.

---

9   Aristoteles, De interpretatione 1, 16 a 1–18.

Dagegen erleide die Seele unwillkürlich Eindrücke (παθήματα) von den Sachen (πράγματα), diese Eindrücke, die Vorstellungen, seien den Sachen völlig ähnlich (ὁμοιώματα) und darum für alle dieselben. Werden sie in Worten artikuliert, werden sie zu Gedanken (νοήματα), und wenn Gedanken verknüpft werden und ‚sein' oder ‚nicht sein' (τὸ εἶναι ἢ μὴ εἶναι) hinzugesetzt wird, werden sie, so ARISTOTELES, zu Aussagen, die wahr oder falsch sein können, also eine Sache oder einen Sachverhalt darstellen oder bestreiten können. ARISTOTELES setzt so im Verhältnis zwischen Eindrücken und Lauten und zwischen Lauten und Buchstaben Spielräume willkürlicher Entscheidung, nicht aber im Verhältnis zwischen Vorstellungen bzw. Gedanken und Sachverhalten an und erklärt dieses letzte Verhältnis für das Bestehen von Sachverhalten für maßgeblich. Doch auch das Verhältnis von Gedanken und Sachverhalten lässt noch die Alternative wahrer oder falscher Darstellungen von Sachverhalten zu, und die Seele hat darüber hinaus, dass im Denken haltbare Gestalten zum Stehen kommen (7.), kein weiteres Mittel, um zwischen Wahrheit und Falschheit ihrer Gedanken zu entscheiden. Denn Sachverhalte kommen ja nur in den Verknüpfungen ihrer Gedanken zu Aussagen zustande. Zu Aussagen aber ist die Seele auf Zeichen einer Sprache angewiesen, die nicht zwingend, wie ARISTOTELES noch voraussetzt, wie die griechische der Subjekt-Prädikat-Struktur folgen und grammatisch und logisch ,sein' und ,nicht sein' unterscheiden muss,[10] und nur die Zeichen, nicht die Dinge bleiben stehen, nur an sie kann man sich am Ende halten.[11]

8.2. Stehenbleibende Zeichen – Spielräume für Sinnverschiebungen

An den Zeichen hat die Orientierung etwas, das stehenbleibt. Man kann etwas ‚in' Zeichen festhalten und in anderen Situationen ‚wieder darauf zurückkommen'. Das gilt für Markierungszeichen, für Worte in einer Unterredung und vor allem wieder für Schriftzeichen. Schriften kann man mitnehmen und in wechselnden Situationen wieder vornehmen, und ihre Zeichen verklingen nicht, sie bleiben sichtbar stehen. Sie entlasten das Gedächtnis, man muss nur behalten, wo sie ‚stehen' und kann dort wieder ‚nachsehen'. Man kann ihrerseits mit dem Finger auf sie

---

10 Nietzsche hat hier von der „unbewussten Herrschaft und Führung durch [...] grammatische Funktionen" und von ihrem „Bann" für die europäische Philosophie gesprochen (Jenseits von Gut und Böse, Nr. 20).

11 Darum sind nach Quine Ontologien relativ zu Sprachen (Willard Van Orman Quine, Ontologische Relativität und andere Schriften, aus dem Engl. übers. v. Wolfgang Spohn, Stuttgart 1969, bes. 41–96). – Um die Logik von den verschiedenen Sprachen unabhängig zu machen, hat Aristoteles für die Subjekt- und Prädikat-Stellen von Aussagen als Chiffren gebrauchte Buchstaben A, B, Γ eingeführt (vgl. Analytica priora, I, 2 ff.).

zeigen und auf ihnen ‚bestehen' („aber hier steht es doch'). Sie sind räumlich geordnet und stehen dadurch gleichzeitig zu Gebote, so dass man unter ihnen ‚vor- und zurückgehen', Passagen ‚übergehen' oder ihrem Sinn ‚näher nachgehen' kann. So geben sie eine Übersicht über den Sinn der Zeichen vor und ermöglichen dadurch neue Passungen: in Schriften kann man auch weit ‚Auseinanderstehendes' ‚zusammensehen'.

Ist der Gebrauch der Zeichen, markierter wie gesprochener und geschriebener, einmal gelernt, werden sie wie andere Anhaltspunkte zumeist *unmittelbar verstanden*.[12] Man gebraucht sie dann routiniert (9.2.), und sie fallen nicht mehr als Zeichen auf. Erst wenn ein Zeichen einmal nicht oder nicht hinreichend verstanden, ein Zeichen überraschend neu oder ein neues Zeichen gebraucht wird, fragt man nach seiner Bedeutung (wenn man nicht abwartet, ob sie sich nicht aus dem Weiteren ergibt), und das Zeichen fällt dann wieder als Zeichen auf. Zeichen oszillieren so zwischen Unauffälligkeit und Auffälligkeit, je nachdem, wie weit sie routiniert verstanden werden. Um aber überhaupt nach der Bedeutung von Zeichen fragen zu können, muss man schon verstanden haben, dass es sich um Zeichen handelt, mit denen etwas gesagt werden soll (und z. B. nicht um ein ‚äh', mit dem ein Sprecher sich nur Zeit verschafft, um zu klären, was er sagen will), und man muss schon andere Zeichen gebrauchen können, in denen man die Frage stellt (was in einem fremden Land mit einer fremden Sprache oft ebenfalls schwerfällt). So bleibt es auch hier bei Zeichen und Anhaltspunkten, an denen man ihren Sinn verdeutlichen kann. Denn Antworten auf Fragen nach der Bedeutung von Zeichen sind wieder Zeichen, nun lediglich andere Zeichen, von denen man hofft, dass der andere sie besser versteht.

Zeichen, die nicht ohne weiteres verstanden werden, sind *interpretationsbedürftig*.[13] Lat. ‚interpretari' war nicht so sehr auf Texte bezogen, sondern bedeutete allgemein ‚beim Verstehen zu Hilfe kommen', ‚verdeutlichen', ‚verdolmetschen', ‚übersetzen' und dann auch selbst ‚verstehen', ‚begreifen', was jemand meint oder will.[14] Je ferner die Situation ist, in denen Zeichen gebraucht wurden und je weniger man mit dem vertraut ist, der sie gebrauchte, desto interpretationsbedürftiger werden sie.

---

12 Vgl. Simon, Philosophie des Zeichens, a.O., bes. 39.
13 Ebd.
14 Daran schließt der sog. Interpretationismus von Günter Abel und Hans Lenk an. Vgl. (u. a.) Günter Abel, Was ist Interpretationsphilosophie?, und Hans Lenk, Interpretationskonstrukte als Interpretationskonstrukte, beide in: Josef Simon (Hg.), Zeichen und Interpretation, Frankfurt am Main 1994, 16–35 bzw. 36–56.

Mit der Zeit, über die hinweg sie stehenbleiben, werden sie unvermeidlich anders verstanden.[15] Sie *verschieben ihren Sinn* und können ihn so weit verschieben, dass sie nicht mehr hinreichend verstanden werden. Auch Zeichen *müssen* ihren Sinn verschieben können, wenn sie zur Orientierung brauchbar sein sollen. Denn soweit sie sich nicht wie bloße Anhaltspunkte aus der Situation ergeben, müssen sie eigens erlernt werden. Da sie aber nur in einer begrenzten Anzahl gelernt werden können und doch in unbegrenzt vielen Situationen gebraucht werden müssen, muss ihr Gebrauch Spielräume für immer andere Situationen lassen, in denen sich ihr Sinn dann mit der Zeit verschieben kann.[16] Doch auch diese Spielräume sind wiederum begrenzt und müssen es sein. Der Gebrauch von Zeichen darf immer nur so weit verschoben werden, wie sie in der jeweiligen Situation noch verstanden werden oder verständlich gemacht werden können; würden Zeichen beliebig gebraucht, ihr Sinn beliebig verändert, würden sie zur Orientierung unbrauchbar. Zeichen müssen nicht über alle Situationen und alle Zeit hinweg *eine* Bedeutung haben, wohl aber in der jeweiligen Situation hinreichend eindeutig sein.

Sie werden es durch die Situation selbst. Um, wenn nötig, den Sinn eines Zeichens zu verdeutlichen, seinen Sinnspielraum einzuschränken, ergänzt man in der jeweiligen Situation weitere dazu geeignete Zeichen. Sagt man: ‚Wir treffen uns morgen früh am Bahnhof!', wird das dem andern ausreichen, wenn beide häufig mit der Bahn fahren und es sich um eine kleine Bahnstation handelt, aus der am Morgen nur ein Zug abgeht; bei einer größeren wird man etwas hinzufügen müssen wie ‚um 9.30 h auf dem Bahnsteig 3', und wenn auch das nicht ausreicht, ‚beim Wagen 10, wo wir Plätze reserviert haben'. Man ergänzt jeweils nur so viele Zeichen, wie notwendig sind, und notwendig sind sie dann, wenn die gebrauchten Zeichen für die Orientierung in der jeweiligen Situation

---

15 Vgl. Gadamer, Wahrheit und Methode, a.O., 279 f.
16 Das Argument findet sich schon bei Johann Heinrich Lambert, Neues Organon oder Gedanken über die Erforschung und Bezeichnung des Wahren und dessen Unterscheidung vom Irrthum und Schein (1764), in: J.H.L., Philosophische Schriften, hg. v. Hans-Werner Arndt, Bd. 1 u. 2., Hildesheim 1965, II, 212 (§ 349): Weil „die Sprache lange nicht genug Wörter für jede Begriffe und ihre Modifikationen hat, [ist] man gleichsam genöthigt […], die Wörter der Sprache stuffenweise metaphorisch zu machen, bis sie bald vieldeutig werden". Vgl. dazu Josef Simon, Johann Heinrich Lamberts Zeichenkunst als Weg zur Kritik. Überlegungen zum Verhältnis von Kritik und Interpretation, in: Manfred Beetz / Giuseppe Cacciatore (Hg.), Die Hermeneutik im Zeitalter der Aufklärung, Köln/Weimar/Wien 2000, 49–65.

noch zu große Spielräume lassen. Wie groß die Spielräume sein dürfen, hängt wiederum von der Situation ab. So hat das Wort ‚Platte' so weite Spielräume, dass man zunächst nicht wissen kann, was gemeint ist: eine Platte, die man in den Boden verlegt, eine Platte, in der man wohnen kann (also ein in der DDR in Plattenbauweise errichteter ‚Neubau'), eine geomorphologische Landoberfläche (‚Mecklenburger Seenplatte') oder eine Platte auf dem Kopf (also eine Glatze). In WITTGENSTEINS berühmtem ‚Sprachspiel' zweier Plattenleger[17] genügt in ihrem eingespielten Arbeitsablauf das bloße Wort ‚Platte', damit der eine dem andern genau dann eine neue Platte zureicht, wenn dieser mit der Vorbereitung des Grundes für das Auflegen der Platte fertig ist. Hier ist kein Sinnspielraum mehr – solange nur ein Typ von Platte verlegt wird. Stünden weitere Plattentypen zur Wahl, müssten schon weitere Zeichen gebraucht werden (‚große Platte', ‚kleine Platte'). *Soweit man in der Situation selbst die Sinnspielräume der Zeichen durch weitere Zeichen einschränkt und ihnen dadurch hinreichende Eindeutigkeit verschafft, kommt man in der alltäglichen Orientierung ohne allgemeine, situationsübergreifende Definitionen ihrer Zeichen aus* (und auch Definitionen sind Ergänzungen von Zeichen durch weitere Zeichen, mit dem Anspruch jedoch, dass dabei alle gebrauchten Zeichen allgemein und immer gleich verstanden werden; 10.4.).

Die ergänzenden Zeichen können dabei von unterschiedlicher Art sein. Der Plattenleger hebt, wenn er seinem Helfer ‚Platte' sagt, vielleicht zugleich den Kopf (so dass dann schließlich auch dieses Zeichen schon ausreichen würde). Sagt man: ‚Wir treffen uns um 9.30 h auf Gleis 3 am Wagen 10', nutzt man ebenfalls Zeichen verschiedener Art, die Zeitanzeige, die Gleisanzeige und die Wagenanzeige. Weil die Zeichen hier ermöglichen sollen, sich dort auf dem Bahnsteig aufzustellen, wo der Wagen 10 halten wird, sind sie doppelt verzeichnet, auf dem Bahnsteig bzw. dem Wagen und auf den aushängenden Plänen. Geht es nach den Plänen, ‚stimmen' die Pläne, ist es gut. Wenn nicht, stellt man sich Fragen: Stimmen die Angaben auf den Plänen oder auf dem Bahnsteig oder am Wagen nicht, hat man die Pläne falsch gelesen oder die Nummer verwechselt, oder ist der Zug ausnahmsweise in einen andern Bahnsteig eingefahren? Kann man sie nicht beantworten, geht man zu anderen Zeichen und Anhaltspunkten über: Auf dem Bahnsteig steht sonst niemand, aber auf dem nächsten drängen sich viele, also wird man beim Telephonieren die Ansage der Gleisänderung nicht mitbekommen haben

---

17 Wittgenstein, Philosophische Untersuchungen, § 19 f.

8.2. Stehenbleibende Zeichen – Spielräume für Sinnverschiebungen

und schnell hinübergehen. Entdeckt man auf der Tafel am dort stehenden Zug dann allerdings ein anderes Fahrtziel, muss man sich nach wieder neuen Zeichen und Anhaltspunkten umsehen und wird nun vielleicht eine Bahnbeamtin fragen, die auf dem Bahnsteig auftaucht … Man wechselt nach Bedarf die Orientierungssysteme (so wie sie Zugvögel bei ihren Flügen wechseln; 2.3.). Und um hinreichende Gewissheit zu bekommen, sucht man wiederum nach Passungen unter ihnen (die Bahnbeamtin hat Pläne in der Hand, in denen Änderungen notiert sind: aha!). *Lassen die Zeichen im einen Orientierungssystem zu viele Spielräume, können sie im Horizont eines andern hinreichend eindeutig werden.* Die Arbeit mit mehreren Orientierungssystemen macht die Orientierung komplexer, aber nicht schwieriger, solange sich in der Situation hinreichend Anhaltspunkte für solche Passungen ergeben. In jeder Unterredung spielen eine Vielfalt von Orientierungssystemen zusammen, außer den sprachlichen Zeichen stimmliche, mimische und gestische, Zeichen des Aussehens und des Verhaltens, soziale und moralische Zeichen usw. (11.2.), die einander überlagern, sich miteinander vernetzen, wechselseitig verstärken oder in Frage stellen können – soweit sie aneinander Anhaltspunkte haben (das Auftauchen der Bahnbeamtin, die Notizen im Plan, ihre Bereitschaft, allen Desorientierten Auskunft zu geben), kommt die alltägliche Orientierung leicht mit ihnen zurecht.

Es war stets eine Sorge auch der neueren Philosophie der Sprache und des Zeichens, den Sinn arbiträrer Zeichen nicht ‚beliebig' werden zu lassen, und aus dieser Sorge heraus vermied sie es, Sinnverschiebungen zuzulassen. Nach KANTS Verzicht auf den Rückgang auf ‚Dinge an sich' blieb die Alternative, den Gebrauch der Zeichen entschieden zu individualisieren und ihren Sinn in Fluss zu bringen – diesen Weg schlugen zunächst HAMANN, HERDER und HUMBOLDT ein -, oder ihnen nun wenigstens ‚feste Bedeutungen' zu unterstellen, die ihrerseits allgemein und zeitlos sein sollten. Das geschah zunächst in ‚Erkenntnistheorien', dann in ‚Wissenschaftstheorien' und der von FREGE ausgehenden Analytischen Philosophie. Hinter den divergierenden ‚Sinnen' der Zeichen sollte die eine ‚Bedeutung' stehen (5.2.), und um sie deutlich zu machen, sollte der Gebrauch der Zeichen auf explizite und logisch geordnete Regeln gebracht werden. WITTGENSTEIN brach mit diesem „Ideal" und empfahl, statt sich über „das Wesen des *eigentlichen* Zeichens" den Kopf zu zerbrechen, „zu sehen, dass wir bei den Dingen des alltäglichen Denkens bleiben müssen, und nicht auf den Abweg zu geraten, wo es scheint, als müssten wir die letzten Feinheiten beschreiben, die wir doch wieder mit unsern Mittel gar nicht beschreiben könnten. Es ist, als sollten wir ein zerstörtes Spinnennetz mit unsern Fingern in Ordnung bringen."[18] Nach seinem Konzept der Sprachspiele, die sich einspielen (6.7.), können wir uns

---

18 Wittgenstein, Philosophische Untersuchungen, § 105 f.

sehr wohl denken, daß sich Menschen auf einer Wiese damit unterhielten, mit einem Ball zu spielen, so zwar, daß sie verschiedene bestehende Spiele anfingen, manche nicht zu Ende spielten, dazwischen den Ball planlos in die Höhe würfen, einander im Scherz mit dem Ball nachjagen und bewerfen etc. Und nun sagt Einer: Die ganze Zeit hindurch spielen die Leute nach einem Ballspiel, und richten sich daher bei jedem Wurf nach bestimmten Regeln. – Und gibt es nicht auch den Fall, wo wir spielen und – ‚make up the rules as we go along'? Ja auch den, in welchem wir sie abändern – as we go along.[19]

Weil der alltägliche Zeichengebrauch sich zumeist einspielt, ohne eigens erklärt zu werden, sind Sprachspiele Teil einer „Lebensform", bewegliche Systeme aus vielfältigen „Orientierungszeichen" (3.2.9.), in denen man einander weitgehend unmittelbar versteht. Man ‚hat' diese Zeichen, ohne sie selbst zu ‚sehen', und ‚sieht' sie als Zeichen nur dann, wenn man sie einmal nicht versteht:

Wenn man aber sagt: ‚Wie soll ich wissen, was er meint, ich sehe ja nur seine Zeichen', so sage ich: ‚Wie soll *er* wissen, was *er* meint, er hat ja auch nur seine Zeichen.'[20]

Am konsequentesten hat die Beweglichkeit des Sinns der Zeichen und der Verschiebungen des Sinns, die sich daraus ergeben können, PEIRCE durchdacht, dessen pragmatische Wende in der Zeichenphilosophie erst in der Mitte des 20. Jahrhunderts wirksam wurde.[21] Indem er die Dreiheit von Zeichen, Bezeichnetes und Bezeichnende im Zeichen*prozess* zusammenschloss, brachte er das ‚Stehen-für' des Zeichens selbst in Bewegung. Im Zeichenprozess oder der Semiose lässt jede Beziehung zwischen Zweien dem jeweils Dritten einen Spielraum zum Austausch: Der Bezeichnende kann das Bezeichnete mit verschiedenen Zeichen bezeichnen, das Bezeichnete kann von verschiedenen Bezeichnenden mit verschiedenen Zeichen bezeichnet werden, und mit denselben Zeichen kann von verschiedenen und von denselben Bezeichnenden Verschiedenes bezeichnet werden. So kann sich der Sinn eines Zeichens an jeder Stelle im Zeichenprozess

---

19 Ebd., § 83. Vgl. Über Gewißheit, § 95: „das Spiel kann man auch rein praktisch, ohne ausgesprochene Regeln, lernen." – Im *Blauen Buch*, das den *Philosophischen Untersuchungen* vorausgeht, versteht Wittgenstein noch unter „Sprachspielen" nur „primitive Sprachformen", „mit denen ein Kind anfängt, Gebrauch von Wörtern zu machen". Er erfindet sie dort als „einfachere Verfahren zum Gebrauch von Zeichen als jene, nach denen wir Zeichen in unserer äusserst komplizierten Alltagssprache gebrauchen" (Das Blaue Buch, in: Werkausgabe, Bd. 5, Frankfurt am Main 1985, 36 f.).

20 Ebd., § 504. – Zur Differenz zwischen Zeichen-Sehen und Zeichen-Haben vgl. Verf., Zwischen Kulturen. Orientierung in Zeichen nach Wittgenstein, a.O., 59–66.

21 Vgl. zum aktuellen Stand der Peirce-Forschung, die vor allem den Evolutionismus Peirces herausgearbeitet hat, Michael H. G. Hoffmann, Peirces Philosophie der Wissenschaft, Logik und Erkenntnistheorie. Neuere Publikationen und Editionen, in: Philosophische Rundschau 51.3 u. 4 (2004), 193–211 u. 296–313.

verschieben. Die Verschiebungen können wohl, wie in der Wissenschaft, durch gezielte Abstimmung der Bezeichnenden über ihre Bezeichnungen zum Stehen gebracht werden, müssen es aber nicht und werden es im alltäglichen Sprachgebrauch auch nur, wo es zu bestimmten Zwecken notwendig ist. Im Anschluss an PEIRCE hat ECO das ‚Kunstwerk in Bewegung' und eine ‚Dialektik von Form und Offenheit' konzipiert[22] und einen ‚flexiblen Code' oder ‚Prozess der Code-Änderung' postuliert, der eine bewegliche Semiotik der Kultur im ganzen denkbar macht. Dabei verwarf er die Referenz als Bindung der Zeichen an etwas außerhalb der Zeichen Stehendes als ‚referentiellen Fehlschluss' (fallacia referentiale).[23] SIMON hat die Frage nach der Referenz als Problem erwiesen, das sich in einer eingespielten Lebensform nur gelegentlich stellt und nur von Philosophen als prinzipielles Problem gestellt wird, von dessen Lösung der Zeichengebrauch überhaupt abhänge. Dabei wird vergessen, dass, wenn nach der Bedeutung eines Zeichens gefragt wird, andere schon verstanden sein müssen. Darum lässt sich „nicht *allgemein* sagen, was es heißt, daß ein Zeichen verstanden oder nicht verstanden wird."[24] Wo man die Zeichen eines andern nicht oder nicht hinreichend versteht, werden „Subjektivitäten" in ihrem Gebrauch erkennbar, und wenn man es dann mit anderen Zeichen versucht, die der andere vielleicht besser versteht, „überlagern sich" die Subjektivitäten mit der Zeit, „verdeutlichen sich gegenseitig" und „verdichten das Netz der Bestimmung von Realitäten", die dann für beide gelten, ohne dass „dieser Prozeß [...] definitiv ‚zur Sache'" käme.[25] Denn ein Dritter könnte wieder andere ‚Subjektivitäten' mitbringen: „*Mit der Zeit* ergeben sich neue Fragen."[26] Danach zeichnet sich die *Referenz* von Zeichen in der *Interferenz* der Zeichenverwender ab, ohne dass sich diese Interferenz irgendwo ‚außerhalb' der Zeichen festmachen ließe. BRANDOM spricht im Anschluss an SELLARS (und auch an KANT, HEGEL, FREGE und CARNAP) darum von einer ‚inferentiellen Semantik': Bedeutungen von Zeichen ergeben sich aus Beziehungen von Zeichen, die auf weitere Beziehungen, auch zu Wahrnehmungs- und Handlungskontexten, schließen (engl. infer) lassen. Dabei wird, nach BRANDOM wie nach SIMON, Verstehen ‚implizit' vorausgesetzt und nur in Zweifelsfällen ‚explizit' gemacht.[27] DERRIDA schließlich hat mit seinem Begriff

---

22 Umberto Eco, Das offene Kunstwerk. Form und Unbestimmtheit in gegenwärtigen Poetiken (1962), übers. v. G. Memmert, Frankfurt am Main 1973.
23 Umberto Eco, La struttura assente. La ricerca semiotica e il metodo strutturale (1968), deutsch u.d.T.: Einführung in die Semiotik, übers. v. Jürgen Trabant, München 1972.
24 Simon, Philosophie des Zeichens, a.O., 41. Vgl. auch Abel, Zeichen der Wirklichkeit, a.O., 17 f. u. ö.
25 Simon, Philosophie des Zeichens, a.O., 43.
26 Ebd., 97.
27 Robert B. Brandom, Making It Explicit. Reasoning, Representing and Discursive Commitment, Harvard/Cambridge 1994, deutsch: Expressive Vernunft. Begründung, Repräsentation und diskursive Festlegung, übers. v. Eva Gilmer und Hermann Vetter, Frankfurt am Main 2000, und ders., Articuling Reasons. An Introduction to Inferentialism, Cambridge/London 2000, deutsch: Begründen

der *différance* alles Verstehen von Zeichen schon als ‚Verschiebung' ihres Sinns (*déplacement*) gedacht, deren unvermeidliche Folgen die *dissémination*, die ‚Ausstreuung' des Sinns in nicht-vorhersehbare Richtungen, und die *déconstruction*, der ‚Umbau' oder die Destruktion des Sinns im Zug seiner Rekonstruktion, sind.[28]

8.3. Orientierung als Weltabkürzungskunst

‚Dinge' und ‚Bedeutungen' kann man nicht abkürzen, wohl aber Zeichen, und weil die Orientierung in ihrer Zeitnot darauf angewiesen ist, alle Möglichkeiten der Abkürzung zu nutzen, hält sie sich an Zeichen. Man kann als Zeichen der Zustimmung statt mit dem Kopf zu nicken nur betont die Augenlider senken, als Zeichen der Mahnung statt den Finger zu heben nur einen strengen Blick werfen, als Zeichen des Halts statt Schlagbäume zu senken ein rotes Lichtsignal geben usw. Am leichtesten aber lassen sich Zeichen in Sprachzeichen und Sprachzeichen wieder in Sprachzeichen abkürzen. Ein berühmtes Beispiel für das erste hat wiederum WITTGENSTEIN gegeben:

> Ein Kind hat sich verletzt, es schreit; und nun sprechen ihm die Erwachsenen zu und bringen ihm Ausrufe und später Sätze bei. Sie lehren das Kind ein neues Schmerzbenehmen. [...] der Wortausdruck des Schmerzes ersetzt das Schreien.[29]

Worte machen schneller und unmissverständlicher klar, worum es geht, und wo viele Worte zur Beschreibung gebraucht werden, lassen sie sich wiederum, soweit er eingeführt ist, durch Namen ersetzen (‚ich habe Migräne'). In *Namen*, generellen und Eigennamen, wird abgekürzt, was man rasch für sich oder andere identifizieren muss, und rasch identifizieren muss man das, womit man immer wieder zu tun hat: Örtlichkeiten, Menschen, Verhaltensweisen, Geräte, Naturereignisse usw. Weil z. B. auch das Wetter die alltäglichen Abläufe stark beeinflussen kann, ist man jetzt auch in Wettervorhersagen dazu übergegangen, ‚Hochs' und ‚Tiefs' mit Namen zu belegen (‚das Tief Sofia'). Namen sagen noch nichts darüber, was etwas ist; sie ermöglichen lediglich, in wechselnden Situa-

---

und Begreifen. Eine Einführung in den Inferentialismus, übers. v. Eva Gilmer, Frankfurt am Main 2001.
28 Jacques Derrida, Hors livre. Préfaces, in: J.D., La Dissémination, Paris 1972 / Buch-Ausserhalb. Vorreden/Vorworte, in: J.D., Dissemination, übers. v. Hans-Dieter Gondek, Wien 1995, 9–68, hier 9–12/11–14.
29 Wittgenstein, Philosophische Untersuchungen, § 244. Anzeichen gehen hier in Zeichen über.

tionen auf dasselbe zurückzukommen, und lassen alles übrige offen. Sie beziehen sich auch als generelle Namen (‚Hoch', ‚Tief') auf Einzelnes, seien es metereologische Hoch- und Tiefdruckgebiete oder Lebewesen, Ereignisse, Handlungen, Dinge, Institutionen usw., und lassen es rasch anderem Einzelnen zuordnen (‚Das Tief wird in Südosteuropa tagelange schwere Regenfälle bringen'). Sie sind, auch wenn sie arbiträr sind, in ihrem Kontext hinreichend eindeutig; andernfalls können sie Anlass zu Nachfragen geben (‚Sofia hat sich vor Sofia nach Sofia geflüchtet'). Mit der Zeit ‚verbinden sich' Namen mit Kontexten (‚der Name sagt mir etwas, ich kann etwas mit ihm verbinden') und immer wieder neuen Kontexten; in ihnen reichert sich eine Geschichte an, die man nach Bedarf entfalten kann. Aber nur nach Bedarf: als Zeichen hält man Namen so kurz wie möglich. Lange Namen, z. B. von Firmen und Organisationen, aber auch von Gesetzen und Vorschriften, werden gewöhnlich mit der Zeit verkürzt (gerne in Akronyme wie NGOs, StGB, RAF, AIDS und dann in Akronyme, die wieder wie Wörter klingen, wie UNO, BUND, FIFA). Weil aber Namen auf Einzelnes verweisen, legen sie am stärksten nahe, in ihnen ‚nur' Zeichen von ‚Dingen' zu sehen, zumal man ‚Dingen' immer auch andere Namen geben könnte. Das kann man freilich nur dann, wenn man dem meisten andern zugleich seine Namen belässt;[30] *dass* ‚Dingen' immer auch andere Namen gegeben werden könnten, macht umgekehrt auffällig, dass sie *nicht* von den ‚Dingen' abhängig sind.[31] Dennoch werden Namen nicht beliebig gewählt; man pflegt sich Namen, die man gibt, sorgfältig zu überlegen und mit ihnen an Anhaltspunkte der Orientierung anzuknüpfen (‚Rotes Kreuz' z. B. erinnert zugleich an blutige Verletzungen und christliche Nächstenliebe und lässt sich bildlich markant wiedergeben; in islamischen Ländern wählte man den ‚Roten Halbmond'). Namen sind um so einprägsamer, je mehr sie für das, was sie bezeichnen, ‚bezeichnend' sind, es markant wiedergeben. Soweit aber Namen in dieser Weise bezeichnend sind, haben verschiedene Namen für dasselbe nicht dieselbe Bedeutung.

---

30 Vgl. unter Peter Bichsels (sehr philosophischen) *Kindergeschichten* die Geschichte „Ein Tisch ist ein Tisch" (Peter Bichsel, Kindergeschichten, Neuwied und Berlin 1969, 21–31). – Zur Diskussion der Namen in der Analytischen Philosophie vgl. Günter Abel, Sprache, Zeichen, Interpretation, Frankfurt am Main 1999, pass., bes. 185 u. 258.

31 Vgl. Platons Dialog *Kratylos* und dazu Tilman Borsches Interpretation in: Was etwas ist. Fragen nach der Wahrheit der Bedeutung bei Platon, Augustin, Nikolaus von Kues und Nietzsche, München 1990, 37–59.

Das gilt gerade für FREGES berühmtes Beispiel vom Abendstern und Morgenstern. Er leuchtet am Abend anders als am Morgen.

An Namen können Abstraktionen von Begriffen ansetzen, die sie weiter abkürzen und so den „Ökonomieeffekt" der „Abkürzung"[32] fortsetzen (10.4.). Mit ihrer Fähigkeit zur Abkürzung des situativ Gegebenen in Anhaltspunkte, Zeichen, Namen und Begriffe wird die Orientierung im ganzen zur *Weltabkürzungskunst.*[33] ‚Welt' ist in einer Philosophie der Orientierung der Inbegriff der Situationen, mit denen man es zu tun hatte und hat, unter der Erwartung, dass man es mit immer weiteren und immer neuen Situationen zu tun haben wird, die immer neue Abkürzungen erforderlich machen werden. KANT, der im Zug seiner Unterscheidung von Horizonten des Erkennens in der Einleitung zu seiner *Logik*-Vorlesung empfahl, seinen Horizont im einzelnen „weder zu sehr auszudehnen, noch zu sehr einzuschränken", im ganzen „immer doch mehr zu erweitern als zu verengen", zerstreute dabei die Sorge, die ständige „Erweiterung des Erkenntnisses" könne zur Überlastung führen, durch die Erwartung von „Genies", die es wieder zu „verkürzen" verstünden:

> Mit der Erweiterung der Naturgeschichte, der Mathematik u.s.w. werden neue Methoden erfunden werden, die das Alte verkürzen und die Menge der Bücher entbehrlich machen. Auf Erfindung solcher neuen Methoden und Principien wird es beruhen, daß wir, ohne das Gedächtniß zu belästigen, alles mit Hülfe derselben nach Belieben selbst finden können. Daher macht sich der um die Geschichte wie ein Genie verdient, welcher sie unter Ideen faßt, die immer bleiben können.[34]

Ein Genie zeichnet sich nach KANT nicht nur in der Kunst, sondern auch im „Gebrauch des Erkenntnißvermögens" durch die Fähigkeit aus, „Regeln" zu „geben", die man „sich nicht erklären", nicht auf andere zurückführen kann, oder durch die „musterhafte Originalität seines Talents".[35] Wissenschaftler, die sich darauf verstehen, die sich erweiternden Erkenntnisse ihrer Wissenschaft methodisch auf Prinzipien zu bringen, die Abkürzungen ermöglichen (wie der von KANT als Beispiel angeführte NEWTON, der gemeinsame Gesetze für die Bewegung von Massen auf der Erde und am Himmel formulierte), sind danach Künstler in der Wis-

---

32 Geo Siegwart, Art. Abstraktion 3, in: Enzyklopädie Philosophie, hg. v. Hans Jörg Sandkühler, Bd. 1, Hamburg 1999, 23–29, hier 27.
33 Vgl. Verf., Weltabkürzungskunst. Orientierung durch Zeichen, in: Josef Simon (Hg.), Zeichen und Interpretation, Frankfurt am Main 1994, 119–141.
34 Kant, Logik, AA IX, 43 f.
35 Kant, Anthropologie in pragmatischer Hinsicht, AA VII, 224–227.

senschaft. NIETZSCHE hat das verallgemeinert und die Wissenschaft überhaupt eine „Abkürzungskunst" genannt:³⁶ „Forschern liegt es ob, alles bisher Geschehene und Geschätzte *übersichtlich, überdenkbar, fasslich, handlich zu machen*, alles Lange, ja ‚die Zeit' selbst, *abzukürzen* und die ganze Vergangenheit zu überwältigen: eine ungeheure und wundervolle Aufgabe, in deren Dienst sich sicherlich jeder feine Stolz, jeder zähe Wille befriedigen kann."³⁷

8.4. Orientierung über Unbekanntes: Das Zeichen X

‚X' ist ein besonderes Zeichen. Es fasst in seinem Gebrauch den Übergang von der Markierung eines Anhaltspunkts über das symbolische und das bildliche Zeichen zum bloßen Zeichen zusammen, von der Ankreuzung über das Kreuz des Hl. Andreas und das Warnkreuz vor Bahnübergängen zum Schriftzeichen X und zur mathematischen Chiffre. Darüber hinaus dient es in Unterschriften von Schreibunkundigen als Ersatzzeichen für Namen (eine Unterschrift, die nicht als Unterschrift identifizierbar ist) und schließlich als Zeichen der Tilgung, der Durchstreichung von Zeichen und übertragen der Verhinderung, der ‚Durchkreuzung' von Plänen. Es ist offenbar ein besonders attraktives Zeichen. Im alltäglichen Sprachgebrauch ist es zum gängigsten Zeichen für Unbestimmtes (‚x Leute getroffen', ‚x Mal angerufen', ‚am Tag x'), aber auch für geheimnisvoll Unbestimmbares und eben dadurch Attraktives (‚Akte X', ‚X-Faktor', ‚X-Men') geworden. Gerne wird es auch gehäuft verwendet, etwa in den internationalen Bezeichnungen von Kleidergrößen (‚L', ‚XL', ‚XXL'), in Firmennamen (‚Exxon') und in Filmtiteln (‚xXx – Triple X – und xXx 2 – The next level' – ein Titel aus dem Jahr 2004). Aber auch anti-kommerzielle Bürgerinitiativen haben es zu ihrem Zeichen gemacht (das Anti-Atom-X). In der Mathematik, der Philosophie und der Systemtheorie fungiert es als paradoxes Zeichen, als bekanntes Zeichen für Unbekanntes. Das Zeichen ‚X' zeigt so ‚an sich selbst', was ein Zeichen in der Orientierung sein und leisten kann.³⁸

---

36 Nietzsche, Nachlass 1886/87, 5[16], KSA 12.190.
37 Nietzsche, Jenseits von Gut und Böse, Nr. 211, KSA 5.144 f. (Hervorhebungen geändert).
38 Vgl. Verf., Das Zeichen X in der Philosophie der Moderne, in: Werner Stegmaier (Hg.), Zeichen-Kunst. Zeichen und Interpretation V, Frankfurt am Main 1999 [2000], 231–256, und ders., Art. X, in: Historisches Wörterbuch der Philo-

Es wurde von DESCARTES als *mathematisches* Zeichen für eine unbekannte, aber bestimmbare Größe in Gleichungen eingeführt. In seiner Abhandlung *La Géométrie*, die er seinem *Discours de la méthode* beigefügt hatte, benutzte er ohne weitere Begründung die ersten Buchstaben des lateinischen Alphabets für bekannte, die letzten Buchstaben für unbekannte Größen, wobei er ‚X' den Vorzug vor ‚Y' und ‚Z' gab.[39] Er gebrauchte das Zeichen ‚X' aber auch für die eine Achse des von ihm erfundenen rechtwinkligen Koordinatensystems, deren andere er mit ‚Y' bezeichnete. X und Y fungierten so als Zuordnungsgrößen, durch die geometrische Figuren in algebraische Gleichungen transformiert werden können, indem jedem Punkt einer geometrischen Figur ein Zahlenpaar zugeordnet wird.[40] DESCARTES betrachtete die Punkte der (wohlbekannten) geometrischen Figuren dabei als „unbestimmte und unbekannte Größen" (quantités indéterminées et inconnues), die, in Bestimmungsgleichungen eingesetzt, algebraisch berechenbar werden. Geometrische Figuren ließen sich dadurch nicht nur bestimmen, sondern auch willkürlich variieren; aus bekannten algebraischen Größen konnten bisher unbekannte, nicht mit Zirkel und Lineal konstruierbare geometrische Figuren erzeugt werden. DESCARTES' bis heute angewendetes Verfahren war ein Verfahren der Transformation verschiedener Arten von Zeichen ineinander; es setzte keinen Bezug der Zeichen auf externe Gegenstände voraus.

KANT gebrauchte das Zeichen ‚X' dann *philosophisch* als Zeichen für das notwendig Unerkennbare im Erkennen. Will man denkbar machen, dass ein Bewusstsein, das auf seine Vorstellungen beschränkt ist, zu „synthetischen Urteilen" über Gegenstände kommen kann, die seine

---

sophie, Bd. 12, Basel/Darmstadt 2004, 1101–1105. Im Folgenden sind diese Beiträge gekürzt und überarbeitet.
39 Florian Cajori, A History of Mathematical Notations, 2 Bde., London 1928–1930, Bd. 1, 381. Vgl. auch 205–208, 226–229 u. 379–384.
40 Vorausgegangen war ihm darin bereits Nicolaus von Oresme (um 1320–1382) mit seiner *Scientia oder Mathematica de latitudinibus formarum*, dem Konzept einander senkrecht zugeordneter „Formlatituden", die „mathematisch zu erfinden" (mathematice fingere) oder zu „imaginieren" (imaginari) seien, damit die Maße und Proportionen geometrischer Figuren algebraisch berechnet werden könnten (Ausgabe mit engl. Übersetzung und Kommentar von Marshall Clagett, Nicole Oresme and the Medieval Geometry of Qualities and Motions. A Treatise on the Uniformity and Difformity of Intensities known as Tractatus de configurationibus qualitatum et motuum, Madison/Milwaukee/London 1968, dort I.i, 3–12). Oresmes Konzept der Formlatituden fand zu seiner Zeit jedoch kaum Resonanz.

Begriffe erweitern, muss man, so KANT, „außer dem Begriffe des Subjekts noch etwas anderes (X) haben [...], worauf sich der Verstand stützt, um ein Prädikat, das in jenem Begriffe nicht liegt, doch als dazu gehörig zu erkennen."[41] Er muss als ein „der Erkenntnis korrespondierender, mithin auch davon unterschiedener, Gegenstand", jedoch „nur als etwas überhaupt = X" gedacht werden, „weil wir außer unserer Erkenntnis doch nichts haben, welches wir dieser Erkenntnis als korrespondierend gegenübersetzen könnten."[42] Vom „Correlatum" für diese „Vorstellung vom Gegenstand = X", der „formalen Einheit des Bewusstseins in der Synthesis des Mannigfaltigen der Vorstellung" oder kurz: dem Ich,[43] haben wir ebenfalls nur eine Vorstellung – die „Natur unseres denkenden Wesens" an sich selbst ist nach KANT ein ebenso unbekanntes X. In Korrelation zum „transzendentalen Objekt" = X ist sie das transzendentale Subjekt = X, „die einfache und für sich selbst an Inhalt gänzlich leere Vorstellung: Ich; von der man nicht einmal sagen kann, dass sie ein Begriff sei, sondern ein bloßes Bewusstsein, das alle Begriffe begleitet. Durch dieses Ich, oder Er, oder Es (das Ding), welches denkt, wird nun nichts weiter, als ein transzendentales Subjekt der Gedanken vorgestellt = x, welches nur durch die Gedanken, die seine Prädikate sind, erkannt wird, und wovon wir, abgesondert, niemals den mindesten Begriff haben können; um welches uns daher in einem beständigen Zirkel herumdrehen".[44] So ist das Erkennen nach KANT die Beziehung eines X zu einem X. Es ist die Mitte zweier Unbekannter, die angenommen werden müssen, um es denkbar zu machen, und dabei als notwendig unerkennbar hingenommen werden müssen.

KIERKEGAARD und DOSTOJEWSKI übernehmen KANTS Metaphysikkritik im Zeichen des ‚X' als Kritik an der Vorstellung eines Autors ihrer Schriften. Ein Schriftsteller ist, so KIERKEGAARD, „oft sogar wenn er namentlich bekannt ist, ein X, ein unpersönliches Etwas, das vermittelst des Drucks sich abstrakt an Tausende und aber Tausende wendet, aber selber ungesehen ist, ungekannt, so versteckt, so anonym, so unpersönlich wie möglich lebend".[45] DOSTOJEWSKI lässt Iwan Karamasow von einem philosophierenden Teufel träumen und diesen sagen: „Ich bin das x in

---

41 Kant, Kritik der reinen Vernunft, A 8.
42 Ebd., A 104.
43 Ebd., A 250, A 105.
44 Ebd., A 250, A 345 f./B 403 f.
45 Kierkegaard, Über meine Wirksamkeit als Schriftsteller, in: S.K., Die Schriften über sich selbst, a.O., 52.

einer unbestimmten Gleichung, ich bin eine Art Gespenst des Lebens, das alle Enden und Anfänge verlor, und sogar selber habe ich endlich vergessen, wie man mich nennen soll."⁴⁶

NIETZSCHE gewann KANTS Metaphysikkritik, die er teilte, eine Heuristik ab. Er kennzeichnete in seinen Notizen mit dem Zeichen ‚X' die Moderne überhaupt – „Seit Copernikus rollt der Mensch aus dem Centrum ins x"⁴⁷ – und fand im X „ein neues Glück". Zwar sei „das Leben selbst [...] zum *Problem*" geworden. Bei „geistigeren, vergeistigteren Menschen" aber übersteige nun der „Reiz alles Problematischen" die Suche nach einer ‚letzten' Wahrheit, „die Freude am X" schlage „wie eine helle Gluth über alle Noth des Problematischen, über alle Gefahr der Unsicherheit" zusammen.⁴⁸ Die Metaphysik habe unfreiwillig befreiend auf das Leben gewirkt. Denn die „Annahme einer x-Welt", einer „unbekannten", „anderen", „wahren Welt", durch die die bekannte Welt zu einer scheinbaren geworden sei, „insinuirt", dass die bekannte Welt „anders sein könnte – hebt die Nothwendigkeit und das Faktum auf", weckt unsere „Neugierde", entzieht der bekannten Welt unsere „Sympathie und Achtung", hemmt unsere „Ergebung" in sie. „In summa: wir sind auf eine dreifache Weise revoltirt: wir haben ein x zur Kritik der ‚bekannten Welt' gemacht". Dies könne uns nun „exakt umgekehrt" zur „Besonnenheit" bringen: die unbekannte, andere, wahre Welt, „die Welt x könnte langweiliger, unmenschlicher und unwürdiger in jedem Sinne sein als diese Welt", die wir kennen. Sie könnte uns „Lust machen zu dieser Welt" und ihren „Werth" erst recht schätzen lassen.⁴⁹

HEIDEGGER ging dann vom metaphysikkritischen und heuristischen zum bildlichen Gebrauch des Zeichens ‚X', zur „kreuzweisen Durchstreichung" des Seins über. Wenn Aussagen über etwas nicht möglich sind ohne „Sage" des Seins, die eine „Sage des Denkens" ist,⁵⁰ es dieses Sein aber nicht wie ein ‚Etwas' gibt, so muss es beim Sagen und Schreiben zugleich durchkreuzt werden. In diesem bildlichen Gebrauch ist ‚X' jedoch, so HEIDEGGER, „kein bloß negatives Zeichen". Es orientiere zugleich in einem neuen Sinn. Es zeige mit seinen vier Enden „in die vier

---

46 Dostojewski, Die Brüder Karamasow. Roman (1879–80), übers. v. Karl Nötzel, Frankfurt am Main 1986, 1096.
47 Nietzsche, Nachlass 1885/86, 2[127], KSA 12.127. Vgl. Zur Genealogie der Moral III, Nr. 25, KSA 5.404.
48 Nietzsche, Die fröhliche Wissenschaft, Vorrede 3, KSA 3.350 f.
49 Nietzsche, Nachlass 1888, 14[168], KSA 13.350–355.
50 Martin Heidegger, Zur Seinsfrage (1955), in: M.H., Wegmarken, Frankfurt am Main 1967, 213–253, hier 239, 252.

Gegenden des Gevierts" aus „Erde" und „Himmel", „Göttlichem" und „Sterblichem" und mit dem Kreuzungspunkt seiner Linien auf „deren Versammlung im Ort der Durchkreuzung", dem Menschen.[51]

Der Mathematiker SPENCER BROWN hat in seiner operativen Unterscheidung der Unterscheidung ‚Draw a difference!' – ‚Triff eine Unterscheidung',[52] die LUHMANN zu einem Ausgangspunkt seiner Theorie sozialer Systeme machte,[53] mit HEIDEGGERS durchstreichendem ‚X' die notwendige, aber notwendig leer bleibende Stelle auf der Seite der Unterscheidung angekreuzt, von der in der Bezeichnung jeweils abgesehen wird, und es, bewusst paradox, ein „unwritten cross" in einem „unmarked space" genannt, ein Kreuz, das das notwendig Unbekannte zugleich an- und durchstreicht.[54]

LEVINAS und DERRIDA schließlich, die über Jahrzehnte hinweg ihre Schriften einander ‚kreuzen' ließen, haben den metaphysikkritischen, heuristischen, bildlichen und bewusst paradoxen Gebrauch des Zeichens ‚X' in einen ethischen überführt. So hat LEVINAS den Kontakt mit DERRIDA als „Freude einer Berührung im Herzen eines Chiasmus (plaisir d'un contact au cœur d'un chiasme)" beschrieben.[55] Die rhetorische Figur des Chiasmus ist nach dem Buchstabenbild des griechischen ‚χ, X' benannt. Unter Philosophen ist, so LEVINAS, das Kreuzen über den Weg bzw. auf dem Weg des andern (le croiser sur son chemin) schon sehr viel und vermutlich die einzige Art des Zusammentreffens (rencontre) in der Philosophie. Es lässt den andern dann anders denken, ohne dass beide ihr Denken von einem Dritten her vergleichen und sagen könnten, worin sie durch den andern anders denken. DERRIDA hat seinerseits vielfach sein Interesse für „die Form dieses Chiasmus, dieses ‚χ'" bekundet. Es interessiere ihn „nicht als Symbol für das Unbekannte, sondern weil man da, wie es *La dissémination* herausstreicht, eine Art Gabelung [fourche] findet (es handelt sich um die Reihe Wegkreuzung [carrefour], quadrifurcum,

---

51 Ebd., 239. Heidegger verweist selbst auf die Abhandlungen: Bauen Wohnen Denken, Das Ding und „…dichterisch wohnet der Mensch…" in: M.H., Vorträge und Aufsätze, Pfullingen 1954, 145–204. Vgl. bes. 149 ff. u. 178 ff.
52 George Spencer Brown, Laws of Form / Gesetze der Form [1969], übers. v. Thomas Wolf, Lübeck 1997, 3.
53 Vgl. Luhmann, Soziale Systeme, a.O., 114.
54 Spencer Brown, Laws of Form, a.O., 5–7.
55 Emmanuel Lévinas, Tout autrement (sur la philosophie de Jacques Derrida) (1973), in: E.L., Noms propres, Montpellier 1976, 72, deutsch: Ganz anders – Jacques Derrida, in: E.L., Eigennamen. Meditationen über Sprache und Literatur, hg. v. Felix Philipp Ingold, übers. v. Frank Miething, München 1988, 76.

Gitter [grille], Geflecht [claie], Schlüssel [clé] usw.), die übrigens ungleich ist, weil eine ihrer Spitzen weiter reicht als die andere: Sie ist ein Bild der doppelten Geste und des Überkreuzens".[56] DERRIDA ging so weit, seine Dekonstruktion, die man als eine immer neue Durchkreuzung metaphysischer Ausflüchte in den Texten anderer verstehen kann, mit dem schlichten ‚X' zu bezeichnen. Der Weg dorthin verlief über die Gerechtigkeit, die er (wiederum bewusst paradox) als ‚undekonstruierbares X' dekonstruierte. Danach ist Gerechtigkeit nichts, was sich bestimmen ließe, sondern eine Erfahrung des Unmöglichen (une expérience de l'impossible). Dennoch *gebe es* die Gerechtigkeit (*il y a* la justice). Sie sei überall dort möglich (possible), wo man ihr X ersetzen, übersetzen, festsetzen könne (où l'on peut remplacer, traduire, déterminer le X), wo das Recht, das in seiner Allgemeinheit niemals dem einzelnen Fall gerecht werden könne, auf den einzelnen Fall hin dekonstruiert werde (16.3).[57] Eine Philosophie der Orientierung muss neben dem Allgemeinen auch dem Einzelnen gerecht werden. So steht sie immer im Zeichen des undekonstruierbaren X.

---

56 Jacques Derrida, Positions, Paris 1972, 95, deutsch, Positionen, übers. v. Dorothea Schmidt unter Mitarbeit von Astrid Wintersberger, Graz/Wien 1986, 137 f. – Vgl. ders., La Dissémination, a.O., 422–445/392–414. Zu weiteren Nachweisen vgl. Simon Chritchley, Überlegungen zu einer Ethik der Dekonstruktion, in: Hans-Dieter Gondek und Bernhard Waldenfels (Hg.), Einsätze des Denkens. Zur Philosophie von Jacques Derrida, Frankfurt am Main 1997, 308–344, hier 315, Anm. 13.

57 Jacques Derrida, Force de loi. Le ‚Fondement mystique de l'autorité' / Force of Law: The ‚Mystical Foundation of Authority', in: Cardozo Law Review 11, 5–6 (1990), 920–1045 (bilingual presentation, engl. transl. Mary Quaintance), frz.: Force de loi. Le ‚Fondement mystique de l'autorité', Paris 1994, 35 f., deutsch: Gesetzeskraft. Der ‚mystische Grund der Autorität', übers. v. A. G. Düttmann, Frankfurt am Main 1991 [!], 30 f.

9. Selbststabilisierung und Selbstdifferenzierung der Orientierung: Routinen, versetzte Kontinuitäten und Orientierungswelten – *Orientierung in Routinen*

9.1. Das Selbst als Selbstbezüglichkeit der Orientierung
9.2. Selbststabilisierung der Orientierung durch Selbststrukturierung: Vertrautheit, Routinen, Gefühle, Plausibilitäten und Gedächtnisse
9.3. Routinierter Routinenwechsel, versetzte Kontinuitäten
9.4. Selbstdifferenzierung der Orientierung: Orientierungswelten
9.5. Desorientierungen und Evolution der Orientierung

In der Not der Orientierung, immer anderen Situationen ausgesetzt zu sein, muss sich die Orientierung stabilisieren, um diese Not zu wenden. Dazu steht ihr nichts anderes zu Gebote außer ihr selbst; sie kann sich nur durch Strukturen stabilisieren, die sie selbst schafft (1.4.), sie muss sich durch Selbststrukturierung selbst stabilisieren, muss Halt in sich selbst finden. Strukturen, die Spielräume lassen (6.1.), bringen Ordnung und Sicherheit in die Bewegung der Orientierung, ohne ihr die Beweglichkeit zu nehmen, sie beruhigen sie, ohne sie zum Stillstand kommen zu lassen. Auch das Streben nach Ordnung und Sicherheit erzeugt Paradoxien. Franz KAFKA hat in seiner letzten Erzählung *Der Bau* ein unterirdisch lebendes Tier zu seiner Sicherheit unermüdlich an einer wohlgeordneten Höhle mit zahlreichen Haupt- und Nebenhöhlen und einem weitverzweigten Netz von Verbindungsgängen arbeiten lassen. Doch je weiter der Bau vorankommt, desto weniger sicher fühlt sich das Tier darin. Denn nun muss es die Sicherheit der wachsenden Verzweigungen des Baus auch überwachen, der überall Gefahren ausgesetzt ist und desto mehr, je mehr er sich verzweigt. Die größte Sorge des Tiers aber gilt der Sicherheit des Ausgangs zur Außenwelt, er ist der leichteste Zugang für Feinde. Doch gerade wenn es nachsieht, ob draußen Feinde lauern, bringt es seinen Bau in größte Gefahr. Das Tier gefährdet seine Sicherheit am meisten dadurch, dass es sich vollkommen zu sichern versucht. KAFKA lässt nur es nur selbst und mit sich selbst reden und nur sich selbst trauen. Er lässt die Erzählung so enden, dass es nicht draußen einen Feind nahen sieht, sondern im so wundervoll gesicherten Bau selbst einen übermächtigen Feind sich herangraben hört, ohne in seiner Angst unterscheiden zu können, ob es ihn wirklich hört oder sein Graben nur zu hören glaubt. Schließlich verzweifelt es an seiner Angst um seine Sicherheit, und die Erzählung bricht ab... Orientierung in einer ständig mit Überraschungen aufwartenden Umwelt kann nie völlig sicher sein, und das Sich-sicher-fühlen-, Zur-Ruhe-kommen-Wollen in ihr schafft seinerseits Unsicherheit und Unruhe in der Orientierung. Jeder Versuch, sie zu sichern, gefährdet sie zugleich, jeder Schritt, sie zu stabilisieren, macht sie zugleich starrer. Die Lösung der Paradoxien der Selbststabilisierung der Orientierung liegt ebenfalls nicht in generellen Ordnungsentwürfen und ganzheitlichen Sicherheitskonzepten, sondern im schrittweisen Sich-einspielen-Lassen von Routinen und Plausibilitäten und Orientierungswelten, die sich auf Zeit halten, denen man vorerst vertraut. Die Orientierung stabilisiert und strukturiert sich nur zum geringeren Teil durch gezielte und bewusste Planung, ihr Halt kommt weitgehend unmerklich zustande. In wiederholten Orientierungsverläufen bilden sich durch wachsende Vertrautheit Routinen im Verhalten, für die man ein wachsend ‚sicheres Gefühl' entwickelt, stellen sich Plausibilitäten im Verstehen ein, die in Situationen, in denen sie neu von Belang sind, von Gedächtnissen wieder bereitgestellt werden (9.2.). Vertrautheit, Routinen, Gefühle, Plausibilitäten und Gedächtnisse bilden kein System, das logischen Kriterien, sondern Strukturen, die Überlebenskriterien gehorchen. Sie ermöglichen in ihren Spielräumen rasche und wiederum routinierte Routinenwechsel, die Kontinuität schaffen, aber nicht eine einzige, sondern vielfache, versetzte Kontinuitäten (9.3.). Im ‚Bau' ihrer Strukturen differenzieren sich deutlich voneinander abgegrenzte Orientierungswelten aus, die man ebenfalls routiniert wechseln kann, ohne dass dazu ein steuerndes Zentrum notwendig wäre (9.4.). Die dezentrale Organisation der Orientierung ermöglicht es dann auch, Desorientierungen in einer Orientierungswelt durch anhaltende Orientierung in anderen Orientierungswelten aufzufangen, und auf diese Weise hat auch eine stabilisierte Orientierung hinreichend Spielräume zu ihrer Evolution (9.5.).

Dennoch erwarten wir nach unseren begrifflichen Gewohnheiten in aller Orientierung *etwas*, das sich orientiert, von dem jede Orientierung ausgeht und das ihre Leistungen integriert, ein festes und bleibendes Zentrum oder Subjekt, einen ‚Träger' der Orientierung. Doch dies könnte nur eine begriffliche Gewohnheit sein. Zunächst muss darum geklärt werden, wer oder was es ist, das *‚sich* orientiert', was also das ‚Sich' im ‚Sich-Stabilisieren' und ‚Sich-Differenzieren' der Orientierung bedeutet (9.1.).

9.1. Das Selbst als Selbstbezüglichkeit der Orientierung

Bisher war behelfsweise davon die Rede, dass ‚die Orientierung' sucht, findet, sichtet, ‚sich' ausrichtet, ‚sich' an etwas hält, ‚sich' bewegt, ‚sich' entscheidet usw. HEIDEGGER hat, als er sich in *Sein und Zeit* die „existenziale Frage nach dem Wer des Daseins" stellte, auf die metaphysische Vorbelastung der traditionellen Antworten aufmerksam gemacht und sie darum kritisch zurückgenommen: das ‚Ich', sofern es als „Seiendes" gedacht werde, das „sich im Wechsel der Verhaltungen und Erlebnisse als Identisches durchhält", die ‚Seele', bei der eine „Seelensubstanz", das ‚Bewusstsein', bei der eine „Dinglichkeit des Bewußtseins", die ‚Person', bei der eine „Gegenständlichkeit der Person" mitgedacht werde, und als Einheit und Grund all dessen das *„Subjectum"* als „das in einer geschlossenen Region und für diese je schon und ständig Vorhandene, das in einem vorzüglichen Sinne zum Grunde liegende".[1] HEIDEGGERS Kritik solcher Konzepte des ‚Wer' des ‚Daseins', die über KANT auf HUME und LOCKE zurückgeht, hatte zuvor schon NIETZSCHE zugespitzter vorgetragen. Er hatte hier schlichten „Aberglauben" am Werk gesehen, den aufzuklären er „nicht müde" wurde und in den er auch noch die aufklärerische ‚Vernunft' einbezog. Schon die bloße *Frage* nach dem ‚Wer' des Denkens, Wahrnehmens, Erkennens verrate ein „Vernunft-Vorurtheil", das „unsre *Sprache* zum beständigen Anwalt" habe und „uns zwingt, Einheit, Identität, Dauer, Substanz, Ursache, Dinglichkeit, Sein anzusetzen".[2] WITTGENSTEIN schließlich vermutete hier „nicht Fakten; son-

---

1 Heidegger, Sein und Zeit, a.O., § 25, S. 114.
2 Nietzsche, Götzen-Dämmerung, Die ‚Vernunft' in der Philosophie, Nr. 5, KSA 6.77 f. (vgl. dazu Josef Simon, Grammatik und Wahrheit. Über das Verhältnis Nietzsches zur spekulativen Satzgrammatik der metaphysischen Tradition, in: Nietzsche-Studien 1 (1972), 1–26). „Die ganze neuere Philosophie", so Nietzsche schon in Jenseits von Gut und Böse, Nr. 54, machte dabei „ein Attentat auf den alten Seelen-Begriff […] – das heisst: ein Attentat auf die Grundvoraussetzung der christlichen Lehre." Sie habe sich dabei vielleicht „*antichristlich*", aber „keineswegs antireligiös" verhalten: denn nun habe man statt an die Seele an das denkende Subjekt geglaubt. Kant jedoch habe in seine Kritik auch dieses Subjekt einbezogen: er „wollte im Grunde beweisen, dass vom Subjekt aus das Subjekt nicht bewiesen werden könne, – das Objekt auch nicht: die Möglichkeit einer

dern gleichsam illustrierte Redewendungen" und warnte: „In der Frage liegt ein Fehler."³ Wenn indo-europäische Sprachen mit der Subjekt-Prädikat-Struktur ihrer Aussagen nahelegen, alles Geschehen, selbst Blitz und Donner, als ein Tun zu verstehen, das einem „Täter" zuzuschreiben ist,⁴ so ist freilich auch dies ein Weg der Orientierung zur Selbststabilisierung, und wenn die europäische Philosophie ihm folgte und das Orientierungsgeschehen mit metaphysischen Konzepten untersetzte, um auf diese Weise zu letzten Gründen zu kommen, so schuf es dadurch Fixpunkte der Orientierung, die sie offenbar nötig hatte, jedenfalls auf Zeit. Doch mit der Zeit, im Fortgang ihrer Selbstaufklärung, wurden solche Fixpunkte wieder in Frage gestellt, und mit ihrer Kritik wurde das Orientierungsgeschehen im ganzen mehr und mehr kritisch verstanden. Dabei wurde Schritt für Schritt sein Selbstbezug erschlossen, das seinen Fremdbezug erst möglich macht (1.2.).

(1) Die Erschließung des ‚Wer' der Orientierung beginnt signifikant mit ARISTOTELES' Begriff der *Seele* (ψυχή). Er dachte sie als Substanz (οὐσία) und unterschied sie vom Leib, der ihm in seiner körperlichen Abgegrenztheit und selbständigen Beweglichkeit (χωρισμός) seinerseits fraglos als Substanz galt. Die Seele ist als nicht sinnlich gegebene nur im Denken zu unterscheiden und insofern, wie man sie später nannte, eine ‚metaphysische' Substanz. Sie sollte Ausgangspunkt oder Prinzip (ἀρχή) eben der Lebendigkeit lebendiger Körper sein, die sich in deren Wachstum, Bewegung, Wahrnehmung und Begehren äußert. Um aber Prinzip eines lebendigen Körpers zu sein, musste die Seele nicht nur ihrerseits selbständig (χωριστή) und lebendig, sondern auch mehr (μᾶλλον) als er Substanz, also Substanz einer Substanz und damit selbstbezügliche Substanz sein. Ob sie als Prinzip eines lebendigen Körpers auch ohne diesen Körper bestehen kann und ob ihr darum Unsterblichkeit zugeschrieben werden könne, ließ ARISTOTELES offen.⁵ Er betonte jedoch, dass es die Seele ist, durch die alles, was ist, wahrgenommen oder gedacht wird und

---

Scheinexistenz des Subjekts, also der ‚Seele', mag ihm nicht immer fremd gewesen sein" (vgl. 8.4. zum Zeichen X).

3   Wittgenstein, Philosophische Untersuchungen, § 295 u. § 189.
4   Vgl. Nietzsche, Jenseits von Gut und Böse, Nr. 17: „Man schliesst hier nach der grammatischen Gewohnheit ‚Denken ist eine Thätigkeit, zu jeder Thätigkeit gehört Einer, der thätig ist, folglich —'."
5   Aristoteles, de anima, II 1–2 (vgl. Verf., Substanz, a.O., 75–80). – Wenn Luhmann, Die Behandlung von Irritationen, a.O., 58, feststellt: „Eine Seele braucht man doch nur, wenn man an einem Weiterleben nach dem Tode interessiert ist, und nur dafür", so gilt das für Platon und den Platonismus, nicht für Aristoteles.

dass sie darum „irgendwie alles Seiende ist" (ἡ ψυχή τὰ ὄντα πώς ἐστι πάντα).⁶

(2) Dies, dass die Seele irgendwie alles Seiende ist, wurde in der Moderne als *Bewusstsein* gefasst. Bewusstsein ist das Sein eines selbstbezüglichen Wissens; der lat. Begriff ‚conscientia' und der frz. und engl. ‚conscience', den Christian WOLFF durch den deutschen Begriff ‚Bewusstsein' übersetzte, heißt wörtlich ‚Mitwissen', ‚Wissen vom Wissen', und war zunächst der Begriff für das ‚Gewissen'.⁷ Es wurde von DESCARTES als Seiendes eingeführt, das am Sein alles übrigen Seienden, nicht jedoch an seinem eigenen Sein zweifeln kann und so das einzig gewisse Seiende ist; das Sein des Bewusstseins kommt durch Denken und im Denken durch Negation alles anderen zustande. DESCARTES hielt dabei an der Metaphysik der Substanz fest. Sofern das Zweifeln ein Handeln ist, setzte es auch für ihn noch ein Handelndes in Gestalt einer Substanz voraus, und so dachte er auch das Bewusstsein als Substanz, nun als erklärtermaßen metaphysische Substanz, deren Unsterblichkeit sich beweisen lassen sollte.⁸ Sie war nun auch eine erklärtermaßen selbstbezügliche Substanz, die sich eben in ihrer Selbstbezüglichkeit vom Körper trennen ließ. Danach war sie nicht mehr das Prinzip von dessen Lebendigkeit; sie sollte zwar mit dem Körper kommunizieren, jedoch über Säfte und Drüsen, die dem maschinenartig arbeitenden Körper selbst angehören sollten. Für das Bewusstsein aber sollte alles Körperliche nur in seinen Vorstellungen (ideae) bestehen, die es nach seinen eigenen Regeln ordnet und nach DESCARTES methodisch so ordnen soll, dass sie ihm ebenso klar und deutlich werden wie die Einsicht in sein eigenes Sein. So trat in der selbstbezüglichen Substanz des Bewusstseins an die Stelle der ‚Ordnung der Dinge' selbst (ordre des choses), die stets zweifelbar blieb, die dem Bewusstsein eigene ‚Ordnung der Gründe' (ordre des raisons), über die es souverän verfügte.

(3) KANT stellte dann kritisch klar, dass der Selbstbezug des Bewusstseins nicht als Substanz gedacht werden darf. ‚Substanz' ist eine der Kategorien, durch die das Bewusstsein objektive Gegenstände denkt und

---

6   Aristoteles, de anima, III 1, 431 b 21.
7   Vgl. Alois Diemer, Art. Bewußtsein, in: Historisches Wörterbuch der Philosophie, Bd. 1, Basel/Darmstadt 1971, Sp. 888–896, bes. 888–890.
8   Im ersten Titel seiner *Meditationes* von 1641 hatte Descartes noch angezeigt: „animae immortalitas demonstratur" (die Unsterblichkeit der Seele wird bewiesen), was er im zweiten von 1642 auf „animae humanae a corpore distinctio" (der Unterschied der menschlichen Seele vom Körper) zurücknahm.

unter denen es wählt;⁹ sie kann darum keine Kategorie sein, die sein eigenes Sein begründet. Damit brach KANT mit der Metaphysik des Bewusstseins. Mit LOCKE und HUME band er die Gegebenheit von Gegenständen im Bewusstsein statt dessen an sinnliche, körperliche Wahrnehmungen, die das Bewusstsein ‚affizieren', wörtlich ‚anmachen', nämlich es anregen, ihnen im Sinn DESCARTES' eine einsichtige Ordnung zu geben; sein Selbstbezug hat seinen Sinn eben im Bezug auf diese Affektionen, die es auf seine Weise, autonom, verarbeitet. Das Bewusstsein, das auf Affektionen der Sinne hin etwas *als* etwas denkt (unter anderem als Substanz), hat aber auch von sich selbst ‚nur' eine Vorstellung (8.4.), und als Vorstellung seiner selbst ist es ‚*Selbstbewusstsein*'.¹⁰ Das Selbstbewusstsein besteht nach KANT lediglich in einer selbstbezüglichen Vorstellung, und diese selbstbezügliche Vorstellung bringt „die Vorstellung *Ich denke* hervor[…], die alle anderen muß begleiten können, und in allem Bewußtsein ein und dasselbe ist, von keiner weiter begleitet werden kann".¹¹

(4) ‚Ich' ist danach die Vorstellung, in der zum Ausdruck kommt, dass es „*meine* Vorstellungen" sind, die *ich* äußere.¹² Sie ist nach KANT im übrigen gänzlich inhaltsleer.¹³ ‚Ich', ein Pronomen, hat jedoch eine besondere grammatische Funktion. Es zeigt an, wer jeweils *spricht*, und zeigt damit ein Bewusstsein an, das sich *gegenüber anderen Bewusstseinen* äußert, oder, in Begriffen der Kommunikation, den Standpunkt eines Sprechers in der Kommunikation mit anderen. Mit Hilfe des Begriffs des ‚Ich' dachte KANT die Objektivität von Gegenständen aus der Kommunikation über sie, in der aus subjektiven Perspektiven objektive Identifikationen werden können. Der Umschlag von Subjektivität in Objektivität ist deshalb durch das Pronomen ‚ich' denkbar, weil ‚ich' zugleich schlechthin individuell und schlechthin allgemein gebraucht wird: man kann nur von sich selbst ‚ich' sagen, aber ‚ich' kann jeder sagen, mag er sich auch in allem übrigen von allen andern unterscheiden. Der Selbstbezug des Sprechenden im ‚Ich' ermöglicht die Identifikation mit dem Selbstbezug anderer, mehr oder weniger Fremder, und so die Identifikation objektiver Gegenstände.

---

9   Vgl. Josef Simon, Wahrheit als Freiheit. Zur Entwicklung der Wahrheitsfrage in der neueren Philosophie, Berlin/New York 1978, 72 f.
10 Kant, Kritik der reinen Vernunft, A 401 u. B 132.
11 Kant, Kritik der reinen Vernunft, B 132.
12 Ebd.
13 Luhmann, Die Realität der Massenmedien, a.O., 163, nannte es darum spöttisch das „Zentralphantom des Erlebens und Handelns".

9.1. Das Selbst als Selbstbezüglichkeit der Orientierung 297

(5) KANT gebrauchte für dieses zugleich subjektive und objektive Ich wiederum einen Begriff des ARISTOTELES, nun den Begriff des ‚*Subjekts*' (ὑποκείμενον) (10.5.). ARISTOTELES hatte ihn zu einem konstitutiven Begriff der Logik gemacht, bevor er in der Philosophie der Stoa zu einem grammatischen Begriff geworden war. Subjekt ist danach wörtlich das ‚Zugrundeliegende' eines Aussagesatzes, das, wovon etwas prädiziert wird, der ‚Satzgegenstand',[14] also ebenfalls von der Kommunikation über Gegenstände her gedacht. KANT hielt daran fest, gebrauchte den Begriff ‚Subjekt' aber nicht mehr nur für das, was prädiziert wird, sondern auch für das, was prädiziert, das Bewusstsein, das aufgrund seiner jeweiligen Vorstellungen Aussagen über Gegenstände außer ihm (jenseits seines Bewusstseins) macht. Das „empirische Bewußtsein", das von seinen subjektiven Wahrnehmungen affiziert wird,[15] wird zum „transzendentalen Subjekt",[16] soweit es diese Wahrnehmungen unter Bezug auf „logische Funktionen zu Urteilen" oder Kategorien objektiviert, die als allgemein vorausgesetzt werden;[17] es ist ‚transzendental' eben darin, dass es seine subjektiven ‚Wahrnehmungsurteile' zu objektiven ‚Erfahrungsurteilen' hin im Wortsinn ‚überschreitet' (von lat. ‚transcendere', ‚überschreiten'). Dabei ergibt sich nach KANT das „Paradoxe", dass das Subjekt sich im „inneren Sinn" selbst durch Wahrnehmungen seiner selbst affiziert und diese Wahrnehmungen wiederum durch seine Begriffe affiziert.[18] Der Selbstbezug des Subjekts als transzendentales Subjekt schließt notwendig einen Fremdbezug auf sich als empirisches, ständig mit den Überraschungen seiner Affektionen aufwartendes Subjekt ein.

(6) Das Zugleich von Selbstbezug und Fremdbezug hat KANT auch in seinem Begriff der *Vernunft* erhalten (10.1.). Da es nach KANT die Vernunft ist, die ein ‚Bedürfnis' nach Orientierung hat, musste sie für ihn zuletzt auch das ‚Wer' der Orientierung sein (3.2.2.).[19] Als das, was Gesetze zur Objektivierung des sinnlich Gegebenen vorgibt, kann auch sie nichts sinnlich Gegebenes und damit empirisch Wirkliches sein. Sie

---

14 Mit dem deutschen Begriff ‚Gegenstand' wurde ursprünglich das lat. ‚obiectum' und mit diesem das gr. ἀντικείμενον übersetzt. Der ‚Satzgegenstand' ist ‚Subjekt' des Satzes und ‚Objekt' des erkennenden und sprechenden ‚Subjekts'.
15 Kant, Kritik der reinen Vernunft, A 122, B 160.
16 Ebd., A 350.
17 Ebd., B 128.
18 Ebd., B 152, B 155.
19 Der Begriff der Person, in dem Heidegger „Gegenständlichkeit" mitgedacht sieht (s.o.), wird im Kapitel zur ökonomischen, politischen und rechtlichen Orientierung (13.) behandelt.

konstituiert sich, indem sie sich selbst von der Natur unterscheidet, dem Inbegriff des sinnlich Gegebenen: im Selbstbezug unterscheidet sie sich von der Natur, im Fremdbezug unterscheidet sie die Natur nach ihren Gesetzen, und ihren Selbstbezug unterscheidet sie von ihrem Fremdbezug in ihrer Selbstkritik. Im Zug dieser Selbstkritik, der Selbstbegrenzung ihres Selbstbezugs gegenüber ihrem Fremdbezug, differenziert und strukturiert sie sich selbst in das System einer Pluralität von „Vermögen des Gemüts", die das „Erkennen" und „Begehren", ihren „theoretischen" und „praktischen Gebrauch" konstituieren. Die „ganze Philosophie der reinen Vernunft" hatte es dabei, so KANT, nur mit dem „negativen Nutzen" zu tun, „unter dem Namen einer *Disciplin* aus der Natur der Vernunft und der Gegenstände ihres reinen Gebrauchs gleichsam ein System der Vorsicht und Selbstprüfung" zu errichten, der Vorsicht gegen „ein ganzes System von Täuschungen und Blendwerken", die sie desorientieren.[20] Ziel dieser Disziplin war die „*Selbsterhaltung* der Vernunft" in ihrer Orientierung.[21] Dazu sollte sie sich in ihrem „theoretischen Gebrauch" an eben die Natur halten, von der sie sich unterschied, in ihrem „praktischen Gebrauch" zum moralischen Handeln dagegen von den natürlichen „Neigungen" distanzieren, die Natur in beidem aber nach ihren eigenen Kriterien, dem „Leitfaden der Vernunft", und also als vernünftige erschließen, wenn sie nicht in ein „trostloses Ungefähr" verfallen sollte.[22] Und das sollte gleichermaßen für ihre eigene „Naturanlage" gelten – auch wenn die Vernunft sich durch ihre Unterscheidung von der Natur konstituiert, hat sie für KANT auch selbst eine Natur, deren Gegebenheiten sie herausfinden muss und die ihr nur begrenzte Spielräume lässt. In diesen Spielräumen muss sie selbst dem „System von Täuschungen und Blendwerken", zu dem sie ihre „Ideen" verleiten, eine sinnvolle und kritisch haltbare Funktion abgewinnen, und KANT fand sie in der Ausrichtung der empirischen Forschung nach Ideen der Vernunft, die dadurch „regulativ" oder orientierend wirken.

(7) So ist nach KANT die Vernunft nur zusammen mit der Natur, einerseits in Unterscheidung, andererseits in Abhängigkeit von ihr, das ‚Wer' der Orientierung. Die Einheit der Unterscheidung von Vernunft

---

20 Kant, Kritik der reinen Vernunft, A 711 / B 739; Prolegomena, § 52b, AA IV, 341, Anm.
21 Kant, Was heißt: Sich im Denken orientiren?, AA VIII, 147, Anm.
22 Kant, Idee zu einer allgemeinen Geschichte in weltbürgerlicher Absicht, „Erster Satz" (AA VIII, 18). Vgl. Kritik der reinen Vernunft, A 669 / B 697; Prolegomena, § 57, AA IV, 353 u. 365.

9.1. Das Selbst als Selbstbezüglichkeit der Orientierung 299

und Natur war für KANT der *Mensch*.²³ Nach dem Deutschen Idealismus – SCHELLING hatte sich vor allem an die Unterscheidung von Vernunft und Natur, FICHTE an die von Ich und Nicht-Ich, HEGEL in seiner *Phänomenologie des Geistes* an die von Bewusstsein und Gegenstand gehalten – war man entschlossen darangegangen, den Menschen als Einheit von Vernunft und Natur empirisch zu erforschen, und mit DARWIN fiel die prinzipielle Unterscheidung des Menschen vom Tier, soweit sie sich auf die Vernunft des Menschen gestützt hatte. Es zeigten sich fließende Übergänge zwischen Menschen und (anderen) Tieren gerade in den Orientierungsleistungen (2.2.), und das Bewusstsein und die Vernunft, die ‚der Mensch' sich selbst vorbehalten hatte, erwiesen sich nicht nur als Vorteil, sondern auch als Probleme für seine Orientierung. Während KANT noch geschrieben hatte: „In den Naturanlagen eines organisirten, d.i. zweckmäßig zum Leben eingerichteten, Wesens nehmen wir es als Grundsatz an, dass kein Werkzeug zu irgend einem Zwecke in demselben angetroffen werde, als was auch zu demselben das schicklichste und ihm am meisten angemessen ist",²⁴ hieß es nun bei NIETZSCHE: „Die Bewusstheit ist die letzte und späteste Entwickelung des Organischen und folglich auch das Unfertigste und Unkräftigste daran", darum seien hier noch „unzählige Fehlgriffe" möglich, und die neue „Funktion" könne die größte „Gefahr des Organismus" sein.²⁵

(8) Mit DARWIN und NIETZSCHE trat das *Individuum* vor die Art bzw. die Gattung. Seither ist es nicht mehr einfach ‚der Mensch', der sich artgemäß orientiert, sondern Individuen orientieren sich abweichend voneinander, darum aber auch aneinander (11.1.) und bringen auf diesem Weg erst so etwas wie artgemäße Orientierungsleistungen hervor. Orientieren sie sich aber aneinander, so orientieren sie sich wiederum zugleich im Fremdbezug und Selbstbezug, im Fremdbezug, sofern sie sich an *anderen* Individuen ihrer Art, im Selbstbezug, sofern sie sich an anderen Individuen *ihrer* Art orientieren, und beides kann auch ohne Vernunft geschehen (11.2.-3.).

(9) Auch wenn Individuen erst eine Art konstituieren, sind sie doch als Individuen einer Art und damit von der Art her *gedacht*. Es war der

---

23 Vgl. Kants Ergänzung der drei Leitfragen „1. Was kann ich wissen? 2. Was soll ich tun? 3. Was darf ich hoffen?" in der *Kritik der reinen Vernunft* (A 805/B 833) durch die „4. Was ist der Mensch?" in der Einleitung zur *Logik*-Vorlesung (AA IX, 25).
24 Kant, Grundlegung zur Metaphysik der Sitten, AA IV, 395.
25 Nietzsche, Die fröhliche Wissenschaft, Nr. 11.

,religiöse Schriftsteller' KIERKEGAARD, der das ‚Wer' der Orientierung aus allen Unterscheidung wie Leib und Seele, Endlichkeit und Unendlichkeit, Zeitlichkeit und Ewigkeit, Notwendigkeit und Freiheit, Subjekt und Objekt, Art und Individuum löste und es als bloßes *Selbst* begriff, nämlich als bloßes „Verhältnis, das sich zu sich selbst verhält," und zwar als „das an dem Verhältnisse, daß das Verhältnis zu sich selbst verhält" (7.1).[26] KIERKEGAARD verstand das Selbst als bloßen Selbstbezug, jedoch wiederum mit dem Zusatz, dass dieses Selbst nicht „sich selbst gesetzt" habe (wie noch das Bewusstsein und das ‚Ich denke' DESCARTES' und das transzendentale Subjekt und die Vernunft KANTS), sondern dass es „durch ein Andres gesetzt" sei, das für es unbegreiflich sei und das es zum ‚Sprung' in den ‚Glauben' zwinge. Das Selbst als Selbstbezug ist auf Grund eines Fremdbezugs, der es der ständigen Gefahr aussetzt, in „Schwindel" und „Verzweiflung" zu geraten.[27] Auch NIETZSCHE, der an den Sprung in den Glauben nicht mehr glaubte, blieb beim Begriff des bloßen Selbst. Er ließ seinen Zarathustra die altgewohnten Begriffe von Seele, Ich und Vernunft Schritt für Schritt ‚destruieren', wie es HEIDEGGER dann nannte, um das „Selbst" als eine „große Vernunft des Leibes" zu fassen, die es auf eine so tiefe, schwer einsehbare Weise mit „dem Leben und der Erde" abstimmt, dass sie für die „kleine Vernunft" der philosophischen Tradition so unbegreiflich bleibt wie Gott für KIERKEGAARDS gläubiges Selbst.[28] Auch HEIDEGGER, der in seiner ‚existenzialen Analyse' mit dem Begriff des ‚Daseins' einsetzte, übernahm im

---

26 Kierkegaard, Die Krankheit zum Tode, Gesammelte Werke, a.O., 24./25. Abt., 8 f.
27 Ebd.
28 Nietzsche, Also sprach Zarathustra I, Von den Verächtern des Leibes, KSA 4.39–41. Später hat Nietzsche in seinem „*Begriff des Dionysos*" seinem Philosophieren einen neuen Gott als Fluchtpunkt gegeben (Ecce homo, Warum ich so gute Bücher schreibe, Zarathustra 6). Es sollte Nietzsches „Neuigkeit" sein, „dass Dionysos ein Philosoph ist, und dass also auch Götter philosophieren" (Jenseits von Gut und Böse, Nr. 295; vgl. dazu Verf., Advokat Gottes und des Teufels: Nietzsches Theologie, in: Ulrich Willers (Hg.), Theodizee im Zeichen des Dionysos. Nietzsches Fragen jenseits von Moral und Religion, Münster 2003, 163–177). In seinen Notizen beantwortete Nietzsche die Frage nach dem ‚Wer' der Orientierung oder der ‚Interpretation' bewusst tautologisch – mit dem Hinweis wiederum auf den Affekt, der hier zum Interpretieren nötige. Vgl. Nachlass 1885/86, 2[151], KSA 12.140: „Man darf nicht fragen: ‚*wer* interpretirt denn?' sondern das Interpretiren selbst, als eine Form des Willens zur Macht, hat Dasein (aber nicht als ein ‚Sein', sondern als ein *Prozeß*, ein *Werden*) als ein Affekt."

9.1. Das Selbst als Selbstbezüglichkeit der Orientierung 301

weiteren den Begriff des Selbst,[29] und auch LEVINAS und RICŒUR stützten sich auf ihn, ersterer, um im Anschluss an KIERKEGAARD die Abhängigkeit des Selbst vom unbegreiflichen Anderen weiter zuzuspitzen, letzterer, um den Begriff dieses Selbst mit Theorien des Selbst in der Analytischen Philosophie zu versöhnen.[30] Auch in deren Argumentationsverlauf hat sich der Begriff des Selbst gegen traditionsbelastete Begriffe wie Bewusstsein, Subjekt und Vernunft durchgesetzt.[31]

Die bloße Rede vom ‚Selbst' (αὐτός, ipse, self, soi) hat Wurzeln schon in der Antike.[32] In der Moderne erscheint sie bei Ralph CUDWORTH im Kontext seiner gegen HOBBES' methodischen Mechanismus gerichteten Lehre von der ‚plastischen Natur' (plastic nature) als Begriff für das, was jenseits nur mechanischer Kausalitäten leidet, denkt, handelt usw. Er untersetzte ihn jedoch noch mit Begriffen wie ‚Being', ‚Energy' und ‚Substance', wie auch noch LOCKE, der wohl die Substantialität des ‚Self', aber noch nicht dessen ‚Sein' (being) bzw. ‚Bewusstsein' (consciousness) in Frage stellte. Nach zahlreichen Resubstantialisierungen des Selbst bestand HUME darauf, dass dem Selbst keine besondere Entität zugrundeliege und dass es ausreiche, von einem ‚Vorstellungsbündel' (bundle or collection of different perceptions) zu sprechen. In LOCKES und HUMES Argumentationsrahmen blieb im wesentlichen auch die Analytische Philosophie des ‚Self'. KANT gebrauchte ebenfalls schon den Begriff des bloßen Selbst, wenn auch

---

29 Während sich dem Dasein als erste Antwort auf die Frage nach seinem ‚Wer' das „Man" und „Man-selbst" aufdränge, dem es jederzeit zu „verfallen" drohe, ist, so Heidegger (Sein und Zeit, § 27, S. 129), das *eigentliche* Dasein „je nur *existierend* sein Selbst" (§ 25, S. 117). In seinen frühen phänomenologischen Vorlesungen ging Heidegger in Auseinandersetzung mit Husserl und dessen Festhalten am transzendentalen Subjekt ganz vom ‚Selbst' aus. Vgl. dazu Carl Friedrich Gethmann, Dasein: Erkennen und Handeln. Heidegger im phänomenologischen Kontext, Berlin/New York 1993, und Matthias Jung, Die Vielfalt des Verstehens. Heidegger und die Pluralität des faktischen Lebens, in: Gudrun Kühne-Bertram / Gunter Scholtz (Hg.), Grenzen des Verstehens. Philosophische und humanwissenschaftliche Perspektiven, Göttingen 2002, 113–128.
30 Paul Ricœur, Soi-même comme un autre, Paris 1990, deutsch: Das Selbst als ein Anderer, aus dem Frz. v. Jean Greisch u.a., München 1996. Ricœur unterscheidet dabei eine „Ipse-Identität" als immer neu zu erwerbende „Selbst-Ständigkeit in der Zeit" von der abstrakten „Idem-Identität" (vgl. 12.6.)
31 Vgl. u.a. die Arbeiten von Taylor, Shoemaker, Parfit und Nagel und dazu Wolfgang H. Schrader, Art. Selbst II, in: Historisches Wörterbuch der Philosophie, Bd. 9, Basel/Darmstadt 1995, Sp. 293–305, zum Begriff des Selbst in Differenz zum Begriff des Ich in der Geschichte v.a. der deutschen Philosophie Carl Friedrich Gethmann, Art. Selbst, in: Enzyklopädie Philosophie und Wissenschaftstheorie, hg. v. Jürgen Mittelstraß, Bd. 3, Stuttgart/Weimar 1995, 752–755.
32 Vgl. [Redaktion], Art. Selbst I, in: Historisches Wörterbuch der Philosophie, Bd. 9, Basel/Darmstadt 1995, Sp. 292 f.

nicht als leitenden Begriff. Er bestritt dabei mit HUME, dass es ein „stehendes oder bleibendes Selbst in diesem Flusse innrer Erscheinungen geben" könne.[33] Soweit für die Transzendentalphilosophie ein „denkendes" und als solches „numerisch identisches Selbst in aller Zeit" als „mögliche *Abstraction* von meiner empirisch bestimmten Existenz" anzusetzen sei, dürfe es nicht „mit dem vermeinten Bewußtsein einer *abgesondert* möglichen Existenz meines denkenden Selbst" verwechselt werden.[34]

Der Begriff des Selbst als Kürzel der bloßen Selbstbezüglichkeit ist die Antwort auf die Frage, wer oder was sich in der Orientierung orientiert. *Das Selbst der Orientierung ist die Orientierung selbst.* In der Rede vom Sich-Orientieren ist das Selbst als Selbstbezüglichkeit der Orientierung schon vorausgesetzt und *in* der Orientierung darum nicht weiter zu begründen. Eine Philosophie der Orientierung geht schon von ihm aus und nimmt, statt ‚hinter' ihm etwas zu suchen, das an sich bestünde, sich anbietende Metaphysizierungen zurück. Das Selbst der Orientierung bleibt jedoch ein Selbst gegenüber anderem, von dem es sich unterscheidet und gegen das es sich konstituiert, der Situation, die zur Orientierung nötigt (4.1.), auch in Gestalt von anderen Orientierungen.[35]

9.2. Selbststabilisierung der Orientierung durch Selbststrukturierung: Vertrautheit, Routinen, Gefühle, Plausibilitäten und Gedächtnisse

Vom ‚Selbst' als einem Substantiv, das dann eine besondere Entität erwarten lässt, ist wohl in der Philosophie, der Soziologie und der Psychologie die Rede, kaum aber im alltäglichen Sprachgebrauch. Das Selbst der Orientierung, von dem theoretisch gesprochen wird, *spricht* von sich nicht als ‚Selbst' (und auch nicht als ‚Seele', ‚Bewusstsein' oder ‚Vernunft'), eben weil die Orientierung in sich kein solches Selbst unterscheidet. Man spricht von sich als ‚ich', wenn man andere anspricht (‚ich fühle mich hier wohl' und nicht: ‚mein Selbst fühlt sich hier wohl'), und spricht von ‚man', wenn man dabei selbst nicht hervortreten will (‚hier

---

33 Kant, Kritik der reinen Vernunft, A 107.
34 Ebd., A 383, 362, B 427.
35 Zur Frage der Selbst-Identität und des Umgangs mit Identitäten in der Orientierung vgl. 12.2.-6.

kann man sich wohlfühlen'), und hält sich stets beide Optionen offen.[36] Die Orientierung *erfährt* sich auch nicht in einem ‚Selbst', das sich auf irgendeine Weise von ihr trennen ließe, sondern *als* Orientierung in ihren jeweiligen Orientierungsprozessen und auch dies erst dann, wenn die Situation schwierig wird, wenn sie besondere Aufmerksamkeit verlangt, vor Entscheidungen stellt und unter Zeitdruck setzt und die Anstrengung der Orientierung dadurch merklich wird. Dann beunruhigt sie, und was dann erfahren wird, ist diese Beunruhigung (4.3.), der, wenn sich hinreichende Anhaltspunkte für annehmbare Handlungsmöglichkeiten eingestellt haben, eine erfahrbare Beruhigung folgt.

Das Selbst nimmt statt dessen Gestalt in der Selbststrukturierung der Orientierung an, durch die es sich stabilisiert. Es gewinnt zunächst Halt an sich selbst und Dauer, wenn Orientierungsverläufe *regelmäßig* werden, wenn sie immer wieder so verlaufen, wie sie bisher verlaufen sind. Regelmäßigkeit schafft Sicherheit, es ist dann ‚klar', wie ‚es läuft'. Hält die Regelmäßigkeit weiter an (das alte Auto ‚läuft und läuft'), erwartet man stillschweigend, dass es ‚weiter so laufen wird'. Wenige Anhaltspunkte und Zeichen reichen dann aus, um die weiteren Verläufe vorwegzunehmen (der Motor springt an wie gewohnt), und die Aufmerksamkeit wird frei für anderes. Mit der Erfahrung von Regelmäßigkeit wird die Orientierung *vertraut*; sie gelingt dann ohne merkliche Oszillationen zwischen Beunruhigung und Beruhigung und wird wieder unmerklich. ‚Trauen' stammt aus der Wortfamilie von ‚treu', das ‚zuverlässig, fest' bedeutete und in seinen germ. Ursprüngen den Sinn von ‚in seinem Glauben fest werden' hatte; Vertrautheit ist die stillschweigende sichere Erwartung, dass die Regelmäßigkeit anhalten wird. Vertrautes wird so zum stabilen Anhaltspunkt der Orientierung: man braucht nicht mehr darüber entscheiden (7.6.), muss nicht weiter von ihm reden, und es fällt erst auf, wenn es dann doch einmal ‚nicht läuft' (das alte Auto plötzlich den Dienst versagt). Vertraute Anhaltspunkte passen immer, und so verlässt man sich auf sie, fragt nicht nach Gründen, hat keinen Anlass, danach zu fragen (7.8.); das Vertraute ist das heideggersche ‚durchschnittlich Alltägliche' (1.5.), vor dessen Hintergrund erst etwas unver-

---

36 Darum ist das ‚Selbst' nicht schon ‚durchschnittlich', ‚unselbständig', ‚verfallend' und ‚uneigentlich', wie Heidegger es in *Sein und Zeit* (§ 27) wollte, um gegen ‚das Man' ein ‚eigentliches' Selbst abheben zu können. Ich werde darum ungescheut weiter ‚man' sagen, weil es in dieser Philosophie der Orientierung, auch wenn ich nur von *meinem* Selbst und *meiner* Orientierung ausgehen kann, nicht um meine Orientierung geht.

traut und fraglich werden kann. Vertrautheit ist in der Vergangenheit bewährte Orientierung, im Angenehmen wie im Unangenehmen (auch Schwierigkeiten können vertraut sein, selbst Störfälle können vertraut werden): „Man unterstellt, daß das Vertraute bleiben, das Bewährte sich wiederholen, die bekannte Welt sich in die Zukunft hinein fortsetzen wird."[37] Sie ist „fraglose Selbstverständlichkeit" und als solche „selbstverständliche Daseinsgrundlage".[38] *Vertrautheit, die sich einstellt, wenn ‚alles läuft wie üblich', ist die Basisstabilität der Orientierung.*

Durch Vertrautheit, regelmäßiges Gelingen der Orientierung ohne merkliche Beruhigung und Beunruhigung, gewinnt sie erstes *Selbstvertrauen*, Vertrauen wiederum nicht in ein von den fortlaufenden Orientierungen unterscheidbares, trennbares, selbständiges Selbst, sondern eben in das Gelingen der Orientierung. Sie gewinnt *Routine*. Auch ‚Routine' kommt aus der Sprache der Wege, von frz. und engl. ‚route', das seinerseits aus dem lat. ‚via rupta', ‚durchs Gelände gebrochener, gebahnter Weg', entstanden ist. Gebahnte Wege sind vertraut, auf ihnen kann man sich leicht fortbewegen, auf ihnen ‚läuft es gut'. ‚Gut laufen' steht hier für ungehinderte, leichte Beweglichkeit, und so ist ‚Route' nicht nur der Weg, *auf dem* man geht (oder fährt oder fliegt), sondern auch der Weg, *den* man geht, der Weg, von dem man weiß, dass man ihn jederzeit leicht gehen kann, und der auf Karten vorgezeichnet ist. Das ‚Wissen' vom leichten Gang auf gebahnten Wegen oder, gelöst von der Sprache der Wege, die ‚sichere Beherrschung' eingespielter Orientierungsverläufe ist dann die ‚Routine', die man ‚hat'.[39] Man hat sie in vielem, aber nie in allem, man hat nicht schlechthin Routine, sondern ‚Routinen' in dem und jenem (im Englischen und Amerikanischen redet man routinemäßig von ‚routines' im Plural), und jede Orientierung hat *ihre* Routinen. In ihren Routinen beginnt sich die Struktur einer Orientierung zu differenzieren. Die alltägliche Orientierung ist dicht von Routinen durchzo-

---

37 Luhmann, Vertrauen, a.O., 20.
38 Ebd., 34, 22.
39 Darum ist nicht eigentlich von der ‚Anwendung' von Routinen auf Situationen nach dem Modell von *token* und *type* zu sprechen, wie das bei Krister Segerberg, Routines, in: Synthese 85 (1985), 185–210, geschieht. Vgl. Guido Löhrer, Praktisches Wissen. Grundlagen einer konstruktiven Theorie des menschlichen Handelns, Paderborn 2003, 111. Routinen bestehen zwar in einem über viele Situationen hinweg gleichen oder ähnlichen und damit ‚allgemeinen' Verhalten, aber als nur eingespielte treten sie in der Regel eben nicht explizit als Gegenstand eines allgemeinen Wissens hervor, das dann auf einzelne Fälle angewendet werden könnte.

9.2. Selbststabilisierung der Orientierung durch Selbststrukturierung 305

gen und hält sich in ihnen: Das beginnt mit leiblichen Routinen wie Körperbewegung und Körperhaltung, Gestik und Mimik, die sich weitgehend unkontrolliert einspielen und für jeden charakteristisch sind, setzt sich fort in Routinen von Handlungs-, Arbeits-, Tages-, Wochenabläufen, die stärker sozial determiniert sind, und reicht bis zu hochkontrollierten sozialen Routinen, seien es pädagogische, sportliche, ökonomische, bürokratische, rechtliche, politische, religiöse, künstlerische oder wissenschaftliche. Sie können sich einspielen wie Vertrautheiten, müssen oft aber auch durch Anstrengung und Übung erworben werden und werden dann auffällig, vor allem, wenn jemand sie besonders schlecht oder besonders ‚gekonnt' beherrscht. Gelingt die Routinierung, wird sie lustvoll erfahren, etwa von Kindern, die gehen und sprechen lernen. Die Freude an der erworbenen Routine beflügelt die Routinierung, das Vertrauen in einmal erworbene Routinen bestärkt darin, weitere Routinen zu erwerben und auf sie zu vertrauen (man lernt Radfahren, Rollschuhfahren, Skifahren, Autofahren ...) – die Selbststabilisierung und -strukturierung der Orientierung beschleunigt sich selbst. Und alle Routinen lassen noch Spielräume der mehr oder weniger gekonnten Beherrschung und damit der weiteren Strukturierung und Stabilisierung der Orientierung.

Eingespielte Routinen gehen, seien sie noch so komplex bedingt und noch so mühsam erworben, mit der Zeit, sagt man, ins ‚Gefühl' über. Man ‚weiß' dann mit ‚gefühlsmäßiger Sicherheit', was zu tun ist (‚da geht's lang, ich bin ganz sicher,' und es geht dann auch, jedenfalls meistens, dort lang). *Orientierungsgefühle* sind nur bedingt mit anderen Gefühlen vergleichbar; wie im Fall der Rechts-Links-Unterscheidung ‚spürt' man bei ihnen nichts, sie ‚fühlen' sich nicht wie Gefühle ‚an' (3.2.2.). Das gilt ebenso für das ‚Gleichgewichtsgefühl', das ‚Leibgefühl', das ‚Lebensgefühl', das ‚Selbstgefühl' und das ‚Heimatgefühl'. Man spürt sie nicht positiv, sondern bemerkt sie erst, wenn sie ausbleiben, wenn die vertrauten Routinen unterbrochen sind, und wieder, wenn sie sich neu oder sich neue Routinen eingestellt haben: dann kann man ‚sich wieder im Gleichgewicht fühlen', ‚sich wieder wohlfühlen', ein ‚neues Lebensgefühl' oder ‚neues Selbstgefühl' erleben und sich an einem andern Ort neu ‚zu Hause fühlen'. Die Sicherheit, die Orientierungsgefühle geben, kommt aus ihrer Alternativlosigkeit oder wieder: ihrer Selbstverständlichkeit. Man kann sie nicht begründen, sondern muss auf sie vertrauen, und nur wenn man auf sie vertraut, kann man sich erfolgreich durch sie orientieren.

Sichere Orientierungsgefühle, die aus bewährten Routinen kommen, sind eine Art von Wissen, wenn Wissen in hinreichend sicheren

Kenntnissen besteht, auf die man sich in wechselnden Situationen verlassen kann. *Orientierungswissen* ist zumeist kein explizites und explizit begründetes Wissen,[40] sondern ein implizites oder nicht-propositionales Gebrauchs- oder Umgangswissen:[41] So leicht es ist, mit dem Fahrrad zu fahren, wenn man's einmal kann, so schwer wäre es, jemand genau zu erklären, wie man dabei Beine und Arme, Rücken und Kopf zu bewegen hat, um in allen Situationen auf dem Rad das Gleichgewicht zu halten. Hat man etwas durch explizite Belehrung gelernt, kann das explizite Wissen wieder vergessen werden, wenn Routine eintritt. In vertrauten Situationen wirkt das Orientierungswissen *selbstvergessen*, es erspart Artikulationen, Explikationen und Begründungen, auch wenn sie möglich wären. *Plausibilitäten*, auf die auch wissenschaftliche Begründungen angewiesen sind (1.3.), sind ebenfalls Modi selbstvergessenen Wissens. Im Prozess der wissenschaftlichen Forschung muss man sich nicht erst dort, wo Begründungen enden, auf Plausibilitäten stützen – „Le principes se sentent, les propositions se concluent"[42] –, sondern auch schon, um herauszufinden, worum es sich bei einem Thema handelt, was berücksichtigt werden muss und was nicht, und man muss, um mit seinen

---

40 Jürgen Mittelstraß, der den – schon von Martin Buber gebrauchten (3.2.9.) – Begriff ‚Orientierungswissen' bekannt gemacht und es als universales wissenschaftlich-philosophisches Wissen im Unterschied zu partiellem technischem Verfügungswissen bestimmt hat (3.2.13.), definiert in der von ihm herausgegebenen *Enzyklopädie Philosophie und Wissenschaftstheorie* (a.O., Bd. 4, 717) ‚Wissen' seinerseits mit Hilfe des Begriffs der Orientierung als „Bezeichnung für allgemein verfügbare Orientierungen im Rahmen alltäglicher Handlungs- und Sachzusammenhänge" und unterscheidet von diesem „Alltagswissen" das Wissen „im engeren, philosophischen und wissenschaftlichen Sinne" als „auf Begründungen bezogene und strengen Überprüfungspostulaten unterliegende Kenntnis". Wir verwenden den Begriff Orientierungswissen im Sinn des Alltagswissens, das weitgehend ohne Begründungen auskommt.
41 Vgl. Gottfried Gabriel, Literarische Form und nicht-propositionale Erkenntnis in der Philosophie, in: G.G. / Christiane Schildknecht (Hg.), Literarische Formen der Philosophie, Stuttgart 1990, 1–25; Christiane Schildknecht, Philosophische Masken. Studien zur literarischen Form der Philosophie bei Platon, Descartes, Wolff und Lichtenberg, Stuttgart 1990; Argument und Einsicht. Orientierungswissen als Begründungswissen?, a.O.
42 Blaise Pascal, Pensées, in: B.P., Œuvres complètes, hg. v. Louis Lafuma, Paris 1963, deutsch: Gedanken über die Religion und andere Themen, hg. v. Jean Robert Armogathe, aus dem Frz. übers. v. Ulrich Kunzmann, Stuttgart 1987, Nr. 110/282: „Die Prinzipien hat man im Gefühl, die Lehrsätze erschließt man." (Übers. korr.). [Die erste Zahl gibt die Zählung Lafumas an, die zweite die der Ausgabe von Léon Brunschvicg (1867), Paris 1976.]

9.2. Selbststabilisierung der Orientierung durch Selbststrukturierung

Forschungen voranzukommen, Routinen im Vorgehen erwerben und ein Gefühl dafür entwickeln, ‚was geht und was nicht geht'. Verfügt man über hinreichende Routine, kann man sich in der wissenschaftlichen Forschung wie in der alltäglichen Orientierung auf Plausibilitäten verlassen, für die Begründungen sich erübrigen und an denen Einwände abprallen. Routinierte Orientierung ist nicht auf explizites Wissen angewiesen, explizites Wissen dagegen setzt routinierte Orientierung voraus, um es richtig einzuschätzen und einzusetzen. Auch die wissenschaftliche Orientierung beruht in diesem Sinn zuletzt auf Orientierungswissen, nicht auf dem ‚festen Grund' eines explizit begründeten Wissens, sondern auf dem Auf-sich-Beruhen-Lassen von Plausibilitäten.

Selbstvergessen (und damit paradox) wirkt schließlich auch das Gedächtnis oder, nach der aktuellen Gedächtnisforschung, wirken die *Gedächtnisse* der Orientierung.[43] Sie strukturieren kurzfristig als Kurzzeit- oder Arbeitsgedächtnis (7.4.) und langfristig als Langzeitgedächtnis die Orientierung auf eine Weise, die der aktuellen Orientierung entzogen ist und ihr eben dadurch dient; sie entziehen sich der selektiven Aufmerksamkeit und ermöglichen sie dadurch erst. Man übersieht nicht, was man alles ‚im Gedächtnis hat', man kann es immer nur einzeln aktualisieren. Gedächtnisse entlasten die Orientierung vom Vorhalten einer Überfülle von ‚Inhalten', um sie selektiv dann zur Verfügung zu stellen, wenn sie gebraucht werden. Sie arbeiten ebenfalls ökonomisch, behalten zumeist nur das, was für eine weiter gelingende Orientierung von Belang sein könnte: Dazu gehören kurzfristig die Anhaltspunkte von Belang und langfristig Erlebnisse und Erfahrungen, die irgendwie ‚prägend' gewirkt haben und an die man sich dann ‚gerne' oder ‚ungerne' erinnert. Das meiste jedoch ‚vergessen' sie, sondern es aus, und dieses Vergessen geschieht seinerseits unmerklich, wird seinerseits vergessen. Inhalte, die behalten werden, ohne dass man eine Übersicht über sie hätte, ‚fallen', wenn sie in der aktuellen Situation wieder gebraucht werden, ‚von selbst' wieder ‚ein': Passen behaltene Anhaltspunkte und ihre Muster zu aktuellen Anhaltspunkten und ihren Mustern, werden sie reaktiviert, wieder ‚hervorgerufen'. Dabei kommt es nicht auf korrekte Wiedergabe, sondern auf passende Anverwandlung des Behaltenen an. *Was* man erinnert und *wie* man erinnert, hängt von der jeweiligen Situation ab, wird ihrem

---

43 Ihre Formen und Funktionen sind nur interdisziplinär zu erschließen, ohne dass schon eine integrierende Theorie in Sicht wäre. Vgl. Nicolas Pethes / Jens Ruchatz, unter Mitarbeit von Martin Korte und Jürgen Straub (Hg.), Gedächtnis und Erinnerung. Ein interdisziplinäres Lexikon, Reinbek bei Hamburg 2001.

Kontext, ihren Belangen angepasst, die affektiven Bewertungen, die in das Behaltene eingegangen sind (7.7.), werden dabei neu bewertet (man kann sich an Schweres, wenn es nicht mehr nachwirkt, erleichtert erinnern), die Inhalte entsprechend ausgewählt. So kommt es auch hier zu Sinnverschiebungen – im Interesse der aktuellen Orientierung. Man kann sich auf die ‚Treue' seiner Gedächtnisse nur begrenzt verlassen, um so mehr aber darauf, dass sie ebenfalls mit der Zeit gehen und Neuorientierungen unterstützen. Die bisherigen Ergebnisse der Hirnforschung bekräftigen die selbstvergessene Orientierungsfunktion der Gedächtnisse.[44] Danach arbeiten die Gedächtnisse als ‚Assoziativspeicher'. Sie legen das zu Behaltende nicht wie Computer an einem adressierbaren Speicherplatz ab, sondern verteilt im Gehirn, verhindern so, „daß durch den Ausfall einzelner Nervenzellen oder durch nachträgliche Veränderungen der Verbindungen bestimmte Gedächtnisinhalte selektiv gelöscht werden", und ermöglichen zugleich „das Überschreiben des Alten durch Neues". Sie haben „die erwünschte Eigenart, Teilinformationen zu ergänzen und zu rekombinieren" – und erinnern darum Objekte stets anverwandelt an einen neuen Kontext: Erinnern ist „immer mit einer Aktualisierung der Perspektive verbunden, aus der die erinnerten Inhalte wahrgenommen werden". Dabei wirkt das Kurzzeit- oder Arbeitsgedächtnis schon an der Wahrnehmung und Identifikation von etwas als etwas mit; es ist von vergleichsweise begrenzter Kapazität und dadurch zu hochgradiger Selektion genötigt. Man identifiziert alles schon im Dienst der aktuellen Orientierung. Vom Wahrgenommenen und Identifizierten wird wiederum nur weniges kurzfristig behalten, und davon geht wieder nur weniges, was von besonderem Belang für die jeweilige Orientierung war, in das Langzeitgedächtnis über. Das Langzeitgedächtnis hat sich vermutlich als Gedächtnis für Orte entwickelt, die für die Orientierung im Habitat von Tieren von Belang waren; es verknüpft jedenfalls zumeist Ereignisse mit dem Kontext, in dem sie geschehen sind (und wird darum auch ‚episodisches Gedächtnis' genannt). Das verhindert zugleich zu weitgehende Sinnverschiebungen. Dennoch sind auch die ‚Engramme', in denen das Langzeitgedächtnis Behaltenes im Gehirn festschreibt, Veränderungs-

---

44 Die Hirnforschung hat eingestandenermaßen bisher „nur fragmentarische Vorstellungen darüber, wie Wissen, wie Erinnerungen im Gehirn repräsentiert sind". Vgl. die Übersicht von Wolf Singer, Wahrnehmen, Erinnern, Vergessen. Über Nutzen und Vorteil der Hirnforschung für die Geschichtswissenschaft: Eröffnungsvortrag des 43. Deutschen Historikertages, in: Frankfurter Allgemeine Zeitung vom 28. September 2000, S. 10. Die folgenden Zitate stammen aus diesem Artikel.

prozessen ausgesetzt, schon deshalb, weil sie sich vermutlich sehr langsam über Monate und Jahre hinweg konsolidieren. Die alten Kontexte können darum oft nur mit Mühe, unter angestrengter Konzentration, wiederhergestellt werden, und dabei können Lücken entstehen, die dann wiederum unmerklich anderweitig geschlossen – oder als solche bemerkt werden. Nur an dieses merkliche Vergessen wird zumeist gedacht, wenn von ‚Vergessen' die Rede ist. Das Wort kommt von einer indoeur. Wurzel *gehd, die noch im englischen ‚to for-get' erhalten ist, ‚ergreifen, bekommen' bedeutete und in ‚vergessen' den Sinn ‚fehlgreifen', ‚nicht zu fassen bekommen' annahm.[45] Gedächtnisse können fehlgreifen, aber das ist nur das, was an ihnen auffällt. Im übrigen halten sie unmerklich eine selbstvergessene Struktur vor, die sich aus vergangenen Orientierungen, gelungenen und misslungenen, stabilisiert hat und jeweils nur in einzelnen Inhalten reaktualisiert werden kann.[46]

Schon AUGUSTINUS hat in seiner Phänomenologie des Gedächtnisses (memoria) auf dessen selbstvergessener Orientierungsfunktion bestanden. Er fasste die memoria als das aktuelle Selbst der Orientierung im ganzen (ego sum, qui memini).[47] Diese memoria aber weist unzählige Felder und Grotten und Höhlen auf (campi et antra et cavernae innumerabiles), sie ist für mich unergründlich,[48] und darum bin ich mir selbst nie ganz fassbar (nec ego ipse capio totum, quod sum).[49] Lernt man (discere), so ‚sammelt' man denkend (colligere cogitando), was die memoria überall und ungeordnet enthält; doch das Gesammelte verliert sich unablässig wieder und muss dann durch ‚Denken' im Sinn des lat. ‚co-agitare' immer wieder neu ‚zusammengetrieben' werden, so dass es gleichsam zur Hand liegt (tamquam ad manum posita) und einer schon vertrauten Absicht leicht entgegenkommt (iam familiari intentioni facile occurrant).[50] Die memoria ist ein ‚venter animi', ein Magen des Geistes, der das Erlebte verdaut, um es den Lebensbedürfnissen anzuverwandeln.[51] NIETZSCHE hat ihre Funktion dann im Sinn seiner „Theorie eines in allem Geschehn sich abspielenden *Macht-Willens*" so beschrieben, „dass etwas Vorhandenes, irgendwie Zu-Stande-Gekommenes immer wieder von einer ihm überlegenen Macht auf neue Ansichten ausgelegt, neu in Beschlag genommen, zu einem neuen Nutzen umgebildet und umge-

---

45 Zur „Sprache des Vergessens" vgl. Harald Weinrich, Lethe. Kunst und Kritik des Vergessens, München 1997, 11–18.
46 Vgl. Hans J. Markowitsch / Harald Welzer, Das autobiographische Gedächtnis. Hirnorganische Grundlagen und biosoziale Entwicklung, Stuttgart 2005, die die gehirnphysiologischen mit den sozialen Bedingungen der Entwicklung von Gedächtnissen verknüpfen.
47 Augustinus, Confessiones, X, 16/25.
48 Ebd., X, 17/26.
49 Ebd., X, 8/15.
50 Ebd., X, 11/18.
51 Ebd., X, 14/21.

richtet wird; dass alles Geschehen in der organischen Welt ein Überwältigen, Herrwerden und dass wiederum alles Überwältigen und Herrwerden ein Neu-Interpretieren, ein Zurechtmachen ist, bei dem der bisherige ‚Sinn' und ‚Zweck' nothwendig verdunkelt oder ganz ausgelöscht werden muss."[52] LUHMANN deutete im Anschluss an SPENCER BROWN das Gedächtnis ähnlich.[53] Es muss vor allem vergessen können, wenn es nicht augenblicklich überlastet werden soll. Seine Funktion ist nicht primär korrekte Wiedergabe, sondern angepasste Wiederverwendung: „Irgendwie werden Sinnkontexte durch ihre Wiederbelebung kondensiert, auf markierbare, bezeichenbare Formen gebracht, unter Weglassen von fast allem, was für ihre Erfindung oder ihre frühere Benutzung situativ plausibel war." Indem es „kondensiert" wird, wird das Behaltene von der Situation gelöst, um bei seiner Wiederverwendung in einer neuen Situation neu „konfirmiert" zu werden: „Wenn wir etwas wieder verwenden, muss es in eine andere Situation passen." So bekommen die Strukturen des Gedächtnisses „durch die Sequenz von Wiederverwendungen etwas Undefinierbares". Doch Strukturen sind „immer aus diesen Mischerfordernissen von Spezifikation und Generalisierung, Kontextfreiheit, Herausziehen von Identitäten einerseits und Kontextfitting, Kontextabhängigkeit, Kontextbewährung in der Wiederverwendung andererseits zusammengesetzt".

9.3. Routinierter Routinenwechsel, versetzte Kontinuitäten

Da geht jemand täglich seinen Weg von seiner Arbeit in einer Behörde nach Hause zu seiner Familie, erledigt noch die ihm aufgetragenen Einkäufe, joggt, zu Hause angekommen, noch eine halbe Stunde. Alles wie immer, routiniertes Leben, stabile Orientierung. So, wie sie sich eingespielt haben, bilden Routinen ein haltbares Muster, in dem man leicht von einer zur andern übergehen, *routiniert Routinen wechseln* kann. Eines Tages fällt dem jungen Beamten beim Joggen eine Baustelle auf, die neu eingerichtet wurde. Er hat sich nebenbei schon immer für's Bauen und für Baustellen interessiert. Nun joggt er täglich an der Baustelle vorbei und verfolgt die Fortschritte des Rohbaus. Eines Tages unterbricht er sein Jogging, betritt den Rohbau und trifft dabei zufällig auf den Bauherrn, einen Kaufmann, der für sein weitverzweigtes Filialnetz immer wieder zuverlässige Geschäftsführer sucht. Es folgt ein Wechsel des Arbeitsplatzes, die Aufgabe des Beamtenstatus und ein Umzug in eine andere Stadt, und nach einiger Zeit geht wieder jemand, nun in der andern Stadt, seinen gewohnten Weg zur Arbeit, nun zu der Filiale, die er zu leiten hat, erledigt noch einige Einkäufe, joggt noch eine halbe Stunde.

---

52 Nietzsche, Zur Genealogie der Moral II, Nr. 12, KSA 5.313–315.
53 Luhmann, Einführung in die Systemtheorie, a.O., 330–333.

Routinen schaffen Spielräume für Neues, ermöglichen Neuorientierungen auch dort, wo die Situation sie nicht erzwingt, und machen sie attraktiv. Nicht alles wird neu in solchen Neuorientierungen, bewährte Routinen werden unter neuen Bedingungen wieder aufgenommen, wohl etwas verändert, aber nicht auffällig. Routinen lassen sich auch unter veränderten Bedingungen fortführen. Aber nicht alle. Beim Umzug des jungen Beamten, der nun Geschäftsführer einer Kaufhausfiliale ist, in die andere Stadt ist die Familie nicht mitgezogen. Er sieht sie jetzt nur noch kurze Zeit am Sonntag, wenn seine Filiale geschlossen ist. Doch Routinen, die sich nicht fortführen lassen, können durch andere ersetzt werden, wenn auch wiederum nicht alle und nicht alle zugleich. Statt abends mit seiner Familie zusammenzusein, geht der junge Mann nun öfter aus, zwei Mal die Woche zum Karate-Training, einmal zum Skatclub, wird ein routinierter Kämpfer und Spieler und vergisst darüber allmählich sein Heimweh nach der Familie. Wenn immer wieder einzelne Routinen durch andere ersetzt werden, nimmt die Stabilität der Orientierung im ganzen keinen Schaden, solange jeweils nur hinreichend viele Routinen erhalten bleiben. Durch die Ersetzung einzelner Routinen versetzt sich das Muster. Es hat die *Struktur versetzter Kontinuitäten.*[54] Haltbar ist es aufgrund der Kontinuität der einzelnen Routinen. Da die Orientierung sich bald auf die eine, bald auf die andere stützen kann, folgt sie schon im routinierten Routinenwechsel wechselnden, aber bestehen bleibenden Kontinuitäten. Ersetzt sie von Zeit zu Zeit ihre Routinen, stützt sie sich auf versetzte Kontinuitäten. Die neuen Routinen des jungen Mannes tragen ihm neue Bekanntschaften und schließlich eine neue Bindung ein, die kurzen Besuche bei der Familie werden seltener, statt dessen sieht man ihn sonntags nun mit der neuen Bekannten auf dem Golfplatz. Die Ehe gerät in eine Krise, es kommt zur Trennung. Auf dem Golfplatz kommt er mit Geschäftsleuten zusammen, die laufend junge dynamische Leute für ihre aufstrebenden Firmen suchen, Leute, die fähig sind, eingespielte Routinen aufs Spiel zu setzen, ihre eigenen und die anderer. Eines Tages ist der junge Mann, nun längst im Vorstand eines Baukonzerns mit Sitz an einem wichtigen Börsenplatz, so im Geschäftsleben aufgegangen, dass ihm keinerlei Zeit mehr bleibt, zu Fuß nach Hause zu gehen, ein wenig einzukaufen und eine halbe Stunde zu joggen noch am Karate-Training teilzunehmen oder im Skatclub mitzuspielen. Auch äußerlich und selbst charakterlich hat er sich bis zur Unkenntlichkeit verändert. In der schrittweisen Ersetzung seiner Routinen ist er schließlich ‚ein anderer

---

54   Vgl. Verf., Philosophie der Fluktuanz, a.O., 74 f.

geworden', mit dem Tag, an dem er jene Baustelle betrat, hat für ihn, wie er selbst sagt, ‚ein neues Leben begonnen'. Manches fehlt ihm jetzt zwar, und er gerät nun häufiger in Krisen als zuvor, aber im ganzen ist sein Selbstvertrauen doch erheblich gewachsen. In versetzten Kontinuitäten hat er Routine auch im Austausch von Routinen gewonnen, Umzugsroutine, Einarbeitungsroutine, Krisenbewältigungsroutine, Trennungsroutine; er verfügt nun nicht nur über Orientierungs-, sondern auch über *Umorientierungsroutinen*. Seine Orientierung hat ihre Stabilität nicht eingebüßt, sie hält sich nun routiniert in rasch und immer rascher versetzten Kontinuitäten. Auch dies allerdings nur bis auf weiteres.

9.4. Selbstdifferenzierung der Orientierung: Orientierungswelten

Routine der Orientierung im Wechsel und im Austausch von Routinen wird dadurch möglich, dass Routinen regelmäßig aneinander anschließen und so miteinander gekoppelt sind, im Familienleben etwa Tagesablaufs-, Erziehungs-, Freizeit- und Urlaubsroutinen, im Arbeitsleben Arbeits- und Pausen-, Besprechungs- und Abstimmungsroutinen, im gesellschaftlichen Leben Konversations-, Einladungs-, Essensroutinen usw. Dabei kann es sich um jeweils ganz unterschiedliche Orientierungsverläufe handeln, die in ihrer regelmäßigen Kopplung aber als zusammengehörige Orientierungsbereiche oder ‚eigene Welten' wahrgenommen werden, in denen man ‚zu Hause ist', ‚sich auskennt' und ‚sich sicher bewegt', in denen man aber auch je anders zu Hause sein, sich unterschiedlich ‚wohlfühlen' kann, so sehr, dass sich das Lebens- und das Selbstgefühl, ja sogar das Leibgefühl in ihnen signifikant verändert. Muster von Orientierungsroutinen fügen sich so zu *Orientierungswelten*, die häufig, wie im Fall des Familien- und des Arbeitslebens, räumlich und zeitlich voneinander getrennt sind (‚ihre Welt war einerseits die Mathematik, andererseits ihr Garten'). Die alltägliche Orientierung differenziert Orientierungswelten aus, die zu wechselnden Zeiten wechselnd von Belang sind. Sie entlastet sich zu jeder Zeit von der Vielfalt von Orientierungswelten und hält sich jeweils möglichst nur in einer auf, sie konzentriert sich auf eine. Erfordert eine Orientierungswelt angestrengte Aufmerksamkeit, werden die andern so weit wie möglich abgehalten oder einfach vergessen; während eine Orientierungswelt ‚im Zentrum' steht, geraten die andern ‚an die Peripherie' (5.1.). Orientierungswelten sind stets so getrennt oder, in der

9.4. Selbstdifferenzierung der Orientierung: Orientierungswelten

Sprache der Systemtheorie, so ausdifferenziert, dass, wenn die eine sich in der andern meldet (die Kinder rufen im Büro an), dies wiederum als Irritation erfahren wird, als angenehme oder unangenehme Überraschung.[55]

Die Bindung der Orientierung an eine Orientierungswelt und ihre Abläufe wird durch *Aufmerksamkeitsschwellen* erleichtert, die Orientierungswelten unmerklich abgrenzen. Man arbeitet angestrengt an seinem Schreibtisch im Großraumbüro und hört nicht mehr, was man sonst hören würde, das Stimmengewirr rundum, die klingelnden Telephone usw. Nur so ‚schafft man es', zu ‚erledigen', was zu erledigen ist. ‚Ledig' bedeutete im Germ. einmal ‚frei, ungebunden, beweglich' (was in ‚Ledige' noch nachklingt), etwas ‚erledigen' im Mhd. noch ‚frei machen, in Freiheit setzen': Wer erledigt, was zu erledigen ist, macht sich frei vom Handlungsdruck, indem er es ‚fertig macht', fertig nach den in der jeweiligen Orientierungswelt eingespielten Routinen (wobei ‚fertig' wiederum ehemals ‚zur Fahrt bereit' bedeutete, man jetzt aber ‚fertig' im Sinn von ‚erledigt' sein kann). Solche Erledigungen von Aufgaben aber setzen ungestörte Routinen voraus, und Aufmerksamkeitsschwellen sichern die Ungestörtheit, indem sie den Übergang in jeweils andere Orientierungswelten und ihre Routinen erschweren und dadurch verzögern, die Aufmerksamkeit davon abhalten, sich allzu leicht irritieren zu lassen und allzu schnell anderen sich aufdrängenden Anhaltspunkten

---

55 Orientierungswelten sind vor allem von William James und Alfred Schütz thematisiert worden. Vgl. den Forschungsbericht von Goffman, Rahmen-Analyse, a.O., 10–19, der sie mit Batesons Begriff als ‚Rahmen' einführt. Werner Marx hat in: Die Lebenswelten in ihrer Vielheit und in ihrem ethischen Bezug, in: W.M., Ethos und Lebenswelt. Mitleidenkönnen als Maß, Hamburg 1986, 71–90, auf die „Tatsache" hingewiesen, „daß sich unser sinnverstehendes Verhalten anscheinend mit Leichtigkeit und Selbstverständlichkeit in vielen alltäglichen Welten zugleich und nacheinander bewegt und daß dabei keineswegs ein Chaos für es herrscht, daß vielmehr eine sich durchhaltende Ordnung zu bestehen scheint", und sie phänomenologisch durch die Begriffe ‚Thema' und ‚Typus' zu fassen versucht: der jeweilige Typus einer ‚Lebenspraxis', der sich in einer ‚Einstimmigkeit von Geltungen' zeige, werde nicht als solcher, sondern in der Regel nur in für sie typischen Themen thematisiert. Günter Abel hat im Sinn seines Interpretationismus „Interpretationswelten" unterschieden (Interpretationswelten. Gegenwartsphilosophie jenseits von Essentialismus und Relativismus, Frankfurt am Main 1993).

zuzuwenden.[56] Die Selbstdifferenzierung der Orientierung in Orientierungswelten wirkt so als neue Selektion von Anhaltspunkten.

Dennoch schotten Aufmerksamkeitsschwellen Irritationen nur begrenzt ab und dürfen sie auch nur begrenzt abschotten. Arbeitet man zu Hause am Computer, muss man das Baby nebenan noch hören. Anhaltspunkte von besonderem Belang für die jeweilige Orientierung überwinden die Schwellen zwischen Orientierungswelten und irritieren weiterhin, sei es nötigend (das Baby schreit, es braucht etwas, man muss rasch hingehen), sei es verlockend (es lacht sein Baby-Lachen, und da würde man gerne hingehen). Aber auch stark irritierende Anhaltspunkte bleiben Anhaltspunkte, man kann auf ihre Nötigungen oder Verlockungen eingehen oder auch nicht. Man muss sich entscheiden, und so werden außerroutinemäßige Orientierungswechsel zwischen Orientierungswelten und damit die Differenz von Orientierungswelten überhaupt ihrerseits merklich und auffällig.

Die Fähigkeit, sich in seiner jeweiligen Orientierungswelt trotz anderer Nötigungen und Verlockungen ‚unbeirrt' halten zu können, ist bei Menschen unterschiedlich ausgeprägt. Sie ist abhängig auch von den jeweiligen Orientierungswelten und der Situation, in der sie von Belang sind. Orientierungswelten waren gut abgegrenzt etwa bei GOETHE, der seine Tätigkeiten als Minister, Dichter, Naturwissenschaftler, Zeichner, Landschaftsgestalter, Architekt und geschätzter Gesprächs- und Briefpartner (um nur seine auffälligsten Orientierungswelten zu nennen) so trennen und bei Bedarf verknüpfen konnte, dass NIETZSCHE, der Philosoph des Perspektivismus (6.2.), bewundernd von ihm sagen konnte, „er umstellte sich mit lauter geschlossenen Horizonten": er hatte seine

---

56 Zu Aufmerksamkeitsschwellen vgl. 5.1, zu Interferenzen bei Doppeltätigkeiten Heuer, Doppeltätigkeiten, a.O., zum Begriff der Schwelle im Erleben Luhmann, Vertrauen, a.O., 80 f.: Schwellen schaffen „künstliche Diskontinuität, die den Erlebensbereich vor und nach der Schwelle egalisiert und dadurch vereinfacht. Eine Fülle möglicher Verschiedenheiten wird dadurch zu einem einzigen krassen Unterschied zusammengezogen und im übrigen in eine unterschwellige Latenz weggedrückt. In einem durch Schwellen geordneten Erlebensbereich kann man davon ausgehen, dass die Verhaltensgrundlagen konstant bleiben, mindestens, daß man sich Indifferenz gegen etwaige Unterschiede leisten kann, bis man die Schwelle überschreitet; und dann bringt ein kleiner Schritt große Veränderungen. Solche Erlebensschwellen sind mithin ebenfalls Mechanismen der Reduktion von Komplexität auf relativ einfache Probleme: An die Stelle des übermäßigen Angebots an leicht unterschiedlich angetönten Erfahrungsmöglichkeiten tritt hier das Ersatzproblem des Erkennens der Schwelle, von der ab die Orientierung wesentlich anders wird. Und dies Problem ist leichter zu bewältigen."

„Perspektiven" in seiner „Gewalt" und verstand sie „je nach [s]einem höheren Zwecke" „aus- und wieder einzuhängen".[57] NAPOLEON war dafür berühmt, dass er mehrere Dinge zugleich tun, sich in mehreren Orientierungswelten zugleich sicher bewegen konnte. In bescheidenem Maß ist das den meisten möglich. Orientierungswelten sind, auch wenn sie deutlich voneinander abgegrenzt sind, in der Orientierung zumeist vielfach verschränkt. Sie müssen nicht immer räumlich und zeitlich getrennt sein, bei hinreichender Routine kann man sich zumindest bei vergleichsweise schlichten Tätigkeiten ohne Schwierigkeiten auch gleichzeitig in mehreren bewegen, etwa das Mittagessen herrichten und dabei die Rundfunknachrichten verfolgen, ein Auto durch schwierige Verkehrssituationen steuern und sich zugleich angeregt mit Beifahrern unterhalten, beim Besteigen des Flugzeugs am Mobiltelephon Geschäfte abwickeln usw.

Jede Orientierung differenziert ihre Orientierungswelten individuell. Dennoch lassen sich Orientierungswelten auch generell unterscheiden, zum einen nach thematischen Feldern wie der sexuellen Orientierung (11.3.), der sozialen, ökonomischen, medialen, politischen und rechtlichen Orientierung (13.), der wissenschaftlichen, künstlerischen und religiösen Orientierung (14.), der moralischen und ethischen Orientierung (15., 16.) und zum andern in kommunikativer Hinsicht, danach, wer an ihnen teilnimmt, mit wem man es in einer Orientierungswelt jeweils zu tun hat. Das sind

(1) die *individuelle Orientierungswelt* des eigenen Körpers, seiner Hygiene, seiner Gesundheit und seiner Ernährung, der eigenen schulischen und beruflichen Bildung und des eigenen wirtschaftlichen Auskommens. In modernen demokratischen Gesellschaften sorgt hier im Grundsatz jeder für sich selbst, soweit er nicht die Hilfe anderer braucht, und sucht seinen eigenen Wünschen, Plänen und Lebensrhythmen zu folgen, aus seinem Leben das zu machen, was er selbst will. Hier spielen sich individuelle Routinen ein.

(2) die *inter-individuelle oder gemeinschaftliche Orientierungswelt*, in der man sich auf die Lebensbedingungen und -bedürfnisse von Menschen einstellt, mit denen man nach eigener Entscheidung ‚das Leben teilt', Freunde, die man gewonnen hat, die Familie, die man gegründet hat, Kolleg(inn)en, mit denen man bevorzugt zusammenarbeitet, Bekannte, die man besucht und empfängt und mit denen man etwas unternimmt.

---

57 Nietzsche, Götzen-Dämmerung, Streifzüge eines Unzeitgemässen 49, KSA 6.151 f., u. Menschliches, Allzumenschliches, Vorrede 6, KSA 2.20.

In gemeinschaftlichen Orientierungswelten steht man in (mehr oder weniger) kontinuierlichem und direktem Kontakt miteinander, hier bilden sich inter-individuelle oder gemeinschaftliche Routinen aus, durch die sich die Gemeinschaften stabilisieren und an denen sie identifiziert werden.

(3) die *gesellschaftliche Orientierungswelt*, in der man sich auf die Lebensbedingungen und -bedürfnisse von Menschen einzustellen hat, die man sich *nicht* selbst ausgesucht hat, Klassenkamerad(inn)en, vielleicht Regimentskamerad(inn)en, Kolleg(inn)en, Vereins- und Parteimitglieder und, in wachsender Unübersichtlichkeit und wachsender Distanz, die Mitglieder der Gesellschaft im ganzen, in der man lebt. Man kann den Kontakt und die Kommunikation mit ihnen suchen, aber auch meiden. Dabei hat man schon gängige Routinen zu übernehmen – gesellschaftliche Routinen wie Höflichkeits- und Konversationsroutinen -, wird erzogen, sie zu beachten, und im Fall der Nichtbeachtung sanktioniert. Bei wachsender Größe einer Gesellschaft reichen Routinen zur Abstimmung des Zusammenlebens allein nicht mehr aus. Hier müssen sie in Regeln explizit gemacht und in Gesetzen kodifiziert werden.[58]

(4) die *globale Orientierungswelt*, die man mit allen Menschen auf der Erde teilt, Menschen, die man zum allergrößten Teil nicht nur nicht kennt, sondern in deren Kulturen man sich auch nicht auskennt, die Welt der Weltgesellschaft, die aus einer wiederum kaum überschaubaren Zahl von Gesellschaften besteht, die jeweils anderen Routinen, Regeln und Gesetzen folgen (17.). Hier fallen Fremden Routinen auf, hier müssen sie erst lernen, mit ihnen umzugehen, hier müssen sie Umorientierungsroutinen entwickeln.

Die thematischen Orientierungswelten, insbesondere die moralische Orientierung, differenzieren sich wiederum nach den kommunikativen Orientierungswelten (15.5.).

---

58 Michael Walzer, Spheres of Justice. A Defence of Pluralism and Equality, Oxford 1983, deutsch: Sphären der Gerechtigkeit. Ein Plädoyer für Pluralität und Gleichheit, Frankfurt am Main 1992, differenziert in der gesellschaftlichen Orientierungswelt wiederum autonome Interaktions- und Kommunikationssphären mit eigentümlichen Gütern und Gerechtigkeitsvorstellungen.

9.5. Desorientierungen und Evolution der Orientierung

In den unmerklich routinierten, nur zuweilen merklichen Übergängen zwischen Orientierungswelten, die einander weitgehend vergessen lassen, ist keine zentrale Instanz zu bemerken, die die jeweiligen Orientierungsroutinen und Orientierungswelten eigens wählen, aufrufen oder ansteuern würde. Es ist auch nicht notwendig, sie anzunehmen. Orientierung hält sich je in einer, manchmal auch mehreren Orientierungswelten auf; wechselt sie sie, so geschieht das auf hinreichend starke Anhaltspunkte hin. Sie braucht kein steuerndes Zentrum, sondern arbeitet dezentral. Diese dezentrale Organisation bringt keine Desorientierung mit sich, im Gegenteil, sie hilft, Desorientierungen aufzufangen, erhält die Orientierung auch bei Desorientierungen noch stabil:

Desorientierungen sind jederzeit möglich, aufgrund eines Mangels an Anhaltspunkten, von Irreführungen durch Anhaltspunkte, von Störungen oder Versagen von Routinen, von unhaltbaren Plausibilitäten und lückenhaften Erinnerungen. Sie treten ebenfalls unter situativen und individuellen Bedingungen auf. Dennoch lassen sich auch bei Desorientierungen generelle Typen unterscheiden,[59] nämlich

(1) *lokale Desorientierungen:* Sie sind die geläufigsten. Man weiß auf einmal nicht mehr, wo man ist, findet sich im Gelände, dann auch auf der Karte nicht mehr zurecht (2.4.). Man kann auch wissen, wo man ist, und sich auskennen und sich doch nicht im klaren sein, ‚was man hier verloren hat'. Man kennt den Ort, ist aber in eine ‚falsche Umgebung' geraten. Einmal ist die Situation, einmal ist man sich in der Situation

---

59 Andreas Luckner, Drei Arten, nicht weiterzuwissen. Orientierungsphasen, Orientierungskrisen, Neuorientierungen, in: Stegmaier (Hg.), Orientierung, a.O., 225–241 (veränderter Wiederabdruck in: Luckner, Klugheit, a.O., 9–23), unterscheidet sechs „Stellen des Prädikates ‚sich orientieren'" – „Jemand (1) orientiert sich (2) *an* etwas oder jemandem (3) *in Bezug auf* etwas (4) *mit Hilfe von* jemandem oder etwas (5) *vermöge von* etwas (6)" – und ordnet ihnen (außer 4) spezifische Desorientierungstypen zu. Das „Orientierungs*subjekt*" (1, 2) entspricht dem Selbst der Orientierung, es kann nach Luckner „aufgrund von *Uneigentlichkeit*" desorientiert sein. Die „Orientierungs*instanz*" (3) entspricht den Anhaltspunkten und Zeichen der Orientierung, hier kann man „aufgrund von *Unsicherheit*" desorientiert sein. Der „Orientierungs*bereich*" (4) entspricht den Orientierungswelten, hier ist Desorientierung kaum oder nur in pathologischen Fällen denkbar. Die „Orientierungs*mittel*" (5) bestehen wiederum in Anhaltspunkten und Zeichen und die „Orientierungs*fähigkeiten*" (6) in der Struktur der jeweiligen Orientierung, hier kann man nach Luckner „aufgrund von *Unerfahrenheit*" desorientiert sein.

fremd. In beiden Fällen sieht man sich nach Anhaltspunkten um, die dennoch weiterhelfen könnten, versucht es mit dem einen und mit dem andern, fragt schließlich andere Leute, wenn andere zugegen sind.

(2) *kommunikative Desorientierungen:* Fragt man andere, versteht man vielleicht nicht, was sie meinen, oder kann sich nicht darauf verlassen, was sie sagen. Kommunikation kann Desorientierungen abhelfen, aber, da man sich in Kommunikationen ebenfalls orientieren muss (11.1.), auch zu neuen Desorientierungen führen. Sie können großenteils durch weitere Kommunikation beseitigt werden, können sich durch weitere Kommunikation aber auch vertiefen. Man kann dann zu dem Punkt kommen, an dem man einander eingesteht, dass man den andern nicht oder nicht mehr versteht. Geraten Partnerschaften, Freundschaften, Arbeitsteams, politische Beziehungen dadurch in Krisen, können Krisengespräche weiterhelfen – die Krise aber ebenfalls noch weiter vertiefen.

(3) *existenzielle Desorientierungen:* Krisen können von einer Orientierungswelt in andere übergreifen und schließlich die Orientierung im ganzen gefährden, können hilflos machen und Angst auslösen und schließlich zur Verzweiflung führen. Man man weiß dann nicht mehr, was man tun soll, ‚weiß nicht mehr aus und ein'. Verzweiflung ist der Zweifel an der eigenen Orientierungs- und Handlungsfähigkeit überhaupt; sie kann, in der aktuellen Sprache der Orientierung, ‚Identitätskrisen' auslösen (12.6.). HEIDEGGER hat die „Angst" so beschrieben, dass sie vor das „Nichts", den Verlust allen Sinns, die „Unheimlichkeit", das gänzliche „Un-zuhause" stellt. Er beschrieb sie so, um zeigen zu können, dass das Dasein auf den „Ruf" seines „Gewissens" hin sich aus der „alltäglichen Verlorenheit in das Man" zum „eigentlichen Selbst-sein-können" aufrufen müsse.[60] Doch die Orientierung gerät nicht so leicht vor das ‚Nichts', selbst in existenziellen Desorientierungen. Davor bewahrt sie eben ihre dezentrale Organisation. Noch in Angst und Verzweiflung bleiben alltägliche Routinen zumeist weiter intakt, kann man noch gehen und stehen, frühstücken und radfahren, sinnvoll reden und handeln, Beistand suchen und Hilfe finden und kann ‚sich' dadurch wieder ‚fangen' und ‚fassen'. Angst und Verzweiflung beunruhigen die Orientierung aufs äußerste, aber sie findet in sich auch wieder Mittel der Beruhigung. Das geschieht zumeist eben dadurch, dass, wenn Desorientierungen in *einer* Orientierungswelt auftreten, sie durch noch intakte Orientierungen in *anderen* Orientierungswelten ‚aufgefangen' werden. Während einer schweren Krise im Arbeitsleben kann das Familienleben wieder ‚Mut

---

60 Vgl. Heidegger, Sein und Zeit, § 40.

9.5. Desorientierungen und Evolution der Orientierung

geben', nicht nur weiterzumachen, sondern sich in seiner Arbeit zugleich neu und angemessener zu orientieren, und während einer schweren Krise im Arbeitsleben *und* im Familienleben kann man sich vielleicht auf Freunde noch verlassen, und wenn selbst dieser Halt einbricht, kann man sich zuletzt noch weiter an seine eigenen eingespielten Routinen halten, bis Angst und Verzweiflung ‚sich legen'. Auch dies muss nicht gelingen, und wenn es nicht gelingt, droht die Gefahr, in dauernde Verwirrung, Depression oder Spaltung zu geraten, in denen man auf die dauernde Hilfe anderer angewiesen bleibt. Es gelingt jedoch zumeist und gelingt aufgrund der dezentralen Organisation der Orientierung. So wie die Orientierung nicht bis zum ‚Sein' kommt, kommt sie auch nicht zum ‚Nichts', es sei denn im Tod (19.).

Orientierung ist so lange möglich, wie sie noch irgendwo anschließen kann. Sie findet ihre Stabilität in versetzten Kontinuitäten von Routinen und der Anschlussfähigkeit von Routinen aneinander, die sich ihrerseits in wechselnden Situationen eingespielt haben. Destabilisieren sich Routinen in einer Orientierungswelt, restabilisiert sich die Orientierung, indem sie gestörte oder versagende Routinen durch neue ersetzt und sich währenddessen auf die intakten Routinen der übrigen Orientierungswelten stützt. So aber evoluiert die Orientierung. Die *Evolution der Orientierung* verläuft über die Abfolge von Selbststabilisierung in Routinen und Mustern von Routinen, die Destabilisierung durch Versagen von Routinen und die Restabilisierung durch Sich-Einspielen neuer Routinen und Muster von Routinen. Versagt die Restabilisierung einer Orientierungswelt, kann sie ihrerseits aufgegeben werden (die Familie, die Arbeit, die Politik). Nicht nur Anhaltspunkte und Routinen, auch Orientierungswelten werden seligiert – zugunsten anderer (die Familie für die Arbeit, die Arbeit für die Politik, die Politik für die Familie).

Den Begriff der Restabilisierung hat LUHMANN in die Evolutionstheorie eingeführt. Er unterscheidet (1) elementare Operationen, (2) Strukturen und (3) Systeme in Differenz zur Umwelt, um so einerseits „die evolutionären Mechanismen auf Systeme beziehen" und andererseits die Evolution „systemtheoretisch interpretieren" zu können.[61] Bei elementaren Operationen sei in variierenden Situationen Variation möglich, ohne dass sich schon die Strukturen änderten, die Selektion greife bei den Strukturen an, und Systeme könnten dabei ihre Operationsfähigkeit erhalten (restabilisieren) oder nicht. Ihr Reproduktionsmodus besteht eben darin, dass er „laufend Strukturen wählt, bevorzugt, nicht mehr benutzt, vergißt [...]. Evolution ist denn auch immer: Abweichungsverstärkung im Verhältnis zur Umwelt." Sie setzt voraus, „daß es das, was evoluiert, bereits

---

61 Luhmann, Die Politik der Gesellschaft, a.O., 410 ff.

gibt. Durch Evolution können nur Strukturen bereits bestehender Systeme geändert werden." Doch die „evolutionäre Strukturselektion" ist *„kein stabilitätsorientierter Prozeß"*, und um dies zu betonen, gebraucht LUHMANN den Begriff der Restabilisierung. Restabilisierung ist „kein Ausnahmeproblem, sondern eine ebenso universale evolutionäre Funktion wie Variation und Selektion. Und auch die Referenz dieser Funktion hat einen eigenen Sinn. Sie bezieht sich immer auf die *Differenz von System und Umwelt*; oder anders gesagt: auf die Einheit des Systems im Unterschied zur Umwelt." Statt von „Orientierungslosigkeit" wäre so „eher von permanentem Reorientierungsbedarf zu reden".[62]

---

62 Ebd., 432.

10. Selbstreflexion der Orientierung: Spielräume des Denkens – *Orientierung als Fluktuanz*

10.1. Die Selbstbezüglichkeit des philosophischen Denkens und ihre Paradoxien
10.2. Denken als Orientierungsleistung: Distanzierung von der Situation in der Situation
10.3. Bewusstheit des Denkens als Merklichkeit von Entscheidungen über Unterscheidungen
10.4. Beruhigende Ordnung von Irritationen: Halt in Begriffen durch logische Disziplin
10.5. Beweglichkeit von Begriffen: Fluktuanzen

Denken ist in der Tradition der europäischen Philosophie das, was den Menschen auszeichnet, das, worin, so Pascal, seine „ganze Würde" liegt.[1] So verführte es die Philosophie, die sich selbst auf das Denken und eine besondere Weise des Denkens, das philosophische Denken, verpflichtete, auch bei ihm anzufangen, verführte es, von seinen Bedingungen in der Orientierung und seinem Sinn für sie abzusehen, um es als Anfang und Prinzip alles übrigen zu denken. Denken wurde dann als etwas gedacht, das sich nicht nur selbst denkt, sondern in seiner Selbstbezüglichkeit auch unabhängig von allem bestehen kann. Dadurch geriet das philosophische Denken von seinen Anfängen an in Paradoxien, die es immer wieder desorientierten und dadurch in Bewegung hielten (10.1.). Die Paradoxien des selbstbezüglichen Denkens nötigten es aber zugleich, sich von seinen Bedingungen in der Orientierung her zu denken, insbesondere dem, was es denkt, und dessen Bedingungen. So wurde eine Phänomenologie des Denkens und seiner vielfältigen Leistungen in der alltäglichen Orientierung möglich (10.2.). Sie muss ebenfalls von seiner Selbstbezüglichkeit ausgehen. Denn auch jene Bedingungen, wie immer sie gedacht werden mögen, sind *gedacht* und dabei unvermeidlich wiederum vom Denken her gedacht. Der Zirkel bleibt, er bleibt jedoch nicht leer, wenn der Selbstbezug des Denkens als durch einen Fremdbezug vermittelter Selbstbezug, in Bezug auf Nicht- oder Anders-Denkendes, gedacht wird;

---
1 Pascal, Pensées, Nr. 200/347.

auch die Orientierungsleistung des Denkens liegt in einem Selbstbezug über einen Fremdbezug. Die spezifische Leistung dessen, was wir ‚Denken' nennen, ist dann jedoch nicht, sich von seinen Bedingungen und Gegenständen unabhängig machen, sondern lediglich, sich von ihnen distanzieren zu können. Es schafft in seiner Distanz, die eine begrenzte Distanz bleibt, eine neue Art von Übersicht, die Voraussicht, Planung und Berechnung ermöglicht, und durch sie gewinnt die Orientierung wiederum Zeit. Diese Distanz schafft das Denken durch Unterscheidungen nach Merkmalen, die über wechselnde Situationen hin festgehalten werden, die aber auch, *als* Unterscheidungen, stets Alternativen lassen. Dieses Unterscheiden verläuft ebenfalls weitgehend unmerklich. Es wird als Denken wiederum erst merklich, wenn Feststellungen durch Unterscheidungen im Blick auf ihre Alternativen fraglich werden und dann über sie ‚bewusst' entschieden werden muss (10.3.). Denken ist darum nicht schon mit ‚Bewusstsein' (9.1.(2)) zu identifizieren. Zwar ist auch Bewusstsein selbstbezüglich, aber einerseits muss Denken nicht immer bewusst und andererseits können können auch Stimmungen, Gefühle oder Wahrnehmungen bewusst sein. Denken hält Unterscheidungen jedoch auf neue Weise fest – in Begriffen (10.4.). Begriffe werden gefestigt, indem man in der Kommunikation einander anhält, sich an sie zu halten, wie es der platonische SOKRATES vorgeführt hat, und indem man sie, um sie möglichst haltbar zu machen, untereinander durch Definitionen, Definitionen *von* Begriffen *durch* Begriffe, verschränkt und so weit wie nötig zu Theorien systematisiert. An Theorien findet Orientierung neuen Halt, einen nicht mehr durch räumliche und zeitliche Horizonte begrenzten Halt. Doch auch Begriffe und Theorien haben ihre Zeit, auch sie müssen beweglich bleiben, wenn sie nicht notwendige Umorientierungen aufhalten sollen, auch sie bewegen sich in versetzten Kontinuitäten als Fluktuanzen (10.5.).

10.1. Die Selbstbezüglichkeit des Denkens und ihre Paradoxien

(1) Denken des Seins – Sein des Denkens. – Nach dem ‚Wasser' und anderen ‚Stoffen' hat die europäische Philosophie das Denken selbst als Anfang, Ursprung oder Prinzip (ἀρχή) gedacht. Danach denkt das Denken das, was ‚ist', nämlich so ist, dass es zu aller Zeit, unter allen Gesichtspunkten und ohne Widersprüche so ist, wie es ist. ‚Sein' ‚ist' so das, was das Denken denkt, und Denken das, was das Sein denkt. So lautet die Konsequenz des PARMENIDES: „dasselbe ist Denken und

10.1. Die Selbstbezüglichkeit des Denkens und ihre Paradoxien

Sein."² Die Selbigkeit von Denken und Sein ist der durch das gedachte Sein vermittelte Selbstbezug des Denkens. Ein solcher Selbstbezug ist jedoch paradox: Denken und Sein müssen dasselbe sein, sofern das Sein eben das ist, was das Denken denkt; zugleich aber muss sich das Denken vom Sein unterscheiden, um es *als* Sein denken zu können. LUHMANN hat die Paradoxie erneut herausgestellt: „Das Denken, das sich vom Sein unterscheiden muss, um es beobachten und bezeichnen zu können, ist selbst die Unterscheidung von Denken und Sein. Es ‚ist' ‚Denken'."³ Und ebenso kann man die Unterscheidung vom Sein her, also das Denken als Selbstbezug des Seins denken.⁴ In der Metaphysik wurden regelmäßig beide Versionen genutzt.

(2) Menschliches Denken Gottes – Gottes Denken des Menschen.- Ihr Anfang beim selbstbezüglichen Denken, durch das sie das Sein (τὸ εἶναι) oder die ‚Seiendheit' oder das ‚Wesen' des ‚Seienden' (οὐσία τοῦ ὄντος) dachte, hat die europäische Philosophie dazu ermutigt, ‚den Menschen' durch dieses Denken als ‚Tier mit Vernunft' oder ‚denkendes Lebewesen' auszuzeichnen (ζῷον λόγον ἔχον, animal rationale). Das Denken des Wesens des Seienden wurde als *sein* Wesen verstanden; es wurde zur ständigen Aufgabe, seine Orientierungsleistungen darin aufgehen zu lassen. Zugleich aber wurde das Denken, wie Menschen es auszuüben vermögen, als bedingt und begrenzt erfahren, als etwas, das fehlgehen, täuschen, ermüden, aussetzen kann, das Menschen nur mehr oder weniger gelingt, was darauf zurückgeführt wurde, dass es an einen Leib gebunden ist, der es, wie PLATON SOKRATES ausführen ließ,⁵ auf vielfältige Weise hindere und erst durch seinen Tod ganz freigebe. Denken konnte sich, so behindert, des Seins, das es denkt, nie sicher sein. Es hätte nur als göttliches, von allem Körperlichen freies Denken des Seins sicher sein können; darum machte ARISTOTELES das göttliche Denken des

---

2 Parmenides, Frg. 3. Vgl. Frg. 2 u. 6–8.
3 Niklas Luhmann, Europäische Rationalität, in: N.L., Beobachtungen der Moderne, a.O., 51–91, hier 71.
4 Vgl. Luhmann, Soziale Systeme, a.O., 143. Danach „könnte man Metaphysik charakterisieren als Lehre von der Selbstreferenz des Seins. Das Sein stellt in sich selbst Beziehungen zu sich selbst her; das Physische etwa benutzt Physisches, nämlich Physiker ‚in order to see itself' (George Spencer Brown). Auf der Ebene, auf der man dies beobachtet, treibt man Metaphysik, denn sie ist der Physik nachgeordnet: Zumeist nennt man, um tautologische Formulierungen und/oder Detailanalysen zu vermeiden, das Sein, sofern es Selbstreferenz herstellt, Denken. Dann kann man auch sagen: es gehe in der Metaphysik um Sein und Denken, um das Denken des Seins."
5 Platon, Phaidon, 65a ff.

Denkens (νόησις νοήσεως) zu seinem Maßstab.⁶ Aber auch dieses göttliche Denken war wieder ein vom Menschen gedachtes, und nachdem im Spätmittelalter wachsende Unsicherheiten im Denken des Göttlichen, nun des christlichen Gottes, aufgetreten waren und mit dem Nominalismus denkbar wurde, dass es sich bei jenem Denken des Seins und Sein des Denkens nur um Worte (voces) und Namen (nomina) handeln könnte, suchte DESCARTES zu Beginn der Moderne den Anfang beim Denken neu und unbezweifelbar zu sichern – nun um den Preis der Einräumung seiner Zeitlichkeit. Sofern er mit dem Zweifel begann, bestimmte er das Denken nicht mehr durch einen positiven Bezug auf Sein, sondern durch seine Fähigkeit zur Negation von Sein. Zweifeln heißt denken können, dass etwas, von dem man denkt, dass es ist, *nicht* ist, und zweifeln kann man auf diese Weise an allem außer dem Denken als Zweifeln selbst. So bleibt nur das Denken in seinem *bloßen* Selbstbezug, ohne Fremdbezug auf ein Sein – außer dem eigenen. DESCARTES machte *diesen* Selbstbezug des Denkens wiederum zum Kriterium des Seins: ich bin, sofern ich nicht daran zweifeln kann, dass ich zweifle und damit denke. Dies gilt jedoch nur, so DESCARTES, „*solange* (quamdiu) ich denke, daß ich etwas bin," und die Aussage (pronuntiatum) ‚ich bin, ich existiere' ist nur notwendig wahr, „*sooft* (quoties) sie von mir vorgebracht (profertur) oder gedacht wird (mente concipitur)".⁷ So war das Denken nun ein bloßer zeitlicher Selbstvollzug, und es bedurfte dann wieder eines metaphysischen Schlusses vom zeitlichen Vollzug auf eine zeitlose ‚denkende Substanz' (9.1.(2)), die ihn vollzieht, um dem Denken erneut seine Zeitlosigkeit zu sichern. Das Sein dieser zeitlosen denkenden Substanz blieb nun jedoch problematisch. Denn sie ließ sich wiederum nur auf dem Weg über Gott sichern, an dessen Dasein sich ebenfalls zweifeln ließ und das sich das Denken darum seinerseits erst beweisen musste. Mit der Notwendigkeit dieses Beweises wurde aus dem bloßen Selbstbezug des Denkens wieder ein über das göttliche Denken und Sein vermittelter Selbstbezug. Doch im christlichen Denken wurde er erneut paradox. Denn wenn das begrenzte Denken des Menschen das unbegrenzte Denken Gottes denkt, denkt es, so DESCARTES, etwas, das es selbst

---

6   Aristoteles, Metaphysik, Λ/XII 9, 1074 b 34. Aristoteles dachte die νόησις dabei als etwas, das das Gedachte (τὸ νοητόν) ‚berührt' (θιγγάνων) und ‚aufnimmt' (δεκτικόν) (ebd., Λ/XII 7, 1072 b 21 f.).
7   Descartes, Meditationes, II, 3 (Hervorhebungen W.S.).

übersteigt, also mehr, als es zu denken vermag.[8] Und da der christliche Gott als Substanz zu denken war, die alle übrigen ins Sein bringt, musste er auch die denkende Substanz, die ich bin und die sich ihrerseits erst das Sein dieses Gottes beweisen muss, ins Sein gebracht haben, und dies musste, so DESCARTES, nicht nur ein Mal als historisches Ereignis, sondern immer neu, in einer anhaltenden Schöpfung (creatio continua) geschehen. So hatte sich die denkende Substanz zugleich als zeitlos (qua Substanz) und als zeitlich (qua geschaffene Substanz) zu denken.[9]

(3) Denken des Gehirns (als Subjekt) – Denken des Gehirns (als Objekt). – Nach dem Verzicht auf ein Denken des Denkens auf dem Weg über ein zeitloses Sein und einen unbegrenzt denkenden und schaffenden Gott sieht sich das Denken des Denkens in der Gegenwart (nach zahlreichen Zwischenstationen) an den Bezug auf das Gehirn verwiesen. Angesichts einer ebenso blühenden wie plausiblen Gehirnforschung (7.9., 9.2.) ist es zu einer weitgehend fraglosen Gewissheit geworden, dass unser Gehirn es ist, das denkt, wenn ‚wir' denken. Aber ebenso gewiss ist, dass es unser Denken ist, das unser Gehirn (als Objekt) denkt, und dass es dieses Gehirn in seiner Komplexität nur begrenzt denken kann, sofern es ja beim Denken stets vom Gehirn abhängig bleibt. So stellen sich die alten Paradoxien neu wieder her: Auch in Bezug auf sein Gehirn denkt sich unser Denken einerseits als Gehirn und unterscheidet sich andererseits von seinem Gehirn – wie in seinem alten Bezug auf das Sein –, und es denkt sich von ihm als von etwas her, das es immer neu ermöglicht – in einer anhaltenden Schöpfung wie der Gottes. So aber gerät es leicht wieder in die alten Metaphysizierungen.[10]

---

8 Dass das Denken hier mehr denkt, als es denken kann, ist für Descartes das Argument für das von ihm unabhängige Dasein Gottes (Meditationes, III). Vgl. Emmanuel Levinas, La philosophie et l'idée de l'infini (1957), in: E.L., En découvrant l'existence avec Husserl et Heidegger, Paris ²1967, 165–178, deutsch: Die Philosophie und die Idee des Unendlichen (1957), in: Die Spur des Anderen. Untersuchungen zur Phänomenologie und Sozialphilosophie, übers., hg. und eingel. v. W. N. Krewani, Freiburg/München 1983, 185–208, und dazu Verf., Levinas, a.O., 94–99.
9 Vgl. Verf., Substanz, a.O., 85–145.
10 Man wird sie in der anschwellenden Flut der disziplinären und interdisziplinären Stellungnahmen zum Geist-Gehirn-Problem leicht identifizieren können. Vgl. etwa die Sammelbände von Thomas Metzinger (Hg.), Bewußtsein. Beiträge aus der Gegenwartsphilosophie, Paderborn/München/Wien/Zürich 1995, und Michael L. Posner / Marcus E. Raichle (Hg.), Bilder des Geistes. Hirnforscher auf den Spuren des Denkens, aus dem Engl. übers. v. Marianne Mauch, Heidelberg/Berlin/Oxford 1996.

Metaphysizierungen des unvermeidlich paradoxen Selbstbezugs im Denken des Denkens entspringen der Isolierung des Denkens von den Orientierungsprozessen und deren Bedingungen. So wie die europäische Philosophie sie entstehen ließ, hat sie sie aber auch wieder kritisch aufgelöst und damit eine Phänomenologie des Denkens und seiner Leistungen in der alltäglichen Orientierung vorbereitet.

Als PARMENIDES das Denken zum Anfang aller Weisheit erhob, wurde mit HERAKLIT zugleich deutlich, dass es unterschiedlich gedacht werden kann. Es wurde im Folgenden teils autonom (besonders im Blick auf die Mathematik), teils dialogisch (besonders im Blick auf das Zusammenleben im Staat), teils heteronom (besonders im Blick auf die Religion) verstanden. PLATON fasste es in diesem dreifachen Sinn (1) als Tätigkeit der Seele, durch die sie sich „sammelt"[11] und sich dadurch einerseits von den sinnlichen Eindrücken, andererseits von den triebhaften Impulsen unabhängig macht, die beide als haltlos galten, (2) als „den inneren Dialog der Seele mit sich selbst"[12] und (3) als offen für „plötzliche" Erleuchtungen,[13] die als solche unfassbar (ἄτοπος) sind.[14] Er ließ SOKRATES, den er selbst als ἄτοπος einführte,[15] das Denken in Dialogen mit andern auf allgemein Gültiges und Mitteilbares ausrichten, ihn dabei aber niemals zum Ziel kommen. Ausgehend vom Spektrum der Begriffe ‚logos' (etwa: Rede, Verhältnis, Berechnung), ‚phronesis' (etwa: Überlegung, Einsicht, Gesinnung) und ‚nous' (etwa: Vernunft, Gesinnung, Gemüt) wird in den Dialogen das Denken nach besonderen Leistungen differenziert, die im Folgenden als ‚Vermögen' (δυνάμεις) geführt, terminologisch festgelegt und in unterschiedlicher Weise weiter differenziert werden. Dazu gehört das Abbilden, aber auch das originäre Sehen von ‚Ideen', das zwar an einen Leib gebunden ist, aber eigenständig, teils intuitiv, teils diskursiv, operiert. Das diskursive Denken fasst der platonische SOKRATES u. a. im Höhlengleichnis bereits mit Hilfe der Orientierungs-Metaphorik[16] als „schrittweise Bewegung" (βαίνειν), die sich den jeweiligen „Weg" (ὅδος) durch die Schaffung gemeinsamer Standpunkte unter Zuhilfenahme von „Umgrenzungen" (ὁρισμοί) bahnt und so gegenseitiges „Folgen" (ἀκολουθεῖν) ermöglicht.[17]

ARISTOTELES hatte nicht *ein* Wort für Denken, sondern sechs: τέχνη, ἐπιστήμη, φρόνησις, σοφία, νοῦς und διάνοια. Ihm lag sichtlich noch an einer Differenzierung dessen, was die Moderne dann als Einheit sehen wollte. Es als Einheit zu sehen, bereitete er dadurch vor, dass er das Denken zum Gegenstand einer besonderen Wissenschaft, der ‚Logik', machte, für die er ein (später so

---

11   Platon, Phaidros, 83a7-b2.
12   Platon, Sophistes, 263e3–5.
13   Platon, VII. Brief, 341a-345c.
14   Platon, Parmenides, 155e-157b.
15   Platon, Phaidros, 229c, 230c.
16   Für aufschlussreiche Hinweise dazu danke ich Enrico Müller.
17   Vgl. Platon, Theaitetos, 189e: Danach ist das Denken (διανοεῖσθαι) „ein λόγος, den die Seele mit sich selbst durchschreitet (διεξέρχεται) über das, was sie gerade untersuchen will."

genanntes) ‚Organon' (Werkzeug) erarbeitete. Dieses ‚logische Denken' erschien zugleich als schlechthin allgemeines, das, indem es erfasst, was in der Bewegung der Dinge ‚zum Stehen kommt' (7.1.), das Sein der Dinge erfasst: „alles, was allgemein ist, kommt den Dingen notwendig zu".[18] Insofern ist es „das Beste" und „Ursprüngliche" und dem göttlichen Denken angemessen.[19] Je mehr jedoch in der Spätantike und im Mittelalter das Denken auf den christlichen Gott ausgerichtet und dieser Gott selbst als unbegreiflich gedacht wurde, desto fragwürdiger wurde die ‚Übereinstimmung' des Denkens mit dem Sein. Im späten Mittelalter führte das zur Durchsetzung mentaler Modelle des Denkens und unterschiedlichen Optionen, es zum Sein ins Verhältnis zu setzen. Nach dem andauernden Streit um sie (dem Universalienstreit) wurde in der frühen Neuzeit das *Paradigma des Seins* durch ein *Paradigma der Repräsentation* der Welt in ‚Vorstellungen' (repraesentationes, cogitationes, ideae, perceptions) ersetzt, zu denen sich das Denken wiederum unterschiedlich ins Verhältnis setzen konnte (Rationalismus vs. Empirismus). Indem DESCARTES das Denken am Wahrheitsgehalt aller Vorstellungen außer der seiner selbst zweifeln ließ und die Gewissheit seiner selbst zum Maßstab der Verknüpfung aller übrigen Vorstellungen machte, begründete er ein *Paradigma der Konstruktion* der ‚Ordnung der Dinge' als ‚Ordnung der Gründe' oder des Denkens als ‚Methode' (9.1.(2)), aus dem LEIBNIZ und andere das Programm einer vollständigen Erfassung der Vorstellungen, ihrer Darstellung in Symbolen und ihrer Verknüpfung nach logischen Regeln in einer ‚ars combinatoria' ableiteten. Denken wurde dabei als Rechnen, Wissen als grundsätzlich mathematisierbar gedacht. PASCAL dagegen, zugleich genialer Mathematiker, Physiker und Philosoph, wagte auch noch am Sinn des zu vermeidenden Widerspruchs, des nach ARISTOTELES „festesten Prinzips von allen" (1.2.), zu zweifeln: „Der Widerspruch ist ein untaugliches Kennzeichen (marque) der Wahrheit: verschiedenen sicheren Dingen wird widersprochen; mehrere falsche gehen ohne Widerspruch durch. Weder ist der Widerspruch ein Kennzeichen von Falschheit noch die Nichtwidersprüchlichkeit ein Kennzeichen von Wahrheit."[20]

KANT hielt fraglos am Prinzip des vermeidenden Widerspruchs fest, band das Denken jedoch wieder an ‚gegebene' Wahrnehmungen; nur so könne es Erkennen sein. Damit transformierte er das Paradigma der Repräsentation und der Konstruktion zu einem *Paradigma der Reflexion*. In ihm bewegt sich das Denken im Spielraum, sich einerseits an sich selbst, andererseits an Wahrnehmungen zu halten, und muss laufend reflektieren, wie es sich von Fall zu Fall zu entscheiden hat. Weil es kein „allgemeines und sicheres Kriterium der Wahrheit einer jeden Erkenntnis" gibt und geben kann,[21] muss es stets „auf die Gründe der Wahrheit" aufmerksam bleiben.[22] In diese Aufmerksamkeit muss es auch das Urteil anderer einbeziehen, um „entdecken" zu können, was am eigenen Urteil sich seinem subjektiven Standpunkt verdankt und von „bloßer Privatgültigkeit" sein könn-

---

18 Aristoteles, Analytica posteriora I 4, 73 b 25 ff.
19 Aristoteles, Metaphysik Λ/XII, 9, 1074 b 34, u. Λ/XII, 7, 1072 a 30.
20 Pascal, Pensées, Nr. 177/384.
21 Kant, Kritik der reinen Vernunft, A 58/B 82, vgl. A 59/B 83.
22 Ebd., A 261/B 316.

te.²³ Nach den drei „Maximen des gemeinen Menschenverstandes", die auch die Maximen der Aufklärung sind: „1. Selbstdenken; 2. An der Stelle jedes andern denken; 3. Jederzeit mit sich selbst einstimmig denken"²⁴ hat man sich stets seines „*eigenen* Verstandes" bzw. „seiner eigenen Vernunft zu bedienen",²⁵ zugleich aber das eigene Urteil an „fremder Vernunft" zu prüfen,²⁶ um dann selbst zu entscheiden, wie in einer Sache zu denken sei. Nach KANT hat in der „allgemeinen Menschenvernunft [...] ein jeder seine Stimme",²⁷ die für ihn und *seine* Vernunft charakteristisch ist. Denken ist danach *individuelles Denken, das auf Kommunikation angewiesen ist*; es kann von seinem subjektiven Standpunkt aus immer nur *versuchen*, objektiv zu denken, und braucht dazu fremdes Denken, das jedoch unvermeidlich andere „Horizonte" als es selbst hat, und „es würde verwegen sein, den Horizont Anderer bestimmen zu wollen, weil man theils ihre Fähigkeiten, theils ihre Absichten nicht genug kennt" (3.2.2.).²⁸

Aber auch KANT bewegte sich in seinem Denken des Denkens noch im Rahmen aristotelischer Leitunterscheidungen. Nachdem DESCARTES das Denken mit Hilfe von ARISTOTELES' Unterscheidung von Substanz und Akzidens gedacht hatte (das Denken als Substanz, sein Vollzug als Akzidens), dachte es KANT mit Hilfe von ARISTOTELES' Unterscheidung von Form und Inhalt (das Denken als Form, die Wahrnehmungen als Inhalt) – und HEGEL mit Hilfe von ARISTOTELES' Unterscheidung von Möglichkeit und Wirklichkeit. HEGEL ging davon aus, dass das Denken sich prinzipiell nicht von dem unterscheiden lässt, was es unterscheidet, und dachte seine Wirklichkeit als systematische Entfaltung seiner Möglichkeiten, Gegenstände zu unterscheiden, oder als aristotelische Entelechie. Das moderne Denken des Denkens blieb insoweit im Rahmen der aristotelischen Metaphysik.²⁹ Erst nach HEGEL wurde damit gebrochen. Im Anschluss vor allem wieder an KANT wurde eine *Vielfalt empirischer Bedingtheiten des Denkens* erschlossen, nicht nur im Wahrnehmen, sondern auch in der (jeweiligen) Sprache,

---

23 Ebd., A 821/B 849. – „Der Gemeine Verstand ist der," notierte sich Kant, Reflexionen zur Logik, AA XVI, 39 f., „so in allen seinen Gedanken und Urtheilen zugleich auf das allgemeine Urtheil anderer Rücksicht nimmt, um durch Einstimung mit demselben sich selbst verständlich und überzeugend zu werden. Der, so darauf gar nicht Acht hat, schwärmt. Das allgemeine äußere Urtheil ist ein Probirstein des Scheins, der uns wiederfährt, wenn wir blos aus der privatsituation, darin wir sind, urtheilen, und an ienem haben wir immer einen Leitfaden, unser eigen Urtheil zu prüfen: Ich halte nicht das resultat meiner Urtheile, sondern meine reflexionen an dem Verfahren des gemeinen Verstandes, ob ich iederman verstandlich sey."
24 Kant, Kritik der Urteilskraft, § 40, AA V, 294.
25 Kant, Beantwortung der Frage: Was ist Aufklärung?, AA VIII, 35 bzw. 38; vgl. Kant, Der Streit der Fakultäten, AA VII, 31.
26 Kant, Kritik der reinen Vernunft, A 821/B 849.
27 Kant, Kritik der reinen Vernunft, A 752 / B 780.
28 Kant, Logik, AA IX, 43. – Vgl. Simon/Stegmaier (Hg.), Fremde Vernunft, a.O., Vorwort, 8–16.
29 Vgl. Verf., „Denken". Interpretationen des Denkens in der Philosophie der Moderne, a.O.

10.1. Die Selbstbezüglichkeit des Denkens und ihre Paradoxien

Geschichte und Kultur (HAMANN, HERDER, HUMBOLDT), den ökonomischen Verhältnissen (MARX/ENGELS), der Evolution (DARWIN), den Existenzbedingungen des Individuums (KIERKEGAARD), der Moral und ihrer Geschichte (NIETZSCHE) und schließlich im alltäglichen Handeln und seinen Zwecken (PEIRCE, JAMES). Die empirischen Bedingungen des Denkens wurden nun als Grenzen verstanden, die es seinerseits nur perspektivisch erfassen und verschieben, nicht aber aufheben kann. Die schärfsten Konsequenzen daraus zog NIETZSCHE in seinen Notizen. Nach ihm erfasst das Denken die Welt so, dass es ihre „unsägliche Complication" auf wenige „feste Formen" reduziert.[30] Es fungiert als „Formen-Schema und Filtrir-Apparat",[31] „Schematisir- und Abkürzungskunst" (8.3.).[32] Es kürzt, was es denkt, in „Zeichen" ab, ohne mehr zu haben als diese Zeichen (8.3.). Es ist *„ein Interpretieren nach einem Schema, welches wir nicht abwerfen können"*, und „wir langen gerade noch bei dem Zweifel an, hier eine Grenze als Grenze zu sehn."[33] Der Gedanke ist danach selbst „ein vieldeutiges Zeichen", das in einem komplexen Selektionsprozess „als Anlaß zum Versuch der Interpretation oder zur willkürlichen Festsetzung" ins Bewusstsein kommt, das seinerseits „geschult" ist, „beim Denken nicht an's Denken zu denken".[34] Damit schob sich vor die Frage nach der Wahrheit oder Falschheit eines Urteils die Frage, „wie weit es lebenfördernd, lebenerhaltend, Art-erhaltend, vielleicht gar Art-züchtend ist;" in dieser Sicht könnten „die falschesten Urtheile" gerade „die unentbehrlichsten" sein.[35] Die Logik wäre dann „eine consequente Zeichenschrift auf Grund der durchgeführten Voraussetzung (daß es identische Fälle giebt)".[36] In diesem Sinn entwickelte FREGE die Logik als „Begriffsschrift". Er teilte jedoch nicht NIETZSCHES Kritik des Denkens, sondern hielt im Gegenteil daran fest, „das Denken von den Fesseln der Sprache zu befreien, indem sie [die Begriffsschrift] deren logische Unvollkommenheiten aufweist".[37] Er begründete damit das Programm der logischen Analyse der Sprache, das zunächst der Logische Empirismus, dann, in wiederum kritischer Auseinandersetzung mit ihm, die Analytische Philosophie mit großem Erfolg bis zur Gegenwart fortgeführt hat.

Zugleich revidierte HEIDEGGER die Vorentscheidungen der europäischen Tradition im Denken des Denkens. Er nahm zunächst die Abgrenzung des Denkens vom Anschauen und seine Ausrichtung auf das ‚Vorstellen' und ‚Herstellen' von Seiendem zurück und fasste es als ‚Verstehen' des „Sinns von ‚Sein'", nun jedoch von Anfang an im „Horizont" der Zeit,[38] dann, nach einer ‚Kehre', als ‚zugehörig' zum Sein, dem es sich verdanke. Er blieb dabei, dass Sein (oder,

---

30 Nietzsche, Nachlass 1885, 34 [46], KSA 11.434 f.
31 Ebd., 38 [2], KSA 11.597.
32 Nietzsche, Nachlass 1886/87, 5 [16], KSA 12.190.
33 Ebd., [22], KSA 12.193 f.
34 Nietzsche, Nachlass 1885, 38 [1], KSA 11.595 f. – Vgl. Verf., Nietzsches Zeichen, in: Nietzsche-Studien 29 (2000), 41–69.
35 Nietzsche, JGB Nr. 4.
36 Nietzsche, Nachlass 1885, 40 [27], KSA 11.643.
37 Gottlob Frege, Logik (1897), in: Nachgelassene Schriften, Bd. I, hg. v. H. Hermes, F. Kambartel und F. Kaulbach, Hamburg 1969, 160 f.
38 Heidegger, Sein und Zeit, Vorbemerkung.

um seine Fremdheit zu betonen, das ‚Seyn') als Gegenstand des Denkens nur paradox bedacht werden kann, und strich es als Gegenstand zugleich durch (8.4.). Philosophisches Denken müsse darum zuerst ‚Andenken' sein, auf „das Anstößige und Befremdliche des Denkens" aufmerksam machen,[39] und unterscheide sich darin von „der Wissenschaft", die das Denken als selbstverständlich nimmt und es insofern „nicht denkt".[40] Der späte WITTGENSTEIN wollte die „Frage nach dem *Wesen* [...] des Denkens" als solche überwinden, sofern damit nach etwas gefragt werde, was „*unter* der Oberfläche [...] im Innern liegt, was wir sehen, wenn wir die Sache durchschauen, und was eine Analyse hervorgraben soll."[41] Die besondere Art zu ‚sehen', die seit PLATON ‚Denken' heißt, sei „mit einem Nimbus umgeben" und könne eine „besondere Täuschung" sein. Um sich von ihr zu lösen, müsse sich das philosophische Denken an den alltäglichen Sprachgebrauch halten: „denk nicht, sondern schau!" (1.5.). Was man dabei „sieht", sind im Sinn NIETZSCHES allein „Zeichen".[42] Seither sind in der Philosophie die Grenzen im Denken des Denkens zu einem zentralen Thema geworden. Objekte, die das Denken als solche zu erfassen glaubt, sind ‚Mythen'; es denkt unvermeidlich in ‚ontologischer Relativität' und in einem bestimmten ‚begrifflichen Schema' (QUINE) (8.1.). Wird es selbst zum Gegenstand gemacht, darf es nicht in Analogie zu körperlichen Gegenständen betrachtet werden (RYLE) und als Mittel zur Erfassung von Gegenständen nicht als deren Spiegelung (RORTY). Zwischen dem wissenschaftlichen und dem alltäglichen Denken liegen ‚epistemologische Brüche' (BACHELARD); Wissenschaften denken in ‚Paradigmen', die einander von Zeit zu Zeit ‚revolutionär' ablösen (KUHN). Von der Psychoanalyse FREUDS her lässt sich Denken als Sublimierungsprozess verstehen, der zur ‚sexuellen Oberfläche' eine ‚metaphysische Oberfläche' projiziert (DELEUZE).

Auch im 20. Jahrhundert wurde das Denken Gegenstand breiter wissenschaftlicher Forschung, außer in der biologischen und medizinischen Hirnforschung und der kognitiven Psychologie in der Kybernetik, der Informatik, der (Computer-)Linguistik und der Semiotik, die sich vor allem mit der Analytischen Philosophie interdisziplinär verschränkten. Zu ihrer Grundlegung und Systematisierung hat sich wiederum eine Neurophilosophie etabliert.[43] Dabei blieb die Frage weiter offen, wie das Verhältnis des als eigenständig und eigengesetzlich erlebten Denkens zu den physikalischen, chemischen und biologischen Prozessen zu verstehen ist, ohne die es nicht möglich ist.[44] Nach der aktuellen Hirnfor-

---

39 Martin Heidegger, Was heißt Denken?, Tübingen 1954, 5.
40 Ebd., 4.
41 Wittgenstein, Philosophische Untersuchungen, § 92.
42 Ebd., §§ 97, 96, 66, 504.
43 Patricia Smith Churchland, Neurophilosophy. Toward a Unified Science of the Mind-Brain, Cambridge, Mass. / London 1986.
44 Werden beide Seiten ontologisiert, stellt sich das berüchtigte ‚Leib-Seele-Problem'. Vgl. Dirk Hartmann, Physis und Psyche. Das Leib-Seele-Problem als Resultat der Hypostasierung theoretischer Konstrukte, in: Dieter Sturma (Hg.), Philosophie und Neurowissenschaften, Frankfurt am Main 2006, 97–123. Nach Carl Friedrich Gethmann, Die Erfahrung der Handlungsurheberschaft und die

10.1. Die Selbstbezüglichkeit des Denkens und ihre Paradoxien

schung schließen Denkprozesse dicht an andere Orientierungs-, Koordinations- und Steuerungsleistungen des menschlichen Gehirns wie Gleichgewichts- und Bewegungskontrolle, Raum-Zeit-Orientierung, Wahrnehmungskoordination, Mustererkennung und Symbolverarbeitung an; die Leistungsfähigkeit des Gehirns entwickle sich im ‚Dialog mit der Umwelt'. Das als Denken erlebte Denken, das außer ‚Intelligenz' auch ‚Kreativität' umfasst, sei nur als multifaktorielles Geschehen zu erklären, wobei die Art und Zahl der Faktoren, die in ihm zusammenwirken, unterschiedlich angesetzt werden. Man ist noch weit entfernt, die Komplexität alltäglicher Denkprozesse wissenschaftlich modellieren zu können.

LUHMANN, der davon ausging, dass „alles Unterscheiden auf Paradoxien aufläuft",[45] entfaltete auch das Denken des Denkens von ihnen aus. Auch die Logik sieht in Antinomien und Paradoxien nicht mehr „desaströse Konsequenzen"[46] und beginnt, logische Prozesse nicht als Feststellungs-, sondern als Selektionsprozesse zu verstehen. Angesichts einer „extraordinary variety of competing logics, even for such apparently unitary notions as relevant implications, or alethic necessity" tendieren Logiker zu einem „cluster concept" der Logik, nach dem für spezielle Zwecke voneinander unabhängige spezielle Logiken gewählt werden können.[47] Auch die Einheit des logischen Denkens ist damit zerfallen.

DESCARTES hatte seinen neuen Anfang im Denken des Denkens bereits als Problem der Orientierung thematisiert (7.6.). Aus der ausweglosen Situation eines im Wald Verirrten sollte die Methode herausführen, erstens nichts zu akzeptieren, was nicht so klar und deutlich sei wie die Einsicht des Denkens in sein eigenes Sein, zweitens unübersichtliche Probleme in derartige Einsichten aufzulösen, drittens die gewonnenen Einsichten in eine eigene Ordnung zu bringen und sie dabei viertens in vollständige Aufzählungen (dénombrements entiers) und allgemeine Übersichten (revue générales) einzuordnen, so dass mit Sicherheit nichts

---

Erkenntnisse der Neurowissenschaften, ebd., 215–239, erzeugt das „kausalistische Erklärungsparadigma", „nach dem das, was dem Handeln vorausgeht, ausnahmslos nach dem Schema von Ursache und Wirkung beschrieben werden muss" (238), statt, z.B., nach dem Schema von Deutung und Gedeutetem, das Leib-Seele-Problem ebenso, wie es seine Auflösung verhindert.

45 Luhmann, Europäische Rationalität, a.O., 73.
46 Geo Siegwart, Vorfragen zur Wahrheit. Ein Traktat über kognitive Sprachen, München 1997, 5.
47 N. Tennant, One or many logics? Arguments relevant to the philosophy of language, in: M. Dascal / D. Gerhardus / K. Lorenz / G. Meggle (Hg.), Sprachphilosophie. Ein internationales Handbuch zeitgenössischer Forschung, Berlin/New York 1996, 1073 u. 1069. Vgl. die in über 50 Stichworte aufgefächerte lexikalische Darstellung der Logik in: Enzyklopädie Philosophie und Wissenschaftstheorie, hg. v. Jürgen Mittelstraß, Bd. 2, Stuttgart/Weimar 1995, 626–699.

übersehen wird (omettre).[48] DESCARTES ließ das Denken auf seinem Weg zur Sicherheit vollständiger Übersicht jedoch noch einmal in vollkommene Haltlosigkeit stürzen: In seinen *Meditationes* entzog er ihm auch noch den Halt, den es im Wald am festen Boden hatte, und ließ es „unversehens in einen tiefen Strudel" geraten, in dem es „weder in der Tiefe den Fuß aufsetzen (in imo pedem figere) noch nach oben herausschwimmen (enatare ad summum)" konnte,[49] und trieb so die nur lokale Desorientierung zu einer existenziellen weiter (9.5.). Ein Denken, das sich von allem löst, indem es alles andere in Zweifel zieht, verliert dabei auch alle Orientierung, und DESCARTES konnte es nur auffangen, indem er es auf alte metaphysische Gewissheiten stützte, den „Grund" (fonds) der Substantialität seiner selbst und der Gottes, auf den es allein noch „bauen" (bâtir) können sollte, weil er ganz in ihm selbst liege.[50] Doch so ist, nach WITTGENSTEIN, das Denken nicht mehr zu orten und zu identifizieren:

> Es ist [...] irreführend, vom Denken als einer ‚geistigen Tätigkeit' zu sprechen. Wir können sagen, daß Denken im wesentlichen eine Tätigkeit des Operierens mit Zeichen ist. Diese Tätigkeit wird mit der Hand ausgeführt, wenn wir schreibend denken; mit dem Mund und Kehlkopf, wenn wir sprechend denken; und wenn wir denken, indem wir uns Zeichen oder Bilder vorstellen, kann ich dir kein *Agens,* das denkt, angeben. Wenn du dann sagst, daß in solchen Fällen der Geist denkt, dann würde ich deine Aufmerksamkeit lediglich auf die Tatsache lenken, daß du eine Metapher gebrauchst, daß der Geist hier in einem andern Sinn ein Agens ist als dem, in dem man von der Hand sagen kann, daß sie das Agens beim Schreiben ist. – Wenn wir über den Ort sprechen, wo das Denken stattfindet, haben wir ein Recht zu sagen, daß dieser Ort das Papier ist, auf dem wir schreiben, oder der Mund, der spricht. Und wenn wir vom Kopf oder vom Gehirn als dem Ort des Denkens sprechen, dann gebrauchen wir den Ausdruck ‚Ort des Denkens' in einem andern Sinn.[51]

---

48 Descartes, Discours de la méthode, a.O., 138.
49 Descartes, Meditationes, II, 1.
50 Vgl. Descartes, Discours de la méthode, a.O., 135.
51 Ludwig Wittgenstein, Das Blaue Buch, in: L.W., Werkausgabe, Bd. 5, Frankfurt am Main 1984, 23. – Im Anschluss untersucht Wittgenstein „die Gründe, aus denen man den Kopf den Ort des Denkens nennen kann", nicht, um „diese Ausdrucksform zu kritisieren oder zu zeigen, daß sie nicht angebracht ist", sondern um „die Funktion dieses Ausdrucks und seine Grammatik zu verstehen, z.B. zu sehen, in welcher Beziehung seine Grammatik zu der des Ausdrucks ‚wir denken mit dem Mund' oder ‚wir denken mit einem Bleistift auf einem Stück Papier' steht." Er vermutet, dass „der Hauptgrund, aus dem wir so stark dazu neigen, vom Kopf als dem Ort unserer Gedanken zu sprechen," der ist: „das

Wird das Denken aber ins Sprechen, Schreiben und Handeln eingelassen und so geortet, wird es sich selbst unübersichtlich:

> Unsere Sprache kann man ansehen als eine alte Stadt: Ein Gewinkel von Gäßchen und Plätzen, alten und neuen Häusern, und Häusern mit Zubauten aus verschiedenen Zeiten; und dies umgeben von einer Menge neuer Vororte mit geraden und regelmäßigen Straßen und mit einförmigen Häusern.[52]

In seiner Unübersichtlichkeit für es selbst ist auch das Denken kein schlechthin selbstgewisses Orientierungsmittel mehr, sondern eine „Orientierungsleistung"[53] unter anderen, die eine Vielfalt von Funktionen umfassen kann. Mit der Hirnforschung ist zu vermuten, dass seine Prozesse an andere Koordinations- und Steuerungsleistungen des menschlichen Gehirns anschließen; darüberhinaus ist „grundsätzlich von einer Einbettung rationaler Orientierungen und Handlungen in Systeme, Wertgefüge, soziale Zusammenhänge usw." auszugehen.[54] Da das, was man ‚Denken' nennt, dabei selbst unbeobachtbar bleibt, ist diese Einbettung wiederum nur anhand von Anhaltspunkten und Zeichen zu erschließen, die Sprachphänomenologie und Phänomenologie bereitstellen.

10.2. Denken als Orientierungsleistung: Distanzierung von der Situation in der Situation

‚Denken', das philosophisch lange als Einheit gedeutet wurde, erscheint im *alltäglichen Sprachgebrauch* vielfältig differenziert. Den Differenzierungen entsprechen Funktionen der Orientierung. So kann man

— ‚an etwas denken', auf etwas aufmerksam bleiben: Denken als vorübergehend festgehaltene *Aufmerksamkeit*;

> Bestehen der Wörter ‚Denken' und ‚Gedanke' neben den Wörtern, die (körperliche) Tätigkeiten bezeichnen, wie Schreiben, Sprechen etc., läßt uns nach einer Tätigkeit suchen, die von diesen verschieden und doch analog zu ihnen ist und die dem Wort ‚Denken' entspricht. Wenn Wörter in unserer Umgangssprache *prima facie* analoge Grammatiken haben, sind wir geneigt zu versuchen, sie analog zu deuten; d.h. wir versuchen, die Analogie durchweg bestehen zu lassen."

52 Wittgenstein, Philosophische Untersuchungen, § 18.
53 Jürgen Mittelstraß, Art. Denken, in: Enzyklopädie Philosophie und Wissenschaftstheorie, Bd. 1, Stuttgart/Weimar 1995, 449 f.
54 Lenk/Spinner, Rationalitätstypen, Rationalitätskonzepte und Rationalitätstheorien im Überblick, a.O., 11.

— ‚denken, dass etwas sich so und so verhält', meinen, glauben: Denken als *Glauben*, das irren kann (‚Der Mensch denkt, Gott lenkt');
— ‚etwas denken', ‚sich etwas so und so denken': Denken als *Vorstellen*;
— ‚etwas erdenken', ‚sich etwas ausdenken', erfinden, ausmalen: Denken als *Phantasie*, als *Einbildungskraft*;
— ‚nachdenken', sich besinnen: Denken als *Meditation*;
— ‚zurückdenken', sich an etwas erinnern: Denken als *Gedächtnisleistung*;
— ‚weiterdenken' und ‚vorausdenken', künftige Situationen einplanen: Denken als *Vorsorge*;
— ‚über etwas nachdenken', die Belange von etwas erschließen, das problematisch geworden ist und nun ‚zu denken gibt': Denken als gezielte *Suche*;
— ‚etwas bei etwas bedenken', berücksichtigen, in einen Plan einbeziehen: Denken als *Rücksicht*;
— ‚sich in etwas hineindenken', etwas in seinen eigenen Zusammenhängen zu erschließen und zu verstehen suchen: Denken als *Einfühlen*;
— ‚etwas durchdenken', seine Zusammenhänge methodisch schrittweise erfassen: Denken als *konsequentes* und *wissenschaftliches Denken*;
— ‚etwas überdenken', bereits Gedachtes überprüfen, nach neuen Erfahrungen unter neuen Gesichtspunkten neu bedenken: Denken als *Prüfinstanz* und gezielte *Perspektivierung*;
— ‚etwas zu tun (ge-)denken', eine *Absicht* haben, einen Entschluss fassen: Denken als *Wille*;
— und schließlich einfach ‚denken' im Sinn von ‚charakteristisch denken', z.B. ‚tief' oder ‚oberflächlich', ‚politisch' oder ‚unpolitisch', ‚moralisch' oder ‚unmoralisch denken', ‚in etwas' oder überhaupt ‚anders denken': Denken als *gesamte Urteils- und Willensbildung* einer Person, Gruppe oder Gesellschaft, das seinerseits wieder in ‚gut oder schlecht über oder von etwas oder jemand denken' *moralisch unterschieden* wird.

‚Denken' umfasst im alltäglichen Sprachgebrauch damit das gesamte, in der philosophischen Tradition in ‚Denken, Fühlen und Wollen' eingeteilte Spektrum von Orientierungsleistungen, einschließlich ihrer affektiven oder moralischen Bewertungen. Es schließt jedoch das Wahrnehmen, den Bezug auf unmittelbar Gegebenes, aus. Allen Modi des Denkens ist die *Distanzierung von der gegebenen Situation* gemeinsam. Sie ermöglicht es, Alternativen zur jeweiligen Situation zu entwerfen und im

‚Gedächtnis' vorzuhalten (das sprachlich ebenfalls zum ‚Denken' gehört). Die ‚Denken' genannten Orientierungsleistungen lassen Situationen ‚anders sehen' und eröffnen damit neue Spielräume für Handlungsmöglichkeiten in ihnen. Wenn es eine übergreifende Funktion des Denkens in der Orientierung gibt, liegt sie in der *Erweiterung ihrer Handlungshorizonte*.

Anhaltspunkte und Zeichen, um das, was man ‚Denken' nennt, *phänomenologisch* zu erschließen, sind nach WITTGENSTEIN (10.1.) das Sprechen und Schreiben. Auch beim Innehalten in routinierten Tätigkeiten vermutet man Denken (jemand stockt im Sprechen oder Schreiben, sein Blick ‚kehrt sich nach innen'). Denken ist aber weder Sprechen noch Schreiben noch Innehalten. Vom Sprechen ist es unterschieden, sofern es auch schweigend geschehen kann, wodurch es den Anschein der *Sprachlosigkeit* erweckt. Vom Schreiben ist es unterschieden, sofern es das Schreiben als nicht ‚natürliche', sondern (mehr oder weniger mühsam) erlernte und als solche auffällige Bewegung steuert, wodurch es den Anschein der *Kausalität* erweckt. Am Innehalten wird dagegen deutlich, dass beim Denken gar nichts Sichtbares geschehen muss, jedenfalls keine sichtbaren Wirkungen eintreten müssen, wodurch es zugleich den Anschein der *Wirkungslosigkeit* erweckt. Denken als Aussetzen anderen Handelns kann ferner als Handeln ‚mit anderen Mitteln' beobachtet werden; denn auf längere Sicht kann es durchaus Wirkungen zeitigen. Man sieht in ihm dann ein *beruhigtes oder ruhiges Handeln*, fordert einander entsprechend zu ‚ruhigem Nachdenken' auf; ein ‚aufgeregtes Nachdenken' würde als Widerspruch empfunden. Ruhe bedeutet in der Orientierung eine Minderung des Handlungs- und Zeitdrucks (4.3.). Zu dieser Minderung des Handlungs- und Zeitdrucks durch Denken und Nachdenken muss man aber wiederum ‚Zeit haben': Denken und Nachdenken braucht seinerseits Zeit und während dieser Zeit körperliche Entspannung, sei es Stillsitzen oder Stillstehen (man denke an SOKRATES, der beim Nachdenken stundenlang an einer Stelle stehend verharrt haben soll[55]), sei es eine ruhige, regelmäßige Bewegung wie beim Spazierengehen (man denke an NIETZSCHE, der, wie er gerne betonte, im Gehen nachzudenken pflegte[56]). In körperlicher Entspannung oder Routine wird eine Distanz auch zum eigenen Körper möglich, und da der Körper bei aufregendem (im Unterschied zum aufgeregten) Denken äußerlich (freilich

---

55 Vgl. Diogenes Laertios, Leben und Lehre der Philosophen, aus dem Griech. übers. und hg. von Fritz Jürß, Stuttgart 1998, II, 23, S. 101.
56 Vgl. etwa Nietzsche, Die Fröhliche Wissenschaft, Nr. 366.

nur äußerlich) ruhig bleiben kann, erweckt das Denken den Anschein der *Körperlosigkeit*.

So fügen sich die Erscheinungen des Denkens zunächst zusammen zum Anschein eines sprachlos, ruhig, entspannt und körperlos Tätigen, das unmittelbar wirkungslos, auf längere Sicht aber durchaus wirkungsvoll sein kann, was eben darum nicht als paradox empfunden wird, weil Zeit dazwischen liegt. Denken braucht zwar ebenfalls Zeit, kann in dieser Zeit aber um so mehr ‚Zeit gewinnen‘. Das geschieht eben dadurch, dass Anhaltspunkte festgehalten, durch Zeichen markiert, vom Wechsel der Situationen gelöst, nach (mehr oder weniger expliziten) Regeln zu Mustern oder Schemata verknüpft und so für künftige Situationen vorgehalten werden, in denen sie dann, sobald sich darin neue Anschlüsse finden, rasch ‚Orientierung geben‘ können. *Denken gibt Orientierung durch Entwürfe von Orientierung, die in wechselnden Situationen wechselnd einsetzbar sind.* Es hält dabei nicht fest, was ‚ist‘, sondern nur, was Aussicht hat, die Orientierung künftig abzukürzen, und schließt damit an die Abkürzungskunst durch Anhaltspunkte, Markierungen und Zeichen an (8.3.). So erweckt es den Anschein der *Konstruktivität* und *Kreativität*. Zeit wird dabei gewonnen, indem sie ‚übergangen‘, indem ihr mit alternativen Fortschreibungen des Gegebenen ‚vorgegriffen‘ wird, und sofern es ‚der Zeit voraus‘ zu sein scheint, erweckt das Denken den Anschein der *Zeitlosigkeit*. Soweit es ihm gelingt, Entwürfe vorzuhalten, die in neuen Situationen anschlussfähig sind, erscheint auch das, *was* es denkt, zeitlos, und sofern das Denken zeitlos Zeitloses vorhält, erweckt es zuletzt auch den Anschein der *Standpunktlosigkeit* oder eines theoretischen, zu situationsenthobener Übersicht fähigen Standpunkts.

Ruhe, Sprachlosigkeit, (unmittelbare) Wirkungslosigkeit, Körperlosigkeit, Zeitlosigkeit und Standpunktlosigkeit sind negative Unterscheidungen. Sie bezeichnen Distanzierungen von der jeweils gegebenen Situation. Kausalität, Konstruktivität und Kreativität sind positive Unterscheidungen, und sie verweisen darauf, dass Denken auch positiv erlebt und erfahren wird. Denken wird, wo es gelingt und dabei als gelingendes auffällt, mit Lust, und wo es nicht gelingt und schwerfällt, mit Unlust erlebt. In Lust und Unlust wird es als eigenständige und eigengesetzliche Tätigkeit erfahren, die eigenen Passungen und Regeln folgt und sich darin der eigenen Willkür entzieht. Man kann sich auf ‚das Denken‘ konzentrieren oder nicht. Konzentriert man sich darauf, entfaltet es eine Eigengesetzlichkeit oder ‚Folgerichtigkeit‘, der man sich nicht entziehen kann und die darum den *Anschein des Zwangs* erweckt, den Zwang, auf den dann Logiken ‚bauen‘. Aber auch dies ist ein Zwang, dem man sich

‚unterwerfen' kann oder nicht. Die Konzentration auf das Denken und die Unterwerfung unter seine Folgerichtigkeit werden als Entscheidungen erfahren, die mitunter schwer ‚durchzuhalten' sind. Man muss dafür dann ‚guten Willen' aufbringen und ‚sich anstrengen' (‚jetzt denk doch mal nach!'), und wer dazu nicht bereit ist, gilt als ‚denkfaul'.

Dass das Denken nicht gelingen kann und man sich gegebenenfalls anstrengen muss, um sich auf es zu konzentrieren und in ihm folgerichtig zu bleiben, bedeutet, dass man darin vielfach bedingt ist. Denken ist nicht nur an Zeichen gebunden, die zur Verfügung stehen müssen (‚wie soll ich das nur ausdrücken?'), und auf Gedächtnisse angewiesen, die zur rechten Zeit die passenden Zeichen ‚einfallen' lassen, auf Kenntnisse, die in ‚zielführenden' Entwürfen berücksichtigt werden müssen, und auf ‚Einfälle', die problemlösendes Denken ‚weiterbringen', sondern bei alldem auch auf all die physikalischen, chemischen und biologischen Prozesse, ohne deren ‚Funktionieren' das Denken ebenfalls nicht ‚funktioniert'. Und diese wiederum können individuell ausgeprägt sein (ein ‚guter Kopf') und von temporären leiblichen Verfassungen (‚an guten Tagen') und augenblicklichen Stimmungen (‚Gedankenblitze haben') abhängen. Dem einen fällt es sichtlich leichter oder schwerer als dem andern, Gedanken und Gedankenreihen konsequent zu verfolgen, zu ‚klarer Übersicht', ‚guten Einfällen' und ‚brauchbaren Lösungen' zu kommen, und jetzt fällt es jemand schwerer als eben noch. Denken kann ‚sich' auch ‚zerstreuen', ‚verwickeln' und dadurch ‚verwirren', statt zu ‚klären'. Und dann, wenn es nicht routiniert verläuft (9.2.), wenn es schwerfällt und unter Zeit- und Erfolgsdruck gerät, wird es merklich, ‚bewusst'.

10.3. Bewusstheit des Denkens als Merklichkeit von Entscheidungen über Unterscheidungen

Denken ist in der philosophischen Tradition, besonders der deutschen,[57] mit Bewusstsein (9.2.(2)) und Bewusstsein mit dem Selbst verknüpft worden. Denken, Bewusstsein und Selbst kommen in ihrer Selbstbezüglichkeit zusammen. Nicht nur das Denken und (per definitionem) das Selbst, sondern auch das Bewusstsein ist selbstbezüglich: *ist* man sich etwas bewusst, kann man sich diese Bewusstheit jederzeit bewusst *ma-*

---

57 Vgl. Metzinger (Hg.), Bewußtsein, a.O., Einleitung, 11.

chen.⁵⁸ Aber man muss das nicht. Bewusstsein kann, muss jedoch nicht immer ein Bewusstsein vom Bewusstsein oder ein Selbstbewusstsein sein, seine Selbstbezüglichkeit kann aktualisiert werden oder auch nicht. Selbstbezüglich kann sich das Bewusstsein jedoch nur im Horizont und vom Standpunkt seiner selbst aus zum Gegenstand machen, es ist sich nur auf seine Weise zugänglich, ‚objektiviert' sich unvermeidlich ‚subjektiv'. Daraus resultiert die *Paradoxie der Subjektivität aller Objektivität des Bewusstseins:* Denn nicht nur sich selbst, auch alles übrige kann das Bewusstsein nur auf seine Weise, nur subjektiv objektivieren, es ist sich aller Gegenstände immer nur unter seinen Bedingungen bewusst, ist in das, dessen es sich bewusst ist, immer selbst impliziert. Die Subjektivität aller Objektivität ist eine der massgeblichen Einsichten der Philosophie der Neuzeit. Danach muss prinzipiell offen bleiben, was und wie, so KANT, die Dinge ‚an sich selbst' sein mögen – einschließlich des Bewusstseins selbst.

Die Paradoxie lässt sich so entparadoxieren, dass der Selbstbezug des Bewusstseins und sein Fremdbezug auf Gegenstände (einschließlich seiner selbst) als Perspektiven unterschieden werden, die nach Bedarf gewechselt werden. Der Selbstbezug, in dem sich das Bewusstsein als Bewusstsein ‚erlebt', wird in der Philosophie und den Wissenschaften vom Bewusstsein jetzt als ‚Erste-Person-Perspektive' gefasst. Sofern es darin nur sich selbst zugänglich und anderen Bewusstseinen verschlossen ist, wurde und wird es metaphorisch in ein ‚Inneres' verlegt, für das dann andere Bewusstseine ‚äußere' sind.⁵⁹ Die Beobachtung eines Bewusstseins ‚von außen' erfolgt dann in der ‚Dritte-Person-Perspektive', in der man auf ‚äußere' Anhaltspunkte und Zeichen angewiesen ist. Solche Anhaltspunkte und Zeichen sind vor allem das Verhalten und Sprechen anderer, aber auch, im wissenschaftlichen Zugang, methodisch angelegte neurobiologische, gehirnphysiologische und psychologische Beobachtungen. Doch auch in der *Perspektiven-Unterscheidung* erhält sich die Paradoxie. Denn die Erste-Person- und die Dritte-Person-Perspektive bleiben unvereinbar: das Bewusstsein erlebt sich subjektiv anders, als es objektiv beobachtet werden kann. Die Gehirnfunktionen, die es ermöglichen, kann es sich zwar prinzipiell und mittelbar, aber nicht aktuell und

---

58 In der Bewusstseinsforschung wird dann von „Metarepräsentation" oder „höherstufigen Zuständen" gesprochen. Vgl. Metzinger (Hg.), Bewußtsein, a.O., 6. Teil, 393–452.

59 Metzinger, ebd., Einleitung, 19, spricht unbefangen von „Innenwelten" oder „Räumen des inneren Erlebens".

10.3. Bewusstheit des Denkens als Merklichkeit von Entscheidungen 339

unmittelbar als die Gehirnfunktionen bewusst machen, die eben dabei am Werk sind. Es erscheint sich *entweder* in der Erste-Person- *oder* in der Dritte-Person-Perspektive und kann nur zwischen ihnen oszillieren.

In der alltäglichen Orientierung wird die Paradoxie der Subjektivität aller Objektivität des Bewusstseins kaum zum Problem. Denn zum einen beherrscht sie die Oszillation unter Perspektiven, und zum andern verläuft die alltägliche Orientierung nur zum geringen Teil bewusst. Dennoch sind in ihr Bewusstsein und Denken eng verbunden. Das Bewusstsein teilt mit dem Denken außer der möglichen Selbstbezüglichkeit und der unmittelbaren Unbeobachtbarkeit auch den Anschein von Sprachlosigkeit, unmittelbarer Wirkungslosigkeit und Körperlosigkeit. Während aber Gedanken als mitteilbar gelten, als etwas, das man wörtlich ‚mit' anderen ‚teilen' kann, gilt das nicht für das Bewusstsein. Es kommuniziert wohl mit anderem Bewusstsein, aber jedes Bewusstsein kann sich eines andern Bewusstseins immer nur in *seinem* Bewusstsein bewusst werden. Es hat so wenig wie das Denken einen identifizierbaren Ort; als ‚mein Bewusstsein' ist es aber jener absolute Standpunkt (6.3.), von dem ich mich nicht lösen kann, auch nicht, wenn ich meine Gedanken mitteile. Eben hier, beim *Versuch der Mitteilung von Gedanken*, erfährt man, dass andere das, was man mitteilt, anders verstehen können, als man es ‚meint'. Jeder ‚hat', sagt man, ‚*seine* Vorstellungen in *seinem* Bewusstsein', von denen sich andere wiederum ‚*ihre* Vorstellungen machen'. Bewusstseine haben ‚nur' Vorstellungen von den Vorstellungen des jeweils andern.

Die *Rede vom ‚Haben' und ‚Machen' von Vorstellungen* legt wiederum nahe, das Bewusstsein sei etwas, das seine Vorstellungen *beherrscht*, es müsse dazu seinerseits ein ‚Zentrum' sein oder haben, von dem diese Herrschaft ausgeübt wird, und dieses Herrschaftszentrum sei das Denken.[60] Aber auch wenn ‚Vorstellungen' (ideae, ideas, idées) zu ‚Gegen-

---

60 Vgl. Metzinger, ebd., 27: „Unser Bewußtsein ist ein zentriertes Bewußtsein, weil es fast immer einen Mittelpunkt besitzt. Der Mittelpunkt, der Fokus des Bewußtseins, sind wir selbst." Auch Kant drückte sich wohl so aus, dass „ich Vorstellungen habe" (Kritik der reinen Vernunft, B 134) -, „Wir haben Vorstellungen in uns, deren wir uns auch bewusst werden können" (B 242) -, zog aber Formulierungen wie: Vorstellungen sind mir „gegeben" (B 132), „gegebene Vorstellungen gehören mir insgesammt zu" (B 134), „mit Vorstellungen afficirt zu werden" (B 522) vor. In der Formel: „Das *Ich denke:* muss alle meine Vorstellungen begleiten *können*" (9.1.) unterstrich er das „*können*" (B 131 f.), und fügte dann hinzu: „das empirische Bewusstsein, welches verschiedene Vorstel-

ständen' werden können, die das Denken festhält, isoliert, unterscheidet, bezeichnet und ordnet und damit im Sinne der neuzeitlichen Philosophie objektiviert, ‚besitzt' und ‚beherrscht' sie das Bewusstsein, wie vor allem HERBART zuerst umfassend deutlich gemacht hat,[61] darum noch nicht. Auch wenn das Bewusstsein seine Vorstellungen durch Denken ‚im Griff hat', müssen sie ‚ihm' zunächst ‚eingefallen' oder ‚gekommen' sein, und unter den unüberschaubar vielen Vorstellungen, die ihm laufend kommen, muss es sich wiederum erst *orientieren*, um die auswählen zu können, die geeignet sind, festgehalten, verknüpft und als Gedanken mitgeteilt zu werden. Ohne oder vor solchen Denkleistungen, durch die Vorstellungen ‚deutlich' bewusst und damit schon ‚gedeutet' werden, gelten Vorstellungen als ‚vage', unbestimmt und flüchtig, aber auch als ‚lebendig', und in dieser Lebendigkeit sind sie ‚ungreifbar', ‚halten sich' im Bewusstsein immer nur begrenzte Zeit, um dann unwillkürlich und unmerklich ‚aus ihm' wieder zu verschwinden.[62] Deshalb können Vorstellungen nur sehr begrenzt ‚Repräsentationen' im Sinne von ‚mentalen Darstellungen' des Gegebenen sein. Repräsentationen im Wortsinn von ‚Wiedervergegenwärtigungen' werden in neuen Orientierungen vielmehr neu den aktuellen Situationen angepasst und *müssen* an sie angepasst werden (9.2.).[63] In der Philosophie und den Wissenschaften des ‚Geistes' (mind) ist dies mitunter umstritten, vor allem wenn mit Computertheorien des Geistes gearbeitet wird.[64] Von den aktuellen Neurowissenschaften und der Psychologie ist es jedoch gut bestätigt worden.

Aus *neurobiologischer Sicht*[65] ist Bewusstsein keine spezifische Auszeichnung des Menschen. Was aus menschlicher Sicht zum Bewusstsein gehört, ist teilweise auch bei Tieren beobachtbar: (1) ‚Kategorisierung' von Wahrnehmungsobjekten

    lungen begleitet, ist an sich zerstreut und ohne Beziehung auf die Identität des Subjects" (B 133).
61 Johann Friedrich Herbart, Psychologie als Wissenschaft, neu gegründet auf Erfahrung, Metaphysik und Mathematik, 2 Bde., Königsberg 1824/25.
62 Pöppel, Grenzen des Bewußtseins, a.O., 61–64, rechnet mit einem Gegenwarts-Fenster von ca. 3 Sekunden.
63 Thomas Metzinger, Being No One. The Self-Model Theory of Subjectivity, Cambridge, MA 2003, hat nach der „ontologischen Generalthese, daß es Dinge wie Selbste in der Wirklichkeit nicht gibt: Niemand *hatte* oder *war* jemals ein Selbst" den Begriff eines „phänomenalen Selbstmodells" entwickelt, das laufend der „biosozialen Geschichte" angepasst wird (deutsche Zusammenfassung).
64 Vgl. Uwe Ostermeier, Art. Repräsentation, mentale, in: Enzyklopädie Philosophie und Wissenschaftstheorie, hg. v. Jürgen Mittelstraß, Bd. 3, Stuttgart/Weimar 1995, 591–593.
65 Vgl. Henning Scheich, Die Bewußtseinsfrage bei Tieren. Eine Analyse aus neurobiologischer Sicht, in: Forschung und Lehre 2005, H. 6, 294–296.

oder Wahrnehmen von etwas *als* etwas mit der Möglichkeit von Handlungsselektionen, (2) Bildung von ‚Konzepten' mit der Möglichkeit der Einhaltung einer Abfolge von Handlungen, beobachtbar vor allem am Imitationslernen (11.3.), (3) Selbstidentifikation anhand von Spiegelbildern über die bloße (selbstreferentielle) Unterscheidung von Organismen hinaus, was ihnen zugehört und was nicht, (4) ‚theory of mind' im Sinn eines ‚Wissens' vom ‚Wissen' eines andern, z. B. von einem andern bei etwas beobachtet worden zu sein. Alle diese Funktionen setzen schon bestimmte Formen von Gedächtnis und von ‚Denken' voraus. Der Unterschied zum menschlichen Bewusstsein liegt dann darin, dass bei Tieren – beobachtet wurden bisher vor allem bestimmte Vogel- und Säugetier-Spezies – solche Bewusstseinsfunktionen nur ‚verinselt', begrenzt auf bestimmte Wahrnehmungs- und Handlungsfelder, auftreten, während die Sprache des Menschen sie entgrenzt.[66] Mit allgemeinen Definitionen von ‚Bewusstsein' und auch dem Begriff selbst ist man in den Wissenschaften darum zurückhaltend geworden.[67] *Evolutionär* ist das Bewusstsein des Menschen vermutlich mit der drastischen Erweiterung seiner Grosshirnrinde verknüpft,[68] und daraus könnte sich gehirnphysiologisch die Möglichkeit der Selbstbezüglichkeit des Bewusstseins verstehen lassen. Die Grosshirnrinde, hat man festgestellt, verwendet gegenüber dem Kleinhirn keine neuen Algorithmen. Statt dessen werden in bestimmten Gehirnarealen gespeicherte Muster (7.9.) in weiteren und immer weiteren Gehirnarealen wiederverarbeitet, so daß ‚Metarepräsentationen' von Repräsentationen „als nichtlokale, dynamische Gebilde zu denken [sind], die arealübergreifend als synchrone Zustände in Erscheinung treten, wobei sich die Zusammensetzung solcher synchroner Ensembles in rascher Folge kontextabhängig verändert."[69] Bewusstsein wäre dann als Synchronisationseffekt, Schlaf als geregelter und Ohnmacht oder Koma als krisenhafte Zusammenbrüche solcher

---

66 In der aktuellen philosophischen Debatte über die Möglichkeit tierischen Denkens und die Unterscheidung des menschlichen von ihm wird einerseits, besonders im Anschluss an Donald Davidson, mit klassischen Abgrenzungen operiert. Andererseits nehmen die, häufig wissenschaftlich gestützten, Ansätze zu, Übergänge und Gemeinsamkeiten zwischen tierischem und menschlichem ‚Denken' zuzulassen (Colin Allen & Marc Bekoff, Fred Dretske, Joëlle Proust, Hans-Johann Glock, Micheal Tye, José Luis Bermúdez, Kim Sterelny). Vgl. Sarah Tietz / Markus Wild, Denken Tiere? Ein Forschungsbericht, in: information Philosophie 2006, Heft 3, 14–26.
67 Vgl. schon Pöppel, Grenzen des Bewußtseins, a.O., 158 ff. Die gegenwärtige Philosophie des Geistes arbeitet jedoch weiterhin mit „mentalen Zuständen", „Qualia" oder anderen „theoretischen Entitäten", um Bewusstsein als „eine *mentale Universalie*" rekonstruieren zu können, auch wenn eingestandenermaßen fraglich ist, „ob unsere traditionelle formale Ontologie sich überhaupt auf die phänomenale Ontologie unseres bewussten Erlebnisraums projizieren lässt" (Metzinger [Hg.], Bewusstsein, a.O., Einleitung, 49 f., 24).
68 Vgl. Dietrich Dörner, Bauplan für eine Seele, Reinbek bei Hamburg 1999.
69 Wolf Singer, Ignorabimus? – Ignoramus. Wie Bewusstsein in die Welt gekommen sein könnte und warum technische Systeme bewusstlos sind, in: Frankfurter Allgemeine Zeitung vom 23. Sept. 2000, S. 52.

Synchronisationen von neuronalen Aktivitätsmustern zu verstehen. Bewusstsein ist nicht bewusst zuzuschalten, so wie es beim Einschlafen nicht bewusst abgeschaltet werden kann; Schlaflosigkeit ist ein paradigmatisches Phänomen der Unverfügbarkeit des Bewusstseins für sich selbst.[70]

Die *Psychologie* des Bewusstseins war auch in ihren experimentellen Forschungen, die in der zweiten Hälfte des 19. Jahrhunderts einsetzten, noch stark philosophischen Positionen verpflichtet. Sie bewegt sich in einem Spektrum zwischen der auf der reinen Selbstbezüglichkeit des Bewusstseins bestehenden Position DESCARTES' und der die Intentionalität, Horizonthaftigkeit, Perspektivität und Leibgebundenheit des Bewusstseins aufweisenden Phänomenologie HUSSERLS und MERLEAU-PONTYS.[71] Wo man Bewusstsein voraussetzte, versuchte man es zu bestimmen als Prinzip des Lebendigen im Sinne ARISTOTELES' (*bewusst = belebt, beseelt*) (9.1.(1)), als Wachheit (*bewusst = wach*), als erhöhte Irritabilität (*bewusst = empfindend, reizbar*), als Offenheit für Verhaltens-Alternativen (*bewusst = unterscheidend*), als Mitteilbarkeit durch Sprache und im Ausdrucksverhalten (*bewusst = mitteilbar*), als gerichtete, selektive Aufmerksamkeit (*bewusst = aufmerkend, bemerkend*), als Absichtlichkeit (*bewusst = vorsätzlich, absichtlich, regulativ*) und/oder als Einheit von Wissen und Innesein (*bewusst = wissend, inneseiend, ich-haft*). Der „empfindsamere" Erlebnis-, der „pragmatische" Verhaltens- und der „rationale" Bewusstseins-Aspekt unseres „Sich-zu-etwas-Verhaltens" gehen dabei gleitend ineinander über.[72] Nach allen Bestimmungen sind Schwankungen der Intensität (Gradienten) möglich, scheint aber ein steuerndes Zentrum nicht notwendig – Triebe können das Verhalten sehr viel effektiver ,steuern'. Bei der Intentionalität, die am stärksten den rationalen Aspekt nahelegt, ist stets auch das präreflexive, von physiologischen, soziokulturellen und situativen Bedingungen und dem Bewusstsein entzogenen Regulationsprozessen abhängige Verhalten zu berücksichtigen und ebenso das postreflexive, habitualisierte, nicht mehr bewusste Verhalten. Generell angenommen wird, dass mit Bewusstsein eine erhöhte Flexibilität der Reaktion auf Reizveränderungen verbunden ist und dass es darin mehr oder weniger als Bewusst*heit*, d. h. nicht als Sein, sondern als Zustand merklich ist. Er kündigt sich in erhöhter Attention (Aufmerksamkeit), Exploration, Emotion und Motivation und/oder der Verzögerbarkeit, Entscheidbarkeit und Planbarkeit von Reaktionen an. Weil die experimentelle psychologische Forschung selbst schon auf irgendeine Weise Bewusstsein voraussetzt, ist auch Bewusstheit für sie schwer unabhängig zu fassen. Jede der genannten Bestimmungen scheint für sich zu eng, alle zusammen ließen

---

70 Vgl. Emmanuel Lévinas, Autrement qu'être ou au-delà de l'essence, La Haye 1974 (Phaenomenologica, Bd. 54), Neudruck Dordrecht/Boston/London 1978 u. ö., deutsch: Jenseits des Seins oder anders als Sein geschieht, aus dem Frz. übers. v. Th. Wiemer, Freiburg/München 1992, 79 u. 208.
71 Vgl., auch zum Folgenden, Carl-Friedrich Graumann, Bewußtsein und Bewußtheit. Probleme und Befunde der psychologischen Bewußtseinsforschung, in: W. Metzger (Hg.), Handbuch der Psychologie in 12 Bdn., Allgemeine Psychologie, Bd. I: Der Aufbau des Erkennens, 1. Halbbd.: Wahrnehmung und Bewußtsein, Göttingen 1966, 79–127.
72 Ebd., 119.

10.3. Bewusstheit des Denkens als Merklichkeit von Entscheidungen

sich aber bisher auch nicht in eine kohärente psychologische Theorie des Bewusstseins integrieren. So hat sich die Psychologie weitgehend vom Bewusstseins-Begriff zurückgezogen. Aber auch *philosophisch* ist nach intensiver Auseinandersetzung mit den einschlägigen Wissenschaften „bei näherem Hinsehen überhaupt nicht klar [...], worin das Rätsel des Bewußtseins überhaupt besteht", auch nicht, ob es sich um einen „eigenständigen und kohärenten Gegenstandsbereich" handelt, und so ist auch offen, „was als eine *Lösung* der Probleme gelten würde".[73]

Eine Philosophie der Orientierung braucht das ‚Rätsel des Bewusstseins', das nur ein philosophisches Vexierrätsel sein könnte, nicht zu lösen. Spricht man statt von ‚Bewusstsein', das ein eigenes ‚Sein' nahelegt, von *‚Bewusstheit'*, wird aus einem ontologischen Problem eine Frage der Merklichkeit und Aufmerksamkeit.[74] In unserer Orientierung, die weitestgehend unmerklich verläuft, wird nur einiges merklich und kann durch Routinierung (9.2.) wieder unmerklich werden.[75] Merklich wird es, wenn noch keine Routine eingetreten oder die Routine gestört ist. Dann ist erhöhte Aufmerksamkeit und sind *Entscheidungen* gefordert. Von ihnen wird man am ehesten sagen können, dass sie ‚bewusst' werden – so lange, wie sie anstehen, fallen und sich noch bewähren müssen. Mit

---

73 Metzinger (Hg.), Bewußtsein, a.O., Einleitung, 15, 18 f. – Auch Sibylle Krämer konstatiert zu Beginn des von ihr hg. Bandes: Bewußtsein. Philosophische Beiträge, Frankfurt am Main 1996, 9 ff. für den Bewusstseins-Begriff einen schweren „Reputationsverlust". Zwar zeigten sich auch Zeichen einer Renaissance, doch in häufig der Tradition verpflichteten Ansätzen, die wiederum weit voneinander abweichen. Dabei ist selbst das Gegebensein spezifischer Bewusstseinsphänome umstritten. Krämer selbst fasst Bewusstsein nicht als Tatsache, sondern als Zuschreibung: „Mit der Zuschreibung von Bewusstsein legen wir fest, wen wir als einen von uns betrachten, so dass wir von mentalistischen Verhaltenserklärungen einen sinnvollen Gebrauch machen können." Das scheint aber ein spezifisch modernes Bedürfnis zu sein: „Das Selbstverständnis und Selbstverhältnis in der Antike und im Mittelalter kannte Bewußtseinszuschreibungen nicht" (ebd., 14).
74 In diesem Sinn gebrauchte auch Nietzsche den Begriff Bewusstheit, dem die psychologische Forschung explizit oder implizit viel verdankt. Vgl. in Bezug auf die Leibgebundenheit des Bewusstseins bzw. der Bewusstheit Die fröhliche Wissenschaft, Nr. 11, in Bezug auf die Mitteilbarkeit Nr. 354 und in Bezug auf Leibniz Nr. 357. Zu Nietzsches Verschränkung von Bewusstheit und Denken vgl. Paul van Tongeren / Gerd Schank / Herman Siemens (Nietzsche Research Group Nijmegen) (Hg.), Nietzsche-Wörterbuch, Bd. 1: Abbreviatur – einfach, Berlin / New York 2004, Art. Denken (591–615) und Bewusstsein (334–356).
75 In der Psychologie hat man von „automatisiertem", „bewusstseinsverarmtem" oder „entwusstem" Verhalten gesprochen. Vgl. Graumann, Bewußtsein und Bewußtheit, a.O., 108.

ihnen setzt das Denken ein: wo Entscheidungen zu treffen sind, muss man ‚nachdenken' und ‚sich nach Alternativen umsehen' und sich mit ihren möglichen Risiken auseinandersetzen. Und das gilt dann selbstbezüglich auch für die Routinen des Denkens: es kann selbst vor alternativen ‚Wegen' stehen und sich dann zwischen ihnen entscheiden müssen. Hierfür, für das ‚Innehalten' des Denkens an einem ‚Scheideweg', an dem sich ihm Alternativen stellen, hatte MENDELSSOHN den Begriff des Sich-Orientierens in die Philosophie eingeführt (3.2.1.).

Die Alternativen des Denkens, zwischen denen es entscheidet, sind *Unterscheidungen*; sie werden in Zeichen ‚gemerkt'. Stellt man mit Hilfe einer Unterscheidung etwas *als* etwas fest (‚ein Gewitter kommt auf uns zu'), entscheidet man sich, zunächst unmerklich, für die eine Seite der Unterscheidung und lässt die andere unbeachtet.[76] Sie bleibt als Alternative bestehen (‚das Gewitter könnte auch vorüberziehen'). Tauchen für sie hinreichend starke Anhaltspunkte auf, fällt die Aufmerksamkeit auch auf sie und damit auf die Alternative (‚kommt das Gewitter nun oder nicht?'). Solche Unterscheidungen von und Entscheidungen zwischen Alternativen sind nicht dem vorbehalten, was wir ‚Denken' nennen. KANT bemerkte dazu:

> Wir sagen: ein Mensch *unterscheidet* das Gold vom Messing, wenn er erkennt, daß in einem Metalle z.E. nicht diejenige Dichtigkeit sei, die in dem andern ist. Man sagt außerdem: daß Vieh *unterscheidet* ein Futter vom andern, wenn es das eine verzehrt und das andre liegen läßt. Hier wird in beiden Fällen das Wort: unterscheiden, gebraucht, ob es gleich im erstern Falle so viel heißt, als: den *Unterschied erkennen*, welches niemals geschehen kann, ohne zu *urtheilen*; im zweiten aber nur anzeigt, daß bei unterschiedlichen Vorstellungen *unterschiedlich gehandelt* wird, wo eben nicht nöthig ist, daß ein Urtheil vorgehe. Wie wir denn am Viehe nur gewahr werden, daß es durch verschiedene Empfindungen zu verschiedenen Handlungen getrieben werde, welches ganz wohl möglich ist, ohne daß es im mindesten über die Übereinstimmung oder Verschiedenheit urtheilen darf.[77]

Von ‚Denken' wird dann gesprochen, wenn die Unterscheidungen ihrerseits zur Wahl stehen und zwischen ihnen entschieden werden muss (‚Denke nicht an das Gewitter, notfalls suchen wir die nächste Hütte auf.'); muss zwischen Unterscheidungen entschieden werden, wird es als solches merklich oder bewusst (‚Wenn wir zu lange nachdenken, erreichen wir auch die Hütte nicht.'). In Unterscheidungen von Unterschei-

---

76 Vgl. Spencer Brown, Laws of Form, a.O., 3–5 (vgl. 8.4.).
77 Kant, Untersuchung über die Deutlichkeit der Grundsätze der natürlichen Theologie und der Moral, AA II, 285.

dungen und Entscheidungen zwischen ihnen werden Unterscheidungen selbst zu Anhaltspunkten, an die sich das Denken halten kann oder auch nicht, zu Anhaltspunkten, die es nun jedoch ‚von sich aus', aus dem Gedächtnis, bereitstellt. Die Situation der Entscheidung aber ist eine Situation der Irritation (4.2.), und wird sich das Denken in Situationen der Entscheidung zwischen Unterscheidungen seiner selbst bewusst, handelt es sich um eine Selbstirritation. Dann wird die Aufmerksamkeit selbstbezüglich, richtet sich darauf, worauf sich die Aufmerksamkeit richtet. *Die Fähigkeit zu bewusstem Denken wäre danach die Fähigkeit unserer Orientierung zur Selbstirritation im Denken oder zu selbstbezüglicher Aufmerksamkeit.*[78]

Mit seiner Konzeption des Seins als perception oder Aufmerksam-Sein und des Bewusstseins als apperception oder Aufmerksam-Sein auf das Aufmerksam-Sein brachte LEIBNIZ das Leib-Seele-Problem, das sich mit DESCARTES' Zwei-Substanzen-Lehre gestellt hatte, zum Verschwinden und dachte statt dessen die Monaden als ‚fensterlos'. Das irritierende Bild steht für die Selbstbezüglichkeit des Bewusstseins, das nicht oder wieder nur unter seinen Bedingungen ‚nach draußen' sehen kann, oder die Subjektivität aller Objektivität.[79] LEIBNIZ konnte es wagen, weil er die Bezüge der Monaden aufeinander noch Gott in der ‚prästabilierten Harmonie' einer vorab vollständig durchdachten Welt anheimstellen konnte. Wird darauf verzichtet, bleibt, so LEVINAS, die ‚Trennung' des einen Bewusstseins vom anderen.[80] An ihr hat zuletzt auch LUHMANN festgehalten,

---

78 Beim Unbewussten der Psychoanalyse wird davon ausgegangen, dass es der Bewusstwerdung Widerstände entgegensetzt, die nur umwegig und daher auch mit geringerer Erfolgsgewissheit überwunden werden können. Zur Entwicklung des Begriffs des ‚Unbewussten' und seiner aktuellen Verwendung in Medizin, Psychologie, Psychoanalyse, Sozialwissenschaften und Philosophie vgl. Günter Gödde, Traditionslinien des ‚Unbewussten'. Schopenhauer, Nietzsche, Freud, Tübingen 1999, und Michael B. Buchholz / Günter Gödde (Hg.), Das Unbewusste, Bd. I: Macht und Dynamik des Unbewussten. Auseinandersetzungen in Philosophie, Medizin und Psychoanalyse, Gießen 2005, Bd. II: Das Unbewusste in aktuellen Diskursen. Anschlüsse, Gießen 2005, Bd. III: Das Unbewusste in der Praxis. Erfahrungen verschiedener Professionen, Gießen 2006.
79 Vgl. Hubertus Busche, Leibniz' Weg ins perspektivische Universum. Eine Harmonie im Zeitalter der Berechnung, Hamburg 1997, 505–521, bes. 507: „Die Pointe an Leibniz' Bild der ‚fensterlosen' Seele liegt […] in einer radikalen Selbstkritik", der Kritik aller Objektivität im Licht der Subjektivität, die sich auch so formulieren lässt: „Lebewesen können nur auf dasjenige reagieren, was zu ihrer spezifischen Merkwelt gehört." (513)
80 Emmanuel Levinas, Totalité et Infini. Essai sur l'extériorité, La Haye 1961, deutsch: Totalität und Unendlichkeit. Versuch über die Exteriorität, übers. v. Wolfgang Nikolaus Krewani, Freiburg/München 1987, 145–149; zu Leibniz vgl. 77 u. 318.

indem er das Bewusstsein als geschlossenes psychisches System verstand, das weder in das physische System seines Leibes noch in andere Bewusstseine Einsicht hat. Es kann nur unter seinen Bedingungen und darum nur begrenzt erschließen, was in ihnen vorgeht, sein Leib und andere Bewusstseine sind für es ebenfalls ‚Umwelt'. Dennoch kann es mit ihnen kommunizieren, mit Hilfe von Anhaltspunkten, Zeichen und durchgeformten Medien, die sich wiederum als Systeme, als Kommunikationssysteme organisieren, und in diesen Kommunikationen können sich wiederum Routinen einstellen, die LUHMANN ‚strukturelle Kopplungen' nennt.[81]

10.4. Beruhigende Ordnung von Irritationen: Halt in Begriffen durch logische Disziplin

Durch die Übersicht, die es in seiner Distanz zur gegebenen Situation gewinnt, seine Unterscheidungen, die Alternativen eröffnen, und sein Gedächtnis, das Alternativen fest- und vorhält, gibt das Denken der Orientierung zugleich einen neuen Halt, den *Halt in Begriffen.* Er wird so erfahren, dass man Begriffe ‚im Griff hat', sie von sich aus ‚fügen' und ‚über sie verfügen' kann. Begriffe sind Voraussetzung aller Planung und Berechnung oder der ‚Rationalisierung' der Orientierung. Ihre Bildung und die Frage nach ihrer Geltung hat die europäische Philosophie von Anfang an beschäftigt. In der Orientierung sind Begriffe von Bildern, Zeichen und Namen her zu denken (8.1.-3.): Bilder werden zu Zeichen abgekürzt, Zeichen werden als Namen ‚für etwas' gebraucht, Namen werden, um ihren Gebrauch gegen Sinnverschiebungen abzugrenzen, als Begriffe definiert.

Bilder entspringen nach KANT der individuellen Einbildungskraft, „einer verborgenen Kunst in den Tiefen der menschlichen Seele, deren wahre Handgriffe wir der Natur schwerlich jemals abraten, und sie unverdeckt vor Augen legen werden".[82] Einbildungskraft ist KANTS „Name" dafür,[83] dass im Erkennen zwischen die sinnlichen Affektionen der Wahrnehmung und die Begriffe des Verstandes Bilder treten, die beide in „Zusammenstimmung" bringen und so in Urteilen verknüpfen lassen. Dabei „beleben" die „Einbildungskraft in ihrer Freiheit" und der „Verstand mit seiner Gesetzmäßigkeit" „sich wechselseitig" und „beurtheilen"

---

81 Niklas Luhmann, Wie ist Bewußtsein an Kommunikation beteiligt?, und ders., Die Soziologie und der Mensch, beide in: N.L., Soziologische Aufklärung 6: Die Soziologie und der Mensch, Opladen 1995, 37–54, bzw. 265–274.
82 Kant, Kritik der reinen Vernunft, A 141 / B 180 f.
83 Ebd., B 162, Anm.

10.4. Beruhigende Ordnung von Irritationen

auf diese Weise „den Gegenstand nach der Zweckmäßigkeit der Vorstellung" zur „Beförderung der Erkenntnißvermögen in ihrem freien Spiele".[84] Bilder hat man, so KANT, nicht „in seiner Gewalt",[85] das Ziel muss jedoch sein, sie durch Begriffe in seine Gewalt zu bekommen.[86] Doch dies hat prinzipielle Grenzen, sofern auch „reine Begriffe" *bildlicher* Vorstellungen" bedürfen, um „zum *Erfahrungsgebrauche* tauglich" zu werden (1.3.). In Bildern wird zuerst etwas *als* etwas sichtbar, um dann nach Merkmalen als etwas in Begriffen bestimmt zu werden. Daran hält auch jenseits der kantischen Konstruktion die aktuelle Debatte um die Bilder fest.[87]

Wie die Einbildungskraft hat KANT auch die übrigen „Vermögen" des Erkennens und Begehrens, die er namhaft machte, ausdrücklich unter „Namen" eingeführt, die er übernahm oder selbst festlegte.[88] *Namen*,

---

84 Kant, Kritik der Urteilskraft, § 35, AA V, 287.
85 Ebd., § 46, V, 308. – Vgl. Verf., Art. Schema, Schematismus I, in: Historisches Wörterbuch der Philosophie, a.O., hier Sp. 1249–1252.
86 Vgl. Kant, Anthropologie in pragmatischer Hinsicht, AA VII, 144: „Die innere Vollkommenheit des Menschen besteht darin: daß er den Gebrauch aller seiner Vermögen in seiner Gewalt habe, um ihn seiner *freien Willkür* zu unterwerfen."
87 Die bildlichen Vorstellungen sind in ihrer Bedeutung für die Orientierung aktuell zu einem Thema breiter und kontroverser Forschungen in Philosophie und Kunstwissenschaft geworden, insbesondere im Anschluss an Kant. Vgl. William J. Thomas Mitchell, Picture Theory. Essays on verbal and visual representation, Chicago/London 1994; Gottfried Boehm (Hg.), Was ist ein Bild?, München 1994; Gernot Böhme, Theorie des Bildes, München 1999; Reinhard Brandt, Die Wirklichkeit des Bildes, München 1999; Hans Belting, Bild-Anthropologie. Entwürfe für eine Bildwissenschaft, München 2001; Horst Bredekamp / Matthias Bruhn / Gabriele Werner (Hg.), Bildwelten des Wissens. Kunsthistorisches Jahrbuch für Bildkritik, Berlin 2003 ff.; William J. Thomas Mitchell, What do pictures want? The lives and loves of images, Chicago 2005; Stefan Majetschak (Hg.), Bild-Zeichen. Perspektiven einer Wissenschaft vom Bild, München 2005; Klaus Sachs-Hombach (Hg.), Bildwissenschaft zwischen Reflexion und Anwendung, Köln 2005, und die kritischen Übersichten von Stefan Majetschak, „Iconic Turn". Kritische Revisionen und einige Thesen zum gegenwärtigen Stand der Bildtheorie, in: Philosophische Rundschau 49 (2002), 44–64, und Eva Schürmann, Was will die Bildwissenschaft?, in: Philosophische Rundschau 53 (2006), 154–168. Majetschak setzt beim Begriff der Markierung an (Iconic turn, 63), Schürmann resümiert: „So schwierig es offenbar ist, einen allgemeinen Bildbegriff konstitutionslogisch zu begründen und kriteriell abzusichern, so gut funktioniert es auf der anderen Seite, mit durchaus unbestimmten und intuitiven Begriffen des Bildlichen operativ zu verfahren." (166).
88 Vgl. etwa Kant, Kritik der reinen Vernunft, A 27/B 43 („reine Anschauung, welche den Namen Raum führt"), B 162, Anm. („eine und dieselbe Spontaneität,

generelle und Eigennamen, sind Zeichen, in denen festgehalten wird, womit man immer wieder zu tun hat und was man darum rasch für sich oder andere identifizieren muss (8.3.). Wie KANT dem Bild, so hat HEGEL dem Namen einen systematischen Ort im Denken des Denkens gegeben und dabei seine Funktion für die Orientierung phänomenologisch scharf bestimmt. Er begriff ihn „als Verknüpfung der von der Intelligenz produzierten Anschauung und seiner Bedeutung", als eine zunächst *„einzelne* vorübergehende Produktion", die vom Gedächtnis dann zu einer „bleibenden Verknüpfung" gemacht wird. Dabei löst sich der Name von „Anschauung und Bild": „Der *Name* ist so die *Sache,* wie sie *im Reiche der Vorstellung* vorhanden ist und Gültigkeit hat. Das *reproduzierende* Gedächtnis hat und erkennt im Namen die Sache, und mit der Sache den Namen, ohne Anschauung und Bild." So kann sich das Denken an die bloßen Namen halten: „Bei dem Namen Löwe bedürfen wir weder der Anschauung eines solchen Tieres, noch auch selbst des Bildes, sondern der Name, indem wir ihn *verstehen,* ist die bildlose einfache Vorstellung. Es ist in Namen, dass wir *denken.*"[89] In der Distanz des Denkens von der jeweiligen Situation werden Namen zu Anhaltspunkten für seine Entwürfe.[90] Sie kommen ins Spiel, wenn Anhaltspunkte der jeweiligen Situation es nahelegen, ‚fallen' dann ‚aus' dem Gedächtnis ‚ein'. Sie müssen ihrerseits in den Kontext passen, man muss das ‚rechte Wort treffen', um in der Situation mit ihnen etwas anfangen zu können. Die Sprache der Orientierung drückt das so aus, dass im Denken etwas ‚auf den Punkt gebracht' wird, auf den man bei Bedarf wieder ‚zurückkommen' kann, dass, wer ‚etwas zu sagen hat', ‚auf den Punkt kommen' muss, um den es ihm geht und an den andere ‚anknüpfen' können (7.3.). *In* Namen als ‚Punkten' wird abgekürzt, worum es in der jeweiligen Situation geht, und *an* Namen als ‚Punkten' kann das Denken des einen an das Denken des andern anschließen.

Denken schafft so in der Orientierung nicht nur eine neue Art von Übersicht, sondern steigert zugleich die Anschlussfähigkeit unterschied-

---

welche dort unter dem Namen der Einbildungskraft, hier des Verstandes, Verbindung in das Mannigfaltige der Anschauung hineinbringt"), B 154 („unter dem Namen der Kategorien"), A 185/B 228 („Namen Substanz"), A 256/B 312 („Namen eines unbekannten Etwas").

89 Hegel, Enzyklopädie der philosophischen Wissenschaften im Grundrisse (1830), hg. v. Friedhelm Nicolin und Otto Pöggeler, Hamburg 1959, § 460–462, S. 374 f.

90 Zur Kontroverse um das Kennzeichnende von Namen vgl. Mark Textor, Über Sinn und Bedeutung von Eigennamen, Paderborn 2005.

licher Orientierungen aneinander – um den Preis einer Verkürzung eben ihrer Unterschiedlichkeit.[91] Im Denken können Individuen die Individualität ihrer Orientierungen überschreiten, indem sie sich an gemeinsame Zeichen halten. Denken ist darum jedoch nicht schon ein allen gemeinsames, einheitliches, unabhängig von den Individuen an sich bestehendes Denken; Gemeinsamkeit unter unterschiedlichen Orientierungen muss erst eigens geschaffen werden. Das geschieht durch *Begriffe*. Sie gehen darin über Namen hinaus, dass sie nicht nur in unterschiedlichen Situationen und in unterschiedlichen Orientierungen gebraucht werden können und insofern allgemein sind, sondern dass ihr Gebrauch ‚definiert', wörtlich ‚abgegrenzt' wird. Es definiert Begriffe, dass sie definiert werden oder doch, wo nötig, definiert werden können. Sofern Zeichen ihren Sinn mit jedem neuen Gebrauch verschieben können (8.2.), dienen Definitionen der Vermeidung solcher Sinnverschiebungen. Durch Definitionen wird der Sinn von Zeichen an den Sinn anderer Zeichen gebunden, die ihrerseits, wenn nötig, ebenfalls definiert werden können. Dadurch, dass der Sinn von Zeichen durch feste Verknüpfungen haltbar gemacht wird, können sie unter dem Namen von Begriffen unter unterschiedlichen Orientierungen gemeinsam etwas *als* etwas ‚feststellen'. Der Halt in Begriffen durch Anhalten von Sinnverschiebungen kann weiter gesteigert werden durch Definition der Verfahren der Definition bis hin zur Formulierung von ‚Gesetzen' des Denkens in einer ‚formalen Logik'. Werden die Verfahren schließlich durch eigens eingeführte mathematische Zeichen formalisiert, werden Sinnverschiebungen ganz ausgeschlossen. So kann in sonst voneinander abweichenden Orientierungen ein immer festeres Allgemeines gewonnen und gesichert werden.

Dennoch sind auch unterschiedliche Einführungen unterschiedlicher formaler Logiken möglich (10.1.). So wie es von einer Sprache unterschiedliche Grammatiken geben kann und gibt, bleiben vom (vermeintlich *einen*) Denken unterschiedliche Logiken denkbar. Danach hat die Orientierung auch keinen Anhalt an einem ‚Denken an sich'. Um sich an definierte Begriffe zu halten, wird vielmehr Disziplin, *Disziplinierung des Zeichengebrauchs*, erfordert. KANT, der sich in einer aufschlussreichen Nachlassreflexion[92] zurechtlegte, wie die „Logic" zu verstehen und einzuordnen sei, betrachtete sie nicht als „doctrin", sondern als „disciplin". Die „disciplin" schon der „Gemeinen Erkenntnis", die „nach Regeln, die

---

91 Vgl. Nietzsche, Die fröhliche Wissenschaft, Nr. 354.
92 Kant's handschriftlicher Nachlaß, AA XVI, 19–21. Die folgenden Zitate stammen aus dieser Reflexion.

aber nicht Vorschriften sind," verfährt, bestehe darin, „auf die Regeln, die man schon voraus weiß, aufmerksam zu machen und die Abweichung davon zu verhüten". Die Disziplinierung des Zeichengebrauchs setzt auf vielfachen Feldern schon in der alltäglichen Orientierung ein; sie ist die Mindestbedingung für explizite Verständigungen über gemeinsam zu lösende Aufgaben, für organisierte Kooperationen. In kooperativer Kommunikation ‚macht' man einander Begriffe ‚klar', um in gemeinsamen Projekten ‚miteinander klarzukommen'. Erreicht wird dadurch zunächst eine ‚Fehlerkontrolle', ohne dass schon eine explizite Logik vorausgesetzt würde.[93] Die „wissenschaft", so KANT, beginnt mit dem „Gebrauch des Verstandes mit Bewustseyn der Regeln", ihrem Explizit-Machen als Vorschriften, so dass der „gute Gebrauch" der Regeln von einem schlechten unterscheidbar wird: „Die disciplin, welche die Regeln des guten Gebrauchs des Verstandes überhaupt enthält, ist Logic." Sie hatte für KANT ebenfalls nur die Funktion eines *„catarticon* wie die Grammatic", ihr Gebrauch ist also „negativ (fehler abzuhalten: aesthetic)". „Positiv" hätte die Logik, die KANT sehr weit als „eine philosophie über die allgemeinen Gesetze (Regeln) des richtigen Gebrauchs unseres Verstandes und Vernunft" definierte, die Funktion nicht so sehr eines *„organon"* oder eine Methode, um „Erkenntnisse hervorzubringen", denn dazu gehört, wie KANT es in seiner *Logik*-Vorlesung sagte, „daß ich das Object der nach gewissen Regeln hervorzubringenden Erkenntniss schon kenne". Sofern Logik „nicht zur *Erweiterung,* sondern bloss zur *Beurtheilung* und *Berichtigung* unsers Erkenntnisses dient", ist sie vielmehr ein „Kanon" von Regeln, nach denen „der Verstand einzig mit sich selbst zusammen stimmen kann und soll": „Wir wollen in der Logik nicht wissen: wie der Verstand ist und denkt und wie er bisher im Denken verfahren ist, sondern wie er im Denken verfahren sollte."[94]

---

93 Vgl. Luhmann, Das Recht der Gesellschaft, a.O., 388 f.: „Mit Logik hat das nicht das geringste zu tun. Ein begrifflich elaboriertes Netzwerk macht Fehler erkennbar, aber dabei handelt es sich nicht um logische Fehler, sondern um Abweichungen vom festgelegten Sinn eines der Begriffe. Begriffe ermöglichen also Fehlerkontrollen, sie leisten aber vor allem eine über den Wortsinn hinausgehende Beschränkung der Erfolgsbedingung von Operationen. Sie müssen gleichförmig, also mit sich selbst und mit den durch sie markierten Unterscheidungen konsistent verwendet werden (wie die Worte der Sprache). Sie bilden ein zweites, metatextlich verfügbares Sicherheitsnetz für die Redundanz des Systems."
94 Kant, Logik, Einleitung I: Begriff der Logik, AA IX, 13 f. Vgl. Simon, Philosophie des Zeichens, a.O., 197 f. – Kant nannte in der *Kritik der reinen Vernunft*

Die ‚formale' Logik, die von allen ‚Inhalten' absieht, distanziert das Denken am weitesten von den Situationen und Nöten der jeweiligen Orientierung. Inhaltlich kürzt das Denken Namen, bei denen es ansetzt, nach ‚Merkmalen' ab und unterscheidet und definiert sie, wo nötig, durch sie.[95] Durch das schrittweise ‚Abziehen' von Merkmalen, die Abstraktion (7.3.), lassen sich Begriffe ihrerseits hierarchisch in ‚Ober- und Unterbegriffe' ordnen und so übersichtliche ‚Begriffspyramiden' errichten, die in einem ‚höchsten' Begriff gipfeln, von dem aus die Ordnung im ganzen vollkommen zu übersehen und vollständig zu rekonstruieren ist. Sie waren ein Hauptziel der europäischen Philosophie seit PLATON und ARISTOTELES. Mit dem Ausgang von der Selbstbezüglichkeit des Denkens in der Moderne entwickelte sich die Idee des ‚Systems' als eines *Systems von Begriffen*, in dem im Idealfall alle zur Erkenntnis der Welt und zum Handeln in der Welt gebrauchten Begriffe vollständig zusammengestellt und geordnet und damit auch vollständig zu übersehen sein sollten. Das Ideal des Systems (von gr. σύστημα, ‚geordnete Gruppe', ‚Ordnung') war der *vollständige Halt in Begriffen*, demgegenüber aller andere Halt der Orientierung als nachrangig galt. HEGEL, der das System als sich methodisch aus sich selbst entwickelndes wiederum selbstbezüglich reflektierte, wollte in ihm die ‚Vernünftigkeit des Wirklichen' im ganzen begreifen, als Anhalt, sich in der Welt umsichtig, sachgerecht und sicher orientieren zu können.

Die Begriffssysteme vervielfachten sich im Lauf des 19. Jahrhunderts dann freilich so rasch, dass das Vertrauen zunächst in die wechselnden Systeme und schließlich in die Idee des Systems überhaupt und damit in den vollständigen Halt in Begriffen verlorenging. Die *Skepsis gegen das Vertrauen in den Halt in Begriffen* begleitete schon dessen Ursprünge. PLATON zeigte in seinen Dialogen einen SOKRATES, der wohl unermüd-

---

auch die Kritik der reinen Vernunft durch sich selbst eine „*Disciplin*" der Vernunft, hier ihres „transzendentalen" Gebrauchs (A 711/B 739). Soweit eine Logik, eine formale oder eine transzendentale, explizit eingeführt wird, bedarf ihre Einhaltung ihrerseits der Disziplin und kommunikativen Fehlerkontrolle. In ihrer Anwendung auf wissenschaftliche Theorien wird sie, so Luhmann, Das Recht der Gesellschaft, a.O., 343, zu einem fernwirkenden, ultrastabilisierenden „Fehlerüberwachungsinstrument": „Die Logik protegiert [...] das System gegen allzu unübersichtliche Fernwirkungen von Änderungen. Sie macht das System im Sinne von [W. Ross] Ashby [Design for a Brain: The Origin of Adaptive Behaviour, 2. Aufl. London 1960, 98 f.] ‚ultrastabil'." (ebd. 401).

95 Auch hier sind auf dem aktuellen Stand der Logik wiederum „vielfältige Formen komplexer Abkürzungsszenarien" möglich. Vgl. Siegwart, Art. Abstraktion 3, a.O., 29.

lich auf feste, klar abgegrenzte Begriffe bei seinen Gesprächspartnern drängte, die Begriffsbestimmungen, die sie anboten, durch unablässige Nachfragen jedoch so lange verschob, dass sie sich am Ende als unhaltbar erweisen, und seinerseits darauf bestand, über keinerlei haltbare Begriffbestimmungen zu verfügen; wurde er doch zu positiven Begriffsbestimmungen und -entwicklungen genötigt, ließ PLATON ihn sie vornehmlich in Gleichnissen und Mythen vortragen.[96] Er führte so schon in den Anfängen vor, wie der Sinn der Begriffe auch und gerade beim Versuch ihrer Festigung verschoben wurde, so dass die Definition als solche keine Gewähr gegen Sinnverschiebungen war.[97] Begriffe werden durch ihre Festigung in Definitionen auch nicht notwendig deutlicher. Darauf hat noch vor KANT der erste Theoretiker des modernen Systems, Johann Heinrich LAMBERT,[98] aufmerksam gemacht. Da Definitionen die gebrauchten Begriffe vermehren und diese Begriffe ihrerseits nicht unbegrenzt definiert werden können, sind sie schwerer zu übersehen und darum in der Regel auch schwerer zu verstehen als der definierte Begriff (z. B. wird aus einem schlichten Raub dann eine Handlung, durch die jemand „mit Gewalt gegen eine Person oder unter Anwendungen von Drohungen mit gegenwärtiger Gefahr für Leib oder Leben eine fremde bewegliche Sache einem anderen in der Absicht wegnimmt, sich dieselbe rechtswidrig zuzueignen"[99]). LAMBERT riet darum zu begrenzten Abstraktionen und Definitionen.[100] Und Definitionen müssen nicht nur aus Gründen der Übersicht abgebrochen werden, sondern enden unvermeidlich auch bei undefinierten und schon plausiblen Begriffen (9.2.), was gerade bei Versuchen sichtbar wird, ‚Begriffssysteme' in ‚Prinzipien'

---

96 Vgl. Wolfgang Wieland, Platon und die Formen des Wissens, Göttingen 1982, 60 f., und Hans Blumenberg, Höhlenausgänge, Frankfurt am Main 1989, 85–90. Vgl. Verf., Philosophieren als Vermeiden einer Lehre, a.O.
97 Eben diese Verschiebung des Sinns von Begriffen im Zug des Versuchs ihrer Festigung erhob Derrida dann zur Methode der Dekonstruktion (16.2.).
98 Vgl. Geo Siegwart, Einleitung zu: Johann Heinrich Lambert, Texte zur Systematologie und zur Theorie der wissenschaftlichen Erkenntnis, Hamburg 1988.
99 StGB, § 249.
100 Vgl. Lambert, Neues Organon, a.O., II, 212 (§ 348): „Man kann überhaupt auch anrathen, in abstracten Wissenschaften die Anzahl der Kunstwörter lieber zu vermindern als zu vermehren. Sie dienen auch meistens nur zur Abkürzung der Ausdrücke, und verwandeln diese Kürze mehrenteils in eine Dunkelheit und wenigstens scheinbaren Wortkram, weil nicht jeder sich die Mühe nimmt, sich alle die Wörter und ihre Definitionen so genau bekannt zu machen. So ist z.E. in der scholastischen Weltweisheit viel Nützliches. Es liegt aber unter einem fast ungeheuern Wortkram gleichsam begraben."

10.4. Beruhigende Ordnung von Irritationen

zu begründen.¹⁰¹ *Die generelle Grenze des Halts in Begriffen liegt jedoch in der Notwendigkeit der Orientierung selbst, immer neue Situationen in immer wechselnden Horizonten immer neu begreifen zu müssen.* Definitionen und Abstraktionen entzeitlichen die Begriffe; die Entzeitlichung der Begriffe ist das konstituierende Prinzip der formalen Logik, das PARMENIDES auf den Weg brachte (10.1.) und das ARISTOTELES im später so genannten Satz des auszuschließenden Widerspruchs als dem ‚festesten Prinzip' formulierte (1.2.): Wenn ohne logischen Widerspruch „unmöglich dasselbe zugleich demselben in derselben Hinsicht zukommen und nicht zukommen kann",¹⁰² so kann es ihm wohl nicht zugleich, aber nacheinander zukommen und nicht zukommen (man kann zwar nicht ohne Widerspruch sagen, jemand stehe und sitze zugleich, aber er sei vorher gestanden und sitze jetzt). Die Logik, wie ARISTOTELES sie konzipiert hat und wie sie weiterhin betrieben wird, sieht von Anfang an von der Zeit ab, zum einen von der Zeit der Gegenstände ihrer Aussagen, zum anderen von der Zeit ihrer Aussagen selbst, die ebenfalls nicht zugleich, sondern nur nacheinander gemacht werden können. Logisch-systematisches Denken fingiert zum Zweck einer möglichst vollständigen Übersichtlichkeit der Orientierung Gleichzeitigkeit für ihre Aussagen; es entzieht sie der Zeit, um ihre zeitlose Geltung zu behaupten. Das hilft der Orientierung und macht wissenschaftliche Orientierung erst möglich; aber es hilft ihr doch nur auf Zeit. Das Problem der ‚Ersten Philosophie', in der ARISTOTELES das ‚festeste Prinzip' vortrug, war nicht, das zeitlose Sein, sondern zeitliches Werden zu begreifen, und wo er die Zeit ihrerseits nach dem Satz des zu vermeidenden Widerspruchs zu begreifen versuchte, ergaben sich Paradoxien (1.2.).¹⁰³ Sie ergeben sich notwendig,

---

101 Vgl. Luhmann, Das Recht der Gesellschaft, a.O., 347 f.: „Wer Begründen als Berufung auf Gründe versteht, wird sich genötigt sehen, auch Gründe zu begründen. Wer Gründe zu begründen hat, braucht haltbare Prinzipien. Wer Prinzipien benennt, verweist letztlich auf die Umwelt des Systems, in der die benannten Prinzipien ebenfalls anerkannt werden. Das gilt besonders, wenn diese Prinzipien mit dem Zusatz ‚moralisch' oder ‚ethisch' oder ‚vernünftig' ausgestattet werden. […] Schließlich verdeckt das Prinzip in der Statik seiner Formulierung die Zeitlichkeit der Operationen des Systems, das laufende Wiederholen, Kondensieren und Konfirmieren, distinguishing und overruling in der täglichen Praxis des Systems."
102 Aristoteles, Metaphysik, Γ/IV, 4, 1005 b 19 f.
103 Die aktuelle, von A. N. Prior ausgehende sog. temporale Logik setzt bei ‚datierten Propositionen' an (‚Zu dieser Zeit saß er, zu dieser Zeit stand er') und verlagert die Paradoxie so in als bleibend angenommene (und damit wieder paradoxe) Zustände in der Zeit. Vgl. Rainer Bäuerle, Art. Logik, temporale, in:

wenn Zeitliches zeitlos begriffen werden soll.[104] Da es in der Orientierung aber immer auch um Zeitliches geht, ist ihr Halt in Begriffen nur begrenzt haltbar.

Wie Spielräume für Sinnverschiebungen von Zeichen muss die Orientierung auch beim Gebrauch definierter Begriffe Spielräume für Interpretationen lassen. Wird jemand im Sinn der Definition des Strafgesetzbuchs des Raubes angeklagt, müssen individuelle Strafrichter entscheiden, ob und inwieweit die allgemeine Definition auf den individuellen Fall zutrifft, und müssen sich dabei wiederum an Anhaltspunkte halten, die sich in der Verhandlung aus der Vernehmung des Angeklagten und von Zeugen oder ‚Indizien' ergeben (13.5.).[105] Werden in den mathematischen Naturwissenschaften Begriffe wie ‚Kraft', ‚Masse', ‚Energie', ‚Teilchen', ‚Welle' in physikalisch definiertem Sinn gebraucht und mathematisch bemessen, muss doch im Experiment wieder identifiziert werden, worauf sie jeweils zu beziehen sind, und die Anhaltspunkte dafür können sich ändern, wie es Relativitätstheorie und Quantenphysik gegenüber der klassischen Physik erwiesen haben. Logische Disziplinierung, insbesondere in Gestalt der Mathematisierung der Naturwissenschaften, ist eines der nachhaltigsten und erfolgreichsten Mittel der Orientierung. Die Orientierung muss aber auch hier imstande sein, die Begriffe in Bewegung zu halten. Das ist mit der Rede von ‚Paradigmenwechseln' anlässlich von ‚revolutionären' Neuorientierungen in den Wissenschaften[106] nahezu selbstverständlich geworden. Aber auch die ‚Bewegung des Begriffs', in der HEGEL sein System entwickelte, verlief in Spielräumen, die unterschiedliche Entscheidungen offen ließen.[107] Zuvor noch hatte wiederum PASCAL einen orientierenden Umgang auch mit wissenschaft-

---

Enzyklopädie Philosophie und Wissenschaftstheorie, hg. v. Jürgen Mittelstraß, Bd. 2, Stuttgart/Weimar 1995, 689–692, und Klaus Kornwachs, Logik der Zeit – Zeit der Logik. Eine Einführung in die Zeitphilosophie, Münster 2001.

104 Vgl. Nietzsche, Zur Genealogie der Moral II, Nr. 13 (KSA 5.317): „alle Begriffe, in denen sich ein ganzer Prozess semiotisch zusammenfasst, entziehen sich der Definition; definirbar ist nur Das, was keine Geschichte hat."

105 Vgl. Walter Grasnick, Das Recht der Zeichen – im Zeichen des Rechts, in: Josef Simon / Werner Stegmaier (Hg.), Fremde Vernunft. Zeichen und Interpretation IV, Frankfurt am Main 1998, 194–237.

106 Vgl. Thomas S. Kuhn, The Structure of Scientific Revolutions, Chicago 1962, deutsch: Die Struktur wissenschaftlicher Revolutionen, Frankfurt am Main 1967.

107 Vgl. die ausführlichen Nachweise in Arbeiten Dieter Henrichs und Hans-Friedrich Fuldas und dazu Verf. in: Die Substanz muss Fluktuanz werden. Nietzsches Aufhebung der Hegelschen Dialektik, in: Berliner Debatte Initial 12.4 (2001), Themenheft „Unaufhörliche Dialektik", 3–12.

10.4. Beruhigende Ordnung von Irritationen

lichen Prinzipien konzipiert.[108] Danach bedarf es bei wenigen, leicht überschaubaren Prinzipien der Kraft und Geradheit des Geistes (force et droiture d'esprit), um sie genau zu befolgen (esprit de justesse), bei vielen und schwer überschaubaren Prinzipien der Weite des Geistes (amplitude d'esprit), um Prinzipien zu wählen (esprit de géométrie), und bei nicht überschaubaren Prinzipien der Fähigkeit, richtig und gerecht nach dem Gefühl zu urteilen (juger droit et juste selon le sentiment), um Prinzipien zu finden (esprit de finesse). Der plausible und kreative Umgang mit Prinzipien ist eine komplexere Orientierungsleistung als ihre korrekte Befolgung. Zu seinen Bedingungen zählte PASCAL das richtige Tempo, die richtige Distanz, die richtige Perspektive im Erkennen,[109] die stetige Aufmerksamkeit auf Randbedingungen („Die Macht der Fliegen, sie gewinnen Schlachten, sie verwehren unserer Seele, tätig zu sein, sie fressen unseren Leib") und auf die jeweils andere Seite von Unterscheidungen,[110] das Rechnen mit der eigenen Schwäche (faiblesse) – „als wüßte jeder mit Gewißheit, wo Vernunft und Gerechtigkeit sind" – und mit der Lust (concupiscence) und Gewalt (force) als Ursprüngen von Ordnungen, einschließlich der Ordnungen des Rechts und der Philosophie.[111] Im ganzen empfahl er, sich nicht distanzlos in herrschende Geschmacksmuster (modèle) einzupassen[112] und sich auf keine Eigenschaft oder Profession festlegen zu lassen.[113]

Wissenschaftliche Begriffe werden in der Regel schon dadurch in Bewegung gehalten, dass, wo immer Neues zu erschließen ist, zwischen

---

108 Vgl. Pascal, Pensées, Nr. 511/2 u. 512/1.
109 Ebd., Nr. 41/69, 21/381, vgl. 65/115, 574/263.
110 Ebd., Nr. 22/367 u. 576/567.
111 Ebd., Nr. 33/374, 97/334, 106/403, 81/299, 85/878, 86/297, 103/298 u. 145/461.
112 Ebd., Nr. 585 f./32 f.
113 Ebd., Nr. 587/34, 647/35. – Der Sache nach schließt hier Michael Polanyi mit seiner Theorie des „impliziten", das heißt für ihn: an die persönliche Kunst des Wissenschaftlers, von Fakten und Methoden seiner Wissenschaft erfolgreich Gebrauch zu machen, gebundenen Wissens an (vgl. Personal Knowledge. Towards a Post-Critical Philosophy, London 1958, und die kritische Weiterführung des Konzepts durch Hildur Kalman, The Structure of Knowing. Existential Trust as an Epistemological Category, Stockholm 1999). – Luhmann, der gerne mit Pascal argumentierte und sich auch in der Frage des Umgangs mit Prinzipien auf ihn bezog (Die Gesellschaft der Gesellschaft, a.O., 952), empfahl nach der „Erosion aller Prinzipien" deren „Ersetzung durch Paradoxien und/oder Ausgangsunterscheidungen" (Das Recht der Gesellschaft, a.O., 344). Prinzipien sind „letzte Entscheidungsgesichtspunkte", „die offenlassen, wovon sie ihrerseits sich unterscheiden" (ebd., 369).

situativer Orientierung und begrifflicher Analyse oszilliert werden muss. Jede begriffliche Analyse bedarf einer vorausgehenden Orientierung und diese Orientierung in den Wissenschaften wieder der begrifflichen Analyse. Die begriffliche Analyse wird im Sinn MENDELSSOHNS dabei laufend orientiert und die Orientierung durch sie laufend korrigiert. Orientierungen betten wissenschaftliche Analysen ein und gewinnen durch wissenschaftliche Analysen Präzision. Das bedeutet nicht, dass Orientierung und Analyse einander immer harmonisch ergänzen. Mit neuen Orientierungen kann sich das Interesse an Analysen verschieben, und mit dem Gewinn an Präzision kann die Relevanz von Orientierungen kippen.[114] Indem sie von QUINE bis DAVIDSON und RORTY unerkannte Dogmen und offengebliebene Spielräume in der logischen Analyse der Sprache entdeckte, hat auch die Analytische Philosophie wieder ihre Voraussetzungen in der Orientierung erschlossen. Auch sie hat sich inzwischen bis zu den epistemischen Abenteuern vorgewagt, aus denen die Routinen wissenschaftlicher Begriffs- und Theoriebildungen einmal hervorgegangen sind.[115]

10.5. Beweglichkeit von Begriffen: Fluktuanzen

Begriffe dürfen Umorientierungen nicht über ihre Zeit hinaus aufhalten. Menschliche Orientierung braucht gegen kurzfristige Sinnverschiebungen hinreichend haltbare Begriffe, die langfristig dennoch verschiebbar sind. Das wird, wie bei ihren Routinen, möglich durch versetzte Kontinuitäten (9.3.).

ARISTOTELES hat zeitlose Begriffe zeitlosen *Substanzen* (gr. οὐσίαι, lat. substantiae) zugeordnet, in denen das Denken im unablässigen Anders-Werden ‚zum Stehen kommt' (7.), und, um wiederum das unablässige Anders-Werden zu denken, diese zeitlosen Substanzen als das ‚Zugrundeliegende' (gr. ὑποκείμενον, lat. substratum) zeitlich wechselnder Zustände und Eigenschaften (gr. συμβεβηκότα, lat. accidentia) angesetzt. So spaltete er das Zeitliche auf, unterschied im Zeitlichen (dem unablässigen

---

114 Vgl. Metschl, Von Plausibilitäten und Wahrscheinlichkeiten, a.O.
115 Vgl. Seibt, Kognitive Orientierung als epistemisches Abenteuer, a.O., 223 f.:
„Daß die philosophische Epistemologie, Logik und Semantik sich bisher vielfach auf die Analyse von Bestätigung, Induktion, Deduktion, Extension und Intension konzentriert hat und nicht auf Abduktion, Analogiebildung, Metapher und die Pragmatik der kontinuierlichen Bedeutungserzeugung, ist wohl damit zu erklären, dass Routinen leichter zugänglich sind als Abenteuer".

Anders-Werden) Zeitloses (Substanzen, Wesen) von Zeitlichem (wechselnde und unwesentliche Zustände und Eigenschaften). Im deutschen Sprachgebrauch wurden die Substanzen zu Dingen und ‚Trägern' von Eigenschaften, zu dem, was sie metaphorisch hält, und Dinge gelten auch als das, was Namen ‚trägt':[116] sie sind das Wesentliche, die Namen das Unwesentliche. Doch es war seit jeher, auch schon für ARISTOTELES, schwierig, das ὑποκείμενον von seinen συμβεβηκότα, die Substanz von ihren Akzidentien, das Ding von seinen Eigenschaften, das Wesen vom Unwesentlichen generell zu trennen. Das Bleibende und Haltende im Anders-Werden kann seinerseits immer wieder ein Anderes sein: das Meer, wenn Wellen entstehen, die Wellen, wenn sich auf ihnen Schaumkronen bilden, die Schaumkronen, wenn auf ihnen die Wassertropfen zerstieben, die Wassertropfen, wenn sich das Sonnenlicht in ihnen spiegelt. ‚Substanz' ist danach ein Begriff oder eine Kategorie, die immer, wenn in der Zeit etwas als etwas festgehalten werden und dabei von dem, was sich gleichwohl an ihm verändert, abgesehen werden soll, wechselnd auf Unterschiedliches bezogen werden kann, und so fasste sie dann KANT auf (9.1.(3)). Festgehalten wird in der Orientierung, was jetzt ‚wesentlich' oder von Belang ist; was jetzt ohne Belang und ‚unwesentlich' ist, wird außer Acht gelassen; und haltbare Dinge können gegenüber ihren wechselnden Eigenschaften in diesem Sinn wesentlich sein (z. B. ein Porträt gegenüber dem Licht, das zufällig auf es fällt). Als Unterscheidung des Wesentlichen vom Unwesentlichen ist die alte Substanz-Akzidens-

---

116 Das gr. ὑποκείμενον ist nicht nur das als Grundlage Dienende, ‚Darunterliegende', sondern auch das ‚Vorliegende', die gegebenen Verhältnisse, in deren Rahmen etwas geschieht, und hier wiederum das fest Beschlossene, Geltende, im ganzen also das, was ‚sich hält' und darum auch anderes halten kann. Nicht οὐσία, der für ARISTOTELES leitende Begriff des Seins oder der ‚Seiendheit', sondern ὑποκείμενον ging nach einem Umweg über gr. ὑπόστασις, ‚das Darunterstehen(de)', ‚Standhalten(de)', und damit unter massiver Bekräftigung der Träger-Metaphorik dann in lat. substantia ein (7.1.), während aus οὐσία lat. ‚essentia' und deutsch ‚Wesen' wurde. ‚Substans' bedeutete ebenfalls das ‚Darunterstehende'; ὑποκείμενον konnte aber auch mit ‚substratum', das ‚Daruntergebreitete' (‚stratum' ist das Bett, die Matratze, der Sattel, im Plural das aufgeschichtete Pflaster von Straßen), und ‚subiectum', ebenfalls das ‚Untergebreitete', aber auch das ‚Angrenzende, Unterworfene, Preisgegebene, Ausgesetzte' wiedergegeben werden. Als Kant dann ‚Subjekt' auch für das gebrauchte, *für das* etwas Gegenstand, ‚subiectum', ist (9.1.(5)), spaltete er seinerseits das alte ‚subiectum' in ein Objekt und ein neues Subjekt auf (10.3.; vgl. B. Kible, Art. Subjekt I, in: Historisches Wörterbuch der Philosophie, Bd. 10, Basel/Darmstadt 1998, Sp. 373–383).

Unterscheidung von unverminderter Bedeutung; die Orientierung kann und muss nicht auf sie verzichten. Denn sie unterstellt nicht zwingend ein Wesentliches für alle Zeit. Was wesentlich ist, kann von Zeit zu Zeit wechseln. Wechseln können die Belange: Ein Porträt kann nur in einem bestimmten Licht voll zur Geltung kommen, es kann zunächst von Bedeutung sein durch seine Komposition und Farbgebung, später als Erinnerung an den Porträtierten, irgendwann als bloßer Wandschmuck und schließlich, hochgealtert und in seinem Kunstwert wiederentdeckt, als Kapitalanlage. Wechseln können auch die Merkmale: die Farbpigmente können so nachdunkeln, dass das Porträt eine veränderte Stimmung bekommt. Wechseln können schließlich die Identitäten (12.2.): Eine Kunsthandlung tauscht nacheinander ihr Personal, ihren Sitz, ihre Eigentümer, ihren Namen, ihre Eintragung im Handelsregister aus. In allen genannten Fällen bleiben dennoch Anhaltspunkte, um das Betreffende wiederzuerkennen und sich daran zu halten (z. B. mit Zahlungsforderungen an die Kunsthandlung). In der Änderung der Belange, Merkmale und Identitäten bleibt immer etwas, sonst würde sie gar nicht als Änderung wahrgenommen; aber es muss nicht in jeder Änderung dasselbe sein: Was sich ändert, kann sich in versetzten Kontinuitäten verändern, und es kann sich mit der Zeit so verändern, dass es nicht mehr wiederzuerkennen ist. Auch ‚Substanzen' und ‚Wesen', die der Orientierung Halt geben, bleiben so im Fluss. Ich habe sie darum ‚*Fluktuanzen*' genannt.[117]

DILTHEY hat für die Fluktuanz, die Fluss-Metaphorik vermeidend, den Begriff des unter kontingenten und wechselnden Bedingungen „erworbenen Strukturzusammenhangs" geschaffen (1.4.). NIETZSCHE dagegen hat im Anschluss an HERAKLIT die Fluss-Metaphorik am entschiedensten gebraucht: „Die Form ist flüssig, der ‚Sinn' ist es noch mehr ..." Danach kann „die ganze Geschichte eines ‚Dings', eines Organs, eines Brauchs […] eine fortgesetzte Zeichen-Kette von immer neuen Interpretationen und Zurechtmachungen sein, deren Ursachen selbst unter sich nicht im Zusammenhange zu sein brauchen, vielmehr unter

---

117 Vgl. Verf., Die fließende Einheit des Flusses. Zur nachmetaphysischen Ontologie, in: Karen Gloy u. Enno Rudolph (Hg.), Einheit als Grundfrage der Philosophie, Darmstadt 1985, 355–379, ders., Die Zeitlichkeit des Lebendigen. Kant, Hegel und die Prinzipien von Darwins Evolutionstheorie, in: Hubertus Busche / George Heffernan / Dieter Lohmar (Hg.), Bewußtsein und Zeitlichkeit. Ein Problemschnitt durch die Philosophie der Neuzeit. Festschrift für Gerhart Schmidt zum 65. Geb., Würzburg 1990, 75–87, und ders., Philosophie der Fluktuanz. Dilthey und Nietzsche, Göttingen 1992.

10.5. Beweglichkeit von Begriffen: Fluktuanzen

Umständen sich bloss zufällig hinter einander folgen und ablösen."¹¹⁸ Prägnante Bilder für die Fluktuanz als haltbarer und dennoch flüssiger Form haben zunächst NEURATH, dann WITTGENSTEIN gefunden. Der ‚logische Empirist' NEURATH schuf ein Leitbild auch für die spätere Analytische Philosophie, als er für das Problem der Bereitstellung „endgültig gesicherter sauberer Protokollsätze" für streng empirische Wissenschaften einräumte: „Wie Schiffer sind wir, die ihr Schiff auf offener See umbauen müssen, ohne es jemals in einem Dock zerlegen und aus besten Bestandteilen neu errichten zu können."¹¹⁹ Auch der ‚logische Aufbau der Welt', wie CARNAP ihn nannte, geschieht auf hoher See. QUINE, der sich gerne auf das Bild berief, erschloss in einer Ontologie des Flusses Möglichkeiten, „Prozeß-Objekte" in „Moment-Objekten" sprachlich zu identifizieren.¹²⁰ WITTGENSTEIN brachte die Begriffs-, Urteils- und Theorienbildung in das Bild eines Flusses, der sich sein Bett gräbt, das ihn nun führt, das er aber auch weiterhin vertiefen und verflachen lassen, erweitern und verschieben kann:

> Man könnte sich vorstellen, daß gewisse Sätze von der Form der Erfahrungssätze erstarrt wären und als Leitung für die nicht erstarrten, flüssigen Erfahrungssätze funktionierten; und daß sich dies Verhältnis mit der Zeit änderte, indem flüssige Sätze erstarrten und feste flüssig würden. – Die Mythologie kann wieder in Fluß geraten, das Flußbett der Gedanken sich verschieben. Aber ich unterscheide zwischen der Bewegung des Wassers im Flußbett und der Verschiebung dieses; obwohl es eine scharfe Trennung

---

118 Nietzsche, Zur Genealogie der Moral II, Nr. 12, KSA 5.314 f. Vgl. Verf., Nietzsches ‚Genealogie der Moral', a.O., 70–82 („Sinnverschiebung"), und Art. Fließen, a.O. Max Weber hat, ohne expliziten Hinweis auf Nietzsche, den Begriff des flüssigen Sinns im Blick auf die Sozial- und Kulturwissenschaften übernommen. Vgl. Die ‚Objektivität' sozialwissenschaftlicher und sozialpolitischer Erkenntnis (1904), in: M.W., Gesammelte Aufsätze zur Wissenschaftslehre, hg. v. Johannes Winckelmann, 7. Aufl. Tübingen 1988, 146–214, hier 184.

119 Otto Neurath, Protokollsätze, in: Erkenntnis 3 (1932), 204–214, hier 206, wiederabgedr. in: Hubert Schleichert (Hg.), Logischer Empirismus – Der Wiener Kreis. Ausgewählte Texte mit einer Einleitung, München 1975, 70–80. – Die Metapher findet sich schon bei Nietzsche, der weit radikalere Konsequenzen aus ihr zieht: „Jenes ungeheure Gebälk und Bretterwerk der Begriffe, an das sich klammernd der bedürftige Mensch sich durch das Leben rettet, ist dem freigewordenen Intellekt nur ein Gerüst und ein Spielzeug für seine verwegensten Kunststücke: und wenn er es zerschlägt, durcheinanderwirft, ironisch wieder zusammensetzt, das Fremdeste paarend und das Nächste trennend, so offenbart er, dass er jene Nothbehelfe der Bedürftigkeit nicht braucht, und dass er jetzt nicht von Begriffen sondern von Intuitionen geleitet wird." (WL, KSA 1.888.). Zur Fortschreibung der Metapher bei Paul Lorenzen vgl. Blumenberg, Schiffbruch mit Zuschauer. Paradigma einer Daseinsmetapher, Frankfurt am Main 1979, 80–83.

120 Willard Van Orman Quine, Identität, Ostension und Hypostase (1950), in: W.V.O.Q., Von einem logischen Standpunkt. Neun logisch-philosophische Essays, übers. v. P. Bosch (1979), 67–80.

zwischen beiden nicht gibt. [...] – Ja, das Ufer jenes Flusses besteht zum Teil aus hartem Gestein, das keiner oder einer unmerkbaren Änderung unterliegt, und teils aus Sand, der bald hier bald dort weg- und angeschwemmt wird.[121]

Für die Mathematik fand er die Metaphorik des Spinnens:

> wir dehnen unseren Begriff der Zahl aus, wie wir beim Spinnen eines Fadens Faser an Faser drehen. Und die Stärke eines Fadens liegt nicht darin, daß irgend eine Faser durch seine ganze Länge läuft, sondern darin, daß viele Fasern einander übergreifen.

Er kommentierte sie so:

> Wenn aber Einer sagen wollte: ‚Also ist allen diesen Gebilden etwas gemeinsam, – nämlich die Disjunktion aller dieser Gemeinsamkeiten' – so würde ich antworten: hier spielst du nur mit einem Wort. Ebenso könnte man sagen: es läuft ein Etwas durch den ganzen Faden, – nämlich das lückenlose Übergreifen dieser Fasern.[122]

LUHMANN schrieb dann:

> Es gibt also keine ‚festen Substanzen', die durch Fluktuationen angegriffen und aufgelöst werden könnten. Oder anders gesagt: der Monarch ist bereits ermordet und nach ihm gibt es nur noch Entscheidungen.[123]

---

121 Wittgenstein, Über Gewißheit, in: L.W., Werkausgabe, Bd. 8, Frankfurt am Main 1984, 140 (§§ 96, 97, 99). – Kant hat in seiner frühen Schrift: Die Frage, ob die Erde veralte, physikalisch erwogen (1754), AA I, 199 f., Flüsse noch in nicht-metaphorischem Sinn so beschrieben: „Das Meer erhöhte selber die Ufer des festen Landes mit dem Niedersatz der hinaufgetragenen Materien, durch deren Wegführung es sein eigenes Bette vertiefte; es warf Dünen und Dämme auf, die den Überschwemmungen vorbeugten. Die Ströme, welche die Feuchtigkeiten des festen Landes abführen sollten, waren noch nicht in gehörige Fluthbette eingeschlossen, sie überschwemmten noch die Ebenen, bis sie sich selber endlich in abgemessene Canäle beschränkten und einen einförmigen Abhang von ihrem Ursprunge an bis zu dem Meere zubereiteten."
122 Wittgenstein, Philosophische Untersuchungen, § 67.
123 Luhmann, Die Politik der Gesellschaft, a.O., 431.

11. Orientierung an anderer Orientierung: Interaktion und Kommunikation
Orientierung in doppelter Kontingenz

11.1. Beunruhigung und Beruhigung durch andere Orientierungen
11.2. Körperdistanzen, Körperzeichen, Blickwechsel, Interaktionsrituale: Orientierungsregeln in Anwesenheit anderer
11.3. Übernahme anderer Orientierungen: Nachahmung und Anpassung
11.4. Sprechen als Orientierungsgewinn und -verlust, Sprachen als Orientierungsroutinen
11.5. Doppelte Kontingenz der Kommunikation: Sorge um Anschlussfähigkeit, Diplomatie der Zeichen, Aufbau von Vertrauen, Einhaltung von Distanzsphären
11.6. Absichten und Willen als Fluchtpunkte der Orientierung über andere Orientierung

> „Hegels Umgang ist sehr wohltätig für mich. Ich liebe die ruhigen Verstandesmenschen, weil man sich so gut bei ihnen orientieren kann, wenn man nicht recht weiß, in welchem Falle man mit sich und der Welt begriffen ist."
> HÖLDERLIN an NEUFFER,
> 16. Februar 1797

Der Andere in der Art, wie er in der eigenen Orientierung mitspielt, ist diesseits der Ethik und der Politischen Philosophie in der europäischen Philosophie erst spät, im 20. Jahrhundert, zum Thema geworden und dann vom Bewusstsein und dessen möglicher Teilhabe am anderen Bewusstsein aus und im Blick auf eine mögliche Einheit in Denken, Sprechen und Handeln. HUSSERL hat dafür in seiner Transzendentalen Phänomenologie den Begriff der Intersubjektivität bereitgestellt. Doch auch für ihn war Intersubjektivität nicht gegeben, sondern aus leiblichen Anhaltspunkten erschlossen. Am Bewusstsein anderer teilzuhaben ist nur so möglich, dass man sich anhand von Anhaltspunkten und Zeichen über es orientiert und aus ihnen die Hinsichten und Absichten der andern erschließt, und dabei kann es ebenso wie um Konsens um Konflikt gehen.¹ Eine Philosophie der Orientierung kann und muss von der *Trennung der Orientierungen* ausgehen, die mit der Geburt, mit der Trennung vom Körper der Mutter beginnt. Dennoch oder gerade darum bleiben *andere Orientierungen der wichtigste Anhalt und Halt für die eigene Orientierung*, und er beginnt wiederum mit dem Halt und Anhalt an den Körpern der andern. Man wird von andern gehalten, bis man sich selbst frei bewegen kann, und kann sich weiter, zum Zeichen des Halts aneinander, an den Händen halten. Der Halt am andern setzt sich auch in körperlicher Distanz fort. Andere Orientierungen geben der eigenen beruhigenden Halt, wenn sie als übereinstimmend wahrgenommen werden, sie erweitern ihre Horizonte und geben ihr als Vorbilder, durch Anleitungen und Ratschläge moralischen Rückhalt. Werden andere Orientierungen aber als abweichend wahrgenommen, beunruhigen und verunsichern sie. Lässt man sich vorbehaltlos von ihnen leiten, können sie die eigenen Horizonte einschränken und Handlungsspielräume verschließen. Verlässt man sich auf sie, kann man getäuscht werden, und lässt man sich von andern Pflichten aufnötigen, kann man in moralische Nöte kommen. Man kann andere Orientierungen aber auch abweisen und tut das in der Mehrheit der Fälle. Man kann, will und muss nicht mit allen zu tun haben. Die Orientierung hält hier ebenfalls Alternativen offen.

Die *Spielräume der Orientierung über andere und an anderen Orientierungen* sind Gegenstand der folgenden Kapitel. Sie nehmen die vorigen Analysen (4.-10.) im Blick auf die wechselseitige Orientierung auf, gehen wieder von Situationen unter Zeit- und Handlungsdruck aus, jetzt von Situationen in Gegenwart anderer, die Interaktion und Kommunikation erfordern, um sich über die Absichten der andern zu orientieren und daraus Hinsichten zu gewinnen, erfolgreich mit ihnen umzugehen (11.). Daran schließt die Analyse der Stabilisierung und Differenzierung der wechselseitigen Orientierung durch die Ausbildung und Achtung von Identitäten an (12.). Danach wird verfolgt, wie sich die Orientierung

---

1 Vgl. Luhmann, Einführung in die Systemtheorie, a.O., 335–340. Luhmann hat den Begriff der Intersubjektivität darum durch den der Interpenetration ersetzt (Soziale Systeme, a.O., 293 f.). Intersubjektivität setzt füreinander gegebene Subjekte voraus, die *als* Subjekte schon für sich selbst nicht gegeben sein können – oder eben als in Anhaltspunkten und Zeichen gegebene *Objekte* (vgl. Luhmann, Die Gesellschaft der Gesellschaft, a.O., 1028 f., Anm.).

übereinander und aneinander in sozialen Funktions- oder Kommunikationssystemen stabilisiert und differenziert, zunächst in der Wirtschaft, in den Medien, in der Politik und im Recht, in deren Rahmen man ‚auf' andere und ‚mit' anderen ‚rechnet', um seine Lebensumstände zu sichern (13.). Wissenschaft, Kunst und Religion ermöglichen eine neue Selbstreflexion der Orientierung. Durch Wissenschaft wird die Orientierung kritisch diszipliniert, durch Kunst kreativ desorientiert, und sofern in der Religion ein unverrückbarer Halt entsteht, ist sie eine Orientierung, an der alle übrigen Orientierungen *als* Orientierungen reflektiert werden (14.). Während man ohne ökonomische, politische und rechtliche Orientierung im Alltag nicht auskommt, kann man sich für oder gegen eine Orientierung durch Wissenschaft, Kunst und Religion entscheiden. Orientierungsentscheidungen wiederum werden in der moralischen Orientierung zu festen Selbstbindungen gegenüber anderen Orientierungen. Das lässt unterschiedliche Moralen und damit auch Konflikte unter ihnen zu (15.). Je erbitterter solche Konflikte werden, desto stärker nötigen sie, auch moralische Selbstbindungen selbstkritisch zu reflektieren und eine Moral im Umgang mit anderen Moralen auszubilden, die wir ethische Orientierung nennen werden (16.). Im globalen Horizont wird die Orientierung schließlich zur Weltorientierung (17.).

11.1. Beunruhigung und Beruhigung durch andere Orientierungen

Andere schaffen eine neue Orientierungssituation. Sie orientieren mehr als alles andere und beunruhigen oder beruhigen dadurch mehr als alles andere. Sie beunruhigen, wenn man aus der Zutraulichkeit des Kindesalters heraus ist, schon durch ihre körperliche Nähe, ob sie nun als angenehm und anziehend oder als unangenehm und bedrängend erfahren wird. Andere beunruhigen, *weil* sie sich von ihrem Standpunkt aus unvermeidlich anders orientieren und dadurch an die Risiken der eigenen Orientierung erinnern: an demselben Ort und zur selben Zeit kann man eine Situation immer auch anders sehen, und aus anderen Sichten können sich erfolgreichere Handlungsmöglichkeiten auftun. Und auch wo andere sich gleich zu orientieren und damit die eigene Orientierung zu bestätigen scheinen, kann man sich nie sicher sein, inwieweit man andere Orientierungen ihrerseits ‚richtig sieht' und ob sie darum zu Recht beruhigen. *Man hat es, wo immer man mit anderen zu tun hat, mit anderen zu tun, die (mehr oder weniger) anderes zu tun haben.* Aber selbst dort, wo andere Orientierungen der eigenen Orientierung zuwiderlaufen, können sie noch hilfreich sein, eben weil sie auf andere Handlungsmöglichkeiten aufmerksam machen, und so kann, was zunächst beunruhigend wirkt, auch wieder beruhigen.

Orientierungen können auch in Hinsicht auf andere Orientierungen nicht mit vorgegebenen Gemeinsamkeiten, nicht mit irgendeinem a priori rechnen. Erwartungen von Gemeinsamkeiten können sich in jedem Punkt als vorschnell herausstellen. Man kann und wird zwar versuchen, sich in den Standpunkt anderer zu versetzen, sich in ihre Lebensbedingungen hineinzudenken und zu erschließen, worum es ihnen geht, was sie mit dem meinen, was sie sagen, was sie denken, was sie wollen, aber man kann sich dessen nie sicher sein. Denn man kann all das wieder nur von seinem eigenen Standpunkt aus und unter seinen eigenen Bedingungen erschließen. Orientierungen sind auf eine Weise anders, dass man sie nicht vergleichen kann, jedenfalls nicht unabhängig, nicht von einem dritten Standpunkt aus, weil jeder an den eigenen Standpunkt gebunden bleibt. Eben diese *Unvergleichbarkeit der Orientierungen* ist der Grund ihrer Beunruhigung, sobald sie miteinander zu tun haben.

Der Umgang mit andern stellt so vor *neue Orientierungsprobleme.* Der Umgang mit andern kann misslingen und wie eine schlecht ausgeschilderte Bergtour gehörig in Bedrängnis bringen. Und hier läuft man nicht nur das Risiko, sich nicht zurechtzufinden, sondern auch in unliebsame und bedrohliche Konflikte zu geraten, von körperlichen Zusammenstößen über verbale Auseinandersetzungen bis zu anhaltenden Feindschaften und Gewalttätigkeiten. Die Möglichkeiten des Misslingens zeigen auch hier die Schwierigkeiten des Gelingens. Eben weil man mit seiner Orientierung nicht nur irren, sondern auch mit anderen konfligieren kann, wird man, zu seiner eigenen Beruhigung, andere Orientierungen stets aufmerksam berücksichtigen, zumal sie zugleich helfen können, eigene Orientierungsprobleme zu bewältigen. Einer findet sich in neuen Situationen immer wieder rasch zurecht, andere verlassen sich auf ihn, überlassen ihm ihre Orientierung und verzichten auf eine eigene.[2] In modernen Gesellschaften muss man sich nicht mehr nur auf Menschen, Eltern, Lehrer, Freunde, Geistliche, Ärzte, Anwälte verlassen, sondern mehr und mehr auch auf Technik und die, die sie beherrschen. Durch die *Übernahme bewährter Orientierungen* wird die eigene abgekürzt, werden ihr Umwege und Irrtümer erspart, sie wird leichter. Weil Menschen im

---

2   Zur moralischen Dimension des ‚Sich-Verlassens' vgl. 15.1.

Vergleich zu anderen Spezies sehr lange auf andere Orientierungen angewiesen sind, wird es gerade für sie selbstverständlich, andere Orientierungen zu übernehmen und sich an sie zu halten. Wir halten uns an zahllose, meist anonyme andere Orientierungen und bekommen damit auch nur selten Probleme.

Dennoch bleibt in der Trennung der Orientierungen und der Distanz der Standpunkte immer offen, ob bei anderen bewährte Orientierungen sich auch in der eigenen Orientierung bewähren. Kinder, die ihren Eltern und Lehrern vertrauen, werden mit der Zeit doch kritisch gegen ihre Vorgaben. Im beruhigenden Halt an anderen Orientierungen wächst so die Beunruhigung, ob der Halt wirklich hält, was er verspricht. Je mehr man andern vertraut, desto empfindlicher kann man von ihnen enttäuscht werden, je mehr man sich auf andere verlässt, desto schlimmer wird es, von ihnen verlassen zu werden. Auch wer eine sichere Orientierung unter Menschen, also ‚Menschenkenntnis' gewonnen hat, kennt andere, selbst wenn er ‚sein Leben mit ihnen teilt', immer nur aus ihrem Verhalten in bestimmten Situationen und kann nie sicher sein, ob sie sich nicht in neuen Situationen überraschend anders verhalten, überraschend vielleicht sogar für sie selbst (‚Das hätte ich nicht von dir gedacht.' – ‚Ich ja auch nicht.'). *Andere Menschen sind das Zuverlässigste, aber auch das Überraschendste in der Orientierung.* So beobachtet man andere stets auf ihre Verlässlichkeit hin.

Die moralische Sicht, die sich in der Philosophie gewöhnlich rasch einstellt, wenn es um die Orientierung an anderer Orientierung geht, lässt sie leicht über deren elementare Gegebenheiten hinwegsehen: Um einander beobachten, ‚im Auge behalten' zu können, gehen Menschen zueinander auf Distanz. Wir sind aus alten Zeiten unmerklich darauf orientiert, uns aus sicherer Distanz über- und aneinander zu orientieren. Wir kommen einander nur näher, wenn wir Anlass haben, einander zu trauen – oder in Konflikten. Wir beobachten einander aus einer Entfernung, in der wir schon im Vorfeld Anhaltspunkte für mögliche Zusammenstöße ausmachen können, halten Distanz, um die Situation zwischen uns zu klären, wahren mit einem Wort *Orientierungsdistanz*. Wir beobachten dabei stets, ob und wie andere uns beobachten, ob sie ihrerseits auf uns aufmerksam sind. Bezeichnend für die laufende *Beobachtung der Beobachtung anderer* ist der charakteristische ‚Orientierungsblick' beim Betreten eines Bezirks oder Raums, in dem sich schon andere Menschen aufhalten, eines öffentlichen Platzes, eines Lokals, Büros, Klassenraums, Fahrstuhls usw.: Man sucht hier in aller Kürze die Situation zu ‚sichern', indem man, ohne den andern in die Augen zu sehen, zu übersehen sucht, was sie sehen. Auch dieses Sich-übereinander-Orientieren verändert schon die Situation (4.1.): Es entscheidet augenblicklich darüber, wem man sich zuwendet und wem nicht, auf wen man zugeht und von wem man sich fernhält, auf wen man sich einlässt – und dies wird seinerseits wieder von den andern Anwesenden aufmerksam beobachtet.

Mit seinem Orientierungsblick über die Anwesenden übersieht man die Situation nicht nur, sondern situiert sich zugleich in ihr. Er eröffnet die *Interaktion*. ‚Interaktion' ist in der Soziologie als Begriff für die Reaktion von Anwesenden aufeinander eingeführt, die einander wahrnehmen und wahrnehmen, *dass* sie einander wahrnehmen,[3] ohne dass sie schon miteinander vertraut sein müssten. Gemeinsam Anwesende können nicht anders, als aufeinander zu reagieren, auch und gerade dann, wenn sie nicht aufeinander eingehen. Jeder verhält sich unwillkürlich anders, wenn ein anderer anwesend ist. Sein Verhalten orientiert sich immer auch, meist unmerklich und unabsichtlich, am andern. Menschen interagieren stets mit anderen Menschen, wenn sie in ihrer Nähe sind.

Wer andere dabei beobachtet, wie sie seine Beobachtungen beobachten, wird zugleich auf Besonderheiten seiner eigenen Beobachtung aufmerksam, z. B. dass er aufdringlich (er sieht jemand an, der von ihm nicht gesehen werden will) oder flüchtig (jemand will von ihm gesehen werden, und er sieht ihn nicht an), erwartungsvoll oder gelangweilt, zufrieden oder unzufrieden usw. beobachtet. Über die Beobachtung anderer Orientierungen wird die Beobachtung der eigenen Orientierung möglich – und nicht nur möglich: die Reaktion der andern *nötigt* zu ihr. Und da es dabei um Kontakte einerseits und die Vermeidung von Kontakten andererseits geht, bleibt die Orientierung an anderer Orientierung nicht in theoretischer Distanz, sondern erzeugt Spannung in der Situation, und diese Spannung kann dann *Kommunikation*, einen Wortwechsel, ein Gespräch veranlassen. Die Übergänge zwischen Interaktion und Kommunikation sind gleitend, und entsprechend fließend ist der Begriffsgebrauch. ‚Kommunikation' kommt von lat. ‚communis', das seinerseits von ‚munus', ‚Aufgabe' kommt: ‚communis' ist, was für eine gemeinsame Aufgabe von Belang und insofern öffentlich, allgemein ist.

---

3   Vgl. Niklas Luhmann, Interaktion, Organisation, Gesellschaft. Anwendungen der Systemtheorie, in: N.L., Soziologische Aufklärung 2: Aufsätze zur Theorie der Gesellschaft (1975), 4. Aufl. 1991, 9–20, hier 10. – Jürgen Habermas, Arbeit und Interaktion, in: J.H., Technik und Wissenschaft als ‚Ideologie', Frankfurt am Main 1968, 9 ff., der den Begriff der Interaktion im deutschen Sprachraum eingeführt und populär gemacht hat, hat ihn mit kommunikativem Handeln identifiziert und normativ besetzt.

‚Communicare' heißt entsprechend etwas zu einer gemeinsamen Aufgabe machen, miteinander teilen, einander mitteilen, wobei die ‚communio', die Gemeinschaft, bis zum religiösen Gemeinschaftsmahl reichen kann, die ‚communicatio' aber schon mit ‚Mitteilungen' im Sinn von ‚Informationsaustausch' und ‚Gespräch' beginnt.

Interaktion muss keiner Worte bedürfen – man interagiert selbst dann, wenn man im Fahrstuhl zu Fremden unwillkürlich möglichst große Distanz hält und sich in Ecken zurückzieht, in die man sich alleine nicht stellen würde, oder wenn man im Gedränge einer Fußgängerzone einander ausweicht, ohne einander anzusehen. Wird es allzu eng, können aber Zeichen und Worte, kann Kommunikation nötig werden: nun kommt man nur noch mit Hilfe von Gesten und rituellen Formeln (‚Bitte, nach Ihnen!') aneinander vorbei. Nicht jede Interaktion wird zu einer Kommunikation, aber jede Kommunikation bleibt auch eine Interaktion und in der Spannung der Interaktion. In dieser Spannung kann man sich durch Kommunikation in Zeichen und Worten auf andere einlassen, ohne ihnen darum schon körperlich näherkommen zu müssen, und kann mit ihnen Gemeinschaft im Medium der Sprache herstellen – das Medium selbst ist das Gemeinsame. Ein Informationsaustausch, ein Gespräch zeigt (in ungezwungenen Situationen) als solches schon Bereitschaft zur Gemeinschaft an. Aber natürlich können sich Spannungen in der Kommunikation fortsetzen und durch sie noch zugespitzt und verhärtet werden, und kommunizieren kann man auch Konflikte. Kommunikation stiftet ebenfalls nicht als solche schon Konsens; sie bewirkt, um mit WITTGENSTEIN zu reden, nur eine Änderung des ‚Konfliktbenehmens'. Dennoch weit mehr als bloße Interaktion ermöglicht sie Kooperation in gemeinsamen Projekten (die dann wieder friedlich oder konfliktreich verlaufen können). *Durch Kommunikation werden Orientierungsprobleme nicht schon gelöst und beendet, sondern unter neuen, komplexeren Bedingungen neu und komplexer gestellt.* Weil andere Menschen die stärksten Anhaltspunkte für die eigene Orientierung sind, steigt auch das Bedürfnis, über ihren Sinn Gewissheit zu erlangen. Doch dies wird gerade hier am schwierigsten, weil man in der Kommunikation mit Zeichen und Worten anderen Anhaltspunkte auch nur vorgeben, mit ihnen täuschen kann. Darum steigt die Unruhe der Orientierung in der Kommunikation, und Beruhigung ist hier schwerer zu finden.

In diesem Kapitel, dem ersten zur Orientierung an anderer Orientierung, wird zunächst die Orientierung in der bloßen Interaktion ohne Kommunikation umrissen. Sie setzt ein mit der unwillkürlichen Distanzierung der Körper und setzt sich fort in unwillkürlich gegebenen

Körperzeichen, weitgehend unwillkürlich ablaufenden Blickwechseln und eingespielten Interaktionsritualen (11.2.). Sie schaffen die Bedingungen für die weitere wechselseitige Orientierung. Sie schließt einerseits die Nachahmung oder Übernahme anderer Orientierungen ein, die die Orientierung von Menschen in ihrer ersten Lebenszeit fast ganz und im späteren Leben stark beherrscht. Aber mit jeder Nachahmung in einer anderen Situation geht eine Anpassung einher (11.3.). Das gilt auch für das Sprechen, durch das die Orientierung an anderer Orientierung vielfach erweiterte Horizonte und Möglichkeiten gewinnt und das ebenfalls weitgehend durch Nachahmung gelernt wird. Es spielt sich wiederum in Sprachroutinen ein, und mit ihnen werden auch Orientierungsroutinen übernommen (11.4.). Durch Sprechen artikuliert sich aber zugleich die Unterschiedlichkeit der Orientierungsstandpunkte: Sprechen hält beständig die Perspektivität der Orientierungen und damit die beunruhigende Sorge um Anschlussfähigkeit wach. Angesichts der Trennung der Orientierungen ist es doppelt kontingent: Man muss stets damit rechnen, dass der andere anders auf die eigenen Worte reagiert, als man selbst gedacht hat, und dass auch der andere damit rechnet, dass man ebenfalls auf seine Weise reagiert. Die doppelte Kontingenz der Kommunikation, wie LUHMANN sie im Anschluss an Talcott PARSONS genannt hat, ist das Kernproblem der Orientierung an anderer Orientierung. Die Sorge um Anschlussfähigkeit wird beruhigt durch die Diplomatie der Zeichen, die, wenn sie gelingt, den Aufbau von Vertrauen ermöglicht (11.5.). Sie führt auch Gründe ein, um mit ihnen zu überzeugen. Wo die Überzeugung durch Gründe nicht mehr gelingt, treten bloße ‚Absichten' hervor und ‚hinter' den Absichten der bloße ‚Wille'. Sie sind die Fluchtpunkte der Orientierung an anderer Orientierung (11.6.).

Orientierungsprobleme im unmittelbaren Umgang miteinander sind seit Ende des 19. Jahrhunderts Gegenstand vielfach verschränkter biologischer, ethologischer, soziologischer, psychologischer und phänomenologischer Untersuchungen geworden, an die sich inzwischen eine ausgedehnte interdisziplinäre Literatur angeschlossen hat. Bahnbrechend in der Biologie war Charles DARWIN (1809–1882) mit seiner Schrift *The Expression of the Emotions in Men and Animals* (1872), in der Soziologie George Herbert MEAD (1863–1931) mit seinem pragmatistischen, George Caspar HOMANS (1910–1989) mit seinem behavioristischen Ansatz und Erving GOFFMAN (1922–1982) mit seiner betonten Theorieabstinenz. Die Arbeiten GOFFMANS[4] sind besonders aufschlussreich für

---

4   Erving Goffman, Stigma. Notes on the Management of Spoiled Identity, New York 1963, deutsch: Stigma. Über Techniken der Bewältigung beschädigter Identität, Frankfurt am Main 1967; Interaction Ritual. Essays on Face-to-Face

die Interaktion unter Menschen. Ihr Hauptgegenstand ist die ‚face-to-face interaction': GOFFMAN verstand „Blicke, Gesten, Haltungen und sprachliche Äußerungen" als „Anhaltspunkte für Orientierung und Engagement".[5] Er analysierte sie nicht in theoretischer, sondern ironischer Distanz, im Wissen, dass niemand, auch Soziologen nicht, Distanz von den Belangen der Interaktion möglich ist. GOFFMANS Forschungen wurden durch KIESERLING systematisch in die Systemtheorie LUHMANNS einbezogen, der selbst schon regelmäßig auf GOFFMAN rekurrierte. Besonders aufschlussreich für das Verständnis der Kommunikation als Orientierung über andere und an anderer Orientierung sind ferner die Arbeiten zur Evolutionären Anthropologie von Michael TOMASELLO und seinen Mitarbeitern.[6] In der Philosophie machten auf die Orientierung in doppelter Kontingenz vor allem NIETZSCHE und SIMMEL aufmerksam. Sie drängten vor GOFFMAN und TOMASELLO darauf, Interaktionen und Kommunikationen unter Menschen ‚außermoralisch' zu sehen, d. h. zunächst einmal zu beobachten und nicht vorab schon moralisch zu bewerten.[7]

11.2. Körperdistanzen, Körperzeichen, Blickwechsel, Interaktionsrituale: Orientierungsregeln in Anwesenheit anderer

„Wenn sich ein Individuum an einem öffentlichen Ort befindet, so bewegt es sich nicht nur schweigsam und mechanisch die Verkehrsprobleme meisternd von Punkt zu Punkt, sondern es ist ständig darum bemüht,

---

Behaviour, New York 1967, deutsch: Interaktionsrituale. Über Verhalten in direkter Kommunikation, übers. v. Renate Bergsträsser und Sabine Bosse, Frankfurt am Main 1971; Relations in Public. Microstudies of Public Order, New York 1971, deutsch: Das Individuum im öffentlichen Austausch. Mikrostudien zur öffentlichen Ordnung, übers. v. R. u. R. Wiggershaus, Frankfurt am Main 1974; Frame Analysis. An Essay on the Organization of Experience, London 1974, deutsch: Rahmen-Analyse. Ein Versuch über die Organisation von Alltagserfahrungen, übers. v. Hermann Vetter, Frankfurt am Main 1977.

5 Goffman, Interaktionsrituale, a.O., 7.
6 Michael Tomasello, The Cultural Origins of Human Cognition, Cambridge (Mass.) / London 1999, deutsch: Die kulturelle Entwicklung des menschlichen Denkens. Zur Evolution der Kognition, aus dem Engl. v. Jürgen Schröder, Frankfurt am Main 2002.
7 Wie schon Nietzsche, der in „der schändlich *vermoralisirten* Sprechweise [...], mit der nachgerade alles moderne Urteilen über Mensch und Ding angeschleimt ist," das größte Hindernis einer moralisch aufrichtigen Genealogie der Moral sah (Zur Genealogie der Moral III, Nr. 19, KSA 5.385), beklagte auch Goffman noch die „moralistische Sprache der Sozialwissenschaften, die auf der unglaublichen Auffassung beruht, daß Leute gut, klar, direkt oder offen miteinander kommunizieren sollten, als ob Kommunikation eine Pille wäre, die man schlucken muß, weil sie dem Magen gut tut." (Interaktionsrituale, a.O., 152).

eine lebendige und flexible Beziehung zu dem, was sich um es herum ereignet, in Gang zu halten, und wird gestische Austäusche mit bekannten und unbekannten anderen Individuen initiieren, um seine Position zu verdeutlichen. Es scheint so, als ob das Individuum an einem öffentlichen Ort den Fremden in seiner Umgebung gleichgültig gegenüberstünde. In Wirklichkeit erfolgt aber eine ständige Orientierung im Blick auf sie".[8] Passiert man einander, kann vielerlei passieren. Um körperliche Zusammenstöße und deren unliebsame Folgen oder kurz: Ärger zu vermeiden, geht man zueinander auf ‚sichere Distanz'. Gewöhnlich liegt das ebenso im Interesse des andern; man kann in der Regel damit rechnen, dass Menschen Situationen meiden, in denen sie einander belästigen.[9] *Ärger* ist die mindere Form von Schmerz und Leid, erträglicher als sie, dafür weit häufiger. Das Wort geht auf germ. ‚arg', ‚böse', ‚schlimm' zurück, das im Deutschen noch in ‚Arglist', ‚Argwohn' und ‚arglos' fortlebt, und ‚arg' wiederum auf die indoeur. Wurzel *ergh-, ‚zittern', ‚beben'. Wer sich ärgert, kann man zusammenfassen, hat Böses erfahren, das ihn zum Zittern und Beben bringen kann, und eben das will er gewöhnlich vermeiden. Der Umgang nicht nur, aber vor allem mit unbekannten Menschen, und nicht nur, aber vor allem der körperliche, ist zuerst darauf ausgerichtet, darauf orientiert.

Vermeidung von Ärger mit andern erfordert ständige Beobachtung der andern, einschließlich der Beobachtung dessen, was sie beobachten. Mit ihr setzt die Interaktion ein, eine kooperative Interaktion aus beiderseitigem Interesse. Soweit es sich um immer wieder auftretende Konfliktsituationen handelt, spielen sich dabei *Regeln* ein. Regeln sind Orientierungsinstrumente, Instrumente der wechselseitigen Orientierung.[10] Lat. ‚regula' war ein Richtholz oder eine Richtschnur, an denen

---

8 Goffman, Das Individuum im öffentlichen Austausch, a.O., 213 f.
9 Vgl. ebd., 57. – In den Debatten um die Philosophie des Leibes oder der Körperlichkeit des Menschen, die in der Phänomenologie, im Strukturalismus und in den Gender Studies zu einem ausgeprägten Bewusstsein der Bedeutung des Körpers für alles Denken und Handeln geführt haben, wurde die Orientierung der Körper aneinander bisher kaum behandelt. Vgl. die Übersicht von Volker Schürmann, Die Bedeutung der Körper. Literatur zur Körper-Debatte – eine Auswahl in systematischer Absicht, in: Allgemeine Zeitschrift für Philosophie 28.1 (2003), 51–69.
10 Vgl. Goffman, Interaktionsrituale, a.O., 55: „Eine Verhaltensregel kann als Handlungsorientierung definiert werden." Sie ist „eine Anleitung zum Handeln, die empfohlen wird, weil sie für angemessen, passend, zweckmäßig oder moralisch richtig gehalten wird. Dabei sind drei Parteien beteiligt: die Person, die aufgrund der Regel legitimerweise ‚erwarten' und verlangen kann, in einer be-

man Ungeordnetes ordnete, im einfachsten Fall Unausgerichtetes ausrichtete, auf Fluchtpunkte hin orientierte. Davon leitete sich dann ‚regeln' im Sinn von ‚in Ordnung bringen' und ‚regieren' im Sinn von ‚Ordnungen (durch Amtsmacht) durchsetzen' ab. Will man vermeiden, dass etwas passiert, wenn man einander passiert, muss man seine Wege aneinander ausrichten und braucht dazu, um sich nicht jedes Mal neu auseinandersetzen zu müssen, Regeln. Regeln im allgemeinen sind „gesellige Artefakte", treten meist in „Regelverbänden" auf (Anstandsregeln, Spielregeln, Küchenregeln usw.), bleiben häufig implizit, können aber auch explizit formuliert, begründet und gerechtfertigt werden. Sie werden stets in bestimmten Situationen aufgerufen, in denen ein Handeln unter sie fallen könnte, was jedoch strittig sein kann. Man nutzt sie, um sich von immer wieder neuen Entscheidungen zu entlasten, um den Erwerb von Fertigkeiten zu erleichtern, um Handeln zu kontrollieren, um es als richtig oder falsch zu beurteilen und um Handeln vorauszusagen. Man kann Regeln anderen vorhalten und gleichzeitig selbst gegen sie handeln.[11]

Auch Regeln haben ihren Preis: indem sie Ungleiches gleich ausrichten, bringen sie ebenso Gewinne an Übersicht wie Verluste an Rücksicht ein. So erzeugen auch sie Druck. Wenn ein dichter Strom von Passanten in einer U-Bahn-Passage eilig den nächsten Zug zu erreichen sucht, ist man genötigt, sich anzupassen, selbst wenn es einem schwer fällt zu gehen oder man es weniger eilig hat. Regeln, auch implizite, auch bei Gelegenheit sich einspielende, wirken als *Normen:* sie nötigen alle zu gleichem Verhalten, und unter Berufung auf sie kann jeder von jedem dieses gleiche Verhalten einfordern (‚Nun gehen Sie doch!'). Sie prägen sich am stärksten *durch* Zusammenstöße und den mit ihnen verbundenen Ärger ein, einschließlich dem Ärger über Zurechtweisungen durch andere; einmal eingeprägt, wird regelgeleitetes Verhalten wiederum zur *Routine*.

---

stimmten Weise behandelt zu werden; die Person, die ‚verpflichtet' ist, aufgrund der Regel in einer bestimmten Weise zu handeln; die Gemeinschaft, die die Legitimität dieser Erwartungen und Verpflichtungen aufrechterhält und bestätigt." (ebd., 443). Geo Siegwart, Art. Regel, in: Neues Handbuch philosophischer Grundbegriffe, hg. von Petra Kolmer und Armin G. Wildfeuer, Freiburg/München 2007, bestimmt Regeln informell als „*allgemeine bedingte Handlungsanleitungen*", die „*spezifizieren, welchen Agenten es in welcher Situation erlaubt, geboten, verboten, empfohlen usf. ist, Handlungen welcher Art zu vollziehen. Regeln fügen demnach Bedingungen, d.h. Konstellationen aus Agenten und Situationen, mit Modalitäten und Handlungen zusammen.*"

11 Siegwart, Art. Regel, a.O.

Doch je nach Situation gesteht man andern *Abweichungen* von Regeln zu und ‚nimmt' sie sich selbst ‚heraus'. Auch Regeln können Spielräume ihrer Befolgung erlauben, der Druck, sie zu befolgen, kann steigen oder sinken. In angespannten Situationen (die U-Bahn ist schon da, sie wird gleich abfahren, da drängt sich noch jemand vorn in die Schlange vor den Türen) besteht man eher auf der Einhaltung von Regeln als in entspannten: beim abendlichen Bummel in der breiten Fußgängerzone dürfen Richtungen und Geschwindigkeiten stärker variieren, darf man auch seitwärts vor Schaufenstern stehenbleiben, die Bahnen anderer kreuzen oder mitten auf dem Weg anhalten, um Bekannte zu begrüßen, so dass die andern Umwege machen müssen. Eine „große Anzahl von Regelverletzungen", so GOFFMAN, ist „durchaus mit der Aufrechterhaltung einer sozialen Ordnung vereinbar".[12]

Nach dem Betriebswirtschaftler Günther ORTMANN,[13] der sich seinerseits an Philosophen von KIERKEGAARD bis DERRIDA, aber auch an LUHMANN und weiteren aktuellen Organisationstheoretikern orientiert, sind Regelverletzungen mit der Aufrechterhaltung einer sozialen Ordnung nicht nur vereinbar, sondern zu deren Aufrechterhaltung sogar notwendig. Er versteht Regeln mit WITTGENSTEIN und GIDDENS als „verallgemeinerbare Verfahren der Praxis", die in ihrer „Anwendung" „einer beständigen Verschiebung und Veränderung," einer im Sinn von DERRIDAS *différance* zu verstehenden „Drift" unterliegen.[14] Soziale Regeln sind, um eine „situationsgerechte Anwendung (oder Umgehung)" zu erlauben, „notwendig vieldeutig" oder „elastisch".[15] So sind sie in der Praxis von Ausnahmen nicht streng zu unterscheiden. Denn was als Ausnahme gilt, ist Sache einer Entscheidung, und regelt man wiederum die Ausnahmen, gerät man in einen infiniten Regress. Darum bleibt es weitgehend bei Routinen.[16] Soziale Regeln gewinnen „erst im Zuge jenes Handelns, das sie eigentlich anleiten oder doch orientieren sollen, vollends ihre Bedeutung und Geltung", also in der Situation, und in der Situation unterliegen sie einer „beständigen Selbst-Dekonstruktion", wiederum im Sinne DERRIDAS.[17] Regelbefolgung ist so nach ORTMANN eine „operative Paradoxie": sie kann „Regelverletzungen *im Dienste der Sache*, im Dienst *der* Sache, der auch die Regel und ihre Befolgung dient", einschließen.[18] Z.B. können Vorgesetzte „Abweichungen vom Regelwerk dulden, um sich dafür, in einer Art, wie wir heute sagen, mikropolitischen Tauschgeschäfts mit den Untergebenen, Motivation, Commitment, Leistungsbereitschaft

---

12 Goffman, Das Individuum im öffentlichen Austausch, a.O., 12.
13 Günther Ortmann, Regel und Ausnahme. Paradoxien sozialer Ordnung, Frankfurt am Main 2003.
14 Ebd., 11.
15 Ebd., 30, 73, vgl. 137 u. ö.
16 Vgl. ebd., 88, 77 f., 82.
17 Ebd., 15, 134.
18 Ebd., 17, 33.

und ein günstiges Kooperationsklima einzuhandeln". So verdanke sich die soziale Ordnung der „Unruhe" als der „*Form der Ordnung* [...], die immer prekär bleibt."[19] Das Problem bestehe dann nicht so sehr darin, auf der Befolgung der Regeln als auf Grenzen der Spielräume von Regelverletzungen oder -umgehungen zu bestehen. Sie werden bis zu einer gewissen Schwelle stillschweigend hingenommen, so dass sie auch gezielt genutzt werden können – bis dann gegenüber allzu auffälligen Regelverletzern oder -umgehern die Regel neu in ihrer ganzen Schärfe eingeklagt und vorerst wieder ‚Ruhe hergestellt' wird: „Die Auffälligkeit nicht tolerierter Devianz ist der beste Schutz der Zonen tolerierter Devianz".[20]

Wird eine Regel verletzt, wird die Ordnung gewöhnlich von genügend anderen Regeln aufrechterhalten, die weiterhin eingehalten werden: „Individuen – so lässt sich allgemein sagen – identifizieren eine soziale Ordnung oft auf Grund einer in ihr zur Geltung kommenden wohlbekannten Regel, aber die Lebensfähigkeit dieser Regel hängt häufig von einem Komplex zusätzlicher Regeln ab, die den natürlichen Spielraum von Zufälligkeiten zu erfassen suchen."[21] Wer sich, weil er es besonders eilig hat, vor andern vordrängt oder zwischen andern durchzwängt, geht *dabei* gewöhnlich besonders korrekt und behutsam vor. Er hält so gut wie möglich noch geforderte *Distanzen* ein, indem er z. B. sein Gepäck dicht an seinen Körper hält (1), gibt – willkürlich oder unwillkürlich – mit seinem Körper *Zeichen* (2), tauscht *Blicke* aus (3) und bittet um Entschuldigung und befolgt mit alldem, eben weil er gegen bestimmte Interaktionsregeln verstößt, geflissentlich andere *Interaktionsrituale* (4). Er

---

19 Ebd., 136, 17.
20 Ebd., 138, vgl. 30 f.
21 Vgl. Goffman, Das Individuum im öffentlichen Austausch, a.O., 64, Anm. – Zu einem damit kompatiblen philosophischen *und* soziologischen Regel-Begriff im Anschluss an Wittgenstein und Foucault vgl. Klaus Puhl, Die List der Regel. Zur retroaktiven Konstitution sozialer Praxis, in: Ulrich Baltzer / Gerhard Schönrich (Hg.), Institutionen und Regelfolgen, Paderborn 2002, 81–99: Mit Hilfe der Formulierung von Regeln „lässt sich die soziale Praxis zusammenfassen, beschreiben und übersichtlich machen. Erklärungen, Gründe und Rechtfertigungen enden jedoch beim Handeln und nicht bei Regeln und ihrer expliziten oder impliziten Kenntnis. Und was man lernt, wenn man bestimmte Handlungsweisen als Regelanwendungen lernt, sind nicht primär Regeln, sondern wie man ihnen folgt." (86) „D.h., die Geltung der Regel bleibt von der Aufrechterhaltung jener Regelmäßigkeit abhängig, aus der die Regel gewonnen wurde. [...] Die Regel existiert nur in ihren ‚Wirkungen', jenen Handlungsweisen, die sie konstituiert, indem sie sie reguliert." (90) Dass hierbei „die Illusion autonomer Regeln und Normen" entsteht, nennt Puhl ihre „retroaktive Konstitution" (91). Sie erübrigt weitere Begründungen.

bewegt sich (mehr oder weniger) in den Spielräumen der Regelverbände, die die Orientierung an anderer Orientierung erleichtern.

(1) Körperdistanzen.[22] – Die Verhaltensforschung hat ‚Kontakttiere' von ‚Distanztieren' unterschieden – die einen neigen stärker zum Kontakt, die andern zur Distanzierung – und die Menschen den Distanztieren zugeordnet. Bei Distanztieren lassen sich wiederum ‚Flucht-Distanzen', Entfernungen, in denen sie die Flucht ergreifen, ‚Wehr-Distanzen', Entfernungen, in denen sie zur Abwehr ansetzen, und dazwischen ‚kritische Distanzen', Entfernungen, in denen sie zwischen Flucht und Abwehr schwanken, unterscheiden und messen. Spuren davon sind auch bei Menschen noch zu beobachten. Auch Menschen orientieren sich mit ihren Körpern unwillkürlich aneinander. Ihnen steht zwar ein breites Verhaltensrepertoire zu Gebote, so dass sie nicht mehr reflexartig in bestimmten Distanzen zu fliehen oder anzugreifen brauchen. Dennoch sind in allen Gesellschaften bestimmte Körperdistanzen auszumachen, die ihre Mitglieder untereinander einhalten und die nur in gewissen Spielräumen differieren, je nachdem ob es sich um Bekannte oder Unbekannte, Verwandte oder Nicht-Verwandte, verschiedene Geschlechter, Generationen usw. handelt, wieviel Platz zur Verfügung steht, wieviele Menschen sich dort aufhalten (z. B. auf einer Rolltreppe oder in den Gängen des Zuges), wie lange und wozu man sich dort aufhält (bei einer langen Bahnreise will man es sich bequemer machen als bei einer kurzen U-Bahn-Fahrt). Die Parameter sind vielfältig und zum Teil schwer fassbar, aber nichtsdestoweniger wirksam; auch die Attraktivität von Personen einerseits, Stigmata, die sie zeigen, andererseits, Körper- oder Mundgerüche, die sie ausstrahlen, die Stimmung, das ‚Klima' unter den Anwesenden spielen mit. Weicht jemand von den fein abgestuften Regeldistanzen ab, tritt (meist) körperliches Unbehagen ein, und die Anwesenden drängen darauf, dass die in der Situation angezeigte Regeldistanz raschestmöglich wiederhergestellt wird.[23] Annäherungen werden nur zugelassen, wenn sie gewollt oder von den Umständen erzwungen sind, und Berührungen

---

22 Vgl. Christel Salewski, Räumliche Distanzen in Interaktionen, Münster/New York 1993, der ich hier im wesentlichen folge. Die wichtigsten Referenzautoren für Salewski sind wiederum E. T. Hall, R. Sommer, L. A. Hayduck, M. J. Horowitz, D. F. Duff & L. O. Stratton, P. Ekman & W. V. Friesen und A. Mehrabian.

23 Zum Crowding, dem negativen Erlebnis von Dichte, vgl. Petra Schweizer-Ries / Urs Führer, Crowding, in: Hans-Werner Bierhoff / Dieter Frey (Hg.), Handbuch der Sozialpsychologie und Kommunikationspsychologie, Göttingen u. a. 2006, 777–783.

müssen gute Gründe haben. Man kann einen Fremden fest anfassen, um ihn beim Einsteigen zu stützen, wenn das nötig ist, und im Wartesaal kann schon einmal jemand einnickend an die Seite eines andern sinken, aber er kann ihn nicht einfach berühren.[24]

Das Unbehagen bei unerwünschten körperlichen Annäherungen lässt sich anhand physiologischer Faktoren nachweisen,[25] und aus solchen Messungen lässt sich in geeigneten Versuchsreihen eine unsichtbare Distanzzone um den Körper herum ermitteln. Auch sie geht vom jeweiligen Standpunkt des jeweiligen Körpers aus, und sie ist ebenso selbstverständlich und so wenig wahrnehmbar wie die Unterscheidung von rechts und links. Der Standpunkt des Körpers wird in der wechselseitigen Orientierung zum ‚Körperterritorium', das eifersüchtig gehütet und verteidigt wird: es ist oval, vorn größer als im Rücken, biegt sich mit, wenn der Kopf gebogen wird, hängt aber kaum von der Blickrichtung ab – bei Blinden zeigen sich keine wesentlichen Unterschiede. In der psychologischen Forschung ‚personal space' genannt, ist es der Sache nach ein ‚interpersonal space': es wird nur in Anwesenheit anderer virulent.

Die Distanzzone variiert mit der Art der Interaktion. Im Distanzverhalten von weißen Amerikanern der Mittelklasse, an denen sie zuerst umfassend ermittelt wurden, hat Edward T. HALL in seiner „Proxemik"[26] eine *intime*, eine *persönliche*, eine *soziale* und eine *öffentliche Distanz* unterschieden, jeweils mit einem engeren und einem weiteren Bereich. Die Distanzen weisen deutliche Entsprechungen zu den Orientierungswelten (9.4.) auf, die wiederum zu Horizonten des moralischen Verhaltens werden (15.5.). Auch in Körperdistanzen kommen die Sinne unterschiedlich ins Spiel (6.3.), und darum hat jede eine andere Qualität.

— In der *intimen Distanz*, der Null-Distanz, in der man jemand sein Körperterritorium öffnet und ihn oder sie ganz ‚an sich heranlässt', sei es zur Liebkosung oder beim Sport oder bei einer ärztlichen Behandlung, sind vor allem der Tast- und der Geruchssinn aktiv. Man kann einander nicht ins Gesicht sehen und kaum miteinander sprechen. Dazu muss man bereits etwas

---

24 Dabei macht es einen erheblichen Unterschied, ob die Kleider oder die Haut und wenn die Haut, welcher Körperteil berührt wird. Vgl. Goffman, Das Individuum im öffentlichen Austausch, a.O., 67: „in der amerikanischen Gesellschaft gibt man sich wenig Mühe, die Ellbogen vor Berührungen zu schützen, während auf die Köperöffnungen in der Regel besonders geachtet wird".
25 Dabei wird meist die stop-distance-Technik genutzt, die schrittweise Annäherung auf die Distanz, bei der physiologische oder verbale Stop-Signale erfolgen.
26 Edward T. Hall, The Silent Language, Garden City, New York 1959; The Hidden Dimension, Garden City, New York 1966.

auseinanderrücken, geht auf – die immer noch intime – Flüsterdistanz von ca. 40 cm.
— Auch in der *persönlichen Distanz*, die (bei weißen Amerikanern der Mittelklasse) bei ca. 70 cm liegt, kann man noch körperlich Kontakt halten, z. B. jemand auf die Schulter klopfen oder vertraulich über den Arm streichen. Man kann hier gut in das Gesicht des andern sehen, sieht es aber nicht (ohne besonderen Grund) unverwandt an, sondern blickt, um Kontakt zu halten, wechselnd auf die obere und die untere Gesichtshälfte. Erst wenn man im Gespräch etwas zurückgeht (auf eine Distanz von ca. 120 cm), nimmt man das Gesicht des andern als ganzes wahr und dann auch den Oberkörper, den man jedoch wiederum nicht fixiert (es sei denn, um eine wohlwollende oder mahnende Bemerkung über das Aussehen des andern zu machen, sofern man sie sich in einem vertrauten Verhältnis leisten kann). Man spricht mit gemäßigter Stimme so, dass nur der andere, nicht weitere sie gut hören, und grenzt damit ein gemeinsames Territorium für diese persönliche Beziehung ab. Südländer bevorzugen typischerweise, auch wenn sie lauter sprechen, einen geringeren Abstand im persönlichen Gespräch als Nordländer und Frauen typischerweise einen geringeren als Männer.
— Die *gesellschaftliche Distanz*, die man (in den USA) bei ca. 160 cm gemessen hat, nimmt man in der gesellschaftlichen Orientierungswelt (9.4.(3)) zu Menschen ein, mit denen man gelegentlich zu tun hat, beim Einkauf, bei der Arbeit, bei lockeren gesellschaftlichen Zusammenkünften. Hier ist Körperkontakt kaum mehr möglich; er beschränkt sich auf das Entgegenstrecken der Hände zur Begrüßung und zum Abschied, zu dem man sich kurzzeitig etwas nähert. Statt dessen kann man aus der gesellschaftlichen Distanz andere nun im ganzen mustern. Tritt man noch weiter zurück (ca. 3 m), kann man dabei Vergleiche anstellen, nimmt nun aber die feineren Details des Gesichts schon nicht mehr wahr und auch nicht den Geruch der andern. Dies ist die Distanz, aus der man Anordnungen und Befehle gibt. Um Kontakt mit jemand zu halten, muss (und kann) man ihn hier unverwandt ansehen und die Stimme anheben, um ihn noch zu erreichen. Aber ebenso kann man aus dieser Distanz auch Kontakte fallen lassen oder meiden oder Kontaktversuchen anderer unauffällig ausweichen. Auch in gemeinschaftlichen Orientierungswelten (9.4.(2)), z. B. Familien und Wohngemeinschaften, geht man auf diese Distanz, wenn man ‚einmal für sich sein' will.
— In der *öffentlichen Distanz* (ca. 5 m) sind inter-individuelle Interaktionen kaum mehr möglich. Man ist so weit voneinander entfernt, dass man laut sprechen und sorgfältig artikulieren muss, um noch gehört und verstanden zu werden. Jenseits der 8 m sieht man andere nur noch klein in einem großen Rahmen, muss durch Mikrophon sprechen, deutlich akzentuierte Gebärden einsetzen – wie in Auftritten von Politikern, Schauspielern, Kommandeuren vor ihrem jeweiligen Publikum.

Die Distanzen variieren nicht nur mit Kulturen,[27] Milieus, Geschlechtern, Generationen, sondern auch unter Individuen. Individuelle *Abweichungen von den Distanzregeln* werden sorgfältig registriert – und so zu Anhaltspunkten für die inter-individuelle Orientierung. Auch geringe Annäherungen können dann als ‚Annäherungsversuche' gedeutet werden, die man entweder zulassen kann, indem man den oder die andere ‚an sich heranlässt', oder sich durch strenge Blicke oder abwehrende Gesten ‚vom Leib halten' kann. Wechselt man die Distanzsphären, zeigt man die Absicht an, das Verhältnis zum andern neu zu konstituieren. Wer von der gesellschaftlichen auf die persönliche Distanz geht, will den andern näher kennenlernen, wer von der persönlichen auf die intime Distanz geht, zu einer intimen Beziehung übergehen, und in umgekehrter Richtung kann er oder sie sich durch bloße Erweiterung der Interaktionsdistanz im übertragenen Sinn von jemand ‚distanzieren'. Entdistanzierungs- und Distanzierungserfahrungen dieser Art sind so eindrücklich, dass sie in fluktuanten ‚Körperbildern' (body images) gespeichert und erinnert werden, die die weiteren Interaktionen filtern und leiten.

Mit dem Territorium, das den Körper unsichtbar umgibt, kann man sichtbar andere *Territorien besetzen*. Man hat dann auf gewisse Zeit einen ‚Platz', der auch dann freigehalten wird, wenn man ihn zeitweilig verlässt, im Bahnabteil, auf einer Parkbank, im Theater, in einem Gasthaus oder an einem Schreibtisch in der Bibliothek, und kann ‚sich' dort mehr oder weniger ‚breitmachen'. Wenn Zweifel aufkommen können, ob der Platz besetzt ist, kann man ihn markieren, indem man etwas auf ihm liegen lässt, eine Tasche, einen Programmzettel, eine Serviette, ein Buch. Solche Gegenstände werden gewöhnlich ebensowenig angetastet wie der Körper dessen, dem sie gehören.[28]

(2) Körperzeichen. – In der Bewegung des Körpers wird auch das Körperterritorium mitgenommen. Im Fußgängerverkehr wird es dann zu einem selbst fortbewegten Spielraum der Fortbewegung: man sucht es sich auch beim Gehen zu erhalten und kontrolliert ‚laufend', ob Hindernisse am Boden oder Entgegenkommende es beeinträchtigen. Da sich im Weitergehen die Situation ständig ändert, sind die Orientierungsfähigkeiten Umsicht, Weitsicht, Rücksicht und Vorsicht besonders herausgefordert. Doch auch hier werden sie bald zu routinierten „*Routie-*

---

27 Vgl. (auch zu den Clichés, die sich hier bilden,) Julius Fast, Body Language, New York 1970, deutsch: Körpersprache, Reinbek bei Hamburg 1979, 36–42.
28 Vgl. Goffman, Das Individuum im öffentlichen Austausch, a.O., 71–92.

rungspraktiken", wie GOFFMAN sie genannt hat.[29] Ihr Einsatz hängt außer von Kultur, Geschlecht, Alter, usw. von der körperlichen Behendigkeit, dem Temperament und dem jeweiligen Zeitdruck ab. Im Straßenverkehr werden auch die Fahrzeuge und ihre Rangierbereiche in die Körperterritorien einbezogen,[30] und hier, wo Kollisionen leicht zu kostenträchtigen Schäden führen können, werden die individuellen Orientierungsfähigkeiten durch explizite und formell sanktionierte Verkehrsregeln unterstützt. Sie allein reichen jedoch nicht aus, um einen kollisionsfreien Verkehr zu gewährleisten. Körperzeichen, die im Fußgängerverkehr die wechselseitige Orientierung gewährleisten, werden ebenso im Straßenverkehr eingesetzt: in Gestalt von Blicken und Gesten und, in Italien z. B. mehr als in Deutschland, der Entschlossenheit und Geschwindigkeit, mit der, und die Richtung, in die jemand sich oder sein Fahrzeug bewegt. Körper werden so im ganzen zu *bewegten Anhaltspunkten*, lassen erkennen, wo wann mit ihnen zu rechnen ist, so dass man ihnen rechtzeitig ausweichen kann. Bei Richtungsänderungen können markantere Anhaltspunkte notwendig werden, in Gestalt etwa einer signifikanten Wendung des Oberkörpers oder des Kopfes oder Blicks in die neue Richtung. Wird es enger, kann man mit der Hand in die Richtung weisen, die man einschlagen will, wird es noch enger, Blicke mit den andern tauschen und so klarstellen, dass jeder gesehen hat, wie der andere weitergehen will und wie man aneinander vorbeikommt. Auch diese Anhaltspunkte und Zeichen wären je für sich ohne Bedeutung, die Blickwechsel wirkten irritierend; passen sie zueinander, orientieren sie problemlos.[31]

Beim Passieren wird das Gegenüber unwillkürlich gemustert, und diese *Musterung* erfasst weit mehr, als zur Lösung der Verkehrsprobleme nötig ist. Aus ihr spricht die alte Vorsicht, die stets mit mehr als glimpflichen Zusammenstößen rechnet. Die Aufmerksamkeit auf andere steigert sich um so mehr, je näher der andere kommt und je länger er sichtbar bleibt. Dann vermehren sich die Anhaltspunkte: nicht nur

---

29 Ebd., 37. Einige davon hat Goffman passioniert beschrieben (26–42).
30 Vgl. Sommer, Suchen und Finden, a.O., 331 ff.
31 Goffman, Das Individuum im öffentlichen Austausch, a.O., 301, empfiehlt, darum hier nicht schon, wie es etwa bei Edward T. Hall geschah und wie es Fast, Körpersprache, a.O., aufnahm, von einer ‚Sprache' der Körper zu sprechen. Denn die Körperzeichen folgen keiner Grammatik, „aufgrund derer durch die Permutation einer relativ kleinen Anzahl von Elementen eine unendliche Anzahl verschiedener Sätze erzeugt werden könnte", und sie bilden „kein System", sondern nur „einen Fonds".

Richtung und Geschwindigkeit der Bewegung des andern fallen ins Auge und die Art, wie er geht, zügig oder bummelnd, angestrengt oder locker, sondern auch, wie er sich selbst umsieht, unerschrocken oder vorsichtig, neugierig oder in sich gekehrt, seine Statur, seine Kleidung, seine Frisur. Sie insinuieren *erste persönliche Einschätzungen*. Bleibt noch mehr Zeit, sitzt man z. B. jemand in einem Bus oder einer Bahn gegenüber, festigt sich der ‚Eindruck' durch Haltung, Gesten und Gesichtsausdruck, auch hier, soweit sie zusammenpassen und ein ‚Bild' ergeben. Der ‚Gesamteindruck', der so entsteht, orientiert augenblicklich, wie man ‚sich zum andern stellt' und, falls es zu Kontakten kommt, ‚auf ihn einzustellen' hat. Dabei wird unwillkürlich schon nach Desinteresse und Interesse, Abneigung und Zuneigung unterschieden; besonders Muster in der Wahrnehmung Fremder sind hochgradig affektiv besetzt (7.7.). Sie werden gewöhnlich nicht verbalisiert und sind kaum hinreichend zu verbalisieren: während Menschen nach verbalen Beschreibungen nur schwer zu identifizieren sind, werden sie nach Erinnerungsbildern leicht wiedererkannt, aufgrund flüchtiger Eindrücke (wie in der U-Bahn) noch nach Stunden, aufgrund näherer Bekanntschaft noch nach Jahren.

Spontanes Desinteresse oder Interesse an anderen auszudrücken, ist riskant für die Interaktion. Man muss dann mit unliebsamen Reaktionen rechnen. Zudem sind Zeichen von Abneigung und Zuneigung großen Deutungsspielräumen und groben Missverständnissen ausgesetzt. Man hält sich darum zurück, die eigene Orientierung über andere, besonders unbekannte Andere kundzugeben, kontrolliert so weit wie möglich den eigenen Ausdruck. Die Kontrolle wird um so schwerer, je stärker Abneigung und Zuneigung werden, je mehr sie sich zu Unmut, Ärger, Feindseligkeit bzw. zu Sympathie, Interesse, erotischer Anziehung steigern – mit ihnen wachsen auch die Risiken der Interaktion. So spielen sich im Ausdrucksverhalten *Regeln der Zurückhaltung* ein. Grundregel ist dabei die (mehr oder weniger strenge) Wahrung von Distanz, nicht nur körperlicher, sondern auch interaktiver und kommunikativer. Hat die Kontrolle des Ausdrucksverhaltens den Sinn, die eigene Orientierung über andere nicht vorschnell preiszugeben, fallen in der Orientierung an anderer Orientierung um so mehr die Anhaltspunkte auf und bekommen besonderen Belang, die *nicht* kontrolliert werden: man beobachtet einander wechselseitig daraufhin, wie die Kontrolle gelingt. ‚Verräterische' Mienen, Haltungen, Anspannungen, Hand- und Beinbewegungen, Stimmveränderungen, Erröten, Erblassen, Hüsteln, Zucken, Ins-Schwitzen-Geraten usw. verraten die Kontrolle im Doppelsinn, sie lassen erraten, was der andere gerade nicht verraten will, und hintergehen damit seine Kontrolle.

Körperzeichen im ganzen sind erste Anhaltspunkte für *Charaktere*. Gr. χαρακτήρ ist ursprünglich ein Zeichen, das auf Münzen oder Besitzstücken ‚eingegraben', ‚eingeprägt' ist und durch das sie sich leicht identifizieren lassen. Bei Menschen prägen sich zunächst vor allem Eigentümlichkeiten ihres Verhaltens ein, und aus ihnen werden erste Schlüsse auf ihre Charaktere gezogen. Dazu gehört vor allem das ‚affect display', die Art, Emotionen auszudrücken, die jemand so einverleibt ist, dass sie auch dann weiterläuft, wenn sie, wie beim Telephonieren, vom andern gar nicht wahrgenommen wird. Die signifikantesten, charakteristischsten Körperzeichen sind jedoch *Gesicht und Stimme*.[32] In allen Kulturen hat sich für sie, soweit wir wissen, ein hochdifferenziertes Wahrnehmungsvermögen entwickelt, weitgehend ohne verbale Begriffe dafür.[33] Gesicht und Stimme sind jedoch nie nur Charakteristika des Individuums, sondern immer auch seiner Beziehungen zu andern, also der jeweiligen Orientierung an anderer Orientierung.[34] Sie zeigen, auch wenn sie kontrolliert werden, (mehr oder weniger) unvermeidlich an, wie der eine zum andern steht. Wie die ‚personal spaces' immer schon ‚interpersonal spaces', so sind auch die ‚faces' in der Interaktion immer

---

32 Vgl. Daniel Druckman, Richard M. Rozelle, James C. Baxter, Nonverbal Communication, Beverly Hills, California 1982.

33 Registriert werden in Gesichtern und Stimmen auch Veränderungen im sexuell relevanten Hormonspiegel. Eine Arbeitsgruppe um den Psychologen Hanneke Meeren von der Universität Tilburg hat nachgewiesen, dass das menschliche Gehirn den emotionalen Ausdruck von Gesicht und Körperhaltung nicht trennt, es z. B. bei der Montage eines ängstlichen Gesichtsausdrucks auf einen Körper in verärgerter Pose zu Irritationen kommt (vgl. Hanneke K. M. Meeren / Corné C. R. J. van Heijnsbergen / Beatrice de Gelder, Rapid perceptual integration of facial expression and emotional body language, in: Proceedings of the National Academy of Sciences of the United States of America (PNAS) 102 (2005), 16518-16523). Nach jüngsten Forschungen der Arbeitsgruppe um Adrian Dyer von der La Trobe University in Victoria können auch Bienen lernen, individuelle Gesichtszüge zu unterscheiden. Vgl. Journal of Experimental Biology 208 (2006), 4709, und den Bericht von Diemut Klärner in: Frankfurter Allgemeine Zeitung vom 8. 3. 2006.

34 Vgl. Hugh Wagner / Victoria Lee, Facial Behavior Alone and in the Presence of Others, in: Pierre Philippot / Robert S. Feldman / Erik J. Coats (Hg.), The Social Context of Nonverbal Behavior, Cambridge/UK, New York/USA, Melbourne/Australia, Paris/France 1999, 262-286.

schon ‚interpersonal faces' oder, wenn man will, ‚interfaces'.[35] In ihnen ist ebenfalls das Zusammenspiel des Kontrollierten und Unkontrollierten bedeutsam. Ein unwillkürlich aufkommendes, spontanes Lächeln ‚kommt' mehr ‚an' als ein aufgesetztes, aber beide sind für den andern nicht ohne weiteres zu unterscheiden: auch das spontane Lächeln wird in Gegenwart des andern gewöhnlich sogleich kontrolliert, und das kontrollierte kommt nur an, wenn es einigermaßen unwillkürlich erscheint.[36] So bleiben die Körperzeichen der Interaktion ohne Gewähr, und schon *ein* neues Zeichen kann der Beziehung im ganzen eine neue Wendung geben. So gilt ihnen höchste Aufmerksamkeit in der Orientierung an anderer Orientierung.

Die Philosophie mag in ihrer Geschichte die Körperzeichen so wenig beachtet haben, weil sie schwer sprachlich zu artikulieren und zu sortieren sind. Schon DESCARTES, stets auf sorgfältige Einteilungen bedacht, musste in seinen *Passions de l'âme*, seinem Versuch, auch die „Leidenschaften der Seele" vollständig einzuteilen, feststellen, man nehme zwar leicht die Augen- und die Gesichtsbewegungen wahr und wisse, was sie bedeuten, und dennoch sei es schwer, sie zu beschreiben, weil jede von ihnen so spezifisch (particulier) und klein (petit) sei, dass sie nicht getrennt (separement) wahrzunehmen seien, während doch sehr leicht zu bemerken sei, was aus ihrer Verbindung hervorgehe.[37] Im Zug der sogenannten anthropologischen Wende im 18. Jahrhundert unternahm man große Anstrengungen, Körperzeichen zu rationalisieren, zunächst im Rahmen der Rhetorik, deren Wirkung durch gezielte Gestik und Mimik gesteigert werden sollte,[38] dann, weniger normativ als analytisch orientiert, in der Physiognomik. LAVATERS Ziel, aus bestimmten Gesichtszügen bestimmte Charakterzüge zu erkennen, stieß jedoch auf die Skepsis LICHTENBERGS. In der aktuellen Forschung geht man davon aus, dass man es bei Körperzeichen, so Albert MEHRABIAN in

---

35 Vgl. Daniel McNeill, Das Gesicht. Eine Kulturgeschichte. Aus dem Am. v. Michael Müller, Wien 2001, und Gunnar Schmidt, Das Gesicht. Eine Mediengeschichte, München 2003, 7–17. McNeill zieht umfassendes ethnologisches Material heran, Schmidt zeigt anhand „weniger Wegmarken vom 17. bis zum beginnenden 20. Jahrhundert" (135), auf welche Weisen Medien – Inszenierungen (auf Märkten, in Theatern usw.), ‚Feststellungen' in Abbildungen (Stiche, Photographien), medizinisch-psychiatrisch-psychologische Experimente – in die ‚interfaces' eingetreten sind und sie spezifisch ‚entstellt' haben.

36 Vgl. Eva Bänniger-Huber, Mimik, Ausdruck und Persönlichkeit, in: Zeitschrift für Menschenkunde 63 (1999), 205–215 (mit einem geschichtlichen Abriss der einschlägigen Forschung).

37 René Descartes, Die Leidenschaften der Seele [1649], französisch-deutsch, hg. u. übers. von Klaus Hammacher, Hamburg 1996, 173 f. (Artikel 113).

38 Vgl. Manfred Beetz, Die Körpersprache im Wandel der deutschen Rhetorik vom 17. zum 18. Jahrhundert, in: Josef Kopperschmidt (Hg.), Rhetorische Anthropologie. Studien zum Homo rhetoricus, München 2000, 39–65.

seinem Standardwerk zur „impliziten Kommunikation", nur mit *clues* (Anhaltspunkten) und *cues* (Fingerzeigen) zu tun hat,[39] die nicht je für sich, sondern nur im Zusammenhang und im Kontext der Situation etwas ‚besagen'. MEHRABIAN analysierte sie in einem komplexen „threedimensional framework" aus „positiveness (like-dislike), potency or status (dominant and controlling versus submissive and dependent attitudes), and responsiveness (extent of awareness)",[40] in dem sich dennoch nur eine bescheidene Teilmenge der Körperzeichen in ihrer Bedeutung erfassen ließ; neben Körperdistanzen, Körperbewegungen und Blickwechsel führte er auch die „relaxation dimension" an, in der Asymmetrien der Körperposition eine besondere Rolle spielen. Die ‚positiveness', die ‚Bestimmtheit' in Zu- und Abneigung, komme v. a. im Distanzverhalten zum Ausdruck, zu dem die (im Deutschen) buchstäbliche ‚Neigung' zum andern hin bzw. die Zurückneigung von ihm weg gehören. Indikatoren für Überlegenheit (potency or status) sind nach MEHRABIAN „strength" in Gestalt wirkungsvoller Kontrolle von Bewegung, Stimme, Gesichtsausdruck und besonders in der expliziten verbalen Kommunikation, und zugleich „fearlessness" in Gestalt von Lockerheit. ‚Responsiveness', das Sich-Einstellen-Können-auf-andere, zeige sich ebenfalls in Gesichtsausdruck und Stimmmelodik, aber weit mehr in impliziter als in expliziter Kommunikation. Dabei richte sich die Aufmerksamkeit wiederum besonders auf ‚verräterische' Inkonsistenzen unter den Dimensionen, die freilich ihrerseits wiederum gezielt erzeugt werden können, z. B. in Gestalt von Ironie und Sarkasmus. Informationstheoretisch betrachtet, handelt es sich bei den Körperzeichen (oder ‚Körpersignalen') um eine mehrkanalige Kommunikation (multichannel communication), deren Informationen laufend integriert werden.[41] Der Empfänger unterstellt, wie in Experimenten ermittelt wurde, zunächst die Konsistenz der Signale aus den verschiedenen Kanälen (wie Aussehen, Gesichtsausdruck und Stimmmelodik) und lässt sich um so mehr von Diskrepanzen irritieren. Werden die Probanden dagegen nach isolierten Signalen befragt, können sie kaum Auskunft geben. Am stärksten hält man sich, zumal bei Nachfragen, an Aussehen und Ausdruck des Gesichts, das den Informationsgehalt der verbalen Kommunikation bei weitem überwiegt.[42] Die Erforschung und

---

39 Albert Mehrabian, Nonverbal Communication, Chicago/New York 1972, vii. – Trotz des Titels scheint Mehrabian der Begriff „implicit communication" angemessener als „nonverbal communication". Denn auch in der sprachlichen Kommunikation laufe stets nichtsprachliche mit in Gestalt von Stimmmelodik, Sprechtempo, Lautstärke, Sprechdauer, Pausen, Versprechern usw. Körperzeichen sollten jedoch als Interaktion „distinct from speech" verstanden werden (2).
40 Ebd., viii, 179.
41 Vgl. Riccardo Luccio, Body behaviour as multichannel semiosis, in: Roland Posner / Klaus Robering / Thomas A. Sebeok (Hg.), Semiotik / Semiotics. Ein Handbuch zu den zeichentheoretischen Grundlagen von Natur und Kultur / A Handbook on the Sign-Theoretic Foundations of Nature and Culture, 2 Teilbde., Berlin/New York 1997/1998, 345–356.
42 Vgl. die klassische Studie von Albert Mehrabian / S. R. Ferris, Inference of Attitudes from Nonverbal Communication, in: Journal of Consulting Psychology 31 (1967), 248–252.

Klassifizierung von Gesten steht noch am Anfang. Erste standardisierte Tests sind bereits entwickelt worden.[43]

(3) Blickwechsel. – Bei der Musterung zufällig Vorübergehender auf der Straße, Nebenstehender oder Gegenübersitzender ist nur der *Orientierungsblick* erlaubt, der ausreicht, um zu orientieren, wie man sich auf jemand einzustellen und mit ihm umzugehen hat, sollte es, freiwillig oder unfreiwillig, zu weiteren Interaktionen kommen. Zumeist vermeidet man dabei, andern in die Augen zu sehen. Orientierungsblicke bleiben ‚flüchtig', sie sind, wenn sie den Blick des andern zu treffen drohen, im Wortsinn sofort zur raschen Abwendung, zur ‚Flucht' bereit. Mit einem vorgeblich gleichgültigen Blick sieht man andere an, als ob man sie nicht ansähe, registriert ihre Anwesenheit und ignoriert sie zugleich.[44] Andere werden so lange ‚im Blick behalten', bis sie ‚außer Reichweite' bzw. bis man außerhalb ihrer Reichweite ist, und sie werden wahrgenommen wie Anhaltspunkte: mit dem ‚Seitenblick' oder ‚Kulissenblick'.[45] Beim *Seitenblick* wird das Mitsehen der Orientierung genutzt: Man sieht für den andern sichtbar auf etwas anderes und sieht, ihm unsichtbar, ihn zugleich mit. Es kommt dann, so GOFFMAN, zu einer „Orientierungsdisjunktion', bei der die übliche Koordination von Rumpf, Schultern, Gesicht und Augen aufgehoben ist und ein Teil der Person in die Richtung des gegnerischen Individuums weist, während die anderen, stärker kontrollierten

---

43 Vgl. John M. Wieman / Randall P. Harrison (Hg.), Nonverbal Interaction, Beverly Hills, California 1983. – Vilém Flusser, Gesten. Versuch einer Phänomenologie (1991), Frankfurt am Main 1994, hat über die weitgehend unwillkürlichen Gebärden hinaus u. a. Schreiben, Sprechen, Machen, Lieben, Zerstören, Pflanzen, Rasieren, Musikhören, Pfeiferauchen, Telephonieren, Suchen als Gesten beschrieben und ‚Geste' dabei als „symbolische Bewegung" des Körpers andern gegenüber bestimmt, die „etwas anderes als Vernunft" ist und eine spezifische „Gestimmtheit" schafft (10–15). Eine allgemeine Theorie der Gesten wäre, so Flusser, „ein Instrumentarium zur Orientierung in der Situation, in der wir uns den Dingen und Menschen gegenüber befinden." Sie müsse „so weit wie möglich voraussetzungslos" verfahren (217). Marcus Mrass, Gesten und Gebärden. Begriffsbestimmung und -verwendung in Hinblick auf kunsthistorische Untersuchungen, Regensburg 2005, hat Gesten und Gebärden anhand ihrer Typisierungen in der Kunst untersucht.
44 Vgl. Goffman, Das Individuum im öffentlichen Austausch, a.O., 106 f. – Das kommerzielle Power-, Speed- oder Fast-Dating im Internet setzt erfolgreich darauf, dass in ca. einer drittel Sekunde der eine die körperliche Attraktivität des andern einschätzen und nach einem Dreißig-Sekunden-Video Aussagen über ihn machen kann, die mit denen langjähriger Freunde übereinstimmen.
45 Vgl. Fast, Körpersprache, a.O., 140, 143 f.

Teile in eine unverdächtige Richtung weisen."[46] Beim *Kulissenblick* lässt man die Lider so sinken, dass die Blickrichtung für den andern ganz unsichtbar wird. Auch hier haben Frauen und Männer zumeist abweichende Regeln und Spielräume, Kinder ohnehin.[47]

Das alles spielt sich innerhalb der (erweiterten) gesellschaftlichen Distanz von ca. 3 m ab. Richtet man in geringerer Distanz den Blick ‚voll' auf unbekannte Andere, riskiert man, dass sie dem Blick ‚begegnen' – man sieht dann einander ‚in die Augen'. Ein Kontakt, bei dem die Köpfe einander zugewandt und die Blicke aufeinander ausgerichtet sind, beansprucht sogleich die ganze Aufmerksamkeit. Die *Situation des Von-Angesicht-zu-Angesicht* beunruhigt wie nichts anderes in der alltäglichen Routine, sie ist die spannungsvollste Situation in der wechselseitigen Orientierung, der ‚Augenblick', der wechselseitige Blick ‚in die Augen', der aufschlussreichste und ‚verräterischste': Desinteresse und Interesse, Abneigung und Zuneigung werden nun selbst Gegenstand der Beobachtung, in der jeder zugleich die Beobachtung des andern beobachtet. Er scheint so heikel, dass er immer nur für kurze Zeit, den danach benannten und dadurch begrenzten ‚Augenblick', ausgehalten wird. Am Zeitmaß des Einander-in-die-Augen-Blicken-Könnens werden wiederum signifikante Abweichungen gemessen. Hält der Blick länger an, sieht jemand einem andern ‚tiefer' in die Augen als üblich, wird er zum Zeichen eines gesteigerten, freundlichen oder unfreundlichen Interesses, zum Auftakt eines ‚vertieften' Kontakts. Der oder die andere antwortet darauf mit dem ‚fragenden' Blick, der entweder besagen kann: ‚Warum sehen Sie mich so (interessiert) an?' oder ‚Warum starren Sie mich so (aufdringlich) an?' Auch mit ihm wird wieder Interesse oder Desinteresse, Zuneigung oder Abneigung bekundet: ‚Was haben Sie mit mir vor?' bzw. ‚Was wollen Sie von mir?'. Die Spannung des Einander-in-die-Augen-Blickens löst sich nie ganz auf: selbst Liebende, die sehr lange Blicke wagen können, müssen sie wieder voneinander abwenden. Zur Erleichterung der Spannung haben sich wiederum implizite Regeln des Blickwechsels eingespielt, die, im angenehmen Fall, leicht und routiniert und manchmal amüsiert befolgt werden, im unangenehmen aber deutlich ‚zu schaffen machen' und merkliche Anstrengung hervorrufen können. Auch

---

46 Goffman, Das Individuum im öffentlichen Austausch, a.O., 344.
47 Vgl. Fast, Körpersprache, a.O., 147. Bei manchen Krankenschwestern, die im Hin- und Wegsehen besonders geübt sind, ließen sich 23 signifikante Arten des Lidschließens unterscheiden (ebd., 149 f.).

diese Regeln können in verschiedenen Gesellschaften verschieden sein. Keine kommt jedoch ohne sie aus.

Georg SIMMEL hat die Situation des Von-Angesicht-zu-Angesicht noch immer unerreicht phänomenologisch erschlossen und soziologisch gedeutet.[48] Auch er setzte schon mit den Unterscheidungen von Beunruhigung und Beruhigung und Sympathie und Antipathie ein. Das Gegenüber eines andern, den man noch nicht kenne, löse, bevor man ihn noch recht gesehen habe, „Gefühle von Lust und Unlust in uns aus, von eigner Gesteigertheit oder Herabgesetztheit, von Erregung oder Beruhigung durch seinen Anblick oder den Ton seiner Stimme, durch seine bloße sinnliche Gegenwart in demselben Raume". Insbesondere die Stimme eines andern wirke „ganz unmittelbar anziehend oder abstoßend", gleichgültig, was er sage. Im unmittelbaren Gegenüber eines andern unterscheide man die Eindrücke der verschiedenen Sinne jedoch nicht, sondern ihr „Gefühlswert" wirke zusammen und werde sogleich für „eine instinktive oder gesuchte Kenntnis" wirksam, die „praktisch eigentlich unentwirrbar zur Grundlage unsrer Beziehung" zum andern wird. Dennoch werde aus dieser Kenntnis nicht schon eine formulierbare Erkenntnis: „Dieses Kennen ist noch etwas andres als Erkennen. In irgend einem, freilich sehr schwankenden Maße wissen wir mit dem ersten Blick auf jemanden, mit wem wir zu tun haben." Es ist „erstaunlich, wieviel wir von einem Menschen bei dem ersten Blick auf ihn wissen. Nichts mit Begriffen Ausdrückbares, in einzelne Beschaffenheiten Zerlegbares; wir können vielleicht durchaus nicht sagen, ob er uns klug oder dumm, gutmütig oder bösartig, temperamentvoll oder schläfrig vorkommt." Deutlich würden beim ersten Anblick eines andern nicht „allgemeine Eigenschaften, die er mit unzähligen andern teilt", sondern seine „Individualität" in der unmittelbaren Situation, in der sich „das Einheitlich-Feste und das Fließend-Mannigfaltige" seines Wesens in einem „absoluten Zugleich" offenbare. SIMMEL sprach von „Offenbarung" des anderen Menschen, eben weil sie einerseits überreich an Information und andererseits ohne begriffliche Artikulation ist. Das Gesicht aber sei „das Symbol all dessen, was das Individuum als die Voraussetzung seines Lebens mitgebracht hat, in ihm ist abgelagert, was von seiner Vergangenheit in den Grund seines Lebens hinabgestiegen und zu beharrenden Zügen in ihm geworden ist." Es sei ein „über-praktisches Element" in der „Ausdrucksbedeutung des Antlitzes": „das Gesicht bewirkt, daß der Mensch schon aus seinem Anblick, nicht erst aus seinem Handeln verstanden wird". Das Gesicht „handelt nicht, wie die Hand, wie der Fuß, wie der ganze Körper; es trägt nicht das innerliche oder praktische Verhalten des Menschen, sondern es erzählt nur von ihm." Das „unruhige, beunruhigende Zugleich aller Wesenszüge, der Spuren aller Vergangenheiten, wie es in dem Gesicht der Menschen ausgebreitet liegt", „dokumentiert" mehr, als man sagen kann, und eben das macht es für die urteilende Erkenntnis „rätselhaft".

---

48 Georg Simmel, Soziologie. Untersuchungen über die Formen der Vergesellschaftung, in: G.S., Gesamtausgabe, hg. von Otthein Rammstedt, Bd. 11, hg. v. Otthein Rammstedt, Frankfurt am Main 1992, 722–727: „Exkurs über die Soziologie der Sinne".

Die wechselseitige Orientierung im „gegenseitigen Sich-Anblicken" ist insofern „eine völlig einzigartige soziologische Leistung". Sie ist keine Orientierung in Bezug auf einen Inhalt oder einen Zweck, sondern eine bloße „Verknüpfung und Wechselwirkung der Individuen", vielleicht „die unmittelbarste und reinste Wechselbeziehung, die überhaupt besteht." Jeder schätzt nach der bloßen Alternative „Sichverstehn und Sichzurückweisen" dabei ein, wie der andere ihn einschätzt – und offenbart sich dabei selbst: „der auf den Andern gerichtete, ihn wahrnehmende Blick [ist] selbst ausdrucksvoll […], und zwar gerade durch die Art, wie man den Andern ansieht. In dem Blick, der den Andern in sich aufnimmt, offenbart man sich selbst". So entsteht eine „peinliche und verwirrende Lage", weil jeder „Blick in das Auge des Andern nicht nur mir [dient], um jenen zu erkennen, sondern auch ihm, um mich zu erkennen." Man prüft einander blitzschnell, ob und wie man überhaupt miteinander interagieren und kommunizieren will.

Tatsächlich sieht man in den Augen des andern nichts. Ihre Farbe, Gestalt und Stellung können, als Teil des Aussehens des andern, wohl mehr oder weniger zusagen. Darüberhinaus ‚sagen' sie trotz des gegenteiligen Eindrucks (‚Dein Blick sagt alles!') jedoch nichts. Der „physiologische Apparat ‚Auge'" ist ausdruckslos,[49] und physiologisch kann man auch nicht (ohne die Apparate des Augenarztes) mehr oder weniger ‚tief' in sie hineinsehen. Auch das Einander-in-die-Augen-Sehen ist so ein *Fall des Mitsehens* in der Orientierung (5.3.): Was man beobachtet und was in der wechselseitigen Orientierung zu Anhaltspunkten und Zeichen wird, sind die Öffnung und die Blickrichtung der Augen, die Neigung des Kopfes dabei, die Hebung der Augenbrauen, die Öffnung, Weitung, Zuspitzung, Rundung des Mundes usw., die immer nur zusammen den ‚Gesichtsausdruck' ausmachen, und die Augen des andern sind dabei die Fluchtpunkte, in denen der Gesichtausdruck als ganzer wahrgenommen wird, ohne dass dort selbst etwas von Belang zu sehen wäre. Wenn in der Kunst der perspektivischen Malerei der Fluchtpunkt der Punkt ist, auf den die perspektivischen Linien zulaufen, ohne dass er selbst markiert sein muss, ein Punkt, von dem aus erst ein sinnvoller Zusammenhang der Linien sichtbar wird, ohne dass er selbst sichtbar sein muss (6.4.), so sind im Von-Angesicht-zu-Angesicht die Augen Fluchtpunkte im doppelten Sinn: Punkte, zu denen hin das Gesehene wie Vogelscharen zusammenzufliegen scheint (7.3.) und die man doch nur flüchtig in den Blick fassen kann.

Anhaltend kann man nur in Gesichter sehen, die das selbst nicht sehen, es sei denn, es gibt klar einsichtige Gründe dafür, wie etwa für den Blick des Arztes. SIMMEL hatte um die Wende zum 20. Jahrhundert das

---

49 Vgl. Fast, Körpersprache, a.O., 138.

ebenso distanzierte wie spannungsvolle „interindividuelle Sehen" in Eisenbahnen, Straßenbahnen, Omnibussen, die nun in den rasch sich vergrößernden Städten verkehrten, als etwas erregend Neues erlebt, als neue Gelegenheiten, „sich minuten- bis stundenlang gegenseitig anblicken zu können oder zu müssen, ohne mit einander zu sprechen". Unbekannte waren nun immer häufiger und immer länger unmittelbar einander ausgesetzt und blieben doch Unbekannte, wovon SIMMEL eine „größere Rätselhaftigkeit" der Menschen untereinander erwartete und eine Steigerung des „Gefühls der Unorientiertheit in dem Gesamtleben, der Vereinsamung und dass man auf allen Seiten von verschlossenen Pforten umgeben ist."[50] Ein knappes Jahrhundert später hat das Fernsehen durch live gesendete Interviews und Talkshows vielfältige Gelegenheiten geschaffen, nun ungesehen in fremde Gesichter zu sehen und sie zu mustern, nicht, wie es längst schon möglich war, stillgestellte Gesichter auf Zeichnungen, Gemälden oder Photos (die unter Herrschergeschlechtern zuweilen ausreichen mussten, um Ehen zu vereinbaren), sondern Gesichter in lebendiger Interaktion. Das Publikum hat daran sichtlich ein unerschöpfliches Interesse: Fernsehanstalten pflegen die Kameras voll und überlang auf die Gesichter halten zu lassen, wenn die Betroffenen sprechen und besonders wenn sie angesprochen werden und über sie gesprochen wird, in der Erwartung, ‚verräterische' Zeichen zeigen zu können.

Inzwischen ist der Blickkontakt zu einem breiten psychologischen Forschungsfeld geworden. M. ARGYLE and J. DEAN[51] haben vier Funktionen des Blickkontakts unterschieden: Informationssuche, Signalisieren von Aufmerksamkeit, Verbergen oder Offenbaren von Gefühlen, Etablierung und Festigung sozialer Beziehungen. Auch beim Blickkontakt sind Distanzen maßgeblich. Bei Analysen des Gesichtsausdrucks und der Gesichtsmuskelbewegungen haben sich die *micromomentary expressions* als besonders aussagekräftig erwiesen: Die Öffnung und die Blickrichtung der Augen, die Neigung des Kopfes, die Hebung der Augenbrauen, die Öffnung, Weitung, Zuspitzung, Rundung des Mundes u. a. ließen sich visuell unterscheidbaren Muskelbewegungen zuordnen, in Beobachtungseinheiten (action units) von Bruchteilen von Sekunden gliedern und einzeln codieren. Der Dauer der Bewegungen entsprechen beim Wahrnehmen durch EEG messbare Kognitionsfristen.[52] Die *micromomentary expressions* variieren stark gegenüber

---

50 Simmel, Soziologie, a.O., 727.
51 M. Argyle / J. Dean, Eye-contact, distance, and affiliation, in: Sociometry 28 (1965), 289–304.
52 Zur spontanen Unterscheidung attraktiver, unattraktiver und abstoßender Gesichter vgl. Siegfried Ludwig Sporer, Gesichter, in: Hans-Werner Bierhoff /

vertrauten bzw. unvertrauten, sympathischen bzw. antipathischen Personen. Als kulturinvariant haben sich am ehesten Ausdrücke der Freude, am wenigsten Ausdrücke der Scham herausgestellt, die, als Zeichen sozialer Verfehlungen, stark an soziale Regelungen und damit an spezifische Kulturen gebunden sind.[53]

(4) Interaktionsrituale. – Die Einhaltung von Körperdistanzen, die Orientierung an Körperzeichen und Blickkontakte folgen „Interaktionsritualen", regelmäßig wiederkehrenden und unantastbaren Abläufen.[54] Der Begriff ‚Ritual' stammt aus der religiösen Sprache, er setzt eine ‚höhere' Ordnung voraus, der man sich vorbehaltlos fügt. Rituale unterscheiden sich von Routinen und Regeln, die sich bei Gelegenheit einspielen, verschieben und wieder verlieren können, dadurch, dass ihre Einhaltung ‚sanktioniert' wird, dass man wie bei ‚heiligen' Handlungen nicht ohne (mehr oder weniger harte) Zwangs- und Strafmaßnahmen von ihnen abweichen kann. Die alltägliche Orientierung an anderer Orientierung ist vor allem dort von Ritualen durchzogen, wo längerfristige Interaktionen angebahnt und aufrechterhalten werden und die Interaktionsrisiken entsprechend hoch sind. Dazu gehören, so GOFFMAN, „Zugänglichkeitsrituale" in Gestalt von Begrüßungen (heute in unseren Breiten durch leichtes Kopfnicken aus der Distanz oder leichten Händedruck mit zurückgeneigtem Oberkörper oder festen Händedruck mit vorgeneigtem Oberkörper oder Händedruck mit gleichzeitigem Schulterklopfen oder angedeuteten Wangenkuss oder Wangenkuss mit Umarmung oder Lippenkuss mit fester Umarmung ...), Einladungen und Abschieden mit Wiedersehenswünschen, „Aufrechterhaltungsrituale" in Gestalt von re-

---

Dieter Frey (Hg.), Handbuch der Sozialpsychologie und Kommunikationspsychologie, Göttingen u. a. 2006, 346–353.

53 Vgl. Paul Ekman / Wallace V. Friesen, Facial Action Coding System, Palo Alto/Cal. 1978, und die Forschungsübersichten von Chris L. Kleinke, Gaze and Eye Contact: A Research Review, in: Psychological Bulletin 100 (1986), 78–100, und Niels Galley, Die Organisation von Augenbewegungen. Fallstudie einer mehrkanaligen Semiose, in: Roland Posner / Klaus Robering / Thomas A. Sebeok (Hg.), Semiotik / Semiotics. Ein Handbuch zu den zeichentheoretischen Grundlagen von Natur und Kultur / A Handbook on the Sign-Theoretic Foundations of Nature and Culture, 2 Teilbde., Berlin/New York 1997/1998, 330–344.

54 Unter dem Begriff „Interaktionsritual" behandelt Goffman vor allem Rituale der verbalen Kommunikation. Man kann aber auch die Rituale der nonverbalen Kommunikation unter ihn fassen. Vgl. Goffman, Das Individuum im öffentlichen Austausch, a.O., 97: „Ein Ritual ist eine mechanische, konventionalisierte Handlung, durch die ein Individuum seinen Respekt und seine Ehrerbietung für ein Objekt von höchstem Wert gegenüber diesem Objekt oder seinem Stellvertreter bezeugt."

gelmäßiger brieflicher, telefonischer oder elektronischer Kommunikation, periodischen Geburtstagsfeiern und Hochzeitstagen u. ä.,[55] und die komplexen Rituale der „Imagepflege", der Wahrung von Selbstbildern oder ‚Identitäten' in Gesellschaft anderer (12.).[56] Rituale sind aufgrund ihrer Unantastbarkeit gute *Orientierungszeichen:* Akzeptiert ein anderer bereitwillig ein eröffnetes Ritual (beantwortet er einen festen Händedruck mit einem festen Händedruck, einen angedeuteten Wangenkuss mit einem angedeuteten Wangenkuss), darf man eine auskömmliche Interaktion und Kommunikation erwarten, wenn nicht, ist mit Irritationen, vielleicht mit Ärger zu rechnen. Auch Interaktionsrituale fallen gewöhnlich erst auf, wenn von ihnen abgewichen wird; sofern von ihnen abgewichen werden kann, handelt es sich bei ihnen um *Normen*,[57] und sofern *Sanktionen*, die den Abweichungen folgen, „Formen der normativen sozialen Kontrolle" sind, die „die Orientierung an den Normen garantieren", sind sie „Metanormen".[58]

Zur Vermeidung oder Verminderung von Interaktionsrisiken wird die Einhaltung von Interaktionsritualen mehrstufig kontrolliert. Zunächst setzt man in Gesellschaft auf Selbstkontrolle oder *„persönliche Kontrolle"*. Sie ist mit der Bereitschaft verbunden, Abweichungen von einer Interaktionsnorm, die jemand sich zuschulden kommen lässt, selbst einzusehen und zu korrigieren und damit, trotz der Abweichung, die Interaktionsnorm zu bestätigen. Lässt es jemand sichtlich an Selbstkontrolle fehlen, kann ihm gegenüber eine *„informelle Kontrolle"* einsetzen, „mehr oder weniger subtile Warnungen" vor weiteren Verstößen, meist in Gestalt mimischer Zeichen wie demonstrativem Stirnrunzeln oder Zurückziehen und Neigen des Kopfes bei erstarrendem Blick oder Abrücken mit dem ganzen Körper. Sie ist der „Hauptmechanismus". Man hält sich dabei mit der Bekundung von Ärger und Empörung über Regelverletzungen möglichst zurück. Denn wer bei Abweichungen von Normen öffentlich ‚gestellt' wird, kann leicht in den Protest getrieben werden und sich zu weiteren und stärkeren Abweichungen ‚hinreißen lassen'. In *kooperativer Sorge um die Begrenzung von Interaktionsrisiken* können Re-

---

55 Ebd., 118 f., 110.
56 Vgl. Goffman, Techniken der Imagepflege, in: Interaktionsrituale, a.O., 10–53.
57 Vgl. Goffman, Das Individuum im öffentlichen Austausch, a.O., 138: „Eine soziale Norm ist eine durch soziale Sanktionen abgestützte Richtschnur des Handelns".
58 Ebd., 448, 450, 138. – Vgl. im Anschluss einerseits an den späten Wittgenstein, andererseits an die Soziologie Christian Strub, Sanktionen des Selbst. Zur normativen Praxis sozialer Gruppen, Freiburg i.Br. 2005.

gelverletzungen darum einfach ignoriert, informell mit Takt und Toleranz übergangen werden (16.2.), und auch bei hartnäckigen Abweichungen versucht man so lange wie möglich mit informellen Kontrollen auszukommen. Neue Interaktionsrisiken können aber auch so gemindert werden, dass Abweichungen akzeptiert, also in Interaktionsritualen ebenfalls Verschiebungen eingeräumt werden: „In einer Familie aufwachsende Kinder sind ständig in diesen Prozess verwickelt, handeln ihren Aufsichtspersonen ständig neue Privilegien ab, Privilegien, die bald als ein Anrecht des jungen Menschen angesehen werden."[59] Ausschlaggebend ist dabei die Einstellung zu den Interaktionsritualen überhaupt. Werden sie im Prinzip be- und geachtet und wird das dadurch gezeigt, dass Regelverletzungen erklärt und gegebenenfalls für sie um Entschuldigung gebeten wird, können sie informell leichter hingenommen werden, und es kann dann seinerseits zum Ritual werden, Entschuldigungen anzunehmen, die Regelverletzungen auf sich beruhen und den Delinquenten Chancen zu neuer Bewährung zu lassen. Die äußerste informelle Sanktion ist die Exklusion, der Ausschluss von der weiteren Interaktion und Kommunikation, also Nichtbeachtung, Nichtbegrüßung, Nichteinladung, Nichtbeteiligung. „*Formelle Kontrolle*" setzt schon institutionelle und rechtlich sanktionierte öffentliche Ordnungen voraus. Sie wird von eigens dazu Beauftragten – Lehrern, Wärtern, Ärzten, Polizisten usw. – ausgeübt.[60] Der formelle Ausschluss aus der gesellschaftlichen Interaktion und Kommunikation ist die Einschließung in Anstalten, sei es, wenn, wie in pathologischen Fällen, die Interaktionsrituale dauernd massiv verletzt werden oder, wie in kriminellen Fällen, ernsthaft Recht gebrochen wird.[61]

---

59 Ebd., 451 f.
60 Ebd., 448 ff., vgl. 139.
61 Welche Paradoxien hier entstehen können, haben Michel Foucault in: Folie et déraison. Histoire de la folie à l'âge classique, Paris 1961, deutsch: Wahnsinn und Gesellschaft. Eine Geschichte des Wahns im Zeitalter der Vernunft, aus dem Frz. übers. v. Ulrich Köppen, Frankfurt am Main 1969, Naissance de la clinique. Une archéologie de regard médical, Paris 1963, deutsch: Die Geburt der Klinik. Eine Archäologie des ärztlichen Blicks, aus dem Frz. übers. v. Walter Seitter, München 1973, und: Surveiller et punir. La naissance de la prison, Paris 1975, deutsch: Überwachen und Strafen. Die Geburt des Gefängnisses, aus dem Frz. übers. v. Walter Seitter, Frankfurt am Main 1976, und wiederum Goffman, Über Ehrerbietung und Benehmen, in: Interaktionsrituale, a.O., 54–105, gezeigt. „Jemanden als geisteskrank einzustufen", so Goffman, Das Individuum im öffentlichen Austausch, a.O., 461, „ist ein verzweifelter Versuch, mit einem destruktiven Individuum fertig zu werden, das gezügelt werden muß, aber nicht gezügelt werden kann – ein Versuch, der kaum Aussicht hat, eine Lösung der Situation

Formelle Maßnahmen in Gestalt medizinischer, polizeilicher und juristischer Prozeduren aber sind nicht nur mit hohem Personal- und Zeitaufwand, sondern auch wieder mit Erfolgs- und Folgerisiken behaftet. Sie werden darum ebenfalls möglichst zurückhaltend eingesetzt. *Zurückhaltung* gegenüber andern, nicht schon aus ethischen Gründen (16.), sondern zur Begrenzung von Interaktionsrisiken, die im allseitigen Interesse liegt, kristallisiert sich so immer deutlicher als *Grundnorm der Orientierung an anderer Orientierung* heraus, ebenso in der Vermeidung eigener Regelverletzungen wie in der Ahndung von Regelverletzungen anderer. Um die Rituale nicht anzutasten, werden sie auch nicht zur Diskussion gestellt, werden sie möglichst gar nicht angesprochen. Über ‚selbstverständliche' Interaktionsrituale reden und andere ihrer Verletzung wegen bezichtigen zu müssen, ist ‚peinlich'.

Damit aber kommen nicht nur die Interaktionsrituale, sondern auch die Interagierenden selbst, eingeschlossen die Regelverletzer, in den Schutz von Sanktionen, werden selbst möglichst wenig angetastet, werden ihrerseits ‚heilig':

> Es kommt laufend zu Aggressionshemmungen, und gewöhnlich wird ein gewisses Maß an Höflichkeit eingehalten. Die Individuen zeigen Respekt im Hinblick auf den jeweiligen Schauplatz und behandeln andere Anwesende mit höflicher Gleichgültigkeit. Gegenseitige Beeinträchtigungen und Kollisionen werden ohne auffallende Anzeichen besonderer Anstrengung vermieden, und wenn ein Zwischenfall oder ein Unfall Fremde in Kontakt miteinander bringt, kommt es zu korrektiven Austäuschen. Es werden Höflichkeitsbezeugungen verwendet, die dazu dienen sollen, den Empfängern zu versichern, daß man nichts oder nur Ehrenwertes mit ihnen im Sinn hat, und das reduziert offenbar den Alarm, obwohl die Gefährdetheit bleibt.[62]

Der hohen „Verwundbarkeit des öffentlichen Lebens"[63] wird (gewöhnlich) durch angestrengte Zurückhaltung Rechnung getragen, weil soziale Ordnungen zuletzt nicht erzwingbar sind. Werden sie nicht von einer überwiegenden Mehrzahl selbstverständlich eingehalten, brechen sie ein. Sie halten sich in rituellen Verhaltensweisen, die als solche fraglos orientieren. Darum, so GOFFMAN, könnte der „Erwerb der rituellen Kompetenz [...] der fundamentalste Sozialisationsprozeß überhaupt" sein.[64]

---

herbeizuführen." Auch informell wird jemand leicht für ‚verrückt' erklärt, wenn er Normabweichungen nicht hinreichend verständlich macht (‚Du spinnst doch!').
62 Goffman, Das Individuum im öffentlichen Austausch, a.O., 430 f.
63 Ebd., 431.
64 Ebd., 217.

Man unterstützt die Interaktionsrituale darum durch *Orientierungszeichen* für den Verkehr miteinander weit über den Straßenverkehr hinaus:

> Durch kleine Akte der Rücksichtnahme und der Höflichkeit, durch kleine verhaltensmäßige Warnsignale gibt das Individuum Annahmen über sich selbst kund. Diese versorgen die anderen laufend mit Vorzeichen, mit einem Ausdrucksstrom, der ihnen zu verstehen gibt, welchen Platz das Individuum bei den folgenden Unternehmen einzunehmen gedenkt. Das gesamte von anderen wahrgenommene Verhalten des Individuums hat eine indikatorische Funktion.[65]

Generelles *Rücksichtszeichen* ist das Lächeln, das friedliche und freundliche Gesinnungen bekundet. *Absichtszeichen* gibt man, wo zu befürchten ist, dass ein Handeln als Übergriff oder Bedrohung aufgefasst werden könnte, etwa wenn man einer älteren Dame eine schwere Tasche abnötigt, die sie nicht loslassen will, und den Anwesenden mit überdeutlichen Gesten klarmacht, dass man ihr nur helfen will. Um die Harmlosigkeit der Absichten zu bekunden, können solche Gesten noch mit Humor und Selbstironie übertrieben werden.[66] Durch *Erkennungszeichen* gibt man kund, dass man andere in ihrer Identität oder Funktion erkennt und anerkennt (man nimmt z. B. den Kopf respektvoll etwas zurück, hebt die Augenbrauen und lässt die Augen leicht aufleuchten – ‚aah ja!'). Wird man durch etwas aufgeschreckt, z. B. eine sich von einem Dach über dem Gehweg lösende Lawine, gibt man das durch *Alarmzeichen* anderen zu erkennen, um sie zu warnen.[67] Und man gibt *Beziehungszeichen*.[68] Da man sich in unterschiedlichen Beziehungen nach unterschiedlichen Ritualen verhält – z.B. ein älterer zu einem jungen Mann, je nachdem, ob er sein Vater, Lehrer, Chef oder Partner ist –, kann es Dritte vor erhebliche Orientierungsschwierigkeiten stellen, die Art ihrer Beziehung nicht zu kennen, und so haben „zwei oder mehr Personen, die zusammen präsent sind, [...] das Recht und die Pflicht, gewisse allgemein verfügbare Informationen in bezug auf ihre Beziehung zu produzieren und andere Informationen über ihre Beziehung zu unterlassen."[69] Beziehungszeichen sind wie die Beziehungen selbst reich differenziert. Auch hier kommen zunächst wieder Körperdistanzen, Körperzeichen und Blickwechsel zum

---

65 Ebd., 445.
66 Ebd., 189 ff.
67 Ebd., 325–329.
68 Ebd., 255–317.
69 Ebd., 267.

Zug, die in unterschiedlichen Beziehungen signifikant unterschiedlich ausfallen. Dann markante *Verhaltenszeichen* wie die Umständlichkeit oder Umstandslosigkeit einer Interaktion (‚Wären Sie bitte so freundlich, mir kurz den Schirm abzunehmen?' – ‚Kannst Du mal halten?') oder das Sich-an-der-Hand-Halten, mit dem man dem andern und Dritten zeigt, dass man fest zu ihm hält und sich an ihn hält.[70] Verändert sich der Charakter einer Beziehung, werden *Änderungssignale* gesandt, z. B. vertrauliche Berührungen oder ein intimer Ton, oder solche Gesten werden, nachdem sie in der Beziehung schon selbstverständlich geworden sind, wieder vermieden. Bei einschneidenden Veränderungen der eigenen Situation, die die Beziehung zum andern berühren könnten wie Heirat, Umzug, Kündigung, Lottogewinn, werden *Beruhigungszeichen* gegeben: zwischen uns wird sich nichts ändern. Auch Beziehungszeichen lassen Deutungsspielräume, die, wo nötig, den Rückzug offenhalten (‚wir mussten zusammenrücken und flüstern, um die andern nicht zu stören'), und können ebenfalls genutzt werden, um eine Beziehung nur vorzutäuschen.

11.3. Übernahme anderer Orientierungen: Nachahmung und Anpassung

Man orientiert sich nicht nur (fast) immer auch *an* andern, sondern zumeist auch *in etwas* an andern. Die gänzliche Orientierung in etwas an andern ist die Übernahme ihrer Orientierung, die *Nachahmung*. Nachahmung ist der Versuch der Wiederholung eines erfolgreich scheinenden Verhaltens anderer unter eigenen Bedingungen. Gelingt der Versuch und wird die Wiederholung fortgesetzt, wird das betreffende Verhalten zur selbstverständlichen eigenen Routine. Zunächst ist die Nachahmung jedoch riskant, sie kann scheitern. Schließlich ist man auf das Verhalten, das bei andern erfolgreich war, selbst nicht gekommen und ist vielleicht gar nicht dazu imstande. Es muss sich erst zeigen, ob und wie sich das

---

70 Vgl. ebd., 302–317, bes. 307. Es gibt natürlich auch Fälle, in denen, wenn die Hand eines andern gehalten wird, keine Paarbeziehung angezeigt wird, wie bei der Maniküre, beim Abnehmen von Fingerabdrücken oder beim Handlesen. Goffman erwähnt auch den Fall einer jungen Frau, die sich beim Begräbnis ihres Mannes von dessen bestem Freund an die Hand nehmen lässt, oder von jemand, der auf einer Eisfläche auszurutschen droht oder dankbar die feste Hand von jedermann annimmt (313). Beide Fälle können freilich von Dritten schon als Zeichen einer Paarbeziehung genommen werden.

nachgeahmte Verhalten in der eigenen Orientierung bewährt; erst der eigene Erfolg entscheidet über die Übernahme. Auch hier muss die Entscheidung nicht bewusst fallen: Nachahmungen schließen ‚ansteckendes' Verhalten (wie Gähnen und Lachen), ‚sich verbreitende' Stimmungen (wie Langeweile und Panik) und ‚mitreißende' Bewegungen (wie Applauswellen in Sportstadien oder Tänze in Diskotheken) ein. In manchen Fällen kann man nur nachahmen, was man verstanden hat, in manchen versteht man etwas oder jemand eben dadurch, dass man es oder ihn nachahmt, etwa eine Geste oder einen Gesichtsausdruck oder eine Körperhaltung oder eine Technik. Kleinkinder ahmen vor allem nach und lernen so auch sprechen; Erwachsene erlernen die meisten Techniken weniger dadurch, dass sie sie sich erklären lassen, als dass sie sie ‚abgucken' und nachahmen.

Nach dem britischen Physiologen W. B. CARPENTER (1813–1885) wird das Verstehen durch Nachahmung ‚Carpenter-Effekt' genannt (sonst auch ‚Ideorealgesetz'): Vorstellungen von Empfindungen und Bewegungen regen zu ihrem Nachvollzug (imitation) an, und der Nachvollzug erregt die Vorstellung. Seit dem 18. Jahrhundert ist die Nachahmung intensiv diskutiert worden, besonders in Deutschland.[71] Am Ende des 19. Jahrhunderts formulierte der französische Soziologe Gabriel DEL TARDE (1843–1904) ebenso kühn wie schlicht: Die Gesellschaft „ist Nachahmung (imitation)", „Sozialität" ist „Nachahmungstätigkeit".[72] Gesellschaft sei weder aus wechselseitigem Nutzen noch aus rechtlichen Bindungen, sondern aus Nachahmungen zu verstehen, die sich verbreiten. Damit legte DEL TARDE den Akzent der sozialen Bindung auf Kulturgüter und Kulturtechniken wie Kleidung, Nahrung, Unterkünfte, Sprachen, Mythen, Religionen, Werte, Kampfpraktiken, rechtliche Regelungen, Erziehungsmaßnahmen, Handwerkstechniken, Tauschprozeduren, Schriften, Künste und Institutionen, die allesamt durch Nachahmung übernommen werden können. Er stand seinerseits in der Tradition der auf die Aufklärung verpflichteten positivistischen Soziologie und stützte sich auf eine Vielfalt soziologischer, soziohistorischer und kulturhistorischer Beobachtungen, ohne sie jedoch historisch oder systematisch zu ordnen; er wollte sie ihrerseits lediglich freilegen und ausbreiten und nannte diese Methode „Archäologie" und „Statistik". Die „universelle Wiederholung"[73] fand er nicht nur in der Gesellschaft, sondern auch in der Natur bestätigt: in der physikalischen Schwingung und der biologischen Reproduktion, deren einziger Sinn die prinzipiell unbegrenzte Ausbreitung sei. Er schloß daran die (inzwischen gut bestätigte) Vermutung an, dass auch Denken „eine sehr komplexe Schwingung" sei und Teile des Gehirns „sich nur gegenseitig kopieren und verstärken"

---

71 Vgl. E. Scheerer / Ute Schönpflug, Art. Nachahmung, in: Historisches Wörterbuch der Philosophie, Bd. 6, Basel/Darmstadt 1984, Sp. 319–336.
72 Gabriel del Tarde, Les lois de l'imitation, Paris 1890, deutsch: Die Gesetze der Nachahmung, aus dem Frz. v. Jadja Wolf, Frankfurt am Main 2003, hier 98, 94.
73 Ebd., 11.

11.3. Übernahme anderer Orientierungen: Nachahmung und Anpassung 395

können (7.9.).[74] Auch jede Wahrnehmung von etwas *als* etwas setze schon Wiederholung in Gestalt von Erinnerung voraus und sei damit eine unbewusste Nachahmung ihrer selbst.[75] Die Ausbreitung von Nachahmungen könne jedoch überall auf günstige oder ungünstige Bedingungen stoßen, und Nachahmungsstränge könnten einander überlagern und durchkreuzen; so würden im Sinn von DARWINS Evolutionstheorie auch Nachahmungen seligiert. Nationale Grenzen hielten Nachahmungen dagegen kaum auf. DEL TARDE verband damit politische Perspektiven. Seine Nahperspektive war die Vereinigung Europas auf dem Weg über seine innere Angleichung, seine Fernperspektive die Angleichung der Welt an Europa – unter Überwindung der Nationalismen und Rassismen und der Leitvorstellung allseitiger Harmonie. Denn gerade die Ungezwungenheit der Nachahmung mache „die Ungerechtigkeit der Privilegien" auffällig.[76] Gegen DEL TARDE hat Emile DURKHEIM (1858–1917) dann soziales Verhalten als Ergebnis sozialer Zwänge verstanden und damit in der Soziologie auf lange Zeit Schule gemacht.

Nachahmung (imitation) erleichtert die Orientierung, sofern Erfindungen (inventions) nicht selbst gemacht und erprobt werden müssen. *Erfindung und Nachahmung* sind, so DEL TARDE, „die elementaren sozialen Handlungen".[77] Sie folgen Bedürfnissen und erzeugen neue Bedürfnisse, und Erleichterung ist selbst ein Grundbedürfnis des Lebens. So geht auch die Nachahmung nicht von „Überzeugung" und „Belehrung", sondern von einem „Begehren" aus, das den Charakter eines „Befehls" annehmen kann.[78] Was Erleichterung verspricht, wird nachgeahmt, durch Wiederholung mechanisiert, durch die „Kunst der Abkürzungen" zur „Routine" und dabei sein Ursprung vergessen.[79] Erleichternde Erfindungen kommen ihrerseits weitestgehend zufällig und unauffällig zustande, selbst für den ‚Erfinder'. „Das Normale", so DEL TARDE, scheint „in jedem Wissensgebiet aus dem Zufälligen hervorzugehen".[80] Meist handelt es sich um scheinbare Kleinigkeiten, bloße Handgriffe, Tricks beim Jagen, Details von Behausungen, Kleidungen, religiöse Riten, Interaktionsrituale, Einfälle zu Lauten, Worten, Zeichen, zum Ackerbau oder zur Zähmung

---

74 Ebd., 98.
75 Ebd., 99. – Um die „von Gehirnzelle zu Gehirnzelle weitergegebene Suggestion, aus der das Leben des Geistes besteht", plausibel zu machen, musste sich del Tarde freilich noch auf Somnambulismus, Hypnose und Magnetismus berufen (100 ff.).
76 Ebd., 19.
77 Ebd., 168.
78 Ebd., 12.
79 Ebd., 59 f., 99.
80 Ebd., 32.

von Tieren. Solche ‚Erfindungen' können einander verstärken, indem sie aneinander anschließen, oder einander verdrängen. Pferde wurden vermutlich verzehrt, bevor jemand auf die Idee kam, sie zu reiten, mit ihnen Pflüge, Streitwagen und Kutschen zu ziehen, und danach wurden sie dann kaum noch zum bloßen Verzehr gezüchtet.

Fügen sich Erfindungen zu Mustern zusammen, werden sie zusammen nachgeahmt und ihre *Ausbreitung* so beschleunigt. Dies trat verstärkt unter den Bedingungen der Technisierung mit der globalen Ausbreitung von Handwerks- und Industrieerzeugnissen ein. Sie können dann freilich nicht mehr von jedermann nachgeahmt werden: mit der Komplexität der Erfindungen stieg auch die Komplexität und damit die Unwahrscheinlichkeit ihrer Verbreitungsbedingungen (so setzt die leicht nachzuahmende Versendung von e-mails aufwendige Installationen von Netzen voraus). Halten sich Nachahmungen nur kurz, gelten sie als Moden, halten sie sich lange, als Traditionen: in Moden wird Neues, in Traditionen Altes nachgeahmt, und beide können ebenso geschätzt wie bekämpft werden.

Sofern aber alles, was nachgeahmt wird, in (mehr oder weniger) veränderten Situationen nachgeahmt wird, ist jede Nachahmung schon eine *Anpassung*.[81] Darum muss sie ebenfalls Spielräume lassen, die wiederum in erfinderischer Weise genutzt werden können: auch Anpassungen sind erfinderisch. So ist keine Nachahmung der andern gleich, und jede einzelne hängt von jedem Einzelnen ab. Moralisch gesprochen ist, so ‚unschuldig' die Nachahmung scheint, jeder für jede seiner Nachahmungen und damit für die Verbreitung der jeweiligen ‚Erfindung' verantwortlich, ob es sich nun um einen neuen Handgriff, ein neues Wort, eine neue Meinung, eine neue Theorie, eine neue Politik oder eine neue Moral handelt. Denn man kann etwas immer auch *nicht* nachahmen,

---

81 Das gilt dann auch für die Nachahmung in der Regelbefolgung. „Anwendungen" von Regeln sind, in den notwendigen Spielräumen ihrer Befolgung, immer auch Anpassungen von Regeln: „auch in Sachen Regelverletzung und -umgehung", so Ortmann, Regel und Ausnahme, a.O., 14, „orientieren wir uns in mimetischer Einstellung an anderen". Nachahmungen müssen jedoch nicht Nachahmungen von Regelbefolgung sein, sondern können sich auch unmittelbar an anderen orientieren. Sie sind dann „zeitlich sehr viel anfälliger", stärkeren Schwankungen und Verschiebungen ausgesetzt, die von „dekontextualisierten, situationsübergreifenden" Regeln nicht ausgeschaltet, aber doch gedämpft werden (149 f.). Auf del Tarde rekurriert Ortmann nicht, um so mehr aber an die am Begehren, an „Habitus" bzw. Routinen „körperlicher Entscheidungen" ansetzenden Mimesis-Konzepte René Girards, Pierre Bourdieus und Egon Francks (146–173).

obwohl es die meisten andern nachahmen – DEL TARDE sprach dann von ‚contre-imitation' -, kann auf Distanz zu Nachahmungen oder von ihnen schlicht unberührt bleiben. Auch die Spielräume der Anpassung von Nachahmungen sind Spielräume der (merklichen oder unmerklichen) Entscheidung über sie.[82]

Zumeist aber ahmt man etwas nach, weil andere es schon nachgeahmt haben, weil sich dann nicht nur die Erfindung, sondern auch die Nachahmung schon bei anderen bewährt hat. Man ahmt dann Nachahmungen nach, und so werden auch Nachahmungen *selbstbezüglich und eigendynamisch.*[83] Der Einzelne erfährt sie dann als unbeeinflussbar und schicksalhaft: Wenn eine Erfindung (z.B. das Schreiben oder das E-mailen) sich in seiner Umgebung durchgesetzt hat, kann er sich ihr nur um den Preis entziehen, dass er den Anschluss an seine Umgebung verliert und damit Desorientierung riskiert.

Die *physiologische* und *psychologische* Erklärung des Nachahmungsverhaltens geht auf James Mark BALDWIN zurück, der ebenfalls versuchte, den ‚Geist' evolutionär zu verstehen.[84] Seine Erklärung war die ‚Kreisreaktion' zwischen Reizen und motorischen Prozessen, die variierte und selektive Wiederholungen denkbar machte: das Bewährte wird situationsangepasst wiederholt. Sie erlaubte es, das Lernen in die Nachahmung einzubeziehen und ließ zugleich auf Hypothesen eines Triebs oder Instinkts der Nachahmung verzichten. Jean PIAGET bezog in die Nachahmung auch Vorstellungsbilder (images mentales) als „verinnerlichte Nachahmungen" ein.[85] Als „Minimalkonsens" der Psychologie kann heute gelten, dass die Nachahmung „sich nicht auf angeblich grundlegendere Formen des Lernens reduzieren" lässt.[86] *Gehirnphysiologisch* gelten die sog. ‚Spiegelneuronen' (mirror neurons) als ‚verantwortlich' für das Imitationslernen. Sie ‚feuern' nicht nur, wenn bestimmte Bewegungen ausgeführt, sondern auch, wenn Bewegungen bei anderen wahrgenommen werden. Wahrgenommene Bewegungsmuster werden mit gespeicherten Mustern korreliert, bei Menschen außerdem mit sprachlichen Mustern. Sprache und Kognition verwenden dabei Funktionen, die evolutionär ältere Hirnregionen zunächst nur für Wahrnehmungsprozesse und die

---

82 Dies gilt nach Ortmann, Regel und Ausnahme, a.O., 151 f., auch wieder für die Spielräume der Regelbefolgung: „in welchen Lebenslagen Regeln penibel eingehalten werden müssen und wann sie großzügig ausgelegt, umgangen, unbeachtet gelassen oder verletzt werden dürfen", entscheidet sich über Nachahmungen und über Entscheidungen über Nachahmungen.
83 Del Tarde spricht hier von „*aus sich selbst entstandener* Nachahmung" (Die Gesetze der Nachahmung, a.O., 119).
84 Vgl. James Mark Baldwin, Mental Development, New York 1896, und ders., Story of the Mind, New York 1898.
85 Piaget, Nachahmung, Spiel und Traum, a.O.,100. Vgl. Piagets Überblick über die Erforschung und Deutung der Nachahmung ebd., 105–112.
86 Scheerer / Schönpflug, Art. Nachahmung, a.O., Sp. 334.

Steuerung von Bewegungen bereitgestellt hatten.[87] TOMASELLO hat an das „Imitationslernen" in seiner *Evolutionären Anthropologie* die These einer „kumulativen kulturellen Evolution" angeschlossen. Durch einen „Wagenheberefekt" könnten im Sinn DEL TARDES individuelle Erfindungen sozial bewahrt werden.[88] Voraussetzung dafür sei die besondere Fähigkeit des Menschen, seine Artgenossen als „intentionale und geistbegabte Akteure" zu verstehen, und das heißt nun, sie so wahrzunehmen, dass sie „eine aktive Wahl zwischen Verhaltensmitteln treffen, einschließlich der Auswahl dessen, worauf sie bei der Zielverfolgung ihre Aufmerksamkeit richten sollen".[89] Menschenkinder sind danach, beginnend im Alter von 9 Monaten („Neunmonatsrevolution"), in besonderem Maß fähig, aufmerksam zu verfolgen, worauf andere mit ihren Blicken aufmerksam sind, so sich mit doppelter Aufmerksamkeit auf andere „einzustellen" und sich „triadisch", „in einem referentiellen Dreieck von Kind, Erwachsenem und Gegenstand oder Ereignis" zu orientieren.[90] Sie könnten so „Perspektiven" anderer auf Drittes übernehmen und damit das eigene Lernen stark abkürzen; Ursache-Wirkungs-Zusammenhänge, die zunächst vor allem am „selbstverursachten Handeln" ermittelt werden,[91] könnten analog auch anderen zugeschrieben werden, und so könne sich kausales Denken und damit vorausschauendes Planen etablieren. Durch die Kumulation solcher Übernahmen und deren kulturelle Bewahrung in den Sprachen, also durch „kulturelle Vererbung" über die biologische hinaus, erklärten sich die evolutionären Wettbewerbsvorteile des Menschen: sie könnten Probleme nun „auf besonders kreative, flexible und vorausschauende Weise" lösen. Doch seien die Bedingungen, unter denen die Evolution zur doppelten Aufmerksamkeit möglich geworden sei, „gegenwärtig unbekannt".[92]

11.4. Sprechen als Orientierungsgewinn und -verlust, Sprachen als Orientierungsroutinen

Sprechen wird ebenfalls durch Nachahmung und Anpassung gelernt. Im Sprechen artikulieren sich aber auch die verschiedenen *Standpunkte der getrennten Orientierungen*, treten in den Sprachzeichen ‚ich' und ‚du', ‚wir' und ‚ihr', ‚er', ‚sie', ‚es' und ‚sie' hervor. Man spricht in ritualisierten Körperdistanzen und in Situationen von Angesicht zu Angesicht: so sind auch ‚Sprechakte', wie AUSTIN sie genannt hat, spannungsvolle Interaktionen. Sprachliche Kommunikation bleibt *in die nichtsprachliche Inter-*

---

87 Vgl. den Bericht von Wolfgang Krischke in: Frankfurter Allgemeine Zeitung vom 18. Juli 2000, S. 53.
88 Tomasello, Die kulturelle Entwicklung des menschlichen Denkens, a.O., 53 u.ö.
89 Ebd., 68, 85.
90 Ebd., 77 f.
91 Ebd., 88.
92 Ebd., 66, 35, 68.

aktion eingebettet. Beim Sprechen bewegt sich der Körper gestisch mit, der Kopf und die Augen, die Arme, Hände und Finger, die Beine und Füße (die beim Sprechen gerne wippen); jeder Sprecher folgt in jeder Situation einem charakteristischen Sprechtempo und -rhythmus und einer signifikanten Intonation, einer Prosodie. Im Sprechen werden Stimmungen vorgegeben und Nachdruck verteilt; beides verhilft zur Einstimmung zwischen Sprecher und Hörer und erleichtert den Austausch im Gespräch, schafft ‚Interaktionssynchronizität'.[93]

Ein Gespräch ist als solches ein *Interaktionsritual*. Es wird in bestimmten Situationen erwartet; wenn man den Nachbarn am Gartenzaun begegnet, sagt man etwas, obwohl nichts zu sagen ist; nichts zu sagen, würde feindselige Absichten vermuten lassen. In krisenhaften Situationen kann man zu Kommentaren, Trostworten oder Ratschlägen, bei Beziehungskrisen zu ‚Aussprachen', bei ‚offiziellen' Gelegenheiten zu (mehr oder weniger langen) Reden verpflichtet sein. Längerfristige Beziehungen beginnen gewöhnlich mit Gesprächen. Von dem Augenblick an aber, in dem ein Gespräch aufgenommen wird, verlangt es volles Engagement, das andere Tätigkeiten weitgehend ausschließt. Man verletzt das Interaktionsritual Gespräch, wenn man sich dabei mit anderem beschäftigt (z. B. weiter sein Auto wäscht oder Gartenarbeit verrichtet, wenn die Nachbarin herantritt), und beide Seiten unterstützen einander gewöhnlich in ihrem Engagement.[94] Im Verlauf von Gesprächen hat man wiederum *Kommunikationsrituale* zu befolgen, etwa schwierigen Fragen und heiklen Themen leichte und harmlose Eröffnungen vorangehen zu lassen (das Wetter, Fragen nach dem Befinden, Erinnerungen an die letzte Begegnung), regelmäßig den oder die anderen zu Wort kommen zu lassen, nach gemessener Zeit das Gespräch mit geeigneten Themen zum Abschluss zu bringen usw. Die Spannungen des Blickwechsels (11.2.)

---

93 Die Interaktionssynchronizität ist in Anfängen auch formalisierbar und technisch reproduzierbar. Vgl. Ipke Wachsmuth, Kommunikative Rhythmen in Gestik und Sprache, in: Kognitionswissenschaft 8 (2000), 151–159.

94 Vgl. Goffman, Interaktionsrituale, a.O., 127 f.: Der „Verpflichtung, sich einer Konversation spontan zu widmen," steht die „Schwierigkeit, dies wirklich zu tun," gegenüber: „Der einzelne muß nicht nur selbst ein angemessenes Engagement aufbringen, sondern mit seinen Handlungen auch gewährleisten, daß die anderen ihr Engagement aufrechterhalten." Man bemüht sich ständig, einander in dem Eindruck zu unterstützen, „sich für den Augenblick eines Gesprächs auf der Ebene eines wechselseitig aufrechterhaltenen Engagements zu begegnen." Goffman setzt hinzu: „Diese Solidarität ist es – und nicht die offensichtlichen Formen der Liebe -, durch die sich die soziale Welt konstituiert."

setzen sich in Wortwechseln fort. Auch „bei der Aufforderung zu einem Gespräch oder der Genehmigung eines Gesprächs, bei der Regulierung der Reihenfolge der Sprecher" herrscht eine „Blickdisziplin":[95] wenn man, wie in Testreihen ermittelt wurde, sprechen will und zu sprechen beginnt, blickt man eher vom Partner weg, wenn man zu sprechen aufhören und ihn zum Antworten ermuntern will, blickt man ihn eher an.[96] So sehen Menschen, die viel sprechen, (statistisch überwiegend) ihre Partner kaum an, im Unterschied zu denen, die viel zuhören. Im wechselnden Hin- und Wegblicken dagegen orientiert man sich laufend, ob der andere etwas sagen will oder nicht oder ob man noch länger sprechen soll oder darf oder nicht.[97] Ritualisierte Blickwechsel und ritualisierte Wortwechsel greifen ineinander und regeln einander.

Die im Anschluss an WITTGENSTEIN von AUSTIN begründete Sprechakttheorie hat deutlich gemacht, dass Sprechen nicht nur ein ‚Konstatieren' von etwas, sondern zugleich ein Handeln mit Auswirkungen ist. Das zeigen nicht nur ‚performative' Verben wie ‚bitten, danken, versprechen, warnen, sich beklagen, sich entschuldigen' an. Auch etwas unter Anwesenden lediglich zu konstatieren, ist schon eine (mehr oder weniger riskante) Interaktion.[98] Mit der Unterscheidung eines ‚lokutionären' (sprachimmanenten), ‚illokutionären' (einen bestimmten Handlungstypus ausdrückenden) und ‚perlokutionären' (wirksamen) Aktes in allen Sprechakten hat die Sprechakttheorie wieder an Karl BÜHLERS orientierungsphilosophische Unterscheidung von ‚Darstellung', ‚Ausdruck' und ‚Appell' angeschlossen (3.2.9.). LUHMANN hat analog (und leicht missverständlich) ‚Information', ‚Mitteilung' und ‚Verstehen' unterschieden. Sprachliche *Information* wird in der Interaktion danach auf nichtsprachlich signifikante, expressive Weise *mitgeteilt* und beides in Bezug aufeinander *verstanden*, so dass Information und Mitteilung einander im Verstehen bekräftigen, aber auch in Frage stellen können: jemand errötet bei seinen Aussagen, kommt ins Schwitzen oder spricht mit Engagement und sichtlicher Überzeugung, und der andere zieht

---

95 Vgl. Goffman, Das Individuum im öffentlichen Austausch, a.O., 75.
96 Vgl. Fast, Körpersprache, a.O., 124: „Wenn der Sprecher beabsichtigt, mit seiner Feststellung fortzufahren, wird er denselben Tonfall einhalten, sein Kopf wird gerade bleiben, seine Augen werden sich nicht verändern, und auch die Hände bleiben in ihrer ursprünglichen Stellung."
97 Vgl. ebd., 148.
98 Das gilt natürlich besonders für ‚Feststellungen' *über* Anwesende. Vgl. Kieserling, Kommunikation unter Anwesenden, a.O., 142 f.: „Wann kann man sagen, was man am anderen wahrgenommen hat und wie man darauf reagiert? Oder auch nur eigenes Wahrgenommenhaben darstellen? Und wann muß man sich umgekehrt blind stellen und Sichtbares wie Unsichtbares behandeln? Erst mit dieser Frage wird man an die real verfügbaren Sensibilitäten und Probleme der Interaktion herankommen."

seine Schlüsse daraus auf den ‚Wert' der Aussagen, ohne damit jedoch schon die ‚wahren' Meinungen und Absichten des andern feststellen zu können.

Kommt es in der (nichtsprachlichen) Interaktion zur (sprachlichen) Kommunikation (jemand fängt beim Liebesakt eine Unterhaltung an), gerät die Kommunikation meist rasch in den Vordergrund und dominiert die Interaktion. Die Orientierung stellt auf *Sprachzeichen* und ihre Weltabkürzungskunst um (8.3.). Das Sprechen distanziert von expressivem körperlichem Verhalten und steigert so die Zurückhaltung gegenüber andern (auch beim Schmerz: wer schwer leidet, kann dennoch ruhig über seine Schmerzen sprechen). Durch Sprechen kann die Orientierung über die Situation unter Anwesenden hinausgreifen und Abwesende einbeziehen und damit den *Horizont der Orientierung unbegrenzt erweitern*. Dem Gewinn der Horizonterweiterung steht freilich der Verlust der Verkürzung auf Zeichen gegenüber und dem Gewinn der einfachen Unterscheidbarkeit und regelmäßigen Verknüpfbarkeit der Sprachzeichen der Verlust der situativen Kontexte und der darin wahrgenommenen Nuancen.

Mit anderen über etwas zu sprechen setzt im Sinn von TOMASELLO „gemeinsame Aufmerksamkeit" auf Drittes voraus. Sie hat an den Sprachzeichen einen beständig reproduzierbaren Anhalt. Die „kleinere Welt der Sprache" schafft einen „Zwischenbereich sozial geteilter Wirklichkeit" gegenüber der „größeren Welt der Wahrnehmung" (8.).[99] Auch diese kleinere Welt bleibt jedoch *perspektivisch*, sofern alles, was durch Sprache angesprochen wird, ebenfalls nach unterschiedlichen Belangen angesprochen wird, eine Rose als Naturschönheit, verkäufliche Pflanze, vielsagendes Geschenk, religiöses Symbol usw.: sprachlich verständigen sich Menschen ebenso „über verschiedene Dinge in verschiedenen Kommunikationssituationen von verschiedenen Standpunkten aus". Auch Sprachzeichen sind in verschiedenen Situationen verschieden verwendbar und müssen es – in gewissen Spielräumen – sein (8.2.). Sprechen gibt so nicht einfach etwas wieder, sondern bringt andere dazu, „bestimmte wahrnehmungsmäßige oder begriffliche Situationen auf die eine statt auf die andere Weise aufzufassen."[100]

Darum sind auch *Gesprächssituationen Orientierungssituationen* (4.). Um aus den Zeichen der andern zu verstehen, was sie sagen wollen,

---

99 Tomasello, Die kulturelle Entwicklung des menschlichen Denkens, a.O., 117 f.
100 Ebd., 142 f., 152. Tomasello spricht von „symbolischer Repräsentation als Steuerung der Aufmerksamkeit".

worauf sie aufmerksam machen wollen, was sie beabsichtigen, worum es in einem Gespräch eigentlich geht, was hier besonders von Belang ist, worauf man Rücksicht zu nehmen hat usw., muss man sich in ihren Zeichen und den sie umgebenden Interaktionen wiederum orientieren. Auch Gespräche stehen (mehr oder weniger) unter Zeitdruck (4.3.), auch ihre Zeit ist begrenzt, und sie erzeugen zudem einen eigenen Zeitdruck. Man kann in einem Gespräch gewöhnlich keine längeren Pausen eintreten lassen, ohne dass es ‚abreißt', muss, wenn der andere endet, sogleich antworten und dabei unter vielen möglichen die passende Antwort finden. Als fortgesetzte Interaktion in rituell geregeltem Wechsel stellt es so erneut hohe Anforderungen an die klassischen Orientierungsfähigkeiten Rücksicht, Vorsicht, Umsicht und Weitsicht (5.4.). Darüberhinaus ist in Gesprächen vermehrt mit Irritationen und Überraschungen zu rechnen: man kann leichter etwas Ungewöhnliches sagen als tun. Aber eben darum können Gespräche auch ‚gesucht' werden: ‚interessante Gespräche', in die ‚sich' beide Seiten ‚einbringen', sind Gespräche, die unvermutet Neues bringen. Sonst sind sie ‚langweilig' und werden (zumindest von einer Seite) möglichst zu Ende gebracht.

Man hat oft *Lust zu Gesprächen.* In Gesprächen lernt man andere Hinsichten und Absichten, andere Orientierungen kennen, ohne sie gleich zu übernehmen; in Gesprächen gewinnt man auch Distanz zur Nachahmung. In der alltäglichen Orientierung leidet man wohl gelegentlich an der Vielfältigkeit und Vieldeutigkeit der Zeichen, aber ebenso hat man Spaß daran: die meisten sprechen gerne mit andern, die anderes zu sagen haben, erleben dabei, wie sie ‚sich geben', ‚sich äußern', welche Zeichen und wie und wofür sie sie gebrauchen, und erweitern dabei spielerisch das eigene Orientierungsrepertoire. Man spricht einander an und sucht dann unentwegt nach ‚ansprechenden' Themen, macht das Gespräch selbst zur Unterhaltung, berichtet von Neuigkeiten, erzählt Geschichten, macht Witze usw. und genießt dabei das ganze Spektrum von Metaphern, Anspielungen, Doppel- und Hintersinnigkeiten. Und wenn ‚es ernst wird' und der ‚Spaß aufhört', hat man dafür wieder hinreichend Orientierungszeichen (man verändert signifikant den Gesichtsausdruck, die Haltung, die Stimme, die Gestik).

Die Meinungen anderer, die sich in Gesprächen ernst oder spielerisch äußern, sind wiederum Anhaltspunkte für Standpunkte, und solche Standpunkte können bei demselben Gesprächspartner in seinen verschiedenen Orientierungszusammenhängen verschieden sein (9.4.). So muss man sich auch wieder darüber orientieren, wie sie bei ihm zusammenpassen. Dabei macht man sich, mehr oder weniger spontan oder reflektiert, ein ‚Bild' von ihm, macht sich ein *Bild der geistigen Orientierung des andern*. Mit einem solchen Bild ‚im Kopf' ‚geht man aufeinander ein' und bekräftigt oder verändert dabei laufend sein Bild. Es kann ihm dann ‚passen' oder nicht. Um ein auch ihm passendes und damit anschlussfähiges Bild von ihm zu gewinnen, kann man ihm ‚entgegenkommen', indem man wiederum nachahmt, Zeichen, die er gebraucht, übernimmt und in der eigenen Antwort aufnimmt. Der andere kann sich dann in seinem eigenen Zeichengebrauch ‚bestätigt fühlen'. Wie es in körperlichen Interaktionen ein Zeichen guter Verständigung ist, gleiche Haltungen einzunehmen,[101] so in Kommunikationen, gleiche Zeichen zu gebrauchen. Man spricht jeden auf (mehr oder weniger) andere Weise an, gebraucht seine Zeichen jeweils anders, bei den Kindern (und wieder anders bei eigenen und fremden Kindern), beim Partner, bei Kollegen, bei Nachbarn, soweit es die Spielräume einerseits der Zeichen, andererseits der Sprecher erlauben. Auch Einwände, Kritik, Bezichtigungen, Angriffe muss man passend artikulieren, wenn sie ‚richtig ankommen' sollen. Informationen können in ihrem Sachgehalt ähnlich und in der Art ihrer Mitteilung sehr unterschiedlich sein,[102] und in der Orientierung an anderer Orientierung nutzt man gewöhnlich alle jeweils zu Gebote stehenden Differenzierungsmöglichkeiten. Das *Anders-Sprechen zum jeweils Anderen* wird selbst noch bei scheinbar unpersönlichen Argumentationen aufrechterhalten. Argumente sollen und müssen stets bestimmte Andere überzeugen, nicht nur in informellen Gesprächen oder in politischen Auseinandersetzungen, sondern auch in wissenschaftlichen Diskursen. Den einen kann man leichter mit diesem, den andern mit einem anderen Argument überzeugen; ‚zieht' bei jemand ein Argument nicht, versucht man es mit einem andern, das vielleicht besser ‚passt'.[103]

---

101 Vgl. Fast, Körpersprache, a.O., 131 f.
102 Vgl. Kieserling, Kommunikation unter Anwesenden, a.O., 118.
103 Vgl. Simon, Kant, a.O., 100: „Unbedingt zwingend" können Argumente und Beweise „nur sein, wenn, wie in der Mathematik, vorausgesetzt werden [kann], daß die in den Beweisen gebrauchten Zeichen *für alle dasselbe* bedeuteten. Außerhalb der Mathematik aber sind (und bleiben) die Sprachzeichen Wörter, die jeder nach seinem Umfeld anders als andere verstehen kann und im Interesse seiner eigenen Orientierung in der Welt auch anders verstehen können muß." „In der Mathematik", so Kant, Kritik der reinen Vernunft, A 731/B 759, Anm., „gehört die Definition *ad esse*, in der Philosophie *ad melius esse*", zum Sein bzw. zum Besser-Sein: in der philosophischen und ebenso in der wissenschaftlichen Orientierung (außer der Mathematik) ist wie in der alltäglichen Orientierung immer nur ein Besser-, kein endgültiges Verstehen möglich. „Noch suchen", fügte Kant hinzu, „die Juristen eine Definition zu ihrem Begriffe vom Recht."

Der offenkundigste Orientierungsgewinn durch Gespräche ist der *Halt am Gesagten*. Auch wenn man ‚nicht wissen kann', was andere ‚sich' bei dem ‚gedacht haben', was sie gesagt haben, kann man sich doch ‚an das halten', was sie gesagt haben, und es ihnen wieder ‚vorhalten', wenn sie sich nicht mehr daran erinnern sollten. Sofern sich Sprachzeichen besonders gut im Gedächtnis einprägen (8.2.),[104] ist das Gedächtnis vor allem ein Gedächtnis an Gesagtes (oder Gelesenes). Der Halt am Gesagten bringt aber wieder einen Orientierungsverlust mit sich. Denn durch Sprechen wird gleichzeitig Wahrgenommenes oder Intuitives in nacheinander Gesagtes oder Diskursives umgesetzt; während man in der nichtsprachlichen Orientierung eine Vielfalt von Ereignissen zugleich ‚im Auge behalten' kann, muss man sie im Sprechen nacheinander reproduzieren und, je mehr die Zeit drängt, desto mehr von ihnen auslassen. In Gesprächen kann zudem immer nur einer reden, wenn die Verständlichkeit nicht leiden soll, und die ‚Gesprächsbeiträge' müssen darum wiederum nacheinander eingebracht werden, was, so LUHMANN, „zu stillen Machtkämpfen, zu Kämpfen um den Mittelpunkt der Szene und um die Aufmerksamkeit der anderen führen" kann.[105] Sie können auch die Themenauswahl leiten, zu unvermuteten ‚Wendungen' des Gesprächs führen und ihm ganz unterschiedliche ‚Richtungen geben'. Sie werden jedoch – eingeschlossen die nichtverbale Interaktion der einander nahen Körper und die nichtverbalen Elemente der verbalen Kommunikation – zumeist kaum behalten. So bleiben weitgehend nur das Gesagte, nicht die Bedingungen, dass und wie es gesagt wurde, im Gedächtnis, und das kann dann, soweit diese Bedingungen für die verschiedenen Orientierungen von verschiedenem Belang waren, leicht zu neuen Auseinandersetzungen, nun zu Gesprächen über schon stattgefundene Gespräche, führen. Der Halt am Gesagten ist ein Halt wiederum für die jeweilige Orientierung.

Vgl. dazu Simon, Philosophie des Zeichens, a.O., 143 ff. – Auch nach Luhmann ist eine Argumentation eine „Veranstaltung von Beobachtern für Beobachter": Sie testet Argumente auf ihre Zustimmungsfähigkeit oder ihren „Anschlußwert" hin (Luhmann, Das Recht der Gesellschaft, a.O., 406). „Das Problem erledigt sich [dann] nicht durch Argumente, sondern durch ein Beobachten der Beobachter." (Luhmann, Geheimnis, Zeit und Ewigkeit, a.O., 123).
104 Vgl. Kintsch / Ericsson, Die kognitive Funktion des Gedächtnisses, a.O., 565 ff.
105 Luhmann, Interaktion, Organisation, Gesellschaft. Anwendungen der Systemtheorie, in: N.L., Soziologische Aufklärung 2: Aufsätze zur Theorie der Gesellschaft (1975), 4. Aufl. 1991, 9–20, hier 11. Vgl. Kieserling, Kommunikation unter Anwesenden, a.O., 135.

Ein Halt ist dabei jedoch nicht nur das jeweils Gesagte, sondern auch die *Sprache im ganzen*, über die jemand verfügt. Durch den als ‚ich' artikulierten Standpunkt in der Sprache (9.1.(4)) wird nach BÜHLER das „Zeigfeld" eines „hier-jetzt-ich-Systems" eröffnet, das unabhängig vom geographischen Standpunkt orientiert; die „Anknüpfung an die Wirklichkeit" schafft nach WITTGENSTEIN die „Orientierungsregel" der Interaktion in der Situation, „die Gegenwart der sprechenden Person, der gegenwärtigen Situation und der *im Raum gezeigten Richtung*" (3.2.9.). Mit dem ‚du' und ‚ihr', zu dem ‚ich' spricht, dem ‚wir', in dessen Namen es spricht, und dem ‚er/sie/es' und ‚sie', über die es spricht, wird das Interaktionsfeld in der Sprache aufgespannt.[106] Sprache als solche orientiert die Sprechenden weiter durch das Repertoire ihrer Unterscheidungen und das Regelwerk des Gebrauchs dieser Unterscheidungen – soweit sie darüber verfügen. Sprecher können immer nur *ihre* Sprache und deren Repertoire und Regelwerk nutzen und dies gewöhnlich, ohne sie explizit zu machen und im ganzen zu übersehen. Sie sprechen routiniert, ohne einer Grammatik zu bedürfen, und ihre *Sprachroutinen* werden ebenfalls zu *Orientierungsroutinen* – mit eigenen Anhaltspunkten. In indoeuropäischen Sprachen verlangt ein Prädikat z. B. nach einem Subjekt auch dort, wo es nicht ohne weiteres zu finden ist (dann blitzt und donnert ‚es'),[107] ein Wort aus einer Wortfamilie oder einem Wortfeld ruft familienähnliche auf den Plan, Metaphern legen Spuren zu Anschlussmetaphern usw., und wer von sprachlichen Unterscheidungen Gebrauch macht, dem bieten sich immer Alternativen an (‚angenehm' zu ‚unangenehm', ‚ungerecht' zu ‚gerecht'). Orientierungsroutinen der Sprache kürzen die Orientierung weiter ab: sie lassen Äußerungen meist schon verstehen, bevor sie zu Ende gesprochen sind, und so gewinnt man Zeit, sie zu verarbeiten und sich auf das weitere einzustellen. *Grammatiken* als explizite Regelwerke dienen in erster Linie nicht dem Gebrauch der eigenen Sprache, sondern der Erleichterung des Lernens einer fremden Sprache (das schon eine eigene voraussetzt) und erst in zweiter Linie dem korrekten, unanstößigen Gebrauch der eigenen Sprache und der wissenschaftlichen Erschließung ihrer Regeln. Und sie können den Sprachgebrauch immer nur begrenzt erfassen und unterscheiden dann Regeln und Ausnahmen. So schränken sie die Spielräume des tatsächlichen Gebrauchs der Sprache (mehr oder weniger) normativ ein. Doch dies

---

106 Vgl. zur „Grammatik der Personalpronomina" in ihrer theologischen Bedeutsamkeit Dalferth, Die Wirklichkeit des Möglichen, a.O., 493–506.
107 Vgl. Nietzsche, Jenseits von Gut und Böse, Nr. 17, 20, 34, 54.

kann wiederum auf unterschiedliche Weisen geschehen, und auch explizite Grammatiken müssen wieder in einer Sprache formuliert werden, die den Regeln, die sie formuliert, nicht-explizit folgt. Auch Grammatiken erheben sich nicht über die Sprache, sondern bleiben selbstbezüglich in ihrem Horizont.[108]

Sofern das Repertoire einer Sprache an Zeichen, Unterscheidungen und Gebrauchsregeln begrenzt sein muss, um überhaupt erlernbar zu sein (8.2.), bringt sie ebenfalls *Orientierungsverluste* mit sich. „Wenn", so NIETZSCHE, „Menschen lange unter ähnlichen Bedingungen (des Klima's, des Bodens, der Gefahr, der Bedürfnisse, der Arbeit) zusammen gelebt haben," haben sie eine Sprache nötig, die gewährleistet, „sich in der Gefahr nicht misszuverstehn", sondern sich statt dessen „schnell" und, mittels eines fortgesetzten „Abkürzungs-Prozesses", „immer schneller" zu verstehen: „Je grösser die Gefährlichkeit, um so grösser ist das Bedürfniss, schnell und leicht über Das, was noth thut, übereinzukommen". Dazu genügt es, so NIETZSCHE, noch nicht, „dass man die selben Worte gebraucht: man muss die selben Worte auch für die selbe Gattung innerer Erlebnisse gebrauchen, man muss zuletzt seine Erfahrung mit einander *gemein* haben."[109] So können Sprecher einer Sprache „mit ähnlichen Zeichen ähnliche Bedürfnisse, ähnliche Erlebnisse andeuten", doch nicht mehr. Sie sind durch eine Sprache auf die Äußerung eben der „Erlebnisse" programmiert, die sich durch sie artikulieren lassen: Wüstenvölker brauchen ein reiches Sprachrepertoire für Arten von Sand, in arktischen Gebieten lebende Völker für Arten von Eis und Schnee, in Weinbaugebieten entstehen Unterscheidungen für feinste Geschmacksnuancen von Weinen usw. Was dort selbstverständlich ist, kann hier fremd und abwegig sein. Mit ihren aus spezifischen Orientierungsbedürfnissen geborenen, den Sprechern selbstverständlichen Sprachroutinen übt jede Sprache eine unmerkliche „Gewalt" aus, die, so NIETZSCHE, „unter allen

---

108 Vgl. Ana Agud, Zeichenphilosophie und Sprachwissenschaft, in: Tilman Borsche / Werner Stegmaier (Hg.), Zur Philosophie des Zeichens, Berlin/New York 1992, 28–39, und diess., Philosophie des Zeichens und Linguistik der Faktizität, in: Josef Simon (Hg.), Orientierung in Zeichen. Zeichen und Interpretation III, Frankfurt am Main 1997, 206–224.
109 Nietzsche, Jenseits von Gut und Böse, Nr. 268. – In Begriffen Wittgensteins: Um ein „Sprachspiel" mitspielen zu können, muss man eine „Lebensform" teilen (Philosophische Untersuchungen, § 23).

Gewalten, welche über den Menschen bisher verfügt haben, die gewaltigste gewesen sein muss."[110]

Wilhelm von HUMBOLDT hatte hier von der „Macht" gesprochen, mit der jede Sprache als „bildendes Organ" denen, die sie gebrauchen, eine besondere „Weltansicht" mitteilt, aber auch von der „Gewalt" jedes Einzelnen über die Sprache, mit der er sich einen „Spielraum" gegen sie schaffen kann.[111] Denn jede Sprache „dehnt" sich in ihrem Gebrauch „absichtslos auf alle Gegenstände zufälliger sinnlicher Wahrnehmung und innerer Bearbeitung aus"[112] und kann so laufend neuen Bedürfnissen und Möglichkeiten angepasst werden. Jeder bildet die „Sprachansicht",[113] die er aus seinen sprachlichen Erschließungen der Welt erwirbt, (mehr oder weniger) in jeder neuen Sprechsituation fort und muss dabei eine jeweils auch für andere passende Sprache finden, die also „nothwendig zweien angehören" muss. So haben auch Sprachen stets etwas „theils Festes, theils Flüssiges".[114] Auch sie sind *fluktuant* (10.5.).[115]

---

110 Nietzsche, Jenseits von Gut und Böse, Nr. 268. – Nietzsche thematisiert diese Gewalt im Horizont der Frage „Was ist vornehm?" als Gewalt über die „die Ausgesuchteren, Feineren, Seltsameren, schwerer Verständlichen", die mit ihren abweichenden „Erlebnissen" auf diese Weise „leicht allein bleiben" und „ungeheure Gegenkräfte anrufen" müssen, um sich der „gewöhnlichen", „durchschnittlichen" Sprache zu entziehen. – Zu Nietzsches Vermutung der Abkunft auch des „Bewußtseins" aus der „Mittheilungs-Bedürftigkeit" vgl. Die fröhliche Wissenschaft, Nr. 354 (10.4.).

111 Wilhelm von Humboldt, Ueber die Verschiedenheit des menschlichen Sprachbaus und ihren Einfluss auf die geistige Entwicklung des Menschengeschlechts, in: Akademie-Ausgabe, hg. v. Albert Leitzmann, Berlin 1903–1936, Bd. VII, 53, 60, 65 f. – Die Entstehung der Sprache kann darum für Humboldt auch nicht wie für Nietzsche „vorzugsweise dem Bedürfniss gegenseitiger Hülfsleistung" zugeschrieben werden, für die, so Humboldt, „unarticulirte Laute ausgereicht" hätten. Die Sprache ist für ihn „auch in ihren Anfängen durchaus menschlich" (ebd., 61). Für beide, Humboldt wie Nietzsche, auf die wir uns hier abkürzend berufen, tritt jedoch hinter die Geschichtlichkeit der Sprache die Ursprungsfrage zurück. Die Sprache fließt, so Humboldt, „aus unbekanntem Reichthum hervor, der sich nur bis auf eine gewisse Weite noch erkennen lässt, dann aber sich schliesst und nur das Gefühl seiner Unergründlichkeit zurücklässt" (ebd., 62), und Nietzsche ließ seinen Zarathustra sagen: „Aller guten Dinge Ursprung ist tausendfältig, - alle guten muthwilligen Dinge springen vor Lust in's Dasein: wie sollten sie das immer nur - Ein Mal thun!" (Also sprach Zarathustra III, Auf dem Ölberge, KSA 4.219). – Zu Nietzsches indirekten Rückgriffen auf Humboldt s. 1.3.

112 Humboldt, Ueber die Verschiedenheit des menschlichen Sprachbaus, a.O., 60 f.
113 Ebd., 60.
114 Ebd., 63.

So aber können die auch durch Sprachen unvermeidlich eintretenden Orientierungsverluste, wo immer es von Belang ist, wettgemacht werden. Dazu können in den Spielräumen, die ihr Gebrauch in Sprechsituationen lässt, nicht nur ihre Unterscheidungen unterschiedlich ins Spiel gebracht und die Alternativen, die sie eröffnen, genutzt werden. Die *Selbstbezüglichkeit von Sprachen* macht es auch möglich, sich diesseits grammatischer Bemühungen *in* einer Sprache *von* dieser Sprache und ihren Orientierungsroutinen zu distanzieren, sei es resignierend ('ich kann das nicht in Worte fassen'), sei es innovierend mit Hilfe von Analogisierungen, Metaphorisierungen, Worterfindungen usw. Damit tun sich dann freilich wieder neue Orientierungsrisiken auf: man kann durch Sprache auch ‚*nur* erfinden' und so sich und andere durch Sprache desorientieren wie mit nichts sonst. Mit der Orientierung durch Sprache, so HEGEL, wird „der allgemeine Betrug seiner selbst und der anderen" möglich. Was immer ausgesprochen wird, kann in der Sprache auch „verkehrt" werden. Durch Sprache kommt nicht nur Einstimmung in Erlebnissen und Übereinstimmung in Urteilen zustande, mit ihr liefert sich die Orientierung auch der „Zerrissenheit" aus.[116]

11.5. Doppelte Kontingenz der Kommunikation: Sorge um Anschlussfähigkeit, Diplomatie der Zeichen, Aufbau von Vertrauen, Einhaltung von Distanzsphären

(1) Doppelte Kontingenz der Kommunikation. – Dass man den Verlauf von Kommunikationen nur begrenzt vorhersehen und steuern, dass er immer überraschend sein kann, hat LUHMANN mit dem Begriff der doppelten Kontingenz belegt und zum Angelpunkt seiner soziologischen Theorie der Kommunikation gemacht.[117] Die Grundsituation der Kommunika-

---

115 Vgl. Tilman Borsche, Sprachansichten. Der Begriff der menschlichen Rede in der Sprachphilosophie Wilhelm von Humboldts, Stuttgart 1981, 277–290 („Verstehen – der Prozeß der Individualisierung des Ich").

116 Hegel, Phänomenologie des Geistes, ThWA, 3.386–390.

117 Luhmann übernahm den Begriff der doppelten Kontingenz von Talcott Parsons (der ebenfalls nicht sein Erfinder war: vgl. Luhmann, Einführung in die Systemtheorie, a.O., 317), jedoch nicht die „normative Orientierung mit Konsensunterstellung", die Parsons mit ihm verband (Luhmann, Soziale Systeme, a.O., 149 f., vgl. 174 f.). Mit seiner „Umorientierung" verzichtete Luhmann auf den „Wertkonsens", den Parsons noch voraussetzte, um das Problem der doppelten Kontingenz und mit ihm das Problem der sozialen Ordnung zu lösen.

tion ist (systemtheoretisch) die „komplizierte Struktur der undurchsichtigen Systeme, die sich an einer Umwelt orientieren, in der Systeme vorkommen, die sich an einer Umwelt orientieren".[118] Sie beziehen sich darauf, dass andere sich auf sie beziehen, ohne mehr voneinander wissen zu können, als dass sie sich aufeinander beziehen. Orientierungen aus unterschiedlichen Standpunkten können einander nicht ‚durchschauen'. Sie können nur durch Kommunikation voneinander wissen. Die „Grundsituation der doppelten Kontingenz" ist die zweier „black boxes", die „es, auf Grund welcher Zufälle auch immer, miteinander zu tun [bekommen]".[119] Ihre Kommunikation ist kontingent, sofern die Äußerungen des anderen stets anders ausfallen können, als der eine es erwartet hat, und sie ist doppelt kontingent, sofern beide damit rechnen. Auf die Äußerung von A, die für B kontingent ist, folgt eine Äußerung B, die für A dann doppelt kontingent ist. Doppelte Kontingenz heißt nicht verdoppelte Beliebigkeit, sondern zweifache Alternativität: „Einer handelt zuerst und setzt damit ein Datum, das den andern [im einfachsten Fall] vor die Alternative bringt, Ja oder Nein zu sagen, anzunehmen oder abzulehnen. Er kann nicht etwas Beliebiges tun, einer inneren Laune nachgeben, sondern muss sich danach richten, wie die Situation bereits angefangen hat. Er kann dann mit Ja / Nein auskommen, um sich in der Situation zu behaupten, aber er kann nicht irgendetwas anderes machen."[120] So kommt auch unter doppelter Kontingenz Kontinuität zustande, aber eben doppelt alternative oder doppelt versetzte Kontinuität (9.3.). So ist auch unter Bedingungen doppelter Kontingenz der Aufbau von Strukturen sozialer Ordnung möglich, wenn auch nicht auf Grund vorgegebener Gemeinsamkeiten.[121]

Doppelte Kontingenz ist das Problem, das in der Kommunikation immer neu bewältigt werden muss, und man bewältigt es durch den Aufbau von

---

Denn nicht nur eine gemeinsam verpflichtende Werteordnung, schon Gegenseitigkeit in den Perspektiven und Leistungen, Symmetrien in der Kommunikation überhaupt dürften soziologisch (und dürfen auch philosophisch) nicht schon vorausgesetzt, sondern müssten selbst erst begründet werden – ebenfalls unter Bedingungen der doppelten Kontingenz. – Auch Sartre kannte den Begriff der doppelten Kontingenz (double contingence), gebrauchte ihn jedoch für die Kontingenz des ‚Daseins' einerseits und den jeweils eingenommenen Gesichtspunkt darauf anderseits (L'être et le néant / Das Sein und das Nichts, a.O., 371/ 548).

118 Luhmann, Soziale Systeme, a.O., 161.
119 Ebd., 156.
120 Luhmann, Einführung in die Systemtheorie, a.O., 320.
121 Ebd., 321–323.

Strukturen sozialer Ordnung. Dabei kann man (mit HABERMAS) von Anfang an Aufrichtigkeit und Konsensbereitschaft unterstellen oder fordern.[122] Man kann, wie in der Wissenschaft, die doppelte Kontingenz der Kommunikation durch logische Disziplin und methodische Vorgaben gezielt begrenzen und deren Nichtbeachtung mit dem Ausschluss aus der Wissenschaft sanktionieren (10.4.), und man kann dann auch (mit der Analytischen Philosophie) versuchen, die alltägliche Kommunikation wissenschaftlich zu disziplinieren. Aber Aufrichtigkeit, Konsensbereitschaft und wissenschaftliche Disziplin müssen ebenfalls kommuniziert werden, und unter black boxes werden sie unvermeidlich wieder doppelt kontingent kommuniziert: auch Äußerungen, man wolle ehrlich sein, gerne zu einer Einigung kommen und sich an Regeln halten, können, in der alltäglichen wie in der wissenschaftlichen Kommunikation, ‚strategisch‘, unter Vorbehalten und Absichten gemacht werden, die die anderen nicht durchschauen. Solche Absichten müssen nicht feindselig oder betrügerisch sein. Jemand kann nur vorsichtig oder rücksichtsvoll zurückhalten, was er sagen könnte, taktvoll oder höflich übergehen, was er beobachtet, und mit dem, was er sagt, über etwas anderes ‚hinwegreden‘, um das es eigentlich geht, und sich so vielleicht auch selbst verschweigen. Selbst Unterscheidungen wie aufrichtig vs. strategisch, konsens- vs. konfliktorientiert, alltäglich vs. wissenschaftlich diszipliniert werden schon mit einer Absicht, z. B. der ‚kontrafaktischen‘ Begründung einer ‚herrschaftsfreien Kommunikation‘, getroffen.

Was bleibt, ist die Orientierung an der Kommunikation selbst und das heißt: an ihrer *Selbstbezüglichkeit*. Sofern beide Seiten mit der doppelten Kontingenz ihrer Kommunikation rechnen, ist auch die doppelt kontingente Kommunikation selbstbezüglich und das heißt wiederum: sie kann und muss die Probleme, die sie schafft, selbst lösen. Die doppelte Kontingenz der Kommunikation ist nur durch Kommunikation zu bewältigen. Die einfachste und üblichste Lösung ist dann (a), schlicht weiterzureden: um sich klar zu werden, was der andere meint und worauf er hinauswill, redet man weiter mit ihm, um weitere Anhaltspunkte zu bekommen. Man hält sich auch in der Kommunikation zunächst und zumeist auf Distanz, legt sich nicht fest, wenn der andere sich nicht ebenfalls festlegt.[123] So kommt es zur „zirkulären Unfähigkeit zur

---

122 Vgl. Jürgen Habermas, Theorie des kommunikativen Handelns, 2 Bde., Frankfurt am Main 1981, 412 f. u. ö.
123 Vgl. Luhmann, Soziale Systeme, a.O., 165: „Wenn jeder kontingent handelt, also jeder auch anders handeln kann und jeder dies von sich selbst und den

11.5. Doppelte Kontingenz der Kommunikation

Selbstbestimmung": „wenn Handlungen sich aneinander orientieren", kann keine Seite allein über sich selbst bestimmen. Man ist in der Kommunikation selbst dann vom andern abhängig, wenn man vermeiden will, von ihm abhängig zu sein.[124] Das kann (b) dazu führen, dass die Kommunikation stockt, weil keiner zu große Kommunikationsrisiken eingehen will. Dann fällt auch die doppelte Kontingenz als solche auf. Aber daran kann man sich dann wieder selbstbezüglich orientieren. Auch das Stocken ist eine „Situationsdeutung": „Wenn zusätzlich zur eigenen Verhaltensunsicherheit auch die Verhaltenswahl eines anderen unsicher ist und vom eigenen Verhalten mit abhängt, entsteht die Möglichkeit, sich genau daran zu orientieren und im Hinblick darauf das eigene Verhalten zu bestimmen."[125] Die Situationsdeutung der allseitigen Unsicherheit erzeugt „Aktionsdruck" und kann so zum „Kristallisationskern" der Fortsetzung der Kommunikation werden, der freilich „extrem instabil" ist und „sofort zerfällt, wenn nichts weiter geschieht".[126] Es hängt nun von jedem Beteiligten ab, was er aus der Situation macht: „der, der zuerst handelt, der Schnellste bekommt das Heft in die Hand. Er erreicht damit nicht unbedingt, dass alle anderen ihm folgen, aber er definiert die *issues*, die Themen, die Punkte, um die es bei Ja oder Nein dann weiterhin geht, und setzt damit in gewisser Weise den Ton oder die Typik des Systems fest, das sich im Anschluss daran bilden kann."[127] Er fängt mit etwas an, womit die andern etwas anfangen können – oder nicht.

(2) Sorge um Anschlussfähigkeit. – Um mit seiner Kommunikation erfolgreich zu sein, muss man auf Anschlussfähigkeit bedacht sein (1.4.), sich also möglichst so äußern, dass die anderen so anschließen können, dass man wieder an sie anschließen kann. Dazu muss man ihnen ‚zuvorkommend' ‚entgegenkommen', Themen so anschlagen, dass sie andern voraussichtlich passen, dass sie leicht auf sie eingehen können, und Vorschläge so vorbringen, dass sie sie gerne annehmen können. Anschlussfähig ist, was „in die Situation" passt.[128] Dabei ist, wie im Schachspiel, sichere Einschätzung der möglichen Absichten des andern

---

anderen weiß und in Rechnung stellt, ist es zunächst unwahrscheinlich, daß eigenes Handeln überhaupt Anknüpfungspunkte (und damit: Sinngebung) im Handeln anderer findet; denn die Selbstfestlegung würde voraussetzen, daß andere sich festlegen, und umgekehrt."
124 Luhmann, Allgemeine Theorie sozialer Systeme, a.O., 13 f.
125 Ebd., 14; Luhmann, Soziale Systeme, a.O., 166.
126 Luhmann, Soziale Systeme, a.O., 162, 167.
127 Luhmann, Einführung in die Systemtheorie, a.O., 321.
128 Ebd., 258.

gefragt (die diesem vielleicht noch gar nicht klar sind): „als nächstes Ereignis wird dasjenige gewählt, was schon erkennen lässt, was als übernächstes in Betracht kommen könnte".[129] Dabei helfen, nach GOFFMAN, Interaktions- und Kommunikationsrituale: „Ein Individuum, das einen bestimmten Schritt vollziehen möchte, macht zuvor einen Schritt, auf den der andere wahrscheinlich so antworten wird, daß das erste Individuum in Erwiderung darauf den Schritt vollziehen kann, den es zu machen wünschte."[130] Man tastet sich versuchsweise voran. Der eine „beginnt mit einem freundlichen Blick, einer Geste, einem Geschenk – und wartet ab, ob und wie [der andere] die vorgeschlagene Situationsdefinition annimmt. Jeder darauf folgende Schritt ist dann im Lichte dieses Anfangs eine Handlung mit kontingenzreduzierendem, bestimmendem Effekt – sei es nun positiv oder negativ".[131] Schritt für Schritt wird klarer, ob der andere ‚anschließende' Kommunikation ebenfalls will, und nun müssen Themen gefunden werden, die ‚laufen', bei denen beide gut aneinander anschließend ‚mitreden' können. Läuft ein Thema, sind beide Seiten ‚auf es eingegangen', sorgt das Thema zumeist für hinreichende Anschlüsse an weitere Themen, auf die man dann übergehen kann. ‚Läuft' auch das, gelingt Kommunikation im ganzen durch immer weitere problemlose Anschlüsse, kann man dann auf schwierigere Themen kommen, angenehme oder unangenehme. Und dabei können sich dann engere Kooperationen und längerfristige Bindungen ‚anbahnen' – oder nicht.

(3) Diplomatie der Zeichen. – Dass die Kommunikation auf engere Kooperation und längerfristige Bindung zuläuft, muss nicht schon bedeuten, dass man einander ‚immer besser versteht'; der andere kann in seinen Äußerungen und seinen Absichten, je besser man ihn kennt, auch rätselhafter werden. Um die unterschiedlichen Standpunkte in der Orientierung an anderer Orientierung einander ‚anzunähern', räumt man einander statt dessen auch und gerade in der Kommunikation Deutungsspielräume ein, einen, wie NIETZSCHE ihn genannt hat, „Spielraum und Tummelplatz des Mißverständnisses".[132] Zur Anschlussfähigkeit der

---

129 Ebd., 169.
130 Goffman, Das Individuum im öffentlichen Austausch, a.O., 238.
131 Luhmann, Soziale Systeme, a.O., 150.
132 Nietzsche, Jenseits von Gut und Böse, Nr. 27. Vgl. Nachlass 1885/86, 1[182], KSA 12.51: „Man soll seinen Freunden einen reichlichen Spielraum zum Mißverständniß zugestehen. Es dünkt mich besser mißverstanden als unverstanden zu werden", und zum Verhältnis der veröffentlichten zur Nachlass-Stelle Verf., Nietzsches Zeichen, a.O.

11.5. Doppelte Kontingenz der Kommunikation

Kommunikation nutzt man die Deutungsspielräume der Zeichen (8.2.), kultiviert, um unter Bedingungen der doppelten Kontingenz ‚im Gespräch zu bleiben', die Kunst, Worte und Zeichen vielfältig zu gebrauchen und zu verstehen, pflegt einen diplomatischen Umgang mit Zeichen. ‚Diplomatisch' kommt von gr. δίπλωμα, ‚zweifach Gefaltetes', und meinte bei den alten Griechen ein aus zwei Tafeln oder Blättern zusammengefügtes Schriftstück. Im 17. Jahrhundert wurde ‚Diploma' zur Urkunde, und ‚Diplomaten' nennt man bis heute Amtsträger(innen) im auswärtigen Dienst, die durch eine amtliche Urkunde ‚akkreditiert' sind. Die ‚Diplomatie', die sich von ihnen herleitet, ist die Kunst, unter streitenden oder streitgefährdeten Parteien auskömmliche Vereinbarungen herbeizuführen. Werden solche Vereinbarungen schriftlich, in stehenbleibenden Zeichen, niedergelegt, dann im beiderseitigen Bewusstsein, dass sie unterschiedlich interpretiert werden können. Diplomatische Bemühungen geraten darum leicht in den Verdacht der ‚Doppelzüngigkeit'. Sie können jedoch erreichen, dass härtere Auseinandersetzungen, im äußersten Fall Kriege, vermieden oder doch aufgehalten oder, wenn sie schon im Gang sind, zu Ende gebracht werden. Diplomatische Bemühungen können Kriege nicht beseitigen und sie sogar heimlich vorbereiten.[133] Aber sie können sie aufschieben und damit Zeit gewinnen, Zeit, in der weitere Maßnahmen ergriffen werden können, um sie abzuwenden. Das gilt, im kleineren und kleinsten Maßstab, auch für das ‚diplomatische Verhalten' im Alltag der interindividuellen Orientierung. Man macht laufend Versuche ‚gewinnender' Kommunikation: statt auf eigenen Bedeutungen der Begriffe zu bestehen, die anderen ‚nicht passen', lässt man andere Deutungen zu oder sucht andere Begriffe, die den andern entgegenkommen und so gemeinsam gebraucht werden können. Das verlangt über Rücksicht, Vorsicht, Umsicht und Weitsicht hinaus hohe Aufmerksamkeit auf den Zeichengebrauch des andern, also sorgfältiges Zuhören, und Zurückhaltung in der Äußerung eigener Meinungen. Viele Menschen, so NIETZSCHE, wissen

> ein Gespräch nicht zu benutzen; sie verwenden bei Weitem zu viel Aufmerksamkeit auf Das, was sie sagen und entgegnen wollen, während der wirkliche *Hörer* sich oft begnügt, vorläufig zu antworten und Etwas als Abschlagszahlung der Höflichkeit überhaupt zu *sagen*, dagegen mit seinem

---

133 Vgl. Kants ersten „Präliminarartikel zum ewigen Frieden unter Staaten": „Es soll kein Friedensschluß für einen solchen gelten, der mit dem geheimen Vorbehalt des Stoffs zu einem künftigen Kriege gemacht worden." (Zum ewigen Frieden, AA VIII, 343).

hinterhaltigen Gedächtnisse Alles davonträgt, was der Andere geäussert hat, nebst der Art in Ton und Gebärde, *wie* er es äusserte.[134]

Auch die Diplomatie der Zeichen[135] schafft keine Sicherheit vor Täuschungen. Aber sie ist so lange keine Doppelzüngigkeit und keine Täuschung, wie beide Seiten sehen, dass beide sich um sie bemühen. Sie wird dann ebenfalls zu einem alltäglichen Kommunikationsritual, an das ethische Tugenden wie Höflichkeit, Takt, Vornehmheit und Güte anknüpfen (16.3.). Sie kann begleitet werden von (mehr oder weniger offener) Selbstironie im sokratischen Sinn des Eingeständnisses eigenen Nichtwissens und von Humor, dem offenkundigen Spiel mit zugleich vieldeutigen und vielsagenden Worten, und beide können ethisch befreiend wirken (15.6.). Diplomatie der Zeichen, Selbstironie und Humor helfen, im Blick auf die doppelte Kontingenz vorgreifende Festlegungen und harte Konfrontationen zu vermeiden, schaffen Spielräume, im Konfliktfall ‚sich' auf andere Deutungen ‚zurückzuziehen', halten die Kommunikation so im Fluss und gewinnen Zeit für neue, mehr versprechende Anschlussmöglichkeiten.[136]

(4) Aufbau von Vertrauen. – Diplomatie schafft Vertrautheit (9.2.), noch kein Vertrauen. Erst Vertrauen bringt nachhaltigere Beruhigung in die doppelt kontingente Kommunikation.[137] In der Ungewissheit aller

---

134 Nietzsche, Menschliches, Allzumenschliches II, Der Wanderer und sein Schatten, Nr. 241.
135 Vgl. Verf., Diplomatie der Zeichen. Orientierung im Dialog eigener und fremder Vernunft, a.O.
136 Vgl. Kieserling, Kommunikation unter Anwesenden, a.O., 148, 158 u. 165 f.
137 Zur sozialpsychologischen Erforschung des Vertrauens vgl. Martin K. W. Schweer (Hg.), Interpersonales Vertrauen. Theorien und empirische Befunde, Opladen 1997, Hans-Werner Bierhoff, Sozialpsychologie. Ein Lehrbuch, 6., überarb. und erw. Aufl. Stuttgart/Berlin/Köln 2006, 439–444, der ebenfalls von der Differenz der „eigenen Orientierung" und der „Orientierung des anderen" ausgeht, und Margit E. Oswald, Vertrauen in Personen und Organisationen, in: Bierhoff/Frey (Hg.), Handbuch der Sozialpsychologie und Kommunikationspsychologie, a.O., 710–716. – In seiner umfangreichen philosophischen Monographie sucht Bernd Lahno, Der Begriff des Vertrauens, Paderborn 2002, einen „genauen" Begriff des Vertrauens zu finden, indem er die Vorkommen von Vertrauen in verschiedenen Lebensbereichen durchgeht und den Begriff jeweils spezifiziert. Dabei entscheidet er sich, Vertrauen zugleich als sozialen „Mechanismus" und als „ein besonderes Gefühl oder, genauer, eine *emotionale Einstellung*" zu behandeln (13). Für den Sinn des Vertrauens in der Orientierung ergibt sich daraus wenig. Auch dafür ist Luhmanns zugleich phänomenologischer und systemtheoretischer Zugang (Vertrauen, a.O.) der aufschlussreichste. Er setzt

11.5. Doppelte Kontingenz der Kommunikation

Orientierung ist der Aufbau von Vertrauen lebensnotwendig: „Die Vertrauensfrage schwebt über jeder Interaktion."[138] Vertrauen ist der Glaube, etwas oder jemand ‚trauen' zu können, ohne weitere Anhaltspunkte zu erwarten oder Gründe zu verlangen.[139] Bei hinreichender Vertrautheit ‚traut' man etwas und ‚traut sich', ‚jemand etwas anzuvertrauen', ihn ‚mit etwas zu betrauen' und, wenn man nicht enttäuscht worden ist, ihm künftig noch mehr ‚zuzutrauen', um schließlich ‚sich ihm anzuvertrauen' und damit allen eigenen Rückhalt aufzugeben und ‚sich ganz auf ihn zu verlassen'.[140] Dass Vertrauen ‚enttäuscht' werden kann, besagt, dass man mit ihm eine Selbsttäuschung riskiert, die jederzeit ‚auffliegen' kann. Zu riskantem Vertrauen ist man immer dann genötigt, wenn man etwas oder jemand ‚dringend' braucht, ohne die Zeit und die Möglichkeiten zu haben, hinreichend überprüfen zu können, ob das oder die, die man braucht, auch wirklich ‚brauchbar' sind (Lebensmittel, die man kauft, eine Werkstatt, in die man seinen Wagen bringt, Kollegen, auf die man am neuen Arbeitsplatz trifft). Man muss sich dann auf wenige Anhaltspunkte verlassen und von den bleibenden Risiken absehen: „Man neutralisiert gewisse Gefahren, die nicht ausgeräumt werden können, die aber das Handeln nicht irritieren sollen."[141] Vertrauen unter Bedingungen doppelter Kontingenz ist eine zunächst einseitige und darum „riskante Vorleistung".[142] Man ‚schenkt' anderen Glauben und Vertrauen, ohne schon mit einer Erwiderung rechnen zu können. Bleibt das Vertrauen (und seine Selbsttäuschung) einseitig, gibt es andern Gelegenheit zu (mehr oder weniger) folgenreichen Täuschungen. So steigert Vertrauen zunächst die Risiken der doppelt kontingenten Kommunikation, und darum hat es eine „immer präsente Angstschwelle" zu überschreiten.[143]

Das spricht für *Misstrauen*, das als Alternative zur Verfügung steht,[144] und für Misstrauen gibt es in undurchsichtigen Orientierungssituationen zumeist ebenso gute Anhaltspunkte. Mit Misstrauen geht man zunächst

---

    auch Vertrauen nicht voraus, sondern fragt kritisch nach den Bedingungen seiner Möglichkeit.
138 Luhmann, Vertrauen, a.O., 41.
139 *Fordert* jemand Vertrauen für sich und das, was er ‚vorhat', kann oder will er keine (weiteren) Gründe dafür geben.
140 Vgl. Bierhoff, Sozialpsychologie, a.O., 442: „Die Orientierung des anderen stellt das Spektrum der Erwartung dar, die die Person hinsichtlich der Kooperationsneigung ihres Interaktionspartners hat."
141 Luhmann, Vertrauen, a.O., 26.
142 Ebd., 23.
143 Luhmann, Soziale Systeme, a.O., 179.
144 Vgl. Luhmann, Vertrauen, a.O., 78–85.

geringere Risiken ein: man hält sich zurück. Als alleinige Strategie im Umgang mit Kommunikationsrisiken würde Misstrauen jedoch handlungsunfähig machen. Wer niemand traut, kann auch mit niemand ‚etwas anfangen'. Vertrauen ist in der Orientierung darum, trotz seiner Risiken, „die Strategie mit der größeren Reichweite": „Wer Vertrauen schenkt, erweitert sein Handlungspotential beträchtlich."[145] Doch Vertrauen als alleinige Strategie wäre ‚blind', blind für Anhaltspunkte möglicher Enttäuschungen. So ist Vertrauen nur erfolgreich, wenn das Misstrauen ‚wach bleibt'; beide sind dauernd vonnöten. So kann es auch zwischen ihnen zur Oszillation kommen (man legt Lebensmittel, nachdem man die Liste der chemischen Zutaten gelesen hat, wieder ins Regal zurück, verlässt die Autowerkstatt wieder, nachdem man gesehen hat, wie dort gearbeitet wird, befragt einen Teamkollegen über die übrigen und lässt es dann wieder). Doch auch hier verhilft die Oszillation selbst wieder zur Orientierung. Vorsichtig geworden, geht man nun umsichtig und schrittweise voran, wagt Vertrauen und sichert es wieder durch Misstrauen ab. Das kann (am neuen Arbeitsplatz) wieder im Schutz von Kommunikationsritualen und mit risikoarmen Themen aus der kaum streitigen unmittelbaren Umgebung beginnen (die gute Lage der Arbeitsstätte, die günstigen Parkmöglichkeiten), Themen, an denen man testen kann, mit wem welche Kommunikation gut ‚läuft' und etwas ‚bringt'.[146] Sind die ersten Tests erfolgreich, kann man größere Risiken eingehen und gewagtere Themen ansprechen (nach dem geeigneten Umgang mit der Chefin fragen). Dabei kommen dann wieder die Interaktionsrituale der Körperdistanzen, Körperzeichen, Blickwechsel usw. voll zum Einsatz, wird alle „Delikatesse menschlicher Beziehungen", „Darstellungstakt", „Feinfühligkeit des Verhaltens" aufgeboten. Und wo es um längerfristiges Vertrauen geht, ist der „günstige Nährboden" dafür

---

145 Ebd., 180.
146 Die unmittelbare Umgebung stellt, so Kieserling, Interaktion unter Anwesenden, a.O., 123 f., „mindestens Rudimente einer gemeinsamen Situationsdefinition" bereit, „an die man mit expliziter Kommunikation anschließen kann, sei es um sie zu verstärken, sei es um sie zu dementieren oder abzuschwächen. Sie erzeugt ein wie immer diffuses Vorverständnis, das man nicht durch Kommunikation einführen und dadurch der Möglichkeit einer Ablehnung aussetzen muß." Kurz: „Daß es geknallt hat – darüber braucht man sich nicht mehr zu verständigen." (Luhmann, Einfache Sozialsysteme, in: Soziologische Aufklärung 2: Aufsätze zur Theorie der Gesellschaft, Opladen 1975, 21–39, hier 23). So „spricht viel dafür, gerade die Interaktion unter Unbekannten mit Themen zu beginnen, deren Korrelate auch durch Wahrnehmung gegeben sind und daher nicht einfach negiert werden können." (Kieserling, 130).

11.5. Doppelte Kontingenz der Kommunikation

„das Gesetz des Wiedersehens. Die Beteiligten müssen einander immer wieder in die Augen blicken können."[147]

Sofern jeder gelungene Schritt Mut für weitere Schritte macht (4.5.), ist auch der Aufbau von Vertrauen *selbstbezüglich:* Vertrauen wird zur *Vertrauensroutine*, und eingespielte Vertrauensroutinen ermuntern wieder zu neuem Vertrauen. In Vertrauensroutinen stabilisiert sich das Vertrauen (das weiterhin einseitig sein kann, der Teamkollege, der mein Vertrauen ‚genießt', braucht es mir darum nicht zu erwidern) und hält dann auch kleinere Enttäuschungen aus. In seiner Selbstbezüglichkeit bildet Vertrauen selbst Schwellen aus, die verhindern, dass es sogleich wieder in Misstrauen umschlägt: „Nicht jede Unstimmigkeit weckt Zweifel an den vertrauten Zügen der Umwelt, nicht jede Enttäuschung zerstört das Vertrauen."[148] Das Vertrauen stabilisiert sich und stabilisiert damit die Orientierung an anderer Orientierung.

Zu sichern ist Vertrauen nur paradox, durch *Selbstgefährdung* (9.): um zu sehen, ob sein Vertrauen ‚berechtigt' ist, muss man es dem Missbrauch aussetzen. Indem man seine riskante Vorleistung an Vertrauen dem Missbrauch durch andere aussetzt, gibt man ihnen Gelegenheit, das ‚geschenkte' Vertrauen *nicht* zu missbrauchen und es dadurch zu ‚rechtfertigen': der andere ‚belohnt' Schutzbedürftigkeit mit Schutz, Arglosigkeit mit Zuverlässigkeit, Offenheit mit Verschwiegenheit und erweist sich dadurch als ‚vertrauenswürdig'. Er ‚verdient' dann Vertrauen. Dass ‚entgegengebrachtes' Vertrauen nicht ‚ausgenutzt' wird, ist das ethische Moment des Vertrauens (15.1., 16.1.), nicht schon das Vertrauen selbst, das auch nur ‚leichtsinnig' sein kann. So respektiert man auch, dass jemand sich Vertrauenserweisen anderer taktvoll entzieht, um nicht durch sie gebunden zu werden.[149]

Antwortet ein anderer auf die Selbstgefährdung, die jemand mit seinem Vertrauen riskiert, seinerseits mit Vertrauen, entsteht *gegenseitiges Vertrauen*, und gegenseitiges Vertrauen schließt dann auch gegenseitige moralische Bindungen ein.[150] Gegenseitiges, „doppeltes Vertrauen"[151] ist die *Ideallösung des Problems der doppelten Kontingenz* – es schaltet sie aus.

---

147 Luhmann, Vertrauen, a.O., 38 f.
148 Ebd., 81.
149 Vgl. ebd., 47 ff., 68.
150 Bei aller Reserve gegen vorschnelle Rekurse auf ‚Moral' gesteht das auch Luhmann zu. Vgl. ebd., 47: Vertrauen ist „eine Mehrleistung, die niemand einfordern kann, die dann aber doch, und gerade deshalb!, Ansprüche erzeugt – ähnlich wie bei Wohltaten einen Anspruch auf Dankbarkeit."
151 Ebd., 77.

Es kommt vom andern dann das, was man erwartet hat, das, was der eigenen Orientierung entgegenkommt, und oft mehr, als ‚man erwarten konnte': durch Übererfüllung der Erwartungen wächst das Vertrauen am stärksten (der andere erweist sich nicht nur als zuverlässig und verschwiegen, sondern bietet von sich aus Rat und Hilfe an). Dass beide einander vertrauensvoll entgegenkommen, ist jedoch doppelt unwahrscheinlich, darum selten und deshalb hoch geschätzt. Doppeltes Vertrauen kommt am ehesten zustande, wenn jeder das Vertrauen des andern zu seiner Orientierung braucht, „so daß das Vertrauen des einen am Vertrauen des andern Halt finden kann".[152] Ein solches Vertrauen kann wiederum auch nur kurzzeitig und sachbezogen sein, sich z. B. auf ein Ausweichmanöver im Straßenverkehr beschränken oder auf eine gelegentliche gemeinsame Abstimmung sonst konkurrierender politischer Parteien, aber eben auch personenbezogen sein und lange ‚halten', in Partnerschaften, Freundschaften, Arbeitsverhältnissen, politischen Koalitionen. Persönliches gegenseitiges Vertrauen ermutigt am stärksten zum Vertrauen in einen ‚festen Halt' der Orientierung.[153]

Doch auch der ‚feste Halt' eines von langer Hand ‚aufgebauten' und ‚aufrechterhaltenen' Vertrauens kann ‚einbrechen', auch ein Vertrauen, das völlig verlässlich schien, kann ‚gebrochen' werden. *Dass* es (zumeist)

---

152 Luhmann, Soziale Systeme, a.O., 181.
153 Ihm gelten denn auch die großen Abhandlungen zur Freundschaft von Aristoteles über Montaigne bis zu Derrida. Vgl. den historischen Überblick aus zugleich soziologischer und philosophischer Perspektive von Andreas Schinkel, Freundschaft. Von der gemeinsamen Selbstverwirklichung zum Beziehungsmanagement. Die Verwandlungen einer sozialen Ordnung, Freiburg/München 2003. – Zu einem ‚festen Halt' der Orientierung wird auf der andern Seite das ‚Systemvertrauen', das (mehr oder weniger große) Vertrauen in routinemäßig und problemlos funktionierende Systeme der Technik und von Organisationen. Auch ‚hinter' funktionierender Technik stehen zumeist wieder Organisationen und ‚hinter' Organisationen wiederum Personen. Je nachdem, wie deren Rolle eingeschätzt wird, ist die Rede vom Systemvertrauen umstritten. Vgl. dazu Anthony Giddens, The Consequences of Modernity, Oxford 1990, deutsch: Die Konsequenzen der Moderne, übers. v. Joachim Schulte, Frankfurt am Main 1995, 107 ff., und Martin K. W. Schweer, Vertrauen als Organisationsprinzip. Vertrauensförderung im Spannungsfeld personalen und systemischen Vertrauens, in: Erwägen Wissen Ethik (vormals Ethik und Sozialwissenschaften) 14.2 (2003), 323–332, mit zahlreichen Diskussionsbeiträgen (332–389). Traut man den Passanten auf Untergrund-Bahnsteigen nicht, kann man auf Überwachungskameras und muss dann auch auf die Organisation vertrauen, die sie betreibt – und die Personen, die in ihr arbeiten, die man aber gewöhnlich ‚nicht zu Gesicht bekommt'.

11.5. Doppelte Kontingenz der Kommunikation

in langer Zeit Schritt für Schritt aufgebaut werden muss und dann doch unter einem einzigen ‚falschen Schritt' einbrechen und der oder die zuvor so Vertraute plötzlich wieder fremd und unheimlich erscheinen kann, stellt die Fragilität des Vertrauens überhaupt vor Augen und kann ganz an ihm verzweifeln lassen. Erholt man sich davon, kann man für seine Orientierung ‚daraus lernen' und ‚daran wachsen'. Man lernt, das eigene Vertrauen ‚richtig' und das heißt dann: ausgerichtet am eigenen Orientierungserfolg einzusetzen und das Vertrauen anderer richtig einzuschätzen, lernt, Vertrauen zu differenzieren, nicht mehr auf Personen im ganzen, sondern auf bestimmte ihrer Qualitäten zu vertrauen: „Man kann einem anderen in Dingen der Liebe, nicht aber in Sachen des Geldes, in seinem Wissen, aber nicht in seiner Geschicklichkeit, in seinem moralischen Wollen, aber nicht in seiner Fähigkeit zu objektiver Berichterstattung, in seinem Geschmack, aber nicht in seiner Verschwiegenheit vertrauen."[154] Vertrauen wird dann auf einer neuen Stufe selbstbezüglich und nun nicht mehr mit der Wirkung einer unkontrollierten Steigerung, sondern einer kontrollierten Begrenzung des Vertrauens. Vertrauen wird zum „Vertrauen in Vertrauen",[155] zum *Vertrauen in den Umgang mit Vertrauen.* Es äußert sich in einem differenzierten Selbstvertrauen, dem Vertrauen in die eigene Fähigkeit, zu unterscheiden, wem man worin vertrauen kann und will und wie man dem Vertrauen anderer gerecht werden kann, ohne von ihm in der eigenen Orientierung abhängig zu werden. Man kann dann bei allem Vertrauen zu anderen Distanz zu ihren möglichen ‚falschen Schritten' halten und trotz immer möglicher Enttäuschungen Vertrauen unter dem Vorbehalt der Selbsttäuschung annehmen und gewähren. Man vertraut anderen, wie man Anhaltspunkten vertraut. LUHMANN hat hier von „durchschauendem Vertrauen" gesprochen: „Es fordert vom Vertrauenden mehr Umsicht, mehr Überlegung. Er vertraut nicht direkt dem anderen Menschen, sondern er vertraut den Gründen, aus denen das Vertrauen ‚trotzdem funktioniert'."[156] Als „Spitzenleistung" des Vertrauens wird dieses Selbstvertrauen am höchsten geschätzt. Es ist ein „reflektiertes Sicheinlassen auf Fiktionen, die funktionieren",[157] ein Vertrauen, das selbst auf Täuschungen vertrauen kann: auch und gerade wenn jemand, aus welchen Gründen auch immer, Vertrauen nur vortäuscht, muss er sich so verhalten wie der, der Vertrauen

---

154 Luhmann, Vertrauen, a.O., 103 f.
155 Vgl. ebd., 72–77.
156 Ebd., 75 f.
157 Ebd., 76.

wirklich ‚schenkt'. So hat das vorgetäuschte Vertrauen dieselbe Wirkung wie das echte, und mit der Zeit kann die Täuschung positiv ‚enttäuscht', sie kann zu echtem Vertrauen werden. Auch die Vortäuschung des Vertrauens erzieht zum Vertrauen, „Vertrauen erzieht."[158] Es ist dann dieses negativ *und* positiv ‚enttäuschte', im Umgang mit Vertrauen erfahrene Vertrauen, das die Orientierung an anderer Orientierung unter Bedingungen der doppelten Kontingenz am stärksten stabilisiert: sofern es das Vertrauen in Vertrauen begrenzt.

(5) Einhaltung von Distanzsphären. – Zu Menschen, deren Anwesenheit zu Interaktion und, je nach Situation, auch Kommunikation nötigt, ist weit weniger Distanz möglich als zu ‚Dingen' der Natur und der Technik.[159] Dennoch räumt man einander, so GOFFMAN, über die „Territorien des Selbst" in der Interaktion hinaus auch „Reservate" in der Kommunikation ein. Zum einen ein *„Gesprächsreservat"*: man achtet gewöhnlich „das Recht eines Individuums, ein gewisses Maß an Kontrolle darüber auszuüben, wer es wann zu einem Gespräch auffordern kann".[160] Es wird nicht erwartet, dass jeder mit jedem redet. Zum andern ein *„Informationsreservat"*, die eigene „Privatsphäre" betreffend: man gesteht einem Individuum zu, den Zugang zu „Fakten über es selbst" in Anwesenheit anderer zu kontrollieren. Es wird nicht erwartet, dass jeder jedem alles sagen muss. Das beginnt mit Namen, biographischen Daten und aktueller beruflicher Situation und reicht bis zu Gefühlen, Vorstellungen und Gedanken, die jemand hegt und die er gewöhnlich nicht preisgeben muss, wenn er nicht will. Man wahrt *Diskretion.* ‚Diskretion' kommt von lat. ‚discernere', das einerseits ‚trennen', andererseits ‚unterscheiden', ‚entscheiden', ‚differenziert beurteilen' heißt. HEGEL hat von der „absoluten Diskretion" gesprochen, in der man einander anerkennt und aus der heraus man sich verständigt.[161] SIMMEL hat sie wiederum glanzvoll beschrieben. Danach liegt „um jeden Menschen eine ideelle Sphäre [...], nach verschiedenen Richtungen und verschiedenen Personen gegenüber freilich ungleich groß, in die man nicht eindringen kann, ohne den Persönlichkeitswert des Individuums zu zerstören." „Selbst im intimen Verhältnis" wird zu ihr „Distanz" gehalten:

---

158 Ebd., 71.
159 Vgl. Norbert Elias, Engagement und Distanzierung, hg. u. übers. von Michael Schröter, Ges. Schriften, Bd. 8, bearbeitet v. Johan Heilbron, Frankfurt am Main 2003, 119 f.
160 Goffman, Das Individuum im öffentlichen Austausch, a.O., 68–71.
161 Hegel, Phänomenologie des Geistes, ThWA, 3.493.

11.5. Doppelte Kontingenz der Kommunikation

diese besteht keineswegs nur in dem Respekt vor dem *Geheimnis* des Andren, vor seinem direkten *Willen*, uns dies oder jenes zu verbergen; sondern schon darin, daß man sich von der Kenntnis alles dessen am Andren fernhält, was er nicht positiv offenbart. Es handelt sich hier also prinzipiell nicht um *Bestimmtes*, das man nicht wissen darf, sondern um die ganz allgemeine, der Gesamtpersönlichkeit gegenüber geübte Reserve: [...] was nicht verborgen wird, darf gewußt werden, und: was nicht offenbart wird, darf auch nicht gewußt werden.[162]

Dennoch geäußerte Nachfragen werden als zudringlich wahrgenommen. Auch sie sind ‚peinlich', und die Erlaubnis zu ‚peinlichen Befragungen' ist wiederum auf Funktionsträger mit besonderen Befugnissen wie Lehrer, Ärzte, Polizisten, Richter, Personalchefs, Seelsorger usw. beschränkt. In der alltäglichen Kommunikation besteht hier dagegen eine „ganz typische Grenze, jenseits deren vielleicht gar keine gehüteten Geheimnisse liegen, über die aber der Andre konventionell-diskreterweise nicht durch Fragen oder sonstige Invasionen hindringt."[163]

Die Abgrenzung von Distanzsphären wird durch *Gerüche* verstärkt. Auch Menschen können ‚einander riechen' oder nicht, der Geruchssinn (6.3.) ist auch ein „Warn- und Schutzsinn".[164] Er entscheidet maßgeblich mit, zu wem man Kontakt aufnimmt und hält. Düften hängt eine besondere Intimität an, man behandelt sie mit entsprechender Diskretion. Sie schaffen unwillkürlich eine Stimmung, in der man sich wohlfühlt oder nicht, in der man bleiben oder der man sich entziehen will. Man teilt Düfte, indem man zusammen isst, und sucht den Duft des andern, indem man zusammenrückt. Weil Düfte ‚in die Nase dringen', man keine Distanz zu ihnen hat, muss man, soweit sie unangenehm sind, die Distanz eigens schaffen; sind sie sehr unangenehm, erregen sie Ekel, „prallt [man] zurück, wirft den Kopf in den Nacken, rümpft die Nase, stößt den Atem aus, hält die Nase zu, wendet sich ab, erbricht."[165] Sind sie dagegen willkommen, schaffen sie unwillkürlich eine ‚Atmosphäre', ein ‚Klima' des Vertrauens. Personen ‚verbreiten' *Atmosphären*, die die Kommunikation erleichtern oder erschweren, bestimmte Themen überhaupt erst möglich machen oder schon gar nicht ‚aufkommen' lassen, Argumentationen ‚zum Zug kommen' lassen oder ‚sinnlos' machen. Sie können kühl, frostig oder warm, hitzig, geladen, gespannt oder gelöst, dumpf oder frisch, unheimlich, feindselig oder heimisch, vertraut, freundlich

---

162 Simmel, Soziologie, a.O., 395.
163 Ebd., 397.
164 Vgl. Tellenbach, Geschmack und Atmosphäre, a.O., 34.
165 Ebd., 36.

sein,[166] und sie können ‚kippen': ein scheinbares Detail, das sich in einer Situation verändert, kann ‚schlagartig' die ganze Situation verändern, und alles erscheint dann ‚in einem anderen Licht'.[167]

11.6. Absichten und Willen als Fluchtpunkte der Orientierung über andere Orientierung

Im diskreten Verhalten zueinander bleibt immer die Frage wach, welche *Absichten* der andere ‚verfolgt'. ‚Absicht' stammt aus der Jagdsprache (5.4.); die Absichten anderer können für einen selbst bedrohlich sein. Der andere muss bei dem, was er tut und sagt, keine bestimmte Absicht verfolgen; man kann ‚auf' Absichten manchmal erst durch die Situation ‚kommen', sie können sich bei Gelegenheit ergeben und sich später verschieben, können sich mit anderen Absichten kreuzen oder vereinigen und auch wieder ‚fallen gelassen' werden.[168] Doch in der Orientierung über seine Orientierung sucht man sich ‚einen Reim darauf zu machen', was der andere tut und sagt, darin einen ‚Sinn' zu finden, die ‚Richtung' zu sehen, auf die sein Verhalten ‚hinausläuft'. Absichten zu identifizieren ist nicht so sehr für den Handelnden selbst von Belang als für den, der mit ihm zu tun hat, damit er sich darauf einstellen kann, was ‚auf ihn zukommt'. Aber vor allem Absichten unterliegen der Diskretion. Man kann nicht ohne weiteres nach ihnen fragen, höchstens in vertrauten und vertrauensvollen Verhältnissen (‚was hast du denn da vor?'), und fragt man doch nach ihnen, riskiert man nicht nur, die Diskretion zu verletzen, sondern auch Misstrauen zu verraten. Die Antwort kann dann, unter Bedingungen doppelter Kontingenz, wiederum ‚strategisch' ausfallen, die genannten Absichten können nur ‚vorgeschoben' sein und die ‚wahren' Absichten, die der andere hat oder auch nicht hat, ‚verbergen'. So bleibt zuletzt nur, seine Absichten aus den Anhaltspunkten seines Verhaltens und seiner Äußerungen zu erschließen, mit all den Deutungsspielräumen, die dabei bleiben (jemand tritt mit erschreckt ausgestreckten Armen und

---

166 Ebd., 63.
167 Ebd., 79.
168 Vgl. Verf., Orientierung zum Handeln in wechselnden Horizonten, in: Ralf Elm (Hg.), Horizonte des Horizontbegriffs. Hermeneutische, phänomenologische und interkulturelle Studien, Sankt Augustin 2004, 251–266. – Die aktuellen Handlungstheorien gehen dagegen zumeist schon davon aus, dass Handlungen Absichten bzw. Intentionen ‚zugrundeliegen'.

laut ‚Vorsicht' rufend auf mich zu, und als ich mich nach der Gefahr umsehe, fehlt mir die Geldbörse). Absichten fungieren in der Orientierung an anderer Orientierung als Fluchtpunkte der Orientierung über andere Orientierungen: aus den sich anbietenden Anhaltspunkten macht man sich ein ‚Bild' vom Verhalten der andern, sucht darin Linien, die ‚Sinn machen', und im Fluchtpunkt, in dem sie zusammenzulaufen scheinen (11.2.), ‚sieht' man dann die Absicht. Die andern können sich solchen Sichten auf ihr Verhalten dann anschließen und sie übernehmen, sie aber auch zurückweisen und ihnen widersprechen und dabei wiederum eigene Absichten verfolgen.

Zu Absichten wird wiederum ein *Wille* angenommen, der sie ‚hegt' und ‚durchzusetzen' sucht. Auch Willen sind nicht offensichtlich, auch sie werden zugeschrieben, sei es anderen (‚sie will das so'), sei es sich selbst (‚dies ist mein Wille'). ‚Wollen' ist in seiner Herkunft eng mit ‚wählen' verbunden: von ‚Wille' spricht man dann, wenn zwischen Alternativen entschieden wird, ohne dass dafür noch Gründe angegeben werden oder werden können.[169] Wenn jemand sagt, er ‚will das einfach', besteht er darauf, selbst über seine Wahl zu entscheiden, ohne sich dafür noch gegenüber anderen durch Gründe rechtfertigen zu wollen oder zu können. Man kann wohl stets Gründe für sein Verhalten angeben, wenn man sie hat, oder Gründe suchen, wenn man es sich selbst erst erklären muss. Aber auch Gründe muss man geben wollen, und man wird sie nicht in jeder Situation und nicht jedem gegenüber geben wollen.[170] Jemand ‚seinen Willen zugestehen' heißt darum ihm ‚seine Freiheit lassen' auch zur Angabe oder Verweigerung von Gründen. Auch mit der Rede von Willen wird so der Diskretion entsprochen, die unter Bedingungen der doppelten Kontingenz in der Orientierung an anderer Orientierung ohnehin nie ganz zu durchdringen ist.[171] Der Wille des einen ist für den

---

169 Aristoteles hat im Hinblick auf das ethische Handeln wohl von Entscheidung (προαίρεσις), nicht aber von Wille gesprochen (vgl. Nikomachische Ethik III, 4, 1111 b 4–12). Βούλησις, noch am ehesten mit ‚Wille' übersetzbar, rückt er in die Nähe von Begehren (ἐπιθυμία) und zorniger Aufwallung (θυμός). Sie entsprechen nicht seiner Vorstellung von (ruhig überlegter) Entscheidung.

170 Die Verpflichtung zum λόγον διδόναι, die Sokrates ausgerufen hatte und die zum Grundzug seines und des europäischen Philosophierens wurde, war eine Verpflichtung zur Rechtfertigung von *Wissen*, das behauptet wurde. Sie bezog sich für ihn nicht auch auf das Verhalten zueinander oder doch nur soweit, wie ihm ein Wissen zugrundelag.

171 Vgl. Luhmann, Soziale Systeme, a.O., 159: „Die Kenntnis und Berechnung des Partners wird, weil unerreichbar, durch Freiheitskonzession ersetzt".

andern kontingent, ‚Wille' ist der Begriff für diese Kontingenz. Sind Willen dann in dem, was sie wollen, einander entgegengesetzt, werden sie, wie NIETZSCHE sie genannt hat, zu „Willen zur Macht", die sich gegeneinander ‚durchzusetzen' suchen.[172] Das kann wieder mit Gründen geschehen, die sie jeweils ins Spiel bringen, mit denen sie sich ‚auseinandersetzen' und die sie jeweils akzeptieren können oder nicht. Wenn in der alltäglichen Kommunikation Argumentationen mit Gründen nicht mehr aussichtsreich sind, kann man ‚von seinem Willen lassen' – oder andere Mittel einsetzen, vom Angebot zum Kompromiss auf der einen Seite über das Spiel mit Ironie und Humor bis zu (mehr oder weniger subtilen oder offenen) Aggressionen auf der andern Seite. Dabei wird dann klar, wozu der andere – und man selbst – fähig und bereit ist. Es kristallisieren sich ‚Identitäten' heraus.

---

172 Nietzsche hat, anders als Heidegger (Nietzsche, 2 Bde., Pfullingen 1961) ihn verstanden hat, nicht von *einem* Willen zur Macht gesprochen, sondern von mehreren und gegnerischen, die ihre ‚Macht', ihre Kraft, sich durchzusetzen, nur in der Auseinandersetzung mit dem jeweils andern erfahren. Vgl. Wolfgang Müller-Lauter, Nietzsche. Seine Philosophie der Gegensätze und die Gegensätze seiner Philosophie, Berlin/New York 1971.

12. Stabilisierung und Differenzierung der Orientierung an anderer Orientierung: Achtung von Identitäten – *Orientierung durch Achtung*

12.1. Die Sprache des Achtens in der Orientierung über Orientierung
12.2. Identitäten: Fixpunkte einer wechselseitigen Orientierung
12.3. Erschließung von Identitäten: Kommunikation über Drittes und Dritte
12.4. Sexuelle Orientierung, sexuelle Identität
12.5. Profilierung annehmbarer Identitäten: Selbstdarstellungen
12.6. Identifikation mit Identifikationen: Identität im Umgang mit Identitäten

Die (individuelle) Orientierung an anderen (individuellen) Orientierungen stabilisiert die eigene Orientierung nicht nur durch Vertrauen (11.5.), sondern auch durch *Achtung*. Achtung wird wie Vertrauen ‚entgegengebracht‘, ‚geschenkt‘, und ebenfalls nicht jedermann, und auch sie muss ‚verdient‘ werden. Während Vertrauen die Erwartung ist, sich fraglos an andere halten zu können, setzt Achtung Distanz voraus. Was man achtet, wird als Anhaltspunkt, als Halt in der Distanz (7.2.), bewusst. Achtung schließt wie Vertrauen Schätzung ein, muss jedoch nicht mit Wohlwollen, Zuneigung oder Liebe verbunden sein, Achtung hat man auch vor Gegnern und Feinden. Und Achtung kann aus der Distanz auch ‚geboten‘ werden: von Menschen (und von Göttern), die die Belange anderer willentlich beeinflussen und so Macht ausüben, sei es zum Wohl, sei es zum Schaden der anderen. Wird aber Macht zum Wohl anderer ausgeübt, kann auch ihr vertraut werden. So wird Vertrauen auch auf Distanz möglich (z. B. zu Vorgesetzten oder auch zu Politikern). Achtung hat zwei Gegensätze, einen schwächeren und einen stärkeren. Der schwächere ist die *Verachtung:* wen man verachtet, dem traut man (darin, worin man ihn verachtet) keine Macht zu, sei es über andere, sei es über sich selbst (und codiert das dann häufig moralisch). Verachtung kann man zeigen, aber auch für sich behalten, und sie lässt noch Kommunikation zu. Durch *Ächtung*, den stärkeren Gegensatz zur Achtung, wird jemand demonstrativ aus dem Verkehr mit anderen ausgeschlossen, sei es, weil er völlig verachtet, sei es, weil er als gefährlich und damit als auf seine Art mächtig erachtet wird. Verachtung und Ächtung sind wie Achtung Formen der Distanzierung, doch in der Achtung, selbst vor Gegnern und Feinden, bleibt der Wille, Anschluss an sie zu halten, weiter mit ihnen im Austausch oder in Auseinandersetzung zu bleiben und damit sich an ihnen zu orientieren: Achtung vor jemand bezeugt den Willen, sich aus der Distanz an seinem Willen zu orientieren. Sie schafft dauerhafte Kopplungen von Orientierungen über Distanzen (und Distanzsphären des anderen, 11.5.) hinweg. Durch Achtung werden Willen (11.6.), die Fluchtpunkte der Orientierung an anderer Orientierung, zu *Fixpunkten* (12.1).

Fixpunkten der Orientierung versucht man *Identitäten* zuzuschreiben. Die Orientierung hat einen hohen Bedarf an Identitäten, körperlichen und semiotischen, sachlichen und persönlichen, charakterlichen und amtlichen, sozialen und privaten. Der Begriff der ‚Identität' gehört heute, ähnlich wie der der Orientierung, zu den gängigsten und scheinbar selbstverständlichen. Im Unterschied zum Begriff der Orientierung wird er jedoch seit alters her in Philosophie und Logik und seit etwa einem Jahrhundert in der Psychologie, Soziologie und Sozialpsychologie intensiv diskutiert. Entsprechend vielfältig wird er gebraucht. Er antwortet auf Fragen, ‚woran man' bei anderen ‚ist' und wer man selbst ist, in der Sicht anderer und der eigenen.[1] Identität ‚hat' man nicht, man schreibt sie sich

---

1 Soziologen sind sich weitgehend einig, dass die Frage nach der Identität mit dem Umbruch zur Moderne und der „Entbettung" der Einzelnen aus traditionalen Gemeinschaften aufkam. Vgl. etwa Giddens, Konsequenzen der Moderne, a.O., 150–155. Jean-Claude Kaufmann, L'invention de soi. Une théorie de l'identité, Paris 2004, deutsch: Die Erfindung des Ich. Eine Theorie der Identität, aus dem Frz. v. Anke Beck, Konstanz 2005, umreißt v. a. die Diskussion in Frankreich. Er behandelt die Identität als unvermeidliche „Fiktion" (18) und sucht sie, wie schon Niklas Luhmann, Individuum, Individualität, Individualismus, in: N.L., Gesellschaftsstruktur und Semantik. Studien zur Wissenssoziologie der modernen Gesellschaft, Bd. 3, Frankfurt am Main 1989, 149–258, historisch aus der Differenz von Identität und Individualität zu erfassen (57 ff.). Zur Debatte in der Analytischen Philosophie, die die Identität von Personen am Körper, am Bewusstsein, an der Erinnerung oder an Kombinationen aus ihnen festmacht, vgl. Michael Quante, Die Identität der Person: Facetten eines Problems. Neuere Beiträge zur Diskussion um personale Identität, in: Philosophische Rundschau 42 (1995), 35–59, ders. (Hg.), Personale Identität, Paderborn/München/Wien/Zürich 1999, 9–29, und Hille Haker, Art. Identität, in: Marcus Düwell / Christoph Hübenthal / Micha H. Werner (Hg.), Handbuch Ethik, Stuttgart/Weimar 2002, 395–399. Die Frage nach der Identität führt hier, so Quante, Die Identität der Person, 43, zu einem „logisch-metaphysischen Puzzle". In den

und anderen zu. Diese Zuschreibungen können ‚konstruktiv' oder ‚destruktiv' sein, können jemand ‚aufbauen' oder ‚niedermachen', Orientierungen stabilisieren oder destabilisieren; sie können, wenn sie mit Verachtung und Ächtung verbunden sind, bis zur physischen Vernichtung anderer und seiner selbst, zur Tötung und Selbsttötung, führen.[2] So kann Achtung auch Zurückhaltung vor der Zuschreibung von Identitäten, vor Identifikationen gebieten (12.2.). Wie ‚heikel' Identifikationen sind, zeigt, dass man vermeidet, jemand ‚ins Gesicht zu sagen', wie man ihn einschätzt, was man ‚von ihm hält'. Das Bedürfnis nach Identitäten sucht sich statt dessen einen andern Weg, den Umweg des Redens über abwesende Dritte. Es informiert nicht nur direkt über abwesende Dritte, sondern indirekt auch darüber, wie der anwesende Andere identifiziert und wie die eigenen Identifikationen bei ihm ‚ankommen'; so kann man heikle Identifikationen auf ihre Anschlussfähigkeit hin testen (12.3.). Zu den spannungsvollsten Identifikationen gehören neben den ethnischen die sexuellen. Man ist biologisch (zuallermeist) auf ein Geschlecht festgelegt, und die Differenz der Geschlechter durchdringt, wie zunehmend deutlicher geworden ist, die ganze Orientierung, schafft unterschiedliche Orientierungswelten. Dennoch lässt die biologische sexuelle Identität unterschiedliche ‚sexuelle Orientierungen' zu, die andere in ihren Identifikationen irritieren können (12.4.). So ist man in der Orientierung über andere für entgegenkommende Selbstdarstellungen dankbar und unterstützt einander darin, füreinander ein annehmbares ‚Image' aufrechtzuhalten. Man arbeitet ständig an einem ‚Profil' seiner Identität, und dazu dienen vor allem Geschichten. Sie ergeben narrative Identitäten (12.5.). Alle Identitäten aber, die jemand anderen oder sich selbst zuschreibt, können angenommen oder zurückgewiesen werden: man kann sich mit Identifikationen identifizieren oder nicht. Identitäten sind Identifikationen mit Identifikationen und als solche schließen sie doppelte Entscheidungen ein und lassen Spielräume ebenso für die Stabilisierung *einer* Identität wie für die Differenzierung vielfältiger Identitäten. Die meisten bilden in ihren vielfältigen Beziehungen und vielfältigen

---

Vereinigten Staaten wurde der Identität auch schon eine Ethik gewidmet: Kwame Anthony Appiah, The Ethics of Identity, Princeton/Oxford 2005. Appiah will im Zeichen vielfältiger Identitäten und Loyalitäten den aktuellen Multikulturalismus mit dem universalistischen Liberalismus in einem „verwurzelten Kosmopolitismus" verknüpfen.

2 Max Frisch hat das in seinem Stück *Andorra* von 1961 exemplarisch vorgeführt. Vgl. jetzt Amin Maalouf, Mörderische Identitäten. Essay, aus dem Frz. v. Christian Hansen, Frankfurt am Main 2000.

Orientierungswelten vielfältige Identitäten aus, und das wird auch von ihnen erwartet.[3] So aber kann als Fluchtpunkt der Orientierung an anderer Orientierung wiederum das Bedürfnis nach einer authentischen Identität entstehen (12.6.).

12.1. Die Sprache des Achtens in der Orientierung über Orientierung

Auch die Sprache des Achtens ist ein Stück Ursprache der Orientierung. Ihr Spektrum ist wohl weniger dicht als die Spektren der Sprachen des Sichtens (5.1.), des Richtens (6.1.) und des Halts (7.1.), aber ähnlich weit und ähnlich sprechend. Es reicht von der ‚Beobachtung' über die ‚Beachtung' bis zur ‚Achtung' und hier wiederum von der Achtung *auf* andere, der besonderen Aufmerksamkeit, bis zur Achtung *anderer*, der besonderen Schätzung. ‚Beobachten' kann man nach dem deutschen Sprachgebrauch etwas und jemand. Beides kann man auch ‚beachten', außerdem aber Regeln und Gesetze. ‚Achten' dagegen kann man nur jemand und Gesetze. Mit dem Übergang vom Kompositum zum Simplex verschiebt sich der Bezug auf Vorgänge und Dinge über den Bezug auf Personen zum Bezug auf Gesetze. Gemeinsam ist allem Achten die eigens auf etwas oder jemand ausgerichtete oder ‚orientierte' Aufmerksamkeit (4.4.), die bewusste Rücksicht. Dies ist auch der etymologische Ursprung. ‚Acht' geht auf die indoeur. Wurzel *ok, germ. ‚ah', ‚meinen', ‚denken' zurück; got. ‚aha' bedeutete ‚Sinn und Verstand'. Dabei ging es offenbar zunächst um Aufmerksamkeit ohne gezielte Ausrichtung wie noch in ‚achtgeben' und ‚Obacht geben', ‚achtsam' bzw. ‚achtlos' sein. In ‚achten auf' und ‚beachten' tritt dann die Ausrichtung hinzu mit dem Gegensatz des ‚Außer-Acht-Lassens'. Was beachtet wird, kann jedoch noch etwas oder jemand Peripheres sein. ‚Beobachtet' wird dagegen, was im Zentrum des Gesichtsfelds steht. In ‚etwas in Acht nehmen' und ‚sich in Acht nehmen' kommt der Sinn des Schützens, Behütens hinzu, in ‚etwas erachten als' der Sinn des Beurteilens. Einen (positiv) wertenden Sinn nimmt ‚achten' in dem alten ‚achtbar' an (‚achtbar' war eine Person, die die Anstandsregeln beachtete) und hat ihn auch noch in ‚beachtlich' (die

---

3 Vgl. Luhmann, Individuum, Individualität, Individualismus, a.O., 223: „Das Individuum wird durch Teilbarkeit definiert. Es benötigt ein musikalisches Selbst für die Oper, ein strebsames für den Beruf, ein geduldiges Selbst für die Familie. Was ihm für sich selbst bleibt, ist das Problem seiner Identität."

‚beachtliche Leistung'), im ‚Achtungserfolg', bei dem nicht das Ergebnis, sondern die Anstrengung gewürdigt wird (‚alle Achtung!'), und schließlich in ‚Achtung vor' anderen Menschen, vor Gott oder Göttern und vor Gesetzen, die von sich aus ‚Achtung gebieten'. Die Richtung kehrt sich hier um: wer Achtung gebietet, erzwingt die Ausrichtung der Aufmerksamkeit auf ihn. *Achtung vor anderen ist die vorsichtige, umsichtige und rücksichtsvolle Beachtung ihrer Orientierungen für die eigene Orientierung*; sie kann sich zur ‚Hochachtung' steigern (die im ‚Hochachtungsvoll' unter Briefen zur Formel geworden ist). In allen Modi des Achtens wird Distanz gewahrt, beim Beachten die Distanz zu Anhaltspunkten, beim Beobachten die Beobachtungsdistanz, beim Achten die Distanz, die das Geachtete selbst ‚gebietet'. Bloßes Beachten von Achtung Gebietendem wird als nachlässig, bloßes Beobachten als zudringlich wahrgenommen; Distanzsphären (11.5.(5)) sind auch Sphären der Achtung. KANT, der die „Achtung für eine Person" als Ausfluss der „Achtung fürs Gesetz" verstanden wissen wollte, hat die Achtung als „Vorstellung von einem Werthe, der meiner Selbstliebe Abbruch thut", bestimmt oder als „das Bewußtsein der *Unterordnung* meines Willens".[4] Der heutige Sprachgebrauch ist dem noch nahe, sofern man von Menschen, die man achtet, ‚sich Dinge gefallen lässt', die man von andern ‚nicht hinnehmen' würde, und das gilt exemplarisch für die, die ‚das Gesetz', das juridische ebenso wie das moralische und das göttliche, vertreten. ‚Ächtung', der Entzug nicht nur jeder Achtung, sondern auch jeder Kommunikation, hat, wiewohl das Wort nur eine Umlautung von ‚Achtung' zu sein scheint, eine andere etymologische Wurzel, die im altsächs. ‚âhtian', ‚verfolgen', im altirischen ‚ēcht', ‚Totschlag aus Rache', nachweisbar und im Deutschen noch in der Formel ‚Acht und Bann' erhalten ist. Der ‚Bann' ist der Ausschluss aus der religiösen, die ‚Acht' der Ausschluss aus der weltlichen Gemeinschaft; nach dem germanischem Recht der Friedloslegung war Geächteten jeder Verkehr mit anderen verboten, und sie konnten von jedermann getötet werden.[5]

---

4 Kant, Grundlegung zur Metaphysik der Sitten, AA IV, 401, Anm.
5 Vgl. Friedrich Schiller, Wilhelm Tell, V 2: „Weißt du, daß dich die Acht verfolgt, daß du / Dem Freund verboten und dem Feind erlaubt?"

12.2. Identitäten: Fixpunkte einer wechselseitigen Orientierung

So fraglos jedem die meisten seiner eigenen Handlungen sind, so vieldeutig können ihm die anderer erscheinen. GOFFMAN hat das schön illustriert:

> Nehmen wir zum Beispiel (in Anlehnung an AUSTIN) eine Handlung, die ziemlich eindeutig ist: Ein Mann fährt bei Rot über eine Kreuzung. Was tut er? Was hat er getan? (1) Wo er herkommt, gibt es Zeichen und keine Ampeln. (2) Das Tageslicht war ungünstig, und er konnte das Ampelsignal nicht erkennen. (3) Er ist kürzlich farbenblind geworden. (4) Er drohte zu spät zur Arbeit zu kommen. (5) Seine Frau bringt auf dem Rücksitz gerade ein Kind zur Welt, und er will schnell zum nächsten Krankenhaus. (6) Der Bankräuber auf dem Sitz neben ihm hält eine Pistole auf ihn gerichtet und hat ihm befohlen, bei Rot durchzufahren. (7) Er macht das immer, wenn kein Verkehrspolizist in der Nähe ist, wobei er sich ausrechnet, daß die gelegentlich anfallenden Unkosten auf die Zeiten verteilt gedacht werden können, in denen er nicht geschnappt wird. (8) Es ist vier Uhr morgens, und zu dieser Stunde ist nie jemand auf der Straße, und außerdem hat er sich durch einen Blick in beide Straßenrichtungen versichert, daß er die Kreuzung gefahrlos bei Rot überfahren kann. (9) Es regnet, und es ist sicherer, auf der ölverschmierten Straße gar nicht erst den Versuch zu machen, zu bremsen. (10) Ein Polizist hat ihm durch Winke zu verstehen gegeben, daß er durchfahren soll. (11) Seine Bremsen funktionieren nicht. (12) Er hat einfach völlig vergessen, auf die Ampel zu achten. (13) Er gehört zu einem Beerdigungszug. (14) Keiner wird ihn deswegen zur Rede stellen; dafür ist er eine zu berühmte Persönlichkeit. (15) Er ist Polizeiinspektor und will die Wachsamkeit der diensttuenden Polizisten prüfen. (16) Er fährt (so behauptet er) in einem posthypnotischen Trancezustand. (17) Er möchte mit dem Polizisten des Ortes ein Wettrennen machen. (18) Der Polizist an der Ecke ist sein Bruder, und er will ihn necken. (19) Er hat ein Autokennzeichen mit den Buchstaben des diplomatischen Corps. (20) Die Ampel war auf Rot stehengeblieben, und er und die anderen Autofahrer haben sich schließlich entschlossen, bei Rot zu fahren. (21) Die Ampel sprang gerade auf Rot. (22) Er war betrunken oder high. (23) Unmittelbar hinter ihm kam ein Krankenwagen, dessen Martinshorn signalisierte, daß er durchwollte, und die andere Spur war von Autos blockiert.[6]

Um sich an anderen orientieren zu können, muss man ‚wissen', was sie wollen‘, und was sie wollen, kann man ihren Handlungen nicht ohne weiteres ansehen. Um mit ihnen ‚auszukommen‘, solange man mit ihnen zu tun hat, muss man darum während dieser Zeit alles beachten und beobachten, was über ihre Absichten Aufschluss gibt. Will oder muss man mit ihnen längerfristig kooperieren, muss man die Orientierungen

---

6 Goffman, Das Individuum im öffentlichen Austausch, a.O., 147 f., Anm.

12.2. Identitäten: Fixpunkte einer wechselseitigen Orientierung

koordinieren, und das geschieht durch gemeinsame *Fixpunkte*. Sie ermöglichen eine *wechselseitige Orientierung*, in der jeder beim andern mit derselben Orientierung rechnen kann. Solche Fixpunkte können Dinge sein, die man gemeinsam vor sich hat, Geräte, die man in gleicher Weise nutzt, Zeichen, die man abgestimmt gebraucht, Regeln, die sich im Umgang miteinander eingespielt haben oder die man vereinbart hat, Begriffsdefinitionen, auf die man sich in Argumentationen beruft, Rechtsordnungen, die schriftlich fixiert sind, usw. Sie werden in der Kooperation als für beide Seiten *identisch* unterstellt, auch wenn jede sie in Spielräumen anders verstehen mag. Alle Beteiligten müssen sie ständig beachten, wenn die Kooperation gelingen soll, und jeder beobachtet darum ebenso die anderen daraufhin, ob und wie sie sie beachten. Und sofern Fixpunkte kooperativen Handelns auch die Fixpunkte der Orientierung des andern sind, genießen sie ebenfalls Achtung – weicht man in der Kooperation von ihnen ab, ‚bekommt man es mit ihm zu tun'.

Identitäten, fixe Anhaltspunkte, sind wie alles übrige in der Orientierung *Identitäten auf Zeit*. Sie müssen in der Orientierung erst gewonnen, festgelegt und gesichert werden.[7] Um Identisches festzuhalten, muss man Veränderungen von ihm abhalten (z. B. auf einer genauen Einhaltung geregelter Abläufe bestehen) oder, wo das nicht möglich ist, von ihnen absehen (z. B. tolerieren, dass Regeln nur ‚im Prinzip' befolgt werden). Man kürzt die Orientierung ab, indem man Sich-Veränderndes behandelt, als ob es dasselbe bliebe (z. B. einen Baum, der stetig wächst), oder immer wieder anderes, als ob es dasselbe sei (z. B. Bäume derselben Art). Das tut jede Orientierung schon für sich, soweit sich in ihr Routinen im Verhalten und im Zeichengebrauch einspielen. Fixpunkte einer Orientierung können von einer anderen jedoch in Frage gestellt werden (Brechts berühmte Geschichte vom Herrn Keuner: „Sie haben sich gar nicht verändert.' ‚Oh!', sagte Herr K. und erbleichte."[8]). Wo es um

---

7 Vgl. Niklas Luhmann, Quod omnes tangit ... Anmerkungen zur Rechtstheorie von Jürgen Habermas, in: Rechtshistorisches Journal 12 (1993), 36–56, hier 42: „Alle Identitäten (und ich betone: alle!) werden über *selektive* Auswertungen vergangener Ereigniskomplexe erzeugt und ihre Selektivität laufend rekonstruiert. Sie müssen nicht nur vorausgesetzt, sie müssen auch produziert werden. Identitäten *kondensieren*, anders gesagt, in immer neuen Situationen, in denen sie dann *re-affirmiert* und entsprechend *generalisiert* werden müssen. Sie *expandieren* durch Wiederholung und müssen dann zu neuen Identitäten *konvertiert* werden. Gerade daß dies geschehen muß und flüssig geschehen kann, ist Voraussetzung fortlaufender Handlungskoordination."
8 Bertolt Brecht, Kalendergeschichten, Hamburg 1953, 117.

Kooperation geht, muss man dann die Fixpunkte aufeinander ‚abstimmen'. Das gelingt am leichtesten anhand von *Gegenständen* (wenn einer von WITTGENSTEINS aufeinander eingespielten Straßenpflasterern zwischen den Platten Pflastersteine verlegen will, zum andern darum ‚Stein' sagt und der ihm einen unbehauenen gibt, kann er leicht präzisieren: ‚Kopfstein'). Wenn beide für etwas verschiedene Zeichen gebrauchen, kann sich, wie in FREGES berühmtem Beispiel, zeigen, dass der Morgenstern, von dem der eine spricht, derselbe ist wie der Abendstern, von dem der andere spricht, und beide dieselben sind wie die Venus, von der ein Dritter spricht. Die drei Zeichen haben dann ‚denselben Gegenstand'. Sie ‚bedeuten' logisch Identisches, wenn sie ‚für denselben Gegenstand stehen', und der Gegenstand wird als ‚mit sich selbst identisch' vorausgesetzt. Logisch identisch sind Zeichen dann, wenn sie *salva veritate*, ‚bei erhalten bleibender Wahrheit', durcheinander ersetzt werden können. Um – vor allem für einen wissenschaftlich disziplinierten Zeichengebrauch (10.4.) – *logische Identität* zu gewinnen, sieht man – auf Zeit – von den unterschiedlichen Orientierungen gänzlich ab, postuliert eine Gegenständlichkeit und Wahrheit jenseits aller Orientierung (8.4.).[9] Soweit Gegenstände tote Gegenstände, *Sachen*, sind, scheint es sie unabhängig von der Orientierung einfach zu geben, und so neigt man bei ihnen dazu, von gegebenen identischen ‚Entitäten' auszugehen. Da sie, anders als Menschen, kaum durch Veränderungen überraschen, werden sie in der Orientierung ‚selbstverständlich', und je selbstverständlicher sie werden, desto mehr wird ihre Identität ihnen selbst zugeschrieben, also jenseits der Orientierung verlegt. Das hat die metaphysische Ontologie bewogen, hier zeitlose ‚Substanzen' anzusetzen, die ‚in sich' (in se), ‚durch sich' (per se) oder ‚an sich' (a se) bestehen.[10] Damit nahm man allerdings wieder Paradoxien in Kauf, zum einen die Paradoxie einer Orientierung jenseits der Orientierungen, zum andern die Paradoxie des mit sich selbst Identischen, das, um mit *sich* identisch sein zu können, von sich unterscheidbar sein muss und doch nicht von sich unterscheidbar sein soll. Nach zweitausendjährigem Bemühen um die Identität von Substanzen hat LEIBNIZ schließlich mit seinem *principium identitatis indiscernibilium*

---

9 Vgl. Kuno Lorenz, Art. Identität, in: Enzyklopädie Philosophie und Wissenschaftstheorie, hg. v. Jürgen Mittelstraß, Bd. 2, Stuttgart/Weimar 1995, 189–192, hier 191: „Nur unter Wahrung der Untrennbarkeit ontologischer von epistemologischen Fragestellungen bleibt eine Untersuchung der gegenstandstheoretischen Grundlagen [der Identität] aussichtsreich."
10 Vgl. 1.2., 7.1., 9.1., 10.1., 10.5.

12.2. Identitäten: Fixpunkte einer wechselseitigen Orientierung 433

von Identität als Selbigkeit in der Sache auf Ununterscheidbarkeit in der Erkenntnis umgestellt, von etwas, das identisch *ist*, auf etwas, das als identisch oder nicht-identisch *unterschieden* wird, kurz, von Identität auf *Identifikation*. Danach ist Unterschiedliches so lange identisch, wie kein Bedürfnis besteht, es durch weitere Merkmale zu unterscheiden. Ein Ei ist so lange dasselbe wie ein anderes, das mir danach gezeigt wird, bis ich einen Unterschied an ihm finde, der für mich von Belang ist (z. B. um mein hartgekochtes Frühstücksei nicht mit dem weichen eines andern zu verwechseln). Identifikationen machen, um an BATESON zu erinnern (4.1.), Unterschiede, die einen Unterschied machen. Und anders als Sachen machen Menschen für Menschen immer einen Unterschied, es sei denn, sie *wollen* ihn nicht machen. So lösen sich in der alltäglichen Orientierung Paradoxien der logischen Identität leicht auf. Erzählt eine Freundin einer andern von einem Guido und fragt sich die andere, ob nicht auch sie ihn kennt (‚Ist das nicht der, den ich neulich ...?'), kann sich ihre Vermutung der Identität bewähren oder nicht – an weiteren Anhaltspunkten (‚nein, es kann nicht der Guido gewesen sein, den ich meine, gestottert hat er nicht'). Man identifiziert etwas und jemand an Anhaltspunkten und sieht sich so lange nach weiteren Anhaltspunkten um, bis die Identität in dieser Situation hinreichend gesichert oder widerlegt ist. Die alltägliche Orientierung braucht Identitäten, um sich kurz-, mittel- oder langfristig an etwas halten und sich mit anderen verständigen zu können, und dazu identifiziert sie fixe Anhaltspunkte; aber sie kann etwas oder jemand in einer andern Situation wieder anders identifizieren. Auch eingespielte, pragmatisch vereinbarte oder logisch definierte Identitäten können versetzt, ausgetauscht, aufgegeben, aufgekündigt oder einfach wieder belanglos werden.

An Sachen, aber auch an Menschen, ist die *körperliche Identität* am stärksten manifest, zumal wenn man um Körper herumgehen und sie von allen Seiten betrachten kann. Aber eben dabei sieht man, dass man Körper immer nur in einer Perspektive sehen kann und die übrigen Hinsichten ‚aus dem Gedächtnis' ergänzt, mittels Bildern, Zeichen, Namen und Begriffen, in denen man ihre Ansichten abkürzt, wenn man sich von ihnen ab- und anderem zuwendet. So sind schon Identitäten von gegenwärtigen Körpern *semiotische Identitäten* und um so mehr alles übrige. Identitäten, die in Zeichen stehenbleiben (8.2.), machen wiederum körperliche Identitäten austauschbar. Verabredet man sich, gemeinsam mit einem Zug zu fahren, z. B. dem ‚Zug 8.55 h nach Berlin', rechnet man wohl mit einem körperlichen Zug, aber nicht mit körperlich identischen, der auch gestern hier fuhr, nicht mit derselben Lok und denselben Wagen. Der Zug 8.55 h von Greifswald nach Berlin aus Gleis 2 hat nur semiotische Identität. Aber er muss auch nicht um 8.55 h fahren, kann sich auch verspäten, erst um 9.15 h einfahren, und er kann statt aus Gleis 2 auch aus Gleis 1 oder 3 abfahren (im Bahnhof Greifswald werden drei Gleise benutzt, das reicht aus). So ist er nur der ‚fahrplanmäßige' Zug, seine Identität besteht nur in seiner Ankündigung im Fahrplan, und der Begriff ‚fahrplanmäßig' lässt zudem zu, dass vom Fahrplan abgewichen wird. Die Ankündigung im Fahrplan bewirkt, dass Leute zur angegebenen Zeit auf den angegebenen Bahnsteig kommen, um einen Zug zu besteigen, den die Deutsche Bahn oder ein anderes Unternehmen plant, zu dieser Zeit auf diesem Bahnsteig einfahren und dann nach Berlin weiterfahren zu lassen. Sie bewirkt bei den Kunden der Bahnunternehmen eine Erwartung, und die Unternehmen erwarten ihrerseits, dass ihre Kunden erwarten, dass der Zug fahrplanmäßig fahren wird. So besteht die Ankündigung im Fahrplan in einer wechselseitigen Erwartung – damit ist sie eine Norm (11.2.) -, und der Fahrplan dient dazu, diese Erwartung zu fixieren. Die Fixierung bewirkt, dass sich alle Beteiligten darauf verlassen, dass alle Beteiligten sich auf sie verlassen, obwohl alle wissen, dass man sich nicht ‚wirklich' auf die Fixierungen des Fahrplans verlassen kann. Auch wenn vielfache Abweichungen von ihm eintreten können, hat der Fahrplan dennoch nur Bestand, wenn er in akzeptierten Spielräumen erfüllt wird. Die Kunden, die von Greifswald aus ihre Ziele pünktlich erreichen wollen, würden die Züge der Bahnunternehmen bald nicht mehr benutzen, wenn ihre Erwartungen allzu sehr enttäuscht würden, die Züge allzu oft allzu große Verspätungen hätten oder immer wieder schlichte Regional- statt komfortable Intercity-Züge vorführen. Die semiotische Identität muss sich also ihrerseits in akzeptablen körperlichen Identitäten niederschlagen. Andererseits würden viele (aber vielleicht nicht mehr alle) Kunden den 8.55-h-Zug selbst dann noch nehmen, wenn der Fahrplan geändert und der Zug planmäßig um 9.15 h (und dann ohne oder nur mit geringer Verspätung) fahren würde. Und sie würden ihn wohl auch noch nehmen, wenn die Linie von einem anderen Unternehmen übernommen würde, und auch dann noch, wenn die Bahnstrecke verändert, zumindest wenn sie verkürzt und dabei der Bahnhof verlegt würde. So ist bei der semiotischen Identität des jeweils handfest körperlichen Zuges alles mit der Zeit veränderlich, und wir haben es in der Orientierung auch bei Identitäten von Sachen mit *evolutionären oder fluktuanten Identitäten* zu tun (10.5.).

12.2. Identitäten: Fixpunkte einer wechselseitigen Orientierung 435

Das gilt um so mehr für die Identitäten von Menschen.[11] Zunächst haben sie für andere und sich selbst ebenfalls eine körperliche Identität, wobei man aus Gründen der Achtung um ihre Körper freilich nicht ohne weiteres herumgehen kann und ihnen in der Regel auch nicht zu nahe kommen darf (11.2.). Und da man Menschen aus denselben Gründen nicht ohne weiteres auf Begriffe bringen kann (11.5.), muss man sich hier weit mehr als bei bloßen Körpern mit Zeichen begnügen, Körperzeichen, charakteristischen Verhaltensweisen, Namen und den diplomatischen Zeichen doppelt kontingenter Kommunikationen. In das ‚Bild', das von jemand entsteht, wirken meist Mitteilungen Dritter hinein, die denselben Menschen aufgrund eines anderen Umgangs mit ihm irritierend anders charakterisieren können, so dass *charakterliche Identitäten* in der Kommunikation leicht strittig bleiben. Sie erweisen sich im konkreten Umgang mit den Betreffenden, der um so spannender ist, je stärkere Charakterzuschreibungen Dritter ihm vorausgehen (‚sie ist ja gar nicht so'). Den Charakter anderer auf Begriffe zu bringen, wird seinerseits in der Regel erst notwendig, wenn man andere informieren will oder muss (‚in Geschäftssachen ist sie hart, aber fair, man kann schon ein Auto bei ihr kaufen'). Damit verdreifacht sich die Perspektive: man charakterisiert jemand dann einerseits nach den Erfahrungen, die man selbst mit ihm gemacht hat (den eigenen früheren Autokäufen bei ihr), andererseits im Blick auf die Erfahrungen, die der andere mit ihr machen könnte, und die Folgen, die sie für das Verhältnis zu ihm haben könnte, und drittens in Rücksicht darauf, wie die Charakterisierte die Charakteristik aufnehmen könnte, wenn sie von ihr erfährt. Man wägt die Risiken der Identitätszuschreibungen unter diesen Perspektiven ab und hält sie tunlichst in der Schwebe (‚du musst eben mit ihr verhandeln, sie ist nun mal eine Gebrauchtwagenhändlerin').

Kommt eine formelle Kooperation (der Autokauf) zustande, werden formelle Daten der Beteiligten ausgetauscht, Namen, Adressen, Telephon- und Konto-Nummern usw. Man offenbart einander eine formelle semiotische Identität, gegenüber der die körperliche und charakterliche wiederum zweitrangig werden kann (die Autohändlerin fragt nicht nach Aussehen und Charakter ihrer Kunden, solange sie sich ihrer Zahlungs-

---

11 Vgl. Manfred Sommer, Identität im Übergang: Kant, Frankfurt am Main 1988, 14 f. Sommer arbeitet aus der Kantischen Philosophie, von der es sich kaum erwarten ließ, plausibel heraus, dass Identität eine „Identität im Übergang" ist, dass sie in immer neuen Lebensübergängen immer neu erworben oder gestiftet wird.

fähigkeit sicher ist). In modernen Gesellschaften wird eine standardisierte Auswahl von Zeichen der semiotischen Identität einer Person zu ihrer offiziellen Identifikation benutzt: sie werden auf der Identitätskarte (Carte d'identité, identity card, Personalausweis), einer driving licence, Sozialversicherungskarte oder ähnlichem verzeichnet. Damit erhält man eine *gesetzlich legitimierte Identität*, unter der man von der Verwaltung erfasst wird, Rechtsverbindlichkeiten eingehen und bei Rechtsverletzungen ‚herangezogen' werden kann (weshalb Kinder nur bedingt Identitätskarten brauchen). Auf der bisher üblichen Identitätskarte ist außer einer Nummer und der Wohnadresse der Name verzeichnet, den man von andern, seinen Eltern, erhalten und, ob man ihn mag oder nicht, sein Leben lang zu ‚tragen' hat, das Geburtsdatum, die Körpergröße und die Augenfarbe, und sie enthält ein Photo des Gesichts, das sich noch während der Gültigkeitsdauer des Ausweises unter Umständen erheblich verändern, aber aufgrund weniger Anhaltspunkte (die Stellung der Augen, die Form der Ohren u. ä.) von Beamten, die damit beauftragt und darin geschult sind, identifiziert werden kann. Mit der Identitätskarte weist man nach, dass man derjenige ist, der von der Verwaltung erfasst ist. Der gesetzlich legitimierten semiotischen Identität kann man sich jedoch körperlich entziehen, indem man sich andere ‚Papiere' verschafft (ein beliebtes Sujet für Erzählungen und Filme).

Soweit solche Identitätswechsel rechtlich unerwünscht sind (in manchen Fällen, etwa bei hoch gefährdeten Kronzeugen, können sie auch gesetzlich ermöglicht werden), müssen *Identifikationsverfahren* ihn verhindern. Nachdem man im Hochmittelalter, in dem man Personen formell zu identifizieren begann, und in der frühen Neuzeit Personen noch anhand der Kleidung, die damals beständig getragen wurde, dann anhand von Beschreibungen markanter körperlicher Merkmale identifizierte, die man, etwa bei Sklaven, durch Brandmarkung auch selbst schaffen konnte,[12] ist die Identifikationstechnik über unverwechselbare Finger-

---

12 Vgl. John Torpey / Jane Caplan (Hg.), Documenting Individual Identity. The Development of State Practices in the Modern World, Princeton 2002, Valentin Groebner, Der Schein der Person. Steckbrief, Ausweis und Kontrolle im Mittelalter, München 2004, und Kaufmann, Die Erfindung des Ich, a.O., 19–26. Danach dienten im Mittelalter, in dem die ‚Papiere' erfunden wurden, neben Taufregistern, ‚Steckbriefen' für Missetäter, die unter den Städten versandt und in Personenregister eingesteckt wurden, und ‚Pässen' für Boten, Soldaten und Pilger, die ihnen erlaubten, Grenzen zu passieren, zur Identifikation auch schon Marken aus Blech, Stoff oder Leder, um zu Almosen berechtigte Arme auszuweisen. In Frankreich wurde die allgemeine Carte d'identité im Zug der Erfassung der

abdrücke und Photos nun bei digitalisierten biometrischen Daten und DNA-Analysen angelangt, durch die Menschen mit fast vollständiger Sicherheit von allen übrigen unterschieden und durch Computer unter allen entsprechend erfassten Menschen in kürzester Zeit herausgefunden werden können. Damit ist die gesetzlich legitimierte semiotische Identität wieder an eine körperliche, nun aber ihrerseits wieder nur semiotisch, in komplexen genetischen Codes darstellbaren *genetischen Identität* verknüpft, der sich auf (bisher?) undurchsichtige Weise die individuelle Identität jedes Menschen verdankt und mit der sich doch keiner so leicht identifizieren wird.

Die gesetzlich legitimierte und die genetische Identität sind wohl Teil der Identität einer Person, aber doch nicht das, was ihre Identität für sie selbst und für andere ‚eigentlich' ausmacht. Die *persönliche Identität* speist sich statt dessen aus der körperlichen, charakterlichen und autobiographischen Identität, sie lässt sich in eine soziale oder öffentliche und in eine private Identität unterscheiden, und beide können wieder individuell oder kollektiv sein. Eine *autobiographische Identität* wird jedem immer wieder abverlangt in Gestalt von Lebensläufen (*curriculum vitae*), die man im Lauf seines Berufslebens immer wieder zu schreiben und fortzuschreiben hat. Auch sie schreibt man zu einem bestimmten Zweck, vor allem für Bewerbungen um Stellen oder Stipendien, also um seinen Lebensunterhalt zu sichern. Darum wird auch nicht erwartet, dass Bewerber darin ihre Erfahrungen und ihren Charakter offenlegen, sondern sich anhand offiziell ausweisbarer Anhaltspunkte, besonders den Stationen ihrer bisherigen Ausbildung und Karriere, dafür empfehlen, dass gerade sie die Stelle oder das Stipendium erhalten sollen. So schreibt man seinen Lebenslauf auf dem jeweiligen Stand seiner ‚Laufbahn' (curriculum) und unter neuen Gesichtspunkten um.[13] Lebensläufe präsentieren zweckmäßig gestaltete Identitäten, die auf Arbeits- oder Stipendienmärkten konkurrieren müssen, und auch Autobiographien müssen sich, soweit sie mit der Absicht der Veröffentlichung geschrieben sind, auf Märkten behaupten.

Soweit Identitäten öffentlich sind, werden sie zu *öffentlichen oder sozialen Identitäten.* Sie bleiben ebenfalls perspektivisch. Sie bestehen in dem Bild, das andere von einem haben, bzw. dem Bild, das man sich

---

Juden 1940 unter dem Vichy-Regime eingeführt: „Die carte d'identité hätte eigentlich Carte d'identification heißen müssen." (Kaufmann, ebd., 25).
13 Vgl. Hermann Lübbe, Im Zug der Zeit. Verkürzter Aufenthalt in der Gegenwart, Berlin u. a. 1992, 192 f.: „Die Frage, wer wir sind, stellt sich nicht kontextfrei, und es gäbe daher auf sie kontextfrei auch gar keine Antwort."

wiederum von ihren Bildern macht (12.6.). Soweit man diesem Bild ein eigenes entgegensetzt, schafft man sich eine *private Identität*. ‚Privat' ist im Wortsinn das, was man der Öffentlichkeit vorenthält (von lat. ‚privare', ‚berauben'); in der römischen Antike war der ‚privatus' der, der sich der ‚res publica', der ‚öffentlichen Sache', dem Gemeinwesen, entzog, indem er kein Amt bekleidete. Inzwischen ist Privatheit der Gegenbegriff zu einer Öffentlichkeit geworden, die über Staat und Politik hinaus zum einen die Arbeitswelt umfasst, aus der man ‚sich ins Privatleben zurückziehen' kann, und zum andern die Medienwelt, vor der man sein Privatleben, wenn es denn von öffentlichem Interesse ist, abschirmen kann (13.3.).[14] Private Identität wird dann der ‚Freizeit' und ‚intim' vertrauten Menschen vorbehalten. Sie kann, aber muss nicht als ‚eigentliche' Identität erlebt werden: sie ist immer nur die Kehrseite der sozialen Identität und macht nur mit ihr zusammen die persönliche Identität aus.

Öffentlich und privat kann man wiederum kollektive oder individuelle Identitäten leben. *Kollektive Identitäten* bieten sich an, wo man in Gemeinschaften ‚aufgehen' will, in einer Familie, einer Gruppe, einem Verein, einer Religionsgemeinschaft, einem Volk, einer übernationalen Organisation. Man ‚identifiziert sich mit ihnen', indem man sich in ihre Routinen und Rituale einfügt, man ‚repäsentiert' sie, indem man ihre Symbole trägt (Kleidungsstücke, Abzeichen, Fahnen, Fan-Artikel u. ä.), und man verhält sich loyal zu ihnen, indem man sie gegen Angriffe von außen verteidigt. Man versteht sich selbst dann von der Gemeinschaft her, kann ‚wir' statt ‚ich' sagen.[15] Dafür findet man ‚Anerkennung' von

---

14 Richard Rorty, Contingency, Irony, and Solidarity, Cambridge 1989, deutsch: Kontingenz, Ironie und Solidarität, übers. v. Christa Krüger, Frankfurt am Main 1989, stilisiert die Unterscheidung zum Gegensatz von (privater) Selbsterschaffung und (öffentlicher) Solidarität. Auch nach Beate Rössler, Der Wert des Privaten, Frankfurt am Main 2001, hat die Privatheit ihren Focus in Autonomie und Authentizität. Zur „informationellen" Privatheit trete die „dezisionale" und die „lokale", die Freiheit zur eigenen Entscheidung und die Zuflucht des eigenen Zuhauses.

15 Vgl. Bernhard Giesen, Kollektive Identität. Die Intellektuellen und die Nation 2, Frankfurt am Main 1999. Giesen sucht die kollektive Identität aus den Erklärungsmodellen des ‚Priestertrugs' einerseits (‚Priester' schaffen kollektive Illusionen, um sich die Massen dienstbar zu machen) und des ‚Nutzenkalküls' andererseits (jeder schließt sich dem Kollektiv an, das ihm für seine Zwecke am meisten Nutzen bringt) zu lösen und folgt einer „konstruktivistischen Perspektive", der ich mich anschließe. Danach lässt sich kollektive Identität und Identität überhaupt nur vordergründig durch Zwecke begründen: „Identität ist selbst

‚innen', bei den übrigen Mitgliedern der Gemeinschaft, der man zugehört, und, soweit diese Gemeinschaft von ‚Außenstehenden' anerkannt wird, auch von ‚außen'. Man ist ‚stolz auf' sie, ist sich in ihr der Anerkennung anderer gewiss und hat so einen ‚festen Halt' an ihr (16.1.).[16] Ist die Loyalität vollkommen, werden Gemeinschaften als autochthon, urwüchsig, und alternativlos erlebt. Man kann sich dann ‚nichts anderes vorstellen', sich bedingungslos für sie einsetzen und, noch immer, für sie sterben (die Ehre der Familie, das Wohl des Vaterlands, die Mission der Religion).

Je mehr moderne Gesellschaften aber ihre Ordnungen flexibilisieren und ihre Verhaltensregeln reduzieren und enttabuieren,[17] desto flüchtiger werden auch kollektive Identitäten: einerseits steigt das Bedürfnis, in ihnen ‚Identität zu finden', andererseits wird es nur noch auf Zeit erfüllt. Man kann und muss dann auch Gemeinschaften wählen, kann sich mit mehreren zugleich identifizieren und die eine oder andere auch wieder aufgeben. Ist man selbst ‚flexibel' (13.4., 17.1.), kann man (mehr oder weniger) individuell auch mit Identitäten umgehen und eben darin eine *individuelle Identität* kultivieren (12.6.).

12.3. Erschließung von Identitäten: Kommunikation über Drittes und Dritte

In der doppelt kontingenten Kommunikation ist es für jeden von erheblichem Interesse, mehr über die persönliche Identität des andern und dessen Bild von der eigenen persönlichen Identität zu erfahren. Doch

---

ranghöchstes und nicht weiter relativierbares Ziel, sie wird bei strategischen Erwägungen immer schon vorausgesetzt, sie dient nicht Interessen, sondern sie definiert Interessen." (13).

16 Soziologisch ist man sich einig, dass mit der Auflösung der ständischen Gesellschaftsordnung in der Romantik eine Emphase einerseits der Gemeinschaftlichkeit, andererseits der Vielfalt von Gemeinschaften eingesetzt hat. Vgl. etwa Luhmann, Individuum, Individualität, Individualismus, a.O., 154 ff., Giesen, Kollektive Identität, a.O., 11, Kaufmann, Die Erfindung des Ich, a.O., 19.

17 Vgl. zur Entstehung von „Selbstzwangapparaturen", die dennoch Zuverlässigkeit garantieren, Norbert Elias, Über den Prozeß der Zivilisation. Soziogenetische und psychogenetische Untersuchungen (1939), 2 Bde., Frankfurt am Main 1976, Bd. 2, 317 ff., und zu deren „Korrosion" in der „Kultur des neuen Kapitalismus" Richard Sennett, The Corrosion of Character, New York 1998, deutsch: Der flexible Mensch. Die Kultur des neuen Kapitalismus, aus dem Am. v. Martin Richter, Berlin / Darmstadt 1998.

schon der Name wird nicht ohne weiteres preisgegeben und nur mitgeteilt, wenn sich eine erste Vertrautheit eingestellt hat (‚übrigens, ich heiße …'). Weitere direkte Befragungen lassen die heiklen Distanzsphären (11.5.) und die prekären Selbstdarstellungen (12.5.) nicht zu. Es kann aggressiv wirken, einen Anwesenden ohne besonderen Anlass und ohne besondere Befugnis von Angesicht zu Angesicht direkt zu identifizieren (‚Ich kenne Sie, Sie sind …'), und noch mehr, ihm unter Missachtung auskömmlicher Interaktionsrituale eine ihm unangenehme Meinung ‚ins Gesicht zu sagen'. Man kann auch schwer direkt erfragen, was ein anderer ‚von einem hält'; wer so gefragt wird, wird wiederum möglichst diskrete Antworten geben. *Die persönlichen Identitäten sind im Umgang miteinander nachhaltig geschützt, tabuiert.* Bekenntnisse über sich selbst erfordern sehr spezifische Situationen, ‚Identitätskrisen', die dazu nötigen. Selbst in sehr vertrauten Beziehungen hält man sich zumeist zurück, einander mitzuteilen, wie man sich selbst und einander einschätzt und beurteilt. Tut man es doch in Liebe oder im Zorn, fehlt die Distanz, die zu nüchterner Beurteilung nötig ist, und eben aus dieser Distanz sind Äußerungen über persönliche Identitäten schwer möglich. So kann die Diskretion, die man in der Orientierung aneinander aufrechterhält, auch eng vertraute Menschen ein Leben lang über das Bild des einen vom andern im Ungewissen lassen.

In dieser Situation bietet sich der *Umweg der Kommunikation über Dritte* an.[18] Erst von Dritten erfährt der eine oft, wie der andere ihn beurteilt, doch auch hier meist nicht in direkter Kommunikation mit diesen Dritten; Dritte halten gewöhnlich ebenfalls mit der Mitteilung persönlicher Beurteilungen, die ihnen zugekommen sind, diskret zurück. Doch ohne Anwesenheit dessen, über den gesprochen wird, lässt sich leichter über ihn sprechen. Und sprechen zwei über Dritte, können sie mit doppelter Aufmerksamkeit nicht nur über die etwas erfahren, über die sie sprechen, sondern zugleich darüber, *wie* der andere über sie spricht, wie er sie charakterisiert und beurteilt, und daraus ‚ihre Schlüsse ziehen', wie er sie selbst beurteilen würde, wenn sie die Dritten wären. In alltäglichen Diskursen über Dritte, vom Klatsch über familiäre oder kollegiale Mitteilungen bis zu fachlichen Beurteilungen, werden unablässig persönliche Identitäten umrissen und preisgegeben und damit Ri-

---

18 Zur generellen Vermeidung direkter Identifikationen in der chinesischen Tradition vgl. François Jullien, Le détour et l'accès. Stratégies du sens en Chine, en Grèce, Paris 1995, deutsch: Umweg und Zugang. Strategien des Sinns in China und Griechenland, übers. v. Markus Sedlaczek, Wien 2000.

siken persönlicher Identifikationen getestet. In indirekter, vermittelter Kommunikation werden Spielräume anschlussfähiger Beurteilungen Dritter ausgelotet, die jeder dann, soweit er dafür offen ist, auch auf sich beziehen kann – nur hypothetisch, denn direkt wurde über ihn nichts gesagt. So bleiben ihm Spielräume der Selbstbeurteilung, die Diskretion bleibt gewahrt.

Doch auch auf die Kommunikation über Dritte lässt man sich, angesichts des Risikos der Indiskretion gegenüber diesen Dritten, nicht ohne weiteres ein. Ist sie nicht wohlwollend genug und ‚kommt' sie den Dritten ‚zu Ohren', ist mit empörten Nachfragen zu rechnen. So geht man hier gewöhnlich ebenfalls vorsichtig und schrittweise vor. Man hält sich, den eingespielten Kommunikationsritualen folgend (11.4.), zunächst an *Drittes*, an Sachen, problemlose Gegenstände, mit denen man gerade gemeinsam zu tun hat und die keiner Diskretion bedürfen, den Zug, den man zusammen besteigt, die Plätze, die man suchen muss, die schöne Gegend, die bald draußen vorbeizieht. So trivial solche Gesprächsgegenstände sind, kann man sich darüber doch zögernd oder spontan, gelangweilt oder engagiert äußern und damit andeuten, wie weit man zu einem weiteren Austausch bereit ist. Kommt das Gespräch dann z. B. auf aktuelle Zeitungsnachrichten, wird man schon Meinungen hören und äußern, die Aufschluss geben über den Kenntnisreichtum, die Vorlieben, die Bildung, die politischen, ästhetischen, moralischen Einstellungen des Gegenübers. Und dann kann man vielleicht auch zur heiklen Kommunikation über gemeinsam bekannte andere Personen übergehen. Es kann dann ‚einiges besagen', ob der andere bei einem Gespräch über einen Dritten aufhorcht oder seine Miene abweisend wird, ob er nachfragt oder ablenkt und ob er sich geradeheraus oder zurückhaltend, achtlos oder umsichtig, wohlinformiert oder Gerüchten folgend äußert. Verstehen beide einander hinreichend gerade in heiklen Kommunikationen, bauen sie untereinander Vertrauen auf – auf Kosten der Dritten, und diese können sich, gerade in vertrauten Beziehungen, dann hintergangen fühlen: „das stillschweigende Hintergehen der dritten Person", so GOFFMANN, „ist eine der Hauptformen, in denen zwei Personen die Besonderheit ihrer eigenen Beziehung zueinander zum Ausdruck bringen."[19] Das kann ebenso zum Wohl der Dritten geschehen, um sie zu schonen: etwa die gemeinsamen Kinder, über deren Erziehung man spricht, ohne ihnen selbst ‚alles zu sagen', die gemeinsamen Freunde, die in eine Not geraten sind und denen man gemeinsam heraushelfen will,

---

19 Goffman, Das Individuum im öffentlichen Austausch, a.O., 440.

die Schwerkranken, denen man aus Sorge um sie ihren Zustand verheimlicht.

12.4. Sexuelle Orientierung, sexuelle Identität

Die sexuelle Orientierung, die eigene und die anderer, ist die irritierendste, ‚erregendste' und zugleich am diskretesten behandelte Orientierung, die sexuellen und erotischen Beziehungen sind die faszinierendsten, ‚fesselndsten' (auch) unter Menschen, sie beschäftigen, statistisch gut belegt, ihre Vorstellungen am stärksten, sexuelle Bedürfnisse sind neben Essen und Trinken und freier Bewegung die elementarsten. Wird sexuelles Begehren wach, wird das Verhältnis zum andern im ganzen sexuell: „Geschlechtlich sein (Être sexué) bedeutet", so SARTRE, „für einen Andern geschlechtlich existieren, der für mich geschlechtlich existiert – wobei dieser Andere natürlich zunächst weder *für mich* – noch ich für ihn – zwangsläufig *heterosexuell* existiert, sondern nur ein geschlechtliches Wesen überhaupt ist. [...] die Begierde enthüllt mir *gleichzeitig mein* Geschlechtlich-sein und *sein* Geschlechtlich-sein, *meinen* Körper als Geschlecht und *seinen* Körper."[20] Das sexuelle Verhältnis ist unmittelbar und unwillkürlich durch Anziehung und Abstoßung polarisiert, und gegen diese Anziehung oder Abstoßung ist Widerstand schwer. Das sexuelle Verhältnis kann leicht die Orientierungstugenden Vorsicht, Rücksicht, Umsicht und Weitsicht ganz für sich in Anspruch nehmen.

Menschen existieren in *sexueller Differenz*, ihre Fortpflanzung hängt von ihr ab. Sie sind biologisch auf ein alternatives Geschlecht festgelegt, die ‚Geschlechtsmerkmale' sind die körperlich auffälligsten, die hormonellen Steuerungen und Körpererfahrungen unterscheiden sich signifikant. In den meisten Kulturen wird der Geschlechtsunterschied durch sozial normierte Rollen noch eigens markiert.[21] Man hat anatomisch deutliche Abweichungen im Bau des Gehirns der Geschlechter, experimentell unterschiedliche Fähigkeiten zur sprachlichen und räumlichen

---
20 Sartre, L'être et le néant / Das Sein und das Nichts, a.O., 453/672.
21 Nach Eleanor E. Maccoby, Psychologie der Geschlechter. Sexuelle Identität in den verschiedenen Lebensphasen, aus dem Am. v. Elisabeth Vorspohl, Stuttgart 2000, beginnt die „Geschlechtertrennung" in den meisten Kulturen nach dem 3. Lebensjahr und ist um das 6. Lebensjahr in feste Rollenbilder gefasst. Dabei sei weniger die Erziehung durch die Eltern entscheidend als die „Selbstsozialisierung" der Kinder durch die Nachahmung gesellschaftlicher Verhaltensnormen und ihre Orientierung aneinander.

12.4. Sexuelle Orientierung, sexuelle Identität

Orientierung und bei Frauen physiologische Schwankungen ihrer Nutzung während der Menstruation und beim Eisprung festgestellt; sie könnten die Orientierung von Grund auf anders gestalten, ohne dass die Angehörigen des einen Geschlechts die Orientierung des andern nachvollziehen könnten: die sexuelle Differenz greift in die Grundbedingungen der Orientierung ein. Das Geschlecht ist Teil des Standpunkts der Orientierung: es lässt keine übergeordnete Sicht zu, aus der sich die Orientierungen der beiden Geschlechter vergleichen ließen, es gibt keine Allgemeingültigkeit über die sexuelle Differenz hinweg, das andere Geschlecht (insbesondere das weibliche für das männliche) wird als notorisch ‚rätselhaft' erfahren. Die Gender Studies, die im Anschluss an SARTRE, FOUCAULT, LEVINAS und DERRIDA vor allem von Carol GILLIGAN, Judith BUTLER, Seyla BENHABIB und Luce IRIGARAY angestoßen wurden, haben zunehmend plausibel gemacht, dass Geschlechtsunterschiede auch die moralische und politische Orientierung durchziehen.[22] Die Geschlechter könnten in von Grund auf differenten Orientierungswelten leben.

So bekräftigt die sexuelle Orientierung, dass Identität von der Differenz her verstanden werden muss: von *sexueller Identität* zu sprechen macht nur Sinn unter der Bedingung sexueller Differenz. Die sexuelle Identität muss ebensowenig eindeutig sein, auch die unübersehbare, unabweisbare und unüberschreitbare biologische Festlegung auf ein Geschlecht lässt weite Spielräume zu. Über die biologischen Anhaltspunkte hinaus ist ‚das Weibliche' und ‚das Männliche' schwer zu identifizieren, geht, soweit es überhaupt zu unterscheiden ist, in den Individuen vielfältige Mischungen ein. Signifikant ist dagegen die Ausrichtung der Sexualität auf das andere oder das eigene Geschlecht, die *heterosexuelle oder homosexuelle Orientierung*; von ‚Orientierung' ist hier eben deshalb die Rede, weil eine unterschiedliche Ausrichtung möglich ist. Homosexualität unter Menschen trat in allen Kulturen und Epochen als Minderheit auf.[23] Auch im Tierreich ist homosexuelles Verhalten weit verbreitet, also

---

22 Vgl. Sabine Doyé / Marion Heinz / Friederike Kuster (Hg.), Philosophische Geschlechtertheorien. Ausgewählte Texte von der Antike bis zur Gegenwart, Stuttgart 2002, und Renate Kroll (Hg.), Metzler Lexikon Gender Studies / Geschlechterforschung. Ansätze, Personen, Grundbegriffe, Stuttgart 2002.

23 Der geschätzte homosexuell veranlagte Anteil der Bevölkerung liegt zwischen 2 und 6 % bei der weiblichen und zwischen 5 und 10 % bei der männlichen; über ein Drittel der männlichen Bevölkerung hat nach Umfragen gelegentliche homosexuelle Kontakte.

nicht ‚un-‘ oder ‚widernatürlich‘,[24] keine ‚Perversion‘, keine ‚Verdrehung‘ eines normalen zu einem unnormalen Verhalten. Nach FREUD ist „die Anlage zu den Perversionen die ursprüngliche allgemeine Anlage des menschlichen Geschlechtstriebes […], aus welcher das normale Sexualverhalten infolge organischer Veränderungen und psychischer Hemmungen im Laufe der Reifung entwickelt" wird, der menschliche Geschlechtstrieb ist ursprünglich „polymorph pervers".[25] Und selbst die „organischen Veränderungen und psychischen Hemmungen", die FREUD vermutete, ließen sich bisher nicht nachweisen, und so blieben auch die Ursachen der Entstehung von Homosexualität rätselhaft. Der Spielraum sexueller Orientierungen in der sexuellen Differenz löst den Mythos ‚natürlicher‘ Normen auf. Homosexualität konnte so zu einem paradigmatischen Gegenstand der Aufklärung und Emanzipation werden. Der Bogen ihrer Einschätzungen reichte von der religiös, moralisch und rechtlich sanktionierten Abirrung (homosexuelles Verhalten als Sünde, Schuld und Verbrechen) über die medizinische Abweichung (homosexuelle Veranlagung als Krankheit) zur Entmedikalisierung, Entkriminalisierung und Entdiskriminierung, der, in besonders liberalen Gesellschaften, die Entstigmatisierung der Homosexualität zu folgen beginnt.[26]

Die sexuelle Orientierung wird aber auch nicht ‚frei gewählt‘; sie ist durch kein bekanntes Mittel von sich aus festzulegen oder nachhaltig zu verändern. So gerät durch sie auch die Annahme eines freien Willens in Mitleidenschaft. Menschen, die ihrer homosexuellen ‚Veranlagung‘ gewahr werden, oszillieren zwischen dem Glauben an ihre Naturgegebenheit und dem an ihre Entscheidbarkeit, sie lernen exemplarisch, zwischen Unentscheidbarem und Entscheidbarem zu unterscheiden oder, soweit dabei Spielräume bleiben, zu entscheiden. Wie Sexualität überhaupt kann auch ihre sexuelle Orientierung biologisch und sozial nicht gleichgültig sein, und soweit sie sozial angefochten ist, sind Homosexuelle zu einer

---

24 Vgl. Volker Sommer, Wider die Natur? Homosexualität und Evolution, München 1990, und Michael Miersch, Das bizarre Sexualleben der Tiere. Ein populäres Lexikon von Aal bis Zebra, Frankfurt am Main 1999.
25 Sigmund Freud, Drei Abhandlungen zur Sexualtheorie (1905), in: Studienausgabe, hg. v. Alexander Mitscherlich u. a., Bd. V: Sexualleben, Frankfurt am Main 1972, 37–145, hier 134, 137.
26 Vgl. Gayle S. Rubin, Sex denken: Anmerkungen zu einer radikalen Theorie der sexuellen Politik (1984/1993, und David M. Halperin, Ein Wegweiser zur Geschichtsschreibung der Homosexualität, beide in: Andreas Kraß (Hg.), Queer denken. Gegen die Ordnung der Sexualität (Queer Studies), Frankfurt am Main 2003, 31–79 und 171–220.

12.4. Sexuelle Orientierung, sexuelle Identität

bewussten Entscheidung über ihre Lebensorientierung im ganzen und damit über ihre soziale Identität genötigt. Sie können nicht über ihre ‚Veranlagung', aber deren ‚Ausübung' entscheiden. Sie müssen entscheiden, wie sie mit ihr leben wollen, ob sie sie diskret verschweigen oder auffällig demonstrieren, unterdrücken oder ausleben, sich an das heterosexuelle Leben anpassen (dennoch ‚Familien gründen') oder ein anderes Leben führen, diskriminierende Identifikationen (‚Lesbe', ‚Schwuler') hinnehmen oder sie stolz als ihre Identität übernehmen wollen (‚Lesben- und Schwulenverband', ‚gay pride').[27] Und wie man sich *in* der Situation *über* die Situation orientieren muss (4.1.), müssen sie sich aus ihrer sexuellen Orientierung heraus für oder gegen sie entscheiden und entscheiden so, was sie zugleich als schon entschieden erfahren: sie erfahren in der Entscheidung für eine Lebensform die Paradoxie der Entscheidung, Unentscheidbares entscheiden zu müssen (7.6.).[28] Sie entscheiden sich persönlich, oft unter schweren Kämpfen und großen Ängsten, für eine (mehr oder weniger) riskante soziale Identität. So schwer eine solche Entscheidung belasten kann – Selbsttötungen und Selbsttötungsversuche sind bei homosexuellen Jugendlichen besonders häufig -, kann sie um so mehr befreien – zu einem ‚fröhlichen' Ausleben ihrer Sexualität; die gegen Ächtung und Verfolgung revoltierenden ‚gays' haben im Kampf um sexuelle Unbefangenheit, der in den 60er Jahren des 20. Jahrhunderts begann, das Ihre beigetragen. ‚Kommen' sie dann mit einem ‚Bekenntnis' zu ihrer Homosexualität ‚heraus' (‚coming out'), durchbrechen sie auch die rituellen Distanzsphären, in die in den meisten Kulturen gerade das sexuelle Leben eingeschlossen ist. Homosexuelle Menschen können sich aber auch entscheiden, sich nicht zwischen alternativen sozialen Identitäten zu entscheiden, sondern auch zwischen ihnen zu oszillieren und die prekäre soziale Identität eines ‚Doppellebens' zu leben. Sie lernen dann, ihre sexuelle von ihren übrigen Orientierungswelten so weit wie möglich zu trennen (was durch Subkulturen erleichtert wird). Und sie können schließlich, je nachdem wie sich ihre Entscheidungen und Nicht-Entscheidungen bewähren, im Spektrum der sozialen Identitäten ihre eigene, ihnen individuell gemäße suchen und finden, die, wenn sie zu ihnen passt, ihrerseits durch ‚Fröhlichkeit' überzeugen kann.

---

27 Vgl. Judith Butler, Imitation und die Aufsässigkeit der Geschlechtsidentität, in: Kraß (Hg.), Que*er* denken, a.O., 144–168.
28 Vgl. Rubin, Sex denken, a.O., 46: Im übrigen verwechseln die meisten Menschen „ihre eigenen sexuellen Vorlieben mit einem universellen System, das für alle gilt oder gelten sollte", ähnlich wie ihre moralischen Überzeugungen.

Auch bei der Homosexualität erhält sich die sexuelle Differenz. ‚Lesbische', weibliche Homosexualität wird wiederum anders erlebt und gelebt als ‚schwule', männliche, auch dort, wo Schwule sich weiblich und Lesben sich männlich geben. Ebenso unterscheiden sich die sozialen Sanktionen; weibliche Homosexualität blieb in den meisten Kulturen weniger auffällig und wurde eher geduldet. Die *Transsexualität*[29] hebt die sexuelle Differenz ebenfalls nicht auf, durchkreuzt sie jedoch: Transsexuelle gehören biologisch eindeutig einem Geschlecht zu, fühlen sich aber dem anderen Geschlecht zugehörig und kämpfen darum, auch dessen soziale Identität anzunehmen. Um nicht mit einer gebrochenen oder doppelten Identität leben zu müssen, suchen sie an ihrer sexuellen Orientierung festzuhalten und ihr biologisches Geschlecht zu ändern, durch eine hormonelle und operative Geschlechtsumwandlung. So wirken sie sozial noch irritierender als Homosexuelle – und attraktiv, sofern sie die Spielräume der sexuellen Differenz noch weiter öffnen. *Intersexuelle*, die biologisch Merkmale beider Geschlechter tragen, heben die sexuelle Differenz vollends auf. Doch die Aufhebung der sexuellen Differenz desorientiert. Eltern, durch die Entdeckung der Intersexualität ihres Kindes zumeist traumatisiert, entscheiden gewöhnlich, weil sie ‚nicht wissen, woran sie sind,' das Kind durch wiederum traumatisierende Operationen eindeutig einem Geschlecht zuzuordnen, das sich dann als das nicht gewünschte herausstellen kann: Trans- und Intersexuelle sind am stärksten suizidgefährdet. Orientierung braucht die Beruhigung durch feste Identitäten im Anhalt an festen Differenzen, die ihr entgegenkommen. Doch wenn ihr feste Differenzen durch soziale Normierungen entgegenstehen, wird sie auch sie in Frage stellen, mit dem Risiko ihrer Selbstgefährdung.

---

29 Vgl. Stefan Hirschauer, Die soziale Konstruktion der Transsexualität. Über die Medizin und den Geschlechtswechsel, Frankfurt am Main 1999.

12.5. Profilierung annehmbarer Identitäten: Selbstdarstellungen

> Wir sind wie Schauläden, in denen wir selber unsere angeblichen Eigenschaften, welche Andere uns zusprechen, fortwährend anordnen, verdecken oder in's Licht stellen, - um uns zu betrügen.
> NIETZSCHE, Morgenröthe, Nr. 385
> („*Die Eitlen*")

In der Fragilität der Kommunikation unter Anwesenden arbeiten alle rundum an Bildern (*images*), die sie beieinander erwecken wollen, mit ihrem Auftreten, ihrem Outfit, ihrem Verhalten, ihren Äußerungen. Man betreibt routinemäßig ‚Eindruckssteuerung' (*impression management*), der eine mehr, der andere weniger, der eine, indem er seine ‚Qualitäten' herauszustellen und dadurch ‚Eindruck zu schinden', der andere, indem er sich bescheiden oder demütig zurückzustellen und dadurch ebenfalls ‚einen guten Eindruck zu erwecken' sucht, der eine auf Kosten anderer, der andere zugunsten anderer.[30] In der Trennung der Orientierungen können wir uns nur über Bilder aufeinander beziehen, die wir füreinander ausbilden. Die Bilder, die wir von uns selbst haben, können dabei erheblich von denen differieren, die andere von uns haben. Das kann im Fortgang der Interaktion und Kommunikation beim einen oder andern zu Korrekturen der Bilder führen. Die Bilder können von beiden Seiten jedoch auch angestrengt aufrechterhalten werden, um die sorgfältig aufgebauten Beziehung nicht zu irritieren. Wir suchen unsere *Selbstdarstellungen* so zu gestalten, dass nicht nur wir vor den anderen nicht schlecht dastehen, sondern auch sie nicht vor uns. Um auskömmlich miteinander kommunizieren zu können, arbeiten wir gemeinsam daran, voreinander ‚das Gesicht wahren' zu können (*facework*), wir unterstützen einander in unseren Selbstdarstellungen, wenn sie ins Schlingern geraten, um ‚die Situation zu retten'. Um „ein Image von sich zu wahren, das vor den anderen zu bestehen vermag", geht es, so GOFFMAN, der hier sein großes Thema hat, zunächst nicht darum, sich hervorzutun, sondern erst einmal eine Situation herzustellen, in der unterschiedliche Selbstdarstellungen

---
30 Vgl. Hans D. Mummendey, Psychologie der Selbstdarstellung, Göttingen u. a. ²1995, und ders., Selbstdarstellung, in: Bierhoff/Frey (Hg.), Handbuch der Sozialpsychologie und Kommunikationspsychologie, a.O., 49–56.

sich vertragen. Darum muss man sich erst darüber orientieren, „was in einer bestimmten Situation geschehen kann und wozu Stellung zu nehmen [...] ratsam ist – sei es in Form einer Erklärung oder einer Entschuldigung, einer spöttischen oder scherzhaften Bemerkung oder eines unbekümmerten Drauflospolterns." Und um sich zu orientieren, hält man sich zunächst unauffällig zurück: „Die Fähigkeit, als jemand zu erscheinen, der ohne Gefahr unbeachtet gelassen werden kann, ist tief verwurzelt. Es gibt nichts, was tiefer, nur einiges, was genauso tief verankert ist."[31]

Was die *Selbstdarstellung des andern* betrifft, geht man von selbstverständlich gewordenen Erwartungen aus. Zunächst an sein körperliches Verhalten: „Es gibt eine bestimmte Reihe sich auf das körperliche Verhalten beziehender Kompetenznormen, die Dinge wie das körperliche Gleichgewicht, die Geschicklichkeit bei kleinen Aufgaben, Sauberkeit und Stärke betreffen. Sie erlauben allen in Sichtweite befindlichen Personen eine Beurteilung des Individuums. Normalerweise werden diese Normen vollkommen und instinktiv erfüllt."[32] Abweichungen sind auffällig, führen zu einer sofortigen Umstellung der Orientierung (‚Ist er betrunken? Braucht er Hilfe?'). Hinzutreten eingespielte Normen der Orientierung an anderer Orientierung: „Die Eigenschaften, die man normalen Handelnden zuschreibt, wie etwa richtige Wahrnehmung, persönlicher Wille, eine ganze Menge Fähigkeiten des Erwachsenen, ein funktionierendes Gedächtnis, ein gewisses Maß von Einfühlungsvermögen gegenüber anderen Anwesenden, Ehrlichkeit, Zuverlässigkeit, feste soziale und persönliche Identität und ähnliches – auf sie alle verlässt man sich auf vielerlei Art in allen Vorgängen, die zwischen Menschen ablaufen."[33] Im Ganzen wächst das Vertrauen, wenn die „klassischen Tugenden eines guten Charakters" zusammenkommen: „Rechtschaffenheit, Dankbarkeit, Gerechtigkeit und Großmut; ferner die auf das körperliche Verhalten bezogenen, teils geschlechtsspezifischen, teils allgemein geltenden Werte: Reinlichkeit, angenehme Erscheinung, Beherrschung der Begierden, Stärke und physischer Mut, Geschicklichkeit, Anmut und sicheres Auftreten; sodann die Tugenden des Interagierenden: Aufrichtigkeit, Rücksichtnahme, Bescheidenheit usw.; und schließlich die durch Ausbildung erworbenen Tugenden, die mit Wissen, Sprache und Kultur

---
31 Goffman, Das Individuum im öffentlichen Austausch, a.O., 252, 251, 367.
32 Goffman, Das Individuum im öffentlichen Austausch, a.O., 183.
33 Goffman, Rahmen-Analyse, a.O., 210.

verknüpft sind."[34] Die Erwartunghorizonte der wechselseitigen Orientierung variieren jedoch vielfach, nicht nur nach Geschlecht, Altersstufen, Gruppenzugehörigkeit, Kulturen und Subkulturen, sondern auch in interaktiven Situationen: Man stellt sich gegenüber andern jeweils passend dar, Kindern anders als Kollegen oder Katastrophenhelfern, nimmt wiederum eingespielte *Rollen* ein.[35] So kann es zu Irritationen der Selbstdarstellung kommen, wenn man mit andern, denen man sich jeweils anders darstellt, zugleich zusammentrifft, und die Situation ist dann oft wieder nur mit Humor zu retten. Man erwartet *Kohärenz der Identität oder Identitäten* voneinander; zur leichteren Orientierung sollen Selbstdarstellungen ‚zusammenpassen'.

Zur Wiedererkennbarkeit müssen sie ihrerseits markant sein. So sucht man bei anderen und gibt sich selbst ein *Profil*. Das Wort ‚Profil' stammt von it. ‚profilare', ‚mit einem Strich umreißen', und frz. ‚profil', ‚markante Seitenansicht', die auf lat. ‚filum', ‚Faden, Strich, Linie', zurückgehen. Profile sind markante Bilder, die weniges herauszeichnen, konturieren, und das übrige offenlassen; so laden sie den Betrachter ein, sie auf seine Weise auszufüllen, ‚auszumalen'. Sie typisieren, deindividualisieren, und ermöglichen so, sie zu reindividualisieren. „Bis zu einem gewissen Grad", so Judith BUTLER, „muss ich mich ersetzbar machen, um mich anerkennbar zu machen."[36] So bleibt man in seiner Selbstdarstellung nie man selbst.[37] Profile halten auch Identitäten fluktuant (10.5.). Sie sind ‚prägnante' Zeichen für die wechselseitige Orientierung, im wörtlichen Sinn von lat. ‚praegnans', ‚schwanger', ‚bedeutungsschwanger': sie zeigen an, dass etwas von Belang zu erwarten ist, machen neugierig auf das, was kommen wird, ohne es schon zu offenbaren. Profile machen (mehr oder weniger) attraktiv. Eines, das physiognomische Profil, bringt man immer schon mit, kann ihm aber (mehr oder weniger) durch Frisur und Kosmetik ‚nachhelfen'. Weitere Gestaltungsspielräume geben das Outfit, die Interaktion und Kommunikation; man profiliert aber auch seine Lebensläufe für jeweils anstehende Bewerbungen (12.2.),

---

34 Goffman, Das Individuum im öffentlichen Austausch, a.O., 250.
35 Vgl. Wolfgang Rechtien, Angewandte Gruppendynamik, in: Bierhoff/Frey (Hg.), Handbuch der Sozialpsychologie und Kommunikationspsychologie, a.O., 655–668. Rechtien setzt die „Entwicklungsphase" der „Orientierung" in der Gruppenbildung nach (1.) „Fremdheit" und vor (3.) „Vertrautheit" und „Konformität" (657) an.
36 Judith Butler, Kritik der ethischen Gewalt. Adorno-Vorlesungen 2002, aus dem Engl. v. Reiner Ansén, Frankfurt am Main 2003, 49.
37 Ebd., 50–53.

konturiert darin ‚Ausbildungsprofile', ‚Tätigkeitsprofile', ‚Karriereprofile', und auch Organisationen, Parteien, Wirtschaftsunternehmen, Sportvereinen, Museen, Theatern, Universitäten und inzwischen selbst Behörden, suchen sich Profile ‚zuzulegen', beginnend mit markanten Zeichen, den ‚Logos', eigentlich ‚logotypes', die zur Schaffung einer *Corporate Identity* beitragen sollen. Eine ‚Corporate Identity' soll das Unternehmen oder die Institution klar, einheitlich und attraktiv darstellen, ihnen nach innen zu einem ‚Corporate Behavior' und nach außen zu einer ‚Corporate Communication' verhelfen, und beide werden durch ein ‚Corporate Design' kenntlich gemacht. Wer sich durch ein prägnantes Profil unverwechselbar macht, gewinnt Vorteile im Wettbewerb um Aufmerksamkeit und, wo es darauf ankommt, auch im Wettbewerb um Profite.

Darstellungsprofile werden jedoch erst aussagekräftig durch das, was in ihrem Zeichen ‚hervorgebracht' und ‚vorgebracht', was getan und darüber geäußert wird. Bei Unternehmen sind das Produkte und Programme, mit ihnen Profite zu machen, in alltäglichen Kommunikationen von Personen ihr ‚Gehabe' und ihre ‚Geschichten', die *Geschichten*, die von ihnen erzählt werden, und mehr noch die, die sie selbst erzählen, von denen, mit denen sie es zu tun haben (12.3.), und von sich selbst. Dafür, was ‚es mit jemand auf sich hat', ist das, was er ‚zu sagen hat', bald weit aufschlußreicher als sein Aussehen; durch seine Selbstdarstellung in Geschichten, in die er verwickelt war oder in deren Zentrum er stand, lernt man ihn ‚besser kennen', bevor man dann ‚handfest' mit ihm zu tun hat. Die Identität, die sich aus seinen Erzählungen ergibt, ist eine *narrative Identität*.[38] Mit seinen Geschichten kann man sich profilieren, aber auch kompromittieren. Sie haben ihre eigenen Gesetze. Sie müssen ‚gut', das heißt wiederum markant erzählt sein, um ‚anzukommen', müssen, was sich (mehr oder weniger) dramatisch ereignet hat (oder so ähnlich ereignet haben könnte), nach den Erfordernissen einer guten Erzählung

---

38 Vgl. Ricœur, Das Selbst als ein Anderer, a.O., 173–206. Ricœur denkt dabei freilich nicht so sehr an gelegentlich erzählte Geschichten, sondern an die eine große Geschichte, wie sie sich in Autobiographien niederschlägt. Er wollte „im Rahmen der narrativen Theorie die konkrete Dialektik von Selbstheit [ipse] und Selbigkeit [idem]" (142) ausarbeiten, von persönlicher Identität, die sich in Erzählungen, und numerischer Identität, die sich z.B. in Nummern auf Identitätskarten niederschlägt, die aber vielfach miteinander verschränkt sind. Dabei wollte er ebenfalls ohne ontologischen Rekurs auf eine Substanz auskommen (147): „Es ist die Identität der Geschichte, die die Identität der Figur bewirkt." (182).

gestalten. Sie müssen mit überschaubarem Personal, klaren Anfangssituationen, Wende- und Höhepunkten und konsequenten Spannungsverläufen ausgestattet und um alles verkürzt werden, was die Übersichtlichkeit und die Spannung beeinträchtigen könnte. Im Wiedererzählen und Wiedererzählen werden sie mehr und mehr an ihrer attraktiven Erzählbarkeit ausgerichtet und mehr und mehr dann auch so erinnert. Wenn man Geschichten von sich und andern erzählt, erzählt man mehr Geschichten als von sich und andern. WALDENFELS hat vom „Paradox der Erzählung" gesprochen: „Die Erzählung bezieht sich auf eine Erfahrung, die erst im Erzählen und Wiedererzählen Gestalt gewinnt."[39]

Gegen Geschichten bleibt man darum auch immer skeptisch. Es kommt hier jedoch nicht so sehr auf Wahrheit an: „Geschichten mit einem menschlichen Interesse [human interest stories] sind genau in dem Maße, wie sie dieses besitzen, eine Karikatur des Datenmaterials; sie verleihen ihm eine Einheitlichkeit, Folgerichtigkeit, Pointiertheit, Abgeschlossenheit und Dramatik, die dem Alltagsleben, wenn überhaupt, nur andeutungsweise zukommt. [...] Die Herstellung dieser berichteten Vorkommnisse geht in vollem Umfang auf unsere Bedürfnisse ein – und die richten sich nicht auf Tatsachen, sondern auf Typisierungen. Wie sie erzählt werden, beweist die Fähigkeit unserer konventionellen Vorstellungen, mit den bizarren Möglichkeiten des sozialen Lebens, den äußersten Grenzerfahrungen fertig zu werden. Was also wie eine Gefahr für unsere Welt-Sinngebung aussieht, entpuppt sich als eine äußerst geschickt gewählte Verteidigung derselben."[40] Geschichten berichten von individuellen Orientierungsverläufen, die als solche interessant sind, gleichgültig, ob oder wie sehr sie ‚real' oder ‚fiktiv' sind. Das gilt nicht nur für persönliche, bei alltäglichen und beruflichen Gelegenheiten erzählte, sondern vor allem für journalistisch aufbereitete, literarisch gestaltete und besonders verfilmte Geschichten, die von außergewöhnlichen, sei es er-

---

39 Waldenfels, Phänomenologie der Aufmerksamkeit, a.O., 50. Vgl. Wilhelm Schapp, In Geschichten verstrickt. Zum Sein von Mensch und Ding (1953), mit einem Vorwort zur Neuauflage von Hermann Lübbe, Wiesbaden 1976; Kevin Murray, The Construction of Identity in the Narratives of Romance and Comedy, in: John Shotter / Kenneth J. Gergen (Hg.), Texts of Identity, London 1989 und Paul Ricœurs umfangreiche Ausarbeitungen in: Temps et récit I-III, Paris 1983–1985, deutsch: Zeit und Erzählung I-III, München 1988–1991. Ricœur hat sich nach seiner eigenen Aussage hier noch „von den beträchtlichen Schwierigkeiten der Frage der Identität als solcher" ablenken lassen (Ricœur, Das Selbst als ein Anderer, a.O., 142, Anm.).
40 Goffman, Rahmen-Analyse, a.O., 24.

lebten oder erfundenen Situationen (oder Mischungen aus beiden) berichten, mit denen jemand zurechtkommen musste und in die auch andere (mehr oder weniger) leicht geraten könnten. Sie alle schaffen ein *Repertoire nicht-alltäglicher Orientierungsverläufe*, die anderen als Modelle für nicht-alltägliche Orientierungsverläufe zur Verfügung stehen. Auch die Geschichten der Geschichtswissenschaft, die wohl an Quellen ausgewiesen werden müssen, als erzählte aber ebenfalls Erzählungsprofilen folgen müssen,[41] tragen dazu bei. Mit Hilfe von Geschichten, erfundenen und, soweit wie möglich, wahrheitsgetreuen, kann man sich in dem, womit man zu tun hat, daran orientieren, womit andere schon zu tun hatten und wie sie damit zurechtgekommen sind. Man kann Geschichten anderer, mit denen man ‚etwas anfangen kann', auf seine Weise nachleben, kann sie dabei wiederum abkürzen und erweitern, mischen und trennen und dann neu erzählen und zur eigenen Profilierung nutzen. Geschichten sind aus mehr oder weniger dramatischen Situationen hervorgegangene Orientierungsmodelle für neu zu bewältigende Situationen. Man lernt aus ihnen für die eigene Orientierung.[42]

12.6. Identifikation mit Identifikationen: Identität im Umgang mit Identitäten

Identitäten, als Fixpunkte der wechselseitigen Orientierung, dienen der *Wiedererkennbarkeit*, am markantesten die Identifikationen nach Nummern, die jedem aufgenötigt werden, der mit einer Verwaltung zu tun hat, die aber, als bloße Nummern, am leichtesten austauschbar sind. Identitäten, die lediglich ausweisen, dass man numerisch dieselbe Person ist, kann man auch nur annehmen, wie es Geheimdienstleute, anonym publizierende Autoren oder auch Betrüger tun. Sie täuschen die andern mit einer (oder mehreren) ‚falschen' Identität(en) über ihre ‚wahre' Identität. Man kann sich solche und weiter profilierte Identitäten aber auch mit Wissen der andern und nur zu begrenzten Zwecken zulegen, wie

---

41 Vgl. White, Die Bedeutung der Form. Erzählstrukturen in der Geschichtsschreibung, a.O.
42 Vgl. Ricœur, Das Selbst als ein Anderer, a.O., 143 f.: „Die Literatur stellt ein umfangreiches Laboratorium dar, wodurch Einschätzungen, Bewertungen, Urteile der Zustimmung und des Mißfallens erprobt werden" – und Ricœur fügt hinzu: „in denen die Narrativität der Ethik als Propädeutik dient." S. im Anschluss an Ricœur auch Kaufmann, Die Erfindung des Ich, a.O., 158 f.

im Karneval oder im Chat (17.2.); sie sind ‚vorgetäuscht', ohne zu täuschen. Andern schreibt man unwillkürlich Identitäten zu, um sie für sich selbst wiedererkennbar zu machen und sich ihrer zu versichern, hält sich dabei an Anhaltspunkte, die für einen selbst von Belang sind, Aussehen, Charakter, Profile oder Geschichten, und kann dabei *sich* über die andern täuschen. Explizit identifiziert man andere nach Begriffen und Kategorien, die man ebenfalls aus seinen Erfahrungen gewonnen hat und die *auf* die anderen dann passen können oder nicht und *ihnen* entsprechend ‚passen' können oder nicht (11.4.). Zuschreibungen, Identifikationen, Kategorisierungen ‚treffen' den andern, sie können ihn freuen oder betrüben, ihn auszeichnen oder demütigen, ihm helfen oder ihn verletzen, ihn aufbauen oder niederschmettern. Wird man sich dessen gewahr, wird man mit ihnen aus Achtung vor dem andern umsichtig umgehen; LEVINAS hat von der ‚Gewalt' aller begrifflichen Identifikationen anderer gesprochen.[43] Man kann begriffliche Identifikationen anderer vornehmen oder lassen, sie sind entscheidbar, und man kann Identifikationen seiner selbst durch andere, ‚angenehme' oder ‚unangenehme', annehmen oder nicht. Sogenannte Ich-Identitäten bilden sich im Selbstbezug und Fremdbezug des Selbsts der Orientierung (9.1.), dadurch, dass man sich selbst mit Identifikationen anderer identifiziert oder nicht. Sie sind, als *Identifikationen mit Identifikationen*, Ergebnis doppelter Entscheidungen. Daher können sie, schrittweise, wieder neu entschieden werden, und weil sie immer wieder neu entschieden werden können, können sie auch immer neu zum Problem werden, kann es überhaupt zu Identitätskrisen kommen.

Philosophie, Psychologie, Psychoanalyse und Soziologie haben die Entscheidbarkeit individueller Identitäten so denkbar gemacht, dass sie das Selbst differenzierten, vor allem in ‚Ich' und ‚Mich' oder ‚Es', ‚Ich' und ‚Über-Ich', und in entsprechende ‚Identitäten'; die Terminologien sind vielfältig. Die grundlegende und folgenreichste stammt aus dem amerikanischen Pragmatismus, von William JAMES. Er unterschied ‚Me' und ‚I' als ‚empirisches ego' und ‚reines ego', ‚Me', ‚Mich', als Objekt von Kategorisierungen im Akkusativ (lat. ‚accusare' heißt gr. κατηγορεῖν, ‚anklagen') oder Gegenstand von Identifikationen, und ‚I', ‚Ich', als Subjekt, das selbst identifiziert, darunter sich selbst, und die Einheit beider als

---

43 Vgl. Verf., Levinas, a.O., 116–118. – Andererseits, so Goffman, Das Individuum im öffentlichen Austausch, a.O., 256, herrscht in unserer Gesellschaft „die seltsame Auffassung, daß, sobald zwei Personen auf diese Weise verbunden sind [daß sie einander bekannt gemacht haben], sich ihre Beziehung zwar drastisch verändern, aber niemals in den Zustand der Nicht-Bekanntschaft zurückverwandelt werden kann. Den Namen oder das Gesicht von jemandem zu vergessen ist entschuldbar, verlangt aber eben eine Entschuldigung."

‚Self', ‚Selbst'.⁴⁴ Zum ‚Me' zählte er alles, was jemand „als sein Eigen bezeichnen kann, nicht nur seinen Körper und seine psychischen Fähigkeiten, sondern auch seine Kleider und sein Haus, sein Weib und seine Kinder, seine Vorfahren und Freunde, seine Ehre und Arbeit, seine Güter und Pferde, oder auch eine Yacht und einen Bankkredit. [...] Wenn sie zunehmen und gedeihen, hat er ein Gefühl des Triumphes; wenn sie schwinden und zugrunde gehen, fühlt er sich niedergedrückt". Im ‚Me' unterschied er wiederum ein „materielles ‚Mich'" (Körper, Kleider, Eigentum) von einem „sozialen ‚Mich'", unter das er die Einschätzungen durch andere fasste, die wiederum vielfältig sein können, sich jedoch in „Ruf" und „Ehre" bündeln,⁴⁵ und einem „geistigen ‚Mich'", unter dem er die „Summe meiner Bewußtseinszustände" verstand und dessen Kern Willensentschlüsse seien. Aus den Einschätzungen, die als Selbsteinschätzungen übernommen werden, bilde sich ein „Durchschnittszustand des Selbstgefühls" heraus, in dem ständig die Sorge für alle drei ‚Michs' wachbleibe. Beim sozialen Mich dachte JAMES an das Bekannt-, Anerkannt-Sein- und gegebenenfalls Gedruckt-werden-Wollen, beim geistigen Mich auch an religiöse Heilsbedürfnisse und rechnete mit einem Wettstreit unter ihnen, der in stabile Hierarchien münden könne, aber nicht müsse. Als ‚reines Ich' aber fasste er das Bewusstsein oder den „Bewußtseinsstrom". Als Strom ist auch das „Bewußtsein der persönlichen Identität" im Fluss: „zwischen dem Mich von jetzt und dem Mich von damals", das es sich bewusst mache, bestehe nur ein „*Kontinuitäts*zusammenhang", keine „substantielle", nur eine „*funktionelle* Identität". So kann sich das Selbst in einer Hinsicht als identisch, in anderen als nicht-identisch betrachten. Wenn JAMES nach dem Grundsatz, „daß es ein erfassendes Subjekt zu all dem Erfaßten geben muß", Identität zuletzt „in dem Selbst als Erfassendem", dem „denkenden Subjekt" zu verankern suchte, so war dies doch das jeweilige „Bewußtseinssubjekt", der jeweilige „Bewußtseinszustand" oder „-vorgang". Identität kann damit nur die „relative Identität einer langsamen Veränderung" sein, die sich in Erinnerungen erhält – die sich beim Wiedererinnern aber wieder verändern können. Der Behaviorist MEAD, der an JAMES anknüpfte und die weitere Debatte bestimmte, brach auch noch mit der Verankerung der Ich-Identität in einem ‚reinen' Ich und setzte ‚I' und ‚Me' als aufeinander reagierende an. So bekam auch ‚I' noch eine „funktionale Beziehung": „Das ‚I' ist die Reaktion des Organismus auf die Haltungen anderer; das ‚Me' ist die organisierte Gruppe von Haltungen anderer, die man selbst einnimmt. Die Haltungen der anderen bilden das organisierte ‚Me', und man reagiert darauf als ein ‚I'." Im ‚Me' organisiert sich das Selbst als Identifikation mit Identifikationen anderer, und ‚I' kann diese Organisation wieder in Frage stellen. Die Identität des Selbst besteht in einer Oszillation zwischen Selbstobjektivierung und Selbstsubjektivierung: sobald das ‚I' sich erfasst, ist es schon ‚Me', aber es muss wieder ein ‚I' sein, das ‚Me' erfasst, und ‚I' bleibt dabei „mehr oder weniger unbestimmt". Auf diese Weise können „wir uns durch unsere eigenen Aktionen überraschen" und haben „das Gefühl der Freiheit,

---

44 James, Psychologie, a.O., 174–216.
45 Vgl. schon Aristoteles, Nikomachische Ethik I 3, 1095 b 26–28: „Wir scheinen der Ehre nachzulaufen, damit wir darauf vertrauen können, selbst gut zu sein."

12.5. Identität im Umgang mit Identitäten

der Initiative."[46] Erik H. ERIKSON,[47] der den Begriff der Identität in den Sozialwissenschaften durchsetzte, wies die prekäre Entstehung der ‚Ich-Identität' in den Krisen der Heranwachsenden auf. GOFFMAN gebrauchte für das ‚Me', das Bild, das jemand sich von den Bildern anderer von ihm macht, den Begriff *soziale Identität* und den Begriff *persönliche Identität* für das, was das Ich selbst daraus macht, und arbeitete an extremen Fällen von Stigmatisierung die bleibend schwierige Balance zwischen ihnen heraus. Das lange vorherrschende Leitbild einer definitiv gefestigten ‚Ich-Identität' des Erwachsenen zersplitterte, und man lernte angesichts des „unabgeschlossenen, tentativen, explorativen, hypothetischen, abschweifenden, wandelbaren und nur teilweise einheitlichen Charakters menschlicher Handlungsverläufe" ihren Wandel zu schätzen.[48] Nach 1968 trat an die Stelle der Sorge um ‚Identitätsverlust' in einer für haltlos gehaltenen Gesellschaft die Sorge um Identitätszumutungen in einer für dominant gehaltenen Gesellschaft und Plädoyers für die Wahrung und Freisetzung von Individualität im Sinn von ‚Selbstverwirklichung'.[49] Seither griffen die Sorge um Identitätsverlust und das Verlangen nach Selbstverwirklichung in den Identitätsdiskursen so komplex ineinander, dass je nach „Interaktionsräumen" „vielfältigste ‚Definitionsräume für Identität'" entstanden und das „Identitätskonzept" selbst unklar wurde.[50] LUHMANN stellte zwar eine „zweifelhafte" Evolution zu einer „deutlich

---

46 George Herbert Mead, Mind, Self, and Society. From the Standpoint of a Social Behaviorist, hg. v. Charles W. Morris, Chicago 1934, deutsch: Geist, Identität und Gesellschaft aus der Sicht des Sozialbehaviorismus, mit einer Einl. hg. v. Charles W. Morris, aus dem Am. v. Ulf Pacher, Frankfurt am Main 1968, 217–221.

47 Erik H. Erikson, Identity. Youth and Crisis, New York 1968, deutsch: Jugend und Krise. Die Psychodynamik im sozialen Wandel, München 1968. Zum biographischen Hintergrund Eriksons, der ihn für die Identitätsfrage prädestinierte (Däne, ein Jude mit ‚arischem' Aussehen, groß, blond und blauäugig, der seinen Vater nicht kannte, ein Nomade, der Künstler werden wollte und Universitätsprofessor wurde und, als er die amerikanische Staatsbürgerschaft erhielt, einen neuen Namen, Erikson, annahm) vgl. Kaufmann, Die Erfindung des Ich, a.O., 28–30.

48 Anselm Strauss, Spiegel und Masken. Die Suche nach Identität (1959), Frankfurt am Main 1967, 98.

49 Die Soziologie spricht vom „Selbstverwirklichungsmilieu" in der „Erlebnisgesellschaft". Es bildete das „Kernmilieu" der neuen „sozialen Bewegungen". Vgl. Gerhard Schulze, Die Erlebnisgesellschaft. Kultursoziologie der Gegenwart, Frankfurt am Main 1993, 319, und Kai-Uwe Hellmann, Systemtheorie und neue soziale Bewegungen. Identitätsprobleme in der Risikogesellschaft, Opladen 1996, 125–187. – Spinner, Der Mensch als Orientierungswesen, a.O., 51, prangerte pathologische „Identiker" an und stellte ihnen „Orientierer" entgegen. Identität sei per se „Überorientierung" und damit Negation von Orientierung überhaupt (53).

50 Jürgen Straub, Identitätstheorie im Übergang? Über Identitätsforschung, den Begriff der Identität und die zunehmende Beachtung des Nicht-Identischen in subjekttheoretischen Diskursen, in: Sozialwissenschaftliche Literatur-Rundschau

permissiven Haltung" fest „gegenüber dem, was Individuen als ihre Person darstellen", sah aber auch den „Komplexitätsgewinn" der Entwicklung, „die Zunahme der Vielseitigkeit der Konditionierbarkeit der Verhaltenserwartungen".[51] Der Identitätsdiskurs drehte sich nun „um Begriffe wie stetiger Wandel des Selbst, wechselnde Identifikationen, Ambivalenz, Reflexivität, Autobiographie, Selbstkonstruktion, interne Referentialität, symbolisierendes und symbolisches Selbst, eine partikulare, keine Universalität mehr beanspruchende Identität."[52] Die angelsächsische Debatte ist von Derek PARFITS Plädoyer für plurale und nur locker zusammenhängende Identitäten einer Person auf der einen Seite und Charles TAYLORS Plädoyer für die Fundierung *einer* Identität in „einer gegebenen Ontologie des Menschlichen" auf der andern Seite bestimmt.[53] Sie werden inzwischen als Alternativen gesehen, die pragmatisch und wechselnd eingenommen werden können.[54] Der Künstler wird zum Leitbild im Umgang mit Identitäten.[55]

Identität als entscheidbare Identifikation mit entscheidbaren Identifikationen lässt Spielräume für die Profilierung vielfältiger Identitäten und für ihre Stabilisierung und Destabilisierung. Es liegt dann bei der individuellen Orientierung, wieviel Identität oder Identitäten sie jeweils nötig

---

23 (1991), 49–71, hier 57 u. 59. Straub selbst will Identität „nicht als etwas fest Gegebenes", sondern als „eine prinzipiell labile, an das Erfordernis der Reproduktion oder Umstrukturierung gebundene Verfassung des Selbst von Subjekten" verstanden wissen (59), und schlägt vor, Identität als *formbildende* oder *formerhaltende Interaktions- und Kommunikationskompetenzen, Synthese- und Integrationsleistungen* des Subjektes" zu fassen, also als wechselnden Bedürfnissen folgende Orientierungsleistungen.

51 Luhmann, Soziale Systeme, a.O., 435 f.
52 Harald Wenzel, Gibt es ein postmodernes Selbst? Neuere Theorien und Diagnosen der Identität in fortgeschrittenen Gesellschaften, in: Berliner Journal für Soziologie 5 (1995), H. 1, 113–131, hier 128.
53 Derek Parfit, Reasons and Persons, Oxford 1984; Charles Taylor, Sources of the Self. The Making of the Modern Identity, Cambridge 1989, deutsch: Quellen des Selbst. Die Entstehung der neuzeitlichen Identität, aus dem Am. v. Joachim Schulte, Frankfurt am Main 1994, hier 19. Zu Taylors Kritik an Parfit vgl. ebd., 97–99.
54 Vgl. bes. John P. Hewitt, Dilemmas of the American Self, Philadelphia 1989, und Jerald Hage / Charles H. Powers, Post-Industrial Lives. Roles and Relationships in the 21st Century, Newbury Park 1992, die dadurch Meads symbolischen Interaktionismus bestätigt sehen.
55 Vgl. Paul Leinberger / Bruce Tucker, The New Individualists. The Generation After the Organization Man, New York 1991, Kenneth J. Gergen, The Saturated Self. Dilemmas of Identity in Contemporary Life, New York 1991, Robert Jay Lifton, The Protean Self. Human Resilience in an Age of Fragmentation, New York 1993, und das Gegenplädoyer für ‚ontologische Sicherheit' von James M. Glass, Shattered Selves. Multiple Personality in a Postmodern World, Ithaca 1993.

12.5. Identität im Umgang mit Identitäten

hat und ob sie von Situation zu Situation und auf Dauer ein haltbares Gleichgewicht unter ihnen findet. Identitäten, die zur leichten Wiedererkennbarkeit verhelfen sollen, können so jedoch ihrerseits unübersichtlich werden. So kommt zuletzt die Frage nach einer *authentischen Identität* seiner selbst und der anderen auf. Das Wort ‚authentisch' leitet sich von griech. αὐθέντης ab, das eig. ‚selbst vollendend, Urheber' bedeutet, jedoch im Sinn von ‚Mörder' und ‚Gewalthaber' gebraucht wurde. Davon abgeleitet ist das Verb αὐθεντέω, ‚aus eigener Macht, auf eigene Faust handeln', und das Adjektiv αὐθεντικός, ‚von eigener Hand ausgeführt'. Auch hier war zunächst wieder an einen Mord gedacht, dann aber auch an eine eigenhändige Unterschrift, etwa unter einem Testament, von da aus kam es schließlich zu dem Sinn ‚echt' im Gegensatz zu ‚gefälscht', in dem es in der Kanzleisprache des 16. Jahrhunderts wiederaufgenommen wurde. Aktuell ist ‚authentisch' auf Personen bezogen das, wofür sie mit einem unverfälschten Selbst ‚einstehen' – unter Bedingungen, die das erlauben.[56] Eine authentische Identität wäre so eine Identität von eigener Hand, aus eigener Entscheidung, aus eigener Gewalt oder das Ergebnis der ‚Selbstverwirklichung'. In der Balance der Identitäten kann sie jedoch keine besondere, eigens unterscheidbare Identität sein, und so ist sie am ehesten negativ zu bestimmen als Verzicht auf vorgetäuschte, ‚gefälschte' Identitäten. Positiv erscheint sie dann als ‚Echtheit' eines Charakters, der ‚zu sich steht' und offen und aufrichtig vor andern und sich selbst mit ihm umgehen kann. KANT hat das Problem der Authentizität im Blick auf die Möglichkeit einer „authentischen" Auslegung der Heiligen Schrift aufgegriffen.[57] In „der biblischen Auslegungskunst (*hermeneutica sacra*)" werde ein „authentischer" und ein „doctrinaler" „Ausspruch" unterschieden: „Im ersteren Falle muß die Auslegung dem Sinne des Verfassers buchstäblich (philologisch) angemessen sein; im zweiten aber hat der Schriftsteller die Freiheit, der Schriftstelle (philosophisch) denjenigen Sinn unterzulegen, den sie in moralisch-praktischer Absicht (zur Erbauung des Lehrlings) in der Exegese annimmt; denn der Glaube an einen bloßen Geschichtssatz ist todt an ihm selber." Authentizität ist danach nicht letztes Kriterium der Bibelauslegung: „Denn die heilige[n] Schriftsteller können als Menschen auch geirrt haben (wenn man nicht

---

56 Vgl. K. Röttgers und R. Fabian, Art. Authentisch, in: Historisches Wörterbuch der Philosophie, Bd. 1, Basel/Darmstadt 1971, Sp. 691 f., und zur Dialektik der Authentizität in Th. W. Adornos ästhetischer Theorie vgl. E. Krückeberg, Art. Authentizität, ebd., 692 f.
57 Kant, Der Streit der Fakultäten, AA VII, 66 f.

ein durch die Bibel beständig fortlaufendes Wunder annimmt)", und darum könne man sich nur an die doktrinale Auslegung halten, „welche nicht (empirisch) zu wissen verlangt, was der heilige Verfasser mit seinen Worten für einen Sinn verbunden haben mag, sondern was die Vernunft (*a priori*) in moralischer Rücksicht bei Veranlassung einer Spruchstelle als Text der Bibel für eine Lehre unterlegen kann". Nur so gehe „alles mit Ehrlichkeit und Offenheit, ohne Täuschung" zu, und so ist nach KANT die „doctrinale Auslegung" zuletzt auch die „authentische": „In Absicht auf die Religion eines Volks, das eine heilige Schrift zu verehren gelehrt worden ist, ist nun die doctrinale Auslegung derselben, welche sich auf sein (des Volks) moralisches Interesse – der Erbauung, sittlichen Besserung und so der Seligwerdung – bezieht, zugleich die authentische: d.i. so will Gott seinen in der Bibel geoffenbarten Willen verstanden wissen." Ebenso kann man die eigene authentische Identität nur in seiner Auslegung durch die eigene Vernunft zur eigenen Orientierung verstehen; ein weiteres Kriterium steht für sie nicht zur Verfügung. Die Erwartung einer authentischen Identität ist wiederum paradox: auch eine authentische *Selbst*darstellung kann nur eine Selbst*darstellung* sein, und auch die Selbstverwirklichung kann das Selbst, das sich verwirklichen soll, nicht kennen, bevor es sich konkret verwirklicht hat.[58] Das authentisch sich

---

58 Vgl. Hilge Landweer, Selbsttäuschung, in: Deutsche Zeitschrift für Philosophie 49 (2001), 209–227, die die Umrisse der aktuellen Debatte scharf konturiert und von der These ausgeht: „Selbsttäuschung lässt sich […] nicht nur als Möglichkeit, sondern sogar als Fähigkeit bezeichnen, und zwar weil sie erlaubt, die Komplexität disparater Selbst- und Fremdwahrnehmungen auf ein erträgliches, Orientierung in der Welt ermöglichendes Maß zu reduzieren. Selbsttäuschung – auch nicht erkannte – verändert immer das Selbst- und Weltverhältnis und ist eine besondere Form von zunächst funktionaler Selbstveränderung. Erkannte Selbsttäuschung kann zwar zunächst irritieren und destabilisieren, erlaubt jedoch Integrationsleistungen, die während des Prozesses der Selbsttäuschung das Selbstbild zu sehr bedrohten. *Aber nicht erst die Einsicht in Selbsttäuschung, auch bereits der Selbsttäuschungsprozess macht es möglich, vorangegangene Interpretationen eigenen Handelns und Wollens gründlich zu revidieren und neue Orientierungen für das eigene Handeln zu entwerfen.*" Solche neuen Orientierungen können dann Schritte zur Authentizität sein, ohne dass ‚das Authentische' „als etwas Feststehendes […] unabhängig von Situationen bestimmt werden könnte" (227). Nietzsche hat das kurz so gefasst: „Dass man wird, was man ist, setzt voraus, dass man nicht im Entferntesten ahnt, was man ist." Und er fügt (in der Sprache der Orientierung) hinzu: „Aus diesem Gesichtspunkte haben selbst die *Fehlgriffe* des Lebens ihren eignen Sinn und Werth, die zeitweiligen Nebenwege und Abwege, die Verzögerungen, die ‚Bescheidenheiten', der Ernst, auf Aufgaben verschwen-

verwirklichende Selbst ist der paradoxe Fluchtpunkt des Bedürfnisses nach Identität in der wechselseitigen Orientierung. Es zeigt sich in der Fähigkeit, im Spielraum der Identifikationen mit Identifikationen ein Gleichgewicht zu halten, das bei andern und sich selbst das Vertrauen in eine stabile Orientierung erweckt, in einer *Identität im Umgang mit Identitäten*, der dadurch die Achtung anderer gewinnt, dass er in Selbstachtung gründet.

---

det, die jenseits *der* Aufgabe liegen." (Ecce Homo, Warum ich so klug bin 9, KSA 6.293).

13. Rechnen mit anderer Orientierung: Ökonomische, mediale, politische und rechtliche Orientierung
Orientierung durch Planung

13.1. Nöte des Überlebens und Zusammenlebens: Gesellschaftliche Ordnungen und individuelle Freiheiten
13.2. Ökonomische Abkürzungen: Waren, Märkte, Geld
13.3. Orientierung an der Öffentlichkeit: Übersicht durch Massenmedien
13.4. Politische Umsicht und Weitsicht: Entscheidungen für andere
13.5. Rechtliche Absicherung von Absichten in Abkommen: Garantierte Zwänge für garantierte Spielräume

13.1. Nöte des Überlebens und Zusammenlebens: Gesellschaftliche Ordnungen und individuelle Freiheiten

Regeln (11.2) und Identitäten (12.) ermöglichen Ordnungen, mit denen man ‚rechnen' kann. Sie schaffen durch Übersicht und Dauer langfristigen Halt und erleichtern und beschleunigen dadurch nicht nur die eigene Orientierung (6.1.), sondern auch und mehr noch die Orientierung aneinander. Elementare Überlebensnotwendigkeiten wie Ernährung, Fortpflanzung und Sicherheit zwingen, sich in *gemeinsame Ordnungen* einzuordnen, Ordnungen des „wechselseitigen Brauchens",[1] die ein möglichst reibungsloses Zusammenleben ermöglichen sollen. Die Nöte des Überlebens und Zusammenlebens werden durch Wirtschaft, Medien, Politik und Recht bewältigt. Deren Ordnungen schaffen das, was man heute *Gesellschaft* nennt. Das Wort ‚Gesellschaft' geht auf eine germ. Wurzel zurück, aus der auch ‚Saal' gebildet ist, das im Germ. das ‚Haus, in dem man gemeinsam wohnt,' bedeutete (Germanen lebten in Einraumhäusern). Seine intime Tönung – ‚Geselle' war der Gefährte, Freund, Geliebte, dann auch der Standesgenosse -, verlor es in der Neuzeit, in der es auf die soziale Ordnung überhaupt bezogen und in

---
1 Vgl. Ulmer, Philosophie der modernen Lebenswelt, a.O., 132 u. 136–138.

seinem alten Sinn von ‚Gemeinschaft' abgelöst wurde. Gesellschaftliche Ordnungen greifen tief in die Orientierungen der Einzelnen ein, bis hin zum Umgang mit dem eigenen Körper und den eigenen Erlebnissen. Sie spielen sich in Routinen ein, können aber auch zu besonderen Zwecken eigens organisiert und dann von einzelnen oder wenigen mit Gewalt durchgesetzt oder in wiederum geordneten Verfahren einverständig vereinbart werden. Sie haben nur Bestand, wenn eine überwiegende Mehrheit sie annimmt.[2] Durch Ordnungen, die gemeinsame Bedürfnisse erfüllen, gewinnen alle an Lebens- und Planungssicherheit, verlieren aber eigene Handlungsspielräume für eigene Bedürfnisse. Sie stehen daher ebenfalls unter Druck, der zu neuer Gewalt oder zu neuem ‚Gesprächsbedarf' führen kann. So halten sie sich am ehesten, wenn sie den unterschiedlichen Bedürfnissen, Interessen und Orientierungen der Einzelnen *Spielräume* lassen, *individuelle Freiheiten in für alle geltenden Grenzen.* Sie bilden insofern kein „stahlhartes Gehäuse", wie Max WEBER es nannte;[3] die Grenzen ihrer Spielräume können sich, je nachdem welchen Gebrauch die Einzelnen von ihren Freiheiten machen, wiederum in Spielräumen verschieben. Auch Ordnungen des Zusammenlebens sind *fluktuante Ordnungen* (10.5.).

Planungen, die durch Ordnungen möglich werden, sind vorläufige Festlegungen von Anhaltspunkten, nach denen man handeln will. ‚Plan' ist ebenfalls eine Übertragung aus der geographischen Orientierungssprache. Lat. ‚planus' bedeutete ‚flach, eben', im Mittelalter war ‚Plan' ein ebener Platz, vor allem für ritterliche oder kriegerische Kämpfe (‚auf den Plan treten'). In Verschmelzung mit lat. und it. ‚planta', ‚Fußsohle', ‚Grundfläche' eines Hauses, entstand daraus der Sinn ‚Grundriss, Plan, Karte'. Durch Karten gewinnt die Orientierung Übersicht, durch Pläne Zukunft. Sie bleiben jedoch vorläufig, können von künftigen Gegebenheiten ‚durchkreuzt' werden oder an ihnen ‚scheitern' und müssen darum ‚zur Not' geändert oder aufgegeben werden. So sind auch Pläne *fluktuant* und müssen es sein. Je längerfristig sie angelegt sind und je weiter sie greifen, desto höher ist das Risiko, sie ändern oder aufgeben zu müssen. Es ist gering bei kurzfristigen routinierten Besorgungen, hoch bei indi-

---

2   Vgl. Wolfgang Reinhard, Geschichte der Staatsgewalt. Eine vergleichende Verfassungsgeschichte Europas von den Anfängen bis zur Gegenwart, München ³2002.

3   Max Weber, Die protestantische Ethik und der Geist des Kapitalismus (1904/05), in: Gesammelte Aufsätze zur Religionssoziologie I, 9. Aufl., Tübingen 1988, 17–206, hier 203.

viduellen Lebensplänen (9.4.(1), 12.6.) und am höchsten, wenn gesellschaftliche Ordnungen selbst geplant werden.

Die gesellschaftlichen Ordnungen Wirtschaft, Medien, Politik und Recht setzen nicht mehr voraus als die Bedürfnisse der Orientierung. Sie ermöglichen und begrenzen einander wechselseitig. Wirtschaft gedeiht nur unter günstigen politischen und rechtlichen Rahmenbedingungen, muss durch sie aber auch gehindert werden, sozial unerträgliche Einkommensunterschiede zu schaffen, Politik gewinnt nur unter günstigen ökonomischen Bedingungen hinreichende Spielräume der Gestaltung und muss ihrerseits in den Grenzen des Rechts bleiben, Recht kann seinerseits nur mit Hilfe politischer Macht durchgesetzt werden, und damit alle drei sich im Gleichgewicht halten, müssen die Medien laufend über sie informieren. *Wie* sich Ökonomie, Medien, Politik und Recht aufeinander einspielen, hängt von einer unübersehbaren Fülle von Faktoren ab. Versuche, sie aus gemeinsamen Prinzipien normativ zu konstruieren, schaffen zwar Übersicht, müssen aber ‚kontrafaktisch‘ vorgehen, vom tatsächlichen Zusammenspiel und seinen historischen Bedingungen weitgehend absehen. LUHMANNS Theorie sozialer Systeme macht sie ohne solche Prinzipien systematisch vergleichbar und in ihrer Evolution verständlich. Sie bietet für eine Philosophie der Orientierung auch hier die aufschlussreichsten Anhaltspunkte. Danach haben sich in Europa seit dem 18. Jahrhundert die gesellschaftlichen Ordnungen als *Funktionssysteme der Kommunikation der Gesellschaft* ausdifferenziert. Die geschichtete oder ‚stratifikatorische‘ Ordnung der Gesellschaft in Stände, in denen man verblieb, wie man in sie hineingeboren wurde, ging in ‚funktionale‘, an Sachbereichen orientierte Ordnungen über, in denen man spezifische Fähigkeiten entfalten konnte. Traditionen wichen Funktionen, und die Funktionen konnten am effektivsten erfüllt werden, wenn sie in autonomen ‚Systemen‘ organisiert wurden, die sich im Austausch mit ihrer ‚Umwelt‘ eigenständig weiter differenzieren. Die Funktionssysteme Wirtschaft, Medien, Politik und Recht, aber auch Wissenschaft, Kunst, Religion und Erziehung operieren, so LUHMANN, nach ihnen eigenen Unterscheidungen oder ‚Codes‘.[4] Gemeinsam ist ihnen nur, dass sie ge-

---

4   Die Wirtschaft operiert, so Luhmann nach dem Code zahlungsfähig – zahlungsunfähig, die Medien nach dem Code interessant – uninteressant, die Politik nach dem Code befugt – unbefugt zur Machtausübung, das Recht nach dem Code gerecht – ungerecht, die Wissenschaft nach dem Code wahr – falsch, die Kunst nach dem Code passend – unpassend, die Religion nach dem Code transzendent – immanent und die Erziehung nach dem Code besser – schlechter

trennte Systeme der gesellschaftlichen Kommunikation sind, die mit unterschiedlichen, aber vergleichbaren Unterscheidungen operieren. Im übrigen bleiben sie füreinander fremde Umwelten oder getrennte Orientierungswelten, die einander auf unvorhersehbare und überraschende Weise – in doppelter Kontingenz – beeinflussen („interpenetrieren") können. Sie orientieren sich ihrerseits aneinander und verändern sich dabei laufend. Das gilt nicht nur für die Funktionssysteme, sondern auch für die Individuen, die in ihnen Funktionen übernehmen. Individuen sind nach diesem Konzept ‚Umwelt' der gesellschaftlichen Funktionssysteme, aber ihrerseits Systeme, zugleich physische und psychische (3.2.14., 10.3.), die die Funktionssysteme ‚in Anspruch nehmen' und von ihnen in Anspruch genommen werden. Auch Funktionssysteme und Individuen beziehen sich in doppelter Kontingenz aufeinander, auch ihnen bleiben Spielräume gegeneinander.[5]

Dass die Individuen Spielräume gegenüber gesellschaftlichen Funktionssystemen haben, macht in modernen demokratischen Gesellschaften ein wesentliches Moment ihrer Individualität aus. Sie können in ihnen (und u. U. auch gegen sie) *Karriere* machen.[6] Eine Karriere – der Ausdruck kommt von spätlat. ‚via carraria' und meinte einen breiten, oft befahrenen und so für jedermann erkennbaren, möglichst befestigten Weg (‚via') für vierrädrige Lastwagen (‚carrus') – ist für das Individuum und die, die es beobachten und von denen es sich beobachtet weiß, ein erfolgreich orientierter Weg durchs Leben. Man ‚kommt' sichtbar ‚voran'. Man tritt dazu über ‚Jobs' (früher: einen ‚Beruf') in ein Funktionssystem ein, übernimmt darin Funktionen und kann (im Grundsatz) um so höher ‚aufsteigen', je effektiver man seine Funktionen erfüllt. Dadurch steigert man wiederum die Effektivität des Systems; gesellschaftliche Funktionssysteme und individuelle Karrieren optimieren einander wechselseitig. Bei entsprechender Befähigung kann man das Funktionssystem wechseln und seine Karriere in einem andern weiterführen (ein Pastor wird Me-

---

in Leistungsanforderungen. Vgl. die (z. T. abweichende) Übersicht von Detlef Krause in: ders., Luhmann-Lexikon. Eine Einführung in das Gesamtwerk von Niklas Luhmann, Stuttgart 1996, 37 f.

5   Nach Kieserling, Kommunikation unter Anwesenden, a.O., 104, sind „sämtliche gesellschaftlichen Vorgaben einer sei es positiven, sei es negativen Selektion durch die Interaktion" als unterworfen anzusehen, „ebenso wie umgekehrt sämtliche Resultate der Interaktion in der Gesellschaft positiv oder negativ seligiert werden können": inter-individuelle Interaktionen und gesellschaftliche Funktionssysteme stehen im Verhältnis „doppelter Selektion".

6   Vgl. Luhmann, Individuum, Individualität, Individualismus, a.O., hier 231–235.

dienstar, ein Medienstar wird Governor). Sie gilt als jedem selbst überantwortet, und das heißt: jeder ist selbst für seinen Erfolg oder Misserfolg verantwortlich. Unter Bedingungen funktionaler Differenzierung der Gesellschaft ist Freiheit die Freiheit *von* Bindungen *für* Funktionen in Funktionssystemen, zu deren Ausübung man mehr oder weniger geeignet sein und in denen man ‚sich' darum mehr oder weniger ‚selbst verwirklichen' kann (12.6.). Man hat die Wahl zwischen Funktionszwängen, und in den Spielräumen, die hier bleiben, kann man, bei entsprechender Befähigung, auch die Funktionssysteme ändern und wird dann, bei Erfolg, als innovativ und kreativ geschätzt.

Für die alltägliche Orientierung sind die sozialen Funktions- oder Kommunikationssysteme *Orientierungssysteme*. Je vertrauter man mit ihnen wird, desto umfassendere und zuverlässigere Anhaltspunkte bieten sie, bis sie schließlich zu eigenen Orientierungswelten werden, in die man wechselnd eintreten und die man wieder verlassen kann. Man nimmt sie, soweit man nicht in einem von ihnen beschäftigt ist, wohl immer wieder in Anspruch und wird von ihnen in Anspruch genommen, aber gewöhnlich nur von Zeit zu Zeit. Ihre systematischen Orientierungen bringen Orientierungsgewinn durch *Professionalisierung*. In Funktionssystemen kann sich funktionale Professionalität ungehindert differenzieren und steigern, und diese Professionalität, z. B. von Wirtschaftsfachleuten, Journalisten, Politikern und Juristen, kann je nach Bedarf abgerufen werden. Auch die Orientierung an professioneller Orientierung hat ihre Paradoxien. Die erste und allgemeinste ist, dass man, wenn man nicht selbst einschlägiger ‚Profi' ist, für die Professionalität eines Finanzberaters, eines Interviewers, eines Abgeordneten oder eines Anwalts, mit denen man es bei Gelegenheit zu tun hat, nur unprofessionelle Anhaltspunkte hat. Man muss auch hier Vertrauen aufbauen, und das fällt auch hier um so leichter, je weiter man mit der angebotenen professionellen Orientierung kommt (11.5.).

Manchen Funktionssystemen kann man sich in einer Gesellschaft nicht entziehen und muss sich an ihnen orientieren: der Wirtschaft (13.2.), der Politik (13.4.), dem Recht (13.5.) und, soweit sie über sie informieren, auch den Massenmedien (13.3.). Statt dessen kann man sich dafür oder dagegen entscheiden, an Wissenschaft (14.1.), Kunst (14.2.) und Religion (14.3.) teilzunehmen.[7] Man orientiert sich darum unter-

---

7 Bei der Erziehung, die wir hier übergehen müssen, ist die Alternative nicht eindeutig: Man kann renitent bleiben gegen Erziehung durch Eltern und Schulen, wird dann aber um so mehr durch ‚das Leben' erzogen.

schiedlich an ihnen, und sie orientieren ihrerseits unterschiedlich. LUHMANN hat in der Beschreibung der Funktionssysteme bei deren Selbstorganisation und Selbstbeschreibung angesetzt; dadurch entstand der (falsche) Eindruck, sie seien in ihrer Selbstbezüglichkeit isoliert und eigenmächtig. Funktionssysteme müssen jedoch, um sich halten zu können, an die alltägliche Orientierung anschließen und für sie plausibel und nutzbar bleiben. Sie nehmen der alltäglichen Orientierung wohl spezifische Orientierungsleistungen ab und professionalisieren sie, aber sie müssen sie so erbringen, dass man sich an ihnen orientieren kann. Im Folgenden geht es sowohl darum, wie die gesellschaftlichen Funktions- oder Orientierungssysteme orientieren, als auch darum, wie man sich in der alltäglichen Orientierung an ihnen orientiert.

13.2. Ökonomische Abkürzungen: Waren, Märkte, Geld

Ökonomie ist im Wortsinn die Lehre von den Gesetzen der Haushaltsführung; gr. οἶκος heißt ‚Wohnhaus, Hausstand, Haushaltung, Wirtschaft', νόμος ‚Gesetz'. Mit ‚Haus' ist nicht nur ein Gebäude gemeint, sondern auch die ‚Familie', die es nutzt (,aus dem Haus XY stammen', ‚sein Haus bestellen'). Das deutsche Wort ‚Haus' geht auf eine idg. Wurzel zurück, die ‚bedecken, umhüllen, bergen, abschließen' bedeutete und der auch Wörter wie ‚Hose' und ‚Hort' entstammen; es umfasste ebenfalls eine Lebensgemeinschaft mit klar geordneten Zugehörigkeiten (Familienangehörige, Knechte und Mägde, Sklaven). ‚Hausen' hieß im Mhd. noch ‚wohnen, sich aufhalten, beherbergen, wirtschaften'. Wer ein Haus bewohnt, zieht es jedoch auch in Mitleidenschaft; so nahm ‚hausen' seit dem 14. Jahrhundert die Bedeutung ‚übel mit dem Haus umgehen, seine Ordnungen stören oder verwüsten' an. Um derartigen Abbruch zu verhindern, muss ein Haus stets sorgfältig ‚in Ordnung gehalten' werden, wenn es einer Lebensgemeinschaft ‚ein Zuhause' – und damit ‚Halt' geben soll. Auch beim Haus herrscht die Sprache des Halts vor (7.1.). Das spätere Substantiv ‚Haushalt' ist aus dem Verbum ‚haushalten' gebildet: den ‚Hausstand', die Sachen, die einem Haus beständig zugehören und die aus seinem Vermögen erworben und erhalten werden, das seinerseits durch Wirtschaften erworben und erhalten wird, in einer Ordnung halten, die den Bedürfnissen der Mitglieder des Hauses entspricht. Da die Haushaltung besonders vom zur Verfügung stehenden Vermögen abhängt, konnte ‚Haushalt' sich auf das finanzielle Budget verengen, mit dem ein ‚Haus' (oder ein Unternehmen oder eine öffentliche Einrichtung) ‚auskommen' muss. Ein solcher Haushalt muss, je nach seinen Dimensionen, seinerseits geplant, als ‚Haushaltsplan' erstellt werden, als Übersicht darüber, womit man auskommen muss, und ein solcher Finanzplan kann dann wieder erfüllt werden oder nicht.

Bei einer Haushaltsplanung geht es darum, günstige Gelegenheiten für Einkommen und in Notzeiten der Einsparung von Ausgaben zu finden. An ihr tritt eine generelle Eigenschaft der Orientierung hervor: *das Ökonomische der Orientierung*. So wie das Haushalten mit knappen Mitteln auszukommen und darum die zur Verfügung stehenden Mittel möglichst effektiv einzusetzen sucht, muss Orientierung überhaupt, um in der Situation voranzukommen, die kürzesten oder einfachsten Wege finden, die günstigsten Gelegenheiten zum Handeln nutzen oder kurz: mit der knappen Zeit umsichtig umgehen. Ökonomie im weiteren Sinn ist ein Grunderfordernis der Orientierung: die *Abkürzung der Orientierung um alles Umständliche, Überflüssige, nicht ‚Zielführende'*. Das gilt schon für den Umgang mit Anhaltspunkten und Zeichen: schon hier geht es darum, auf möglichst wenige Anhaltspunkte hin möglichst rasch Übersicht über die Situation zu gewinnen und anderen mit möglichst wenig Zeichen möglichst viel plausibel zu machen (7.3., 8.3.).

Die Ökonomie im engeren Sinn, das Funktionssystem Wirtschaft, arbeitet mit *spezifischen Abkürzungen*. Zunächst (a) mit der Abkürzung dessen, was man zum Leben von anderen erwerben kann, Lebensmittel im weitesten Sinn, Güter und Dienstleistungen, auf *Waren*. Die Herkunft des Wortes ‚Ware' ist ungewiss; es könnte ebenfalls mit ‚wahren', ‚auf etwas besonders achtgeben', zusammenhängen. Eine Ware ist, was zur Übereignung an andere gedacht und ‚preisgegeben' wird.[8] Wird etwas zur Ware, kommt nach MARX zum Gebrauchswert ein Tauschwert hinzu; es eröffnet eine Tauschchance. Ihr Wert bestimmt sich nach den Bedürfnissen der Tauschenden, danach, wie sehr *andere* sie brauchen: der eine braucht etwas mehr als ein anderer, der es hat, und wenn er seinerseits etwas hat, das der andere mehr braucht als er, kann der Tausch zustandekommen. Soll ein Tausch zustandekommen, müssen die Tauschgegenstände denselben Tauschwert und doch für jede Seite einen anderen Wert haben; insofern kommt auch der Tausch durch eine Paradoxie

---

8 Wobei ‚preis-' in ‚preisgeben' von frz. ‚prise', ‚Weggenommenes', ‚Beute', kommt, ‚preisgeben' also einmal ‚zur Beute hingeben' bedeutete. Auch ‚Preis' kommt aus dem Frz., hier aus ‚pris', das wiederum auf lat. ‚pretium' zurückgeht, einmal ‚Preis' und ‚Wert' im Sinn von ‚Ruhm' und ‚Herrlichkeit' bedeutete und seit dem 16. Jahrhundert als ‚Geldwert', ‚Kaufwert' eingebürgert ist.

zustande. Der Tauschwert wird in doppelt kontingenten Kommunikationen (11.5.) ausgehandelt, in denen dem einen das Maß der Bedürfnisse des andern deutlich wird – mit der Möglichkeit vielfältiger Überraschungen und offenem Ausgang. ‚Tauschen' kommt von mhd. ‚tūschen', das ‚täuschen' heißt: um eine Ware günstig, also ökonomisch zu erhalten, hält man den andern möglichst lange darüber in Unkenntnis, wie sehr man sie braucht oder will. Die spezifisch ökonomische Orientierung an anderer Orientierung ist die Beobachtung der Bedürfnisse, die im Spiel sind. Soweit sie zum Nachteil des andern genutzt wird, ‚kommt' sie ‚moralisch schlecht weg'. Entsprechend kann man sich durch Verzicht auf eigene Vorteile moralisch besonders auszeichnen (15.1.).

Die doppelt kontingente Kommunikation über Tauschwerte wird (b) wiederum durch *Märkte* abgekürzt. Märkte bestehen in aufeinander bezogenen Tauschentscheidungen (Transaktionen), also in Systemen von Selektionen; sie können sich von Orten, Zeiten und Personen und damit von Interaktionen in Situationen lösen. ‚Markt' (von lat. ‚mercator', ‚Händler', abgeleitet von ‚merx', ‚Ware') ist wohl der Platz, an dem man, meist im Mittelpunkt von Städten, regelmäßig zum Tausch zusammenkommt, aber auch das Tauschgeschehen selbst. Es kann sich differenzieren nach Erzeugnissen (Korn-, Vieh-, Gemüse-, Heu-, Fischmarkt usw.), nach periodischem Stattfinden (Wochen-, Jahrmarkt), nach Mengen (Großmärkte) und nach tatsächlichem oder probeweisem Angebot (Messen), kann organisiert (Ordnungen unterworfen) sein oder nicht, ‚vollkommen' (mit völlig vergleichbaren Waren bestückt und völlig transparent) oder ‚unvollkommen', ‚offen' oder ‚geschlossen' sein (einen freien oder beschränkten Zugang gewähren). Je weniger es um dingliche Waren geht, desto mehr lösen sich Märkte von Orten und Terminen (wie der Aktien- und Kapitalmarkt). Auf Märkten wird nur auf den Tauschwert der Waren gesehen und von individuellen Umständen der beteiligten Personen weitgehend abgesehen; die inter-individuelle Orientierung an besonderen Bedürfnissen tritt zurück, die Orientierung wird um sie verkürzt. Damit werden zugleich diskriminierende Identifikationen vermieden:[9] getauscht wird mit (nahezu) jedem, der den Gegenwert erbringt, Märkte können anonym sein. Der Marktwert einer Ware ergibt sich aus dem anonymen Abgleich der erfolgten und zu erwartenden Transaktionen; die ökonomische Orientierung an anderer Orientierung

---

9 Niklas Luhmann, Die Wirtschaft der Gesellschaft, Frankfurt am Main 1988, 19, hebt diese entdiskriminierende Funktion der Wirtschaft hervor: „an so jemanden verkaufe ich nicht!' gilt als wirtschaftlich irrationales Verhalten".

verkürzt sich weiter zur Beobachtung der Selektionen am Markt. So ist *Markt der ökonomische Begriff der Situation* (4.), man muss sich am Markt orientieren, um erfolgreich ökonomisch handeln zu können. Auch über den Markt kann man sich nur auf dem Markt orientieren, und mit jeder Aktion auf dem Markt verändert man ihn schon (4.2.). So kehrt hier auch die Selbstbezüglichkeit und Zeitlichkeit der Orientierung unter Ungewissheit (1.2.) wieder und mit ihr die übrigen Grundbedingungen der Orientierung: professionelle ökonomische Orientierung erfordert, unter Zeitdruck am Markt günstige Gelegenheiten für Transaktionen auszumachen und dabei mutig Risiken einzugehen (4.3., 4.4.); sie kann den Markt nur begrenzt übersehen, und eben seine begrenzte Übersichtlichkeit (Transparenz) lässt unterschiedliche Sichten auf ihn zu (5.);[10] sie erweitert je nach den zu Gebote stehenden Ressourcen die Horizonte oder schränkt sie ein (6.); sie hält sich bei Tauschentscheidungen an die Preise, die sich auf den Märkten bilden, als Anhaltspunkte für die Werte von Gütern, unter Vermeidung affektiver Bewertungen (7.); sie sucht am Markt eigene ‚Marken' zu schaffen, die ihre Geschäfte auf gehobenem Preisniveau stabilisieren (8.); sie stützt sich auf Plausibilitäten statt auf ausführliche Begründungen und vertraut auf Geschäftsroutinen (9.); sie trifft möglichst vorausschauende Entscheidungen (10.) und arbeitet daran, in der Kommunikation mit Geschäftspartnern langfristiges Vertrauen aufzubauen (11.).

Schließlich werden (c) die Tauschwerte von Waren auf Preise in *Geld* abgekürzt, alles, was Güter und Dienstleistungen dem einen oder andern ‚bedeuten' können, auf die einzige Information des skalierbaren Geldwerts. Modernes Geld hat selbst keinen oder nur geringen Wert, es ‚gilt' lediglich als Zeichen eines Werts, und ‚gelten' hat ursprünglich wieder den Sinn von ‚vergelten, bezahlen' (14.1.). Als explizite, durch Zahlenwerte und vielfältige weitere Zeichen (Bilder und Schriftzeichen auf Münzen und Geldscheinen, Wasserzeichen usw.) definierte Zeichen ist es Teil der Orientierung in Zeichen und ihrer Weltabkürzungskunst (8.2.-3.). Wie jedes Zeichen kann es für verschiedene Orientierungen (mehr oder weniger) Verschiedenes bedeuten, behält am Markt jedoch seinen fixierten Tauschwert. Es kann nicht nur in Münzen und Scheinen, sondern auch in Buchungen bestehen und löst sich so vom Dinglich-

---

10 Auch wenn Märkte zum Zwecke volkswirtschaftlicher Rechenmodelle häufig als transparent unterstellt werden, sind sie für Marktteilnehmer stets nur begrenzt transparent. Das macht unterschiedliche Einschätzungen des Marktes möglich, die Voraussetzung für Transaktionen sind.

Räumlichen, und es kann unbegrenzt (solange es gilt) aufbewahrt werden und verschafft so der Orientierung Zeit, Aufschub für künftige Gelegenheiten, es auszugeben. Es entlastet vom Zeitdruck, es beruhigt (4.3.), bestärkt das Vertrauen in künftige Handlungsmöglichkeiten und hilft, das Leben planbar zu machen. Geld, so schon ARISTOTELES, „misst alles" und macht es „passend" (σύμμετρον) füreinander (7.8.).[11] Durch Geld werden verschiedenste Belange vergleichbar und summierbar, man kann sie nach ihrem Geldwert verrechnen, und durch Senkung oder Hebung von Preisen kann man einander leicht ‚entgegenkommen'. Der Geldwert einer Ware auf einem Markt erübrigt umständliche Kommunikationen über ihren Wert; er schafft einen Fixpunkt für die wechselseitige Orientierung (12.). Man kann sich in der alltäglichen Orientierung weitgehend darauf verlassen, dass Geldgewinn willkommen ist und um so mehr, je höher er ausfällt. Soweit Geld zum Nachteil anderer und um seiner selbst willen erworben wird, ist es moralisch besonders ‚anrüchig',[12] wogegen dann das ‚pecunia non olet', ‚Geld stinkt nicht' gesetzt wird.[13] Sofern es ins Belieben des Besitzers gestellt ist, sein Geld zu verwenden, wofür er will, ist Geld auch „übertragbare Freiheit zu begrenzter Güterwahl" und damit eine Form der „Institutionalisierung allgemeiner individueller Freiheit": „Es gewährt diese Freiheit durch Abstraktion einer Tauschchance, die, auf eine quantitative Begrenzung zurückgeführt, offen lässt, wann, mit wem, über welchen Gegenstand und unter welchen Bedingungen der Geldbesitzer einen Tausch durchführen wird."[14] So ist auch die Abkürzung von Waren in Geld ein Orientierungsgewinn – an Zeit, Vertrauen, Gewissheit und Freiheit.

Soweit freilich der Geldwert einer Ware am Markt verhandlungsfähig ist, steht er ebenfalls nicht fest; Preise stellen darum „ein erwartungs- und kommunikationsfähiges Gemisch aus Stabilität und Instabilität" dar.[15] Und auch das Geld selbst wird auf Währungsmärkten gehandelt, sein Wert kann sich seinerseits ändern, „es gilt", so ebenfalls schon ARISTOTELES, „nicht immer gleich viel, aber es tendiert doch eher dazu, be-

---

11 Aristoteles, Nikomachische Ethik, V 8, 1133 a 20 f., b 16 f. Zum Aufschub der Erfüllung von Bedürfnissen, den Geld ermöglicht, vgl. 1133 b 11–13.
12 Vgl. Aristoteles, Politik I 9.
13 Kaiser Vespasian, der Steuern auf Bedürfnisanstalten erhoben hatte, soll, als sein Sohn Titus das anrüchig fand, ihm ein Geldstück unter die Nase gehalten und gefragt haben, ob es röche.
14 Luhmann, Vertrauen, a.O., 52 f.
15 Luhmann, Die Wirtschaft der Gesellschaft, a.O., 33.

ständig zu bleiben."¹⁶ Das Vertrauen, das es genießt, kann sich jedoch durch Inflationen mindern und durch Entwertungen ganz zusammenbrechen. Der festeste Anhaltspunkt der ökonomischen Orientierung kann sich so wieder als der riskanteste erweisen.

13.3. Übersicht durch Massenmedien: Orientierung an der Öffentlichkeit

(1) Herstellung einer anonymen Öffentlichkeit durch die Massenmedien. – Märkte setzen Information für eine anonyme Öffentlichkeit voraus. Öffentlichkeit ist, über die Ökonomie auf Märkten hinaus, notwendig für Gesellschaften, in denen nicht mehr jeder jeden persönlich kennt, aber alle Einfluss auf die Belange aller andern haben können. Was öffentlich ist, ist (mehr oder weniger) allen ‚bekannt'; das öffentlich Bekannte ist das (weitgehend) anonyme Wissen einer (weitgehend) anonymen Gesellschaft. Öffentliches Wissen ist Teil des individuellen Orientierungswissens (9.2.), im Unterschied zu ihm aber ein *Wissen im Wissen, dass auch anonyme Andere es wissen.* In seiner Selbstbezüglichkeit wird es von den individuellen Orientierungen unabhängig: es besteht auch, wenn der eine oder andere es nicht teilt. So entsteht ein *neues Orientierungsbedürfnis:* man ‚kommt nicht mit', wenn man es nicht kennt, muss es darum ‚laufend zur Kenntnis nehmen'; wer ‚sich nicht auf dem Laufenden hält', nicht ‚hinreichend informiert' ist, ‚steht' vor andern ‚dumm da', und wer besser als andere informiert ist, kann sich dadurch auszeichnen.¹⁷ Man *kann* öffentliches Wissen jedoch auch nur zur Kenntnis nehmen, kann es gewöhnlich selbst kaum beeinflussen, kann es nur weiterkommunizieren und kommentieren und es so nutzen, um in der Kommunikation aneinander anzuknüpfen (12.3.).

Auch die Herstellung von Öffentlichkeit durch die ‚Medien' oder ‚Massenmedien' ist eine spezifische Orientierungsleistung. Sie *professionalisieren die Orientierung,* und mit dieser Professionalisierung werden

---

16 Aristoteles, Nikomachische Ethik, V 8, 1133 b 13 f. Luhmann, ebd., 46 f., nennt „das Geld als *Codierung* wirtschaftlicher Operationen" eine „Duplikation von Knappheit" oder „Auffangknappheit" für die „Knappheit der Güter".

17 Vgl. Luhmann, Die Realität der Massenmedien, a.O., 179: „Den Massenmedien obliegt es denn auch in erster Linie, Bekanntsein zu erzeugen und von Moment zu Moment zu variieren, so daß man in der anschließenden Kommunikation es riskieren kann, Akzeptanz oder Ablehnung zu provozieren."

Grundzüge der Orientierung in neuer Schärfe sichtbar. In modernen demokratischen Gesellschaften stehen Massenmedien ihrerseits *unter Marktbedingungen.* Sie liefern Informationen für einen anonymen Markt, der mit einer allseitigen Nachfrage rechnen kann. Unter ihnen werden auch Informationen zu geldwerten Waren, und ökonomische Abkürzungen überlagern sich mit massenmedialen.[18] Der Staat hat sich auf die Regelung der Marktordnung zurückgezogen und setzt sich selbst der Kritik ‚freier' Medien aus.

Die Massenmedien konstituieren sich durch neue Techniken, *spezifische Verbreitungstechnologien:* Buchdruck, Rundfunk, Fernsehen, elektronische Medien. Bis zur Erfindung des Buchdrucks, die, neben anderem, die Neuzeit einleitete, ließ sich der Zugang zu Informationen von allgemeinem Belang in den Schreibstuben der Fürstenhöfe, Klöster und Städte kontrollieren. Öffentlich wurden Informationen, als sie jedermann unkontrolliert und damit anonym zugänglich wurden, und von dieser Öffentlichkeit grenzte sich dann Privatheit ab (12.2.): seit dem Aufkommen der Massenmedien unterscheidet sich die alltägliche Orientierung in öffentliche und private. Privat sind Informationen, die man selbst (mehr oder weniger) kontrollieren kann. Man kann von sich aus Privates öffentlich machen und so die Grenze unterschiedlich ziehen, die Grenze kann aber auch von anderen verschoben, Privates gegen den eigenen Willen von anderen öffentlich gemacht werden, und was einmal öffentlich war, kann nicht wieder privat, öffentliches Wissen kann nicht mehr zurückgenommen werden. Mit den Massenmedien ist so auch ein neuer Modus der Orientierung entstanden, der Modus *unwiderruflicher Bekanntheit in einer (weitgehend) anonymen Gesellschaft.* Die Kontrollmöglichkeiten des Mitwissens in der inter-individuellen Orientierung (‚Behalte das bitte für dich, gib es nicht weiter') gehen in der gesellschaftlichen Orientierungswelt verloren. Hier können anonyme Andere jederzeit mit ihrem Mitwissen wieder ‚herauskommen' und es, wo immer Interesse daran besteht, neu verbreiten.

(2) Anonyme Orientierung. – Die anonyme Öffentlichkeit der Massenmedien verschafft der individuellen Orientierung aber ihrerseits auch

---

18 Einen kompakten Abriss zum „Schlüsselbegriff Mediengesellschaft" und zur Entwicklung der „Medientheorie" und Medienphilosophie gibt die neue Brockhaus-Enzyklopädie in 30 Bdn., 21., völlig neu bearbeitete Aufl., Bd. 18, Leipzig/Mannheim 2006, 117–121 bzw. 125–127. Zur Entwicklung der Medienphilosophie im besonderen, beginnend mit Descartes und endend bei Flusser, vgl. Frank Hartmann, Medienphilosophie, Wien 2000.

den neuen Modus der anonymen Orientierung. Mit Hilfe der Massenmedien kann man seinerseits anonym beobachten, kann, vor allem ‚im' Fernsehen, andere auf eine Weise ansehen und ihnen zusehen, die in der Interaktion unter Anwesenden kaum möglich und (als Blick durchs Schlüsselloch) verpönt ist. Man kann ‚ungeniert' beobachten, ohne beim Beobachten beobachtet zu werden. Massenmedien schließen die Interaktion aus.[19] Sie schaffen eine garantierte und legitimierte Distanz beim Beobachten, eine *distanzierte Orientierungssituation* in der gesellschaftlichen und globalen Orientierungswelt (4.1.). Sie ermöglicht, sich frei reflektierend zu ihr zu verhalten, sich Meinungen über sie zu bilden, die ohne unmittelbare Folgen bleiben, an sie und über sie nachzudenken, ohne etwas tun zu müssen (10.). Die Distanz ist eine doppelte, erstens zu den Ereignissen, über die durch die Massenmedien berichtet wird, zweitens zu den Massenmedien selbst: Zeitungen und Zeitschriften, Radio- und Fernsehgeräte treten wie geographische Karten zwischen die Begebenheiten und den sich Orientierenden. Man beobachtet die Massenmedien, nicht die berichteten Ereignisse.

Aber auch die mediale Orientierung lebt von Irritationen durch Überraschungen, ist eigens auf sie angelegt. Medien müssen sie periodisch liefern und darum gezielt aufsuchen; auch wo Informationen nicht überraschend sind (z.B. die Umsätze eines Unternehmens gleich bleiben oder ein Star nach einem dritten noch ein viertes Mal heiratet), müssen sie als (mehr oder weniger) überraschend dargestellt werden. *Medien machen die Überraschungen zur alltäglichen Routine.* Sie sind für die Abnehmer zumeist nicht unmittelbar bedrohlich; ist man selbst betroffen, können sie jedoch alarmierend wirken. Darum bleibt man auf sie aufmerksam (4.2.). Die Oszillation zwischen Beunruhigung und Beruhigung wird dabei gedämpft; man kann die mediale Orientierung leichter als die ökonomische aus der alltäglichen ausdifferenzieren. Man befasst sich nicht ständig mit ihnen, sondern in entspanntem Zeitdruck regelmäßig von Zeit und Zeit. In der distanzierten Orientierung an Medien kann man darüber verfügen, ob man Vorkommnisse lediglich zur Kenntnis nehmen oder sie ‚an sich heranlassen' und ‚sich engagieren' will; Mas-

---

19 Soweit sie feedbacks zulassen, in Gestalt z.B. von Leserbriefen oder Anrufen in Live-Sendungen, behalten sie die Kontrolle über sie. Vgl. Luhmann, Die Realität der Massenmedien, a.O., 11. Der Unterbrechung der Interaktion verdanken die symbolischen Medien ihre nach Jean Baudrillard fatale Verselbständigung (L'échange symbolique et la mort, Paris 1976, deutsch: Der symbolische Tausch und der Tod, München 1982).

13.3. Übersicht durch Massenmedien: Orientierung an der Öffentlichkeit   473

senmedien lassen ihren Abnehmern die Freiheit, sie zu nutzen, wie immer sie wollen. Und man hat es wie bei Karten ‚in der Hand‘, Zeitungen und Zeitschriften vorzunehmen oder wegzulegen und Empfangsgeräte ein- oder auszuschalten und beliebig unter ihnen zu wechseln (4.3.). Man behandelt auch sie als Anhaltspunkte, zu denen man sich auf Distanz hält und an die man sich nur mit Vorbehalt hält (7.).

Solche *Freiheitsgewinne* der anonymen Orientierung durch Massenmedien werden routinemäßig in Anspruch genommen und entsprechend geschätzt.[20] Ihnen stehen jedoch auch wieder *Freiheitsverluste* gegenüber. Zur Orientierung in der gesellschaftlichen und globalen Welt ist man nahezu vollständig von den Massenmedien abhängig, vom Gemeindeblatt bis zum globalen Nachrichtensender, und der Art, wie sie Informationen auswählen und aufbereiten: „Was wir über unsere Gesellschaft, ja über die Welt, in der wir leben, wissen, wissen wir durch die Massenmedien."[21] Da Medien ihrerseits einander lesen, hören und sehen und Themen und Tendenzen ihrer Aufbereitung (mehr oder weniger) voneinander übernehmen, werden sie als System wahrgenommen (‚die Medien‘), dem man ausgeliefert ist. Als System lassen sich Medien öffentlichkeitswirksam nur durch Medien kontrollieren. So sieht man sich ‚manipuliert‘,[22] die Grundstimmung der Orientierung an Medien ist ein „hilflos-zweifelndes Informiertsein".[23]

(3) Die Weltabkürzungskunst der Medien. – Indem sie durch ihr periodisches Erscheinen oder Senden die Erwartung regelmäßig eintretender Überraschungen wach halten, setzen sich die Medien selbst unter Zeitdruck, den Druck zur *Aktualität.* ‚Aktuell‘ ist aus dem Frz. ‚actuel‘ entlehnt, das auf spätlat. ‚actualis‘, ‚wirklich, wirksam‘, zurückgeht und aus ‚agere‘, ‚handeln‘, abgeleitet ist. Eine Information wird ‚aktuell‘, wenn sie von einem wirksamen Geschehen, engl. und frz. einer ‚action‘, berichtet und beim Empfänger eine wirksame Reaktion, eine Überraschung, auslöst, so dass er ‚sich mit ihr beschäftigt‘, wozu sie in irgend-

---

20   Vgl. Luhmann, Die Realität der Massenmedien, a.O., 156: „Die gesellschaftliche ‚Unschuld‘ der Massenmedien, ihre Harmlosigkeit beruht darauf, daß sie niemanden zwingen."
21   Ebd., 9. Umgekehrt gibt es „keine Sachverhalte, die ihrem Wesen nach für die Behandlung in den Massenmedien ungeeignet wären." (ebd., 50).
22   Der – unabweisbare – Manipulationsverdacht hat besonders der deutschen und französischen Medienphilosophie ihren kritischen Impuls gegeben, insbesondere bei Walter Benjamin, Max Horkheimer und Theodor W. Adorno und Günter Anders. Vgl. Hartmann, Medienphilosophie, a.O., 196–236.
23   Luhmann, Die Realität der Massenmedien, a.O., 80.

etwas neu und auch in diesem Sinn ‚aktuell' sein muss. Massenmedien können schnell sein, weil sie nicht antworten und nicht auf Antworten warten müssen. Sie müssen aber auch, soweit sie marktwirtschaftlich organisiert sind, schnell und schneller als die andern sein, und am schnellsten und aktuellsten sind sie, wenn sie über aktuelles Geschehen zeitgleich, ‚live', berichten. Doch je aktueller sie sind, desto schneller verfällt auch die Neuheit ihrer Informationen. Jede neue Information lässt die vorigen ‚alt aussehen': „Das System veraltet sich selber" – wie die Orientierung überhaupt. Mit ihrer spezifischen „Unruhe-Funktion", die ständig die Erwartung von Neuem wachhält, verhindern die Informationsmedien „eine allzu starke Bindung an etablierte Strukturen".[24] Sie führen die Zeitlichkeit der Orientierung vor, aber auf paradoxe Weise: mit ihren festen Erscheinungs- oder Sendezeiten strukturieren sie sie zugleich. Sie *rhythmisieren die Orientierung* und halten sie in den Zwischenzeiten für anderes frei. Je anhaltender und überraschungsärmer die Belange von Informationen sind, desto mehr werden sie dem Medium Buch überlassen, und je klärungs- und begründungsbedürftiger sie sind, dem Funktionssystem Wissenschaft. Auch Bücher und wissenschaftliche Zeitschriften erscheinen zumeist rhythmisch, zu Messeterminen bzw. in Wochen-, Monats-, Viertel-, Halb- oder Jahresabständen. Soweit sie ihrerseits aktuell Interessantes zutage fördern, ‚schaffen sie es' auch wieder in die aktuellen Medien.

Informationsmedien orientieren, indem sie Themen als *Nachrichten* auswählen und aufbereiten. Sie thematisieren und strukturieren dadurch das ‚Tagesgeschehen'. ‚Nachricht', frühnhd. ‚Nachrichtung', bedeutete ursprünglich ‚Ausrichtung auf etwas', ‚Mitteilung, um sich danach zu richten'. Nachrichtenagenturen und -redakteure richten die öffentliche Aufmerksamkeit aus, sichten die aktuelle gesellschaftliche und globale Situation nach Vorkommnissen von besonderem Interesse, sie schaffen exemplarisch und professionell Sinn (5.2.). Bei noch so umfangreicher Berichterstattung nehmen sie extreme Selektionen vor, berichten jeweils nur über einen verschwindenden Bruchteil dessen, was tagtäglich in der Welt von Belang ist, und überziehen zugleich den Belang dessen, worüber sie berichten. Der Ausgang eines Fußballspiels der heimischen Regionalliga kann dann wichtiger sein als eine Hungersnot auf einem andern Kontinent. Von ‚Nachrichtenwert' ist, was hinreichend auffällige und folgenreiche und möglichst auch affektiv attraktive Anhaltspunkte bietet. Sie sind einerseits besonders bei ‚VIPs', ‚very important persons', ande-

---

24 Ebd., 42, 47, Anm., 175.

rerseits bei Konflikten und Katastrophen zu erwarten, und so neigen Medien zum ‚Elitismus' und ‚Negativismus'; auch harmlos Neues zu ‚sensationell' Neuem zu steigern, kann Vorteile am Medienmarkt bringen. Medien greifen aber nicht nur Themen auf, die sich anbieten, weil sie ohnehin auffallen, sie können sie auch erst zu Themen *machen*, können neues Interesse für neue Belange wecken, und sie können auch mutig Missstände aufdecken und gezielte Geheimhaltungen aufbrechen. Sie sind im Sinn von MCLUHAN (‚The medium is the message'[25]) immer auch selbst die Nachricht, die Nachricht, dass etwas zur Nachricht wird. Sofern sie anderes als andere und wenn nicht anderes, so doch dasselbe anders berichten, erscheinen sie als notorisch standpunktgebunden (6.4.), sofern sie dabei sichtlich Auswahlentscheidungen treffen, als großangelegte Informationsverzerrungen (7.6.), sofern sie auf Grund neuer Anhaltspunkte rasch zu Umorientierungen bereit sind, als Großbeispiele des Vergessens (9.2.). Aber sie spiegeln damit nur Grundzüge der alltäglichen Orientierung unter Ungewissheit ins Große.

Auf ihre anonyme, distanzierte und rhythmisierte Weise geben die Informationsmedien exemplarische *Übersicht*, und damit kehrt auch die Paradoxie der Übersicht unter neuen Bedingungen wieder (5.3.). Printmedien bieten Übersicht durch das räumliche Nebeneinanderstellen von Artikeln und auf diese Weise gleichzeitige Selektionsmöglichkeiten: man muss alles ‚überfliegen', um zu sehen, was man ‚gründlich' lesen will. Widmet man sich bestimmten Artikeln näher, unterstützt die professionelle Aufbereitung der Nachrichten systematisch die *Weltabkürzungskunst* (8.). Nachrichten werden nach Relevanz geordnet: das Wichtigste (oder was dafür gehalten wird), auf der Titelseite oben, innerhalb der Artikel zuerst der aktuelle Belang, die ‚Schlagzeile', die die Aufmerksamkeit anzieht, dann der thematische Bereich, die einordnende Unterzeile, dann in kurzer Zusammenfassung der Kern der Meldung, schließlich und ausführlich die näheren Umstände und Hintergründe. Die Unterscheidung von Zentrum und Peripherie (5.1.) ist dem Leser so schon abgenommen. Er kann an jeder Stelle mit der Lektüre abbrechen, kann Auswahl, Abfolge, Tiefe und Tempo seiner aktuellen Orientierung selbst bestimmen. Elektronische Informationsmedien (Rundfunk und Fernsehen) lassen nicht die Freiheit des Abkürzens durch ‚Überfliegen' und ‚Überspringen'. Sie geben die zeitliche Abfolge vor und zeigen mit ihr die Relevanz der Nachrichten an. Statt dessen erlaubt der Rundfunk die

---

25 Vgl. Herbert Marshall McLuhan, Medien verstehen. Der McLuhan-Reader, hg. v. Martin Baltes u. a., Mannheim 1997.

Teilung der Aufmerksamkeit (man muss nicht hinsehen und kann sich zugleich mit anderem beschäftigen), und das Fernsehen kann die Abläufe selbst in Ausschnitten zeigen, freilich nur, wenn die Ereignisse vorab zu erwarten oder zufällig Leute mit Kameras anwesend waren. So kann man sich selbst ein ‚authentisches Bild' machen, freilich wieder nur auf Grund von ausgewählten Bildern, deren Zuordnung man nicht überprüfen kann.

Die Übersicht der medialen Orientierung ist nicht nur nach Tiefe – von Kurzmeldungen bis zu ausführlichen Reportagen und Hintergrundreportagen, Interviews mit Beteiligten, Kommentaren usw. -, sondern auch nach Themen differenziert: die Meldungen werden in *Sparten* eingeteilt. Mit den Sparten werden *Orientierungswelten* vorgegeben (9.4.), Politik, Wirtschaft, Kultur, Medien, Sport, Technik, Wissenschaft, Beruf, Familie, Mode, Küche, Gesundheit, Unterhaltung, Reise usw. Mit Hilfe der Massenmedien kann man zwischen ihnen umblättern bzw. hin- und herschalten. Bei noch so kurzfristiger Aktualität der Meldungen halten sich langfristig die Sparten, prägen die alltägliche Orientierung, schaffen Vertrautheit in wählbaren Bereichen, verstärken (oder suggerieren) Plausibilitäten (Sport hält jung, jedermann hat Hobbies, im Urlaub verreist man) und strukturieren das kollektive Gedächtnis (9.2.). Ratgebersparten, Talk-Shows, inszenierte Gerichtsverhandlungen und psychotherapeutische Beratungen, Container-Shows, in denen Interaktionen und Kommunikationen freiwillig auf Zeit miteinander eingeschlossener Menschen öffentlich vorgeführt werden, ‚daily soaps', die mit täglich neuen dramatischen Verwicklungen unterhalten, liefern *Identifikationsmodelle* (12.).

Der Übergang zur *Unterhaltung* ist fließend, ‚reality shows' bieten Information *als* (höchst spannend inszenierte) Unterhaltung. Auch mediale Unterhaltung muss in irgendeiner Form Neues bringen, seien es neue Personen in immer gleichen Spielabläufen, seien es neue Geschichten in immer gleichen Formaten, seien es neue Formate für immer gleiche Unterhaltungsbedürfnisse. Das attraktivste Unterhaltungsmedium ist der professionell gestaltete *Film:* er zeigt attraktive Geschichten in attraktiven Bildern (12.5.). Filme, vor denen der Zuschauer im Dunkel sitzt, können zeigen, was in den Alltagsroutinen von Distanzsphären verhüllt ist, Gesichter, nackte Körper, Geschlechtsakte, intime Gespräche, Privatheit jeder Art. Sie geben Gelegenheit, Alltagszwänge auf Zeit sanktionslos abzustreifen, Anlässe, die eigenen Orientierungsroutinen aus der Distanz zu reflektieren. In Filmen können aber auch (und zugleich) moralische Konflikte in ungewöhnlichen ‚Schicksalen' durchgespielt und

13.3. Übersicht durch Massenmedien: Orientierung an der Öffentlichkeit 477

Spielräume von Normüberschreitungen getestet werden (15.). Sie unterhalten die Orientierung im doppelten Sinn (7.1.): lassen sie nicht langweilig werden und nähren sie mit Handlungsmöglichkeiten und Lebensentwürfen, mit denen man sich auf Zeit identifizieren darf (worauf man sich beim Verlassen eines eindrucksvollen Westerns bei einem leicht breitbeinigen Schritt ertappen kann).[26]

Mit der *fließenden Grenze zwischen Information und Unterhaltung* zum ‚Infotainment' und, soweit es die Politik betrifft, zum ‚Politainment'[27] verfließt auch die Grenze zwischen Realität und Fiktion. Realitäten werden unvermeidlich mit Mitteln der Fiktion gestaltet (12.5.), und in Fiktionen, soweit sie plausibel sind, gehen immer auch Realitäten ein. LUHMANN empfiehlt daher, statt zwischen Realität und Fiktion zwischen realer Realität und fiktionaler Realität zu unterscheiden: die Fiktion fällt dabei durch eben das auf, was am stärksten den Eindruck von Realität verdichtet: „fiktionale Geschlossenheit", „selbstaufgebaute Überraschungen" und „selbstaufgebaute Spannungen".[28] Am Medienmarkt kann man sich jedoch ebenso wie mit Infotainment auch mit ‚seriöser' Trennung von Realität und Fiktion profilieren – soweit sich dafür ausreichendes Publikum findet (oder, wie für öffentlich-rechtliche Rundfunkanstalten, dafür gesetzlich festgelegte Gebühren erhoben werden). So bleibt auch hier die individuelle Orientierung das letzte Regulativ. An Märkten entscheiden langfristig die Abnehmer, was angeboten wird. Über Auflagenhöhen bzw. Einschaltquoten entscheiden sie stets mit, worüber und wie sie orientiert werden.

---

26 Vgl. Luhmann, Die Realität der Massenmedien, a.O., 111, 115: „Es liegt dann verführerisch nahe, virtuelle Realitäten an sich selber auszuprobieren – zumindest in einer Imagination, die man jederzeit abbrechen kann." – „Unterhaltung ermöglicht eine Selbstverortung in der dargestellten Welt."
27 Vgl. Norbert Bolz, Das konsumistische Manifest, München 2002. Bolz beklagt die Verquickung von Politik und Entertainment. Dennoch sind es auch die an gewinnträchtiger Unterhaltung interessierten Massenmedien, die, wie schon Kant schrieb, „die Veranlassung" geben, „daß Übel und Gewaltthätigkeit an einem Orte unseres Globs an allen gefühlt wird" (Metaphysik der Sitten, AA VI, 353). Und sie sind es auch, die die Politik fortlaufend an der Moral testen und mit ihr rückkoppeln, der Moral wiederum in Gestalt öffentlich, also durch Massenmedien, geäußerter moralischer Meinungen.
28 Luhmann, Die Realität der Massenmedien, a.O., 102.

13.4. Politische Umsicht und Weitsicht: Orientierung und Entscheidung für andere

(1) Orientierungsphilosophischer Begriff des Politischen. – Auch Politik bedarf der Orientierung. Sie hat verbindliche Entscheidungen für eine Gesellschaft zu treffen, muss sie, in modernen demokratischen Gesellschaften, im Einvernehmen mit ihr treffen und sich darum zugleich für sie und an ihr orientieren. Ihre Entscheidungen sichern die Lebenschancen und Handlungsmöglichkeiten der Gesellschaft für die nahe und ferne Zukunft, und bei solchen Entscheidungen ist mit widerstrebenden Interessen und Konflikten zu rechnen. Politik braucht darum nicht nur Übersicht, sondern besondere Umsicht, Weitsicht für vorausschauende Planungen. Sie muss Ziele setzen und gegebene Handlungsmöglichkeiten nutzen, um sie zu erreichen, und, soweit das nicht auf direktem Weg möglich ist, an gegebene Handlungsmöglichkeiten mit kurzfristigen ‚Taktiken' und langfristigen ‚Strategien' weitere Handlungsmöglichkeiten anschließen, die Widerstände umgehen oder überwinden, entgegenstehende Interessen den eigenen nutzbar machen und dort Ausgleich und Kompromisse finden lassen, wo Interessen nur gemeinsam zu verwirklichen sind. Je weiter die politische Orientierung in die Zukunft der Gesellschaft reicht, desto gravierender wird die Ungewissheit. Politik nimmt es mit der Ungewissheit als solcher auf, ist *planvoller Umgang mit ungewissen Handlungsmöglichkeiten einer Gesellschaft.*

Planvollen Umgang mit ungewissen Handlungsmöglichkeiten gibt es, als Sorge für das eigene Fortkommen und derer, für die man seinerseits zu sorgen hat, auch in der individuellen und der inter-individuellen Orientierungswelt, und auch ökonomische und mediale Orientierung kommen ohne ihn nicht aus. Für eine Gesellschaft im ganzen wird Politik jedoch wiederum professionell ‚gemacht'.[29] BISMARCK, der als einer der begabtesten und intellektuellsten Politiker der Geschichte gilt, hat sie kurz als „Kunst des Möglichen" gefasst.[30] Dies dürfte immer noch die prägnanteste und am wenigsten ideologische unter den Bestimmungen

---

[29] Übergänge zwischen den inter-individuellen und den gesellschaftlichen Horizonten der politischen Orientierung verfolgt Derrida, Politik[en] der Freundschaft, a.O., passim.

[30] Die Formel wurde offenbar jedoch nachträglich aus verstreuten Quellen gebildet. Vgl. Georg Büchmann, Geflügelte Worte. Der Zitatenschatz des deutschen Volkes, fortgesetzt von Walter Robert Tornow u.a., durchgesehen von Alfred Grunow, München 1967, 721 f.

13.4. Orientierung und Entscheidung für andere

der Politik sein,[31] und sie kommt einer Philosophie der Orientierung am weitesten entgegen. Nach seiner Entlassung als Kanzler des II. Deutschen Reiches erläuterte BISMARCK sie so: „Die Politik ist eben an sich keine logische und keine exakte Wissenschaft, sondern sie ist die Fähigkeit, in jedem wechselnden Moment der Situation das am wenigsten Schädliche oder das Zweckmäßigste zu wählen."[32] Die Fähigkeit, sich auf rasch wechselnde Situationen einzustellen, ist das Grunderfordernis der Orientierung und möglichst Schaden abzuwenden ihre erste und ständige Aufgabe. Sofern sich das unter der Bedingung widerstreitender Interessen jedoch kaum jemals ganz erreichen lässt, ist das am wenigsten Schädliche auch schon das Zweckmäßigste oder der Nutzen, den es zu mehren gilt; professionelle Politiker(innen), die im Namen eines Volkes tätig werden, leisten darauf ihren Eid. Sie müssen dabei ‚wählen', also zwischen Handlungsmöglichkeiten entscheiden, unter Risiken, die allgemeine Belange der Gesellschaft betreffen. Sofern aber Entscheidungen *als* Entscheidungen nicht nach allgemeinen Kriterien zu treffen sind (7.6.), sind sie nicht ‚logisch' und ‚exakt' abzuleiten, und so ist Politik nicht Wissenschaft, sondern ‚Kunst'.[33] Am erfolgreichsten, auch im individuellen und inter-individuellen Horizont und in der ökonomischen und medialen Orientierung, ist die politische Kunst, wenn sie aus drohendem Schaden manifesten Nutzen ziehen, dabei die Pläne von Gegnern in die eigenen einbeziehen und so ‚aus Nöten Tugenden machen' kann. Weil es

---

31 Vgl. Otto Pflanze, Bismarcks Realpolitik, und Hajo Holborn, Bismarcks Realpolitik, beide in: Lothar Gall (Hg.), Das Bismarckproblem in der Geschichtsschreibung nach 1945, Köln/Berlin 1971, 218–238 und 239–254, bes. 221–226 u. 249 f. – Bismarcks Realpolitik konnte aus ideologischen Gesichtspunkten ihrerseits als Ideologie betrachtet werden. Vgl. Karl-Georg Faber, Realpolitik als Ideologie. Die Bedeutung des Jahres 1866 für das politische Denken in Deutschland, in: Historische Zeitschrift 203 (1966), 1–45, bes. 17 ff.
32 Bismarck, Ansprache an eine Abordnung der Universität Jena am 30. Juli 1892, in: Otto von Bismarck, Die Gesammelten Werke, hg. v. Hermann von Petersdorff, Berlin 1924–35, Bd. XIII, 468.
33 … die Bismarck im Blick auf seine reiche Erfahrung dann auch wieder „Wissenschaft" nennen konnte (vgl. ebd. IX, 93) und dabei dennoch als Orientierung verstand: „Die Politik erfordert vor allem die Fähigkeit, in jeder neuen Situation intuitiv zu erkennen, wohin der richtige Weg geht" (ebd., IX, 400). Und er rechnete stets mit doppelter Kontingenz: „Man darf nie einen Schachzug in der vollständig sicheren Voraussetzung tun, daß der andere Mitspieler einen gewissen Zug machen werde. Denn es kann kommen, daß dieser Zug doch nicht erfolgt, und dann geht die Partie leicht verloren. Man muß immer mit der Möglichkeit rechnen, daß der Gegner im letzten Moment anders, als erwartet, zieht und sich darauf einrichten." (ebd.).

auch hier um Vorteile und darüberhinaus um Macht geht, gerät auch die politische Orientierung leicht in moralischen Verdacht und erscheint dann, selbst wenn sie zugunsten anderer handelt, als ‚berechnendes' und ‚machtbesessenes' Vorgehen. Dennoch braucht jede Gesellschaft politische Orientierung zur Wahrung ihres Überlebens und zur Gestaltung ihres Zusammenlebens.

(2) Besonderheiten der politischen Orientierung. – Politische Orientierung macht wiederum Grundzüge der Orientierung überhaupt manifest. Wie die Ökonomie hat auch die Politik kein besonderes Gebiet, sondern erstreckt sich auf die ganze Orientierung der Gesellschaft und strukturiert sie auf ihre Weise, teilt sie in Bereiche wie Wirtschafts-, Gesundheits- oder Bildungspolitik, Gebiete wie Außen- oder Innenpolitik, Bundes-, Landes-, und Kommunalpolitik und Belange für ihrerseits politisch organisierte Gruppen wie Parteien, Gewerkschaften oder Verbände ein. Professionelle ‚Apparate' der Ministerien einerseits und der politisch organisierten Gruppen andererseits klären konkurrierend und kooperierend die Situation der Gesellschaft im ganzen und die sich darin bietenden Handlungsspielräume und Handlungsmöglichkeiten und profilieren ihre politischen Belange. Politiker(innen) müssen daraufhin abschätzen, wieweit sie miteinander vereinbar sind, dem Wohlergehen der Gesellschaft dienen – und zugleich, im Selbstbezug, wieweit durch sie ihre eigenen Einflussmöglichkeiten gestärkt werden. Sie müssen sich dabei unter Bedingungen doppelter Kontingenz mit anderen und (mehr oder weniger) konfliktbereiten politischen Orientierungen auseinandersetzen und, um den Frieden der Gesellschaft nicht dauerhaft zu gefährden, dabei auf die Anschlussfähigkeit von Gegnern bedacht bleiben, soweit sie plausible und verbreitete Belange vertreten. Wie in der medialen wird auch in der politischen Orientierung die Selbstbezüglichkeit der Orientierung manifest: allein dadurch, dass die Politik Belange aufgreift und zum Thema macht, also markiert und identifiziert, gibt sie ihnen gegenüber konkurrierenden andern politischen Vorrang, verändert dadurch die politische Situation, ruft Reaktionen der Betroffenen und der Übergangenen hervor, denen sie sich wiederum stellen muss. Sie handhabt den planvollen Umgang mit Markierungen und Identifikationen als ‚symbolische Politik'. Indem sie ‚Handlungsbedarf' markiert, stellt sie sich selbst unter Handlungsdruck. Auf diese Weise kann sie auch von sich aus politische Situationen schaffen, die sie erfolgreich zu bewältigen hofft, und Konflikte erzeugen, durch deren Lösung sie sich Profilierung verspricht.

(3) Politische Entscheidungen (Mehrheitsentscheidungen). – Handlungsdruck zwingt zu Entscheidungen. Entscheidet man für sich selbst, hat man die Folgen selbst zu tragen, entscheidet man für andere, haben sie sie mitzutragen. Das gilt im inter-individuellen Horizont, soweit man, etwa als Eltern, Lehrer, Arzt, Betreuer, Seelsorger, Orientierungsaufgaben für andere übernommen hat, für Einzelne, die man kennt, im gesellschaftlichen Horizont dagegen für eine anonyme Allgemeinheit, die gleichwohl aus Einzelnen besteht, Einzelnen, die hier sehr wohl fähig sind, für sich selbst zu entscheiden und darum, in modernen demokratischen Gesellschaften, über ihre Belange auch selbst entscheiden sollen.[34] Das kann in persönlich noch überschaubaren Verhältnissen durch informelle Abstimmung geschehen, durch Gespräche, die alle Beteiligten ohne Zeitdruck allmählich zur Zustimmung bewegen (den in Afrika traditionellen ‚Palavern'), oder (mehr oder weniger sanften) Druck der jeweiligen Gemeinschaft. Werden die persönlichen Verhältnisse unüberschaubar, werden formelle Abstimmungen notwendig. In unmittelbaren oder direkten Demokratien, die heute jedoch selten sind,[35] lässt man mündige Staatsbürger auch über Sachfragen, in mittelbaren oder repräsentativen Demokratien nur über die Wahl von Abgeordneten in Parlamente abstimmen, die dann in Sach- und weiteren Personalfragen zu entscheiden haben. Auch wenn das Volk der Souverän ist, der über seine Belange selbst entscheidet, ist es dazu nicht ohne aufwändige organisatorische Vermittlung imstande, muss es seine Entscheidungen also wiederum von Instanzen des politischen Systems organisieren lassen. Das führt zu einer ersten und grundlegenden Beschränkung der Entscheidungsmöglichkeiten des Souveräns über seine politischen Belange, die Beschränkung auf periodisch abgehaltene Wahlen unter Personen, die sich wohl vorab zu bestimmten politischen Orientierungen bekennen, im übrigen aber unvermeidlich ihren individuellen Orientierungen folgen. Die Kandidat(inn)en werden zudem gewöhnlich ihrerseits von Parteien ‚aufgestellt', die ebenfalls dem politischen System zugehören und *als* Parteien zur Austragung von Konflikten unter divergierenden politischen

---

34 Luhmann, Die Politik der Gesellschaft, a.O., 84 ff., spricht von „kollektiv bindenden Entscheidungen", mit dem Akzent, dass es in der Politik nicht primär um „Anwendung von Macht auf gesellschaftliche Verhältnisse", sondern um eine „Entscheidungspraxis" geht (ebd., 13 f.). Politik versteht er daraus als Kommunikation, „die dazu dient, kollektiv bindende Entscheidungen durch Testen und Verdichten ihrer Konsenschancen vozubereiten" (ebd., 254).

35 Die große historische Ausnahme bleibt die vergleichsweise kleine Schweiz. Aber auch sie hat die unmittelbare Demokratie durch eine mittelbare überlagert.

Orientierungen organisiert sind. Wahlen verlagern so die Spielräume der Entscheidung des Souveräns über seine politischen Belange weitestgehend in das politische System selbst und überlassen ihm nur noch eine buchstäbliche Markierung (das Kreuz auf dem Wahlzettel) in periodischen Abständen. Wie das System der Massenmedien das Orientierungsbedürfnis der Einzelnen über die gesellschaftlichen Belange sachlich und zeitlich strukturiert, so das politische System ihre Entscheidungsmöglichkeiten über sie. Die Paradoxie des gefesselten Souveräns kann verdrießen (,Die machen ja ohnehin, was sie wollen'). Dennoch halten Wahlen, sofern ihr Ausgang kontingent ist, das politische System irritationsfähig:[36] es muss seinerseits periodisch mit Überraschungen durch die Wähler rechnen. Auch wenn die Teilhabe des Souveräns an der Orientierung seiner politischen Belange marginal scheint, kann er doch periodisch einschneidende Umorientierungen herbeiführen. Und dem Einzelnen steht es wiederum frei, über die Markierung von Wahlzetteln hinaus selbst ,in die Politik zu gehen' und dadurch Entscheidungsspielräume auch *im* politischen System zu gewinnen.

Durch *Wahlen* werden divergierende Orientierungen von Individuen und Gruppen zu einem gemeinsamen Handeln in gemeinsamen Belangen zusammengeführt. Sie werden inzwischen meist als Mehrheitsentscheidungen abgehalten,[37] und auch innerhalb des politischen Systems, etwa in Parlamenten oder Regierungen, wird weitgehend, informell oder formell, durch Mehrheiten entschieden. Sie bringen weitere einschneidende Abkürzungen der politischen Orientierung mit sich. In der griechischen Antike, besonders in Athen, ausgeformt und von der Katholischen Kirche, wenn auch mit geistlichen Vorbehalten, tradiert, war der Modus der formellen Mehrheitsentscheidung dem germanischen Recht lange fremd geblieben (zur Zustimmung pflegte man statt dessen laut Beifall zu spenden, wer übertönt wurde, zählte nicht, hatte aber in Treue zu folgen, andernfalls ging es zu den Waffen), und noch bis ins Hochmittelalter mussten etwa Königswahlen einstimmig erfolgen (was entsprechend vielfältige Überzeugungsarbeit notwendig machte).[38] Nach

---

36 Vgl. Luhmann, Die Politik der Gesellschaft, a.O., 104.
37 Vgl. Wolfgang Jäger, Mehrheit, Minderheit, Majorität, Minorität, in: Otto Brunner / Werner Conze / Reinhart Koselleck (Hg.), Geschichtliche Grundbegriffe. Historisches Lexikon zur politisch-sozialen Sprache in Deutschland, Bd. 3, Stuttgart 1995, 1021–1062.
38 Ebd., 1025 ff.

13.4. Orientierung und Entscheidung für andere

dem Modell der unmittelbaren athenischen Demokratie[39] werden Entscheidungen über gemeinsame Belange im offenen Konflikt der Entscheidungsberechtigten[40] getroffen, der jedoch durch Reden (λόγοι) ausgetragen wird. In der Auseinandersetzung unter divergierenden Orientierungen werden alternative Handlungsmöglichkeiten strukturiert, die zur Abstimmung gestellt werden, und bei der Abstimmung ‚zählt' dann jeder Einzelne buchstäblich ‚mit' und kann, bei knappem Ausgang, den Ausschlag geben. Er trägt so zu jeder politischen Entscheidung unmittelbar bei. Er ist auch an ihren Folgen unmittelbar beteiligt. Das konnte bei den damals nicht seltenen Entscheidungen über Krieg und Frieden im Fall des Sieges, den der Großteil der Männer selbst zu erkämpfen hatte, größere Macht und größeren Wohlstand, im Fall der Niederlage Verlust der Familie, des Besitzes, Sklaverei oder gewaltsamen Tod bedeuten. Darum standen solche Entscheidungen im Mittelpunkt der Aufmerksamkeit, sie wurden wie die Märkte im Mittelpunkt der Stadt abgehalten. Sie focussieren auf Personen, und für Personen, die zur Wahl stehen, muss und darf dann, was sonst kaum hingenommen wird, direkt um Vertrauen geworben werden, unter vollem Einsatz der Diplomatie der Zeichen (11.5.) und rückhaltlosen Zuschreibungen von Qualitäten (12.). Das hält freilich auch das Misstrauen wach. Bei Sachentscheidungen kommt alles darauf an, für wen welche Argumente plausibel sind (1.3.). Sie müssen in erster Linie wirkungsvoll sein (wogegen PLATON Front gemacht hat, indem er der Wirkung verpflichtete ‚Sophisten' und der Wahrheit verpflichtete ‚Philosophen' gegenüberstellte). In Argumentationen ist gleichwohl ‚Vernunft' gefragt, in der alle immer schon übereinstimmen (9.1.(6), 10.1.).[41] Das wird jedoch nur unterstellt, es wird

---

39 Wichtige Hinweise dazu verdanke ich dem Greifswalder Althistoriker Egon Flaig. Vgl. Egon Flaig, Unsere fremd gewordene Antike. Warum wir ihr mehr verdanken, als wir noch wahrhaben wollen, in: Neue Züricher Zeitung vom 6./7. Oktober 2001, 85 f. – Zu Mehrheitsentscheidungen in (mehr oder weniger) politischen Prozessen im antiken Athen vgl. Leonhard Burckhardt und Jürgen von Ungern-Sternberg (Hg.), Große Prozesse im antiken Athen, München 2000.

40 Das waren im antiken Athen natürlich bei weitem nicht alle, die von den Entscheidungen betroffen waren, also nicht die Frauen, Kinder, Sklaven und Fremden, und es sind auch in modernen Demokratien nicht die Kinder und die Fremden, die von politischen Entscheidungen jedoch besonders stark betroffen sein können.

41 Während Platon seine Philosophie noch in Dialogen unter Individuen vortrug, in denen sich erst herausstellen sollte, wieweit unter ihnen von einer gemeinsamen Vernunft zu sprechen war, und die meisten seiner Dialoge ohne gemeinsam akzeptiertes Ergebnis blieben, wurde Vernunft in der Neuzeit weitgehend als

nicht wirklich damit gerechnet. Sonst wären nach dem Austausch ‚guter Argumente' Mehrheitsentscheidungen überflüssig.[42]

Mehrheitsentscheidungen setzen voraus, dass sich die Entscheidungsberechtigten zunächst aus eigener Sicht orientieren, sich eine eigene Meinung bilden und sich in der Auseinandersetzung mit andern auf sie festlegen, mit ihr identifizieren. Sie ‚erheben ihre Stimme' für sie, um dann für sie zu ‚stimmen' (4.3.) – ‚stimmen' bei einer Wahl hieß im Mhd. noch ‚seine Stimme erheben'. Die Abstimmung bei Mehrheitsentscheidungen ist die Abkürzung der Stimme des Einzelnen, mit der er seine Meinungen ausführt und begründet, ihr Plausibilität verschafft (oder nicht) und bei seinen Gegenübern Anklang findet (oder nicht), auf ein meist durch ein stummes Zeichen angezeigtes Ja oder Nein. Auch die Ja/Nein-Alternativen, die zur Entscheidung stehen, sind schon *Abkürzungen:* Abkürzungen einer unübersehbaren Vielzahl relevanter Anhaltspunkte der Entscheidungssituation auf eine einzige explizite Unterscheidung.[43] Aber nur so werden Stimmen zu Stimmenmehrheiten aufrechenbar. Mit der Ermittlung einer Stimmenmehrheit kann dann, in einer weiteren Abkürzung, von der Stimmenminderheit abgesehen werden. Sie hat nun um der gemeinsamen Handlungsfähigkeit willen ihren abweichenden Standpunkt gegen ihre eigene Einsicht aufzugeben, vorbehaltlos im Sinn der Stimmenmehrheit zu handeln und die Folgen, unter Umständen bis zum Verlust des eigenen Lebens, mitzutragen. Mehrheitsentscheidungen schließen die Paradoxie ein, nach seiner Meinung unter der Bedingung gefragt zu sein, dass man auch von ihr abzusehen und der gegenteiligen zu folgen bereit ist. Sie verlangen eine

---

allgemeine Menschenvernunft vorausgesetzt, und so konnte man sich auch bei Mehrheitsentscheidungen (mehr oder weniger) selbstverständlich auf sie berufen. Das Mehrheitsprinzip wurde kaum mehr problematisiert: Es galt schon als im natur- bzw. vernunftrechtlichen Gesellschaftsvertrag eingeschlossen. Locke schränkte es gleichwohl auf die Besitzenden ein, und Rousseau stellte über es die volonté générale, die zu achten und über die nicht abzustimmen war. Vgl. Jäger, Mehrheit, a.O., 1028–1032.

42 Entsprechend verdächtig sind auch sie bei moralischen Fragen und bei moralisch fundierten Konzepten des Politischen.

43 Die Kunst, Ja-Nein-Alternativen so zu formulieren, dass in Mehrheitsentscheidungen über sie abgestimmt werden kann, könnte eine wesentliche Voraussetzung zur Ausbildung der philosophischen Wahr-Falsch- und Gut-Böse-Alternativen und damit dessen gewesen sein, was später bei Aristoteles zur ‚Logik' und ‚Ethik' wurde. Vgl. Jean-Pierre Vernant, Les origines de la pensée grecque, Paris 1962, deutsch: Die Entstehung des griechischen Denkens, aus dem Frz. v. Edmund Jacoby, Frankfurt am Main 1982, und Christian Meier, Die Entstehung des Politischen bei den Griechen, Frankfurt am Main 1980.

Umorientierung im Zug der Entscheidung selbst: der Entscheidung zunächst aller *über* ihre gemeinsamen politischen Belange und dann der Einzelnen *für* die Entscheidung der Mehrheit. Die zweite ist eine Entscheidung zur Loyalität, zum Anschluss an eine kollektive Identität (12.2.) auch über entgegenstehende Gründe hinweg. Durch Umorientierungen im Zug von Mehrheitsentscheidungen erwerben Demokraten so die für jedes Zusammenleben mit andern notwendige Rücksicht auf andere Standpunkte und Flexibilität der eigenen politischen Orientierung. Sie müssen, um zu Kompromissen, Kooperationen und Koalitionen fähig zu sein, Konflikte unterschiedlicher politischer Orientierungen nicht nur gegeneinander, sondern auch in ihrer eigenen Orientierung austragen können.

(4) Orientierungsverlust und -gewinn durch Mehrheitsentscheidungen. – Abkürzungen komplexer Entscheidungssituationen auf bloße Ja/Nein-Alternativen in Mehrheitsentscheidungen sind ein offenkundiger Orientierungsverlust. Doch auch sie bringen einen deutlichen Orientierungsgewinn. Vor allem einen Zeitgewinn: Durch Abstimmungen können Argumentationen abgebrochen und so Entscheidungen beschleunigt werden. Wenn schneller entschieden wird, kann in derselben Zeit über mehr entschieden und der politische Raum immer mehr ausgeweitet werden. Das lässt sich seit dem Ende des 18. Jahrhunderts beobachten. Zu den klassischen Aufgaben der Politik, der Sicherheit nach außen (Kriege) und nach innen (Verwaltung/Polizei, Gerichtswesen), der Erhebung und Eintreibung von Abgaben und Steuern, der Regelung der Zuwanderung und der Steigerung der Wirtschaftstätigkeit (beide als Ressource für Steuern), kamen im Zug des 19. und beginnenden 20. Jahrhunderts die Volksbildung, die soziale Sicherung, die Gesundheit der Bürger, die Rohstoff- und Energieversorgung, die Erhaltung und Gewinnung von Arbeitsplätzen und schließlich, in der zweiten Hälfte des 20. Jahrhunderts, die Angleichung der Karrierechancen und die Entdiskriminierung benachteiligter Bevölkerungsgruppen, die Förderung der Kultur, der Schutz der Natur, die Wahrung des globalen ökologischen Gleichgewichts und die Gewährleistung menschenwürdiger Lebensmöglichkeiten auch künftiger Generationen hinzu. Sie erfordern immer mehr Entscheidungen, die nicht zentral getroffen und hierarchisch durchgesetzt werden können. Die „Irritabilität des Systems" wird, so Luhmann, erhöht, „Schnelligkeit und Flexibilität werden zu vorherrschenden Anforderungen, und eben deshalb werden Kompromißbereitschaft und Kon-

sens als Verständigungsformen des Augenblicks großgeschrieben."[44] Werden Kompromissbereitschaft und Loyalität jedoch überfordert, können sie verweigert und aufgekündigt werden, und darum bleiben auch Mehrheitsentscheidungen riskant. Werden starke Gegner und gegnerische Gruppen überstimmt, können sie die Gesellschaft spalten. Wer in eine Demokratie durch Mehrheitsentscheidungen eingebunden ist und sich auf Dauer dennoch zu wenig berücksichtigt sieht, zieht sich nicht mehr in Utopien zurück, sondern antwortet mit (mehr oder weniger organisierten) Protesten, Demonstrationen oder Protestparteigründungen – und trägt damit zur Evolution des politischen Systems bei, das er bekämpft. DERRIDA hat dafür seinen Begriff der Dekonstruktion eingesetzt.[45]

(5) Stabilisierung und Differenzierung der politischen Orientierung. – Je mehr sich die politische Orientierung verzeitlicht, desto mehr muss sie sich auch stabilisieren. Als selbstbezügliches politisches System stabilisiert es sich selbst – durch seine eigene Differenzierung. Es konstituiert sich als Staat. ‚Staat‘, von lat. ‚status‘, bedeutet einerseits einen augenblicklichen ‚Zustand‘, der rasch wechseln kann, andererseits einen dauerhaften ‚Bestand‘. Der Begriff, der erst in der Neuzeit aufkam, fing die Paradoxie auf, dass eine Gesellschaft, um beweglich zu sein, Stabilität braucht, Stabilität im Innenverhältnis zur Beweglichkeit im Außenverhältnis.[46] Sie setzt im Innern die Verhinderung von Gewalt, der physischen, verletzenden Gewalt (lat. violentia), voraus, was, wiederum paradox, nur durch Gewalt möglich ist, durch eine „Austreibung von Gewalt" durch Gewalt.[47] Der Staat konstituiert sich nach HOBBES durch die Monopolisie-

---

44 Luhmann, Die Politik der Gesellschaft, a.O., 142 f.
45 Vgl. Derrida, Politik[en] der Freundschaft, a.O., 156: „keine Dekonstruktion ohne Demokratie, keine Demokratie ohne Dekonstruktion [...]: Die Möglichkeit, ja die Pflicht der Demokratie, sich selbst zu de-limitieren: ihre Grenzen nicht sowohl festzusetzen und aufzuzeigen als vielmehr auszusetzen, zu entgrenzen."
46 Vgl. Luhmann, Die Politik der Gesellschaft, a.O., 199: „Das Problem, für dessen Lösung der Staat Sorge zu tragen hatte, war mithin zunächst das Weltparadox der Gleichzeitigkeit von Stabilität und Wandel – formulierbar in der heraklitisch-parmenideischen Semantik". Vgl. Verf., „Eigentlich nur das Gebiet der persönlichen Reibungen". Schleiermachers bewegliche Konzeption eines beweglichen Staates, in: Niel Jörgen Cappelörn / Richard Crouter / Theodor Jörgensen / Claus Osthövener (Hg.), Subjektivität und Wahrheit / Subjectivity and Truth. Akten des Schleiermacher-Kierkegaard-Kongresses in Kopenhagen, Oktober 2003, Berlin/New York 2006, 479–502.
47 Luhmann, Die Politik der Gesellschaft, a.O., 192.

rung der Gewalt und kann sich, wenn sie gelingt, als gewaltlose ‚Staatsgewalt' (lat. potestas) darstellen: als Rechtszustand (13.5.). Der Sinn von ‚Gewalt' als durch Recht legitimierte Gewalt erhält sich in den *drei ‚Gewalten'*, in die sich in modernen Demokratien der Staat differenziert – ‚Gewalt' nun im Sinn von ‚walten', ‚seines Amtes walten', aus dem sich auch ‚verwalten', ‚Anwalt' und ‚bewältigen' (1.1.) herleitet. Alle drei, die exekutive, legislative und judikative, sind Entscheidungsgewalten; sie entscheiden über politische Maßnahmen im Rahmen der Gesetze, über die Gesetze selbst bzw. über die Auslegung der Gesetze. Sie ermöglichen und begrenzen einander, bilden ein System von ‚checks and balances', ein sich selbst tragendes Gleichgewicht, das zum klassischen Modell der Stabilisierung durch Differenzierung wurde. Parteilich besetzte Parlamente (die Legislative) beschließen Gesetze, und aus ihren Mehrheiten gehen Regierungen hervor (die Exekutive), die im Rahmen dieser Gesetze und unter Kontrolle der Parlamente, auf die sie ihrerseits durch die Erstellung von Wahllisten Einfluss nehmen, die tägliche Politik machen, Gesetzesvorschläge einbringen, den Gesetzesvollzug durch Verordnungen und Verwaltungsakte ausgestalten – und Personalvorschläge für die obersten Gerichte machen, die wiederum Gesetze, Verordnungen und Verwaltungsakte zu Fall bringen können.[48]

Die Gewaltenteilung brachte auch die *Rechts-Links-Unterscheidung* (3.2.2.) in die politische Orientierung – als in der Vorgeschichte der Französischen Revolution die entstehenden Parteien in den gesetzgebenden Versammlungen nach ihren Sitzen rechts und links vom Präsidium unterschieden wurden.[49] In den räumlichen Orientierungen bleibt

---

48 Locke, der große Theoretiker der Gewaltenteilung, hatte zunächst nur die Trennung von Exekutive und Legislative vorgesehen. Sie sind aufgrund der engen Verzahnung von Regierungs- und Gesetzgebungspraxis in der Bewältigung von politischen Konflikten stärker gekoppelt. Die judikative Gewalt, deren Ausbildung im Unterschied zu ihnen Fachwissen und entsprechende Ausbildungen voraussetzt, hat sich erst im Zug der Französischen Revolution als eigenes System ausdifferenziert.

49 Vgl. H. F. Bienfait / W. E. A. van Beek, Right and Left As Political Categories, in: Anthropos 96.1 (2001), 169–178: Die Sitzverteilung von ‚rechten' Konservativen und ‚linken' Neuerern in Parlamenten wird zumeist auf die Sitzordnung der Nationalversammlung in der Französischen Revolution zurückgeführt. Die Autoren zeigen, dass schon die vom König einberufenen Generalstände so saßen und man während der I. Republik auch immer wieder anders saß. Im englischen Parlament sitzt rechts, wer die Regierung stellt, auch die ‚linke' Labour Party. Durchgesetzt hat sich die politische Rechts-Links-Orientierung im Zug der Flügelkämpfe ‚rechter' und ‚linker' Hegelianer seit 1830.

offen, welche Ziele sich mit ihnen im einzelnen verbinden. Was heute ‚politisch links' und ‚rechts' ist, kann ‚rechter' oder ‚linker' sein als alles, was einmal ‚rechts' und ‚links' war. Die politische Rechts-Links-Orientierung erlaubt, „politische Konflikte zu inszenieren und dabei eine gewisse Linientreue zu wahren", aber auch, zwischen beiden Seiten zu oszillieren.[50] Die Oszillation setzt sich fort in der *Unterscheidung von Regierung und Opposition*, die ebenfalls nicht in Drittem begründet ist. Die Regierung hat in einer Demokratie kein höheres Recht oder einen höheren moralischen Wert als die Opposition (auch wenn sie geneigt ist, sie sich zuzuschreiben), sondern ist auf Zeit befugt, die Macht auszuüben, und die Opposition setzt alles daran, ihr Handeln als Entscheidung darzustellen, zu der sie eine bessere Alternative hat.[51] Die Exekutive differenziert sich nach Sachgebieten in *Ministerien* und nachgeordnete Behörden und hält für die Erledigung der Aufgaben dort ‚Stellen' vor. Sie werden wechselnd von Individuen besetzt, die in mehr oder weniger großen Spielräumen, die ihnen allgemeine Gesetze und Vorschriften lassen, individuelle Fälle entscheiden, die von jenen nicht hinreichend erfasst werden.[52] Sie sind ‚Anlaufstellen' des politischen Systems für die Bürger, denen es dient, Bezugspunkte, an denen sie anschließen können.[53] *Als* Stellen sind sie bloße Markierungen von Fluktuanzen (10.5.), „abstrakte Identifikationsgesichtspunkte für Rollen, bei denen Personen, Aufgaben und organisatorische Zuordnungen geändert werden können. Die Identifikation als Stelle ermöglicht technisch beliebige Kontinuitätsunterbrechungen, indem man in Stellen Personen oder Aufgaben oder organisatorische Zuordnungen (nur nicht alles zugleich) auswechseln kann."[54]

---

50 Luhmann, Die Politik der Gesellschaft, a.O., 95 f.
51 Zur Begründung der Demokratie auf Antagonismus statt auf Vertrag und Konsens vgl. Chantal Mouffe, The Democratic Paradox, London/New York 2000. Danach ist die Freiheit in der Demokratie paradox, sofern die gleiche Freiheit aller faktisch die Freiheit aller zugleich beschränkt. Das „constitutive paradox" führe zu „pragmatic, precarious and necessarily unstable forms" der Demokratie und zur Aufrechterhaltung der Rechts-Links-Oszillation, um die Macht zu balancieren (11). Illusionäre Begründungen gefährdeten dagegen die Demokratie (22, 31 f.).
52 Vgl. Esposito, Soziales Vergessen, a.O., 310: „Die Organisationen sind aus dem Anliegen heraus entstanden, das Verhalten unvorhersehbarer Individuen – [die] dies auch bleiben werden – vorhersehbar zu machen."
53 Vgl. Niklas Luhmann, Organisation und Entscheidung, Opladen 2000, 394 ff.
54 Niklas Luhmann, Weltzeit und Systemgeschichte. Über Beziehungen zwischen Zeithorizonten und sozialen Strukturen gesellschaftlicher Systeme (1973), in:

13.4. Orientierung und Entscheidung für andere

(6) Ursprung der Macht in Orientierungsaufgaben für andere. – Die politische Orientierung und die Vorbereitung politischer Entscheidungen sind Sache des politischen Systems im ganzen, auch der Opposition, der Lobbyisten und Medien, soweit sie politisch informieren. Entscheidungen zu treffen, in die Tat umzusetzen und gegebenfalls gegen Widerstände durchzusetzen, ist jedoch Sache der jeweiligen Regierung. Sie hat die Macht, „die Quintessenz von Politik schlechthin",[55] und dadurch eine herausragende Stellung im politischen System. Soweit von ‚der Politik' oder ‚den Politikern' die Rede ist, ist in der alltäglichen Orientierung vor allem an regierende (und potentiell regierende) Politiker(innen) gedacht. ‚Regierende' geben der Politik einer Gesellschaft die ‚Richtung' (6.1), und in der Bundesrepublik Deutschland haben Regierungsspitzen dafür eine ‚Richtlinienkompetenz'. In Demokratien erwächst die Macht der Regierenden aus der Übernahme von Orientierungs-, Entscheidungs- und Ordnungsaufgaben für die Gesellschaft, und darin ist ihre Macht, entgegen deren schlechtem moralischen Ruf, auch zumeist willkommen. Macht garantiert Ordnungen des Zusammenlebens, beginnend mit Ordnungen im Verkehr, in Schulen, Betrieben usw., die meisten bedürfen ihrer Garantien, bauen in ihren individuellen Orientierungen auf sie. Der politischen Anarchie werden selbst Diktaturen vorgezogen. Orientierungs-, Entscheidungs- und Ordnungsmacht ist der positive Begriff der Macht[56] und der zentrale Anhaltspunkt der politischen Orientierung.

Soziologische Aufklärung 2: Aufsätze zur Theorie der Gesellschaft, Opladen 1975, 103–133, hier 120.
55 Luhmann, Die Politik der Gesellschaft, a.O., 75.
56 So gesehen ist Macht nicht wie für Jakob Burckhardt „an sich böse" (Jakob Burckhardt, Über das Studium der Geschichte. Der Text der „Weltgeschichtlichen Betrachtungen". Auf Grund der Vorarbeiten von Ernst Ziegler nach den Handschriften hg. v. Peter Ganz, München 1982, 239 u. 260) und stößt auch nicht wie für Max Weber stets auf „Widerstreben" (Weber, Wirtschaft und Gesellschaft, a.O., 28). Auch Politik überhaupt muss dann, nach Weber selbst, nicht böse sein: „‚Politik' würde für uns also heißen: Streben nach Machtanteil oder nach Beeinflussung der Machtverteilung, sei es zwischen Staaten, sei es innerhalb eines Staates zwischen den Menschengruppen, die er umschließt", wobei der Staat wiederum durch das *„Monopol legitimer physischer Gewaltsamkeit"* definiert wird (Weber, Politik als Beruf (1919), in: M.W., Gesammelte Politische Schriften, 4. Aufl. Tübingen 1980, 505–560, hier 506). Luhmann hat die Macht und die Politik gezielt moralisch entschärft und statt dessen vor die Machtausübung das Recht gestellt, als legitime Befugnis zur Machtausübung (Die Politik der Gesellschaft, a.O., 18 u. 97–102). In einem demokratischen politischen System wird Macht zum *„Bereithalten der Kapazität zu kollektiv bindenden Entscheidungen"* (ebd., 84).

Man kann wohl auch durch Korruption, Zwang und Gewalt an die Macht kommen und sich an ihr halten. Solche riskanten Mittel sind aber um so weniger notwendig, je stärker die Ausübung der Macht am Wohl der Regierten orientiert wird. Auch die Macht hat ihre Paradoxie: sie ist gerade dann stabil, wenn von ihr kein manifester Gebrauch gemacht werden muss, und darum arbeiten Regierende planvoll daran, es ‚nicht soweit kommen zu lassen'.[57] Macht kann dann wie Geld als „Mittel für noch undefinierte Zwecke" vorgehalten werden, als „Drohmacht". Auch ‚Drohmacht' könnte noch ein zu bedrohlicher Begriff sein. Ihr positiver Begriff ist – Frieden: „Entscheidend ist die Ausschaltung physisch basierter Gegenmacht, also im traditionellen Verständnis ‚Frieden'".[58]

(7) Zurechnung politischer Verantwortung. – Macht als zentraler Anhaltspunkt der politischen Orientierung ist auch die Adresse der Zurechnung von Verantwortung für all das, was im Zusammenleben der Gesellschaft als unbefriedigend empfunden wird. Durch die Massenmedien auf Personen focussiert, erlaubt die Zurechnung von Verantwortung, etwa wenn Regierung und Opposition einander ‚etwas anhängen', äußerste Abkürzungen auch innerhalb des politischen Systems. Die Regierten sehen zumeist in den Personen der Regierenden die Gründe ihrer politischen ‚Verdrossenheit', und da es in Demokratien kaum noch Politiker(innen) gibt, die im Sinn Max WEBERS *für* die Politik leben, ohne auch *von* ihr zu leben,[59] sind sie der Politikverdrossenheit ‚auf Gedeih und Verderb' ausgesetzt. Sie haben die ‚politische Verantwortung' für alles zu übernehmen, was in ihrem Verantwortungsbereich, auch durch die ihnen nachgeordneten Zu- und Mitarbeiter(innen) geschieht, also auch für das, wofür sie unmittelbar ‚nichts können'. Auch diese Verantwortung für die Verantwortung anderer, die ‚unter' ihrer Verantwortung arbeiten, ist paradox und nun auffällig paradox. Denn die Verantwortung ist hier nicht die eigene und doch eine gesteigerte, sofern sie eine Verantwortung für viele Verantwortungen ist.[60] Tatsächlich ist im modernen politischen

---

57 Vgl. Luhmann, Die Politik der Gesellschaft, a.O., 46.
58 Ebd., 56 ff., 63.
59 Weber, Politik als Beruf, a.O., 514 f. Weber konnte Politiker, die von der Politik leben, noch als „Stellenjäger" abqualifizieren.
60 Emmanuel Levinas, Ideologie und Idealismus (1972/73), in: E.L., Wenn Gott ins Denken einfällt, a.O., 22–43, hier 41 f., behandelt die „paradoxe, widersprüchliche Verantwortung für eine fremde Freiheit (la paradoxale, la contradictoire responsabilité pour une liberté étrangère)" als „Ausnahme-Beziehung (relation exceptionelle), in der das Selbe durch das Andere betroffen werden kann, ohne daß das Andere dabei im Selben aufgeht." (Vgl. Pascal Delhom /

System Verantwortung für politische Entscheidungen und für ihre Durchsetzung nur noch begrenzt bestimmten Personen zurechenbar. In ihrer Ausübung sind inzwischen nicht mehr nur zuarbeitende Behörden, die eigene Partei und Fraktion, gegebenenfalls eine Regierungskoalition und das Regierungskabinett zu berücksichtigen, sondern auch Abstimmungen mit den übrigen Funktionssystemen der Gesellschaft, die durch Politik kaum oder nur kontraproduktiv zu steuern sind, im Zug der wachsenden Globalisierung auch Staatenbünde (wie die EU), internationale Organisationen (wie die UN), Regierungskooperationen (wie die G-8-Staaten) usw. und darüberhinaus moralisch hochmotivierte Nichtregierungsorganisationen (NGOs), die in Nöten rasch anpacken, und internationale Protestbewegungen, die mit Aufsehen erregenden Aktionen bedeutsame Orientierungsaufgaben,[61] aber keine politische Verantwortung übernehmen.

Politische Verantwortung wird hier selbst unübersichtlich und bedarf einer eigenen Orientierung.[62] Politiker(innen) orientieren sich – auch im

---

Alfred Hirsch (Hg.), Im Angesicht des Anderen. Levinas' Philosophie des Politischen, Zürich/Berlin 2005.) – Kurt Bayertz, Eine kurze Geschichte der Herkunft der Verantwortung, in: K.B. (Hg.), Verantwortung: Prinzip oder Problem?, Darmstadt 1995, 3–71, 60, macht eine (paradoxe) „Metaverantwortung" für die Profilierung und Durchsetzung eines Verantwortungs-Konzepts bei anderen geltend.

61 Vgl. Niklas Luhmann, Protestbewegungen (1995), in: N.L., Protest. Systemtheorie und soziale Bewegungen (hg. u. eingel. v. K.-U. Hermann), Frankfurt am Main 1996, 201–215, und ders., Die Gesellschaft der Gesellschaft, a.O., 866–1149.

62 Während Max Weber noch vom Prinzip der „ausschließlichen Eigenverantwortung" des „politischen Führers" ausging (Politik als Beruf, a.O., 525) und die politische Verantwortung darum in Begriffen des Pathetischen, Heroischen und Tragischen beschrieb, hat Luhmann ganz davon abgeraten, auf Verantwortung zu setzen. Vgl. Luhmann, Die Gesellschaft der Gesellschaft, a.O., 133: „Die verbreitete Neigung, in dieser Lage ‚Verantwortung' anzumahnen, kann nur als Verzweiflungsgeste beobachtet werden." (vgl. auch ebd., 777). Und dennoch muss auch nach Luhmann weiterhin Verantwortung übernommen werden, auch von Organisationen (ebd., 837). Luhmann behilft sich damit, den Begriff der Verantwortung durch den entpersonalisierten und entmoralisierten Begriff der „Unsicherheitsabsorption" zu ersetzen (Luhmann, Die Politik der Gesellschaft, a.O., 43): Wer Verantwortung übernimmt, nimmt andern ein Stück Unsicherheit. – Eine andere Möglichkeit, die wachsende Unübersichtlichkeit der politischen Verantwortung zum Verschwinden zu bringen, ist die Konzeption einer kollektiven Verantwortung, die jedoch ihrerseits hochgradig umstritten ist (vgl. die Übersicht über die aktuelle Literatur in J. Holl / H. Lenk / M. Maring, Art. Verantwortung, in: Historisches Wörterbuch der Philosophie, Bd. 11, Basel/Darmstadt 2001, Sp. 566–575, hier 571–575).

Blick auf ihre Wählbarkeit – in wachsendem Maß an der Popularität ihrer Entscheidungen. Sie gehen dazu über, einschneidende politische Vorhaben mit Hilfe der Massenmedien vorab am Wählerwillen zu testen und ihn mit Hilfe der Demoskopie abzufragen, und lösen sich dadurch von Ideologien und Parteiprogrammen. So wird die Politik weiter flexibilisiert. Das kann als Zugewinn an Beteiligung des demokratischen Souveräns verbucht werden, und es kann Proteste auffangen, zugleich aber wird der Eindruck der Orientierungslosigkeit der Regierenden genährt. So verstärkt sich noch einmal die Focussierung auf die Personen der Politiker(innen), insbesondere der Spitzenpolitiker(innen). Je schwerer die sachlichen politischen Zusammenhänge zu durchschauen und zu ordnen sind, desto mehr orientiert man sich an Personen, und je schwerer im politischen System wiederum die Fähigkeiten und Leistungen der Personen einzuschätzen sind, desto mehr hält man sich an moralische Unterscheidungen. Das stellt Spitzenpolitiker(innen) unter den außerordentlichen ethischen Anspruch einer prinzipiell unbegrenzbaren Verantwortung für alle Belange der eigenen Gesellschaft und darüberhinaus der Weltgesellschaft (16.3.). Von ihnen wird außer Umsicht und Weitsicht prinzipielle Aufgeschlossenheit für alle Nöte der Gesellschaft und Unbefangenheit gegenüber unterschiedlichsten Orientierungen erwartet, und schließlich Entscheidungs- und Durchsetzungsfähigkeit nach eigenen Maßstäben und Visionen. Die Orientierung an ihrer Person nötigt Politiker(innen) wiederum zur verstärkten Selbstdarstellung (12.5.), die zugleich den Massenmedien entgegenkommt. In einer personalisierten und moralisierten Mediendemokratie müssen sie unentwegt ‚Farbe bekennen' und ihr Gesicht zeigen (11.2.), in das, mit Hilfe des Fernsehens, alle unverwandt schauen können, um jedes, auch jedes unwillkürliche Zeichen scharf wahrzunehmen und daran zu kontrollieren, wie die Personen ‚zu dem stehen', was sie ‚vertreten'. Die Selbstdarstellung der Politiker(innen) wird so ebenfalls paradox: sie müssen aus sachlichen Gründen wie um der Popularität bei den Wähler(innen) ihre Politik diplomatisch und zugleich sich selbst authentisch darstellen – und sie, die Medien und das zuschauende Publikum wissen das. Werden Politiker(innen) sich der Unvermeidlichkeit ihrer paradoxen Selbstdarstellung bewusst, steigert sich ihre Verantwortung noch einmal: zur Verantwortung, dass eben sie in überkomplex-unübersichtlichen Sachzusammenhängen den Regierten Orientierung und Halt geben kann.

13.5. Rechtliche Absicherung von Absichten in Abkommen: Garantierte Zwänge für garantierte Spielräume

(0) Die Sprache des ‚(Ab-)Kommens' in der Orientierung. – Mit Situationen und dem, was in ihnen ‚vorkommt', muss man ‚zurechtzukommen', mit seinem ‚Einkommen' muss man ‚auskommen', wenn man nicht ‚verkommen' will, und das politische ‚Fortkommen' muss durch rechtliche ‚Abkommen' abgesichert werden. Mit dem ‚Kommen' ist stets ein ‚Ankommen' bei einem vorgefassten Ziel gemeint. In der Orientierung ist das Ankommen die erreichte, gefestigte Orientierung, und gesellschaftliche Ordnungen werden durch Recht eigens gefestigt. ‚Zukunft' ist (auch in seiner Etymologie) das, was auf uns ‚zukommt'; durch Recht wird sie am zuverlässigsten planbar. ‚Einkommen' hatte, als Verbum, ursprünglich den Sinn ‚hereinkommen' – nämlich ‚Einkünfte' -, ‚auskommen' den Sinn ‚aus einer Enge herauskommen' – daher auch die hilfreiche ‚Auskunft' – und ‚abkommen' den Sinn ‚von Verhandlungen loskommen', indem man zu einem Ergebnis, also einem (substantivischen) ‚Abkommen' kommt: in Verhandlungen ‚kommt' man in etwas ‚überein', erzielt man ‚Übereinkünfte'. Sie sind ‚vollkommen', wenn sie dem Willen aller Beteiligten folgen, allerseits ‚willkommen' sind.

(1) Orientierungsphilosophischer Begriff des Rechts. – Recht gewährt Sicherheit in Nöten, sichert Absichten durch Zwang ab – mit Hilfe von Dritten, die befugt sind, im Rahmen von gesetzlichen Normen Entscheidungen zu treffen und sie mit Zwangsmitteln des Staates durchsetzen zu lassen. ‚Sicher' ist eine Entlehnung aus dem lat. ‚securus', ‚sorglos', hatte zunächst eine spezifische Bedeutung in der Rechtssprache, nämlich ‚frei von Pflicht, Schuld und Strafe', bevor es dann den allgemeinen Sinn von ‚geschützt vor Gefahren' annahm. Recht verhindert dort, wo es ‚herrscht', weitgehend ‚Übergriffe' auf Leib, Leben und Eigentum, ‚bannt' alltägliche Gefahren durch festgesetzte, mit ‚vorgeschriebenen' Sanktionen bewehrte Gebote und Verbote und macht insofern sorglos. Durch explizite ‚Vorschriften' für künftiges Handeln schafft es die stabilste gesellschaftliche Ordnung und damit den stärksten Halt der Orientierung im gesellschaftlichen Horizont. Auch der Begriff des Rechts ist strittig, ohne dass die Orientierung am Recht und seine Funktionsfähigkeit davon betroffen wäre.[63] Eine Rechtsordnung ist ausdrücklich in

---

63 Nur um sie geht es hier. Zum Spektrum von Rechtsbegriffen in juristischer, philosophischer und soziologischer Perspektive vgl. etwa Ralf Dreier, Recht – Staat – Vernunft. Studien zur Rechtstheorie 2, Frankfurt am Main 1991. Dreier

Gesetzen festgesetzt, mit Hilfe definierter Begriffe auf gewöhnlich unbegrenzte Zeit.[64] Das Wort ‚Gesetz', das sich im Mhd. durchsetzte, bedeutete eine von jemand, der dazu befugt ist, ‚gesatzte' Regel, und ‚setzen' dabei ‚fest im Boden sitzen machen' (z. B. Pflanzen ‚setzen'). Ein ‚Satz' war ein Ort, wo etwas hingesetzt wird, und dann auch das, *was* dort hingesetzt wird (der ‚Satz' des Setzers, der ‚Satz' einer Sonate, ein ‚Satz' von Büchern oder ein ‚Spieleinsatz'). In diesem Sinn wird ein Satz der Sprache (seit dem 16. Jahrhundert) andern hingesetzt, die sich dann mit ihm (z. B. einem ‚Lehrsatz') ‚auseinandersetzen' müssen. ‚Gesatzte' Gesetze haben den Charakter von *Normen*, von denen auch ‚abgewichen', gegen die auch ‚verstoßen' werden kann. ‚Norm', lat. ‚norma', ‚Winkelmaß', ‚Richtschnur', war wie ‚regula', ‚Regel' (11.2.), ursprünglich ein Orientierungsmittel, ein Werkzeug zum Ausrichten auf vorab festgelegte Punkte hin oder zum Gleichrichten von Ungleichem. Die Metapher bleibt bis ins 18. Jahrhundert bewusst.[65] Seit dem 19. Jahrhundert wird ‚Norm' auch ein Begriff für ‚Rechtsnormen' oder Gesetze selbst, sofern in ihnen ein ‚Sollen' oder ‚Imperativ' gedacht ist, die durch das Gesetz formuliert werden. Als am Ende des 19. Jahrhunderts die Moralphilo-

---

selbst folgt einem moderat moralgestützten Naturrechtsbegriff. Der Rechtshistoriker Harold J. Berman, Law and Revolution. The Formation of the Western Legal Tradition, Cambridge 1983, deutsch: Recht und Revolution. Die Bildung der westlichen Rechtstradition, übers. v. Hermann Vetter, Frankfurt am Main 1991, 20, fasst, um „die vielen besonderen Rechtssysteme vergleichen zu können, die im Westen im Laufe vieler Jahrhunderte existiert haben", das Recht möglichst weit als „Rechtspraxis" und diese als „lebendigen Vorgang, bei dem Rechte und Pflichten zugewiesen und dadurch Konflikte gelöst und Formen der Zusammenarbeit geschaffen werden." Normen und Vorschriften spielen darin „nur eine Teilrolle", eine andere die „tatsächliche geschichtliche Entwicklung des lebendigen Rechts in einer bestimmten Kultur", eine weitere die Rechtswissenschaft, die das Recht theoretisch analysiert und systematisch ordnet.

64 Darin kommen Rechtsgesetze mit Naturgesetzen überein, sofern auch sie erst in menschlicher Sprache formuliert werden müssen. – Zur Differenzierung des Gesetzesbegriffs vgl. Michael Hampe, Gesetz und Distanz. Studien über die Prinzipien der Gesetzmäßigkeit in der theoretischen und praktischen Philosophie, Heidelberg 1996, bes. 145–151.

65 Kant gebrauchte ‚Norm' noch, wie die damalige Rechtswissenschaft, als ‚Richtschnur' oder ‚Gleichmaß' für die *Formulierung* von Gesetzen (jedoch von empirischen Gesetzen der Naturwissenschaft), nicht für Gesetze selbst, und ‚Normalidee' für die durchschnittliche, regelmäßige Anschauung.

sophie den Begriff Norm übernahm, wurde er zum Oberbegriff für alle verbindlichen Regeln und verlor seinen metaphorischen Charakter.⁶⁶

Auch Recht ist kein Selbstzweck. Regelbedarfe ergeben sich aus *Nöten*, die in der Gesellschaft Konflikte verursachen können, z. B. die Knappheit bewohnbaren und bestellbaren Bodens. Recht wird dann gesetzt, wenn die Nöte akut werden; Gesetze zur Reinhaltung von Wasser und Luft z. B. werden erst erlassen, wenn Wasser und Luft von einigen so verunreinigt werden, dass ihr Beispiel, wenn es Schule machen würde, die Gesundheit aller bedrohen würde. Rechtsnormen können ebenfalls an Routinen anschließen, und es kann dann bei (mehr oder weniger implizitem) Gewohnheitsrecht bleiben.⁶⁷ Sie regeln, selbst wenn sie eigens gesetzt werden, das Zusammenleben in der Gesellschaft immer nur in besonderen Hinsichten, sind darum zunächst kontingent und nicht systematisch geordnet. Werden Nöte durch Gesetzgebung begrenzt, entstehen für die Zukunft gesicherte Handlungsspielräume. Durch Recht wird in der Orientierung also ebenfalls Zeit gewonnen. Zwar auch hier nur auf Zeit:⁶⁸ verschwinden ihre Anlässe, werden sie obsolet und können abgeändert, aufgehoben oder für nichtig erklärt werden. So haben auch Gesetze ihre Zeit – und dennoch für die Orientierung einen vergleichsweise dauerhaften Bestand. Denn sie können sich von ihren Anlässen lösen und ihrerseits so selbstverständlich werden, dass nach ihrem ursprünglichen Sinn nicht mehr gefragt wird. Dann haben sie *als* Gesetze fragloses Vertrauen gewonnen, und in einem solchen Vertrauen hat eine Rechtsordnung wiederum ihren stärksten Halt.

LUHMANN bestimmt die „Funktion des Rechts als normative Stabilisierung von Verhaltenserwartungen" und versteht Normen als *„symbolisch* generalisierte Erwartungen".⁶⁹ Symbolisch generalisiert sind sie, sofern sie in allgemein verständlichen sprachlichen Zeichen formuliert sind, und Erwartungen, sofern man nicht mit einem bestimmten Verhalten, sondern nur mit einer Verhaltens*erwartung* rechnen kann, von der abgewichen werden, auf der man jedoch gegenüber andern bestehen und die man gegebenenfalls mit Hilfe Dritter durchsetzen kann, indem man Gerichte anruft. Aber nicht jede durch Gesetze ga-

---

66 Vgl. H. Hoffmann / W. H. Schrader / F. Kudlien / Red., Art. Norm, in: Historisches Wörterbuch der Philosophie, Bd. 6, Basel/Darmstadt 1984, Sp. 906–920.
67 Für rechtskundige Hinweise danke ich Christoph Enders, Leipzig, und Gerrit Manssen, Regensburg.
68 Vgl. Michael Stolleis, Erwartungen an das Recht, in: Frankfurter Allgemeine Zeitung vom 30. Dez. 2003, S. 7: „Recht ist ein vergängliches, hochgradig von Politik abhängiges Produkt mit relativ kurzem Verfallsdatum."
69 Luhmann, Das Recht der Gesellschaft, a.O., 562, 130.

rantierte Verhaltenserwartung muss eingeklagt werden, den meisten wird in den meisten Fällen selbstverständlich gefolgt. Normen fungieren danach selbstbezüglich so, dass „erwartet werden kann, daß normatives Erwarten normativ erwartet wird." So ist das Recht eine „Sicherheitsbasis der normativen Erwartungen normativer Erwartungen" und damit „nicht hierarchisch von oben, sondern jeweils heterarchisch, also kollateral, also in nachbarschaftlichen Vernetzungen determiniert." Seine Wirkung ist: „Man kann sich in höherem Maße riskantes Vertrauen oder auch Mißtrauen leisten, wenn man dem Recht vertrauen kann",[70] Vertrauen nun nicht so sehr in Personen als in das Recht selbst.

(2) Autorität des Rechts. – Solange dem Recht vertraut wird, kann der Zwang, die staatlichen Machtmittel, die zur Durchsetzung des Rechts eingesetzt werden können, wie die Macht selbst als bloße Drohmacht im Hintergrund bleiben (13.4.) und braucht nur für Grenzfälle vorgehalten zu werden. HEGEL hat in einer Erläuterung zu seiner *Philosophie des Rechts* dafür die Sprache des Halts verwendet: „Durch die Gewalt, meint die Vorstellung oft, hänge der Staat zusammen; aber das Haltende ist allein das Grundgefühl der Ordnung, das alle haben."[71] Voraussetzung dafür ist, dass das Recht – weit mehr als Ökonomie, Massenmedien und Politik – als Einheit wahrgenommen wird, als *das* Recht oder *das* Gesetz im kollektiven Singular. Als *das* Recht oder *das* Gesetz, das ‚herrscht', wird ihm eine ‚über' den Menschen stehende Position zugedacht, ursprünglich eine göttliche Position. In alten Kulturen wurde oft ein Gott als Urheber des Rechts angenommen. Danach konnte auf Dauer nur ein Gott die streitigen Beziehungen der Menschen ordnen. Er trat als Dritter zwischen die streitenden Menschen und blieb ihnen dabei selbst in seinem Willen und seiner Macht (weitgehend) entzogen. Ein über alle mächtiger Dritter, vor dem alle gleich waren, ließ das Recht als machtvolle und mystische Einheit erscheinen, die ihm Autorität sicherte und die Kodifizierung von Rechtsbeziehungen erleichterte.[72] Mit dem Recht tritt in der Orientierung die Autorität auf; das Wort ‚auctoritas' leitet sich von einem ‚auctor', einem ‚Urheber' oder ‚Schöpfer' her, der die zwingende Macht des Überlegenen ausübt, ohne dazu Gewalt zu brauchen.

MONTAIGNE und PASCAL sprachen darum vom „mystischen Grund der Autorität" des Gesetzes und schlugen vor, ihn auf sich beruhen zu lassen. DERRIDA hat ihn als „legitime Fiktion" erneut ins Gespräch gebracht.[73] Daran schließt auch die

---

70 Ebd., 147, 144, 132.
71 Hegel, Philosophie des Rechts, § 268 Zusatz, ThWA, 7.414.
72 Vgl. Verf., Orientierung an Recht und Religion, in: Allgemeine Zeitschrift für Philosophie 27.1 (2002), 3–17.
73 Derrida, Force de loi / Gesetzeskraft, a.O., 28–32/24–27.

These Carl SCHMITTS, alle wesentlichen Begriffe der modernen Staatsrechtslehre seien säkularisierte theologische Begriffe, die These Eric VOEGELINS, alle Politik und politischen Ideen der Geschichte seien in religiöse Weltbilder eingebettet, und die These Harold J. BERMANS an, die Organisation der Kirche im Mittelalter sei das Modell für die staatliche in der Neuzeit geworden.[74] Alan M. DERSHOWITZ wiederum hat jüngst an biblischen Geschichten gezeigt, wie Gott selbst erst zum Gesetz fand, wie er aus seinen Erfahrungen mit den Menschen, die er geschaffen hatte, selbst erst lernte, was Gerechtigkeit unter ihnen bedeutet und welche Gesetze sie brauchen, um sie zu verwirklichen.[75] Der Gottesbezug des Rechts, der bis in die Präambel des Grundgesetzes der Bundesrepublik Deutschland erhalten blieb, ist, nach langen Streitigkeiten, für die Verfassung der Europäischen Union nun nicht mehr vorgesehen.

(3) (Aus-)Differenzierung der rechtlichen Orientierung. – Die göttliche Stiftung des Rechts war von einem gewissen Grad der Differenzierung des Rechts an nicht mehr plausibel. Allzu detaillierte rechtliche Regelungen und ihre laufende Nachbesserung kann man Göttern nicht zumuten.[76] Doch auch nach der entschiedenen Trennung von Recht und Religion in der europäischen Moderne kamen die Menschen nicht ohne ein Drittes aus, das Macht und Gewalt unter ihnen mit seiner Autorität verhindern oder doch begrenzen konnte, und die Stelle dieses Dritten konnte nun das Recht selbst einnehmen mit der Autorität, die es inzwischen gewonnen hatte. An die Stelle der göttlichen Person trat nun eine abstrakte

---

74 Berman, Recht und Revolution, a.O. – Paolo Prodi, Eine Geschichte der Gerechtigkeit. Vom Recht Gottes zum modernen Rechtsstaat, aus dem Ital. von Annette Seemann, München 2003, hat im Anschluss daran dargelegt, wie die Pluralität von Rechtsordnungen oder Foren der Rechtfertigung im Mittelalter (Kirchenrecht, Naturrecht, Römisches Recht) in der Neuzeit schrittweise zugunsten des einen positiven Rechts des jeweiligen Staates zurückgedrängt wurde. Inzwischen konkurriert mit dem staatlichen Recht zunehmend das internationale Recht.
75 Alan M. Dershowitz, Die Entstehung von Recht und Gesetz aus Mord und Totschlag, aus dem Am. von Ilse Utz, Hamburg 2002.
76 Es sei denn, es wird, wie in der jüdischen Tradition, eine besondere Hermeneutik geschaffen. Indem sie aus der Tora einerseits für Rechtszwecke eine bestimmte Zahl (613) von verbindlichen Geboten, die Halacha, erhob und andererseits in der Haggada den religiösen Sinn der Geschichte und Geschichten erforschte, von denen dieselbe Tora berichtet, hat sie Recht und Religion unterschieden, ohne sie voneinander zu trennen. Sie machte sie in der Auslegung der Tora zu Anhaltspunkten füreinander, so dass das Gesetzeswerk der Halacha auf der einen Seite nicht von den Geschicken des jüdischen Volkes isoliert wurde und die Sinnstiftungen der Haggada auf der anderen Seite sich nicht im Beliebigen verloren, sondern beide aufeinander verwiesen und *dadurch* in immer neuen Situationen orientieren konnten.

Instanz (die gerne wieder als persönliche allegorisiert wurde).[77] Die Autorität des Rechts zerstreute sich in die vielfältigen Organe der Rechtspflege, die alle nicht allmächtig, aber doch mächtig genug sind, durch Drohung mit staatlichen Zwangsmitteln endgültige Lösungen zu garantieren. Sie ging dabei nicht verloren, sondern wuchs weiter mit der Trennung von Recht und Staat im modernen Rechtsstaat, die eine Gründung des Staats auf das Recht und damit eine rechtliche Begrenzung der staatlichen Zwangsmittel gegenüber dem Einzelnen ermöglichte. *Die Sicherung von Grundrechten als Grundfreiheiten sichert dem Einzelnen auch gegenüber dem Staat, der ihm Sicherheit schafft, Spielräume für seine gesamte Orientierung.*[78] Individuen werden im Rechtsstaat nach BÖCKENFÖRDE „zur eigenen Orientierungssuche in Freiheit gesetzt und in dieser Freiheit, die sie als grundlegendes Recht erfahren, geschützt" – Freiheit verstanden „nicht als metaphysische Freiheit, auch nicht als transzendentale oder als objektive Freiheit, sondern als subjektive Freiheit der einzelnen im Sinne von Wahlfreiheit und freier Selbstbestimmung".[79] In einem Rechtsstaat kann jeder mehr oder weniger sorglos erwarten, dass über den wirksamen Schutz vor privater Gewalt und die Garantie erworbener Rechte durch

---

77 Der Staat, der die Einhaltung der Rechtsordnung garantiert, wurde dabei selbst als ‚juristische Person' fingiert, da Rechtsverhältnisse, auch die des Einzelnen zum Staat, nur zwischen Personen bestehen können. Man kann auch gegen den Staat, das Land, den Landkreis usw. klagen.

78 Die Begründung der Grund- oder Menschenrechte allein auf die Würde des Menschen im Grundgesetz der Bundesrepublik Deutschland von 1949 war ein Novum in der Verfassungsgeschichte. Vgl. Christoph Enders, Sozialstaatlichkeit im Spannungsfeld von Eigenverantwortung und Fürsorge, in: Veröffentlichungen der Vereinigungen der Deutschen Staatsrechtslehrer 64 (2005), 7–52, hier 9 f., Anm. 4.

79 Ernst-Wolfgang Böckenförde, Verlust des Standhaften in jeder Hinsicht. Das Bild des Menschen im gegenwärtigen Recht, in: Frankfurter Allgemeine Zeitung vom 27. Juli 2001, S. 7. Vgl. ders., Art. Rechtsstaat, in: Historisches Wörterbuch der Philosophie, Bd. 8, Basel/Darmstadt 1992, Sp. 332–342, hier 340. – Stolleis, Erwartungen an das Recht, a.O., spricht seinerseits von der „Orientierung" am Recht. Vgl. seine ausführlicheren Studien in: Konstitution und Intervention. Studien zur Geschichte des öffentlichen Rechts im 19. Jahrhundert, Frankfurt am Main 2001. – Der Begriff des Rechtsstaats, dessen Gegenbegriffe Despotie und Theokratie sind, wurde in der deutschen Rechtstradition um 1800 gebildet. Deutschland hatte bis zur Gründung des Bismarck-Reichs weder eine nennenswerte Reichsverwaltung noch ein eigenes Reichsheer noch Reichsfinanzen, aber einen funktionierenden Rechtsschutz. Dennoch ist der Rechtsstaat gerade in Deutschland, als ihm der I. Weltkrieg die monarchische Spitze nahm, rasch verspielt worden.

staatliche Zwangsmittel hinaus seine ‚Freiheitsrechte', insbesondere die Rechte auf Freizügigkeit, körperliche Unversehrtheit, Eigentum, freie Entfaltung der Persönlichkeit und freie Meinungsäußerung, gesichert sind, dass er vom Recht ‚ohne Ansehen der Person' gleich behandelt wird, Streitigkeiten mit andern vor unabhängige und unparteiliche Zivilgerichte zur Entscheidung bringen und ihm ungerecht erscheinende Verwaltungsentscheidungen von Verwaltungs- und Finanzgerichten überprüfen lassen und zuletzt ein Verfassungsgericht anrufen kann. Mit der Einrichtung von Verfassungsgerichten ist wiederum gesichert, dass über Recht zuletzt nur nach dem Recht selbst entschieden wird, das Recht sich also als unabhängiges selbstbezügliches System organisieren kann und „alles Recht im Rechtssystem selbst zu verantworten" ist.[80] Der Rechtsstaat ist über Jahrhunderte hinweg schwer erkämpft worden. Inzwischen ist die *Erwartung garantierter Zwänge für garantierte Spielräume* in der alltäglichen Orientierung seiner Bürger selbstverständlich geworden. Selbstverständlich geworden ist auch der Übergang vom Rechtsstaat zum Sozialstaat und die mit ihm rechtlich gewährleistete umfassende Daseinsvorsorge in Gestalt der Sicherung eines ‚Existenzminimums', der Zusicherung einer den eigenen Begabungen angemessenen Ausbildung, einer umfassenden medizinischen Versorgung, der Unterstützung bei Arbeitslosigkeit, einer (mehr oder weniger) auskömmlichen Rente und einer würdigen Bestattung. Die rechtlichen Garantien des Sozialstaats können unbegrenzt erweitert werden.[81]

(4) Wandel und Versagen des Rechts, Rechtskultur. – Die Grundrechte sind im Rechtsstaat als unveränderliche und Maßstab alles übrigen Rechts

---

80 Luhmann, Das Recht der Gesellschaft, a.O., 474.
81 Die anspruchsförmige Verrechtlichung materieller Freiheitsvoraussetzungen im Sozialstaat steht in rechtlich ungelöster Spannung zum Grundsatz des ‚liberalen' Rechtsstaats, seinen Bürgern die Eigenverantwortung für ihre Daseinsvorsorge selbst zu überlassen (vgl. Enders, Sozialstaatlichkeit im Spannungsfeld von Eigenverantwortung und Fürsorge, a.O.). Das Grundrechtssystem der Bundesrepublik Deutschland enthält keine konkreten sozialstaatlichen Maßgaben, statuiert lediglich ergänzend die Sozialstaatlichkeit (Art. 20 Abs. 1, Art. 28 Abs. 1 GG). Nur der ‚Polizeistaat' – im Sinn des obrigkeitlich verwalteten, nicht demokratisch entscheidenden Staates – hat seine Legitimationsgrundlage in der allgemeinen Wohlfahrt und kann sie am ehesten garantieren (Enders, 17 f., 48). Er kann zur Eigenvorsorge auch zwingen, z.B. in Gestalt des Sozialversicherungszwangs, und darin ist ihm der (sozial-)demokratische Rechtsstaat mehr und mehr gefolgt. Das deutsche Recht und das europäische Gemeinschaftsrecht steuert dem inzwischen nach dem Grundsatz der ‚regulierten Selbstregulierung' oder des ‚Förderns und Forderns' wieder entgegen (ebd., 33).

konzipiert, darunter explizit die Art. 1 (Schutz der Menschenwürde) und 20 (Verfassungsgrundsätze, Widerstandsrecht; vgl. Art. 79 Abs. 3 GG). Damit ist „in ein ansonsten änderbares Recht" die Paradoxie der „Unabänderbarkeit" von Grundrechten eingebaut; das Grundgesetz schützt sich gegen Änderungen durch „Direktdurchgriffe auf ‚Werte' oder ‚moralische' Prinzipien, die dem Recht ansonsten nur im Kontext von geltenden Rechtsnormen und mit Autorisation durch sie erlaubt sind".[82] Im Namen moralischer Prinzipien kann aber auch früher gesetztes Recht als Unrecht betrachtet werden, etwa das von totalitären Regimen, und dann das absolute und formale Rückwirkungsverbot (Art. 103 Abs. 2 GG) übergangen werden. Druck, Recht zu ändern, kommt auch von Interessenvertretern der übrigen Funktionssysteme der Gesellschaft, und die Politik ist stets versucht, sich durch Anpassungen des Rechts zu profilieren. Die Autorität, die das Recht gewonnen hat, weckt immer stärkere Erwartungen an das Recht und führt zu einer immer weiter greifenden Verrechtlichung der Lebensverhältnisse. So wird es durch Felder erweitert, deren rechtliche Vermessung zunehmend schwierig wird, etwa ‚soziale Gerechtigkeit', ‚Umweltschutz', ‚Embryonenschutz', ‚internationaler Wettbewerb' und ‚Generationengerechtigkeit'.[83] Dadurch kann die Rechtsordnung im ganzen (wie etwa in der Bundesrepublik Deutschland) hochgradig unübersichtlich werden, und das Recht gerät in eine neue Paradoxie: je schwerer es durchsetzbar und je begrenzter es darum wirksam ist, desto mehr gefährdet es seine Autorität. Es kommt zum

---

82 Luhmann, Das Recht der Gesellschaft, a.O., 474.
83 Vgl. Sonja Buckel / Ralph Christensen / Andreas Fischer-Lescano (Hg.), Neue Theorien des Rechts, Stuttgart 2006. Nach ihnen löst sich das Bild eines „Bauwerks" des Rechts im „‚alteuropäischen Denken'" auf, in dem es „als Hierarchie von Normen und Rechtsquellen begriffen" wird – vor dem Hintergrund der „großen Erzählung des einheitlich durchorganisierten und hierarchischen Nationalstaats, der seine Normen nach einem Top-down-Modell zu produzieren vorgibt. An der Spitze thront die Idee der Gerechtigkeit. Sie ist umgeben vom Adel der Prinzipien und blickt hinunter auf das Volk der Rechtsbegriffe. Man kann, wenn es einen Fall zu entscheiden gilt, immer von den Rechtsbegriffen zu den Prinzipien gelangen." Doch „Recht wird vielmehr von einer Multitude von Akteuren, Apparaten und Systemen in der gesellschaftlichen Auseinandersetzung um dessen Bedeutung permanent aufs Neue produziert. [...] Dies erfolgt in Rechtsverfahren, im Streit der Beteiligten, in richterlichen Begründungen, in Skandalisierungsprozessen, politischen Interventionen, insgesamt also in lokalen und globalen Netzwerken der Rechtskreation." (xi f.).

„*Versagen von Gesetzen*".[84] Notwendige politische Kompromisse können die Ziele der Gesetzgebung verwischen, Rechtswidrigkeiten vom Recht geduldet werden (z. B. bei Schwangerschaftsabbrüchen), ‚Dunkelziffern' die Fälle der Befolgung von Gesetzen übersteigen. Bei Rechtsadressaten, die anders kaum zur Rechtsbefolgung zu gewinnen sind, geht man im Zeichen eines ‚kooperativen Staates' vom hoheitlichen Erlassen zum Aushandeln von Gesetzen über und lässt sich auf ‚Rechtsgeschäfte' ein. Recht ist dann nicht mehr der Spielraum, *in* dem, sondern *über* den verhandelt werden kann. Ursachen von Rechtsversagen können bei unklaren Gesetzen auch entsprechend fehleranfällige Umsetzungen, konkurrierende Instanzen der Rechtsanwendung, die Umgehungsmöglichkeiten eröffnen, das Eigenleben der Verwaltungen und manches andere sein. Offenkundige Schwierigkeiten hat das Recht, sich im globalen Horizont durchzusetzen, bei der Wahrung der Menschenrechte, des Kriegsrechts, der Einhaltung internationaler Abkommen etwa gegen die Verbreitung von Atomwaffen, der Aburteilung von Terroristen, der Ahndung von Umweltzerstörungen, der Verlagerung verbotener Tätigkeiten dorthin, wo sie (noch) nicht verboten sind, usw. Um Autorität auf den jeweiligen Rechtsgebieten aufzubauen und zu erhalten, bedarf das Recht der „Einbettung in eine motivationale Rechtskultur", für die es selbst jedoch nicht aufkommen kann.[85] *Kultur* ist aber eben das, was im Zusammenleben von Menschen selbstverständlich geworden ist (14.2.(5)); sie kann dem Recht ihre eigene, unauffällige Autorität leihen.[86]

(5) Orientierung am Recht und seinen Entscheidungen. – Recht, der festeste Anhalt der Orientierung im gesellschaftlichen Horizont, wird so

---

84 Vgl. Klaus F. Röhl, Rechtssoziologische Befunde zum Versagen von Gesetzen, in: Hagen Hof / Gertrud Lübbe-Wolff (Hg.), Wirkungsforschung zum Recht I: Wirkungen und Erfolgsbedingungen von Gesetzen, Baden-Baden 1999.
85 Luhmann, Das Recht der Gesellschaft, a.O., 148: „Die Entscheidungsorganisationen des Rechtssystems können ihre eigene Einbettung in eine motivationale Rechtskultur nicht kontrollieren; und sie bemerken deshalb auch nicht, wenn sie damit beginnen, diese gesellschaftlichen Grundlagen ihrer eigenen Tätigkeit einem Prozeß der Erosion auszusetzen." Vgl. das berühmte Diktum Ernst-Wolfgang Böckenfördes, Die Entstehung des Staates als Vorgang der Säkularisation, in: E.-W.B., Recht, Staat, Freiheit, Frankfurt am Main 1991, 92-114, hier 112: „*Der freiheitliche, säkularisierte Staat lebt von Voraussetzungen, die er selbst nicht garantieren kann.*"
86 Vgl. Georg Mohr, Zum Begriff der Rechtskultur, in: Dialektik 1998.3, 9–29, und Bernhard Losch, Kulturfaktor Recht. Grundwerte – Leitbilder – Normen, Köln/Weimar 2006.

ebenfalls kontingent. Es bestimmt unentrinnbar das Leben jedes Einzelnen von der Geburt bis zum Tod (man kann zwar aus einer Rechtsordnung auswandern, aber nur in eine andere Rechtsordnung) und bleibt in seiner Unübersichtlichkeit und fraglichen Wirksamkeit doch unberechenbar. Es wirkt so zugleich beruhigend und beunruhigend. Die meisten üben darum Vorsicht bei der ‚Anrufung' von Gerichten zur garantierten Durchsetzung ihrer Absichten. Bei Gericht werden Streitsachen zwischen Einzelnen (‚natürlichen' oder ‚juristischen Personen') von unbeteiligten und unabhängigen Dritten in Gestalt wieder von Einzelnen, den Richtern, entschieden. Einzelne sind im Rahmen allgemeiner Gesetze *befugt* und zugleich *gezwungen*, über Einzelne zu entscheiden. Man kann sich darauf verlassen, dass Gerichte, sofern sie ‚zuständig' sind, über Streitsachen entscheiden müssen, die ihnen vorgelegt werden (Ausnahmen, z. B. bei Anträgen an das Bundesverfassungsgericht, sind ihrerseits rechtlich geregelt). Der *Entscheidungszwang* der Gerichte (und gegebenenfalls der Verwaltungen) profiliert am schärfsten die Entscheidung in der Orientierung überhaupt. Entscheidungen sind hier am klarsten Verantwortlichen zuzuordnen, sie werden nach Normen begründet. Wenn die Begründungen unzureichend scheinen, werden sie überprüft und sind, nach dem Durchgang durch die Instanzen, *endgültig*. Nur im Recht sind, bedingt durch seinen hierarchischen Aufbau, solche endgültigen Entscheidungen zu erwirken. Aber das Recht treibt am schärfsten auch die Paradoxie der Entscheidung heraus, dass Entscheidungen dort notwendig werden, wo Unentscheidbares zu entscheiden ist (7.6.). Recht ist dann gerecht, wenn es in der Anwendung allgemeiner, für alle Fälle gleich gültiger Gesetze dem einzelnen Fall gerecht wird. Aber es gibt keine gleichen Fälle, die Anwendung von Gesetzen setzt sie nur gleich und kürzt sie dadurch ungerecht ab.[87] Um gerecht zu sein, muss das allgemeine Recht darum, so DERRIDA, ebenfalls dekonstruiert, angesichts des einzelnen Falls auf seine Gerechtigkeit hin befragt werden; erst die Dekonstruktion des allgemeinen Rechts auf den einzelnen Fall hin kann

---

87 Zu weiteren Paradoxien in der Anwendung des Rechts vgl. Luhmann, Das Recht der Gesellschaft, a.O., passim, Rudolf Wiethölter, Recht-Fertigungen eines Gesellschafts-Rechts, in: Christian Joerges / Gunther Teubner (Hg.), Rechtverfassungsrecht. Recht-Fertigung zwischen Privatrechtsdogmatik und Gesellschaftstheorie, Baden-Baden 2003, 19 („‚Rechtspflege' als Pflege der Rechtsparadoxie selbst, ihrer Erhaltung und Behandlung zugleich."), und (zu Wiethölter) Andreas Fischer-Lescano und Gunther Teubner, Prozedurale Rechtstheorie, in: Buckel / Christensen / Fischer-Lescano (Hg.), Neue Theorien des Rechts, a.O., 79–96, hier 85–94.

Gerechtigkeit schaffen.[88] Richter entscheiden im Spielraum dieser Dekonstruktion, er profiliert am schärfsten den *Entscheidungsspielraum* in der Orientierung. Das Recht kommt erst ins Spiel, wenn ein (privater) Kläger oder (öffentlicher) Ankläger hinreichende Anhaltspunkte für den Erfolg einer Klage oder Anklage sieht. Kommt es zum Prozess, verläuft er ebenfalls als Orientierungsprozess: Richter können, da sie am inkriminierten Geschehen nicht teilgenommen haben dürfen, zu ihrer Entscheidung wieder nur auf Grund von Anhaltspunkten ‚finden', ‚Beweismitteln' in Gestalt von Zeugenaussagen, Urkunden, In-Augenscheinnahme, Sachverständigen-Gutachten und Indizien oder ‚Hilfstatsachen'. Gesetze sind dabei nur Anhaltspunkte unter anderen; auch hier ist erst zu klären, welche Gesetze für welchen Fall ‚heranzuziehen' sind.[89] Die ‚richtige Lösung', das dem Fall vollkommen angemessene Urteil, ist der Fluchtpunkt des richterlichen Orientierungsprozesses,[90] in Strafpro-

---

88 Vgl. Derrida, Force de loi / Gesetzeskraft, a.O., 35/30: „Die Dekonstruktion ist die Gerechtigkeit." U.a. an Derrida schließen die vielfältigen ‚Critical Legal Studies' (v. a.) in den USA an. Vgl. den (nur schwer möglichen) Überblick von Günter Frankenberg, Partisanen der Rechtskritik. Critical Legal Studies etc., in: Buckel / Christensen / Fischer-Lescano (Hg.), Neue Theorien des Rechts, a.O., 97–116.
89 Rudolf Wassermann, Die richterliche Gewalt. Macht und Verantwortung des Richters in der modernen Gesellschaft, Heidelberg 1985, hat Richter ermutigt, ihre Spielräume zu eigener Verantwortung zu nutzen, und zugleich aufgefordert, sich ständig ihre eigenen Bindungen, Neigungen, Abhängigkeiten bewusst zu halten. Karl-Heinz Ladeur, Postmoderne Rechtstheorie. Selbstreferenz – Selbstorganisation – Prozeduralisierung, Berlin 1992, 2. Aufl. 1995, knüpft seine Rechtstheorie (in Auseinandersetzung einerseits mit der Kantischen, andererseits der Luhmannschen Rechtslehre) dezidiert an das immer andere, immer überraschende Individuum an. Martin Hochhuth, Relativitätstheorie des Öffentlichen Rechts, Baden-Baden 2000, versteht das Recht im ganzen von daher, dass Richter(innen) eingesetzt und befugt sind, bei aller Verpflichtung auf die Gesetze als Individuen zu entscheiden. Diesseits zugespitzter Positionen besteht Übereinstimmung, dass Richter auf unterschiedlichen Rechtsgebieten mit unterschiedlicher Rechtsdichte (etwa Sozialrecht, Steuerrecht und Arbeitsrecht) unterschiedliche Entscheidungs- und Gestaltungsmöglichkeiten haben. Vgl. dazu Alfred Söllner, Allzu oft wirkt der Richter als Ersatzgesetzgeber. Die Bindung an die Rechtsordnung als Stütze der Unabhängigkeit, in: Frankfurter Allgemeine Zeitung vom 11. Juli 1994, S. 9.
90 Allerdings nur der Fluchtpunkt. Ronald Dworkin, Taking Rights Seriously, Cambridge 1978, deutsch: Bürgerrechte ernstgenommen, übers. v. Ursula Wolf, Frankfurt am Main 1984, setzt ihn als an sich gegebenen Anhaltspunkt voraus, der objektiv ermittelt werden kann. Vgl. dagegen Walter Grasnick, Das Recht der

zessen der Feststellung des Tatbestands, der Gewichtung der Indizien und Zeugenaussagen, der Subsumption des Falls unter einschlägige Gesetze, der Einschätzung der Schuldfähigkeit und zuletzt der Strafzumessung. Er wird (gewöhnlich) mit vorbildlicher Sorgfalt durchgeführt, unter professioneller Zurückhaltung sowohl von Emotionen und moralischen Überzeugungen in den Argumentationen als auch der Zuschreibung der Verantwortung (Vorbehalt der ‚Unschuldsvermutung'). Die richterliche Entscheidung kann jedoch, *als* Entscheidung, so oder anders ausfallen, auch sie bleibt für den Rechtsuchenden ungewiss; selbst wer sich völlig im Recht glaubt und von Rechtskundigen darin bestärkt wird, kann den Prozess verlieren.[91] Das Prozessrisiko begrenzt die Inanspruchnahme des Rechts gerade für Konfliktlösungen; dem Gewinn, der endgültigen Regelung des Konflikts, stehen, je nach Ausgang, die möglicherweise hohen Prozesskosten und in jedem Fall ein hoher Zeitverlust gegenüber. Und selbst wenn der Konflikt für den Rechtsuchenden günstig entschieden wird, muss er durch das Urteil nicht beseitigt sein, sondern kann ihn (vor allem) beim Prozessgegner noch anheizen.[92]

Spielräume hält man auch in der alltäglichen Orientierung gegenüber Gesetzen und Vorschriften offen. Man befolgt sie, außer bei schweren Vergehen wie Diebstahl und Betrug und Verbrechen wie Mord, nicht starr, sondern wägt ab, wie ‚ernst' sie jeweils zu nehmen sind: z.B. die Straßenverkehrsordnung in verlassenen Gegenden, ein Badeverbot, wenn der kühle See bei großer Hitze lockt, Einfuhrbestimmungen bei der Rückkehr von einer Ferienreise, Vorschriften des Arbeitsrechts bei handwerklicher Hilfe im Eigenheim, das Verbot, ‚schwarze Kassen' zu führen, bei kleinen Beträgen, das Meldegebot bei Arbeitslosigkeit u. ä. Im Alltag werden auch Gesetze und Vorschriften ‚passend gemacht', auf oft ‚kreative' Weise umgangen oder unterwandert – und bleiben dennoch in Geltung.[93] Unter Handlungsdruck kann man genötigt sein, sie ‚nicht so

---

Zeichen – im Zeichen des Rechts, in: Simon / Stegmaier (Hg.), Fremde Vernunft, a.O., 194–237.

91 Zur Ungewissheit von Rechtsentscheidungen im (nicht mehr zu überschauenden oder auch nicht mehr bestehenden) Rechtssystem und zur Frustration von Rechtsgutachtern, die daraus folgt, vgl. Alexander Somek, Rechtliches Wissen, Frankfurt am Main 2006.

92 Vgl. Luhmann, Das Recht der Gesellschaft, a.O., 139.

93 Vgl. Michel de Certeau, L'invention du quotidien 1: arts de faire, Paris 1980, deutsch: Kunst des Handelns, aus dem Frz. v. Ronald Voullié, Berlin 1988, 12: „Das Alltägliche setzt sich aus allen möglichen Arten des *Wilderns* zusammen." Auch die Handhabung des Rechts wird in der alltäglichen Orientierung so weit wie möglich den eigenen Bedürfnissen angepasst. Certeau sucht auch in solchen

genau zu nehmen', Ausnahmesituationen können ihren Sinn fraglich werden lassen, die Lust zum Abenteuer kann verleiten, ganz ‚auf sie zu pfeifen' (jungen Menschen werden dabei größere Spielräume eingeräumt als älteren), bei der Aufklärung organisierter Kriminalität oder schwierigen Geheimdienstoperationen können auch behördlicherseits Verbrechen hingenommen werden. Jemand, der in jeder Situation auf die genaue Einhaltung aller Regeln pocht, wird ebenso zum Schreckbild wie jemand, der sie ständig missachtet; ‚Dienst nach Vorschrift' ist ein Mittel des Arbeitskampfs. Ob, wann und wie Rechtsnormen tatsächlich geltend gemacht werden, ist also wieder eine Frage vielfacher Spielräume. Abweichungen vom Gesetz können gar nicht auffallen, sie können, wenn sie auffallen, nicht geahndet werden, und sie können, wenn sie geahndet werden, unterschiedlich beurteilt werden. Spielräume in der Befolgung von Rechtsnormen sind Bedingung ihrer Funktionsfähigkeit, und so kommt es auch bei ihnen darauf an, sich *an* ihnen zu orientieren, statt sie nur zu befolgen. Die Orientierung an Gesetzen, die situationsgerechte Einschätzung, welche von ihnen in welchem Maß von Fall zu Fall zu beachten sind, ist weitaus komplexer als ihre bloße Befolgung.

Praktiken der Anpassung und Unterwanderung eine „Logik" (17) zu ermitteln, eine „kreative" Logik (19), die die Logik des Angepassten und Unterwanderten regelmäßig in Frage stellt und verschiebt: „Die wirkliche Ordnung der Dinge besteht genau in diesen ‚populären' Taktiken, die die Dinge zu ihren eigenen Zwecken umändern, ohne sich darüber Illusionen zu machen, daß sich in Kürze etwas ändern wird." (73).

14. Kritische Disziplinierung der Orientierung, kreative Desorientierung und Halt am ewig Unbegreiflichen: Wissenschaft, Kunst und Religion
Orientierung durch kritische Distanzierung

14.1. Wissenschaftliche Orientierung: Kritische Disziplinierung der Orientierung
14.2. Künstlerische Orientierung: Kreative Desorientierung
14.3. Religiöse Orientierung: Halt am ewig Unbegreiflichen

Auch Wissenschaft, Kunst und Religion sind Modi der Weltabkürzungskunst. Sie beruhen ganz auf dem Gebrauch von Zeichen und Sprache und lassen deutlich größere Spielräume als Ökonomie, Massenmedien, Politik und Recht. Kann man sich diesen nicht entziehen, gewinnt man zu ihnen *kritische Distanz* durch Wissenschaft, Kunst und Religion. Man bleibt frei, sich ihnen zuzuwenden, und doch haben auch sie in ihrer Geschichte die alltägliche Orientierung tief geprägt. Wissenschaft, Kunst und Religion können sich (mehr oder weniger) uneingeschränkt durch ökonomische und politische Bedingungen verbreiten, brauchen jedoch den Schutz des Rechts und geeignete Verbreitungstechniken, in der Moderne die Massenmedien. Sie haben daher die Chance der *Universalität*. ‚Universal' heißt wörtlich ‚auf einen Punkt ausgerichtet', ‚in eins gekehrt', ‚einem Gemeinsamen zugewandt'. Wissenschaft, Kunst und Religion können Menschen unterschiedlicher Gesellschaften einem Gemeinsamen zuwenden, nicht einem, das es schon gibt, sondern einem, das sich in eben dieser gemeinsamen Zuwendung ergibt. Universal ist das, was sich universalisieren lässt, und was tatsächlich universalisiert wird, hängt von Orientierungsbedürfnissen und -entscheidungen ab. Entscheidbar bleibt auch, *wie* in Wissenschaft, Kunst und Religion universalisiert wird. Man kann sich in der Wissenschaft ebenfalls für und gegen wissenschaftliche Methoden, in der Kunst für und gegen künstlerische Stile und in der Religion für und gegen religiöse Konfessionen entscheiden.

In der *Wissenschaft* (14.1.) wird die kritische Distanzierung von den Bedürfnissen des Überlebens und Zusammenlebens durch Disziplinierung des Zeichengebrauchs möglich, durch seine gezielte Einschränkung und Festlegung durch Definitionen, an denen man auch in wechselnden Situationen konsequent festhält. Sie erlaubt kontrollierte und zeitfeste Abstraktionen und eine schrittweise Aufstufung von Abstraktionsebenen mit entsprechend weitreichenden Übersichten und stellt dadurch Kriterien zur Analyse der alltäglichen Orientierung und Techniken zur Steigerung ihrer Effizienz bereit. Die *Kunst* (14.2.) arbeitet dagegen an der Erweiterung und Verflüssigung des Zeichengebrauchs über dessen alltägliche Routinen hinaus. Sie bewirkt kreative Desorientierung und bereichert die Orientierung durch fiktive Orientierungswelten. Die *Religion* (14.3.) geht in der kritischen Distanzierung von der alltäglichen Orientierung am weitesten. Sie entwirft einen Horizont, der alle übrigen Horizonte der Orientierung, auch die der Wissenschaft und der Kunst, übersteigt und sie in ihrer Begrenztheit zeigt. Sie gibt der Orientierung äußersten Halt und einen letzten Anhalt für ihre Paradoxien. In den Monotheismen ist Gott ein unbedingter Halt, für den es in der Orientierung keinen unbedingten Anhaltspunkt gibt, ein Halt, aus dem alles zu begreifen und der selbst ewig unbegreiflich ist.

14.1. Wissenschaftliche Orientierung: Kritische Disziplinierung der Orientierung

(1) Durchsichtigkeit der wissenschaftlichen Orientierung. – Wissenschaft konstituiert sich durch einen logisch disziplinierten Zeichengebrauch (10.4.).[1] Logische Disziplin macht durch explizite, definite und kontrollierte Einführung und Verwendung der Zeichen den Zeichengebrauch transparent, durchsichtig, und so für jedermann nachvollziehbar. Sie schließt (so weit wie möglich) die für die alltägliche Orientierung notwendigen Spielräume des Zeichengebrauchs (8.2.) und schließt dadurch Sinnverschiebungen aus; die Orientierung wird dort, wo das gelingt, und in dem Maß, wie es gelingt, besonders verlässlich. Mit ihrer (mehr oder weniger) uneingeschränkten Durchsichtigkeit, Nachvollziehbarkeit und Verlässlichkeit schafft die wissenschaftliche Orientierung ein selbstbezügliches Wissen, ein Wissen nicht nur im Wissen allgemeiner Zugänglichkeit (wie bei den Massenmedien (13.3.)), sondern zugleich ein

---

1 Zum historischen Übergang von rituell-religiöser zu wissenschaftlicher Disziplin im antiken Griechenland vgl. Vernant, Die Entstehung des griechischen Denkens, a.O., 55 ff.

ausschließlich nach wissenschaftlichen Kriterien und durch wissenschaftliche Organe kontrolliertes und kontrolliert mitgeteiltes Wissen. In dieser Kontrolliertheit ist die wissenschaftliche Orientierung in der europäischen Tradition vorbildlich für die Orientierung überhaupt und zu ihrem beherrschenden Maßstab geworden.

Die (möglichst) uneingeschränkte Durchsichtigkeit der Wissenschaft ist dann aber auch das Kriterium der *Selektion ihrer Gegenstände*. Gegenstand der Wissenschaft kann etwas nur in dem Maß werden, wie es durchsichtig zu machen ist – und dem sind in der Orientierung, die immer wechselnden Situationen unterworfen ist, enge Grenzen gesetzt. Wissenschaft wählt ihre Gegenstände danach aus, ob sie sie mit ihrer jeweiligen Disziplin ‚klar machen', ‚erklären' kann, und beschränkt darauf ihre Orientierung. Daher kann sie die alltägliche Orientierung weder ausfüllen noch ersetzen; sie bleibt zu ihrer Plausibilisierung auf sie angewiesen (1.3.). Der logisch diszipliniertteste und verlässlichste Zeichengebrauch ist der der Mathematik. Er ist uneingeschränkt durchsichtig. Denn bei mathematischen Zeichen handelt es sich um künstliche, nach eigenen Regeln eingeführte und gebrauchte Zeichen, deren Gebrauch von Orientierungssituationen unabhängig ist, einfach deshalb, weil sie von sich aus auf nichts außer sich verweisen. So kann sich auch ihr Sinn nicht verschieben (ein A ist ein A und eine 4 ist eine 4), so schaffen sie zeitfeste Gewissheiten, und so konnten die Naturwissenschaften, als sie seit Beginn der Neuzeit mathematische Zeichen zur Formulierung von Gleichförmigkeiten verwendeten, in Europa zum Modell für Wissenschaftlichkeit überhaupt werden.[2] Der so zuverlässige mathematische Zeichengebrauch gibt jedoch erst dann Orientierung, wenn die Zeichen auf etwas außer ihnen verweisen, wenn mit ihnen auf etwas *referiert* wird. Zeichen sind dann auf eine Situation bezogen, in deren Kontext sie orientieren. Es muss dann aber *entschieden* werden, was in der Situation als unter welches Zeichen fallend angesehen oder was durch welches Zeichen interpretiert werden soll (8.2.). So kehren die Deutungsspielräume zurück.[3]

---

2 Nach Kant, Metaphysische Anfangsgründe der Naturwissenschaft, AA IV, 470, wird „in jeder besonderen Naturlehre nur so viel eigentliche Wissenschaft angetroffen […], als darin *Mathematik* anzutreffen ist."

3 Vgl. Karl Ulmer / Wolf Häfele / Werner Stegmaier, Bedingungen der Zukunft. Ein naturwissenschaftlich-philosophischer Dialog, Stuttgart-Bad Cannstatt 1987. Dort werden in der Entwicklung einerseits der Naturwissenschaften, andererseits der Philosophie fünf Abstraktionsstufen unterschieden und aufeinander (und auf Zivilisationsstufen) bezogen. Die IV. Abstraktionsstufe („Information und In-

14.1. Wissenschaftliche Orientierung 509

(2) Sachlichkeit der wissenschaftlichen Orientierung. – Das Problem der Referenz von Zeichen, das schon KANT und ausgehend vom sog. Logischen Empirismus QUINE erneut zum Hauptproblem der Wissenschaftstheorie gemacht hat,[4] zeigt, dass auch und gerade in den Wissenschaften ‚Gegenstände', ‚Sachen' nicht schon von sich aus gegeben und universal sind. ‚Sachen' müssen wie in aller Orientierung (8.1.) so auch in der wissenschaftlichen erst *als* Sachen zustande kommen, sich durch Einstellungen und Ausrichtungen *auf* Sachen erst ergeben. Das auf eine gemeingerm. Wurzel zurückgehende Wort ‚Sache' stand wie das lat. ‚res' für den Gegenstand eines Rechtsstreits, also für etwas, das umstritten und erst zu entscheiden ist. Im Ahd. bedeutete ‚sahhan' noch ‚prozessieren, streiten', und in ihm ist das Verbum ‚suchen' abgelautet, das ‚eine Spur verfolgen, einen Täter suchen' bedeutete (4.1., 5.3.). Erst im 18. Jahrhundert ist aus ‚Sache' das nicht mehr Umstrittene, Standpunktneutrale und ihre Entscheidbarkeit dadurch unauffällig geworden. Zu einer solchen Standpunktneutralität muss die Orientierung jedoch erst kommen, und dazu muss sie von ihrer alltäglichen Standpunkt- und Bedürfnisbezogenheit loskommen. Unumstrittene, standpunktneutrale ‚Sachen' ergeben sich in ihr erst dadurch, dass Individuen von ihren individuellen Standpunkten, Bedürfnissen und Bedeutsamkeiten absehen, und das wird erst dann nötig, wenn wiederum ein Bedürfnis entsteht, sich gemeinsam mit anderen unstreitig auf dasselbe zu beziehen (12.2.). Was dieses Selbe sein kann, hängt dann wieder von den gemeinsamen Bedürfnissen ab. Die europäische Tradition war hier auf ‚Dinge' ausgerichtet, körperlich identifizierbare Sachen, die sie zu ‚Dingen an sich' metaphysizierte,[5] andere Traditionen nicht.[6] Was von anhaltendem ge-

---

terpretation") ist die der Quantentheorie und der Informationstheorie auf wissenschaftlicher, die der Philosophie Nietzsches auf philosophischer Seite.

4 Vgl. Simon, Kant, a.O., 556–574, („Zur philosophischen Entwicklung nach Kant und zur gegenwärtigen Situation der Philosophie") mit besonderem Bezug auf die Analytische Philosophie.

5 Vgl. im Blick auf Kant Martin Heidegger, Die Frage nach dem Ding. Zu Kants Lehre von den transzendentalen Grundsätzen, Tübingen 1962. Bereits Kant hat nach Heidegger die aristotelische Fixierung *auf* Dinge durch den Aufweis von Spielräumen der Fixierung *von* Dingen durchbrochen. Auch die Vorstellung von ‚Dingen' ist „geworden", so Kurt Flasch, Art. Ding, in: Historisches Wörterbuch der Philosophie, Bd. 2, Basel/Darmstadt 1972, Sp. 249–251. ‚Ding' geht ebenso wie ‚Sache' auf die Rechtssprache zurück. ‚Thing' war in der germ. Rechtssprache das Gericht, das über ‚Sachen' zu entscheiden hatte. Im Deutschen wurde es dann selbst zur ‚Sache'.

meinsamem Belang und darin unstreitig geworden ist, spielt sich im alltäglichen Umgang ein und wird so selbstverständlich, dass Fragen nach ihm abwegig erscheinen ('Bevor wir uns zu Tisch setzen, was verstehst du unter ‚Tisch'?'). Aber was unstreitig scheint, kann auch wieder strittig werden (‚Das soll ein Tisch sein? Da setze ich mich nicht hin!').

Je plausibler ‚Sachen' in der Orientierung an anderer Orientierung werden, desto mehr wird erwartet, dass man sich an sie hält, wird Sachlichkeit erwartet als ihrerseits selbstverständliche Fähigkeit von Individuen, ‚um der gemeinsamen Sache willen' ihre Individualität ‚zurückzunehmen'. Je schwerer das fällt, desto höher wird Sachlichkeit ethisch als ‚Unvoreingenommenheit' gewürdigt (16.4.), als Haltung, sich auf dem Standpunkt, den man unvermeidlich ‚einnimmt', nicht schon von dessen Bedürfnissen und Hinsichten ‚einnehmen' zu lassen. Soweit individuelle Bedürfnisse und Hinsichten ‚subjektiv' genannt werden, ist die Fähigkeit zur Distanzierung von ihnen ‚Objektivität'. Objektivität im Sinn von Sachlichkeit[7] wird auch in alltäglichen Streitigkeiten hoch geschätzt. Der Begriff, aus KANTS Philosophie abgeleitet, von KANT selbst jedoch nicht gebraucht, ist in den alltäglichen Sprachgebrauch eingegangen. Als Haltung ist Objektivität nicht schon auf bestimmte Objekte festgelegt; auch ‚wissenschaftliche Objektivität' kann in den verschiedenen Wissenschaftsdisziplinen sehr verschiedenen Charakter annehmen.[8]

Sachlichkeit als Grundhaltung der Wissenschaftlichkeit überhaupt ist auch die phänomenologische Grundhaltung und damit auch die Einstellung einer *Philosophie* der Orientierung (1.5.). HUSSERL, der emphatisch zur Analyse der ‚Sachen selbst' aufrief, sah ihre Bedingung in einer ‚Epoché', einer ‚Ausschaltung' oder ‚Einklammerung' der ‚natürlichen Einstellung'. Die natürliche Einstellung ist die der alltäglichen Orientierung, die in der ‚Lebenswelt' aufgeht, von der HUSSERL in seinem Spätwerk handelt.[9] In seiner *Krisis der europäischen Wissenschaften* hat er dann zum Problem gemacht, wie die von der Lebenswelt distanzierte Wis-

---

6   Vgl. Jullien, Umweg und Zugang, a.O., bes. Kap. 9 („Die Rede des Meisters an den Schüler ist rein indiziell". 195 ff.) und Kap. 10 („Es gibt keine Ebene der Wesenheiten, oder: Warum der Umweg zugleich der Zugang ist", 223 ff.).
7   Vgl. Luhmann, Die Religion der Gesellschaft, a.O., 19: „Objektiv ist, was sich in der Kommunikation bewährt."
8   Vgl. Christian Thiel, Art. Objektivität, in: Enzyklopädie Philosophie und Wissenschaftstheorie, hg. v. Jürgen Mittelstraß, Bd. 2, Stuttgart/Weimar 1995, 1052–1054.
9   Zu den Nachweisen vgl. U. Claesges, Art. Epoche, in: Historisches Wörterbuch der Philosophie, Bd. 2, Basel/Darmstadt 1972, Sp. 595 f., und P. Janssen, Art. Lebenswelt I, in: Historisches Wörterbuch der Philosophie, Bd. 5, Basel/Darmstadt 1980, Sp. 151–155, hier 151.

senschaft ihre notwendige und bleibende Eingebundenheit in sie ihrerseits wissenschaftlich erschließen kann. Er erschloss diese Eingebundenheit wiederum konsequent phänomenologisch, als Genese, in der sich die wissenschaftliche Einstellung schrittweise aus der natürlichen heraus bildet. Um den so entstehenden Zirkel nicht in einen infiniten Regress münden zu lassen, setzte er auch hier die transzendentale Reduktion voraus. Das hatte zur Folge, dass er, nach der Methode der ‚Wesensschau‘, die Analyse auf apriorische Ontologien ausrichtete, deren höchste Stufe die formale Ontologie einer apriorischen Wissenschaft von möglichen Gegenständen überhaupt, also trotz der Orientierung an der Lebenswelt eine höchste wissenschaftliche Abstraktion sein sollte.

Sachlichkeit als Fähigkeit, sich in seiner Orientierung von den Bedürfnissen zu distanzieren, die sich vom eigenen individuellen Standpunkt aus melden, ermöglicht, auch andere Orientierungen ‚gelten zu lassen‘, als ‚andere Meinungen in derselben Sache‘. ‚Gelten‘, wovon auch ‚Geld‘ abgeleitet ist (13.2.), war ursprünglich auf die Orientierung an anderer Orientierung bezogen. Sein alt- und mittelhochdeutscher Sinn ist der des heutigen ‚entgelten‘, also ‚zurückgeben‘, ‚zurückzahlen‘, wobei im Germ. noch an Opfer für Götter gedacht war. ‚Gilt‘ ein Versprechen oder eine Wette, hat man sie ‚einzulösen‘, eine Strafe hat man ‚abzugelten‘, ‚gilt es etwas zu tun‘, so ist es das, was eine Situation ‚fordert‘. *Geltung* ist zunächst die Gewährung ‚schuldiger‘ Aufmerksamkeit und Achtung, dann auch die Achtung, die etwas oder jemand genießt: in diesem Sinn gelten können Worte (‚sein Wort gilt‘), Meinungen (‚ihre Meinung gilt viel‘), Personen (‚sie gilt als seine rechte Hand‘), aber auch Geld, das ‚in Geltung‘ ist, d.h. als Zahlungsmittel anerkannt wird, und schließlich Gesetze, die allgemein anerkannt werden und *nach denen* etwas gilt, in der Religion, im Recht, in der Wirtschaft (das Geld), in der Natur.[10] Wissenschaftler arbeiten daran, Meinungen allgemein gelten zu lassen, Naturwissenschaftler, Meinungen über Gesetze der Natur allgemein gelten zu lassen, unabhängig von Situationen, Bedürfnissen, Interessen und Standpunkten, und ‚Naturgesetze‘ können dann, obwohl sie ‚gesetzt‘ sind (13.5.) und in Umbrüchen der Naturwissenschaften auch wieder anders gesetzt werden können, als Gesetze der Natur selbst erscheinen. Andere und anderes unabhängig von eigenen Bedürfnissen und Interessen gelten zu lassen, fordert *Selbstdisziplin* – NIETZSCHE hat von ‚Askese‘ und ‚asketischem Ideal‘ gesprochen und es am meisten den Wissenschaftlern

---

10 Vgl. Grimm, Deutsches Wörterbuch, a.O., Bd. 4/1/2, Leipzig 1897, 3066–3096.

zugetraut[11] -, und wissenschaftliche Gesetze gelten zu lassen, fordert freiwillige Selbstdisziplin, ohne Druck von Sanktionen. Die Sachlichkeit von Wissenschaftlern, die aus der Achtung vor wissenschaftlichen Sachverhalten und Gesetzen kommt, ist vorbildlich für die alltägliche Orientierung, als Vorsicht gegenüber eigenen Vorurteilen, Rücksicht auf andere Standpunkte und freie Einsicht, in der man andere Sichten nicht nur ‚hin-‘, sondern auch in das eigene Denken ‚aufnimmt‘. Führt sie auch zu einer sachlichen Selbsteinschätzung, reduziert sie für andere die doppelte Kontingenz der Kommunikation – auf eine abgewogene wissenschaftliche Auskunft kann man ‚etwas geben‘ -, und kann persönliches Vertrauen begründen. Die Selbstdisziplin von Wissenschaftlern begründet das *Vertrauen* in ihre Wissenschaften. Vertrauen in Wissenschaften ist, innerhalb und außerhalb der Wissenschaften, zuerst und zuletzt ein Vertrauen in Personen, die sie ‚vertreten‘.

Auch das ist sachlich gerechtfertigt: Wie kontrollierte Nachvollziehbarkeit aufgrund eines disziplinierten Zeichengebrauchs das Kriterium der Selektion von Gegenständen der Wissenschaft ist, so die Fähigkeit zur disziplinierter Sachlichkeit ein erstes Kriterium der *Selektion von Wissenschaftlern.* Sie wird in einer geregelten Karriere eigens nachgewiesen, nach wiederum sachlichen Gesichtspunkten immer wieder durch Prüfungen und Begutachtungen kontrolliert. Die Aspiranten erwerben dabei Titel, die sie als Experten ausweisen und die Teil ihrer gesetzlichen Identität werden; sie führen sie ihr weiteres Leben lang als auffällige Markierung mit. Doch je komplexer eine Wissenschaft wird, desto stärkere individuelle Unterschiede treten in den Schwerpunkten und Graden des Expertentums hervor, wodurch wieder Maßstäbe für das Expertentum notwendig werden. Bei schwer einzuordnenden und schwer zu lösenden wissenschaftlichen Problemen wendet man sich an Autoritäten unter den Experten. *Persönliche Autoritäten* sind dadurch Autoritäten, dass ihre Maßstäbe ohne weitere Begründung von andern übernommen werden, dass sie also die Plausibilitätsstandards setzen (1.3.), hier die Plausibilitätsstandards wissenschaftlicher Sachlichkeit. Autoritäten werden dann auch mit Begutachtungen betraut. Autoritäten ‚vertreten‘ als Personen die Wissenschaftlichkeit ihres Fachs. Die Sachlichkeit hat ihren Halt zuletzt in Persönlichkeiten – die ihre Autorität ihrerseits durch ausgezeichnete Sachlichkeit erworben haben müssen.[12]

---

11 Vgl. Nietzsche, Zur Genealogie der Moral III, Nr. 23–26. Zum Halt von Askese und Ideal aneinander Verf., Nietzsches ‚Genealogie der Moral‘, a.O., 170 f.
12 Vgl. Luhmann, Vertrauen, a.O., 57.

Dass man sich auch in der auf strikte Sachlichkeit eingestellten Wissenschaft zuletzt auf persönliche Autoritäten verlässt und verlassen muss, ist eine Folge des Erfolgs der Wissenschaft selbst. Je mehr die Wissenschaft ihre Sachbereiche erweitert hat, desto weniger wurde Sachkenntnis in all ihren Bereichen möglich. ARISTOTELES war der erste und wohl auch schon der letzte, der sich eigene Sachkenntnis durch eigene Forschungen in allen – vielfach von ihm auch selbst erst erschlossenen – Sachbereichen zu erwerben verstand, und er wurde so auch für zwei Jahrtausende zur maßgeblichen Autorität. Er leitete seinerseits die Einteilung der Wissenschaft in *Disziplinen* ein und unterschied sie nach Disziplinen des Zeichengebrauchs.[13] ‚Disziplin‘ ist auch der Name für ein spezifisches wissenschaftliches ‚Fach‘, einer ‚Wissenschaftsdisziplin‘, geworden, und die Disziplinen werden an Universitäten eben darum zusammengehalten, weil von Einzelnen zumeist nur eine oder wenige wissenschaftliche Disziplinen zu ‚beherrschen‘ und sie darum in allen Fragen, die Disziplingrenzen überschreiten, auf Austausch angewiesen sind.

(3) Theoretizität der wissenschaftlichen Orientierung. – Sachlichkeit als Zurücknehmen-Können des eigenen Standpunkts mit seinen individuellen Bedürfnissen und Hinsichten ist nicht schon Standpunktlosigkeit. Auch in der Wissenschaft nimmt man einen Standpunkt, den spezifisch wissenschaftlichen, in der europäischen Tradition selbstverständlich gewordenen *theoretischen Standpunkt* ein. Er ist nur in einer Sondersituation möglich, die mit beträchtlichem Aufwand hergestellt werden muss. ‚Theorie‘[14] stammt von gr. θεωρεῖν, ‚schauen‘, ‚betrachten‘, θεωρία war ursprünglich eine sakrale Festgesandtschaft, die zur ‚Schau‘ einer sakralen Zeremonie anreist. Das Verb θεωρεῖν bedeutete so ‚eigens zum Schauen kommen‘, insbesondere in ein eigens dazu errichtetes θέατρον, ein ‚Theater‘. Es war in antiken Poleis als Halbrund in exponierte Hänge gegraben und prächtig ausgestattet, diente Festspielen für Götter und

---

13 So kommt nach Aristoteles, Nikomachische Ethik, I, 1, etwa der Praktischen Philosophie eine andere Art von Genauigkeit zu als der Theoretischen: „Es zeigt den Geschulten, auf jedem Gebiet so viel Genauigkeit (τοσοῦτον τἀκριβὲς) zu verlangen, wie die Natur der Sache (τοῦ πράγματος φύσις) es zuläßt." (1094 b 23–25).

14 Was eine Theorie ausmacht, ist wiederum vielfältig definierbar. Vgl. die Artikelserie zu Theoria, Theorie, Theorieauffassung, Theorienpluralismus, Theoriesprache usw. in: Enzyklopädie Philosophie und Wissenschaftstheorie, hg. v. Jürgen Mittelstraß, Bd. 4, Stuttgart/Weimar 1996, 259–290.

sollte möglichst die gesamte Bürgerschaft aufnehmen.¹⁵ Der θεατής, der ‚Zuschauer', saß dort erhöht, überschaute das in der Orchestra, ursprünglich einem runden Tanzplatz, und auf der Bühne dargebotene Geschehen in räumlicher und mentaler Distanz. Sein Horizont war erweitert, er hatte die Übersicht über das Geschehen, kannte zumeist im groben den Verlauf und den Ausgang des (tragisch oder komisch) erschütternden Geschehens und konnte um so mehr auf Abweichungen und Neuerungen der Darbietung achten. Er konnte Spiel und Alltag unterscheiden. Er blieb ruhig sitzen und doch nicht ruhig. Er beobachtete die agierenden Schauspieler auf der Bühne und den Chor, der von der Orchestra aus deren Tun und Lassen mit Freude oder Sorge kommentierte und zuweilen auch in die Handlung eingriff.¹⁶ Der Chor vertrat die Zuschauer, und weder er noch die Zuschauer waren so *bloße* Zuschauer. Sie ‚gingen' mit dem Bühnengeschehen ‚mit' und ließen sich von ihm beunruhigen, wenn auch nicht in der Art und dem Maß, wie sie ihre alltäglichen Sorgen beunruhigten.¹⁷ Im antiken griechischen Theater konnte der Zuschauer äußerlich ruhig bleiben und am Chor die Beunruhigung beobachten, die vom Geschehen ausging und auch ihn erreichte, in der Distanz jedoch wiederum nur noch gedämpft. Er war ins Theater gekommen, um sich eben dieser gedämpften Beunruhigung auszusetzen, hatte sich dafür Zeit genommen und erlebte nun engagiert und doch ohne Zeit- und ohne Handlungsdruck und Risiko für ihn das

---

15 Vgl. Cartledge, ‚Deep plays': theatre as process in Greek civic life, in: P. E. Easterling (Hg.), The Cambridge Companion to Greek Tragedy, Cambridge 1997, 3–35. Das demokratische athenische politische Leben im 5. und 4. Jahrhundert war, so Cartledge, „also deeply theatrical outside the formally designated theatrical spaces" (3).

16 Nach Aristoteles, Poetik 4, 1448 a 7–31, ließ Aischylos zwei, Sophoklos drei Schauspieler auftreten. Ob die Rollen von Schauspielern sich aus dem Chor heraus und das Theater sich damit aus dem Ritual entwickelt haben, ist offen und umstritten (vgl. Anton Bierl, Der Chor in der Alten Komödie. Ritual und Performativität, Leipzig 2001, 11 ff.). Nach Aristoteles trat der dithyrambische Tanz des Chors allmählich hinter der von Schauspielern gesprochenen Rede zurück, in der das Geschehen weniger gezeigt als gedanklich verarbeitet wurde. Vgl. Gustav Adolf Seeck, Die griechische Tragödie, Stuttgart 2000, 39 ff. u. 206 ff.

17 Bierl, Der Chor in der Alten Komödie, a.O., 15, spricht vom „Einswerden von Zuschauer und Spieler im Prozeß einer performativen Transformation" und vom Chor als einem „Träger mehrerer nebeneinander angelegter Stimmen oder Aspekte, zwischen denen er frei zu oszillieren vermag" (19) und auf die er „selbstreferentiell" verweist, vor allem durch „das Tanzen zu Ehren des Dionysos" (41 ff., 64).

Geschehen (4.3.): er erfuhr die Orientierung ohne die Nöte der Orientierung in ‚theoretischer' Reflexion.[18]

Die griechische Philosophie, aus der im Lauf von Jahrhunderten und Jahrtausenden die Wissenschaften hervorgingen, entstand zur Zeit der Hochblüte des griechischen Theaters, das im demokratischen Athen seine prägende Form erhielt, und im Verbund mit ihm. Mit dem Theater war die ‚Theorie', die Überschau über die bedeutsamsten Ereignisse des Menschenlebens aus einem über sie erhobenen Standpunkt zur Selbstverständlichkeit geworden und bedurfte keiner besonderen Begründung mehr. SOKRATES, der für die Zukunft, so NIETZSCHE, „den Typus einer vor ihm unerhörten Daseinsform [...], den Typus des *theoretischen Menschen*", prägte,[19] ging ins Theater, wurde Gegenstand des Theaters und ergab sich, wo immer es ging, der ‚Theorie'.[20] In betonter Distanz gegenüber seinen Alltagssorgen, besorgt um das Leben der andern, gleichgültig gegen das eigene, immer beunruhigt, ohne unruhig zu werden, offen für jede Schönheit, die ihm begegnete, und ohne Scham für seine Hässlichkeit, immer neugierig auf mögliches Wissen, ohne selbst ein wirkliches Wissen zu behaupten, war er, den Berichten nach, frei zu Urteilen über die Belange des menschlichen Lebens im ganzen, aus dem

---

18 Die Tragödiendichter wirkten dabei wie Lehrer (vgl. Cartledge, ‚Deep plays', a.O., 20 f., und Simon Goldhill, The audience of Athenian tragedy, in: P. E. Easterling, The Cambridge Companion to Greek Tragedy (Hg.), Cambridge 1997, 54–68, hier 68). Aristoteles konnte so sagen, die Dichtung sei „philosophischer" als die Geschichtsschreibung (Poetik 9, 1451 b 5), und Thukydides die Athener θεαταί τῶν λόγων, ‚Zuschauer von Reden und Gedanken', nennen (Geschichte des Peloponnesischen Krieges, 3, 38).
19 Nietzsche, Die Geburt der Tragödie 15, KSA 1.98; vgl. ebd. 18, KSA 1.116. Im Anschluss nennt Nietzsche die „sokratische Cultur" „*die Cultur der Oper*": „Die Oper ist die Geburt des theoretischen Menschen, des kritischen Laien, nicht des Künstlers: eine der befremdlichsten Thatsachen in der Geschichte aller Künste." Als Gegenbewegung gegen die tragische Kultur des griechischen Pessimismus sei die Oper „der Ausdruck des Laienthums in der Kunst, das seine Gesetze mit dem heitern Optimismus des theoretischen Menschen dictirt." (ebd. 19, KSA 120, 123 f.).
20 Vgl. Diogenes Laertios, Leben und Lehre der Philosophen, a.O., II 33 u. 27. – In den Dialogen Platons, der Sokrates die Philosophie dann von der ‚Weisheit' (σοφία) ebenso der Sophisten wie der Theaterdichter scharf distanzieren ließ, tritt Sokrates gleichwohl als überlegener Sophist und Mythenerzähler auf. Vernant, Die Entstehung des griechischen Denkens, a.O., geht auf die Rolle des Theaters für die Profilierung des theoretischen Denkens nicht ein.

Recht allein der Theorie.[21] Der Typus des theoretischen Menschen prägte die europäische Kultur und schied sie, nach LEVINAS, von der jüdischen Tradition in ihr, die auf eine Theorie dieser Art, ebenso im Theater wie in der Philosophie und Wissenschaft, verzichtete, und ihre Orientierung in der Tora suchte und fand (3.2.1., 13.5.).[22] Wissenschaftler nehmen seither, wenn auch in veränderten Kontexten,[23] mit großer Selbstverständlichkeit den theoretischen Standpunkt ein, aus ‚Interesse an der Sache', das zugleich ein sachliches, aber, als Interesse, auch ein persönliches ist. Sie nehmen ihn jedoch, so wie man sich in ein Theater nur auf Zeit begibt, nur auf die Zeit ein, in der sie sich von den Belangen ihres Alltags lösen, um diszipliniert Wissenschaft treiben. Dazu bedürfen sie weiterhin einer Sondersituation. Wissenschaft wird unter aufwändig hergestellten Bedingungen betrieben, die hochgradig störungsempfindlich sind. Sie bedarf abgesonderter Räumlichkeiten – in der griechischen Antike waren das noch Haine, Hallen, Gärten, im Mittelalter Klosterzellen, Gelehrtenstuben und Hörsäle, in der Moderne mehr und mehr Labore;[24] Ablenkungen der wissenschaftlichen Disziplin müssen abgehalten werden, die Umgebung wird nur mit dem sachlich Notwendigen

---

21 Nach Nietzsche „starb", wie er seiner frühen Schrift später hinzufügte, die klassische griechische Tragödie schließlich an der „Dialektik, Genügsamkeit und Heiterkeit des theoretischen Menschen", an der „,griechischen Heiterkeit' des späteren Griechenthums" (Die Geburt der Tragödie, Versuch einer Selbstkritik 1, KSA 1.12), das, zumal nachdem es seine politische Macht an die Römer verloren hatte, aus seinem Sokratismus eine kulturelle Macht zu gewinnen verstand.

22 Vgl. Levinas, La tentation de la tentation (1964), in: Quatres lectures talmudiques, Paris 1968, 67–109, deutsch: Die Versuchung der Versuchung, in: E.L., Vier Talmud-Lesungen, aus dem Frz. übers. v. Frank Miething, Frankfurt am Main 1993, 57–95.

23 Vgl. Hans Blumenberg, Die Legitimität der Neuzeit, erneuerte Ausgabe, Frankfurt am Main 1988, 3. Teil: „Der Prozeß der theoretischen Neugierde" (263–528). Nach der Diskriminierung der Wissbegierde als Neugierde im Mittelalter wurde, so Blumenberg, die theoretische Neugierde durch die z. T. nun mathematische Naturwissenschaft in neuer Gestalt rehabilitiert. Anders als der „theologische Absolutismus" des Mittelalters blieb ihre Legitimität jedoch fraglich.

24 In der Antike, so Blumenberg, ebd., 278–280, wurde „der Mensch bis zur Stoa hin als ruhender Betrachter der Welt gesehen, im Bezugspunkt der Erreichbarkeit aller ihrer Gegenstände, an denen er Wahrheit und Genuß zugleich erfährt." Hier war die „theoretische Einstellung'" noch „nicht erkennbar als eine Grundentscheidung, wie sie Husserl in den Anfang der europäischen Tradition hineinprojiziert": „Die Sache selbst bietet sich dar und nötigt durch ihre Präsenz den forschenden Sinn auf seinen Weg", man wusste sich „vertrauensvoll als versorgtes Glied eines Kosmos".

ausgestattet, man dämpft ästhetische Reize, meidet lebhafte Stimmungen, kleidet sich dezent (4.3.); ökonomische und politische Anreize und Einflüsse werden ausgeschlossen,[25] die Freiheit der Wissenschaft wird (in Rechtsstaaten) unter grundrechtlichen Schutz gestellt: so wird eine spezifische Stimmung möglich, die *Stimmung der theoretischen Übersicht und Einsicht*, in und von der die Wissenschaft lebt.[26]

Solche situativen Bedingungen der Universalität der wissenschaftlichen Orientierung sind in den Sachbereichen der lange Geisteswissenschaften, inzwischen bevorzugt Kulturwissenschaften genannten Wissenschaften schwerer herzustellen, sofern sie es mit individuell und geschichtlich geprägten Objektivierungen des menschlichen Zusammenlebens wie Sprachen, Literaturen, Pädagogiken, Moralen, Religionen, Kunstwerken zu tun haben, leichter schon bei Kulturen übergreifender ökonomischer und politischer Strukturen und Prozesse, und je mehr von konkreten Bedürfnissen und Nöten des menschlichen Zusammenlebens abgesehen wird und man sich auf die vergleichsweise weniger komplexe ‚tote' Natur beschränkt, desto eher können, auch aus moralischen Gründen, unter ‚Laborbedingungen' Experimente angestellt und aus den immer anderen Orientierungszusammenhängen universale Gleichförmigkeiten herauspräpariert, allgemeine Regel- und Gesetzmäßigkeiten formuliert und zuverlässige Prognosen angestellt werden.[27] Aber auch hier haben sich unterschiedliche „*Wissenskulturen*" oder „wissensbezogene Orientierungen und Praktiken" ausgebildet, die die „Wissensprozesse" fragmentieren und unterschiedliche Wissenscharaktere hervorbringen. Die Wissenschaften haben „ihre eigene Geographie. Sie bestehen nicht nur aus einem Unternehmen, sondern aus vielen; aus einer Landschaft unabhängiger Wissensmonopole, die höchst unterschiedlich arbeiten und

---

25 Mit der zunehmenden Anwendungsorientierung der Wissenschaften in der Gegenwart wird dieser Ausschluss revidiert.

26 Ciompi, Die emotionalen Grundlagen des Denkens, a.O., 107, nennt sie „schöpferische Entspannung": „aus der Sicht der Affektlogik [stellt] selbst die wissenschaftliche und formale Logik […] nichts als eine spezielle Form des affektgeleiteten Denkens dar. Auch sie ist nämlich (zunächst) an eine besondere psycho-physische Befindlichkeit gebunden".

27 Vgl. Oswald Schwemmer, Die Philosophie und die Wissenschaften. Zur Kritik einer Abgrenzung, Frankfurt am Main 1990, der die Wissenschaften mit ihrer „symbolischen Fixierung der fließenden Welten" und ihrer „Herausbildung von prägnanten Wirklichkeitszentren" mit „unterschiedlicher Wirklichkeitsdichte" als „Fortsetzungen der alltäglichen Kultur" aufweist (51–57). Auch er macht dabei laufend von den Begriffen des Schemas, des Musters, des Systems (vgl. 77–84) und der Orientierung Gebrauch, thematisiert diesen jedoch nicht eigens.

unterschiedliche Produkte produzieren."[28] Die Theoretizität der wissenschaftlichen Orientierung ist hoch differenziert. Sie bedient sich unterschiedlicher Verfahren gradueller Abkürzung, durch die nicht nur der Zeichengebrauch diszipliniert, sondern auch die Randbedingungen der Untersuchungsgegenstände kontrolliert werden; am Spektrum der Wissenschaften ist abzulesen, wie Genauigkeit und Zuverlässigkeit der Orientierung mit dem Grad der Abkürzung, also der Reduktion situativer Komplexität steigt. Man kann mit mathematisch-naturwissenschaftlicher Forschungsorientierung sehr präzise eine Sonde in eine Umlaufbahn um einen Nachbarplaneten lenken, aber nicht die Finanzierung des Unternehmens garantieren und auch nicht seine Risiken für Gesellschaft und Umwelt vorab berechnen.[29] Die Wissenschaften zeigen exemplarisch eine Art *Unschärferelation in der Orientierung*, wie sie die Quantentheorie formuliert hat: je genauer die Orientierung an einer Stelle wird, desto ungenauer wird sie im übrigen.[30] Werden ihre Ergebnisse in die alltägliche Orientierung integriert, macht diese sie wiederum auf ihre Weise plausibel: hochabstrakte mathematisch-naturwissenschaftliche Theorien überzeugen dann dadurch, dass sie sich, meist im Verbund mit anderen, experimentell demonstrieren und technisch anwenden lassen, kurz: dass ‚*es funktioniert*'. Erleichtert und sichert eine durch Wissenschaft ermöglichte Technik das alltägliche Leben, wird mit der Technik auch die betreffende Wissenschaft bald als selbstverständlich hingenommen, auch wenn sie von den meisten nicht durchschaut und nachvollzogen werden kann. Dass etwas funktioniert, reicht für die alltägliche Orientierung, die wenig Zeit für Nachfragen hat, gewöhnlich aus, um es zu akzeptieren, wissenschaftliche Theorien werden für sie um so glaubhafter, je mehr sie helfen, etwas besser funktionieren zu lassen, und dies dann nicht nur in

---

28 Karin Knorr Cetina, Epistemic Cultures. How the Sciences make Knowledge, Cambridge (Mass.)/London 1999, deutsch: Wissenskulturen. Ein Vergleich naturwissenschaftlicher Wissensformen. Frankfurt am Main 2002, 11, 13, 14. Knorr Cetina stellt exemplarisch die „große internationale ‚Kollaboration'" in der experimentellen Hochenergiephysik, die „gängige soziokulturelle Zeit- und Größenskalen mit ihren langjährigen Großexperimenten" transzendiert, und die „individualistische, Handarbeits- und Arbeitsbankwissenschaft der Molekularbiologie" gegenüber, die auf „sensorische Erfahrung" angewiesen bleibt. Um vorschnelle Essentialisierungen zu vermeiden, bedient sie sich einer „komparativen Optik": „Jedes Muster, das in einer Wissenschaft detailliert werden kann, dient als Sensor für die Identifizierung und Kartierung äquivalenter, analoger, konfligierender Muster in der anderen." (14 f.).
29 Vgl. Luhmann, Die Wissenschaft des Gesellschaft, a.O., 256–267.
30 Vgl. Ulmer / Häfele / Stegmaier, Bedingungen der Zukunft, a.O., 124–132.

der Technik, sondern, unter jeweils veränderten Umständen, auch in der Ökonomie, der Politik und im Recht. Und man kann dann wieder davon überrascht werden, dass etwas, was technisch so gut funktioniert und ökonomisches Wachstum so fördert wie z. B. das benzingetriebene Automobil, schlecht mit der natürlichen Umwelt harmoniert, die man zugleich erhalten sehen möchte. Techniken, die wissenschaftliche Theorien funktionieren lassen, werden jedoch zumeist nicht aus ihnen deduziert, sondern entstehen unter Verwendung von wissenschaftlichen Resultaten aufgrund besonderer Einfälle. So können sie wissenschaftliche Theorien nur begrenzt bestätigen: „Es geht bei Technik [...] um das Ausprobieren von Kombinationsspielräumen, um kombinatorische Gewinne. Dass es funktioniert, wenn es funktioniert, ist auch hier der einzige Anhaltspunkt dafür, dass die Realität so etwas toleriert."[31]

(4) Evolution der wissenschaftlichen Orientierung. – Durchsichtigkeit, Sachlichkeit und Objektivität, Theoretizität und Universalität als Bedingungen einer besonders erfolgreichen Abkürzung der Orientierung garantieren nicht schon die ‚Wahrheit' wissenschaftlicher Theorien, wenn Wahrheit außerhalb der Orientierung als Maßstab angesetzt wird, mit dem sie übereinzustimmen hätte. Auch als wissenschaftliche kann sich Orientierung nicht transzendieren, um zu einer außerhalb ihrer bestehenden Wahrheit zu kommen und sich mit ihr zu vergleichen. *Wahrheit* ist lediglich der *Fluchtpunkt der wissenschaftlichen Orientierung*, an dem *sie* sich orientiert, ohne geltend zu machen und machen zu können, dass sie ihn je erreichen oder auch nur mit ihren Mitteln klar bestimmen könnte.[32] Wahrheit lässt sich für die moderne Wissenschaft haltbar weder positiv noch negativ bestimmen.[33] Dennoch hält man an ihr fest – als

---

31 Luhmann, Die Wissenschaft des Gesellschaft, a.O., 263.
32 Vgl. Richard Rorty, Truth and Progress. Cambridge (Mass.) 1998, deutsch: Wahrheit und Fortschritt, übers. v. Joachim Schulte, Frankfurt am Main 2000, 10 f.: „Die bedeutendste der vielen Einsichten, die ich Donald Davidson verdanke, besagt, daß niemand auch nur den Versuch machen sollte, das Wesen der Wahrheit anzugeben." Wahrheit kann, so Rorty, auch „kein Ziel der Forschung" sein: „Ein Ziel ist etwas, wovon man wissen kann, daß man darauf zusteuert oder davon abkommt." Luhmann, Die Wissenschaft der Gesellschaft, a.O., 172–174, lässt Wahrheit als „Letztorientierung" der Wissenschaft gelten.
33 Vgl. Geo Siegwart, Vorfragen zur Wahrheit. Ein Traktat über kognitive Sprachen, München 1997. Siegwart beginnt mit der „Orientierung", dass schon die „Wege" zu Antworten auf die Frage nach der Wahrheit in den Wissenschaften „prozeduralen", „solvativen", „interrogativen", „präsuppositionalen" und „grammatisch-semantischen Dissensen" unterliegen: umstritten sind die Verfahren, in den Wissenschaften zu Wahrheit zu kommen, die Möglichkeit, ob sie überhaupt zu

Fluchtpunkt und ohne sie fest zu bestimmen: in der wissenschaftlichen ist wie in der alltäglichen Orientierung etwas *so lange wahr, wie ihm nicht widersprochen wird*. Es ist dann selbstverständlich, ‚fraglos' wahr: „Der schlicht Wissende kann etwas wissen, ohne zu wissen, daß er es weiß."[34] Wird es durch neue Anhaltspunkte ‚fragwürdig' oder wird ihm von andern widersprochen, muss es, aber erst dann, ‚behauptet' werden. Dann müssen Argumente gefunden und abgewogen werden, wieweit sie zur ‚Stützung' der Behauptung ‚taugen', und daraufhin muss man entscheiden, ob und wie weit man an seiner Wahrheit festhalten will. Um sich auf „Wissenskontrolle" einzulassen, muss es aber einen Anlass geben, und auch zu dieser Wissenskontrolle kann man sich dann „kognitiv verhalten", fragen, wieweit sie zu einem gegebenen Punkt, in einer gegebenen Situation sinnvoll und passend ist.[35] Die Wissenschaft macht auch das exemplarisch deutlich. Sie geht ebenfalls von selbstverständlich als wahr geltenden, sei es vorwissenschaftlichen oder wissenschaftlichen, Annahmen aus und unterzieht sie, wenn damit schwer vereinbare Beobachtungen gemacht werden, der *Prüfung*. Sie vollzieht sich als Kritik – als kritische Distanzierung von als wahr geltenden Annahmen. Neue Annahmen bleiben ihrerseits fraglich, bis sie ‚sich durchsetzen' und wieder selbstverständlich werden. Geforscht wird im Bewusstsein des Strebens nach der Wahrheit; sichtbar wird dabei allein die Überholung von Wahrheiten. Wahrheit ist so der zur jeweiligen Zeit selbstverständlich gewordene ‚Stand der Forschung', der thematisiert wird, um überholt zu werden, der *vorläufige Stand*.

Die Wissenschaft ist danach, mit BLUMENBERG, ein „theoretischer Prozeß".[36] Sie beschreibt ihn selbst gewöhnlich als Vorgehen nach ‚Versuch und Irrtum' (trial and error); POPPER hat in seiner Wissenschaftstheorie von methodischer ‚Falsifikation' gesprochen. Er sah die Wissenschaft wenigstens auf dem Weg der ‚Annäherung' an die Wahrheit; doch selbst dafür hat man nur das Kriterium der ‚Bewährung', nach dem

---

Lösungen führen können, die Bedingungen, unter denen die Frage nach ihr sinnvoll gestellt werden kann, die Voraussetzungen, die dabei gemacht werden, und die Begriffe, die dabei verwendet werden (1). Ein solches „durchgehend kontroverses Problem, dessen (Haltbarkeits-, Lösbarkeits-, Prozedural-) Standards ihrerseits durchgehend kontroverse Fragen veranlassen, ohne daß für deren Beantwortung verbindliche Maßstäbe bereitstehen usf.," ist „ein in der jeweiligen Gruppe *überkomplexes Problem*", und überkomplexe Probleme sind typisch für die Philosophie (2).

34 Luhmann, Die Wissenschaft der Gesellschaft, a.O., 170.
35 Ebd., 171.
36 Blumenberg, Legitimität der Neuzeit, a.O., 273.

Hypothesen, die man selbst bildet, zu den Beobachtungen, die man selbst heranzieht, passen oder nicht.³⁷ Der ‚Fortschritt' geht nicht auf ein greifbares Ziel zu, sondern lediglich über nicht mehr haltbare Annahmen hinaus; auch er verläuft als Evolution, die auf Kontingenz, nicht auf Notwendigkeit beruht. Die Evolution kann dennoch unter kontingenten Bedingungen Notwendigkeit schaffen. Nach KUHNS Unterscheidung von ‚normaler' und ‚revolutionärer' Wissenschaft (10.1., 10.4.) sind, wenn eine Wissenschaft einmal ‚normalisiert' ist, d. h. bestimmte sachliche und methodische Annahmen verbindlich akzeptiert hat, notwendige, fraglose Erklärungen möglich, ‚Erklärungen', die dem Überraschenden das Moment der Überraschung nehmen, indem sie es ‚klar', durchsichtig machen (4.2.) und auf diese Weise ‚sicher' orientieren. ‚Normale' Wissenschaft verspricht und leistet eine *Orientierung ohne Überraschungen.* Sie ist darin höchst attraktiv für die Orientierung im ganzen. Ihre Annahmen können sich schrittweise in konkreten ‚Forschungsergebnissen' bewähren, die wiederum bessere Prognosen ermöglichen.³⁸ Der Fluchtpunkt der Forschung ist dann: *vollständige Wahrheit im vollständigen System einer Wissenschaft.* Doch überraschende Beobachtungen von Belang, die dauerhaft nicht nach den akzeptierten Annahmen zu erklären sind, können zu deren ‚Revolutionierung', zu einer *überraschenden Umorientierung auch in den Kriterien der Erklärung,* also zu einem ‚Paradigmenwechsel' führen. Er erscheint aus der Sicht des alten Paradigmas als kontingente Evolution, kann aber aus der Sicht des neuen wieder als notwendiger Fortschritt dargestellt werden. So können die beteiligten Wissenschaftler den Paradigmenwechsel ebenso als kontingente und überraschende wie als notwendige und erwartbare Umorientierung sehen.³⁹ Sie orientieren und

---

37 Vgl. Karl Popper, Logik der Forschung [1934], 6., verb. Aufl. Tübingen 1976, xxvi: „*Eine Annäherung an die Wahrheit ist möglich.* [...] Aber: [...] Sicheres Wissen ist uns untersagt. *Unser Wissen ist ein kritisches Raten; ein Netz von Hypothesen; ein Gewebe von Vermutungen.*"
38 Nach Rorty, Wahrheit und Fortschritt, a.O., 13, ist es „allem Anschein nach ausreichend, den wissenschaftlichen Fortschritt im Sinne der gesteigerten Prognose-Fähigkeit zu definieren."
39 Vgl. die Debatte in: Imre Lakatos und Alan Musgrave (Hg.), Criticism and the Growth of Knowledge, London 1970, deutsch: Kritik und Erkenntnisfortschritt, übers. v. P. K. Feyerabend u. A. Szabó, Braunschweig 1974. Lakatos selbst arbeitet mit der (Orientierungs-) Unterscheidung von Zentrum (‚hard core') und Peripherie. Danach wird ein Forschungsprogramm oder Paradigma nicht schon aufgrund überraschender Beobachtungen aufgegeben, die es falsifizieren, sondern erst, wenn ein anderes Forschungsprogramm in Sicht ist, das es ersetzen kann.

entscheiden sich in ihrer wissenschaftlichen Arbeit nach ihren jeweiligen Forschungsinteressen so oder anders.

Dass die Wahrheit in Gestalt eines Fluchtpunkts offengehalten wird, eröffnet den *Wettbewerb* auch unter Forschern. Sie machen ihre ‚Beiträge' zu ihren Forschungsbereichen in einschlägigen Organen öffentlich bekannt, und die anderen, die in denselben Bereichen arbeiten, setzen sich mit ihnen systematisch auseinander. Dies ist das *Ideal der Orientierung an anderer Orientierung: dass alle diszipliniert erstellte sachliche Beiträge aller ständig und ausdrücklich berücksichtigen und sich mit ihnen auseinandersetzen, um zu einer gemeinsamen Orientierung zu kommen.* Die Wissenschaft hat dafür, ohne Zeitdruck und ökonomische, politische und juristische Entscheidungszwänge (sie kann an sie gestellte Fragen auch offenlassen), die besten Bedingungen. Schon im alltäglichen ‚Wissenschaftsbetrieb' stellen sich jedoch die gewöhnlichen Orientierungsbedingungen wieder her. Im Kampf um Reputation, der ‚Zurechnung' von wissenschaftlichen Entdeckungen und Neuerungen, entstehen erneut Zeitdruck und Entscheidungszwang;[40] um der erste zu sein, muss man rasch publizieren, darum zügig seine Forschungen abschließen und Argumentationen rechtzeitig abbrechen. Die Übersicht über den Stand einer Wissenschaft selbst in eng begrenzten Forschungsbereichen bleibt angesichts der ‚Flut' von Beiträgen zumeist schwer. So sind auch Wissenschaftler genötigt „zum Erwerb der Fähigkeit des provisorischen Umgangs, transitorischen Vertrauens". Sie müssen sich in der „Beschleunigung des theoretischen Prozesses", dem raschen Sinken der „Halbwertzeit des Überholtwerdens" wissenschaftlicher Ergebnisse, ihrerseits immer neu unter Ungewissheit orientieren.[41]

Forschungsprogramme fungieren so selbst als Anhaltspunkte der wissenschaftlichen Orientierung.

40 Vgl. Luhmann, Die Wissenschaft der Gesellschaft, a.O., 244–251. Als „Nebencode" des Wissenschaftssystems (neben dem Code wahr/unwahr) kann „der Reputationscode wichtige Orientierungsfunktionen übernehmen, Motive wecken oder ersticken, Personalselektion und Publikationsauswahl steuern und mit all dem die Orientierung an wahr/unwahr mehr oder weniger verdecken." (251).

41 Blumenberg, Legitimität der Neuzeit, a.O., 273–275. Sofern die „Voraussetzung der individuellen Verfügbarkeit der Wahrheit in ihrer Totalität" nicht mehr haltbar ist, wird die wissenschaftliche Wahrheit, so Blumenberg, „nicht als Besitz, sondern als Potential institutionalisiert".

14.2. Künstlerische Orientierung: kreative Desorientierung

(1) Attraktivität der künstlerischen Orientierung. – Wenn Wissenschaft als Theorie zuerst durch das Theater selbstverständlich wurde, um sich dann unauffällig in Sondersituationen zu entfalten, so macht Kunst Sondersituationen auffällig. Sie zeigt sie durch besondere Vorzeichen an: durch attraktive Räume für Ausstellungen Bildender Kunst und für Theater-, Tanz- und Musikaufführungen und durch ihrerseits attraktive Einladungen, sich dort zu bestimmten Zeiten einzufinden. Auch zur einsamen Lektüre von Literatur zieht man sich, soweit möglich, zu besonderen Zeiten in besonders geeignete Räume zurück. Künstlerische Orientierung ist mit Freiheit, Muße und Freude verbunden. Was Kunst ‚bietet', sind *Orientierungswelten von besonderer Attraktivität:* solange sie der Darstellung des Heiligen, Wohlgestalteten und Mächtigen verpflichtet war, im Zeichen der Schönheit, nachdem sie in der Romantik ihre Autonomie erlangt hatte und demonstrativ selbstbezüglich geworden war, mehr und mehr im Zeichen des Interesses an den Mitteln und Möglichkeiten der Kunst selbst. Der Übergang von der Darstellung zur Selbstdarstellung führte zu einer besonderen Attraktivität der Kunst für Künstler (ein Theaterregisseur erläutert seine Inszenierung: ‚mich hat am Stück interessiert …' und kann vor allem mit dem Interesse anderer Regisseure rechnen). Beides, das Schöne und das Interessante, ist auf seine Weise willkommen und angenehm, attraktiv. Auch nach der Ausdifferenzierung der ‚Kunst für Kunst' (l'art pour l'art) oder der ‚Kunst für Künstler'[42] hielt sich eine Kunst zur ‚Unterhaltung', die die alltägliche Orientierung le-

---

42 Vgl. (den Künstler) Nietzsche in der Vorrede (4) zu seiner *Fröhlichen Wissenschaft:* „Wie boshaft wir nunmehr dem grossen Jahrmarkts-Bumbum zuhören, mit dem sich der ‚gebildete Mensch' und Grossstädter heute durch Kunst, Buch und Musik zu ‚geistigen Genüssen', unter Mithülfe geistiger Getränke, nothzüchtigen lässt! […] Nein, wenn wir Genesenden überhaupt eine Kunst noch brauchen, so ist es eine *andre* Kunst – eine spöttische, leichte, flüchtige, göttlich unbehelligte, göttlich künstliche Kunst, welche wie eine helle Flamme in einen unbewölkten Himmel hineinlodert! Vor Allem: eine Kunst für Künstler, nur für Künstler!" (KSA 3.351). – Erst mit der Ausdifferenzierung der Kunst als autonomem Funktionssystem am Ende des 18. Jahrhunderts wird, so Luhmann, Die Kunst der Gesellschaft, a.O., 290 f., von ‚der' Kunst geredet und wird ‚Kunst' zugleich Bezeichnung des Produkts und der Produktion des Produkts – ‚die' Kunst ist nicht die Gesamtheit der Künste oder der Kunstwerke, sondern die Kunst in ihrer Selbstbezüglichkeit. Zuvor wurden die Künste mit ihren unterschiedlichen Materialien, Ausdrucksqualitäten und Entwicklungen nicht als Einheit gesehen.

bendig erhält (7.1., 13.3.). Sie ist inzwischen weitgehend der Unterhaltungsindustrie, an der auch Buchverlage und die Filmindustrie teilnehmen, und vor allem dem Massenmedium Fernsehen überlassen, die alle (mehr oder weniger) unter ökonomischen Bedingungen arbeiten. Sie sind ebenfalls auf Überraschungen ausgerichtet. Während die Wissenschaft Überraschungen durch Erklärungen aufzulösen sucht, inszeniert die ‚ernste' wie die ‚unterhaltende' Kunst sie attraktiv. Die Kriterien der Attraktivität können wechseln und müssen wechseln, sofern auch das Schönste und Interessanteste mit der Zeit an Attraktivität verliert. Wie die Wissenschaft den Wechsel von Paradigmen, so kennt die Kunst den Wechsel von Stilen und Formaten, den sie seinerseits gewöhnlich attraktiv inszeniert. Kunst stellt so heraus, dass Orientierung attraktiv sein muss, damit ihr gefolgt wird (7.4.).

(2) Künstlerische Orientierung als Erfindung. – Künstlerische Orientierung ‚erfindet': das Präfix ‚er-' bedeutete einmal ‚ur-', den Anfang von Neuem. Durch ihre Freiheit zur Erfindung oder der Lizenz zur Fiktion hebt sich Kunst von der alltäglichen Orientierung ab.[43] Statt wie die Wissenschaft die Orientierung durch Begrenzung des Zeichengebrauchs zu disziplinieren, erweitert und verflüssigt sie ihre alltäglich eingespielten Grenzen und entwirft aus der alltäglichen Orientierung (mehr oder weniger) herausfallende und darum in ihr auffällige Orientierungswelten. Sie sind auffällig in den ‚Stoffen' – Literatur, Schauspiel und Film bieten besonders geglückte oder schwere, anziehende oder abstoßende Erfahrungen und Geschicke, Bildende und Darstellende Kunst und Musik herausragend gelungene Bild-, Bewegungs- und Tongestalten – und auffällig in der überraschenden Art ihrer Passungen (7.8.) oder, sofern sie kunstvoll gestaltet werden, ‚Kompositionen'. *Kunst komponiert neue Orientierungswelten.* Sie schließt ebenfalls an die alltägliche Orientierung an, nimmt (mehr oder weniger) ihre Realitäten auf, jedoch unter den Vorzeichen ihrer Sondersituation (des Theaters, Kinos, Konzertsaals, Museums usw.), die zulassen, alltägliche Routinen auf Zeit zu suspendieren und dadurch Überraschungen zu schaffen. Sie macht diese Überraschungen *übersichtlich*, indem sie sie durch die Räume und Zeiten einerseits ihrer Sondersituationen, andererseits ihrer Stoffe, des Erzählten, Dargestellten oder Ausgestellten, begrenzt. Nur in klar begrenzten Räu-

---

43 Kunst und Wissenschaft lassen sich dabei, so Goodman, Weisen der Welterzeugung, a.O., Kap. VI: „Die Erfindung von Tatsachen", nicht scharf abgrenzen, aber auch nicht ineinander übersetzen. Sie haben jeweils eigene Kriterien ihrer „Richtigkeit".

men und Zeiten lassen sich Spannungen und Überraschungen klar darstellen. Um sie vollkommen überschaubar zu machen, wird alles, was die Attraktivität einer erzählerischen, dramatischen, filmischen, choreographischen, musikalischen oder bildlichen Darstellung nicht steigert, weggelassen, ausgeschlossen, seien es Randbedingungen oder Details. Auch Kunst ist eine *Abkürzung* der Orientierung in Zeichen, sie jedoch zum Zweck der Markierung und Konturierung des Dargestellten und der Mittel der Darstellung selbst. Auch Kunst verlangt *Disziplin* im Zeichengebrauch, sie jedoch eine Disziplin, die nur sehr begrenzt in Regeln ‚handwerklichen Könnens' zu fassen und in der Hauptsache, der Fähigkeit, mit neuen Gestaltungsweisen und Gestaltungsfeldern zu überraschen, gar nicht zu verallgemeinern ist – die Disziplin ihrer Abkürzungen wird nicht wie in den Wissenschaften einer ‚community', sondern *individuellen Künstlerpersönlichkeiten*, (undefinierbaren) ‚Genies' zugeschrieben. Und auch sie stehen im Wettbewerb, sie jedoch nicht um die besten Beiträge zu einer von allen in gleicher Weise nachvollziehbaren Orientierung, sondern um wiederum individuelle Zustimmung für ihre frei gestalteten Orientierungswelten, die anderen ‚gefallen' können oder nicht. Das ‚Publikum' von Kunst braucht für sein *Gefallen* keine allgemeinen Kriterien zu haben, jeder kann eigenen folgen; das Wort ‚gefallen' hatte im Mhd. noch den Sinn von ‚zufallen' und wurde vornehmlich für das Fallen von Würfeln und Losen gebraucht. Man kann offenlassen, *warum* Kunst gefällt oder nicht: Kunst ist ohne Gründe durch ihre bloße Attraktivität plausibel oder nicht. Und eben dadurch macht sie Kriterien der Attraktivität und Plausibilität in der alltäglichen Orientierung merklich.

(3) Künstlerische Orientierung als Spiel und Ernst. – Kompositionen, Passungen in künstlerischen Erfindungen, wirken ‚spielerisch'. Den Künsten wird (mehr oder weniger) ‚freies Spiel' beim Testen von Wahrnehmungs-, Handlungs- und Deutungsmöglichkeiten der Orientierung gelassen, ihnen werden besondere *Spielräume* eingeräumt. Beim Eintritt in ihre besonderen Orientierungswelten lässt man die eigenen Nöte und Bedürfnisse zurück und öffnet sich andern, um sie distanziert zu reflektieren, nun auf begrenzte Zeit und ganz ohne Entscheidungszwang; in den Sondersituationen der Künste ist es mit den Orientierungen einmal nicht ‚ernst', man muss auf ihre Darstellungen hin selbst nicht handeln (4.3., 15.2.). Dennoch kann es *im* Spiel ernst werden, und dieser Ernst kann, wo er die eigene Orientierung berührt (Jugendliche mit Lust auf Abenteuer sehen Filme über Jugendliche in Abenteuern, Eheleute in Ehekrisen sehen Stücke über Eheleute in Ehekrisen), auf sie

durchschlagen. Macht Kunst auf allgemeine Nöte aufmerksam, um Anstöße zu ihrer Behebung zu geben, kann sie zur ‚moralischen Anstalt' (SCHILLER) werden. *Mit* dem Spiel ist es auch ernst für die Künstler, einerseits in dem, was sie darstellen, andererseits im ‚Erfolg', mit dem sie es darstellen. Die Freiheit der künstlerischen Orientierung lässt weit weniger Institutionalisierung zu als die ökonomische, mediale, politische, rechtliche, pädagogische, wissenschaftliche und religiöse, und so kennt ihr ‚Betrieb' außerhalb der nur wenige Stellen bietenden Akademien, Schauspiel- und Opernhäuser, Museen und Verlage keine klar vorgezeichneten Karrieren und auf Lebenszeit gesicherte Einkommen. Künstler konkurrieren mit ihren individuellen Fähigkeiten, Stilen und Persönlichkeiten vor einem wählerischen Publikum und einer noch wählerischeren Kritik im Wettbewerb um Reputation; sie werden mit dem, was sie an Fähigkeiten, Stilen und Persönlichkeit ‚mitbringen', identifiziert und auf einem Markt, der zugleich *Identitäts- und Käufermarkt* ist, ‚gehandelt', und weil es in der Kunst zuletzt um Gefallen oder Nicht-Gefallen geht, sind die Chancen, dort ‚anzukommen', besonders ungewiss. Künstler haben dann, soweit sie nicht Stellen in Institutionen suchen und finden, die Wahl, sich ihrerseits an dem zu orientieren, was dem Publikum, von dem sie leben, gefällt und damit auf Überraschungswerte zu verzichten oder im Sinn der autonomiebewussten Kunst erwartete Überraschungen überraschend zu enttäuschen, beides mit hochriskanten Marktchancen. Haben sie Erfolg, können sie im ersten Fall zu Marktführern, im zweiten Fall zu *Autoritäten* ihrer Kunst und unter besonders glücklichen Umständen zu beidem werden und dann von sich aus in kaum noch begrenzten Spielräumen künstlerische Maßstäbe setzen *und* den Markt bestimmen, wie es etwa TIZIAN und PICASSO in der Bildenden Kunst gelungen ist. Dann erfüllen sie das *Ideal individueller Gestaltungsfreiheit der Orientierung*. Selbst einzelne Werke können künstlerische Umorientierungen auslösen, Autoritäten für die Ausbildung neuer Standards und damit ‚klassisch' werden. Sie werden dann so selbstverständlich, dass ihre Kunst nicht mehr ohne sie zu denken ist, wie etwa die ‚ernste' Musik nicht ohne BACH, MOZART, BEETHOVEN, SCHUBERT oder Pop nicht ohne BEATLES und ROLLING STONES. So stellt die Kunst wie nichts sonst das Gewicht des Einzelnen gegenüber dem Allgemeinen für die Orientierung heraus.

(4) Künstlerische Orientierung als Irritation. – Kunst tritt, wo es ihr mit ihrer Autonomie ernst wird, gegenüber den anderen Funktionssystemen der Kommunikation der Gesellschaft als *kreative Desorientierung* auf. Sie stellt, nachdem sie sich aller Verbindlichkeiten und Verpflich-

tungen in ihren Darstellungen entledigt hat, ihren Erfindungsreichtum mehr und mehr in den Dienst der Irritation: sie macht nachhaltig auf die Kontingenz eingespielter Orientierungen im Alltag und in den anderen Funktionssystemen aufmerksam. Sie überschreitet nicht nur in eigens geschaffenen Sondersituationen die gewohnten Funktionszusammenhänge, sondern kann sich auch in alltäglichen Situationen, auf belebten Straßen und Plätzen, durch Funktionslosigkeit auffällig machen. Sie wird eben dadurch attraktiv, dass sie keine Funktion in einem Funktionszusammenhang, keinen Sinn in einem Sinnzusammenhang hat, dass sie *auffällig funktionslos, auffällig sinnlos* ist. Man kann zunächst ‚nichts mit ihr anfangen'. So irritiert sie die alltägliche Orientierung und provoziert sie, einen Sinn für sie zu suchen. Wo immer der Orientierung etwas als sinnlos auffällt, sucht sie sich geeigneter Anhaltspunkte und Vorgehensweisen zu versichern, um es in ihre Sinnzusammenhänge einzuordnen. Kunst lädt durch ihre Attraktivität dazu ein und verweigert es zugleich durch ihre Funktionslosigkeit. So wirkt sie paradox, verunsichert, stört die Wahrnehmungs-, Handlungs- und Deutungsroutinen.[44] Fällt etwas unangenehm als sinnlos auf, sträubt man sich gegen eine Korrektur seiner Routinen, fällt es angenehm auf, ist man offen für sie. *Irritierende Kunst macht der Orientierung Lust, ihre Wahrnehmungen, Handlungen und Deutungen laufend selbst zu korrigieren.* Mit der Selbstkorrektur der Orientierung verfliegt die Irritation; was zuvor angenehm irritiert hat, hat nun wieder in Routinen gefunden und kann nach Kriterien beurteilt werden. Auch irritierende Kunst wird dann *als* Kunst erkannt (‚Ah, das ist Kunst!') und eingeordnet, und mit wachsender Übersicht werden dann eine Philosophie und Wissenschaft auf dem ‚Stand' der Kunst möglich mit (mehr oder weniger) klaren Standards und bewährten Methoden, um klare Orientierung auch hier zu schaffen. So wird sie wieder *unauffällig sinnvoll.*

(5) *Künstlerische Orientierung als Kultur.* – Was einmal auffällig sinnlos war, wird unauffällig sinnvoll – Kunst, die selbstverständlich wird, wird zur Kultur. Das Wort ‚Kultur' (um seine Herkunft hier nachzuholen) kommt von lat. ‚colere', ‚Äcker bebauen, Pflanzen ziehen, Menschen erziehen'; Kultur bedarf der ‚Pflege' und für diese Pflege lange Zeit, und in der langen Zeit, die die Pflege braucht, wird sie zugleich selbstverständlich. Das gilt nicht erst für die Kunst, sondern auch für alltägliche praktische Tätigkeiten (‚Esskultur', ‚Gesprächskultur'), für das Recht

---

44 Vgl. Luhmann, Die Kunst der Gesellschaft, a.O., 485 ff. Luhmann sieht „in der modernen Kunst das Paradigma der modernen Gesellschaft." (499).

(13.5.(4)), das Wissen (14.1.(3)) und die übrigen Funktionssysteme. Kultur, die selbstverständlich geworden ist, fällt nur noch auf, wenn gegen sie verstoßen wird. Um so mehr fallen *in* einer Kultur *andere* Kulturen auf, teils unangenehm, teils angenehm. Sie erscheinen wie die Künste als funktions- und sinnlos. Fallen sie angenehm auf, können sie wieder als Kunst wahrgenommen werden. Auch sie entwickeln Stile. Reflektiert eine Kultur ihre Fremdwahrnehmung in anderen Kulturen und stellt sie sich in bestimmten Stilen für sie dar, wird sie zu Folklore. Befasst sich die Kulturwissenschaft mit Kulturen, werden sie mit expliziten Funktions- und Sinnzusammenhängen ausgestattet und dadurch vergleichbar und plausibel gemacht. Aber auch dann bleibt die jeweils eigene Kultur der unauffällig selbstverständliche Deutungshintergrund – bis die in der eigenen Kultur angesiedelte Kulturwissenschaft bereit ist, sich von fremden Kulturen in ihren Plausibilitätsstandards verunsichern und korrigieren zu lassen. Die Kulturwissenschaft wird dann ihrerseits kreativ desorientiert.

14.3. Religiöse Orientierung: Halt am ewig Unbegreiflichen

(1) Religion als Orientierung. – Wenn die *wissenschaftliche Orientierung* von der alltäglichen kritisch distanziert, indem sie vom individuellen *Standpunkt* löst und einen theoretischen bezieht, von dem aus sie die Bedingungen der Orientierung mit Hilfe eines eigens disziplinierten Zeichengebrauchs analysiert, und die *künstlerische Orientierung*, indem sie die Grenzen des Zeichengebrauchs individuell erweitert und spielerisch attraktive und irritierende *Orientierungswelten* entwirft, so die *religiöse Orientierung*, indem sie jenseits der begrenzten *Horizonte* aller Orientierungswelten Halt an einem überall und immer Gegenwärtigen sucht. Herrscht in der wissenschaftlichen Orientierung *Sachlichkeit* vor und in der künstlerischen *Attraktivität*, so eröffnet die religiöse Orientierung *ewige Allgegenwärtigkeit*. Die Monotheismen in der europäischen Tradition (um die es im Folgenden lediglich geht) beziehen sich auf die unermesslichen Räume und Zeiten des Weltgeschehens im ganzen, setzen ihm mit Schöpfung und Gericht dennoch einen Anfang und ein Ende und überschreiten seine Zeit noch einmal durch die zeitlose Ewigkeit eines allmächtigen, allwissenden und allgütigen Gottes, der als unendlich kundiger Künstler die Welt geschaffen hat, als unendlich wissender Weiser ihre Geschicke lenkt, dem jenseits aller Standpunkte all diese Standpunkte vollständig durchsichtig sind und der in seiner unendlichen

14.3. Religiöse Orientierung: Halt am ewig Unbegreiflichen 529

Güte in ihrer aller Sinn handelt. So gibt die Religion das *Panorama einer guten Orientierung in den Dimensionen der Allgegenwart und Ewigkeit.* Auf dem Gipfel der Religionsphilosophie der Moderne fasste es LEIBNIZ in den Orientierungsbegriffen von Standpunkt, Horizont und Perspektive (6.2.). KANT hielt trotz seiner „Kritik aller Theologie aus spekulativen Prinzipien der Vernunft" am „Bedürfniss der Vernunft" fest, sich „im unermeßlichen und für uns mit dicker Nacht erfüllten Raume des Übersinnlichen [...] zu orientiren"[45] (3.2.2.). Die gegenwärtige Religionsphilosophie setzt mit vielfältigen Orientierungsbegriffen an. Danach soll Religion vor allem Orientierung geben, Orientierung sein.[46] Sie lässt sich inzwischen am ehesten als *Ausrichtung auf Gott* (oder außerhalb der Monotheismen auf Götter oder Göttliches) fassen. Der Sinn des Wortes ‚Religion', der von CICERO auf lat. ‚religere', ‚achten', von dem Christen LAKTANZ auf lat. ‚religare', ‚binden', zurückgeführt wurde und so seither die sorgfältige Beachtung der Bindung durch Gott und an Gott, einen ebenso strafenden wie gnädigen Gott, umfasste,[47] trat im Europa des 19. und 20. Jahrhunderts mehr und mehr hinter dem Bedürfnis nach einer Orientierung durch einen immer gütig helfenden Gott zurück, das sich

---

45 Kant, Kritik der reinen Vernunft, A 631/B 659 ff., und: Was heißt: Sich im Denken orientiren?, AA VIII, 137. Vgl. zum aktuellen Bedürfnis nach Religion Georg Simmel, Die Religion (1906), in: G.S., Gesamtausgabe, hg. von Otthein Rammstedt, Bd. 10, hg. v. Michael Behr / Volkhard Krech / Gert Schmidt, Frankfurt am Main 1995, 39–118, Thomas Luckmann, Die unsichtbare Religion (zuerst in engl. Sprache New York 1967), Frankfurt am Main 1991, und darin die Einleitung zur deutschen Ausgabe von Hubert Knoblauch, Die Verflüchtigung der Religion ins Religiöse, 7–41, der die an Luckmann anschließende religionssoziologische Forschung aufarbeitet.

46 Dalferth, Die Wirklichkeit des Möglichen, a.O., bes. 6–46, entwickelt seine hermeneutische Religionsphilosophie als erster systematisch vom „orientierungsphilosophischen Ansatz" aus. Vgl. Verf., Gott zur Orientierung. Aus Anlaß von Ingolf U. Dalferths *Die Wirklichkeit des Möglichen. Hermeneutische Religionsphilosophie,* in: Allgemeine Zeitschrift für Philosophie 30.1. (2005), 97–107. Zum aktuellen Stand der Religionsphilosophie vgl. Dalferth, ebd., 65–115. – Ingolf Dalferth danke ich zugleich für wertvolle kritische Einwände.

47 Zur Problematik des summarischen Religionsbegriffs für unterschiedliche Haltungen in unterschiedlichen Kulturen, die unter ihn subsumiert werden, vgl. U. Dierse, Art. Religion I, in: Historisches Wörterbuch der Philosophie, Bd. 8, Basel/Darmstadt 1992, Sp. 632 f. Zur schillernden Bedeutung von lat. ‚religio' vgl. C. H. Ratschow, Art. Religion II, Antike und Kirche, ebd., 633 f. Der Sinn der sorgfältigen Beachtung, den Cicero dem Wort ‚religio' gab, konnte sich nicht nur auf Götter, ihren Willen und ihnen gewidmete Riten, sondern zunächst z. B. auch auf die Einladung zu einem Essen beziehen. Laktanz' Ableitung des Wortes aus ‚religare' wurde von Augustinus übernommen.

um so stärker meldet, je schlimmer die Nöte sind, in die Menschen geraten, und das um so größere Erleichterung erfährt, wenn die Nöte glücklich überwunden sind.

(2) Religiöse Paradoxien. – Die religiöse Orientierung macht, für aufgeklärte Menschen, den Anfang schwer. Als Ausrichtung auf Gott geht sie von einer klar bezeichneten Start-Paradoxie aus, der alles beherrschenden Paradoxie, dass Gott der ist, aus dem alles zu begreifen ist, der seinerseits aber unbegreiflich ist (1.2., 3.2.1., 9.1.). Auf die Frage nach seinem Namen gibt er nur die Antwort „Ich bin, der ich bin" (Ex 3, 14),[48] für seine Identität nur den Anhaltspunkt, „der dich [Mose und das Volk Israel] aus Ägypten, dem Sklavenhaus, geführt hat", und er verbietet, sich ein Bild von ihm zu machen (Ex 20, 2 u. 4). Als Schöpfer des Himmels und der Erde und Lenker ihrer Geschicke und – für das Christentum – Vater seines Sohnes Christus wirft er weitere Paradoxien auf wie: was war vor dem Anfang? vor der Schöpfung? war dann Zeit vor der Zeit? hat Gott die Welt aus dem Nichts geschaffen? hat er auch sich selbst geschaffen? wie kann Gott sich Menschen offenbaren, wie können sie, als Menschen, ihn verstehen? wie kann er gerecht und zugleich barmherzig sein? wie kann Gott als Mensch in die Welt kommen? wie kann Gott zugleich Vater und Sohn sein? wie kann er und sein Sohn bei jedem Einzelnen zugleich sein, wie kann man alle als seine Nächsten lieben? wie kann Christus aufrufen, die Gebote des Vaters zu befolgen, und zugleich, dem Bösen nicht zu widerstehen? wie kann Gott zulassen, vielleicht sogar wollen, dass sein Sohn am Kreuz stirbt, und sein Sohn dann in seinem letzten Wort am Kreuz fragen, warum Gott ihn verlassen habe? wie kann Christus auf den, der ihn drei Mal verleugnet, seine Kirche bauen? wie kann der Glaube an Gott, wenn er eine von ihm gewährte Gnade ist, die einen ein-, die andern ausschließen? wie kann man, mit der von Gott geschenkten Vernunft, beweisen, dass es ihn gibt, wenn andere mit derselben Vernunft beweisen können, dass es ihn nicht gibt? warum kann, nach dem Opfertod des Erlösers vom Übel, noch so viel Übel in der Welt sein? wie kann Gott Kriege zulassen und selbst Kriege unter denen, die an ihn und seinen Sohn glauben? wie kann Gott sein auserwähltes Volk von einem gläubigen Volk zu Millionen ermorden lassen?

---

48 In anderer Übersetzung „Ich werde sein, der ich sein werde" oder „Ich werde dasein, als der ich dasein werde" (so Martin Buber gemeinsam mit Franz Rosenzweig, Die Schrift, 10., verb. Aufl. der neubearb. Ausgabe von 1954, Gerlingen 1976, Bd. 1, 158) oder „Ich bin der ‚Ich-bin-da'" (so die Einheitsübersetzung der Bibel, Stuttgart 1980).

14.3. Religiöse Orientierung: Halt am ewig Unbegreiflichen 531

Theologie, Religionskritik und Religionsphilosophie haben sich an solchen Paradoxien abgearbeitet und entwickeln immer neue Unterscheidungen, um sie zu entparadoxieren. Zuletzt hat LUHMANN vorgeschlagen, die „Ausgangsparadoxie" als Einführung der Transzendenz in die Immanenz oder des Unbeobachtbaren in das Beobachtbare zu entfalten.[49] *Die Religion kann die Paradoxien als Gottes Geheimnisse stehen lassen, sie so zu immer neuen Entparadoxierungen vorhalten und damit eine unbegrenzte Aufmerksamkeit auf sie wachhalten.* Da Behauptungen, auch vom Dasein oder Nicht-Dasein Gottes, widerlegbar sind,[50] Paradoxien dagegen alternative Lösungen zu lassen,[51] hat sich die religiöse Orientierung in der europäischen Tradition als irritierendste und, gerade in Zeiten ihrer Fragwürdigkeit, anregendste erwiesen. Religion stellt „Sinnprobleme" als „Paradoxieentfaltungsprobleme".[52]

(3) Religiöse Überzeugung. – Unbegreiflich ist, was für die Orientierung von Bedeutung ist, ohne dass man beobachtbare Anhaltspunkte dafür hat. Die religiöse Orientierung bewahrt für die Orientierung Bedeutsames, aber für sie Unbeobachtbares, sich ihren Beobachtungen Entziehendes, sie Transzendierendes.[53] Sie ist für die Orientierung im ganzen von höchstem Belang, sofern sie das ganze Leben und, soweit sie es einschließt, über das gegenwärtige Leben hinaus das ewige Leben betrifft. Zur Entparadoxierung des Begreifens des Unbegreiflichen und des Beobachtens des Unbeobachtbaren bieten sich *Zeichen* an; in Zeichen kann sich Unbeobachtbares zeigen, ohne in ihnen schon begriffen zu sein. Nach der Hebräischen Bibel zeigt sich Gott in Zeichen. Man kann jedoch von ihnen weder sicher wissen, was sie bedeuten, noch ob sie überhaupt seine Zeichen sind. Sie sind paradigmatische Zeichen für Unbekanntes, Zeichen X (8.4.). Man kann sie nur im Sinn Gottes *deuten*, aus dem, was man als seinen Sinn vermutet. Gelingt die Deutung befriedigend, be-

---

49 Luhmann, Die Religion der Gesellschaft, a.O., 136, 77 ff.
50 Vgl. zur wechselvollen Geschichte der Gottesbeweise die Artikel im Historischen Wörterbuch der Philosophie, Bd. 3, Basel/Darmstadt 1974, Sp. 818–835.
51 Luhmann, Die Religion der Gesellschaft, a.O., 171.
52 Ebd., 136, vgl. 131–137. „Religion ist keineswegs zuständig für Sinn schlechthin. [...] Religion ist aber zuständig für das Konstitutionsproblem von Sinn, für eine jeweils fällige Umfundierung, wenn diese den Umweg über die Paradoxie nimmt." (ebd., 137 f.).
53 Vgl. ebd., 79 f.: „Transzendenz ist zunächst eine Richtungsangabe, sie verweist auf ein Überschreiten von Grenzen", der Grenzen des Beobachtbaren. Jenseits der Grenze gibt der „Beobachtergott", der Gott, der alles beobachtet, „eine kaum zu ersetzende Orientierungssicherheit", die jedoch selbst unbeobachtbar bleibt (184).

kommt das sonst Unbegreifliche einen Sinn. *Religion gibt dem Unbegreiflichen in der Orientierung Sinn, sie orientiert im Unbeobachtbaren und Unbegreiflichen.*

Aber Deutungen können immer auch bestritten werden, und wie schwer es ist, sie plausibel zu machen, zeigt schon die Hebräische Bibel selbst an den immer neuen Schwierigkeiten von Propheten, die berufen (hebr. nabi) sind, das Wort Gottes zu verkünden (gr. προφάναι), sich *als* Propheten Gottes auszuweisen. Wer sich religiös orientiert und andere zu orientieren sucht, hat dafür keine allgemein ausweisbaren Anhaltspunkte. Er kann seine Deutung nur persönlich bezeugen, muss als *Zeuge* für sie einstehen (gr. μαρτυρέω). Persönliche Zeugen sind immer dort notwendig, wo Sachverhalte nicht unmittelbar zu beobachten sind. Zeugen berichten vor Gericht über Vorkommnisse, die dem Gericht nicht oder, wenn sie zurückliegen, nicht mehr zugänglich sind. Das Wort ‚zeugen' kommt von ‚ziehen' und bedeutete zunächst ‚jemand vor Gericht ziehen', damit er dort aussagt. Ein ‚Zeuge' war im Mhd. der vor Gericht Gezogene, der mit seinem Wort für das Bestehen von Sachverhalten einstehen muss. Instanz der Wahrheit von Zeugenaussagen ist jedoch das Gericht, es muss über ihre Wahrheit entscheiden, ohne die Wahrheit kennen zu können. Für die religiöse Orientierung ist Gott die Instanz der Wahrheit aller abgelegten Zeugnisse. „Indem nämlich", so KIERKEGAARD, „die ‚Mitteilung' des Zeugen sich an die Mitlebenden wendet, wendet der ‚Zeuge' sich zu Gott und macht ihn zur Instanz."[54] In der Religion

---

54 Kierkegaard, Papirer X1 A 235, mitgeteilt und übers. von Emanuel Hirsch in: Kierkegaard, Über meine Wirksamkeit als Schriftsteller, a.O., 122. – Derrida, Foi et savoir / Glaube und Wissen, a.O., hat seine philosophische Analyse der Religion, die nicht Religionsphilosophie, sondern Philosophie unter dem Gesichtspunkt der Religion unter Einbeziehung von Politik und Ökonomie und insbesondere des neuen Komplexes der Fernwissenschaftstechnik (télétechnoscience) sein wollte, bei der Bezeugung angesetzt. Er versuchte „den ursprünglichen Bereich des zeugnishaften, bezeugenden Glaubens oder des Martyriums (régime originaire de la foi testimoniale ou du martyre)" zu denken und „auf seine ‚kritischste' Kraft" zu achten (94/105). Das Wesen der Religion werde verkannt, gehe man weiterhin von „einem Gegensatz von Vernunft und Religion, Kritik und Religion, Wissenschaft und Religion, wissenschaftstechnischer Moderne und Religion" aus (40/48). Derridas Ergebnis war dann: „Die *reine* Bezeugung (attestation pure) gehört, wenn es sie denn gibt, zur Erfahrung des Glaubens und des Wunders. In jedes ‚gesellschaftliche Band' (‚lien social') verwickelt (noch in das gemeinste), ist sie für die Wissenschaft ebenso unerlässlich wie für die Philosophie und die Religion. Diese Quelle kann sich sammeln oder entzweien, sie kann sich zusammen-fügen oder sich auseinander-fügen (se re-joindre ou se dis-joindre)." (84/103).

bezeugt das Zeugnis, anders als im Recht, aber auch die Instanz der Wahrheit: der Gläubige bezeugt Gott als Instanz eben dadurch, dass er vor ihr Zeugnis ablegt. Dazu muss er vom Dasein Gottes selbst schon *überzeugt* sein. ,Überzeugen' hieß ursprünglich ,jemand vor Gericht durch Zeugen überführen', dann auch das Gericht selbst, auf das es dabei ankommt, durch sein Zeugnis überzeugen, es zur Entscheidung bringen, dass es etwas für wahr oder unwahr hält, zu dem es selbst keinen Zugang hat. So kann man schließlich auch ,sich überzeugen', selbst ,von etwas überzeugt' oder ,einer Überzeugung sein'. Wenn man sich selbst dazu bringt, etwas für wahr zu halten, von dem man nichts wissen kann, glaubt man.[55] Religiöse Überzeugung ist *Glaube*. Auf „einen starken Glauben", so KANT, kann man „schon viele Vorteile des Lebens wagen".[56]

(4) Religiöses Bekenntnis. – Religiöser Glaube hat als ,innere' Überzeugung keinen ,äußeren', für andere beobachtbaren Anhaltspunkt am Gläubigen. Man muss ihm seinen Glauben nicht ansehen, es sei denn, er bezeugt ihn seinerseits in Zeichen, indem er an religiösen Zeremonien von Glaubensgemeinschaften teilnimmt, deren konventionelle Zeichen trägt, soweit es sie gibt (wie etwa im orthodoxen Judentum), oder seinen Glauben in Worten bekennt. Ein religiöses Bekenntnis ist eine *offenbar gemachte Entscheidung für eine religiöse Orientierung*. Soweit sie als bindende Verpflichtung für das ganze Leben erfahren wird, ist sie die einschneidendste und, soweit sie öffentlich bezeugt wird, auch die auffälligste Identifikation (12.2.). Sie zeigt eine ,Umkehr' der Orientierung an, eine Abwendung von einer ,Orientierung an der Welt' und eine Zuwendung zu einer ,Orientierung an Gott'; ihr kann, wenn sie von andern veranlasst wird, eine ,Bekehrung' vorausgehen. Anders als die sexuelle Orientierung, die ebenfalls das Leben im ganzen maßgeblich bestimmt (12.4.), ist sie nicht durch körperliche Merkmale und Begehren vorbestimmt, und in modernen demokratischen Gesellschaften ist man auch rechtlich frei, sich für eine religiöse Orientierung zu entscheiden und zu ihr zu bekennen (13.5.). So ist sie eine *exemplarische Orientierungsentscheidung*. In der Überlieferung der monotheistischen Religionen wurde zuerst von Abraham bzw. Ibrahim, ihrem Begründer, eine mehrfach

---

55 Vgl. Kants Unterscheidung von „Meinen, Wissen und Glauben" 3.2.2.
56 Kant, Kritik der reinen Vernunft, A 825/B 853. Kant fasst den religiösen Glauben, sofern er geoffenbarte „Doktrinen" einschließt, als „doktrinalen Glauben" im Unterschied zum „pragmatischen", dem auf zufällige Situationen bezogenen, und dem „moralischen", auf die Selbstgesetzgebung der Vernunft bezogenen (ebd., A 822/B 850 – A 831/B 859).

wiederholte Entscheidung zum Glauben gefordert, die Entscheidung zur Auswanderung nach Kanaan (Gen. 12), die Entscheidung zum Bund mit Gott (Gen. 15), die Entscheidung zur Beschneidung als Zeichen des Bundes (Gen. 17) und die Entscheidung zur (von Gott dann aufgehaltenen) Opferung seines spät geborenen Sohnes Isaak (Gen. 22). Während Juden, die seinem Geschlecht entsprossen, dann als Juden geboren wurden, musste, wer Christ und wer Muslim werden wollte, sich wiederum eigens entscheiden; an der öffentlichen Entscheidung wurde durch das zeremonielle Aussprechen des Glaubenszeugnisses vor Glaubenszeugen weiter festgehalten. Glaubensspaltungen forderten neue, häufig lebensbedrohliche Entscheidungen. Sie wurden und werden als Entscheidungen erfahren, die Gott selbst, an den geglaubt wird, seinem Willen oder seiner Gnade, verdankt werden. So sind auch sie von Gott schon entschiedene Entscheidungen und darum paradoxe Entscheidungen von Unentscheidbarem[57] (7.6.). Sie werden auch hier als Entschiedenheit entparadoxiert, als Haltung, an Entscheidungen festzuhalten und sie nicht wieder neu zu entscheiden. Da eine religiös entschiedene Orientierung ihre Entscheidung zum Glauben aber Gott selbst zuschreibt, kann sie alle Ungewissheit zurücklassen – und im Glauben ruhig und gelassen werden. Sie braucht dann anderen keine gleiche Entscheidung abzuverlangen, kann anderen Glauben neben sich bestehen lassen; nur solange sie im Ungewissen bleibt, wird die religiöse Orientierung Bestätigung durch andere suchen. Der religiöse Halt, der Halt der Entscheidung für den Halt an Unbeobachtbarem und Unbegreiflichem, liegt in der nicht mehr fraglichen Entschiedenheit, sich durch weitere Anhaltspunkte und weitere Argumente nicht mehr irritieren zu lassen; Glaubensirritationen können im Horizont des Glaubens als Zeichen Gottes zur Prüfung im Glauben gedeutet werden (Hiob). So kann sich der religiöse Glaube ‚unbedingt' festigen, die religiöse Orientierung *unbedingten Halt* geben. Sie ist gegen existenzielle Desorientierungen (9.5.(3)) gefeit.

(5) Religiöse Geborgenheit. – Sofern die religiöse Orientierung die begrenzten Horizonte der eigenen Orientierungswelten überschreitet, nimmt sie den eigenen Nöten, so schwer sie sein mögen, und den eigenen Bedürfnissen, so dringend sie erscheinen, ihre vorherrschende Bedeutung. Sie gibt der Orientierung die *größte Zuversicht*. Sie ist vielleicht nie so prägnant gefasst worden wie in Dietrich BONHOEFFERS schlichten, an die Mutter und die Braut gerichteten Zeilen, die er im Dezember 1944 in

---

57 Nach Derrida, Foi et Savoir / Glaube und Wissen, a.O., 59/72, Anm., folgt die Entscheidung darin der „allgemeinen Logik der *Auto-Immunisierung*".

14.3. Religiöse Orientierung: Halt am ewig Unbegreiflichen 535

Aussicht auf seine Hinrichtung niederschrieb: „Von guten Mächten wunderbar geborgen erwarten wir getrost, was kommen mag."[58] Wenn die Wissenschaft Überraschungen durch Erklärungen aufzulösen sucht und die Kunst sie attraktiv inszeniert, so hilft die Religion, sie ruhig hinzunehmen. Religiöse Orientierung, die sich an Unbeobachtbarem orientiert, hilft nicht unmittelbar, aus schwierigen Situationen herauszufinden. Sie gibt statt dessen *Vertrauen*, mit ihnen zurechtzukommen und nötigenfalls sich mit ihnen abzufinden. Sie wird als Gewissheit erfahren, dass selbst die ungewissesten Wege der eigenen Orientierung noch zum Guten führen können, als Erwartung eines von Gott gewährten guten Endes, die durch keine Vernunft zu begründen und durch kaum eine Enttäuschung zu erschüttern ist. Der weite Horizont der Glaubensgewissheit erlaubt, sich auf weit mehr Lebensungewissheit einzulassen. Religiöse Orientierung kann so äußersten Mut zum Handeln geben (4.4.), bis hin zum Opfer des eigenes Lebens für andere – und für den Glauben selbst. Religiöses Vertrauen kann auch schwere Vertrauensbrüche unter Menschen ertragen helfen: „Den Menschen zu lieben *um Gottes willen* – das war," so NIETZSCHE, der sicher unverdächtigste Zeuge für die Religion, „bis jetzt das vornehmste und entlegenste Gefühl, das unter Menschen erreicht worden ist."[59] In der betont nüchternen Sprache der Systemtheorie kann Religion auch noch ein völliges Scheitern in der Gesellschaft auffangen: „Beinahe-Exklusionen aus anderen Funktions-

---

58 Dietrich Bonhoeffer, Gedicht „Von guten Mächten", Berlin, Dezember 1944, Gefängnis des Reichssicherheitshauptamts, in: D. B., Widerstand und Ergebung. Briefe und Aufzeichnungen aus der Haft, hg. von Christian Gremmels u. a., in: D.B., Werke, hg. v. Eberhard Bethge u. a., Bd. 8, Gütersloh 1998, 607 f., hier 608. Vgl. Jürgen Henkys, Dietrich Bonhoeffers Gefängnisgedichte. Beiträge zu ihrer Interpretation, Berlin (Ost) 1986, 66–90, hier 71 f.: „Von bösen Mächten und ihrer Allgegenwart zu reden wäre hier näherliegend gewesen" – „das Schreien der schikanösen Schließer, das Heulen der Sirenen, das Toben der bei Fliegerangriffen in ihren Zellen belassenen Mithäftlinge." Henkys betont, dass die Verse „im übrigen ganz konventionell anmuten" (73). – Wittgenstein, der Ethik und Religion nicht scharf unterschied, ging in seinem Vortrag über Ethik von 1929/ 30 von zwei „Erlebnissen" aus, dem Staunen, dass die Welt existiert, und dem „Gefühl, *absolut* geborgen zu sein. Ich meine damit den Seelenzustand, in dem man sagen möchte ‚Ich bin in Sicherheit, und was auch immer geschehen mag, kann mir nichts anhaben'." Der „sprachliche Ausdruck", den man diesen Erlebnissen gebe, sei allerdings „Unsinn", es sei „Unsinn zu sagen, ich sei in Sicherheit, *was auch immer* geschehen mag." (Wittgenstein, Ethik. Ein Vortrag, in: Wittgenstein, Geheime Tagebücher 1914–1916, hg. v. Wilhelm Baum, Wien 1991, 77–86, hier 82 f.).

59 Nietzsche, Jenseits von Gut und Böse, Nr. 60.

systemen – kein Geld, keine Ausbildung, kein Ausweis, keine Chance, von der Polizei ernst genommen oder vor Gericht gehört zu werden – [können] von der Religion souverän ignoriert werden."[60] Indem sie der Orientierung Orientierungsgewissheit gibt, ist Religion, wenn man so will, eine Orientierung zweiter Ordnung, eine *Orientierung der Orientierung zur Zuversicht.*

(6) Religiöse Deutungsspielräume. – Mit dem unbedingten Halt an religiösen Überzeugungen geht die Orientierung auch ein äußerstes Risiko ein, das Risiko, sich an Haltloses zu halten. Auch für den Erfolg der Orientierung am Unbeobachtbaren und Unbegreiflichen hat sie keine zuverlässigen Anhaltspunkte; die Zuversicht der religiösen Orientierung hat keinen Grund außer dem Glauben selbst. So kann sie auch wie keine andere ‚bodenlos' werden. Der Glaube aber lässt extreme Spielräume für die Deutung der Zeichen des unbeobachtbaren und unbegreiflichen Gottes; die Deutungsspielräume einer Orientierung, die alle Horizonte entgrenzt, werden ebenfalls unbegrenzt. Sie schließen auch Widersprüche nicht aus. Sagt einer, Gott wolle etwas nicht, was es gibt (z. B. hohe Einkommensunterschiede, die Benutzung von Kondomen, Atomkraftwerke, Krieg), kann ein anderer sagen, wenn es das gebe, müsse es Gott, wenn nicht gewollt, so doch zugelassen haben. Nicht nur ungewisse Situationen, auch unbegrenzte Deutungsspielräume sind schwer zu ertragen. Darum wird Festigkeit gerade im Glauben, wird in der religiösen Orientierung eine ‚feste' Orientierung gesucht. Sie ist nur in einer Glaubensgemeinschaft durch *verbindliche Kommunikation des Glaubens* möglich. In einer Gemeinschaft finden die Gläubigen Halt aneinander in einem von Gott selbst herbeigeführten ‚Bund'. Die Hebräische Bibel unterscheidet dabei ‚qahal', die Versammlung der kriegsbereiten Männer um die Lade Jahwes, und „edā", die Versammlung des Volkes im ganzen um das heilige Zelt; ‚qahal' wurde ins Gr. als ἐκκλησία, wörtlich die aus den Wohnstätten ‚herausgerufene' Versammlung, „edā' als συναγωγή übersetzt, ‚Ekklesia' vom Christentum für die ‚Kirche' (eig. das ‚Gotteshaus'), ‚Synagoge' später vom Judentum für seine Versammlungshäuser übernommen; Moschee, von arb. ‚masǧid', ist der Ort, wo man sich (gemeinsam zum Beten) niederwirft. Das Bekenntnis zu Gott in Versammlungen der Gläubigen ist auch ein Bekenntnis voreinander.[61] Der

---

60 Luhmann, Die Religion der Gesellschaft, a.O., 305.
61 Nach talmudischer Tradition wurde der Bund des Volkes Israel mit Gott auch unter allen Israeliten geschlossen. Vgl. Emmanuel Levinas, Der Pakt / Le pacte (Traktat Sota, 37a-37b), in: E.L., L'au-delà du verset. Lectures et discours tal-

sich zu Gott Bekennende macht die Zeichen des Glaubens vor den Mitgläubigen für sich verbindlich. So kann ihr Sinn festgelegt und zugleich die Glaubensgemeinschaft gefestigt werden. Zur Festlegung des zu Glaubenden sind Glaubenssätze (*Dogmen*) notwendig; die durch Transzendenz entgrenzte religiöse Orientierung wird durch Dogmen wieder eingegrenzt. Die Buchreligionen finden dafür Anhalt an Heiligen Schriften. Aber auch sie lassen wieder Spielräume der Auslegung. So werden Systeme notwendig, die die Dogmen fest verknüpfen und so durcheinander festigen, und berufene Interpreten, die ihren Sinn für wechselnde Situationen interpretieren. So haben die Buchreligionen die Kunst der Deutung und ihre wissenschaftliche Disziplinierung, die Hermeneutik, am stärksten vorangetrieben.[62] Jede Theologie, jede explizite Formulierung von Glaubenssätzen setzt den Glauben aber der Argumentation und damit der Kritik und dem Streit aus. Je mehr auf festen Glaubenssätzen bestanden wird (im Christentum und im Islam mehr als im Judentum), desto mehr werden Häresien wahrscheinlich, die dann bekämpft werden müssen. Die vorbehaltlose und unverbrüchliche Entschiedenheit des Glaubens einer Glaubensgemeinschaft kann so zu Religionskriegen führen und hat immer wieder zu ihnen geführt. Religiös gerechtfertigte Kriege sind bis heute die erbittertsten Kriege.

(7) Religiöse Toleranz. – Die schweren Nöte, die Religionskriege über die Menschen bringen, können, wie in der europäischen Moderne, zur religiösen Toleranz zwingen. Religiöse Toleranz ist die Kraft, gegen die eigene Überzeugung im Glauben anderen ihre Überzeugungen zu lassen, sie paradoxiert die religiöse Überzeugung (wie die Mehrheitsentscheidung den politischen Standpunkt der Minderheit, die sie mittragen muss, 13.3.(3)). Die Notwendigkeit der religiösen Toleranz hat die Überzeugung vom Rechtsstaat reifen lassen, der Religionen und Konfessionen friedlich koexistieren lässt (13.5.). Religionsfriede verlangt nicht nur Duldung, sondern aufmerksame Rücksicht der Glaubensüberzeugungen

---

mudiques, Paris 1982, 87–106, deutsch: Jenseits des Buchstabens, Bd. 1: Talmud-Lesungen, übers. v. Frank Miething, Frankfurt am Main 1996, 103–127, hier 104 f. / 124.

62 Vgl. die trotz ihres fragmentarischen Charakters weithin unerreichte Darstellung der Geschichte der Hermeneutik im Zusammenhang der Darstellung von Schleiermachers Hermeneutik durch Wilhelm Dilthey, in: Leben Schleiermachers, 2. Bd.: Schleiermachers System als Philosophie und Theologie, aus dem Nachlaß hg. v. Martin Redeker, Gesammelte Schriften, Bd. XIV, Göttingen 1966, 595–787.

aufeinander.⁶³ So ist Toleranz auch zu einem Fluchtpunkt der ethischen Orientierung geworden (16.4.). Die Selbstbezüglichkeit einer Überzeugung, ihr Halt an sich selbst, kann sie zur Selbstgerechtigkeit verhärten lassen, aber auch zur Selbstbegrenzung veranlassen. Sie kann dann von streitigen Dogmen oder doch vom Bestehen auf ihnen ablassen, was wiederum religiöse Traditionen voraussetzt, die das zulassen. SCHLEIERMACHER, der die protestantische Theologie (und zugleich die Philosophie) revolutionierte (3.2.5.), ging darin so weit, dass auch der Religion haben könne, der nicht an eine heilige Schrift glaube, auch „keiner bedarf, und wohl selbst eine machen könnte".⁶⁴ Eine Religion könne selbst ohne Gott auskommen. Da man nicht leugnen könne, „daß sich die Idee von Gott zu jeder Anschauung des Universums bequemt," müsse man auch zugeben, „daß eine Religion ohne Gott besser sein kann, als eine andre mit Gott."⁶⁵ NIETZSCHE trieb die Entdogmatisierung des Christentums noch weiter, um die „eigentlich evangelische Praktik" des „Typus Jesus" für seine Zeit zurückzugewinnen. Er begriff ihn, inmitten seiner „antichristlichen" Polemik, als „grossen Symbolisten", der „jeder Art Wort, Formel, Gesetz, Glaube, Dogma" widerstrebte und alle „Realität" in „Zeichen" auflöste, in „ein ganz in Symbolen und Unfasslichkeiten schwimmendes Sein".⁶⁶ Damit gewann er die Kraft zur „grossen Toleranz"⁶⁷ in den Deutungen des Glaubens: er habe, so NIETZSCHE, das

---

63 Nach Jan Assmann, Die Aufmerksamkeit Gottes. Die religiöse Dimension der Aufmerksamkeit in Israel und Ägypten, in: Aleida und Jan Assmann (Hg.), Aufmerksamkeiten. Archäologie der literarischen Kommunikation VII, München 2001, 69–89, hier 79, ist Aufmerksamkeit in der Religion ebenso der Hebräer wie der Ägypter auch die Grundhaltung Gottes und der Begriff der Aufmerksamkeit den monotheistischen Religionen im ganzen angemessener als der der Allwissenheit.
64 Vgl. Friedrich Daniel Ernst Schleiermacher, Über die Religion. Reden an die Gebildeten unter ihren Verächtern (1799), Hamburg 1958, 68. Zum Abschluss der ersten Rede („Apologie") polemisiert Schleiermacher, wie später Luhmann, einerseits dagegen, die Religion „in ein anderes Gebiet verpflanzen zu wollen, daß sie da diene und arbeite", und zwar weder in das „Gebiet" des Rechts noch in das der Moral, und andererseits dagegen, von ihr Übergriffe auf andere „Gebiete" zu erwarten: „Auch herrschen möchte sie nicht in einem fremden Reiche" (19).
65 Ebd., 70.
66 Nietzsche, Der Antichrist, Nr. 33, 34, 32, 31.
67 Nietzsche, Nachlass 1881, 11[183], KSA 9.512, und Nachlass 1888, 19[1] u. 19[7], KSA 13.542 u. 545. Zu Nietzsches Kritik einer selbstgerechten Toleranz vgl. Verf., Nietzsches Kritik der Toleranz, in: Christoph Enders / Michael Kahlo (Hg.), Toleranz als Ordnungsprinzip? Die moderne Bürgergesellschaft zwischen Offenheit und Selbstaufgabe, Paderborn 2007, 195–206.

14.3. Religiöse Orientierung: Halt am ewig Unbegreiflichen 539

„wahre Leben, das ewige Leben" nicht gesucht, sondern „gefunden", nicht „verheissen", es war da, für alle: „als Leben in der Liebe, in der Liebe ohne Abzug und Ausschluss, ohne Distanz."[68] Und NIETZSCHE setzte hinzu: „das echte, das ursprüngliche Christenthum wird zu allen Zeiten möglich sein …"[69]

(8) Kultur der Dankbarkeit. – In kritischer Distanz zu Überzeugungen und Dogmen wird Religion eine Kultur der Dankbarkeit.[70] Im Glauben, dass die Entscheidung zum Glauben an Gott sich zuletzt ihm selbst verdankt, ist religiöse Orientierung zuletzt Bezeugung von Dank. Der Dank an Gott kann nichts vergelten, nichts zurückerstatten, keine Gegengabe für seine Gaben sein. Dankbarkeit kommt auf, wenn die Orientierung unvermutet gelungen ist, wenn man schlimmen Gefahren entgangen ist, wenn waghalsige Risiken, die man eingegangen ist, nicht eingetreten sind, wenn man ‚großes Glück' gehabt hat, aber auch, wenn einmal alles ruhig und gut ist. Dafür will man danken. Auch das Bedürfnis nach Dank erweckt das Bedürfnis nach Religion. Wenn, so KANT, ein Mensch „sich, umgeben von einer schönen Natur, in einem ruhigen, heitern Genusse seines Daseins befindet, so fühlt er in sich ein Bedürfniß, irgend jemand dafür dankbar zu sein."[71] Dankbarkeit, ohne berechnende

---

68 Nietzsche, Der Antichrist, Nr. 29.
69 Ebd., Nr. 39. – Vgl. Uwe Kühneweg, Nietzsche und Jesus – Jesus bei Nietzsche, in: Nietzsche-Studien 15 (1986), 382–397, und Verf., Nietzsches Kritik der Vernunft seines Lebens. Zur Deutung von *Der Antichrist* und *Ecce homo*, in: Nietzsche-Studien 21 (1992), 163–183. Zu Nietzsches Quellen für seinen ‚Typus Jesus' vgl. Ernst Benz, Nietzsches Ideen zur Geschichte des Christentums und der Kirche (Beihefte der Zeitschrift für Religions- und Geistesgeschichte 3), Leiden 1956. Benz selbst findet bei Nietzsche vor allem Gehässigkeit gegen das Christentum. Zur theologischen „Interpretationsgeschichte" von Nietzsches Jesus-Deutung s. Ulrich Willers, ‚Aut Zarathustra aut Christus'. Die Jesus-Deutung Nietzsches im Spiegel ihrer Interpretationsgeschichte: Tendenzen und Entwicklungen von 1900–1980, in: Theologie und Philosophie 60 (1985), 239–256 u. 418–442.
70 Vgl. Hans Reiner, Art. Dankbarkeit, in: Historisches Wörterbuch der Philosophie, Bd. 2, Basel/Darmstadt 1972, Sp. 9–11.
71 Kant, Kritik der Urteilskraft, AA V, 445. Vgl. AA V, 482, Anm.: „Die Bewunderung der Schönheit sowohl, als die Rührung durch die so mannigfaltigen Zwecke der Natur, welche ein nachdenkendes Gemüth noch vor einer klaren Vorstellung eines vernünftigen Urhebers der Welt zu fühlen im Stande ist, haben etwas einem *religiösen* Gefühl Ähnliches an sich. Sie scheinen daher zuerst durch eine der moralischen analoge Beurtheilungsart derselben auf das moralische Gefühl (der Dankbarkeit und der Verehrung gegen die uns unbekannte Ursache) und also durch Erregung moralischer Ideen auf das Gemüth zu wirken, wenn sie

Absicht, ist eine „*heilige* Pflicht".[72] Und NIETZSCHE schrieb, ebenfalls in *Der Antichrist:* Religion ist „eine Form der Dankbarkeit. Man ist für sich selber dankbar: dazu braucht man einen Gott".[73]

---

diejenige Bewunderung einflößen, die mit weit mehrerem Interesse verbunden ist, als bloße theoretische Betrachtung wirken kann." – „Mit der Erörterung der Tugend der Dankbarkeit", so Simon, Kant, a.O., 439, „wird der Charakter der Kantischen Ethik besonders deutlich." (Vgl. ebd., 453, 520 f.).

72 Kant, Metaphysik der Sitten, Tugendlehre § 32, AA VI, 455. Kant fährt fort: „heilig ist derjenige moralische Gegenstand, in Ansehung dessen die Verbindlichkeit durch keinen ihr gemäßen Act völlig getilgt werden kann (wobei der Verpflichtete immer noch verpflichtet bleibt)." Kant bezieht die Tugend der Dankbarkeit hier auf Menschen, in seiner Religionsschrift auch auf den „göttlichen Menschen" Christus (AA VI, 64).

73 Nietzsche, Der Antichrist, Nr. 16.

15. Selbstbindung der Orientierung: Moralische Orientierung – *Orientierung durch Selbstbindung*

15.1. Schließung der Spielräume der Orientierung: Moralische Nötigung
15.2. Anhaltspunkte und Zeichen moralisch relevanter Situationen
15.3. Selbststabilisierung der moralischen Orientierung: moralische Routinen, moralische Identitäten, herrschende Moralen und Moralmärkte
15.4. Moralische Nötigung zu Einordnung und eigener Verantwortung
15.5. Selbstdifferenzierung der moralischen Orientierung: Moralische Charaktere, Normen, Werte und Orientierungswelten und ihre Spielräume
15.6. Perspektivierungen der moralischen Nötigung
15.7. Moralische Paradoxien: Irritationen zur Evolution der moralischen Orientierung

Das Moralische, so tief es in die Orientierung eingreift, ist begrifflich schwer zu fassen. In der Geschichte der europäischen Ethik erscheint es in *Geboten*, die von Gott ausgehen, z. B. nicht zu töten, nicht zu lügen, nicht die Ehe zu brechen, den Nächsten zu lieben (Bibel), als *Streben* der Menschen von sich aus, z. B. nach Gerechtigkeit (PLATON), nach Glück und Auszeichnung (ARISTOTELES), nach innerem Frieden (STOA, EPIKUR), nach Frieden mit Gott (AUGUSTINUS), nach einer Verbesserung der allgemeinen Lebensbedingungen (BACON), nach dem größtmöglichen Glück der größtmöglichen Zahl (BENTHAM), als *Freude* am Wohlwollen der Menschen füreinander (HUME), als *innere Nötigung*, sich über seine Neigungen hinwegzusetzen (KANT), als *unbegrenzte Verantwortung* jedes Einzelnen für alle übrigen (DOSTOJEWSKI), als *Wille zur fortgesetzten Selbstüberwindung* des Menschen (NIETZSCHE), als *Erzielung begründeter Konsense* über von allen zu befolgende Normen (HABERMAS), als *Inanspruchnahme durch das Leid eines Andern* (LEVINAS) und schließlich als *Verzicht auf Gegenseitigkeit* (DERRIDA) – und dies sind nur Prinzipien, die Europäern vertraut und plausibel geworden sind und in ihrer Orientierung nachwirken. Sie sind allesamt achtbar, aber schwer miteinander vereinbar; keines hat sich letztlich gegen die andern durchsetzen können, aus keinem haben sich alle übrigen begründen lassen. Begründungen moralischer Prinzipien sind an diese schon gebunden und durch sie befangen; Gründe für fremde Moralen bleiben ebenso fremd wie diese Moralen selbst; Moralbegründungen sind immer schon Selbstbegründungen oder, in moralischer Sprache, Selbstrechtfertigungen einer Moral. Gelebte Moral aber bedarf gar keiner Begründung; Begründungen können stets bestritten werden, und so verunsichern sie sie eher.[1] So scheinen Moralen Teil der Orientierung selbst zu sein, etwas so Selbstverständliches und Bindendes, dass man es weder zur Disposition stellen kann noch will. Für ihre tiefe Integration in die Orientierung spricht, dass fremde Moralen das Befremdlichste an anderen Orientierungen sind. Auf fremde Moralen aber stößt man wie auf fremde Religionen nicht mehr nur in fremden Kulturen, sondern auch in der eigenen Umgebung, und man muss mit ihnen zurechtkommen. Als Teil der Orientierung ist Moral so auch ein Problem der Orientierung.

Vor allen Begründungen ist daher die *Beobachtung der moralischen Orientierung* notwendig. Sie wurde und wird weniger von der philosophischen Ethik als von der Ethnologie, der Soziologie, Psychologie und Soziobiologie geleistet, soweit sie nicht ihrerseits an eine bestimmte philosophische Ethik gebunden waren und sind.[2] Einer der Pioniere war auch hier Erving GOFFMAN. Inzwischen werden breit angelegte Forschungsprogramme zur empirischen Beobachtung der Moralkommunikation verfolgt,[3] um herauszufinden, „wie Moral im alltäglichen sozialen Mit- und Gegeneinander kommunikativ erzeugt, verfestigt und vermittelt

---

1   Vgl. Bernard Williams, Ethik und die Grenzen der Philosophie (1985), aus dem Engl. v. Michael Haupt, Hamburg 1999, 41: „Es ist durchaus nicht klar, was eine Begründung des ethischen Lebens bewirken könnte oder warum wir überhaupt so etwas benötigen."
2   Vgl. Augusto Blasi, Psychologische oder philosophische Definition der Moral. Schädliche Einflüsse der Philosophie auf die Moralpsychologie, in: Wolfgang Edelstein / Gertrud Nunner-Winkler (Hg.), Zur Bestimmung der Moral. Philosophische und sozialwissenschaftliche Beiträge zur Moralforschung, Frankfurt am Main 1986, 55–85. Blasi sucht Spielraum für die moralpsychologische Forschung zu gewinnen, indem er seinerseits philosophische Ethiken gegeneinander ausspielt.
3   Vgl. im deutschen Sprachraum Edelstein / Nunner-Winkler (Hg.), Zur Bestimmung der Moral, a.O., Wolfgang Edelstein / Gertrud Nunner-Winkler / Gil Noam (Hg.), Moral und Person, Frankfurt am Main 1993, und Jörg Bergmann / Thomas Luckmann (Hg.), Kommunikative Konstruktion von Moral. Bd. 1: Struktur und Dynamik der Formen moralischer Kommunikation. Bd. 2: Von der Moral zu den Moralen, Opladen/Wiesbaden 1999.

wird".⁴ Dabei erweisen sich „moralische Normen und Wertungen [...] keineswegs als autonomes, kontextfreies System von Aussagen, die logisch verknüpft sind, sondern als interaktiv erzeugte Normen und Wertungen, die stark kontextgebunden sind".⁵ Schon NIETZSCHE hatte eine empirische „Wissenschaft der Moral" vorgeschlagen, die sich die „Sammlung des Materials, begriffliche Fassung und Zusammenordnung eines ungeheuren Reichs zarter Werthgefühle und Werthunterschiede, welche leben, wachsen, zeugen und zu Grunde gehn," zur Aufgabe machen sollte.⁶ An ihr sollten sich Philologen, Historiker und Etymologen ebenso wie Physiologen, Mediziner, Psychologen und Ethnologen beteiligen.⁷ Vor allem Michel FOUCAULT hat sich dieses Forschungsprogramm dann zu eigen gemacht.

Mit NIETZSCHE kann eine Philosophie der Orientierung davon ausgehen, dass Moralen einerseits die Spielräume der Orientierung einschränken und nicht nur das Handeln, sondern auch das Denken binden, und dass andererseits moderne demokratische Gesellschaften einen Pluralismus von Moralen zulassen.⁸ Man hat sich mit diesem Pluralismus zu

---

4   Bergmann / Luckmann, Einleitung: Moral und Kommunikation, a.O., Bd. 1, 13–36, hier 32. Vgl. wiederum die Literaturübersicht aus philosophischer Perspektive von Peter Prechtl / Alfred Schöpf, Das Verhältnis von Moralentwicklung und Geltung, in: Philosophische Rundschau 39 (1992), 29–51.
5   Susanne Günthner, Thematisierung moralischer Normen in der interkulturellen Kommunikation, ebd., 325–351, hier 325.
6   Nietzsche, Jenseits von Gut und Böse, Nr. 186.
7   Nietzsche, Zur Genealogie der Moral I, Nr. 17, Anm.
8   Nietzsche sprach regelmäßig zuerst von „Moralen" im Plural, zunächst in Bezug auf die Antike (vgl. Nachlass 1872/73, 19[2], KSA 7.417), seit der *Morgenröthe* auch in Bezug auf die Gegenwart („mehrere unterschiedliche Moralen", Nr. 9, KSA 3.23). Individuen können zugleich mehrere Moralen haben: „Wie es im Reich der Sterne mitunter zwei Sonnen sind, welche die Bahn Eines Planeten bestimmen, wie in gewissen Fällen Sonnen verschiedener Farbe um einen einzigen Planeten leuchten, bald mit rothem Lichte, bald mit grünem Lichte, und dann wieder gleichzeitig ihn treffend und bunt überfluthend: so sind wir modernen Menschen, Dank der complicirten Mechanik unsres ‚Sternenhimmels' – durch *verschiedene* Moralen bestimmt; unsre Handlungen leuchten abwechselnd in verschiedenen Farben, sie sind selten eindeutig, – und es giebt genug Fälle, wo wir *bunte* Handlungen thun." (Jenseits von Gut und Böse, Nr. 215). In Gesellschaften ebenso wie in Individuen kann es eine „Rangordnung der Moralen" (Nachlass 1880, 1[73], KSA 9.23) und eine Evolution der Moralen geben: „Da die Bedingungen der Erhaltung einer Gemeinde sehr verschieden von denen einer anderen Gemeinde gewesen sind, so gab es sehr verschiedene Moralen; und in Hinsicht auf noch bevorstehende wesentliche Umgestaltungen der Heerden

einem guten Teil nicht nur abgefunden, sondern ihn auch moralisch schätzen gelernt. Auch in Sachen Moral ist man zu einer Beobachtung zweiter Ordnung, zu einer moralischen Beobachtung der moralischen Beobachtung übergegangen: man sieht das Moralische nicht nur in der Befolgung einer Moral, sondern auch in der Berücksichtigung anderer Moralen. Es geht dann weniger um die Universalisierung einer Moral, für die nur die eigene in Frage käme, als um den Umgang mit fremden Moralen, um eine *Moral im Umgang mit Moral.* Moralen bedeuten dann auch nicht mehr nur Hemmung und Beschränkung, sondern ebenso Befreiung und Auszeichnung.[9] Hier werden wir von ethischer Orientierung sprechen (16.).

Das Moralische ist darum ebenfalls nicht vorab durch eine Definition festzulegen, sondern in der Orientierung erst zu erschließen. Sein auffälligster und stärkster Anhaltspunkt dürfte die *innere Nötigung* sein, um des Moralischen willen auf alle ökonomischen und politischen Optionen zu verzichten, dabei unter Umständen schwere Unannehmlichkeiten hinzunehmen und dafür Achtung zu gewinnen, die anderer und die seiner selbst. Sie ist, so KANT, selbst bei „Kindern von mittlerem Alter" zu beobachten.[10] Sie hat sich im gesellschaftlichen Wandel durchgehalten und wird weiterhin hoch geschätzt. Sie ist unwahrscheinlich und erstaunlich, soweit es in der Orientierung zunächst darum geht, pragmatisch zurechtzukommen. Der Verzicht auf ökonomische und politische Optionen lässt sich damit nur vereinbaren, wenn auch die innere Nötigung dazu aus Nöten der Orientierung kommt. Moral wäre dann nicht nur als Tugend, sondern ebenso als Not zu sehen, als Not, die zur Tugend gemacht wurde, und sie hätte an den Nöten der Orientierung dann auch ihr Maß. Aus Achtung vor dem Moralischen unterstellen Moralphilosophien leicht, man könne nie genug moralisch denken und handeln. Die alltägliche Orientierung muss aber auch ihre ökonomischen und politischen Optionen weiter beachten und, wenn sie in einer Situation auf sie verzichtet hat, in späteren wieder zu ihnen zurückkehren können.

---

und Gemeinden, Staaten und Gesellschaften kann man prophezeien, dass es noch sehr abweichende Moralen geben wird." (Fröhliche Wissenschaft, Nr. 116).

9 Vgl. Verf., Ethik als Hemmung und Befreiung, in: Martin Endreß (Hg.), Zur Grundlegung einer integrativen Ethik. Für Hans Krämer, Frankfurt am Main 1995, 19–39.

10 Kant, Grundlegung zur Metaphysik der Sitten, AA IV, 411, Anm. Nach Lawrence Kohlbergs berühmtem Schema der moralischen Entwicklung des Kindes (Essays on moral development, 2 Bde., San Francisco 1981–1984) handelt es sich hier um die fünfte Stufe. Zur Diskussion von Kohlbergs Schema vgl. Edelstein / Nunner-Winkler (Hg.), Zur Bestimmung der Moral, a.O.

15.1. Schließung der Spielräume der Orientierung: Moralische Nötigung

Die Orientierung steht nicht immer unter moralischer Nötigung, ist nicht immer moralische Orientierung. Die moralische Nötigung tritt von Zeit zu Zeit auf und tritt dann auch wieder zurück. Sie nötigt in einer bestimmten Situation, die sich wieder ändert. Unter dem Druck einer moralischen Nötigung könnte man darum ‚erst einmal abwarten'. Das Zögern wäre berechtigt, sofern das moralische Handeln schwere Einbußen im übrigen mit sich bringen kann, die man nicht leichtfertig hinnehmen wird. Denn sofern moralische Nötigung fordert, alle Rücksicht auf eigene Vor- und Nachteile aufzugeben, *schließt* sie *die Spielräume der Orientierung ohne jeden Vorbehalt.* Man *muss* tun, was moralisch geboten ist; schon das Umsehen nach Auswegen zieht das ‚schlechte Gewissen' nach sich. Die moralische Nötigung suspendiert jede andere als die moralische Orientierung, sie verlangt den ‚ganzen Einsatz der eigenen Person'.

Man bezieht dann einen ‚moralischen Standpunkt' und beurteilt die Situation nur noch von ihm aus. Die Orientierung wird im ganzen moralisiert, der moralische Standpunkt verabsolutiert; eben in der *Verabsolutierung des moralischen Standpunkts* besteht die Nötigung. Alles wird nun danach unterschieden, ob es der moralischen Ausrichtung der Orientierung entspricht oder widerspricht, das heißt als gut oder böse, moralisch oder unmoralisch. Moralisch handelt man ‚entschieden' ohne Spielräume der Entscheidung; was das moralische Handeln nicht unterstützt, wird als unmoralisch ausgeschieden. Sieht man sich genötigt, eine verirrte alte Dame den langen Weg nach Hause zu geleiten, sieht man über seine Zeitnot hinweg und all das, was nun unerledigt bleibt; springt man in einen eiskalten Strom, um ein ertrinkendes Kind zu retten, vergisst man die eigenen Kinder, die dabei doch ihre Mutter oder ihren Vater verlieren könnten. Die moralische Nötigung ist in diesem Sinn ‚unbedingt'. Sie ist nicht mehr durch anderes begründbar und wird darum einem ‚Willen' zugeschrieben (11.6.), der ‚frei', aber nur zum Moralischen frei ist.[11]

Sofern die moralische Absicht alle Rücksichten auf andere Optionen ausschließt, ist sie ein hohes Risiko für die Orientierung. Sie kann darum nur ein letztes Mittel, eine Notmaßnahme sein. Welcher Not wird mit ihr

---

11 Vgl. Kant, Grundlegung zur Metaphysik der Sitten, AA IV, 431 ff.

begegnet? Am nächsten liegt auch hier die *Not der doppelten Kontingenz* (11.5.). Das moralische Handeln schaltet wie kein anderes die doppelte Kontingenz aus: seine Unbedingtheit bedeutet für andere unbedingte Verlässlichkeit. ‚Sich auf jemand zu verlassen' heißt rückhaltlos auf ihn oder sie vertrauen (11.5.(4)); man verlässt buchstäblich die eigene Orientierung und vertraut sich einer andern an. Die Notwendigkeit der Moral wäre so die *Notwendigkeit des Vertrauens in die Verlässlichkeit anderer* – in Situationen, in denen ‚nichts anderes übrigbleibt', in denen man ‚aufeinander angewiesen' ist. Da Verlässlichkeit auch und gerade in solchen Situationen nicht ‚von außen' zu erzwingen ist, muss die moralische Nötigung eine ‚innere', muss ihre Bindung eine *Selbstbindung* sein. Bindung ist sie, soweit sie Optionen ausschließt. Bindungen der Orientierung können durch Erlebnisse und Erfahrungen mit anderen, durch Erziehung und Autorität, durch Vertrag und Recht geschaffen werden; sie bleiben dann durch die bedingt, mit denen man es zu tun hatte, bleiben kontingent. Auch die moralische Selbstbindung entsteht zumeist aus Bindungen durch andere, vor allem durch Erziehung; ist sie aber einmal entstanden, erübrigt sie sie und hält unbedingt – man kann sich auf sie dann unmittelbar und dauerhaft verlassen. Selbstbindungen können auch nicht-moralischer Art sein; auch Gewohnheiten, Routinen sind dauerhafte Selbstbindungen, die Optionen ausschließen.[12] Aber zwischen Routinen wird kontinuierlich gewechselt (9.3.), sie sind ihrerseits alternative Optionen (man kann einmal so, einmal anders verfahren), und sie werden gegebenenfalls ohne moralische Skrupel verabschiedet. Die innere Nötigung der moralischen Selbstbindung dagegen schließt auch dieses Wechseln, diese Optionen, diese Verabschiedungen noch aus. Sie kürzt die Orientierung an anderer Orientierung am stärksten ab. Sie ist ein unbedingt verlässlicher Halt – auch und gerade für andere. Und darum erzieht man zu ihr.

Wie Vertrauen die Enttäuschung des Vertrauens (11.5.(4)) so ermöglicht Moral die Vortäuschung der Moral, die Heuchelei. Auch Moral bleibt darum riskant. Die moralische Selbstbindung wird gegenüber andern als *Versprechen* kommuniziert, als Zusage künftiger Verlässlichkeit aus eigener Überzeugung. Ein Versprechen bindet nicht erst das Handeln, sondern schon das Denken. Es muss ‚gehalten' werden; man ‚bricht' es schon, wenn man daran denkt, es unter Umständen nicht zu halten; der bloße Gedanke, es zu brechen, zerbricht die moralische Selbstbindung,

---

12 Vgl. Jan-Ivar Lindén, Philosophie der Gewohnheit. Über die störbare Welt der Muster, Freiburg/München 1997.

die mit ihm eingegangen wurde. So muss man sich von seinem Versprechen selbst überzeugt haben, und als Sprechen aus eigener Überzeugung rückt es nah an die religiöse Überzeugung, an den Glauben heran (14.3.(3)). In etwas, wovon man moralisch überzeugt ist, kann man gar nicht anders denken, man ‚kommt' dabei gar nicht ‚auf andere Gedanken' und weist solche Gedanken, wenn sie einem aufgedrängt werden, als ‚undenkbar' zurück. Die innere Nötigung zur moralischen Selbstbindung äußert sich nicht erst in einem Sollen, sondern schon in einem Nicht-anders-Können, und dieses Nicht-anders-Können bindet so stark, weil es nicht nur ein Nicht-anders-handeln-Können, sondern auch ein *Nicht-anders-denken-Können* ist. Zum Paradigma des Nicht-anders-Könnens ist Martin LUTHERS Zeugnis am 18. April 1521 geworden, nach dem er vor Kaiser KARL V. zu Worms, die Gefahr eines verheerenden Religionskrieges vor Augen, gesagt haben soll: ‚Ich kann nicht anders. Hier stehe ich. Gott helfe mir. Amen.' Moralen sitzen am Grund des Denkens.

Die moralische Nötigung aus innerer Überzeugung geht wohl auf die monotheistischen Religionen zurück. Gott, als Richter über allen Richtern gedacht, der am Ende der Welt Gericht halten wird, beobachtet alles Handeln und durchschaut alle Täuschung und Selbsttäuschung, er sieht mehr als die andern und mehr als der Handelnde selbst in dessen ‚Inneres'. Die Rede vom Blick Gottes ins Innere eines jeden erscheint schon in der jüdischen Weisheitslehre bei Jesus SIRACH (42,18) und wurde von dem jüdischen Philosophen PHILON von Alexandria mit der Gerichtsmetaphorik zusammengeführt. Für das Christentum verlangt Gott ausdrücklich, alle ökonomischen und politischen Optionen auszusetzen (‚Sorgt euch nicht um morgen; denn der morgige Tag wird für sich selbst sorgen') zugunsten der einen, ‚die Gerechtigkeit zu gewinnen', vor ihm gerecht zu werden (Mt. 6, 31–34). Das ‚Gewissen', lat. conscientia, ist dann das ‚Mitwissen' des Menschen um Gottes Wissen über sein Inneres. Mit ‚conscientia' wurde gr. συνείδησις übersetzt,[13] das zunächst Mitwissen um das Handeln eines andern, auch im Sinn des Einverständnisses mit diesem Handeln, bedeutete und dann reflexiv ‚sich seines eigenen – vor allem sträflichen – Handelns bewusst sein'. Bei CICERO und deutlicher noch bei SENECA wird ‚conscientia' zum Begriff des ‚guten' oder ‚schlechten Gewissens' (bona, mala conscientia); so nimmt ihn die christliche Lehre auf. Auch nach der fortschreitenden Erosion des Gottesglaubens in der Moderne wurde an der Innerlichkeit festgehalten; ‚conscientia', frz. ‚conscience', wurde, nun ohne religiösen und moralischen Beiklang, DESCARTES' Wort für Bewusstsein (9.1.(2)). Als für andere nicht beobachtbares war auch das Bewusstsein, von dem aus jetzt das Sein gedacht wurde, ein In-

---

13 Vgl. zum Folgenden Hans Reiner, Art. Gewissen, in: Historisches Wörterbuch der Philosophie, Bd. 3, Basel/Darmstadt 1974, Sp. 574–592.

neres;[14] als Selbstbewusstsein sollte es nun jedoch für sich selbst vollkommen durchsichtig sein – das Innere wurde ein gottähnlicher Beobachter seiner selbst und als solcher autonom. Moralisch konnte so, bei KANT, die Bindung durch Gott durch die Selbstbindung abgelöst werden. Das Gewissen übernahm dann die Aufforderung zur Selbstprüfung (nach dem kategorischen Imperativ): im Gewissen, „richtet die Vernunft sich selbst, ob sie auch wirklich jene Beurtheilung der Handlungen mit aller Behutsamkeit (ob sie recht oder unrecht sind) übernommen habe, und stellt den Menschen wider oder für sich selbst zum Zeugen auf, daß dieses geschehen oder nicht geschehen sei."[15]

15.2. Anhaltspunkte und Zeichen moralisch relevanter Situationen

Wenn die moralische Nötigung in der Orientierung nur von Zeit zu Zeit auftritt, muss sie durch moralisch relevante Anhaltspunkte der Situation ausgelöst sein (1). Vom moralischen Standpunkt aus verändert sich dann der Sinn aller Anhaltspunkte und Zeichen (2).

(1) Anhaltspunkte für *moralisch relevante Situationen*. – Die stärksten Anhaltspunkte *für* moralisch relevante Situationen sind wiederum Nöte, hier die *Nöte anderer*. Eine Situation ist in erster Linie dann moralisch relevant, wenn jemand in Not ist und durch diese Not andere herausfordert, ihm Schutz und Hilfe zu gewähren.[16] Was moralisch nötigt, ist die Not selbst, in der jemand nicht ohne den Schutz und die Hilfe anderer zurechtkommt und darum auf andere angewiesen ist, nicht erst eine Bitte oder eine Aufforderung oder ein Rechtsanspruch oder eine moralische Norm. Auch nicht das Mitleid und der Altruismus: Im Mitleid kann man distanziert und untätig bleiben.[17] Es kann wohl mitspielen; genötigt ist man jedoch dazu, dem andern in seiner Not ‚beizuspringen', unverzüglich etwas zu tun, was seiner Not abhilft, und dies, wenn die Situation es verlangt, unter Einsatz der eigenen Person ohne

---

14 Vgl. zur Geschichte der Innerlichkeit von Augustinus bis zu Descartes Charles Taylor, Quellen des Selbst. Die Entstehung der neuzeitlichen Identität (1989), aus dem Am. übers. v. Joachim Schulte, Frankfurt am Main 1984, 235–287.
15 Kant, Die Religion innerhalb der Grenzen der bloßen Vernunft, AA VI, 186.
16 Kant, Grundlegung zur Metaphysik der Sitten, AA IV, 398, spricht hier von „fremder Noth".
17 Mitleid war als Motiv zu moralischem Handeln stets umstritten. Vgl. zur Übersicht L. Samson, Art. Mitleid, in: Historisches Wörterbuch der Philosophie, Bd. 5, Basel/Darmstadt 1980, Sp. 1410–1416.

Rücksicht auf eigene Vor- und Nachteile.[18] Und so moralisch erfreulich der Altruismus ist, zumal wenn er zur dauernden Haltung wird, wendet man sich altruistisch doch *von sich aus* anderen Menschen und ihren Nöten zu und behält sich damit die Entscheidung vor, wem man sich unter welchen Bedingungen zuwendet und wem nicht. Die Not des andern lässt, wie LEVINAS deutlich gemacht hat, die Freiheit weder zu einer solchen Entscheidung noch zum Sich-Halten an eine Haltung, an eine Norm oder an ein Gesetz, es ist ein „Bruch mit dem Normalen und dem Normativen".[19] Die innere Nötigung, anderen in ihrer Not beizuspringen, lässt schließlich auch keine Gegenseitigkeit erwarten; die junge Frau, die, während sie die verirrte alte Dame in Sicherheit bringt, vielleicht eine wichtige Prüfung versäumt oder ihre Kinder alleine lassen muss, würde jeden Gedanken an eine Gegenleistung zurückweisen. So ist es in konkreten Situationen die Not des andern allein, die moralisch nötigt. Sie nötigt, ohne darum kausal zu verursachen, sie determiniert nicht nach Naturgesetzen, sie ist kein physikalischer, biologischer oder psychologischer Mechanismus, sondern ist lediglich ein Anhaltspunkt, aber ein unabweisbarer Anhaltspunkt, die Orientierung im ganzen moralisch auszurichten.

Nöte anderer, zunächst ein Mangel am Lebensnotwendigsten, an Nahrung, Kleidung, Behausung, Wärme, körperliche und seelische Verletzungen, Lebensgefahren, Benachteiligungen durch Stärkere, können so irritieren, dass man sich ihnen nicht entziehen kann. In archaischen Verhältnissen ist das noch unmittelbar deutlich. In der Hebräischen Bibel wie in den homerischen Epen sind es zuerst mittel- oder schutzlose Waisen, Witwen und Fremde, deren Nöte moralisch herausfordern. Ihnen entsprechen die elementaren moralischen Güter des (Über-) Lebens, der Unversehrtheit, des Friedens und – zur Verhinderung der Benachteiligung durch Stärkere – Gerechtigkeit. Der moderne Rechtsstaat und die sozialen Sicherungen, die seit dem 19. Jahrhundert mehr und mehr installiert wurden, haben eine wachsende Distanz zu den Nöten

---

18 Das Russische unterscheidet zwei Begriffe für Mitleid: ‚ssozhalet' bzw. ‚ssozhalenije', ‚Mitleid', ‚mitleiden' im Sinn von ‚Bedauern', höfliche Äußerung des Mitleids, die tatenlos bleibt, und ‚ssostradat' bzw. ‚ssostradanije' im Sinn von tätigem Mitleiden, das das Leid des andern wie ein eigenes empfindet und dem andern unmittelbar beispringt (den Hinweis verdanke ich Ekaterina Poljakowa und Alexej Gorin).
19 Emmanuel Levinas, Transcendance et mal (1978), in: E.L., De Dieu qui vient à l'idée, a.O., 189–207, hier 197, deutsch: Die Transzendenz und das Übel, in: E.L., Wenn Gott ins Denken einfällt, a.O., 172–194, hier 182.

anderer geschaffen. Nun kümmern sich weitgehend Institutionen um sie. Aber auch hier erwacht der Sinn für Gerechtigkeit vor allem dann, wenn den Einzelnen in ihrer Not nicht oder nicht hinreichend geholfen wird. Und am stärksten empört moralisch noch immer, wenn die Not eines anderen von Dritten zu deren Vorteil ‚ausgenutzt' und dadurch noch verschlimmert wird; *willentliche Verschlimmerung der Nöte anderer* ‚schreit', in archaischen wie in aktuellen Verhältnissen, nach Gerechtigkeit.

Vom Versagen der Hilfe für einen Notleidenden handelt auch die Geschichte vom barmherzigen Samariter im Neuen Testament (Lk 10, 36). Sie zeigt, indem sie vom ‚*Nächsten*' handelt, die *spezifische Räumlichkeit und Zeitlichkeit der moralischen Orientierung*. Der Nächste in der Geschichte ist nicht der, der Hilfe braucht, der von Straßenräubern halbtot Geschlagene und in seinem Blut Liegende, sondern der, der vorbehaltlos hilft, nachdem die anderen, der Priester und der Levit, nicht helfen konnten, weil sie auf Grund religiöser Gesetze daran gehindert sind, Blut zu berühren. Der Nächste, ὁ πλησίον, ist der, der an der Not ‚nahe dran' ist.[20] Nahe dran an der Not eines andern ist zeitlich und räumlich der, der die Nötigung, ihm unverzüglich zu helfen, nicht mehr an andere loswerden, der nicht mehr auf andere verweisen kann, der selbst handeln muss. Im wörtlichen Sinn ist man dann der Nächste, wenn kein anderer und vor allem kein ‚Berufener' mehr da ist, um zu helfen, ein Arzt bei einem Unfall, ein Verwandter der verirrten alten Dame, der mit einem Wagen gekommen ist, um sie heimzuholen. Je weiter man in der Reihe derer, die helfen können, von der Not eines andern entfernt ist, desto mehr nimmt die moralische Nötigung ab, ihm beizuspringen. Es ist die Nähe selbst, die nötigt.

Vom Nächsten ist im christlichen Evangelium in unterschiedlicher Weise die Rede. Nach Mk 12, 31 (τὸν πλησίον) und schon in der Hebräischen Bibel (Lev 19, 17) ist er auch der, dem geholfen wird und der geliebt werden soll, im Sinn

---

20 Vgl. Paul Ricœur, Der Sozius und der Nächste, in: P.R., Geschichte und Wahrheit, übersetzt und mit einer Einleitung versehen von Romain Leick, München 1974, 109–124, Hans G. Ulrich, Wie Geschöpfe leben. Konturen evangelischer Ethik, Ethik im Theologischen Diskurs 2, Münster 2005, v. a. 131–135 u. 617–623 (die Hinweise verdanke ich Heinrich Assel), und Joseph Ratzinger Benedikt XVI., Jesus von Nazareth. Erster Teil: Von der Taufe im Jordan bis zur Verklärung, Freiburg/Basel/Wien 2007, 234–238, gegenüber K. E. Løgstrup, Art. Nächstenliebe, in: Historisches Wörterbuch der Philosophie, Bd. 6, Darmstadt/Basel 1984, Sp. 353–356, hier 354.

des Gebots der Nächstenliebe, und dieser Sinn blieb vorherrschend.[21] Die Liebe zum Nächsten, dem geholfen wird, kann ebenfalls in Not bringen, nämlich eben dann, wenn dieser Nächste in einer Not ist, die auch den Helfenden gefährdet. So sucht in der Hebräischen Bibel Lot, der selbst fremd ist in Sodom, durch die Preisgabe seiner Tochter die Sodomiten von den wütenden Übergriffen gegen die Fremden abzubringen, die als Gäste bei ihm einkehrt sind (Gen 19). Das christliche Evangelium spitzt die Nächstenliebe darauf zu, dass die Nächsten Feinde sind (Mt 5, 44). Brächte die Not, aus der geholfen werden muss, den Helfenden nicht selbst in Not, fiele die Nächstenliebe leicht und müsste nicht geboten werden. Wie auch die Samariter-Geschichte zeigt, reicht zur Nötigung, helfen zu müssen, eine zufällige Begegnung aus; den Samariter, der zufällig vorbeikommt, verbindet mit dem Verletzten nichts, im Gegenteil, auch ihn trennt seine Religion von ihm, wenn auch nicht mit derselben Strenge wie den Priester und den Leviten.[22] So naheliegend es ist, den Anfang des Moralischen in der unmittelbaren Begegnung mit dem Leid eines andern, der Nähe des Von-Angesicht-zu-Angesicht zu suchen, so erstaunlich ist es, dass dies in der philosophischen Ethik vor LEVINAS nicht gesehen wurde. Das mag daran liegen, dass die christliche Ethik das Gebot der Nächstenliebe von den Nöten der andern und den Nöten mit ihnen (als Feinden) löste und zum generellen Liebesgebot machte.

(2) Anhaltspunkte und Zeichen in *moralisch relevanten Situationen*. – Wird eine Situation erst einmal als moralisch relevant wahrgenommen, bekommt alles in ihr moralischen Sinn. Aus dem Erschrecken über den Anblick der Not eines andern wird moralische Betroffenheit, aus dem Impuls, unverzüglich etwas zu tun, die moralische Nötigung, aus der Qual, einen andern weiter leiden zu sehen, Mitleid, aus der Wut, dagegen machtlos zu sein, moralische Empörung – ‚sich empören' heißt sich drohend über die eigene Größe hinaus emporzurichten -, aus dem Gefühl

---

21 Vgl. für die jüdische Tradition Hermann Cohen, Religion der Vernunft aus den Quellen des Judentums [1919], Wiesbaden 1995, 147 f., und ders., Der Nächste. Vier Abhandlungen über das Verhalten von Mensch zu Mensch nach der Lehre des Judentums, Berlin 1935.
22 Vgl. Levinas, Autrement qu'être ou au-delà de l'essence / Jenseits des Seins oder anders als Sein geschieht, a.O., 108–113/193–201 (der Nächste ist der ‚premier venu', der ‚Erstbeste', der mich in seiner Not ‚nicht gleichgültig lässt', der ‚stört'), und Simon, Philosophie des Zeichens, a.O., 42: Die „Nächstenliebe des Alten und des Neuen Testament [ist] nicht dasselbe wie die humanistische Menschenliebe, sondern die Liebe zu dem, der zu einem in einen Bewandtniszusammenhang tritt, so dass es darauf ankommt, ihn in dieser Individualität seines Eintritts in den gegenwärtigen Bewandtniszusammenhang zu lieben. Als Mensch verstanden, wäre er gerade aus diesem Geschehen und damit aus seinem Dazukommen zum Gewohnten herausgenommen und als das verstanden, als was ‚Menschen' *generell* verstanden sind, also so, daß sie gerade *nicht* ‚Nächster' werden. Menschen *sind* einander nicht Nächste, sondern *werden* es."

des Versagens Scham und Reue, aus der Befriedigung über einen gelungenen Einsatz Stolz. All diese Regungen sind (mehr oder weniger) leiblich wahrzunehmen: als Erbleichen beim Erschrecken, als Anspannung beim Impuls, etwas zu tun, als Ausdruck des Schmerzes beim Mitleid, als Drohgebärde bei der Empörung, als Erröten bei der Scham, als verlegenes Sich-Abwenden bei der Reue, als Erstrahlen beim Stolz. Angesichts der Bedeutung moralischer Situationen haben Menschen für sie feinste Sensorien entwickelt: ein kaum noch merkliches Heben der Augenbrauen ist zum Zeichen einer moralischen Irritation, ein kurzes Erstarren des Blicks zum Zeichen eines moralischen Erschreckens, ein leichtes Zögern oder eine Veränderung im Ton der Stimme zum Zeichen moralischer Missbilligung geworden usw., und ihnen entsprechen ebenso fein orchestrierte Zeichen der moralischen Achtung und Bewunderung. Die Stimmung, die mit der Nötigung und der Entscheidung zum moralischen Handeln aufkommt, ist der Ernst (4.3.);[23] er zeigt sich im Ausdruck der Entschlossenheit und des ‚Wissens', was man zu tun hat'. Aber all dies kann auch vorgetäuscht werden und mehr noch die sprachlichen Zeichen: Hilferufe, Klagen, Bitten, Flehen, Ansprüche, Forderungen usw. So muss auch und gerade der moralisch Genötigte wachsam bleiben für alle sich bietenden Anhaltspunkte der Situation und zusehen, wie sie zusammenpassen.

SIMMEL, der seinerseits stets darauf gedrängt hat, alles Denken und Handeln unter Lebensbedingungen zu sehen, die sich ständig wandeln, hat für moralisch extrem relevante Situationen den Begriff der „absoluten Situation" gebraucht. 1914 stimmte er wie die meisten Intellektuellen in Europa in die Kriegsbegeisterung ein und verstand den Krieg als „absolute Situation" par excellence.[24] Er führte auf tragische Weise vor, wie die Moralisierung der Orientierung sie von allen Deutungs-, Handlungs- und Reflexionsspielräumen im übrigen abschließen kann. „Nach dem *Erfolg*", so SIMMEL im Angesicht des

---

23 Vgl. dazu die weiterhin maßgebliche Arbeit von Michael Theunissen, Der Begriff Ernst bei Søren Kierkegaard (zuerst 1954), 3. unveränd. Aufl. Freiburg/München 1982.
24 Georg Simmel, Aufklärung des Auslands (Frankfurter Zeitung, 1. Morgenblatt vom 16.10.1914, S. 2), in: G.S., Miszellen, Glossen, Stellungnahmen, Umfrageantworten, Leserbriefe, Diskussionsbeiträge 1889–1918, Anonyme und pseudonyme Veröffentlichungen 1888–1920, in: G.S., Gesamtausgabe, hg. v. Otthein Rammstedt, Bd. 17, bearb. u. hg. von Klaus Christian Köhnke unter Mitarbeit von Cornelia Jaenichen und Erwin Schullerus, Frankfurt am Main 2004, 119–120, hier 120. Vgl. dazu Christian Geyer, Die absolute Situation. Wie Georg Simmel seine Philosophie auf den Krieg einschwor, in: Frankfurter Allgemeine Zeitung vom 14.2.2005.

ausgebrochenen Krieges, der sich zu einem Weltkrieg ausweiten sollte, „können wir nicht fragen, nicht nach dem prozentualen Verhältnis zwischen Aufwand und Ergebnis. Das gehört doch zur Größe dieser Zeit, daß keiner sich mehr überlegt, was es kostet, wieviel wir einsetzen für das, was uns nun einmal notwendig scheint. […] Denn endlich sind wir einmal in einer *absoluten* Situation, endlich fragen wir nicht mehr nach dem Preise und der Relativität seiner Abwägungen. Heute setzt ein jeder *alles* ein für die erfüllende und zu erfüllende Idee, unabhängig von dem Maß des Erfolges, das er gerade von *seinem* Tun erwarten kann; dies eben gibt uns, unter dem fast zermalmenden Druck von Gefahr, Opfer und Schicksal das Gefühl von Freiheit, in dem wir jetzt atmen."

15.3. Selbststabilisierung der moralischen Orientierung: moralische Routinen, moralische Identitäten, herrschende Moralen und Moralmärkte

Moralische Nötigungen stellen außerordentliche Ansprüche an die Orientierung. Aber auch die moralische Orientierung stabilisiert sich mit der Zeit. In der Selbstbezüglichkeit ihrer Selbstbindung organisiert sie sich ebenfalls autonom. Wie keine andere Orientierung kann sie sich selbst immunisieren und tabuieren, aber auch radikal kritisieren. Zu ihrer Stabilisierung übernimmt sie bereits aufgezeigte Strukturen der Orientierung: Sie findet zu Routinen (1), profiliert Identitäten (2) und fügt sich in allgemein ‚herrschende' Moralen ein (3). Dabei wandelt sich der Sinn des Moralischen signifikant. Seine Anhaltspunkte sind Moralmärkten ausgesetzt (4).

(1) Moralische Routinen. – Mit jeder neuen Erfahrung der Verlässlichkeit moralisch Handelnder wächst das Vertrauen in die moralische Selbstbindung. So spielen sich auch im ‚Beispringen' und ‚Beistehen' in Nöten Routinen, nun moralische Routinen ein, in Familien, unter Freunden und Nachbarn, in Gemeinden, in beruflichen und sportlichen Teams, in Truppenverbänden usw. bis hin zur globalen staatlich oder nicht-staatlich organisierten Katastrophenhilfe. Für die meisten Hilfsdienste jenseits inter-individueller Orientierungswelten, in denen jeder rasch der Nächste werden kann, sind inzwischen professionelle Institutionen wie Feuerwehr, Rettungsdienste, Krankenhäuser, Kinder-, Pflege- und Altersheime usw., außerdem vielfältige Hilfswerke entstanden und Spendenorganisationen, die sie unterstützen. Sie übernehmen die Hilfe für andere in existenzieller Not und entlasten die Einzelnen. Man ruft dann meist nur noch die Hilfsdienste herbei und sorgt, wo es nötig wird,

für eine professionelle Betreuung.[25] Das aufopferungsvolle eigene Beistehen, etwa in Sucht- oder Pflegefällen, wird zur Besonderheit. Wo aber moralische Routinen sich eingespielt haben, erzeugen sie die Erwartung, dass sie regelmäßig erfüllt werden, und damit auch die *Erwartung von Gegenseitigkeit.* Sie ist in der ‚Goldenen Regel' formuliert, sich so zu anderen zu verhalten, wie man es von ihnen sich selbst gegenüber erwartet oder ihnen nichts anzutun, was man nicht auch von ihnen hinzunehmen bereit ist. Die moralische Nötigung wird dadurch begrenzt: man muss dann auch moralisch nicht mehr tun, als man von anderen erwartet. Die moralische Nötigung wird zu einem moralischen Standard.

Die Norm der Gegenseitigkeit hatte in der Hebräischen Bibel zunächst den Sinn der Begrenzung der Vergeltung unter den Menschen (Ex 21,22–26). Das „Auge um Auge, Zahn um Zahn, Hand um Hand, Fuß um Fuß, Brandmal um Brandmal, Wunde um Wunde, Strieme um Strieme" gebot nicht, jede Schädigung zu vergelten, sondern keine Schädigung um mehr als den Schaden zu vergelten.[26] In einer apokryphen Schrift aus dem 2. vorchristlichen Jahrhundert erscheint dann auch die Goldene Regel: „Was du nicht willst, daß man dir tu, das füg auch keinem andern zu."[27] Das christliche Evangelium gebot dann die Erwiderung des Guten, das jemand erhalten hat (‚Alles nun, was ihr wollt, dass euch die Leute tun sollen, das tut ihr ihnen auch', Mt 7,12), verlangte darüberhinaus aber, nicht nur auf Vergeltung für Schäden, sondern auch auf Gegenleistungen für eigene Leistungen zu verzichten und schließlich selbst denen entgegenzukommen, die einem offen schaden (‚segnen, die euch verfluchen', für die ‚bitten, die euch Übles tun', denen, die euch auf die eine Wange schlagen, noch ‚die andere Wange hinhalten', und dem, der ‚dir den Mantel nimmt', auch das Hemd nicht verwehren, Lk 6, 28 f.). Es erinnerte dazu an die Einseitigkeit der Gaben Gottes und die Einseitigkeit auch der Gaben von Eltern an ihre Kinder (Mt 7, 11) und daran, dass es Gott allein vorbehalten ist, Gut und Böse

---

25 Vgl. Luhmann, Formen des Helfens im Wandel gesellschaftlicher Bedingungen, a.O., 144 f.: „Die Vermutung besteht, daß jedem Hilfsproblem eine zuständige Stelle entspricht, und daß jemand die Hilfe eigentlich nur noch braucht, um diese Stelle zu finden. Nächstenliebe nimmt dann die Form einer Verweisung an." Das „persönliche Helfen" wird so zur Sache der Gelegenheit: „Man kann es tun oder man kann es lassen, wenn man gerade anderen Zielen nachjagt." Moralisch kann man es freilich nicht lassen.

26 Vgl. zuletzt Manfred Oeming, Auge um Auge, Zahn um Zahn, in: Forschungsmagazin der Universität Heidelberg 3 (2003), 32–37. Das sog. Talionsgesetz geht auf ältere orientalische Rechtstraditionen zurück. Auch der mesopotamische Codex Eschunna (um 1920 v. Chr.) und der babylonische Codex Hammurapi (18. Jh. v. Chr.) bezeugen es. Der Koran kennt es in abgewandelter Form.

27 Tobias 4, 16. – Zur Tradition der Goldenen Regel vgl. Heinz-Horst Schrey / Hans-Ulrich Hoche, Art. Regel, goldene, in: Historisches Wörterbuch der Philosophie, Bd. 8, Basel/Darmstadt 1992, Sp. 450–464.

zu unterscheiden.²⁸ Es verwarf, Gutes nur unter der Bedingung der Gegenseitigkeit zu tun. Es würde dann zu einem bloßen Tauschgeschäft, zu einem ökonomischen Handeln im weitesten Sinn: „Wenn ihr nämlich nur die liebt, die euch lieben, welchen Lohn könnt ihr dafür erwarten? Tun das nicht auch die Zöllner? Und wenn ihr nur eure Brüder grüßt, was tut ihr damit Besonderes? Tun das nicht auch die Heiden? Ihr sollt also vollkommen sein, wie es auch euer himmlischer Vater ist." (Mt 5, 46–48) PAULUS, der erste große Theologe des Christentums, spitzte das unter Berufung auf JESUS auf die Formel zu: „Geben ist seliger als Nehmen." (Apg. 20, 35).²⁹

(2) Moralische Identitäten. – Die moralische Orientierung auf Gegenseitigkeit sucht Fixpunkte der wechselseitigen Orientierung in Identitäten (12.).³⁰ In der moralischen Identifikation wird danach unterschieden, wer

---

28 Gott „läßt seine Sonne aufgehen über die Bösen und Guten, und er läßt regnen über Gerechte und Ungerechte" (Mt 5, 45; vgl. Lk 6, 27–36), er ist „gütig gegen die Undankbaren und Bösen" (Lk 6, 35).

29 Die aktuelle Soziologie geht wohl von der Erwartung der Gegenseitigkeit aus. Vgl. Niklas Luhmann, Formen des Helfens im Wandel gesellschaftlicher Bedingungen, in: N.L., Soziologische Aufklärung 2: Aufsätze zur Theorie der Gesellschaft, Opladen 1975, 134–150; Joan G. Miller, Verträgt sich Gemeinschaft mit Autonomie? Kulturelle Ideale und empirische Wirklichkeiten, und Lothar Krappmann, Zur Verschiedenheit der Moral in unterschiedlichen Kulturen. Ein Kommentar zu Joan Millers Untersuchungen des Helfens in den USA und Indien, beide in: Wolfgang Edelstein / Gertrud Nunner-Winkler (Hg.), Moral im sozialen Kontext, Frankfurt am Main 2000, 337–362 bzw. 363–374. Und doch kann Reziprozität in „hochkultivierten Gesellschaften" auch „unterbrochen" und auf sie verzichtet werden (Luhmann, 138 f.).

30 Vgl. aus moralpsychologischer Sicht Edelstein / Nunner-Winkler / Noam (Hg.), Moral und Person, a.O., und darin besonders die Beiträge von Augusto Blasi, Die Entwicklung der Identität und ihre Folgen für moralisches Handeln, 119–147, Mordecai Nisan, Bilanzierte Identität. Moralität und andere Identitätswerte, 232–258, und für moralphilosophische Folgerungen Amelie Oksenberg Rorty, Die Vorzüge moralischer Vielfalt, 48–68. Oksenberg Rorty spricht von „charakterologischer Moral", zu der auch „die Moral von Knochen und Sehnen, von Gesten und Stimmen" gehöre (59). Die Arbeiten von Piaget und Kohlberg, die lange die moralpsychologische Diskussion bestimmt haben, waren aus heutiger Sicht einseitig kognitivistisch und auf starre Kriterien ausgerichtet, die Voraussagbarkeit und Kontrolle ermöglichen sollten (vgl. Blasi, a.O., 144). Christine M. Korsgaard, The Sources of Normativity, Cambridge 1996, fasst die moralische Identität, die jemand im Umgang mit anderen durch moralische Identifikationen zuwächst, als „praktische Identität" (practical identity), um von ihr „moralische Identität" (moral identity) in einem kantischen „Reich der Zwecke" (kingdom of ends) zu unterscheiden, in dem man sich zu Pflichten gegenüber anderen und sich selbst moralisch genötigt sieht. Kant hätte hierfür freilich wohl den Begriff „praktischer Identität" vorgezogen. Vgl. Herlinde Pauer-Studer,

Achtung oder Ächtung verdient und in diesem Sinn *gut oder böse* ist.[31] ‚Böse' bedeutete im Germ. noch ‚aufgeblasen, geschwollen', im Mdh. ‚wertlos, schlecht'; böse war das, womit man nicht umgehen, nichts anfangen kann, was stört, beeinträchtigt, mehr oder weniger schwer das eigene Fortkommen behindert. Dann bekam es einen religiösen Beiklang; heute wird ‚böse' gerne durch ‚unmoralisch' oder ‚unethisch' oder einfach ‚nicht gut' ersetzt. ‚Gut' hatte im Germ. dagegen den Sinn von ‚passend in ein Baugefüge, in eine Gemeinschaft', ‚brauchbar für anderes': ‚gut' war, womit man ‚etwas anfangen' kann. Böse ist noch immer, was in Nöte bringt, gut, was Nöten abhilft oder sie von vornherein zu vermeiden hilft. So ist Gutes willkommen, und Böses wird abgewehrt, und beides muss ebenso rasch wie nachhaltig unterschieden werden. Wo es sich um Personen handelt, die sich als unzuverlässig oder gar hinderlich erwiesen haben, wo man ganz auf sie angewiesen war, will man mit ihnen möglichst ‚überhaupt nichts mehr zu tun haben'. Moralische Identifikationen seligieren *Personen als ganze*[32] (‚sie ist in Ordnung'), sie kürzen am stärksten ab. Schon von wenigen Erfahrungen mit jemand (‚sie wird mir helfen, sie hat mir neulich auch geholfen') wird auf seinen *moralischen Charakter* geschlossen, und Informationen durch Dritte oder bloße Gerüchte beeinflussen wiederum die Erfahrungen (‚er soll ja seine erste Frau auch schon …'). Von Einzelnen wird wiederum rasch auf Gruppen, Gesellschaften, Klassen, Völker, ‚Rassen' geschlossen, denen sie angehören; aus einigen Türken, die uns Deutsche in der Türkei freundlich empfangen haben, werden dann *die* Türken, die zu *den* Deutschen freundlich *sind*, aus einigen Finnen, die, wie man in Filmen gesehen hat, gerne trinken, ‚*die* Finnen' und aus ‚den Finnen' der Kollektivsingular ‚*der* Finne', der trinkt. Schnelle und darum oft vorschnelle moralische Generalisierungen helfen der Orientierung vor allem, ‚schlechte Erfahrungen' mit andern nicht zu wiederholen. Moralisch identifiziert wird darum stärker in negativen als in positiven Fällen, und so bekommt die Moral in der alltäglichen Orientierung selbst ein negatives Image (‚jetzt komme mir doch nicht moralisch').[33] Explizite moralische Urteile erzeugen einen

---

Maximen, Identität und praktische Deliberation. Die Rehabilitierung von Kants Moralphilosophie, in: Philosophische Rundschau 45 (1998), 70–81.
31 Vgl. Luhmann, Ethik als Reflexionstheorie der Moral, a.O., 361.
32 Vgl. ebd., 365.
33 Empirisch zeigt sich in „westlichen europäischen Kulturen" mit rasch evolvierenden Moralen eine „deutliche Präferenz für negative Moralkommunikation", so Ruth Ayaß, Versachlicht oder veraltet: Positive Moralisierungen in alltäglichen

15.3. Selbststabilisierung der moralischen Orientierung 557

spezifischen *moralischen Druck* auf die Betroffenen, gegen den sie sich, im negativen Fall, ihrerseits wehren und dem sie, im positiven Fall, gerecht werden müssen. Die *Moralkommunikation* ist darum besonders heikel, sie spannt die Situation an, und beobachtet man einander in angespannten Situationen auf künftige Verlässlichkeit hin (‚werde ich mit ihm klarkommen, wo es jetzt für mich so schwierig wird?'), können schon wenige Körperzeichen und Blicke (11.2.) ausschlaggebend werden, eine Geste, ein Blick (sieht er mir ‚ruhig in die Augen' oder ‚verlegen beiseite'?) darüber entscheiden, ob man weiter kooperiert oder nicht. Nach der Entscheidung verstärken sich dann wie stets die Anhaltspunkte, die für sie sprachen, und schwächen sich die ab, die gegen sie sprachen; die Moralkommunikation verschärft die Informationsverzerrung nach Entscheidungen (7.6., 13.3.). Positiv kann sie dann moralische Autoritäten schaffen, negativ bis Diffamierungen gehen. Positive *moralische Interaktionsrituale*: des herzlichen Bewillkommnens, des Friedlichkeit signalisierenden Einander-die-Hand-Gebens oder -Umarmens, des Um-Entschuldigung-Bittens, wo Störungen das Vertrauen zu bedrohen scheinen usw., mindern ihre Risiken, negative: das Über-jemand-Hinwegsehen, Jemand-Übergehen, Durchbohrend-in-die-Augen-Sehen (‚der böse Blick') usw. steigern sie. Um moralische Achtung füreinander zu gewinnen und zu erhalten, wird mit besonderer Umsicht und Vorsicht die Diplomatie der Zeichen eingesetzt (11.5.). Die besondere Spannung der Moralkommunikation fördert vor allem die indirekte Kommunikation, die Kommunikation über Dritte in deren Abwesenheit (12.3.). Durch sie kann man angesichts der Brisanz moralischer Urteile die *moralischen Standards* anderer in der Beurteilung anderer zunächst unverbindlich kennenlernen und die Spielräume erkunden, innerhalb derer man nicht Gefahr läuft, selbst mit seinen moralischen Beurteilungen moralischen Anstoß zu erregen (‚wie kannst du das sagen, hast du etwas gegen ihn?').

Sich miteinander moralisch identifizieren kann man schon durch bloßes Zusammenkommen. Machen bewegende Ereignisse viele moralisch betroffen, kommen sie zusammen, um miteinander daran ‚Anteil zu nehmen', der Tod eines Angehörigen oder gemeinsamen Bekannten, aber auch freudige Ereignisse wie eine Geburt oder eine Hochzeit. Alarmierende Geschehnisse, die rasch über alle Medien verbreitet werden, ein Terroranschlag, ein mörderischer Amoklauf in einer Schule oder, auf der andern Seite, Großereignisse wie der Gewinn von Wahlen, der nun vieles

---

und institutionellen Kontexten, in: Bergmann/Luckmann (Hg.), Kommunikative Konstruktion von Moral, a.O., Bd. 2, 289.

zum Guten zu verändern verspricht, ein Sieg der Nationalmannschaft in einer Weltmeisterschaft, über den sich ein ganzes Volk freuen kann, und schließlich der Eintritt des Friedens nach einem verheerenden Krieg oder der Fall einer Mauer, die ein Volk lange getrennt hat, können Massen von Menschen auf Straßen und Plätzen zusammenbringen, dort über Stunden zusammenstehen und einander umarmen lassen. Man bezeugt einander moralische Solidarität, auch hier, ohne dass daraus schon ein Handeln folgen müsste. Bei organisierten Festversammlungen bekräftigen Redner öffentlich die gemeinsamen moralischen Standards. In Demonstrationen für ein gemeinsames Anliegen machen die Teilnehmer ihre körperliche Präsenz zum Zeichen dieses Anliegen; jede weitere Person verstärkt dessen moralisches Gewicht. Öffentliche Demonstrationen gemeinsamer Anliegen können zu moralischen ‚Bewegungen' werden, die wiederum ‚Aufstände', ‚Erhebungen', Revolten, Revolutionen auslösen und fest etablierte staatliche Ordnungen ‚überrennen' können. So können moralische Identifikationen miteinander eine überlegene Macht entfalten. Totalitäre Staaten nutzen organisierte und disziplinierte Massenaufmärsche, um unter moralisch aufbauenden Parolen die eigene Macht zu demonstrieren.

(3) Herrschende Moralen. – Das Ensemble der moralischen Standards einer Gruppe oder Gesellschaft macht ihre ‚Moral' aus. Sie müssen nicht explizit formuliert und noch weniger begründet, systematisch durchgearbeitet und kohärent sein, sondern gelten selbstverständlich und, wenn sie doch zur Sprache kommen, *als* selbstverständlich. Kinder werden auf sie hin erzogen; weichen sie von ihnen ab, korrigiert man sie (‚das tut man nicht'), und wenn sie fragen, warum man etwas denn nicht tun soll, kommt man leicht in Schwierigkeiten, Antworten zu finden (‚man tut das eben nicht'). Aufmerksam wird man auf die Moral einer Gruppe oder Gesellschaft durch ‚Skandale'. Gr. σκάνδαλον ist der ‚Anstoß', der ‚Ärger'; dadurch dass ein Verstoß gegen sie Ärger im Privaten oder einen Skandal in der Öffentlichkeit erregt, zeigt sich, dass sie gilt. In ihrer Selbstverständlichkeit wirkt eine Moral ihrerseits seligierend: verstößt man gegen ihre Standards oder widerspricht ihnen öffentlich, läuft man Gefahr, aus der Gruppe oder Gesellschaft als ‚unmoralisch' ausgeschlossen zu werden, in der sie gelten.[34] Auf diese Weise immunisiert sich eine Moral gegen

---

34 Vgl. Hermann Lübbe, Verdrängung? Über eine Kategorie zur Kritik des deutschen Vergangenheitsverhältnisses, in: Forum für Philosophie Bad Homburg (Hg.), Zerstörung des moralischen Selbstbewußtseins: Chance oder Gefährdung,

15.3. Selbststabilisierung der moralischen Orientierung 559

Abweichungen und Widersprüche. Sie wird zur ,herrschenden Moral' einer Gruppe oder Gesellschaft, und *moralisch ist dann, was für diese Gruppe oder Gesellschaft gut ist, ihren Nöten abhilft.* Widerspruchslos werden moralische Standards zu eigenen Überzeugungen und können dann, ebenso wie die Not anderer, für die man der Nächste ist, moralisch nötigen, nach ihnen zu handeln, bis zu dem Grad, dass man für sein ,Vaterland', für sein ,Volk', für seine ,Klasse' oder für seinen Glauben äußerste Opfer bringen und selbst in den Tod gehen kann. Herrschende Moralen stabilisieren moralische Orientierungen ähnlich stark wie Religionen und sind von ihnen darum oft nur schwer zu unterscheiden. Sie stabilisieren jedoch unter stärkerem Druck: aus Gruppen und Gesellschaften, in denen man lebt, kann man weniger leicht ,austreten' als aus Religionsgemeinschaften. Herrschende moralische Standards wirken wie Plausibilitätsstandards; sie machen Nachfragen nicht nur unnötig, sondern auch unmöglich. Aber auch hier unterscheiden sich Zentrum und Peripherie (5.1.). Zur Peripherie gehören Standards, von denen Abweichungen und gegen die noch Widersprüche toleriert werden, zum Zentrum die moralischen Tabus, die, wie die Ethnologie ermittelt hat, alle Gesellschaften kennen (wenn auch nicht alle dieselben) und deren Durchbrechung moralisches Entsetzen auslöst (wie in SOPHOKLES' *König Ödipus* Vatermord und Inzest). Sie lassen sich noch nicht einmal aussprechen; werden sie ausgesprochen, ist das Tabu schon gebrochen. Gegen Tabus zu handeln, wäre ,undenkbar'; Tabus verhindern ein Handeln, indem sie gar nicht an es denken lassen; auch sie wirken als Nicht-anders-denken-Können (15.1.).[35]

(4) Moralmärkte. – Moral muss kommuniziert werden, um zur herrschenden Moral zu werden.[36] Auch die Kommunikation von Ach-

---

Frankfurt am Main 1988, 217–228, hier 221: „Moral, die gilt, ist diejenige Moral, der man, ohne sich zu isolieren, öffentlich nicht widersprechen kann".
35 Vgl. W. Marschall, Art. Tabu, in: Historisches Wörterbuch der Philosophie, Bd. 10, Basel/Darmstadt 1998, Sp. 877–879, und Peter Trawny, Tabu und Provokation, in: P.T., Denkbarer Holocaust. Die politische Ethik Hannah Arendts, Würzburg 2005, 17–27.
36 Daher ist die Soziologie auf breiter Front dazu übergegangen, statt bei moralischen Standards selbst bei ihrer Kommunikation anzusetzen. Vgl. Bergmann / Luckmann, Moral und Kommunikation, in: Bergmann / Luckmann, Kommunikative Konstruktion von Moral (Hg.), Bd. 1, a.O., 29 f. Sie schließen dabei an Nietzsches Sentenz aus Jenseits von Gut und Böse, Nr. 108, an: „Es giebt gar keine moralischen Phänomene, sondern nur eine moralische Ausdeutung von Phänomenen....", die Nietzsche in einer Nachlassnotiz erweitert als seinen „*Hauptsatz*" formulierte: „*Mein Hauptsatz: es giebt keine moralischen Phänomene,*

tung und Ächtung in moralischen Urteilen ist doppelt kontingent; bevor moralische Beurteilungen zu herrschenden Standards werden, hängt es, wie bei sprachlichen Standards, von jedem einzelnen ab, sie zu übernehmen oder zurückzuweisen. Bei herrschenden Moralen gilt das weiterhin für ihre Peripherie. Dort können neue moralische Einschätzungen riskiert werden, und es zeigt sich dann, ob und wie sie zum Zentrum hin durchdringen und ‚Dammbrüche' verursachen. Das braucht Zeit, Zeit der Erprobung der – für die einen erfreulichen, für die andern schmerzlichen – Neuerungen und der Gewöhnung an sie (Frauen übernehmen angestammte ‚Männerberufe', Schwule heiraten, Hierarchien werden abgebaut, Unternehmen werden moralisch in die Pflicht genommen, Umweltinteressen erlangen politische Priorität). Moralische Innovationen müssen sich durchsetzen wie auf Märkten, kleineren oder größeren Achtungs- oder Moralmärkten.[37] Sie werden nachgefragt und angeboten, wo Nöte mit den herrschenden Standards selbst entstehen. Moralmärkte lassen auch verstehen, wie Personen moralische Autorität

---

sondern nur eine moralische Interpretation dieser Phänomene. Diese Interpretation selbst ist außermoralischen Ursprungs." (Nachlass 1885/86, 2[165], KSA 12.149). Nietzsche hielt dies für seine Einsicht (vgl. Götzen-Dämmerung, Die ‚Verbesserer' der Menschheit, 1). Sie wurde jedoch schon von Spinoza formuliert. Vgl. Ethik IV, Einl.: „Was Gut und Böse betrifft, so zeigen sie auch nichts in den Dingen Gegebenes, die Dinge in sich betrachtet, an (nihil positivum in rebus, in se scilicet consideratis, indicant), und sind nichts anderes als Modi des Denkens (praeter cogitandi modos) oder Begriffe (notiones), die wir daraus bilden, daß wir die Dinge miteinander vergleichen. Denn ein und dasselbe kann zugleich gut und schlecht und auch indifferent sein." (Spinoza, Opera – Werke, lat. und deutsch, hg. v. Konrad Blumenstock, Darmstadt 1967, Bd. 2, 384/385, vom Verf. modifizierte Übers.).

37 Vgl. Niklas Luhmann, Soziologie der Moral, in: N.L. u. Stephan H. Pfürtner (Hg.), Theorietechnik und Moral, Frankfurt am Main 1978, 8–116, hier 47 f. – Schon nach der *Theory of Moral Sentiments* (1759) von Adam Smith, die seinem *Inquiry into the Nature and Causes of the Wealth of Nations* (1776) vorausging, bilden sich moralische Standards auf einem Markt heraus, auf dem Achtungserweise anderer für das eigene Verhalten nachgefragt und angeboten werden. Die vielfältigen und oft widersprüchlichen Achtungserweise werden nach Smith zur Vorstellung eines unparteiischen Beobachters (impartial spectator) zusammengeführt (oder abgekürzt). Vgl. James R. Otteson, Adam Smith und die Objektivität moralischer Urteile: Ein Mittelweg, in: Christel Fricke / Hans-Peter Schütt (Hg.), Adam Smith als Moralphilosoph, Berlin 2005, 15–32. Auch Nietzsche ließ die Metapher vom Achtungsmarkt anklingen: „Die stärkste Steuer ist die *Achtungssteuer*. Je mehr die Concurrenz herrscht [...], desto niedriger wird diese Steuer, während sie gerade der Maassstab für die Höhe des menschlichen Seelen-*Verkehres* ist." (Menschliches, Allzumenschliches II, Der Wanderer und sein Schatten, Nr. 283).

gewinnen können: durch eine Art Kapitalisierung von Achtung. Hat jemand bei einigen Achtung gewonnen, gewinnt er sie leichter auch bei weiteren; hier werden ebenfalls gerne andere Orientierungen übernommen (11.3.); das Vertrauen anderer ermutigt zu eigenem Vertrauen. Wer das Vertrauen vieler genießt, hat moralische Autorität, wer moralische Autorität hat, erhält einen ‚Vertrauensvorschuss', eine Art von moralischem Kredit, und wer moralischen Kredit hat, von dem wird moralisch akzeptiert, was von anderen nicht ohne weiteres akzeptiert würde: Lob und Tadel, Ratschläge, Ermahnungen, aber auch moralische Neuerungen. Autoritäten stellen, wenn man in der Sprache des Marktes bleiben will, moralisch so etwas wie Marken dar (8.1.), die den Schwankungen des jeweiligen Moralmarktes (mehr oder weniger) entzogen sind. Mit der Achtung anderer wächst auch die Selbstachtung und mit der Selbstachtung die Unabhängigkeit von der Achtung anderer, und eben diese Unabhängigkeit von der Achtung anderer wird gerade von denen hoch geschätzt, denen sie fehlt. Moralische Autoritäten stabilisieren so wiederum den Moralmarkt. Sie schalten ihn nicht aus. So wie man an Moralmärkten Achtung zu moralischer Autorität kapitalisieren kann, kann man mit ihr auch in Bankrott gehen: moralische Autoritäten sind gehalten, sich selbst an die hohen moralischen Standards zu halten, die sie verbürgen, und ein hinreichend auffälliges moralisches Fehlverhalten kann mit einem Schlag die gesamte moralische Autorität ‚verspielen', in inter-individuellen Orientierungswelten ebenso wie in gesellschaftlichen.[38]

---

38 Vgl. (mit moralischer Genugtuung) Michael Baurmann, Der Markt der Tugend. Recht und Moral in der liberalen Gesellschaft. Eine soziologische Untersuchung, Tübingen 1996, 416–446. Baurmann will seinerseits zeigen, dass sich „Tugend" als Überzeugung von der Geltung moralischer Normen und ihrer konsequenten Befolgung am Ende auch am „Markt", also für bloße „Nutzenmaximierer", am meisten lohnt, und erhofft sich an diesem Markt „eine stabile Nachfrage nach moralisch integren und damit zur Kooperation und Zusammenarbeit geeigneten Personen" (647) und von ihnen „Tugendproduktivität" (555). Adam Smith' Marktgedanken in der Moralphilosophie berücksichtigt Baurmann nicht.

15.4. Moralische Nötigung zu Einordnung und eigener Verantwortung

Bei aller Selbststabilisierung kann die Moral einer Gruppe oder Gesellschaft immer neu von Einzelnen verunsichert und verändert werden. Auch wenn moralische Routinen einladen, sich ihnen anzuschließen und herrschende Moralen nötigen, sich ihnen einzuordnen, und die Einzelnen dadurch von eigenen moralischen Nötigungen entlasten, befreien sie sie nicht von ihnen. In Situationen der akuten Not anderer können sie sich weiterhin moralisch genötigt sehen, ‚selbst Verantwortung zu übernehmen' – gegebenenfalls auch moralische Routinen und herrschende Moralen, und sie können eben dadurch Achtung gewinnen. Moralisches Handeln gilt auch an Moralmärkten nur als authentisch, wenn es aus eigener Verantwortung des Handelnden geschieht.[39]

Der substantivische Begriff ‚Verantwortung' breitete sich am Ende des 18. Jahrhunderts, der Zeit, als MENDELSSOHN und KANT in Deutschland den Begriff des ‚Sich-Orientierens' in die Philosophie einführten, in den Parlamenten Englands und Frankreichs aus[40] und wurde in der Ethik durch WEBERS Unterscheidung von Gesinnungs- und Verantwortungsethik prominent.[41] Mit ‚Verantwortungsethik' meinte WEBER die des Politikers, der nicht nur in fester Gesinnung seine Pflicht zu tun, sondern auch für die Folgen seines Handelns einzustehen hat, ob er sie nun so, wie sie eingetreten sind, beabsichtigt hatte oder nicht. Das Letztere gilt jedoch nicht nur für das politische, sondern für jedes Handeln. In der alltäglichen Orientierung hat jeder für die Folgen seines Handelns einzustehen, ob er sie nun beabsichtigt hat oder nicht, und die ungewollten Folgen eines Handelns machen auch seine gute moralische Absicht bedenklich. Sofern sich Verantwortung aber auf Folgen bezieht, die weder in der Absicht noch in der Verfügung des Handelnden liegen, für die er also ‚nichts kann', ist sie eine paradoxe Verantwortung von Unverantwortbarem (13.5.(7)). Das hat das Interesse am Begriff Verantwortung nicht gemindert, vielleicht sogar gesteigert:

---

39 Darin entzieht es sich dann wieder der soziologischen Perspektive. Für eine sozialpsychologische Perspektive auf die Verantwortung vgl. Harald A. Mieg, Verantwortung. Moralische Motivation und die Bewältigung sozialer Komplexität, Opladen 1994.
40 Zur Geschichte des Begriffs der Verantwortung vgl. Kurt Bayertz, Eine kurze Geschichte der Herkunft der Verantwortung, in: K.B. (Hg.), Verantwortung: Prinzip oder Problem?, Darmstadt 1995, 3–71, und Holl / Lenk / Maring, Art. Verantwortung, a.O.
41 Max Weber, Politik als Beruf (1919), in: M.W., Gesammelte Politische Schriften, 4. Aufl. Tübingen 1980, 505–560. – Zur Debatte um die Unterscheidung von Gesinnungsethik und Verantwortungsethik vgl. aktuell Ludger Heidbrink, Kritik der Verantwortung. Zu den Grenzen verantwortlichen Handelns in komplexen Kontexten, Weilerswist 2003, 90–96.

15.4. Moralische Nötigung zu Einordnung und eigener Verantwortung

er ist mit seinen komplexen ökonomischen, religiösen, juridischen und politischen Kontexten in der Mitte des 20. Jahrhunderts, nach den verheerendsten Erfahrungen mit politischen Gesinnungstätern, die die Geschichte erlebt hat, in den Mittelpunkt auch der moralphilosophischen Diskussion gerückt und seither auch in der alltäglichen Sprache der moralischen Orientierung vorherrschend geworden.[42]

Das Wort ‚Verantwortung' kommt von ‚Antwort', Antwort auf eine Anschuldigung. In der griechischen Antike hatte man vor Gericht λόγον διδόναι, ‚Rede und Antwort zu geben', sich mit Gründen zu rechtfertigen. Von hier ging die Forderung, vor allem durch SOKRATES, in den philosophischen Gebrauch über und wurde zur Verpflichtung der neu entstehenden ‚Wissenschaft' (ἐπιστήμη), für alles Behauptete Gründe anzugeben. Im Deutschen ist ‚Verantwortung' seit dem 15. Jahrhundert als ‚Antwort geben auf Fragen in einem jemand anvertrauten Bereich' gebräuchlich. ‚Verantwortlich' liegt juridisch nahe bei ‚schuldig', und ‚Schuld' hat wiederum auch ökonomischen und religiösen Sinn, ökonomisch als Verpflichtung gegenüber einem Gläubiger, dem man etwas verdankt, ohne es ihm schon zurückerstattet zu haben, religiös als un-

---

[42] Eine erste umfassende Analyse des Begriffs der moralischen Verantwortung hat, noch im Horizont des Seins- und Wertdenkens und zugleich auf dem Boden eines biologisch-anthropologischen Systemdenkens, Roman Ingarden (Über die Verantwortung. Ihre ontischen Fundamente, Stuttgart 1970) versucht. Zur kritischen Sichtung der aktuellen Inanspruchnahme des Begriffs der Verantwortung in der Ethik vgl. Wolfgang Wieland, Verantwortung – Prinzip der Ethik?, Heidelberg 1999, und Heidbrink, Kritik der Verantwortung, a.O. – Heidbrink folgt (wie wir) der „Methodik der Explikation von Verständigungs- und Handlungsbedingungen, die in unseren Alltagssituationen wirksam werden" (50). Sein Resumé lautet (18 f.), „daß der Verantwortungsbegriff überall dort auftaucht, wo normative Verbindlichkeiten in Frage gestellt werden, wo keine einfachen Schuldzusammenhänge oder eindeutigen Handlungsverpflichtungen bestehen, sondern komplizierte Verflechtungen von Ursachenketten vorliegen oder das freiwillige Engagement und die einsichtige Sorge um etwas gefordert sind. Von Verantwortung ist besonders dort die Rede, wo die Handlungsfolgen die Handlungsabsichten übersteigen, nichtintendierte Wirkungen entstehen, die aus dem kausalen Zurechnungshorizont herausfallen und sich den moralischen und rechtlichen Rechenschaftspflichten von Akteuren entziehen. […] Mit einem Wort, der Erfolg des Verantwortungsprinzips stellt eine direkte Reaktion auf die Komplexitätssteigerung der modernen Welt dar." Wie sehr die aktuelle ethische Diskussion um den Begriff der Verantwortung in Deutschland dennoch auf explizit formulierbare Normen fixiert ist, zeigt Micha H. Werner, Art. Verantwortung, in: Düwell / Hübenthal / Werner (Hg.), Handbuch Ethik, a.O., 521–527.

begrenzte Schuld gegenüber einem Gott, dem man alles verdankt und dem man nichts zurückerstatten kann.[43] Solche Konnotationen von ‚Schuld' zu vermeiden, dürfte zur Karriere von ‚Verantwortung' beigetragen haben. Aber auch ‚Verantwortung' ist auf Anschuldigungen anderer bezogen, die mich für etwas ‚verantwortlich machen', mir ein folgenschweres Handeln zurechnen.[44] Die Grenze zwischen dem Juridischen und Politischen einerseits und dem Moralischen andererseits bleibt dabei fließend.

Verantwortung wird (1) ‚zugerechnet', ‚zugewiesen' oder ‚zugeschrieben'.[45] Man kann sie aber auch (2) selbst ‚übernehmen', sie kann (3) jemand ‚zufallen', und sie kann schließlich (4) jemand ‚übertragen' werden. Die moralische Nötigung und das Moralische überhaupt bekommt dabei jeweils einen andern Sinn.[46]

(1) Zurechnen von Verantwortung. – Die Zurechnung von Verantwortung ist eine moralische Nötigung anderer. Sie setzt mit der Not eines eingetretenen Schadens ein.[47] Zum Schaden wird ein Verursacher gesucht, dem er an- oder zugerechnet werden kann (lat. ‚imputare', ebenfalls ein Wort aus der Handelssprache). Man ‚bezichtigt' einen andern,

---

43 Vgl. Nietzsche, Zur Genealogie der Moral II, 4 und 19–21.
44 Vgl. Bernhard Waldenfels, Antwortregister, Frankfurt am Main 1994, 310–312 u. 557–586. Waldenfels umreißt hier „eine Ethik, die nicht allein aus dem Streben, Wollen, Sollen oder Können erwächst, sondern aus Ansprüchen, auf die wir antworten. Diese Ethik würde sich nicht dadurch auszeichnen, daß sie einem anderen Prinzip gehorcht, sondern vielmehr dadurch, daß sie keinem Prinzip untersteht und daß sie als Ethik eine nicht-ethische Herkunft hat, da sie mit dem Anderen beginnt", von „Anspruchssituationen" ausgeht (565) und nicht darauf abzielt, den Anderen eigenen Normen zu unterwerfen. Am prägnantesten hat die Ethik, die mit dem Anderen beginnt, (auch nach Waldenfels) Levinas konturiert.
45 Vgl. schon Aristoteles, Nikomachische Ethik, III, 1–7, und Eudemische Ethik, II, 6–9.
46 Vgl. Derrida, Politik[en] der Freundschaft, a.O., 337–341, und seine „kurze" französische, aber nicht nur auf das Französische beschränkte „Grammatik" des répondre à ..., des Antwortens auf ..., des répondre de ..., des Verantwortlich-Seins für ..., und des répondre devant ..., des Sich-Verantwortens vor ... Wir werden im Folgenden anders differenzieren.
47 Vgl. Edgar Bodenheimer, Philosophy of Responsibility, Littleton, Colorado, 1980, 8 f. – Lenk/Maring, Verantwortung, a.O., 225 u. 239 f., und Otfried Höffe, Moral als Preis der Moderne, Frankfurt am Main 1993, 20 f., stufen die „Rechenschafts-Verantwortung" als „sekundär" bzw. „Sekundär-Verantwortung" gegenüber der primären „Aufgaben-", Funktions- oder Rollen-Verantwortung ein. Lenk/Maring räumen dabei freilich ein, dass Verantwortung „vor allem auch ein wertend zuschreibendes Konzept" ist: „jemand wird zur Verantwortung gezogen, verantwortlich gemacht" (230).

15.4. Moralische Nötigung zu Einordnung und eigener Verantwortung 565

den Schaden verursacht zu haben, und ‚hält sich an ihn', damit er für den Schaden ‚einsteht' und für ihn ‚aufkommt'. Man macht in der Suche nach den Ursachen eines Schadens jemand zum Anhaltspunkt, macht in der – im Prinzip beliebig lange zurückzuverfolgenden – Kette der möglichen Ursachen bei ihm Halt, kürzt seine Orientierung zu dessen Ungunsten ab.[48] Der ‚Betroffene' – der, den ‚es trifft' – kann sich freilich dagegen wehren und die Zurechnung zurückweisen.[49] Da man damit rechnen muss, wird man solche Zurechnungen auch nur mit Vorbehalt vornehmen. Man kann, wenn man auf Widerstand stößt, entweder ‚einen anderen Schuldigen suchen' oder, wenn der Aufwand zu groß wird, die Sache ‚auf sich beruhen lassen', zumal wenn der Ärger über den Schaden sich beruhigt hat. Auch im Recht kann man sich in der Zurechnung von Verantwortung oder Schuld nur an Anhaltspunkte halten (13.5.(5)). In der Politik werden Zurechnungen stets auf die politische Chancen hin abgewogen, die mit ihnen verbunden sind, etwa im Verhältnis zwischen Regierungen, können aber auch grob abgekürzt werden, etwa wenn Regierung und Opposition einander ‚etwas anhängen wollen'.

(2) Übernehmen von Verantwortung. – Wird man von andern für Schäden verantwortlich gemacht, kann man die Zuschreibung auch annehmen, sich mit ihr identifizieren und damit die ‚Verantwortung übernehmen'. Man muss dann nicht nur bereit sein, für den Schaden

---

48 Vgl. Ayaß, Versachlicht oder veraltet: Positive Moralisierungen in alltäglichen und institutionellen Konexten, a.O., 317 f.: Bei unerfreulichen Ereignissen wird in der Moralkommunikation sogleich „ein verantwortlicher Akteur […] mitgeliefert", bei erfreulichen dagegen in der Regel nicht.
49 Vgl. Heidbrink, Kritik der Verantwortung, a.O., 22: „Verantwortungsbegriffe sind interpretative Zurechnungskonstrukte, die erst durch die Verbindung von deskriptiven Beschreibungen mit normativen Wertungen zustande kommen." Der Betroffene kann ebenso die Beschreibungen wie die Wertungen seines Handelns bestreiten. Vgl. zu den eingespielten Strategien der Zurückweisung von Schuld durch „Erklärungen" seines Handelns Goffman, Das Individuum im öffentlichen Austausch a.O., 157–161: Man kann, um die Verantwortung abzuwälzen, (1.) bestreiten, mit dem Geschehen etwas zu tun zu haben, (2.) zugeben, dass das eigene Handeln zu dem Geschehen beitrug, aber nicht darauf ausgerichtet war, (3.) dass man die Situation nicht übersehen konnte, (4.) verminderte Zurechnungsfähigkeit geltend machen (z. B. Schläfrigkeit, Trunkenheit, Minderjährigkeit, Senilität usw.), (5.) Gedankenlosigkeit anführen. Die letzte Erklärung ist um so weniger akzeptabel, je größer der Schaden ist. „Die Frage, ob eine Erklärung gut oder schlecht ist, ist natürlich zu unterscheiden von der Frage nach ihrer Wahrheit oder Falschheit. Zwar sind wahre Erklärungen oft auch gut, aber falsche sind manchmal besser." Doch gerade gute Erklärungen können wiederum verdächtig wirken (161).

oder das Leid ‚geradezustehen', den oder das man ‚angerichtet' hat, und dabei Einbußen an Vermögen oder Ansehen oder beides hinzunehmen, sondern auch die moralische Schuld zu tragen (hier wird dann der Begriff Schuld vorgezogen). Man muss dann ertragen, dass die, die einen Schaden erlitten oder denen Leid geschah, bei Gelegenheit wieder auf die Schuld zurückkommen, erneut Forderungen aus ihr ableiten und den Schuldigen so mit seiner Schuld auf Dauer zeichnen (‚das ist der, der damals …'). Der Sinn der Bitte um ‚Entschuldigung' ist darum, nicht wieder auf die Schuld zurückzukommen, sondern sie zu ‚verzeihen', das heißt: auf das ‚Zeihen', das ‚Bezichtigen' in dieser Sache künftig zu ‚verzichten'. Sie ist die Bitte um Befreiung von dem moralischen Druck, der aus der Zuschreibung und der Übernahme der Verantwortung entstanden ist.[50] In rechtlichen Verhältnissen heißt Verantwortung zu übernehmen in die Verpflichtung zur Haftung einzutreten oder eine Bestrafung hinzunehmen. Sie ist mit dem Urteil und seinem Vollzug abgetan, und so befreit die rechtliche Übernahme der Verantwortung für einen Schaden, wenn mit ihm kein anhaltendes Leid verbunden ist, vom moralischen Druck. Befreiung vom moralischen Druck einer Zurechnung wird zunehmend auch in der Politik gesucht und hier gerade in Fällen schwerster Verbrechen gegen die Menschlichkeit. Führende Repräsentanten von Staaten und Institutionen haben es sich, seitdem der deutsche Bundeskanzler Willy BRANDT vor dem Mahnmal des Warschauer Ghettos niederkniete, bis hin zum Papst JOHANNES PAUL II. zur Pflicht gemacht, öffentlich um Entschuldigung für frühere Verfehlungen ihrer Staaten und Institutionen zu bitten, an denen sie selbst nicht beteiligt waren, und ihnen dadurch neue politische Spielräume eröffnet.[51]

(3) Zufallen von Verantwortung. – Man kann Verantwortung nicht nur übernehmen, indem man sich mit einer Zurechnung identifiziert,

---

50 Die Bitte um Entschuldigung schließt, wenn es noch nicht erfolgt ist, das Eingeständnis der Schuld ein und verschafft so dem, der Schaden oder Leid erlitten hat, moralische Genugtuung. Damit ist, zumindest in den Augen Dritter, die Schuld dann abgegolten, und der Geschädigte ist dann seinerseits moralisch genötigt, der Bitte um Entschuldigung zu entsprechen. Im gängigen Sprachgebrauch wird das inzwischen so verkürzt, dass ‚jemand *sich* entschuldigt' und es so beim Schuldigen selbst liegt, seine Schuld zu tilgen. Dabei scheint es vor allem darauf anzukommen, die moralischen Konflikte zu beenden.
51 Vgl. Jacques Derrida, Leçon: Avouer – l'impossible: ‚retours', repentir et réconciliation, in: Jean Halpérin / Nelly Hansson (Hg.), Comment vivre ensemble? Actes du XXXVIIe Colloque des intellectuels juifs de langue française (1998), Paris 2001, 181–216, hier 204–210.

15.4. Moralische Nötigung zu Einordnung und eigener Verantwortung

sondern sie auch vorwegnehmen, indem man sich selbst bezichtigt. Das kann aus politischem Kalkül geschehen, sofern man sich auf diese Weise von moralischen Nötigungen anderer freihalten kann. Es kann aber auch aus eigener moralischer Nötigung geschehen, nämlich dann, wenn jemand in einer Situation ‚Verantwortung zufällt‘, weil er der Nächste ist, um sie zu übernehmen, also kein anderer in der Nähe, kein anderer ‚greifbar‘ ist, dem sie sich zuweisen ließe (15.2.(1)). Diesem ‚Zufallen‘ der Verantwortung muss keine erkennbare Schuld zugrunde liegen.[52] Die zufallende Verantwortung bezieht sich nicht auf Vergangenes, sondern auf die unmittelbare Gegenwart und die nächste Zukunft.[53] Wer in einer verirrten Bergwandergruppe zufällig die besten Orientierungsfähigkeiten hat, dem fällt die Verantwortung zu, die Führung zu übernehmen, wer von jemand in großer Verzweiflung um Rat gebeten wird und sich dem nicht entziehen kann, dem fällt die Verantwortung zu, für die Folgen seiner Ratschläge einzustehen, so lange, wie der Verzweifelte sie selbst nicht hinreichend übersehen kann.[54] Verantwortung besteht dabei darin, den andern möglichst wenig in weitere Not geraten zu lassen, was immer nun geschehen mag. Wem Verantwortung zufällt, weil andere in Not sind, hat für die Zeit ihrer Not ihre Orientierung zu verantworten, hat für sie, soweit sie nicht selbst dazu fähig sind, Orientierungsaufgaben zu übernehmen. Rechtlich können solche zufällig zugefallenen Verantwortungsverhältnisse nur dann, wenn manifeste Schäden für Leib und Leben

---

52 Vgl. Hans Jonas, Das Prinzip Verantwortung. Versuch einer Ethik für die technologische Zivilisation, Frankfurt am Main 1979, 391, der die Verantwortung abschließend als „die als Pflicht anerkannte *Sorge* um ein anderes Sein" bestimmt, „die bei Bedrohung seiner Verletzlichkeit zur ‚Besorgnis' wird." Die Verantwortung beginne darum mit der Furcht um einen andern oder etwas anderes: „was wird *ihm* zustoßen, wenn ich mich seiner *nicht* annehme?" Lenk/Maring, Verantwortung, a.O., 234, sprechen hier von „(universal)moralischer Verantwortung", die „keine Auf- und Abschiebung" gestattet, die „persönlich" ist und „insbesondere nicht delegiert werden" kann.

53 Seit H. L. A. Hart, Punishment and Responsibility. Essays in the Philosophy of Law, Oxford/London 1968, wird eine soziale Rollen-, Aufgaben- und Funktionsverantwortung oder die Verantwortung *ex ante* von der ereignisbezogenen Kausalverantwortung und der rechtlichen Haftungsverantwortung oder der Verantwortung *ex post* unterschieden (vgl. Heidbrink, Kritik der Verantwortung, a.O., 22 f.). Aber auch sie wird mit *gewählten* Rollen, Aufgaben und Funktionen verbunden, nicht mit zufälligen Gelegenheiten. Wieland, Verantwortung, a.O., 25–48, möchte den Begriff der Verantwortung ganz auf rechtliche ‚Haftung' einschränken, da nur sie „handgreiflich" haltbar sei (44).

54 Vgl. Gebhard Fürst / Werner Stegmaier (Hg.), Der Rat als Quelle des Ethischen. Zur Praxis des Dialogs, Stuttgart 1993 u. ö.

eingetreten sind, als unterlassene Hilfeleistungen eingeklagt werden. Im alltäglichen Verkehr der Menschen reicht darum das Recht nicht aus, und darum ist die Gesellschaft in den zufällig zufallenden Verantwortungen auf eine Verantwortungskultur angewiesen. Und eine solche Verantwortungskultur wird wiederum vor allem von der Politik erwartet. Dass ‚die Politik' die erste Adresse für die Zurechnung all dessen ist, was in der Gesellschaft als unbefriedigend empfunden wird, ist in ihrer Verpflichtung begründet, künftigen Schaden von der Gesellschaft abzuwenden, was immer auch geschehen mag (und darauf haben Regierende ihren Eid zu leisten), und damit fällt ihr unvermeidlich alle Verantwortung für alles zu, was als gesellschaftliche Not erfahren wird (13.4.(7)). Aber daraus erwächst dann auch die politische Macht (13.4.(6)).

(4) Übertragen von Verantwortung. – Verantwortung für die Ausübung von Macht wird ihrerseits nach geregelten Verfahren ‚übertragen' von denen, die die Befugnis dazu haben. Die Verantwortung besteht dann wiederum in einer Befugnis oder ‚Zuständigkeit', in einem (mehr oder weniger) klar abgegrenzten Verantwortungsbereich Entscheidungen zu treffen. Solche förmlich Befugten ‚tragen' dann die ‚politische Verantwortung' für alles, was in ihrem Verantwortungsbereich, auch durch ihre Mitarbeiter(innen), geschieht, also auch für das, wofür sie unmittelbar ‚nichts können' (13.4.(7)). Sie sind nicht nur bei bestimmten Gelegenheiten, sondern ‚immer dran', sind, jedoch nur in ihrer Zuständigkeit, immer ‚die Nächsten'. Wird politische Verantwortung ‚geteilt', indem man statt Einzelner Gremien zur Entscheidung bestellt, werden die Gremienmitglieder wieder von moralischer Verantwortung entlastet. NIETZSCHE notierte sich als „Grundsatz: nur Einzelne fühlen sich *verantwortlich*. Die Vielheiten sind erfunden, um Dinge zu thun, zu denen der Einzelne nicht den Muth hat."[55] Doch wie gegen Standards einer herrschenden Moral können Angehörige von Gremien sich moralisch genötigt sehen, gegen die Entscheidungen der Gremien aufzutreten. Dies wird vor allem dann der Fall sein, wenn ihnen die Belange derer, für die das Gremium verantwortlich ist, ernsthaft gefährdet scheinen. Sie können dann, aus den Gremien heraus, zu Vorkämpfern für moralische und politische Erneuerungen der Gruppe oder der Gesellschaft werden, die sie vertreten.

---

55 Nietzsche, Nachlass 1888, 14[196], KSA 13.381.

15.5. Selbstdifferenzierung der moralischen Orientierung: Moralische Charaktere, Normen, Werte, Orientierungswelten und ihre Spielräume

Die moralische Nötigung schließt die Spielräume für andere Orientierungen außer der moralischen Orientierung. Diese differenziert sich nach moralischen Charakteren, Normen und Werten und entsprechend den Orientierungswelten (9.4.). Sie lässt dabei selbst Spielräume verschiedener Art: über die Spielräume der Anhaltspunkte und Zeichen moralisch relevanter Situationen hinaus (15.2.) Spielräume der moralischen Charaktere (1), Spielräume in der Befolgung und Geltendmachung moralischer Normen (2) und Spielräume in der Wahl unter Werten (3). In unterschiedlichen Orientierungswelten können unterschiedliche Normen und Werte gelten (4).

ARISTOTELES hatte, ohne das Konzept der moralischen Nötigung, das vor dem Hintergrund des Christentums und des modernen Protestantismus erst KANT in seiner ganzen Schärfe formulierte, bereits eine *Konzeption des Ethischen in Handlungsspielräumen* bereitgestellt. In seiner *Nikomachischen Ethik* zielte er nicht so sehr auf eine von den Individuen abstrahierende Normsetzung, sondern setzte bei erworbenen Haltungen (ἕξεις) an, von denen in der jeweiligen Situation der rechte Gebrauch (χρῆσις) gemacht werden muss.[56] Um typische Situationen von ethischem Belang zu erfassen, markierte er für Polis-Bürger relevante Handlungsfelder, z.B. das Kämpfen im Krieg, den Umgang mit der Lust, den Einsatz des eigenen Vermögens im privaten und im öffentlichen Bereich, die Darstellung des eigenen sittlichen Wertes, die Unterhaltung in Gesellschaft) und umriss sie als Spielräume zwischen Extremen, die beide schlecht sind (wie Tollkühnheit und Feigheit im Kampf oder Verschwendungssucht und Geiz im Umgang mit seinem Vermögen). Zwischen ihnen hat jeder in seiner Situation das Angemessene, die jeweils rechte ‚Mitte', zu treffen (τυγχάνω): die Extreme gelten als Anhaltspunkte, zwischen denen man jeweils herausfinden muss, was zu tun ist (τὸ δέον, NE 1194 a 24). Die ‚Mitte' muss nicht in gleicher Entfernung zu beiden Extremen liegen; in extremen Situationen kann das Rechte ihnen nahe kommen, und so ist die ‚Mitte', da es immer um andere Situationen geht, nicht durch allgemeine Regeln und Gesetze zu bestimmen. Es zeichnet nach ARISTOTELES den ‚Verständigen' (φρόνιμος) aus, jeweils *entscheiden* (προαιρεῖν) zu können, was zu tun ist, und seine ethische Auszeichnung (ἀρετή) liegt in der Haltung (ἕξις), die er durch lange Bemühung und Erfahrung erworben hat und

---

56 Vgl. Aristoteles, Nikomachische Ethik, 1098 b 31–33, 1140 a 24 f., 1113 a 33, 1128 a 32. Nach der Eudemischen Ethik des Aristoteles ist die χρῆσις immer besser als die ἕξις (1219 a 18), und nach der Nikomachischen Ethik gibt es bei den πρακτά nichts Festes (οὐδὲν ἐστηκός, 1104 a 4). Vgl. Wolfgang Schneider, ΟΥΣΙΑ und ΕΥΔΑΙΜΟΝΙΑ. Die Verflechtung von Metaphysik und Ethik bei Aristoteles, Berlin/New York 2001, 61 ff.

die ihn dann befähigt, in der jeweiligen Situation rasch die rechte Entscheidung zu treffen (ἕξις προαιρετική). In zu angemessenen Entscheidungen befähigenden Haltungen hat der gut Handelnde eine stabile Orientierung, die ihm gleichwohl Spielräume für wechselnde Situationen lässt.[57] Auch KANT, der die moralische Nötigung dann als ‚Stimme' der Vernunft interpretierte, im Handeln unbedingt ihrem Gesetz, also dem kategorischen Imperativ, zu folgen,[58] räumte weiterhin Spielräume in der Ausübung moralischer Pflichten ein, sofern nämlich „das Gesetz nur die Maxime der Handlungen, nicht die Handlungen selbst gebieten kann" und darum dem Handelnden in seiner „Befolgung (Observanz) einen Spielraum (latitudo) für die freie Willkür überlasse[n]" muss.[59] Dies gilt im Unterschied zu ‚Rechtspflichten', die sich auf (beobachtbare) Handlungen (oder Unterlassungen) beziehen, für alle ‚Tugendpflichten', sowohl gegenüber anderen, deren Glückseligkeit man zu fördern hat, als auch gegen sich selbst, dessen Tüchtigkeit zu moralischem Handeln man zu stärken hat. KANT spricht hier von ‚weiten' oder ‚unvollkommenen' – im Sinn von nur unvollkommen festlegbaren – Pflichten: „Allein ich soll mit einem Theil meiner Wohlfahrt ein Opfer an Andere ohne Hoffnung der Wiedervergeltung machen, weil es Pflicht ist, und nun ist unmöglich bestimmte Grenzen anzugeben: wie weit das gehen könne. Es kommt sehr darauf an, was für jeden nach seiner Empfindungsart wahres Bedürfniß sein werde, welches zu bestimmen jedem selbst überlassen bleiben muß. Denn mit Aufopferung seiner eigenen Glückseligkeit (seiner wahren Bedürfnisse) Anderer ihre zu befördern, würde eine an sich selbst widerstreitende Maxime sein, wenn man sie zum allgemeinen Gesetz machte. Also ist diese Pflicht nur eine *weite*; sie hat einen Spielraum, mehr oder weniger hierin zu thun, ohne daß sich die Gränzen davon bestimmt angeben lassen." Und auch die „Pflicht des Menschen gegen sich selbst in Ansehung seiner *physischen* Vollkommenheit ist […] nur *weite* und unvollkommene Pflicht: weil sie zwar ein Gesetz für die Maxime der Handlungen enthält, in Ansehung der Handlungen selbst aber ihrer Art und ihrem Grade nach nichts bestimmt, sondern der freien Willkür einen Spielraum verstattet."[60] Wo aber „Tugendpflichten […] einen Spielraum der Anwendung (latitudinem)" haben, ist, so auch KANT, von keinem „Tugendlehrer zu fordern, daß er mir dieses Mittlere anweise", sondern „was zu thun sei, kann nur von der Urtheilskraft nach Regeln der Klugheit (den pragmatischen), nicht denen der Sittlichkeit (den moralischen), d.i. nicht als *enge* (officium strictum), sondern nur als *weite* Pflicht (officium latum) entschieden werden."[61] Bei den Spielräumen des moralischen Handelns geht es nicht um „eine Erlaubniß zu Ausnahmen von der Maxime der Handlungen, sondern [um] die der Einschränkung einer Pflichtmaxime durch die andere (z.B. die allgemeine Nächstenliebe durch die Elternliebe)". Mit solchen wechselseitigen Einschränkungen ist

---

57 Vgl. in diesem Sinn auch Derrida, Politik[en] der Freundschaft, a.O., 37–39.
58 Vgl. zum Sinn des kategorischen Imperativs Verf., Immanuel Kant: *Kritik der praktischen Vernunft*, in: W.S., Interpretationen. Hauptwerke der Philosophie, a.O., 61–94, und unten 16.1.
59 Kant, Metaphysik der Sitten, AA VI, 390.
60 Ebd., 393 und 446.
61 Ebd., 433.

aber in der „Tugendpraxis"[62] oder der alltäglichen moralischen Orientierung immer zu rechnen.

(1) Spielräume der moralischen Charaktere. – Die Spielräume der Anhaltspunkte und Zeichen einer moralisch relevanten Situation (15.2.) können für jeden andere sein. Es liegt beim Einzelnen, welche Nöte anderer ihn moralisch nötigen, kennzeichnet seinen moralischen Charakter, wann, wie rasch, wie oft und mit welchem Ernst er einen moralischen Standpunkt bezieht. Auch moralische Charaktere kennen Extreme, sie können sich zwischen Zynismus und moralischer Gleichgültigkeit auf der einen Seite bis zu moralischem Eifern, ‚Prinzipienreiterei' und Fanatismus auf der andern Seite bewegen. Auch hier ist in der alltäglichen Orientierung erst die rechte Mitte zu finden, in der Ausbildung des Charakters und in jeder neuen moralischen Situation. In der einen Situation kann gegenüber dem moralischen Eifern eines andern moralische Zurückhaltung und Humor und gegenüber moralischer Gleichgültigkeit beharrliches Festhalten an moralischen Grundsätzen angebracht sein.

(2) Spielräume in der Befolgung und Geltendmachung moralischer Normen. – Sachlich differenziert sich die moralische Nötigung nach Handlungsfeldern und in diesen Handlungsfeldern nach moralischen Normen. In ihnen wird ausdrücklich gemacht, was in typischen Situationen zu tun ist.[63] Sie regeln das moralische Verhalten (13.5.(1)) und sind wie Rechtsnormen Anhaltspunkte unter anderen; auch bei ihnen ist Orientierung nötig, *wie* ernst man sie von Fall zu Fall nehmen muss – bei Strafe, selbst nicht ernstgenommen zu werden (13.5.(5)).[64] Ihre Begründung und die Notwendigkeit ihrer Begründung kann ebenfalls strittig bleiben.[65] Unstrittig ist jedoch, dass eine Gruppe oder Gesellschaft

---

62 Ebd., 390. – Zum Denken von Regel und Ausnahme bei Kant vgl. Verf., Mit Ausnahmen umgehen: Zur Praxis der ethischen Orientierung. Eine Skizze, in: Claus Dierksmeier (Hg.), Die Ausnahme denken. Festschrift zum 60. Geburtstag von Klaus-Michael Kodalle in zwei Bänden, Würzburg 2003, Bd. 1, 127–140.
63 Vgl. Konrad Ott, Art. Prinzip / Maxime / Norm / Regel, in: Düwell / Hübenthal / Werner (Hg.), Handbuch Ethik, a.O., 457–463, hier 458: „Normen müssen durch Normsätze ausgedrückt werden können."
64 Vgl. aus moralpsychologischer Sicht Mordecai Nisan, Die moralische Bilanz. Ein Modell moralischen Entscheidens, in: Edelstein / Nunner-Winkler (Hg.), Zur Bestimmung der Moral, a.O., 347–376, hier 347 f.: „Eine Person unterwirft sich den Geboten eines moralischen Systems – aber nur in bestimmten Grenzen; sie erlaubt sich ein gewisses Maß an unmoralischem Verhalten."
65 Die Diskursethik nach Karl-Otto Apel und Jürgen Habermas will durch ein Normenbegründungsprogramm den Druck herrschender Moralen in Selbstbin-

nicht ohne moralische Normen überhaupt auskommt. Wo sie strikt, ohne Spielräume, zu befolgen sind (wie das Verbot, jemand zu töten oder körperlich zu verletzen), werden sie zwar, wo immer möglich, als Rechtsnormen formuliert und dadurch mit Zwang bewehrt. Die Grenze des Rechts ist jedoch dort erreicht, wo es um die Befolgung der Normen aus eigener Überzeugung geht (z. B. nicht zu lügen oder zu demütigen); hier ist man auf moralische Normen angewiesen. Die Überzeugung, aus der ein Handeln erfolgt, ist jedoch weder äußerlich zu beobachten noch zu erzwingen; man kann, so KANT, ‚aus Pflicht‘, um der Pflicht willen, oder nur ‚gemäß der Pflicht‘ handeln, um ihr äußerlich Genüge zu tun, und man kann Überzeugungen nur vortäuschen. Eben dort, wo moralische Normen ins Spiel kommen, kann man, weder bei sich selbst noch bei andern, sicher sein, dass sie auch aus Überzeugung (und nicht konformistisch oder nur scheinbar) befolgt werden. Man kann wohl auf ihre Befolgung ‚pochen‘, also andere nachdrücklich moralisch nötigen, sie zu beachten. Doch damit steigert man nur den Konformitätsdruck.[66] So wird es selbst zur moralischen Frage, ob man moralische Normen ausdrücklich ins Spiel bringen soll. Macht man sie gegenüber andern geltend, übt man moralisch bedenklichen moralischen Druck aus, macht man sie für sein eigenes Verhalten geltend, kann man in den Verdacht der Selbstgerechtigkeit und der Selbsttäuschung kommen. Und da normative

---

dungen durch Überzeugung überführen und so sozialen Zwang in einen ‚zwanglosen Zwang‘ eigener Einsicht aufheben. Dabei werden freilich alle dem Zwang zur diskursiven Begründung ihrer moralischen Orientierungen gegenüber anderen ausgesetzt, die von den andern dann mit ihren Gründen akzeptiert oder verworfen werden können. Auch Begründungsansprüche und Aufforderungen zum Konsens können (außer von Moralphilosophen, für die sie selbstverständlich sind) als nötigend erfahren werden. In der alltäglichen Orientierung werden sie sehr zurückhaltend aufgenommen.

66 Das Bestehen auf der Befolgung rechtlicher und moralischer Normen erzeugt, so Luhmann, Soziale Systeme, a.O., 312, die „Differenz von Konformität und Abweichung". Das gilt jedoch nur für rechtliche und moralische Normen. Wenn Normen normative Erwartungen sind (13.5.(1)), kann man auch „kognitive Erwartungen" unter sie fassen, Erwartungen, dass sich etwas normalerweise so und so darstellt. Kognitive Erwartungen können sich wie rechtliche und moralische nicht erfüllen, sind enttäuschbar. Bei kognitiven Erwartungen wird dann die Erwartung seligiert, das heißt: es wird gelernt, und man erwartet künftig anderes. Normative (rechtliche und moralische) Erwartungen werden dagegen festgehalten, und statt dessen werden die Enttäuschungen seligiert – man ist nicht über die Erwartung, sondern über die Enttäuschung enttäuscht, und die alten Normen gelten weiter (ebd., 436–455). Kurz: In Recht und Moral lernt man schwerer als beim Wissen.

15.5. Selbstdifferenzierung der moralischen Orientierung

Erwartungen stets enttäuschbar sind, kann man, je mehr man ‚auf sie baut', um so mehr moralisch enttäuscht werden und ‚verbittern'.

(3) Spielräume in der Wahl unter Werten. – Moralische Normen sind ihrerseits an moralischen Werten ausgerichtet (das Lügenverbot z. B. am Wert der Aufrichtigkeit, das Demütigungsverbot am Wert der Achtung für jedermann). Werte sind die Fluchtpunkte der moralischen Orientierung.[67] Der Begriff Wert bürgerte sich im 19. Jahrhundert zunächst in den moralphilosophischen Sprachgebrauch ein. Inzwischen sind ‚Werte' und ‚Orientierung' im alltäglichen Sprachgebrauch eng verknüpft: während man Normen ‚zu befolgen hat', ‚orientiert man sich' an Werten – man hat Spielräume auch gegen die Werte selbst, kann sie ‚wählen'. Darin wirkt die Herkunft des Begriffs aus der Ökonomie nach (13.2.). Noch KANT verstand ihn zunächst ökonomisch – und paradoxierte ihn in moralischer Absicht. Er fasste die „Würde" des Menschen als „Werth, der keinen Preis hat".[68] Der Mensch habe durchaus einen ökonomischen Wert:

> Der Mensch im System der Natur (*homo phaenomenon, animal rationale*) ist ein Wesen von geringer Bedeutung und hat mit den übrigen Thieren, als Erzeugnissen des Bodens, einen gemeinen Werth (*pretium vulgare*). Selbst, daß er vor diesen den Verstand voraus hat und sich selbst Zwecke setzen kann, das giebt ihm doch nur einen *äußeren* Werth seiner Brauchbarkeit (*pretium usus*), nämlich eines Menschen vor dem anderen, d.i. ein *Preis*, als einer Waare, in dem Verkehr mit diesen Thieren als Sachen, wo er doch noch einen niedrigern Werth hat, als das allgemeine Tauschmittel, das Geld, dessen Werth daher ausgezeichnet (*pretium eminens*) genannt wird.[69]

---

67 Hilary Putnam, Werte und Normen, in: Lutz Wingert / Klaus Günther (Hg.), Die Öffentlichkeit der Vernunft und die Vernunft der Öffentlichkeit, Frankfurt am Main 2001, 280–313, findet in Habermas' Diskursethik nur *eine* Norm, die Norm der kommunikativen Rechtfertigung alle gleich verpflichtender moralischer Normen, und keine Werte, soweit Werte als ungerechtfertigt geltend vorausgesetzt würden, und setzt dem seinerseits eine Vielfalt allgemein verbindlicher Werte entgegen, ohne die sich gehaltvolle Normen gar nicht formulieren ließen. Als Beispiel gibt er die unbegründbare, „irreduzible" moralische Nötigung an: „was ist, was könnte angesichts eines bedürftigen Menschen irreduzibler sein, als mein Wissen, daß ich verpflichtet bin, diesem Menschen zu helfen?" (308), und kommt zu dem Schluss, dass die Diskursethik wohl ein „wertvoller und wichtiger Teil" der Ethik sein könne, aber auch nicht mehr (304, vgl. 312).

68 Kant, Metaphysik der Sitten, AA VI, 462.

69 Ebd. – In seinen Vorlesungen zur *Physischen Geographie* merkte Kant an: „In Afrika, am Senegal und in Guinea ist der stärkste Handel der Europäer mit Eisenstangen, und der Werth eines Negers wird nach Eisenstangen gerechnet." (AA IX, 367). Als „*Person* betrachtet, d.i. als Subject einer moralisch-praktischen

Moralisch aber wird von eben diesem ökonomischen Wert abgesehen, nicht nur bei der Würde des Menschen, sondern bei allen moralischen Werten. Aber sofern moralische Werte wählbar sind, haben sie untereinander wiederum einen Wert, einen Vorzugswert; was für den einen ein ‚höherer' Wert, kann für den andern ein ‚geringerer' Wert sein; Werte lassen individuelle ‚Präferenzen' oder ‚Vorzugsbeziehungen' zu. Unter ihnen können ‚Grundwerte' oder ‚höchste Werte' herausgehoben werden; ihre Zahl und Ordnung ist jedoch unbestimmt;[70] sie können ausdrücklich benannt werden, aber auch selbstverständlich gelten.[71] Sie müssen lediglich zueinander passen, damit sie moralisch nicht desorientieren, und *wie* sie bei einem Individuum, einer Gruppe oder einer Gesellschaft zueinander passen, macht dann das charakteristische Muster ihrer moralischen Orientierungen aus. Solche Wertmuster kann man wiederum miteinander vergleichen, und indem man sie vergleicht, kann man die eigene moralische Orientierung reflektieren und, wo nötig, korrigieren, ohne dazu moralisch genötigt zu sein. Abweichende Werte rufen anders als Abweichungen von Normen kein schlechtes Gewissen hervor. Man kann wohl für seine Werte kämpfen wie für seine politischen oder religiösen Überzeugungen; dennoch laden sie mehr zur Koexistenz als zur Konfrontation ein. Werte lassen auch ‚Wertewandel' zu, den die empirische Soziologie konstatiert, solange sie existiert;[72] er kann als ‚Werte-

---

Vernunft," ist der Mensch dagegen „über allen Preis erhaben" und besitzt „*Würde* (einen absoluten innern Werth)" (AA VI, 434 f.). In diesem Sinn eines absoluten inneren Werts sprach Kant dann auch verkürzt vom „moralischen Werth der Handlungen" und dem „Werth der Person" (vgl. u. a. Grundlegung zur Metaphysik der Sitten, AA IV, 394, und Kritik der praktischen Vernunft, AA V, 147). – Zur systematischen Bestimmung und historischen Entfaltung des Würde-Begriffs unter rechtsphilosophischer Perspektive vgl. Christoph Enders, Die Menschenwürde in der Verfassungsordnung. Zur Dogmatik des Art. 1 GG, Tübingen 1997.

70 Arnim Regenbogen, Art. Werte, in: Enzyklopädie Philosophie, hg. v. Hans Jörg Sandkühler, Hamburg 1999, Bd. 2, 1743–1748, hier 1747, spricht von einem „Lexikon" der Werte, zu dem „auch und vor allem die je individuellen Ziele und Maßstäbe der je eigenen Lebensorientierung" zählen.

71 Charles W. Morris, Varieties of Human Value, Chicago 1956, unterschied ‚operative values', Werte einer Person, die sich an ihrem tatsächlichen regelmäßigen Wahlverhalten erkennen lassen, von ‚object values', die für sie Werte sein müssten, auch wenn sie sie sich nicht bewusst macht (wie eine Diät für einen Diabetiker, der von seiner Diabetes nichts weiß).

72 Zur soziologischen ‚Wertewandel'-Forschung vgl. den Klassiker Ronald Inglehart, The Silent Revolution. Changing Values und Political Styles Among Western Publics, Princeton 1977, deutsch: Kultureller Umbruch. Wertwandel in der westlichen Welt, Frankfurt am Main / New York 1989, hier bes. 138: „Es

verfall' verurteilt werden, soweit auf ‚ewige Werte' gesetzt wird,[73] aber auch als unablässige moralische Neuorientierung begrüßt werden. Die moralisch zugestandene Freiheit zur Wahl unter Werten entspannt so den Druck moralischer Orientierung aufeinander; die Semantik der Werte schafft ihr neue und weite Spielräume.

Die Wertphilosophie, die mit Franz BRENTANO und Rudolph Hermann LOTZE in der Mitte des 19. Jahrhunderts aufkam, scheute sich zunächst, Werte als bloße moralische Präferenzen und damit als zeitliche zu sehen. Sie war erneut mit der Frage nach der Wahrheit von Werten angetreten, die als absolut gültige vorgegeben oder ewige angenommen wurden.[74] NIETZSCHE brach damit am Ende des 19. Jahrhunderts; mit seiner Formel von der ‚Umwertung aller Werte' (die man ihrerseits wollen kann oder auch nicht) macht er den Begriff ‚Wert' in der Philosophie erst prominent. Seither hat sich die metaphysische Fixierung der Wertphilosophie gelockert, zunächst durch Heinrich RICKERT, der eine zeitweilige und bedingte Geltung der Werte zuließ, nun im Namen der ihrerseits geschichtlichen ‚Kultur'. An ihn konnte dann die Soziologie Max WEBERS mit der Forderung anschließen, die Erkenntnis kultureller und geschichtlicher Werte ihrerseits von Wertungen freizuhalten und so (mit NIETZSCHE) Wege aus der Selbsttabuierung der Moral zu suchen. Die phänomenologische Wertethik erarbeitete dann eine methodisch disziplinierte Beobachtung des Bestands und des Wirkens von Werten, in deren Folge Max SCHELER den Bezug auf Werte von der Wahrheitsfrage löste und ein eigenes ‚Wertfühlen' einführte. Er zielte auf eine persönliche Ethik im Unterschied zu einer gesetzlichen: es sollte nun auf die einzelne Person ankommen, die Werte wahr- und ernstnimmt.[75] Die Wertethik berücksichtigte auch den geschichtlichen Wandel moralischer Wertschätzungen. SCHELER suchte dennoch eine erneute metaphysische Absicherung der Werte in einem ‚Reich von Werten', das von den Wertungen der Einzelnen zuletzt unabhängig sein sollte – was schon innerhalb der Wertethik, etwa von Robert REININGER (*Wertphilosophie und Ethik*, 1939) kritisiert wurde. Ökonomie und

---

gibt praktisch keine Einstellung, an der ein Mensch ohne jede Ausnahme festhält." Andererseits können generelle Einstellungen („Orientierungen") in Gesellschaften hohe Stabilität zeigen. Beide sind freilich durch Umfragen nur bedingt zu ermitteln (140–168).

73 So setzt Christian Krijnen den Wert-Begriff ein, um „den Wertrelativismus und -nihilismus in einer nachmetaphysischen und wissenschaftlich fundierten Weise zu überwinden", und dies mit Hilfe des Orientierungsbegriffs (Christian Krijnen, Nachmetaphysischer Sinn. Eine problemgeschichtliche und systematische Studie zu den Prinzipien der Wertphilosophie Heinrich Rickerts, Würzburg 2001, zusammengefasst in: Christian Krijnen, Art. Wert, in: Düwell / Hübenthal / Werner (Hg.), Handbuch Ethik, a.O., 527–533).

74 Vgl. Herbert Schnädelbach, Philosophie in Deutschland 1831–1933, Frankfurt am Main 1983, 198–231.

75 Der 2. Aufl. seines Werks *Der Formalismus in der Ethik und die materiale Wertethik* fügte Scheler in diesem Sinn den Untertitel *Neuer Versuch der Grundlegung eines ethischen Personalismus* hinzu.

Soziologie kühlten die Debatte ab; R. B. PERRY definierte in seiner *General Theory of Values* von 1926 einen „value" schlicht als „any object of interest" und Talcott PARSONS in *The Social System* von 1951 als „Selektionsstandard bei den in einer Situation innerlich als offen erscheinenden (intrinsicly open) Alternativen der Orientierung".[76] Nach LUHMANN ist die Rede von Werten gerade als *Rede* bedeutsam, als Kommunikationsangebot bei Irritationen in Fragen richtigen Handelns, die in unüberschaubar komplexen Gesellschaften nicht mehr generell entscheidbar sind: „Man hat nur noch *Werte* in der Hand – oder im Mund."[77]

(4) Moralische Orientierungswelten. – In unterschiedlichen Orientierungswelten können unterschiedliche Normen und Werte zur Geltung kommen. Eine Politikerin, die mit dem Manager eines Öl-Konzerns verheiratet ist und deren Kinder in internationalen Umwelt-Organisationen aktiv sind, wird auf sehr unterschiedliche Weisen moralisch beansprucht und muss damit umgehen können, ohne unablässig in Konflikte zu geraten. Sie trennt moralische Orientierungswelten und wechselt sie in wechselnden Situationen. Um moralische Orientierungswelten handelt es sich, sofern sie in ihren Horizonten die Dinge moralisch jeweils anders sehen lassen, ohne dass die unterschiedlichen moralischen Standards darum miteinander konsistent sein müssten. Die genannte Politikerin kann als Frau ihrem Mann und als Mutter ihren Kindern in deren Tätigkeiten moralisch beistehen, ohne diese zu ihrer Politik zu machen, und sie kann politisch auch gegen sie antreten. Die Orientie-

---

76 Vgl. Regenbogen, Art. Werte, a.O. – Zur empirischen Erforschung der Entstehung von Werten und ihres Einflusses auf politische, religiöse und andere Orientierungen in unterschiedlichen Kulturen vgl. Shalom H. Schwartz, Universals in the Content and Structure of Values: Theoretical Advances and Empirical Tests in 20 Countries, in: M. P. Zanna (Hg.), Advances in Experimental Social Psychology 25 (1992), 1–65.

77 Luhmann, Soziale Systeme, a.O., 433–436, hier 433. Werte werden danach mehr vorausgesetzt als besprochen. Man registriert die unausgesprochenen Werte des Andern und hat dann nicht nur die Option, ihnen beizupflichten oder zu widersprechen, sondern auch, sie mit Stillschweigen zu übergehen (vgl. Goffman, Das Individuum im öffentlichen Austausch, a.O., 140). Werden Werte jedoch als ‚absolute' oder ‚unverzichtbare' präsentiert, werden die Optionen des Widerspruchs und des Stillschweigens wieder aktuell – und riskant (vgl. Luhmann, Die Gesellschaft der Gesellschaft, a.O., 797–801). Auch Hans Joas, Die Entstehung der Werte, Frankfurt am Main 1997, ebenfalls Soziologe (mit starkem Affekt sowohl gegen Luhmann als auch gegen Nietzsche und die ‚Postmoderne'), handelt nicht von der Entstehung der Werte, sondern der *Rede* von Werten in der Philosophie und Soziologie seit Nietzsche, er mit dem Ziel, sie in eine idealistisch-universalistische Ethik zu integrieren (257 f.).

rungswelten, in die sich die Orientierung generell differenziert (9.4.), kennen auch ihre eigenen moralischen Werte, Normen und Sanktionen.[78]

(1) In der *individuellen Orientierungswelt*, in der jeder für sich selbst sorgt, spielen sich, soweit die Einhaltung der eigenen Lebensrhythmen, Ziele und Pläne Anstrengung und Disziplin erfordern, auch für das jeweilige Individuum Normen ein, deren Nicht-Einhaltung es enttäuschen und moralische Sanktionen – Gewissensbisse, Scham, Reue – hervorrufen kann. Moralische Verantwortung hat man auch in der Sorge für sich selbst, sofern jeder, der für sich selbst sorgen kann, nicht die Hilfe anderer beanspruchen muss.[79]

(2) In der *inter-individuellen oder gemeinschaftlichen Orientierungswelt*, in der man sich regelmäßig um andere zu kümmern oder für sie zu sorgen hat, ist man regelmäßig auch der Nächste (15.2.). Gut ist hier aber nun, was den Bedürfnissen der andern, nicht den eigenen entspricht, und Gegenseitigkeit kann dann, muss aber nicht erwartet werden. Doch da man in der inter-individuellen oder gemeinschaftlichen Orientierungswelt von mehreren zugleich beansprucht werden kann und darum, zu-

---

[78] Auch Hans Krämer, Integrative Ethik, Frankfurt am Main 1992, 49 f., deutet eine „ganze Reihe von Moralhorizonten" an, die nach Krämer „einander konzentrisch fortschreitend übergreifen und so ein Kontinuum bilden: von der Spezialmoral der Zweiergruppe über mittlere und größere Gruppen bis hin zur Moral einer Kultur oder Epoche, ja bis zum Rückgriff auf ältere oder zum Vorblick auf antizipierte, erst potentiell subsistierende, künftig zu aktualisierende Gruppenideale oder gar auf imaginierte universalisierte Übergruppen, die für den Gattungskonsens stehen." Das ‚konzentrisch fortschreitende Übergreifen' wird dabei phänomenologisch freilich nicht ausgewiesen und lässt sich auch nicht ausweisen. Zur Unterscheidung von vier Horizonten der moralischen Orientierung vgl. Verf., Praktische Vernunft und ethische Orientierung, in: Internationale Zeitschrift für Philosophie 1994/1, 163–173. – Zu begrenzten Universalisierungen in der Ethik vgl. auch Bernhard Irrgang, Praktische Ethik aus hermeneutischer Sicht, Paderborn/München/Wien/Zürich 1998.

[79] Ob es im Verhältnis zu sich selbst moralische Normen und moralische Verantwortung geben kann, ist strittig. Während Kant Pflichten gegen sich selbst, auch für das eigene Wohlergehen, ansetzt, nach denen jeder dafür so zu sorgen hat, dass er zu verantwortungsvollem moralischem Handeln imstande ist, verwirft Krämer, Integrative Ethik, a.O., 16–18, solche Pflichten zugleich mit Kants ‚Moralphilosophie' und will hier nur Formen des ‚Könnens' ansetzen. Doch zugleich ist die befriedigende Gestaltung des eigenen Lebens zunehmend zum Gegenstand aktueller Ethiken der ‚Lebenskunst' geworden, die Krämer ebenfalls kritisiert (ebd., 184 f.). Zur Kritik des (vermeintlichen, auch von Krämer angenommenen) Anschlusses solcher Ethiken der Lebenskunst an Nietzsche und Foucault vgl. Claus Zittel, Ästhetisch fundierte Ethiken und Nietzsches Philosophie, in: Nietzsche-Studien 32 (2003), 103–123.

mindest auf Zeit, den einen dem andern vorziehen muss, wird man, soweit sich nicht für alle akzeptable Routinen einspielen, explizit Regeln vereinbaren, die als moralische Normen oder Verhaltenserwartungen wirken und im Fall der unachtsamen Abweichung Enttäuschung und im Fall der gezielten Verletzung spezifische moralische Sanktionen – Empörung, Vorwürfe, vielleicht Liebesentzug – hervorrufen. Das Gute wird so zum Guten nach Regeln oder zum Gerechten.[80]

(3) In der *gesellschaftlichen Orientierungswelt*, in der man sich auf die Lebensbedingungen und -bedürfnisse von Menschen einzustellen hat, die man sich nicht selbst ausgesucht hat, werden allgemeine, von inter-individuellen Bindungen unabhängige moralische Normen notwendig, die dann auch mehr und mehr explizit formuliert und rechtlich kodifiziert werden. Mit ihrer rechtlichen Regelung werden Fürsorgepflichten durch staatliche Zwangsgewalt bewehrt. Sie bleiben jedoch eingebettet in eine der jeweiligen Gesellschaft selbstverständliche Kultur.

(4) In der *globalen Orientierungswelt* der Weltgesellschaft schließlich erwachsen im Zug der Globalisierung zunehmend moralische Ansprüche auf Hilfeleistung in akuten Nöten über staatliche Grenzen und kulturelle Horizonte hinweg, beginnend mit der globalen Durchsetzung allgemeiner Menschenrechte und endend mit der Überwindung moralisch unerträglicher Unterschiede unter den Lebensverhältnissen der ökonomisch privilegierten Gesellschaften oder Gesellschaftsschichten einerseits und der benachteiligten andererseits. Das Gute wird hier zum Gerechten nach universalen moralischen Regeln, und in Europa, das einstmals die Teile der Welt kolonialisiert hatte, die nun am stärksten zu leiden haben, ist der moralische Druck zu helfen am stärksten.

Die philosophische Ethik der Neuzeit hat sich weitgehend auf universale Prinzipien des Zusammenlebens unter Menschen konzentriert,

---

80 Nach Levinas kommen aufgrund der „Tatsache, daß wir nicht zu zweit, sondern mindestens zu dritt sind [...], zur anfänglichen Barmherzigkeit – denn die Beziehung zu zweit ist eine der Barmherzigkeit – das ‚Kalkül‘ und der Vergleich hinzu. [...] Sobald es [...] einen Dritten gibt, muß ich vergleichen. Die Gerechtigkeit des Vergleichens kommt notwendigerweise nach der Barmherzigkeit. Sie verdankt der Barmherzigkeit alles, aber sie verneint sie ständig." (in: Elisabeth Weber, Jüdisches Denken in Frankreich. Gespräche, Frankfurt am Main 1994, 121). Zum Ursprung der Gerechtigkeit aus dem Problem des Dritten vgl. Pascal Delhom, Der Dritte. Lévinas' Philosophie zwischen Verantwortung und Gerechtigkeit, München 2000, und Verf., Die Bindung des Bindenden. Levinas' Konzeption des Politischen, in: Alfred Hirsch / Pascal Delhom (Hg.), Im Angesicht des Anderen. Levinas' Philosophie des Politischen, Zürich/Berlin 2005, 25–44, bes. 29–32.

zunächst noch im europäischen Horizont. Universale, ‚zu einem Gemeinsamen hin gekehrte' moralische Prinzipien sollen für alle und alles gleich gelten; sie müssen dann aber auch allen und allem gegenüber gleichgültig sein und können besondere Bedingungen nicht berücksichtigen. ‚Global' heißt dagegen ‚die Erdkugel umfassend'. Auf der Oberfläche einer Kugel sind nicht alle zu einem Gemeinsamen hin, sondern jeweils einander zugekehrt. Das legt nicht so sehr übergeordnete Prinzipien als Orientierung an anderen Orientierungen und Rücksicht auf ihre besonderen Moralen nahe. Die philosophische Ethik verband sich dagegen bis zur Gegenwart mehr und mehr mit der Idee strikter Allgemeingültigkeit, die Europa mit seiner Idee der Wissenschaft entwickelt hatte. Wie die Gesetze der Natur für alle Natur sollten die Gesetze für die Menschen unterschiedslos für alle Menschen gelten, und das Einzelne und Besondere sollte dem Allgemeinen und Allgemeinsten hierarchisch unterstellt sein. Individuellen Lebensbedürfnissen kommt dann das geringste moralische Recht zu.[81] Alltäglich orientiert man sich dagegen moralisch nicht nach dieser Hierarchie. Statt dem scheinbar universalen Horizont den Vorrang zu geben und ihn zum Maßstab der übrigen zu machen, hält man sich zunächst und solange wie möglich im individuellen Horizont der eigenen Lebensbedürfnisse auf, versucht nach seinen eigenen Routinen zu leben und akzeptiert das moralisch ganz selbstverständlich auch bei andern. Weitere moralische Horizonte machen sich erst durch besondere moralische Anhaltspunkte und Nötigungen geltend.[82] Auch hier wirken Aufmerksamkeitsschwellen (9.4.). Moralisch bestehen sie in den Ansprüchen der jeweiligen Lebensbedürfnisse zunächst im individuellen, dann im inter-individuellen und schließlich im gesellschaftlichen Horizont. Sie artikulieren sich ebenso moralisch, und man gibt sie nicht ohne weiteres auf. So wie der eigene Körper absoluter

---

81 Vgl. noch Krämer, Integrative Ethik, a.O., 48–50, der trotz seiner Unterscheidung von „Moralhorizonten" an der traditionellen Hierarchie festhält: „Der jeweils übergeordnete Erwartungshorizont" habe den höheren „Geltungsgrad" und fungiere „in Konfliktfällen und darüber hinaus als Normenkontroll- und Appellationsinstanz" – auch wenn sich, wie Krämer dann bemerkt, „allerdings Geltungsgrad und Verantwortungsdruck gegenläufig zueinander" verhalten.

82 Die oben zitierten Studien von Miller, Verträgt sich Gemeinschaft mit Autonomie? Kulturelle Ideale und empirische Wirklichkeiten, und von Krappmann, Zur Verschiedenheit der Moral in unterschiedlichen Kulturen, in: Edelstein / Nunner-Winkler (Hg.), Moral im sozialen Kontext, a.O., zeigen anschaulich, dass unter unterschiedlichen kulturellen bzw. sozialen Lebensbedingungen die Relevanz der moralischen Horizonte unterschiedlich wahrgenommen wird.

Ausgangspunkt der geographischen ebenso wie der theoretischen Orientierung bleibt, sind die eigenen Lebensbedürfnisse absoluter Ausgangspunkt der moralischen Orientierung. Man kann sich moralisch genötigt sehen, sie zur Disposition zu stellen, aber man tut das doch nicht ohne weiteres: nur, weil man ihr nicht ohne weiteres folgt, handelt es sich um eine Nötigung. Die Maßstäbe des Für-sich-selbst-Sorgens sind nicht die letzten moralischen Maßstäbe, aber von ihnen aus entscheidet sich, ob andere überhaupt ins Spiel kommen. Wenn Menschen in einem fremden Land leiden und unterdrückt werden, dieses Land schließlich in großer Zahl verlassen und in einem anderen Land unterzukommen suchen, können sich die Bürger dieses Landes moralisch genötigt sehen, sie aufzunehmen. Aber sie zögern dabei, weil sie sich fragen, wie sich die Aufnahme vieler Fremder langfristig auf ihre eigenen Lebensbedingungen auswirken wird, und sollten sie genötigt sein, für die Fremden nicht nur mit ihren Steuergeldern einzustehen, sondern auch eigene Räume in ihren eigenen Häusern bereitzustellen, werden sie noch stärker zögern. Sie wägen dann die Nöte der Fremden gegen die Nöte in ihrer eigenen Umgebung ab, und sie werden zuletzt danach entscheiden, wo sie sich am stärksten in der Verantwortung sehen. Das kann bei Familienmitgliedern eher der Fall sein als bei Fremden – muss es jedoch nicht. Man kann sich angesichts der Not fremder Kinder, wenn ihnen kein anderer hilft, auch moralisch genötigt sehen, das Wohl der eigenen Kinder zumindest auf Zeit zurückzustellen und kann dafür auch breite moralische Zustimmung finden. Aber man wird nicht prinzipiell universale Belange vor die eigenen und näheren stellen.[83]

15.6. Perspektivierungen der moralischen Nötigung

Wenn die moralische Orientierung sich in verschiedene Orientierungswelten differenziert, muss sie ebenfalls eine Orientierung unter diesen Orientierungswelten einschließen. Auch diese Orientierung vollzieht sich, außer in auffälligen Konfliktfällen, zumeist routiniert und unmerklich. Man wechselt alltäglich auch unter moralischen Horizonten, in denen

---

83 Andreas Vieth, Intuition, Reflexion, Motivation. Zum Verhältnis von Situationswahrnehmung und Rechtfertigung in antiker und moderner Ethik, Freiburg/München 2004, postuliert angesichts aktueller Probleme der Medizinethik eine situative und kontextuelle Ethik und erläutert ihre Möglichkeit an antiken Ansätzen, einem skeptischen, einem stoischen und einem aristotelischen.

man wechselnd gefordert ist, zwischen familiärem, beruflichem, politischem, kirchlichem, künstlerischem, sportlichem Engagement usw., weitgehend problemlos hin und her. Der Wechsel wird dadurch erleichtert, dass solche Engagements nach Möglichkeit zeitlich getrennt werden (Berufliches in der Woche, Familiäres an den Wochenenden, Politisches und Künstlerisches an den Abenden, Kirchliches und Sportliches am Sonntag …). Mit den moralischen Orientierungswelten kann auch der moralische Standpunkt wechseln. Dieser Wechsel schafft den Spielraum, moralische Standpunkte überhaupt wieder zu verlassen. Dies geschieht ebenfalls kaum auf eine ausdrückliche Kundgebung hin ('Nun sollen andere einspringen, ich folge jetzt wieder meinen eigenen Interessen'), sondern zumeist unauffällig, auf dem Weg über Perspektivierungen der moralischen Nötigung. Schon wenn in einer Orientierungswelt eine Notlage auftritt, die über das moralische Engagement hinaus ein juristisches oder politisches Vorgehen notwendig macht, ist die moralische Nötigung anderen Perspektiven ausgesetzt ('wäre die Sache nicht gleich bei Juristen und Politikern besser aufgehoben?'). Um so mehr werden beim Wechsel zwischen Orientierungswelten deren unterschiedliche moralische Standards durch einander perspektiviert und dadurch in Frage gestellt. Auf diesem Weg kann die Orientierung sich von ihrer moralischen Nötigung wieder lösen und sich anderen Orientierungen, vor allem der ökonomischen und politischen, die von ihr ausgeschlossen wurden, wieder öffnen. Das Spektrum möglicher Perspektivierungen des moralischen Standpunkts ist in der alltäglichen Orientierung weit gefächert. Es beginnt mit der temporalen und der argumentativen und endet mit der humoristischen Perspektivierung.

(1) Temporale Perspektivierung. – Schon mit der bloßen Wiederholung eines moralischen Handelns nimmt seine Beachtung und Achtung sichtlich ab. Eine anhaltende moralische Orientierung wird mit der Zeit als Routine wahrgenommen, der dann kaum mehr ein moralisches Verdienst zugesprochen wird, weder von den Handelnden selbst noch von andern. Anhaltend moralisch Handelnde müssen die Erfahrung machen, dass moralische Beachtung und Achtung ökonomisch gesprochen einen Grenznutzen darstellt, dessen Wertschätzung abnimmt, je länger und leichter er zur Verfügung steht. Auch hier ‚zählt' der Unterschied, der einen Unterschied macht. Mehr noch als das moralische Handeln selbst betrifft das dessen Kommunikation. Wer sich zu oft zu einer moralischen Nötigung bekennt, wer immer wieder sagt ‚Hier stehe ich, ich kann nicht anders', weckt zunächst Skepsis und riskiert schließlich, sich lächerlich zu machen. Starke moralische Äußerungen werden nur in begrenzter Häu-

figkeit und auf begrenzte Zeit geachtet und geduldet.[84] Das führt regelmäßig dazu, dass öffentlich moralisch engagierte Menschen sich immer wieder enttäuscht von ihren Engagements zurückziehen, so dass so etwas wie Konjunkturen des moralischen Engagements entstehen.[85]

(2) Argumentative Perspektivierung. – Die Nötigung zu moralischem Handeln, der man ohne nähere Begründungen nachgibt (‚ich muss das einfach tun'), wird auch perspektiviert, wenn sie im nachhinein begründet werden muss. Das ist vor allem dann der Fall, wenn das moralische Handeln zu unerfreulichen Folgen geführt hat (‚jetzt sehe ich das natürlich anders'). Die Situation der nachträglichen moralischen Rechtfertigung eines Handelns ist eine andere als die des Handelns selbst und folgt anderen moralischen Plausibilitäten. KANTS Rede vom ‚guten Willen', mit der seine moralphilosophische Argumentation einsetzte und mit der er die moralische Nötigung zu fassen suchte,[86] geht schon von der Rechtfertigungsperspektive aus. Vom guten Willen spricht man eben dann, wenn ein gut gemeintes Handeln zu unerfreulichen Folgen geführt hat. Gelingt ein Handeln, führt es zu erfreulichen Folgen für die Betroffenen, gibt es keinen Anlass, vom guten Willen zu sprechen; niemand, dem etwas gelungen ist, wird sagen, er habe den ‚guten Willen' dazu gehabt. Die Rede von ihm ist schon ein nachträgliches entschuldigendes Argument für ein misslungenes Handeln, zu dem die moralische Nötigung führte.

(3) Inter-individuelle Perspektivierung. – Weil moralische Nötigungen andere Spielräume der Orientierung schließen, bringen sie ein hohes Risiko des Misslingens mit sich. Darum stoßen sie bei anderen leicht auf Skepsis und nachträgliche Rechtfertigungen, wenn Schaden eingetreten ist, auf Widerspruch (‚aber daran hättest du doch denken müssen'). So werden sie verunsichert und vom Handelnden künftig auch selbst

---

84 Vgl. Nisan, Bilanzierte Identität, a.O., 248 u. 255.
85 Albert O. Hirschman, bis 1974 Professor für Politische Ökonomie an der Harvard University, hat in berühmten empirischen Studien gezeigt, wie auch das moralische Engagement Konjunkturen unterliegt, in denen es periodisch in moralische Abstinenz umschlägt, und damit eine sozioökonomische Moralpsychologie initiiert. Vgl. Albert O. Hirschman, Shifting Involvements. Private Interest and Public Action, Princeton University Press 1982, deutsch: Engagement und Enttäuschung. Über das Schwanken der Bürger zwischen Privatwohl und Gemeinwohl, übers. v. S. Offe, Frankfurt am Main 1988.
86 Kant, Grundlegung zur Metaphysik der Sitten, AA IV, 393: „Es ist überall nichts in der Welt, ja überhaupt auch außer derselben zu denken möglich, was ohne Einschränkung für gut könnte gehalten werden, als allein ein *guter Wille.*"

skeptischer betrachtet. Weil es jeweils der Einzelne ist, der moralisch genötigt wird, und der eine unberührt bleiben kann, wo der andere sich moralisch genötigt sieht, können inter-individuelle Verhältnisse immer auch perspektivierend wirken; weil Moralen Individuen nicht nur verbinden, sondern auch trennen, können Moralen anderer stets die eigene perspektivieren.

(4) Ökonomische Perspektivierung. – Die temporale, die argumentative und die inter-individuelle Perspektivierung halten gemeinsam eine Grundskepsis gegen ‚rein' moralisch motiviertes oder doch als solches kommuniziertes moralisches Handeln wach, nicht nur gegenüber andern, sondern, bei hinreichender Selbstkritik, auch beim Handelnden selbst. Behauptet jemand hartnäckig, zu seinem Handeln nur moralisch genötigt zu sein, setzt er sich dem Verdacht der Blindheit für die eigene Motivationslage, wenn nicht des moralischen Übereifers oder gar der Heuchelei aus. Angesichts der ökonomischen Risiken, die entschieden moralisches Handeln mit sich bringt, sind (im weitesten Sinn) ökonomische oder nach Max WEBER zweckrationale Rechtfertigungen zunächst plausibler. So wird man um der eigenen Glaubwürdigkeit willen eher ökonomische als moralische Motive angeben und moralische Nötigungen ‚herunterspielen'. Umgekehrt sind ‚rein' ökonomische Rechtfertigungen moralisch schwer akzeptabel. So wird in der alltäglichen Moralkommunikation zwischen beiden Arten der Rechtfertigung, der ökonomischen und der moralischen, oszilliert. Sie werden dabei nicht als einander ausschließende, sondern miteinander verträgliche Perspektiven behandelt (‚schön, dass du meinetwegen auf das Rauchen verzichtest, und Geld sparst du auch noch dabei'). Das gilt nicht erst für die nachträgliche Rechtfertigung, sondern auch schon für die Motivation des Handelns.[87] In der alltäglichen Orientierung wird in der Regel eine Mehrfachmotivierung gesucht, die dann auch in Rechtfertigungssituationen tragfähiger ist.[88] Stellt sich in *einer* Perspektive ein Versagen oder ein Misserfolg

---

87 Vgl. Nisan, Die moralische Bilanz, a.O., 354: Der ökonomische oder, wie Nisan ihn nennt, „persönliche Standpunkt" wird „im realen Leben" als ebenso „legitim" betrachtet wie der moralische oder „unpersönliche" Standpunkt. Man hält für sich „ein ‚moralisches Minimum'" ein, aber „erlaubt sich gleichzeitig eine gewisse Befriedigung seiner Ich-Interessen auch auf Kosten der Moral" (358).

88 Nach Nisan, Bilanzierte Identität, a.O., wird in der moralischen Kommunikation weder generell noch individuell nach einer Wertehierarchie geurteilt, sondern das moralische Verhalten einer Person, der eigenen wie einer anderen, mittelfristig bilanziert: Wer sich lange genug deutlich moralisch verhalten hat,

heraus, kann dann die *andere* Perspektive von ihr entlasten (‚mein Einsatz, euren Ehestreit zu schlichten, ist gründlich gescheitert, aber ich habe viel dabei gelernt' – ‚mit dem Miethaus habe ich kein Geschäft gemacht, aber am Ende ein paar Leute vor der Obdachlosigkeit bewahrt'). Das ökonomische Risiko des moralischen Standpunkts wird abgefedert, indem zugleich eine ökonomische Perspektive auf das Handeln bereitgehalten wird, in der ein Misserfolg unter Umständen ausgeglichen werden kann: wenn ein Verhalten nicht ökonomisch war, so war es doch moralisch, und wenn es nicht moralisch war, so war es wenigstens ökonomisch. – Die ökonomisch-moralische Doppelmotivation findet sich in sozialen Marktwirtschaften auch im Funktionssystem Wirtschaft. Von der Wirtschaft wird zunehmend soziale Verpflichtung und moralische Verantwortung erwartet, und unter dem politisch forcierten moralischen Erwartungsdruck bezieht sie moralische Gesichtspunkte in ihre ökonomischen Entscheidungen ein. So spricht sie, um einen Hauptpunkt herauszugreifen, weniger vom Erwirtschaften von Profiten als vom Schaffen von Arbeitsplätzen, auch wenn aus ökonomischer Sicht Arbeitsplätze nur geschaffen werden dürfen, wenn durch sie auch Profite erwirtschaftet werden können. Das kann eigenen moralischen Überzeugungen der ökonomisch Verantwortlichen durchaus entgegenkommen und so mit der Zeit Formen moralischer Ökonomie schaffen.[89]

---

darf dann auch wieder seinen Vorteil suchen, und wer lange nur seinen Vorteil gesucht hat, muss zeigen, dass es nicht dabei bleibt.

89 Die Wirtschaftsethik sucht denn auch sowohl rigorosen moralischen Verurteilungen des ‚profitorientierten' wirtschaftlichen Handelns als auch globalen Ansprüchen auf dessen moralische Steuerung zu entkommen und die Moral in die Ökonomie zu integrieren. Dabei können dann unterschiedliche ethische bzw. volks- und betriebswirtschaftliche Konzeptionen miteinander verschränkt werden. Vgl. Peter Koslowski, Prinzipien der Ethischen Ökonomie, Tübingen 1988 (mit ökonomischer Grundorientierung), Peter Ulrich, Transformation der ökonomischen Vernunft. Fortschrittsperspektiven der modernen Industriegesellschaft, Bern/Stuttgart 1987, und ders., Der entzauberte Markt. Eine wirtschaftsethische Orientierung, Freiburg i.Br. 2002 (mit diskursethischer Grundorientierung) und Karl Homann, Wirtschaftsethik. Die Funktion der Moral in der modernen Wirtschaft, in: Josef Wieland (Hg.), Wirtschaftsethik und Theorie der Gesellschaft, Frankfurt am Main 1993, 32–53 (mit ökonomisch-kritischer Orientierung). Zur Skepsis gegen Wirtschaftsethik vgl. Niklas Luhmann, Wirtschaftsethik – als Ethik?, in: Wieland (Hg.), Wirtschaftsethik und Theorie der Gesellschaft, a.O., 134–147, und Karl-Otto Apel, Diskursethik als Verantwortungsethik und das Problem der ökonomischen Rationalität, in: Bernd Biervert / Klaus Held / Josef Wieland, Sozialphilosophische Grundlagen ökonomischen Handelns, Frankfurt am Main 1990, 121–154.

(5) Politische Perspektivierung. – Die politische Perspektivierung schließt eng an die ökonomische an. Sofern, wo Verantwortung für andere übernommen wird, auch Macht über sie entsteht (13.4.(6)), kann auch moralisch Engagierten Macht zufallen, ohne dass sie sie angestrebt hätten. Finden sie, bei allen moralischen Vorbehalten, Geschmack an ihr, kann die Moral schließlich hinter der Macht zurücktreten. Wie mit ökonomischen kann sich Moral mit politischen Gesichtspunkten verbinden. Man kann Moral zur Profilierung nutzen und mit Moral Geschäfte und Politik machen. Das muss die moralischen Motive und das moralische Engagement nicht aufheben und nicht pervertieren; sie sind dann lediglich von politischen Interessen schwer zu trennen. So werden moralische Engagements auch politisch perspektiviert, und es zeugt dann von Aufrichtigkeit, wenn im Dienst der Moral offen zu politischen Machtinteressen gestanden wird.[90]

(6) Juridische Perspektivierung. – Moralische Engagements können, soweit bestehende Gesetze es ermöglichen, auf dem Klageweg rechtlich durchgesetzt oder, wo das nicht möglich ist, auf dem Weg der Gesetzgebung und also über Parlamente und politische Parteien zum Erfolg geführt werden. Sie konfligieren dann mit anderen, möglicherweise ebenfalls moralisch artikulierten Interessen und müssen mit ‚gerichtsfesten' Begründungen bewehrt werden. Das kann zu einer auch moralisch bedenklichen Verhärtung der moralischen Überzeugungen führen, so dass der Streit nur noch unter einem nicht-moralischen, sei es ‚rein' rechtlichen oder ‚rein' politischen Standpunkt entschieden werden kann. Damit werden moralische Standpunkte öffentlich als parteiische Standpunkte perspektiviert.

(7) Mediale Perspektivierung. – Moralische Engagements insbesondere für die globale Durchsetzung der Menschenrechte und für den Schutz der Umwelt sind zunehmend in die Politik gegangen, sei es in Parlamente und Regierungen oder in global agierende Nichtregierungsorganisationen (NGOs), die sich klar von Machtinteressen distanzieren. Je weiter der Umkreis ist, in dem sie agieren, desto mehr sind sie auf öffentliche Medien angewiesen, die ihre Aktivitäten mediengerecht, also auffällig inszenieren, um ihrerseits bei ihren Abnehmern ‚anzukommen'. Morali-

---

90 Vgl. Jaromir Brejdak / Werner Stegmaier / Ireneusz Zieminski (Hg.), Politik und Ethik in philosophischer und systemtheoretischer Sicht. Vorträge zur 4. Internationalen Philosophischen Sommerschule des Nord- und osteuropäischen Forums für Philosophie vom 19. bis 24. August 2002 in Szczecin (Stettin), Polen, Szczecin 2003.

sche und mediale Interessen spielen hier zusammen: Aktivisten organisieren Aktionen, die Medien ‚machen' mit ihnen ‚auf'. Mit der gezielten Nutzung der Medien für den guten Zweck wird ein altes moralisches Dilemma spektakulär: dass man vom Guten, das man selbstlos tut, auch reden möchte – und durch die vorteilhafte Selbstdarstellung eben die Selbstlosigkeit diskreditiert. Auf staatliche Gesetzgebungen zielende moralische Engagements müssen sich um ihrer guten Sache willen aber öffentlich so ‚positiv' wie möglich selbst darstellen. So verschränken sich gerade in den wirksamsten moralischen Engagements außer Ökonomie (man kann in Parlamenten, Regierungen und Nichtregierungsorganisationen Posten bekleiden und von ihnen leben), Politik (man kann auf vielfältige Weise Macht ausüben), Recht (man kann seine moralischen Überzeugung mit staatlichem Zwang durchsetzen) auch das Streben nach medialer Präsenz.

(8) Wissenschaftliche Perspektivierung. – Die wissenschaftliche Perspektivierung schließt an die argumentative an, geht mit ihrer Freiheit zu einem theoretischen, den unmittelbaren Lebensnöten enthobenen Standpunkt aber über sie hinaus. Wissenschaft ist, wie das Recht, selbst moralisch hoch verpflichtet, die eine, allein der Wahrheit, das andere, allein der Gerechtigkeit zu dienen und dabei auf alle ökonomischen, politischen und medialen Nebeninteressen zu verzichten. Beide aber müssen zugleich von der moralischen Nötigung des Einzelnen absehen, das Recht, sofern es sich auf beobachtbare Handlungen beschränken und die unbeobachtbaren Motive weitgehend dahingestellt sein lassen muss, die Wissenschaft, sofern sie einen theoretischen Standpunkt einnimmt.[91] Von ihm aus kann sie distanziert als Moralwissenschaft (von der Soziobiologie über die Ethnologie bis zur Moralsoziologie und Moralpsychologie) das Moralische auf Regeln, Dispositive, onto- und phylogenetische Evolutionen, statistische Wahrscheinlichkeiten hin usw. untersuchen oder als Moralphilosophie universalen Prinzipien unterwerfen. So können dann Beispiele wie das jener Sophie, die vom Lagerkommandanten eines Vernichtungslagers gezwungen wird, eines ihrer beiden Kinder oder aber beide dem sicheren Tod auszuliefern, in aller Ruhe und nach allen Regeln

---

91 Bernard Williams hat darum mit seinem Werk *Ethik und die Grenzen der Philosophie* (1985) dagegen angekämpft, dass Ethik „ethische Theorie" sein sollte (a.O., 32), die dann unvermeidlich zu resoluten Reduktionen der irreduziblen Vielfalt des Ethischen neige. „Aber das ethische Leben ist keine in sich einheitliche Gegebenheit […]. Das ethische Leben, in dem wir uns vorfinden, kennt Ungleichheit, Zusammenhanglosigkeit und Instrumentarien der Selbstkritik." (ebd., 75 f.).

der Kunst auf das angemessenste rationale (!) Entscheidungskriterium hin erörtert werden.[92] Die moralische Not tritt dabei zurück, und die Prinzipien bleiben in der Regel strittig.[93] Indem sie von der Not der moralischen Nötigung distanziert, klärt die wissenschaftliche Perspektivierung den Spielraum der Perspektiven auf das Moralische. Aber zugleich droht sie damit ihren Gegenstand aus dem Blick zu verlieren.[94]

(9) Ästhetische Perspektivierung. – In der alltäglichen Orientierung wird das Moralische zunächst nicht als Ausfluss eines Prinzips, sondern als Ereignis, sei es eines moralischen Handelns, sei es einer moralischen Äußerung wahrgenommen. Ist es hinreichend auffällig, im Guten oder im Schlimmen, wird mehr oder weniger ausführlich darüber (privat) erzählt und (öffentlich) berichtet. Es wird in Geschichten mitgeteilt und damit den Ordnungen des Erzählens unterworfen (12.5.). Auch moralische Geschichten müssen gut erzählt sein, um zu wirken, müssen ästhetisch überzeugen. Sie brauchen ebenfalls Anfänge, Protagonisten und vor allem Schlüsse, vorzugsweise in Gestalt von – mehr oder weniger expliziten – ‚Moralen von Geschichten‘, müssen dazu dramatisiert und zugleich so abgekürzt werden, dass sie in begrenzter Zeit erzählbar sind. Dramen, Romane und Filme sind neben den eigenen Orientierungserfahrungen die Hauptquelle moralischer Orientierung. Moralische Ereignisse in der eigenen alltäglichen Umgebung folgen freilich kaum einer ästhetischen Dramaturgie, die sie zur Kommunikation doch brauchen. So kann man, vorausgesetzt, man ist hinreichend selbstkritisch, die Per-

---

92 Vgl. Christopher Gowans (Hg.), Moral Dilemmas, New York/Oxford 1987, und H. G. Mason (Hg.), Moral Dilemmas and Moral Theory, New York/Oxford 1996, und als Quelle des Beispiels William Styron, Sophie's Choice, New York 1980.
93 Vgl. dazu Thomas Nagel, Die Fragmentierung des Guten, in: T.N., Letzte Fragen, Bodenheim 1996. Moralische Reflexion oszilliert, so Nagel, zwischen der „unavoidability of seriousness" beim moralischen Handeln und der „inescapability of doubt" in der moral(philosoph)ischen Beurteilung des Handelns. Sie stößt damit, so Nagel, ans Absurde.
94 Hans Krämer, Soll und kann die Ethik beraten?, in: Jakob Hans Josef Schneider (Hg.), Ethik – Orientierungswissen?, Würzburg 2002, 31–44, hat darauf mit einer beratenden Ethik reagiert, die für typische Lebenssituationen hilfreiche Ratschläge bereithält, eine breite Orientierungsterminologie entfaltet (neben ‚Orientierungsleistung‘ ‚Orientierungsbeziehung‘, ‚-verfahren‘, ‚-prozess‘, ‚-zweck‘, ‚-inhalt‘, ‚-form‘, ‚-modell‘, ‚-repertoire‘, ‚-praxis‘, ‚-gespräch‘ u.a.) und Ethiken im Sinn der ‚Philosophie der Lebenskunst‘ auf ihr ‚Orientierungspotential‘ hin befragt. Vgl. auch Jean Pierre Wils (Hg.), Orientierung durch Ethik?, Paderborn/München/Wien/Zürich 1993.

spektivierung der eigenen moralischen Erfahrungen durch ihre moralische Erzählung beobachten.

(10) Humoristische Perspektivierung. – Wenn Humor die Weisheit ist, sich von allem, woran man sich zu sehr zu halten sucht, wieder zu lösen, sich auf nichts zu ‚versteifen' und alles, was sich aus den weiten Zusammenhängen des Lebens besonders hervortun will, wieder in sie zurückgleiten zu lassen, ist er die Weisheit der Perspektivierung schlechthin. Er perspektiviert den Ernst der moralischen Nötigung so, dass man wieder von ihr ablassen kann. Auch der Humor hat vielfältige Nuancen mit vielfältigen moralischen und außermoralischen Wirkungen, vom Zynismus, dem Spott auf alle Moral, über die Ironie, die sich Spielräume gegen sie offen hält, bis zum befreienden Lächeln und ‚gelösten' Lachen, das moralische ‚Härten' und ‚Verhärtungen' und bitteren Streit um sie mit einem Mal auflösen kann, indem es ihn – einfach auf sich beruhen lässt.

15.7. Moralische Paradoxien: Irritationen zur Evolution der moralischen Orientierung

Die Selbstdifferenzierung und Selbstperspektivierung der moralischen Orientierung führen auch sie vor ihre Selbstbezüglichkeit und lässt sie dadurch, wie sich gezeigt hat, in Paradoxien geraten, irritierende Selbstparadoxierungen der Moral:

(1) *Paradoxie der unbedingten moralischen Rücksicht auf andere um den Preis unbedingter moralischer Rücksichtslosigkeit gegen Dritte.* – Die moralische Nötigung tritt von Beginn an als Paradoxie auf. ‚Moralisch unbedingt' zu handeln heißt nicht nur, ohne Rücksicht auf das eigene Glück zu handeln, sondern ohne Rücksicht auch auf die, von Wahrung dieses Glücks abhängen. Ein junger Familienvater, der unter Einsatz seines Lebens ein fremdes Kind vor dem Ertrinken rettet, riskiert, dass seine eigenen Kinder zu Waisen werden. Und wer mit großem moralischem Engagement dem einen hilft, muss zugleich andere in Not lassen: Eine Familie, die sich hart einschränkt, um fremde Waisenkinder aufzunehmen, muss doch unzählige andere Waisenkinder, die ebenso Hilfe gebraucht hätten, in Hunger und Elend lassen.

(2) *Paradoxie der Freiheit als Bedingung der moralischen Nötigung.* – Für die moralische Nötigung zum unbedingten Verzicht auf eigene ökonomische und politische Interessen muss nach KANT die Freiheit des

15.7. Moralische Paradoxien

Willens unterstellt werden. Sie ist als Freiheit zum Guten gedacht, ist dann aber auch eine Freiheit zum Bösen.[95] Ohne ein Prinzip der Freiheit, aus dem selbst in eigener Verantwortung über das rechte Handeln entschieden wird, ist etwa auch für ARISTOTELES[96] das moralische Handeln nicht zu denken; mit der Freiheit zur Entscheidung wird aber zugleich die Alternative des Unmoralischen eröffnet. NIETZSCHE hat daher die Willensfreiheit außermoralisch zu denken versucht, als Zuschreibung derer, die *andere* moralisch zu etwas nötigen wollen, das ihnen selbst zugutekommt: indem man anderen die Möglichkeit der Entscheidung zuschreibt, hat man selbst die Möglichkeit, ihre Entscheidung zu beeinflussen.[97]

(3) Paradoxie der beobachteten Unbeobachtbarkeit des Moralischen. – Freiheit muss man dem Moralischen wiederum unterstellen, weil es als unbeobachtbar beobachtet wird: man kann es den Handlungen selbst nicht ansehen, sie aber auf Anhaltspunkte hin beobachten und aus ihnen auf es schließen. Solche Anhaltspunkte können jedoch täuschen, und man muss ihnen darum ihrerseits moralisch vertrauen.

(4) Paradoxie der ökonomischen und politischen Nutzung von Moral. – Moral, die gegen Vorteil und Macht antritt, kann selbst zum eigenen Vorteil und zum Gewinn an Macht genutzt werden, in Gestalt von Geschäften mit der Moral, der moralischen Nötigung anderer zum eigenen Vorteil (jemand ‚moralisch erpressen'), der moralischen Demütigung (jemand ‚moralisch fertigmachen') und der moralischen Diskriminierung (jemand ‚moralisch schlecht aussehen lassen, denunzieren'). KANT verurteilte solche Nutzungen als „politischen Moralismus" und „Schlangenwendungen einer unmoralischen Klugheitslehre",[98] NIETZSCHE erkannte in ihnen die Paradoxie der Moral schlechthin, die Moral als Macht der Ohnmächtigen.[99]

(5) Paradoxie der Streitbarkeit (Polemogenität) der Moral. – Moral, die im Zeichen des Verzichts auf Streit und Gewalt antritt, kann Unfrieden stiften und Gewalt erzeugen, wenn sie gegen jemand geltend gemacht

---

95 Vgl. Kant, Die Religion innerhalb der Grenzen der bloßen Vernunft, Erstes Stück: Von der Einwohnung des bösen Prinzips neben dem guten: oder über das radikale Böse in der menschlichen Natur.
96 Vgl. Aristoteles, Nikomachische Ethik III, 1 u. 3.
97 Vgl. Nietzsche, Zur Genealogie der Moral I 13 und dazu Verf., Nietzsches ‚Genealogie der Moral', a.O., 123–127.
98 Kant, Zum ewigen Frieden, AA VIII, 372 u. 375.
99 Vgl. Nietzsche, Zur Genealogie der Moral I.

wird, der sie nicht teilt.[100] Je ‚gefestigter' moralische Überzeugungen sind, desto mehr können sie ‚verhärten' und zu Streit und Krieg führen.

All dies, die moralische Rücksichtslosigkeit gegen Dritte bei der Berufung auf eine unbedingte moralische Nötigung, der Gebrauch der moralisch zu denkenden Freiheit zum Bösen, die Vortäuschung des Moralischen in seiner Unbeobachtbarkeit, die Nutzung von Moral zu eigenem Gewinn und Machtausübung und Streit und Krieg um die rechte Moral, kann seinerseits moralische Empörung – und moralische Selbstkritik hervorrufen. Im zweiten Fall wird die Selbsttabuierung oder Selbstgerechtigkeit der Moral durchbrochen. Man sieht sich dann moralisch genötigt, andern andere moralischen Überzeugungen zuzugestehen. Die Selbstbezüglichkeit der Moral, die durch ihre Paradoxien offenkundig wird, wirkt dann befreiend, befreiend von Verhärtungen der eigenen Moral gegen andere Moralen, und eine Evolution der moralischen Orientierung im ganzen wird möglich, eine Evolution zur ethischen Orientierung.[101]

---

100 Vgl. Niklas Luhmanns Hinweise auf den „polemogenen" Charakter der Moral in: Soziologie der Moral, a.O., 54, und: Ethik als Reflexionstheorie der Moral, in: N.L., Gesellschaftsstruktur und Semantik. Studien zur Wissenssoziologie der modernen Gesellschaft, Bd. 3, Frankfurt am Main 1989, 370. Luhmann verweist wiederum auf Julien Freund, Le droit comme motif et solution des conflits, in: Die Funktionen des Rechts. Vorträge des Weltkongresses für Rechts- und Sozialphilosophie, Madrid 1973, Beiheft 8 des Archivs für Rechts- und Sozialphilosophie, Wiesbaden 1974, 47–84.

101 Guido Löhrer, Praktisches Wissen. Grundlagen einer konstruktiven Theorie des menschlichen Handelns, Paderborn 2003, hat die Ansätze einer ‚theory of belief revision' oder der ‚belief dynamics' in der Theoretischen Philosophie und Kognitiven Psychologie bei I. Levi, The Enterprise of Knowledge. An Essay on Knowledge, Credal Probability, and Chance, Cambridge/MA 1980, G. Harmann, Change in View. Principles of Reasoning, Cambridge, Mass. 1986, und S. O. Hansson, A Textbook of Belief Dynamics. Theory Change and Database Updating, Dordrecht 1999, auf moralische Überzeugungen und Vertrauensverhältnisse zu übertragen und damit Bedingungen moralischer Evolution systematisch zu untersuchen begonnen.

16. Selbstreflexion der moralischen Orientierung: Ethische Orientierung
Orientierung durch Reflexion von Selbstbindungen

16.1. Nötigung zu einer Moral im Umgang mit Moralen: Verzicht auf Gegenseitigkeit
16.2. Ethische Orientierung: Reflexion der eigenen Moral an anderen Moralen
16.3. Tugenden der ethischen Orientierung
16.4. Paradoxe Fluchtpunkte der ethischen Orientierung
16.5. Ethische Souveränität: Zeichen Setzen für andere

16.1. Nötigung zu einer Moral im Umgang mit Moralen: Verzicht auf Gegenseitigkeit

In herrschenden Moralen wird die Erwartung von Gegenseitigkeit zur moralischen Norm der Gegenseitigkeit. Im Namen dieser Norm kann man dann andere moralisch nötigen, zu seinen Gunsten auf ihre Interessen zu verzichten (15.3.-15.4.). Die – ganz alltägliche – moralische Nötigung anderer wird jedoch ihrerseits als moralisch bedenklich erfahren. Wird auf jemand manifest moralischer Druck ausgeübt, wird man, wenn er sich dagegen wehrt, ihm beispringen und auf seine eigene moralische Verantwortung verweisen. Was KIERKEGAARD vom religiösen Glauben sagte, gilt ebenso für die Moral: dass der Einzelne mit seiner eigenen Verantwortung „höher ist als das Allgemeine".[1] Man kann sich

---

1   Kierkegaard, Furcht und Zittern, in: Gesammelte Werke, hg. v. Emanuel Hirsch und Hayo Gerdes, 4. Abt., 58 f. – Vgl. jetzt (im Anschluss an Derrida) John D. Caputo, Against Principles: A Sketch of an Ethics without Ethics, in: Edith Wyschogrod / Gerald P. McKenny (Hg.) The Ethical, Oxford/Melbourne/Berlin 2003, 169–180. Danach ruft die Situation eine „unprincipled responsibility", eine „heightened and intensified responsibility", hervor, und die Verantwortung kann dann nach Prinzipien rufen, um sich in einer „principled irresponsibility" zu entlasten (171). „Principles manage to look the wisest of all when things are completeley predictable, which is when we need them at least." (175).

aus eigener Einsicht in die Standards einer allgemeinen Moral fügen, kann sich aber auch aus eigener moralischer Verantwortung gegen sie wenden, vor allem dann, wenn sie diese Verantwortung in Frage stellen. Beide, die eigene moralische Verantwortung und die allgemeinen moralischen Standards wirken in der moralischen Selbstbindung der Orientierung zumeist zusammen; geraten sie aber zueinander in Gegensatz, entsteht eine *neue moralische Nötigung:* zum ‚Überdenken', zur Reflexion auch der moralischen Selbstbindung. Damit tritt die moralische Orientierung, vorbereitet durch die Erfahrung ihrer eigenen Spielräume, die Perspektivierungen der moralischen Nötigung durch andere Orientierungen und die irritierenden moralischen Selbstparadoxierungen (15.5.-15.7.), zu sich selbst in Distanz. Man fragt sich, ob und wie weit die Standards, an denen man in seiner moralischen Orientierung Halt gefunden hat, selbst haltbar sind, wird so seiner Gebundenheit auch an einen moralischen Standpunkt gewahr – und dadurch aufmerksam auf andere moralische Standpunkte. Was den einen von seinem Standpunkt aus moralisch nötigt, muss es nicht auch den andern von seinem moralischen Standpunkt aus. Andere moralische Standpunkte aber beunruhigen die moralische Orientierung neu: hätte man sich nicht anders moralisch entscheiden, anders moralisch orientieren können? Doch es ist schwer, sich aus moralischen Bindungen zu lösen, die eben darin bestehen, nicht nur nicht-moralische Orientierungen, sondern auch andere moralische Orientierungen abzuweisen. Leicht, täuschend leicht erscheint die moralische Selbstdistanzierung nur von einem theoretischen Standpunkt ohne alle Not und moralische Nötigung aus. In der alltäglichen Orientierung wird die moralische Selbstreflexion und Selbstkritik aber weniger durch theoretische Überlegungen als durch konkrete Erfahrungen mit den eigenen moralischen Nötigungen angestoßen, Erfahrungen, dass das eigene, gut gemeinte moralische Handeln zu schlimmen Folgen für andere geführt, sie also in eine neue Not gebracht hat.[2] Man hat jemand einen Rat gegeben, und er hat ihn in noch größere Schwierigkeiten gebracht, Eltern haben ihre Kinder streng zu Disziplin und Ehrlichkeit erzogen, und die Heranwachsenden flüchten sich in heimlichen Drogenkonsum, Regierungen haben über lange Perioden monetäre Entwicklungshilfe gewährt, und das hat die autochthonen ökonomischen

---

2 Bernard Williams spricht dann von „moralischem Zufall" oder der Abhängigkeit auch der Moral vom Zufall (1976), in: B.W., Moralischer Zufall. Philosophische Aufsätze 1973–1980, aus dem Engl. v. André Linden, Königstein/Ts. 1984, 30–49.

16.1. Nötigung zu einer Moral im Umgang mit Moralen

Strukturen zerstört. Derartige Erfahrungen nötigen unmittelbar, den Horizont der eigenen, unvermeidlich ‚selbstgerechten' moralischen Orientierung zu erweitern und anderen moralischen Standards anderer ‚gerecht zu werden'. Die moralische Selbstbindung öffnet sich einer *Moral im Umgang mit Moral*.[3] Sie verzichtet auf Gegenseitigkeit, verzichtet *einseitig* auf Gegenseitigkeit: man ‚tut' moralisch seinerseits, ‚was man kann', ohne zu erwarten oder zu fordern, dass auch der andere tut, was er kann, ohne mit Gegenleistungen oder auch nur Dank zu rechnen. Nicht nur unter Fremden, auch und oft gerade im vertrautesten Umgang miteinander kann man zur Moral im Umgang mit anderen Moralen genötigt sein. Die Kraft dazu wird hoch geschätzt. Wer sie aufbringt, genießt hohe moralische Achtung gerade bei denen, die kaum ohne Erwartung von Gegenseitigkeit moralisch handeln können. Der Verzicht auf Gegenseitigkeit ist der *ethische Maßstab auch für die Moral auf Gegenseitigkeit*. Er zeichnet ethisch aus.[4]

Weil der einseitige Verzicht auf Gegenseitigkeit nicht zur Norm zu machen ist, wird er in moralphilosophischen Klassifikationen als ‚supererogatorisch' eingeordnet, als etwas ‚über das Verlangte Hinausgehendes', das wohl moralisch zu empfehlen, aber nicht zu fordern ist (auch ‚supererogatio' stammt aus der ökonomischen Sprache, bedeutete ursprünglich ‚über den geforderten Preis hinausgehende Zahlung'; die lat. Vulgata-Fassung der Bibel gebrauchte das Wort in der

---

3 Zum Begriff ‚Moral im Umgang mit Moral' vgl. Verf., Nietzsches ‚Genealogie der Moral', a.O., 3 u.ö. Auch die empirische Moralsoziologie gebraucht ihn. Vgl. Bergmann / Luckmann (Hg.), Moral und Kommunikation, in: dies., Kommunikative Konstruktion von Moral, Bd. 1, a.O., 31: „Es gibt also so etwas wie eine Moral für den Umgang mit Moral, und dieser reflexive Bezug sorgt für eine Reihe von Paradoxien der moralischen Kommunikation."

4 H. H. Ritter verweist in seinem Art. Gegenseitigkeit, in: Historisches Wörterbuch der Philosophie, Bd. 3, Basel/Darmstadt 1974, Sp. 119–129, auf die Herkunft des Begriffs der Gegenseitigkeit aus der Politischen Philosophie und der Soziologie. Eine beherrschende Rolle spielte er in den Politischen Philosophien Rousseaus und Proudhons („Privateigentum ist Nicht-Gegenseitigkeit, und Nicht-Gegenseitigkeit ist Diebstahl") und in jüngster Zeit einerseits in der Ethnologie und Sozialanthropologie Claude Lévi-Strauss', andererseits in der Theorie des kommunikativen Handelns des Soziologen und Philosophen Jürgen Habermas, die beide in der philosophischen Ethik stark rezipiert wurden. Axel Honneth, Kampf um Anerkennung. Zur moralischen Grammatik sozialer Konflikte, Frankfurt am Main 1992, und ders., Zwischen Aristoteles und Kant. Skizze einer Moral der Anerkennung, in: Edelstein / Nunner-Winkler [Hg.], Moral im sozialen Kontext, a.O., 55–76, insistiert auch in der Philosophie der Anerkennung nachdrücklich auf Gegenseitigkeit. Max Weber verhielt sich (mit Nietzsche) in seiner Soziologie kritisch zu ihr, Luhmann skeptisch (vgl. Soziale Systeme, a.O., 186 f.).

Samariter-Geschichte). Es wird darum vor allem an Personen wie Maximilian KOLBE, Albert SCHWEITZER, Mahatma GANDHI oder Mutter TERESA exemplifiziert und durch Tugenden charakterisiert wie Wohltätigkeit (beneficence), Gefälligkeit (favour), Entgegenkommen (volunteering), Nachsicht (forbearance), Verzeihung (pardon, forgiveness), Barmherzigkeit (mercy), Heroismus (heroism) und Heiligmäßigkeit (saintliness), in denen sich eine besondere, über das ‚Normalmaß' hinausgehende moralische Nötigung durch das Leid anderer zeigt.[5] Als ethischer Maßstab reicht der Verzicht auf Gegenseitigkeit über Europa hinaus, hat aber auch hier eine alte Tradition. Im Judentum konnte es von Anfang an unter den Menschen und dem ihnen unbegreiflichen Gott, der sie geschaffen hat, keine gemeinsamen moralischen Standards und keine Gegenseitigkeit geben. Nach der Erzählung vom Sündenfall (Gen 3) warnte Gott die Menschen davor, Gut und Böse unterscheiden zu wollen, wie es ihnen die Schlange, das ‚listigste' aller Tiere, anbot (‚und werdet sein wie Gott und wissen, was Gut und Böse ist'). Danach sind Menschen nicht hinreichend imstande, Gut und Böse zu unterscheiden: das Böse kann in allem auftauchen, was sie für das Gute halten, und das Gute in allem, was sie für das Böse halten.[6] Als der unbegreifliche Gott später von Abraham, dem er ein zahlreiches Volk verheißen hatte, forderte, eben den Sohn, aus dem es hervorgehen sollte, zum Brandopfer zu führen (Gen 22), muss Abraham diese Forderung als das Äußerste des Bösen erschienen sein.[7] Und als er

---

5   Vgl. Joel Feinberg, Supererogation and Rules, in: J.F., Doing and Deserving. Essays in the Theory of Responsibility, Princeton 1974, 3–24, David Heyd, Supererogation. Its status in ethical theory, Cambridge 1982, und Dieter Witschen, Arten supererogatorischen Handelns. Versuch einer konzisen Typologie, in: Ethica 12.2 (2004), 163–180. Zur historischen Übersicht vgl. Jan C. Joerden, Art. Supererogation, in: Historisches Wörterbuch der Philosophie, Bd. 10, Basel/Darmstadt 1998, Sp. 631–633.
6   Vgl. Carsten Colpe, Religion und Mythos im Altertum, in: Carsten Colpe und Wilhelm Schmidt-Biggemann (Hg.), Das Böse. Eine historische Phänomenologie des Unerklärlichen, Frankfurt am Main 1993, 13–89, und Verf., Das Gute inmitten des Bösen. Ethische Orientierung aus Zeichen in der jüdischen Tradition, in: Simon (Hg.), Orientierung in Zeichen. Zeichen und Interpretation III, a.O., 107–138. Nach Gershom Sholem, Zum Verständnis der messianischen Idee im Judentum, in: G.S., Über einige Grundbegriffe des Judentums, Frankfurt am Main 1970, 121–170, lässt sich der Messianismus ethisch als Erwartung der Eindeutigkeit des Guten und Bösen verstehen.
7   Vgl. Jacques Derrida, Donner la mort, in: Jean-Michel Rabaté et Michael Wetzel (Hg.), L'éthique du don. Jacques Derrida et la pensée du don. Colloque de Royaumont, décembre 1990, Paris 1992, 11–108, deutsch.: Den Tod geben, aus dem Frz. v. Hans-Dieter Gondek, in: Anselm Haverkamp (Hg.), Gewalt und Gerechtigkeit. Derrida – Benjamin, Frankfurt am Main 1994, 331–445, der an diesem Beispiel den Sinn der Verantwortung überhaupt explizierte und dazu Levinas, Patocka, Heidegger, Nietzsche und vor allem Kierkegaard heranzog. Kierkegaard hatte in *Furcht und Zittern* an der Akeda (Gen 22) die Paradoxie des Glaubens expliziert, die eben darin liege, dass er durch kein „Ethisch-Allgemeines" gerechtfertigt werden könne.

dennoch gehorchte und zum Opfer ansetzte, Gott ihn aber im Töten innehalten ließ, begann damit nach der Hebräischen Bibel die Geschichte Israels, in deren Verlauf Gott durch Mose den Hebräern die Tora gab, eine Orientierung für das Leben im ganzen, für die Gott nichts zurückgegeben werden kann als nur der Gehorsam. Nach der jüdischen Tradition tragen die Hebräer seither die Verantwortung für die Welt und dürfen darum ebenfalls keine Gegenleistung erwarten.[8] Das schwer begreifliche, moralisch unmittelbar widersinnige Gebot des christlichen Evangeliums, das „μὴ ἀντιστῆναι τῷ πονερῷ – Widerstehe nicht dem Bösen" (Mt 5, 38 f.), das im Zusammenhang einerseits der Begrenzung der Vergeltung, dem „Auge um Auge, Zahn um Zahn" (15.3.), andererseits dem Gebot, den Nächsten und selbst seine Feinde zu lieben (15.2.(1)) erscheint, erhält einen guten Sinn, wenn man es als Gebot zur Reflexion und Kritik der eigenen Moral versteht: Das Böse, dem man nicht widerstehen soll, wäre dann das andere Gute einer anderen Moral, das der eigenen Moral unvermeidlich als Böses erscheinen muss. Wenn, nach den Beispielen, die das Evangelium gibt, jemand etwas als schmachvolle Beleidigung erfährt (‚wenn dich einer auf die rechte Wange schlägt …'), als ungerechtfertigte Drohung mit Rechtsmitteln (‚wenn dich einer vor Gericht bringen will, um dir das Hemd wegzunehmen …') oder als Zwang, ihm den Weg zu zeigen (‚wenn dich einer zwingen will, eine Meile mit ihm zu gehen …'), muss das aus der Sicht des anderen, der so nötigt, nicht schon etwas Böses sein, selbst wenn es so scheint. Auch Feinde und Verfolger als Menschen mit anderen moralischen Überzeugungen zu sehen, statt ihnen seinerseits feindselig entgegenzutreten, könnte der einzige moralische Weg sein, in unterschiedlichen Moralen begründete Feindschaften zu überwinden. – In der philosophischen Ethik hat der einseitige Verzicht auf die Gegenseitigkeit von Leistungen Tradition. Obwohl die meisten das Nützliche vorziehen, ist es nach ARISTOTELES, wenn unter edlen Männern eine „ethische Freundschaft" entstehen und Bestand haben soll, schön, gut zu handeln, ohne Gegenleistung zu erwarten (καλὸν δὲ τὸ εὖ ποιεῖν μὴ ἵνα ἀντιπάθῃ).[9] KANT hat sich ausdrücklich dagegen verwahrt, den kategorischen Imperativ im Sinn der Goldenen Regel der Gegenseitigkeit zu verstehen: „Man denke nur ja nicht, daß hier das triviale: quod tibi non vis fieri etc. zur Richtschnur oder Princip dienen könne. Denn […] es enthält nicht den Grund der Pflichten gegen sich selbst, nicht der Liebespflichten gegen andere (denn mancher würde es gerne eingehen, daß andere ihm nicht wohlthun sollen, wenn er es nur überhoben sein dürfte, ihnen Wohlthat zu erzeigen), endlich nicht der schuldigen Pflichten gegen einander; denn der Verbrecher würde aus diesem Grunde gegen seine strafenden Richter

---

8 Vgl. Emmanuel Levinas, Sans Nom, in: E.L., Noms Propres, Montpellier 1976, 141–146 (La condition juive), deutsch: Namenlos, in: E.L., Eigennamen. Meditationen über Sprache und Literatur. Textauswahl und Nachwort von Felix Philipp Ingold, aus dem Frz. v. Frank Miething, München 1988, 101–106 (Die jüdische Existenzbedingung), und ders., Les nations et la présence d'Israël, in: E.L., À l'heure des nations, Paris 1988, 107–124, deutsch: Israel unter den Nationen, in: E.L., Stunde der Nationen. Talmudlektüren, aus dem Frz. v. Elisabeth Weber, München 1994, 141–163.
9 Aristoteles, Nikomachische Ethik VIII, 15, 1162 b 36 f.

argumentiren, u.s.w."[10] Nach dem kategorischen Imperativ soll die Zumutbarkeit der eigenen moralischen Maximen (oder Standards) für andere überpüft werden: bei negativem Ausgang der Prüfung, wenn sich die Maximen als widersprüchlich erweisen, darf man selbst nicht nach ihnen handeln, bei positivem Ausgang kann man ihnen so lange folgen, bis neue Anlässe zu neuen Prüfungen herausfordern. Der kategorische Imperativ ist nach KANT ein Geheiß der Vernunft, aber der eigenen Vernunft, die jeden mit der ihm eigenen „Stimme"[11] anspricht („Handle so, daß du …"). Spräche hier nicht die eigene, sondern eine einheitliche und gemeinsame Vernunft, könnte in ihrem Namen jeder moralische Normen für die andern formulieren und sie nach ihnen nötigen. Das aber schließt schon die erste Maxime der Aufklärung aus, sich nicht von fremder Vernunft leiten zu lassen, sondern sich seines eigenen Verstandes zu bedienen (10.1.).[12] Das ‚Supererogatorische' nannte KANT das ‚moralisch Verdienstliche' („Was jemand pflichtmäßig *mehr* thut, als wozu er nach dem Gesetze gezwungen werden kann, ist *verdienstlich* (meritum)"), warnte aber zugleich vor dem „Schmeichelhaften" des „Verdienstlichen": die „eigenliebige Einbildung des Verdienstlichen" könne „den Gedanken an *Pflicht*" leicht „verdrängen". Dennoch ist schon die Erfüllung ‚unvollkommener' Pflichten, die Spielräume lassen, „Verdienst (*meritum*)".[13] Am unzweideutigsten unter den Philosophen hat NIETZSCHE zum einseitigen Verzicht auf Gegenseitigkeit aufgefordert. In der *Genealogie der Moral* nannte er den „‚Willen zur Gegenseitigkeit'" polemisch einen Willen zur „Heerdenbildung". Dennoch sei er „im Kampf mit der Depression ein wesentlicher Schritt und Sieg".[14] In seinen Notizen fügte er hinzu: „Eine Lehre und Religion […] der Gegenseitigkeit in That und Wort" könne „vom höchsten Werthe sein, selbst mit

---

10 Kant, Grundlegung zur Metaphysik der Sitten, AA IV, 430, Anm.

11 Kant, Kritik der reinen Vernunft, A 752 / B 780 („die allgemeine Menschenvernunft, worin ein jeder seine Stimme hat").

12 Vgl. zum Näheren Verf., Immanuel Kant: *Kritik der praktischen Vernunft*, in: W.S., Interpretationen. Hauptwerke der Philosophie, a.O., 77–83. – Mit seiner Stimme für alle anderen zu sprechen, wäre eine Offenbarung, die nur Gott zukommt. „Offenbarungslehren" aber, so Kant, müssen, um zu Maßstäben der philosophischen Ethik zu werden, ihrerseits philosophisch „ausgelegt" und in „moralisch-guten Werken" praktisch werden (Kant, Streit der Facultäten, AA VII, 42).

13 Kant, Metaphysik der Sitten, AA VI, 227 u. 390, Kritik der praktischen Vernunft, AA V, 157–159 u. 155 Anm. – Vgl. Ulla Wessels, Die gute Samariterin. Zur Struktur der Supererogation, Berlin/New York 2002, 165. Wessels selbst setzt sich auf unfreiwillig, aber aufschlussreich paradoxe Weise mit „Theorien" der Supererogation in der angelsächsischen Philosophie, insbes. von Thomas Nagel, Björn Eriksson und Samuel Scheffler, auseinander. Sie entwickelt für solche „Theorien" ein „Format" in Gestalt eines mathematisch-logischen Kalküls, um dann zu zeigen, dass nicht nur keine der vorliegenden Theorien, sondern auch das Supererogatorische selbst ihm nicht entspricht, und erklärt abschließend die „Teilkapitulation der Moral" (211), worunter sie das verstehe, was „man verlangen kann" (5). Autoren wie Levinas und Derrida berücksichtigt sie nicht.

14 Nietzsche, Zur Genealogie der Moral III, Nr. 18, KSA 5.383.

den Augen der Herrschenden gesehn: denn sie hält die Gefühle der Rivalität, des ressentiment, des Neides nieder, die allzu natürlichen Gefühle der Schlechtweggekommenen". Aus ihr spreche die „Klugheit der Selbsterhaltung Leidender durch Steigerung ihrer Gegenseitigkeits- und Solidaritätsgefühle". Jeder Leidende könne sein Leiden besser ertragen, „wenn er Jemand gefunden hat, den er dafür *verantwortlich* machen kann."[15] Doch das berechtige Ethiker nicht, „den ganzen menschlichen Verkehr auf *Gegenseitigkeit der Leistung* [zu] begründen [...], so daß jede Handlung als eine Art Abzahlung erscheint für etwas, das uns erwiesen ist."[16] Ethisch betrachtet sei „die *Gegenseitigkeit* die Hinterabsicht auf Bezahltwerden-wollen: eine der verfänglichsten Formen der Werth-Erniedrigung des Menschen. Es bringt jene ‚Gleichheit' mit sich, welche die Kluft der Distanz als unmoralisch abwerthet ..."[17] Mit dieser „Kluft der Distanz" beginnt für NIETZSCHE erst das Ethische oder, wie er es nennt, das „Vornehme", nämlich damit, „daß man in einem tieferen Sinne nie zurückgiebt, weil man etwas *Einmaliges ist* und nur *Einmaliges thut*". Der „*persönlichste* Werth einer Handlung" liege eben darin, dass er „durch Nichts ausgeglichen und bezahlt werden kann".[18] LEVINAS schließlich hat das Ethische ganz beim einseitigen Verzicht auf Gegenseitigkeit angesetzt. Man ist auch zur Vornehmheit in NIETZSCHES Sinn nicht frei, sondern wird, phänomenologisch beobachtbar, von der Not des Andern genötigt, für ihn Verantwortung zu übernehmen und gerät dadurch in moralische Paradoxien (15.7.). Die ethische Sprache muss darum selbst paradox werden: „Allein der ethischen Sprache gelingt es, dem Paradox beizukommen, in das sich die Phänomenologie plötzlich geworfen sieht."[19]

16.2. Ethische Orientierung: Reflexion der eigenen Moral an anderen Moralen

‚*Moralisch*' *und* ‚*ethisch*' werden in der Ethik zuweilen austauschbar, zuweilen kombiniert (‚moralisch-ethisch', ‚ethisch-moralisch' oder auch ‚sittlich-ethisch-moralisch'), zuweilen zur Unterscheidung und dann wieder auf unterschiedliche Weise gebraucht. ‚Ethisch' schließt an gr. ἔθος, ‚Gewohnheit, Brauch, Sitte', bzw. ἦθος, ‚gewohntes Verhalten in einem gewohnten Umkreis', an, und auch lat. ‚mos', im Plural ‚mores', hat diesen Sinn, jedoch mit stärker verpflichtendem Charakter. In Folge

---

15 Nietzsche, Nachlass 1888, 14[29], KSA 13.232 f.
16 Nietzsche, Nachlass 1887/88, 11[127], KSA 13.60 f.
17 Ebd., 11[258], KSA 13.98.
18 Ebd., 11[127], KSA 13.61.
19 Emmanuel Lévinas, Langage et proximité, in: E.L., En découvrant l'existence avec Husserl et Heidegger, Paris ²1967, 217–236, hier 234, deutsch: Sprache und Nähe, in: E.L., Die Spur des Anderen. Untersuchungen zur Phänomenologie und Sozialphilosophie, übers., hg. und eingel. v. W. N. Krewani, Freiburg/München 1983, 261–294, hier 292 (Übers. W.S.).

der Verinnerlichung des Moralischen im Christentum (15.1.) bekam ‚moral' im Engl. und Frz. auch den bloßen Sinn ‚innerlich'; im übrigen wird es in einem ähnlichen, wenn auch nicht gleichen Spielraum wie das deutsche Fremdwort ‚moralisch' gebraucht: im Sinn von einerseits innerer, andererseits sozialer Nötigung zu einem normgemäßen Verhalten. Die deutschen Begriffe ‚sittlich' und ‚Sittlichkeit' werden fast nur noch in der Rechtssprache und hier vor allem in Bezug auf die Sexualmoral verwendet. Mit ARISTOTELES bürgerte sich der Disziplin-Begriff ‚Ethik', mit KANT der Disziplin-Begriff ‚Moralphilosophie' ein. Als seit dem 19. Jahrhundert ‚Moral' zunehmend den Klang der ‚herrschenden Moral einer Gesellschaft' erhielt, blieb ‚ethisch' davon frei; mit ‚ethisch' wird in öffentlichen Debatten inzwischen eher ein gutes Handeln verbunden, das aus eigener Entscheidung und Verantwortung kommt, die in modernen demokratischen Gesellschaften einen höheren Rang genießen als Zwänge einer herrschenden Moral. HABERMAS hat ‚ethisch' noch einmal dem aristotelischen ‚Guten' im Sinn des individuellen ‚guten Lebens' zugeordnet, ‚moralisch' dagegen dem ‚Gerechten' im Sinn des nach allgemeinen Normen bestimmten Guten, das er z.T. bei KANT, z.T. bei HEGEL findet. Soweit im Sinn KANTS die moralische Reflexion noch eine individuelle bleibe, sei auch sie zu überschreiten durch eine „Diskurstheorie des Rechts und der Politik".[20] Die „Moraltheorie" könne freilich nicht klären, wie Moral selbst ins Spiel kommt. Eine auf Normen und Normenbegründung haltende Moral sei hier auf „Urteilskraft" angewiesen und bleibe so zuletzt „ein opakes, nur noch phänomenologisch aufzuklärendes Gebilde".[21] Eben die phänomenologisch beschreibende Aufklärung, wie die Moral ins Spiel kommt, wie sie wirkt und welchen „Reflexionsbedarf" sie erzeugt, kurz: die „Beobachtung der Realität von Moral" hat LUHMANN als Aufgabe der „Ethik als Reflexionstheorie der Moral" betrachtet. Er ging dabei von der „Hypothese" aus, „daß sich das Verhältnis von Moral und Welt, also das Verhältnis von Moral und Realität in einer sehr viel radikaleren Weise geändert hat, als in den Texten [der Tradition der philosophischen Ethik] selbst zum Ausdruck kommt, die sich damit begnügen, die Ethik vernünftig, das heißt mit

---

20 Jürgen Habermas, Vom pragmatischen, ethischen und moralischen Gebrauch der praktischen Vernunft, in: J.H., Erläuterungen zur Diskursethik, Frankfurt am Main 1991, 100–118, hier 117.
21 Ebd., 118.

16.2 Reflexion der eigenen Moral an anderen Moralen

Rückgriff auf sich selbst als letzte Instanz zu begründen."[22] In Verbindung mit der Soziologie könne die Ethik statt dessen „eine Vermittlungsfunktion übernehmen – etwa als gesellschaftliche Sprecherin der Moral, aber auch als Übersetzerin gesellschaftlicher Anforderungen an die Moral".[23]

Ethische Reflexion der Moral findet jedoch nicht erst in wissenschaftlichen Theorien, sondern schon in der alltäglichen Orientierung statt:[24] als *‚ethische Orientierung‘, die, unter einseitigem Verzicht auf Gegenseitigkeit, die anderen Standards anderer moralischer Orientierungen ernstnimmt.* Sie wird alltäglich gelebt: als Aufgeschlossenheit und Unbefangenheit, Wohlwollen und Freundlichkeit, Takt und Höflichkeit, Vornehmheit und Güte (16.3.) und im Ringen um Toleranz, Würde, Frieden und Gerechtigkeit unter moralisch Andersdenkenden und der Nötigung zu einer unbegrenzten Verantwortung (16.4.). Als alltäglich gelebte setzt sie nicht schon philosophische Bemühungen voraus, die ihr gleichwohl zur Klärung verhelfen und dadurch ‚Halt geben‘ können. So sind die Übergänge zwischen alltäglich selbstverständlicher und philo-

---

22 Luhmann, Ethik als Reflexionstheorie der Moral, a.O., 371, 433, 423. Die Ethik verlor, so Luhmann, ebd., 416, im Zug der Umstellung von der feudalen, stratifikatorisch differenzierten auf die bürgerliche, funktional differenzierte Gesellschaft am Ende des 18. Jahrhunderts „ihre Verankerung in der gegebenen Gesellschaft, in einer alternativenlos erfahrenen sozialen Realität, und sie mußte deshalb theoretisch auf sich selbst gegründet, in ihren eigenen Prinzipien überzeugend durchrationalisiert werden."

23 Ebd., 371.

24 Vgl. Oswald Schwemmer, Was ist vernünftig? Einige Bemerkungen zur Frage nach der praktischen Vernunft in der Ethik und in der Ökonomie, in: Bernd Biervert / Klaus Held / Josef Wieland (Hg.), Sozialphilosophische Grundlagen ökonomischen Handelns, Frankfurt am Main 1990, 102–120, hier 108: „In einer durch die Entwicklung der Wissenschaft und Technik bestimmten Gesellschaft ist auch die Ethik auf die Bahnen des wissenschaftlichen Denkens gezogen worden. Obwohl die moralischen Überzeugungen in Erfahrungen gründen, die in den alltäglichen Zusammenhängen unserer Lebenswelt gewonnen sind, werden sie durch eine Ethik, die sich den Formen des wissenschaftlichen Denkens verpflichtet hat, zu Prinzipien und Regeln des Argumentierens umstilisiert, die gerade diese ihre Erfahrungsbasis aus dem Blickfeld verschwinden lassen. Statt dessen haben sich diese Überzeugungen nun durch ihre Konsistenz und Prägnanz, ihre terminologische Deutlichkeit und logische Geschlossenheit auszuweisen, also durch Eigenschaften, die zwar zur Form ihrer ‚Verwissenschaftlichung‘ gehören, nicht aber zu den Charakteristika der lebensweltlichen Erfahrungen, denen sie entstammen." (im Or. kursiv). In der Moral geht es primär um die „Ausbildung sicherer Orientierungsmuster für unser Erleben und Vorstellen" und um „Identitätsbildung" (114).

sophisch reflektierter ethischer Orientierung fließend und sollten es auch sein; denn plausibel kann eine Philosophie gerade als Ethik nur im Anschluss an eine alltäglich gelebte ethische Orientierung sein. Die schärfsten Konturen haben ihr nach KANT DOSTOJEWSKI, NIETZSCHE, LEVINAS und DERRIDA gegeben.[25] Der Grundzug der alltäglichen ethischen Orientierung ist die *Rücksicht* auf andere moralische Orientierungen, die Aufmerksamkeit darauf, dass dasselbe in derselben Situation für andere anders moralisch relevant werden kann. In fremden Umgebungen bleibt die *ethische Aufmerksamkeit* ohnehin wach, in vertrauten Umgebungen muss sie eigens wach gehalten werden. NIETZSCHE hat dafür den Begriff des ‚Pathos der Distanz', LEVINAS den Begriff der ‚Nicht-Indifferenz' (non-indifférence), DERRIDA den Begriff der ‚Dekonstruktion' geprägt.

‚Distanz' steht gegen ‚Differenz', gegen die *begriffliche* Unterscheidung: der andere ist gerade darin anders, dass er sich meinen begrifflichen Unterscheidungen entzieht. Die Distanz zu ihm ist darum auch ihrerseits nicht zu begreifen, sondern ein bloßes ‚Pathos' – ‚Pathos' im ganzen Sinnspektrum des deutschen Fremdworts von ‚Gefühl' über ‚Leiden' bis zu ‚hohem Ernst'.[26] Das *Pathos der Distanz* ist die ethische Aufmerksamkeit auf die Andersheit moralischer Orientierungen. NIETZSCHE sagte von sich selbst: „ich bin eine nuance". Eine Nuance ist eine Abweichung vom Begriff, die selbst nicht begrifflich zu fassen ist. Jeder ist in der ethischen Orientierung immer noch anders als alle Begriffe, die man sich von ihm machen kann.[27] Und der andere kann leiden, ohne dass

---

25 Giorgio Agamben denkt das Ethische ebenfalls von der Situation und der Kontingenz, jedoch von extremen Situationen (Auschwitz) her. Das führt dann in das kaum plausible Extrem, die Situation ‚des' Menschen als dauernden Ausnahme- und Verfolgungszustand zu sehen. Vgl. etwa Homo sacer. Die souveräne Macht und das nackte Leben (1995), aus dem Ital. v. Hubert Thüring, Frankfurt am Main 2002.

26 Vgl. Nietzsche, Jenseits von Gut und Böse, Nr. 257, Zur Genealogie der Moral II, Nr. 2, Götzen-Dämmerung, Streifzüge Nr. 37, Der Antichrist, Nr. 43, und dazu Volker Gerhardt, Pathos und Distanz. Studien zur Philosophie Nietzsches, Stuttgart 1988, Verf., Nietzsches ‚Genealogie der Moral', a.O., 100–102, und Chiara Piazzesi, *Pathos der Distanz* et transformation de l'expérience de soi, in: Nietzsche-Studien 36 (2007), 258–295.

27 Nietzsche, Ecce Homo, Warum ich so gute Bücher schreibe, Der Fall Wagner, Nr. 4. Bei Hausdorff (alias Paul Mongré) hieß es dann in: Sant'Ilario, Nr. 130 u. Nr. 175, in: F.H., Philosophisches Werk, a.O., 106/200 u. 120/214: Das Ich ist ein „Inbegriff von tausend Geschmacksnüancen", eine „undefinirbare Ich-Nü-

man davon weiß: „Daß der andere leidet, ist zu *lernen:* und völlig kann es nie gelernt werden."²⁸

Levinas hat, nach der Erfahrung der Schoa, die ethische Aufmerksamkeit auf das Leiden des andern und die ‚Gewalt', mit der man es unvermeidlich seinen Begriffen unterwirft, weiter geschärft (12.6.). Sein Begriff der *Nicht-Indifferenz* enthält eine doppelte Negation, die nicht logisch zur Bejahung wird. ‚Indifferenz' ist logisch, als ‚Nicht-Unterscheidung', die Negation der Differenz, ethisch dagegen ‚Gleichgültigkeit'. Logische Unterscheidungen sind für alle und alles *gleich gültig*, und sie machen dadurch alle und alles ethisch *gleichgültig*. Die zweite Negation ‚Nicht-Indifferenz' negiert nicht die logische Gültigkeit allgemeiner Unterscheidungen, ohne die eine Gesellschaft nicht bestehen kann, sondern die ethische Gleichgültigkeit ihrer Anwendung – die auffällig wird, wenn man dem andern unmittelbar gegenübersteht und in sein Gesicht sieht, im Von-Angesicht-zu-Angesicht (15.2.(1)). Nicht-Indifferenz, Nicht-Gleichgültigkeit wird dann zum

> Aufmerksam-Werden (éveil) des Ich durch den Andern, des Ich durch den Fremden, des Ich durch den Heimatlosen, das heißt durch den Nächsten, der nur Nächster ist (prochain qui n'est que prochain). Aufmerksamkeit, die weder Reflexion über sich selbst noch Universalisierung ist; Aufmerksamkeit, die eine Verantwortung (responsabilité) bedeutet für den Andern, ihn zu nähren und zu kleiden, mein Eintreten für den Andern, meine Sühne für das Leiden und, sicher, auch für die Schuld des Andern (faute d'autrui). Sühne, mir auferlegt ohne die Möglichkeit, mich zu entziehen (sans dérobade possible) […].²⁹

Als in diesem Sinn nicht-indifferente, nicht-gleichgültige ist die ‚ethische Beziehung' nicht zuerst eine Beziehung des Erkennens und Wissens und auch nicht eine Beziehung durch gemeinsame Normen und Werte, sondern sie geht, so Levinas, beiden voraus. Erst auf sie hin sucht man den andern zu ‚erkennen' und die irritierende Beziehung zu ihm durch den Bezug auf Normen und Werte zu stabilisieren. Im Anschluss an

---

ance". Zum ‚Begriff' der nuance vgl. Verf., Philosophie der Fluktuanz, a.O., 348 f.
28 Nietzsche, Menschliches, Allzumenschliches I, Nr. 101. Vgl. Nr. 104: „*Weiss* man aber je völlig, wie weh eine Handlung einem Andern thut? So weit unser Nervensystem reicht, hüten wir uns vor Schmerz: reichte es weiter, nämlich bis in die Mitmenschen hinein, so würden wir Niemandem ein Leides thun".
29 Emmanuel Levinas, Une nouvelle rationalité. Sur Gabriel Marcel, in: E.L., Entre nous. Essais sur le penser-à-l'autre, Paris 1991, 72–74, hier 74, deutsch: Zwischen uns. Versuche über das Denken an den Anderen, aus dem Frz. übers. v. Frank Miething, München 1995, 83–86, hier 85 f.

LEVINAS hat auch DERRIDA seinen Begriff der Dekonstruktion ethisch verstanden. Dekonstruktion ist in einem ‚neutralen' Sinn ‚Konstruktion' und zugleich ‚Destruktion', Konstruktion von etwas mittels Differenzen, die, indem sie das eine einschließen, notwendig anderes ausschließen und insofern Destruktion dieses anderen bedeuten. DERRIDA dekonstruierte seinerseits methodisch in der europäischen Philosophie traditionell gebrauchte Differenzen, um so auf das von ihr Ausgeschlossene aufmerksam zu machen, und erwies sie dabei als ‚logozentrisch' und ‚eurozentrisch', als befangen in ihren eigenen europäischen Differenzen, die sie als allgemeingültige, universale verstehen wollte. In der Aufmerksamkeit auf seine Grenzen gerade im Hinblick auf seine scheinbar universalen moralischen Begriffe hatte auch NIETZSCHE schon das „gute Europäerthum'" gesehen.[30]

DERRIDA entfaltete sein ethisches Denken u. a. an einem Text von BAUDELAIRE, *Das falsche Geldstück*, der mit dem Satz schließt: „es ist das ärgste von allen unheilbaren Lastern, das Böse aus Dummheit zu begehen."[31] *Dummheit im Ethischen* ist die Unfähigkeit, in einer moralisch relevanten Situation die Nöte des andern und die Möglichkeiten des Guten zu sehen. Hannah ARENDT hat die „Banalität des Bösen" an der gewissenhaften Beamtenroutine Adolf EICHMANNS erschreckt, mit der er, unter gänzlichem Verlust an ethischer Aufmerksamkeit, Millionen unschuldiger Menschen der industriellen Tötung zuführen konnte, weil sie ihm das eigene Volk, die eigene Kultur zu verfremden schienen.[32] NIETZSCHE verlangte von sich äußerste ethische Aufmerksamkeit gerade auf das Fremde der andern: „Jemanden nicht nach seiner hervorragenden Stärke und Tugend zu nennen, sondern nach dem, was […] am fremdesten an ihm ist."[33] In seinen Notizen ging er noch weiter, wollte eben in der Wahrnehmung des Fremden seine Freude finden:

> *Meine Aufgabe:* alle Triebe so zu sublimieren, daß die Wahrnehmung für das Fremde sehr weit geht und doch noch mit Genuß verknüpft ist: der Trieb der Redlichkeit gegen mich, der Gerechtigkeit gegen die Dinge so stark, daß

---

30 Nietzsche, Jenseits von Gut und Böse, Nr. 241. Vgl. Nietzsche, Die fröhliche Wissenschaft V, passim.
31 Derrida, Donner le temps 1: La fausse monnaie, Paris 1991, 48 f., deutsch: Falschgeld. Zeit geben I, aus dem Frz. v. Andreas Knop und Michael Wetzel, München 1993, 46–48.
32 Hannah Arendt, Eichmann in Jerusalem. Ein Bericht von der Banalität des Bösen, aus dem Am. v. Brigitte Granzow (1964), München/Zürich 1986.
33 Nietzsche, Menschliches, Allzumenschliches II, Vermischte Meinungen und Sprüche, Nr. 11.

seine *Freude* den Werth der anderen Lustarten überwiegt, und jene ihm nöthigenfalls, ganz oder theilweise, geopfert werden.[34]

Nach den „hitlerschen Triumphen" über die Institutionen des Guten und Gerechten in halb Europa konnte LEVINAS[35] das letzte „Kriterium" des Ethischen" nur noch „in den verborgenen Winkeln des subjektiven Gewissens" finden. Er beschrieb es als „allen Winden offenstehende Laubhütte" (cabane, ouverte à tous les vents):

> dass die wohleingerichtete Menschheit (l'humanité installée) in jedem Moment der gefährlichen Situation ausgesetzt sein kann, in der ihre Moral ganz in einem ‚inneren Forum' Platz haben muss (où sa morale tienne tout entière dans un ‚for intérieur'), in der ihre Würde auf das Murmeln einer subjektiven Stimme angewiesen ist und sich in keiner objektiven Ordnung mehr spiegelt und bestätigt findet – das ist das Risiko, von dem die Ehre des Menschen abhängt.[36]

Das eigene *Gewissen* (15.1.) ist die erste und auch die letzte Instanz der ganz auf sich gestellten ethischen Orientierung. ‚Gewissen' nennt man das, was ‚wach' für alles moralisch Relevante bleibt, auch für das, was sich nicht aufdrängt und was leicht verdrängt wird; in ihm reflektiert der Einzelne sein moralisches Handeln und seine moralischen Standards, wenn sie auf andere irritierend wirken. Das Gewissen kann mehr oder weniger aufmerksam, mehr oder weniger sensibel sein; es wird als ‚Stimme' gehört, die mehr oder weniger vernehmlich spricht. Hört man auf die Stimme seines Gewissens, hört man wohl sich selbst, sich selbst aber zugleich als einen andern.[37] In der religiösen Orientierung spricht

---

34 Nietzsche, Nachlass 1880, 6[67], KSA 9.211.
35 Zu Levinas' (zurückhaltenden) Bezügen auf Nietzsche vgl. Verf., Levinas' Humanismus des anderen Menschen – ein Anti-Nietzscheanismus oder Nietzscheanismus?, in: Werner Stegmaier / Daniel Krochmalnik (Hg.), Jüdischer Nietzscheanismus, Berlin/New York 1997, 303–323.
36 Levinas, Sans Nom / Namenlos, a.O., 141 f. u. 145.
37 Zur Diskussion im Blick auf Kant, Hegel, Nietzsche, Freud, Heidegger und Levinas vgl. Ricœur, Das Selbst als ein Anderer, a.O., 410–426. Ricœur selbst versteht das Gewissen „als tiefe Einheit von Selbstbezeugung und Aufforderung vom Anderen" und lässt den Anderen „in seiner Andersheit" als „Aporie" stehen (426). Françoise Dastur, Das Gewissen als innerste Form der Andersheit. Das Selbst und der Andere bei Paul Ricœur, in: Bernhard Waldenfels und Iris Därmann (Hg.), Der Anspruch des Anderen. Perspektiven phänomenologischer Ethik, München 1998, 51–63, die Ricœurs Ausführungen zum Gewissen kommentiert, führt das zu dem Schluss, „daß der Philosoph auch fähig sein sollte, *von der Ethik zu schweigen*; denn solch ein Schweigen ist vielleicht gerade das, was die Eröffnung eines Raums für die *ethische Praxis* erlaubt" (63).

aus dem Gewissen Gott, der ins Innere sieht, in der nicht-religiösen sprechen andere Menschen, die in der eigenen Orientierung zu moralischen Autoritäten geworden sind. Man hat sie selbst in sein Gewissen aufgenommen, doch nicht in einem bewussten Akt. Sie sind in es eingegangen, indem man zu ihnen Vertrauen gefasst und ihnen Autorität verliehen hat. Darum können sie im Gewissen auch wieder verblassen, bis zur Unkenntlichkeit mit andern verschmelzen und sich ganz aus dem Gewissen verlieren. Zuweilen kann man sie im Gewissen noch identifizieren und hört eigens auf sie (‚was würde sie sagen, wenn sie noch leben würde?'); in der religiösen Orientierung hat Gott dann einen unvergleichlichen Vorrang vor allen übrigen. In verschiedenen Situationen können sich jedoch verschiedene Stimmen geltend machen, und sie können auch zugleich zu Verschiedenem raten. Dann wägt das Gewissen ab, reflektiert die moralischen Standards aneinander, die sich ihm aufdrängen. Es sagt, wie oft bemerkt wurde, nicht schon, was zu tun ist, es nötigt nicht unmittelbar. Es macht nur moralische Anhaltspunkte stark, die sich in einer Situation aufdrängen, oder lässt sie zurücktreten, und man ist frei, sich an sie zu halten oder nicht. So hat das Gewissen selbst die Gestalt einer ethischen Orientierung. Es bleibt in sich vielfältig und beweglich, wandelt sich mit seinen Entscheidungen, ist ebenfalls fluktuant.

16.3. Tugenden der ethischen Orientierung

Die ethische Orientierung, in der Moralen aneinander reflektiert werden und in der Gegenseitigkeit nicht erwartet wird, hat keine Normen, aber Tugenden, Haltungen, durch die sie sich auszeichnet. Mit ‚Tugend' wird traditionell gr. ἀρετή übersetzt; ἀρετή wurde im Gr. auch, aber nicht nur in moralischem Sinn als Substantiv zum Adjektiv ἀγαθός, ‚gut in seiner Art, herausragend, ausgezeichnet' gebraucht, zu dem es kein stammverwandtes Substantiv gab.[38] Ἀρετή war die Eigenschaft, die etwas vor allem andern gut machte, seine es auszeichnende Eigenschaft; bei Menschen waren ἀρεταί, so ARISTOTELES, durch Gewöhnung, Übung, Erfahrung und Einsicht erworbene Haltungen (ἕξεις), die den, der sie besitzt, in wechselnden Situationen die rechte Entscheidung (προαίρεσις) treffen

---

38 Vgl. P. Stemmer, Art. Tugend I, in: Historisches Wörterbuch der Philosophie, Bd. 10, Basel/Darmstadt 1998, Sp. 1532–1548, hier 1532 f. Im Deutschen böte sich als treffendere Übersetzung, so Stemmer, ‚Gutsein' an. Von ‚Gutsein' lässt sich aber kein Plural bilden.

16.3. Tugenden der ethischen Orientierung

lassen und mit denen er darum auch vor den andern gut dasteht und insofern glücklich (εὐδαίμων) ist.[39] ‚Tugend' hat im Folgenden diesen Sinn einer auszeichnenden, in wechselnden Situationen zur rechten Entscheidung befähigenden und dadurch Achtung gewinnenden Haltung.

Die Tugenden der alltäglichen ethischen Orientierung beginnen mit schlichter *Aufgeschlossenheit* und *Unbefangenheit*. Wer über *Aufgeschlossenheit* verfügt, ist mehr als andere offen für moralisches Verhalten und moralische Äußerungen, die ihm selbst fremd sind; *Unbefangenheit* bedeutet, so wenig durch die eigene Moral befangen zu sein, dass man auch moralisches Verhalten und moralische Äußerungen anderer, die sonst befremden oder empören, ertragen kann. Bei KANT tritt sie in der Gestalt der „*liberalen*, sich den Begriffen Anderer bequemenden" Denkungsart auf,[40] die sich im stets naheliegenden „*logischen Egoismus*, nach welchem man die Übereinstimmung des eigenen Urtheils mit den Urtheilen Anderer für ein entbehrliches Kriterium der Wahrheit hält",[41] bereitwillig verunsichern lässt.

Mit *Wohlwollen und Freundlichkeit* ‚kommt' man darüberhinaus anderen ‚entgegen'. NIETZSCHE, der schärfste Kritiker moralischer Gegenseitigkeit, hat beide unüberbietbar beschrieben als

> jene Aeusserungen freundlicher Gesinnung im Verkehr, jenes Lächeln des Auges, jene Händedrücke, jenes Behagen, von welchem für gewöhnlich fast alles menschliche Thun umsponnen ist. Jeder Lehrer, jeder Beamte bringt diese Zuthat zu dem, was für ihn Pflicht ist, hinzu; es ist die fortwährende Bethätigung der Menschlichkeit, gleichsam die Wellen ihres Lichtes, in denen Alles wächst; namentlich im engsten Kreise, innerhalb der Familie, grünt und blüht das Leben nur durch jenes Wohlwollen. Die Gutmüthigkeit, die Freundlichkeit, die Höflichkeit des Herzens sind immerquellende Ausflüsse des unegoistischen Triebes und haben viel mächtiger an der Cultur gebaut, als jene viel berühmteren Aeusserungen desselben, die man Mitleiden, Barmherzigkeit und Aufopferung nennt.[42]

---

39 Vgl. Aristoteles, Nikomachische Ethik II, 6, 1106 b 36–1107 a 2.
40 Kant, Anthropologie in pragmatischer Hinsicht, AA VII, 228.
41 Kant, Logik, AA IX, 80. – Vgl. dazu Verf., Orientierung an anderer Orientierung. Zum Umgang mit Texten nach Kant, in: Dieter Schönecker / Thomas Zwenger (Hg.), Kant verstehen / Understanding Kant. Über die Interpretation philosophischer Texte, Darmstadt 2001, 198–234.
42 Nietzsche, Menschliches, Allzumenschliches I, Nr. 49. – Wohlwollen und Freundlichkeit bringen Menschen in der Regel nicht nur in der Kommunikation untereinander, sondern auch in der Interpretation von Texten anderer auf, wenn sie daran arbeiten, mögliche Missverständnisse und Widersprüche in ihnen auszuräumen, um einen ‚guten Sinn' in ihnen zu finden. Sie leiten auch die

Während für Aufgeschlossenheit und Unbefangenheit, Wohlwollen und Freundlichkeit von einem gewissen Punkt an doch Gegenseitigkeit erwartet wird – jedenfalls erlahmen sie in der Regel bald, wenn sich die Gegenseitigkeit nicht einstellt –, wird *Takt* zumeist weit länger aufrechterhalten. Takt, wörtlich der ‚Sinn für Berührungen‘, ist die Aufmerksamkeit auf anstößiges Verhalten anderer, um seine anstößige Wirkung zu mindern. Er ist besonders gefordert und wird besonders geschätzt bei moralisch anstößigen Urteilen. Takt wird dann zur Behutsamkeit, zur Schonung eben dessen, der mit seinem Verhalten oder Äußerungen andere *nicht* schont.[43] Takt behält man auch noch bei, wenn andere sich fortgesetzt anstößig verhalten, und man vermeidet selbst, sie den Takt bemerken zu lassen, um sie nicht zu ‚beschämen‘. Die *Höflichkeit* lässt den Takt ‚förmlich‘ werden.[44] Ihre Rituale werden als solche erkannt (von denen, die sie kennen), sie sind Zeichen ‚guten Benehmens‘. Höflichkeit kann man andere ‚spüren lassen‘, sie damit zu disziplinieren versuchen und sich ihnen gegenüber, wenn der Versuch misslingt, wenigstens als ‚kultivierter‘ darstellen. Sie geht auf das Verhalten bei Hofe zurück und war darauf ausgerichtet, dem Fürsten ein günstiges Bild von sich zu vermitteln, um seinerseits seine Gunst zu gewinnen. Seither hängt ihr der Ruch der Heuchelei an. Ethisch wird sie zur ‚Höflichkeit des Herzens‘, die anderen gegenüber die Formen einhält, ohne zu erwarten, dass sie sie einhalten.[45]

Orientierung an Texten. Dafür haben sie in der angelsächsischen Philosophie den hohen ethischen Namen eines ‚principle of charity‘ erhalten (vgl. Oliver Robert Scholz, Verstehen und Rationalität. Untersuchungen zu den Grundlagen von Hermeneutik und Sprachphilosophie, Frankfurt am Main 1999, 88–122). Vgl. auch schon Montaigne: „Das Wort gehört zur Hälfte dem, der spricht, zur anderen dem, der hört. Der letztere muss sich darauf vorbereiten, es so aufzunehmen, wie es ihm entgegenkommt. Wie unter Ballspielern der, der fängt, zurückgeht und sich bereithält, je nachdem wie er den, der ihm zuwirft, sich bewegen sieht und je nach der Art des Wurfs." (Michel de Montaigne, Essais, hg. v. Alexandre Micha, Paris 1979, III, De l'expérience, 299).

43 Vgl. v. a. Goffman, Interaktionsrituale, a.O., passim. Luhmann, Soziologie der Moral, 55, hat den Takt als Schlüsseltugend im „Umgang mit Moral" herausgestellt.

44 Vgl. Brigitte Felderer / Thomas Macho (Hg.), Höflichkeit. Aktualität und Genese von Umgangsformen, München 2002.

45 Vgl. Johann Wolfgang von Goethe, Die Wahlverwandtschaften II, 5 (Aus Ottiliens Tagebuche): „Es gibt eine Höflichkeit des Herzens; sie ist der Liebe verwandt. Aus ihr entspringt die bequemste Höflichkeit des äußeren Betragens." (Werke. Hamburger Ausgabe in 14 Bdn., 16., durchges. Aufl. München 1998, Bd. 6, 397).

Vornehmheit ist im Deutschen ein nur noch wenig gebrauchter Begriff, und er ist auch nicht durch einen andern ersetzt worden. Vornehm verhält sich, wer für Leistungen, die er erbracht hat, keine Gegenleistungen, nicht einmal Dank erwartet und wer, wenn ihm von anderen Unliebsames geschieht, darauf verzichtet, sie dafür moralisch zurechtzuweisen. ‚Vornehm' (und im Englischen ‚gentle') hängt jedoch das Ständisch-Höhergestellte an, und in der Tat war und ist es in besseren Lebenslagen leichter, auf Gegenleistungen zu verzichten, als unter drückenden Verhältnissen. Es war ebenfalls KANT, der den Begriff ‚vornehm' in die Philosophie gebracht und ihn dabei vom Gebrauch für höhere Stände gelöst hat. Vornehm ist nach ihm, wer sich nicht die Mühe der Arbeit machen muss (und in der Philosophie ist dann vornehm, wer sich die kritische Arbeit mit den Begriffen nicht machen will).[46] Und es war ebenfalls NIETZSCHE, der ‚vornehm' und ‚unvornehm' „abseits von allen bestehenden Gesellschaftsordnungen", wie er für sich notierte, zu einer ethischen Leitdifferenz gemacht hat.[47] Vornehm ist in seinem Sinn, wer es nicht nötig hat, an andere moralische Ansprüche zu stellen oder im Namen einer herrschenden Moral um Achtung und Anerkennung zu kämpfen. Das aber ist nur unter der Voraussetzung denkbar, dass man seine eigenen Existenzbedingungen nicht als Last erfährt, unter ihnen nicht leidet, wie schwer sie (etwa in NIETZSCHES eigenem Fall) auch sein mögen. Und Vornehmheit wird, wie der Takt, nur dann – und dann sehr hoch – geachtet, wenn sie stillschweigend geübt wird. So erst entgeht sie jedem Verdacht, eine Gegenleistung und sei es nur Dank zu erwarten.

Die am höchsten geschätzte und seltenste Form des ethischen Entgegenkommens ist die *Güte*.[48] Sie ist die Kraft, dem anderen zu sich selbst ‚Mut zu machen', auch wo man moralisch widerstrebt, und ihm das

---

46 Kant, Von einem neuerdings erhobenen vornehmen Ton in der Philosophie, AA VIII, 390.
47 Nietzsche, Nachlass 1886/87, 5[71], KSA 12.217 (Lenzer Heide-Entwurf). Nietzsche nimmt nur in der Genealogie, in der Erschließung der *Herkunft* der Unterscheidung, Bezug auf gesellschaftliche Stände. Das wird von Winfried Schröder, dem viel an der Verteidigung der Gegenseitigkeit in der Moral liegt, in seinem Art. Vornehm, in: Historisches Wörterbuch der Philosophie, Bd. 11, Basel/Darmstadt 2001, Sp. 1194–1196, weitgehend übersehen. Zum ethischen Sinn der Unterscheidung vgl. Verf., Nietzsches ‚Genealogie der Moral', a.O., 11–25.
48 Das Historische Wörterbuch der Philosophie, Bd. 3, Basel/Darmstadt 1974, Sp. 975 f., enthält zwar einen Artikel ‚Güte' von R. Hauser. In ihm wird Güte freilich fast ausschließlich für die christliche Religion und Theologie in Anspruch genommen.

,Vertrauen zu geben', nach seinen eigenen Überzeugungen zu handeln, kurz, die Kraft zum Guten im Sinn des andern. Sie äußert sich in Ratschlägen, die andere auf Spielräume und Handlungsmöglichkeiten ihrer Situation aufmerksam machen, derer sie selbst nicht gewahr wurden,[49] und ihnen so zu einer eigenen neuen Orientierung verhelfen, und, wo sie nötig ist, auch in konkreter Hilfe für eine solche Neuorientierung. DERRIDA hat von „selbstvergessener Güte" (bonté oublieuse de soi) gesprochen.[50] Güte ist selbstvergessen, sofern sie nicht nur jeden ökonomischen und politischen Kalkül, sondern auch sich selbst als ethische Auszeichnung vergisst, nicht von sich als Güte spricht und vielleicht noch nicht einmal weiß. Güte gelingt Menschen, denen sie möglich ist, ohne merkliche Anstrengung. Sie lässt sich darum, so DERRIDA, nur noch als eine „Regung" ansprechen und wird zur Liebe, zur „Regung unendlicher Liebe" (mouvement d'amour infini).[51] *Liebe* ist als Auszeichnung der ethischen Orientierung die Bereitschaft, alle Grenzen, unter Umständen auch die des Rechts, für andere zu überschreiten und sich ganz in ihren Dienst zu stellen, sich ihnen, auch ohne Gegenliebe, ganz auszusetzen. Sie ist volles Vertrauen ohne Distanz zum andern, so aber auch keine Hilfe zu seiner Orientierung mehr.

16.4. Paradoxe Fluchtpunkte der ethischen Orientierung

Von Tugenden werden in der Ethik traditionell Güter unterschieden. Güter sind das, was als Ziel des moralischen und ethischen Handelns angestrebt wird, was man durch es erreichen will. In diesem Sinn lassen sich von den auszeichnenden Haltungen der ethischen Orientierung Güter der Moral im Umgang mit anderen Moralen unterscheiden, Güter wie Toleranz (1), Würde (2), Frieden (3), Gerechtigkeit (4). Im Umgang mit anderen Moralen kann man jedoch nichts wie einen Besitz erwerben und behalten. Man kann um Toleranz, Würde, Frieden, Gerechtigkeit nur ,ringen', nur nach ihnen ,streben'. ,Streben' bedeutete ursprünglich ,sich starr nach etwas ausstrecken', ohne dass man es schon ,greifen' kann

---

49 Vgl. Alfons Auer, Der Rat als Quelle des Ethischen. Theologisch-ethische Überlegungen, in: Fürst / Stegmaier (Hg.), Der Rat als Quelle des Ethischen, a.O., 81–106, der die theologisch begründete Güte für eine allgemeine Beratungspraxis fruchtbar gemacht hat.
50 Derrida, Donner la mort / Den Tod geben, a.O., 53/377.
51 Ebd., 54/378.

und ohne dass man es vielleicht je erreichen kann. Auch die Güter der ethischen Orientierung haben den Charakter von *Fluchtpunkten*. Sie schließen allesamt *Paradoxien* ein, über die man nicht hinausdenken kann, und ziehen eben dadurch immer neu das Denken an.[52] Als ethische nötigen sie, die Orientierung auf sie auszurichten und ihnen gerecht zu werden, auch wenn es dafür keine schlüssigen und bündigen Lösungen gibt. Sie nötigen zuletzt zu einer unbegrenzten Verantwortung (5) und zum bloßen Geben (6), von denen man noch nicht einmal sagen kann, ob es sie überhaupt gibt.[53]

(1) Toleranz. – Toleranz wird dort notwendig, wo Wohlwollen, Freundlichkeit, Takt, Vornehmheit und Güte bei andern nichts bewirken und sie sich notorisch abweichend oder feindselig verhalten. Sie ist schwer, wenn man ,sich überwinden' muss, und am schwersten, wenn sie dennoch nicht erwidert und schließlich sogar bekämpft wird, sei es aus persönlichen, sei es aus ethnischen, nationalen, politischen, religiösen oder moralischen Überzeugungen, kurz: wenn sie auf Intoleranz stößt, wenn sie Intoleranz tolerieren muss und also paradox wird. Toleranz bedeutet dann, abweichende Überzeugungen moralisch ,zurückzuweisen'

---

52 Thomas Gil, Praktische Paradoxien, Berlin 2005, führt Paradoxien des Glücks, der Freiheit, der Gleichheit und der Gerechtigkeit und der Rationalität an, versteht unter dem Paradoxen jedoch lediglich das Kontraproduktive. Danach kann in „paradoxen Handlungssituationen" „das Gegenteil des Beabsichtigten" bewirkt werden (7).

53 Luhmann, Soziologie der Moral, a.O., 62, spricht von Kontingenzformeln: „Kontingenzformeln übersetzen unbestimmbare Kontingenz, die aus zu hoher Komplexität folgt, in bestimmbare Kontingenz." Sie ermöglichen die Ausrichtung von Unterscheidungen und Bestimmungen, ohne selbst bestimmt werden zu können, ermöglichen wie „Katalysatoren" Wandlungsprozesse, ohne selbst Wandlungsprozessen zu unterliegen, und haben „Strukturierungswirkung", ohne selbst (über ihre bestehende Struktur hinaus) strukturiert zu werden. In eben diesem Sinn fungieren sie als Fluchtpunkte der Orientierung. Vgl. Luhmanns Zusammenstellung und Erläuterung von Kontingenzformeln in: Die Gesellschaft der Gesellschaft, a.O., 470, und in: Die Religion der Gesellschaft, a.O., 147–150. Für die Moral vermutete Luhmann, Soziologie der Moral, a.O., 59–63, als Kontingenzformel zunächst Freiheit. Später deutete er an, dass dieser Ansatz unter den gegenwärtigen Bedingungen nicht mehr ausreicht: Nachdem die Welt nur noch „polykontextural", in „einer unreduzierbaren Vielfalt möglicher Beschreibungen" beschrieben werden könne, sei „die damit gegebene Freiheit kaum auszuhalten, weil sie es auszuschließen scheint, in dem, was man beobachtet und beschreibt, zudem die Garantie der doch unbestreitbaren Realität des eigenen Beobachtens und Beschreibens wiederzufinden." (Ethik als Reflexionstheorie der Moral, a.O., 429).

und ethisch, in moralischer Selbstdistanzierung, dennoch ‚hinzunehmen'. Ob die Kraft zu beidem ausreicht, zeigt sich von Fall zu Fall. Die Not von Anfeindungen beirrt dann nicht das Streben, auch mit abweichenden Orientierungen in ein ‚erträgliches' Verhältnis zu kommen. Als religiöse (14.3.(7)) wurde die Toleranz in der Aufklärung mit der Achtung vor dem Gewissen des anderen und seinem moralischen ‚Recht' zu einem anderen religiösen Bekenntnis begründet. Soweit ein anderes Bekenntnis dennoch ‚nur geduldet' wurden, betrachtete KANT die Toleranz als „hochmüthig". Er würdigte die Gewährung der Religionsfreiheit durch FRIEDRICH II. VON PREUßEN ausdrücklich und öffentlich dafür, dass er „selbst den hochmüthigen Namen der *Toleranz* von sich ablehnt[e]", – und hielt zugleich fest, dass FRIEDRICH ein „wohldisciplinirtes zahlreiches Heer zum Bürgen der öffentlichen Ruhe zur Hand hat[te]". So konnte er einerseits Freiheit gewähren und andererseits Gehorsam verlangen, ein, so KANT, „befremdlicher, nicht erwarteter Gang menschlicher Dinge; so wie auch sonst, wenn man ihn im Großen betrachtet, darin fast alles paradox ist."[54] Für GOETHE war eine nur duldende Toleranz geradezu beleidigend.[55]

Eine moralische und mehr noch eine religiöse Überzeugung *muss* ausschließen, wodurch sie in Frage gestellt wird. Wer zur Zeit der Reformation aus tiefer Überzeugung Protestant wurde, konnte den römischen Papst nicht mehr tolerieren, und wer aus tiefer Überzeugung katholisch blieb, musste den Protestantismus aufs äußerste bekämpfen. Er musste es nicht nur für gerechtfertigt, sondern für gefordert halten, den andern auf jede Weise aus seinem Glaubensirrtum, für den er ihn halten musste, zu befreien. Davon abzulassen, musste ihn schwere Überwindung kosten. Er musste dann – nach seiner Überzeugung – *Untolerierbares tolerieren.* Religiös Untolerierbares zu tolerieren wurde notwendig angesichts der verheerenden europäischen Religionskriege der frühen Neuzeit; sie zwangen schließlich, die Paradoxie zu akzeptieren.[56] Im Römischen Reich, das nach heutigen Begriffen großzügige religiöse Toleranz pflegte, bedeutete ‚tolerantia' noch nicht moralische oder religiöse Toleranz,

---

54 Kant, Beantwortung der Frage: Was ist Aufklärung?, AA VIII, 40 f.
55 „Toleranz sollte eigentlich nur eine vorübergehende Gesinnung sein: sie muß zur Anerkennung führen. Dulden heißt beleidigen." (Goethe, Werke. Hamburger Ausgabe, Bd. 12, 385).
56 Vgl. Arnold Angenendt, Toleranz und Gewalt. Das Christentum zwischen Bibel und Schwert, Münster 2007.

sondern Ertragen-Können von Leiden.⁵⁷ In der christlichen Patristik stand ‚tolerantia' noch ‚patientia', der bloßen Geduld, nahe, in der Scholastik meinte man mit ‚tolerantia' noch die Duldung sündigen Verhaltens zur Vermeidung größeren Übels, und LUTHER befürwortete noch die ‚tolerantia Dei' für die Sünden der Menschen. Erst mit dem erbitterten Kampf der christlichen Konfessionen wurde die Toleranz zum existenziellen Problem, stand Überzeugung gegen Überleben, und das Überleben verlangte, aus Überzeugung andere Überzeugungen gelten zu lassen. Die Form, die diese Paradoxie schließlich fand, der moderne Rechtsstaat, ist getragen von der Überzeugung, dass jeder seinen religiösen und moralischen Überzeugungen folgen können soll und darum andere Überzeugungen anderer tolerieren muss, auch wenn er sie für ‚verkehrt' hält. Aber er zieht auch dieser Überzeugung vom Tolerieren-Müssen anderer Überzeugungen eine Grenze – gegen seine Gegner. Die Koexistenz entgegengesetzter Überzeugungen im Rechtsstaat ist inzwischen selbstverständlich geworden, und mit ihr kann der technische Sinn von ‚Toleranz' gut koexistieren, der Sinn des *bloßen Spielraums:* für eingepasste Werkstücke in der Fertigungstechnik, für hingenommene Abweichungen vom vorgeschriebenen Edelmetallgehalt im Münzwesen, für die Empfindlichkeit gegenüber Arzneimitteln und Giften in der Pharmakologie und für das Ertragen-Können von Frustrationen in der Psychologie (‚Frustrationstoleranzniveau').

NIETZSCHE hat sich mit harten Sprüchen vor allem seines Zarathustra den Ruf des Intoleranten schlechthin erworben. Doch wenn er Kritik an der „modernen Idee" der Toleranz übte,⁵⁸ meinte er die leichte, *bequeme Toleranz*, mit der „das intellectuelle Gewissen in Schlaf gesungen" wird:

> In den Angelegenheiten der *Sitte* auch einmal *wider* seine bessere Einsicht handeln; hier in der Praxis nachgeben und sich die geistige Freiheit vorbehalten; es so machen wie Alle und damit Allen eine Artigkeit und Wohlthat erweisen, zur Entschädigung gleichsam für das Abweichende unserer Meinungen: – das gilt bei vielen leidlich freigesinnten Menschen nicht nur als unbedenklich, sondern als ‚honett', ‚human', ‚tolerant', ‚nicht pedantisch', und wie die schönen Worte lauten mögen, mit denen das intellectuelle Gewissen in Schlaf gesungen wird: und so bringt Dieser sein Kind zur christlichen Taufe herzu und ist dabei Atheist, und jener thut Kriegsdienste wie alle Welt, so sehr er auch den Völkerhass verdammt, und ein Dritter

---

57 Vgl. G. Schlüter / R. Grötker, Art. Toleranz, in: Historisches Wörterbuch der Philosophie, Bd. 10, Basel/Darmstadt 1998, Sp. 1251–1262, hier 1252.
58 Nietzsche, Nachlass 1888, 16[82], KSA 13.514.

läuft mit einem Weibchen in die Kirche, weil es eine fromme Verwandtschaft hat, und macht Gelübde vor einem Priester, ohne sich zu schämen.[59]

Eine „Toleranz-Übung" dieser Art habe auch die Wissenschaft erfasst, in der es „gar kein Recht" dazu gebe. Ihre „huldreiche Gebärde" könne „eine gröbere Verunglimpfung der Wissenschaft [sein] als ein offener Hohn, welchen sich irgend ein übermüthiger Priester oder Künstler gegen sie erlaubt". Denn als tolerante laufe die Wissenschaft Gefahr, unliebsame Wahrheiten zurückzuhalten und auszubilden, trübe „jenes strenge Gewissen für Das, was wahr und wirklich ist," hindere daran, dass es „quält und martert".[60] Für schätzenswert hielt NIETZSCHE erst die ‚tiefe' Toleranz, die sich gegen den „feinen Nothstand" aufrechterhält, sich von Intoleranz in Frage stellen zu lassen. Er machte sie an einem religiös erzogenen Gelehrten deutlich, der sich von religiösen Einwänden nicht mehr beirren lässt:

> Die praktische Gleichgültigkeit gegen religiöse Dinge, in welche hinein er geboren und erzogen ist, pflegt sich bei ihm zur Behutsamkeit und Reinlichkeit zu sublimiren, welche die Berührung mit religiösen Menschen und Dingen scheut; und es kann gerade die Tiefe seiner Toleranz und Menschlichkeit sein, die ihn vor dem feinen Nothstande ausweichen heisst, welchen das Toleriren selbst mit sich bringt.[61]

Aber auch eine solche „praktische Gleichgültigkeit" und „Toleranz gegen sich selbst" hielt vor NIETZSCHES „*intellektuellem Gewissen*" nicht stand. Sie ließ ihn „Consequenz" vermissen:

> Die Toleranz gegen sich selbst gestattet mehrere Überzeugungen: diese selbst leben verträglich beisammen, – sie hüten sich, wie alle Welt heute, sich zu compromittiren. Womit compromittirt man sich heute? Wenn man Consequenz hat. Wenn man in gerader Linie geht. Wenn man weniger als fünfdeutig ist. Wenn man echt ist ...[62]

Er erwartete mehr von der Toleranz, unterschied von einer „Toleranz aus Schwäche" eine „Toleranz aus Stärke" – und fand sie bei GOETHE, für den Toleranz Anerkennung gerade des Gegnerischen, „Verbotenen" war:

> Goethe concipirte einen starken, hochgebildeten, in allen Leiblichkeiten geschickten, sich selbst im Zaume habenden, vor sich selber ehrfürchtigen Menschen, der sich den ganzen Umfang und Reichthum der Natürlichkeit zu gönnen wagen darf, der stark genug zu dieser Freiheit ist; den Menschen

---

59 Nietzsche, Morgenröthe, Nr. 149.
60 Nietzsche, Morgenröthe, Nr. 270.
61 Nietzsche, Jenseits von Gut und Böse, Nr. 58.
62 Nietzsche, Götzen-Dämmerung, Streifzüge, Nr. 18. Vgl. Der Antichrist, Nr. 1.

der Toleranz, nicht aus Schwäche, sondern aus Stärke, weil er Das, woran die durchschnittliche Natur zu Grunde gehn würde, noch zu seinem Vortheile zu brauchen weiss; den Menschen, für den es nichts Verbotenes mehr giebt, es sei denn die Schwäche, heisse sie nun Laster oder Tugend …[63]

Eine solche auszeichnende Toleranz, zu der nur wenige die Bedingungen mitbringen, nannte NIETZSCHE „*grosse Toleranz*" (14.3.(7)), und ‚groß' das, was auch noch das ihm Entgegengesetzte für sich fruchtbar machen kann. In *Der Antichrist*, seiner harten Polemik nicht gegen Christus, sondern gegen das zum Dogma verhärtete, intolerant gewordene Christen*tum* seiner Zeit, brachte er diese große Toleranz auf den Begriff einer „grossmüthigen Selbstbezwingung",[64] mit der man anderen um ihretwillen und ohne Erwartung von Gegenseitigkeit so viele Spielräume lässt, wie man eben noch ertragen kann. Man sucht dann Intoleranz nicht bei andern, sondern bei sich selbst, als Mangel an Kraft zur Toleranz.

(2) Würde. – Die Würde des Menschen ist im Rechtsstaat das höchste ethische Gut und als solches der Maßstab des Rechts.[65] Sie gewährt, wiederum in Anschluss an KANT (15.5.(3)), dem Einzelnen Spielraum für die „freie Entfaltung der Persönlichkeit" in ihrer körperlichen Unversehrtheit, ihren Meinungen und ihrem Glauben und Gewissen.[66] Sie ruft gleichwohl religiöse und weltanschauliche Auseinandersetzungen darüber hervor, was sie moralisch und, wenn es zu entsprechenden Gesetzgebungen kommt, rechtlich ein- und ausschließen soll und darf, und ist so zum Fluchtpunkt ebenso ethischer wie juristischer Debatten geworden – und dies um so mehr, je stärker ihr theologischer Hintergrund verblasste.[67] Dabei wird unvermeidlich von der Würde ‚des' Menschen, eines moralisch-rechtlich generalisierten Menschen ausgegangen. In dessen Namen können den Einzelnen dann allgemeine Bestimmungen ihrer Würde aufgenötigt werden, die sie selbst ablehnen, etwa medizinische Sterbehilfe gesetzlich versagt zu bekommen, auch wenn sie selbst sie wünschen. So, als aufgenötigte, wird auch die Würde des Menschen

---
63 Nietzsche, Götzen-Dämmerung, Streifzüge, Nr. 49.
64 Nietzsche, Der Antichrist, Nr. 38.
65 Zur systematischen Bestimmung und historischen Entfaltung des Würde-Begriffs unter rechtsphilosophischer Perspektive vgl. Enders, Die Menschenwürde in der Verfassungsordnung, a.O.
66 Grundgesetz für die Bundesrepublik Deutschland, Art. 1, 2, 4 und 5.
67 Vgl. Nietzsche, Nachlass 1887, 7[3], KSA 12.254 f.: „Das *allgemeinste Zeichen der modernen Zeit*: der Mensch hat in seinen eigenen Augen unglaublich an *Würde* eingebüßt. […] Wer Gott fahren ließ, hält um so strenger am Glauben an die Moral fest."

paradox. Denn einerseits *darf* sie als Spielraum der Selbstbestimmung des Einzelnen inhaltlich nicht allgemein bestimmt sein, sondern liegt eben darin, dass jeder selbst bestimmen kann, worin er seine Würde sehen will, soweit er dadurch nicht die Würde anderer berührt. Andererseits *muss* sie inhaltlich bestimmt werden, nämlich wo Selbstbestimmung nicht möglich ist, vor der Geburt und bei Unfähigkeit, den eigenen Willen zu äußern. Ob aber auch schon Embryonen und noch Hirntoten Würde und damit Unantastbarkeit zugesprochen werden soll, ist so heillos umstritten, dass es sich offensichtlich nicht für alle hinreichend begründen lässt und darum von Parlamenten und in Zweifelsfällen von Gerichten *entschieden* werden muss.

(3) Frieden. – Erste Bedingung eines gedeihlichen Zusammenlebens von Menschen ist heute der Frieden.[68] Sein Spektrum reicht vom ‚persönlichen Frieden' oder dem ‚Frieden mit sich selbst', der auch mit anderen leichter auskommen lässt, über den ‚politischen Frieden' zwischen Parteien und dem ‚sozialen Frieden' in einer Gesellschaft bis zum ‚ewigen Frieden' in einer weltweiten Rechtsgemeinschaft. In der Weltgesellschaft bedeutet Frieden zuerst Freiheit vom Krieg. In diesem Sinn ist auch Frieden im gegenwärtigen Europa zu einem unantastbaren ethischen Gut geworden. Aber auch er kann für die ethische Orientierung nur ein Fluchtpunkt sein und ist ebenfalls nur paradox zu denken. Denn wenn er durch Krieg bedroht ist, muss er durch Krieg verteidigt werden, und als Notwehr und zur Verhinderung von Kriegen und Völkermorden ist er auch weiterhin gerechtfertigt worden. Die äußerste ethische Konsequenz daraus hat wieder NIETZSCHE gezogen, der auch als bedenkenloser Befürworter des Krieges gilt.[69] KANT hatte in seiner Schrift *Zum ewigen Frieden* davor gewarnt, stehende Heere zu unterhalten, weil sie Kriege nicht nur verhindern, sondern auch provozieren könnten, und dennoch eingeräumt, dass Staatsbürger sich in Waffen üben, um zur Notwehr gegen Angriffe auf ihr Vaterland fähig zu sein.[70] NIETZSCHE antwortete

---

68 Vgl. zum Folgenden Verf., Zum zeitlichen Frieden, in: Alfred Hirsch / Pascal Delhom (Hg.), Denkwege des Friedens. Aporien und Perspektiven, Freiburg/München 2007, 70–86.
69 So hat ihn etwa Volker Gerhardt, Immanuel Kants Entwurf ‚Zum ewigen Frieden'. Eine Theorie der Politik, Darmstadt 1995, 66, einer „erbärmlichen Begeisterung für den Krieg" geziehen.
70 Kant, Zum ewigen Frieden. Ein philosophischer Entwurf (1795), AA VIII, 345: „Stehende Heere (miles perpetuus) sollen mit der Zeit ganz aufhören.' Denn sie bedrohen andere Staaten unaufhörlich mit Krieg durch die Bereitschaft, immer dazu gerüstet zu erscheinen; reizen diese an, sich einander in Menge der Ge-

16.4. Paradoxe Fluchtpunkte der ethischen Orientierung

darauf, dass „jene Moral, welche die Nothwehr billigt," dem Nachbarn eben die „Eroberungsgelüste" unterstellt, die man für sich selbst leugnet. Eben dies sei „eine *Inhumanität*, so schlimm und schlimmer als der Krieg: ja, im Grunde ist sie schon die Aufforderung und Ursache zu Kriegen". Statt dessen könne nur der „Frieden der Gesinnung" das „Mittel zum *wirklichen* Frieden" sein. Diese Gesinnung aber verlange nichts weniger, als dass gerade der Stärkste, zum Krieg Fähigste, *„sich wehrlos mach[t]"* und dafür in Kauf nimmt zugrundezugehen. Schwöre er „der Lehre von dem Heer als einem Mittel der Nothwehr" „ebenso gründlich ab", wie er eigene „Eroberungsgelüste" von sich weise, dann komme

> vielleicht ein grosser Tag, an welchem ein Volk, durch Kriege und Siege, durch die höchste Ausbildung der militärischen Ordnung und Intelligenz ausgezeichnet, und gewöhnt, diesen Dingen die schwersten Opfer zu bringen, freiwillig ausruft: ,*wir zerbrechen das Schwert*' – und sein gesammtes Heerwesen bis in seine letzten Fundamente zertrümmert. *Sich wehrlos machen, während man der Wehrhafteste war*, aus einer *Höhe* der Empfindung heraus, – das ist das Mittel zum *wirklichen* Frieden, welcher immer auf einem Frieden der Gesinnung ruhen muss.

Dabei muss man dann aber auch die Konsequenz in Betracht ziehen, für seine Friedensgesinnung zugrundezugehen. Doch, so NIETZSCHE,

> lieber zu Grunde gehen als hassen und fürchten, und *zweimal lieber zu Grunde gehen, als sich hassen und fürchten machen* , – diess muss einmal auch die oberste Maxime jeder einzelnen staatlichen Gesellschaft werden![71]

Soweit sie die Gefahr des eigenen Untergangs mit sich bringt, erregt die ethische Herausforderung des Friedens Angst, und so wird sie, mehr oder weniger, abgewehrt. Es kommt dann zu einer paradoxen Koexistenz von Krieg und Frieden in einem Spektrum, das vom ‚Unfrieden', der eben im Streit darüber entstehen kann, wie man am ehesten ‚friedlich miteinander

---

rüsteten, die keine Grenzen kennt, zu übertreffen, und indem durch die darauf verwandten Kosten der Friede endlich noch drückender wird als ein kurzer Krieg, so sind sie selbst Ursache von Angriffskriegen, um diese Last loszuwerden". Aber er fügte dann doch hinzu: „Ganz anders ist es mit der freiwilligen periodisch vorgenommenen Übung der Staatsbürger in Waffen bewandt, sich und ihr Vaterland dadurch gegen Angriffe von außen zu sichern."

71 Nietzsche, Menschliches, Allzumenschliches II, Der Wanderer und sein Schatten, Nr. 284. Er berief sich dabei zuletzt auf Hölderlin und dessen „Wo aber Gefahr ist, wächst / Das Rettende auch" (Friedrich Hölderlin, Patmos, in: F.H., Sämtliche Werke, hg. v. Friedrich Beißner, Frankfurt am Main 1965, 357.): „Vielmehr: erst wenn diese Art Noth [sc. der Wehrlosigkeit] am grössten ist, wird auch die Art Gott am nächsten sein, die hier allein helfen kann."

auskommen' kann, bis zum (glücklicherweise nun historischen) ‚Kalten Krieg' reicht, dem drohenden Vernichtungskrieg unter Weltmächten durch Atom-Waffen, der dem Zweiten Weltkrieg folgte und nur deshalb nicht ausbrach, weil er unvermeidlich beide Seiten vernichtet hätte.[72] Im alltäglichen Sprachgebrauch hat sich die paradoxe Koexistenz in graduellen Unterscheidungen niedergeschlagen wie ‚Streit', ‚Konflikt' und ‚Krieg', die auch positive Wertungen des Unfriedens ermöglichen, etwa die ‚Konfliktfähigkeit' in politischen und sozialen Auseinandersetzungen (der dann der Unwert ‚Konfliktscheu' gegenübersteht) oder die ‚Streitbarkeit' in wissenschaftlichen Argumentationen (im Gegensatz dann zu ‚Kritiklosigkeit').[73] Die Grade des Unfriedens können dann wiederum metaphorisch wiederverwendet werden, sowohl bestärkend, etwa als ‚Handelskrieg' und ‚Ehekrieg', ‚Krieg' oder ‚Kampf' gegen die Armut, als auch abschwächend, wie in ‚militärischer Konflikt' oder ‚Parteienstreit'. Ein ‚Scheidungskrieg' kann dann schlimmer aussehen als ein ‚Waffengang' unter Staaten.

(4) Gerechtigkeit. – Außer dem Frieden ist die Gerechtigkeit eine Grundbedingung eines gedeihlichen Zusammenlebens von Menschen, und wie die Würde ist sie Fluchtpunkt sowohl der rechtlichen wie der ethischen Orientierung. Recht und Ethik knüpfen in ihr aneinander an. Die Paradoxie der Gerechtigkeit des Rechts ist klassisch: nach dem Recht müssen ungleiche Fälle gleich behandelt werden, und damit kann das Recht, *weil* es allen Fällen gerecht werden muss, keinem gerecht werden. Die Paradoxie wird von Richtern ausgetragen, die im Spielraum der Gesetze individuell entscheiden müssen, was in individuellen Fällen als gerecht gelten soll; DERRIDA hat darum von „aporetischen Erfahrungen" mit der juridischen Gerechtigkeit gesprochen (13.5.).[74] Die Paradoxie der Gerechtigkeit tritt ebenso in der Ethik auf: auch allgemeine moralische Normen können dem individuellen Andern in seiner individuellen Situation nicht gerecht werden. Doch hier verschärft sich die Aporie noch. Denn ethisch hat man nicht die Befugnis, über andere zu richten, und soll ihnen doch gerecht werden. Auch hier hat NIETZSCHE die äußersten

---

72 Dolf Sternberger, Die Politik und der Friede, Frankfurt am Main 1991, 11 ff., hat ihn darum „Unfriede" genannt. Den Hinweis verdanke ich Alfred Hirsch.
73 Dieter Senghaas, Zum irdischen Frieden. Erkenntnisse und Vermutungen, Frankfurt am Main 2004, hat so die Programmatik eines „konstruktiven Pazifismus" als „Kultur konstruktiver Konfliktbearbeitung" vorgetragen (27, 36). Die Definition des Friedens lautet dann „dauerhafte Zivilisierung des Konflikts" (67).
74 Derrida, Force de loi / Gesetzeskraft, a.O., 37/33.

16.4. Paradoxe Fluchtpunkte der ethischen Orientierung

ethischen Konsequenzen gezogen. Er ließ seinen Zarathustra fragen: „wo findet sich die Gerechtigkeit, welche Liebe mit sehenden Augen ist?"[75] *Gerechtigkeit als Liebe mit sehenden Augen* ist gegen die „kalte Gerechtigkeit" gerichtet, in deren Namen nur nach allgemeinen Normen, moralischen und rechtlichen, ‚gerichtet' wird. Als *Liebe* maßt sie sich nicht an, über andere zu richten, weder nach rechtlichen noch nach moralischen Maßstäben, sondern versucht in vollkommener Unbefangenheit dem andern Individuum gerecht zu werden. LEVINAS hat das wieder aufgenommen: „Die Liebe muß immer über die Gerechtigkeit wachen."[76] Als Liebe *mit sehenden Augen* muss sie andere dennoch in ihren Ungerechtigkeiten, rechtlichen und moralischen, klar ‚sehen' und beurteilen können – um dann *trennen* zu können, was rechtlich *und* moralisch oder rechtlich *oder* moralisch oder *weder* rechtlich *noch* moralisch zu richten ist. Eine rechtliche Verurteilung berechtigt ethisch niemand, weder den Richter noch Dritte, zugleich zu einer moralischen Verurteilung. In schweren Fällen fällt hier die Zurückhaltung schwer, und Gerechtigkeit als Liebe mit sehenden Augen lässt sich, so NIETZSCHES Zarathustra, nicht „finden", es gibt kein allgemeines Kriterium für sie. Man muss sie statt dessen für jeden neuen Fall neu „erfinden" – paradox: „So erfindet mir doch die Gerechtigkeit, die Jeden freispricht, ausgenommen den Richtenden!" Liebende Gerechtigkeit wäre, auch wenn oder eben weil sie kein allgemeines Kriterium haben kann, ethisch für alle gleichermaßen wünschbar. Sie bedarf zu ihrer immer neuen ‚Erfindung', so NIETZSCHE, der „Genialität":

> Es giebt freilich auch eine ganz andere Gattung der Genialität, die der Gerechtigkeit; und ich kann mich durchaus nicht entschliessen, dieselbe niedriger zu schätzen, als irgend eine philosophische, politische oder künstlerische Genialität. Ihre Art ist es, mit herzlichem Unwillen Allem aus dem Wege zu gehen, was das Urtheil über die Dinge blendet und verwirrt; sie ist folglich eine *Gegnerin der Ueberzeugungen*, denn sie will Jedem, sei es ein Belebtes oder Todtes, Wirkliches oder Gedachtes, das Seine geben – und dazu muss sie es rein erkennen; sie stellt daher jedes Ding in das beste Licht und geht um dasselbe mit sorgsamem Auge herum. Zuletzt wird sie selbst

---

75 Nietzsche, Also sprach Zarathustra I, Vom Biß der Natter, KSA 4.87–89.
76 Emmanuel Levinas, Philosophie, Justice et Amour, deutsch: Philosophie, Gerechtigkeit und Liebe. Ein Gespräch mit R. Fornet und A. Gomez am 3. und 8. Oktober 1982, in: E.L., Entre nous. Essais sur le penser-à-l'autre, Paris 1991, 113–131, deutsch: Philosophie, Gerechtigkeit und Liebe, in: E.L., Zwischen uns. Versuche über das Denken an den Anderen, aus dem Frz. übers. v. Frank Miething, München 1995, 132–153, hier 118/137.

ihrer Gegnerin, der blinden oder kurzsichtigen ‚Ueberzeugung' [...], geben was der Ueberzeugung ist – um der Wahrheit willen.[77]

(5) Unbegrenzte Verantwortung. – Eine Liebe mit sehenden Augen, wie NIETZSCHE sie dachte, würde jedem eine unbegrenzte Verantwortung für alle andern aufbürden. Unbegrenzt wird die Verantwortung mit der moralischen Nötigung, andern nicht nur Hilfe und Schutz in der Not zu gewähren (15.1.), und, wenn die Not sie hilflos macht, auch Verantwortung für sie zu übernehmen (15.4.), sondern ihnen auch über akute Nöte hinaus gerecht zu werden. Man kann wohl die Selbsterhaltung als Grenze der Verantwortung für andere setzen, die Verantwortung ‚verteilen' und zur gegenseitigen Entlastung ‚Zuständigkeiten' der Verantwortlichkeit abgrenzen (z. B. dem geschiedenen Partner das Sorgerecht für die Erziehung der gemeinsamen Kinder überlassen). Aber auch für solche Grenzziehungen und Entlastungen bleibt man noch ethisch verantwortlich (wie wird es den Kindern in der neuen Ehe des Partners ergehen?). Ernst genommene ethische Verantwortung hat keine festen Anhaltspunkte, um sich selbst zu begrenzen. Sie ist im extremsten ethischen Satz zum Ausdruck gebracht, der wohl je ausgesprochen wurde, dem Satz, den DOSTOJEWSKI in seinem Roman *Die Brüder Karamasow*[78] dem noch jungen, auf den Tod erkrankten älteren Bruder des späteren Staretz Sossima in den Mund legte: er sagt ihn zu seiner Mutter, die erstaunt und überrascht ist, ihn von ihm zu hören, und darüber zugleich weint und lächelt; der Staretz Sossima berichtet von ihm in seinen Aufzeichnungen vom Sterben des Bruders, Aljoscha Karamasow, der Schüler des Staretz und allein unschuldige unter den drei Brüdern, gibt diese Aufzeichnungen heraus, und DOSTOJEWSKI schließlich gibt vor, sie in seinen Roman voll schwerer Leiden und schwerster Verantwortungen einzurücken. So lässt er den Satz von weither über viele Vermittlungen in den Roman kommen – denn niemand, der sich unmittelbar zu ihm bekennen würde, würde er wohl ‚abgenommen':

> Ein jeder von uns ist vor allen an allem schuldig, für alles verantwortlich, ich aber bin es mehr als alle anderen.

---

77 Nietzsche, Menschliches, Allzumenschliches I, Nr. 636.
78 Fjodor M. Dostojewski, Die Brüder Karamasow. Roman (II. Teil, 6. Buch, 2. Kap.), aus dem Russ. übers. von E. K. Rahsin, München 1906, Neudruck München 1985, 471 / von Karl Nötzel, Leipzig 1921, Neudruck Frankfurt am Main 1986, 495.

16.4. Paradoxe Fluchtpunkte der ethischen Orientierung

LEVINAS hat diesen Satz mehrfach zitiert und ausgelegt.[79] Danach kann man nicht nur unversehens für jeden der Nächste werden und dann jeweils ‚mehr als alle andern', und man kann dabei nicht nur dafür verantwortlich werden, was andere *betrifft*, sondern auch dafür, was sie *tun* und was *nicht tun*, und zuletzt dafür, was ‚aus ihnen geworden ist' und was sie nun *sind*. Und je mehr man sich auf jemand einlässt, desto mehr wächst die Verantwortung für ihn: „*Das Unendliche der Verantwortung (L'infini de la responsabilité) bedeutet nicht ihre aktuelle Unermeßlichkeit (immensité actuelle), sondern ein Anwachsen der Verantwortung in dem Maße, in dem sie übernommen wird*; die Pflichten erweitern sich in dem Maße, in dem sie erfüllt werden."[80] Das ethische Bewusstsein wird dadurch ins Extrem einer „absoluten Wachsamkeit" (absolue vigilance) getrieben.[81] Sie ist nicht, darüber sind sich ebenso DOSTOJEWSKI wie LEVINAS im klaren, ohne Entlastung zu ertragen. Doch ihre Unerträglichkeit hebt die moralische Nötigung zu ihr nicht auf. Sie bleibt spürbar, selbst wenn man einander gegenseitig Begrenzung und Entlastung zusichert: in der alltäglichen Bedrückung, die jede Nachricht von Leid, Gewalt und Mord, von wo immer sie kommen, auf Menschen, wo immer sie leben, ausübt, und in der verstörenden Regung, dass nichts davon einen ‚nichts angeht', dass man, welches Leid auch immer geschieht, wen es auch betrifft, von wem es auch ausgeht, vielleicht hätte, direkt oder indirekt, zu verhindern oder doch zu lindern hätte helfen können. Die in ihrer Reichweite unbegrenzte Nötigung trifft alle, besonders aber Politiker, denen das ‚ich bin für alles verantwortlich und mehr als alle anderen' gerne als ‚du bist mehr als alle für alles verantwortlich' aufgenötigt wird (13.4.(7)). Mögen ‚andere Sorgen', die sie und alle übrigen haben, die Nötigung noch so dämpfen, ihre Regung ist nur vom DOSTOJEWSKISCHEN Extrem der Verantwortung jedes Einzelnen für alles andere und alle andern her verständlich, die man immer nur ‚mit schlechtem Gewissen' für sich selbst einschränken und an andere abgeben kann. LEVINAS hat sie durch eine schlichte ethische Erfahrung plausibel gemacht: dass man wohl das eigene Leid rechtfertigen und gutheißen,

---

79 Vgl. Verf., Levinas, a.O., 161–171. – Elisabeth Ströker, Ich und die anderen. Die Frage der Mitverantwortung, Frankfurt am Main 1984, dringt bis zu Dostojewskis Satz vor, wenn sie die „Übernahme fremder Schuld" die „höchste Form der Mitverantwortung" nennt, „die überhaupt getragen, bejaht und durchlitten werden kann" (41). Heidbrink, Kritik der Verantwortung, a.O., erwägt und erwähnt ihn nicht.
80 Levinas, Totalité et Infini / Totalität und Unendlichkeit, a.O., 222/360.
81 Levinas, L'au-delà du verset / Jenseits des Buchstabens, a.O., 64/68.

ihm einen Sinn geben kann, etwa als Sühne für eigene Verfehlungen, aber niemals das Leid eines andern:

> die Rechtfertigung des Schmerzes des Nächsten ist mit Gewissheit die Quelle aller Unmoral.[82]

Die Erfahrung lässt sich, so LEVINAS, „zu einem höchsten ethischen Prinzip (suprême principe éthique) erheben – dem einzigen, das zu bestreiten nicht möglich ist", und es kann „die Hoffnungen und Tätigkeiten großer menschlicher Gruppen regieren."[83] Die „Verantwortung für Verfehlungen, die man nicht begangen hat, Verantwortung für die anderen",[84] ist der Fluchtpunkt, von dem her sich die Humanität oder die Menschlichkeit des Menschen überhaupt bestimmt:

> Außerordentliche Würde (Dignité extraordinaire). Unbegrenzte Verantwortung (Responsabilité illimitée) ... Der Mensch gehört nicht zu einer Gesellschaft, die ihren Mitgliedern eine begrenzte Verantwortung (responsabilité limitée) überträgt. Er ist Mitglied einer Gesellschaft mit unbegrenzter Verantwortung (membre d'une société à responsabilité illimitée).[85]

(6) Gabe. – Das Ethische als einseitiger Verzicht auf Gegenseitigkeit ist schließlich unter einem ganz einfachen Begriff zu fassen, dem Begriff der Gabe ohne Erwartung einer Gegengabe. Gabe ohne Gegengabe gilt in der alltäglichen ethischen Orientierung als etwas fraglos Gutes. Sie kommt beim Gebenden aus Vornehmheit und wird beim Empfangenden als Güte erfahren (16.3.). Sie kann dem Gebenden schwer, zum Opfer werden, und das größte Opfer kann das Leben des Gebenden sein. Das Opfer seiner selbst für das Gute, für das jemand eintritt, wurde im Sterben einerseits des SOKRATES, andererseits CHRISTI zu den nachhaltigsten Anhaltspunkten der europäischen ethischen Orientierung.

Die Sprache der alltäglichen Orientierung hat auch das Wortfeld der Gabe und des Gebens fein differenziert, und vielfach scheint der Verzicht

---

82 Emmanuel Levinas, La souffrance inutile (1982), in: E.L., Entre nous. Essais sur le penser-à-l'autre, Paris 1991, 100–112, deutsch: Das sinnlose Leiden, in: E.L., Zwischen uns. Versuche über das Denken an den Anderen, aus dem Frz. übers. v. Frank Miething, München 1995, 117–131, hier 109/126.
83 Ebd. 104/121. – Levinas hat, wie er schrieb, den Aufsatz, der zu seinen eindringlichsten gehört, „am Ausgang eines Jahrhunderts von namenlosen Leiden" verfasst. Er führt ihn wiederum auf den Begriff der Nicht-In-Differenz hinaus (16.2.).
84 Levinas, Quatres lectures talmudiques / Vier Talmud-Lesungen, a.O., 182/159.
85 Emmanuel Levinas, Du sacré au saint. Cinq nouvelles lectures talmudiques, Paris 1977, 136–139, deutsch: Vom Sakralen zum Heiligen. Fünf neue Talmud-Lesungen, übers. v. Frank Miething, Frankfurt am Main 1998, 134–137.

16.4. Paradoxe Fluchtpunkte der ethischen Orientierung 621

auf Gegengabe noch durch. So kann man jemand ‚das Leben geben' (oder ‚schenken') und ihm später ‚Raum' und ‚Zeit geben' für seine Unternehmungen; man kann auf jemand ‚Acht geben', ihm ‚Zeichen geben', etwas ‚zu verstehen' oder ‚zu erkennen geben' und ‚sich zu erkennen geben'; früher ‚gab' man Briefe (daher das ‚Datum': ‚gegeben am …'), die Antwort erhalten können, aber nicht müssen; man ‚gab' Schriften ‚ans Licht'; jetzt ‚gibt' man sie auf einem Markt ‚heraus', der offen lässt, ob und wie sie beachtet werden, ‚gibt' Theater- oder Musikstücke, die vom Publikum ‚angenommen' werden oder nicht; man kann jemand etwas ‚auf den Weg geben', ‚einen Rat, ein Versprechen geben', ‚Almosen geben', etwas ‚abgeben', ‚sich mit jemand abgeben', ‚sich geben', freundlich oder abweisend, aufgeschlossen oder verschlossen, ‚sich Mühe geben', ‚sich die Ehre geben', ‚Zeugnis, Unterricht, Anweisungen, Befehle, Gesetze geben', für die kein Dank zu erwarten ist; man kann ‚seine Stimme, seine Einwilligung, seinen Segen geben', ohne selbst dabei zu gewinnen; das Argument eines andern ‚zugeben', also mehr als das eigene gelten lassen; in einem Streit ‚nachgeben', ihn durch einseitigen Verzicht beilegen; jemand unparteisch ‚Recht oder Unrecht geben' und schließlich eine Schuld ‚vergeben'. Das schlichte ‚es gibt etwas' (statt ‚es ist da etwas', ‚es kommt vor') verweist auf einen Gebenden, der nicht (es sei denn religiös) zu identifizieren ist; eine Rechnung oder Planung ‚ergibt' etwas, und übersieht man die Verläufe nicht, sagt man ‚es hat sich so ergeben'; erwartet man, dass eine Beunruhigung, eine Störung, ‚von selbst' verschwindet, kann man in manchen Landstrichen sagen, ‚es wird sich schon wieder geben'. Im Substantiv ‚Gabe' und seinen Komposita kommt das ethische Pathos deutlich zum Ausdruck, etwa in ‚Gaben Gottes', ‚Gaben der Natur' und ‚Begabung', in der ‚Freigabe', mit der man anderen etwas zum Gebrauch überlässt (z.B. ein Archiv bisher geheime Akten), der ‚Übergabe', mit der man anderen etwas anvertraut (z.B. Kriegsgefangene), der ‚Aufgabe', für die man Verantwortung übernimmt, und schließlich der ‚Hingabe', mit der man ‚sich' über der Erfüllung der Aufgabe und schließlich in der Liebe ‚vergessen' kann.

Die Gabe ohne Gegengabe ist auch das ethische Grundthema von NIETZSCHES *Also sprach Zarathustra*.[86] NIETZSCHE entwarf sie als *Geben-Müssen*, als Abgeben-Müssen vom ‚Überfluss' der ‚Weisheit', mit dem Zarathustra nicht mehr an sich halten kann. Er ließ ihn sich mit der Sonne vergleichen und zum Auftakt zur ihr sagen: „Du grosses Gestirn!

---

86 Vgl. Gary Shapiro, Alcyone. Nietzsche on Gifts, Noise, and Women, Albany 1991, 13–51, und Derrida, Politik[en] der Freundschaft, a.O., 378–383.

Was wäre dein Glück, wenn du nicht Die hättest, welchen du leuchtest! – […] wir warteten deiner an jedem Morgen, nahmen dir deinen Überfluss ab und segneten dich dafür. – Siehe! Ich bin meiner Weisheit überdrüssig, wie die Biene, die des Honigs zu viel gesammelt hat, ich bedarf der Hände, die sich ausstrecken." Das Geben als Geben-Müssen nimmt den Nehmenden auch noch die Verpflichtung zum Dank. Sie werden, weil sie den Gebenden erst die Gelegenheit zur Gabe geben, statt dessen selbst zu Gebenden. So wird aus dem ‚Geben und Nehmen' ein ‚Geben und Geben' oder könnte es doch werden; NIETZSCHE ließ seinen Zarathustra freilich niemand finden, der ihm seinen Überfluss hätte abnehmen können – und damit auch nicht seine berühmten ‚Lehren', die im Gang des Werkes von niemand in seinem Sinn verstanden werden.[87]

Eine Gabe muss nichts sein, was man zu einem Anlass als Geschenk aushändigt. Bei Menschen kann schon ihre bloße Gegenwart eine Gabe sein (und an ihrem Geburtstag ‚gratuliert' man ihnen eben dazu, dass es sie gibt); sie wird zum Glück, wenn man ‚sich gut an ihnen orientieren' und ‚völlig auf sie verlassen' kann. Dagegen können Gaben, wenn sie ausdrücklich *als* Gaben gegeben werden, beschämen und demütigen.[88] Der Gebende wird sie darum aus Takt tunlichst ‚herunterspielen' und aus Vornehmheit so geben, dass sie möglichst nicht bemerkt werden. Kommt die Gabe aus ‚selbstvergessener Güte' (16.3.), ist sie dem Gebenden auch selbst nicht bewusst. Damit aber wird, wie DERRIDA vielfach dargelegt hat,[89] auch die Gabe paradox: Eine Gabe, auf die der Gebende stolz,

---

87 Vgl. Verf., Anti-Lehren. Szene und Lehre in Friedrich Nietzsches *Also sprach Zarathustra*, in: Volker Gerhardt (Hg.), Klassiker auslegen: Friedrich Nietzsche, *Also sprach Zarathustra*, Berlin 2000, 191–224.

88 So heißt es im Evangelium (Mt 6,3): „Wenn du Almosen gibst, soll deine Linke nicht wissen, was deine Rechte tut." Und zuvor (Mt 6,2): „Wenn du Almosen gibst, laß es nicht vor dir herposaunen, wie es die Heuchler in den Synagogen und auf den Gassen tun, um von den Leuten gelobt zu werden. Amen, das sage ich euch: Sie haben ihren Lohn bereits erhalten." Und anschließend (Mt 6,4): „Dein Almosen soll verborgen bleiben, und dein Vater, der auch das Verborgene sieht, wird es dir vergelten." – Zur „Scham des Schenkenden" vgl. Nietzsche Morgenröthe, Nr. 464, Also sprach Zarathustra, passim, Jenseits von Gut und Böse, Nr. 40 u. ö., zur Demütigung durch Geben Avishai Margalit, The Decent Society, Cambridge/Mass. 1996, deutsch: Politik der Würde. Über Achtung und Verachtung, Berlin 1997.

89 Auf Anregungen Heideggers und Levinas' einerseits und Marcel Mauss' *Essai sur le don* von 1923/24 (deutsch: Die Gabe. Form und Funktion des Austauschs in archaischen Gesellschaften, übers. v. Eva Moldenhauer, Frankfurt am Main 1990) andererseits hin hat Derrida die Gabe ins Zentrum seines Denkens des Ethischen gestellt und sie mit wachsender Intensität als Fluchtpunkt des Ethi-

16.4. Paradoxe Fluchtpunkte der ethischen Orientierung

deren er sich auch nur als Gabe *bewusst* ist, wäre schon keine ethische Gabe im strengen Sinn mehr; denn in seinem stolzen Bewusstsein hat er dann schon eine Gegengabe. Eine Gabe aber, deren man sich nicht bewusst ist, kann ebensowenig eine Gabe sein. So ist sie weder als bewusste noch als nicht bewusste eine Gabe. Es gibt sie und gibt sie zugleich nicht, es gibt sie nur paradox. Gabe, „wenn es sie gibt", wie DERRIDA darum unermüdlich hinzufügte,[90] kann es nur geben in dem „knappen Spielraum zwischen dem Unmöglichen und dem Denkbaren". Sie ist, resumierte er, *„ohne Vernunft"*:

> sie muss ohne Vernunft sein und sie hat ohne Vernunft zu sein, ohne warum und ohne Grund (sans raison, sans pourquoi et sans fondement). Die Gabe, wenn es sie denn gibt (s'il y en a), geht nicht einmal aus einer praktischen Vernunft hervor. Sie sollte der Moral, dem Willen, vielleicht auch der Freiheit fremd bleiben, zumindest derjenigen Freiheit, die man mit dem Willen des Subjekts verbindet. Sie sollte dem Gesetz und dem ‚Man muss' (il faut) dieser praktischen Vernunft fremd bleiben. Sie *sollte* das *Sollen* selbst hinter sich lassen, als Sollen jenseits des Sollens.[91]

Statt dessen hat es die ethische Gabe wieder mit der Zeit zu tun. Das wird deutlich beim *Vergeben.* Wer vergibt, verzichtet darauf, auf die Schuld eines andern ‚zurückzukommen' und Forderungen aus ihr abzuleiten (15.4.(2)). Er lässt ihm damit, ohne weitere Vorbedingungen, Zeit für neue Anfänge, gibt ihm eine neue Zukunft in ihrem Verhältnis.[92] Geben

---

schen erschlossen. Vgl. Philosophie und Literatur. Ein Gespräch mit Jacques Derrida (1990), in: Arne Ackermann, Harry Raiser, Dirk Uffelmann (Hg.), Orte des Denkens. Neue russische Philosophie, Wien 1995, 189: „Im Zentrum meiner Arbeit der letzten zehn oder fünfzehn Jahre steht die Struktur ‚Gabe-Gift.'" Vgl. v. a. Jacques Derrida, La pharmacie de Platon (1968), in: J.D., La dissémination, Paris 1972, 69–198 (Taschenbuchausgabe Reihe Essais, 77–213), deutsch: Platons Pharmazie, übers. v. Hans-Dieter Gondek, in: J.D., Dissemination, Wien: 1995, 69–190; Donner le temps 1: La fausse monnaie / Falschgeld. Zeit geben I, a.O., und: Donner la mort / Den Tod geben, a.O.

90 Vgl. z. B. Derrida, Falschgeld, a.O., 16, 200 u. ö.
91 Ebd., 20, 200.
92 Vgl. Hegels Analyse der moralischen Kommunikation. Sie führt dialektisch zum Verzeihen, das nach Hegel im „Eingeständnis" liegt, dass der „böse" ist, der auf seiner – für den andern unbeobachtbaren – Moralität besteht (Hegel, Phänomenologie des Geistes, Abschnitt „Das Gewissen. Die schöne Seele, das Böse und seine Verzeihung, ThWA, 3.464–494, bes. 490: „Ich bin's"). S. dazu Thomas Macho, Fragment über die Verzeihung, in: Zeitmitschrift. Journal für Ästhetik, 1988/4, Düsseldorf 1988, 135–145, und Klaus-Michael Kodalle, Annäherungen an eine Theorie des Verzeihens (Akademie der Wissenschaften und der Literatur, Abjandlungen der Geistes- und sozialwissenschaftlichen Klasse, Jg. 2006, Nr. 8), Mainz/Stuttgart 2006. – Zur Vergebung und Verzeihung bei

heißt dann einfach *Zeit geben*.⁹³ Verzeihen als Zeit-Geben, als Kraft, andern auch noch nach Enttäuschungen und Verletzungen neue Spielräume zu lassen, wird alltäglich geübt. Aber es bleibt paradox wie die Toleranz, die Würde, der Frieden, die Gerechtigkeit, die Verantwortung: auch Verzeihung ist nur dort schwer und verdienstvoll, wo es um Unverzeihliches geht; Verzeihen, wenn es nicht einfach Vergessen ist, kann man nur Unverzeihliches.⁹⁴

Die Paradoxie der Gabe ergibt sich in der Perspektive des Gebenden. In der Perspektive dessen, der sie empfängt, verschwindet sie. Wenn eine Gabe für den Gebenden weder bewusst noch unbewusst, weder merklich noch unmerklich sein kann, so kann sie ein anderer doch *als* Gabe erfahren. So hängt, ob etwas ethisch gut ist, zuletzt von dem ab, dem es ‚zugutekommt'; er allein kann darüber urteilen. Und wer den ‚Genuss' einer Gabe erfährt, kann auf sie aufmerksam machen, sie würdigen und dafür Dank sagen oder sich zu einer Gegengabe entschließen – oder nicht. Als Gabe verliert das Ethische zuletzt den Charakter der Nötigung,

---

Derrida vgl. v. a.: Leçon: Avouer – l'impossible: ‚retours', repentir et réconciliation, a.O., 181–216, bes. 206 ff. – Margalit, Vergeben und Vergessen, a.O., entwickelt das Problem des Vergebens von der Hebräischen Bibel her. Danach kann man kein Vergehen ungeschehen machen, und wer es vergibt, trägt die Verantwortung an ihm mit (484). An dem, der vergibt, bleiben Spuren des Unrechts (496 f.). Auf diese Weise nimmt auch, wer vergibt, Schuld auf sich, die Schuld wird geteilt. Margalit besteht jedoch zuletzt auch hier auf Gegenseitigkeit (498). Der Unterschied von Gabe und Vergebung zum ökonomischen Güteraustausch sei dann, dass sie nicht den eigenen Nutzen mehrten, sondern soziale Bindungen stärkten.

93 Zur Diskussion der pragmatischen Unmöglichkeit und ethischen Möglichkeit des Zeit-Gebens vgl. Hans-Dieter Gondek, Zeit und Gabe, in: H.-D. G. / Bernhard Waldenfels (Hg.), Einsätze des Denkens. Zur Philosophie von Jacques Derrida, Frankfurt am Main 1997, 183–225, und Philipp Stoellger (Hg.), Zeit Geben. Hans Weder zum 60. Geburtstag, Hermeneutische Blätter 1/2, Zürich 2006.

94 Vgl. Derrida, Leçon: Avouer – l'impossible, a.O., 210–213, und Klaus-Michael Kodalle, Verzeihung des Unverzeihlichen. Mut zur Paradoxie bei Ricœur, Derrida und Løgstrup, in: Die Normativität des Wirklichen. Festschrift für Robert Spaemann, Stuttgart 2002, 414–438. Diese Paradoxie gab Vladimir Jankélévitch das gleiche Recht, das Unverzeihliche, nämlich das Unverzeihliche des deutschen Hitlerismus, *nicht* zu verzeihen. Vgl. Vladimir Jankélévitch, Das Verzeihen. Essays zur Moral und Kulturphilosophie (1967), hg. v. Ralf Konersmann, aus dem Frz. übers. v. Claudia Brede-Konersmann. Mit einem Vorwort von Jürg Altwegg, Frankfurt am Main 2003, und die Besprechung des Verf., Aporien des Verzeihens *und* Nicht-Verzeihens, in: Deutsche Zeitschrift für Philosophie 52.3 (2004), 487–492.

und wird sie wider Erwarten mit einer Gegengabe beantwortet, verliert sie selbst den Charakter der Gabe wieder ...

16.5. Ethische Souveränität: Zeichen Setzen für andere

Moralische Autorität wird nach moralischen Standards gewonnen und kann mit moralischem Fehlverhalten wieder verspielt werden (15.3.(4)). Ethische Souveränität geht über moralische Autorität hinaus. Der Begriff ‚souverän' kommt aus dem Staatsrecht: Staaten sind souverän, soweit sie rechtlich nicht von andern abhängig sind, sondern nach Gesetzen regiert werden, die sie sich selbst gegeben haben, die ihre eigenen sind. Menschen nennt man ‚souverän', wenn sie nicht leicht in Not kommen, sondern auch schwirige Situationen leicht meistern, wenn sie sich stets sicher orientieren können. Sie sind dann andern pragmatisch überlegen. Verwandtes kennt die alltägliche Orientierung auch im Ethischen: Menschen, die unbefangen und entschieden ihren eigenen moralischen Maßstäben folgen und damit auch schwierige Situationen mit andern, die andern moralischen Maßstäben folgen, leicht meistern und stets gut mit ihnen auskommen, Menschen, die auch das Ethische im Sinn der Moral im Umgang mit anderen Moralen nicht in Not bringt, denen es leicht fällt. Es sind solche Menschen, bei denen das Ethische den Charakter der Nötigung verliert, und weil sie selten sind, freut man sich, dass es sie gibt. Sie können mit ihrer ethischen Souveränität die Achtung für geltende Maßstäbe bestärken, aber auch neuen Maßstäben Achtung verschaffen – weil *sie* es sind, die ihnen folgen. Was zuvor Ausnahme war, kann durch sie zur Regel werden. So können sie ebenfalls herrschende Moralen in Fluss bringen und verändern (15.7.). Dazu verhelfen ihnen besondere Begabungen und Tugenden. Zu Aufgeschlossenheit und Unbefangenheit kommen bei ethisch souveränen Menschen Unbeschwertheit und Leichtigkeit darin, eigene Verpflichtungen gegen andere zu erfüllen, zu Wohlwollen, Freundlichkeit, Takt, Höflichkeit, Vornehmheit und Güte Anmut und Humor, die sie anziehend machen und so andere bewegen, sich in ihrer ethischen Orientierung an ihnen auszurichten.[95] Sie be-

---
95 Auch John Rawls, A Theory of Justice, Oxford 1972, 478 f., deutsch: Eine Theorie der Gerechtigkeit, übers. v. Hermann Vetter, Frankfurt am Main 1975, 520, hat seine *Theorie* über die „autoritätsorientierte", „gruppenorientierte" und „grundsatzorientierte Moralität" hinaus auf das Ziel einer „Moralität der Selbstbeherrschung" ausgerichtet, von der dann zu reden sei, „wenn die Forde-

gründen nicht moralische Gesetze, Normen und Werte, die für andere verpflichtend werden sollen, sondern setzen Zeichen, die sie zu eigenen ethischen Umorientierungen anregen. Sie geben dem Ethischen ein Gesicht, lassen es nicht mehr nur als Bindung und Nötigung erfahren, sondern als Befreiung und Auszeichnung, als Befreiung zu eigenem ethischem Handeln, das seinerseits zum Geben fähig werden und sich dadurch auszeichnen kann. In ethisch souveränen Menschen kann das Ethische so auffallen, so überraschen, so auszeichnen, dass man davon erzählt, darüber schreibt und Filme dreht. Es kann beglücken. NIETZSCHE hat den Anblick eines „souverainen", eines „autonomen übersittlichen Individuums", „ein Vollendungs-Gefühl des Menschen überhaupt" genannt.[96]

---

rungen des Rechten und der Gerechtigkeit", die ansonsten „hohe Disziplin und Übung erfordern", „mit vollendeter Leichtigkeit und Anmut erfüllt werden". Sie übt dann, so Rawls, „auf unsere Gefühle eine hohe Anziehungskraft aus".
96 Nietzsche, Zur Genealogie der Moral II, 2.

17. Weltorientierung in globalisierter Kommunikation
Orientierung durch Standardisierung

17.1. Weltorientierung als globale Orientierung
17.2. Globalisierte Interaktion und Kommunikation: Standardisierte Spielräume für Überraschungen
17.3. Fluktuante Wertorientierung in der Weltorientierung: Zeit-Werte

17.1. Weltorientierung als globale Orientierung

Die globale Orientierungswelt (9.4.) ist immer mehr zu einer globalisierten Welt (,globalized world') geworden. Die kugelförmige, rundum sich schließende Oberfläche des Globus ist inzwischen von einem dichten Kommunikationsnetzwerk umschlossen, das jeden für jeden an (nahezu) jeder Stelle und zu jeder Zeit erreichbar macht. Die Orientierung auf der Erde hat sich mit Hilfe von Computern und Satelliten zu einem technischen Orientierungssystem geschlossen, das alle (soweit ihnen die Technik zur Verfügung steht) mit allen verbindet. Durch die globale Vernetzung der Kommunikationsmittel ist sie auch *räumlich selbstbezüglich* geworden. Man sieht zwar, *wegen* der Krümmung der Erdoberfläche, nach wie vor nur bis zu einem Horizont (6.2.). Mit Hilfe des ,Global Positioning System' (GPS, 17.2.(3)) kann man seine Horizonte jedoch beliebig entgrenzen und seine Position auf der Erde zu allen übrigen in Beziehung setzen. *So schwer die Orientierung vor Ort sein kann, so leicht kann man sich über seinen Ort auf dem Globus und über den Globus im ganzen orientieren.* Das begann mit den ,Globen'. Seit man die Kugelgestalt der Erde vermutete und Modelle des Globus konstruierte, konnte man sie (fiktiv) von außen, von einem transzendenten theoretischen Standpunkt aus (14.1.), betrachten, sie (am Modell) um ihre Achsen bewegen und so von allen Seiten (zwar nicht zugleich, aber doch rasch nacheinander) überblicken. Wie nirgendwo sonst hat man an Globen die Orientierung auf der Erde im ganzen ,an der Hand'. Inzwischen ist das Bild der sich drehenden Erde mit ihren geographischen und politischen Strukturen durch virtuelle Animationen in täglichen

Nachrichtensendungen völlig vertraut geworden. Und seit man Raumschiffe um die Erde kreisen lassen kann, ist der Überblick über sie nicht mehr nur konstruiert, sondern (jedenfalls für Raumfahrer) auch real möglich geworden. (Etwa) so, wie sie die Erde gesehen haben, wird sie von den Medien nun täglich gezeigt. BAUMANN (3.2.6.) und JASPERS (3.2.11.) hatten mit dem Begriff ‚Weltorientierung' noch die Zusammenführung des wissenschaftlichen Wissens verknüpft. Naturwissenschaft und Technik haben die Weltorientierung nun zur alltäglichen Realität werden lassen.

Zur Schließung des Raums im Global Positioning System kommt die *Schließung der Zeit* im Weltzeitsystem (‚Universal Time', UT) der Internationalen Atomzeit (‚International Atomic Time', IAT). Am Ende des 19. Jahrhunderts wurde der Globus in Zonen einer einheitlichen Weltzeit eingeteilt, um 1970 die Zeitmessung anhand der Schwingungen von Cäsiumatomen standardisiert. Seither lassen sich alle Tageszeiten an allen Punkten der Erde in wünschenswerter Genauigkeit abgleichen. Eine (quasi-)synchrone Kommunikation über beliebige Distanzen hinweg wurde durch das Telephon möglich, und inzwischen ist durch die computer- und satellitengestützten Informations- und Kommunikationstechnologien die (Quasi-)Gleichzeitigkeit der Weltereignisse unmittelbar zu ‚realisieren': was irgendwo auf der Welt geschieht, kann überallhin ‚live' übertragen werden. Mit Hilfe der Medien sind wir heute über das aktuelle Weltgeschehen zumeist weit rascher, regelmäßiger und umfassender informiert als über Neues aus den eigenen Lebenskreisen.

In der so globalisierten Welt bildet sich eine *Weltgesellschaft*, in der die souveränen Staaten zu ökonomisch, politisch und rechtlich immer stärker voneinander abhängigen Weltregionen werden.[1] Ihre Anfänge sind

---

1 Zu Begriff und Theorie der Weltgesellschaft und deren Geschichte vgl. Rudolf Stichweh, Die Weltgesellschaft. Soziologische Analysen, Frankfurt am Main 2000, und ders., Art. Weltgesellschaft, in: Historisches Wörterbuch der Philosophie, Bd. 12, Basel/Darmstadt 2004, 486–490. Kant hatte am Ende des 18. Jahrhunderts die „Weltbürgergesellschaft" rechtlich konzipiert und Anstöße zu ihrer konkreten Ausbildung von ökonomischen Entwicklungen erwartet. Als die Weltgesellschaft nach dem Zweiten Weltkrieg zum Thema der Soziologie wurde, erklärten neben Niklas Luhmann Peter Heintz und Immanuel Wallerstein ihre Durchsetzung systemtheoretisch mit der Ausbreitung vor allem der Funktionssysteme Wissenschaft, Ökonomie und Massenmedien über Staats- und Rechtsgrenzen hinweg. Gunther Teubner, Globale Bukowina. Zur Emergenz eines transnationalen Rechtspluralismus, in: Rechtshistorisches Journal 15 (1996), 255 ff., hat dann den Gesichtspunkt des Rechts neu in die systemtheoretische Debatte um die Weltgesellschaft eingeführt, nicht mehr nur als „Weltbürger-

ebenfalls alt: in dem Maß, wie die Welt bekannt wurde, dehnte sich auch der Welthandel aus; weltweite Kriegszüge wie die ALEXANDERS oder des DSCHINGIS KHAN (dessen Name ‚ozeangleicher Herrscher', ‚Weltherrscher' bedeutete) waren ehemals auch Entdeckungszüge; Völkerwanderungen verdrängten oder durchmischten ganze Gesellschaften. In der (noch vergleichsweise langsamen) globalen Kommunikation wurden Wunder zu ‚Weltwundern', Religionen zu ‚Weltreligionen', Bürger zu ‚Weltbürgern', Sprachen zu ‚Weltsprachen', Literatur zu ‚Weltliteratur', Geist zum ‚Weltgeist', Urheberrechte zu ‚Weltrechten', Rätsel zu ‚Welträtseln', Anschauungen zu ‚Weltanschauungen', Städte zu ‚Weltstädten', Ausstellungen zu ‚Weltausstellungen', Kriege zu ‚Weltkriegen', Mächte zu ‚Weltmächten', und ein auf weltweit gültige Menschenrechte gestütztes und aus weltweit verbreiteten Religionen und Moralen gewonnenes Ethos soll nun zu einem allseits verbindlichen ‚Weltethos' werden. Der aktuelle Globalisierungsschub geht jedoch vor allem von der Verbreitung der wissenschaftlich-technischen Zivilisation und ihren Erleichterungen des alltäglichen Lebens und von der forcierten Liberalisierung der Märkte seit den 80er Jahren des 20. Jahrhunderts aus: der Deregulierung des Warenverkehrs und der Finanzmärkte mit sprunghaft steigenden ökonomischen Chancen und Risiken, der Privatisierung staatlicher Großunternehmen, v.a. im Bereich von Post und Telekommunikation, der Integration der ehemaligen Planwirtschaften der Staatshandelsländer in die Weltwirtschaft, der steigenden Zahl transnationaler Unternehmen (‚global players'), für die nur noch der Weltmarkt ökonomisch relevant ist und die weltumspannende Beschaffungsketten aufbauen (‚global sourcing'), und die durch solche Unternehmen geförderte weltweite Verteilung von Arbeitsplätzen.[2] LÜBBE hat von einer „Zivilisationsökumene" gesprochen.[3] Die ökonomische Orientierung überwiegt darin die politische, rechtliche und moralische Orientierung, die Weltorientierung ist zur *Weltmarkt-*

---

recht", sondern als Pluralismus vielfältiger Rechtsarenen und -formen. Vgl. dazu Buckel / Christensen / Fischer-Lescano (Hg.), Neue Theorien des Rechts, a.O., xv f., und Gralf-Peter Calliess, Systemtheorie: Luhmann / Teubner, in: ebd., 57–75, hier 66–74.

2 Vgl. Art. Schlüsselbegriff Globalisierung in: Brockhaus Enzyklopädie in 30 Bdn., 21., völlig neu bearbeitete Auflage, Bd. 11, Leipzig/Mannheim 2006, 64–69.

3 Hermann Lübbe, Die Zivilisationsökumene. Globalisierung kulturell, technisch und politisch, München 2005. Der Begriff ‚Zivilisationsökumene' soll zum Ausdruck bringen, dass sich die auf eine weltumspannende ‚Ökumene' angelegte christliche ‚Kultur' mehr und mehr als technische ‚Zivilisationsgenossenschaft' verwirklicht (205).

orientierung geworden. Auf dem Weltmarkt kann nun sehr schnell agiert und reagiert werden. Die neuen Informations- und Kommunikationstechnologien erlauben eine global unbegrenzte Reichweite von Unternehmensaktivitäten und eine extrem kurzzeitige ‚Reaktionsverbundenheit' der Märkte: so werden Staaten zu miteinander konkurrierenden ‚Wirtschaftsstandorten'. Rohstoffressourcen, Dienstleistungen, technologische Innovationen und Absatzmärkte bringen sie in immer stärkere Abhängigkeit voneinander: so wird aus der politisch dominierten ‚Staatenwelt' eine ökonomisch dominierte ‚Gesellschaftswelt', in der sich die Aufgabe der Regierungen zunehmend darauf beschränkt, einerseits durch ‚Standortsicherungsmaßnahmen' die ökonomische Wettbewerbsfähigkeit ihrer Region, anderseits durch sozialstaatliche Absicherung der Bürger den sozialen Frieden zu wahren.[4] Militärischen und terroristischen Bedrohungen, Klimaveränderungen, der Vernichtung biologischer Vielfalt und anderen Gefahren für die Lebensbedingungen auf der Erde kann nur noch interstaatlich begegnet werden: so schwindet die Handlungsfähigkeit der einzelstaatlichen Regierungen und das Vertrauen in sie noch mehr. Statt dessen finden immer neue international operierende Nichtregierungsorganisationen (NGOs), – im Jahr 2006 waren es bereits über 25.000[5] -, die auf die moralischen Probleme der sich verdichtenden Weltgesellschaft aufmerksam machen und sie, soweit möglich, auch selbst anpacken (13.4.(7)), immer größeren Anklang. So wenig wie den Einzelstaaten wird in der Weltorientierung einem Weltstaat vertraut, der

---

4   Nach Luhmann, Die Politik der Gesellschaft, a.O., erzwingen die „Weltperspektiven", gerade wenn sich die Funktionssysteme der Gesellschaft zu Weltsystemen ausbilden, Beachtung der einzelnen Regionen, für die die Staaten die Verantwortung übernehmen (221). Globale Veränderungen, die „kulturelle, klimatische, ökologische, vor allem aber weltwirtschaftliche Ursachen haben und insofern durch die Weltgesellschaft selbst erzeugt werden", müssen auf die „regional extrem unterschiedlichen Bedingungen" heruntergebrochen werden (227). Dabei können Regierungen die eigenen Bevölkerungen, von denen sie gewählt werden, nur noch im „Anschluß an Tendenzen, die sich weltgesellschaftlich bewährt haben", fördern (224). So wird die „kollektive Kommunikationsfähigkeit der Staaten" maßgeblich (226), die Staatlichkeit konzentriert sich auf „organisierte Kommunikationskompetenz" (217; vgl. auch Luhmann, Die Gesellschaft der Gesellschaft, a.O., 808–812). Nach John W. Meyer, The World Polity and the Authority of the Nation State, in: George M. Thomas u.a. (Hg.), Institutional Structure. Constituting State, Society, and the Individual, Newburry Park 1987, 41–70, richten auch die Staaten selbst ihre Institutionen immer stärker an internationalen Standards aus.
5   Vgl. Stichweh, Die Weltgesellschaft, a.O., 25.

zwar, wenn es ihn gäbe, über ein weltumspannendes Gewaltmonopol verfügen würde, es aber auch verheerend missbrauchen könnte.[6] Statt dessen sind im vergangenen Jahrhundert politische ‚Großherrschaftsräume' wie das Osmanische Reich, das Österreich-Ungarische Kaiserreich, später die Sowjetunion zerfallen, die Staatenwelt hat sich, wie in Jugoslawien, pluralisiert. Auch Machtinteressen werden in interstaatliche Organisationen eingebunden.[7] Die Weltregierung wird, soweit möglich, in einer (wiederum ökonomisch akzentuierten) pluralen ‚global governance' wahrgenommen, von (mehr oder weniger) kooperierenden Institutionen wie dem Weltsicherheitsrat der UN, dem Zusammenschluss der führenden Wirtschaftsmächte G 8, der World Trade Organization WTO, dem Internationalen Währungsfonds IWF und der Weltbank, in denen die letzte verbliebene ‚Weltmacht' USA zwar die Vormacht, aber nicht die Alleinherrschaft hat und so zwischen staatlicher und interstaatlicher Verantwortung oszilliert.[8] Für ‚global players', Wirtschaftsunternehmen, Medien, Regierungen, Nichtregierungsorganisationen und interstaatliche Institutionen, ist die globalisierte Welt als ganze die Situation ihrer Handlungsorientierung, sie entnehmen dem Weltgeschehen im ganzen die Anhaltspunkte ihrer Entscheidungen und folgen dabei jeweils ihren eigenen Belangen.

Auch die Weltgesellschaft und ihre Weltorientierung haben kein festes Zentrum; was zum Zentrum und zur Peripherie wird (5.1.), entscheidet sich von jedem Standort aus und immer wieder neu. Für die dezentrale Struktur der Weltgesellschaft und die diskontinuierlichen Verläufe der Orientierung in ihr hat sich die *Metapher des Netzes* (net)

---

6   Vgl. Lübbe, Zivilisationsökumene, a.O., 95 u. 97: „Es gibt die revolutionären Erhebungen und Bewegungen nicht, die endlich den europäischen Bundesstaat errichtet sehen möchten. Keine relevante weltbürgerliche Partei hat sich weltrepublikanischen Zielen verpflichtet […], und keiner der Staaten, die heute in weltinnenpolitischen Angelegenheiten kooperieren, orientiert sich am Konzept einer Weltrepublik als der ultimativen Institution zur politischen Lösung bedrängender Weltprobleme."
7   Vgl. ebd., 96–100. – Auch die Europäische Union zeigt sichtlich nur begrenztes Interesse, über eine Europäische Wirtschaftsgemeinschaft hinauszukommen.
8   Vgl. Horst Siebert (Hg.), Global Governance. An Architecture for the World Economy, Berlin/Heidelberg 2003, und Robert Kurz, Weltordnungskrieg. Das Ende der Souveränität und die Wandlungen des Imperialismus im Zeitalter der Globalisierung, Bad Honnef 2003 (mit starker Frontstellung gegen die USA).

eingebürgert:[9] jeder Knoten (tie) ist über vielfältige Verbindungen mit jedem verknüpft, jeder kann sich als Zentrum sehen, und jeder kann auf Zeit auch für andere zu einem Zentrum werden, aber von keinem Knoten aus ist das Netz als ganzes zu übersehen. Auch die Orientierung in der Weltgesellschaft hat keine Übersicht über sich selbst. In ihren Netzen können Verbindungen verfestigt und gelockert, fallen gelassen und neu geknüpft, zerrissen und ersetzt werden; sie sind flexibel, halten fest, wozu die eigene Festigkeit ausreicht, und geben nach, wo der Druck zu stark wird. In ihnen entstehen mehr oder weniger straffe oder lockere Ordnungen, die sich ihrerseits mehr oder weniger lange halten (7.8.).[10] Orientierungsnetze schaffen Übersicht wie Kartennetze: sie konturieren das eine auf Kosten des anderen (5.3., 8.1.), die globale Orientierung ist ‚global' auch im Sinn von ‚pauschal'. Sie seligieren Irritationen wie Fischernetze, in deren Maschen nur Fische bestimmter Größe hängenbleiben, die kleinere durchlassen und von zu großen weggerissen werden können (4.2.). Sie sind zur Selbstorganisation fähig wie moderne dezentrale Stromnetze, in denen an verschiedenen Stellen eingespeister Strom unter minimaler Störungsanfälligkeit stets den günstigsten Weg zum Abnehmer findet (9.4.). Und sie organisieren sich wie cerebrale Netze im Dialog mit der Umwelt (7.9.). Ihr Halt beruht nicht in Hierarchien, auf eine Spitze ausgerichteten Ordnungsebenen, sondern in Heterarchien, Einbindungen in Kontexte.[11] So ermöglicht die Weltorientierung der Weltgesellschaft überall Fluktuanz (10.5.) und damit Evolution. *Der aktuelle Globalisierungsschub setzt weltweit Fluktuanz frei.*

Wie in der individuellen, inter-individuellen und gesellschaftlichen Orientierungswelt wird in der globalen die Fluktuanz danach erfahren, was man ‚mit ihr anfangen' kann. Sie wird mit Verunsicherung und Angst

---

9 Vgl. (stellvertretend für viele) Stichweh, Die Weltgesellschaft, a.O., 256–264, und Jürgen Barkhoff, Hartmut Böhme, Jeanne Riou (Hg.), Netzwerke. Eine Kulturtechnik der Moderne, Köln/Weimar/Wien 2004.

10 Michel Serres, Atlas, aus dem Frz. v. Michael Bischoff, Berlin 2005, hat nachgezeichnet, wie man sich in der aktuellen Weltorientierung in Netzen unterschiedlichster Art, wissenschaftlichen, literarischen und kulturellen, auch auf sich überraschend vervielfältigenden und chaotischen Wegen erfolgreich orientieren kann.

11 In der Weltgesellschaft, so Luhmann, Die Politik der Gesellschaft, a.O., 221, wird „eine heterarchische, konnexionistische, netzwerkartige Verknüpfung von Kommunikationen auf der Ebene von Organisationen und Professionen" typisch (221). Vorbild und Motor dafür ist die Telekommunikation (vgl. Luhmann, Die Gesellschaft der Gesellschaft, a.O., 312–315).

wahrgenommen, wenn man festen Halt erwartet,[12] mit Zuversicht, wenn jemand in beengenden und drückenden Verhältnissen lebt und durch sie neue Handlungsspielräume gewinnt. Die Globalisierung legt nicht nur Handelsschranken nieder. Dadurch, dass sie alle Staaten in stärkere ökonomische und politische Abhängigkeiten voneinander bringt, macht sie es auch autoritären und totalitären Regimen schwerer, sich zu halten (seit den 70er Jahren des vorigen Jahrhunderts sind immer mehr von ihnen zusammengebrochen und konnten sich nur wenige neu etablieren): sie fördert die weltweite Durchsetzung der Menschenrechte, die Demokratisierung der Gesellschaften und die Entdiskriminierung von Minderheiten. Sie löst in weiten Teilen der Welt Wanderungsbewegungen (Migration) aus ärmeren Ländern in reichere aus, nötigt die reicheren aber (nach und nach) auch zur Öffnung ihrer Grenzen. Ihr Wettbewerbsdruck trägt zur Gefährdung bisher unberührter Naturlandschaften, der klimatischen Lebensbedingungen des Menschen und von Kulturgütern und kulturellen Eigenarten bei, nötigt aber zugleich zu weltweit abgestimmten Gegenmaßnahmen. Und schließlich zwingt die Globalisierung, sich auf andere Kulturen und Moralen einzustellen; die Migration hat gerade in den Ländern, die bisher am stärksten von ihr profitiert haben, multikulturelle Gesellschaften geschaffen. So lässt sie die *ethische Orientierung* (16.) (mit der Zeit) zur Routine werden.

17.2. Globalisierte Interaktion und Kommunikation: Standardisierte Spielräume für Überraschungen

Weltweiter Austausch – durch Reisen, Telekommunikation und internationale Kooperation – ist nur möglich durch *Standardisierung*. Wir reisen mit standardisierten Verkehrsmitteln (Flugzeugen, Bahnen, Bussen, Autos) durch die Welt, planen die Reisen durch standardisierte Kommunikationsmittel (Telephone, Faxgeräte, Computer, Handys), weisen uns mit standardisierten Identitätsdokumenten aus, steigen in standar-

---

12 Vgl. etwa Ralf Dahrendorf, Recht und Ordnung. Weniges ist schlimmer als die Beliebigkeit einer Welt ohne Halt, in: Frankfurter Allgemeine Zeitung vom 21. November 2001, S. 10, der, kurz nach den Anschlägen auf das World Trade Center in New York, in der globalisierten Welt nur „Anomie" sieht, die rasch in „Tyrannei" umschlagen könne: „Ich möchte von einer ‚Welt ohne Halt' sprechen, denn die Haltlosigkeit scheint mir im Doppelsinn ihr Merkmal: Keiner kann sie halten, und wir finden in ihr keinen Halt."

disierten Hotels ab, bewegen uns in standardisierten städtischen Infrastrukturen, essen in standardisierten Restaurantketten usw. Die standardisierte ‚global culture' ermöglicht überall eine erste problemlose Orientierung. Sie bezieht neben der standardisierten Kommunikations- und Orientierungstechnik standardisierte Orientierungszeichen und eine standardisierte Orientierungssprache (Englisch) ein. Aber auch Überraschungen können standardisiert werden, wie im weltweit gespielten Fussball.

(1) Standardisierte Orientierungzeichen. – Zur Abkürzung der Kommunikation im globalen Reiseverkehr sind unmittelbar verständliche bildliche Orientierungszeichen, Piktogramme oder ‚icons' entwickelt worden (8.1.). Sie kommen ohne sprachliche Erläuterungen aus und ermöglichen so unabhängig von nationalen Sprachen und kulturellen Differenzen eine rasche und unmissverständliche Verständigung ohne Deutungsspielräume. An Knotenpunkten des internationalen Massenverkehrs, also vor allem an Flughäfen, erleichtern sie zunächst einmal das Auffinden des technischen Standardrepertoires, der Abfertigungshallen, Ticket- und Check-in-Schalter, Gates, Gepäckausgaben, Toiletten usw. Jedes steht für sich; sie bedürfen keiner Verknüpfungsregeln (keiner Grammatik), so dass auch hier Irrtümer ausgeschlossen sind. Sie kürzen die Orte und Funktionen, um die es geht, charakteristisch ab, sind in Form und Farbe markant gestaltet und so angebracht, dass sie dem Orientierung Suchenden sofort ins Auge fallen; wo sie sich häufen, werden sie möglichst übersichtlich angeordnet – ein *vorbildlicher globaler Zeichengebrauch für die lokale Orientierung*. Die Praxis der Piktogramme wurde so auch in Gebrauchsanweisungen international vertriebener Produkte übernommen und, in immer kreativeren Erweiterungen, auch in die Internetkommunikation zum Auslösen (Anklicken) standardisierter Kommunikationsfunktionen (Standardicons), die auf graphischen Benutzeroberflächen in wiederum übersichtlichen ‚Symbolleisten' und ‚Menues' zusammengefasst werden. Dort werden u.a. auch ‚Smileys' vorgehalten, abgekürzte Mienen als Anhaltspunkte der Zustimmung und Ablehnung (7.7.).

(2) Standardisierte Orientierungssprache Englisch. – Bildliche Orientierungszeichen reichen jedoch nur zur einfachsten lokalen, funktionalen und affektiven Orientierung aus. Für komplexere Orientierungsbedürfnisse im internationalen Verkehr und in der internationalen Kommunikation sind Sprachen notwendig und, sofern nicht beliebig viele Sprachen erlernt werden können, wiederum eine Standardsprache. Als Latein, die alte Wissenschaftssprache, selbst unter Wissenschaftlern immer weniger

17.2. Globalisierte Interaktion und Kommunikation

beherrscht wurde, gab es immer neue, von der frühen Neuzeit bis in die 50er Jahre des 20. Jahrhunderts reichende Versuche, ‚Welthilfssprachen' oder ‚Universalsprachen' zu kreieren, die Grundbedürfnissen der Orientierung entsprechen und möglichst leicht zu erlernen sein sollten – es wurden über 500. Sie waren nur sehr begrenzt erfolgreich.[13] Statt dessen setzte sich nach dem Zweiten Weltkrieg Englisch, das im Zug der Kolonisation bereits (neben dem Französischen, Spanischen und Portugiesischen) zu einer Weltsprache geworden war, als Standardsprache durch. Auch die Wahl einer Standardsprache kürzt die Kommunikation ab (8.3.): man braucht sich nicht erst nach der Sprache des andern zu erkundigen, sondern kann sich (weitgehend) darauf verlassen, mit ihr ‚durchzukommen'. Die gebrauchte Sprache, nun das Englische, wird dabei ihrerseits standardisiert; ‚English as a foreign language' ist zumeist ein (mehr oder weniger) reduziertes Englisch; in vielen Bereichen, etwa im Tourismus, reicht ein knappes Vokabular unter (mehr oder weniger) weitgehender Vernachlässigung der Grammatik schon zur wechselseitigen Orientierung aus. Die Standardsprache wird umgekehrt lexikalisch und grammatisch auch durch die Sprachen angereichert (oder, aus anderer Sicht, ‚verdorben'), aus denen in das Englische übersetzt wird. Im 19. Jahrhundert war so das Pidgin-English zur Verständigung zwischen Chinesen und Europäern und schon im Mittelalter aus dem Hebräisch-Aramäischen, dem Deutschen und romanischen und slawischen Sprachen das Jiddische entstanden, mit dessen reicher Idiomatik und flexibler Syntax sich Juden einerseits mit den Völkern, unter denen sie lebten, andererseits untereinander verständigen konnten und heute noch, mit immer neuen Anpassungen, v. a. in Nord- und Südamerika verständigen können. Wird eine Nationalsprache zur Weltsprache, so entwickelt sie sich nach deren Orientierungs- und Kommunikationsbedürfnissen weiter, differenziert nach den jeweiligen Orientierungswelten, z. B. ökonomischen Branchen, wissenschaftlichen Disziplinen, der elektronischen Datenverarbeitung oder der Pop-Musik, und an ihren Entwicklungen kann man dann wiederum die Veränderungen globaler Orientierungsbedürfnisse ablesen. Als internationale Verkehrssprache dringt das Eng-

---

13 Das von dem polnischen Arzt L. I. Zamenhof (alias Doktoro Esperanto) 1887 geschaffene Esperanto mit einem Wortschatz von 80.000 Wörtern, die aus knapp 8.000 Wurzeln gebildet werden, und 16 grammatischen Grundregeln wird dennoch weiter gepflegt. Es ist wie die übrigen Sprachentwürfe an den westeuropäischen Sprachen orientiert und versucht sie zu vereinfachen und zu vereinheitlichen.

lische aber seinerseits auch in die nationalen Sprachen (einschließlich der englischen Primärsprache) ein und standardisiert sie in einschlägigen Sprachfeldern. Da Englisch aber weiterhin auch eine Primärsprache ist und von Fremden auch nach dem Maßstab des primärsprachlichen Englisch gelernt wird, bildet es, anders als eine Kunstsprache es könnte, mit all seinen Feinheiten auch weiterhin ein Korrektiv und lässt die Weltsprache Englisch sich so nur in begrenzten Spielräumen verselbständigen.

(3) Standardisierte Orientierungstechnik – das Global Positioning System (GPS). – Standardisierte Orientierungszeichen und, soweit keine Übersetzungen verfügbar sind, die standardisierte Orientierungssprache Englisch werden wiederum im GPS, dem Global Positioning System, genutzt. Es wurde als hochtechnologisches globales Ortungssystem für das US Department of Defense zu militärischen Zwecken entwickelt und wird nun, in wiederum standardisierten Versionen, auch zivil genutzt. Wie ein zweiter Globus umschließt ein Netz von Satelliten die Erde: sie fungieren als externe Beobachter der eigenen Wege und stellen jeweils den eigenen Standort fest, der so nicht mehr umständlich und fehleranfällig auf einer Karte identifiziert werden muss. *Zur räumlichen Identifikation nutzen sie die Zeit:* hochpräzise Rubidium- und Cäsiumuhren messen die Signallaufzeiten von jeweils vier Satelliten zum jeweiligen Empfänger am Boden und zurück, und Computer errechnen mittels eines globalen Referenzsystems aus den Zeitdifferenzen den Standort des Sich-Orientierenden mit einer Genauigkeit von ± 20 m (mit Optimierungsmöglichkeiten). So kann von (nahezu) jedem Punkt der Welt aus jeder andere zielsicher angesteuert werden. Das hochtechnologische GPS ermöglicht eine *vollständige Übersicht über das Gelände, die in beliebigen Graden der Abkürzung (zoom) abgerufen werden kann.* Durch „technisch vermittelte Allgegenwart" wird die Orientierung im Gelände mühelos und selbstverständlich: „Tendenziell wird alles Finden Wiederfinden, jede Route Routine, jede Ankunft Heimkehr."[14] Doch nur Orte lassen sich mit Hilfe des GPS sicher finden und auch dann nur, wenn sie als Ziele schon feststehen. Die standardisierte Orientierungstechnik erleichtert nur den Anfang der Orientierung. Doch mit sicheren Anfängen schafft sie neue Spielräume für neue Überraschungen: sie lockt nun immer mehr zu Abenteuern in unbekannten Gegenden. Überraschungen kann es aber auch mit ihr selbst geben: Technik kann ausfallen, und sie kann verraten

---

14 Sommer, Suchen und Finden, a.O., 322, 389 f. – Sommer hat ebd., 301–330, dem GPS eine passionierte phänomenologische Analyse gewidmet.

– alle Standorte können gespeichert und die Informationen von Unbefugten genutzt werden.

(4) Standardisierte Kommunikationstechnik – Mobiltelephon und Internet. – Weiß man durch GPS stets, wo man ist (*ständige Auffindbarkeit*), so ist man durch Mobiltelephone überall erreichbar, wo man ist (*ständige Erreichbarkeit*), und wer sein Mobiltelephon ständig eingeschaltet hat, zeigt *ständige Kommunikationsbereitschaft* an. Mobiltelephone steigern die Kommunikationsbereitschaft und lassen anstehende Treffen kurzzeitig verabreden. Durch den Short Message Service (SMS) wird gegenüber dem synchronen Telephonieren auch wieder asynchrone, zeitlich versetzte mobile Kommunikation möglich. Wie vordem bei Briefen wählt man selbst die Zeit, wann man eine short message lesen will, aber anders als ein Brief trifft sie ohne lange Postlaufzeiten sofort nach Absendung ein: *bei Aufhebung der räumlichen Distanz lässt sie Spielraum für zeitliche Distanz*. Eine short message kann man außerdem zugleich an viele senden, ohne dass jeder auf sie reagieren muss; man stellt jedem anheim, sich einzuschalten oder nicht. So entstehen *neue Formen der Geduld und der Toleranz*, auch und gerade unter ‚Kids', die eigene SMS-Kulturen ausbilden. Die SMS-Kommunikation ist ‚cool', ‚abgekühlt'; sie muss aus Zeit- und Kostengründen kurz sein und zwingt so zur Kreativität in Abkürzungsidiomen, die sich inter-individuell immer weiter differenzieren und profilieren lassen und so idiomatische Gemeinschaften ermöglichen, die die einen ein, die anderen ausschließen. Die Interaktion unter Anwesenden, die unmittelbar-körperliche Begegnung, wird darum nicht schon überflüssig, im Gegenteil, sie wird nun, weil seltener, wertvoller – und überraschender.

Mittels Digitalisierung lässt sich nur Digitalisierbares mitteilen – Zeichen und aus Zeichen bestehende Worte, Sätze und Bilder. Das *Internet* standardisiert die Orientierung an anderer Orientierung noch weiter. Technisch ein weltweit ausgelegtes dezentrales Netz von Netzen für den Austausch digitaler Daten, ist es inzwischen zum ‚Netz' schlechthin, zum Prototyp aller Netze geworden. Seine physikalische Basis sind außer Satelliten und Transkontinentalkabeln lokale und dezentrale ‚Server' von ‚Providern', über die sich die Nutzer ins Netz einwählen. Es wurde ebenfalls (und vor dem GPS) in den USA zu militärischen Zwecken entwickelt. Nach dem sog. Sputnik-Schock, der im Kalten Krieg einen technologischen Rückstand der USA gegenüber der UdSSR offenbarte, suchte man nach Methoden der Datenübertragung, die Kommunikation auch dann noch ermöglichen sollten, wenn Teile des Systems (z. B. nach einem Atomschlag) ausfallen. So bot sich das Netz, der Verzicht auf eine zentrale Steuerung an; sog. ‚router' sollten die jeweils geeignetsten Wege der Datenübertragung im Netz ausfindig machen, bei lokalen Ausfällen alternative Strecken ermitteln und so den Betrieb im ganzen stets aufrechterhalten. Auch wenn im Internet alle Kommunikationen zu verfolgen und zu speichern sind, lässt es sich kaum noch im ganzen kontrollieren: es ist (paradox angesichts seiner Herkunft) auf *unbeschränkte Informationsfreiheit* über Staatsgrenzen hinweg angelegt.[15] Durch das in ihm abrufbare Wissen macht es weniger abhängig auch von Experten, und durch die Vielfalt der Informationen erschwert es einseitige Beeinflussungen. Es erleichtert aber ebenso die zeitgleiche, massenhafte und anonyme Verbreitung politischer Propaganda, von Gewaltdarstellungen und Pornographie mit Kindern und verlangt daher wiederum nach staatlichen Kontrollen. So befreit das Internet die Kommunikation auf zugleich beruhigende und beunruhigende Weise, es löst sie von angestammten Kommunikationskulturen.[16]

Das ‚World Wide Web' virtualisiert die Orientierung. Es bindet die Teilnehmer an ihren Bildschirm, lässt sie wie vordem im Theater das Geschehen, nun auf web sites, distanziert, in ‚theoretischer' Grundhaltung beobachten (14.1.(3)). Um am ‚weltweiten Gewebe' teilnehmen zu können, müssen sie sich durch eine Adresse identifizieren, die sie jedoch frei wählen, fingieren können; auch sie ist virtuell. Realität und Fiktion ist im WWW nicht zu unterscheiden, die Fiktion gewinnt eigene Realität (14.3.). Wie Kunst muss sie, um wahrgenommen zu werden, attraktiv

---

15   Die USA haben 1998 den Verzicht auf jede Internet-Kontrolle verkündet; andere nationale Regierungen versuchen den Zugang einzuschränken. Als demokratisch gewählte Kontrollinstanz der Vergabe von ‚domain'-Namen und der Regelung technischer Standards fungiert das ICANN (Internet Corporation for Assigned Names and Numbers). Vgl. Rudolf Maresch / Florian Rötzer (Hg.), Cyberhypes. Möglichkeiten und Grenzen des Internet, Frankfurt am Main 2001.

16   Daher konnte Derrida in: De l'hospitalité (Anne Dufourmantelle invite Jacques Derrida à répondre de l'hospitalité), Paris 1997, 47 ff., deutsch: Von der Gastfreundschaft, mit einer „Einladung" von Anne Dufourmantelle, übers. v. Markus Sedlaczek, Wien 2001, 40 ff., einerseits sich gegen jede staatliche Kontrolle des Internets wenden und andererseits in: Glauben und Wissen, a.O., 74–76/91–93, gegen die „Fernwissenschaftstechnik" (télétechnoscience) Bedenken erheben: sie trenne von den alten Wurzeln der Kommunikation ab, der ethnischen Zugehörigkeit, dem eigenen Namen, dem eigenen Idiom, der eigenen Kultur, dem eigenen Gedächtnis, und rufe dadurch einen „Gegenfetischismus" hervor, eine eifernde Rückkehr zum Nationalen, die in vielen Ländern von den Kirchen unterstützt werde. Er entfalte sich seinerseits mit den Mitteln der Fernwissenschaftstechnik, die sich so in eine „Maschine des Bösen (machine du mal)" verwandeln könne.

sein, sei es als Information, sei es zur Unterhaltung, ist aber (über Suchmaschinen) weit leichter aufzufinden und verfügbar als Kunst und hat keinen nicht-fiktiven, nicht künstlerischen Kontext. Sie ist *Design-Kunst:* konturiert scharf, profiliert markant und plausibilisiert stark – mit leicht wiedererkennbaren, standardisierten Mitteln. Sie ist einprägsam, aber unzuverlässig: ihre Qualitäten sind Design-Qualitäten, ihre Identitäten Design-Identitäten – mit weiten Spielräumen für kreative Selbstdarstellungen.[17] So ist das Web-Design auch kommerziell einsetzbar und steigert dabei durch leichte Zugänglichkeit die Transparenz der Märkte. Und auf den virtuellen Märkten des WWW wird beispiellos hart seligiert: durch bloßes Anklicken von Seiten weitgehend pseudonymer oder anonymer Teilnehmer – und gegebenfalls rasches Weiterklicken.

Die *Virtualisierung steigert die Orientierungsqualitäten der Informationen,* den schnellen Zugriff auf sie, die Übersichtlichkeit ihrer Darbietung, ihre Attraktivität (z. B. durch Animationen), ihre Ausführlichkeit (nach Bedarf kann man durch Anklicken mehr oder weniger Seiten wählen) und ihre Aktualität (keine Rücksicht auf periodisches Erscheinen), aber sie schafft auch neue Orientierungsprobleme: bei der Bedienung des Computers, durch die Störanfälligkeit von hardware und software, durch Schadprogramme (,Viren', ,Würmer', ,Trojanische Pferde'), durch die Gefahr, ausspioniert zu werden (Spyware), durch Vortäuschung legitimierter Identitäten (Phishing) usw. All das kann abgewehrt werden, durch standardisierte Schutzprogramme und intelligente eigene Listen: der Intelligenz in Angriff und Abwehr sind im Internet keine Grenzen gesetzt, die Orientierung an anderer Orientierung ist hier in einer Art *Dauerwettbewerb der Intelligenzen.*[18]

---

17 Vgl. Sherry Turkle, Life on the Screen. Identity in the Age of the Internet, New York 1995, und Verf., Denken in Formen und Zeichen. Umorientierungen durch globale Kommunikation, in: Internationales Forum für Gestaltung Ulm (Hg.), Form und Zeichen – Globale Kommunikation, Basel/Boston/Berlin 2003, 20–28. – Zur autonomen virtuellen Kunst vgl. Oliver Grau, Virtuelle Kunst in Geschichte und Gegenwart. Visuelle Strategien, Berlin 2001. Auch ihr „Prinzip" ist (nach Grau) „Immersion", völliges Eintauchen in dynamische Bildwelten.
18 David Gelernter, Achtundfünfzig Thesen zur Informationsgesellschaft, in: Frankfurter Allgemeine Zeitung vom 15. Juni 2000, S. 59, rechnet künftig mit Computern, die sich in ihren Betriebssystemen am menschlichen Gehirn orientieren, um im Dialog mit der Umwelt einen stetig fließenden elektronischen ,Lebensstrom' (lifestream) aus Dokumenten, digitalen Photos, Anwendungen, e-mails, Chats, Internet-Auktionen usw. ohne Namen und starre Klassifizierungen zu ermöglichen. Ben Goertzel und John Pritchard, Die Internet-Ökonomie als komplexes System, in: Frankfurter Allgemeine Zeitung vom 17. März 2000, S.

So wird die Orientierung zugleich zu Sport und Spiel. Man ,surft' im Internet, schweift spielerisch wie auf dem Surfbrett im Wind umher, bleibt frei, mitzumachen oder nicht, bahnt sich durch An- und Weiterklicken seine eigenen Wege, sucht und findet (oder nicht) und findet oft auch, was man nicht gesucht hat – ein *Sich-Orientieren ohne Handlungsabsichten, ein Sich-Orientieren in Reinform*. Sofern man im Internet Informationen nicht nur abrufen kann, sondern auch eigene in es einstellen kann, ist es ein interaktives Massenmedium. Doch es lässt sich schließlich auch als Medium für die inter-individuelle Kommunikation nutzen, also für elektronische Post (e-mails) unter bekannten Adressaten (und das ist die häufigste Nutzung des Internet), zur pseudonymen Kommunikation (chat), zu (mehr oder weniger anonymen) Diskussionsforen, zum gemeinsamen Spielen, als Tauschbörse (filesharing) u. ä. Hier vereinigt es schnellste Reaktionsmöglichkeiten mit immer offenen Rückzugsmöglichkeiten, *Nähe und Distanz der Interaktion*.

(5) Standardisierte Überraschungen – Fußball. – Die standardisierten Spielräume, die die globalisierte Kommunikation für Überraschungen bietet, werden spektakulär bei der Präsentation von sportlichen Großereignissen genutzt – und besonders bei Olympiaden und Fußballweltmeisterschaften. Sie sind der weltweit größte regelmäßige Attraktor von Aufmerksamkeit. Mehr noch als Olympiaden ist der von Männern und nun auch von Frauen wo immer möglich und von Vereinen wöchentlich in vielfach gestaffelten Ligen gespielte Fußball ein einzigartiges internationales Phänomen der Massenanziehung und Massenbegeisterung über Kontinente und Kulturen hinweg. Als Massensport und Massenzuschauersport stößt er auf ein leidenschaftliches Interesse ebenso auf Dorfplätzen wie in Stadien und an Radios und Fernsehern. Er genießt Kultstatus wie kaum ein anderes Spiel, erhält erstrangige Medienplätze, und Fußballvereine und -verbände werden als wirtschaftliche Großunternehmen betrieben. Bis ins 19. Jahrhundert waren kultisch-rituelle Großereignisse diesen Ausmaßes noch religiösen Festen und Staatsaktionen (z. B. Königskrönungen) vorbehalten.

Anfang des 19. Jahrhunderts als Massensport aufgekommen, wurde das Fußballspiel zu Beginn des 20. Jahrhunderts, als auch die Olympischen Spiele wiederbegründet wurden, zum Massenzuschauersport – wie in der Antike Wagenrennen und Gladiatorenkämpfe. Es ist sehr alt und

---

53, entwerfen ,webmind', ein lernfähiges, die Marktdynamik erfassendes, selbst Marktstrategien entwickelndes und damit ,Intelligenz verstärkendes' Computersystem.

17.2. Globalisierte Interaktion und Kommunikation 641

kommt aus verschiedenen Kulturen: Zeugnisse gehen bis ins 3. Jahrtausend v. Chr. in China zurück, auf assyrischen, ägyptischen, griechischen und römischen Reliefs sind Szenen von Ballspielen mit den Füßen und Oberschenkeln nachgewiesen, seit dem 12. Jahrhundert ist das Spiel in England belegt (schon damals gab es Spiele gegen Schottland), es verschwand in der Puritanerzeit und wurde Mitte des 19. Jahrhunderts ins Programm großer Privatschulen auf- und dann auch von deutschen höheren Schulen übernommen, um die Wende zum 20. Jahrhundert wurden erste nationale Meisterschaften und Länderspiele ausgetragen. Gespielt wird nach antikem Vorbild in ‚Stadien', für Sportwettkämpfe angelegten ‚Theatern':[19] die Zuschauer versammeln sich in einem erhöhten Oval, von dem aus sie das Spiel übersehen und zugleich einander beobachten und aufeinander reagieren können (14.1.), sie bilden eine Fest- und Kultgemeinde, werden zur ‚Masse' und reagieren als Masse. Die Masse wird virtuell um Potenzen erweitert durch Rundfunkhörer und Fernsehzuschauer, und so steigert sich das Massenerlebnis im Stadion noch einmal, durch die Auszeichnung der unmittelbaren Teilnahme, die bei besonders wichtigen Spielen, meist Endspielen, durch die Teilnahme von Staatsoberhäuptern und Regierungsspitzen (die dann auch nur schlichte Zuschauer sind) zum Höhepunkt kommt.[20]

Die Gründe der Beliebtheit des Fußballspiels könnten darin liegen, dass es durch besonders attraktive Orientierungsleistungen fasziniert, Orientierungsleistungen in einer klar ausdifferenzierten, von der alltäglichen Lebensorientierung abgekoppelten Orientierungswelt. Im Fußballspiel greifen sportliche, ‚theoretische', künstlerische, religiöse und moralische Orientierungen ineinander. *Der Fußball als Kampfspiel unter Mannschaften auf großem Gelände und nach expliziten Regeln führt ein klares Gelingen der Orientierung vor – nach globalen Standards.*

- Er ist ein *Spiel*, ein zeitlich und räumlich klar begrenztes Geschehen, an dem alle (insbesondere die Zuschauer) freiwillig teilnehmen. Das Spiel ist leicht nachzuvollziehen und bietet dennoch unbegrenzte Kombinationsmöglichkeiten, die ein äußerst rasches Orientierungsvermögen erfordern. Es verläuft (jedenfalls bei ‚schnellen' Spielen) manifest unter hochgradigem Zeitdruck. Jeder Spielraum und jede Gelegenheit muss (unter strenger Beobachtung der Zuschauer) genutzt werden, und jeder Spieler

---

19 Vgl. Chris van Uffelen, 2:0 0:6. Die Stadien, Berlin 2006, mit einer ausführlichen Architekturgeschichte.
20 Vgl. Gunter Gebauer, Fußball als religiöses Phänomen. Die Fangemeinde und ihre Initiationsriten, in: Forschung und Lehre 2006, H. 6, S. 314 f.

kann darin besondere Fähigkeiten ausspielen. *So klar wünscht man sich die Orientierung überhaupt.*
- Das Fußballspiel bietet Spannung durch *Überraschungen*, doch in begrenzten Spielräumen. Die Spannung ist sein Erfolgskriterium; sie richtet sich auf Tore, die (zumeist an einer Hand) klar abzählbar sind und darum klar die (Orientierungs-)Leistungen der Spieler messen; wie es zu den Toren kam, wird wieder und wieder, je überraschender, desto öfter, hinterher erzählt. Klare Sieger und Gewinner in einem überschaubaren Bereich, der leichte Vergleiche zulässt – so wünscht man sich Geschichten, *so klar wünscht man sich die narrative Orientierung.*
- Das Fußballspiel ist ein *kämpferischer Wettbewerb:* zwei Mannschaften von ebenfalls überschaubarer Größe suchen einander unter möglichst effektivem Einsatz klar begrenzter Ressourcen (je elf Spieler, Laufleistung, Ausdauer, strategisches Konzept, taktisches Geschick, Kenntnis der Gegner usw.) ein Tauschobjekt, den Ball, abzujagen und es durch das Feld der andern in das von ihnen mit aller Anstrengung verteidigte ‚Tor' zu bringen. Überlegenheit im Wettbewerbsgeschehen zeigt sich hier unmittelbar. Dabei sind die ‚Territorien' (die Spielfeldhälften) gleich groß, werden nach der Halbzeit getauscht, es wird unter gleichen Randbedingungen gekämpft. *So klar wünscht man sich die ökonomische Orientierung.*
- Fußball wird nach *expliziten Regeln* gespielt: Die Regeln stehen fest, sind bekannt, ihre Einhaltung wird überwacht, und Verstöße werden sofort durch einen endgültig entscheidenden (Schieds-)Richter geahndet mit unmittelbaren Folgen für das weitere Spiel. *So klar wünscht man sich die politische und rechtliche Orientierung.* Politiker(innen) übernehmen denn auch gerne Fußballmetaphern in ihre Sprache.
- Fußball ist ein *Feldspiel:* Anders als im Theater ist den Spielern der Ablauf des Spiels hier nicht vorab bekannt, auch für sie bleibt er überraschend und vom Feld aus schwer zu übersehen. Die Zuschauer dagegen haben von ihren Rängen aus eine ‚transzendente', ‚theoretische' Übersicht über das Feld und das ganze Geschehen, das sich dort abspielt. Sie beherrschen das Spiel zumeist (mehr oder weniger) selbst, nehmen aus der Distanz an ihm teil, ‚gehen mit', geben aus ihrer überlegenen Sicht (weitgehend folgenlose) Anweisungen ins Spiel hinein (‚Gib doch endlich ab!', ‚Schieß!') und unterstützen (folgenreich) die jeweils favorisierte Mannschaft, nach Bedarf mit rituellen Gesängen. Sie erleben einen quasi-göttlichen Standpunkt. *So klar wünscht man sich die wissenschaftliche Orientierung und die religiöse Orientierung.*
- Und Fußball ist ein *Mannschaftsspiel:* Es zwingt zum Zusammenspiel, zur Rücksicht aufeinander. Die Rücksicht entwickelt sich hier zur hohen

Kunst der spielerischen Kombinationen in ständiger und leibhaftiger Auseinandersetzung mit der Kunst der gegnerischen Kombinationen und steigert sich zu immer neuen Feinheiten. *So klar wünscht man sich die künstlerische Orientierung.* Das Mannschaftsspiel zwingt ferner zum prinzipiell unbegrenzten Einsatz jedes Einzelnen für die Mannschaft im ganzen, verlangt, sich in die Moral der Gruppe einzuordnen. *So klar wünscht man sich die moralische Orientierung.* Die Gruppenmoral ist im Kampfspiel eine Kampfmoral. Doch sie ist eine Kampfmoral nach (streng überwachten) Regeln, unterliegt dem Fairness-Gebot und gilt nur für die Zeit des Spiels, danach kommt sie wieder zur Ruhe. Und die Spieler können wechselnden Mannschaften angehören, sie binden sich nicht auf immer und stellen sich auf immer andere Gegner ein, sie führen vor, wie man sich in Gruppenmoralen einordnen, sich mit ihnen identifizieren und auch wieder von ihnen lösen kann, und ‚Fans‘ (kurz für ‚Fanatiker‘) können davon lernen. *So klar wünscht man sich auch die ethische Orientierung.*[21]

17.3. Fluktuante Wertorientierung in der Weltorientierung: Zeit-Werte

Mit der Globalisierung der Orientierung wandeln sich auch die Werte. Sie verlangt Werte der Einstellung auf die Zeit, auf die Fluktuanz der Werte selbst, *selbstbezüglich-fluktuante Zeit-Werte*. Sie fordern allen laufende Umorientierungsleistungen ab. Sie sind bekannt. Der Grundwert ist nun die *Innovation*. Der Wandel wird nicht mehr als Verfall erfahren, sondern als Chance der Erneuerung geschätzt. Im globalen Wettbewerb können sich Unternehmen, Wirtschaftsstandorte, Regierungen, Rechtsordnungen, Wissenschaftsdisziplinen, Stile der Kunst und, je nach Standort, selbst Religionen nur durch Innovationen halten. Innovationen werden als solche, soweit möglich, in Museen (‚Häusern der Geschichte‘) bewahrt und präsentiert, und deren Organisation wird ihrerseits laufend erneuert.[22] Innovationen müssen erfindungsreich und auf vielfache Weise

---

21 Zu weiteren Anhaltspunkten einer ‚Fußballphilosophie‘ aus der Feder eines Kenners vgl. Wolfram Eilenberger, Lob des Tores. 40 Flanken in Fußballphilosophie, Berlin 2006. Zur Orientierung im Sport überhaupt, insbesondere der Bewegungsmotorik, vgl. P. Hirtz / P. Hotz / G. Ludwig, Orientierung im Sport. Praxisideen, Schorndorf 2008 (im Erscheinen).
22 Vgl. Lübbe, Im Zug der Zeit, a.O., 94 ff.

ansprechend sein, um sich (mehr oder weniger) global durchzusetzen: *Kreativität*. Und sie müssen so weit wie möglich ökonomisch durchgeführt werden können: *Effizienz*. Man muss dorthin gehen, wo Innovationen möglich sind, bereit sein, immer wieder seinen Arbeitsplatz und Wohnort zu wechseln: *Mobilität*. Man muss sich auf immer neue Lebensbedingungen einstellen können: *Flexibilität*.[23] Man muss den damit verbundenen Stress ertragen können: *Belastbarkeit*. Und man muss bereit sein, auf eigene Gefahr Risiken für die Zukunft einzugehen: *Risikofreudigkeit*.[24]

---

23 Vgl. Sennett, The Corrosion of Character / Der flexible Mensch, a.O.
24 Vgl. Ulrich Beck, Risikogesellschaft. Auf dem Weg in eine andere Moderne, Frankfurt am Main 1986.

18. Metaphysik in der Orientierung
Absehen von der Orientierung in der Orientierung

18.1. Bedürfnis nach festem Halt an festen Beständen: Transzendierung der Orientierung durch Metaphysik

18.2. Ursprung der Metaphysik in Orientierungsbedürfnissen und ihr Wandel in der Zeit

18.1. Bedürfnis nach festem Halt an festen Beständen: Transzendierung der Orientierung durch Metaphysik

PASCAL hat in seinen *Pensées*[1] die Grundsituation der Orientierung des Menschen *avant la lettre* scharf umrissen. Er beschrieb sie als Situation eines „Verirrten" in einer „doppelten Unendlichkeit": auf der einen Seite das Weltall, „eine unendliche Kugel, deren Zentrum überall und deren Peripherie nirgendwo ist", auf der anderen Seite das unendlich Kleine, das wieder eine Unendlichkeit von Universen enthalten könne. Der Mensch müsse sich darin zurechtfinden, gegenüber dem Weltall unendlich klein und den kleinen Universen gegenüber unendlich groß zu sein, ohne auskömmlichen Maßstab, sich zu beiden ins Verhältnis zu setzen, „ein Nichts im Vergleich mit dem Unendlichen, ein All im Vergleich mit dem Nichts, ein Mittelding zwischen nichts und allem, unendlich weit davon entfernt, die Extreme zu erfassen". Doch von gewissen Punkten an beginnt ebenso im Makrokosmos wie im Mikrokosmos für die menschliche Vernunft etwas fassbar zu werden. Ihr eigenes Sein bedinge ihre begrenzte Erkenntnis – auch ihrer selbst: „wir sind etwas und sind nicht alles; was wir an Sein haben, beraubt uns der Erkenntnis der ersten Prinzipien, die aus dem Nichts hervorgehen; und das Wenige, was wir an Sein haben, verbirgt uns der Anblick des Unendlichen." In allem vom unendlich Großen ebenso wie vom unendlich Kleinen abhängig, können wir es nur von einem verlorenen Standpunkt aus irgendwo dazwischen in einem begrenzten Horizont nach unseren Anhaltspunkten für uns zu-

---
1 Pascal, Pensées, Nr. 199/72 (Übers. W.S.).

rechtlegen. So sind wir unfähig sowohl „sicher zu wissen" als auch „absolut nichts zu wissen (ignorer absolument)", und so

> treiben wir auf einer weiten Mitte, immer unsicher und schwankend, von einem Ende zum andern gestoßen. Jeder Grenzpunkt, an den wir uns zu halten und festzumachen dachten, schwankt und entzieht sich uns, und wenn wir ihn verfolgen, entkommt er unseren Zugriffen, entgleitet uns und flieht in ewiger Flucht. Nichts bleibt für uns stehen (Rien ne s'arrête pour nous). Das ist der Zustand, der uns natürlich ist, und dennoch der unserer Neigung am meisten entgegengesetzte; wir brennen vor Verlangen, einen festen Sitz zu finden und eine letzte feste Basis, um einen Turm darauf zu errichten, der sich ins Unendliche erhebt; aber unser ganzes Fundament kracht auseinander, und die Erde öffnet sich bis zu den Abgründen.

Die maßstabslose Ungewissheit in der Flucht dessen, woran wir uns zu halten versuchen, erregt ein tiefes Bedürfnis nach festem Halt an festen Beständen und drängt dazu, letzte Gewissheit zu finden oder, wo sie sich nicht findet, zu erfinden. PASCAL hat gewarnt, sich blind von diesem Bedürfnis leiten zu lassen, und als Gegenmittel die Maxime empfohlen:

> Suchen wir also überhaupt keine Sicherheit und Festigkeit (Ne cherchons donc point d'assurance et de fermeté).

In der Situation einer Ungewissheit, die Sicherheit und Festigkeit grundsätzlich nicht zulässt, müsse man sich auf diese Ungewissheit einlassen und sich in ihr mit geeigneten Mitteln zu halten versuchen, müsse

> für das Ungewisse arbeiten, über das Meer fahren, über ein Brett laufen (travailler pour l'incertain; aller sur la mer; passer sur une planche).[2]

Unter unaufhebbarer Ungewissheit lässt sich das Bedürfnis nach Gewissheit und Halt nur so erfüllen, dass man daran arbeitet, im Ungewissen Halt zu finden.

Ohne etwas, woran sie sich wenigstens auf Zeit halten kann, kommt die menschliche Orientierung nicht aus. Sie muss annehmen, dass auch in wechselnden Situationen etwas Bestand hat, ohne dass das immer dasselbe sein müsste. Das gilt nach KANT auch für Begriffe: „Man bedient sich gewisser Merkmale nur so lange, als sie zum Unterscheiden hinreichend sind; neue Bemerkungen dagegen nehmen welche weg und setzen einige hinzu, der Begriff steht also niemals zwischen sicheren Grenzen."[3] Doch sobald feste Bestände selbstverständlich werden, wird in der Orientierung von den Bedingungen der Orientierung abgesehen, von ihrer

---

2 Ebd., Nr. 101/324.
3 Kant, Kritik der reinen Vernunft, A 728 / B 756.

Situativität, ihrer Selektivität, ihrer Perspektivität, den Entscheidungen über ihre Anhaltspunkte, den Spielräumen ihrer Zeichen, der Unmerklichkeit ihrer Routinen, der Verschiebbarkeit ihrer Begriffe, der doppelten Kontingenz der Kommunikation, der Bedingtheit ihrer Identitäten durch Identifikationen, der Pluralität ihrer Orientierungssysteme, ihrer Selbstbindung durch moralische Überzeugungen und der technischen Standardisierung ihrer Kommunikationsmittel. Die Bestände, die man sich zum eigenen Halt in ihr geschaffen hat, erscheinen dann als vorab und an sich bestehende Gegenstände jenseits der Orientierung. Versucht man dann, diese Gegenstände im ganzen zu übersehen und sie in eine dauerhafte, konsistente und systematische Ordnung zu bringen, entstehen Metaphysiken. *Metaphysiken bestehen, von der Orientierung aus verstanden, in Transzendierungen der Bedingungen der Orientierung. Mit ihnen wird der Vorbehalt der grundsätzlichen Ungewissheit aller Orientierung aufgegeben.*

So verstanden, ist Metaphysik kein Gegensatz zur Orientierung, sondern eine Möglichkeit der Orientierung selbst. Auch ‚Metaphysik' ist ein Begriff, der sich vielfach verschoben hat. Ursprünglich lediglich ein bibliothekarischer Titel zur Ordnung der Schriften des ARISTOTELES ‚jenseits der Schriften zur Physik (μετὰ τὰ φυσικά)', wurde er zum Begriff auch für den Inhalt seiner gesammelten Schriften zur ‚Ersten Philosophie', die in der Tat von Gegenständen ‚jenseits der Physik', ihren sachlichen Voraussetzungen handeln,[4] und in der Neuzeit zu einem historischen und systematischen Begriff der europäischen Philosophie: historisch für die Periode von DESCARTES bis WOLFF oder des 17. und 18. Jahrhunderts,[5] systematisch für die Bemühung überhaupt, die Räumlichkeit und Zeitlichkeit der individuellen menschlichen Orientierung durch das universale und zeitlose Wissen einer bloßen Vernunft zu überschreiten. Dies wiederum reicht bis in die Anfänge der griechischen Philosophie zurück und hat seine Ausläufer bis in die Gegenwart. Dieter

---

4   Vgl. Hans Reiner, Die Entstehung und ursprüngliche Bedeutung des Namens Metaphysik, in: Zeitschrift für philosophische Forschung 8 (1954) 210–237, und: Die Entstehung der Lehre vom bibliothekarischen Ursprung des Namens Metaphysik. Geschichte einer Wissenschaftslegende, in: Zeitschrift für philosophische Forschung 9 (1955), 77–99, und Hellmut Flashar, Aristoteles, in: H.F., Grundriß der Geschichte der Philosophie, begr. v. Friedrich Überweg, Die Philosophie der Antike, Bd. 3: Ältere Akademie, Aristoteles – Peripatos, Basel/Stuttgart 1983, 256.
5   Vgl. Hegel, Vorlesungen über die Geschichte der Philosophie, ThWA, 20.122–267.

HENRICH hat die Metaphysik prägnant als „*Abschlußgedanken*" *der Philosophie* gekennzeichnet. Gedanken der Metaphysik gehörten „nicht in den Bereich, in dem gegenstandsbestimmende und normative Aussagen ihren Ausgang und ersten Halt haben", sondern zur „Verständigung und Interpretation jenseits dessen, was durch Beweise sichergestellt werden kann".[6] Im Rückblick ging es in der Metaphysik nicht so sehr um erste Prinzipien, aus denen alles übrige abgeleitet werden konnte, sondern um letzte Gewissheiten, bei denen Nachfragen zu Ende kamen, bei denen man im Sinn PASCALS aufhörte, für das Ungewisse zu arbeiten, und sich beruhigte. Und das Bedürfnis nach solchen Gewissheiten besteht weiter.

Nachfragen kommen dann zu Ende, wenn Alternativen ausgeschlossen sind. Metaphysiken sind darum nur sinnvoll, wenn sie alleine gelten und andere ausschließen. Dennoch sind in der Geschichte der Philosophie eine Vielfalt von Metaphysiken aufgetreten, hielten sich nebeneinander und stellten so Alternativen und kritische Instanzen füreinander dar. Auch Metaphysik als Disziplin der Philosophie war ein selbstkritisches Unternehmen, geeignet, „die Dynamik des bewußten Lebens aufzudecken und über sich selbst aufzuklären".[7] Aus den Bedingungen der Orientierung ist das gut verständlich: auch Metaphysiken setzen an bestimmten Anhaltspunkten der Orientierung an und können darum stets von anderen Metaphysiken, die bei anderen Anhaltspunkten ansetzen, in Frage gestellt werden. Sie können einander entgegengesetzt sein, überschneiden, umfassen und in sich aufheben. *Die niemals abschließbare Orientierung lässt von einer Vielfalt von Anhaltspunkten aus eine Vielfalt von Abschlussgedanken zu.*

Aber auch die Annahme von festen Beständen in der Orientierung überhaupt war in der Philosophie nie unumstritten. Schon PLATON, auf den neben ARISTOTELES die Metaphysik vor allem zurückgeht, hatte sich mit Herakliteern und Sophisten wie GORGIAS und PROTAGORAS auseinanderzusetzen, die keinerlei feste Bestände zuließen, und gegen jede neue Metaphysik kamen auch wieder anti-metaphysische Zweifel auf, so dass sich die Geschichte der Metaphysik auch als Geschichte der Metaphysikkritik schreiben lässt.[8] Nach KANTS Kritik jeder Metaphysik, die sich

---

6 Dieter Henrich, Was ist Metaphysik – was Moderne? Zwölf Thesen gegen Jürgen Habermas, in: D.H., Konzepte. Essays zur Philosophie in der Zeit, Frankfurt am Main 1987, 11–43, hier 13.
7 Ebd., 21.
8 Vgl. Th. Rentsch / H. J. Cloeren, Art. Metaphysikkritik, in: Historisches Wörterbuch der Philosophie, Bd. 5, Basel/Darmstadt 1980, Sp. 1280–1294,

aus bloßen Vernunftwahrheiten speisen wollte, nach der KANT-LAPLACE'schen Theorie der zeitlichen Entstehung und unablässigen Veränderung des Universums, nach DARWINS Evolutionstheorie, nach DILTHEYS Darlegung der Geschichtlichkeit der Philosophie und der Wissenschaften und nach NIETZSCHES Verdacht, alle sich als allgemeingültig und zeitlos behauptenden Metaphysiken entsprängen individuellen und zeitlichen Lebensnotwendigkeiten, hat sich die Beweislast schließlich umgekehrt. Die Grundhaltung (fast) aller aktuellen philosophischen Entwürfe ist nun metaphysikkritisch, und die Annahme ewig fester Bestände in der Natur, im Leben und im Denken ist kaum mehr plausibel. *Inzwischen muss nicht mehr von Zeitlosem her die Zeitlichkeit des Zeitlichen, sondern von der Zeitlichkeit des Zeitlichen her die Annahme von Zeitlosem plausibel gemacht werden.*

Sofern aber keine Orientierung ohne die Annahme von Beständen auskommt, die, sobald sie selbstverständlich werden, leicht zu an sich bestehenden Gegenständen und als solche metaphysisch werden, ist in der Philosophie dennoch der Metaphysik-Verdacht wachgeblieben. Nachdem HEIDEGGER auch noch NIETZSCHES Philosophie als „in sich erblindete" Vollendung der Metaphysik ausgelegt hatte,[9] wurde eben diese Interpretation wieder als metaphysisch ausgewiesen;[10] nachdem sich HEIDEGGERS Schüler GADAMER mit seiner Philosophischen Hermeneutik aus der Verstrickung mit der Metaphysik zu lösen geglaubt hatte, blieb in seinem Leitbild einer Annäherung an die Wahrheit doch wieder eine Restmetaphysik; nachdem WITTGENSTEIN in seinem *Tractatus logico-philosophicus* zur Vermeidung jeder Metaphysik die logische Analyse der Sprache vorangetrieben hatte, wies er selbst in seinen *Philosophischen Untersuchungen* das Leitbild dieser Analyse, die Rede von „einer *idealen* Sprache", als „Mißverständnis" zurück, um nun „die Wörter von ihrer metaphysischen, wieder auf ihre alltägliche Verwendung zurück[zuführen]";[11] nachdem der Logische Empirismus, der weiterhin an WITTGENSTEINS *Tractatus* anschloss, Metaphysik rundum für sinnlos erklärt

---

und Thomas Rentsch, Art. Metaphysikkritik, in: Enzyklopädie Philosophie und Wissenschaftstheorie, hg. v. Jürgen Mittelstraß, Bd. 2, Stuttgart/Weimar 1995, 873 f.
9 Heidegger, Nietzsche, a.O., Bd. 2, 12. Vgl. Heidegger, Überwindung der Metaphysik (1936–1946), in: M.H., Vorträge und Aufsätze, Pfullingen 1954, 83.
10 Vgl. Müller-Lauter, Nietzsche. Seine Philosophie der Gegensätze und die Gegensätze seiner Philosophie, a.O.
11 Wittgenstein, Philosophische Untersuchungen, §§ 81, 58 u. 116. Vgl. §§ 88, 98, 100 ff.

hatte, wurden auch ihm aus den eigenen Reihen, u. a. von Quine und Davidson, wieder metaphysische Dogmen nachgewiesen. *So wurden auch in metaphysikkritischen Philosophien immer wieder Metaphysiken ausgewiesen.*

Dem folgte schließlich die Einsicht in die Unüberwindbarkeit der Metaphysik. Heidegger riet zuletzt nicht mehr zur „Überwindung", sondern zur „Verwindung" der Metaphysik als eines „Geschicks" des abendländischen Denkens.[12] Derrida, der sich immer neu mit Heideggers Denken auseinandersetzte,[13] folgte ihm darin mit der Feststellung, alle „destruktiven Diskurse", die die Metaphysik zu überwinden versuchten, blieben im „Zirkel" gefangen, der zu destruierenden Metaphysik eine neue entgegensetzen zu müssen: „*es ist sinnlos*, auf die Begriffe der Metaphysik zu verzichten, wenn man die Metaphysik erschüttern will. Wir verfügen über keine Sprache – über keine Syntax und keine Lexik -, die nicht an dieser Geschichte beteiligt wäre."[14] Danach kann man sich in die metaphysische Sprache wohl mit abweichenden Sprachen einschreiben, die dann jedoch wieder als metaphysische identifiziert werden können; nach Simon haben wir „überhaupt keinen anderen Begriff der Philosophie als den metaphysischen."[15] *Sofern sie das Ganze bleibend fassen will, wird die Philosophie unvermeidlich metaphysisch*, sie muss „sich auf die Sprache der Metaphysik einlassen, weil sie keine andere Sprache findet."[16]

Sie ist in diesem Sinn auch metaphysisch, wenn sie als Philosophie der Orientierung die Bedingungen der Orientierung im ganzen zu klären versucht. Doch zugleich kann eine Philosophie der Orientierung so auch das *Bedürfnis der Orientierung nach Metaphysik* einbeziehen. Das „metaphysische Bedürfnis", wie Schopenhauer es genannt hat,[17] kann dabei

---

12 Heidegger, Überwindung der Metaphysik, a.O., 72, 79 u. 71.
13 Vgl. Robert Bernasconi, Heidegger und die Dekonstruktion. Strategien im Umgang mit der Metaphysik: Derrida, Nancy, Lacoue-Labarthe und Irigaray, in: Dieter Thomä (Hg.). Heidegger-Handbuch. Leben – Werk – Wirkung, Stuttgart/Weimar 2003, 440–450.
14 Jacques Derrida, La structure, le signe et le jeu dans le discours des sciences humaines (1966), in: J.D., L'écriture et la différence, Paris 1967, 409–428, hier 412, deutsch: Die Struktur, das Zeichen und das Spiel im Diskurs der Wissenschaften vom Menschen, in: J.D., Die Schrift und die Differenz, übers. v. Rodolphe Gasché, Frankfurt am Main 1972, 422–442, hier 425.
15 Simon, Philosophie des Zeichens, a.O., 5.
16 Ebd., 6.
17 Vgl. Schopenhauer, Die Welt als Wille und Vorstellung II, § 17: „Ueber das metaphysische Bedürfniß des Menschen".

18.1. Transzendierung der Orientierung durch Metaphysik

von verschiedenen und wechselnden Metaphysiken erfüllt werden. Nach KANT ist Metaphysik „in gewissem Sinne doch auch als gegeben anzusehen", als „Naturanlage" der „menschlichen Vernunft", die

> unaufhaltsam, ohne daß bloße Eitelkeit des Vielwissens sie dazu bewegt, durch eigenes Bedürfniß getrieben, bis zu solchen Fragen fort[geht], die durch keinen Erfahrungsgebrauch der Vernunft und daher entlehnte Principien beantwortet werden können; und so ist wirklich in allen Menschen, so bald Vernunft sich in ihnen bis zur Speculation erweitert, irgend eine Metaphysik zu aller Zeit gewesen und wird auch immer darin bleiben.

Die Frage sei darum, „wie entspringen die Fragen, welche reine Vernunft sich aufwirft, und die sie, so gut als sie kann, zu beantworten durch ihr eigenes Bedürfniß getrieben wird, aus der Natur der allgemeinen Menschenvernunft?"[18] Für KANT war Metaphysik noch ein Bedürfnis der Vernunft nach einem „System der Erkenntniß a priori aus bloßen Begriffen".[19] Wird Vernunft als Orientierungsleistung verstanden, wird aus der Metaphysik ein Bedürfnis der Orientierung überhaupt nach festem Halt in festen Beständen, das nicht schon durch ein *System* von Begriffen erfüllt werden muss. Sie kann statt dessen, wie sich gezeigt hat, vielfältige alltäglich plausible Formen annehmen, und kritische Metaphysiken, die nicht mehr dogmatisch auftreten, müssen einander auch nicht mehr auf einem „Kampfplatz endloser Streitigkeiten"[20] bekämpfen. Jede Metaphysik setzt nach KANT mit einer „abgenöthigten *Voraussetzung*" an, die sie „nicht für *freie Einsicht* ausgeben" darf (3.2.2.),[21] und das gilt für die Wissenschaften ebenso wie für die Moral, in der nach KANT eine Metaphysik zu haben „selbst *Pflicht*" ist.[22] „Die Naturwissenschaft" muss Materie als „Bewegliches im Raume" voraussetzen, ohne deren Dasein begründen zu können,[23] und die Moralphilosophie die Freiheit. KANT nannte solche abgenötigten metaphysischen Voraussetzungen „metaphysische Anfangsgründe". Metaphysische Anfangsgründe sind sie aus der Sicht der *Kritik der reinen Vernunft*, die im Blick auf sie ihrerseits zu einer „Metaphysik von der Metaphysik"[24] wird. Von der Naturwissenschaft und der Moralphilosophie aus gesehen, die sich auf ihre Anfangsgründe immer schon verlassen haben, sind metaphysische Anfangsgründe plau-

---

18 Kant, Kritik der reinen Vernunft, B 22.
19 Kant, Metaphysik der Sitten, AA VI, 216.
20 Kant, Kritik der reinen Vernunft, A VIII.
21 Kant, Was heißt: Sich im Denken orientiren?, AA VIII, 138 Anm.
22 Kant, Metaphysik der Sitten, AA VI, 216.
23 Kant, Metaphysische Anfangsgründe der Naturwissenschaft, AA IV, 480.
24 Kant, Brief an Marcus Herz nach dem 11. Mai 1781, AA X, 269.

sible Abschlussgedanken, und als plausible Abschlussgedanken sind dann im 19. und 20. Jahrhundert immer wieder auch kritische Metaphysiken konzipiert worden, induktive (William WHEWELL und Wilhelm WUNDT), aporetische (Nicolai HARTMANN, Gottfried MARTIN), existenziale (Karl JASPERS), deskriptive (Peter Frederick STRAWSON) und andere.

18.2. Ursprung der Metaphysik in Orientierungsbedürfnissen und ihr Wandel mit der Zeit

Die Distanzierung *von* der Situation *in* der Situation ist eine maßgebliche Orientierungsleistung (10.2.). Dabei wird nach HEIDEGGER im ‚umsichtig besorgenden Umgang' mit dem, womit man jeweils zu tun hat und worauf man sich versteht, dem ‚*Zu*handenen', ‚*Vor*handenes' unterschieden, das dann in distanzierter Betrachtung als ‚Seiendes an sich' erscheint (3.2.10.). Hier, bei der „Umschaltung"[25] von Zuhandenheit auf Vorhandenheit oder vom pragmatischen Umgang *mit* etwas zum theoretischen Denken *von* etwas, hat HEIDEGGER in *Sein und Zeit* den *Ursprung der Metaphysik* angesetzt. Weil die theoretische Distanzierung das Vorhandene in allgemeingültige Aussagen fasst, die sich dann ohne weiteren Umgang mit dem, wovon sie sprechen, auch nur nachsprechen lassen, ist das „Verfallen" auf Vorhandenheit auch schon ein Verfallen in die „öffentliche Ausgelegtheit" des „Man" (1.5.), an die die ihrerseits auf Allgemeingültigkeit Anspruch erhebende Metaphysik anschließen kann. Das ‚Verfallen' ist nach HEIDEGGER nicht negativ zu werten.[26] Denn das theoretische Denken kann in Distanz zum Zuhandenen den Umgang mit ihm auch fördern, indem es neue Handlungsmöglichkeiten erschließt (10.4.). NIETZSCHE hat hier von „lebenfördernden" „logischen Fiktionen" gesprochen: ein „Verzichtleisten" auf sie wäre „ein Verzichtleisten auf Leben, eine Verneinung des Lebens". Auf Wahrheit und Falschheit komme es dabei weniger an.[27] Metaphysiken haben als die Orientierung transzendierende, wissenschaftlich ausgearbeitete Orientierungen ihre eigenen Kriterien: nicht in einer Übereinstimmung mit an sich Gegebenem, die KANTS Kritik nicht standhält, sondern, soweit sie als Wissenschaft auftreten, in ihrer logischen Konsistenz und ihrer Plausibilität

---

25 Heidegger, Sein und Zeit, a.O., § 44 b, S. 224.
26 Ebd., 222.
27 Nietzsche, Jenseits von Gut und Böse, Nr. 4.

gegenüber konkurrierenden Metaphysiken,[28] *und ihre Plausibilität gewinnen sie zuletzt aus den jeweiligen Bedürfnissen der Orientierung.*

Das gilt auch für die Metaphysik, die von ARISTOTELES ausging, die erste mit systematischer Absicht ausgearbeitete Metaphysik, die das europäische Denken vor allem geprägt hat, und auch für die neuzeitliche Metaphysik, die an DESCARTES anschloss. Die aristotelische Metaphysik war eine *Metaphysik des Seins,* die neuzeitliche eine *Metaphysik des Bewusstseins.* Die Metaphysik des Seins ging von der sichtbaren Natur und ihrer Bewegtheit aus und suchte zu denken, wie in dieser Bewegtheit Halt in Begriffen zustandekommen kann, die Metaphysik des Bewusstseins fand den Halt im bloßen selbstbezüglichen Vollzug des Denkens: die erste Gewissheit war nach DESCARTES das Sein des Selbstbewusstseins, und alle weiteren Gewissheiten waren Gewissheiten dieses Selbstbewusstseins. Die Plausibilitäten hatten sich verändert: Man hielt sich nicht mehr einfach an die Natur und später an Gott, der sie schuf und erhielt, sondern daran, wie man die Natur und Gott nach den Kriterien des selbstbezüglichen Denkens denken konnte. Und nachdem LEIBNIZ im Anschluss an LOCKE und KANT im Anschluss an HUME gezeigt hatten, dass die bloße Selbstbezüglichkeit des Denkens ohne Bezug auf die Natur leerläuft, und die Funktion des Denkens in das Denken von anderem als ihm selbst verlegten, hob HEGEL die Metaphysik des Seins *und* die Metaphysik des Bewusstseins in eine abschließende *Metaphysik des Geistes* auf, der sich durch schrittweise Unterscheidung seiner eigenen Unterscheidungen selbst als abschließend erweisen sollte: so schloss der Geist sich zum System. Die Kategorien der systematischen Selbstunterscheidung des Geistes machten nach HEGEL die „logische Wissenschaft" und sie „die eigentliche Metaphysik oder reine spekulative Philosophie" aus.[29] Die Plausibilität der Metaphysik lag nun im systematischen Selbstverständnis des Denkens.

Auch für KANT und HEGEL blieb die klassisch gewordene *Einteilung der Metaphysik* von Christian WOLFF maßgeblich, die Unterscheidung einer ‚metaphysica generalis' oder Ontologie und einer ‚metaphysica specialis', die er wiederum in ‚cosmologia generalis', ‚psychologia' und

---

28 Vgl. (unter Bezug auf Nietzsche und mit starkem Gebrauch der Orientierungsbegrifflichkeit) Dieter Henrich, Versuch über Fiktion und Wahrheit, in: D.H. / Wolfgang Iser (Hg.), Funktionen des Fiktiven (Poetik und Hermeneutik X), München 1983, 511–519.
29 Hegel, Wissenschaft der Logik, ThWA, 5.16.

‚theologia naturalis' gliederte.[30] Die Gegenstände der Metaphysik sind danach das Sein als solches (Ontologie), das Seiende im ganzen oder die Welt (Kosmologie), die Seele, das Seiende, das das Sein und das Seiende denkt (Psychologie), und das höchste Seiende, das alles übrige, wie noch für ARISTOTELES, im Sein *hält* und für die christliche Philosophie auch ins Sein *bringt:* Gott, soweit er durch die natürliche oder menschliche Vernunft zu denken ist (Theologie). Die metaphysische Orientierung an diesen Gegenständen hat inzwischen ihre Zeit gehabt; metaphysische Kosmologie, Psychologie und Theologie sind der Philosophie weitgehend abhanden gekommen, und Ontologie wird nur in begrenztem Rahmen weiter betrieben. Dennoch hat auch diese, die klassisch gewordene Metaphysik, Orientierungsbedürfnissen entsprochen und auf Orientierungsprobleme geantwortet.

Der Begriff des Seins antwortete auf das Orientierungsproblem der Unbeständigkeit oder der Zeit überhaupt. Sein war für PARMENIDES, der es zuerst als solches dachte, der zeitlose Halt in der Zeit schlechthin (1.2., 10.1.(1)); ARISTOTELES fasste es dann als οὐσία oder zeitlosen Grund zeitlicher Akzidentien und allgemeine Form wechselnder Individuen einer Art (10.5.). DESCARTES führte in seiner Metaphysik des Bewusstseins jedoch das Problem der Zeit neu wieder ein, sofern das Sein des Bewusstseins selbst nur im zeitlichen Vollzug des Denkens selbst bestehen konnte (10.1.(2)). Und nachdem LOCKE und HUME darauf bestanden hatten, dass das, was das Denken denkt, das der sinnlichen Wahrnehmung Gegebene und dies stets zeitlich ist, brach KANT nicht nur mit der Metaphysik des Seins, sondern auch mit der des Bewusstseins, unterwarf alle Erkenntnis der Bedingung der Zeitlichkeit und ging zur Orientierung an abgenötigten Voraussetzungen über (3.2.2.). Soweit wir weiterhin von zeitlosem Sein sprechen, sehen wir, auf Zeit, darüber hinweg.

Der Begriff der Welt, der erste der ‚metaphysica specialis', antwortete auf das spezifischere Orientierungsproblem der Unübersichtlichkeit der Situation. In jeder Situation hängt jede Gegebenheit von einer unübersehbaren Vielfalt weiterer Gegebenheiten ab, die erst mit der Zeit erschlossen werden können. Im metaphysischen Begriff der Welt ist dagegen die Gesamtheit aller Gegebenheiten oder das Seiende im ganzen als gleichzeitig vorhanden gedacht, so als ob es auf einen Blick vollständig übersehen werden könnte. ARISTOTELES dachte dieses Ganze als Kosmos, als

---

30 Zum Näheren vgl. Ludger Oeing-Hanhoff, Art. Metaphysik, in: Historisches Wörterbuch der Philosophie, Bd. 5, Basel/Darmstadt 1980, Sp. 1186–1279, hier 1250.

18.2. Ursprung der Metaphysik in Orientierungsbedürfnissen 655

schöne Ordnung und Vorbild der Übersichtlichkeit überhaupt, das Maßstab auch für das menschliche Handeln sein sollte. Am Beginn der Neuzeit stand der Verlust des Glaubens auch an diese Ordnung, und damit musste die Übersicht über das Universum auf neue Weise gewonnen worden. Seit KOPERNIKUS konnte man seinen Standpunkt zur Betrachtung der Himmelsbewegungen wählen und wählte ihn so, dass man sie mathematisch möglichst leicht errechnen konnte: die Plausibilität war nun nicht mehr die ästhetische, ethische und theologische, sondern die mathematische. Seit KANT-LAPLACE sah man sich in ein sich selbst stetig veränderndes Universum, dessen Evolution schwer, und seit DARWIN auch in eine Evolution alles Lebendigen versetzt, die mathematisch (fast) nicht mehr vorauszuberechnen war. Zur Übersicht über die Gegebenheiten der Welt setzte sich statt dessen nun die Idee des ‚Universal-Lexikons' oder der ‚Enzyklopädie' durch, der Sammlung und prägnanten Darstellung alles Wissens von der Welt in Büchern, auf die man jederzeit zurückgreifen konnte. Die Plausibilität war nun die der übersichtlichen Orientierung selbst. Die Zusammenstellung des universalen Wissens nahm aber ihrerseits Zeit, die Zeit von Jahrzehnten, in Anspruch: so veraltete sie schon im Entstehen (was laufend Ergänzungsbände und Neubearbeitungen der Enzyklopädien notwendig machte). Und mit der Zeit wurden die ‚systematischen', nach Sachfeldern geordneten Enzyklopädien durch alphabetische, nach der Abfolge der Buchstaben im Alphabet geordnete ersetzt: so verfuhren auch ZEDLER mit seinem Universal-Lexicon und DIDEROT und D'ALEMBERT mit ihrer Encyclopédie (3.2.), denn nur so war angesichts der sich beschleunigenden Vermehrung des Wissens die Übersicht zu behalten.³¹ Das Alphabet ist ein Ordnungsprinzip der Weltabkürzungskunst in Sprachzeichen (8.3.). Seine Abfolge ist, wenn man sie einmal beherrscht, leicht zu übersehen – und doch ist sie arbiträr. Da sie uns, wie unsere Sprache im ganzen, selbstverständlich ist, sehen wir zumeist darüber hinweg.

Der Begriff der Seele war die Antwort auf das Problem der Beherrschbarkeit der Orientierung. Für ARISTOTELES war sie das ‚Wer?' der Orientierung, das, was alles wahrnimmt und denkt (9.1.(1.)), aber auch das Prinzip eines lebendigen wollenden und fühlenden Leibes. Als solches sollte sie den Körper auch leiten und seine Leidenschaften beherrschen, um einen auskömmlichen Verkehr unter den Menschen zu ermöglichen, – sie sollte in aktuellen Begriffen die doppelte Kontingenz der Orien-

---

31 Vgl. den Art. Enzyklopädie in: Brockhaus-Enzyklopädie in 30 Bdn., a.O., Bd. 8, 174–180.

tierung an anderer Orientierung beherrschbar machen. In der neuzeitlichen Metaphysik des Bewusstseins ging man dazu vom Begriff der Seele zum Begriff des freien Willens über: er galt, anders als die auch alle unbewussten leiblichen Vorgänge leitende Seele als völlig bewusst (11.6.). Mit ihm stellte sich die notorisch umstrittene Frage nach der Unsterblichkeit der Seele nicht mehr, und so konnte er zur alleinigen Adresse für die Zuschreibung von Verantwortung werden (15.4.). Damit alle miteinander auskommen konnten, sollte die Orientierung aller bewusst und willentlich aufgrund einer gemeinsamer Einsicht in gemeinsame Normen gesteuert werden. KANT, nach dem der Wille nur ein ‚guter Wille' sein und sein Handeln anhand des kategorischen Imperativs auf seine mögliche allgemeine Gesetzlichkeit hin überprüfen sollte (15.5.,16.1.), sprach von „Kausalität aus Freiheit":[32] so hatte alles, was in der Orientierung an anderer Orientierung begegnete, wie jedes Ereignis in der Natur eine identifizier- und damit beherrschbare Ursache. Das ist beruhigend, und darum sehen wir leicht darüber hinweg, dass wir auch zur Zuschreibung von Verantwortung, politischer, juristischer und moralischer, durch eigene Nöte genötigt sind (15.6.(2)) und ethisch darauf verzichten können (16.).

Der Begriff Gottes in der metaphysischen Theologie schließlich war die Antwort auf das Orientierungsproblem schlechthin, die Ungewissheit. Gedacht als höchstes, mit Allmacht und Allwissenheit ausgestattetes Seiendes war Gott die Instanz schlechthinniger Beständigkeit, Übersichtlichkeit und Beherrschbarkeit alles Geschehens und, da er auch Vergangenheit und Zukunft völlig überschauen sollte, auch die Instanz schlechthinniger Gewissheit der Orientierung. Aber da es für sein transzendentes Dasein in der menschlichen Orientierung nur ungewisse Anhaltspunkte geben kann, bedurfte es besonderer Beweise, die es, wie die Unsterblichkeit der Seele, ebenfalls notorischem Streit aussetzten – bis SCHLEIERMACHER schließlich auf alle Beweise verzichtete (14.3.) und das Dasein Gottes im ‚Gefühl schlechthinniger Abhängigkeit' verankerte.[33] Das Gefühl der Abhängigkeit von anderem aber, dessen man bedarf und das überrascht, und von anderen, die nötigen und die beglücken können, ist das Grundgefühl der Orientierung.

---

32 Kant, Kritik der reinen Vernunft, A 532/B 560, Kritik der praktischen Vernunft, AA V, 70.
33 Vgl. Schleiermacher, Der christliche Glaube 1821–1822, § 9 (hg. von Hermann Peiter, Studienausgabe in 2 Bdn., Bd. 1, Berlin/New York 1984, 31).

19. Schluss: Der Tod (in) der Orientierung

Im Tod erlischt die Orientierung. Dass er ‚eintreten' wird, ist (vorerst noch) gewiss, wann und wie er eintreten wird, (zumeist) ungewiss. Er kann überraschend oder erwartet, natürlich oder gewaltsam ‚kommen', gewollt sein oder nicht. Man kann sich für seinen Tod, aber nicht gegen ihn entscheiden. Man erlebt (vielleicht) das Sterben, nicht den Tod.[1] Man kann sich den Tod nicht vorstellen, aber auch nicht, dass man sich nichts mehr vorstellt. So orientiert man sich unwillkürlich über den Tod hinaus, versucht ihn zu begreifen und greift ins Leere. Man kann, muss aber nicht an ihn denken. Er kann das Bedeutsamste oder das Gleichgültigste im Leben, die größte Sorge oder die größte Beruhigung sein, er kann Angst und Verzweiflung erregen oder gelassen machen, weil alle Sorge, Angst und Verzweiflung mit ihm ein Ende hat. Mit dem Tod ist es ernst, aber bei Lebzeiten erfährt man von seinem Ernst nur, wie KIERKEGAARD sagte, die „Stimmung" beim Tod anderer.[2] Man kann für das Leben und den Tod anderer verantwortlich sein, und die anderen können den eigenen Tod herbeiführen. Man kann sein Leben für andere einsetzen, für politische, moralische, religiöse Überzeugungen opfern, aber nicht verlangen, dass andere das auch tun. Auch der Tod bricht mit der Gegenseitigkeit. Man kann dem Tod metaphysische Abschlussgedanken widmen, doch alles, was man von ihm sagt, bleibt vorläufig.[3] Als immer mögliches Ende der Orientierung ist er dennoch ein Problem der Orientierung, mit dem sie zurechtkommen muss. Da er einerseits gewiss, andererseits ungreifbar ist, verschärft er noch einmal ihre Paradoxien. Er spielt in allem mit, was in diesem Buch behandelt wurde.

---

1   Vgl. Wittgenstein, Tractatus logico-philosophicus, 6.4311: „Der Tod ist kein Ereignis des Lebens. Den Tod erlebt man nicht."
2   Vgl. Kierkegaard, An einem Grabe, in: Vier erbauliche Reden 1844. Drei Reden bei gedachten Gelegenheiten, Gesammelte Werke, a.O., 13./14. Abt., 177: „Sich selbst tot denken ist der Ernst; Zeuge sein beim Tode eines andern ist Stimmung."
3   Vladimir Jankélévitch, Der Tod (1966), aus dem Frz. übers. v. Brigitta Restorff, Frankfurt am Main 2005, hat in seiner umfangreichen Monographie zusammengestellt, was man vom Tod sagen und, vor allem, nicht sagen kann.

1.-6. Ursprünglichkeit und Ausrichtung der Orientierung. – EPIKUR hat den Tod auf die nüchterne Formel gebracht „Solange wir da sind, ist er nicht da, und wenn er da ist, sind wir nicht mehr" und daraus die Folgerung gezogen, dass er uns nichts angeht.[4] Das scheint gerade für eine Philosophie der Orientierung plausibel. Der Tod wird perspektivisch betrachtet, und zwar vom Standpunkt des Lebens aus („Solange wir da sind, ist er nicht da"). EPIKUR stellte ihm freilich einen Standpunkt des Todes gegenüber („sind wir nicht mehr"). Ihn kann man im Leben nicht einnehmen. Der Tod ist ein *Ende auch der Standpunkte und Perspektiven*: wenn wir tot sind, können wir auch nicht mehr sagen, dass der Tod ‚da' ist. In der Perspektive des Lebens unterschied EPIKUR im Sinn der Antike Sein und Nicht-Sein.[5] Durch die Unterscheidung nach Sein und Nicht-Sein unterscheide sich der Weise, der Philosoph, seinerseits von der törichten, verblendeten Masse, die sich entweder von der Erwartung des Todes belästigen lasse oder ihn als Erlösung von Leiden erwarte. Mit ihr könne man auch zum Tod eine feste Haltung gewinnen, sich von Furcht und Hoffnung freihalten und ein wenn nicht langes, so doch immerhin von Lust erfülltes Leben führen. Aber vom Tod kann man nicht sagen, dass er ist oder nicht ist, und ihm so seine Bedeutung für das Leben nehmen. Er ist kein Seiendes oder Nicht-Seiendes, sondern ein Ende selbst dieser Unterscheidung, ein *Zu-Ende-Sein*.[6] Solange wir sind, steht uns dieses Zu-Ende-Sein-bevor, schiebt sich aber immer noch hinaus. So ist der Tod eine Grenze von der Art eines Horizonts, ein *zeitlicher Ho-*

---

4   Epikur nach Diogenes Laertios X, 125 (Brief an Menoikeus, 124–126), a.O., S. 499.
5   Seneca, Epistulae morales ad Lucilium, 54, 4, spitzte noch einmal zu: „Der Tod ist Nicht-Sein (mors est non esse)". Vgl. Levinas, Totalité et Infini / Totalität und Unendlichkeit, a.O., 208 f. / 339 f. – Zur Deutung des Todes in der Geschichte der Philosophie vgl. die Übersicht von Anton Hügli, Art. Tod, in: Historisches Wörterbuch der Philosophie, Bd. 10, Basel/Darmstadt 1998, Sp. 1227–1242.
6   Hans-Dieter Bahr, Den Tod denken, München 2002, hat sich noch einmal an der Frage des Nichts abgearbeitet (117–153), um sie dann unentschieden zu lassen: „Ich höre nicht auf, Nichts weder zu sein noch nicht zu sein." (153) – Heidegger hat den Tod als *Modalität* des Seins behandelt, als paradoxe, sicher eintretende oder „unüberholbare Möglichkeit" (Sein und Zeit, a.O., 250), und statt vom Sein *des* Todes vom „Sein *zum* Tode" gesprochen. Levinas hat dagegen zu Recht eingewandt, dass der Tod als Möglichkeit eine Möglichkeit wäre, die man nicht mehr ergreifen könne (außer durch Selbsttötung); er sei gerade die Unmöglichkeit aller Möglichkeiten (Totalité et Infini / Totalität und Unendlichkeit, a.O., 28/73, 252/402, und Levinas, Dieu, la Mort et le Temps, Paris 1993, deutsch: Gott, der Tod und die Zeit, übers. von Astrid Nettling und Ulrike Wasel, Wien 1996, passim).

rizont. Aber er paradoxiert auch noch den Horizont: irgendwann schiebt sich dieser Horizont nicht mehr hinaus, sondern wird erreicht und erlischt dann, und so ist er kein bloßer zeitlicher Horizont, sondern der Horizont aller zeitlichen (und räumlichen) Horizonte, der *absolute zeitliche Horizont* und damit zugleich kein Horizont mehr. Er ist unentscheidbar Horizont und Nicht-Horizont. Man ‚geht' ihm immer ‚entgegen', ‚es geht auf ihn zu', aber (zumeist) nicht wie auf einen Termin, den man sich oder den andere gesetzt haben. Er kann fern scheinen und doch nah sein und umgekehrt. Scheint er fern, wird man weniger an ihn denken oder kann ihm leichter in epikureischer Gelassenheit begegnen. Ist er nah, löst er, sofern die Orientierung von den ersten Orientierungsreflexen an der Erhaltung des Lebens dient, unwillkürlich Angst und Abwehr aus. Im täglichen Leben ist die Umsicht der Orientierung immer auch darauf ausgerichtet, den Tod abzuhalten oder wenigstens aufzuhalten, und Angst alarmiert die Orientierung. Die Aussicht auf den Tod macht, wenn man so will, gerade lebendig. So geht der Tod die Orientierung immer an, er ist eine ebenso ursprüngliche Voraussetzung für sie wie das Leben. Und ursprünglich zeigt er sich auch nicht in Furcht und Hoffnung, sondern als *Aufschub:* wie man in der Orientierung nicht an ihren Anfang kommt, weil jeder Orientierung schon Orientierung vorausgeht, so kommt man auch nicht an ihr Ende, sondern orientiert sich immer noch neu, solange man lebt.[7] Solange man lebt, hat man noch Zeit, hat man noch die Chance zu überleben, kann immer noch Freude und Genuss möglich sein. Leben, sofern der Tod es gewiss irgendwann beenden wird, ist wohl von Anfang an Sterben. Aber mit jedem Tag, an dem der Tod nicht eintritt, ist *Zeit gewonnen.* Angesichts des Todes wird in der täglichen Orientierung Zeit nicht als Verlust, sondern als Gewinn erfahren.

7. Halt der Orientierung. – Wie die Ausrichtung der Orientierung nach Horizonten, Standpunkten und Perspektiven paradoxiert der Tod auch den Umgang mit Anhaltspunkten. Sofern der Tod (bisher) gewiss wie nichts anderes ist, könnte er der *festeste Anhaltspunkt* der Orientierung und der Maßstab all ihrer Gewissheiten sein. Da die Art und die Zeit seines Eintretens aber – selbst noch im Endstadium einer tödlichen

---

7 Der Tod, so Levinas, Totalité et Infini / Totalität und Unendlichkeit, a.O., 212/ 344, ist „zugleich Drohung (menace) und Aufschub (ajournement). Er drängt (presse) und lässt Zeit (laisse le temps). Zeitlich sein ist zugleich für den Tod sein (être pour la mort) und noch Zeit haben (avoir encore du temps), gegen den Tod sein (être contre la mort)."

Krankheit, nach einem festen Entschluss zur Selbsttötung oder vor einer schon anberaumten Hinrichtung – ungewiss sind, lässt er auch wie ein Anhaltspunkt *Spielräume*. Dennoch verweist er nicht wie andere Anhaltspunkte auf weitere Anhaltspunkte und bildet so auch kein Muster mit ihnen. Er zeichnet sich nicht als etwas ab, womit man ‚etwas anfangen' kann. So ist er *kein Anhaltspunkt, an den man sich halten kann*. Aber es gibt (mehr oder weniger markante) Anhaltspunkte *für* den Tod: Gefahren, Krankheiten, Gewalt, Kriege, Katastrophen, und so kann man sich dennoch an ihm orientieren – indem man solche Anhaltspunkte meidet. Der Tod ist ein *gemiedener Anhaltspunkt*. Er ist von höchstem Belang, wenn akute Gefahr droht; doch zumeist droht sie in der alltäglichen Orientierung nicht, und so kann man ihn die meiste Zeit tatsächlich vergessen. Das *alltägliche Vergessen des Todes* muss kein Verdrängen sein. Er kann wohl verdrängt werden, aber darum ist seine Verdrängung nicht schon ein Grundzug eines „uneigentlichen" menschlichen Daseins, wie HEIDEGGER wollte, da er im „Sein zum Tode" das „Eigentliche" des Daseins erblickte. Nach ihm lag in diesem Sein zum Tode das „mögliche Ganzsein" des Daseins, weil es sich darin auf seine ganze Zeit von seiner Geburt bis zu seinem Tod besinne.[8] Doch die Orientierung braucht nicht erst ‚ganz' zu werden, sie ist in jeder Orientierungssituation schon ganz und eigentlich da, und so muss sich ‚das Dasein' nicht als ‚Sein zum Tode' verstehen. Auch was oft als Anzeichen einer generellen Verdrängung des Todes in modernen Gesellschaften geltend gemacht wird: dass heute mehr als früher Alte in Altersheimen und Kranke in Krankenhäusern sterben, muss nicht schon bedeuten, dass ihr Tod und der Tod überhaupt verdrängt würde. Fachkundige Pflege in Altersheimen und Krankenhäusern verspricht zumeist ein medizinisch besser bewahrtes Leben für die Alten und Kranken als der, meist nicht mehr existierende, altväterliche Familienkreis, und auch in Altersheimen und Krankenhäusern werden Sterbende zumeist nicht gescheut und im Stich gelassen, sondern aufmerksam betreut und von Angehörigen und Freunden besucht und begleitet. Doch selbst das will nicht jeder Sterbende. Schon MONTAIGNE hatte geschrieben, er wolle im Sterben von professionellen Kräften versorgt, aber nicht von Angehörigen und Freunden betrauert werden: „Leben und lachen wollen wir mit den Unsern, sterben und jammern aber unter Fremden."[9] Selbst wenn man

---

8 Heidegger, Sein und Zeit, §§ 46–51.
9 Montaigne, Essais, De la vanité (Über die Eitelkeit), a.O., 3.192.

Sterbende damit verschont, von ihrem bevorstehenden Tod zu sprechen,[10] verdrängt man ihn nicht; wenn sie selbst darüber sprechen wollen, wird man bereitwillig darauf eingehen.[11] Ist ihr Tod eingetreten, wird er wiederum nicht tabuiert, sondern öffentlich angezeigt. Auf Friedhöfen werden Gräber angelegt und liebevoll gepflegt, Gedenktage werden begangen usw., und selbst die Massen- und Völkermorde des 20. Jahrhunderts werden nicht verdrängt, sondern sorgfältig und engagiert im öffentlichen Gedächtnis gehalten. Die alltägliche Orientierung reagiert, wo die Situation dazu nötigt, auf den Tod weniger mit angstvoller Verdrängung als mit konzentrierter Aufmerksamkeit.

Der Mentalitätshistoriker Philippe ARIÈS, der die Verdrängungsthese populär gemacht hat,[12] wollte den Menschen einen „eigenen Tod" in ihrer jeweiligen Solidargemeinschaft erhalten; was dem in der sozialen Wirklichkeit nicht mehr entsprach, galt ihm dann als Verdrängung des Todes. Norbert ELIAS hat dagegen mit seinem Konzept der Zivilisationsstufen gezeigt, dass, soweit überhaupt von einer Verdrängung des Todes in modernen Gesellschaften die Rede sein kann, sie Ausdruck von deren Lebensbedingungen im ganzen und darum weder wirklich zu vermeiden noch zu beklagen ist: Der Tod tritt heute statistisch unvergleichlich später ein und kommt weit seltener gewaltsam als etwa im Mittelalter und kann darum lange vergessen bleiben. Er wird als natürliches Ende eines Naturgesetzen gehorchenden Lebens und darum vergleichsweise ruhig erwartet. Er wird als Ende eines selbstkontrollierten Daseins wahrgenommen und darum andern möglichst wenig zugemutet, insbesondere wenn er sie peinlichen Bildern des eigenen Verfalls aussetzt. Er muss nicht mehr in beengten Räumen inmitten zahlreicher Familienmitglieder, sondern kann in der Zurückgezogenheit eigener Zimmer stattfinden. Man hat gelernt, seine Gefühle zu beherrschen – bis zum Tod.[13] Danach geht es weniger darum, das Sterben zu verdrängen, als andere nicht mit ihm zu belasten. Auch die Soziologen Klaus FELDMANN und Werner FUCHS-HEINRITZ kritisieren im Anschluss an Talcott PARSONS die These von der allgemeinen Verdrängung des Todes; auch in den USA, von wo die These ausging, werde der Tod kultiviert und so auch akzeptiert. Der Rückzug aus der Öffentlichkeit beim Sterben sei lediglich ein Zeichen seiner Privatheit, nicht seiner Verleugnung.[14] Der Theologe Friedrich Wilhelm GRAF schildert aus-

---

10 Vgl. Heidegger, Sein und Zeit, § 51.
11 Carl Friedrich von Weizsäcker, Der Tod, in: Ansgar Paus (Hg.), Grenzerfahrung Tod, Graz/Wien/Köln 1976, 319–338, der von einer nur zeitweiligen Notwendigkeit der „Verdrängung des Todes" ausgeht, gibt dafür ein eindrückliches Beispiel (328–330).
12 Philippe Ariès, Geschichte des Todes (frz. Or. 1977), München 1980.
13 Norbert Elias, Über die Einsamkeit des Sterbenden in unseren Tagen, Frankfurt am Main 1982, 71–90.
14 Klaus Feldmann / Werner Fuchs-Heinritz, Leben und Tod im Werk von Talcott Parsons, in: Dies. (Hg.), Der Tod ist ein Problem der Lebenden. Beiträge zur Soziologie des Todes, Frankfurt am Main 1995, 140–172, bes. 157–159 u. 172.

führlich die reiche Todeskultur der Gegenwart, die sich, bis ins World Wide Web, zu einer „professionellen Todesbewältigungsindustrie" auf „einem zunehmend hart umkämpften Todesmarkt" entwickelt habe.[15]

8.-9. Zeichen und Routinen der Orientierung. – Die Zuwendung zum Tod ist auch in die Weltabkürzungskunst und die Selbststabilisierung der Orientierung eingegangen. Von ‚Sterben' und ‚Tod' redet man gewöhnlich bei Individuen, die eine besondere Bedeutung und darum einen *Namen* haben, nicht nur bei Menschen, auch bei manchen Tieren und Pflanzen und allem, was in irgendeiner Weise ‚lebendig' sein kann, Biotope, Landschaften (‚die Wüste lebt'), Völker, Städte (eine Stadt ‚stirbt aus'), Kulturen, Organisationen (‚das wäre der Tod der UNO'). Was aber einen Namen hat, kann von seinem Namen überlebt werden. Menschen bekommen Namen, bevor sie selbst sprechen können, und ihr Name wird noch genannt, wenn sie tot sind.[16] So reicht der Name über den Tod hinaus, und es kann Sterbenden Trost und Halt geben, dass er auf einem Grabstein stehenbleiben wird. Auch Photos und Briefe bleiben da, mancher wird in Artikeln und Büchern gedacht und einigen ein Denkmal gesetzt. *Rituale* des Gedenkens an Tote lassen sie im Gedächtnis der Hinterbliebenen weiterleben, und Rituale sind eigens markierte Routinen. *Routinen* um das Sterben und den Tod stabilisieren den Umgang mit ihm, schaffen eine wachsende Vertrautheit mit ihm auch bei denen, denen er nicht unmittelbar droht. An der ‚Stimmung' beim Sterben anderer wird der Tod den Lebenden geläufig, sie bereitet sie auf ihn vor. Aber auch die Routine bleibt vom Tod nicht unberührt. Selbst bei denen, die professionell mit ihm zu tun haben, Ärzten, Bestattern, Kriminalisten, Seelsorgern, Henkern, wo es sie noch gibt, Soldaten im Krieg, Berichterstattern, wird der Tod nie ganz zur Routine, jedenfalls dort, wo sie Toten nahe sind, sie vor sich sehen. Die routiniertesten Henker, die Betreiber der Vernichtungslager, haben sich darum ihren Opfern möglichst entzogen. Jeder Sterbende erinnert die Weiterlebenden an ihren eigenen, wie fern auch immer bevorstehenden Tod. Und stirbt ein vertrauter Mensch, so sterben mit ihm auch seine vertrauten Orientierungswelten, die (mehr oder weniger) mit den eigenen verwoben und

---

– Vgl. zur Übersicht R. E. Wiedenmann, Tod, Kultur und Gesellschaft. Literaturbericht, in: Sociologia internationalis 30 (1992), 117–124.

15 Friedrich Wilhelm Graf, Todesgegenwart, in: F.W.G. und Heinrich Meier (Hg.), Der Tod im Leben. Ein Symposion, München/Zürich 2004, 7–46, hier 15.

16 Vgl. Byung-Chul Han, Todesarten. Philosophische Untersuchungen zum Tod, München 1998, 30 f.

nun unwiderruflich verloren sind. Kinder, die ihre Eltern früh verlieren, Partner, die nach langem Zusammenleben durch den Tod getrennt werden, können, wie immer sie zueinander standen, über lange Zeit schwer desorientiert sein; die Trauer über den Tod von Angehörigen schließt den *Schrecken über einen endgültigen Orientierungsverlust* ein. Wegbrechende Routinen sind auf die eine oder andere Weise wiederzugewinnen, ein anderer Mensch mit seinen eigenen Orientierungswelten, an denen man sich seinerseits orientieren konnte, nicht mehr. Er kann eine dauernde ‚Lücke‘, eine Lücke in den Orientierungen der Weiterlebenden hinterlassen.

Der Tod wird so zum *Zeichen der Endgültigkeit schlechthin*. Im Leben kann alles noch einmal anders und vielleicht auch besser werden, nach dem Tod nicht mehr. Man kann die Endgültigkeit des Todes auch suchen, in der *Selbsttötung*. Sie ist kein ‚Selbstmord‘, sofern Mord Heimtücke voraussetzt und man gegen sich selbst nicht heimtückisch sein kann, aber auch kein ‚Freitod‘, weil die Selbsttötung zumeist in ausweglos erscheinender Not erfolgt.[17] Wer sich entschließt, sich zu töten, sucht nicht mehr nur Beruhigung in der Unruhe der Orientierung, sondern *endgültige Ruhe* vor ihren Nöten. Damit wird die Selbststabilisierung der Orientierung paradoxiert. Der Tod ist wohl der stabilste Zustand der Orientierung – doch einer dann nicht mehr möglichen und nicht mehr notwendigen Orientierung. Die Freiheit zur Selbsttötung, der paradoxen Tötung des Selbsts durch das Selbst, spitzt die Selbstbezüglichkeit der Orientierung am schärfsten zu: sie ist eine Freiheit, die aller Freiheit, eine Entscheidung, die allen Entscheidungen ein Ende setzt, eine Entscheidung gegen alle weiteren Entscheidungen. Entsprechend schwer ist es, jemand, der die feste Absicht zur Selbsttötung hat, mit Gründen von ihr abzubringen: er setzt sich Gründen für seine Entscheidung nicht mehr aus. Das gilt noch mehr für Märtyrer, die *für* etwas sterben wollen: sich selbst verbrennen wollen, um auf politische Missstände aufmerksam zu machen, oder durch Attentate zugleich andere töten wollen, um öffentliche Unruhe und Angst zu erregen und dadurch bestehende politische Ordnungen zu destabilisieren.[18] Aber *auch die Selbsttötung hat noch ihre*

---

17 Vgl. Hermann Pohlmeier (Hg.), Selbstmordverhütung. Anmaßung oder Verpflichtung, 2., erw. Aufl. Düsseldorf/Bonn 1994, und Ines Kappert / Benigna Gerisch / Georg Fiedler (Hg.), Ein Denken, das zum Sterben führt. Selbsttötung – das Tabu und seine Brüche, Göttingen 2004.

18 Für letztere hat sich – in den ‚westlichen‘ Medien – die Bezeichnung ‚Selbstmordattentäter‘ eingebürgert. Sie töten sich jedoch (mehr oder weniger) freiwillig

Routinen, nicht nur in den Arten ihrer Ausführung, sondern auch in der Regelmäßigkeit ihres Vorkommens. Wer dessen gewahr wird, dass er mit seiner Selbsttötung erfüllt, was Statistiken erwarten lassen, oder mit seinem Märtyrertum ein Soll, das andere gesetzt haben, kann dadurch so irritiert werden, dass er davon ablässt.

10. Orientierung durch Denken. – KANT hat mit äußerster Nüchternheit vom Tod und dem Sterben gesprochen:

> Das Sterben kann kein Mensch an sich selbst erfahren (denn eine Erfahrung zu machen, dazu gehört Leben), sondern nur an andern wahrnehmen. Ob es schmerzhaft sei, ist aus dem Röcheln oder den Zuckungen des Sterbenden nicht zu beurtheilen; vielmehr scheint es eine blos mechanische Reaction der Lebenskraft und vielleicht eine sanfte Empfindung des allmähligen Freiwerdens von allem Schmerz zu sein. -Die allen Menschen, selbst den Unglücklichsten oder auch dem Weisesten, natürliche Furcht vor dem Tod ist also nicht ein Grauen vor dem *Sterben*, sondern, wie Montaigne richtig sagt, vor dem Gedanken *gestorben* (d.i. todt) *zu sein*;[19] den also der Candidat des Todes nach dem Sterben noch zu haben vermeint, indem er das Cadaver, was nicht mehr Er selbst ist, doch als sich selbst im düstern Grabe, oder irgend sonst wo denkt. – Die Täuschung ist hier nicht zu heben; denn sie liegt in der Natur des Denkens, als eines Sprechens zu und von sich selbst. Der Gedanke *ich bin nicht* kann gar nicht *existiren*; denn bin ich nicht, so kann ich mir auch nicht bewußt werden, daß ich nicht bin. Ich kann wohl sagen: ich bin nicht gesund, u.d.g. *Prädicata* von mir selbst verneinend denken (wie es bei allen *verbis* geschieht); aber in der ersten Person *sprechend* das Subject selbst *verneinen*, wobei alsdann dieses sich selbst vernichtet, ist ein Widerspruch.[20]

Das Denken erlaubt, sich über alle möglichen Orientierungssituationen hinwegzudenken. Dennoch kann man sich nur widersprüchlich *als* tot denken – und bekommt dann Angst. Die „Natur des Denkens" selbst ruft eine „Täuschung", eine „unvermeidliche Illusion"[21] hervor: was „natürliche Furcht vor dem Tod" war, wurde, seit das Denken die letzte Gewissheit des Seins in seinem eigenen Vollzug fand, zur Furcht vor

---

selbst, um als ‚lebende Bomben' *andere* heimtückisch ermorden zu können. So wäre die Bezeichnung ‚Mördermärtyrer' zutreffender.- Zu den islam(ist)ischen Märtyrern vgl. die Beiträge von Thomas Scheffler, Friederike Pannewick und Susanne Enderwitz in Kappert / Gerisch / Fiedler (Hg.), Ein Denken, das zum Sterben führt, a.O.

19 Kant, der viele Stellen aus Montaignes Essais auswendig kannte, scheint hier Montaigne einen eigenen Gedanken zuzuschreiben. Die Stelle ist nach Reinhardt Brandt, Kritischer Kommentar zu Kants Anthropologie in pragmatischer Hinsicht (1798), Hamburg 1999, 242 f., bei Montaigne so nicht nachzuweisen.

20 Kant, Anthropologie in pragmatischer Hinsicht, AA VII, 166 f.

21 Kant, Kritik der reinen Vernunft, A 388.

einem „Gedanken", dem Gedanken des Erlöschens eben dieser Selbstgewissheit im Denken.[22] Nur sofern sich das seiner selbst gewisse Denken im Sinn DESCARTES' von allem Körperlichen unterscheidet, stellt sich die Frage von SHAKESPEARES Hamlet nach Sein und Nicht-Sein, nämlich eben dieses Denkens – die Stoffe des Körpers bleiben erhalten und gehen, wie sich Hamlet auf dem Friedhof wiederum nüchtern eingesteht, nach dem Erlöschen des Bewusstseins neue Verbindungen und Verwendungen ein.[23] PLATON dagegen dachte das Denken noch so, dass es vor dem Tod bewahrte. Im Dialog *Phaidon*, den er als letztes Gespräch des SOKRATES vor seiner Hinrichtung anlegte, ließ er ihn aus der bloßen ‚Natur des Denkens' die Unsterblichkeit der Seele beweisen. Danach sind alle begrifflichen Gegensätze umkehrbar, auch der von Leben und Tod. Also müsse wie auf Leben Tod, so auch auf Tod wieder Leben folgen. Umkehrbar aber seien die Gegensätze in der Seele. Wenn es nun die Seele und in ihr das Denken sei, in dem Gegensätze umkehrbar seien, so könne es zur Seele selbst keinen Gegensatz geben. Also könne sie nur leben, nicht sterben. So war der Tod in der denkenden Seele aufgehoben, und das Denken war dabei selbst unsterblich geworden. *Das Denken sollte den Tod überwinden*, indem es ihn als umkehrbaren Gegensatz zum Leben dachte. Und da das Denken sich im Tod von den Fesseln des körperlichen Lebens löste, konnte es im Tod auch erst rein werden. So musste der Tod für den Denkenden etwas Willkommenes und *Philosophieren überhaupt ein Sterben-Lernen und Sterben-Wollen* sein.[24] Aus der Philosophie, der ‚Liebe zur Weisheit', wurde eine Liebe zum Tod. Man kann zwar nach dem platonischen SOKRATES auch nicht wissen, was der Tod ist, und so wird man ihn nicht von sich aus suchen. Als Denker aber kann man ihm doch freundlich begegnen, wenn er kommt. Nach dem platonischen

---

22 Vgl. Luhmann, Soziale Systeme, a.O., 375: „Das Bewußtsein kann nicht an ein Ende gelangen, es hört einfach auf." – Zum Folgenden vgl. Verf., Der Tod und das Denken, in: Michael Herbst (Hg.), Der Mensch und sein Tod. Grundsätze der ärztlichen Sterbebegleitung, Frankfurt am Main u. a. 2001, 301–318.
23 Shakespeare, Hamlet, V 1: „Zum Beispiel so: Alexander starb, Alexander ward begraben, Alexander verwandelte sich in Staub; der Staub ist Erde; aus Erde machen wir Lehm: und warum sollte man nicht mit dem Lehm, worein er verwandelt ward, ein Bierfaß stopfen können."
24 Platon, Phaidon, 64a. – Zur Tradition und Kritik des Gedankens in der Existenzphilosophie vgl. Eva Birkenstock, Heißt philosophieren sterben lernen? Antworten der Existenzphilosophie: Kierkegaard, Heidegger, Sartre, Rosenzweig, Freiburg/München 1997.

SOKRATES sind wir, anders als später für EPIKUR, als Denkende eben dort, wo der Tod ist.

Auch wenn mit ihm kein Unsterblichkeitsbeweis mehr verbunden wird, hat sich das Denken des Denkens als Über-den-Tod-Hinausdenken bis heute gehalten. Erzeugt es als *Sich-über-den-eigenen-Tod-Hinausdenken* Angst vor dem Tod, so macht es als *Anderes-über-den-Tod-Hinausdenken* gelassen gegen den Tod, ist es eine Kraft, sich mit dem Tod abzufinden. Das Denken, wie es ARISTOTELES als Grundlage der Logik und der Wissenschaften konzipiert hat, ist ein *Denken dauernder Tode*, das Denken des zeitlosen Seins allgemeiner Begriffe, die als Formen bleiben, während ihre Inhalte entstehen und vergehen, paradigmatisch im Fall biologischer Arten, die sich im Kreislauf des Geboren-Werdens, Einander-Fortzeugens und Sterbens der einzelnen Lebewesen erhalten. Allgemeine Begriffe, wie sie durch ARISTOTELES dem europäischen Denken selbstverständlich geworden sind, leben vom Tod der Einzelnen; da es die Welt in allgemeinen Begriffen denkt, ist der Tod überall in ihm aufgehoben. Und so ist auch für lange Zeit plausibel geworden, dass der Einzelne einem Allgemeinen, sei es für die Belange von Familien, Völkern, Staaten, Klassen und Organisationen oder für Grundsätze von Moralen und Religionen, geopfert werden kann.

KIERKEGAARD hat dieses Denken des Denkens auf einen kurzen und paradoxen Begriff gebracht – *der Tod ist „der kürzeste Inbegriff des Lebens":*

> Wenn man auf die eine oder andere Weise fürchtet, daß man die Übersicht nicht behalten könne über das, was mannigfaltig und weitläufig ist, so sucht man sich einen kurzen Inbegriff des Ganzen zu verschaffen oder geben zu lassen – um der Überschau willen. So ist denn der Tod der kürzeste Inbegriff des Lebens, oder ist das Leben, auf dessen kürzeste Gestalt zurückgeführt. Deshalb ist es auch stets denen, die in Wahrheit über das menschliche Leben nachdenken, so wichtig gewesen, viele, viele Male mit Hilfe des kurzen Inbegriffs die Probe zu machen auf das, was sie vom Leben verstanden hatten. Denn kein Denker ist so sehr des Lebens mächtig wie der Tod das ist, dieser mächtige Denker, der nicht bloß jeden Sinnentrug denkend durchdringt, sondern ihn zu Grund und Boden denken, ihn zunichte denken kann.[25]

Indem das Denken die Orientierung in allgemeinen und immer allgemeineren Begriffen bis hin zu dem des gänzlich abstrakten zeitlosen Seins abkürzt und ihr dadurch Übersicht verschafft, macht es den Tod

---

25 Kierkegaard, Der Liebe Tun, eines Verstorbenen zu gedenken, in: Der Liebe Tun. Etliche Erwägungen in Form von Reden (1847), Gesammelte Werke, a.O., 19. Abt., 378. Vgl. auch Kierkegaard, An einem Grabe, a.O., 173–205.

überall in ihr heimisch – ohne ihn selbst denken zu können. Und darum ist das Denken vom Tod am stärksten angezogen: „Das ist denn des Denkens höchstes Paradox: etwas entdecken zu wollen, das es selbst nicht denken kann."[26] Der platonische SOKRATES konnte sich angesichts des Todes noch mit der Kraft des Denkens beruhigen. Je mehr das Vertrauen in das Denken schwand – den stärksten Verdacht gegen es erregte dann NIETZSCHE -, desto beunruhigender ist der Tod wieder geworden, als Tod nun des Einzelnen, der sich an nichts halten kann als an die Selbstbezüge seiner Orientierung.

11.-15. Orientierung an anderer Orientierung. – Man kann sich wohl am Tod anderer orientieren, der Tod ist an anderen beobachtbar. Man kann über den Tod auch allgemeine Feststellungen treffen und in sie dann auch den eigenen, noch ausstehenden Tod einbeziehen. Doch so wie das Leben eines anderen anders ist und man sich nicht an seiner Stelle orientieren kann, wird auch sein Tod ein anderer als der eigene sein. Auch wenn wir im Leben und Sterben einander beistehen, sind wir im Tod allein.[27] Allein ist man zuletzt auch dem Risiko des Todes ausgesetzt. Gefahren wie Fluten, Brände, Seuchen kann man gemeinsam abwehren. Sie treffen dennoch den einen, den andern nicht. Und *die größte Gefahr für Menschen geht von anderen Menschen aus.* In der Natur lebt alles Leben von anderem Leben, gefährdet jedes Leben anderes Leben. Unter Menschen ist jeder dem andern ausgesetzt, kann jeder dem andern zusetzen, Gewalt gegen ihn ausüben, im äußersten Fall töten. Auch ohne es zu wollen, kann jeder mit seinem Leben anderes Leben beeinträchtigen (ihm z. B. knappe Ressourcen und die Zuwendung Dritter entziehen), sein Leben unter Umständen von vornherein verhindern (z. B. in einer Familie keinen Platz mehr für es lassen), unter extremen Umständen, wie bei der Besetzung von Rettungsbooten, in Hungersnöten oder unter der Gewalt von Vernichtungslagern, nur um den Preis des Todes anderer überleben.[28] Das Risiko, das Menschen unvermeidlich füreinander sind, nötigt sie zur *Vorsicht* voreinander, und diese Vorsicht begleitet all ihre Interaktionen, Kommunikationen und Identifikationen so lange, bis sie *durch Vertrauen beruhigt* wird.

---

26 Kierkegaard, Philosophische Brocken, Gesammelte Werke, a.O., 10. Abt., 35 (Kap. 3: Das schlechthinnige Paradox).
27 Vgl. Alois Hahn, Tod und Zivilisation bei Georg Simmel, in: Klaus Feldmann / Werner Fuchs-Heinritz (Hg.), Der Tod ist ein Problem der Lebenden. Beiträge zur Soziologie des Todes, Frankfurt am Main 1995, 80–95, hier 90.
28 Vgl. Agamben, Homo Sacer, a.O.

Das Vertrauen wird bestärkt durch technische, polizeiliche und hygienische Sicherungsmaßnahmen. Sie können die Gefahr zufälliger, absichtsloser Tötungen, etwa durch einstürzende Bauten, den Straßenverkehr, durch Epidemien und durch Gewaltverbrechen usw. eindämmen; für ihre effektive Minderung zu sorgen, ist eine der Grundaufgaben des Staates. Technik, Verwaltung und Medizin können jedoch auch wieder genutzt werden, Leben gezielt zu seligieren – massenhaft und gerechtfertigt durch allgemeine Normen. Nach FOUCAULT wurde in Europa seit etwa zweihundert Jahren eine „*Bio-Politik der Bevölkerung*" entwickelt.[29] Zu ihrer Monopolgewalt über Leben und Tod des Einzelnen nahmen sich die Staaten auch das Recht zur Disziplinierung derer, die sich in ihre Gemeinschaften nicht fügten, und schließlich zur Züchtung von Leben und Lebensformen durch gezielte Zuwanderungs-, Geburten-, Gesundheits-, Sozial- und Bildungspolitiken. Sie wurden (und werden) durch ökonomische Notwendigkeiten gerechtfertigt und sind heute weitgehend selbstverständlich. (Mehr oder weniger) gestritten wird nur noch um Feinheiten der Bio-Politik, z. B. die erlaubten Grenzen der Abtreibung von werdendem menschlichem Leben, der gentechnischen Steuerung seiner Zeugung oder der Adoption. Bio-Politik konnte aber auch rassistisch begründet werden und dann, im 20. Jahrhundert, zu den schwersten Verbrechen der Menschengeschichte führen. Sie könnten nicht nur ein Unfall in der Geschichte gewesen sein. Die politische Förderung der Züchtung von Leben und Lebensformen hat im europäischen Denken,

---

29 Michel Foucault, Histoire de la sexualité, 1: La volonté de savoir, Paris 1976, deutsch: Sexualität und Wahrheit, Bd. 1: Der Wille zum Wissen, übers. v. Ulrich Raulff und Walter Seitter, Frankfurt am Main 1977, 166. Vgl. dazu Christian Geyer (Hg.), Biopolitik. Die Positionen, Frankfurt am Main 2001, und Martin Stingelin (Hg.), Biopolitik und Rassismus, Frankfurt am Main 2003. Zum Gebrauch des Begriffs Biopolitik in der gegenwärtigen bioethischen Diskussion vgl. Michael Quante, Syndrom Bioethik. Neuere Literatur zur biomedizinischen Ethik, in: Philosophische Rundschau 51.1 (2004), 1–26. Quante unterscheidet einen schwächer und einen stärker politischen Gebrauch des Begriffs. Der schwächere hebt auf die immer mehr Wirklichkeit gewordene Möglichkeit des Menschen ab, durch die Biotechnologie seine eigene Natur umzugestalten, der stärkere, auf Foucault zurückgehende, auf den generellen Sachverhalt, „dass moderne Gesellschaften aufgrund der medizinischen und naturwissenschaftlichen Erkenntniserweiterungen sowie der damit einhergehenden technischen Weiterentwicklungen den neu gewonnenen Handlungsspielraum gestalten müssen".

worauf SLOTERDIJK neu aufmerksam gemacht hat, eine alte, bis auf PLATON zurückgehende Tradition.³⁰

16. Ethische Orientierung. – Nach der Schoa, der staatlich betriebenen industriellen Tötung von Millionen von Menschen mitten in Europa, hat LEVINAS unter Rückgriff auf die jüdische Tradition der Orientierung alle allgemeinen Begründungen des Ethischen in Frage gestellt und beim Von-Angesicht-zu-Angesicht angesetzt. Auch im Von-Angesicht-zu-Angesicht erscheint der Tod, auf doppelte Weise: im Andern, der töten kann, und im Blick in sein Gesicht, der *mich* hindert, *ihn* zu töten. Die *Spannung des Von-Angesicht-zu-Angesicht* hält trotz aller polizeilichen Sicherungen und moralischen Normierungen die Vorsicht wach, dass Menschen einander töten können. Aber das bloße Gesicht des andern, in das ich sehe und das mich schutzlos ansieht, lässt mich für einen Augenblick zögern und appelliert an mich: ‚Du wirst nicht töten'. Es schafft keine Sicherheit vor der Tötung, es *verunsichert nur die Unbedenklichkeit des Tötens*. Nachdem in den Totalitarismen des 20. Jahrhunderts alle Sicherheiten versagt haben, die Europa gegen die unbedenkliche Tötung von Menschen durch Menschen aufgebaut zu haben glaubte, war es nur noch der Blick in das schutzlose Gesicht des andern, der die Mörder hemmte, und deshalb mieden sie ihn. Der Augenblick des Zögerns im Töten kann (muss nicht) den schon zum Töten Entschlossenen aufhalten und Zeit gewinnen, Zeit, sich auf die Verantwortung für den andern zu besinnen – so wie nach der Hebräischen Bibel einst Abraham sich im Töten aufhalten ließ. LEVINAS hat den Widerstand gegen die Tötung, der vom schutzlosen Gesicht des andern ausgeht, den „ethischen Widerstand"

---

30 Peter Sloterdijk, Regeln für den Menschenpark. Ein Antwortschreiben zu Heideggers Brief über den Humanismus, in: P.S., Nicht gerettet. Versuche nach Heidegger, Frankfurt am Main 2001, 302–337. Vgl. zuvor schon Henning Ottmann, Philosophie und Politik bei Nietzsche, 2. verb. und erw. Aufl. Berlin/New York 1999 (Monographien und Texte zur Nietzsche-Forschung, Bd. 17), 263: „Eine Art ‚Eugeniker' ist Platon auch gewesen. Aber wie niemand auf die Idee verfällt, die ‚Politeia' allein nach diesem Züchtungsgedanken erschließen zu wollen, so muß auch die ‚große Politik' [Nietzsches] nicht vom biologistischen Beiwerk, sondern von ihrer Moralbedeutung her verstanden werden." Zum (nicht rassistischen) Sinn der ‚Züchtung' bei Nietzsche vgl. Gerd Schank, ‚Rasse' und ‚Züchtung' bei Nietzsche, Berlin/New York 2000 (Monographien und Texte zur Nietzsche-Forschung, Bd. 44), und Verf., Eugenik und die Zukunft im außermoralischen Sinn: Nietzsches furchtlose Perspektiven, in: Stefan Lorenz Sorgner / H. James Birx / Nikolaus Knoepffler (Hg.), Eugenik und die Zukunft, Freiburg/München 2006, 27–42.

genannt.³¹ Er könnte der äußerst zerbrechliche, aber letzte Anhalt einer ethischen Orientierung sein, die sich nüchtern den Risiken des Tötens stellt, den zufälligen, mutwillig eingegangenen, moralisch gestützten und politisch planvoll organisierten.³²

Vom Tod her ist zuletzt auch die Gabe als Fluchtpunkt der ethischen Orientierung zu verstehen. Es ist einzig der Tod, der keine Gegengabe, keine Gegenseitigkeit, keinen Austausch, keine Ökonomie mehr zulässt, nichts, an dem allgemeine Normen ansetzen könnten. Er kann nichts zurückgeben, und ihm kann man nichts zurückgeben, und so wäre er, wenn er etwas wäre, was man geben kann, *reine Gabe*. Und man kann den Tod geben; DERRIDA hat die Spielräume, ihn zu geben, gründlich ausgeleuchtet.³³ Man kann einerseits jemand den Tod geben, indem man tötet, in böser oder in guter Absicht, und man kann andererseits dem für alle unvermeidlichen Tod Sinn geben und dadurch helfen, ihn zu ertragen. Nicht nur die europäische Philosophie hat vor allem darin ihren eigenen Sinn gesehen.³⁴

17. Weltorientierung. – Die weltumspannenden Medien berichten täglich von unzähligen vermeidbaren Toden: Menschen, die verhungern, Menschen, die an Seuchen sterben, Menschen, die in Verkehrsmitteln verunglücken, Menschen, die durch Naturkatastrophen zugrunde gehen, Menschen, die von Attentätern getötet werden, Menschen, die politischen Kämpfen zum Opfer fallen. Den Nachrichten über solche Tode folgt dann zumeist das beliebteste Unterhaltungsformat: der gleichzeitig

---

31 Vgl. Verf., Ethischer Widerstand. Zum Anfang der Philosophie nach der Schoa im Denken von Emmanuel Levinas, in: Trumah, Zeitschrift der Hochschule für Jüdische Studien Heidelberg, 6 (1997), 37–59.
32 Vgl. Miguel Abensour, Le contre-Hobbes d'Emmanuel Lévinas, in: Jean Halpérin et Nelly Hansson (Hg.), Difficile justice. Dans la trace d'Emmanuel Lévinas. Actes du XXXVIe Colloque des intellectuels juifs de langue française, Paris 1998, 120–133. Derrida nannte in: Le mot d'accueil, in: Jacques Derrida, Adieu à Emmanuel Lévinas, Paris 1997, 206, deutsch: Das Wort zum Empfang, in: Adieu. Nachruf auf Emmanuel Lévinas, aus dem Frz. übers. v. Reinold Werner, München 1999, 150, „das ganze Denken von Lévinas […] von Anfang bis Ende eine Meditation über den Tod (une méditation de la mort), die all das abwehrte, verwirrte, aus der Fassung brachte (détourna, dérouta, mit hors de soi), was in der Philosophie, von Platon bis zu Hegel und Heidegger, auch und zuallererst in Sorge um den Tod *epimeleia thanatou, Sein zum Tode,* war."
33 Derrida, Den Tod geben, a.O. – Vgl. dazu Tilman Beyrich, Ist Glauben wiederholbar? Derrida liest Kierkegaard (Kierkegaard Studies, Monograph Series, Bd. 6), Berlin/New York 2001.
34 Vgl. Constantin von Barloewen, Der Tod in den Weltkulturen und Weltreligionen, München 1996 / Frankfurt am Main und Leipzig 2000.

auf mehreren Fernsehkanälen (mehr oder weniger) spannend aufbereitete Mord. *Tode und Morde werden so zur alltäglichen Routine* und dadurch (mehr oder weniger) gleichgültig. Dennoch hat für jeden das eigene Leben und der eigene Tod die höchste Bedeutung. So wie sich nach BLUMENBERG in der Neuzeit die „Zeitschere" immer weiter geöffnet hat – die Dimensionen der „Weltzeit" sind durch die modernen Naturwissenschaften unermesslich weit geworden und die „Lebenszeit" des Einzelnen im Vergleich dazu unermesslich kurz -,[35] so hat sich auch die *Schere zwischen der erstrangigen Bedeutung des eigenen Lebens und der fast vollständigen Gleichgültigkeit dieses Lebens im Weltmaßstab* als ein immer weniger überbrückbarer Abgrund aufgetan, der die Orientierung schwindeln lässt. Dabei sind „Knappheit und Tod [...] die Urerfahrungen".[36] Die auseinander weisenden Spitzen der Schere sind Fluchtpunkte der Orientierung am Tod, die der Einzelne nicht vereinbaren, zwischen denen er nur oszillieren kann. Ihm scheint dann nur zu bleiben, in der knappen Lebenszeit möglichst ‚viel von der Welt mitzunehmen'.[37] Im Horizont des Todes suchen die meisten Menschen aber nicht nur die Möglichkeiten ihres begrenzten Lebens voll auszuschöpfen, sondern auch über ihren Tod hinaus Vorsorge für die Weiterlebenden zu treffen, gewöhnlich in der Absicht, ihr Leben zu erleichtern, indem sie ihnen ein gutes Erbe hinterlassen. Darüber können sie durch *Testamente* verfügen, die in (fast) aller Welt Geltung haben. Mit Hilfe der Schrift und des Rechts (oder auf andere Weise) können sie über den eigenen Tod hinaus Vorsorge für die Überlebenden treffen und ihren Willen unwiderruflich binden. In seinem Testament spricht der Tote über die Grenze des Todes hinweg noch einmal zu Lebenden und verpflichtet sie – unter der Voraussetzung, dass sie sein Erbe annehmen wollen -, ohne dass er selbst noch in die Pflicht genommen und zur Verantwortung gezogen werden könnte. So gewinnt der Testierende noch einmal eine neue Freiheit, die paradoxe Freiheit, im Tod andere zu verpflichten, ohne sich selbst zu verpflichten. Darüber kann er im Leben Genugtuung empfinden, und auch dies kann ihn den Tod leichter ertragen lassen.

---

35 Hans Blumenberg, Lebenszeit und Weltzeit, Frankfurt am Main 1986, Zweiter Teil: Die Öffnung der Zeitschere, 69–312.
36 Ebd., 37.
37 Ebd., 71 ff. Als extremes Beispiel führte Blumenberg Adolf Hitler an, der das deutsche Volk, das seinen Welt- und Glaubenskrieg nicht für ihn hatte gewinnen können, in seinen Untergang mitnehmen wollte, weil es nun nicht mehr zu überleben verdient habe (80–85).

* * *

Matthias CLAUDIUS hat den Tod selbst sprechen lassen, zu einem jungen Mädchen, das ihn als Knochenmann kommen sieht und verängstigt zurückweist. Franz SCHUBERT hat CLAUDIUS' Gedicht in seinem Streichquartett No. 14 vom Wort gelöst und bewegend variiert. Er hatte selbst den Tod schon früh zu erwarten. Seine Werke aus seinen letzten jungen Jahren (er starb mit 31) wurden mehr und mehr zu Meditationen des Todes.

Das Mädchen:
 Vorüber, ach vorüber!
 Geh, wilder Knochenmann!
 Ich bin noch jung, geh, Lieber,
 Und rühre mich nicht an.

Der Tod:
 Gib deine Hand, du zart und schön Gebild!
 Bin Freund und komme nicht zu strafen.
 Sei gutes Muts! ich bin nicht wild,
 sollst sanft in meinen Armen schlafen.

Das Gedicht setzt mit dem Schrecken des Mädchens im Angesicht des Todes ein. Der Tod begegnet ihr als Mann, als der „wilde Knochenmann", von dem man ihr erzählt haben mag, ein mit der Sense umherziehendes und wahllos Menschenleben niedermähendes Skelett, und sie sucht ihn zurückzustoßen wie jemand, der ihr Gewalt antun, sie vergewaltigen will. Sie erfährt den Schrecken vor dem Tod als Erschrecken vor der Vergewaltigung durch einen übermächtigen begehrlichen Mann. Aber dann scheint sie ruhiger zu werden. Auf ihre abwehrenden Schreie folgt ein Argument, das an die Vernunft des Mannes appelliert: „Ich bin noch jung", zu jung für ihn, er wird keine Freude an ihr haben. Aber niemand ist zu jung für den Tod. Die Abwehr des Mädchens wird leiser, schwächer, wird zur Bitte. Der Tod scheint ihr ganz nahe zu kommen und nun, in der Nähe, seinen Schrecken zu verlieren. Sie nennt ihn beschwörend „Lieber", scheint noch zu feilschen (die Singstimme macht Quinten- und Quartsprünge). Doch indem sie das Wort „Lieber" ausspricht, scheint sich ihr Gefühl umzukehren, scheint der Tod, den sie doch abdrängen will, sie anzuziehen. SCHUBERT macht das hörbar. Er wiederholt ihr letztes ängstliches „Und rühre mich nicht an" und lässt es im Metrum des Todes (den gleichmäßigen Halben und Vierteln wie im langsamen moll-Vorspiel des Klaviers) hinüberklingen in ein gelöstes „ja, Lieber, rühre mich an": sie ergibt sich ihm, gibt sich ihm hin. Als der Tod, von dem sie Gewalt erwartet, ihr nahe kommt, wird er zu einem Liebenden, der sie unwiderstehlich anzieht, den sie aus Anstand noch abwehrt, dem sie sich im Innern aber schon ergeben hat. Und der Tod antwortet auch wie ein Liebender, nimmt ihre Hand, bewundert ihre Zartheit und Schönheit und spricht nur noch aus, was sie in seiner Nähe schon erfahren hat: er ist „Freund", „nicht wild", und sie wird „sanft in seinen Armen schlafen". Sie antwortet nicht mehr. Sie ist ganz ruhig geworden, sanft eingeschlafen in den Armen des geliebten Todes (das Klaviernachspiel schließt in Dur).[38] In Matthias CLAUDIUS' Gedicht und mehr noch in SCHUBERTS Lied wird der Tod im Sterben erotisch verzaubert, und die Frage nach seinem Sinn und mit ihr die Frage nach dem Sinn des Lebens wird still.

*

NIETZSCHE, selbst leidenschaftlicher Philosoph und begnadeter Dichter, hat die Philosophen unfreundlich behandelt, wenn sie einen „Philosophen-Anspruch auf *Weisheit*" erhoben. Ist ein solcher Anspruch, fragte er dann, nicht oft genug „ein Versteck des Philosophen, hinter welches er sich aus Ermüdung, Alter, Erkaltung, Verhärtung rettet, als Gefühl vom nahen Ende, als Klugheit jenes Instinkts, den die Thiere vor dem Tode haben, – sie gehen bei Seite, werden still, wählen die Einsamkeit, verkriechen sich in Höhlen, werden weise…"[39] Aber er ließ auch seine weiseste Figur, Zarathustra, die Einsamkeit wählen und sich in Höhlen verkriechen – auf Zeit.

---

38 Für musikalische Unterstützung danke ich Brigitte Kneile, Ludwigsburg.
39 Nietzsche, Die fröhliche Wissenschaft, Nr. 359.

Zitierte Literatur

Abel, Günter, Logik und Ästhetik, in: Nietzsche-Studien 16 (1987), 112–148.
–, Interpretationswelten. Gegenwartsphilosophie jenseits von Essentialismus und Relativismus, Frankfurt am Main 1993.
–, Was ist Interpretationsphilosophie?, in: Josef Simon (Hg.), Zeichen und Interpretation, Frankfurt am Main 1994, 16–35.
–, Sprache, Zeichen, Interpretation, Frankfurt am Main 1999.
–, Zeichen der Wirklichkeit, Frankfurt am Main 2004.
Abensour, Miguel, Le contre-Hobbes d'Emmanuel Lévinas, in: Jean Halpérin et Nelly Hansson (Hg.), Difficile justice. Dans la trace d'Emmanuel Lévinas. Actes du XXXVIe Colloque des intellectuels juifs de langue française, Paris 1998, 120–133.
Aczel, Amir D., Der Kompaß. Eine Erfindung verändert die Welt, aus dem Engl. übers. v. Hainer Kober, Reinbek bei Hamburg 2005.
Adelung, Johann Christoph, Grammatisch-kritisches Wörterbuch der Hochdeutschen Mundart mit beständiger Vergleichung der übrigen Mundarten, besonders aber der Oberdeutschen [1793]. Mit D. W. Soltau's Beyträgen; revidirt und berichtiget von Franz Xaver Schönberger. 4 Theile, Wien (B. Ph. Bauer) 1811.
Adorno, Theodor W., Minima Moralia. Reflexionen aus dem beschädigten Leben, Frankfurt am Main 1951, 22. Aufl. 1994.
Agamben, Giorgio, Homo sacer. Die souveräne Macht und das nackte Leben (1995), aus dem Ital. v. Hubert Thüring, Frankfurt am Main 2002.
Agud, Ana, Zeichenphilosophie und Sprachwissenschaft, in: Tilman Borsche / Werner Stegmaier (Hg.), Zur Philosophie des Zeichens, Berlin/New York 1992, 28–39.
–, Philosophie des Zeichens und Linguistik der Faktizität, in: Josef Simon (Hg.), Orientierung in Zeichen. Zeichen und Interpretation III, Frankfurt am Main 1997, 206–224.
Albert, Dietrich / Stapf, Kurt-Hermann (Hg.), Gedächtnis, Enzyklopädie der Psychologie, Serie: Kognition, Bd. 4: Gedächtnis, Göttingen/Bern/Toronto/Seattle 1996.
Angenendt, Arnold, Toleranz und Gewalt. Das Christentum zwischen Bibel und Schwert, Münster 2007.
Apel, Karl-Otto, Diskursethik als Verantwortungsethik und das Problem der ökonomischen Rationalität, in: Bernd Biervert / Klaus Held / Josef Wieland (Hg.), Sozialphilosophische Grundlagen ökonomischen Handelns, Frankfurt am Main 1990, 121–154.
Appiah, Kwame Anthony, The Ethics of Identity, Princeton/Oxford 2005.
Arendt, Hannah, Eichmann in Jerusalem. Ein Bericht von der Banalität des Bösen, aus dem Am. v. Brigitte Granzow (1964), München/Zürich 1986.

Argyle, M. / Dean, J., Eye-contact, distance, and affiliation, in: Sociometry 28 (1965), 289–304.
Altmann, Alexander, Die trostvolle Aufklärung. Studien zur Metaphysik und politischen Theorie Moses Mendelssohns, Stuttgart-Bad Cannstatt 1982.
Ariès, Philippe, Geschichte des Todes (frz. Or. 1977), München 1980.
Ashby, W. Ross, Design for a Brain: The Origin of Adaptive Behaviour, 2. Aufl. London 1960.
Assmann, Aleida, Zeit und Tradition. Kulturelle Strategien der Dauer (Beiträge zur Geschichtskultur, hg. v. Jörn Rüsen, Bd. 15), Köln/Weimar/Wien 1999.
Atzwanger, Klaus, Verhaltensbiologische Aspekte der Aufmerksamkeit, in: Aleida und Jan Assmann (Hg.), Aufmerksamkeiten. Archäologie der literarischen Kommunikation VII, München 2001, 57–67.
Auer, Alfons, Der Rat als Quelle des Ethischen. Theologisch-ethische Überlegungen, in: Gebhard Fürst / Werner Stegmaier (Hg.), Der Rat als Quelle des Ethischen. Zur Praxis des Dialogs, Stuttgart 1993, 81–106.
Ayaß, Ruth, Versachlicht oder veraltet: Positive Moralisierungen in alltäglichen und institutionellen Kontexten, in: Jörg Bergmann / Thomas Luckmann (Hg.), Kommunikative Konstruktion von Moral. Bd. 2: Von der Moral zu den Moralen, Opladen/Wiesbaden 1999, 289–327.
Bänniger-Huber, Eva, Mimik, Ausdruck und Persönlichkeit, in: Zeitschrift für Menschenkunde 63 (1999), 205–215.
Bahr, Hans-Dieter, Den Tod denken, München 2002.
Baldwin, James Mark, Mental Development, New York 1896.
–, Story of the Mind, New York 1898.
Barkhoff, Jürgen / Böhme, Hartmut / Riou, Jeanne (Hg.), Netzwerke. Eine Kulturtechnik der Moderne, Köln/Weimar/Wien 2004.
Barloewen, Constantin von, Der Tod in den Weltkulturen und Weltreligionen, München 1996 / Frankfurt am Main und Leipzig 2000.
Barwise, Jon / Perry, John, Situationen und Einstellungen. Grundlagen der Situationssemantik [1983], Berlin/New York 1987.
Bateson, Gregory, Steps to an Ecology of Mind. Collected Essays in Anthropology, Psychiatry, Evolution und Epistemology, San Francisco 1972, deutsch: Ökologie des Geistes. Anthropologische, psychologische, biologische und epistemologische Perspektiven, übers. v. Hans Günter Holl, Frankfurt am Main 1981.
Bäuerle, Rainer, Art. Logik, temporale, in: Enzyklopädie Philosophie und Wissenschaftstheorie, hg. v. Jürgen Mittelstraß, Bd. 2, Stuttgart/Weimar 1995, 689–692.
Baudrillard, Jean, L'échange symbolique et la mort, Paris 1976, deutsch: Der symbolische Tausch und der Tod, München 1982.
Baumann, Julius, Philosophie als Orientierung über die Welt, Leipzig 1872.
Baurmann, Michael, Der Markt der Tugend. Recht und Moral in der liberalen Gesellschaft. Eine soziologische Untersuchung, Tübingen 1996.
Bayertz, Kurt, Eine kurze Geschichte der Herkunft der Verantwortung, in: K.B. (Hg.), Verantwortung: Prinzip oder Problem?, Darmstadt 1995, 3–71.

Bayle, Pierre, Dictionaire historique et critique, 3 Bde. Troisième édition, A laquelle on a ajoûté la Vie de l' Auteur, & mis ses Additions & Corrections à leur place, Rotterdam 1715.
Beck, Ulrich, Risikogesellschaft. Auf dem Weg in eine andere Moderne, Frankfurt am Main 1986.
Becker, Oskar, Beiträge zur phänomenologischen Begründung der Geometrie und ihrer physikalischen Anwendungen, in: Jahrbuch für Philosophie und phänomenologische Forschung 6 (1923), 385–560.
Beetz, Manfred, Die Körpersprache im Wandel der deutschen Rhetorik vom 17. zum 18. Jahrhundert, in: Josef Kopperschmidt (Hg.), Rhetorische Anthropologie. Studien zum Homo rhetoricus, München 2000, 39–65.
Belting, Hans, Bild-Anthropologie. Entwürfe für eine Bildwissenschaft, München 2001.
Benedikt, Michael, Orientierung und Architektonik. Perspektive und Gestalt in der Philosophie, in: Helmut Kohlenberger (Hg.), Die Wahrheit des Ganzen, Wien/Freiburg/Basel 1976, 103–120.
Benz, Ernst, Nietzsches Ideen zur Geschichte des Christentums und der Kirche (Beihefte der Zeitschrift für Religions- und Geistesgeschichte 3), Leiden 1956.
Bergmann, Jörg / Luckmann, Thomas (Hg.), Kommunikative Konstruktion von Moral. Bd. 1: Struktur und Dynamik der Formen moralischer Kommunikation. Bd. 2: Von der Moral zu den Moralen, Opladen/Wiesbaden 1999.
Berman, Harold J., Law and Revolution. The Formation of the Western Legal Tradition, Cambridge 1983, deutsch: Recht und Revolution. Die Bildung der westlichen Rechtstradition, übers. v. Hermann Vetter, Frankfurt am Main 1991.
Bernasconi, Robert, Heidegger und die Dekonstruktion. Strategien im Umgang mit der Metaphysik: Derrida, Nancy, Lacoue-Labarthe und Irigaray, in: Dieter Thomä (Hg.), Heidegger-Handbuch. Leben – Werk – Wirkung, Stuttgart/Weimar 2003, 440–450.
Berthold, Peter, Vogelzug. Eine kurze, aktuelle Gesamtübersicht, Darmstadt 1990.
Beyrich, Tilman, Ist Glauben wiederholbar? Derrida liest Kierkegaard (Kierkegaard Studies, Monograph Series, Bd. 6), Berlin/New York 2001.
Bichsel, Peter, Kindergeschichten, Neuwied/Berlin 1969.
Bienfait, H. F. / van Beek, W. E. A., Right and Left As Political Categories, in: Anthropos 96.1 (2001), 169–178.
Bierhoff, Hans-Werner, Sozialpsychologie. Ein Lehrbuch, 6., überarb. und erw. Aufl. Stuttgart/Berlin/Köln 2006.
Bierl, Anton, Der Chor in der Alten Komödie. Ritual und Performativität, Leipzig 2001.
Birkenstock, Eva, Heißt philosophieren sterben lernen? Antworten der Existenzphilosophie: Kierkegaard, Heidegger, Sartre, Rosenzweig, Freiburg/München 1997.
Black, Max, A Companion to Wittgenstein's ‚Tractatus', Ithaca/New York 1964.
Blasi, Augusto, Psychologische oder philosophische Definition der Moral. Schädliche Einflüsse der Philosophie auf die Moralpsychologie, in: Wolf-

gang Edelstein / Gertrud Nunner-Winkler (Hg.), Zur Bestimmung der Moral. Philosophische und sozialwissenschaftliche Beiträge zur Moralforschung, Frankfurt am Main 1986, 55–85.

Blum, P. R., Art. Zentrum, in: Historisches Wörterbuch der Philosophie, Bd. 12, Basel/Darmstadt 2004, Sp. 1298–1301.

Blumenberg, Hans, Paradigmen zu einer Metaphorologie [1960, Neudruck:], Frankfurt am Main 1998.

–, Schiffbruch mit Zuschauer. Paradigma einer Daseinsmetapher, Frankfurt am Main 1979.

–, Lebenszeit und Weltzeit, Frankfurt am Main 1986.

–, Höhlenausgänge, Frankfurt am Main 1989.

–, Auffallen und Aufmerken, in: H. B., Zu den Sachen und zurück. Aus dem Nachlaß hg. v. Manfred Sommer, Frankfurt am Main 2002, 182–206.

–, Das Dilemma der Selbstverständlichkeit, in: H.B., Zu den Sachen und zurück. Aus dem Nachlaß hg. v. Manfred Sommer, Frankfurt am Main 2002, 304.

Böckenförde, Ernst-Wolfgang, Die Entstehung des Staates als Vorgang der Säkularisation, in: E.-W.B., Recht, Staat, Freiheit, Frankfurt am Main 1991, 92-114.

–, Art. Rechtsstaat, in: Historisches Wörterbuch der Philosophie, Bd. 8, Basel/Darmstadt 1992, Sp. 332–342.

–, Verlust des Standhaften in jeder Hinsicht. Das Bild des Menschen im gegenwärtigen Recht, in: Frankfurter Allgemeine Zeitung vom 27. Juli 2001, S. 7.

Boehm, Gottfried, Studien zur Perspektivität. Philosophie und Kunst in der frühen Neuzeit, Heidelberg 1969.

–, (Hg.), Was ist ein Bild?, München 1994.

Böhme, Gernot, Theorie des Bildes, München 1999.

Bollnow, Otto Friedrich, Dilthey. Eine Einführung in seine Philosophie (1936^1), Stuttgart/Berlin/Köln/Mainz 1967^3.

–, Mensch und Raum, Stuttgart 1963, 10. Aufl. Stuttgart 2004.

Bolz, Norbert, Das konsumistische Manifest, München 2002.

Bonhoeffer, Dietrich, Widerstand und Ergebung. Briefe und Aufzeichnungen aus der Haft, hg. von Christian Gremmels u.a., in: D.B., Werke, hg. v. Eberhard Bethge u.a., Bd. 8, Gütersloh 1998.

Borsche, Tilman, Sprachansichten. Der Begriff der menschlichen Rede in der Sprachphilosophie Wilhelm von Humboldts, Stuttgart 1981.

–, Was etwas ist. Fragen nach der Wahrheit der Bedeutung bei Platon, Augustin, Nikolaus von Kues und Nietzsche, München 1990.

Brandom, Robert B., Making It Explicit. Reasoning, Representing and Discursive Commitment, Harvard/Cambridge 1994, deutsch: Expressive Vernunft. Begründung, Repräsentation und diskursive Festlegung, übers. v. Eva Gilmer und Hermann Vetter, Frankfurt am Main 2000.

–, Articuling Reasons. An Introduction to Inferentialism, Cambridge/London 2000, deutsch: Begründen und Begreifen. Eine Einführung in den Inferentialismus, übers. v. Eva Gilmer, Frankfurt am Main 2001.

Brandt, Reinhardt, Kritischer Kommentar zu Kants Anthropologie in pragmatischer Hinsicht (1798), Hamburg 1999.
–, Die Wirklichkeit des Bildes, München 1999.
Brecht, Bertolt, Kalendergeschichten, Hamburg 1953.
-, Gesammelte Gedichte, 4 Bde., Frankfurt am Main 1976.
Bredekamp, Horst / Bruhn, Matthias / Werner, Gabriele (Hg.), Bildwelten des Wissens. Kunsthistorisches Jahrbuch für Bildkritik, Berlin 2003 ff.
Brehmer, B., Strategies in real-time dynamic decision making, in: R. Hogarth (Hg.), Insight in decision making. A Tribute to Hillel J. Einhorn, Chicago 1990, 262–279.
Brejdak, Jaromir / Stegmaier, Werner / Zieminski, Ireneusz (Hg.), Politik und Ethik in philosophischer und systemtheoretischer Sicht. Vorträge zur 4. Internationalen Philosophischen Sommerschule des Nord- und osteuropäischen Forums für Philosophie vom 19. bis 24. August 2002 in Szczecin (Stettin), Polen, Szczecin 2003.
Brendel, Elke, Art. Antinomie, in: Enzyklopädie Philosophie, hg. v. Hans Jörg Sandkühler, Hamburg 1999, 72–76.
Brieskorn, Egbert, Lineare Algebra und analytische Geometrie I. Noten zu einer Vorlesung mit historischen Anmerkungen hg. v. Erhard Scholz, Braunschweig/Wiesbaden 1983.
[Brochard, Michel], Plexiaci Lexicon philosophicvm in qvo vocabvla a scholasticis novata avt barbare vsvrpata ab vsitatis et latinis ordine alphabetico secernvntvr, [Norimbergae 1728].
[Brockhaus,] Allgemeine deutsche Real-Encyk1opädie für die gebildeten Stände. Conversations-Lexikon. 10., verbesserte und vermehrte Auflage. In funfzehn Bänden, Bd. 11, Leipzig 1853.
Brockhaus-Enzyklopädie in 30 Bdn., 21., völlig neu bearbeitete Aufl., Leipzig/Mannheim 2006.
Brun, Rudolf, Die Raumorientierung der Ameisen und das Orientierungsproblem im allgemeinen. Eine kritische experimentelle Studie, zugleich ein Beitrag zur Theorie der Mneme, Jena 1914.
Buber, Martin, Daniel. Gespräche von der Verwirklichung (1913), in: M.B., Werke, Bd. 1, München/Heidelberg 1962.
– gemeinsam mit Franz Rosenzweig, Die Schrift, 10., verb. Aufl. der neubearb. Ausgabe von 1954, Gerlingen 1976.
Buchholz, Michael B. / Gödde, Günter (Hg.), Das Unbewusste, Bd. I: Macht und Dynamik des Unbewussten. Auseinandersetzungen in Philosophie, Medizin und Psychoanalyse, Gießen 2005, Bd. II: Das Unbewusste in aktuellen Diskursen. Anschlüsse, Gießen 2005, Bd. III: Das Unbewusste in der Praxis. Erfahrungen verschiedener Professionen, Gießen 2006.
Buckel, Sonja / Christensen, Ralph / Fischer-Lescano, Andreas (Hg.), Neue Theorien des Rechts, Stuttgart 2006.
Büchmann, Georg, Geflügelte Worte. Der Zitatenschatz des deutschen Volkes, fortgesetzt von Walter Robert Tornow u.a., durchgesehen von Alfred Grunow, München 1967.
Bühler, Karl, Sprachtheorie. Die Darstellungsfunktion der Sprache, Jena 1934, Neudruck Stuttgart 1999.

Burckhardt, Jakob, Über das Studium der Geschichte. Der Text der „Weltgeschichtlichen Betrachtungen". Auf Grund der Vorarbeiten von Ernst Ziegler nach den Handschriften hg. v. Peter Ganz, München 1982.
Burckhardt, Leonhard / Ungern-Sternberg, Jürgen von (Hg.), Große Prozesse im antiken Athen, München 2000.
Burkert, Walter, Konstruktion des Raumes und räumliche Kategorien im griechischen Denken, in: Dagmar Reichert (Hg.), Räumliches Denken, Zürich 1996, 57–85.
Busche, Hubertus, Leibniz' Weg ins perspektivische Universum. Eine Harmonie im Zeitalter der Berechnung, Hamburg 1997.
Butler, Judith, Kritik der ethischen Gewalt. Adorno-Vorlesungen 2002, aus dem Engl. v. Reiner Ansén, Frankfurt am Main 2003.
–, Imitation und die Aufsässigkeit der Geschlechtsidentität, in: Andreas Kraß (Hg.), Queer denken. Gegen die Ordnung der Sexualität (Queer Studies), Frankfurt am Main 2003, 144–168.
Calliess, Gralf-Peter, Systemtheorie: Luhmann / Teubner, in: Sonja Buckel / Ralph Christensen / Andreas Fischer-Lescano (Hg.), Neue Theorien des Rechts, Stuttgart 2006, 57–75.
Cajori, Florian, A History of Mathematical Notations, 2 Bde., London 1928–1930.
Caputo, John D., Against Principles: A Sketch of an Ethics without Ethics, in: Edith Wyschogrod / Gerald P. McKenny (Hg.) The Ethical, Oxford/Melbourne/Berlin 2003, 169–180.
Cartledge, Paul, 'Deep plays': theatre as process in Greek civic life, in: P. E. Easterling (Hg.), The Cambridge Companion to Greek Tragedy, Cambridge 1997, 3–35.
Cassirer, Ernst, Das Erkenntnisproblem in der Philosophie und Wissenschaft der neueren Zeit, Bd. 2, Berlin 1907, Neudruck der 3. Aufl. Darmstadt 1994.
–, Philosophie der symbolischen Formen, 3 Bde., Berlin 1923–29, Neudruck Darmstadt 1994.
Certeau, Michel de, L'invention du quotidien 1: arts de faire, Paris 1980, deutsch: Kunst des Handelns, aus dem Frz. v. Ronald Voullié, Berlin 1988.
Chladenius, Johann Martin, Einleitung zur richtigen Auslegung vernünftiger Reden und Schriften, Leipzig 1742, neu hg. v. Lutz Geldsetzer Düsseldorf 1969.
–, Allgemeine Geschichtswissenschaft, worinnen der Grund zu einer neuen Einsicht in allen Arten der Gelahrtheit geleget wird, Leipzig 1752, neu hg. v. Reinhart Koselleck, Wien/Köln/Graz 1985.
Christ, Kurt, Jacobi und Mendelssohn. Eine Analyse des Spinozastreits, Würzburg 1988.
Ciompi, Luc, Die emotionalen Grundlagen des Denkens. Entwurf einer fraktalen Affektlogik, Göttingen 1997.
Claesges, U., Art. Epoché, in: Historisches Wörterbuch der Philosophie, Bd. 2, Basel/Darmstadt 1972, Sp. 595 f.
–, Art. Intentionalität, in: Historisches Wörterbuch der Philosophie, Bd. 4, Basel/Darmstadt 1976, Sp. 475.

Clagett, Marshall, Einleitung zu: Nicole Oresme and the Medieval Geometry of Qualities and Motions. A Treatise on the Uniformity and Difformity of Intensities known as Tractatus de configurationibus qualitatum et motuum, ed. Marshall Clagett, Madison/Milwaukee/London 1968.

Cleve, James van / Frederick, Robert E. (Hg.), The Philosophy of Right and Left. Incongruent Counterparts and the Nature of Space, Dordrecht/Boston/London 1991.

Critchley, Simon, Überlegungen zu einer Ethik der Dekonstruktion, in: Hans-Dieter Gondek / Bernhard Waldenfels (Hg.), Einsätze des Denkens. Zur Philosophie von Jacques Derrida, Frankfurt am Main 1997, 308–344.

Cohen, Hermann, Religion der Vernunft aus den Quellen des Judentums [1919], Wiesbaden 1995.

–, Der Nächste. Vier Abhandlungen über das Verhalten von Mensch zu Mensch nach der Lehre des Judentums, Berlin 1935.

Colpe, Carsten, Religion und Mythos im Altertum, in: Carsten Colpe / Wilhelm Schmidt-Biggemann (Hg.), Das Böse. Eine historische Phänomenologie des Unerklärlichen, Frankfurt am Main 1993, 13–89.

Crusius, Christian August, Weg zur Gewißheit und Zuverläßigkeit der menschlichen Erkenntniß (1747), in: Die philosophischen Hauptwerke, hg. v. G. Tonelli, Bd. 3, Hildesheim 1965.

Dahrendorf, Ralf, Recht und Ordnung. Weniges ist schlimmer als die Beliebigkeit einer Welt ohne Halt, in: Frankfurter Allgemeine Zeitung vom 21. November 2001, S. 10.

Dalferth, Ingolf U., Die Wirklichkeit des Möglichen. Hermeneutische Religionsphilosophie, Tübingen 2003.

Damasio, Antonio, Descartes' Irrtum. Denken, Fühlen und das menschliche Gehirn, München 1995.

Dastur, Françoise, Das Gewissen als innerste Form der Andersheit. Das Selbst und der Andere bei Paul Ricœur, in: Bernhard Waldenfels / Iris Därmann (Hg.), Der Anspruch des Anderen. Perspektiven phänomenologischer Ethik, München 1998, 51–63.

David, Alain, S'orienter dans la pensée. Notes sur l'extériorité, in: Catherine Chalier / Miguel Abensour (Hg.), Cahier de l'Herne: Emmanuel Lévinas, Paris 1991, 201–223.

Deleuze, Gilles, Logique du sens, Paris 1969, deutsch: Logik des Sinns, aus dem Frz. v. Bernhard Dieckmann, Frankfurt am Main 1993.

Delhom, Pascal, Der Dritte. Lévinas' Philosophie zwischen Verantwortung und Gerechtigkeit, München 2000.

–, / Hirsch, Alfred (Hg.), Im Angesicht des Anderen. Levinas' Philosophie des Politischen, Zürich/Berlin 2005.

Derrida, Jacques, La structure, le signe et le jeu dans le discours des sciences humaines (1966), in: J. D., L'écriture et la différence, Paris 1967, 409–428, deutsch: Die Struktur, das Zeichen und das Spiel im Diskurs der Wissenschaften vom Menschen, in: J. D., Die Schrift und die Differenz, übers. v. Rodolphe Gasché, Frankfurt am Main 1972, 422–442.

–, La pharmacie de Platon (1968), in: J.D., La dissémination, Paris 1972, 69–198 (Taschenbuchausgabe Reihe Essais, 77–213), deutsch: Platons Pharmazie, übers. v. Hans-Dieter Gondek, in: J.D., Dissemination, Wien 1995.
–, Positions, Paris 1972, deutsch, Positionen, übers. v. Dorothea Schmidt unter Mitarbeit von Astrid Wintersberger, Graz/Wien 1986.
–, Hors livre. Préfaces, in: J.D., La Dissémination, Paris 1972 / Buch-Ausserhalb. Vorreden/Vorworte, in: J.D., Dissemination, übers. v. Hans-Dieter Gondek, Wien 1995, 9–68, hier 9–12/11–14.
–, signature événement contexte, in: J.D., Marges de la philosophie, Paris 1972, 365–393, deutsch: Signatur Ereignis Kontext, übers. v. D. W. Tuckwiller, in: Randgänge der Philosophie, 2. überarb. Aufl. Wien 1999, 325–351.
–, Donner la mort, in: Jean-Michel Rabaté et Michael Wetzel (Hg.), L'éthique du don. Jacques Derrida et la pensée du don. Colloque de Royaumont, décembre 1990, Paris 1992, 11–108, deutsch: Den Tod geben, in: Anselm Haverkamp (Hg.), Gewalt und Gerechtigkeit. Derrida – Benjamin, Frankfurt am Main 1994, 331–445.
–, Force de loi. Le 'Fondement mystique de l'autorité' / Force of Law: The 'Mystical Foundation of Authority', in: Cardozo Law Review 11, 5–6 (1990), 920–1045 (bilingual presentation, engl. transl. Mary Quaintance), frz.: Force de loi. Le 'Fondement mystique de l'autorité', Paris 1994, deutsch: Gesetzeskraft. Der ‚mystische Grund der Autorität', übers. v. A. G. Düttmann, Frankfurt am Main 1991.
–, Philosophie und Literatur. Ein Gespräch mit Jacques Derrida (1990), in: Arne Ackermann / Harry Raiser / Dirk Uffelmann (Hg.), Orte des Denkens. Neue russische Philosophie, Wien 1995.
–, Donner le temps 1: La fausse monnaie, Paris 1991, deutsch: Falschgeld. Zeit geben I, aus dem Frz. v. Andreas Knop und Michael Wetzel, München 1993.
–, Politiques de l'amitié, Paris 1994, deutsch: Politik[en] der Freundschaft, übers. v. Stefan Lorenzer, Frankfurt am Main 2000.
–, Foi et savoir. Les deux sources de la 'religion' aux limites de la simple raison (1994), in: Thierry Marchaisse (Hg.), La religion. Séminaire de Capri sous la direction de Jacques Derrida et Gianni Vattimo. Avec la participation de Maurizio Ferraris, Hans-Georg Gadamer, Aldo Gargani, Eugenio Trías et Vincenco Vitiello, Paris 1996, 9–86, deutsch: Glaube und Wissen. Die beiden Quellen der ‚Religion' an den Grenzen der bloßen Vernunft, übers. von Alexander García Düttmann, in: Jacques Derrida / Gianni Vattimo, Die Religion, Frankfurt am Main 2001, 9–106.
–, Le mot d'acceuil, in: J.D., Adieu à Emmanuel Lévinas, Paris 1997, 206, deutsch: Das Wort zum Empfang, in: Adieu. Nachruf auf Emmanuel Lévinas, aus dem Frz. übers. v. Reinold Werner, München 1999.
–, De l'hospitalité (Anne Dufourmantelle invite Jacques Derrida à répondre de l'hospitalité), Paris 1997, deutsch: Von der Gastfreundschaft, mit einer „Einladung" von Anne Dufourmantelle, übers. v. Markus Sedlaczek, Wien 2001.
–, Leçon: Avouer – l'impossible: 'retours', repentir et réconciliation, in: Jean Halpérin / Nelly Hansson (Hg.), Comment vivre ensemble? Actes du

XXXVIIe Colloque des intellectuels juifs de langue française (1998), Paris 2001.
–, Voyous. Deux essais sur la raison, Paris 2003, deutsch: Schurken. Zwei Essays über die Vernunft, aus dem Frz. v. Horst Brühmann, Frankfurt am Main 2006.
Dershowitz, Alan M., Die Entstehung von Recht und Gesetz aus Mord und Totschlag, aus dem Am. von Ilse Utz, Hamburg 2002.
Descartes, René, Œuvres et Lettres, éd. par André Bridoux (Bibliothèque de la Pléidade), Paris 1953.
–, Die Leidenschaften der Seele [1649], französisch-deutsch, hg. u. übers. von Klaus Hammacher, Hamburg 1996.
Dewey, John, Existence as Precarious and as Stable, in: J. A. Boydston (Hg.), John Dewey. The Later Works, 1925–1953, Vol. 1, Carbondale 1981.
[Diderot, Denis, / d'Alembert, Jean le Rond,] Encyclopédie ou Dictionnaire raisonné des sciences, des arts et des métiers, par une société de gens de lettres, mis en ordre et publié par M. Diderot, de l' Académie Royale des Sciences et Belles-Lettres de Prusse, et, quant à la partie mathématique, par M. d' Alembert, de l' Académie Royale des Sciences de Paris et de celle de Prusse et de la Société Royale de Londres, Paris u. a. 1751–1772.
Diemer, Alois, Art. Bewußtsein, in: Historisches Wörterbuch der Philosophie, Bd. 1, Basel/Darmstadt 1971, Sp. 888–896.
Dierse, Ulrich, Art. Religion I, in: Historisches Wörterbuch der Philosophie, Bd. 8, Basel/Darmstadt 1992, Sp. 632 f.
Dietz, Simone u. a. (Hg.), Sich im Denken orientieren. Für Herbert Schnädelbach, Frankfurt am Main 1996.
Dilthey, Wilhelm, Einleitung in die Geisteswissenschaften. Versuch einer Grundlegung für das Studium der Gesellschaft und der Geschichte, 1. Bd. (1883), in: W.D., Gesammelte Schriften, Bd. I, hg. v. Bernhard Groethuysen, Stuttgart/Göttingen 1959.
–, Weltanschauungslehre. Abhandlungen zur Philosophie der Philosophie (1880–1911), in: W.D., Gesammelte Schriften, Bd. VIII, hg. v. Bernhard Groethuysen, Stuttgart/Göttingen 1931.
–, Leben Schleiermachers, 2. Bd.: Schleiermachers System als Philosophie und Theologie, aus dem Nachlaß hg. v. Martin Redeker, Gesammelte Schriften, Bd. XIV, Göttingen 1966.
–, Grundlegung der Wissenschaften vom Menschen, der Gesellschaft und der Geschichte. Ausarbeitungen und Entwürfe zum 2. Band der Einleitung in die Geisteswissenschaften, in: Gesammelte Schriften, Bd. XIX, hg. v. Helmut Johach und Frithjof Rodi, Göttingen 1982.
–, Psychologie als Erfahrungswissenschaft. Erster Teil: Vorlesungen zur Psychologie und Anthropologie (ca. 1875–1894), in: W.D., Gesammelte Schriften, Bd. XXI, hg. v. Guy van Kerckhoven und Hans-Ulrich Lessing, Göttingen 1997.
Diogenes Laertios, Leben und Lehre der Philosophen, aus dem Griech. übers. und hg. von Fritz Jürß, Stuttgart 1998.
Dörner, Dietrich, Bauplan für eine Seele, Reinbek bei Hamburg 1999.

Dostojewski, [Fjodor Michailowitsch,] Die Brüder Karamasow. Roman (1879–80), aus dem Russ. übers. von E. K. Rahsin, München 1906, Neudruck München 1985 / von Karl Nötzel, Leipzig 1921, Neudruck Frankfurt am Main 1986.
Doyé, Sabine / Heinz, Marion / Kuster, Friederike (Hg.), Philosophische Geschlechtertheorien. Ausgewählte Texte von der Antike bis zur Gegenwart, Stuttgart 2002.
Dreier, Ralf, Recht – Staat – Vernunft. Studien zur Rechtstheorie 2, Frankfurt am Main 1991.
Drobisch, Moritz Wilhelm, Beiträge zur Orientirung über Herbart's System der Philosophie, Leipzig 1843.
Druckman, Daniel / Rozelle, Richard M. / Baxter, James C., Nonverbal Communication, Beverly Hills, California 1982.
Dühring, Eugen, Logik und Wissenschaftstheorie. Denkerisches Gesammtsystem verstandessouveräner Geisteshaltung, Leipzig 1878.
Dworkin, Ronald, Taking Rights Seriously, Cambridge 1978, deutsch: Bürgerrechte ernstgenommen, übers. v. Ursula Wolf, Frankfurt am Main 1984.
Eco, Umberto, Das offene Kunstwerk. Form und Unbestimmtheit in gegenwärtigen Poetiken (1962), übers. v. G. Memmert, Frankfurt am Main 1973.
–, La struttura assente. La ricerca semiotica e il metodo strutturale (1968), deutsch u.d.T.: Einführung in die Semiotik, übers. v. Jürgen Trabant, München 1972.
Eimer, Martin / Nattkemper, Dieter / Schröger, Erich / Prinz, Wolfgang, Unwillkürliche Aufmerksamkeit, in: Odmar Neumann / Andries F. Sanders (Hg.), Enzyklopädie der Psychologie, Serie: Kognition, Bd. 2: Aufmerksamkeit, Göttingen/Bern/Toronto/Seattle 1996, 219–266.
Eilenberger, Wolfram, Lob des Tores. 40 Flanken in Fußballphilosophie, Berlin 2006.
Ekman, Paul / Friesen, Wallace V., Facial Action Coding System, Palo Alto/Cal. 1978.
Elias, Norbert, Über den Prozeß der Zivilisation. Soziogenetische und psychogenetische Untersuchungen (1939), 2 Bde., Frankfurt am Main 1976.
–, Über die Einsamkeit des Sterbenden in unseren Tagen, Frankfurt am Main 1982.
–, Über die Zeit. Arbeiten zur Wissenssoziologie II, hg. v. Michael Schröter, Frankfurt am Main 1984.
–, Engagement und Distanzierung, hg. u. übers. von Michael Schröter, Ges. Schriften, Bd. 8, bearbeitet v. Johan Heilbron, Frankfurt am Main 2003.
Encyclopaedia Britannica: or, a Dictionary of Art and Sciences, in three volumes, by a Society of Gentlemen in Scotland, compiled upon a new Plan, Edinburgh 1771.
Enders, Christoph, Die Menschenwürde in der Verfassungsordnung. Zur Dogmatik des Art. 1 GG, Tübingen 1997.
–, Sozialstaatlichkeit im Spannungsfeld von Eigenverantwortung und Fürsorge, in: Veröffentlichungen der Vereinigungen der Deutschen Staatsrechtslehrer 64 (2005), 7–52.

Engelen, Eva-Maria, Erkenntnis und Liebe. Zur fundierenden Rolle des Gefühls bei den Leistungen der Vernunft, Göttingen 2003.
Engelhardt, P., Art. Intentio, in: Historisches Wörterbuch der Philosophie, Bd. 4, Basel/Darmstadt 1976, Sp. 466–474.
Erdmann, Benno, Kant's Kriticismus in der ersten und zweiten Auflage der Kritik der reinen Vernunft. Eine historische Untersuchung, Leipzig 1878, Nachdruck Hildesheim 1973.
Erikson, Erik H., Identity. Youth and Crisis, New York 1968, deutsch: Jugend und Krise. Die Psychodynamik im sozialen Wandel, München 1968.
Esposito, Elena, Paradoxien als Unterscheidungen von Unterscheidungen, in: Hans Ulrich Gumbrecht / K. Ludwig Pfeiffer (Hg.), Paradoxien, Dissonanzen, Zusammenbrüche. Situationen offener Epistemologie, Frankfurt am Main 1991, 58–82.
–, Geheimnis im Raum, Geheimnis in der Zeit, in: Dagmar Reichert (Hg.), Räumliches Denken, Zürich 1996, 303–330.
–, Soziales Vergessen. Formen und Medien des Gedächtnisses der Gesellschaft, Frankfurt am Main 2002.
Faber, Karl-Georg, Realpolitik als Ideologie. Die Bedeutung des Jahres 1866 für das politische Denken in Deutschland, in: Historische Zeitschrift 203 (1966), 1–45.
Farinelli, Franco, Von der Natur der Moderne: eine Kritik der kartographischen Vernunft, in: Dagmar Reichert (Hg.), Räumliches Denken, Zürich 1996, 267–301.
Fast, Julius, Body Language, New York 1970, deutsch: Körpersprache, Reinbek bei Hamburg 1979.
Feinberg, Joel, Supererogation and Rules, in: J.F., Doing and Deserving. Essays in the Theory of Responsibility, Princeton 1974, 3–24.
Felderer, Brigitte / Macho, Thomas (Hg.), Höflichkeit. Aktualität und Genese von Umgangsformen, München 2002.
Feldmann, Klaus / Fuchs-Heinritz, Werner, Leben und Tod im Werk von Talcott Parsons, in: Dies. (Hg.), Der Tod ist ein Problem der Lebenden. Beiträge zur Soziologie des Todes, Frankfurt am Main 1995, 140–172.
[Felice, M. de,] Encyclopédie, ou Dictionnaire universel raisonné des connoaissances humaines, mis en ordre par M. de Felice, 42 Bde., Yverdon 1770–1775.
Fichte, Johann Gottlieb, Sämmtliche Werke, hg. von I. H. Fichte, Leipzig 1845/46.
Figal, Günter, Handlungsorientierung und anderes als das. Überlegungen zur Platonischen 'Idee des Guten', in: Rainer Enskat (Hg.), Amicus Plato, magis amica veritas. Festschrift für Wolfgang Wieland zum 65. Geburtstag, Berlin/New York 1998, 144–153.
–, Gegenständlichkeit. Das Hermeneutische und die Philosophie, Tübingen 2006.
Fischer-Lescano, Andreas, und Teubner, Gunther, Prozedurale Rechtstheorie, in: Sonja Buckel / Ralph Christensen / Andreas Fischer-Lescano (Hg.), Neue Theorien des Rechts, Stuttgart 2006, 79–96.

Flaig, Egon, Unsere fremd gewordene Antike. Warum wir ihr mehr verdanken, als wir noch wahrhaben wollen, in: Neue Züricher Zeitung vom 6./7. Oktober 2001, 85 f.

Flasch, Kurt, Art. Ding, in: Historisches Wörterbuch der Philosophie, Bd. 2, Basel/Darmstadt 1972, Sp. 249–251.

Flashar, Hellmut, Aristoteles, in: Grundriß der Geschichte der Philosophie, begr. v. Friedrich Ueberweg, völlig neubearb. Ausgabe, Die Philosophie der Antike, Bd. 3: Ältere Akademie – Aristoteles – Peripatos, hg. v. Hellmut Flashar, Basel/Stuttgart 1983, 256 f.

Flusser, Vilém, Gesten. Versuch einer Phänomenologie (1991), Frankfurt am Main 1994.

Fontenelle, Bernard Le Bovier, Entretiens sur la pluralité des mondes (1686), deutsch: Dialoge über die Mehrheit der Welten, übers. von Johann Christoph Gottsched, 1727.

Foucault, Michel, Folie et déraison. Histoire de la folie à l'âge classique, Paris 1961, deutsch: Wahnsinn und Gesellschaft. Eine Geschichte des Wahns im Zeitalter der Vernunft, aus dem Frz. übers. v. Ulrich Köppen, Frankfurt am Main 1969.

–, Naissance de la clinique. Une archéologie de regard médical, Paris 1963, deutsch: Die Geburt der Klinik. Eine Archäologie des ärztlichen Blicks, aus dem Frz. übers. v. Walter Seitter, München 1973.

–, Surveiller et punir. La naissance de la prison, Paris 1975, deutsch: Überwachen und Strafen. Die Geburt des Gefängnisses, aus dem Frz. übers. v. Walter Seitter, Frankfurt am Main 1976.

–, Histoire de la sexualité, 1: La volonté de savoir, Paris 1976, deutsch: Sexualität und Wahrheit, Bd. 1: Der Wille zum Wissen, übers. v. Ulrich Raulff und Walter Seitter, Frankfurt am Main 1977.

Franck, Georg, Ökonomie der Aufmerksamkeit. Ein Entwurf, München 1998.

Frank, Hartwig, Orientierung durch Abduktion. Nietzsches semiotischer Pragmatismus, Vortrag zum Kolloquium „Orientierung" am 12. Juli 2006 in Greifswald, unveröff. Ms.

Fraenkel, G. S. / Gunn, D. L., The Orientation of Animals, Oxford 1940, 2. Aufl. New York 1961.

Frankenberg, Günter, Partisanen der Rechtskritik. Critical Legal Studies etc., in: Sonja Buckel / Ralph Christensen / Andreas Fischer-Lescano (Hg.), Neue Theorien des Rechts, Stuttgart 2006, 97–116.

Freud, Sigmund, Drei Abhandlungen zur Sexualtheorie (1905), in: Studienausgabe, hg. v. Alexander Mitscherlich u. a., Bd. V: Sexualleben, Frankfurt am Main 1972, 37–145.

Freund, Julien, Le droit comme motif et solution des conflits, in: Die Funktionen des Rechts. Vorträge des Weltkongresses für Rechts- und Sozialphilosophie, Madrid 1973, Beiheft 8 des Archivs für Rechts- und Sozialphilosophie, Wiesbaden 1974, 47–84.

Fritsch, Vilma, Links und Rechts in Wissenschaft und Leben, Stuttgart 1964.

Fürst, Gebhard / Stegmaier, Werner (Hg.), Der Rat als Quelle des Ethischen. Zur Praxis des Dialogs, Stuttgart 1993.

Gabriel, Gottfried, Literarische Form und nicht-propositionale Erkenntnis in der Philosophie, in: G.G. / Christiane Schildknecht (Hg.), Literarische Formen der Philosophie, Stuttgart 1990, 1–25.

–, Art. Mauthner, Fritz, in: Enzyklopädie Philosophie und Wissenschaftstheorie, hg. v. Jürgen Mittelstraß, Bd. 2, Stuttgart/Weimar 1995, 814 f.

Gadamer, Hans-Georg, Wahrheit und Methode. Grundzüge einer philosophischen Hermeneutik, Tübingen 1960.

Galley, Niels, Die Organisation von Augenbewegungen. Fallstudie einer mehrkanaligen Semiose, in: Roland Posner / Klaus Robering / Thomas A. Sebeok (Hg.), Semiotik / Semiotics. Ein Handbuch zu den zeichentheoretischen Grundlagen von Natur und Kultur / A Handbook on the Sign-Theoretic Foundations of Nature and Culture, 2 Teilbde., Berlin/New York 1997/ 1998, 330–344.

Ganslandt, Herbert R., Art. Entscheidungstheorie, in: Enzyklopädie Philosophie und Wissenschaftstheorie, hg. v. Jürgen Mittelstraß, Bd. 1, Stuttgart/Weimar 1995, 554–556.

Gawoll, Hans-Jürgen, Nihilismus und Metaphysik. Entwicklungsgeschichtliche Untersuchung vom deutschen Idealismus bis zu Heidegger, Stuttgart-Bad Cannstatt 1989.

Gebauer, Gunter, Fußball als religiöses Phänomen. Die Fangemeinde und ihre Initiationsriten, in: Forschung und Lehre 2006, H. 6, S. 314 f.

Gehlen, Arnold, Der Mensch, seine Natur und seine Stellung in der Welt, Berlin 1940.

Gelernter, David, Achtundfünfzig Thesen zur Informationsgesellschaft, in: Frankfurter Allgemeine Zeitung vom 15. Juni 2000, S. 59.

Gergen, Kenneth J., The Saturated Self. Dilemmas of Identity in Contemporary Life, New York 1991.

Gerhardt, Volker, Pathos und Distanz. Studien zur Philosophie Nietzsches, Stuttgart 1988.

–, Immanuel Kants Entwurf ‚Zum ewigen Frieden'. Eine Theorie der Politik, Darmstadt 1995.

–, Art. Sinn des Lebens, in: Historisches Wörterbuch der Philosophie, Bd. 9, Basel/Darmstadt 1995, Sp. 815–824.

Gethmann, Carl Friedrich, Dasein: Erkennen und Handeln. Heidegger im phänomenologischen Kontext, Berlin/New York 1993.

–, Art. Paradigma, in: Enzyklopädie Philosophie und Wissenschaftstheorie, hg. v. Jürgen Mittelstraß, Bd. 3, Stuttgart/Weimar 1995, 33–37.

–, Art. Selbst, ebd., 752–755.

–, Die Erfahrung der Handlungsurheberschaft und die Erkenntnisse der Neurowissenschaften, in: Dieter Sturma (Hg.), Philosophie und Neurowissenschaften, Frankfurt am Main 2006, 215–239.

Geyer, Christian (Hg.), Biopolitik. Die Positionen, Frankfurt am Main 2001.

–, Die absolute Situation. Wie Georg Simmel seine Philosophie auf den Krieg einschwor, in: Frankfurter Allgemeine Zeitung vom 14. Februar 2005.

Geyer, Paul / Hagenbüchle, Roland (Hg.), Das Paradox. Eine Herausforderung des abendländischen Denkens, Tübingen 1992.

Giddens, Anthony, The Consequences of Modernity, Oxford 1990, deutsch: Die Konsequenzen der Moderne, übers. v. Joachim Schulte, Frankfurt am Main 1995.
Giesen, Bernhard, Kollektive Identität. Die Intellektuellen und die Nation 2, Frankfurt am Main 1999.
Gil, Thomas, Praktische Paradoxien, Berlin 2005.
Glass, James M., Shattered Selves. Multiple Personality in a Postmodern World, Ithaca 1993.
Goclenius, Rodolphus, Lexicon philosophicum, quo tanquam clave philosophiae fores aperiuntur, Francofurti (Matthias Becker / Petrus Musculus) 1613.
–, Lexicon philosophicum graecum, opus sane omnibus philosophiae alumnis valde necessarium cum perspicientia Philosophysici sermonis plurimum etiam ad cognitionem rerum utile, Marchioburgi (Rudolphus Hutwelckerus / Petrus Musculus) 1615.
Gödde, Günter, Traditionslinien des ‚Unbewußten'. Schopenhauer, Nietzsche, Freud, Tübingen 1999.
Goertzel, Ben / Pritchard, John, Die Internet-Ökonomie als komplexes System, in: Frankfurter Allgemeine Zeitung vom 17. März 2000, S. 53.
Goethe, Johann Wolfgang von, Werke, hg. im Auftrag der Großherzogin Sophie von Sachsen, 133 Bde., 1887–1919.
–, Werke. Hamburger Ausgabe in 14 Bdn., 16., durchges. Aufl. München 1998.
Goffman, Erving, Stigma. Notes on the Management of Spoiled Identity, New York 1963, deutsch: Stigma. Über Techniken der Bewältigung beschädigter Identität, Frankfurt am Main 1967.
–, Interaction Ritual. Essays on Face-to-Face Behaviour, New York 1967, deutsch: Interaktionsrituale. Über Verhalten in direkter Kommunikation, übers. v. Renate Bergsträsser und Sabine Bosse, Frankfurt am Main 1971.
–, Relations in Public. Microstudies of Public Order, New York 1971, deutsch: Das Individuum im öffentlichen Austausch. Mikrostudien zur öffentlichen Ordnung, übers. v. R. u. R. Wiggershaus, Frankfurt am Main 1974.
–, Frame Analysis. An Essay on the Organization of Experience, London 1974, deutsch: Rahmen-Analyse. Ein Versuch über die Organisation von Alltagserfahrungen, übers. v. Hermann Vetter, Frankfurt am Main 1977.
Goldenbaum, Ursula, Mendelssohns schwierige Beziehung zu Spinoza, in: Eva Schürmann / Norbert Waszek / Frank Weinreich (Hg.), Spinoza im Deutschland des achtzehnten Jahrhunderts. Zur Erinnerung an Hans-Christian Lucas, Stuttgart-Bad Cannstatt 2002, 265–317.
Goldhill, Simon, The audience of Athenian tragedy, in: P. E. Easterling (Hg.), The Cambridge Companion to Greek Tragedy, Cambridge 1997.
Gondek, Hans-Dieter, Zeit und Gabe, in: H.-D.G. / Bernhard Waldenfels (Hg.), Einsätze des Denkens. Zur Philosophie von Jacques Derrida, Frankfurt am Main 1997, 183–225.
Goleman, Daniel, Emotional Intelligence. Why it can matter more than IQ, New York 1995.
Gollwitzer, P. M., Das Rubikonmodell der Handlungsphasen, in: J. Kuhl / H. Heckhausen (Hg.), Enzyklopädie der Psychologie, Serie: Motivation und

Emotion, Bd. 4: Motivation, Volition, Handlung, Göttingen/Bern/Toronto/Seattle 1996, 531–582.

Goodman, Nelson, Sprachen der Kunst, Entwurf einer Symboltheorie (1968), übers. v. Bernd Philippi, Frankfurt am Main 1995.

–, Weisen der Welterzeugung (1978), übers. v. Max Looser, Frankfurt am Main 1984.

Goody, Jack, Die Logik der Schrift und die Organisation von Gesellschaft, Frankfurt am Main 1990.

Gould, Stephen Jay, Die Entdeckung der Tiefenzeit. Zeitpfeil oder Zeitzyklus in der Geschichte unserer Erde, aus dem Am. v. Holger Fließbach, München 1990.

Gowans, Christopher (Hg.), Moral Dilemmas, New York/Oxford 1987.

Graf, Friedrich Wilhelm, Todesgegenwart, in: F.W.G. und Heinrich Meier (Hg.), Der Tod im Leben. Ein Symposion, München/Zürich 2004, 7–46.

Grasnick, Walter, Das Recht der Zeichen – im Zeichen des Rechts, in: Josef Simon / Werner Stegmaier (Hg.), Fremde Vernunft. Zeichen und Interpretation IV, Frankfurt am Main 1998, 194–237.

Grau, Oliver, Virtuelle Kunst in Geschichte und Gegenwart. Visuelle Strategien, Berlin 2001.

Graumann, Carl-Friedrich, Grundlagen einer Phänomenologie und Psychologie der Perspektivität, Berlin 1960.

–, Bewußtsein und Bewußtheit. Probleme und Befunde der psychologischen Bewußtseinsforschung, in: W. Metzger (Hg.), Handbuch der Psychologie in 12 Bdn., Allgemeine Psychologie, Bd. I: Der Aufbau des Erkennens, 1. Halbbd.: Wahrnehmung und Bewußtsein, Göttingen 1966, 79–127.

Grimm, Jacob und Wilhelm, Deutsches Wörterbuch in 16 Bdn., Leipzig 1854–1954.

Groebner, Valentin, Der Schein der Person. Steckbrief, Ausweis und Kontrolle im Mittelalter, München 2004.

Großheim, Michael, Erkennen oder Entscheiden. Der Begriff der ‚Situation' zwischen theoretischer und praktischer Philosophie, in: Internationales Jahrbuch für Hermeneutik 1 (2002), 279–300.

Günthner, Susanne, Thematisierung moralischer Normen in der interkulturellen Kommunikation, in: Jörg Bergmann / Thomas Luckmann (Hg.), Kommunikative Konstruktion von Moral. Bd. 1: Struktur und Dynamik der Formen moralischer Kommunikation, Opladen/Wiesbaden 1999, 325–351.

Haarmann, Harald, Universalgeschichte der Schrift, Frankfurt am Main 1990.

Habermas, Jürgen, Arbeit und Interaktion, in: J.H., Technik und Wissenschaft als ‚Ideologie', Frankfurt am Main 1968.

–, Theorie des kommunikativen Handelns, 2 Bde., Frankfurt am Main 1981.

–, Vom pragmatischen, ethischen und moralischen Gebrauch der praktischen Vernunft, in: J.H., Erläuterungen zur Diskursethik, Frankfurt am Main 1991, 100–118.

Hacker, Peter M. S., Übersichtlichkeit und übersichtliche Darstellungen, in: Deutsche Zeitschrift für Philosophie 52.3 (2004), 405–420.

Hage, Jerald / Powers, Charles H., Post-Industrial Lives. Roles and Relationships in the 21st Century, Newbury Park 1992.
Hahn, Alois, Tod und Zivilisation bei Georg Simmel, in: Klaus Feldmann / Werner Fuchs-Heinritz (Hg.), Der Tod ist ein Problem der Lebenden. Beiträge zur Soziologie des Todes, Frankfurt am Main 1995, 80–95.
–, Die Systemtheorie Wilhelm Diltheys, in: Berliner Jahrbuch für Soziologie 9.1 (1999), 5–24.
Haker, Hille, Art. Identität, in: Marcus Düwell / Christoph Hübenthal / Micha H. Werner (Hg.), Handbuch Ethik, Stuttgart/Weimar 2002, 395–399.
Halfwassen, Jens, Art. Substanz I (Antike), in: Historisches Wörterbuch der Philosophie, Bd. 10, Basel/Darmstadt 1998, Sp. 495–507.
Hall, Edward T., The Silent Language, Garden City, New York 1959.
–, The Hidden Dimension, Garden City, New York 1966.
Halperin, David M., Ein Wegweiser zur Geschichtsschreibung der Homosexualität, in: Andreas Kraß (Hg.), Queer denken. Gegen die Ordnung der Sexualität (Queer Studies), Frankfurt am Main 2003, 171–220.
Hamann, Johann Georg, Briefwechsel, Bd. 6, hg. v. Arthur Henkel, Frankfurt am Main 1975.
Hampe, Michael, Gesetz und Distanz. Studien über die Prinzipien der Gesetzmäßigkeit in der theoretischen und praktischen Philosophie, Heidelberg 1996.
Han, Byung-Chul, Todesarten. Philosophische Untersuchungen zum Tod, München 1998.
Hartmann, Dirk, Physis und Psyche. Das Leib-Seele-Problem als Resultat der Hypostasierung theoretischer Konstrukte, in: Dieter Sturma (Hg.), Philosophie und Neurowissenschaften, Frankfurt am Main 2006, 97–123.
Hartmann, Frank, Medienphilosophie, Wien 2000.
Hartmann, Fritz, Die Orientierung. Die Physiologie, Psychologie und Pathologie derselben auf biologischen und anatomischen Grundlagen, Leipzig 1902.
Hartmann, Nicolai, Teleologisches Denken, Berlin 1951.
Hassenstein, B., Das spezifisch Menschliche nach den Resultaten der Verhaltensforschung, in: Hans-Georg Gadamer / Paul Vogler (Hg.), Neue Anthropologie, Bd. 2: Biologische Anthropologie, 2. Teil, Stuttgart/München 1972, 60–97.
Hausdorff, Felix [Pseudonym Paul Mongré], Das Chaos in kosmischer Auslese. Ein erkenntniskritischer Versuch (1898), in: Felix Hausdorff, Gesammelte Werke, hg. v. Egbert Brieskorn, Friedrich Hirzebruch, Walter Purkert, Reinhold Remmert und Erhard Scholz, Bd. VII: Philosophisches Werk, hg. v. Werner Stegmaier, Heidelberg 2004, 586–807.
–, Das Raumproblem, in: Annalen der Naturphilosophie 3 (1903), 1–23.
Havelock, Eric A., Schriftlichkeit. Das griechische Alphabet als kulturelle Revolution, Weinheim 1990.
Hegel, Georg Wilhelm Friedrich, Werke, Theorie-Werkausgabe in 20 Bdn., hg. v. Karl Markus Michel und Eva Moldenhauer, Frankfurt am Main 1970/71 [= ThWA].
–, Enzyklopädie der philosophischen Wissenschaften im Grundrisse (1830), hg. v. Friedhelm Nicolin und Otto Pöggeler, Hamburg 1959.

Heidbrink, Ludger, Kritik der Verantwortung. Zu den Grenzen verantwortlichen Handelns in komplexen Kontexten, Weilerswist 2003.
Heidegger, Martin, Zur Bestimmung der Philosophie (1919), in: M. H., Gesamtausgabe [=GA], II. Abt.: Vorlesungen, Bd. 56/57, hg. v. Bernd Heimbüchel, Frankfurt am Main 1987, 2. durchges. u. erg. Aufl. 1999.
–, Phänomenologische Interpretationen zu Aristoteles. Einführung in die phänomenologische Forschung (1921/22), in: GA, II. Abt.: Vorlesungen, Bd. 61, hg. v. Walter Bröcker und Käte Bröcker-Oltmanns, Frankfurt am Main 1985, 2., durchges. Aufl. 1994.
–, Ontologie (Hermeneutik der Faktizität) (1923), in: GA, II. Abt.: Vorlesungen, Bd. 63, hg. v. Käte Bröcker-Oltmanns, Frankfurt am Main 1982, 2. Aufl. 1995.
–, Sein und Zeit (1927), 10. Aufl. Tübingen 1963 / GA, I. Abt.: Veröffentlichte Schriften, Bd. 2, hg. v. Friedrich-Wilhelm von Herrmann, Frankfurt am Main 1977.
–, Was heißt Denken?, Tübingen 1954.
–, Vorträge und Aufsätze, Pfullingen 1954.
–, Zur Seinsfrage (1955), in: M.H., Wegmarken, Frankfurt am Main 1967, 213–253.
–, Nietzsche, 2 Bde., Pfullingen 1961.
–, Die Frage nach dem Ding. Zu Kants Lehre von den transzendentalen Grundsätzen, Tübingen 1962.
Heijden, Alexander H. C. van der, Visuelle Aufmerksamkeit, in: Odmar Neumann / Andres F. Sanders (Hg.), Aufmerksamkeit, Göttingen/Bern/Toronto/Seattle 1996 (Enzyklopädie der Psychologie, hg. v. Niels Bierbaumer u. a., Themenbereich C: Theorie und Forschung, Serie II: Kognition, Bd. 2), 7–60.
Heise, E. / Gerjets, P. / Westermann, R., Idealized action phases. A concise Rubicon-theory, in: M. Kuokkanen (Hg.), Structuralism, idealization and approximation, Amsterdam 1994, 141–158.
Hellmann, Kai-Uwe, Systemtheorie und neue soziale Bewegungen. Identitätsprobleme in der Risikogesellschaft, Opladen 1996.
Henkys, Jürgen, Dietrich Bonhoeffers Gefängnisgedichte. Beiträge zu ihrer Interpretation, Berlin (Ost) 1986.
Henrich, Dieter, Versuch über Fiktion und Wahrheit, in: D.H. / Wolfgang Iser (Hg.), Funktionen des Fiktiven (Poetik und Hermeneutik X), München 1983, 511–519.
–, Was ist Metaphysik – was Moderne? Zwölf Thesen gegen Jürgen Habermas, in: D.H., Konzepte. Essays zur Philosophie in der Zeit, Frankfurt am Main 1987, 11–43.
Herbart, Johann Friedrich, Psychologie als Wissenschaft, neu gegründet auf Erfahrung, Metaphysik und Mathematik, 2 Bde., Königsberg 1824/25.
Herder, Johann Gottfried, Sämmtliche Werke in 33 Bdn., hg. v. Bernhard Suphan, Berlin 1877–1919.
Hermanni, Friedrich / Steenblock, Volker (Hg.), Philosophische Orientierung, München 1995.

Herrmann, Theo, Schema, Schematismus II, in: Historisches Wörterbuch der Philosophie, Bd. 8, Basel/Darmstadt 1992, Sp. 1261–1263.
Herzog, Reinhart / Koselleck, Reinhart (Hg.), Epochenschwelle und Epochenbewußtsein (Poetik und Hermeneutik, Bd. 12), München 1987.
Heuer, Herbert, Doppeltätigkeiten, in: Odmar Neumann / Andries F. Sanders (Hg.), Enzyklopädie der Psychologie, Serie: Kognition, Bd. 2: Aufmerksamkeit, Göttingen/Bern/Toronto/Seattle 1996, 163–218.
Hewitt, John P., Dilemmas of the American Self, Philadelphia 1989.
Heyd, David, Supererogation. Its status in ethical theory, Cambridge 1982.
Hinske, N. / Engfer, H.J. / Janssen P. / Scherner, M., Art. Horizont, in: Historisches Wörterbuch der Philosophie, Bd. 3, Basel/Darmstadt 1974, Sp. 1187–1206.
Hirschauer, Stefan, Die soziale Konstruktion der Transsexualität. Über die Medizin und den Geschlechtswechsel, Frankfurt am Main 1999.
Hirschman, Albert O., Shifting Involvements. Private Interest and Public Action, Princeton University Press 1982, deutsch: Engagement und Enttäuschung. Über das Schwanken der Bürger zwischen Privatwohl und Gemeinwohl, übers. v. S. Offe, Frankfurt am Main 1988.
Hirtz, P. / Hotz, P. / Ludwig, G., Orientierung im Sport. Praxisideen, Schorndorf 2008 (im Erscheinen).
Hochhuth, Martin, Relativitätstheorie des Öffentlichen Rechts, Baden-Baden 2000.
Hoffmann, H. / Schrader, W. H. / Kudlien, F. / Red., Art. Norm, in: Historisches Wörterbuch der Philosophie, Bd. 6, Basel/Darmstadt 1984, Sp. 906–920.
Hoffmann, Michael H.G., Peirces Philosophie der Wissenschaft, Logik und Erkenntnistheorie. Neuere Publikationen und Editionen, in: Philosophische Rundschau 51.3 u. 4 (2004), 193–211 u. 296–313.
Hölderlin, Friedrich, Sämtliche Werke, hg. v. Friedrich Beißner, Frankfurt am Main 1965.
Holl, J. / Lenk, H. / Maring, M., Art. Verantwortung, in: Historisches Wörterbuch der Philosophie, Bd. 11, Basel/Darmstadt 2001, Sp. 566–575.
Homann, Karl, Wirtschaftsethik. Die Funktion der Moral in der modernen Wirtschaft, in: Josef Wieland (Hg.), Wirtschaftsethik und Theorie der Gesellschaft, Frankfurt am Main 1993, 32–53.
Honneth, Axel, Kampf um Anerkennung. Zur moralischen Grammatik sozialer Konflikte, Frankfurt am Main 1992.
–, Zwischen Aristoteles und Kant. Skizze einer Moral der Anerkennung, in: Wolfgang Edelstein / Gertrud Nunner-Winkler (Hg.), Moral im sozialen Kontext, Frankfurt am Main 2000, 55–76.
Hoopen, Gert ten, Auditive Aufmerksamkeit, in: Odmar Neumann / Andries F. Sanders (Hg.), Enzyklopädie der Psychologie, Serie: Kognition, Bd. 2: Aufmerksamkeit, Göttingen/Bern/Toronto/Seattle 1996, 115–161.
Howard, J. P. / Templeton, W. B., Human Spatial Orientation, New York 1966.
Huber, Günter L., Ungewißheits- und Gewißheitsorientierung im interkulturellen Bereich, in: H. Mandl / M. Dreher / H.-J. Konradt (Hg.), Ent-

wicklung und Denken im interkulturellen Kontext, Göttingen 1993, 75–98.

[Hübner, Johann,] Reales Staats-Zeitungs- und Conversations-Lexicon, Darinnen so wohl die Religionen und geistlichen Orden, die Reiche und Staaten, Meere, Seen, Flüsse, Städte, Festungen, Schlösser, Häfen, Berge, Vorgebürge, Pässe und Wälder, die Linien Deutscher hoher Häuser [...]; Als auch Andere in Zeitungen und täglicher Conversation vorkommende aus fremden Sprachen entlehnte Wörter, nebst denen alltäglichen Terminis Juridicis und Technicis, denen Gelehrten und Ungelehrten zu sonderbaren Nutzen klar und deutlich beschrieben werden. Die vierdte Auflage [...]. Nebst vollständigen Registern und einer erneuerten Vorrede Herrn Johann Hübners [...], Leipzig (Johann Friedrich Gleditsch) 1709.

Humboldt, Wilhelm von, Ueber die Verschiedenheit des menschlichen Sprachbaus und ihren Einfluss auf die geistige Entwicklung des Menschengeschlechts, in: Akademie-Ausgabe, hg. v. Albert Leitzmann, Berlin 1903–1936, Bd. VII.

Husserl, Edmund, Zur Phänomenologie des inneren Zeitbewußtseins (1893–1917), in: Husserliana. Edmund Husserl, Gesammelte Werke [= Hua], Bd. X, hg. v. Rudolf Boehm, Haag 1966.

–, Ideen zu einer reinen Phänomenologie und phänomenologischen Philosophie. Erstes Buch: Allgemeine Einführung in die reine Phänomenologie, neu hg. v. K. Schuhmann, Hua III/1, Haag 1976.

–, Zur Phänomenologie der Intersubjektivität. Texte aus dem Nachlaß, hg. v. Iso Kern, Hua XV, Haag 1973.

–, Die Krisis der europäischen Wissenschaften und die transzendentale Phänomenologie. Eine Einleitung in die phänomenologische Philosophie, hg. v. Walter Biemel, Hua VI, Haag 1954.

Hütter, Anton, Moses Mendelssohn. Philosophie zwischen gemeinem Menschenverstand und unnützer Spekulation, Cuxhaven 1990.

Hyder, David, The Mechanics of Meaning. Propositional Content and the Logical Space of Wittgenstein's *Tractatus*, Berlin/New York 2002.

Ingarden, Roman, Über die Verantwortung. Ihre ontischen Fundamente, Stuttgart 1970.

Inglehart, Ronald, The Silent Revolution. Changing Values und Political Styles Among Western Publics, Princeton 1977, deutsch: Kultureller Umbruch. Wertwandel in der westlichen Welt, Frankfurt am Main/New York 1989.

Irrgang, Bernhard, Praktische Ethik aus hermeneutischer Sicht, Paderborn/München/Wien/Zürich 1998.

Jacobi, Friedrich Heinrich, Über die Lehre des Spinoza, in Briefen an den Herrn Moses Mendelssohn, Breslau 1785, jetzt in: F.H.J., Werke. Gesamtausgabe [= WGA], hg. von Klaus Hammacher und Walter Jaeschke, Bd. I/1: Schriften zum Spinozastreit, Hamburg/Stuttgart 1998.

–, Sendschreiben an Fichte (1799), in: Werke, Leipzig 1812–1827, Nachdruck Darmstadt 1968, Bd. 4.

Jäger, Wolfgang, Mehrheit, Minderheit, Majorität, Minorität, in: Otto Brunner / Werner Conze / Reinhart Koselleck (Hg.), Geschichtliche Grundbegriffe.

Historisches Lexikon zur politisch-sozialen Sprache in Deutschland, Bd. 3, Stuttgart 1995, 1021–1062.
Janich, Peter, Art. Zeit, in: Enzyklopädie Philosophie und Wissenschaftstheorie, hg. v. Jürgen Mittelstraß, Bd. 4, Stuttgart/Weimar 1996, 827–830.
Jankélévitch, Vladimir, Der Tod (1966), aus dem Frz. übers. v. Brigitta Restorff, Frankfurt am Main 2005.
–, Das Verzeihen. Essays zur Moral und Kulturphilosophie (1967), hg. v. Ralf Konersmann, aus dem Frz. übers. v. Claudia Brede-Konersmann. Mit einem Vorwort von Jürg Altwegg, Frankfurt am Main 2003.
Janssen, P., Art. Lebenswelt I, in: Historisches Wörterbuch der Philosophie, Bd. 5, Basel/Darmstadt 1980, Sp. 151–155.
Jaspers, Karl, Psychologie der Weltanschauungen, Berlin 1919.
–, Philosophie, 3 Bde., Berlin 1932.
Javal, Emile, Physiologie des Lesens und Schreibens (1905), Leipzig 1907.
Jensen, Bernhard, Was heißt sich orientieren? Von der Krise der Aufklärung zur Orientierung der Vernunft nach Kant, München 2003.
Joas, Hans, Die Entstehung der Werte, Frankfurt am Main 1997.
Joerden, Jan C., Art. Supererogation, in: Historisches Wörterbuch der Philosophie, Bd. 10, Basel/Darmstadt 1998, Sp. 631–633.
Jullien, François, Le détour et l'accès. Stratégies du sens en Chine, en Grèce, Paris 1995. Deutsch: Umweg und Zugang. Strategien des Sinns in China und Griechenland, übers. v. Markus Sedlaczek, Wien 2000.
–, Du „temps". Élements d'une philosophie du vivre, Paris 2001; deutsch: Über die „Zeit". Elemente einer Philosophie des Lebens, aus dem Frz. v. Heinz Jatho, Zürich/Berlin 2004.
Jung, Matthias, Die Vielfalt des Verstehens. Heidegger und die Pluralität des faktischen Lebens, in: Gudrun Kühne-Bertram / Gunter Scholtz (Hg.), Grenzen des Verstehens. Philosophische und humanwissenschaftliche Perspektiven, Göttingen 2002, 113–128.
Kaeser, Eduard, Leib und Landschaft. Für ein Naturverständnis „bei Sinnen", in: Philosophia naturalis 36 (1999), 117–156.
Kalman, Hildur, The Structure of Knowing. Existential Trust as an Epistemological Category, Stockholm 1999.
Kambartel, Friedrich, Art. Situation, in: Enzyklopädie Philosophie und Wissenschaftstheorie, hg. v. Jürgen Mittelstraß, Bd. 3, Stuttgart/Weimar 1995, 821.
Kambartel, Walter, Art. Perspektive, Perspektivismus, perspektivisch II (Kunst), in: Historisches Wörterbuch der Philosophie, Bd. 7, Basel/Darmstadt 1989, Sp. 375–377.
Kannetzky, Frank, Art. Paradoxie, in: Enzyklopädie Philosophie, hg. v. Hans Jörg Sandkühler, Hamburg 1999, 990–994.
Kant, Immanuel, Gesammelte Schriften (Akademie-Ausgabe), hg. v. der (Königlich-)Preußischen Akademie der Wissenschaften u.a., Berlin 1902 ff. [AA].
Kapp, Ernst, Grundlinien einer Philosophie der Technik. Zur Entstehungsgeschichte der Cultur aus neuen Gesichtspunkten, Braunschweig 1877, Nachdruck mit einer Einleitung von Hans-Martin Sass, Düsseldorf 1978.

Kappert, Ines / Gerisch, Benigna / Fiedler, Georg (Hg.), Ein Denken, das zum Sterben führt. Selbsttötung – das Tabu und seine Brüche, Göttingen 2004.
Kaufmann, Jean-Claude, L'invention de soi. Une théorie de l'identité, Paris 2004, deutsch: Die Erfindung des Ich. Eine Theorie der Identität, aus dem Frz. v. Anke Beck, Konstanz 2005.
Kaulbach, Friedrich, Die Metaphysik des Raumes bei Leibniz und Kant (Kant-Studien Ergänzungshefte, Bd. 79), Köln 1960.
–, Der Begriff des Standpunktes im Zusammenhang des Kantischen Denkens, in: Archiv für Philosophie 12 (1963), 14–45.
–, Weltorientierung, Weltkenntnis und pragmatische Vernunft bei Kant, in: Friedrich Kaulbach / Joachim Ritter (Hg.), Kritik und Metaphysik. Festschrift für Heinz Heimsoeth zum 80. Geburtstag, Berlin 1966, 60–75.
–, Philosophie der Beschreibung, Köln 1968.
–, Immanuel Kant, Berlin 1969.
–, Perspektivismus und Rechtsprinzip in Kants Kritik der reinen Vernunft, in: Allgemeine Zeitschrift für Philosophie 10.2 (1985), 21–35.
–, Art. Punkt, Punktualität, in: Historisches Wörterbuch der Philosophie, Bd. 7, Basel/Darmstadt 1989, Sp. 1711–1714.
–, Philosophie des Perspektivismus. 1. Teil: Wahrheit und Perspektive bei Kant, Hegel und Nietzsche, Tübingen 1990 (mehr nicht erschienen).
Kible, B., Art. Subjekt I, in: Historisches Wörterbuch der Philosophie, Bd. 10, Basel/Darmstadt 1998, Sp. 373–383.
Kierkegaard, Sören, Gesammelte Werke in 36 Abteilungen, hg. v. Emanuel Hirsch, Hayo Gerdes u. a., Düsseldorf/Köln 1950–1969 / Gütersloh 1979–1986.
Kieserling, André, Kommunikation unter Anwesenden. Studien über Interaktionssysteme, Frankfurt am Main 1999.
Kinkel, Walter, Moses Mendelssohn und Immanuel Kant, in: Kant-Studien 34 (1929), 391-409.
Klein, G. A. / Orasanu, J. / Calderwood, R. / Zsambok, C. E. (Hg.), Decision Making in Action: Models and Methods, Norwood, New Jersey 1993.
Kleinke, Chris L., Gaze and Eye Contact: A Research Review, in: Psychological Bulletin 100 (1986), 78–100.
Kintsch, Walter / Ericsson, Anders, Die kognitive Funktion des Gedächtnisses, in: Dietrich Albert / Kurt-Hermann Stapf (Hg.), Enzyklopädie der Psychologie, Serie: Kognition, Bd. 4: Gedächtnis, Göttingen/Bern/Toronto/Seattle 1996, 541–601.
Knorr Cetina, Karin, Epistemic Cultures. How the Sciences make Knowledge, Cambridge (Mass.)/London 1999, deutsch: Wissenskulturen. Ein Vergleich naturwissenschaftlicher Wissensformen, Frankfurt am Main 2002.
Kodalle, Klaus-Michael, Verzeihung des Unverzeihlichen. Mut zur Paradoxie bei Ricœur, Derrida und Løgstrup, in: Die Normativität des Wirklichen. Festschrift für Robert Spaemann, Stuttgart 2002, 414–438.
–, Annäherungen an eine Theorie des Verzeihens (Akademie der Wissenschaften und der Literatur, Abhandlungen der Geistes- und sozialwissenschaftlichen Klasse, Jg. 2006, Nr. 8), Mainz/Stuttgart 2006.

Koelega, Harry S., Vigilanz, in: Odmar Neumann / Andries F. Sanders (Hg.), Enzyklopädie der Psychologie, Serie: Kognition, Bd. 2: Aufmerksamkeit, Göttingen/Bern/Toronto/Seattle 1996, 403–478.
König, Gert, Art. Perspektive, Perspektivismus, perspektivisch I (Philosophie), in: Historisches Wörterbuch der Philosophie, Bd. 7, Basel/Darmstadt 1989, Sp. 363–375.
Kohlberg, Lawrence, Essays on moral development, 2 Bde., San Francisco 1981–1984.
Kornwachs, Klaus, Logik der Zeit – Zeit der Logik. Eine Einführung in die Zeitphilosophie, Münster 2001.
Korsgaard, Christine M., The Sources of Normativity, Cambridge 1996.
Koschorke, Albrecht, Geschichte des Horizonts. Grenze und Grenzüberschreitungen in literarischen Landschaftsbildern, Frankfurt am Main 1990.
Koselleck, Reinhart, Vergangene Zukunft. Zur Semantik geschichtlicher Zeiten, Frankfurt am Main 1989.
Koslowski, Peter, Prinzipien der Ethischen Ökonomie, Tübingen 1988.
Krämer, Hans, Integrative Ethik, Frankfurt am Main 1992.
–, Soll und kann die Ethik beraten?, in: Jakob Hans Josef Schneider (Hg.), Ethik – Orientierungswissen?, Würzburg 2002, 31–44.
Krämer, Sibylle (Hg.), Bewußtsein. Philosophische Beiträge, Frankfurt am Main 1996.
Krappmann, Lothar, Zur Verschiedenheit der Moral in unterschiedlichen Kulturen. Ein Kommentar zu Joan Millers Untersuchungen des Helfens in den USA und Indien, in: Wolfgang Edelstein / Gertrud Nunner-Winkler (Hg.), Moral im sozialen Kontext, Frankfurt am Main 2000, 363–374.
Krause, Detlef, Luhmann-Lexikon. Eine Einführung in das Gesamtwerk von Niklas Luhmann, Stuttgart 1996.
Krausser, Peter, Kritik der endlichen Vernunft. Wilhelm Diltheys Revolution der allgemeinen Wissenschafts- und Handlungstheorie, Frankfurt am Main 1968.
Kreitler, Hans / Kreitler, Shulamith, Cognitive Orientation and Behavior, New York 1976.
Kreitler, Shulamith, Consciousness and States of Consciousness: An Evolutionary Perspective, in: Evolution and Cognition 8 (2002), 27–42.
Krijnen, Christian, Nachmetaphysischer Sinn. Eine problemgeschichtliche und systematische Studie zu den Prinzipien der Wertphilosophie Heinrich Rickerts, Würzburg 2001.
–, Art. Wert, in: Marcus Düwell / Christoph Hübenthal / Micha H. Werner (Hg.), Handbuch Ethik, Stuttgart/Weimar 2002, 527–533.
Krochmalnik, Daniel, Das Zeremoniell als Zeichensprache. Moses Mendelssohns Apologie des Judentums im Rahmen der aufklärerischen Semiotik, in: Josef Simon / Werner Stegmaier (Hg.), Fremde Vernunft. Zeichen und Interpretation IV, Frankfurt am Main 1998, 238–285.
Kroll, Renate (Hg.), Metzler Lexikon Gender Studies / Geschlechterforschung. Ansätze, Personen, Grundbegriffe, Stuttgart 2002.
Kross, Mathias, Art. Struktur, in: Historisches Wörterbuch der Philosophie, Bd. 10, Basel/Darmstadt 1998, Sp. 303–314.

Krug, Wilhelm Traugott, Allgemeines Handwörterbuch der philosophischen Wissenschaften nebst ihrer Literatur und Geschichte, 5 Bde., Leipzig 1827–1834.

Krückeberg, E., Art. Authentizität, in: Historisches Wörterbuch der Philosophie, Bd. 1, Basel/Darmstadt 1971, Sp. 692 f.

Krünitz, Johann Georg, Oeconomisch-technologische Encyclopädie oder allgemeines System der Land-Haus-und-Staats-Wirthschaft in alphabetischer Ordnung, 242 Bde., Berlin 1773–1858.

Kühn, Alfred, Die Orientierung der Tiere im Raum, Jena 1919.

Kühn, Manfred, Kant. Eine Biographie. Aus dem Engl. v. Martin Pfeiffer, München 2003.

Kühneweg, Uwe, Nietzsche und Jesus – Jesus bei Nietzsche, in: Nietzsche-Studien 15 (1986), 382–397.

Kuhn, Thomas S., The Structure of Scientific Revolutions, Chicago 1962, deutsch: Die Struktur wissenschaftlicher Revolutionen, Frankfurt am Main 1967.

Kunstmann, Joachim, Raum und Religion. Über Orientierung, in: Klaas Huizing (Hg.), Kleine Transzendenzen (Fs. für Hermann Timm), Münster 2003, 159–172.

Kurz, Robert, Weltordnungskrieg. Das Ende der Souveränität und die Wandlungen des Imperialismus im Zeitalter der Globalisierung, Bad Honnef 2003.

Kvasz, Ladislav, Was bedeutet es, ein geometrisches Bild zu verstehen? Ein Vergleich der Darstellungsweisen in der euklidischen, projektiven und nichteuklidischen Geometrie, in: Dagmar Reichert (Hg.), Räumliches Denken, Zürich 1996, 95–123.

Ladeur, Karl-Heinz, Postmoderne Rechtstheorie. Selbstreferenz – Selbstorganisation – Prozeduralisierung (1992), 2. Aufl. Berlin 1995.

Lahno, Bernd, Der Begriff des Vertrauens, Paderborn 2002.

Lakatos, Imre / Musgrave, Alan (Hg.), Criticism and the Growth of Knowledge, London 1970, deutsch: Kritik und Erkenntnisfortschritt, übers. v. P. K. Feyerabend u. A. Szabó, Braunschweig 1974.

Lambert, Johann Heinrich, Die freye Perspektive, oder Anweisung, Jeden perspectivischen Aufriß von freyen Stücken, und ohne Grundriß zu verfertigen, Zürich 1759. Neudruck in: Johann Heinrich Lambert, Schriften zur Perspektive, hg. von Max Steck, Berlin 1943, 157–301.

Lando, Ortensio, Paradossi, cioe sentientie fuori del commun parere, Vinegia 1545.

Landweer, Hilge, Selbsttäuschung, in: Deutsche Zeitschrift für Philosophie 49 (2001), 209–227.

Lange, Friedrich Albert, Geschichte des Materialismus und Kritik seiner Bedeutung in der Gegenwart, 2 Bde., 2. Aufl. 1875, Neudruck hg. u. eingel. v. Alfred Schmidt, Frankfurt am Main 1974.

Lange, Heinrich, Über den Unterschied der Gegenden im Raume, in: Kant-Studien 50 (1958/59), 479–499.

Leinberger, Paul / Tucker, Bruce, The New Individualists. The Generation After the Organization Man, New York 1991.

Lenk, Hans, Interpretationskonstrukte als Interpretationskonstrukte, in: Josef Simon (Hg.), Zeichen und Interpretation, Frankfurt am Main 1994, 36–56.
Lenk, Hans / Spinner, Helmut F., Rationalitätstypen, Rationalitätskonzepte und Rationalitätstheorien im Überblick. Zur Rationalismuskritik und Neufassung der ‚Vernunft' heute, in: Herbert Stachowiak (Hg.), Pragmatik. Handbuch pragmatischen Denkens, Bd. 3: Allgemeine philosophische Pragmatik, Hamburg 1989, 1–31.
Levinas, Emmanuel, La philosophie et l'idée de l'infini (1957), in: E.L., En découvrant l'existence avec Husserl et Heidegger, Paris ²1967, 165–178, deutsch: Die Philosophie und die Idee des Unendlichen (1957), in: Die Spur des Anderen. Untersuchungen zur Phänomenologie und Sozialphilosophie, übers., hg. und eingel. v. W. N. Krewani, Freiburg/München 1983, 185–208.
–, Totalité et Infini. Essai sur l'extériorité, La Haye 1961, deutsch: Totalität und Unendlichkeit. Versuch über die Exteriorität, übers. v. Wolfgang Nikolaus Krewani, Freiburg/München 1987.
–, La tentation de la tentation (1964), in: Quatres lectures talmudiques, Paris 1968, 67–109, deutsch: Die Versuchung der Versuchung, in: E.L., Vier Talmud-Lesungen, aus dem Frz. übers. v. Frank Miething, Frankfurt am Main 1993, 57–95.
–, Langage et proximité, in: E.L., En découvrant l'existence avec Husserl et Heidegger, Paris ²1967, 217–236, deutsch: Sprache und Nähe, in: E.L., Die Spur des Anderen. Untersuchungen zur Phänomenologie und Sozialphilosophie, übers., hg. und eingel. v. W. N. Krewani, Freiburg/München 1983, 261–294.
–, Quatres lectures talmudiques, Paris 1968, deutsch: Vier Talmud-Lesungen, aus dem Frz. übers. v. Frank Miething, Frankfurt am Main 1993.
–, Ideologie und Idealismus (1972/73), in: E.L., Wenn Gott ins Denken einfällt. Diskurse über die Betroffenheit von Transzendenz, übers. v. Thomas Wiemer, Freiburg/München 1985, 22–43.
–, Tout autrement (sur la philosophie de Jacques Derrida) (1973), in: E.L., Noms propres, Montpellier 1976, deutsch: Ganz anders – Jacques Derrida, in: E.L., Eigennamen. Meditationen über Sprache und Literatur, hg. v. Felix Philipp Ingold, übers. v. Frank Miething, München 1988.
–, Autrement qu'être ou au-delà de l'essence, La Haye 1974 (Phaenomenologica, Bd. 54), Neudruck Dordrecht/Boston/London 1978 u.ö., deutsch: Jenseits des Seins oder anders als Sein geschieht, aus dem Frz. übers. v. Th. Wiemer, Freiburg/München 1992.
–, Sans Nom, in: E.L., Noms Propres, Montpellier 1976, 141–146, deutsch: Namenlos, in: E.L., Eigennamen. Meditationen über Sprache und Literatur. Textauswahl und Nachwort von Felix Philipp Ingold, aus dem Frz. v. Frank Miething, München 1988, 101–106.
–, Du sacré au saint. Cinq nouvelles lectures talmudiques, Paris 1977, deutsch: Vom Sakralen zum Heiligen. Fünf neue Talmud-Lesungen, übers. v. Frank Miething, Frankfurt am Main 1998.
–, Transcendance et mal (1978), in: E.L., De Dieu qui vient à l'idée, Paris 1982, 189–207, deutsch: Die Transzendenz und das Übel, in: E.L., Wenn Gott

ins Denken einfällt. Diskurse über die Betroffenheit von Transzendenz, übers. v. Thomas Wiemer, Freiburg/München 1985, 172–194.
–, Notes sur le sens (1979), in: E. L., De Dieu qui vient à l'idée, Paris 1982, 231–257, hier 235 f., deutsch: Bemerkungen über den Sinn, in: E. L., Wenn Gott ins Denken einfällt. Diskurse über die Betroffenheit von Transzendenz, übers. v. Thomas Wiemer, Freiburg/München 1985, 195–228.
–, L'au-delà du verset. Lectures et discours talmudiques, Paris 1982, deutsch: Jenseits des Buchstabens, Bd. 1: Talmud-Lesungen, übers. v. Frank Miething, Frankfurt am Main 1996.
–, Philosophie, Justice et Amour, deutsch: Philosophie, Gerechtigkeit und Liebe. Ein Gespräch mit R. Fornet und A. Gomez am 3. und 8. Oktober 1982, in: E.L., Entre nous. Essais sur le penser-à-l'autre, Paris 1991, 113–131, deutsch: Philosophie, Gerechtigkeit und Liebe, in: E.L., Zwischen uns. Versuche über das Denken an den Anderen, aus dem Frz. übers. v. Frank Miething, München 1995, 132–153.
–, La souffrance inutile (1982), in: E.L., Entre nous. Essais sur le penser-à-l'autre, Paris 1991, 100–112, deutsch: Das sinnlose Leiden, in: E.L., Zwischen uns. Versuche über das Denken an den Anderen, aus dem Frz. übers. v. Frank Miething, München 1995, 117–131.
–, Les nations et la présence d'Israël, in: E.L., À l'heure des nations, Paris 1988, 107–124, deutsch: Israel unter den Nationen, in: E.L., Stunde der Nationen. Talmudlektüren, aus dem Frz. v. Elisabeth Weber, München 1994, 141–163.
–, Une nouvelle rationalité. Sur Gabriel Marcel, in: E.L., Entre nous. Essais sur le penser-à-l'autre, Paris 1991, 72–74, deutsch: Zwischen uns. Versuche über das Denken an den Anderen, aus dem Frz. übers. v. Frank Miething, München 1995, 83–86.
–, Dieu, la Mort et le Temps, Paris 1993, deutsch: Gott, der Tod und die Zeit, übers. von Astrid Nettling und Ulrike Wasel, Wien 1996.
Lichtenberg, Georg Christoph, Schriften und Briefe, hg. v. Wolfgang Promies, Bd. I: Sudelbücher I, München 1994.
Lifton, Robert Jay, The Protean Self. Human Resilience in an Age of Fragmentation, New York 1993.
Lindén, Jan-Ivar, Philosophie der Gewohnheit. Über die störbare Welt der Muster, Freiburg/München 1997.
Lipshitz, R., Decision Making as Argument-driven Action, in: G. A. Klein / J. Orasanu / R. Calderwood / C. E. Zsambok (Hg.), Decision Making in Action: Models and Methods, Norwood, New Jersey 1993, 172–181.
Loeb, Jacques, Der Heliotropismus der Tiere und seine Übereinstimmung mit dem Heliotropismus der Pflanzen, Würzburg 1889.
Løgstrup, K. E., Art. Nächstenliebe, in: Historisches Wörterbuch der Philosophie, Bd. 6, Darmstadt/Basel 1984, Sp. 353–356.
Löhrer, Guido, Praktisches Wissen. Grundlagen einer konstruktiven Theorie des menschlichen Handelns, Paderborn 2003.
Lomazzo, Giovanni Paolo, Trattato dell'Arte della Pittura, Milano 1584.

Lorenz, Kuno, Art. Antinomie, in: Enzyklopädie Philosophie und Wissenschaftstheorie, hg. v. Jürgen Mittelstraß, Bd. 1, Stuttgart / Weimar 1995, 131 f.
–, Art. Identität, in: Enzyklopädie Philosophie und Wissenschaftstheorie, hg. v. Jürgen Mittelstraß, Bd. 2, Stuttgart / Weimar 1995, 189–192.
Losch, Bernhard, Kulturfaktor Recht. Grundwerte – Leitbilder – Normen, Köln/Weimar 2006.
Lossius, Johann Christian, Neues philosophisches allgemeines Real-Lexicon oder Wörterbuch der gesammten philosophischen Wissenschaften in einzelnen, nach alphabetischer Ordnung der Kunstwörter auf einander folgenden Artikeln, 4 Bde., Erfurt (J. E. G. Rudolphi) 1803–1805.
Luccio, Riccardo, Body behaviour as multichannel semiosis, in: Roland Posner / Klaus Robering / Thomas A. Sebeok (Hg.), Semiotik / Semiotics. Ein Handbuch zu den zeichentheoretischen Grundlagen von Natur und Kultur / A Handbook on the Sign-Theoretic Foundations of Nature and Culture, 2 Teilbde., Berlin/New York 1997/1998, 345–356.
Luckmann, Thomas, Die unsichtbare Religion (zuerst in engl. Sprache New York 1967), Frankfurt am Main 1991.
Luckner, Andreas, Orientierungswissen und Theorietechnik, in: Dialektik 2000/2, 57–78.
–, Drei Arten, nicht weiterzuwissen. Orientierungsphasen, Orientierungskrisen, Neuorientierungen, in: Werner Stegmaier (Hg.), Orientierung. Philosophische Perspektiven, Frankfurt am Main 2005, 225–241.
–, Klugheit, Berlin/New York 2005.
Lübbe, Hermann, „Orientierung". Zur Karriere eines Themas, in: Der Mensch als Orientierungswaise? Ein interdisziplinärer Erkundungsgang, Freiburg/München 1982, 7–29.
–, Erfahrungsverluste und Kompensationen. Zum philosophischen Problem der Erfahrung in der gegenwärtigen Welt, in: Der Mensch als Orientierungswaise? Ein interdisziplinärer Erkundungsgang, Freiburg/München 1982, 145–168.
–, Die Wissenschaften und ihre kulturellen Folgen. Über die Zukunft des common sense, Rheinisch-Westfälische Akademie der Wissenschaften, Vorträge Geisteswissenschaften G 285, Opladen 1987.
–, Im Zug der Zeit. Verkürzter Aufenthalt in der Gegenwart, Berlin u. a. 1992.
–, Die Zivilisationsökumene. Globalisierung kulturell, technisch und politisch, München 2005.
Lützmann, Hannelore, Architektonische Vedute (um 1490/1500), Francesco di Giorgio Martini zugeschrieben, in: Staatliche Museen zu Berlin / Gemäldegalerie Berlin, 200 Meisterwerke, Berlin 1998, 336 f.
Luhmann, Niklas, Vertrauen. Ein Mechanismus der Reduktion sozialer Komplexität (1968), 3., durchges. Aufl., Stuttgart 1989.
–, Soziologische Aufklärung, in: N.L., Soziologische Aufklärung, Bd. 1: Aufsätze zur Theorie sozialer Systeme, Opladen 1970, 66–91.
–, Einfache Sozialsysteme [1972], in: N.L., Soziologische Aufklärung 2: Aufsätze zur Theorie der Gesellschaft, Opladen 1975, 21–39.

–, Weltzeit und Systemgeschichte. Über Beziehungen zwischen Zeithorizonten und sozialen Strukturen gesellschaftlicher Systeme [1973], in: N.L., Soziologische Aufklärung, Bd. 2: Aufsätze zur Theorie der Gesellschaft, Opladen 1975, 103–133.
–, Interaktion, Organisation, Gesellschaft. Anwendungen der Systemtheorie, in: N.L., Soziologische Aufklärung 2: Aufsätze zur Theorie der Gesellschaft (1975), 4. Aufl. 1991, 9–20.
–, Soziologie der Moral, in: N.L. u. Stephan H. Pfürtner (Hg.), Theorietechnik und Moral, Frankfurt am Main 1978, 8–116.
–, Temporalisierung von Komplexität: Zur Semantik neuzeitlicher Zeitbegriffe, in: N.L., Gesellschaftsstruktur und Semantik. Studien zur Wissenssoziologie der modernen Gesellschaft, Bd. 1, Frankfurt am Main 1980, 235–300.
–, Allgemeine Theorie sozialer Systeme, in: N.L., Soziologische Aufklärung 3: Soziales System, Gesellschaft, Organisation, Opladen 1981, 11–177.
–, Soziale Systeme. Grundriß einer allgemeinen Theorie, Frankfurt am Main 1984.
–, Ökologische Kommunikation. Kann die moderne Gesellschaft sich auf ökologische Gefährdungen einstellen?, Opladen 1986.
–, Tautologie und Paradoxie in den Selbstbeschreibungen der modernen Gesellschaft (1987), in: N.L., Protest. Systemtheorie und soziale Bewegungen, hg. u. eingel. v. Kai-Uwe Hellmann, Frankfurt am Main 1996, 79–106.
–, Die Wirtschaft der Gesellschaft, Frankfurt am Main 1988.
–, Individuum, Individualität, Individualismus, in: N.L., Gesellschaftsstruktur und Semantik. Studien zur Wissenssoziologie der modernen Gesellschaft, Bd. 3, Frankfurt am Main 1989, 149–258.
–, Ethik als Reflexionstheorie der Moral, in: N.L., Gesellschaftsstruktur und Semantik. Studien zur Wissenssoziologie der modernen Gesellschaft, Bd. 3, Frankfurt am Main 1989, 358–447.
–, Geheimnis, Zeit und Ewigkeit, in: N.L. / Peter Fuchs, Reden und Schweigen, Frankfurt am Main 1989, 101–127.
–, Die Wissenschaft der Gesellschaft, Frankfurt am Main 1990.
–, Gleichzeitigkeit und Synchronisation, in: N.L., Soziologische Aufklärung, Bd. 5: Konstruktivistische Perspektiven, Opladen 1990, 95–130.
–, Weltkunst, in: N.L. / Frederick D. Bunsen / Dirk Baecker, Unbeobachtbare Welt. Über Kunst und Architektur, Bielefeld 1990, 7–45.
–, Soziologie des Risikos, Berlin/New York 1991.
–, Sthenographie und Euryalistik, in: Hans Ulrich Gumbrecht / K. Ludwig Pfeiffer (Hg.), Paradoxien, Dissonanzen, Zusammenbrüche. Situationen offener Epistemologie, Frankfurt am Main 1991, 58–82.
–, Einführung in die Systemtheorie [Vorlesung 1991/92], hg. v. Dirk Baecker, Darmstadt 2004.
–, Beobachtungen der Moderne, Opladen 1992.
–, Das Recht der Gesellschaft, Frankfurt am Main 1993.
–, Quod omnes tangit ... Anmerkungen zur Rechtstheorie von Jürgen Habermas, in: Rechtshistorisches Journal 12 (1993), 36–56.
–, Die Paradoxie der Form, in: Dirk Baecker (Hg.), Kalkül der Form, Frankfurt am Main 1993, 197–212.

–, Die Paradoxie des Entscheidens, in: Verwaltungs-Archiv 84.3 (1993), 287–310.
–, Wirtschaftsethik – als Ethik?, in: Josef Wieland (Hg.), Wirtschaftsethik und Theorie der Gesellschaft, Frankfurt am Main 1993, 134–147.
–, Die Kunst der Gesellschaft, Frankfurt am Main 1995.
–, Wie ist Bewußtsein an Kommunikation beteiligt?, in: N.L., Soziologische Aufklärung 6: Die Soziologie und der Mensch, Opladen 1995, 37–54.
–, Die Soziologie und der Mensch, in: N.L., Soziologische Aufklärung 6: Die Soziologie und der Mensch, Opladen 1995, 265–274.
–, Die Behandlung von Irritationen: Abweichung oder Neuheit?, in: N.L., Gesellschaftsstruktur und Semantik. Studien zur Wissenssoziologie der Gesellschaft, Bd. 4, Frankfurt am Main 1995, 55–100.
–, Protestbewegungen (1995), in: N.L., Protest. Systemtheorie und soziale Bewegungen (hg. u. eingel. v. Kai-Uwe Hellmann), Frankfurt am Main 1996.
–, Die Realität der Massenmedien, 2., erw. Aufl. Opladen 1996.
–, Die Gesellschaft der Gesellschaft, Frankfurt am Main 1997.
–, Organisation und Entscheidung, Opladen 2000.
–, Die Politik der Gesellschaft, hg. von André Kieserling, Frankfurt am Main 2000.
Maalouf, Amin, Mörderische Identitäten. Essay, aus dem Frz. v. Christian Hansen, Frankfurt am Main 2000.
Mach, Ernst, Über den Gleichgewichtssinn, in: Sitzungsberichte der Österreichischen Akademie der Wissenschaften (Math.-Naturw. Klasse) 69 (1874), 44.
–, Grundlinien der Lehre von den Bewegungsempfindungen, Leipzip 1875.
–, Beiträge zur Analyse der Empfindungen, Jena 1886.
–, Über Orientierungsempfindungen. Vortrag, gehalten den 24. Februar 1897, in: Schriften des Vereins zur Verbreitung naturwissenschaftlicher Kenntnisse in Wien, Bd. 37 (1897), 405–433.
Maccoby, Eleanor E., Psychologie der Geschlechter. Sexuelle Identität in den verschiedenen Lebensphasen, aus dem Am. v. Elisabeth Vorspohl, Stuttgart 2000.
Macho, Thomas, Fragment über die Verzeihung, in Zeitmitschrift. Journal für Ästhetik, 1988/4, Düsseldorf 1988, 135–145.
Mainzer, Klaus, Art. Orientierung, in: Enzyklopädie Philosophie und Wissenschaftstheorie, hg. v. J. Mittelstraß, Bd. 2, Stuttgart/Weimar 1995, 1094 f.
Majetschak, Stefan, „Iconic Turn". Kritische Revisionen und einige Thesen zum gegenwärtigen Stand der Bildtheorie, in: Philosophische Rundschau 49 (2002), 44–64.
–, (Hg.), Bild-Zeichen. Perspektiven einer Wissenschaft vom Bild, München 2005.
Malinowski, Bronislaw, Eine wissenschaftliche Theorie der Kultur, übers. v. Fritz Levi mit einer Einleitung von Paul Reiwald, Frankfurt am Main 1975.
Marcus, Gary, Der Ursprung des Geistes. Wie Gene unser Denken prägen, aus dem Am. v. Christoph Trunk, Düsseldorf/Zürich 2005.
Maresch, Rudolf / Rötzer, Florian (Hg.), Cyberhypes. Möglichkeiten und Grenzen des Internet, Frankfurt am Main 2001.

Margalit, Avishai, The Decent Society, Cambridge (Mass.) 1996, deutsch: Politik der Würde. Über Achtung und Verachtung, Berlin 1997.
Markl, Hubert, Wer Erkenntnis sucht, sollte erst einmal Erkennen lernen, in: Frankfurter Allgemeine Zeitung vom 24. April 2004, 39.
Markman, Arthur B. / Dietrich, Eric, Extending the classical view of representation, in: Trends in Cognitive Sciences 4.12 (2000).
Markowitsch, Hans J. / Welzer, Harald, Das autobiographische Gedächtnis. Hirnorganische Grundlagen und biosoziale Entwicklung, Stuttgart 2005.
Marquard, Odo, Die Unvermeidlichkeit der Geisteswissenschaften, in: O. M., Apologie des Zufälligen. Philosophische Studien, Stuttgart 1986, 98–116.
Marschall, W., Art. Tabu, in: Historisches Wörterbuch der Philosophie, Bd. 10, Basel/Darmstadt 1998, Sp. 877–879.
Marx, Werner, Die Lebenswelten in ihrer Vielheit und in ihrem ethischen Bezug, in: W.M., Ethos und Lebenswelt. Mitleidenkönnen als Maß, Hamburg 1986, 71–90.
Mason, H. G. (Hg.), Moral Dilemmas and Moral Theory, New York/Oxford 1996.
Maturana, H. R., Biologie der Realität, Frankfurt am Main 1998.
Mauss, Marcel, Essai sur le don (1923/24), deutsch: Die Gabe. Form und Funktion des Austauschs in archaischen Gesellschaften, übers. v. Eva Moldenhauer, Frankfurt am Main 1990.
Mauthner, Fritz, Wörterbuch der Philosophie. Neue Beiträge zu einer Kritik der Sprache (1. Aufl. München/Leipzig 1910), 2. verm. Aufl. Leipzig 1923.
McLuhan, Herbert Marshall, Medien verstehen. Der McLuhan-Reader, hg. v. Martin Baltes u. a., Mannheim 1997.
McNeill, Daniel, Das Gesicht. Eine Kulturgeschichte. Aus dem Am. v. Michael Müller, Wien 2001.
Mead, George Herbert, Mind, Self, and Society. From the Standpoint of a Social Behaviorist, hg. v. Charles W. Morris, Chicago 1934, deutsch: Geist, Identität und Gesellschaft aus der Sicht des Sozialbehaviorismus, mit einer Einl. hg. v. Charles W. Morris, aus dem Am. v. Ulf Pacher, Frankfurt am Main 1968.
–, Die objektive Realität von Perspektiven, in: G.H.M., Philosophie der Sozialität. Aufsätze zur Erkenntnisanthropologie. Vorwort von Hans Kellner, Frankfurt am Main 1969, 213–228.
Meeren, Hanneke K. M. / van Heijnsbergen, Corné C. R. J. / de Gelder, Beatrice, Rapid perceptual integration of facial expression and emotional body language, in: Proceedings of the National Academy of Sciences of the United States of America (PNAS) 102 (2005), 16518-16523.
Mehrabian, Albert / S.R. Ferris, Inference of Attitudes from Nonverbal Communication, in: Journal of Consulting Psychology 31 (1967), 248–252.
Mehrabian, Albert, Nonverbal Communication, Chicago/New York 1972.
Mehring, G. von, Zur Orientierung über den Standpunkt des philosophischen Forschens in unserer Zeit, Stuttgart 1830.
Meckenstock, Günter, Schleiermachers frühe Spinoza-Studien, in: Eva Schürmann / Norbert Waszek / Frank Weinreich (Hg.), Spinoza im Deutschland

des achtzehnten Jahrhunderts. Zur Erinnerung an Hans-Christian Lucas, Stuttgart-Bad Cannstatt 2002, 441–457.
Meier, Christian, Die Entstehung des Politischen bei den Griechen, Frankfurt am Main 1980.
Meijers, Anthonie, Gustav Gerber und Friedrich Nietzsche. Zum historischen Hintergrund der sprachphilosophischen Auffassungen des frühen Nietzsche, in: Nietzsche-Studien 17 (1988), 369–390.
Mendelssohn, Moses, Gesammelte Schriften. Jubiläumsausgabe, hg. von Alexander Altmann, Stuttgart-Bad Cannstatt 1971 ff. [= JA].
Merleau-Ponty, Maurice, Phénoménologie de la perception, Paris 1945, deutsch: Phänomenologie der Wahrnehmung, aus dem Frz. übers. von Rudolf Boehm, Berlin 1966.
Mertens, Karl, Handeln in Situationen. Situatives Handeln im Kontext philosophischer Theorien, unveröff. Habil.-Schr. Kiel 2000.
Metschl, Ulrich, Von Plausibilitäten und Wahrscheinlichkeiten. Über die Schwierigkeiten der Orientierung in der öffentlichen Entscheidungsfindung, in: Werner Stegmaier (Hg.), Orientierung. Philosophische Perspektiven, Frankfurt am Main 2005, 117–137.
Metzinger, Thomas (Hg.), Bewußtsein. Beiträge aus der Gegenwartsphilosophie, Paderborn/München/Wien/Zürich 1995.
–, Being No One. The Self-Model Theory of Subjectivity, Cambridge, MA 2003.
Meyer, John W., The World Polity and the Authority of the Nation State, in: George M. Thomas u. a. (Hg.), Institutional Structure. Constituting State, Society, and the Individual, Newburry Park 1987, 41–70.
[Meyer, J.,] Das große Conversations-Lexicon für die gebildeten Stände. In Verbindung mit Staatsmännern, Gelehrten, Künstlern und Technikern hg. von J. Meyer. Original-Ausgabe. Hildburghausen/Amsterdam/Paris/Philadelphia: Bibliographisches Institut, 1848.
Micraelius, Joh., Lexicon philosophicum terminorum philosophis usitatorum ordine alphabetico sic digestorum, ut inde facile liceat cognosse, praesertim si tam latinus, quam graecus index praemissus non negligatur, quid in singulis disciplinis quomodo sit distinguendum et definiendum. Editio secunda, Stetini (Jeremias Mamphrasius) M D CLXII (= 1662).
Miersch, Michael, Das bizarre Sexualleben der Tiere. Ein populäres Lexikon von Aal bis Zebra, Frankfurt am Main 1999.
Miller, Joan G., Verträgt sich Gemeinschaft mit Autonomie? Kulturelle Ideale und empirische Wirklichkeiten, in: Wolfgang Edelstein / Gertrud Nunner-Winkler (Hg.), Moral im sozialen Kontext, Frankfurt am Main 2000, 337–362.
Mitchell, William J. Thomas, Picture Theory. Essays on verbal and visual representation, Chicago/London 1994.
–, What do pictures want? The lives and loves of images, Chicago 2005.
Mittelstraß, Jürgen, Wissenschaft als Lebensform. Zur gesellschaftlichen Relevanz und zum bürgerlichen Begriff von Wissenschaft, in: J.M., Wissenschaft als Lebensform. Reden über philosophische Orientierungen in Wissenschaft und Universität, Frankfurt am Main 1982, 11–62.

–, Was heißt: sich im Denken orientieren?, in: J.M., Wissenschaft als Lebensform. Reden über philosophische Orientierungen in Wissenschaft und Universität, Frankfurt am Main 1982, 162–184.
–, Art. Denken, in: Enzyklopädie Philosophie und Wissenschaftstheorie, hg. v. Jürgen Mittelstraß, Bd. 1, Stuttgart/Weimar 1995, 449 f.
–, Art. Evidenz, in: Enzyklopädie Philosophie und Wissenschaftstheorie, hg. v. Jürgen Mittelstraß, Bd. 1, Stuttgart/Weimar 1995, 609 f.
–, Art. Wissen, in: Enzyklopädie Philosophie und Wissenschaftstheorie, hg. v. Jürgen Mittelstraß, Bd. 4 Stuttgart/Weimar 1996, 717–719.
Möbius, August Ferdinand, Der barycentrische Calcül – ein neues Hülfsmittel zur analytischen Behandlung der Geometrie, dargestellt und insbesondere auf die Bildung neuer Classen von Aufgaben und die Entwickelung mehrerer Eigenschaften der Kegelschnitte angewendet (Or.1827, jetzt in: A.F.M., Gesammelte Werke, Bd. 1, hg. v. R. Baltzer, Leipzig 1885, bes. § 140, Anm., S. 171 f.
Mohr, Georg, Zum Begriff der Rechtskultur, in: Dialektik 1998.3, 9–29.
Molen, Maurits W. van der, Energetik und Reaktionsprozeß: Zwei Leitlinien der Experimentalpsychologie, in: Odmar Neumann / Andries F. Sanders (Hg.), Enzyklopädie der Psychologie, Serie: Kognition, Bd. 2: Aufmerksamkeit, Göttingen/Bern/Toronto/Seattle 1996, 333–401.
Montaigne, Michel de, Essais, 3 Bde., hg. v. Alexandre Micha, Paris 1979.
[Morellet, André], Theorie des Paradoxen, Leipzig 1778.
Morris, Charles W., Varieties of Human Value, Chicago 1956.
Mouffe, Chantal, The Democratic Paradox, London/New York 2000.
Mrass, Marcus, Gesten und Gebärden. Begriffsbestimmung und -verwendung in Hinblick auf kunsthistorische Untersuchungen, Regensburg 2005.
Müller-Lauter, Wolfgang, Nietzsche. Seine Philosophie der Gegensätze und die Gegensätze seiner Philosophie, Berlin/New York 1971.
Mummendey, Hans D., Psychologie der Selbstdarstellung, Göttingen u.a. ^{2}1995.
–, Selbstdarstellung, in: Hans-Werner Bierhoff / Dieter Frey (Hg.), Handbuch der Sozialpsychologie und Kommunikationspsychologie, Göttingen u.a. 2006, 49–56.
Murray, Kevin, The Construction of Identity in the Narratives of Romance and Comedy, in: John Shotter / Kenneth J. Gergen (Hg.), Texts of Identity, London 1989.
Nagel, Thomas, Die Fragmentierung des Guten, in: Th.N., Letzte Fragen, Bodenheim 1996.
Neumann, Odmar, Art. Aufmerksamkeit in: Historisches Wörterbuch der Philosophie, Bd. 1, Basel/Darmstadt 1971, Sp. 635–645.
Neumann, Odmar / Sanders, Andries F. (Hg.), Enzyklopädie der Psychologie, Serie: Kognition, Bd. 2: Aufmerksamkeit, Göttingen/Bern/Toronto/Seattle 1996.
–, Theorien der Aufmerksamkeit, in: ebd., 559–643.
Neurath, Otto, Protokollsätze, in: Erkenntnis 3 (1932), 204–214, wiederabgedruckt in: Hubert Schleichert (Hg.), Logischer Empirismus – Der Wiener Kreis. Ausgewählte Texte mit einer Einleitung, München 1975, 70–80.

Nietzsche, Friedrich, Sämtliche Werke. Kritische Studienausgabe in 15 Bänden, hg. v. Giorgio Colli und Mazzino Montinari, München/Berlin/New York 1980 [KSA].
Nisan, Mordecai, Die moralische Bilanz. Ein Modell moralischen Entscheidens, in: Wolfgang Edelstein / Gertrud Nunner-Winkler (Hg.), Zur Bestimmung der Moral. Philosophische und sozialwissenschaftliche Beiträge zur Moralforschung, Frankfurt am Main 1986, 347–376.
–, Bilanzierte Identität. Moralität und andere Identitätswerte, in: Wolfgang Edelstein / Gertrud Nunner-Winkler / Gil Noam (Hg.), Moral und Person, Frankfurt am Main 1993, 232–258.
Nissen, Heinrich, Orientation. Studien zur Geschichte der Religion. Erstes Heft, Berlin 1906.
Oeing-Hanhoff, Ludger, Art. Metaphysik, in: Historisches Wörterbuch der Philosophie, Bd. 5, Basel/Darmstadt 1980, Sp. 1186–1279.
Oeming, Manfred, Auge um Auge, Zahn um Zahn, in: Forschungsmagazin der Universität Heidelberg 3 (2003), 32–37.
Oksenberg Rorty, Amelie, Die Vorzüge moralischer Vielfalt, in: Wolfgang Edelstein / Gertrud Nunner-Winkler / Gil Noam (Hg.), Moral und Person, Frankfurt am Main 1993, 48–68.
Orth, Ernst Wolfgang, Orientierung über Orientierung. Zur Medialität der Kultur als Welt des Menschen, in: Zeitschrift für philosophische Forschung 50 (1996), 167–182, wiederabgedruckt in: E.W.O., Was ist und was heißt ‚Kultur'? Dimensionen der Kultur und Medialität der menschlichen Orientierung, Würzburg 2000, 29–44.
Ortmann, Günther, Regel und Ausnahme. Paradoxien sozialer Ordnung, Frankfurt am Main 2003.
Ostermeier, Uwe, Art. Repräsentation, mentale, in: Enzyklopädie Philosophie und Wissenschaftstheorie, hg. v. Jürgen Mittelstraß, Bd. 3, Stuttgart/Weimar 1995, 591–593.
Oswald, Margit E., Vertrauen in Personen und Organisationen, in: Hans-Werner Bierhoff / Dieter Frey (Hg.), Handbuch der Sozialpsychologie und Kommunikationspsychologie, Göttingen u. a. 2006, 710–716.
Ott, Konrad, Zur Frage, woraufhin Ethik orientieren könne, in: Jean-Pierre Wils (Hg.), Orientierung durch Ethik? Eine Zwischenbilanz, Paderborn/München/Wien/Zürich 1993, 71–94.
Otteson, James R., Adam Smith und die Objektivität moralischer Urteile: Ein Mittelweg, in: Christel Fricke / Hans-Peter Schütt (Hg.), Adam Smith als Moralphilosoph, Berlin 2005, 15–32.
Ottmann, Henning, Philosophie und Politik bei Nietzsche (Monographien und Texte zur Nietzsche-Forschung, Bd. 17), 2. verb. und erw. Aufl. Berlin/New York 1999.
Otto, Rüdiger, Studien zur Spinozarezeption in Deutschland im 18. Jahrhundert, Frankfurt am Main u. a. 1994.
[Owen, William, u.a.], A New and Complete Dictionary of Arts and Sciences; Comprehending All the Branches of Useful Knowledge, with Accurate Descriptions as well of the various Machines, Instruments, Tools, Figures and Schemes necessary for illustrating them, as of The Classes, Kinds,

Preparations, and Uses of Natural Productions, whether Animals, Vegetables, Minerals, Fossils, or Fluids, Together with The Kingdoms, Provinces, Cities, Towns, and other Remarkable Places throughout the World. Illustrated with above Three Hundred Copper-Plates, curiously engraved by Mr. Jefferys, Geographer and Engraver to his Royal Highness the Prince of Wales. The Whole extracted from the Best Authors in all Languages. By a Society of Gentlemen, 4 Bde. in 8 Teilbänden, London (W. Owen) 1754–1755.

Parfit, Derek, Reasons and Persons, Oxford 1984.

Parker, Donald E., Gleichgewichts- und Orientierungssinn, in: Physiologie der Sinne, mit einer Einführung von Hans Peter Zenner und Eberhart Zrenner (Reihe Verständliche Forschung / Deutsche Ausgabe von Scientific American), Heidelberg/Berlin/Oxford 1994, 56–67.

Parkinson, Brian / Totterdell, Peter / Briner, Rob. B. / Reynolds, Shirley, Stimmungen. Struktur, Dynamik und Beeinflussungsmöglichkeiten eines psychologischen Phänomens, aus dem Engl. übers. v. Maren Klostermann, Stuttgart 2004.

Pascal, Blaise, Pensées, in: B.P., Œuvres complètes, hg. v. Louis Lafuma, Paris 1963, deutsch: Gedanken über die Religion und andere Themen, hg. v. Jean Robert Armogathe, aus dem Frz. übers. v. Ulrich Kunzmann, Stuttgart 1987.

Patt, Walter, Transzendentaler Idealismus. Kants Lehre von der Subjektivität der Anschauung in der Dissertation von 1770 und in der „Kritik der reinen Vernunft", Berlin/New York 1987.

Pauer-Studer, Herlinde, Maximen, Identität und praktische Deliberation. Die Rehabilitierung von Kants Moralphilosophie, in: Philosophische Rundschau 45 (1998), 70–81.

Pederson, Eric / Danziger, Eve / Wilkins, David / Levinson, Stephen / Kita, Sotaro / Senft, Gunter, Semantic Typology and Spatial Conceptualization, in: Language. Journal of the Linguistic Society of America, 74.3 (1998), 557–589.

Peirce, Charles Sanders, Ein vernachlässigtes Argument für die Realität Gottes, in: Ch.S.P., Religionsphilosophische Schriften, übers. u. hg. v. Hermann Deuser, Hamburg 1995.

Pethes, Nicolas / Ruchatz, Jens, unter Mitarbeit von Martin Korte und Jürgen Straub (Hg.), Gedächtnis und Erinnerung. Ein interdisziplinäres Lexikon, Reinbek bei Hamburg 2001.

Philonenko, Alexis, Emmanuel Kant, Qu'est-ce que s'orienter dans la pensée, [hg., übers. und komm. v.], Paris 1959.

Piaget, Jean, Nachahmung, Spiel und Traum. Die Entwicklung der Symbolfunktion beim Kinde (1945), aus dem Frz. übers. v. Leo Montada, in: Gesammelte Werke, Bd. 5, 1975, 21–116.

Piazzesi, Chiara, *Pathos der Distanz* et transformation de l'expérience de soi, in: Nietzsche-Studien 36 (2007), 258–295.

[Pierer, H. A.,] Pierer's Universal-Lexikon der Vergangenheit und Gegenwart oder neuestes encyclopädisches Wörterbuch der Wissenschaften, Künste und Gewerbe, 4., umgearbeitete und stark vermehrte Aufl. in 34 Bdn., Bd. 12, Altenburg (H. A. Pierer) 1861.

Plessner, Helmuth, Anthropologie der Sinne, in: H.P., Philosophische Anthropologie, hg. v. Günter Dux, Frankfurt am Main 1970, 187–251.
Pöggeler, Otto, Hegel und die Anfänge der Nihilismus-Diskussion, in: Man and World 3 (1970), 163–199, wiederabgedruckt in: Dieter Arendt (Hg.), Der Nihilismus als Phänomen der Geistesgeschichte in der wissenschaftlichen Diskussion unseres Jahrhunderts (Wege der Forschung, Bd. 360), Darmstadt 1974, 307–349.
Pöppel, Ernst, Grenzen des Bewußtseins. Über Wirklichkeit und Welterfahrung, Stuttgart 1985.
Pohlmeier, Hermann (Hg.), Selbstmordverhütung. Anmaßung oder Verpflichtung, 2., erw. Aufl. Düsseldorf/Bonn 1994.
Polanyi, Michael, Personal Knowledge. Towards a Post-Critical Philosophy, London 1958.
Popper, Karl, Logik der Forschung [1934], 6., verb. Aufl. Tübingen 1976.
–, Das Elend des Historizismus [1944/45], Tübingen 1965.
Posner, Michael L. / Raichle, Marcus E. (Hg.), Bilder des Geistes. Hirnforscher auf den Spuren des Denkens, aus dem Engl. übers. v. Marianne Mauch, Heidelberg/Berlin/Oxford 1996.
Prechtl, Peter / Schöpf, Alfred, Das Verhältnis von Moralentwicklung und Geltung, in: Philosophische Rundschau 39 (1992), 29–51.
Prigogine, Ilya, Vom Sein zum Werden. Zeit und Komplexität in den Naturwissenschaften, München 1979.
Prodi, Paolo, Eine Geschichte der Gerechtigkeit. Vom Recht Gottes zum modernen Rechtsstaat, aus dem It. von Annette Seemann, München 2003.
Puhl, Klaus, Die List der Regel. Zur retroaktiven Konstitution sozialer Praxis, in: Ulrich Baltzer / Gerhard Schönrich (Hg.), Institutionen und Regelfolgen, Paderborn 2002, 81–99.
Putnam, Hilary, Über die Rationalität von Präferenzen, in: Allgemeine Zeitschrift für Philosophie 21.3 (1996), 209–228.
–, Werte und Normen, in: Lutz Wingert / Klaus Günther (Hg.), Die Öffentlichkeit der Vernunft und die Vernunft der Öffentlichkeit, Frankfurt am Main 2001, 280–313.
Quante, Michael, Die Identität der Person: Facetten eines Problems. Neuere Beiträge zur Diskussion um personale Identität, in: Philosophische Rundschau 42 (1995), 35–59.
–, (Hg.), Personale Identität, Paderborn/München/Wien/Zürich 1999, 9–29.
–, Syndrom Bioethik. Neuere Literatur zur biomedizinischen Ethik, in: Philosophische Rundschau 51.1 (2004), 1–26.
Quine, Willard Van Orman, Identität, Ostension und Hypostase (1950), in: W.V.O.Q., Von einem logischen Standpunkt. Neun logisch-philosophische Essays, übers. v. P. Bosch (1979), 67–80.
–, Ontologische Relativität und andere Schriften (1969), aus dem Engl. übers. v. Wolfgang Spohn, Stuttgart 1969.
Raabe, Paul, Gelehrte Nachschlagewerke im 18. Jahrhundert, in: P.R., Bücherlust und Lesefreuden. Beiträge zur Geschichte des Buchwesens im 18. und 19. Jahrhundert, Stuttgart 1984, 89–105.

Radner, Michael / Radner, Daisie, Kantian Space and the Ontological Alternatives, in: Kant-Studien 78 (1987), 385–402.
Ratschow, C. H. , Art. Religion II, Antike und Kirche, in: Historisches Wörterbuch der Philosophie, Bd. 8, Basel/Darmstadt 1992, Sp. 633–644.
Ratzinger, Joseph, Benedikt XVI., Jesus von Nazareth. Erster Teil: Von der Taufe im Jordan bis zur Verklärung, Freiburg/Basel/Wien 2007.
Rawls, John, A Theory of Justice, Oxford 1972, deutsch: Eine Theorie der Gerechtigkeit, übers. v. Hermann Vetter, Frankfurt am Main 1975.
Reales Staats-, Zeitungs- und Conversationslexikon, Neue verbesserte Auflage, Leipzig 1764.
Rechtien, Wolfgang, Angewandte Gruppendynamik, in: Hans-Werner Bierhoff / Dieter Frey (Hg.), Handbuch der Sozialpsychologie und Kommunikationspsychologie, Göttingen u. a. 2006, 655–668.
Regenbogen, Arnim, Art. Werte, in: Enzyklopädie Philosophie, hg. v. Hans Jörg Sandkühler, Hamburg 1999, Bd. 2, 1743–1748.
Reich, Klaus, Einleitung zu: I. Kant, De mundi sensibilis atque intelligibilis forma et principiis (Philosophische Bibliothek, Bd. 251), Hamburg 1958.
Reichert, Dagmar (Hg.), Räumliches Denken, Zürich 1996.
Reidemeister, Kurt, Raum und Zahl, Berlin/Göttingen/Heidelberg 1957.
Reiner, Hans, Die Entstehung und ursprüngliche Bedeutung des Namens Metaphysik, in: Zeitschrift für philosophische Forschung 8 (1954) 210–237.
–, Die Entstehung der Lehre vom bibliothekarischen Ursprung des Namens Metaphysik. Geschichte einer Wissenschaftslegende, in: Zeitschrift für philosophische Forschung 9 (1955), 77–99.
–, Art. Dankbarkeit, in: Historisches Wörterbuch der Philosophie, Bd. 2, Basel/Darmstadt 1972, Sp. 9–11.
–, Art. Gewissen, in: Historisches Wörterbuch der Philosophie, Bd. 3, Basel/Darmstadt 1974, Sp. 574–592.
Reinhard, Wolfgang, Geschichte der Staatsgewalt. Eine vergleichende Verfassungsgeschichte Europas von den Anfängen bis zur Gegenwart, München ³2002.
Remnant, Peter, Incongruent Counterparts and Absolute Space, in: Mind 62 (1963), 393–399.
Rentsch, Thomas / Cloeren, H. J., Art. Metaphysikkritik, in: Historisches Wörterbuch der Philosophie, Bd. 5, Basel/Darmstadt 1980, Sp. 1280–1294.
–, Art. Metaphysikkritik, in: Enzyklopädie Philosophie und Wissenschaftstheorie, hg. v. Jürgen Mittelstraß, Bd. 2, Stuttgart/Weimar 1995, 873 f.
Rescher, Nicholas, Paradoxes. Their Roots, Range, and Resolution, Chicago/La Salle, Illinois 2001.
Reuchlin, Maurice, Orientation professionelle et scolaire, in: Encyclopaedia Universalis (30 Bde.), Bd. 17, Paris 1992, 105–107.
Ricœur, Paul, Der Sozius und der Nächste, in: P.R., Geschichte und Wahrheit, übersetzt und mit einer Einleitung versehen von Romain Leick, München 1974, 109–124.
–, Temps et récit I-III, Paris 1983–1985, deutsch: Zeit und Erzählung I-III, München 1988–1991.

–, Soi-même comme un autre, Paris 1990, deutsch: Das Selbst als ein Anderer, aus dem Frz. von Jean Greisch, München 1996.
Ritter, H. H., Art. Gegenseitigkeit, in: Historisches Wörterbuch der Philosophie, Bd. 3, Basel/Darmstadt 1974, Sp. 119–129.
Rodi, Frithjof, Der „schaffende" Ausdruck. Bemerkungen zu einer Kategorie des späten Dilthey [2001], in: F.R., Das strukturierte Ganze. Studien zum Werk von Wilhelm Dilthey, Weilerswist 2003.
Röhl, Klaus F., Rechtssoziologische Befunde zum Versagen von Gesetzen, in: Hagen Hof / Gertrud Lübbe-Wolff (Hg.), Wirkungsforschung zum Recht I: Wirkungen und Erfolgsbedingungen von Gesetzen, Baden-Baden 1999.
Röttgers, Kurt, Der Standpunkt und die Gesichtspunkte, in: Archiv für Begriffsgeschichte 37 (1994), 257–284.
–, und Fabian, R., Art. Authentisch, in: Historisches Wörterbuch der Philosophie, Bd. 1, Basel/Darmstadt 1971, Sp. 691 f.
–, Art. Standpunkt, Gesichtspunkt, in: Historisches Wörterbuch der Philosophie, Bd. 10, Basel/Darmstadt 1998, Sp. 103 f.
Rommel, Bettina, Psychophysiologie der Buchstaben, in: Hans Ulrich Gumbrecht / K. Ludwig Pfeiffer (Hg.), Materialität der Kommunikation, Frankfurt am Main 1988, 310–325.
Rösler, Klaus-Peter, Metaphysik und Orientierung. Diss. Hamburg 1992.
Rössler, Beate, Der Wert des Privaten, Frankfurt am Main 2001.
Rorty, Richard, Contingency, Irony, and Solidarity, Cambridge 1989, deutsch: Kontingenz, Ironie und Solidarität, übers. v. Christa Krüger, Frankfurt am Main 1989.
–, Truth and Progress, Cambridge (Mass.) 1998, deutsch: Wahrheit und Fortschritt, übers. v. Joachim Schulte, Frankfurt am Main 2000.
Roth, Gerhard, Das Gehirn und seine Wirklichkeit. Kognitive Neurobiologie und ihre philosophischen Konsequenzen, 5. Aufl., Frankfurt am Main 1996.
–, Fühlen, Denken, Handeln. Wie das Gehirn unser Verhalten steuert, neue, vollst. überarb. Ausg., Frankfurt am Main 2003.
Rubin, Gayle S., Sex denken: Anmerkungen zu einer radikalen Theorie der sexuellen Politik (1984/1993), in: Andreas Kraß (Hg.), Queer denken. Gegen die Ordnung der Sexualität (Queer Studies), Frankfurt am Main 2003, 31–79.
Rudyak, Y. / Cernavskii, A.V., Art. Orientation, in: Encyclopaedia of Mathematics (Updated and annotated translation of the Soviet ‚Mathematical Encyclopaedia'), vol. 7, Dordrecht/Boston/London 1991, 16–19.
Rühl, Manfred, Die Zeitungsredaktion als organisiertes soziales System, Bielefeld 1969.
Rütsche, Johannes, Widerstand und Wirklichkeit: Wilhelm Diltheys psychologisch-historische Realitätsphilosophie, in: Theologie und Philosophie 74 (1999), 504-526.
Russell, Bertrand, The Principles of Mathematics (1903), New York/London 1996.
Sachs-Hombach, Klaus (Hg.), Bildwissenschaft zwischen Reflexion und Anwendung, Köln 2005.

Sainsbury, R. M., Paradoxes. Second Edition, Cambridge/New York/Melbourne 1995.
Salewski, Christel, Räumliche Distanzen in Interaktionen, Münster/New York 1993.
Samson, L., Art. Mitleid, in: Historisches Wörterbuch der Philosophie, Bd. 5, Basel/Darmstadt 1980, Sp. 1410–1416.
Sanders, Andries F. / Mieke Donk, Visuelles Suchen, in: Odmar Neumann / Andries F. Sanders (Hg.), Enzyklopädie der Psychologie, Serie: Kognition, Bd. 2: Aufmerksamkeit, Göttingen/Bern/Toronto/Seattle 1996, 61–113.
Sartre, Jean-Paul, L'être et le néant. Essai d'ontologie phénoménologique, Paris 1950, deutsch: Das Sein und das Nichts. Versuch einer phänomenologischen Ontologie, hg. v. Traugott König, deutsch v. Hans Schöneberg und Traugott König, Reinbek bei Hamburg 1991.
Sauer, Joseph, Symbolik des Kirchengebäudes und seiner Ausstattung in der Auffassung des Mittelalters, Freiburg i.Br. 1902.
Schank, Gerd, ‚Rasse' und ‚Züchtung' bei Nietzsche (Monographien und Texte zur Nietzsche-Forschung, Bd. 44), Berlin/New York 2000.
Schapp, Wilhelm, In Geschichten verstrickt. Zum Sein von Mensch und Ding (1953), mit einem Vorwort zur Neuauflage von Hermann Lübbe, Wiesbaden 1976.
Scheerer, E., Art. Sinne, die, in: Historisches Wörterbuch der Philosophie, Bd. 9, Basel/Darmstadt 1995, Sp. 824–869.
Scheerer, E. / Schönpflug, U., Art. Nachahmung, in: Historisches Wörterbuch der Philosophie, Bd. 6, Basel/Darmstadt 1984, Sp. 319–336.
Scheich, Henning, Die Bewußtseinsfrage bei Tieren. Eine Analyse aus neurobiologischer Sicht, in: Forschung und Lehre 2005, H. 6, 294–296.
Schelling, Friedrich Wilhelm Josef, System des transzendentalen Idealismus (1800), in: Schellings Werke, hg. v. Manfred Schröter, Bd. 2, München 1927.
Schildknecht, Christiane, Philosophische Masken. Studien zur literarischen Form der Philosophie bei Platon, Descartes, Wolff und Lichtenberg, Stuttgart 1990.
–, Argument und Einsicht. Orientierungswissen als Begründungswissen?, in: Werner Stegmaier (Hg.), Orientierung. Philosophische Perspektiven, Frankfurt am Main 2006, 138–152.
Schinkel, Andreas, Freundschaft. Von der gemeinsamen Selbstverwirklichung zum Beziehungsmanagement. Die Verwandlungen einer sozialen Ordnung, Freiburg/München 2003.
Schleiermacher, Friedrich Daniel Ernst, Kritische Gesamtausgabe, hg. v. Hans J. Birkner, Gerhard Ebeling, Hermann Fischer, Heinz Kimmerle u. Kurt V. Selge, Berlin/New York 1980 ff.
–, Über die Religion. Reden an die Gebildeten unter ihren Verächtern (1799), Hamburg 1958.
–, Dialektik (1814/15), Einleitung zur Dialektik (1833), hg. v. Andreas Arndt, Hamburg 1988.
–, Ästhetik (1819/25), Über den Begriff der Kunst (1831/32), hg. v. Thomas Lehnerer, Hamburg 1984.

–, Der christliche Glaube 1821–1822, hg. v. Hermann Peiter, Studienausgabe, 2 Bde., Berlin/New York 1984.
Schlüter, G. / Grötker, R., Art. Toleranz, in: Historisches Wörterbuch der Philosophie, Bd. 10, Basel/Darmstadt 1998, Sp. 1251–1262.
Schmauks, Dagmar, Orientierung im Raum. Zeichen für die Fortbewegung (Probleme der Semiotik, hg. v. Roland Posner, Bd. 20), Tübingen 2002.
Schmeiser, Leonhard, Die Erfindung der Zentralperspektive und die Entstehung der neuzeitlichen Wissenschaft, München 2002.
Schmidt, Gunnar, Das Gesicht. Eine Mediengeschichte, München 2003.
Schmidtchen, Gerhardt, Der Mensch – die Orientierungswaise. Probleme individueller und kollektiver Verhaltenssteuerung aus sozialpsychologischer Sicht, in: Der Mensch als Orientierungswaise? Ein interdisziplinärer Erkundungsgang, Freiburg/München 1982, 169–216.
Schnädelbach, Herbert, Philosophie in Deutschland 1831–1933, Frankfurt am Main 1983.
Schneider, Wolfgang, ΟΥΣΙΑ und ΕΥΔΑΙΜΟΝΙΑ. Die Verflechtung von Metaphysik und Ethik bei Aristoteles, Berlin/New York 2001.
Schönpflug, Ute, Art. Selbst III, in: Historisches Wörterbuch der Philosophie, Bd. 9, Basel/Darmstadt 1995, Sp. 305–313.
Schweer, Martin (Hg.), Interpersonales Vertrauen. Theorien und empirische Befunde, Opladen 1997.
–, Vertrauen als Organisationsprinzip. Vertrauensförderung im Spannungsfeld personalen und systemischen Vertrauens, in: Erwägen Wissen Ethik (vormals Ethik und Sozialwissenschaften) 14.2 (2003), 323–332.
Sholem, Gershom, Zum Verständnis der messianischen Idee im Judentum, in: G.S., Über einige Grundbegriffe des Judentums, Frankfurt am Main 1970, 121–170.
Scholz, Heinrich (Hg.), Die Hauptschriften zum Pantheismusstreit zwischen Jacobi und Mendelssohn, Berlin 1916.
Scholz, Oliver Robert, Verstehen und Rationalität. Untersuchungen zu den Grundlagen von Hermeneutik und Sprachphilosophie, Frankfurt am Main 1999.
Schöne, Hermann, Orientierung im Raum. Formen und Mechanismen der Lenkung des Verhaltens im Raum bei Tier und Mensch (1980), 2. unveränd. Aufl. Stuttgart 1983.
Schopenhauer, Arthur, Die Welt als Wille und Vorstellung, 2. Bd., in: A.S., Sämtliche Werke, hg. nach der Gesamtausgabe von Julius Frauenstädt von Arthur Hübscher, Leipzig 1938.
Schrader, Wolfgang H., Art. Selbst II, in: Historisches Wörterbuch der Philosophie, Bd. 9, Basel/Darmstadt 1995, Sp. 293–305.
Schrey, Heinz-Horst / Hoche, Hans-Ulrich, Art. Regel, goldene, in: Historisches Wörterbuch der Philosophie, Bd. 8, Basel/Darmstadt 1992, Sp. 450–464.
Schröder, Winfried, Art. Vornehm, in: Historisches Wörterbuch der Philosophie, Bd. 11, Basel/Darmstadt 2001, Sp. 1194–1196.
Schubert, Rainer, Was heißt sich im Denken orientieren? Eine christlich-philosophische Abhandlung, Frankfurt am Main u. a. 1995.

Schürmann, Eva, Was will die Bildwissenschaft?, in: Philosophische Rundschau 53 (2006), 154–168.
Schürmann, Eva / Waszek, Norbert / Weinreich, Frank (Hg.), Spinoza im Deutschland des achtzehnten Jahrhunderts. Zur Erinnerung an Hans-Christian Lucas, Stuttgart-Bad Cannstatt 2002, bes. Teil II: Aspekte des ‚Spinoza-Streits', 171–325.
Schürmann, Volker, Die Bedeutung der Körper. Literatur zur Körper-Debatte – eine Auswahl in systematischer Absicht, in: Allgemeine Zeitschrift für Philosophie 28.1 (2003), 51–69.
Schüßler, Rudolf, Moral im Zweifel, Bd. 1: Die scholastische Theorie des Entscheidens unter moralischer Unsicherheit, Paderborn 2003.
Schütz, Alfred, Das Problem der Relevanz, hg. und erläutert von Richard M. Zaner. Mit einer Einleitung von Thomas Luckmann, Frankfurt am Main 1971.
Schulze, Gerhard, Die Erlebnisgesellschaft. Kultursoziologie der Gegenwart, Frankfurt am Main 1993.
Schwartz, Shalom H., Universals in the Content and Structure of Values: Theoretical Advances and Empirical Tests in 20 Countries, in: M. P. Zanna (Hg.), Advances in Experimental Social Psychology 25 (1992), 1–65.
Schweizer-Ries, Petra / Führer, Urs, Crowding, in: Hans-Werner Bierhoff / Dieter Frey (Hg.), Handbuch der Sozialpsychologie und Kommunikationspsychologie, Göttingen u. a. 2006, 777–783.
Schwemmer, Oswald, Die Philosophie und die Wissenschaften. Zur Kritik einer Abgrenzung, Frankfurt am Main 1990.
–, Was ist vernünftig? Einige Bemerkungen zur Frage nach der praktischen Vernunft in der Ethik und in der Ökonomie, in: Bernd Biervert / Klaus Held / Josef Wieland (Hg.), Sozialphilosophische Grundlagen ökonomischen Handelns, Frankfurt am Main 1990, 102–120.
–, Art. Situationsethik, in: Enzyklopädie Philosophie und Wissenschaftstheorie, hg. v. Jürgen Mittelstraß, Bd. 3, Stuttgart/Weimar 1995, 821.
Seeck, Gustav Adolf, Die griechische Tragödie, Stuttgart 2000.
Segerberg, Krister, Routines, in: Synthese 85 (1985), 185–210.
Seibt, Johanna, Kognitive Orientierung als epistemisches Abenteuer, in: Werner Stegmaier (Hg.), Orientierung. Philosophische Perspektiven, Frankfurt am Main 2005, 197–224.
Senghaas, Dieter, Zum irdischen Frieden. Erkenntnisse und Vermutungen, Frankfurt am Main 2004.
Sennett, Richard, The Corrosion of Character, New York 1998, deutsch: Der flexible Mensch. Die Kultur des neuen Kapitalismus, aus dem Am. v. Martin Richter, Berlin/Darmstadt 1998.
Serres, Michel, Atlas, aus dem Frz. v. Michael Bischoff, Berlin 2005.
Shapiro, Gary, Alcyone. Nietzsche on Gifts, Noise, and Women, Albany 1991.
Siebert, Horst (Hg.), Global Governance. An Architecture for the World Economy, Berlin/Heidelberg 2003.
Siegwart, Geo, Einleitung zu: Johann Heinrich Lambert, Texte zur Systematologie und zur Theorie der wissenschaftlichen Erkenntnis, Hamburg 1988.
–, Vorfragen zur Wahrheit. Ein Traktat über kognitive Sprachen, München 1997.

–, Art. Abstraktion 3, in: Enzyklopädie Philosophie, hg. v. Hans Jörg Sandkühler, Bd. 1, Hamburg 1999, 23–29.
–, Art. Regel, in: Neues Handbuch philosophischer Grundbegriffe, hg. von Petra Kolmer und Armin G. Wildfeuer, Freiburg/München 2007.
Simmel, Georg, Die Religion (1906), in: G.S., Gesamtausgabe, hg. von Otthein Rammstedt, Bd. 10, hg. v. Michael Behr / Volkhard Krech / Gert Schmidt, Frankfurt am Main 1995, 39–118.
–, Soziologie. Untersuchungen über die Formen der Vergesellschaftung, in: G.S., Gesamtausgabe, hg. von Otthein Rammstedt, Bd. 11, hg. v. Otthein Rammstedt, Frankfurt am Main 1992.
–, Aufklärung des Auslands (Frankfurter Zeitung, 1. Morgenblatt vom 16.10. 1914, S. 2), in: G.S., Miszellen, Glossen, Stellungnahmen, Umfrageantworten, Leserbriefe, Diskussionsbeiträge 1889–1918, Anonyme und pseudonyme Veröffentlichungen 1888–1920, in: G.S., Gesamtausgabe, hg. v. Otthein Rammstedt, Bd. 17, bearb. u. hg. von Klaus Christian Köhnke unter Mitarbeit von Cornelia Jaenichen und Erwin Schullerus, Frankfurt am Main 2004, 119–120.
Simon, Herbert A., Administrative Behavior, New York 1947.
–, Models of Man. Social and Rational: Mathematical Essays on Rational Human Behavior in Social Setting, New York/London 1957.
Simon, Josef, Grammatik und Wahrheit. Über das Verhältnis Nietzsches zur spekulativen Satzgrammatik der metaphysischen Tradition, in: Nietzsche-Studien 1 (1972), 1–26.
–, Wahrheit als Freiheit. Zur Entwicklung der Wahrheitsfrage in der neueren Philosophie, Berlin/New York 1978.
–, Philosophie des Zeichens, Berlin/New York 1989.
–, (Hg.), Orientierung in Zeichen. Zeichen und Interpretation III, Frankfurt am Main 1997.
–, / Stegmaier, Werner (Hg.), Fremde Vernunft. Zeichen und Interpretation IV, Frankfurt am Main 1998.
–, Argumentatio ad hominem: Kant und Mendelssohn, in: Werner Stegmaier (Hg.), Die philosophische Aktualität der jüdischen Tradition, Frankfurt am Main 2000, 376–399.
–, Johann Heinrich Lamberts Zeichenkunst als Weg zur Kritik. Überlegungen zum Verhältnis von Kritik und Interpretation, in: Manfred Beetz / Giuseppe Cacciatore (Hg.), Die Hermeneutik im Zeitalter der Aufklärung, Köln/Weimar/Wien 2000, 49–65.
–, Kant. Die fremde Vernunft und die Sprache der Philosophie, Berlin/New York 2003.
–, Das Ich und seine Horizonte. Zur Metapher des Horizonts bei Kant, in: Ralf Elm (Hg.), Horizonte des Horizontbegriffs. Hermeneutische, phänomenologische und interkulturelle Studien, Sankt Augustin 2004, 85–102.
Singer, Wolf, Ignorabimus? – Ignoramus. Wie Bewußtsein in die Welt gekommen sein könnte und warum technische Systeme bewußtlos sind, in: Frankfurter Allgemeine Zeitung vom 23. Sept. 2000, S. 52.
–, Wahrnehmen, Erinnern, Vergessen. Über Nutzen und Vorteil der Hirnforschung für die Geschichtswissenschaft: Eröffnungsvortrag des 43. Deutschen

Historikertages, in: Frankfurter Allgemeine Zeitung vom 28. September 2000, S. 10.
–, Der Beobachter im Gehirn. Essays zur Hirnforschung, Frankfurt am Main 2002.
Sklar, Lawrence, Incongruous Counterparts, Intrinsic Features, and the Substantiviality of Space, in: The Journal of Philosophy 71 (1974), 277–290.
Sloterdijk, Peter, Regeln für den Menschenpark. Ein Antwortschreiben zu Heideggers Brief über den Humanismus, in: P.S., Nicht gerettet. Versuche nach Heidegger, Frankfurt am Main 2001, 302–337.
Smiljanić, Damir, Philosophische Positionalität im Lichte des Perspektivismus. Ein metaphilosophischer Versuch, Marburg 2006.
Smith, Norman Kemp, A Commentary on Kant's Critique of Pure Reason, London 1918.
Smith Churchland, Patricia, Neurophilosophy. Toward a Unified Science of the Mind-Brain, Cambridge, (Mass.)/London 1986.
Söllner, Alfred, Allzu oft wirkt der Richter als Ersatzgesetzgeber. Die Bindung an die Rechtsordnung als Stütze der Unabhängigkeit, in: Frankfurter Allgemeine Zeitung vom 11. Juli 1994, S. 9.
Sollberger, A., Biologische Rhythmusforschung, in: Hans-Georg Gadamer / Paul Vogler (Hg.), Neue Anthropologie, Bd. 1: Biologische Anthropologie, 1. Teil, Stuttgart/München 1972, 108–151.
Sommer, Manfred, Identität im Übergang: Kant, Frankfurt am Main 1988.
–, Suchen und Finden. Lebensweltliche Formen, Frankfurt am Main 2002.
Sommer, Volker, Wider die Natur? Homosexualität und Evolution, München 1990.
Sorrentino, R. M. / Short, J. C. / Raynor, J. O., Uncertainty orientation: Implication for affective and cognitive views of achievement behavior, in: Journal of Personality and Social Psychology 46 (1984), 189–206.
Sousa, Ronald de, Die Rationalität des Gefühls (1987), übers. v. Helmut Pape unter Mitarbeit von Astrid Pape und Ilse Griem, Frankfurt am Main 1997.
Spencer Brown, George, Laws of Form / Gesetze der Form [1969], übers. v. Thomas Wolf, Lübeck 1997.
Spinner, Helmut F., Der ganze Rationalismus einer Welt von Gegensätzen. Fallstudien zur Doppelvernunft, Frankfurt am Main 1994.
–, Die Wissensordnung, Opladen 1994.
–, Der Mensch als Orientierungswesen: Identität und Alterität aus der Sicht der Doppelvernunft, in: Wolfgang Eßbach (Hg.), wir / ihr / sie. Identität und Alterität in Theorie und Methode, Würzburg 2000, 39–68.
–, Zur Regelorientierung und Rationalität des Neuerungsverhaltens: mit, gegen oder ohne Regeln?, in: Klaus Walterscheid (Hg.), Entrepreneurship in Forschung und Lehre. Festschrift für Klaus Anderseck, Frankfurt am Main u. a. 2003, 55–73.
–, Was heißt Wissensorientierung? Zum informationsgeführten, -kontrollierten und -manipulierten Problemlösungsverhalten, in: Karl-Heinz Hillmann / Georg W. Oesterdiekhoff (Hg.), Die Verbesserung des menschlichen Zusammenlebens. Eine Herausforderung für die Soziologie, Opladen 2003, 191–233.

Spinoza, Opera – Werke, lat. und deutsch, 4 Bde., hg. v. Konrad Blumenstock, Darmstadt 1967.
Sporer, Siegfried Ludwig, Gesichter, in: Hans-Werner Bierhoff / Dieter Frey (Hg.), Handbuch der Sozialpsychologie und Kommunikationspsychologie, Göttingen u. a. 2006, 346–353.
Stadler, Michael / Kruse, Peter, Visuelles Gedächtnis für Formen und das Problem der Bedeutungszuweisung in kognitiven Systemen, in: Siegfried J. Schmidt (Hg.), Gedächtnis. Probleme und Perspektiven der interdisziplinären Gedächtnisforschung, Frankfurt am Main 1991, 250–266.
Stegmaier, Werner, Substanz. Grundbegriff der Metaphysik, Stuttgart-Bad Cannstatt 1977.
–, Die fließende Einheit des Flusses. Zur nachmetaphysischen Ontologie, in: Karen Gloy / Enno Rudolph (Hg.), Einheit als Grundfrage der Philosophie, Darmstadt 1985, 355–379.
–, Die Zeitlichkeit des Lebendigen. Kant, Hegel und die Prinzipien von Darwins Evolutionstheorie, in: Hubertus Busche / George Heffernan / Dieter Lohmar (Hg.), Bewußtsein und Zeitlichkeit. Ein Problemschnitt durch die Philosophie der Neuzeit. Festschrift für Gerhart Schmidt zum 65. Geb., Würzburg 1990, 75–87.
–, „Was heißt: Sich im Denken orientieren?" Zur Möglichkeit philosophischer Weltorientierung nach Kant, in: Allgemeine Zeitschrift für Philosophie 17.1 (1992), 1–16.
–, Philosophie der Fluktuanz. Dilthey und Nietzsche, Göttingen 1992.
–, Wahrheit und Orientierung. Zur Idee des Wissens, in: Volker Gerhardt / Norbert Herold (Hg.), Perspektiven des Perspektivismus. Gedenkschrift für Friedrich Kaulbach, Würzburg 1992, 287–307.
–, Nietzsches Kritik der Vernunft seines Lebens. Zur Deutung von *Der Antichrist* und *Ecce homo*, in: Nietzsche-Studien 21 (1992), 163–183.
–, Art. Schema, Schematismus I, in: Historisches Wörterbuch der Philosophie, Bd. 8, Basel/Darmstadt 1992, Sp. 1246–1261.
–, Experimentelle Kosmologie. Whiteheads Versuch, Sein als Zeit zu denken, in: Peter Baumanns (Hg.), Realität und Begriff. Festschrift für Jakob Barion zum 95. Geburtstag, Würzburg 1993, 319–343.
–, Einstellung auf neue Realitäten. Orientierung als philosophischer Begriff, in: XVI. Deutscher Kongreß für Philosophie. Neue Realitäten – Herausforderung der Philosophie, 20.-24. Sept. 1993 TU Berlin, Berlin 1993, 280–287.
–, Nietzsches ‚Genealogie der Moral'. Werkinterpretation, Darmstadt 1994.
–, Praktische Vernunft und ethische Orientierung, in: Internationale Zeitschrift für Philosophie 1994/1, 163–173.
–, Weltabkürzungskunst. Orientierung in Zeichen, in: Josef Simon (Hg.), Zeichen und Interpretation, Frankfurt am Main 1994, 119–141.
–, Philosophieren als Vermeiden einer Lehre. Inter-individuelle Orientierung bei Sokrates und Platon, Nietzsche und Derrida, in: Josef Simon (Hg.), Distanz im Verstehen. Zeichen und Interpretation II, Frankfurt am Main 1995, 214–239.

–, Ethik als Hemmung und Befreiung, in: Martin Endreß (Hg.), Zur Grundlegung einer integrativen Ethik. Für Hans Krämer, Frankfurt am Main 1995, 19–39.

–, Aporien der Vollendung. Ist Aristoteles' *Metaphysik* eine Metaphysik?, in: Danilo N. Basta / Slobodan Zunjic / Mladen Kozomora (Hg.), Kriza i perspektive filozofije. Mihailo Djuricu za sedamdeseti rodendam (Festschrift für Mihailo Djurić zum 70. Geburtstag), Belgrad 1995, 383–406.

–, Interpretationen. Hauptwerke der Philosophie. Von Kant bis Nietzsche, unter Mitwirkung von Hartwig Frank, Stuttgart 1997.

–, Ethischer Widerstand. Zum Anfang der Philosophie nach der Schoa im Denken von Emmanuel Levinas, in: Trumah, Zeitschrift der Hochschule für Jüdische Studien Heidelberg, 6 (1997), 37–59.

–, Levinas' Humanismus des anderen Menschen – ein Anti-Nietzscheanismus oder Nietzscheanismus?, in: Werner Stegmaier / Daniel Krochmalnik (Hg.), Jüdischer Nietzscheanismus, Berlin/New York 1997, 303–323.

–, Das Gute inmitten des Bösen. Ethische Orientierung aus Zeichen in der jüdischen Tradition, in: Josef Simon (Hg.), Orientierung in Zeichen. Zeichen und Interpretation III, Frankfurt am Main 1997, 107–138.

–, Diplomatie der Zeichen. Orientierung im Dialog eigener und fremder Vernunft, in: Josef Simon / Werner Stegmaier (Hg.), Fremde Vernunft. Zeichen und Interpretation IV, Frankfurt am Main 1998, 139–158.

–, „Denken". Interpretationen des Denkens in der Philosophie der Moderne, in: Emil Angehrn / Bernard Baertschi (Hg.), Studia Philosophica 57 (1998), 209–228.

–, Das Zeichen X in der Philosophie der Moderne, in: Werner Stegmaier (Hg.), Zeichen-Kunst. Zeichen und Interpretation V, Frankfurt am Main 1999 [2000], 231–256.

–, Nietzsches Zeichen, in: Nietzsche-Studien 29 (2000), 41–69.

–, Anti-Lehren. Szene und Lehre in Friedrich Nietzsches *Also sprach Zarathustra*, in: Volker Gerhardt (Hg.), Klassiker auslegen: Friedrich Nietzsche, *Also sprach Zarathustra*, Berlin 2000, 191–224.

–, Orientierung an anderer Orientierung. Zum Umgang mit Texten nach Kant, in: Dieter Schönecker / Thomas Zwenger (Hg.), Kant verstehen / Understanding Kant. Über die Interpretation philosophischer Texte, Darmstadt 2001, 198–234.

–, Die Substanz muss Fluktuanz werden. Nietzsches Aufhebung der Hegelschen Dialektik, in: Berliner Debatte Initial 12.4 (2001), Themenheft „Unaufhörliche Dialektik", 3–12.

–, Der Tod und das Denken, in: Michael Herbst (Hg.), Der Mensch und sein Tod. Grundsätze der ärztlichen Sterbebegleitung, Frankfurt am Main u. a. 2001, 301–318.

–, Levinas. Reihe Meisterdenker, Freiburg/Basel/Wien 2002.

–, Orientierung an Recht und Religion, in: Allgemeine Zeitschrift für Philosophie 27.1 (2002), 3–17.

–, Advokat Gottes und des Teufels: Nietzsches Theologie, in: Ulrich Willers (Hg.), Theodizee im Zeichen des Dionysos. Nietzsches Fragen jenseits von Moral und Religion, Münster 2003, 163–177.

–, Mit Ausnahmen umgehen: Zur Praxis der ethischen Orientierung. Eine Skizze, in: Claus Dierksmeier (Hg.), Die Ausnahme denken. Festschrift zum 60. Geburtstag von Klaus-Michael Kodalle in zwei Bänden, Würzburg 2003, Bd. 1, 127–140.

–, Denken in Formen und Zeichen. Umorientierungen durch globale Kommunikation, in: Internationales Forum für Gestaltung Ulm (Hg.), Form und Zeichen – Globale Kommunikation, Basel/Boston/Berlin 2003, 20–28.

–, Orientierung zum Handeln in wechselnden Horizonten, in: Ralf Elm (Hg.), Horizonte des Horizontbegriffs. Hermeneutische, phänomenologische und interkulturelle Studien, Sankt Augustin 2004, 251–266.

–, Art. X, in: Historisches Wörterbuch der Philosophie, Bd. 12, Basel/Darmstadt 2004, 1101–1105.

–, Aporien des Verzeihens *und* Nicht-Verzeihens, in: Deutsche Zeitschrift für Philosophie 52.3 (2004), 487–492.

–, Art. Weltorientierung, Orientierung, in: Historisches Wörterbuch der Philosophie, Bd. 12, Basel/Darmstadt 2005, Sp. 498–507.

–, Die Bindung des Bindenden. Levinas' Konzeption des Politischen, in: Alfred Hirsch / Pascal Delhom (Hg.), Im Angesicht des Anderen. Levinas' Philosophie des Politischen, Zürich/Berlin 2005, 25–44.

–, Gott zur Orientierung. Aus Anlaß von Ingolf U. Dalferths *Die Wirklichkeit des Möglichen. Hermeneutische Religionsphilosophie*, in: Allgemeine Zeitschrift für Philosophie 30.1 (2005), 97–107.

–, Nach der Subjektivität: Selbstbezüge der Orientierung, in: Ingolf U. Dalferth / Philipp Stoellger (Hg.), Krisen der Subjektivität. Problemfelder eines strittigen Paradigmas, Tübingen 2005, 79–101.

–, Friedrich Nietzsche (1844–1900), in: Stefan Majetschak (Hg.), Klassiker der Kunstphilosophie. Von Platon bis Lyotard, München 2005, 199–222.

–, (Hg.), Orientierung. Philosophische Perspektiven, Frankfurt am Main 2005.

–, „Eigentlich nur das Gebiet der persönlichen Reibungen". Schleiermachers bewegliche Konzeption eines beweglichen Staates, in: Niel Jörgen Cappelörn / Richard Crouter / Theodor Jörgensen / Claus Osthövener (Hg.), Subjektivität und Wahrheit / Subjectivity and Truth. Akten des Schleiermacher-Kierkegaard-Kongresses in Kopenhagen, Oktober 2003, Berlin/New York 2006, 479–502.

–, Eugenik und die Zukunft im außermoralischen Sinn: Nietzsches furchtlose Perspektiven, in: Stefan Lorenz Sorgner / H. James Birx / Nikolaus Knoepffler (Hg.), Eugenik und die Zukunft, Freiburg/München 2006, 27–42.

–, Anhaltspunkte. Spuren zur Orientierung, in: Sibylle Krämer / Werner Kogge / Gernot Grube (Hg.), Spur. Spurenlesen als Orientierungstechnik und Wissenskunst, Frankfurt am Main 2007, 82–94.

–, Zum zeitlichen Frieden, in: Alfred Hirsch / Pascal Delhom (Hg.), Denkwege des Friedens. Aporien und Perspektiven, Freiburg/München 2007, 70–86.

–, Art. Fließen, in: Wörterbuch der philosophischen Metaphern, hg. von Ralf Konersmann, Darmstadt 2007, 102–121.

–, Diltheys Beitrag zu einer Philosophie der Orientierung, in: Gudrun Bertram-Kühne / Frithjof Rodi (Hg.), Dilthey und die hermeneutische Wende in der Philosophie, Göttingen 2007.

–, Nietzsches Kritik der Toleranz, in: Christoph Enders / Michael Kahlo (Hg.), Toleranz als Ordnungsprinzip? Die moderne Bürgergesellschaft zwischen Offenheit und Selbstaufgabe, Paderborn 2007, 195–206.
Stichweh, Rudolf, Die Weltgesellschaft. Soziologische Analysen, Frankfurt am Main 2000.
–, Art. Weltgesellschaft, in: Historisches Wörterbuch der Philosophie, Bd. 12, Basel/Darmstadt 2004, 486–490.
Stemmer, P., Art. Tugend I, in: Historisches Wörterbuch der Philosophie, Bd. 10, Basel/Darmstadt 1998, Sp. 1532–1548.
Sternberger, Dolf, Die Politik und der Friede, Frankfurt am Main 1991.
Stiebritz, Johann Friedrich, Philosophiae Wolfianae contractae. Tomus I. Logicam Ontologiam et Cosmologiam generalem complectens. Cum praefatione Christiani Wolfii. Tomus 11. Psychologiam, empiricam atque rationalem, nec non Theologiam naturalem complectens, Halae Magdeburgicae 1744–1745.
Stingelin, Martin (Hg.), Biopolitik und Rassismus, Frankfurt am Main 2003.
Stoellger, Philipp, Metapher und Lebenswelt. Hans Blumenbergs Metaphorologie als Lebenswelthermeneutik und ihr religionsphilosophischer Horizont, Tübingen 2000.
–, Orten statt Ordnen. Probleme der Ordnung und Ortung der Affekte, in: Ph.S. (Hg.), Affekte, Hermeneutische Blätter 1/2, Zürich 2004, 23–35.
–, Wirksame Wahrheit. Zur effektiven Dimension der Wahrheit in Anspruch und Zeugnis, in: Ingolf U. Dalferth / Philipp Stoellger (Hg.), Wahrheit in Perspektiven. Probleme einer offenen Konstellation, Tübingen 2004, 333–382.
–, (Hg.), Zeit Geben. Hans Weder zum 60. Geburtstag, Hermeneutische Blätter 1/2, Zürich 2006.
Stolleis, Michael, Konstitution und Intervention. Studien zur Geschichte des öffentlichen Rechts im 19. Jahrhundert, Frankfurt am Main 2001.
–, Erwartungen an das Recht, in: Frankfurter Allgemeine Zeitung vom 30. Dez. 2003, S. 7.
Straub, Jürgen, Identitätstheorie im Übergang? Über Identitätsforschung, den Begriff der Identität und die zunehmende Beachtung des Nicht-Identischen in subjekttheoretischen Diskursen, in: Sozialwissenschaftliche Literatur-Rundschau 23 (1991), 49–71.
Strauss, Anselm, Spiegel und Masken. Die Suche nach Identität (1959), Frankfurt am Main 1968.
Ströker, Elisabeth, Ich und die anderen. Die Frage der Mitverantwortung, Frankfurt am Main 1984.
Strub, Christian, Sanktionen des Selbst. Zur normativen Praxis sozialer Gruppen, Freiburg i.Br. 2005.
Stutterheim, Christiane von, Zum Ausdruck von Zeit- und Raumkonzepten in deutschen und englischen Texten, in: Zeitschrift für germanistische Linguistik 25.2 (1997), 147–166.
Styron, William, Sophie's Choice, New York 1980.
Sulzer, Johann Georg, Allgemeine Theorie der Schönen Künste. In einzeln, nach alphabetischer Ordnung der Kunstwörter auf einander folgenden, Artikeln abgehandelt, 2 Bde., Leipzig 1771/74.

Süß, Theobald, Der Nihilismus bei F. J. Jacobi, in: Theologische Literaturzeitung 76 (1951), Sp. 193–200, wiederabgedruckt in: Dieter Arendt (Hg.), Der Nihilismus als Phänomen der Geistesgeschichte in der wissenschaftlichen Diskussion unseres Jahrhunderts (Wege der Forschung, Bd. 360), Darmstadt 1974, 65–78.

Tarde, Gabriel del, Les lois de l'imitation, Paris 1890, deutsch: Die Gesetze der Nachahmung, aus dem Frz. v. Jadja Wolf, Frankfurt am Main 2003.

Taylor, Charles, Sources of the Self. The Making of the Modern Identity, Cambridge 1989, deutsch: Quellen des Selbst. Die Entstehung der neuzeitlichen Identität, aus dem Am. v. Joachim Schulte, Frankfurt am Main 1994.

Tellenbach, Hubert, Geschmack und Atmosphäre. Medien menschlichen Elementarkontaktes, Salzburg 1968.

Tennant, N., One or many logics? Arguments relevant to the philosophy of language, in: M. Dascal / D. Gerhardus / K. Lorenz / G. Meggle (Hg.), Sprachphilosophie. Ein internationales Handbuch zeitgenössischer Forschung, Berlin/New York 1996, 1069–1085.

Textor, Mark, Über Sinn und Bedeutung von Eigennamen, Paderborn 2005.

Theunissen, Michael, Der Begriff Ernst bei Søren Kierkegaard (zuerst 1954), 3. unveränd. Aufl. Freiburg/München 1982.

Thiel, Christian, Art. Objektivität, in: Enzyklopädie Philosophie und Wissenschaftstheorie, hg. v. Jürgen Mittelstraß, Bd. 2, Stuttgart/Weimar 1995, 1052–1054.

–, Art. Paradoxie, in: Enzyklopädie Philosophie und Wissenschaftstheorie, hg. v. Jürgen Mittelstraß, Bd. 3, Stuttgart/Weimar 1995, 40 f.

Thinès, Georges, Orientation animale, in: Encyclopaedia Universalis (30 Bde.), Bd. 17, Paris 1992, 100–105.

Thomae, Hans, Das Individuum in seiner Welt, Göttingen 1988.

Tietz, Sarah / Wild, Markus, Denken Tiere? Ein Forschungsbericht, in: information Philosophie 2006, Heft 3, 14–26.

Tietze, H., Über die topologischen Invarianten mehrdimensionaler Mannigfaltigkeiten, in: Monatshefte für Mathematik und Physik 19 (1908), 1–118.

Timm, Hermann, Gott und die Freiheit. Studien zur Religionsphilosophie der Goethezeit, Bd. 1: Die Spinozarenaissance, Frankfurt am Main 1974.

Tomasello, Michael, The Cultural Origins of Human Cognition, Cambridge (Mass.)/London 1999, deutsch: Die kulturelle Entwicklung des menschlichen Denkens. Zur Evolution der Kognition, aus dem Engl. v. Jürgen Schröder, Frankfurt am Main 2002.

Tongeren, Paul van / Schank, Gerd / Siemens, Herman (Nietzsche Research Group Nijmegen) (Hg.), Nietzsche-Wörterbuch, Bd. 1: Abbreviatur – einfach, Berlin / New York 2004.

Torpey, John / Caplan, Jane (Hg.), Documenting Individual Identity. The Development of State Practices in the Modern World, Princeton 2002.

Trawny, Peter, Tabu und Provokation, in: P.T., Denkbarer Holocaust. Die politische Ethik Hannah Arendts, Würzburg 2005, 17–27.

Turkle, Sherry, Life on the Screen. Identity in the Age of the Internet, New York 1995.
Uffelen, Chris van, 2:0 0:6. Die Stadien, Berlin 2006.
Ulmer, Karl, Von der Sache der Philosophie, Freiburg/München 1959.
–, Philosophie der modernen Lebenswelt, Tübingen 1972.
–, / Häfele, Wolf / Stegmaier, Werner, Bedingungen der Zukunft. Ein naturwissenschaftlich-philosophischer Dialog, Stuttgart-Bad Cannstatt 1987.
Ulrich, Hans G., Wie Geschöpfe leben. Konturen evangelischer Ethik, Ethik im Theologischen Diskurs 2, Münster 2005.
Ulrich, Peter, Transformation der ökonomischen Vernunft. Fortschrittsperspektiven der modernen Industriegesellschaft, Bern/Stuttgart 1987.
–, Der entzauberte Markt. Eine wirtschaftsethische Orientierung, Freiburg i.Br. 2002.
Underwood, Geoffrey / Everatt, John, Automatische und gesteuerte Informationsverarbeitung: Die Rolle der Aufmerksamkeit bei der Verarbeitung des Neuen, in: Odmar Neumann / Andries F. Sanders (Hg.), Enzyklopädie der Psychologie, Serie: Kognition, Bd. 2: Aufmerksamkeit, Göttingen/Bern/Toronto/Seattle 1996, 267–331.
Vaihinger, Hans, Commentar zu Kants Kritik der reinen Vernunft, 2 Bde., Stuttgart/Berlin/Leipzig 1881–1892.
Vaught, Carl C., Hegel and the Problem of Difference: A Critique of Dialectical Reflection, in: William Desmond (Hg.), Hegel and his Critics. Philosophy in the Aftermath of Hegel, Albany, New York 1989, 35–46.
Vernant, Jean-Pierre, Les origines de la pensée grecque, Paris 1962, deutsch: Die Entstehung des griechischen Denkens, aus dem Frz. v. Edmund Jacoby, Frankfurt am Main 1982.
Vieth, Andreas, Intuition, Reflexion, Motivation. Zum Verhältnis von Situationswahrnehmung und Rechtfertigung in antiker und moderner Ethik, Freiburg/München 2004.
Viguier, C., Le sens de l'orientation et ses organes chez les animaux et chez l'homme, in: Revue philosophique de la France et de l'étranger 14 (Juillet 1882), 1–36.
Vogel, Karl, Kant und Paradoxien der Vielheit. Die Monadenlehre in Kants philosophischer Entwicklung bis zum Antinomienkapitel der Kritik der reinen Vernunft, Meisenheim am Glan 1975.
Vorländer, Karl, Einleitung zu: I. Kants Kleinere Schriften zur Logik und Metaphysik, 2. Abt.: Die Schriften von 1766–1786 (Philos. Bibl. Bd. 46b), Leipzig 1905, xxvii-xxxviii.
Wachsmuth, Ipke, Kommunikative Rhythmen in Gestik und Sprache, in: Kognitionswissenschaft 8 (2000), 151–159.
Wagner, Hans, Aristoteles, Physikvorlesung, übers. v. H.W., 4. Aufl. Berlin 1983.
Wagner, Hugh / Lee, Victoria, Facial Behavior Alone and in the Presence of Others, in: Pierre Philippot / Robert S. Feldman / Erik J. Coats (Hg.), The Social Context of Nonverbal Behavior, Cambridge/UK, New York/USA, Melbourne/Australia, Paris/France 1999, 262–286.
Walch, Johann Georg, Philosophisches Lexicon, darinnen die in allen Theilen der Philosophie, als Logic, Metaphysic, Physic, Pneumatic, Ethic, natürli-

chen Theologie und Rechtsgelehrsamkeit, wie auch Politic fürkommenden Materien und Kunst-Wörter erkläret, und aus der Historie erläutert; die Streitigkeiten der ältern und neuern Philosophen erzehlet, die dahin gehörigen Bücher und Schrifften angeführet, und alles nach Alphabetischer Ordnung vorgestellet worden, mit nöthigen Registern versehen und herausgegeben. Zweyte verbesserte und mit denen Leben alter und neuer Philosophen vermehrte Auflage, Leipzig (Joh. Friedrich Gleditschers seel. Sohn) 1733.

Waldenfels, Bernhard, Antwortregister, Frankfurt am Main 1994.

–, Phänomenologie der Aufmerksamkeit, Frankfurt am Main 2004.

Walzer, Michael, Spheres of Justice. A Defence of Pluralism and Equality, Oxford 1983, deutsch: Sphären der Gerechtigkeit. Ein Plädoyer für Pluralität und Gleichheit, Frankfurt am Main 1992.

Wassermann, Rudolf, Die richterliche Gewalt. Macht und Verantwortung des Richters in der modernen Gesellschaft, Heidelberg 1985.

Weber, Elisabeth, Jüdisches Denken in Frankreich. Gespräche, Frankfurt am Main 1994.

Weber, Max, Die ‚Objektivität' sozialwissenschaftlicher und sozialpolitischer Erkenntnis (1904), in: M.W., Gesammelte Aufsätze zur Wissenschaftslehre, hg. v. Johannes Winckelmann, 7. Aufl. Tübingen 1988, 146–214.

–, Die protestantische Ethik und der Geist des Kapitalismus (1904/05), in: M.W., Gesammelte Aufsätze zur Religionssoziologie I, 9. Aufl., Tübingen 1988, 17–206.

–, Der Sozialismus. Rede zur allgemeinen Orientierung von österreichischen Offizieren in Wien 1918, in: M.W., Gesammelte Aufsätze zur Soziologie und Sozialpolitik, hg. von Marianne Weber, Tübingen 1924, 492–518.

–, Politik als Beruf (1919), in: M.W., Gesammelte Politische Schriften, 4. Aufl. Tübingen 1980, 505–560.

–, Die Wirtschaftsethik der Weltreligionen, I. Konfuzianismus und Taoismus, in: Gesammelte Aufsätze zur Religionssoziologie, Bd. 1, Tübingen 1920.

–, Wirtschaft und Gesellschaft. Grundriß der verstehenden Soziologie (1921), 5., rev. Aufl., besorgt von Johannes Winckelmann, Tübingen 1972.

Weinrich, Harald, Lethe. Kunst und Kritik des Vergessens, München 1997.

Weiße, Christian Hermann, In welchem Sinn die deutsche Philosophie jetzt wieder an Kant sich zu orientiren hat. Eine akademische Antrittsrede, Leipzig 1847.

Weizsäcker, Carl Friedrich von, Der Tod, in: Ansgar Paus (Hg.), Grenzerfahrung Tod, Graz/Wien/Köln 1976, 319–338.

Werlen, Bruno, Gesellschaft, Handlung und Raum. Grundlagen handlungstheoretischer Sozialgeographie, Stuttgart 1987.

Werner, Micha H., Art. Verantwortung, in: Marcus Düwell / Christoph Hübenthal / Micha H. Werner (Hg.), Handbuch Ethik, Stuttgart/Weimar 2002, 521–527.

Wessels, Ulla, Die gute Samariterin. Zur Struktur der Supererogation, Berlin/New York 2002.

Wetz, F. J., Art. Stimmung, in: Historisches Wörterbuch der Philosophie, Bd. 10, Basel/Darmstadt 1998, 173–176.

–, und Laucken, U., Art. Situation, in: Historisches Wörterbuch der Philosophie, Bd. 9, Basel/Darmstadt 1995, Sp. 923–937.
White, Hayden, The Content of the Form. Narrative Discourse and Historical Representation, Baltimore and London 1987, deutsch: Die Bedeutung der Form. Erzählstrukturen in der Geschichtsschreibung, aus dem Amer. übers. v. Margit Smuda, Frankfurt am Main 1990.
Wiedenmann, R. E., Tod, Kultur und Gesellschaft. Literaturbericht, in: Sociologia internationalis 30 (1992), 117–124.
Wieland, Wolfgang, Die aristotelische Physik, 3. Aufl., Göttingen 1992.
–, Platon und die Formen des Wissens, Göttingen 1982.
–, Verantwortung – Prinzip der Ethik?, Heidelberg 1999.
–, Urteil und Gefühl. Kants Theorie der Urteilskraft, Göttingen 2001.
Wieman, John M. / Harrison, Randall P. (Hg.), Nonverbal Interaction, Beverly Hills, California 1983.
Wiethölter, Rudolf, Recht-Fertigungen eines Gesellschafts-Rechts, in: Christian Joerges / Gunther Teubner (Hg.), Rechtverfassungsrecht. Recht-Fertigung zwischen Privatrechtsdogmatik und Gesellschaftstheorie, Baden-Baden 2003, 13 ff.
Wijers, Albertus A., u. a., Die hirnelektrische Analyse der selektiven Aufmerksamkeit, in: Odmar Neumann / Andries F. Sanders (Hg.), Enzyklopädie der Psychologie, Serie: Kognition, Bd. 2: Aufmerksamkeit, Göttingen/Bern/Toronto/Seattle 1996, 479–558.
Willers, Ulrich, ‚Aut Zarathustra aut Christus'. Die Jesus-Deutung Nietzsches im Spiegel ihrer Interpretationsgeschichte: Tendenzen und Entwicklungen von 1900–1980, in: Theologie und Philosophie 60 (1985), 239–256 u. 418–442.
Williams, Bernard, Moralischer Zufall. Philosophische Aufsätze 1973–1980, aus dem Engl. v. André Linden, Königstein/Ts. 1984.
–, Ethik und die Grenzen der Philosophie (1985), aus dem Engl. v. Michael Haupt, Hamburg 1999.
Wils, Jean-Pierre (Hg.), Orientierung durch Ethik? Eine Zwischenbilanz, Paderborn/München/Wien/Zürich 1993.
Wirth, Uwe, Vom freien Spiel der Einbildungskraft zum Spiel der Wissenschaft: Die Rolle der Abduktion, in: Zeitschrift für Semiotik 23.3–4 (2001), 379–392.
Witschen, Dieter, Arten supererogatorischen Handelns. Versuch einer konzisen Typologie, in: Ethica 12.2 (2004), 163–180.
Wittgenstein, Ludwig, Tractatus logico-philosophicus, Philosophische Untersuchungen, in: L.W., Schriften, Frankfurt am Main 1960, 7–83 bzw. 279–544.
–, Das Blaue Buch, in: L.W., Werkausgabe, Bd. 5, Frankfurt am Main 1985.
–, Ethik. Ein Vortrag, in: Wittgenstein, Geheime Tagebücher 1914–1916, hg. v. Wilhelm Baum, Wien 1991, 77–86.
–, Bemerkungen, in: L.W., Wiener Ausgabe. Studien, Texte, Bd. 3, hg. v. Michael Nedo, Wien/New York 1995.
–, Bemerkungen zur Philosophie, in: L.W., Wiener Ausgabe. Studien, Texte, Bd. 4, hg. v. Michael Nedo, Wien/New York 1995.

[Wizenmann, Thomas,] Die Resultate der Jacobischen und Mendelssohnschen Philosophie, kritisch untersucht von einem Freywilligen. Non quis? sed quid?, Leipzig 1786, Neudruck mit einem Nachwort von Reiner Wild, Hildesheim 1984.
–, An den Herrn Professor Kant von dem Verfasser der Resultate Jacobischer und Mendelssohnscher Philosophie, in: Deutsches Museum, Februar 1787, 116–156.
Wohlfart, Günter, Der Punkt. Ästhetische Meditationen, Freiburg/München 1986.
Wollheim, Richard, Emotionen. Eine Philosophie der Gefühle, aus dem Engl. übers. v. Dietmar Zimmer, München 2001.
Wolters, Gereon, Art. Modell, in: Enzyklopädie Philosophie und Wissenschaftstheorie, hg. v. Jürgen Mittelstraß, Bd. 2, Stuttgart/Weimar 1995, 911–913.
–, Art. Spielraum, ebd., Bd. 4, Stuttgart/Weimar 1996, 36–38.
Yovel, Yirmiyahu, Mendelssohns Projekt: Vier Herausforderungen, in: Werner Stegmaier (Hg.), Die philosophische Aktualität der jüdischen Tradition, Frankfurt am Main 2000, 331–350.
[Zedler, Johann Heinrich], Grosses vollständiges Universal Lexicon aller Wissenschaften und Künste, welche bisshero durch menschlichen Verstand und Witz erfunden und verbessert worden [...], 64 Bde. [Bde. 19 bis 64 hg. von Carl Günther Ludovici], Halle/Leipzig (Johann Heinrich Zedler) 1732–1750.
Zittel, Claus, Ästhetisch fundierte Ethiken und Nietzsches Philosophie, in: Nietzsche-Studien 32 (2003), 103–123.

Namenregister[1]

Abel, G.   260, 269, 276, 281, 283, 313
Abensour, M.   670
Ackermann, A.   623
Aczel, A.   48f.
Adelung, J. C.   59
Adorno, T. W.   449, 457, 473
Agamben, G.   600, 667
Agud, A.   406
Aischylos   514
Albert, D.   244, 270, 381f., 407, 582, 594
Alberti, L. B.   210
Alexander der Große   629
Allen, C.   341
Altmann, A.   66
Altwegg, J.   624
Anaximander   52
Anders, G.   473
Angehrn, E.   233
Angenendt, A.   610
Apel, K.-O.   11, 571, 584
Appiah, K. A.   427
Arendt, D.   63
Arendt, H.   559, 602
Argyle, M.   387
Ariès, P.   661
Aristoteles   4, 6–8, 67, 85, 93, 112, 134f., 156, 161, 194f., 227-229, 233, 239, 274f., 294f., 297, 323f., 326-328, 352, 353, 356f., 418, 423, 454, 469f., 484, 509, 513–515, 541, 564, 569, 580, 589, 593, 595, 598, 604f., 647f., 653-655, 666
Armogathe, J. R.   306
Ashby, W. R.   351

Assel, H.   550
Assmann, A.   167, 171, 217, 538
Assmann, J.   161, 171, 538
Atzwanger, K.   167
Auer, A.   608
Augustinus   171, 309, 529, 541, 548
Austin, J.   398, 400, 430
Auvergne, W. von   195
Ayaß, R.   556, 565

Bach, J. S.   526
Bachelard, G.   330
Bacon, F.   541
Baecker, D.   10, 26, 260
Baertschi, B.   233
Bahr, H.-D.   658
Baldwin, J. M.   397
Baltes, M.   475
Baltzer, R.   41
Baltzer, U.   373
Bänniger-Huber, E.   381
Barkhoff, J.   632
Barloewen, C. von   670
Barwise, J.   158
Basta, D. N.   8
Bateson, G.   157, 243, 313, 433
Baudelaire, C.   602
Baudrillard, J.   472
Bäuerle, R.   353
Baum, W.   535
Baumann, J.   111f., 143, 628
Baumanns, P.   167
Baumgarten, A..   72, 94
Baurmann, M.   561
Baxter, J. C.   380
Bayertz, K.   491, 562
Bayle, P.   56
Beatles   526
Beck, U.   644
Becker, O.   114, 119f., 139
Beek, W. E. A. van   487
Beethoven, L. van   526

---

[1] Mit * gekennzeichnete Namen sind nur im Literaturverzeichnis aufgeführt.

Beetz, M.   277, 381
Behr, M.   529
Beißner, F.   142, 615
Bekoff, M.   341
Belting, H.   347
Benedikt, M.   676 *
Benhabib, S.   443
Benjamin, W.   473
Bentham, J.   541
Benz, E.   539
Bergmann, J.   542f., 557, 559, 593
Berlyne, D. E.   44
Berman, H. J.   494, 497
Bermúdez, J. L.   341
Bernasconi, R.   650
Berthold, P.   45
Bertram-Kühne, G.   114
Bethge, E.   535
Beyrich, T.   670
Bichsel, P.   283
Biemel, W.   119
Bienfait, H. F.   487
Bierbaumer, N.   115
Bierhoff, H.-W.   374, 387, 414f.,
   447, 449
Bierl, A.   514
Biervert, B.   584, 599
Biester, J. E.   78
Birkenstock, E.   665
Birx, H. J.   669
Bismarck, O. von   478f.
Black, M.   128
Blasi, A.   542, 555
Blum, P. R.   179
Blumenberg, H.   21f., 30, 170, 224,
   233, 352, 359, 516, 520, 522, 671
Blumenstock, K.   560
Böckenförde, E.-W.   498, 501
Boehm, G.   207, 347
Boehm, R.   119
Böhme, G.   220, 347
Böhme, H.   632
Bollnow, O. F.   114, 220, 251
Bolz, N.   477
Bonaparte, M.   184
Bonhoeffer, D.   534f.
Borsche, T.   283, 406, 408
Bourdieu, P.   396

Boydston, J. A.   25
Brandom, R. B.   281
Brandt, R.   78, 347, 664
Brandt, W.   566
Brecht, B.   267f., 431
Bredekamp, H.   347
Brehmer, B.   249
Breidenich, M.   46
Brejdak, J.   585
Brendel, E.   9
Brentano, F.   170, 575
Bridoux, A.   253
Brieskorn, E.   39–41
Briner, R. B.   164
Brochard, M.   678 *
Bröcker, W.   134
Bröcker-Oltmanns, K.   134
Bruhn, M.   347
Brun, R.   678 *
Brunelleschi, F.   209
Brunner, O.   482
Brunschvicg, L.   306
Buber, M.   126f., 306, 530
Buchholz, M. B.   345
Büchmann, G.   478
Buckel, S.   500, 502f., 629
Bühler, K.   131-133, 400, 405
Bunsen, F. D.   260
Burckhardt, J.   489
Burckhardt, L.   438
Buridan   171
Burkert, W.   37
Busche, H.   345, 358
Butler, J.   443, 445, 449

Cacciatore, G.   277
Cajori, F.   286
Calderwood, R.   249f.
Calliess, G.-P.   629
Caplan, J.   436
Cappelörn, N. J.   486
Caputo, J. D.   591
Carnap, R.   281, 359
Carpenter, W. B.   394
Cartledge, P.   514f.
Cassirer, E.   49f., 84f., 138
Cernavskii, A.V.   40
Certeau, M. de   504

Cézanne, P.   213
Chalier, C.   680*
Chladenius, J. M.   200 f.
Christ, K.   63
Christensen, R.   500, 502 f., 629
Cicero, M. T.   529, 547
Ciompi, L.   256, 265, 517
Claesges, U.   170, 510
Clagett, M.   286
Claudius, M.   672 f.
Cleve, J. van   40
Cloeren, H. J.   648
Coats, E. J.   380
Cohen, H.   551
Colli, G.   20, 113
Colpe, C.   594
Conze, W.   482
Critchley, S.   680*
Crouter, R.   486
Crusius, C. A.   201
Cudworth, R.   301
Cusanus, N.   207

Dahrendorf, R.   633
d'Alembert, J. de R.   55 f., 196, 208 f., 655
Dalferth, I. U.   119, 200, 260, 405, 529
Damasio, A.   255 f.
Danziger, E.   38
Därmann, I.   603
Darwin, C.   113, 299, 329, 368, 395, 649, 655
Dascal, M.   331
Dastur, F.   603
David, A.   680*
Davidson, D.   341, 356, 519, 650
Dean, J.   387
Deleuze, G.   150, 330
Delhom, P.   490, 578, 614
Delisie, G.   52
Derrida, J.   26, 199, 230, 251, 272, 281 f., 289 f., 352, 372, 418, 443, 478, 486, 496, 502 f., 532, 534, 541, 564, 566, 570, 591, 594, 596, 600, 602, 608, 616, 621–624, 638, 650, 670
Dershowitz, A. M.   497

Desargues, G.   209
Descartes, R.   6, 13, 171, 207, 252 f., 256, 286, 295 f., 300, 306, 324 f., 327 f., 331 f., 342, 345, 381, 471, 547 f., 647, 653 f., 665
Desmond, W.   106
Deuser, H.   17
Deutschlieb [Ps.]   58
Dewey, J.   25
Diderot, D.   52, 55, 57, 60, 196, 208, 655
Diemer, A.   295
Dierksmeier, C.   571
Dierse, U.   529
Dietrich, E.   158
Dietz, S.   682*
Dilthey, W.   13, 23–25, 31, 114–118, 134 f., 137, 144 f., 159, 174, 187, 251, 358, 537, 649
Diogenes Laertios   335, 515, 658
Dirlmeier, F.   6
Donk, M.   168, 179 f.
Dörner, D.   341
Dostojewski, F. M.   287 f., 541, 600, 618 f.
Doyé, S.   443
Dreher, M.   250
Dreier, R.   493
Dretske, F.   341
Drobisch, M. W.   111
Druckman, D.   380
Dschingis Khan   629
Duff, D. F.   374
Dühring, E.   111, 113, 128
Dürer, A.   210
Durkheim, E.   395
Düwell, M.   426, 563, 571, 575
Dux, G.   177
Dworkin, R.   503
Dyck, W. van   41

Easterling, P. E.   514 f.
Eco, U.   281
Edelstein, W.   542, 544, 555, 571, 579, 593
Eichmann, A.   602
Eilenberger, W.   643
Eimer, M.   168, 173, 179

Namenregister

Ekman, P.   374, 388
Elias, N.   217, 420, 439, 661
Elm, R.   94, 422
Enders, C.   495, 498f., 538, 574, 613
Enderwitz, S.   664
Endreß, M.   544
Engelen, E.-M.   256
Engelhardt, P.   170
Engels, F.   329
Engfer, H. J.   94, 195
Enskat, R.   5
Epikur   541, 658, 666
Eratosthenes von Kyrene   52
Erdmann, B.   63
Ericsson, A.   244, 404
Erikson, E. H.   455
Eßbach, W.   44
Escher, M. C.   41
Esperanto   635
Esposito, E.   12, 247, 488
Eudoxos von Knidos   52
Euklid   209
Euler, L.   52
Everatt, J.   178

Faber, K.-G.   479
Fabian, R.   457
Farinelli, F.   212
Fast, J.   377f., 383f., 386, 400, 403
Feinberg, J.   594
Felderer, B.   606
Feldman, R.S.   380
Feldmann, K.   661, 667
Felice, M. de   57, 196
Ferris, S. R.   382
Fichte, I. H.   104
Fichte, J. G.   103-106, 299
Fiedler, G.   663f.
Figal, G.   5, 138
Fischer-Lescano, A.   500, 502f., 629
Flaig, E.   483
Flasch, K.   509
Flashar, H.   647
Flusser, V.   383, 471
Fontenelle, B. L. B.   198
Foucault, M.   373, 390, 443, 543, 577, 668

Fraenkel, G. S.   42
Franck, E.   396
Franck, G.   169
Frank, H.   17f., 107
Frankenberg, G.   503
Frauenstädt, J.   110
Frederick, R. E.   40
Frege, G.   182, 279, 281, 284, 329, 432
Freud, S.   184, 330, 345, 444, 603
Freund, J.   590
Frey, D.   374, 388, 414, 447, 449
Fricke, C.   560
Friedrich II. von Preußen   79, 610
Friesen, W. V.   374, 388
Frisch, K. von   45
Frisch, M.   427
Fritsch, V.   36, 40
Fuchs, P.   220
Fuchs-Heinritz, W.   661, 667
Führer, U.   374
Fulda, H.-F.   354
Fürst, G.   567, 608

Gabriel, G.   128, 306
Gadamer, H.-G.   46, 157, 187, 277, 649
Galilei, G.   239
Galley, N.   388
Galperin, P. J.   43
Gandhi, M.   594
Ganslandt, H. R.,   249
Ganz, P.   489
Gawoll, H.-J.   63
Gebauer, G.   641
Gehlen, A.   44, 271
Gelder, B. de   380
Geldsetzer, L.   201
Gelernter, D.   639
Gerber, G.   20
Gerdes, H.   164, 591
Gergen, K. J.   451, 456
Gerhardt, V.   184, 600, 614, 622
Gerhardus, D.   331
Gerisch, B.   663f.
Gerjets, P.   250
Gethmann, C. F.   11, 301, 330
Geyer, C.   552, 668

Geyer, P.   9
Giddens, A.   372, 418, 426
Giesen, B.   438f.
Gil, T.   609
Gilligan, C.   443
Girard, R.   396
Glass, J. M.   456
Glock, H.-J.   131, 341
Gloy, K.   358
Goclenius, R.   56
Gödde, G.   345
Goertzel, B.   639
Goethe, J. W. von   64-66, 192, 259, 314, 606, 610, 612
Goffman, E.   29, 157, 173, 313, 368–370, 372f., 375, 377f., 383f., 388–391, 393, 399f., 412, 420, 430, 441, 447–449, 451, 453, 455, 542, 565, 576, 606
Gogh, V. van   213
Goldenbaum, U.   70
Goldhill, S.   515
Goleman, D.   256
Gollwitzer, P. M.   250
Gondek, H.-D.   290, 624
Goodman, N.   260, 524
Goody, J.   273
Gorgias   157, 648
Gorin, A.   549
Gould, S. J.   217
Gowans, C.   587
Graf, F.W.   661f.
Grasnick, W.   354, 503
Grau, O.   639
Graumann, C.-F.   213, 342f.
Gremmels, C.   535
Grimm, J.   61, 222, 511
Grimm, W.   61, 222, 511
Groebner, V.   436
Groethuysen, B.   134
Großheim, M.   251
Grötker, R.   611
Grube, G.   245
Grunow, A.   478
Gryphius, A.   208
Gumbrecht, H. U.   10, 12, 262
Gunn, D. L.   42
Günther, K.   573

Günthner, S.   543
Gurwitsch, A.   213

Haarmann, H.   273
Habermas, J.   366, 410, 541, 571, 573, 593, 598
Hacker, P. M. S.   131
Häfele, W.   508, 518
Hage, J.   456
Hagenbüchle, R.   9
Hahn, A.   23, 667
Haker, H.   426
Halfwassen, J.   233
Hall, E. T.   374f., 378
Halperin, D. M.   444
Halpérin, J.   566, 670
Hamann, J. G.   78, 99f., 279, 329
Hammacher, K.   66, 381
Hampe, M.   494
Han, B.-C.   662
Hansson, N.   566, 670
Hansson, S.O.   590
Harrison, R. P.   383
Hartmann, D.   330
Hartmann, Frank   471, 473
Hartmann, Fritz   43
Hartmann, N.   143f., 652
Hassenstein, B.   689*
Hausdorff, F.   41, 84, 114, 120f., 600
Havelock, E. A.   273
Haverkamp, A.   594
Hayduck, L. A.   374
Heckhausen, H.   250
Heffernan, G.   358
Hegel, G. W. F.   6f., 13, 103, 106f., 159f., 164, 172, 281, 299, 328, 348, 351, 354, 361, 408, 420, 496, 598, 603, 623, 647, 653, 670
Heidbrink, L.   562f., 565, 567, 619
Heidegger, M.   XVIII, 22, 31f., 62f., 91, 112, 134–143, 149, 158, 182, 191, 194, 197, 199, 207, 223, 230, 256, 270, 288f., 293, 297, 300f., 303, 318, 329f., 424, 509, 594, 603, 622, 649f., 652, 658, 660f., 670
Heijden, A. H. C. van der   115

Heijnsbergen, C. C. R. J. van 380
Heilbron, J. 420
Heimbüchel, B. 135
Heintz, P. 628
Heinz, M. 443
Heise, E. 250
Held, K. 584, 599
Hellmann, K.-U. 10, 455
Helmholtz, H. von 116
Henkel, A. 78
Henkys, J. 535
Henrich, D. 354, 648, 653
Heraklit XVI, 227, 326, 358
Herbart, J. F. 111, 115, 340
Herbst, M. 665
Hermanni, F. 690*
Herold, N. 715*
Herrmann, F.-W. von 134
Herrmann, T. 262
Herz, M. 78f., 161, 651
Herzog, R. 217
Heuer, H. 168, 314
Hewitt, J. P. 456
Heyd, D. 594
Hiemisch, A. 249
Hillmann, K.-H. 715*
Hinske, N. 195
Hirsch, A. 491, 578, 614, 616
Hirsch, E. 164, 532, 591
Hirschauer, S. 446
Hirschman, A. O. 582
Hirtz, P. 643
Hirzebruch, F. 689*
Hitchcock, A. 261
Hitler, A. 671
Hobbes, T. 301, 486
Hoche, H.-U. 554
Hochhuth, M. 503
Hof, H. 501
Hoffmann, H. 495
Hoffmann, M. H. G. 280
Hogarth, R. 249
Hölderlin, F. 142, 361, 615
Holl, J. 491, 562
Homann, K. 584
Homans, G. C. 368
Homer 175
Honneth, A. 593

Hoopen, G. ten 179
Horkheimer, M. 473
Horowitz, M. J. 374
Howard, J. P. 691*
Hübenthal, C. 426, 563, 571, 575
Huber, G. L. 250
Hübner, J. 692*
Hübscher, A. 110
Huizing, K. 696*
Humboldt, W. von 20, 279, 329, 407f.
Hume, D. 6, 67, 93f., 198, 293, 296, 301f., 541, 653f.
Husserl, E. 32, 114, 117, 119, 135, 155, 170, 182, 198f., 207, 213, 217, 242, 301, 342, 361, 510, 516
Hütter, A. 77
Hyder, D. 223

Ingarden, R 563
Inglehart, R. 574
Ingold, F. P. 156, 289, 595
Irigaray, L. 443, 650
Irrgang, B. 577
Iser, W. 653

Jacobi, F. H. 62-64, 66-70, 72, 76, 78f., 88, 90, 92, 97, 99
Jaenichen, C. 552
Jaeschke, W. 66
Jäger, W. 482, 484
James, W. 168f., 173, 313, 329, 453f., 456
Janich, P. 7
Jankélévitch, V. 624, 657
Janssen, P. 195, 510
Jaspers, K. XVIII, 134, 143f., 165, 628, 652
Javal, E. 262
Jensen, B. 64
Jesus Christus 49, 209, 530, 540, 555, 613
Joas, H. 576
Joerden, J. C. 594
Joerges, C. 502
Johach, H. 115
Johannes Paul II. 566
Jörgensen, T. 486

Jullien, F.   215, 440, 510
Jung, M.   301
Jürß, F.   335

Kaeser, E.   220
Kafka, F.   291
Kahlo, M.   538
Kalman, H.   355
Kambartel, F. 157f., 329
Kambartel, W.   210
Kannetzky, F.   9
Kant, I.   XVII-XX, 2, 5-7, 13, 15, 19-21, 30f., 39–41, 51f., 57, 59, 61, 63f., 67, 75f., 78–104, 106f., 109, 115, 119f., 125, 128, 131, 134, 139-142, 145, 148, 150, 154, 161f., 175, 178, 183, 189, 192, 194, 198f., 201, 211f., 219, 222–224, 233, 235f., 238, 240, 260, 262, 279, 281, 284, 286-288, 293, 295-302, 327f., 338f., 344, 346-350, 352, 357, 360, 403, 413, 429, 457f., 477, 494, 508-510, 529, 533, 539-541, 544f., 548, 555, 562, 569-574, 577, 582, 588f., 595f., 598, 600, 603, 605, 607, 610, 613f., 628, 646, 648f., 651-656, 664
Kapp, E.   111f.
Kappert, I.   663f.
Karl V.   547
Kästner, A. G.   100
Kaufmann, J.-C.   426, 436f., 439, 452, 455
Kaulbach, F.   40, 80, 83, 96, 201, 239, 329
Kellner, H.   702
Kerckhoven, G. van   115
Kern, I.   119
Kible, B.   357
Kierkegaard, S.   31, 164, 236-238, 287, 300f., 329, 372, 532, 591, 594, 657, 666f.
Kieserling, A.   10, 243, 369, 400, 403f., 414, 416, 463
Kinkel, W.   694*
Kintsch, W.   244, 404
Kircher, A.   179

Kita, S.   38
Klärner, D.   380
Klein, F.   41
Klein, G. A.   249f.
Kleinke, C. L.   388
Knoblauch, H.   529
Knoepffler, N.   669
Knorr Cetina, K.   518
Kodalle, K.-M. 623f.
Koelega, H. S.   171
Kogge, W.   245
Kohlberg, L.   544, 555
Kohlenberger, H.   676*
Köhnke, K. C.   552
Kolbe, M.   594
Kolmer, P.   371
Konersmann, R.   25, 624
König, G.   209, 213
König, I.   71
König, T.   157
Konradt, H.-J.   250
Kopernikus, N.   195, 210, 288, 655
Kopperschmidt, J.   381
Kornwachs, K.   354
Korsgaard, C. M.   555
Korte, M.   307
Koschorke, A.   195
Koselleck, R.   201, 217, 482
Koslowski, P.   584
Kozomora, M.   8
Krämer, Hans 577, 579, 587
Krämer, Hildegard   62
Krämer, S.   245, 343
Krappmann, L.   555, 579
Kraß, A.   444f.
Krause, D.   463
Krausser, P.   23
Krech, V.   529
Kreitler, H.   256
Kreitler, S.   256
Krewani, W. N.   325, 597
Krijnen, C.   575
Krochmalnik, D.   69, 603
Kroll, R.   443
Kross, M.   23
Krückeberg, E.   457
Krug, W. T.   59f.
Krünitz, J. G.   59, 208

Kruse, P. 243
Kudlien, F. 495
Kuhl, J. 250
Kühn, A. 42
Kühn, M. 79
Kühneweg, U. 539
Kuhn, T. S. 330, 354, 521
Kühne-Bertram, G. 114, 301
Kunstmann, J. 696*
Kuokkanen, M. 250
Kurz, R. 631
Kuster, F. 443
Kvasz, L. 209

Ladeur, K.-H. 503
Lafuma, L. 306
Lahno, B. 414
Lakatos, I. 521
Laktanz 529
Lambert, J. H. 52, 208f., 211, 277, 352
Lando, O. 10
Landweer, H. 458
Lange, F. A. 111
Lange, H. 40
Laplace, P. S. 649, 655
Laucken, U. 157
Lavater, J. K. 381
Lee, V. 380
Lehnerer, T. 109
Leibniz, G. W. 39f., 75, 94, 171, 198f., 209, 213, 239, 327, 343, 345, 432, 529, 653
Leick, R. 550
Leinberger, P. 456
Leitzmann, A. 407
Lenk, H. 145, 276, 333, 491, 562, 564, 567
Leonardo 210
Lessing, G. E. 62, 66–70, 76, 78, 82
Lessing, H.-U. 115
Levi, I. 590
Lévi-Strauss, C. 593
Levinas, E. XX, 156, 239, 289, 301, 325, 345, 443, 453, 490, 516, 536, 541, 549, 551, 564, 578, 594–597, 600-603, 617, 619f., 622, 658f., 669f.

Levinson, S. 38
Lichtenberg, G. C. 57, 381
Lifton, R. J. 456
Lindén, J.-I. 546
Lipshitz, R. 250
Locke, J. 171, 293, 296, 301, 456, 484, 487, 653f.
Loeb, J. 42
Løgstrup, K. E. 550
Lohmar, D. 358
Löhrer, G. 304, 590
Lomazzo, G. P. 211
Lorenz, K. 9, 331, 432
Lorenz, S. 669
Lorenzen, P. 359
Losch, B. 501
Lossius, J. C. 59
Lotze, R. H. 116, 575
Lübbe, H. 437, 451, 558, 629, 631, 643
Lübbe-Wolff, G. 501
Luccio, R. 382
Luckmann, T. 153, 529, 542f., 557, 559, 593
Luckner, A. 146f., 317
Ludovici, C. G. 48
Ludwig, G. 643
Luhmann, N. XVIII, XX, 7f., 10–15, 22f., 25, 29f., 116f., 146–149, 157, 159f., 165f., 178, 182f., 199, 219f., 243, 247, 249, 251f., 260, 289, 294, 296, 304, 310, 314, 319f., 323, 331, 345f., 350f., 353, 355, 360, 362, 366, 368f., 372, 400, 404, 408–412, 414–419, 423, 426, 428, 431, 439, 455f., 462f., 465, 467, 469f., 472f., 477, 481f., 485f., 488–491, 495, 499–502, 504, 510, 512, 518–520, 522f., 527, 531, 536, 538, 554–556, 560, 572, 576, 584, 590, 593, 598f., 606, 609, 628, 630, 632, 665
Luther, M. 547, 611
Lütterfelds, W. 128
Lützmann, H. 210

Maalouf, A. 427

Maccoby, E. E. 442
Mach, E. 37
Macho, T. 606, 623
Mainzer, K. 40
Majetschak, S. 347
Malinowski, B. 2
Mandl, H. 250
Manssen, G. 495
Marchaisse, T. 230
Marcus, G. 267
Maresch, R. 638
Margalit, A. 622, 624
Maring, M. 491, 562, 564, 567
Markl, H. 702
Markman, A. B. 158
Markowitsch, H. J. 309
Marquard, O. 145-147
Marschall, W. 559
Martin, G. 652
Martini, F. di G. 210
Marx, K. 329, 466
Marx, W. 313
Masaccio 209
Mason, H. G. 587
Maturana, H. R. 220
Mauss, M. 622
Mauthner, F. 126–128
McKenny, G. P. 591
McLuhan, H. M. 475
McNeill, D. 381
Mead, G. H. 368, 454-456
Meckenstock, G. 65
Meeren, H. K. M. 380
Meggle, G. 331
Mehrabian, A. 374, 381 f.
Mehring, G. von 111
Meier, C. 484
Meier, G. F. 94
Meier, H. 662
Meijers, A. 20
Mendelssohn, M. XVIIf., 62-64, 66–82, 89-92, 94, 97, 99, 106, 201, 230, 246, 344, 356, 562
Merleau-Ponty, M. 32, 114, 120, 157, 203, 206, 213 f., 251, 342
Mertens, K. 157
Metschl, U. 249, 356
Metzger, W. 342

Metzinger, T. 325, 337–341, 343
Meyer, J. 60 f.
Meyer, J. W. 630
Micha, A. 606
Michel, K. M. 13
Micraelius, J. 56, 195, 209
Miersch, M. 444
Miller, J. G. 555, 579
Mitchell, W. J. T. 347
Mitscherlich, A. 444
Mittelstraß, J. XVIII, 7, 9, 11, 40, 80, 128, 145 f., 157, 224, 249, 259, 261, 301, 306, 331, 333, 340, 354, 432, 510, 513, 649
Möbius, A. F. 41
Mohr, G. 501
Moldenhauer, E. 13
Molen, M. W. van der 173
Mongré, P. 41, 84, 120 f., 600
Montaigne, M. 418, 496, 606, 660, 664
Montinari, M. 20, 113
Morellet, A. 10
Morris, C. W. 455, 574
Mouffe, C. 488
Mozart, W. A. 526
Mrass, M. 383
Müller, E. 326
Müller-Lauter, W. 424, 649
Mummendey, H. D. 447
Murray, K. 451
Musgrave, A. 521

Nagel, T. 301, 587, 596
Napoleon 315
Nattkemper, D. 168, 173, 179
Nedo, M. 129, 131
Neuffer, C. L. 361
Neumann, O. 115, 168, 170 f., 173, 178–180
Neurath, O. 359
Newton, I. 218, 284
Nicolin, F. 348
Nietzsche, F. XX, 17, 20 f., 26, 31, 61, 99, 113, 120, 124, 126, 128, 135, 150, 164 f., 175 f., 198, 213, 219, 248, 250, 260-262, 275, 285, 288, 293 f., 299 f., 309 f.,

Namenregister

314f., 329f., 335, 343, 349, 354, 358f., 369, 405–407, 412-414, 424, 447, 458, 509, 511f., 515f., 523, 535, 538–541, 543, 559f., 564, 568, 575-577, 589, 593f., 596f., 600–603, 605, 607, 611–615, 617f., 621f., 626, 649, 652f., 669, 673
Nisan, M. 555, 571, 582f.
Nissen, H. 705*
Noam, G. 542, 555
Nunner-Winkler, G. 542, 544, 555, 571, 579, 593

Oeing-Hanhoff, L. 654
Oeming, M. 554
Oesterdiekhoff, G. W. 715*
Oksenberg Rorty, A. 555
Orasanu, J. 249f.
Oresme, N. von 286
Orth, E. W. 62
Ortmann, G. 372, 396f.
Ostermeier, U. 340
Osthövener, C. 486
Oswald, M. E. 414
Ott, K. 571
Otteson, J. R. 560
Ottmann, H. 669
Otto, R. 64, 66, 70, 76
Owen, W. 52f., 196, 208

Pannewick, F. 664
Parfit, D. 301, 456
Parker, D. E. 37
Parkinson, B. 164
Parmenides 7, 227, 322f., 326, 353, 654
Parsons, T. 368, 408, 576, 661
Pascal, B. 209, 306, 321, 327, 354f., 496, 645f., 648
Patocka, J. 594
Patt, W. 85
Pauer-Studer, H. 555
Paul, H. 62
Paulus 555
Paus, A. 218, 661
Pawlow, I. P. 43f., 254
Pederson, E. 38

Peirce, C. S. 17, 280f., 329
Peiter, H. 656
Perry, J. 158
Perry, R. B. 576
Pethes, N. 307
Pfänder, A. 242
Pfeiffer, K. L. 10, 12, 262
Pfürtner, S. H. 560
Philippot, P. 380
Philon von Alexandria 547
Philonenko, A. 706*
Piaget, J. 262, 397, 555
Piazzesi, C. 600
Picasso, P. 526
Pierer, H. A. 60
Pimplendorf 78
Platon 4f., 29, 37, 150, 191, 212, 227, 283, 294, 323, 326, 330, 351f., 483, 515, 541, 648, 665, 669f.
Plessner, H. 177, 204, 206
Pöggeler, O. 63, 348
Pohlmeier, H. 663
Polanyi, M. 355
Poljakowa, E. 549
Pöppel, E. 217, 340f.
Popper, K. 158, 520f.
Posner, M. L. 325
Posner, R. 382, 388
Powers, C. H. 456
Prechtl, P. 543
Prigogine, I. 220
Prinz, W. 168, 173, 179
Prior, A. N. 353
Pritchard, J. 639
Prodi, P. 497
Promies, W. 57
Protagoras 648
Proudhon, P. J. 593
Proust, J. 341
Ptolemaios 52
Puhl, K. 373
Purkert, W. 689*
Putnam, H. 249, 573

Quante, M. 426, 668
Quine, W. V. O. 275, 330, 356, 359, 509, 650

Raabe, P. 48
Rabaté, J.-M. 594
Radner, D. 40
Radner, M. 40
Raffael 210
Raichle, M. E. 325
Raiser, H. 623
Rammstedt, O. 385, 529, 552
Ratschow, C. H. 529
Ratzinger, J., Benedikt XVI. 550
Rawls, J. 625f.
Raynor, J. O. 250
Rechtien, W. 449
Redeker, M. 537
Regenbogen, A. 574, 576
Reich, K. 85
Reichert, D. 37, 209, 212
Reidemeister, K. 40
Reiner, H. 539, 547, 647
Reinhard, W. 461
Reiniger, R. 575
Reiwald, P. 2
Remmert, R. 689*
Remnant, P. 85
Rentsch, T. 648f.
Rescher, N. 10, 213
Reuchlin, M. 34
Reynolds, S. 164
Rickert, H. 575
Ricœur, P. 301, 450–452, 550, 603
Riou, J. 632
Ritter, H. H. 593
Ritter, J. 80
Robering, K. 382, 388
Rodi, F. 114–116
Röhl, K. F. 501
Rolling Stones 526
Rommel, B. 262
Rorty, R. 330, 356, 438, 519, 521
Rosenzweig, F. 530
Rösler, K.-P. 709*
Rössler, B. 438
Roth, G. 255, 263, 270
Röttgers, K. 200, 457
Rötzer, F. 638
Rousseau, J.-J. 484, 593
Rozelle, R. M. 380
Rubin, G. S. 444f.

Ruchatz, J. 706*
Rudolph, E. 358
Rudyak, Y. 40
Rühl, M. 709*
Rüsen, J. 217
Russell, B. 28, 128
Rütsche, J. 116
Ryle, G. 330

Sachs-Hombach, K. 347
Sainsbury, R. M. 10
Salehi, D. 128
Salewski, C. 374
Salomo 274
Samson, L. 548
Sanders, A. F. 115, 168, 170f., 173, 178–180
Sandkühler, H. J. 9, 284, 574
Sartre, J.-P. 156f., 213, 251, 409, 442f.
Sass, H.-M. 112
Sauer, J. 710*
Schank, G. 343, 669
Schapp, W. 451
Scheerer, E. 43, 203, 394, 397
Scheffler, T. 596, 664
Scheich, H. 340
Scheler, M. 575
Schelling, F. W. J. 103, 106, 299
Scherner, M. 195
Schildknecht, C. 146, 306
Schiller, F. 97, 429, 526
Schinkel, A. 418
Schleichert, H.. 359
Schleiermacher, F. D. E. 65, 103f., 106-109, 111, 145, 153, 223, 238, 262, 537f., 656
Schlüter, G. 611
Schmauks, D. 711*
Schmeiser, L. 210
Schmidt, A. 111
Schmidt, Gert 529
Schmidt, Gunnar 381
Schmidt, S. J. 243
Schmidt-Biggemann, W. 594
Schmidtchen, G. 711*
Schmitt, C. 497
Schnädelbach, H. 575

Schneider, J. H. J. 587
Schneider, W. 569
Scholtz, G. 301
Scholz, E. 39
Scholz, H. 63, 68
Scholz, O. R. 606
Schönberger, F. X. 59
Schöne, H. 35, 43–45, 48
Schönecker, D. 605
Schönpflug, U. 394, 397
Schönrich, G. 373
Schopenhauer, A. 103f., 109f., 127, 650
Schöpf, A. 543
Schrader, W. H. 301, 495
Schrey, H.-H. 554
Schröder, W. 607
Schröger, E. 168, 173, 179
Schröter, Manfred 106
Schröter, Michael 217, 420
Schubert, F. 526, 672f.
Schubert, R. 712*
Schuhmann, K. 119
Schullerus, E. 552
Schulze, G. 455
Schürmann, E. 63, 65, 70, 347
Schürmann, V. 370
Schüßler, R. 249
Schütt, H.-P. 560
Schütz, A. 153, 313
Schwartz, S. H. 576
Schweer, M. K. W. 414, 418
Schweitzer, A. 594
Schweizer-Ries, P. 374
Schwemmer, O. 158, 517, 599
Sebeok, T. A. 382, 388
Seeck, G. A. 514
Segerberg, K. 304
Seibt, J. 256, 356
Sellars, W. 281
Seneca, L. A. 547, 658
Senft, G. 38
Senghaas, D. 616
Sennett, R. 439, 644
Serres, M. 632
Seume, J. G. 61
Shakespeare, W. 665
Shapiro, G. 621

Shoemaker, S. 301
Sholem, G. 594
Short, J. C. 250
Shotter, J. 451
Siebert, H. 631
Siegwart, G. 284, 331, 351f., 371, 519
Siemens, H. 343
Simmel, G. 29, 369, 385-387, 420f., 529, 552, 667
Simon, H. A. 713*
Simon, J. XX, 6, 15, 69, 80, 88, 94, 97, 181f., 219, 273, 276f., 281, 284, 293, 296, 328, 350, 354, 403f., 406, 504, 509, 540, 551, 594, 650
Singer, W. 171, 263, 265, 308, 341
Sirach, J. 547
Sklar, L. 85
Sloterdijk, P. 669
Smiljani, D. 28, 200
Smith, A. 64, 560f.
Smith, N. K. 85
Smith Churchland, P. 330
Sokrates 322f., 326, 335, 351, 423, 515, 563, 620, 665-667
Sollberger, A. 46
Söllner, A. 503
Soltau, D. W. 59
Sommer, A. U. 58
Sommer, M. 30, 49, 177, 188, 197, 206, 227, 378, 435, 636
Sommer, R. 374
Sommer, V. 444
Sophie von Sachsen 687*
Sophokles 514, 559
Sorgner, S. L. 669
Sorrentino, R. M. 250
Sousa, R. de 256
Spencer Brown, G. 10, 289, 310, 323, 344
Spinner, H. F. XVIII, 44, 145f., 224, 333, 455
Spinoza 63–68, 70, 79, 92, 100, 107, 560
Sporer, S. L. 387
Stachowiak, H. 145
Stadler, M. 243

Stapf, K.-H. 244, 270
Steck, M. 696*
Steenblock, V. 690*
Stemmer, P. 604
Sterelny, K. 341
Sternberger, D. 616
Stichweh, R. 628, 630, 632
Stiebritz, J. F. 56
Stingelin, M. 668
Stoellger, P. 21, 119, 255, 260, 624
Stolleis, M. 495, 498
Stratton, L.O. 374
Straub, J. 307, 455f.
Strauss, A. 455
Strauss, L. 71
Strawson, P. F. 652
Ströker, E. 619
Strub, C. 389
Sturma, D. 330
Stutterheim, C. von 38
Styron, W. 587
Sulzer, J. G. 206, 208, 211
Suphan, B. 100, 153
Süß, T. 63

Tarde, G. del 122, 394–398
Taylor, C. 301, 456, 548
Tellenbach, H. 204, 421
Templeton, W. B. 691*
Tennant, N. 331
Teresa 594
Teubner, G. 502, 628
Textor, M. 348
Theunissen, M. 552
Thiel, C. 9, 510
Thinès, G. 36
Thomä, D. 650
Thomae, H. 719*
Thomas, G. M. 630
Thukydides 515
Tietz, S. 341
Tietze, H. 41
Timm, H. 63
Titus 469
Tizian 526
Tomasello, M. 369, 398, 401
Tonelli, G. 201
Tongeren, P. van 343

Tornow, W. R. 478
Torpey, J. 436
Totterdell, P. 164
Trawny, P. 559
Tucker, B. 456
Turkle, S. 639
Tye, M. 341

Ueberweg, F. 685*
Uffelen, C. van 641
Uffelmann, D. 623
Ulmer, K. XVIII, XX, 114, 144f., 206, 223, 460, 508, 518
Ulrich, H. G. 550
Ulrich, P. 584
Underwood, G. 178
Ungern-Sternberg, J. von 483

Vaihinger, H. 84f.
Vattimo, G. 230
Vaught, C. C. 106
Vernant, J.-P. 484, 507, 515
Vespasian 469
Vieth, A. 580
Viguier, C. 37
Voegelin, E. 497
Vogel, K. 85
Vogler, P. 46
Vorländer, K. 63

Wachsmuth, I. 399
Wagner, Hans 85
Wagner, Hugh 380
Wahrig, G. 62
Walch, J. G. 56, 64
Waldenfels, B. 170, 173, 220, 242, 290, 451, 564, 603, 624
Wallerstein, I. 628
Walterscheid, K. 714*
Walzer, M. 316
Wandtner, R. 46
Wassermann, R. 503
Waszek, N. 63, 65, 70
Weber, Elisabeth 578
Weber, Marianne 121
Weber, Max 121-126, 147, 359, 461, 489, 490f., 562, 575, 583, 593

Weinreich, F.   63, 65, 70
Weinrich, H.   309
Weiße, C. H.   721*
Weizsäcker, C. F. von   218, 661
Welzer, H.   309
Werlen, B.   722*
Werner, G.   347
Werner, M. H.   426, 563, 571, 575
Wessels, U.   596
Westermann, R.   250
Wetz, F. J.   157, 164
Wetzel, M.   594
Whewell, W.   652
White, H.   217, 452
Whitehead, A. N.   167, 219
Wiedenmann, R. E.   662
Wieland, J.   584, 599
Wieland, W.   87, 227, 352, 563, 567
Wieman, J. M.   383
Wiethölter, R.   502
Wijers, A.   173
Wild, M.   341
Wild, R.   76, 97
Wildfeuer, A. G.   371
Wilkins, D.   38
Willers, U.   300, 539
Williams, B.   542, 586, 592
Wils, J.-P.   587
Wiltschko   46
Winckelmann, J.   121f., 359
Wingert, L.   573
Wirth, U.   18

Witschen, D.   594
Wittgenstein, L.   XVIII, XX, 11, 18, 33, 126, 128-131, 133, 155, 158, 184, 187, 202, 223, 278–280, 282, 293f., 330, 332f., 335, 359f., 367, 372f., 389, 400, 405f., 432, 535, 649, 657
Wizenmann, T.   76, 80, 97–101
Wohlfart, G.   242
Wolff, C.   66, 295, 647, 653
Wollheim, R.   255
Wolters, G.   224, 261
Wundt, W.   116, 652
Wyschogrod, E.   591

Yovel, Y.   63

Zamenhof, L. I.   635
Zaner, R. M.   153
Zanna, M. P.   576
Zedler, J. H.   48, 50-53, 55f., 60, 64, 195, 200, 207, 221, 272, 655
Zedlitz, von   161
Zenner, H. P.   37
Ziegler, E.   489
Zieminski, I.   585
Zimmerman, H.   62
Zittel, C.   577
Zrenner, E.   37
Zsambok, C. E.   249f.
Zunjic, S.   8
Zwenger, T.   605

Begriffsregister[1]

Abduktion 17f., 356
Abenteuer 100, 165, 220, 256, 356, 505, 525, 636
– Lust zum Abenteuer s. Lust – Unlust
Abkommen 493, 501
abkürzen, Abkürzung 109, 118, 186, *238–241*, 270, 282, 284, 351f., 398, 406, 433, 452, 469, 471, 475, 482, 484f., 490, 518f., 525, 634, 636, 666
– ökonomische Abkürzung 465f.
– Abkürzungsidiom 637
– Abkürzungskunst *285*, 329, 336, 395
– Weltabkürzungskunst *282–285*, 401, 468, 473, 475, 506, 655, 662
– Bedürfnis nach Abkürzung s. Bedürfnis
Abschlussgedanke s. Metaphysik
Absehen 178, 187f., 240, 415, 431, 462, 509, 586, *645–656*
Absicht, Absichtlichkeit, absichtlich – unabsichtlich *187–189*, 193, 207, 309, 328, 334, 342, 362, 366, 368, 392, 399, 400–402, 410–412, *422*f., 430, 437, 460, 493, 502, 540, 545, 562f., 609, 640, 663, 668, 670f.
– absichtslos 407
– Absichtszeichen 392
Absolutes, absolut 68, 80, 124, 136, 144, 158, 197, *200–203*, 206, 646, 659
– absolut Erstes 213
– absolut fraglich 135, 158
– absolut geborgen s. Geborgenheit

– absolut gültig s. gelten, Geltung
– absolute Bewegungslosigkeit s. Bewegung
– absolute Diskretion s. Diskretion
– absolute Enge 124
– absolute Haltlosigkeit s. (sich) halten, Halt
– absolute Lebenssympathie s. leben, Leben
– absolute Lokalisierung 200
– absolute Metapher s. Metapher
– absolute Situation s. Situation
– absolute Spontaneität 105
– absolute Totalität 104
– absolute Wachsamkeit s. Wachsamkeit
– absolute Zeit s. Zeit
– absoluter Anfang s. Anfang
– absoluter Ausgangspunkt s. Ausgangspunkt
– absoluter Raum s. Raum
– absoluter Standpunkt s. Standpunkt
– absoluter Wert s. Wert
– absoluter zeitlicher Horizont (Tod) 679
– absolutes Gehör s. Gehör
– absolutes Hier s. Hier und Jetzt
– absolutes Rückwirkungsverbot 500
– absolutes Zugleich 385
– Absolutismus 203, 516
– kontingentes Absolutes s. Kontingenz
– Verabsolutierung 545
(sich) abstimmen, Abstimmung 32, 112, 163, 281, 300, 312, 316, 418, 432, 491
– Abstimmung (Mehrheitsentscheidung) 481–485
abstrahieren, Abstraktion, abstrakt 19, 20, 65, 83, 91, 106, 118, 125, 127, 139, 158, 160, 172, *241*, 270, 284, 287, 302, 351–353,

---

1 *Stellen, an denen Begriffe eingeführt oder hauptsächlich behandelt werden, sind kursiv gesetzt.*

469, 488, 497, 507, 511, 518, 569, 666
- abstrakte Idem-Identität s. Identität
- Abstraktion – Kontraktion 241
- Abstraktionsstufen 508
achten, Achtung – Verachtung 189, 205, 288, *425–429*, 431, 435, 453, 459, 484, 511f., 529, 544, 552, 556f., 561f., 581, 593, 605, 607, 610, 625
- moralische Achtung s. Moral
- Achtungserfolg 429
- Achtungserweis, Achtungsmarkt, Achtungssteuer 560
- Selbstachtung s. Selbstachtung
Affekt, Affektion, affektiv, affektuell (s. a. Orientierung, affektive) 13, 123, 198, 204, 219, 227, *254–256*, 296f., 300, 308, 334, 346, 379, 468, 474, 576, 634
- Affekt-Interpretation 198
- Affektlogik 256, 517
- Affektreaktion 255, 257
Aggression, aggressiv 424, 440
- Aggressionshemmung 391
aktuell, Aktualität (s. a. Orientierung, aktuelle) 27, 29, 167, 183, 214, 307–309, *473–475*, 619, 628f., 632, 639
alarmieren, Alarm, Alarmierung 173f., 205, 391, 472, 557, 392, 659
Allgegenwart, Allgegenwärtigkeit 528f., 535, 636
Allgemeinheit, allgemein passim, bes. 23–25, 666
- verallgemeinern 156, 285, 372, 525
- Allgemeingültigkeit, allgemeingültig 4, 107, 326, 443, 579, 602, 659, 652
Alltag, Alltäglichkeit, alltäglich passim, bes. XVIf., 18, 31f., 270, 476, 504, 514–516, 563
- alltägliche Erfahrung, Alltagserfahrung 16, 157, 369
- alltägliche Kommunikation, Alltagskommunikation (s. a. Kommunikation) passim

- alltägliche Orientierung, Alltagsorientierung passim
- alltägliche Sprache, Alltagssprache s. Sprache
- alltägliche Routine, Alltagsroutine s. Routine
- alltägliche Situation, Alltagssituation passim, bes. 250, 527, 563
- alltäglicher Zeichengebrauch 270
- alltägliches Dasein 32
- alltägliches Denken 330f.
Almosen 436, 621f.
Alphabet, alphabetisch 273, 286, *655*
Alternative, Alternativität, alternativ 9–12, 35f., 39f., 42, 69f., 184, 207, 241, 243, 256, 275, 279, 322, 334, 336, 342, 344, 346, 362, 386, 405, 408f., 415, 423, 442, 445, 456, 464, 483–485, 488, 531, 546, 576, 589, 638, 648
- alternativoffen – alternativlos 27, 146, 224, 243, 305, 439, 599
- Ja/Nein-Alternativen 484f.
Altruismus 549
analysieren, Analyse, analytisch XVIIIf., 3f., 12, 17, 28–32, 39, 63, 66, 71f., 114, 134, 149, 155, 174, 177, 213, 217, 259, 263, 270, 300, 330, 356, 362, 494, 507, 510f., 528, 532, 563, 623, 636, 649
- existenziale Analyse 300
- logische Analyse 17, 329, 356, 649
- analysis situs 39
- Grenze der Analyse s. Grenze
Analytische Philosophie 279, 283, 301, 329f., 356, 359, 410, 426, 509
Andere, Anderer, Anderes 8, 95, 110, 160, 172, 301, 328, 357, 361, 363, 365, 379, 383f., 403, 414, 427, 442, 447, 471, 490, 511, 564, 570, 605, 666
- anonyme Andere 470f.
anerkennen, Anerkennung, anerkennbar 17, 102, 392, 420, 438f., 449, 593, 607, 610, 612

anfangen, Anfang XVII, 5f., 10f.,
    100, 107, 138, 152, 158, 172,
    178, 181, 186, 191, 199, 208,
    213, 243, 248, 251, 321–324,
    326, 329, 331, 412, 524, 528,
    530, 551, 636
- absoluter – kontingenter Anfang
    251, 259
- Anfangsgrund s. Metaphysik
anfangen (etwas mit etwas) XVI, 1, 3,
    22, 159, 165f. 170, 181f., 183,
    187, 191, 244, 257, 260, 270,
    348, 411, 416, 452, 527, 556,
    632, 660
Angesicht s. Gesicht
Angst, angstvoll 2, 10f., 163f., 184,
    256, 292, 318f., 615, 632, 657,
    659, 661, 663f., 666
- Angstschwelle s. Schwelle
Anhalt 22, 145, 215, 227f., 230, 233,
    237, 274, 303, 349, 351, 362,
    372, 401, 446, 501, 507, 537, 670
Anhaltspunkt passim, bes. *237–266*,
    269–279
- Paradoxie des Halts an Anhalts-
    punkten s. paradoxieren, Parado-
    xie
Anonymität, anonym (s. a. Orientie-
    rung, anonyme) 153, 156, 287,
    365, 452, 467, 471, 475,
    638–640
- anonyme Allgemeinheit 481
- anonyme Andere s. Andere
- anonyme Gesellschaft, anonyme
    Öffentlichkeit 470f.
- anonymer Markt 467, 471
- anonymes Sein 156
anpassen, Anpassung 37, 133, 159,
    396–398, 445, 500, 505, 635
Anschluss, Anschlussfähigkeit, an-
    schlussfähig *22f.*, 27, 319, 336,
    348, 403, 413, 427, 441, 480
- Anschlusswert 404
- Sorge um Anschlussfähigkeit 22,
    361, 368, 408, 411
Ansicht 110, 179, *188*, 207, 309, 433
Anthropologie, anthropologisch 30,
    381, 579, 593

Antinomie s. Logik
Arbitrarität, arbiträr *273f.*, 279, 283,
    655
ἀρχή (s. a. Ursprung, Prinzip) 5, 294,
    322
Ärger *370f.*, 379f., 389, 558, 565
argumentieren, Argument, Argumen-
    tation, argumentativ *15f.*, 146,
    180, 248, 250, 259, 277, 306,
    325, 331, 403f., 421, 424, 431,
    483f., 504, 520, 522, 534, 537,
    581–583, 586, 596, 599, 616,
    621
- argumentatio ad hominem 80, 128,
    403f.
- argumentative Perspektivierung der
    Moral 582
artikulieren, Artikulation 15, 19, 150,
    274f., 306, 368, 376, 381, 385,
    398
ästhetisch 242, 259f., 350, 441, 517,
    587, 655
- ästhetische Perspektivierung der
    Moral 587f.
Atmosphäre 210, *421*
Attraktion, Attraktivität, attraktiv 200,
    226, *241f.*, 244f., 252, 257, 260,
    269, 273, 285, 311, 374, 383,
    387, 449–451, 474, 476, 521,
    523–525, 527f., 535, 638f., 641
- Attraktor 243, 255, 640
auffallen, Auffallen, Auffälligkeit –
    Unauffälligkeit, auffällig – unauf-
    fällig XV, XVIIf., 21, 31, 37, 116,
    171, 180, 196, 204, 217, 244,
    246, 265, *269f.*, 273, 276, 305,
    311, 314, 335, 373, 376, 395,
    442, 445f., 448, 474, 490, 501,
    509, 512, 523f., 527f., 533, 544,
    561, 581, 585, 587, 601
- auffällig sinnlos – unauffällig
    sinnvoll 527
Aufgeschlossenheit 492, 599, *605f.*,
    625
Aufklärung 29, 64, 66, 77, 79, 148,
    175, 208, 328, 394, 444, 505,
    596, 598, 610
- Abklärung der Aufklärung 148

– Aufklärung der Aufklärung, Selbstaufklärung 64, 294
Aufmerksamkeit 24, 44, 71f., 105, 110, 115, 118, 124, 126, 138, 151, *167–174*, 177–181, 188, 241f., 244, 246, 255f., 269, 271, 303, 327, 332f., 342–345, 355, 378, 381f., 384, 387, 398, 401, 404, 413, 428f., 440, 476, 483, 511, 531, 538, 606, 640, 661
– angestrengte Aufmerksamkeit 312
– doppelte Aufmerksamkeit 398, 440
– ethische Aufmerksamkeit 600–602
– öffentliche Aufmerksamkeit 474f.
– präselektive – selektive Aufmerksamkeit 170–173, 178, 307, 342
– selbstbezügliche Aufmerksamkeit 169, 345
– transzendierende Aufmerksamkeit 172
– unbegrenzte Aufmerksamkeit 531
– willkürliche Aufmerksamkeit s. Willkür, willkürlich
– Aufmerksamkeitsgewohnheit 172f.
– Aufmerksamkeitsschwelle s. Schwelle
– Selbstaufmerksamkeit 169
– Ausrichtung der Aufmerksamkeit s. richten, ausrichten
– Grundhaltung der Aufmerksamkeit 169
– Werbung, Wettbewerb um Aufmerksamkeit 244, 450
Aufrichtigkeit, aufrichtig 193, 369, 410, 448, 457, 573, 585
Aufschub 469, *659*
Aufsicht 189
Außenwelt (s. a. Umwelt) 23, 114, 116–118, 291
Ausgangspunkt 36, 83, 199, *203*, 206, 238, 243, 289, 294
– absoluter Ausgangspunkt 579f.
– paradoxer Ausgangspunkt s. paradoxieren, Paradoxie
Ausgeglichenheit, ausgeglichen 167
auslegen, Auslegung 115, 136f., 191, 201, 457f., 487, 497, 537

– authentische – doktrinale Auslegung 458
– Auslegungskunst 457
– Auslegungsrelevanz 153
– Selbstauslegung des Lebens 114
Ausnahme 214, 320, *372*, 405, 490, 502, 570, 575, 625
– Ausnahmesituation s. Situation
– Ausnahmezustand 600
ausrichten, Ausrichtung s. richten
Authentizität, authentisch 252, 438, *457*f., 476, 492, 562
– authentische Auslegung s. Auslegung
– authentische Identität 428, 457f.
– Paradoxie der authentischen Selbstdarstellung s. paradoxieren, Paradoxie
Autismus 12
Autonomie, autonom (s. a. Orientierung, autonome) 35f., 98f., *124*, 146, 171, 220, 273, 296, 316, 326, 373, 438, 462, 523, 543, 548, 553, 626, 639
– autonomiebewusst 526
Autorität *496*–498, 500f., 546, 561, 604
– moralische Autorität s. Moral
– persönliche Autorität *512*f., 526

Barmherzigkeit, barmherzig 530, 578, 594, 605
– barmherziger Samariter 550
beachten, Beachtung 47, 316, 428–431, 505, 544, 572
Bedürfnis, Bedürftigkeit, bedürftig XVII, 1f., 5, 28, 51, 66, 89, 98–100, 104, 111, 120f., 158, 161f., 164, 168, 229, 241, 251, 257, 265, 270, 297, 343, 359, 367, 395, 406f., 427f., 433, 439, 451, 456, 461, 465–467, 469, 504, 506, 509f., 511, 513, 517, 525, 529, 534, 539, 570, 577, 646, 648, 650f.
– bedürftige Vernunft s. Vernunft
– leibliche Bedürfnisse 113, 442
– Bedürfnisglaube s. glauben, Glaube

- Bedürfnis fester Punkte 100–103
- Bedürfnis nach Abkürzung 270
- Bedürfnis nach Dank 539
- Bedürfnis nach festem Halt 645f.
- Bedürfnis nach Gewissheit 367, 646–648
- Bedürfnis nach Identität 427f., 439, 459
- Bedürfnis nach Metaphysik, metaphysisches Bedürfnis 650f.
- Bedürfnis nach Religion, Heilsbedürfnis 454, 529, 539
- Grundbedürfnis 2, 240, 395, 635
- Interpretationsbedürfnis 276
- Lebensbedürfnis 2, 5, 44, 309, 315f., 578–580
- Mitteilungsbedürfnis 133, 406f., 635
- Orientierungsbedürfnis s. Orientierungsbedürfnis
- Unterhaltungsbedürfnis 476
- Wissensbedürfnis 21
- Begründungsbedürftigkeit 474
- Schutzbedürftigkeit 417
befreien, Befreiung s. Freiheit
begreifen, Begriff, begrifflich 12f., 19–22, 30, 33, 55, 67f., 69, 77, 85, 90, *96*, 108, 124–127, 136, 154, 164, 182, 211f., 233, 241, 260, 277 284, 287, 297, 322, *346–356*, 359, 385, 433, 435, 453, 600f., 646f., 653, 666
- begriffliche Ordnung 241
- begriffliches System, Begriffssystem s. System
- Begriffsbildung, Begriffsbestimmung 124f., 352
- Begriffspyramide 241, 351
- Grenzbegriff 125
- Leitbegriff s. leiten
- Unbegreiflichkeit, unbegreiflich 6, 65, 88, 107, 155, 300f., 327, 507, *528–536*, 594
- Begriff des Begriffs 20, 96
- Bewegung des Begriffs s. Bewegung
- Konkurrenz unter Begriffen 55
- Standpunkt eines Begriffs s. Standpunkt

Bekenntnis 440, 445, 481, 492, 581
- religiöses Bekenntnis s. Religion
Belang (s. a. Relevanz) passim, bes. *153f.*, 181, 185, 242
belasten – entlasten, Belastung – Entlastung, Belastbarkeit 44, 168, 254f., 270, 275, 307, 312, 371, 445, 469, 553, 562, 568, 584, 591, 618f., 661, 644
beleidigen, Beleidigung 595, 610
beobachten, Beobachter, Beobachtung 7, 13f., 17, 32, 60, 73, 169, 216, 271, 323, 365f., 369f., 428–430, 472, 521, 548, 531f., 544, 572, 575, 609
- theoretischer Beobachter 118
- Beobachtergott 531
- Beobachtungsdistanz s. Distanz
- Beobachtungseinheit s. Einheit
- Beobachtungssystem 7, 14, 47, 243
- Unbeobachtbarkeit, unbeobachtbar 104, 120, 147f., 168, 271, 333, 339, 531–536, 547, 586, 589f., 623, 636
- Beobachtung der Beobachtung anderer 365f., 379, 384, 404, 431, 557, 560
Beruf, beruflich (s. a. Orientierung, berufliche) 34, 145, 184, 315, 420, 437, 451, *463*, 476, 553, 560, 581
(sich) berufen auf, Berufung 16, 31, 82, 87, 353, 371, 395, 407, 428, 431, 484, 555, 590
beruhigen – beunruhigen, Beruhigung – Beunruhigung (s. a. Ruhe – Unruhe) 2, 98f., 151, *162–169*, 184, 247f., 253f., 260, 270, 291, 303f., 318, 335, 346, 355, 362–368, 384f., 414, 446, 469, 472, 502, 514f., 565, 592, 621, 638, 648, 657f., 663, 667
- Beruhigungsrhythmen 256
- Beruhigungszeichen 393
Bestand XVI, 147, 156, 232, 434, 461, 486, 495, 575, 595, 646
- ewig feste Bestände s. ewig

(sich) bewähren, Bewährung 32, 102, 135, 253, 262, 304 f., 311, 343, 364 f., 390, 394, 397, 402, 510, 520 f., 527
– Kontextbewährung 26, 310
Bewegung, Bewegtheit, Beweglichkeit, beweglich (s. a. Orientierung, bewegliche) 8, 180 f., 36 f., 42 f., 180 f., 226–229, 231, 237, 245, 304, 379, 397, 442, 653
– moralische Bewegung s. Moral
– symbolische Bewegung 383
– bewegliche Begriffe (s. auch Fluktuanz) 21, 322, 354, *355 f.*
– bewegliche Fundamente 20
– bewegliche Horizonte, Perspektiven, Standpunkte (s. a. Horizont, Perspektive, Standpunkt) 180, 186, 194–196, 198, 201–203, *214 f.*, 221, 245
– bewegliche Metaphern (s. a. Metapher, Metaphorik) 20
– bewegliche Netze (s. a. Netz) 21
– bewegliche Strukturen (s. a. Struktur) XVI
– beweglicher Sinn, Sinnbewegung (s. a. Sinn, sinnhaft) 183, 280 f.
– beweglicher Spielraum *221–224*, 377
– bewegliches Denken (s. a. Denken) 326 f.
– bewegliches Gewissen (s. a. Gewissen) 604
– bewegliches System s. System
– bewegte Anhaltspunkte (s. a. Anhaltspunkt) 378
– Orientierungsbewegung s. Orientierungsbewegung
– Bewegung des Begriffs 13, 354
– Muster in Bewegung 266
– unbewegt Bewegendes 228
– absolute Bewegungslosigkeit 203
Bewertung s. werten, Wert
Bewusstsein, Bewusstheit, bewusst 13, 29, 72, 88, 95, 98 f., 105, 109 f., 117 f., 121, 147, 156, 169–172, 206, 227 f., 286 f., 293, *295–302*, 322, *342*, 345 f., 370, 407, 445, 454, 547, 622, 653 f., 656, 665
– ethisches Bewusstsein 619
– Bewusstheit des Denkens *337–346*
– Bewusstsein anderer 361, 413
– nicht bewusst, unbewusst 109 f., 123, 217, 227, 251, 275, 345, 394 f., 604, 622 f.
– Enge des Bewusstseins 115 f., 170
– Selbstbewusstsein s. Selbstbewusstsein
bezichtigen, Bezichtigung 269, 391, 403, 564, 566 f.
Bild, Bildlichkeit 19 f., 69, 83, 108, 129, 131, 182, 207, 240, 273, *346–348*, 403, 423, 435, 437–440, 447, 449, 455, 476, 530
– bildhafte Darstellung 52
– Bildzeichen 273, 285, 288–290, 634
– Leitbild s. leiten
– Gedankenbild 125 f.
– Körperbild 377
– Selbstbild 389, 458
– Vorstellungsbild 397
binden, Bindung (s. a. Selbstbindung) 135, 236, 241, 264, 281, 313, 394, 412, 417, 464, 474, 481, 489, 529, 542 f., 578, 626, 638, 643, 671
Biologie, biologisch 29, 35 f., 39, 42 f., 46, 217, 330, 337, 368, 394, 398, 427, 442–446, 518, 549, 563
– Neurobiologie, neurobiologisch (s. a. Neurophysiologie) 255, 388, 340
– Soziobiologie 542, 586
blicken, Blick 132, 173, 177, 180, 191, 214, 282, 335, 377 f., 383–386, 547, 552, 557, 669
– böser Blick 557
– theoretischer Blick 180
– Blickdisziplin 400
– Blickfeld 144, 238, 249, 599
– Blickkontakt, Blickwechsel 384, 368 f., 373, 378, *382–386*, 387 f., 392, 399 f., 416 f.

– Blickrichtung 37, 144, 375, *384–387*
– Augenblick, augenblicklich 126, 155, 337, 366, 379, *384*, 486, 669
– Jagdblick *177*, 220
– Kulissenblick 383f.
– Orientierungsblick 365f., 383
– Seitenblick 189, *383*
böse s. gut – böse
– Maschine des Bösen 638
Buch, Buchdruck 52, 270, 471, 474, 523f.

Chaos, chaotisch 108, 120, 126, 156, 243, 313, 632
Charakter, charakterlich 200, 229, *380*, 426, 435, 437, 448, 453, 457
– moralischer Charakter 556, 569, *571*, 574
Chiffre *273*, 275, 285
Christentum, christlich 63, 65f., 68f., 195, 293, 324f., 327, 529f., 536–539, 547, 550f., 554f., 569, 595, 598, 611, 613, 654
codieren, Code, Codierung 10, 260, 281, 387, 462, 470, 522
– flexibler Code 281
cool 167, 637

Dankbarkeit, dankbar 89, 417, 427, 448, *539f.*
definieren, Definition XV, 19–21, 26, 84, 135f., 195, 241, *278*, 322, *349*, 351–354, 431, 433, 507
– Definitionsräume 455
– definitive Feststellung 5f., 147, 215, 281, 455
– Situationsdefinition s. Situation
dekonstruieren, Dekonstruktion 26, 148, 290, 352, 486, 502f., 600, 602
– Selbstdekonstruktion 26, 372
Demokratie, Demokratisierung, demokratisch 478, 481, 483, 485–492, 633
Demonstration, öffentliche 76, 95, 486, 558

demütigen, Demütigung 453, 589, 622
denken, Denken 4f., 8–11, 19f., 22, 71f., 83f., 107., 109f., 142, 150, 155f., 186, 211, 228., 295, 309, *321–337*, 339–341, 343–346, 348–351, 353, 356, 394, 398, 428, 543, 546, 552, 609, 664–667
– diskursives Denken 326, 404
– selbstbezügliches Denken, Selbstbezüglichkeit des Denkens (s. a. paradoxieren, Paradoxie) 6f., 13, *323–333*, 351, 653
– theoretisches Denken 652
– wissenschaftliches Denken 5, 142, 334, 666
– Andersdenkende 599
– Bewusstheit des Denkens 337–346
– Blockierung des Denkens 10
– Denken des Denkens 4, 6, 324–326, 328–331, 348, 666
– Gesetz des Denkens s. Gesetz, Gesetzmäßigkeit
– Grenze des Denkens s. Grenze
– Regel des Denkens 19f., 51
– Nicht-anders-denken-Können 547, 559
– Sich-im-Denken-Orientieren 88f., 91, 97, 103
– Sich-über-den-eigenen-Tod-Hinausdenken 666
Depression 164, 319, 596
Design 639
– Corporate Design 450
– Design-Identität s. Identität
– Design-Kunst, Web-Design 639
desorientieren, Desorientierung XV, 1, 87, 103, 131, 140, 145, 159, 193, 219, 292, 298, 317f., 321, 397, 408, 446, 663
– existenzielle Desorientierung 318, 332, 534
– kommunikative Desorientierung 318
– kreative Desorientierung 213, 363, 506f., 523, *526*, 528
– lokale Desorientierung 317, 332

– moralische Desorientierung 574
deuten, Deutung, Ausdeutung 144, 147, 331, 413f., 527, *531f.*, 536–538, 559, 658
– deutungslos 142
– Deutungshintergrund 528
– Deutungskunst 537
– Deutungsmöglichkeit, Deutungsspielraum 379, 393, 412f., 422, 508, 525, 536, 552, 634
– Deutlichkeit, deutlich, verdeutlichen, Verdeutlichung 59, 71, 75, 82, 179, 262, 272, *276f.*, 281, 295, 331, 340, 352, 370, 385, 520
– Eindeutigkeit, eindeutig 123, 277–279, 283, 430, 443, 446, 543, 563, 594
– Zweideutigkeit, zweideutig 82, 91
– Vieldeutigkeit, vieldeutig 277, 329, 372, 402, 414, 430, 512
– überdeutlich 392
différance 26, 282, 372
differenzieren, Differenz, Differenzierung (s. a. unterscheiden, Unterscheidung) XIX, 11, 27, 158, 160, 289, 314f., 326, 403, 425, 427, 462, 487, 600, 602
– funktionale Differenzierung 464, 599
– Selbstdifferenzierung XIX, 117, 291, 304, 312, 314, 316, 569, 571, 588
– sexuelle Differenz s. Sexualität
Ding an sich 102, 274, 279, 509
Diplomatie, diplomatisch 368, 408, *412*–414, 435, 483, 492, 557
– Diplomatie der Zeichen 368, *412–420*, 483, 557
Diskontinuität, diskontinuierlich (s. a. Kontinuität) 110f., 631
– künstliche Diskontinuität 314
– Diskretion, diskret 118, 125, *420–423*, 440f., 442, 445
– absolute Diskretion 420
Diskriminierung – Entdiskriminierung 444f., 467, 485, 516, 589, 633
Diskursethik s. Ethik

distanzieren, Distanz, Distanzierung (s. a. Orientierung, distanzierte) 27, 146, 152, 207, 234, 237f., 241, 298, 316, 322, *333f.*, 335f., 346, 348, 351, 355, 365, 374, 379, 387f., 397, 401f., 408, 410, 419, 425f., 429, 440, 472f., 476, 510f., 515, 525, 529, 548, 585–587, 592, 597, 600, 608, 652
– gesellschaftliche bzw. soziale Distanz 377, 384
– intime Distanz 375–377
– ironische Distanz 369
– körperliche Distanz, Körperdistanz 362, 369, *373–377*, 382, 388, 392, 398, 416
– kritische Distanz, kritische Distanzierung 374, 506f., 520, 528, 539
– mentale Distanz 514
– öffentliche Distanz 375f.
– persönliche Distanz 375–377
– räumliche Distanz 514, 628, 637
– sichere Distanz 365, 370
– sinnliche Distanz 204f.
– theoretische Distanz 32, 366, 592, 638, 642, 652
– zeitliche Distanz 637
– Distanzgefühl s. Gefühl
– Distanzierungserfahrung – Entdistanzierungserfahrung 377
– Distanzpunkt 208
– Distanzregel 377
– Distanzsphäre 377, 408, *420f.*, 426, 429, 440, 445, 476
– Distanztier 374
– Distanzverhalten 374f., 382
– Distanzzone 375
– Beobachtungsdistanz 429
– Fluchtdistanz 374
– Nahdistanz 35
– Interaktionsdistanz 367, 377, 640
– Orientierungsdistanz 365
– Regeldistanz 374
– Selbstdistanzierung 592, 610
– Wehrdistanz 374
– Pathos der Distanz 600

disziplinieren, Disziplin, Disziplinierung *298*, 518, 522, 525, 537, 558, 577, 592, 606, 610, 626, 668
- logische Disziplin 5, 346, 349–351, 354, 410, 507f.
- wissenschaftliche Disziplin, Wissenschaftsdisziplin 65, 112, 143, 410, 432, 506–508, 510, *512f.*, 516, 575, 643
- kritische Disziplinierung 363, 507
- Blickdisziplin s. Blick
- Selbstdisziplin 511f.
dogmatisieren, Dogma, Dogmatisierung, dogmatisch 79f., 90, 98, 236, 250f., 356, *537–539*, 650f.
- dogmatische Wanderung 92
- Entdogmatisierung 538f., 613
Dritte, Dritter, Drittes 129, 280f., 364, 392f., 398, 401, 435, 488, 493, 495–497, 502, 550, 566, 578, 588, 590, 617, 667
- Dritte-Person-Perspektive s. Person
- Kommunikation über Dritte 427, 435, *439–442*, 556f.
dulden, Geduld 372, 610
durchkreuzen, Durchkreuzung, durchstreichen, Durchstreichung 86, 229, 253, 285, 288–290, 395, 446, 461
Durchschnittlichkeit, durchschnittlich (s.a. Alltag, Alltäglichkeit, alltäglich) 31f., 303, 407, 494, 613
- Durchschnittsfläche 86
- Durchschnittszustand des Selbstgefühls 454
Durchsichtigkeit, durchsichtig – undurchsichtig (s. a. Transparenz, transparent) 15, 50f., 409, 415, 507f., 519, 521, 528, 548

Effekt, Effektivität, effektiv 116, 131, 168f., 265, 342, 412, 463, 466, 642, 668
- Carpenter-Effekt 394
- Ökonomieeffekt 284
- Sinneseffekt 117
- Synchronisationseffekt 341

- Wagenhebereffekt s. Wagenhebereffekt
- Effizienz, effizient 174, 507
Ego, Egoismus, Egozentrik, egoistisch (s. a. Orientierung, egozentrische) 75, 103, 133, *203*, 453, 605
- logischer Egoismus s. Logik, logisch
einbilden, Einbildungskraft 13, 95, 222, 240, 334, 346–348, 596
Eindruckssteuerung 447
Einfachheit, einfach, vereinfachen 17f., 45, 153, 157, 240, 287, 314, 348, 401, 410, 423, 432, 466, 588, 620, 624, 635, 665
einfallen, Einfall 73, *337*, 395, 519
Einfluss, Beeinflussung, beeinflussbar 110, 122f., 183, 200, 206, 219f., 224, 397, 425, 463, 470, 487, 489, 517, 556, 576, 589, 638
- Einflussmöglichkeit 480
einfühlen, Einfühlung, einfühlsam s. fühlen, Gefühl
Einheit, einheitlich – uneinheitlich, vereinheitlichen 7, 35, 40, 51, 69, 89, 114, 125, 127, 143f., 160, 197, 203, 206, 210, 212, 218, 224, 293, 298f., 326, 331, 333, 349, 361, 385, 450f., 453, 455, 496, 500, 523, 586, 596, 628, 635
- fließende Einheit s. Fluktuanz
- Beobachtungseinheit 387
- Einheitspunkt 213
- Lebenseinheit 114f.
- Sinneinheit 239
einnorden 50
einschränken, Einschränkung (s. a. Limitation) XVIII, 3, 113, 149, 178, 181–183, *257*, *278*, 362, 507, 543, 567, 570, 582, 619
- Selbsteinschränkung 178
einsehen, Einsicht, einsichtig – uneinsichtig 82, 89f., 99, 109, 117, 182, *189*, 252, 259, 295f., 300, 326, 331, 346, 386, 458, 484, 512, 517, 563, 572, 611, 651, 656
(sich) einstellen, Einstellung 17, 39, 43f., 87, 123, 163, 165, 169, 304,

315, 346, 365, 390, 396, 422, 441, 509f., 575, 606, 643f.
– emotionale Einstellung 414
– natürliche Einstellung 510
– theoretische Einstellung 516
– wissenschaftliche Einstellung 511
– Sich-Einstellen-Können-auf-andere 382
Einverständnis, einverständig 461, 547
– Einverständnishandeln 123
Emotion 44, 87, 255f., 342, 380, 504
– emotionale Einstellung s. Einstellung
Empfindung 19, 37, 71f., 95, 173, 211, 239, 255, 342, 344, 394, 615, 664
– Empfindungsart 570
– Bewegungsempfindung 37
– Orientierungsempfindung s. Orientierungsempfindung
– Richtungsempfindlichkeit s. (sich) richten
Ende 93, 100, 103, 154, 186, 199, 215f., 248, 275, 288, 352, 402, 405, 528, 535, 547, 648, 657–659, 661, 663, 665, 673
– Zu-Ende-Sein 658
Endgültigkeit, endgültig 108, 359, 403, 498, *502*, 504, 642, *663*
(sich) entscheiden, Entscheidung, Entscheidbarkeit, entscheidbar passim, bes. 73–75, *237f.*, 343f., 444–446, 478–492, 501–505, 553f., 604f., *663*
– Entscheidung unter Ungewissheit 35, *246–253*
– Unentscheidbarkeit, unentscheidbar 227, 248, 251f., 444f., 502, 534, 659
– existentielle Entscheidung 143, 534
– kollektiv bindende Entscheidung 481, 489
– körperliche Entscheidung 396
– natürliche Entscheidung, naturalistic decision making, Entscheidungsprozess 249, 250f., 267
– ökonomische Entscheidung 584

– politische Entscheidung 154f., 481, 483, 489, 491
– rechte Entscheidung s. Rechte, das, recht
– richterliche Entscheidung 504
– selbstbezügliche Entscheidung 252
– Entscheidungsaufgabe 489
– Entscheidungsbedingung, Entscheidungstrajektorie 249, 267
– Entscheidungsberechtigte 483f.
– Entscheidungsfähigkeit 492
– Entscheidungsfindung 249
– Entscheidungsgesichtspunkt 355
– Entscheidungsgewalt 487
– Entscheidungsgewissheit 249
– Entscheidungsgrund s. Grund, am Grund
– Entscheidungsinstanz 263
– Entscheidungskriterium 249, 587
– Entscheidungsmacht 489
– Entscheidungsmöglichkeit 178, 224, 481f., 503
– Entscheidungsorganisation 501
– Entscheidungspraxis 481
– Entscheidungsrisiko s. Risiko
– Entscheidungssituation s. Situation
– Entscheidungsspielraum 83, 482, 503, 545
– Entscheidungstheorie 249
– Entscheidungsverhalten 251
– Entscheidungszwang 246, 502, 522, 525
– Auswahlentscheidung 475
– Mehrheitsentscheidung 481–486, 537
– Nicht-Entscheidung 445
– Orientierungsentscheidung 363, 506, 533
– Richtungsentscheidung s. (sich) richten
– Sachentscheidung 483
– Tauschentscheidung s. Tausch
– Verwaltungsentscheidung 499
– Vorentscheidung 3f., 136, 265, 329
– Paradoxie der Entscheidung s. paradoxieren, Paradoxie
– Zeit der Entscheidung (Gegenwart) 247

– Entschiedenheit *252–254*, 257, 534, 537, 545
Entschuldigung s. Schuld
enttäuschen, Enttäuschung, enttäuschungsanfällig 147, 149, 254, 365, 415–420, 526, 535, 546, 572f., 577f., 582, 624
entwerfen, Entwurf 51–53, 57, 92f., 141, 150, 153, 182, 208, 210f., 334, 336f., 348, 507, 524, 528, 607, 614
– Lebensentwurf s. Leben
– Ordnungsentwurf 145, 292
– Orientierungsentwurf 336, 458
Enzyklopädie 655
Ereignis, ereignisreich – ereignislos *142*, 150, 165f., 168, 174, 179, 183, 215, 217, 219, 251, 282f., 325, 398, 404, 412, 431, 450, 472, 476, 515, 557, 640, 656f.
– moralisches Ereignis 587
– Ereignisstruktur 219
– Orientierungsereignis 142
Erfahrung 17, 20, 74f., 84f., 106, 166, 170, 173f., 200f., 206, 212, 227, 245, 254, 307, 330, 334, 406, 435, 437, 451, 453, 497, 524, 532, 546, 556, 569, 599, 604, 664
– alltägliche Erfahrung s. Alltag
– aporetische Erfahrung 616
– augenscheinliche Erfahrung 84
– eigene Erfahrung 48
– ethische Erfahrung 619f.
– moralische Erfahrung 588, 592f.
– sensorische Erfahrung 518
– wissenschaftliche Erfahrung 16
– Erfahrungsentzug 265
– Erfahrungsgebrauch 19f., 83, 347, 651
– Erfahrungsmöglichkeit 314
– Erfahrungssatz 359
– Grenzerfahrung 218, 451, 661
– Grunderfahrung 136
– Körpererfahrung 117, 442
– Orientierungserfahrung 587
– Reiseerfahrung 52
– Sacherfahrung 44

– Urerfahrung 671
– Unerfahrenheit 317
erfinden, Erfindung, Erfinder 261, 284, 286, 310, 334, *395–398*, 408, 524f., 617, 646
– Erfindungsreichtum, erfindungsreich 527, 643
– Worterfindung 81, 408
Erfolg – Misserfolg, erfolgreich – erfolglos XV, 22f., 43, 125, 164–167, 172, 174f., 183, 234, 253, 305, 354, 362, 393f., 411, 416, 463f., 468, 479f., 503, 513, 519, 526, 536, 552f., 583–585, 632, 635
– Erfolgsdruck 337
– Erfolgsrisiko 391
– erfolgversprechend 2, 151, 181,188, 253, 257, 363
– Achtungserfolg 429
– Orientierungserfolg 419
– Überlebenserfolg (s. a. Leben, überleben) 42
Erinnerung 24, 140, 308, 317, 395, 426, 454
erkennen, Erkenntnis, erkennbar 4, 13, 23, 59f., 67, 82, 87, 90, 93f., 107, 114, 117, 127, 135, 164, 172, 191, 198, 211f., 235, 260, 273, 281, 284, 287, 298, 327, 346–351, 355, 378, 385f., 412, 463, 479, 567, 574, 601, 617, 645, 654
– wissenschaftliches Erkennen 180
– spekulative Erkenntnis 82
– Erkenntnisorganismus 203
– Erkenntnistheorie, erkenntnistheoretisch 111, 279
– Erkenntnistrieb 89
– Erkennungszeichen 392
– Mustererkennung 331
– Gotteserkenntnis 99
– Vernunfterkenntnis s. Vernunft
– wiedererkennen, Wiedererkennbarkeit, wiedererkennbar 27, *261–263*, 266, 358, 449, *452f.*, 457, 639
– unerkennbar 286f.

Begriffsregister 749

– (sich) zu erkennen geben 621
erleben, Erlebnis 8, 24, 114, 116, 126f., 135, 261, 293, 307, 309, 336, 338, 342, 406–408, 461, 535, 546, 657
– inneres Erlebnis 127, 338, 406
– Erlebensschwelle s. Schwelle
– Erlebnisgesellschaft s. Gesellschaft
– Massenerlebnis 641
ernstnehmen, Ernst, ernsthaft 73, 75, 78f., 81, 163f., 390, 402, 458, 504, 524–526, 536, *552*, 568, 571, 575, 588, 599f., 618, 657
erwarten, Erwartung, erwartungsvoll 22, 74, 123, 127f., 147, 149, 152, 163, 168, 171, 190, 237, 284, 303, 364, 366, 370f., 415, 418, 425, 434, 448, 473–476, 495, 535, 554f., 572, 591, 593f., 657f., 661
– kognitive Erwartung 572
– moralische, normative Erwartung s. Moral
– Erwartungsdruck 584
– Erwartungshorizonte der wechselseitigen Orientierung 449, 579
– Verhaltenserwartungen 456, 495f., 578
– Orientierung an Erwartungen 251
Esperanto 635
Ethik, ethisch – unethisch (s. a. Orientierung, ethische) 5, 158, 167, 172, 189, 289, 353, 414, 417, 423, 427, 452, 484, 492, 510, 535, 540–542, 551, 556, 562, 564, 569, 576, 578f., 595–*597f.*, 600f., 603, 616, 668
– Ethisch-Allgemeines 594
– ethische Aufmerksamkeit 600–602, 619
– ethische Auszeichnung 569, 608
– ethische Beziehung 601
– ethische Dummheit 602
– ethische Erfahrung 619
– ethische Gleichgültigkeit s. Gleichgültigkeit
– ethische Herausforderung 615
– ethische Praxis 603

– ethische Reflexion der Moral 599
– ethische Souveränität s. Souverän
– ethische Sprache 597
– (unbegrenzte) ethische Verantwortung 618–620
– ethisches Leben 586
– ethisches Pathos 621
– beratende Ethik 587
– Diskursethik 11, 571, 573, 584, 598
– Ethik der Lebenskunst 577
– Gesinnungs- und Verantwortungsethik 562, 584
– Situationsethik s. Situation
– Wertethik 575
– Wirtschaftsethik 584
– Narrativität der Ethik 452
Ethologie, ethologisch 45, 368
Etymologie 33
Evidenz, evident 17–19, 75f., *259*
– Evidenzsituation 136
Evolution, evolutionär 38, 42, 45–47, 113, 160, 167f., 217f., 254f., 264, 280, 292, 329, 341, 397f., 462, 486, 543, 586, 632, 655
– evolutionäre Anthropologie 369, 398
– evolutionäre Identität s. Identität
– evolutionäre Strukturselektion 320
– kulturelle Evolution s. Kultur
– Evolutionstheorie 30, 112f., 243, 319, 395, 649
– Evolution der Orientierung 317–320
– Evolution der moralischen Orientierung 588–590
– Evolution der wissenschaftlichen Orientierung 519–522
– Evolution des philosophischen Begriffs der Orientierung 55–150
Ewigkeit, ewig 195, 198, 215, 300, 528f.
– ewig feste Bestände 649
– ewig Unbegreifliches 507, 528f.
– ewige Flucht 646
– ewige Wahrheit 77
– ewige Werte 575
– ewiger Friede 614

– ewiges Leben 531, 539
Existenz, existenzial, existenziell 139–141, 143 f., 184, 223, 293, 300, 302, 652
– existenziale Analyse s. Analyse
– existenzielle Desorientierung s. Desorientierung
– existenzielle Entscheidung s. Entscheidung
– existenzielle Not 553
– existenzielles Problem 611
– eigentliche Existenz 32
– existenzbedrohend XVIII
– Existenzerhellung 143
– Existenzminimum 499
– Existenzphilosophie 157, 665
Experte 3, 512, 638
explizieren, Explikation 17, 21, 73, 306
– explizit – nicht explizit, implizit 15, 18, 22, 30, 132 f., 223, 263, 279, 281, 304, 306 f., 316, 336, 350, 371, 373, 378, 382, 405 f., 416, 453, 468, 484, 493, 507, 528, 537, 556, 558, 563, 578, 587, 641 f.

Fernorientierung s. Orientierung
Fernrohr 206
Fernsehen 387, 471 f., 475 f., 492, 524
feststellen, Feststellung, feststellbar (s. a. fixieren) 4–9, 12, 21, 123, 154, 322, 331, *349*, 381, 400 f., 504, 667
Fiktion, fiktiv, Fiktionalität, fiktional (s. a. Realität) 243, 419, 426, 451, 477, 524, 627, 638, 652 f.
– fiktionale Realität 477, 638
– fiktive Orientierungswelt 507
– fiktiver Punkt 239
– fiktiver Fluchtpunkt s. Fluchtpunkt
– legitime Fiktion 496
– logische Fiktion s. Logik
Film 260 f., 285, 436, 451, *476*, 524 f., 556, 587, 626
(sich) finden passim, bes. *83–86, 202*
– Anklang finden 484
– Anschluss finden s. Anschluss

– Beruhigung finden s. Beruhigung
– Gewissheit finden s. Gewissheit
– Gleichgewicht finden s. Gleichgewicht
– Halt finden s. Halt
– Kompromiss finden s. Kompromiss
– Prinzipien finden s. Prinzip
– auffinden, Auffindbarkeit 637–639
– sich befinden 1, 45, 50, 60, 72, 77, 89, 93, 105, 117, 144, 153, 155, 157, 186, 202 f., 232, 539
– herausfinden 1, 103, 149, 153, 163, 181, 202, 225 f., 298, 306, 535, 569
– (sich) hineinfinden 66, 203
– vorfinden 1, 91, 130, 153, 172, 192, 243, 270
– wiederfinden 46, 609, 636
– sich zurechtfinden XV, 1–4, 14, 43, 57, 59–61, 77, 91, 103, 146, *151–176*, 186, 202 f., 224, 226, 257, 364, 645
– Befinden, Befindlichkeit der Orientierung 200, 220, 399, 517
– Entscheidungsfindung s. Entscheidung
– Sinnfindungsprozess s. Sinn, sinnhaft
fixieren, Fixierung (s. a. feststellen) 25, 77, 94 f., 104, 106, 108, 110, 117 f., 169, 171–173, 179, 198, 214, 219, 376, 433 f., 468, 509, 517, 563, 575
– Fixpunkt 294, 426, *430–432*, 452, 469, 555
flexibilisieren, Flexibilität, flexibel 281, 342, 370, 398, 439, 485, 492, 632, 635, *644*
Fluchtpunkt 133, *208*, 210–212, 300, 368, 371, 386, 422 f., 426, 428, 459, 503, 519–522, 538, 573, *608–622*, 670 f.
Fluktuanz, fluktuant 114, 263, 321 f., 356, *358 f.*, 377, 407, 434, 449, 461, 488, 604, 632, 643
– fluktuante Identität s. Identität
– fluktuante Ordnung s. Ordnung
– fluktuante Planung s. planen

– fluktuante Wertorientierung 643f.
Fluss, Flüssigkeit der Orientierung XVIf., 20, 24f., 28, 117f., 124, 221, 279, 302, 358–360, 407, 414, 454, 507, 524, 625
– Metaphorik des Fließens s. Metapher, Metaphorik
– Ontologie des Flusses 359
Folklore 528
Form – Inhalt 129, 152, *233*, 328, 351
Fortschritt 148, 521
Freiheit, freiheitlich 23, 44, 79, 92, 147, 156f., 300, 313, 346, 423, 438, 454, 457, 460f., 464, 469, 473, 475, 501, 517, 523f., 526, 549, 553, 575, 586, 588–590, 609–612, 614, 623, 651, 656, 663, 671
– subjektive – objektive Freiheit 498
– Freiheit als Spielraum (s. a. Spielraum) 222–225, 461
– Freiheit des Willens s. Wille
– Freiheitsgewinn – Freiheitsverlust 473
– Freiheitsrechte 499
– befreien, Befreiung 153, 166, 288, 329, 414, 445, 544, 562, 566, 588, 590, 610, 626, 638
– Gestaltungsfreiheit 526
– Grundfreiheiten 498
– Informationsfreiheit 638
– Wahlfreiheit 498
– Gefühl der Freiheit s. Gefühl
– Paradox der Freiheit s. paradoxieren, Paradoxie
– Freitod s. Suizid
fremd, Fremdheit, befremdlich XVII, 13f., 58, 73, 78, 110, 118f., 121–123, 133, 164, 172, 276, 294, 296, 316, 318, 328, 330, 352, 359, 367, 370, 375, 379, 387, 391, 403, 405f., 419, 449, 463, 482f., 490, 515, 538, 542, 544, 548f., 551, 580, 588, 593, 600–602, 605, 610, 619, 623, 636, 660
– fremde Moral 542, 544
– fremde Vernunft s. Vernunft

– fremdbezüglich – selbstbezüglich s. Selbstbezug
– Fremdwahrnehmung 458, 528
Freude 86, 247f., 260, 289, 305, 388, 514, 523, 541, 602f., 659, 672
– Freude am X 288
Freund, Freundschaft 192, 315, 318f., 364, 383, 393, 412, *418*, 454, 460, 553, 595, 660, 672f.
Freundlichkeit, freundlich 384, 392, 412, 421, 556, 599, *605f.*, 609, 621, 625, 665
Frieden – Unfrieden, befriedet 175, 413, 480, 483, 490, 549, 558, 589, 599, 608, *614–616*, 624, 630
– innerer Friede 541
– Friedensgesinnung 615
– Paradoxie des Kampfs um Frieden s. paradoxieren, Paradoxie
– Religionsfriede s. Religion
Frist 216
– kurzfristig, mittelfristig, langfristig 35, 183, 216, 227, 229, 244, 252–254, 307f., 356, 388, 399, 412, 416, 430, 433, 460f., 468, 476–478, 580, 583
– Kognitionsfrist 387
fühlen, Gefühl 4, 19, 24, 69, 75, 98, 118, 162, 181, 236f., 292, 305f., 322, 334, 387, 414, 420, 441, 446, 535, 539, 551, 600, 626, 655, 661, 673
– moralisches Gefühl s. Moral
– religiöses Gefühl 539
– sicheres Gefühl, Urteilen nach Gefühl 292, 305, 307, 355
– Gefühl der Freiheit 454, 553
– Gefühl der rechten und linken Seite *86–89*
– Gefühl der Unergründlichkeit 407
– Gefühl der Unorientiertheit 387
– Gefühlswert 256, 385
– einfühlen, Einfühlung, einfühlsam 119, 251, 334, 448
– Feinfühligkeit, feinfühlig 205, 416
– Gleichgewichtsgefühl 305
– Grundgefühl der Ordnung 496

– Grundgefühl schlechthinniger Abhängigkeit 656
– Heimatgefühl 305
– Distanzgefühl 205
– Lebensgefühl s. Leben
– Leibgefühl 305, 312
– Orientierungsgefühl 305
– Selbstgefühl 118, 271, 305, 312, 454
– Sicherheitsgefühl 164f., 292
– Solidaritätsgefühl s. Solidarität
– Verantwortungsgefühl 568
– Vollendungsgefühl 626
– Wertfühlen, Wertgefühl 543, 575
– Rationalität der Gefühle 256
funktionieren, Funktion, funktional –
   funktionslos (s. a. Orientierung, funktionale, u. Orientierungsfunktion) passim, bes. 7, 28, 45, 149, 165, 243, 254, 297–299, 333, 337, 347, 359, 392, 418f., 448, 454, 458, *462–464*, 498, *518f.*, *527f.*, 567, 634
– funktionale Differenzierung 462–464, 599
– funktionelle Identität s. Identität
– Funktionsfähigkeit 493, 505
– Funktionssystem 12, 260, 363, *462–466*, 474, 491, 500, 523, 526–528, 535f., 584, 628, 630
– Funktionsträger, Funktionsverantwortung 421, 564, 567
– Funktionszusammenhang 527f.
– Funktionszwang 464
– Appell-, Ausdrucks-, Darstellungsfunktion 132
– Bewertungsfunktion 267
– Wahrheitsfunktion s. Wahrheit
Furcht 24, 164f., 175f., 567, 658f., 664
Fürwahrhalten s. wahr
Fußball 640–642

Gabe 539, 554, *620–625*, 670
– Paradoxie der Gabe s. paradoxieren, Paradoxie
Geborgenheit, geborgen (s. a. Religion) 220, 534f.

Gebrauch passim, bes. 4, 20, 32, 34, 265, 277, 569
– Gebrauchswissen 306
– Gebrauch von Begriffen 108, 164, 349–354
– Gebrauch von Unterscheidungen 159, 405–408
– Gebrauch von Zeichen 276–281, 413, 508
– Gebrauch der Vernunft 80, 82, 91–93, 96, 212, 298
– Erfahrungsgebrauch s. Erfahrung
Gedächtnis 14, 127, 140, 142, *147f.*, 186, 233, 244, 250, *269f.*, 274f., 292, *307–310*, 334f., 337, 341, 345f., 348, 404, 414, 433, 448, 476, 638, 662
– kollektives bzw. öffentliches Gedächtnis 476, 661
– Paradoxie des Gedächtnisses s. paradoxieren, Paradoxie
Gefahr passim, bes. *166–168*, *173–175*, 180, 205, 254, 406, 493, 660, 667f.
Gefallen – Nicht-Gefallen 525f.
Geflecht (s. a. Netz) 117, 214, 290
Gegend (s. a. Orientierung, gegendhafte) 39f., 48–51, 61, 84, 86, 90, 93, 130, 139f., *192*, 201, 289
– Himmelsgegend 49, 60, 139f., 192
– Weltgegend 59, 61, 83, 86, 90, 103
Gegenhaltung 236
Gegenseitigkeit, gegenseitig (s. a. Orientierung, wechselseitige) 41, 104, 235, 281, 326, 386f., 391, 394, 407, 409, 618f., 657, 670
– moralische Erwartung von Gegenseitigkeit 549, 554f., 577, 591, 604–607, 613, 624
– ethischer Verzicht auf Gegenseitigkeit 541, 554f., 591, *593–597*, 599, 607, 620f.
Gegenstand passim, bes. 432
Gegenwart, gegenwärtig passim, bes. 71–73, 130, *155*, 187, *247*, 433, 567
– Gegenwart anderer 362, 381, 385, 405, 622

Gehirn 38, 171, 173, 217, *263–267*, 308, *325*, 331–333, 338f., 341, 380, 394f., 397, 442, 639
- Gehirnphysiologie s. Physiologie
- Gehör 36–38, 204
- absolutes Gehör 129

Geist (s. a. Orientierung, geistige) 6f., *13*, 172–174, 222, 332, 355, 397, 653

gelassen, Gelassenheit 167, 534, 657, 659, 666

Geld 124, 460, 465, *468–471*, 490, 511, 573, 580, 602
- Geldwert 234, 466, 468f., 471

Gelegenheit (s. a. καιρός u. Zeit, zur rechten Zeit) *166f.*, 173f., 184, 206, 216, 371, 387f., 399, 415, 417, 422, 464, 466, 468f., 476, 554, 566–568, 622, 641

gelten, Geltung (s. a. Allgemeingültigkeit, Endgültigkeit) passim, bes. 16f., 122, 313, 346, 353, 372f., 504, *511*, 561, 575, 671
- absolut gültig 575
- Privatgültigkeit 327f.

Gemeinsamkeit, gemeinsam, Gemeinschaft, gemeinschaftlich (s. a. Orientierung, gemeinsame) 39, 96, 315f., *349f.*, 360, 364, 366f., 371, 376, 401, 409, 413, 416, 418, 426, 429, 431, *438f.*, 441, 447, 461, 465, 478, *481–485*, 506, 509f., 533, 536, 556, 558, 577, 579, 594, 601, 637, 667f.
- gemeinsame Ordnungen s. Ordnung
- gemeinsame Projekte 350, 367
- gemeinsame Vernunft s. Vernunft
- Glaubensgemeinschaft 533, 536f., 559
- Lebensgemeinschaft s. Leben
- Religionsgemeinschaft s. Religion

Gemeinsinn 69, 73–75, 82

Gender Studies (s. a. Geschlecht) 370, 443

Genie 20, 284, 525

Geodäsie, geodätisch 53, 139, 200f., 220, 237

Geographie, geographisch (s. a. Orientierung, geographische, u. Metapher, Metaphorik) 29, 48, 50, *52f.*, 55–61, 77, 83, 102, 109, 129–131, 140, 150f., 194, 199, 208, 220, 237, 240, 246, 517
- geographischer Standpunkt s. Standpunkt
- Geographie der Vernunft s. Vernunft

Geometrie, geometrisch 53, 120, 151, 200, 208f., 220
- geometrische Figur 286
- geometrischer Punkt 239f., 242

Gerechtigkeit – Ungerechtigkeit, gerecht – ungerecht 9, 11f., 274, 290, 355, 395, 448, 462, 497, 499–503, 530, 541, 547, 549f., 555, *578*, 586, 598f., 603, 608, *616–618*
- etwas gerecht werden 4, 35, 66, 101, 158, 167, 198, 290, 419, 502, 557, 593, 602, 618
- mediengerecht 585
- sachgerecht 351
- situationsgerecht 158, 372, 505
- Paradoxie der Gerechtigkeit s. paradoxieren, Paradoxie

Geruchssinn 36, *204f.*, 375, 421

Geschichte, Geschichten (s. a. Orientierung, narrative) 26, 55, 101f., 120, 150, 154, 181, 197, 217, 265, 283f., 329, 340, 358, 402, 427, *450–452*, 476, 497, *587*, 642f.
- narrative Identität s. Identität
- narrative Ordnung s. Ordnung

Geschlecht 34, 168, 374, 377f., 427, *442–446*, 448f.

Geschmack 129, *204f.*, 419
- Geschmacksnuancen 406

Gesellschaft, gesellschaftlich (s. a. Orientierung, gesellschaftliche, soziale) passim, bes. 16f., 34, 121f., 316, 334, 376f., 389f., 394, 460–505, 558f.,568, 571f., 578, 620

- anonyme Gesellschaft s. Anonymität, anonym
- gesellschaftliche Ordnung s. Ordnung
- gesellschaftliche Orientierungswelt 316, 376, 471, 578, 632
- Erlebnisgesellschaft 455
- Mediengesellschaft 471–474
- Weltgesellschaft 316, 492, 578, 614, 628–633

Gesetz, Gesetzmäßigkeit, gesetzmäßig 65, 87, 109, 113, 125, 144, 172, 346, 428f., 450, 465, 494, 517, 538, 549f., 579, 621
- empirisches Gesetz 96, 511f.
- juridisches Gesetz 316, 487f., 494–497, 502–505, 585, 616, 625
- moralisches Gesetz s. Moral
- überzeitliches Gesetz 218
- Ritualgesetz s. Ritual
- Naturgesetz s. Natur
- Gesetzgebung 495, 501, 585f., 613
- Selbstgesetzgebung 533
- Gesetz des Denkens 109, 349f.
- Versagen von Gesetzen 501

Gesicht XV, 38, 163, 244f., 261–263, 375f., 380–383, 385–387, 394, 402, 427, 436, 453, 476, 492, 626, 669
- Gesichtsfeld 144, 178, 205f., 428
- Gesichtskreis 57, 96, 206
- Gesichtssinn s. Sinn, Sinnesorgan
- das Gesicht wahren 447
- ins Gesicht sagen 427, 440
- Von-Angesicht-zu-Angesicht *384–386*, 398, 440, 551, 601, 669

Gesichtspunkt passim, bes. 59, 96, 109, 125, 144, 198, *200f.*, 208, 344

Gesinnung 161f., 182, 326, 392, 605, 610, 615
- Gesinnungsethik s. Ethik
- Gesinnungstäter 563
- Friedensgesinnung s. Frieden

Geste 244, 290, 367, 369, 377–379, *383*, 392–394, 412, 555, 557

Gesundheit, gesund 2, 200, 315, 476, 480, 485, 495, 668
- gesunder Verstand, gesunde Vernunft s. Vernunft

Gewalt, gewaltsam, gewalttätig 192, 352, 355, 364, 457, 461, 477, 483, *486f.*, 490, 496–498, 589, 619, 638, 657, 660f., 667f., 672
- Gewalt, staatliche, Gewaltmonopol *487*, 489, 496, 578, 631, 668
- Gewaltenteilung 487
- Gewalt, unmerkliche 406f., 453, 601
- in seiner Gewalt haben 198, 229, 315, 347, 407, 457

Gewissen 295, 318, 545, 547f., 574, 577, *603f.*, 610–613, 619

Gewissheit – Ungewissheit *14f.*, 18, 22, 28, 35, 61, 75, 98, 147, 149, *166*, 174f., 225, 249f., *253*, 279, 355, 414f., 439f., 468f., 475, 478, 504, 522, 526, *646f.*, *656f.*, 659f.,
- erste – letzte, vorläufige – völlige Gewissheit 15, 93, 646, 648, 653, 664
- metaphysische Gewissheit 332
- moralische Gewissheit 620
- religiöse Gewissheit, Glaubensgewissheit 534f.
- zeitfeste Gewissheit 508
- gewissheitsorientiert – ungewissheitsorientiert 250–252
- Entscheidungsgewissheit 249
- Lebensungewissheit 535
- Orientierungsgewissheit 536
- Rationalitätsgewissheit 249
- Selbstgewissheit, selbstgewiss 327, 333, 665
- Bedürfnis nach Gewissheit s. Bedürfnis
- Entscheidung unter Ungewissheit s. Entscheidung
- Orientierung unter Ungewissheit s. Orientierung

glauben, Glaube 18, *67*–70, 76f., *88*, 99, *334*, 415, 613
- pragmatischer Glaube 88

- religiöser Glaube 50, 62f., 67, 90, 107, 300, 530, *532–539*, 547, 559, 591
- vernünftiger Glaube, Vernunftglaube s. Vernunft
- Glauben schenken 415
- Glaubensbekenntnis 69, 533
- Glaubensheld 67
- Glaubensgemeinschaft s. Gemeinsamkeit, Gemeinschaft
- Glaubensgewissheit, Glaubensfestigkeit, Glaubensüberzeugung 82, 190, 303, 535–537, 547
- Glaubensirritation, Glaubensirrtum 534, 610
- Glaubensrichtung, Glaubenssätze 34, 457, 537f.
- Glaubensspaltung 534
- Glaubensstreit, Glaubensstreiter, Glaubenskrieg 62, 64, 671
- Glaubenszeugen, Glaubenszeugnis 534
- Aberglauben 79, 293
- Bedürfnisglaube 98
- Entscheidung zum Glauben 534

Gleichförmigkeit, gleichförmig 218, 228, 350, 508, 517

Gleichgewicht *36f.*, 160, 162, 167, 192, 231, 448, 457, 459, 462, 487
- ökologisches Gleichgewicht 485
- Gleichgewichtsapparat, Gleichgewichtssinn 36–38, 305f., 331
- Fließgleichgewicht 25
- Gleichgewicht von Gründen s. Gründe

Gleichgültigkeit, gleichgültig 22, 110, 171, 234, 383, 444, 657, *671*
- höfliche Gleichgültigkeit 391
- logische – ethische Gleichgültigkeit (s. a. Nicht-Indifferenz) 579, 601
- moralische Gleichgültigkeit s. Moral
- praktische Gleichgültigkeit 612

Globus, global (s. a. Orientierung, globale) 53, 61, 94, 191, 316, 396, 472–474, 477, 485, 491, 500f., 553, 578f., 584f., *627–636*, 641–644
- global culture 634

- global governance 631
- global player 629, 631
- globale Orientierungswelt 316, 472, 578, 627
- Global Positioning System 627f., *636f.*
- Globalisierung 491, 578, 629, 631, 633, 643
- globalisierte Interaktion s. Interaktion

(be)glücken, Glück, glücklich 100, 225, 256, 288, 524, 570, 539, 541, 588, 605, 609, 622, 626

Gott, Götter, göttlich 11, 28, 50, 64–69, 75, 88, 91, 98f., 107f., 141, 145, 190, 198, 209, 212, 228, 237, 272, 289, 300, 323–325, 327, 332, 334, 345, 429, 458, 496f., 507, 523, *528–540*, 541, 547f., 554f., 564, 594–596, 604, 613, 615, 621, 653f., 656
- Beobachtergott s. beobachten, Beobachter

Grammatik, grammatisch 129–131, 223, 275, 294, 296f., 332f., *349*, 350, 378, *405f.*, 408, 519, 634f.

Grenze 7, 92, 104, 114f., 175, *195–198*, 200, 221, 224, 239, 271, 329, 347, 373, 395, 421, 461f., 471, 571, 578, *608*, 628, 633, 638, 646, 658
- bewegliche, fließende Grenze (s. a. Horizont u. Spielraum) 224, 477, 524, 564, 570
- abgrenzen, Abgrenzung, Abgrenzbarkeit – Unabgrenzbarkeit 154f., 157, *197*, 237, 271, 292, 294, 313–315, 346, 349, 352, 376, 421, 568
- begrenzen – entgrenzen, Begrenzung – Entgrenzung, Grenzziehung – Grenzüberschreitung XVIII, 65, 67, 80, 86, 90, 92, 94, 104, 114, 155, 178, *194–198*, 206f., 341, 354, 410, 419f., 462, 486f., 492, 495, 497f., 504,

524f., 528, 531, 536, 554, 595, 611, 628
- Begrenztheit – Unbegrenztheit, begrenzt – unbegrenzt XVIII, 28, 115, 139, 154f., 168, 173, 181, 185, 206f., 221–224, 227, 265, 270, 277, 308, 322, 394, 401f., 405f., 408, 468f., 494, 499, 507, 522, 526, 531, 536, 541, 564, 577, 582, 587, 599, 615, 618–620, 630, 639, 641–643, 671
- eingrenzen – ausgrenzen, Eingrenzung – Ausgrenzung 115, 137, 223, 326, 537
- Grenzbegriff s. Begriff
- Grenzerfahrung s. Erfahrung
- Grenze der Analyse XIX, 352f.
- Grenze des Denkens u. Erkennens 6, 323–325, 329f., 645
- Grenze der Lehrbarkeit 254
- Grenze der Sprache 129
- Grenze der Sicht s. Horizont
- Selbstbegrenzung 298, 538, 602

Grund, am Grund, auf Grund von, von Grund auf, Grundlage, Zugrundeliegendes 18, 52, 64f., 75, 88, 90, 92, 126f., 145, 155, 160, 179, 216, 243, 257, 293, 297, 300f., 317, 329, 332, 356f., 373, 385, 443, 476, 503, 512, 536, 547, 654
- fester Grund 307, 623
- innerer Grund 86
- mystischer Grund 496
- Bestimmungsgrund 89, 97f.
- Entscheidungsgrund 246, 248
- Unterscheidungsgrund 86f.

Grund, Anlass 63, 364, 376, 409
Grund, rationaler – Gegengrund 67, 70, 73, 89, 93, 97, 175, 184, 248–250, 303, 375, 386, 419, 485, *563*, 595
- letzte Gründe, Letztbegründung 11
- metaphysischer Anfangsgrund s. Metaphysik

- moralische Gründe, Moralbegründung, Normenbegründungsprogramm 162, 542, 571, 598
- objektive – subjektive Gründe 90, 97f.
- Gründe der Wahrheit 327
- Selbstbegründung 542, 599
- begründen, Begründung, Begründungswissen, begründetes Wissen *15–19*, 144, 147, 302, 305–307, 347, 502
- Abbruch von Begründungen, Verzicht auf Begründungen, Unbegründbarkeit 352f., 368, 371, 373, 407, 409, 415, 423f., 468, 525, 535, 545, 558, 571, 573, 582, 614, 633, 669
- Gleichgewicht von Gründen 98
- Ordnung der Gründe s. Ordnung, logische

gut – böse, das Gute – das Böse 5, 9, 95f., 190, 484, 535, *545*, 554–556, 560, 577f., 586f., 589, *594f.*, 598, 602–605, 608, 620, 670

gut – schlecht, gut – schlecht laufen, gut – schlecht ankommen 255, 304, 416, 450, 565, 587

Gut, ethisches 316, 549, 608, 613f.

Haggada, Halacha 497
(sich) halten an, Halt (s. a. Metapher, Metaphorik) passim, bes. *229–236*
- Haltlosigkeit, haltlos 203, 220, 235, 263, 332, 455, 536, 633
- absolute Haltlosigkeit 203
- Halt finden 27, 226f., 229, 231, 291, 418, 633, 646
- Halt in Begriffen 346–356, 653
Haltung 22, 36, *169*, 228, *235f.*, 262, 369, 379, 402f., 454, 456, 510, 549, 569f., 604f., 608, 658
- Grundhaltung 36, 135, 151, 167, 169, 510, 538, 638, 649
- Grundhaltung der Orientierung s. Aufmerksamkeit
- Körperhaltung s. Körper

– Urhaltung 135
handeln, Handlung (s. a. Praxis u. pragmatisch) 1f., 4, 23, 44, 69, 88, 122–124, 157f., 164, 174f., 188, 257, 329, 331, 333, 335, 361, 370–373, 385, 392, 398, 400, 411f., 415, 535, 563, 597–599
– gemeinsames, kooperatives Handeln 431, 482
– moralisches Handeln, ethisches Handeln 224, 298, 375, 545–548, 552–589, 592–596, 603, 605, 608, 626
– Handlungsdruck 313, 335, 362, 480f., 504, 514
– Handlungsfähigkeit – Handlungsunfähigkeit 318, 416, 484, 630
– Handlungsmöglichkeiten, Handlungspotential 2f., 27, 32, 151, 164, 181, 184f., 187, 200, 224, 257, 303, 335, 363f., 416, 422, 430, 469, 477–480, 483, 525, 543, 608, 652
– Handlungsorientierung 370, 631
– Handlungsphasen 250
– Handlungsregel 148, 371
– Handlungsselektion 341
– Handlungssicherheit 225
– Handlungsspielraum s. Spielraum
– Handlungstheorie 157, 422
– Einverständnishandeln s. Einverständnis
– Gesellschaftshandeln 121f.
– Nicht-anders-handeln-Können 547
harmonieren, Harmonie, harmonisch 72, 356
– harmonische Spannung 72
– harmonischer Zwist 102
– prästabilierte Harmonie 345
hausen, Haus 139, 193, 232, 460f., 465
– haushalten, Haushalt, Haushaltsplanung 465f.
– zu Hause, Zuhause 305, 312, 438, 465
– Un-zuhause 318

Heiligtum, Heiligmäßigkeit, heilig 11, 388, 391, 457f., 523, 537f., 540, 594
Hermeneutik, hermeneutisch 497, 529, 537, 649
– hermeneutischer Zirkel 10, 187
– hermeneutica sacra 457
herrschen, Herrschaft 2, 275, 339, 493, 496, 538, 631
– (sich) beherrschen, Beherrschung, Beherrschbarkeit (s. a. Selbstbeherrschung) 72, 175, 368, 448, 625, *656*, 661
– die Situation, die Orientierung beherrschen 2f., 28, 151, 304f., 339f., 364, 513, 642, 655f.
– beherrschender Maßstab, herrschende Standards 355, 400, 508, 560
– herrschende Moral 558–560, 562, 568, 571, 591, 598, 607, 625
– herrschaftsfreie Kommunikation 410
Heuristik, heuristisch 20, 109, 112, 125, 288f.
Hier und Jetzt 133, 155
– absolutes Hier 120
hierarchisieren, Hierarchie 42, 265, 351, 454, 485, 496, 500, 502, 560, *579*, *632*
– moralische Hierarchie s. Moral
– Wertehierarchie s. Wert
Himmel, Himmelsgewölbe, Sternenhimmel 47, 49–51, 86f., 99, 171, 185, 195f., 267, 284, 289, 530, 543
– Himmelsgegend 49, 60, 139f., 192
– Himmelskarte 201
– Himmelsrichtung 48–50, 56, 58, 90, 152, 192
– Himmelsstandpunkt s. Standpunkt
hinten s. vorn – hinten
Hintergrund – Vordergrund 179, *197*, 401, 496, 528
Hoffnung 100, 190, 570, 620, 658f.
Höflichkeit 316, 391f., 413f., 599, *605f.*, 625

Horizont passim, bes. 22, 60, 83, 86f.,
   94–96, 117, 119, 144, *194–199*,
   214–216, 328, 507, 528, 627,
   658f.
— Horizontbegrenzung – Horizonter-
   weiterung 284, 314, 335, 362,
   368, 401, 468, 514
— Horizontlinie 196, 208f., 211
— Horizontwechsel 353, 422
— Einfühlungshorizont 119
— Endloshorizont 199
— Erwartungshorizont 579f.
— Moralhorizonte 577
— Privat-Horizont 94
— Raum-und-Zeit-Horizont 216, 270
— Sinneshorizont – Verstandeshori-
   zont 195, 203f.
— Sinnhorizont 178
— Universalhorizont s. Universalität
— Paradoxierung der Grenze (Hori-
   zont) s. paradoxieren, Paradoxie
Humor 392, 414, 424, 449, 571, *588*,
   625
— humoristische Perspektivierung der
   Moral 581, 588
Hypothese, Hypothetizität, hypothe-
   tisch 17f., 114f., 263, 455, 521

Ich 104f., 117–119, 139, 287, 293,
   296, 300, 453–455, 530, 600f.
— Ich-Identität s. Identität
icon 273, 634
(sich) identifizieren, Identifizierung,
   Identifikation 65, 83, 145, 146,
   170, 205, 265, 282, 296, 308,
   373, 379, 422, 427, 433, 436,
   438–441, 480, 484, 533, 565,
   621, 638
— begriffliche Identifikation 453
— diskriminierende Identifikation
   445, 467
— entscheidbare Identifikation 456
— moralische Identifikation s. Moral
— räumliche Identifikation 636
— Identifikationsmodelle, Identifikationstechnik, Identifikationsverfahren 436, 476
— Identitätswahrung 29

— Identifikation mit Identifikationen
   452–459
— Selbstidentifikation 148, 341
Identität, identisch 169, 239, 260,
   293, 310, 329, 392, *426–428*,
   430–459, 530
— authentische Identität (s. a. paradoxieren, Paradoxie) 457f.
— autobiographische Identität 437
— charakterliche Identität 435
— Corporate Identity 450
— doppelte Identität 446
— evolutionäre Identität 434
— feste Identität 446, 448, 456
— fluktuante Identität 358–360, 434,
   449, 454
— funktionelle Identität 454
— genetische Identität 437
— gesetzlich legitimierte Identität 436,
   512, 639
— individuelle Identität 439, 453
— kollektive Identität 438f., 485
— körperliche Identität 433–435, 437
— logische Identität 432f.
— moralische Identität s. Moral
— narrative Identität 427, *450*
— numerische Identität 450
— öffentliche, soziale Identität 437f.,
   445f., 448, 455
— personale, persönliche Identität 426,
   437–440, 448, 450, 454f.
— plurale Identität 456
— praktische Identität 555
— private Identität 426, 437f.
— profilierte Identität 452, 553
— relative Identität 454
— semiotische Identität 433–437
— sexuelle Identität 442f.
— Identitätsdiskurs 455f.
— Identitätskarte 436f., 450, 633
— Identitätskrise 318, 440, 453
— Identitätsmarkt 526
— Identitätsverlust 455
— Identitätswechsel 436, 456
— Identitätszumutung 455
— Identitätszuschreibung 435
— Identität im Umgang mit Identitäten 459

– Identiker 146
– Design-Identität 639
– Ich-Identität 453–455
– Idem- u. Ipse-Identität 301
– Bedürfnis nach Identität s. Bedürfnis
– Kohärenz der Identitäten 449
Illusion 212, 221, 373, 438, 488
– notwendige, unvermeidliche Illusion 219, 221, 664
– perspektivische Illusion 208f., 213
image, Image, Imagepflege 389, 427, 447, 556
– image mentale 397
– body image 377
Imitation s. Nachahmung
Immanenz s. Transzendenz – Immanenz
Imperativ, kategorischer 548, 570, 595f., 656
Individuum, Individualität, individuell (s. a. Orientierung, individuelle) passim, bes. 114, 118, 147, 265, *299*, 328, 349
– individuelle Identität s. Identität
– individuelle Freiheiten 460f.
– individuelle Gestaltungsfreiheit 526
– individuelle Orientierungswelt passim, bes. 315, 577
– individualisierte Welt 173
– autonomes übersittliches Individuum 626
– methodischer Individualismus 158
– deindividualisieren – reindividualisieren 449
informieren, Information, Informationsverarbeitung 38, 62, 157, 220, 244, 382, 385, 392, *400*, 403, 468, 470–474, 476f., 508, *639f.*
– Informationsaustausch 367
– Informationsfreiheit 638
– Informationsmedien 474f.
– Informationsreservat s. Reservat
– Informationssuche 387
– Informationssystem 38
– Informationstechnologie 628, 630
– Informationsverzerrung 250, 259, 475, 557

– Infotainment 477, 639
Inneres, Innerlichkeit, innerlich 189, 211, 330, 338, *547f.*, 598, 604, 673
– innere Uhr 46
– innere Nötigung s. Moral
– innere Überzeugung s. Überzeugung
– innerer Dialog 326
– innerer Friede s. Friede
– innerer Grund s. Grund, am Grund
– innerer Reiz s. Reiz
– innerer Sinn s. Sinn für etwas
– innerer sprachlicher Ausdruck 118
– innerer Wert s. Wert
– innerer Zusammenhang 102
– inneres Erlebnis s. Erlebnis
– inneres Forum (for intérieur) 603
– inneres Selbst s. Selbst
– inneres Zeitbewußtsein s. Zeit
– innerliches Verhalten 385
– verinnerlichen, Verinnerlichung 397, 598
– Metapher des Inneren 189, 338
innovieren, Innovation, innovativ 408, 464, 630, *643f.*
– moralische Innovation s. Moral
Intelligenz 147f., 331, 348, 615, 639f.
– emotional intelligence 256
Intention, Intentionalität, intentional 135, *170*, 422
Interaktion 27, 373, *361–398*, 399–405, 415f., 420, 449, 456, 463, 472, 476
– globalisierte Interaktion 633–643
– Interaktionsdistanz s. Distanz
– Interaktionsfeld, Interaktionsraum, Interaktionssphäre 316, 405, 455
– Interaktionsrisiko s. Risiko
– Interaktionsritual 29, 368, 373, *388–392*, 395, 398f., 400, 412, 416, 440, 445, 557
– Interaktion von Systemen 116
Interesse – Desinteresse 22, 89, 118, 168, 171f., 252, 256, 356, *379*, 384, 402, 439, 461f., 478f., 510, 523f., *585f.*, 588, 631, 640
– moralisches Interesse 458, 585
– human interest stories 451

- Interesse an der Sache 516
- Verzicht auf Interessen 591
Interferenz 281, 314
inter-individuell (s. a. Orientierung, inter-individuelle) 377, 386f., 412f., 425, 463, 467, 471, 637, 640
- inter-individuelle Orientierungswelt 315f., 478f., 481, 553, 561, 577f.
- inter-individuelle Perspektivierung der Moral 582f.
Internet s. Netz
interpretieren, Interpretation, interpretationsbedürftig 135, 137, 139, 227, 240, 256, 276, 300, 310, 329, 354, 358, 413, 458, 508f., 537, 560, 565, 605, 648f.
- Interpretationismus, Interpretationsphilosophie 276, 313
- Interpretationswelten 313
- Affekt-Interpretation s. Affekt
Intersubjektivität (s. a. Orientierung an anderer Orientierung) 361f.
Intoleranz s. Toleranz
Ironie, ironisch 382, 424, 588
- ironische Distanz s. Distanz
- Selbstironie 392, 414
Irreversibilität, irreversibel 114f., 245, 247
irritieren, Irritation, Irritabilität, irritationsfähig 41, 44, 64f., 84, 116, 158–162, 165f., 170, 256, 265, 313f., 342, 345f., 378, 380, 382, 389, 402, 415, 427, 435, 442, 446f., 449, 458, 472, 482, 485, 526f., 528, 531, 534, 549, 632, 664
- moralische Irritation 552, 576, 588, 592, 601, 603
- Glaubensirritation s. Glaube
- Selbstirritation 345
Islam, islamisch 283, 537, 664

Jetzt s. Hier und Jetzt
Judentum, jüdisch XVIII, 64, 68–70, 76f., 80, 533, 536f., 594
- jüdische Tradition 69, 126, 497, 516, 551, 595, 669
- jüdische Weisheitslehre 547

καιρός (s. a. Gelegenheit u. Zeit, zur rechten Zeit) 167
Karriere 34, 437, 450, *463*, 485, 512, 526
Karte, Erd-, Himmels-, Land-, Seekarte, Kartographie 29, 45, 47f., 50–53, 60–62, 87, 93–95, 109, 121, 130, 141, 150–152, 186, 201, 208, 239, 272, 304, 317, 461, 472f., 636
- kognitive Karte 47
- Karte orientieren, ausrichten (s. a. richten, ausrichten) 48, 50, 56, 61, 103, 129, 152, 191
- Orientierungskarte 53
Kausalität, kausal, kausalistisch 65, 159, 301, 331, *335f.*, 549
- kausales Denken 398
- Kausalverantwortung 567
- Kausalzuschreibung, kausaler Zurechnungshorizont 116, 563
- Kausalität aus Freiheit 656
Kirche 49, 140, 482, 497, 530, 536
koexistieren, Koexistenz 537, 574, 611
Kognition, kognitiv, kognitivistisch (s. a. Orientierung, kognitive) 38, 397, 520, 555
- kognitive Erwartungen 572
- kognitive Karte s. Karte
- kognitiver Prozess 244
- Kognitionsforschung, Kognitionspsychologie 158, 256, 330, 590
- Kognitionsfrist 387
Kohärenz, kohärent 146, 264, 266f., 449, 558
Kommunikation, kommunikativ (s. a. Orientierung, kommunikative, u. Orientierungskommunikation) XV, 11f., 24, 27–29, 31, 251, 296f., 315f., 318, 322, 328, 346, 350f., 362, *366–369*, 379, 382, 389f., 398, 401, 403, 408–416, 420f., 425, 429, 435, 439, 441, 447, 449f., 462f, 467–470, 476,

Begriffsregister 761

481, 510, 512, 526, 536, 542, 559, 573, 576, 581, 587, 605, 627f., 632f., 634f., 638, 640, 647, 667
– alltägliche Kommunikation, Alltagskommunikation 30f., 410, 421, 424, 450
– asynchrone Kommunikation 637
– doppelt kontingente Kommunikation 368, *408–410*, 414f., 435, 439, 467, 512, 559f., 647
– explizite – implizite Kommunikation, verbale – nonverbale Kommunikation 382, 388, 404, 416
– gesellschaftliche Kommunikation 463
– globale, globalisierte Kommunikation XIX, 629, 640
– herrschaftsfreie Kommunikation s. herrschen, Herrschaft
– Internetkommunikation 634
– Kommunikationsbereitschaft, -fähigkeit, -kompetenz 630, *637*
– Kommunikationsritual *399*, 400, 402, 412, 414, 416, 441
– Kommunikationsrisiko s. Risiko
– Kommunikationssystem 25, 27, 346, 363, 464
– Kommunikationstechnik, -technologie 628, 630, 634, 637
– Moralkommunikation, moralische Kommunikation s. Moral
– SMS-Kommunikation 637
– Telekommunikation 264, 629, 632f.
– Kommunikation über Dritte s. Dritte
Kompass, Kompassorientierung *45–50*, 52f., 56, 60, 62, 77, 91, 94
– biologischer Kompass 46
– Duftkompass 47
– Magnetkompass 39, *46*, 48
– Sonnenkompass *46f.*
– Sternkompass *47*
– Kompass der Vernunft, eines Vernunftglaubens *92*, 150

Komplexität, komplex passim, bes. 4, 27, 35, 279, 355, *367*
– überkomplexe Situation, überkomplexes Problem 492, 520
– Reduktion von Komplexität 109, 240, 249, 314, 329, 458, 485, 512, 518
Kompromiss 424, 478, 485, 501
– Kompromissbereitschaft 485f.
Konfession 506, 537, 611
Konflikt, Konfrontation 74, 188, 192, 247, *362–365*, 367, 370, 414, 475f., 478, 480f., 483, 485, 487f., 494f., 504, 566, 574, 576, 579f., 585, 616
– konfliktorientiert – konsensorientiert 410
– moralischer Konflikt s. Moral
– Konfliktsituation s. Situation
Konformität, konform 53, 449, 572
– Konformitätsdruck 572
Konsens, Konsensbereitschaft, Konsenschancen 148, 362, 367, 410, 481, 486, 488, 541, 572
– Konsensunterstellung 408
Konsistenz – Inkonsistenz, konsistent 220, 350, 382, 576, 599, 647, 652
konstruieren, rekonstruieren, Konstruktion, Rekonstruktion, konstruktiv 52, 67f., 90, 92, 104, 116, 125, 135, 140, 145, 149, 198, 209, 243, 251, 271, 282, 327, 341, 347, 351, 427, 431, 462, 602, 616, 627f.
– Konstruktionsprinzip 211
– Konstruktivismus, konstruktivistisch 211, 213, 438
– Konstruktivität 336
– destruieren, Destruktion, destruktiv 282, 300, 390, 427, 602, 650
– Selbstkonstruktion 26, 456
Kontakt 366, 374, 379, 384, 391, 421, 443
– kontinuierlicher Kontakt 316
– körperlicher Kontakt 376
– philosophischer Kontakt 289
– sinnlicher Kontakt 204
– sozialer Kontakt 132

– Kontakt mit sich selbst 148
– Kontakttier 374
– Kontaktversuch 376
– Blickkontakt s. blicken, Blick
Kontext, Kontextabhängigkeit, kontextabhängig, kontextgebunden passim, bes. 26, 158, 245, 248, 283, 308–310, 341, 348, 382, 401, 543, 632
– kontextliches Zeigfeld 132
– wechselnde Kontexte, polykonturale Beschreibung 35, 609
– dekontextualisierte Regel 396
– Kontextfreiheit, kontextfrei 26, 310, 437, 543
– Kontextsteuerung 179
Kontingenz, kontingent passim, bes. 1, 25, 147–149, *153*–158, 501 f., 600, 609
– kontingentes Absolutes *203*, 206, 245
– doppelte Kontingenz 368 f., *408*–*424*, 463, 479 f., 546, 655
– doppelt kontingente Kommunikation s. Kommunikation
– kontingentes Recht 495, 501 f.
– Kontingenzformeln 609
Kontinuität, kontinuierlich (s. a. Diskontinuität) 117, 119, 123, 179, 214–216, 245, 251, 257, 266, 292, 311, 316, 356, 409, 454, 546, 488
– kontinuierliche Perspektivenverschiebung (s. a. Perspektive) 215
– versetzte Kontinuität 292, *311f.*, 319, 322, 356, 358, 409
Kontrolle 379 f., 382, 420, 472, 487, 555
– formelle – informelle Kontrolle 389 f.
– persönliche – soziale Kontrolle 389
– staatliche Kontrolle 638
– Bewegungskontrolle 331
– Fehlerkontrolle 350 f.
– Internet-Kontrolle 638
– Selbstkontrolle 389
– Wissenskontrolle 520

Kooperation, kooperativ 154, 350, 367, 370, 389, 412, 431 f., 485, 501, 561
– formelle Kooperation 435
– internationale Kooperation 633
– Kooperationsklima, -neigung 373, 415
Körper, Körperlichkeit, körperlich (s. a. Orientierung, körperliche) XVIII, 2, 23, 34–36, 38, 40, 43, 51, 53, 71 f., 85 f., 93, 117, 133, 150 f., 161, 171, 173, *199*–*205*, 209, 223, 240, 255, 264, 294–296, 315, 323, 330, 333, 335, 362–364, 367, 370, 373–383, 385, 388 f., 396, 399, 401, 403 f., 426, 433–437, 442, 448, 454, 461, 476, 499, 509, 533, 549, 558, 572, 579, 613, 637, 655, 665
– körperliche Identität s. Identität
– Körperbewegung 38, 305, 377, 382 f.
– Körperbilder 377
– Körperdistanz s. distanzieren, Distanz
– Körpererfahrung s. Erfahrung
– Körperhaltung 235, 305, 380, 394
– Körperlosigkeit *336*, 339
– Körperperspektive s. perspektivieren, Perspektive
– Körperterritorium 375, 377 f.
– Körperzeichen 368, 373, *377f.*, *380*–*382*, 388, 392, 416, 435, 557
Kosmos 39, 85, 120, 156, 196, 516, 645, 654
– Kosmologie, kosmologisch 85, 179, 654
Kreativität, kreativ 165, 331, 336, 355, 398, 464, 504 f., 634, 637, 639, 644
– kreative Desorientierung s. desorientieren, Desorientierung
Krieg, kriegerisch 413, 485, 530, 536 f., 552 f., 558, 569, 590, *614*–*616*, 629, 660, 662
– Kalter Krieg 616, 637

– Kriegsrecht 501
– Religionskrieg 537, 547, 610
– Weltkrieg 62, 553, 616, 629, 671
Krise, krisenhaft XVII, 256, 311 f., 318 f., 341, 399, 455, 525
– Identitätskrise s. Identität, identisch
– Orientierungskrise s. Orientierung
– Krisenbewältigungsroutine 312
– Krisensituation 256
Kritik, kritisch XVII, XIX, 6, 29, 35, 79–81, 88, 92 f., 125 f., 146, 150, 236, 294 f., 365, 471, 520, 537, 652
– kritische Distanzierung s. distanzieren, Distanz
– kritische Disziplinierung s. disziplinieren, Disziplin
– kritische Kraft 532
– kritische Metaphysik s. Metaphysik
– kritische Vermessung 94
– kritischer Weg s. Weg
– kritisches Raten 521
– Metaphysikkritik s. Metaphysik
– Selbstkritik XVIII, 6, 13, 31, 101, 148, 298, 345, 553, 583, 586 f., 590, 592, 595, 648
– Sprachkritik s. Sprache
Kultur 125, 281, 377 f., *501, 527 f.*, 575, 578
– kulturelle Evolution 398
– kultureller Imperativ 2
– Kulturgüter, Kulturtechniken 394, 633
– kulturinvariant 388
– Multikulturalismus, multikulturell 427, 633
– Rechtskultur s. Recht
– SMS-Kultur 637
– Todeskultur s. Tod
– Verantwortungskultur s. Verantwortung
– Wissenskultur s. Wissen
– Kulturwissenschaften, kulturwissenschaftlich 24, 30, 359, 517, *528*
Kunst (s. a. Orientierung, künstlerische) passim, bes. 34, 260, 363, 462, 464, 506 f.
– virtuelle Kunst 638 f.

– Auslegungskunst, Deutungskunst s. auslegen, Auslegung u. deuten, Deutung
– Design-Kunst s. Design
– Lebenskunst s. Leben
– Perspektivkunst s. perspektivieren, Perspektivierung
– Weltabkürzungskunst s. abkürzen, Abkürzung
– Weltkunst s. Welt
– Kunst der Passung s. passen, Passung
– Kunst des Möglichen, politische Kunst s. Politik
– Kunst des Zeichengebrauchs s. Zeichen, Zeichengebrauch, bes. 413
Kurs, Kursorientierung 45

Lächeln 244, 381, *392*, 588, 605
Lage, Lagerelation (s. a. Situation) *39–41*, 43, 50, 52, *58–61*, 77, 83, 85, 87, 90 f., 117, *151–153*, 162, 386
Leben, Lebendigkeit, lebendig passim, bes. 18, 23 f., *114*–117, 136, 161, 165, 294 f., 620 f., 657 f., *665–667*
– ewiges Leben s. ewig
– psychisches Leben, psychischer Lebensprozess 116 f., 255
– lebensbedeutsam, lebenfördernd 32, 329, 652
– Lebensbedingungen passim, bes. *200*, 364, 541, 552, 578, 630, 633, 644
– Lebensbedürfnis *2*, 162, 309, 315 f., 395, 579 f.
– Lebenschancen, Lebensmöglichkeiten 200, 478, 485
– Lebenseinheit 114 f.
– Lebensentwürfe 477
– Lebenserfüllung 23
– Lebensfähigkeit 373
– Lebensform 39, 131, 280 f., 406, 445, 668
– Lebensgefahr, lebensbedrohlich 534, 549, 567
– Lebensgefühl 305, 312

- Lebensgemeinschaft 465
- Lebenskraft 162, 664
- Lebenskunst 577, 587
- Lebenslage, Lebenssituation 135, 162, 397, 587f., 607
- Lebenslauf 437, 449
- Lebensnot, Lebensnotwendigkeit, lebensnotwendig (s. a. Not u. Notwendigkeit) 2, 167, 177, 212, 219, 221, 415, 460, 546, 549, 586, 649
- Lebensorientierung 162, 445, 574, 595, 641
- Lebensphilosophie 135
- Lebensproblem 172, *184*
- Lebensraum 35, 39, 46, 220
- Lebensrhythmus (s. a. Rhythmus) 315, 577
- Lebenssympathie 135
- Lebensungewissheit s. Gewissheit – Ungewissheit
- Lebenswelt s. Welt
- Lebensweisheit s. Weisheit
- Lebenszeit s. Zeit
- Lebenszusammenhang 24, 101, 118, 588
- Doppelleben 445f.
- Eigenleben 501
- Privatleben 438
- Seelenleben s. Seele
- ausleben, Ausleben 445
- beleben 346
- nachleben 452
- überleben, Überleben, überlebensnotwendig, überlebenswichtig (s. a. Erfolg, Überlebenserfolg) 38, 42, 173, 178, 254, 292, 460, 480, 506, 611, 659, 667, 671
- weiterleben, Weiterleben, Weiterlebende 22, 294, 531, 662f., 671
- zusammenleben, Zusammenleben 25, 107, 194, 232, 316, 326, 460f., 480, 485, 489f., 495, 501, 506, 517, 578, 612, 614, 616, 663
- Selbstbesinnung des Lebens 145
- Sinn des Lebens *183f.*, 673

Legitimation, Legitimität, legitim, legitimiert 124, 370f., 472, 499, 516, 583
- legitime Fiktion 496
- legitimierte Gewalt 487, 489
- legitimierte Identität s. Identität
- Selbstlegitimation 11
Leib, Leiblichkeit, leiblich, leibhaftig 69, 72, *112f.*, 119f., 140, 214, 217, 220, 294, 300, 305, 323, 326, 337, 346, 352, 355, 361, 370, 377, 493, 552, 567, 612, 643, 655f.
- Leibgebundenheit 342f.
- Leibesseele, Leib-Seele-Problem s. Seele
- Leibgefühl s. Gefühl
- einverleiben 204, 255, 380
leicht fallen, leicht geschehen, Leichtigkeit (s. a. schwer) passim, bes. *106, 257, 304*, 313, 378–381, 592, *625f.*
- Leichtsinn, leichtsinnig, leichtfertig 182, 417, 545
- erleichtern, Erleichterung 153, 192, 243, 260, 287, 308, 313, 371, 374, 384, *395*, 399, 405, 421, 445, 460, 496, 518, 530, 581, 629, 634, 636, 638, 671
leiden, erleiden, Leid, Leidende 275, 301, 370, 401f., 404, 550, 556, 578, 580, 597, 600f., 607, 611, 618–620, 658
- Leid eines Andern 541, 551, 594, *601, 619f.*
Leidenschaft, leidenschaftlich 174f., 381, 640, 655, 673
leiten, Leiter(in), anleiten, Anleitung 69, 72, *76*, 89, 106, 127, 134, 138, 208, 245, 359, 362, 370–372, 377, 404, 517, 596, 605f., 655f.
- Leitbegriff, Leitdifferenz, Leitunterscheidung 24, 84, 112, 302, 328, 357, 607
- Leitbild, Leitvorstellung 359, 395, 455f., 649

Begriffsregister 765

– Leitfaden, Leitgedanke, Leitschnur, Leitungsmittel 76, 82, 89–92, 112, 145, 213, 298, 328
– irreleiten, verleiten 92, 164, 298, 505, 646
lernen, Lernen passim, bes. 22, 47, 85, *147–149*, 167, 207, *254*, 276f., 280, 305f., *309*, 373, 405, 419, 444f., 452, 497, 572, *601*
– Lernfähigkeit, lernfähig 149, 266, 640
– Imitationslernen 341, 368, 394, 397f.
– Sterben-Lernen 665
Liebe, Liebende, liebevoll 34, 66f., 96, 254, 268, 383f., 399, 419, 425, 440, 535, *539*, 555, 595, 606, *608*, 621, 661, 673
– Nächstenliebe s. Nächster
– Selbstliebe 429
– Liebe mit sehenden Augen 617
– Liebe zum Tod 665
limbisches System 255
Limitation, limitativ (s. a. einschränken, Einschränkung) 178, 181f., 256
links s. rechts – links
– Gefühl der rechten und linken Seite s. fühlen, Gefühl
Logik, Logizität, logisch – nicht logisch 21, 90f., 96, 105f., 125, 129, 132, 150, 158, 178, 223, 233, 239, 241f., 260, 265, 275, 292, 350f., 426, 479, 543, 599, 601, 652f.
– logische Analyse s. analysieren, Analyse
– logische Antinomie 7, *9*f., 28, 96, 331
– logische Disziplin s. Disziplin
– logische Evidenz 259
– logische Fiktion 219, 652
– logische Identität s. Identität
– logische Regel 105, 279, 327, 350
– logischer Egoismus 605
– Logischer Empirismus 329, 359, 509, 649

– logischer Widerspruch s. (sich) widersprechen, Widerspruch
– logischer Zirkel, logisch zirkulär 9f., 76, 84, 98, 130, 132, 156, 187, 287, 511, 650
– logischer Zwang 336
– formale Logik, formallogisch XVII, 7f., 17, 19, 21, 23, 135, 156, 275, 279, 297, 326f., 329, 331, 349, 351, *353*, 356, 484, 517, 596, 666
– kreative Logik 505
– temporale Logik 353
– transzendentale Logik s. Transzendentalphilosophie
– Affektlogik s. Affekt
– Situationslogik 158
– Logik der Auto-Immunisierung 534
– Logik der Selbstreferenz 10
Lokalisierung, lokal – nichtlokal 119, 200, 202, 205, 255, 267, 341, 500, 637f.
– lokale Orientierung s. (sich) orientieren, Orientierung
– lokale Desorientierung s. desorientieren, Desorientierung
– absolute Lokalisierung s. absolut
Loyalität, loyal 123, 427, 438f., *485f.*
Lust – Unlust 23, 69, 72, 260, 288, 305, 336, 355, 385, 407, 527, 569, 658
– Lust zu Gesprächen 402f.
– Lust an Veränderung 165
– Lust auf Abenteuer 505, 525

Macht 172, 229, 309, 404, *425*, 457, 496f.
– kulturelle Macht 516
– politische Macht 462, 480f., 483, 488, *489f.*, 516, 568, 586
– staatliche Machtmittel 496
– Macht-Willen, Willen zur Macht 300, 309, 424
– Drohmacht (s. a. paradoxieren, Paradoxie) 490, 496
– Macht der Fliegen 355
– Macht der Moral (s. a. herrschende Moral unter: herrschen, Herrschaft) 585, 589f.

– Macht der Sprache 407
– Macht Gottes 496
Magnetismus 38f., 46–49, 61, 395
– Magnetkompass s. Kompass
markieren, Marke, Markierung, markant passim, bes. 47, 50f., 132f., 186, 204, *271–275*, 285, 347, 377, 386, 436, 449–452, 480, 482, 488, 512, 525, 561, 634, 639
– somatische Marker 255
– Markenzeichen, Markierungszeichen 272, 275
– Markenmuster 47f.
– Markenorientierung s. Orientierung
– markscheiden 237
– Brandmarkung, Landmarke, Ortsmarke, Seemarke, Zeitmarke 45, 47, 133, 238, 436
– unmarked space 289
Markt, Marktwirtschaft, marktwirtschaftlich 122–124, *467–469*, 471, 474, 526, 560f., 584, 640
– Achtungsmarkt s. Achtung
– Moralmarkt s. Moral
– Medienmarkt s. Medien
– Todesmarkt 662
– Weltmarkt s. Welt
Märtyrer, Märtyrertum 663f.
– Mördermärtyrer 664
Massenmedien (s. a. Orientierung, mediale) 15, 154, 172, 438, 462, *470–477*, 478–480, 489–492, 506f., 557, 585f., 628, 631, 640, 670
– Mediendemokratie 492
– Medienmarkt 475, 477
– mediale Perspektivierung der Moral 585f.
– Unruhe-Funktion der Medien s. ruhen, Ruhe
Maßstab passim, bes. 112f., 125f., 164, 499f., 519, 560, 579, 593f., 613, 655, 659
– maßstabslos 646
– Weltmaßstab 671
Mathematik, Mathematisierung, mathematisch (s. a. Orientierung, mathematische, Zeichen u. Zeit) XVII, 24, 36, 39–42, 52, 69, 79, 85, 120, 128, 139f., 156, 195, 209, 239, 249, 284–286, 326f., 349, 354, 360, 403, *508*, 518, 655
Maximen des gemeinen Menschenverstandes 328
Medien s. Massenmedien
Meditation 334
Mensch als Orientierungswesen, menschliche Orientierung passim, bes. 20, 34f., 45, *48–54*, 133, *146*, 161, 177f., 180, 195, 198, 204, 263–267, 288f., *299*, 321, 323f., 331, 333, 340, 356, 364f., 368, 374, 397f., 421, 442–444, 573, 594, 625, 645–647, 656, 667
– theoretischer Mensch 515f.
– Menscheninstinkt 127
– Maschinenwerdung des Menschen – Menschwerdung der Maschine 112
Menschlichkeit 605, 612, 620
merken, bemerken, Merklichkeit – Unmerklichkeit, merklich – unmerklich (s. a. Aufmerksamkeit) XVII, 1, 37, 86f., 138, 159, 202, 214–216, 246, 292, 303–309, 313f., 317, 322, 337–344, 365f., 397, 525, 552, 580, 608, 622, 624, 647
– Merkzeichen s. Zeichen
– Gewalt, unmerkliche, s. Gewalt
Metapher, Metaphorik, Metaphorisierung, metaphorisch *19–22*, 45, 72, 127, 157, 177, 200, 272, *277*, 332, 356, 402, 405, 408
– absolute Metapher *21f.*, 24, 55, 194, 197, 224, 233
– Metapher der Klippen 92
– Metapher der Vogelperspektive 51, 186
– Metapher des Hintergrunds 197
– Metapher des Inneren s. Inneres
– Metapher des Kreises 187
– Metapher des Netzes (s. a. Netz) 631f.

- Metapher des Schiffsumbaus auf hoher See 359
- Metapher des Spielraums (s. a. Spielraum) 129f., 194, 221, 223f.
- Metapher des Sprachspiels (s. a. sprechen, Sprachspiel) 131
- Metapher des Zum-Stehen-Kommens s. stehen bleiben
- Metaphorik der geographischen Orientierung (s. a. Orientierung, geographische) 22, 77, 150, 246, 326
- Metaphorik der Projektion (s. a. Projektion) 129
- Metaphorik des Ausrichtens (s. a. richten, ausrichten) 227, 494f.
- Metaphorik des Fließens (s. a. Fluss) 25, 221, 358, 360
- Metaphorik des Halts (s. a. sich halten, Halt) 227, 229, 233
- Metaphorik des Horizonts, des Standpunkts, der Perspektive (s. a. Horizont, Standpunkt, Perspektive) 94, 96, 196f., 201, 220, 224
- Metaphorik des Krieges (s. a. Krieg) 616
- Metaphorik des Punkts (s. a. Punkt) 96, 199
- Metaphorik des Raums (s. a. Raum) 91
- Metaphorik des Riechens und Schmeckens 129, 204
- Metaphorik des Sehens und Sichtens (s. a. sichten) 177, 180, 228
- Metaphorik des Spinnens 360
- Metaphorik des Wegs s. Weg
- Metaphorologie 21f.
- Fußballmetaphorik 642
- Gerichtsmetaphorik, Rechtsmetaphorik (s. a. richten, Richter) 194, 547
- Träger-, Substanz-Metaphorik 233, 357

Metaphysik, Metaphysizierung, metaphysisch, metaphysikanfällig 28f., 65f., 77, 110, 116, 143, 156, 179, 189, 229, 233, 274, 293–296, 302, 323–328, 332, 426, 509, 575, *645–656*
- metaphysischer Abschlussgedanke *648*, 652, 657
- metaphysischer Anfangsgrund 651f.
- kritische Metaphysik 651f.
- Metaphysikkritik 287–290, 293, 326, 648–650
- metaphysisches Bedürfnis 651
- Metaphysik der Substanz s. Substanz

Methode, methodisch passim, bes. 20, *30–33*, 135, 142f., 158, 284, 327, 331, 334, 350–352, 410, 506, 520f., 527, *563*

micromomentary expressions 387
Misstrauen s. Vertrauen
Mitleid 548f., 551f., 605
Mitsehen 383, *386*
Mitteilung, Mitteilbarkeit, mitteilbar 72, 326, *339*, 342f., 367, 400, 403, 435, 440, 474, 532
- direkte – indirekte Mitteilung 238
- Mitteilungsbedürfnis s. Bedürfnis

Mitte, Mittelpunkt 52, 96, 117, 120, 178, 195, 200, 211, 239, 287, 339, 404, 467, 483
- imaginäre Mitte *202f.*, 206
- rechte Mitte s. Rechte, das, recht
- Erdmittelpunkt 192, 195

Mobilität (s. a. Bewegung) 644
Mobiltelephon 637
Möbiusband 41
Monade, Monadenlehre 171, 198, 239, 345

Moral, Moralen, Moralisierung, Moralität, moralisch (s. a. Orientierung, moralische) passim, bes. 95, 329, 334, 363, 477, 492, *541f.*, 546f., 551f., *558*, 583, *588–590*, *597f.*, 666
- moralisch relevante Situation *548–553*, 551f., 571, 600, 602
- moralische Achtung 557, 581, 593
- moralische Autorität 557, *560f.*, 604, 625
- moralische Bewegung 558
- moralische Bewertung, moralischer Wert s. werten, bewerten

- moralische Eleganz 169
- moralische Empörung 389, 441, 550–552, 578, 590, 605
- moralische, normative Erwartung, moralischer Anspruch 496, 572f., 578f., 607
- moralische Evolution 556, 590
- moralische Genugtuung 566
- moralische Gleichgültigkeit 571
- moralische Geschichte, Moral der Geschichte 587
- moralische Hierarchie 579
- moralische Heuchelei *546*, 583, 606
- moralische Identifikation, moralische Identität *555–558*
- moralische Innovation 396, 560f.
- moralische Irritation 552
- moralische Norm 541, 543, 548f., 561, 569, *571–573*, 576–578, 591, 596, 598, 601, 604, 616f., 626
- moralische Not, moralische Nötigung 362, 541, *544*–554, 549, 559, 562, 564, 566–572, 573, 579–583, 586–593, 594, 596, 604, 609, 618f., 624–626
- moralische Ökonomie 584f.
- moralische Orientierungswelten 576–581
- moralische Paradoxien s. paradoxieren, Paradoxie
- moralische Pflicht 570, 586, 651
- moralische Plausibilität, moralischer Standard 554, 557–561, 568, 576, 581f., 592–594, 596, 599, 603f., 625
- moralische Routine 541, *553–555*, 562, 581
- moralische – ökonomische Rechtfertigung 582–584
- moralische Sanktion 577f.
- moralische Selbstbindung s. Selbstbindung
- moralische (Selbst-) Reflexion 587, 592f., *597–604*
- moralische Selbsttabuierung 553, 575, 590

- moralische, moralistische, vermoralisierte Sprechweise 369, 396, 425, 492
- moralische Überzeugung 445, 504, *546f.*, 559, 561, 584–586, 590, 595, 599, 609–611, 647, 657
- moralische Verantwortung s. Verantwortung
- moralischer Charakter 556, *571*
- moralischer Druck 557, *566*, 571f., 575, 578, 584, 591
- moralischer Horizont, Moralhorizont 577, 579f.
- moralischer Konflikt 476, 566, 576, 580, 586, 616
- moralischer Kredit 561
- moralischer Rückhalt 362
- moralischer Ruf – moralischer Verdacht 467, 469, 480, 489
- moralischer Spielraum *569–576*
- moralischer Standpunkt 199, 545, 548, 571, 581, 583–585, *592*
- moralischer Übereifer, moralischer Fanatismus 571, 583
- moralischer Zufall 592
- moralisches Dilemma *586*
- moralisches Engagement 581f., 585f., 588
- moralisches Entsetzen 559
- moralisches Ereignis 587
- moralisches Gefühl 89, 539
- moralisches Gesetz 89, 91, 96, 98, 429, *569f.*, 596, 623, 626, 656
- moralisches Gut 549
- moralisches Handeln s. Handeln
- moralisches Interaktionsritual 557
- moralisches, moralisch artikuliertes Interesse 458, 585
- moralisches Phänomen – moralische Interpretation 559f.
- moralisches Prinzip 500, 542, 578f., 586f.
- moralisches System 571
- moralisches Urteil, moralische Verurteilung 157, 255, 556f., 584, 617
- moralisches Verdienst 581, *596*
- fremde Moral s. Fremdheit, fremd

- herrschende Moral *558–560*, 562, 568, 571, 591, 598, 607, 625
- Moralismus, politischer 589
- Moralbegründung 542
- Moralmarkt *559–562*
- Moralkommunikation, moralische Kommunikation 542, *556f.*, 559, 565, 583, 593, 623
- Moralphilosophie, Moraltheorie 98, 544, 555, 572, 598, 651
- (empirische) Moralwissenschaft, Moralpsychologie, Moralsoziologie 542f., 555, 571, 582, 586, 593
- Gruppenmoral, Kampfmoral 16f., 334, 438, 486, 556, *558f.*, 562, 568, 571f., 574, 577, 620, 625, *643*
- Moral auf Gegenseitigkeit *593*, 605
- morale par provision 252
- Moral im Umgang mit Moral 27, 363, *544*, 591, *593*, 606, 633
- Pluralismus von Moralen passim, bes. *543f.*
- Polemogenität der Moral 589f.

motivieren, Motiv, Motivation, Motivierung, motivational 44, 109, 122f., 153, 171, 213, 252, 342, 372, 491, 501, 522, 548, *583–586*
- Doppelmotivation, Mehrfachmotivierung 583f.

mustern, Muster, Musterung 27, 43, 45, 47f., 173, 179, 227f., *260–267*, 271, 307, *310–312*, 319, 336, 341, 355, 376, 378f., 383, 387, 396f., 517f., 574, 660
- Musterbildung 263
- Mustererkennung 331
- Erregungsmuster, Aktivitätsmuster 171, 263f., 266, 342
- Orientierungsmuster s. Orientierung

Mut 35, 73, *174–176*, 254, 318, 417, 448, 535, 568, 607

nachahmen, Nachahmung, Imitation 368, *393–398*, 402f., 442
- Imitationslernen 341, 397f.

Nacheinander – Nebeneinander 218f.

Nachfragen 15f., 30, 70, 149, 283, 352, 382, 421, 441, 518, 559, 648

Nachrichten 154, 173, *474f.*, 628, 670
- Nachrichtenwert 474

Nachsicht *189*, 594

Nächster 530, *550f.*, 553, 559, 567f., 577, 615, 619f.
- Nächstenliebe 283, 530, 541, *551*, 554, 570, 595

Nähe, Annäherung 363, 366, 367, 374–378, *550*, 640, 673

Name passim, bes. 53, 154, 228, 272, *282–285*, 324, *346–351*, 357f., 420, 433, 435f., 440, 453, 530, 638f., *662*

Natur, natürlich (s. a. Orientierung, natürliche) 8, 39, 65–68, 87, 89, 93, 96, 98f., 102, 127, 145, 173, 194, 211, 218, 228, 265, 287, 298f., 301, 335, 346, 373, 394, 420, 444, 485, 511, 513, 517, 519, 539, 573, 579, 597, 612f., 621, 633, 646, 649, 651, 653, 656f., 661, 664f., 667f., 670
- natürliche Einstellung s. (sich) einstellen
- natürliche Entscheidung, naturalistic decision making s. Entscheidung
- natürliche Optik, Perspektive(nkunst), natürliches Sehen *207–210*, 238
- Naturanlage, Naturinstinkt 89, 161f., 298f., 651
- Naturgesetz 494, 511, 549, 579, 661

Naturwissenschaften, naturwissenschaftlich 24, 121, 217, 239, 354, 494, 508, 511, 516, 518, 628, 651, 668, 671

navigieren, Navigation 45f., 53
- Navigationssystem 3
- Richtungsnavigation s. richten, Richtung
- Vektornavigation 45

Netz, Netzstruktur, Netzwerk, Internet (s. a. Geflecht, Metapher des Netzes) 21, 34, 52, 113, 117, 229, 264, 273, 279, 281, 291, 310, 350, 383, 396, 500, 521, 627, *631f.*, 634, 636–640
– vernetzen, vernetzt, Vernetzung 38, 42, 109, 231, 235, *240f.*, 279, 496, 627
– Gradnetzkarte 52
– Kartennetz 52, 632
– Nervennetz 266
Neugierde, neugierig (s. a. Theorie, theoretische Neugierde) 288, 379, 449, 515f.
Neurophilosophie 330
Nicht-Indifferenz (s. a. Gleichgültigkeit) 600f., 620
Nichtregierungsorganisation (NGO) 283, 491, 585f., 630f.
Nihilismus 61, *63*, 67, 575
– transzendentaler Nihilismus 121
normieren, normalisieren, Norm, Normierung, normal, normgemäß, normativ (s. a. Orientierung, normative) XVI, 5, 35f., 122f., 136, 149, 157f., 166, 247, 249, 366, *371*, 373, *389*, 395, 405, 408, 434, 442, *444*, 446, 448, 462, *494f.*, 565, 594, 598, 648, 656, 668–670
– moralische Norm s. Moral
– rechtliche Norm, Rechtsnorm s. Recht
– normale – revolutionäre Wissenschaft s. Wissenschaft
– Normabweichung, Normüberschreitung 391, 477
– Normenbegründung 571, 598
– Normenkontrollinstanz 579
– Metanorm 389
– Bruch mit dem Normativen 549, 563f.
Not, Nöte (s. a. Leben) 5, 19, 31, 79, 90, 124, 153, 191, *226*, 288, 291, 406, 441, 460f., 466, 474, 491–493, *495*, 517, 525f., 530, 534, 537, *544–546*, 551, *556*, 560, 564, 578, 581, 592, 610, 612, 625, 656, *663*
– Not, Nöte anderer *548–551*, 553, 559, 562, 567f., 571, 580, 588, 597, 602, 618
– Nöte der Orientierung passim, bes. 166, 351, 515, 544
– moralische Not, moralische Nötigung s. Moral
– Notbehelf, Nothilfe, Notmaßnahme, Notwehr 82, 170, 359, 545, 553, 614f.
– Zeitnot 151, *166*, 240, 282, 545
– aus einer Not eine Tugend machen 19, 479, 544
nötigen, genötigt werden, Nötigung, nötig passim, bes. 82, 89, 91, 93, 96, 153, *164*, 184, 198, 219, 245f., 277, 300, 302, 308, 314, 321, 352f., 362f., 366, 371, 415, 440, 445, 452, 492, 504, 516, 522, *550*, 562, 595, 613, 624–626, 633, 656, 661, 667
– abgenötigter Glaube, abgenötigte Voraussetzung 90, 97, 219, 651, 654
– innere, moralische Nötigung s. Moral
– soziale Nötigung 598
– unbegrenzte Nötigung 619
Notwendigkeit, notwendig (s. a. Leben, Lebensnotwendigkeit) passim, bes. 23, 203, 227, 288, 300, 521
– unbedingte Notwendigkeit 235
– zufallsabhängige Notwendigkeit 260
Nuance 401, 406, 588, *600f.*

oben – unten *36–38*, 60, 85f., 102, 139f., 475, 496
Oberfläche 43, 53, 94, 150, 189, 213, 278, 330, 579, 627
– metaphysische – sexuelle Oberfläche 330
– Benutzeroberfläche 634
– Erdoberfläche 47, 51, 53, 94, 154, 195–197, 627

Objekt, Objektivität s. Subjekt – Objekt
offenbaren, Offenbarung 67f., 92, 269, 359, 385–387, 421, 435, 449, 458, 530, 533, 596
Öffentlichkeit, öffentlich 29, 32, 66, 68, 137, 154, 365f., 369f., 375f., 389–391, *437f.*, 460, *470–477*, 522, 553f., *558f.*, 566, 582, 585–587, 610, 652, 661, 663
– öffentliche Ordnung s. Ordnung
Ökonomie, ökonomisch (s. a. Orientierung, ökonomische) 113, 165f., 169, 179, *257*, 265, 271, 284, 305, 307, 329, 462, *465f.*, 467f., 470f., 480, 496, 506, 517, 519, 522, 524, 532, 544, 547, 555, 563, 573–575, 578, 581–586, 588f., 592f., 608, 624, 628–631, 633, 635, 644, 668, 670
– ökonomische Perspektivierung der Moral 583f.
– ökonomisches Risiko s. Risiko
Ontologie, ontologisch 29, 40, 137, 140, 156, 229, 330, 340f., 343, 432, 450, 456, 511, *653f.*
– ontologische Relativität s. Relation, Relativität
– Ontologie des Flusses s. Fluss
opfern, Opfer, Opferung 511, 534f., 553, 559, 570, 594f., 603, 615, 620, 657, 662, 666, 670
– Aufopferung, aufopferungsvoll 554, 570, 605
– Opfertod 530
ordnen, Ordnung (s. a. Kosmos) passim, bes. 8, 23, 25, 67, 116, *120*, *122*, 124, 126f., 140, 144f., 173, *191–194*, 221, 231f., 235, 291f., 309, 355, *371*, 465, 471, 475f., 487, *496*, *505*, 543, 587, 603, 615, 655
– alphabetische Ordnung s. Alphabet
– begriffliche Ordnung s. Begriff
– fluktuante Ordnung (s. a. Fluktuanz) 461
– gemeinsame, gesellschaftliche, soziale Ordnung 122, 372f., 391, 408–410, 439, *460–462*, 489, 493, 607
– logische Ordnung, Ordnung der Gründe 279, 295f., 327, 331, 340, 346
– narrative Ordnung 193
– öffentliche, politische, staatliche Ordnung 173, 390, 558, 663
– räumliche, topologische Ordnung 91, 240f., 276
– systematische Ordnung 134, 351, 494f., 647
– Ordnungsmacht 489
– Ordnungsverlust 243
– anordnen, Anordnung 267, 376, 447, 634
– einordnen, Einordnung 239, 264, 331, 512, 527, *562*, 643
– überordnen – unterordnen, Überordnung – Unterordnung, Rangordnung (s. a. Hierarchie) 166f., 206, 241, 263, 351, 429, 488, 490, 543, 549, 579, 632
– zuordnen, Zuordnung 1, 44, 50, 83, 103, 105, 121, 152, 205, 283, 286, 446, 488, 502
– Grundordnung der Orientierung 194
– Rechtsordnung s. Recht
– Werteordnung s. Wert
– Sich-Einspielen von Ordnungen s. Spiel, sich einspielen
(sich) orientieren, Orientierung passim, bes. *1f.*, 22, 55–62, *74–76*, 83, 86–88, 131, 137
– affektive Orientierung (s. a. Affekt, affektiv) 634
– aktuelle Orientierung (s. a. Aktualität, aktuell) 307f., 475
– alltägliche Orientierung, Alltagsorientierung (s. a. Alltag, alltäglich) passim
– anonyme Orientierung (s. a. Anonymität, anonym) 471–473
– autonome Orientierung (s. a. Autonomie, autonom) 124
– berufliche Orientierung (s. a. Beruf, beruflich) 34

- bewegliche Orientierung (s. a. Bewegung) 94, 104, 108, 180, 254, 291
- distanzierte Orientierung (s. a. distanzieren, Distanz) 472
- egozentrische – topomnestische Orientierung (s. a. Ego) 133
- empirisch-naturwissenschaftliche Orientierung (s. a. Naturwissenschaften) 121
- ethische Orientierung (s. a. Ethik, ethisch, paradoxieren, Paradoxie, u. Tugend) 5, 27, 34, 121, 315, 363, 538, 544, *591–626*, 633, 643, 669f.
- funktionale Orientierung (s. a. funktionieren, Funktion) 634
- gegendhafte Orientierung (s. a. Gegend) 140
- geistige Orientierung (s. a. Geist) 403
- gemeinsame, gemeinschaftliche Orientierung (s. a. Gemeinschaft) 522, 656
- geographische Orientierung (s. a. Geographie u. Metapher, Metaphorik) 34, 49, 56f., 83, *87*, 90, 121, 150, 185f., 461, 580
- gesellschaftliche, soziale Orientierung (s. a. Gesellschaft) 124
- globale Orientierung (s. a. Globus, global) 627, 632
- individuelle Orientierung (s. a. Individuum, individuell) 35, 425, 456, 470f., *477*, 481, 489
- inter-individuelle Orientierung (s. a. inter-individuell) 377, 413, 467, 471
- kognitive Orientierung (s. a. Kognition) 256, 356
- kommunikative Orientierung (s. a. Kommunikation) 34
- körperliche Orientierung (s. a. Körper) 38
- künstlerische Orientierung (s. a. Kunst) 34, *523–528*, 643
- lokale Orientierung (s. a. räumliche Orientierung) 634
- mathematische Orientierung (s. a. Mathematik) 41f., 90f.
- mediale Orientierung (s. a. Massenmedien) 472, 476, 478f.
- menschliche Orientierung s. Mensch als Orientierungswesen
- moralische Orientierung (s. a. Moral) 5, 27, 34f., 316, 363, 443, *541–590*, 592f., 599f., 641, 643
- narrative Orientierung (s. a. Geschichte, Geschichten) 642
- natürliche Orientierung (s. a. Natur, natürlich) 126
- normative Orientierung (s. a. normieren, Norm) 5, 157, 408
- ökonomische, wirtschaftliche Orientierung (s. a. Ökonomie, ökonomisch) 34, 121, 315, 363, *465–470*, 472, 478f., 526, 581, 629, 642
- phänomenale Orientierung (s. a. Phänomenologie, phänomenologisch) 120
- philosophische Orientierung (s. a. philosophieren, Philosophie) XVI, XX, 80, 146, 150, 155
- politische Orientierung (s. a. Politik, politisch) *34*, 121, 297, 315, 363, 443, 478, *480–482*, 485–490, 526, 576, 581, 629, 642
- pragmatische Orientierung (s. a. Pragmatik, pragmatisch) 27, 34, 151–360
- praktische Orientierung (s. a. Praxis, praktisch) 127
- prinzipielle Orientierung (s. a. Prinzip, prinzipiell) 134–136
- professionelle Orientierung (s. a. professionalisieren, Profession) 464
- rationale Orientierung (s. a. denken u. rationalisieren, rational) 123, 333
- räumliche, raumerschließende Orientierung (s. a. Raum, räumlich, u. lokale Orientierung) 105, 115, 119, 132, 137, 216, 487

- rechtliche Orientierung (s. a. Recht) 34, 297, 315, 363, 460, *493–505*, 642
- reflexive Orientierung (s. a. Reflexion, reflexiv) 5
- relative Orientierung (s. a. Relation, Relativität) 119
- religiöse Orientierung (s. a. Religion, religiös) 34, 315, 506, *528–540*, 603f., 642
- schematische Orientierung (s. a. schematisieren, Schema) 134
- schulische Orientierung 34
- sexuelle Orientierung (s. a. Sexualität, sexuell) 34, 315, 427, *442–446*, 533
- sinnhafte Orientierung (s. a. Sinn, sinnhaft) 122
- subjektive Orientierung (s. a. Subjekt, subjektiv) 132f.
- theoretische Orientierung (s. a. Theorie, theoretisch) 580
- tierische Orientierung 44f.
- traditionale Orientierung 123
- verdeckte Orientierung 168
- vorgängige, vorgriffliche, vorläufige Orientierung (s. a. Vorläufigkeit, vorläufig) 126f., 134, 136
- wechselseitige Orientierung 29, 122f., 132, 362, 368, 370, 375, 378, 384, 386, 425, 430f., 449, 452, 459, 469, 555, 635
- weltanschauliche Orientierung (s. a. Weltanschauung, weltanschaulich) 137
- wertrationale Orientierung (s. a. werten, Wert) 123
- wissenschaftliche Orientierung (s. a. Wissenschaft) 31, 34f., 112f., 143, 307, 353, 356, *507–522*, 528, 642, 652
- zeitliche Orientierung, Zeit-Orientierung (s. a. Zeit, zeitlich) 119, 331
- Fernorientierung 44f., 48
- Groborientierung 149
- Grundorientierung 134, 584
- Lebensorientierung s. Leben
- Markenorientierung 47f.
- Neuorientierung 145, 215, 308, 311, 317, 354, 575, 608
- Rechts-Links-Orientierung s. Rechts-Links-Orientierung
- Reorientierungsbedarf 320
- Richtungsorientierung s. richten, Richtung
- Selbstorientierung 112
- Überorientierung 455
- (sich) umorientieren, Umorientierung XVII, 35, 70, 109, 150, 171, *214–216*, 250f., *312*, 316, 322, 356, 408, 475, 482, 485, *521*, 526, 626, 643
- Weltorientierung 27, 35, 44, 62, 80f., 83, *111*–114, *143*f., 363, *627–632*, 643, 670
- Orientierung an anderer Orientierung 27f., 118f., 232, 236, *361–644*, 656, 667
- Orientierung an der Chance 124
- Orientierung an Erwartungen 147, 251
- Orientierung an idealtypischen Begriffen 124
- Orientierung durch die Sprache s. Sprache
- Orientierung im evolutionären Prozess (s. a. Orientierungsprozess) *25f.*, 113, 117f., 125, 147, 160, 182, 216, 241, 255, *264–267*, 300, 308f., 320, *329–333*, 337, 342, 354, 397, 406, 517, *520–522*
- Orientierung über Orientierung XIX, 28f., 33, 150, 177, 226, 229, 428
- Orientierung unter Ungewissheit passim, bes. 14–22
- Grundsituation der Orientierung 645f.
- Problem der Orientierung, des Sich-Orientierens, problemlose Orientierung (s. a. Orientierungsprobleme) XV, XVII, 4, 40f., *61*, 77, 83–85, 103, 128, 135, 140, 331, 542, 634, 657

- Sprache der Orientierung 33, 162, *177–181*, *191–194*, 200, 221, 226, *229–236*, 238, 240, 318, 348, *428f.*, 458
- Orientierungsaufgabe 481, 489, 491, 567
- Orientierungsbedingungen 522
- Orientierungsbedürfnis 28, 31–33, 64, 89, 97, 101, 107, 159, 164, 219, 257, 297, 406, 462, 470, 482, 506, 634f., 652f., 654
- Orientierungsbegriff, Orientierungsbegrifflichkeit (s. a. sich orientieren, Orientierung) 80, 106, 128f., 133, 136, 149, 529, 575, 653
- Orientierungsbereich 312, 317
- Orientierungsbewegung 35
- Orientierungsbeziehung 587
- Orientierungsblick s. Blick
- Orientierungsdatum 62
- Orientierungsdisjunktion 383
- Orientierungsdistanz s. Distanz
- Orientierungsempfindung 37
- Orientierungsentscheidung s. Entscheidung
- Orientierungsentwurf s. Entwurf
- Orientierungsereignis s. Ereignis
- Orientierungserfahrung s. Erfahrung
- Orientierungserfolg s. Erfolg
- Orientierungserhaltung – Orientierungsumkehrung 41
- Orientierungsfähigkeit 29, 317f., 377f., 402, 567
- Orientierungsfahrt 62
- Orientierungsfeld 133
- Orientierungsform 587
- Orientierungsforschung 35, 43
- Orientierungsfunktion (s. a. funktionieren, Funktion, u. Orientierung, funktionale) 308f., 522
- Orientierungsgefühl s. Gefühl
- Orientierungsgerät 132f.
- Orientierungsgeschehen 132, 263, 294
- Orientierungsgespräch 587
- Orientierungsgewinn – Orientierungsverlust 207, 398, 404, 406, 408, 464, 469, 485, 663
- Orientierungsgewissheit s. Gewissheit
- Orientierungshilfe 3, 62, 132f.
- Orientierungsinhalt 587
- Orientierungsinstanz 317
- Orientierungsinstrument 370
- Orientierungskarte s. Karte
- Orientierungskommunikation (s. a. Kommunikation) 45
- Orientierungskonvention 133
- Orientierungskonzept 132
- Orientierungskraft 62
- Orientierungskrise 317
- Orientierungslauf 62
- Orientierungsleistung, Umorientierungsleistung 112, 114, 116, 126, 132, 146f., 265, 299, 321–323, 331, 333–335, 355, 456, 465, 470, 587, 641f., 651f.
- Orientierungslosigkeit, orientierungslos 73, 151, 202, 206, 252, 320, 492
- Orientierungsmacht 489
- Orientierungsmechanismus 29
- Orientierungsmetaphorik s. Metapher, Metaphorik
- Orientierungsmöglichkeit 192
- Orientierungsmittel 124f., 317, 333, 494
- Orientierungsmodell 452, 587
- Orientierungsmuster 599
- Orientierungsnetz 632
- Orientierungsnull 119
- Orientierungsphase 317
- Orientierungs-Polarisation 38
- Orientierungspotential 587
- Orientierungspraxis 587
- Orientierungsprobleme (s. a. Alltag, Existenz, Komplexität, Leben, Philosophie, Reiz, Welt) 3, *28*, 77, 84f., *140*, *364*, *367f.*, 639, *654*, 656
- Orientierungsprozess (s. a. Orientierung im evolutionären Prozess) 120, 241, 303, 326, 503, 587

Begriffsregister 775

- Orientierungspunkt 62, 95, 192, 238
- spezifische Orientierungspunkte (von Anfangspunkt über Höhepunkt bis Zerstreuungspunkt) 53, 70, 86, 95f., *109*, 119f., 192, 203, 213, *238f.*, 210f., 237, 239, 243, 245, 238, 267, 272, 289, 408, 411, 488, 516, 634, 646
- Orientierungsqualität 639
- Orientierungsrahmen 146
- Orientierungsraum 83, 120, 220
- Orientierungsreaktion 44, 168
- Orientierungsreflex 43f., 171, 254, 257, 264, 659
- Orientierungsregel *130*, *369*, 405
- Orientierungsrepertoire 402, 587
- Orientierungsrisiko (s. a. Risiko) 14f., 166, 174f., 205, 363f., 408, 545, 582
- Orientierungsroutine (s. a. Routine) 312, 317, 368, 398, *405*, 408, 476, 580
- Orientierungsschwierigkeit 392
- Orientierungssicherheit – Orientierungsunsicherheit (s. a. sichern) 47, 83, 531
- Orientierungssinn 37f., 57, 61f., 204
- Orientierungssituation 3, 27, 109, *152–155*, 166, 173, 363, *401*, 415, *472*, 508, 660, 664
- Orientierungssprache, standardisierte (s. a. Orientierung, Sprache der) 461, 634–636
- Orientierungsstandpunkt 368
- Orientierungsstil 250
- Orientierungsstufe 34, 62
- Orientierungssubjekt (s. a. Selbst) 317
- Orientierungssuche s. suchen, Suche
- Orientierungssystem 34, *42*, 117–119, 133, 206, *279*, 464f., 627, 647
- Orientierungsszenerie 94
- Orientierungstafel 133
- Orientierungstechnik 149, 245, 634, *636*

- Orientierungsterminologie 587
- Orientierungstugend s. Tugend
- Orientierungsumkehrung s. Orientierungserhaltung
- Orientierungsverfahren 587
- Orientierungsverlauf 292, 303f., 312, *451f.*
- Orientierungsverlust s. Orientierungsgewinn
- Orientierungsvermögen 47, 62, 127, 641
- Orientierungswechsel 314
- Orientierungsweise 35, 42, 45, 145
- Orientierungswelt 27, 113, 216, 291f., *312–316*, 317–319, 375f., 427f., 443, 445, 463f., 471f., 476, 478, 507, 523–525, 528, 534, 541, 553, 561, 569, *576–578*, 580f., 627, 632, 635, 641, 662f.
- Orientierungswert 53, 120f., 127, 147
- Orientierungswesen 44, 146, 455
- Orientierungswissen 126, 146f., *306f.*, 470, 587
- Orientierungs-Wissenschaft 59f.
- Orientierungszeichen (s. a. Zeichen) 130f., 273, 280, *389*, *392*, 402, *634*, 636
- Orientierungszusammenhänge 402, 517
- Orientierungszweck 587
Orientiertheit, (Schon-) Orientiertsein, Orientiertsein auf, (wohl-) orientiert XVf., XIX, 2f., 7, 49, 62, 115–117, 119f., 123, *132f.*, 137f., *139f.*, 145f., 170, 224, 356, 365, 370, 428, 462f., 635
- orientierte Strecke 40
- orientierte Welt 119
- gewissheitsorientiert – ungewissheitsorientiert s. Gewissheit – Ungewissheit
- konfliktorientiert s. Konflikt
- profitorientiert (s. a. Profit) 584
- stabilitätsorientiert s. stabilisieren
- autoritäts-, gruppen-, grundsatzorientierte Moral 625

oszillieren, Oszillation 10, 14, 16, 21, 66, 107, *165–167*, 186f., 248, *264*, 276, 303, 339, 356, *416*, 444f., 454, 472, 488, 514, 583, 587, 631, 671

paradoxieren, Paradox, Paradoxie, Paradoxierung, paradox XVII, *9–13*, 65f., 79, 105f., 171, 183, 255, 260, *355*, 390, 432, 507, 527, 596f., 638
– paradoxe Fluchtpunkte der ethischen Orientierung 608–625
– moralische Paradoxien, moralische Selbstparadoxierung 573, *588–590*, 592f., 597
– religiöse Paradoxien 530f., 594
– Paradoxie der authentischen Selbstdarstellung 458f., 492
– Paradoxie der beweglichen Stabilität (Weltparadox) 486
– Paradoxie der Einheit von System und Umwelt 160
– Paradoxie der Entscheidung *246–254*, 445, 502, 534
– Paradoxie der Erzählung 451
– Paradoxie der Festlegung der Würde 613f.
– Paradoxie der Freiheit 156f., 488, 490, 588f., 671
– Paradoxie der Gabe und des Vergebens 622–624
– Paradoxie der Gerechtigkeit 500, 502, 616–618
– Paradoxie der Macht 490, 500
– Paradoxie der Mehrheitsentscheidung 484
– Paradoxie der Mitteilung von Plausibilitäten 16
– Paradoxie der Orientierung an professioneller Orientierung 464
– Paradoxie der Regelbefolgung 372
– Paradoxie der Übersicht 185–187, 240, 246, 475
– Paradoxie der Selbstaffektion 297
– Paradoxie der Selbstbezüglichkeit des Denkens 321–326, 330f.
– Paradoxie der Subjektivität der Objektivität 296f., 328, 338f., 345
– Paradoxie der Thematisierung von Selbstverständlichkeiten 30
– Paradoxie der Toleranz 537, 609–613
– Paradoxie der Unabänderbarkeit von änderbarem Recht 500
– Paradoxie der (begrenzten) Verantwortung 490f., 562, 618–620
– Paradoxie der Zeit, Paradoxierung durch die Zeit 7, 218, 353, 474
– Paradoxie des Gedächtnisses 307
– Paradoxie des gefesselten Souveräns 482
– Paradoxie des geometrischen Punkts 239
– Paradoxie des Halts an Anhaltspunkten 237
– Paradoxie des Kampfs um Frieden 614–616
– Paradoxie des mit sich selbst Identischen 432f.
– Paradoxie des Spielraums 221
– Paradoxie des Standpunkts 202
– Paradoxie des Strebens nach Sicherheit 291f.
– Paradoxie des Sicherns von Vertrauen 417
– Paradoxie des Tauschs 466f.
– Paradoxie des Zeichens (s. a. X) 285, 289f.
– Paradoxie vom Ganzen und den Teilen 65, 187
– Paradoxierung der Grenze (Horizont) *194–196*, 199, 202
– Paradoxierung durch den Tod 657–671
– Paradoxieentfaltung, Paradoxiemanagement *11f.*, 220, 531
– Ausgangsparadoxie, paradoxer Ausgangspunkt, Start-Paradoxie *11f.*, 65, *156*, 202, 530f.
– (sich) entparadoxieren, Entparadoxierung, Auflösung von Paradoxien 197, 202, 218, 239, 336, 338, 433, 531, 534
– Technik des Paradoxierens 10

Begriffsregister 777

passen, Passung, passend – unpassend, nichtpassend 11, 136, *159*, 168, 184, 194, 227, 250, *256–261*, 267, 276, 279, 303, 307, 310, 336f., 348, 370, 378, 402f., 407, 411, 413, 445, 449, 453, 462, 469, 504, 520f., 524f., 556
– anpassen, Anpassung 37, 133, 159, 308, 310, 340, 368, 371, *396–398*, 407, 445, 500, 504f., 635
– einpassen 355, 611
– zusammenpassen 181, 187, 222, 258f., 261, 378f., 402, 449, 552, 574
– Kunst der Passung 109, 259
Peripherie s. Zentrum – Peripherie
Person, Personalität passim, bes. 99, 122, 130, *147*, *405*, 418–421, 426, 428f., 436f., 452f., 456f., 474, 483, 487f., *490–492*, 499, 511f., 545, 548, *556*, 560f., *573*-575
– dritte Person s. Dritte, Dritter, Drittes
– göttliche Person 497
– natürliche – juristische Person 498, 502
– personal face – interpersonal face 381
– personal – interpersonal space 375, 380
– personale Identität s. Identität
– Personalausweis s. Identitätskarte
– Personalselektion 522
– Erste-Person-, Dritte-Person-Perspektive 338f., 664
perspektivieren, Perspektive, Perspektivierung, Perspektivität, perspektivisch 22, 51, 53, 56, 59, 66, 80, 114f., 125, 144, 194, 198, *206–216*, 213, 216, 220f., 224, 239, 245, 260, 296, 308, 315, 329, 334, 338f., 342, 355, 368, 386, 395, 398, 401, 409, 435, 437, 529, 624, 630, 647, 658f.
– perspektivisches Sehen, perspektivische Darstellung, Perspektivkunst (s. a. Natur, natürlich) *205–211*, 213, 238, 240, 386, 433
– spezifische Darstellungsperspektiven (Bedeutungs-, Farb-, Frosch-, Kavaliers-, Körper-, Raum-, Verschleierungs-, Zentralperspektive) 209f.
– Perspektivenverschiebung, Perspektivenwechsel, perspektivische Verschiebung 198, 205, *214f.*, 220
– Perspektivismus 198, 210, 213, 314
– Erste-Person-, Dritte-Person-Perspektive s. Person
– Weltperspektive 630
– Perspektivierungen der moralischen Nötigung 581–588
– Selbstperspektivierung der moralischen Orientierung 588, 592
– Metapher der Vogelperspektive s. Metapher, Metaphorik
– System von Perspektiven s. System
Pflicht 27, 89, 95, 123, 222, 362, 392, 486, 493f., 540, 555, 560, 562f., 566f., 570, 572, 577f., 595f., 605, 619, 651, 671
– verpflichten, Verpflichtung 68f., 371, 399, 409, 423, 503, 533, 540, 563, 566, 568, 573, 584, 586, 597, 599, 622, 625f., 671
Phänomenologie, phänomenologisch (s. a. Orientierung, phänomenale) 8, 32f., 71, 97f., 110, 114, 116f., 119, 135, 137, 146, 153, 170, 172f., 177, 198, 202, 213, 217, 261, 301, 309, 313, 333, 342, 348, 361, 368, 370, 385, 414, 510f., 575, 577, 597f., 636
– Phänomenologie der Orientierung 32, 97f., 116, *135*
– Phänomenologie des Denkens 321, 326, 335
– Sprachphänomenologie s. Sprache
phantasieren, Phantasie, Phantasmata, phantastisch 73, 117, 132f., 150, 261, 334
philosophieren, Philosophie, philosophisch (s. a. Orientierung, philosophische) passim, bes.

XV–XVIII, 3–5, 17, 20, 62f.,
111f., 134f., 143–145, 164, 166,
198, 222f., 251, 281, 289, 365,
515f., 520, 665, 673
- philosophische Sprache passim, bes.
21, 100, 180, 236
- philosophisches Problem 131
- philosophischer Standpunkt, philosophische Position s. Standpunkt
- Schwindelphilosophie 103
- Philosophie der Orientierung, Orientierungsphilosophie, orientierungsphilosophisch passim, bes.
XVIf., *XIXf.*, *28–33*, 36, 67, *79f.*,
119, 139, 145, 199, 249, 263,
270, 284, 290, 302f., 343, 362,
400, 462, 478f., 493, *510*, 529,
543, 650, 658
- Tradition der europäischen Philosophie, europäische philosophische Tradition passim, bes. 4, 13,
21, 24, 28f., 126, 136, 150, 159,
185, 215, 242, 274f., 294, 300,
321–334, 337, 346, 351, 361,
381, 423, 602, *645–656*, 670
Physik, physikalisch 4, 7, 18, 25, 36,
38, 42, 46f., 202, 217–219, 223,
240, 323, 330, 337, 354, 394,
518, 549, 647
Physiologie, physiologisch 36f., 43,
71, 112, 114, 116, 173, 178, 203,
206f., 254, 342, 375, 386, 397,
443, 543
- Neurophysiologie, neurophysiologisch (s. a. Neurobiologie) 170f.,
217, 220, 263f., 266, 309, 338,
341, 397
Piktogramm 634
Plan *48*, 57, 129–131, 279
- Fahrplan 434
- Stadtplan XVI
(ein)planen, Plan, Planung, planbar,
planmäßig, planvoll – planlos 163,
270, 280, 292, 322, 334, 342,
346, 398, *461f.*, 469, 478, 460,
490, 493, 621, 633, 670
- fluktuante Planung (s. a. Fluktuanz)
461

- Planungssicherheit 461
- Änderungsplanung 160
- Finanzplan, Haushaltsplan 466
Plausibilität, plausibel passim, bes.
15f., *18f.*, *21–23*, 262, 292,
306f., 317, 355, 465f., 468,
476f., 483f., 510, 600, 649–*653*,
655
- Plausibilitätsstandard *16f.*, 512,
525, 528
- moralische Plausibilität s. Moral
- Paradoxie der Mitteilung von Plausibilitäten s. paradoxieren, Paradoxie
Pol, Polarität, Polarisierung *38*, 46f.,
66f., 100, 107, 164, 173, 256,
442
- Polarstern 87
- Nordpol 48
Politik, politisch (s. a. Orientierung,
politische) XV, XIX, 27, 56, 62,
154f., 165, 194, 199, 252, 305,
318f., 334, 361, 363, 372, 395f.,
403, 418, 438, 441, 460, 462,
464, 476–485, 487–493,
495–497, 500f., 506, 514, 516f.,
519, 522, 532, 537, 544, 547,
560, 562–568, 574, 576, 581f.,
584–586, 588, 593 598, 608f.,
614, 616f., 627f., 630f., 633,
638, 642, 657, 663, 668–670
- politische Entscheidung, s. (sich)
entscheiden, Entscheidung
- politische Kunst, Kunst des Möglichen 478f.
- politische Perspektivierung der
Moral 585
- politische Verantwortung *490f.*,
568, 656
- politisches System *481–492*
- symbolische Politik 480
- Bio-Politik 668
- Kosmopolitismus 427
- Politiker(innen) 376, 425, 464,
478–480, 489–492, 562, 576,
581, 619, 642
Pragmatik, pragmatisch (s. a. Orientierung, pragmatische) 5, 8, 16,

27, *34*, 67, 88, 94, *147*, 182, 243, 259, 280, 342, 356, 433, 456, 488, 533, 544, 570, 624f., 652
- Pragmatismus, pragmatistisch 368, 453
- Universalpragmatik s. Universalität

Praxis, Praktik, praktisch (s. a. Orientierung, praktische, u. Orientierungspraxis) 44, 70, 91, 133f., 148, 209, 222, 240, 280, 313, 353, 372f., 377f., 385, 394, 457, 487, 505, 517, 527, 538, 587, 596, 608, 611f.
- ethische Praxis s. Ethik
- praktische Identität s. Identität
- praktische Vernunft s. Vernunft
- Entscheidungspraxis s. (sich) entscheiden, Entscheidung

Präzision 356

Preis (s. a. Wert) 123, *466*, 468f., 573f., 593

Prinzip, prinzipiell (s. a. Orientierung, prinzipielle) XVIII, 5–7, 35, 90, 93, 97, 109–112, 118, 131, 135f., 145, 155, 195, 209, 211, 214, 222, 243, 247, 257, 264f., 281, 284, 294f., 299, 306, 321f., 327f., 338, 342, 347, 352f., 355, 390, 394, 421, 431, 456, 462, 491f., 500, 529, 541, 563–565, 571, 578–580, 586f., 589, 591, 599, 639, 643, 645, 648, 655
- ethisches Prinzip 620
- moralisches Prinzip s. Moral
- selbstbezügliches Prinzip *6*
- Mehrheitsprinzip 484
- Wahl unter Prinzipien s. wählen, Wahl

Privatheit, Privatleben, Privatsphäre, privat 51, 68, 420, *438*, *471*, 476, 498, 558, 569, 587, 661
- private Identität s. Identität
- Privatgültigkeit s. gelten, Geltung
- Privat-Horizont s. Horizont

professionalisieren, Profession, Professionalität, Professionalisierung, professionell (s. a. Orientierung, professionelle) 192f., 355, *464*f.,
468, *470*, 474–476, 478–480, 453f., 632, 660, 662
- orientation professionelle 34

profilieren, Profilierung, Profil 244, 250, 427, *447–453*, 456, 477, 480, 491, 500, 502f., 515, 585, 637, 639
- profilierte Identität s. Identität

Profit 450, 584
- profitorientiert s. Orientierheit

Projektion (s. a. Metapher, Metaphorik) 52f., 112, 120, 129, 209, 212
- Organprojektion 112f.

prüfen, Prüfung, überprüfen, Überprüfung passim, bes. 11, 14, 17, 76, 81, *106*, 227, 236, 239, 255, 306, 328, 334, 386, 415, 476, 499, 502, 512, 549, 596
- wissenschaftliche Prüfung 520
- Prüfung im Glauben 534
- Selbstprüfung s. Selbstprüfung

Psyche, psychisch 24, 116–118, 147, 182, 444, 454, 463
- psychisches System s. System
- psycho-physische Befindlichkeit 200, 517

Psychoanalyse 330, 345, 453

Psycholinguistik 38

Psychologie, psychologisch 12, 23f., 29, 36, 43, 114–116, 134, 140, 165, 169f., 172, 178, 244, 249–252, 256, 259, 262, 302, 330, 338, 340, 342f., 345, 368, 375, 380f., 387, 397, 414, 426, 442, 453, 542f., 549, 555, 562, 571, 582, 586, 590, 611, 653f.

Punkt (s. a. Anhaltspunkt, Ausgangspunkt, Mitte / Mittelpunkt, Fixpunkt, Fluchtpunkt, Gesichtspunkt, Orientierungspunkt, Standpunkt, Metaphorik des Punkts) passim, bes. *238–241*
- geometrischer Punkt s. Geometrie, geometrisch u. paradoxieren, Paradoxie
- Punktualisierung 243

rationalisieren, Rationalisierung, Rationalität, rational (s. a. Orientierung, rationale) 65, 93, 122–124, 146, 195, 198, *211*, *247–249*, 323, 333, 381, 342, 346, 381, 573, 587, 599, 609
- Rationalismus 327
- Rationalitätsgewissheit 249
- Rationalitätstheorie 145f., 333
- Rationalitätstypen 145, 333
- Rationalität der Gefühle s. fühlen, Gefühl

Raum, Räumlichkeit, räumlich (s. a. Orientierung, räumliche, u. Orientierungsraum) 4, 34f., 38–41, 49, 51, 53, 61, 72, 83–86, 90f., 105, 107, 117, 119f., 129f., 133, 137, 139–141, 154f., 157, 170, 185, 194, 197, 206f., 209–211, 215f., 218–224, 331, 244, 263f., 270, 276, 312, 315, 322, 338, 347, 365, 385, 405, 455, 469, 475, 485, 514, 516, 523f., 528, 550, 580, 603, 621, 627f., 636f., 641, 647, 651, 659
- räumliche Ordnung s. Ordnung
- absoluter Raum 39f., 83–85
- metaphorischer Raum s. Metapher, Metaphorik
- politischer Raum 485
- Erlebnisraum 341
- Freiraum, Spielraum s. Spielraum
- Lebensraum s. Leben
- Raumperspektive s. perspektivieren, Perspektivierung
- Weltraum 39
- Raum des Übersinnlichen (s. a. Übersinnliches) 90f., 189, 529
- verräumlichen, Verräumlichung 194, *218–220*, 240

Realität 22, 64, 98, 158, 234, 281, 477, 519, 524, 538, 598f., 609, 628
- Realisierung 126
- reale – fiktionale Realität (s. a. Fiktion, fiktiv) 477, 638

Recht – Unrecht, rechtens, rechtlich – rechtswidrig, Rechtswissenschaft, juridisch, juristisch (s. a. Gerechtigkeit u. Orientierung, rechtliche) XV, XIX, 8f., 11, 15, 27, 34, 49, 74f., 90f., 194, 252, 290, 305, 352, 355, 363, 390, 391f., 394, 403, 420, 429, 436, 444, 461f., 464, 477, 482, 487–489, 493–504, 502, 506, 509, 511, 516, 519, 522, 533, 538, 546, 548, 554, 563, 565–568, 570, 572, 578f., 581, 585f., 595, 598, 608, 610, 612–614, 616–618, 621, 624f., 628f., 656, 668, 671
- Rechtsgesetz, Rechtsnorm, Rechtsregel 123, 394, 429, *493–496*, 500, 502, 505, 571f.
- Rechtsmetaphorik s. Metapher, Metaphorik
- Rechtsordnung 193f., 431, 493, 495, 497f., 500, 502f., 643
- Rechtspflege, Rechtspraxis, Rechtskultur 494, 498, 501f., 527f.
- Rechtssprache 493, 509, 598
- Rechtssprechung 12, 193
- Rechtsstaat s. Staat
- Rechtssystem 11, 494, 499, 501, 504
- Rechtsverbindlichkeit s. Verbindlichkeit
- Rechtsversagen 501
- Gewohnheitsrecht 495
- Grundrechte, Menschenrechte 498–501, 578, 585, 629, 633
- Verrechtlichung 499f.
- juridische Perspektivierung der Moral 585
- Paradoxie der Unabänderbarkeit von änderbarem Recht s. paradoxieren, Paradoxie

Rechte, das, recht 58, 70, 159, 175, *193*, 201, 569–571, 589, 604f.
- rechte Mitte 569, 571
- rechter Weg s. Weg
- rechtzeitig s. Zeit
- richtig s. (sich) richten

rechtfertigen, Rechtfertigung 80, 82, 90, 250, 371, 373, 417, 423, 497,

Begriffsregister

537, 563, 573, 582f., 594, 610, 614, 619f., 668
- Rechtfertigungssituation 582f.
- Selbstrechtfertigung 542

Rechts-Links-Orientierung, Rechts-Links-Unterscheidung, rechts – links 36–38, 40f., 60, 73, 83–87, 91, 103, 128f., 139f., 154f., 305, 375, 487f., 595, 622
- Rechts-Links-Blindheit 38

reduzieren, Reduktion, reduzibel – irreduzibel passim, bes. 109, 239f., 249, 251, 266, 314, 329, 391, 397, 412, 439, 458, 512, 518, 573, 586, 609, 635
- transzendentale Reduktion s. transzendental
- Instinktreduktion 44
- Reduktion von Komplexität s. Komplexität

Referenz *281*, 320, 509
- Selbstreferenz – Fremdreferenz s. Selbstbezug – Fremdbezug

Reflex, reflexartig 43, 120, 171, 173, 254f., 374
- Reflexketten 43
- Orientierungsreflex s. Orientierungsreflex

reflektieren, Reflexion, Reflexivität, reflexiv (s. a. Orientierung, reflexive) XV, 13, 27, 35, 50, 56f., 59–61, 77, 103, 105, 114f., 126, 148, 160, 172f., 217, 229, 235f., 327f., 363, 403, 419, 456, 472, 476, 515, 525, 528, 547, 574, 592f., 595, 600f., 603f.
- ethische Reflexion s. Ethik
- moralische (Selbst-) Reflexion s. Moral
- theoretische Reflexion (s. a. Theorie) 515
- Reflexionsbedarf, Reflexionstheorie 598
- Reflexionsspielraum 552
- präreflexiv – postreflexiv 342
- Selbstreflexion s. Selbstreflexion

regeln, Regelung, Regel, Regelmäßigkeit, regelmäßig, regulativ passim, bes. 8, 31, 74, 96, 123f., *141*, 149, 168, 171, *192*f., 212, *221–224*, 227, 235, 247, 253, 280, 284, 295, 298, *303*f., 312, 316, 333, 336, 342, 349f., *370–373*, 377–379, 384f., 388, 396f., 405f., 410, 428, 431, 439, 460, 477, 494f., 497, 504f., 508, 517, 525, 569–571, 577f., 586, 599, 625, 634, 641–643, 664
- Goldene Regel 554, 595
- logische Regel, Regel des Denkens s. Logik u. Denken
- Regelbedarf 495
- Regelbefolgung (s. a. paradoxieren, Paradoxie) 372f., 396f.
- Regelbruch, Regelumgehung, Regelverletzung 168, 372f., 389–391, 396
- Regelverband, Regelwerk, Kanon von Regeln 224, 350, 371f., 374, *405*
- Handlungsregel s. handeln, Handlung
- Orientierungsregel s. Orientierungsregel
- Rechtsregel s. Recht
- Selbstregulierung 499
- Übersetzungsregel 130

regieren, Regierung 145, 155, 222, 371, 482, 487, 489f., 591f., 565, 568, 585f., 592, 625, 630f., 638, 641, 643
- Regierung – Opposition *488*, 490, 565
- Weltregierung s. Welt, weltweit

Regress, infiniter 6, 132, 228, 372, 511

Reiz – Reaktion 35–38, 43f., 159f., 168, 171, 178f., 181, 205, 254, 263f., 342, 397, 517
- innerer Reiz 254
- Reiz alles Problematischen 288

Rekursivität, rekursiv 14, *156*–159

Relation, Relativität, relativ, relativierbar (s. a. Orientierung, relative) passim, bes. 85, 118f., 124, 158, 196, *199*, 218, 263, 439, 490, 553

- relative Identität s. Identität
- ontologische Relativität 275, 330
- Relationsontologie 40
- Relativitätstheorie, physikalische 219, 354
- Relativismus, Wertrelativismus *203*, 575
- Unschärferelation in der Orientierung 518

Relevanz, relevant (s.a. Belang) 29, *153f.*, 164, 169, 188, 242, 250, 266, 272, 331, 356, 380, 475, 484, 548, 569, 579, 603, 629, 631
- moralisch relevante Situation s. Moral
- relevante Kontingenz 153, 156–158
- Relevanzprüfung 227

Religion, religiös (s. a. Orientierung, religiöse) XV, XIX, 24, 27, 36, 49, 64f., 68–70, 77, 80, 96, 111, 165, 171, 190, 210, 238, 300, 305, 326, 363, 388, 394f., 401, 439, 444, 454, 458, 462, 464, 497, 506f., 511, 517, *528–540*, 542, 547, 550f., 556, 559, 563, 596, 607, 612f., 621, 629, 640, 643, 666
- religiöse Aura 49
- religiöse Geborgenheit (s. a. Geborgenheit) 534–536
- religiöse Paradoxien s. paradoxieren, Paradoxie
- religiöse Toleranz (s. a. tolerieren, Toleranz) 537, 610
- religiöse Überzeugung (s. a. überzeugen, Überzeugung) *531–533*, 536f., 547, 574, *610f.*, 657
- religiöser Glaube s. Glaube
- religiöser Halt (s. a. Halt) 363, 507
- religiöser Standpunkt s. Standpunkt
- religiöses Bekenntnis, Konfession 34, 69, 506, 533, 536f., 610
- religiöses Vertrauen 535
- antireligiös 293
- Religionsfreiheit 610
- Religionsfriede 537
- Religionsgemeinschaft 367, 429, 438, 559
- Religionskrieg s. Krieg
- Religionsphilosophie 65, 529, 531f.
- Religionswissenschaft, religionswissenschaftlich 99, 217
- Vernunftreligion s. Vernunft

Repräsentation 158, 209, 266, 327, *340f.*
- symbolische Repräsentation 401
- Metarepräsentation 338, 341

Reproduktion 147, 159f., 319, 394, 456
- reproduzierendes Gedächtnis 348

Reputation 522, 526
- Reputationscode 522

Reservat, Gesprächsreservat, Informationsreservat 420

Reue 552, 577

rhythmisieren, Rhythmus, rhythmisch (s. a. Leben) 173, 215, 217, 256, 264, 315, 399, *474f.*, 577

(sich) richten, berichtigen, Richtung, Richtigkeit, richtig (s. a. Sprache des Richtens) passim, bes. 1, 9f., 36–40, 45, 48, 59, 76, 82, 87, 105, 109, 130, 140, 151, 163, 167–169, *181f.*, 185, *191f.*, 204, 208, 243, 252f., 255, 280, 345, 350, *355*, 363, 378f., 398, 404f., 409, 419, 422, 489, 503, 524
- Richte, Richtblei, Richtholz, Richtlinie, Richtpunkt, Richtsatz, Richtschnur, Richtweg 74, 192f., 370, 389, 494, 595
- Richtlinienkompetenz 489
- Richtungnahme, Richtungsentscheidung 136, 184
- Richtungsangabe, Richtungslinie, Richtungspfeil 211f., 270, 531
- Richtungsempfindlichkeit, Richtungsnavigation, Richtungsorientierung 37, 39, 41, 46f., 205
- (sich) ausrichten, Ausrichtung passim, bes. 13, 21, 35f., 38f., 43, *50*, 61, 71, 76f., 85, 95, 115, 130, 139f., 150, *170*, 172, *177f.*, 181–184, 191–225, 237, 242, 252f., 265, 326f., *371*, 419, 428f., 443, 451, 474, 506, 509,

524, *529f.*, 545, 549, 573, 609, 625, 630, 632, 658f.
- (sich) einrichten, Einrichtung 21, 139, 144, 162, 299, 479, 603
- Auslegungsrichtung 137, 200
- Bewegungsrichtung 39, 43, 133
- Blickrichtung s. blicken, Blick
- Folgerichtigkeit 336f., 451
- Glaubensrichtung s. glauben, Glaube
- Gleichrichten 494
- Himmelsrichtung s. Himmel
- Reizrichtung 43
- Sinnrichtung (s. a. Sinn) 136, 260
- Sollrichtung 45
- Wahl unter Richtungen s. Wahl

richten, Richter, Gericht, Gerichtswesen 80f., 193, 354, 421, 476, 485, 487, 495, 499, *502–504*, 509, 528, 532f., 536, 547f., 563, 595, 614, *616f.*, 642
- hinrichten, Hinrichtung 193f., 535, 660, 665

Risiko, riskant – risikoarm (s. a. Orientierungsrisiko) 393, 435, 441, 445f., 461, 479, 490, 514, 518, 536, 539, 546, 576, 603, 667, 670
- ökonomisches Risiko 468, 526, 583f., 629
- Entscheidungsrisiko 253f., 344, 486, 557
- Folgerisiko 391
- Interaktionsrisiko 379, *388–391*, 400
- Kommunikationsrisiko 411, 415f.
- Prozessrisiko 504
- Vertrauensrisiko 415–417, 470, 496
- Risikofreudigkeit 644

Ritual, ritualisiert, rituell 367, *388*, 438, 507, 514, 606, 640, 642, 662
- Interaktionsritual s. Interaktion u. Moral
- Kommunikationsritual s. Kommunikation
- Zugänglichkeitsritual – Aufrechterhaltungsritual 388
- Ritualgesetz 69

Routine, Routinierung, routiniert, routinemäßig (s. a. Orientierungsroutine) 27, 105, 193, 216, 244, 251, 276, 292, *304*–307, 313, 315, 318f., 335, *343*, *371*f., 384, 388, *395*f., 418, 431, 438, 447, 461, *472*f., 476, 495, 507, 524, 527, 546, 578, 633, 636, 647, 662f.
- moralische Routine s. Moral
- andere spezifische Routinen 312, 315f., 337, 344, 346, 356, 368, 393, 405f., 417f., 468, 527, 579, 602, 662–664, 671
- Routinenwechsel 291f., *310–312*
- Routierungspraktik 377f.
- Umorientierungsroutine 312, 316
- Versagen von Routinen 317–319

Rubikonmodell der Handlungsphasen 250

Rückhalt 145, 231, 362, 415

Rücksicht, berücksichtigen, Berücksichtigung, rücksichtsvoll – rücksichtslos passim, bes. 1, 74f., 132, *188f.*, *237f.*, 252f., 306, 328, 334, 337, 342, 364, 371, 377, 392, 402, 410, 413, 428f., 442, 448, 485f., 491, 512, 522, 537, 544f., 549, 579, *588*, *600*, 642
- Rücksichtszeichen s. Zeichen
- Unberücksichtigtlassen 174

ruhen, Ruhe – Unruhe, ruhig – unruhig (s. a. beruhigen – beunruhigen) 77, 89, 100, 160, *164–167*, 171, 180, 183–185, 205, 231f., 246, 248, 264, 292, *335*f., 361, 367, 373, 385, 401, 423, 514f., 516, 534f., 539, 557, 610, 643, 661, 663, 672f.
- endgültige Ruhe 663
- Ruheplatz, Ruhepunkt 92, 95
- Unruhe-Funktion der Medien 474
- Zur-Ruhe-gekommen-Sein 227f.
- Zur-Ruhe-kommen-Wollen 292
- beruhen auf 16, 264, 284, 506, 615
- auf sich beruhen lassen 15f., 247, 307, 390, 496, 565, 588

Sache, Sachverhalt, Sachlichkeit, sachbezogen, sachlich passim, bes. 53, 58f., 67, 136, 144, 163, *172*, 175, 191, 193, 201, 209, *274f.*, *281*, 328, 330, 348, 372, 418, *432–434*, 438, 441, 473, 492, *509–513*, *516*, *519–522*, 532, 573
- Sachbereich, Sachfeld, Sachgebiet 462, 488, 513, 517, 655
- Sachentscheidung 483
- Sacherfahrung, Sachkenntnis 44, 513
- Sachfrage, Sachgehalt, Sachlage, Sachpunkt, Sachverhältnis, Sachzusammenhang 144, 151, 239f., 259, 306, 403, 481, 512
- sachgerecht s. Gerechtigkeit, gerecht
- Streitsache 502
sanktionieren, Sanktion, sanktionslos 12, 316, 378, *388–391*, 410, 444, 446, 476, 493, 512
- moralische Sanktion s. Moral
Scham 388, 515, 552, 577, 612, 622
beschämen 606, 622
Scheideweg s. Weg
schematisieren, Schema, Schematismus, Schematisierung, schematisch (s. a. Orientierung, schematische) passim, bes. 19f., 53, 67, *108*, *113*, 125, 131, 227, 240, *262f.*, *329f.*, 336, 517
- Schematisir- und Abkürzungskunst (s. a. abkürzen, Abkürzung) 329
- Formen-Schema 329
- Systemschema der Welt s. Welt
Schoa 601, 669f.
Schrift s. Zeichen, Schriftzeichen
Schuld – Unschuld, schuldig – unschuldig, schuldlos (s. a. Verantwortung) 79, 389, 396, 444, 473, 493, 504, 511, 563–566, 595, 601f., *618*f., 621, 623f.
- Schuldfähigkeit 504
- Anschuldigung, Beschuldigung 563f.
- Entschuldigung, entschuldigend 373, 390, 448, 453, 557, *566*, 582

schützen, Schutz, geschützt – schutzlos 162, 172, 272, 373, 375, 391, 416f., 428, 440, 485, 493, 498, 500, 506, 517, *548f.*, 585, 618, 669
- Schutzapparat, Schutzprogramm 43, 639
- Schutzsinn 421
schweigen, verschweigen, Schweigen 335, 410, 445, 576, 603
- stillschweigend 303, 373, 441, 607
Schwelle 42, *314*, 373, 417
- Schwellenwert 44
- Angstschwelle 415
- Aufmerksamkeitsschwelle *313f.*, 579
- Erlebensschwelle 314
- Wahrnehmungsschwelle 179
schwer fallen, Schweres (s. a. leicht fallen) passim, bes. 308, 510, 534, 537, *544f.*, 572, 592, 609f., 615, 618, 627, 663
- erschweren 71, 78, 313, 421, 638
- Unbeschwertheit, unbeschwert 163, 625
Sehen, natürliches (s. a. Metaphorik des Sehens und Sichtens) s. Natur, natürlich
Seele 5, 8, 28, 51, 71f., 161, 175, 195, 211, 274f., *293–295*, 300, 302, 326, 345f., 355, 381, *655f.*, 665
- Seelenleben 13, 23–25
- Seelenzustand, Seelenverkehr 535, 560
- Leibesseele 126
- Leib-Seele-Problem 330f., 345
- Unsterblichkeit der Seele 68, 295, 656, 665
Sein, das 6f., 28f., 141, 143, 171, 191, 211, 214, 227, 288, *322–324*, 325, 327, 345, 357, 547, 563, *653f.*, 658, 664
Selbst, das 27, 103, 236, *300–302*, 317, 337, 453f., 458, *663*
- inneres Selbst 98
Selbstachtung 459, 561
Selbstaffektion 297

– Paradoxie der Selbstaffektion s. paradoxieren, Paradoxie
Selbstaufklärung s. Aufklärung
Selbstaufmerksamkeit s. Aufmerksamkeit
Selbstauslegung des Lebens s. Leben
Selbstbegrenzung s. Grenze
Selbstbegründung s. Grund, rationaler
Selbstbeherrschung 625
Selbstbeschreibung 465
Selbstbesinnung s. Sinn, sinnhaft, u. Leben
Selbstbestimmung 94, 104, 411, 498, 614
Selbstbeurteilung 441
Selbstbewusstsein 13, 118, 169, 296, 338, 548, 653
Selbstbezeugung s. Zeuge
Selbstbezug – Fremdbezug, Selbstreferenz – Fremdreferenz, Selbstbezüglichkeit – Fremdbezüglichkeit, selbstbezüglich – fremdbezüglich XVIIf., 6f., 9, 10, *11–14*, 23, 28, 114, 117f., 148, 150, 160, 226, 293–302, 321–324, 326, 337–342, 345, 351, 408, 410, 417, 453, 456, 465, 468, 470, 480, 523, 538, 553, 588, 590, 653, 663, 667
Selbstbezwingung s. zwingen
Selbstbindung 27, 363, 541, 546–548, 553, 591–593, 647
Selbstblockierung 157
Selbstdarstellung 427, 440, *447–450*, 458, 492, 523, 569, 586, 639
Selbstdekonstruktion s. Dekonstruktion
Selbstdifferenzierung s. differenzieren, Differenz
Selbstdistanzierung s. distanzieren, Distanz
Selbsteinschränkung s. Einschränkung
Selbsterhaltung 80, 118, 160, 298, 597, 618
Selbstfestlegung 411
Selbstgefährdung 417, 446
Selbstgefühl s. Gefühl

Selbstgerechtigkeit, selbstgerecht 538, 572, 590, 593
Selbstgesetzgebung s. Gesetz
Selbstgewissheit s. Gewissheit
Selbstidentifikation s. identifizieren
Selbstironie s. Ironie
Selbstirritation s. irritieren, Irritation
Selbstkonstruktion s. konstruieren, Konstruktion
Selbstkontrolle s. Kontrolle
Selbstkorrektur 527
Selbstkritik s. Kritik
Selbstlegitimation s. Legitimation
Selbstliebe s. Liebe
Selbstlosigkeit 586
Selbstmodell 340
Selbstmord s. Suizid
Selbstmordattentäter s. Märtyrer, Mördermärtyrer
Selbstobjektivierung – Selbstsubjektivierung s. Subjekt – Objekt
Selbstorganisation 266, 465, 632
Selbstorientierung s. (sich) orientieren, Orientierung
Selbstparadoxierung s. paradoxieren, Paradoxie
Selbstperspektivierung s. perspektivieren, Perspektive
Selbstprüfung 298, 548
Selbstrechtfertigung s. Rechtfertigung
Selbstreferenz – Fremdreferenz s. Selbstbezug – Fremdbezug
Selbstreflexion XIX, 321, 363, 591–593
Selbstregulierung s. regeln
Selbstsozialisierung 442
Selbststabilisierung s. stabilisieren
Selbststrukturierung s. Struktur
Selbsttabuierung s. Moral
Selbsttäuschung s. täuschen, Täuschung
Selbsttötung s. Suizid
Selbstüberwindung 541
Selbstunterscheidung s. unterscheiden
selbstvergessen s. vergessen
Selbstverhältnis 343
Selbstverortung 477
Selbstversorgung s. sorgen, Sorge

Selbstverständlichkeit, selbstverständlich XV, XVII, 11f., *15*–18, 69f., 30–32, 94, 103, 128, *149*, 210, 240, 251, 270, 304f., 313, 330, 365, 375, 391, 393, 406, *432*, 448, 495f., 499, *501*, 510, 513, 515f., 518, *520*, 526–528, 542, 558, 574, 578f., 599, 611, 636, 646, 649, 655, 666, 668
– Paradoxie der Thematisierung von Selbstverständlichkeiten s. paradoxieren, Paradoxie
Selbstverständnis s. verstehen, Verstehen
Selbstvertrauen s. vertrauen, Vertrauen
Selbstverwirklichung 455, 457f.
– Selbstverwirklichungsmilieu 455
Selbstvollzug 324
Selbstwertschätzung s. werten, Wert
Selbstzwangapparatur s. zwingen
Selbstzweck s. Zweck
seligieren, Selektion, Selektionsprozess, Selektivität, selektiv 25f., 120, 149, 173, 177f., 181–184, 187, 206, 227, 246, 255–257, 259, 262, 264, 267, 271, 307f., 314, 319, 331, 329, 395, 397, 431, 463, 467f., 474, 508, 512, 556, 558, 572, 632, 639, 647, 668
– selektive Aufmerksamkeit s. Aufmerksamkeit
– Selektionsmöglichkeiten 475
– Selektionsstandard 576
– Handlungsselektion 341
– Personalselektion s. Person
– Sinnselektion s. Sinn, sinnhaft
– Strukturselektion 320
– Systeme von Selektionen 467
Semiose, semiotisch, Semiotik (s. a. Zeichen) 26, 280f., 330, 354, 388
– semiotische Identität s. Identität
Sexualität, sexuell (s. a. Orientierung, sexuelle) 330, 380, 427
– sexuelle Differenz 442–444, 446
– sexuelle Identität s. Identität
– sexuelle Unbefangenheit s. Unbefangenheit

– heterosexuelle – homosexuelle Orientierung, Homosexualität 443–446
– Intersexualität, Transsexualität 446
(sich) sichern, Sicherheit – Unsicherheit, absichern, versichern – verunsichern, Verunsicherung, zusichern, sicher – unsicher XVII, 2f., 7, 14, 16–19, 74f., 83, 89, 93f., 98–100, 106, 111, 123, 134, 137, 159, 167, 174f., 188f., 236, 249, 288, 291f., 303–305, 312f., 315, 317, 323f., 327, 331f., 349, 351, 359, 362–365, 391, 411, 414, 416f., 430f., 433, 436f., 453, 459, 478f., 485, 493–505, 518, 521, 526–528, 535, 542, 549, 562, 572, 575, 582, 586, 599, 605, 615, 619, 625, 630, 632, 636, 646, 648, 658, 669
– sichere Distanz s. Distanz
– sicheres Wissen 162
– ontologische Sicherheit 456
– Sicherheitsbasis 496
– Sicherheitsgefühl s. Gefühl
– Sicherheitsgewinn 148
– Sicherheitskonzept 292
– Sicherheitsnetz 350
– Sicherungsmaßnahme 668
– Handlungssicherheit 225
– Planungssicherheit s. planen
– Orientierungssicherheit – Orientierungsunsicherheit s. Orientierungssicherheit
– Standortsicherungsmaßnahme 630
– Verhaltensunsicherheit 411
– Unsicherheitsabsorption 147, 165, 491
– Weltsicherheitsrat s. Weltsicherheitsrat
– Zielsicherheit, zielsicher 44, 636
– Paradoxie des Strebens nach Sicherheit s. paradoxieren, Paradoxie
sichten, Sicht 27f., 137, *177–190*, 191, 197, 207, 246, 363, 423, 468, 474, 512
– Absicht s. Absicht
– Aufsicht s. Aufsicht

Begriffsregister 787

- Einsicht, einsichtig s. Einsicht, einsichtig
- Hinsicht passim, bes. 14, *187–189*, 207, 353, 362, 402, 433, 454, 495, 510, 513
- Nachsicht s. Nachsicht
- Rücksicht s. Rücksicht
- Vorsicht, vorsichtig, s. Vorsicht, vorsichtig
- Übersicht, übersichtlich, s. Übersicht, übersichtlich
- Umsicht, umsichtig, s. Umsicht, umsichtig
- Weitsicht s. Weitsicht
- Zuversicht s. Zuversicht
- Sprache des Sichtens s. Sprache
signalisieren, Signal 36, 38, 43, 132, 174, 264, 282, 375, 382, 387, 392f., 557
Sinn, Sinnesorgan, Sinnlichkeit, sinnlich, sinnliche Wahrnehmung 13, 43–45, 67f., 86, 90f., 95, 102, 109, 113, 116f., 119, 159, 171, *181*, 191, 198, 203, 211, 233, 240, 264, 296–298, 375f., 385, 407, 654
- Eigensinn, eigensinnig 75, 103
- Gehörssinn s. Gehör
- Gemeinsinn s. Gemeinsinn
- Geruchssinn s. Geruchssinn
- Geschmackssinn s. Geschmack
- Gesichtssinn 36, 179, 204f.
- Orientierungssinn s. Orientierungssinn
- Scharfsinn, scharfsinnig 77, 81, 84, 182
- Schutzsinn s. Schutz
- Tastsinn 38, 44, 204
- Übersinnliches, übersinnlich (s. a. Raum) 68, 82, *90–92*, 95f., 99, 189, 529
- Sinneshorizonte 195f., 204f.
- Sinnesoberfläche 43
- Einheit, Integration der Sinne 203, 206
- Entsinnlichung 19f.
Sinn, sinnhaft, sinnvoll – sinnlos (s. a. Orientierung, sinnhafte) passim,

bes. 1–3, 16, 19, 69, *122–125*, 129f., *137*, *150*, 164, 169, *181–183*, 187, 223, *241–243*, 245, *260f.*, 264, 273f., 298, *358*, 421, 457f., 474, 520, *527f.*, *531f.*, 537, 605, 649f.
- sich besinnen, Besinnung, Selbstbesinnung 92, 143, 145, 334, 660, 669
- Sinneinheit, Sinnstruktur 239, 251
- Sinnfindung, Sinnfindungsprozess *182–185*, 241, 422f., 605
- Sinngebung, Sinnstiftung 411, 451, 497, 620, *670*
- Sinnhorizonte (s. a. Horizont) 178
- Sinnselektion (s. a. seligieren, Selektion) 182
- Sinnspielraum (s. a. Spielraum) 277f.
- Sinnverschiebung 269, *275–282*, 308, 310, 346, *349*, 352, 354, 356, 359, 507f.
- Sinnverlust 318
- Sinnzwang 182
- Unsinns-Einwand 18, 535
- Sinn des Lebens s. Leben
Sinn, Sinnrichtung 40, 130, 136, *181f.*, 191, 205, *260f.*, 282, 298
Sinn für etwas 182, 321, 550, 606
- innerer Sinn 51, 86, 297
- Gesinnung s. Gesinnung
Situation, Situativität, situativ (s. a. Lage) passim, bes. XVf., 1–3, 48, 53, 57, 83, 130, 136–138, *151–158*, 161f., *163*, 181, 184f., *215f.*, 246, 274, 334, 372, 384, *468*, *569f.*
- absolute Situation 552f.
- moralisch relevante Situation s. Moral
- situationsangepasst 397, 411
- situationsenthoben 229, 336, 458, 511
- situationsgerecht s. Gerechtigkeit, gerecht
- situationsübergreifend passim, bes. 241, 257, 274–278, 304, 310,

322, 336, 353, 396, 401, 457, 467, 507
- Situationsdeutung, Situationsdefinition 411f., 416
- Situationsethik 157, 600
- Situationslogik s. Logik
- Situationssemantik 158
- Anspruchssituation 564
- Ausnahmesituation, Sondersituation, extreme Situation 505, 513, 516, 523–525, 527, 600
- Entscheidungssituation 141, 157, 249, 251, 345, 484f.
- Evidenzsituation s. Evidenz
- Gesprächssituation, Kommunikationssituation, Sprechsituation 33, 132, *401*, 407–409, 411
- Grundsituation der Orientierung s. Orientierung
- Konfliktsituation (s. a. Konflikt) 370
- Krisensituation s. Krise
- Lebenssituation s. Leben
- Orientierungssituation s. Orientierungssituation
- Privatsituation 328
- Rechtfertigungssituation s. Rechtfertigung
- Ursituation (Jagdsituation) 177f., 180
- Situation des Von-Angesicht-zu-Angesicht s. Gesicht
- Beherrschung der Situation s. herrschen
- Rettung der Situation 447–449
Skandal 500, *558*
Skepsis, skeptisch 81, 92f., 107, *351*, 381, 451, 580–584, 593
- Skeptiker, Skeptizismus 75, 92, 94, 136
- Sprachskepsis s. Sprache
Smiley 634
Solidarität, solidarisch 123, 399, 558
- Solidargemeinschaft 661
- Solidaritätsgefühl 597
Solipsismus 12
sorgen, Sorge 22, 32, 136f., 230, 232, 291, 389, 442, 478, 486, 514f.,
547, 563, 567, 577, 619, 657, 668, 670
- sorgenfrei, sorglos 133, 161, 493, 498
- Sorgenswelt 136
- Sorgerecht 618
- Sorge um die Identität 454f.
- Sorge um Anschlussfähigkeit s. Anschlussfähigkeit
- besorgen, besorgender Umgang 31f., 134–140, 270, 652
- Alltagssorgen s. Alltag
- Daseinsvorsorge, Eigenvorsorge, Für-sich-selbst-Sorgen, Selbstversorgung 14, 499, 580
- Fürsorgepflicht 578
- Seelsorger 421, 481, 662
- Versorgung, Versorgungsspielraum 124, 485, 499, 660
- Vorsorge 334, 671
Souveränität, souverän 295, 536, 625f., 628
- demokratischer Souverän (s. paradoxieren, Paradoxie) 481f., 492
- ethische Souveränität 591, *625f.*
Soziologie, soziologisch 29, 36, 124, 146, 148, 157, 173, 217, 251, 302, 366, 368f., 373, 385f., 389, 394f., 408f., 418, 421, 426, 439, 453, 455, 493, 529, 542, 555, 559, 562, 574–576, 586, 593, 599, 628, 661
spannen, Spannung, Spannungszustand, spannend, spannungsvoll 30, 110, 167, 171, 229, *260f.*, *366f.*, *384*, 387, 398f., 421, 427, 435, 451, 476f., 499, 525, 557, 642, 669, 671
- harmonische Spannung s. harmonieren, Harmonie
- Anspannung – Entspannung 168, 335f., 372, 379, 472, 517, 552, 575
Sparte 476
Spekulation, spekulativ 70, 74–76, 82, 91f., 114, 132, 144, 161, 179, 651, 653
- spekulative Vernunft s. Vernunft

spiegeln, Spiegelung, Spiegel 41,189, 202f., 212, 330, 475, 539, 603
- Spiegelbild 341
Spiegelneuronen 397
spielen, Spiel, spielerisch 16, 23f., 32, 102, 108, 133, 221f., *225*, 255, 258, 280, 347, 360, 414, *525f.*, 528, , 553, 577, 586, 640–643
- sich einspielen 16, 124, 206, 278, *279–281*, *292*, 304f., *310–319*, 368, *370f.*, 379, 384, 388, 402, 417, 424, 431–433, 441, 448f., 461f., 510, 514, 524, 527, 553f., 565, 577f., 632
- durchspielen 207, 476
- herunterspielen 250, 583, 622
- mitspielen, Mitspielen, Mitspieler 129, 311, 361, 374, 406, 479, 548, 657
- verspielen XIX, 498, *561*, 625
- zusammenspielen, Zusammenspiel 42, 72, 151, 267, 279, 381, 462, 586, 642
- zuspielen, Zuspiel 141
- Spielregel 371
- Spieltheorie 249
- Ballspiel 280, 474, 606, 640–642
- Fußballspiel s. Fußball
- Kampfspiel 641, 643
- Muskelspiel 262
- Schauspiel, Schauspieler 120, 376, 514, 524, 526
- Sprachspiel s. Sprache
- Wechselspiel 147, 262
- im Spiel sein 467
- ins Spiel bringen 32, 222, 408, 424, *572*
- ins Spiel kommen 348, 375, 572, 580, 598
Spielraum passim, bes. *221–224*, 237f., 244–246, 263–267, 275–280, 372–374, 443–446, 449, 461–464, 498f., 503–505, 519, 545, 552, *569–580*, 623f., 633–643, 660
- beweglicher Spielraum s. Bewegung
- moralischer Spielraum s. Moral
- Deutungsspielraum s. Deutung

- Entscheidungsspielraum s. Entscheidung
- Handlungsspielraum 163f., 221, 224, 362, 461, 480, 495, 569, 633, 668
- Sinnspielraum s. Sinn
- Zeit-Spiel-Raum s. Zeit
- Paradoxie des Spielraums s. paradoxieren, Paradoxie
Spinozismus, Spinozismus-Streit 63–70, 75f., 79, 81, 97, 106, 111, 126
sprechen, Sprache, Orientierung durch die Sprache, sprachlich – nichtsprachlich passim, bes. 12, 15, 19f., 24, 33, 38, 44, 108, 113, 126–133, 275, 277, 279, 293f., 329, 333, 341f., 349f., 359, 367, 369, 394, *398–408*, 448, 506, 517, 560, 588, 629, 634, 650
- alltägliche Sprache, Sprache der alltäglichen Orientierung passim, bes. *32f.*, 333
- alltägliche – wissenschaftliche Sprache XV, XVIII, 21, 163, 634
- eigene – fremde Sprache 276, 405, 635
- ethische Sprache 597
- ideale Sprache, Idealsprache, Kunstsprache 128, 279, 636, 649
- metaphysische Sprache 650
- moralische, moralphilosophische Sprache 542, 563, 573
- ökonomische Sprache, Sprache des Marktes 561, 593
- philosophische Sprache s. Philosophie
- religiöse Sprache 388
- standardisierte Orientierungssprache, Standardsprache, Universalsprache s. Orientierungssprache u. Universalität
- Sprachansicht 407f.
- Sprachkritik, Sprachskepsis 127f.
- Sprachlosigkeit 335f., 339
- Sprachorganismus 113
- Sprachphänomenologie, sprachphänomenologisch *33*, 333

- Sprachphilosophie, sprachphilosophisch 20, 408
- Sprachrepertoire 406
- Sprachroutine 368, 405f.
- Sprachspiel passim, bes. 18, 131, 223, 278–280, 406
- Sprachzeichen 132, 282, 398, 401, 403f., 495, 552, 655
- Begriffssprachen 21
- Handelssprache, Kaufmannssprache 179, 271, 564
- Jagdsprache 254, 422
- Kanzleisprache 457
- Körpersprache 377–388, 400, 403
- Landsknechtssprache 231
- Objekt- und Metasprache 12
- Rechtssprache 493, 509, 598
- Seemannssprache 179, 222
- Tanzsprache (der Bienen) 45
- Welthilfssprache 635
- Weltsprache 629, 635f.
- Selbstbezüglichkeit von Sprachen (s. a. Selbstbezug) 408
- Sprache der Orientierung s. Orientierung
- Sprache der Systemtheorie s. Systemtheorie
- Sprache der Wege s. Weg, Metaphorik des Wegs
- Sprache des (Ab)Kommens 493
- Sprache des Achtens (s. a. achten) 169, 425, 428–429
- Sprache des Halts (s. a. sich halten, Halt) 226, 229–236, 465, 496
- Sprache des Richtens (s. a. sich richten) 191–194, 237
- Sprache des Sichtens (s. a. sichten) 177–181, 428
- Sprache des Vergessens (s. a. vergessen) 309

Spur 71, 125, 245, 254, 374, 385, 405, 509, 624

Staat, staatlich 113, 175, 326, 438, 471, 486f., 489, 491, 493, 496–501, 544, 553, 558, 566, 578, 586, 614–616, 625, 628–631, 633, 638, 640f., 666, 668f.

- Rechtsstaat 486f., 497–499, 517, 537, 549, 611, 613
- Weltstaat 630

stabilisieren, Stabilität, Stabilisierung, stabil – instabil 27, 123f., 147, 150, 183, 229, 251, 265, 267, 311f., 316f., 319, 411, 417, 420, 425, 427, 454, 456, 459, 469, 486–488, 490, 493, 495, 570, 575, 601, 662f.
- stabilitätsorientiert 320
- (sich) destabilisieren – restabilisieren, Destabilisierung – Restabilisierung 319f., 456, 458, 663
- Selbststabilisierung 291–294, 302–310, 319, 553–561, 662f.
- Basisstabilität der Orientierung 304
- prästabiliert s. Harmonie
- ultrastabilisierend, ultrastabil 351
- Paradoxie der beweglichen Stabilität (Weltparadox) s. paradoxieren, Paradoxie

standardisieren, Standard, Standardisierung passim, bes. XVI, 28, 436, 526f., 560, 627–644, 647
- standardisierte Sprache, Standardsprache s. Orientierungsprache, standardisierte
- herrschender Standard s. herrschen
- moralischer Standard s. Moral
- Mindestlebensstandard 175
- Plausibilitätsstandard s. Plausibilität
- Selektionsstandard s. seligieren, Selektion

Standhalten, Instandhalten, standhaft 25, 70, 73f., 229, 231–234, 357, 498, 652

Standpunkt, Standpunktgebundenheit (s. a. Punkt) passim, bes. XVIIIf., 30, 50, 85, 88, 94–96, 132f., 144, 194–196, 199–207, 235, 254, 257, 296, 338, 402, 405, 443, 475, 528f., 645, 655, 658
- absoluter Standpunkt (s. a. Kontingenz, kontingentes Absolutes) 80, 201–203, 206, 245, 339
- anthropozentrischer Standpunkt 112

– eigener – anderer Standpunkt 363–365, 368, 398, 401, 409, 412, 484f., 512, 592
– geographischer Standpunkt 58, 194, 405
– leiblicher Standpunkt XVIII, 40, 85, 120, 150, *199*, 201, 375
– moralischer Standpunkt s. Moral
– philosophischer Standpunkt *28f.*, 135, 342
– politischer Standpunkt 194, 484f., 537, 585
– rechtlicher Standpunkt 585
– religiöser Standpunkt 194
– subjektiver Standpunkt 140, 327f.
– theoretischer, wissenschaftlicher Standpunkt (s. a. Theorie) 31f., 180, 194, 336, *513*, 515f., 586, 592, 627
– transzendentaler, transzendenter Standpunkt (s. a. Transzendentalphilosophie) 85, 119, 146, 150, 627, 642
– virtueller Standpunkt 51, 54, 86
– Standpunktlosigkeit 336, 513
– Standpunktkoordinaten 133
– Standpunktneutralität 509–512
– Standpunkt eines Begriffs 96
– Himmelsstandpunkt (s. a. Vogelperspektive) 51
– Orientierungsstandpunkt s. Orientierungsstandpunkt
– Metapher des Standpunkts s. Metapher, Metaphorik
– Paradoxie des Standpunkts s. paradoxieren, Paradoxie
stehen bleiben, Stehenbleiben 73, 82, 129, 230, 252, *275*, 277, 413, 433, 646, 662
– zum Stehen bringen, Zum-Stehen-Bringen 8, 226, *230*, 281
– zum Stehen kommen, Zum-Stehen-Kommen 156, 218, *226–230*, 275, 327, 356
Stelle 25, 57, 91, 95, 105, 201f., 220, 231f., 236, 273, 289, 328, *488*, 554
– sinnerfüllte dichte Stelle 242

– Stellensystem 119
sterben, Sterben 439, 530, 620, 657, *659–667*, 670, 673
Stigma 374
– Stigmatisierung 455
– Entstigmatisierung 444
Stimme 73f., 154, *162*, 179, 205, 271, 274, 279, 313, *328*, 376, *379f.*, 382, 385, 402, 484, 514, 552, 555, 570, *596*, *603f.*, 621
– stimmen, Stimmigkeit, stimmig 83, *163*, 184, 278
– (sich) abstimmen, Abstimmung 32, 112, 163, 206, 220, 281, 300, 312, 316, 418, 431f., 481–485, 491, 633
– bestimmen, Bestimmung passim
– durchstimmen 22
– (in etwas) einstimmen, Einstimmung, mit sich einstimmig 163, 328, 399, 408, 552
– Einstimmigkeit, einstimmig 313, 482
– übereinstimmen, Übereinstimmung 17, 50, 61, 99, 103, 144, 163, 191, 327, 344, 362, 383, 408, 483, 519, 605, 652
– überstimmen 486
– unstimmig, Unstimmigkeit 417
– zusammenstimmen, Zusammenstimmung 163, 187, 346, 350
– zustimmen, Zustimmung 15, 68, 163, 262, 282, 404, 452, 481f., 525, 580, 634
Stimmung, Gestimmtsein 110, *163f.*, 182, 200, 234, 256, 322, 337, 358, 374, 383, 394, 399, 421, 517, 552, 657, 662
– Grundstimmung der Orientierung (Beunruhigung) *162*–164, 169, 473
stolz, Stolz 250, 285, 439, 445, 552, 622f.
Störung 42, 45, 116, 159f., 162, 317, 557, 621
– störungsanfällig, störungsempfindlich 516, 632

streben, Streben, anstreben, bestreben 5, 107, 112f., 148, 181, 228, 254, 291, 489, 520, *541*, 564, 585f., *608*, 610
strukturieren, Struktur, Strukturierung, strukturell passim, bes. *22–28*, 35, 55, 114, 117, 144, 148f., 174, 220, 227, 233f., 263–265, 291f., 298, 304f., 307, 309f., 317, 319f, 409f., 456, 474, 476, 480, 482f., 517, 553, 593, 609, 623, 627, 631
– bewegliche Strukturen XVI, 25f.
– strukturelle Kopplung 346
– Strukturalismus 27, 273, 370
– Strukturselektion s. Evolution u. Selektion
– Strukturzusammenhang, erworbener 24, 115, 187, 358
– Struktur versetzter Kontinuitäten s. Kontinuität
– Ereignisstruktur s. Ereignis
– Netzstruktur s. Netz
– Sinnstruktur 251
– Subjekt-Prädikat-Struktur s. Subjekt
– Selbststrukturierung 1, 22, 24, 26f., 178, 291, 302f., 305
Subjekt – Objekt, Subjektivität – Objektivität, subjektiv – objektiv (s. a. Orientierung, subjektive) passim, bes. 14, 18, 38, 67, 85–87, 97, 120, 122, *139–141*, 152, 198, 228, *252*, 281, *292–297*, 300f., 325, 328, *338f.*, 345, *357*, 362, 453f., *510*, 603
– subjektive – objektive Freiheit s. Freiheit
– subjektiver Standpunkt s. Standpunkt
– transzendentales Subjekt – transzendentales Objekt (s. a. Transzendentalphilosophie) 13, 114, 287, 297, 300f.
– weltloses Subjekt 139, 141
– Subjekt-Prädikat-Struktur 275, 294, 405
– Existenzobjektivität 143

– Orientierungssubjekt s. Orientierung
– Selbstobjektivierung – Selbstsubjektivierung 454
– Paradoxie der Subjektivität der Objektivität s. paradoxieren, Paradoxie
Substanz, substantiell 6, 40, 64, 75, 108, 156, 223, 232f., 294–296, 301, 324f., 328, 332, 345, 348, *356–358*, 360, 432, 450, 454
(sich zu orientieren) suchen, Suche (nach Orientierung) 4, 28, *59–61*, 74, *76*, 86, 96, 105, 116, 132, 150, *159*, *177–179*, 181, 188, 201, 230, 238, 260, 334, 387, 445, 498, 509, 527, 534, 565, 634, 646
Suizid, Selbstmord, Selbsttötung, Freitod 427, 445f., 658, 660, *663f.*
Sünde 135, 164, 444, 611
– Sündenfall 594
supererogatorisch 593f., 596
Supplement 103, 108f.
Symmetrie – Asymmetrie, Asymmetrierung, symmetrisch – asymmetrisch 37, 84, 243, 266, 382, 409
Sympathie – Antipathie 288, 379, 385
– Lebenssympathie s. leben, Leben
Synagoge 536, 622
systematisieren, System, Systematik, systematisch passim, bes. *11f.*, 14, 39, 41, 44, 111–113, *116*–118, 129, 134, 143f., *147–149*, 160, 243, 292, 298, *319f.*, 333, 353, *462*, 473, 495, 517, 537, 543, 558
– systematische Ordnung s. Ordnung
– begriffliches System, Begriffssystem 351f., 354, 651, 653
– bewegliches System 280
– operatives System 14
– politisches System s. Politik
– physische Systeme 36, 116, 206, 255f., 263, 346, 463, 573, 601
– psychisches System 118, 147, 182, 346, 463
– moralisches System s. Moral

- soziales System (s. a. Funktionssystem u. Kommunikationssystem) 149, 182f.
- Systemvertrauen s. Vertrauen
- Beobachtungssystem s. beobachten
- Funktionssystem s. Funktion
- Global Positioning System s. global
- hier-jetzt-ich-System 132, 405
- Informationssystem s. informieren, Information
- Kommunikationssystem s. Kommunikation
- Koordinatensystem 49, 286
- Navigationssystem s. navigieren, Navigation
- Orientierungssystem s. Orientierung
- Rechtssystem s. Recht
- Stellensystem s. Stelle
- Weltsystem 630
- Weltzeitsystem 628
- Wissenschaftssystem s. Wissenschaft
- Zeichensystem s. Zeichen
- System des Individuums 118
- System – Umwelt s. Umwelt
- System von Aktionen 120
- System von Perspektiven 198
- Systeme von Selektionen s. Selektion
- Ideal des Systems 351

Systemtheorie, systemtheoretisch 23, 30, 117, 146f., *160*, 243, *251*, 260, 285, 313, 319, 369, 409, 414, 535, 628
- Sprache der Systemtheorie 313, 535

tabuieren, Tabu, Tabuierung – enttabuieren, Enttabuierung 65, 439f., *559*, 661
- Selbsttabuierung s. Moral

Takt, taktvoll 390, 410, 414, 416, 599, 606f., 609, 622, 625

Tatsache 113, 126, 174, 223, 343, 451
- Hilfstatsache 503
- Tatsachen des Bewusstseins 116

Tausch 378, 394, *466f.*, 469, 555, 640, 642
- allgemeines Tauschmittel (s. a. Geld) 573

- Tauschwert 466–468
- austauschen, Austausch, austauschbar 25, 29, 108, 228, 233, *245*, 257, 263, 280, 312, 358, 370, 372f., 391, 399, 426, 433, 435, 441, 452, 462, 484, 513, 597, 624, 633, 637, 670
- Informationsaustausch s. informieren, Information
- Orientierungen vertauschen 41
- Tauschentscheidung 467f.
- Tauschprozedur 394
- Paradoxie des Tauschs s. paradoxieren, Paradoxie

täuschen, Täuschung, täuschend 100, 193, 212, 269, 298, 323, 330, 362, 367, 414f., 419f., 452f., 458, 467, 547, 589, 592, 664
- sich täuschen, Selbsttäuschung 13, 415, 419, 458, 547, 572
- enttäuschen s. enttäuschen, Enttäuschung
- vortäuschen, Vortäuschung 122, 393, 419f., 453, 457, 546, 552, 572, 590, 639

Technik, Technisierung, technisch XVI, 112f., 146f., 186, 205, 208, 216, 254, 270, 306, 364, 394, 396, 399, 418, 420, 471, 476, 488, 507, 518f., 599, 611, 627–629, 634, 636f., 647, 668
- Fernwissenschaftstechnik 532, 638
- Fragetechnik 30
- Identifikationstechnik s. Identifikation
- Kommunikationstechnik s. Kommunikation
- Kulturtechnik 394
- Orientierungstechnik s. Orientierungstechnik
- Primitivtechnik (der Orientierung) 149
- stop-distance-Technik 375
- Verbreitungstechnik 506
- Technik des Paradoxierens s. paradoxieren, Paradoxie

Testament 457, *671*

Theater 180, 185, 192, 222, 377, 381, 450, *513–516*, 523f., 621, 638, 641f.
Theologie, theologisch 62, 65f., 69, 75, 92, 95, 99, 126, 179, 195, 405, 497, 516, 529, 531, 537–539, 607f., 613, 654–656
Theorie, Theorienbildung, Theoretizität, theoretisch (s. a. Beobachtung, Blick, Denken, Distanz, Einstellung, Mensch, Orientierung, Reflexion, Standpunkt, Weg, Welt) passim, bes. 5, 11, 30, 32f., 91, 108, 118, 124f., *132*, *135*, 138, 144, *148f.*, *180*, 210, 249, 298, 302, *322*, 356, 359, 396, 494, *513–522*, 540, 586, 592, 596, 599, 638, 642
– theoretische Entität 341
– theoretische Neugierde (s. a. Neugierde) 168, 516
– theoretischer Standpunkt s. Standpunkt
– Theorieabstinenz 368
– Theorietyp, radikalerer 148
– vortheoretisch 136
– Ideal der Theorie 185
Tod 32, 49, 193, 294, 319, 323, 483, 502, 557, 559, 586, 618, *657–673*
– Opfertod 530
– Todeskultur 662
– Todesmarkt s. Markt
– Paradoxierung durch den Tod s. paradoxieren, Paradoxie
– Vorlaufen in den Tod 32
tolerieren, Toleranz – Intoleranz, tolerant – intolerant 42, 63, 373, 390, 431, 519, 538, 559, 599, *608–613*, 637
– religiöse Toleranz s. Religion
– Paradoxie der Toleranz s. paradoxieren, Paradoxie
Topologie, topologisch s. Ordnung
Tora 69, 77, 171, 497, 516, 595
Transparenz, transparent (s.a. Durchsichtigkeit, durchsichtig) 213, 249, 467f., 507, 639

Transzendentalphilosophie, transzendental (s. a. Standpunkt u. Subjekt) 6, 11, 13, 40, 150, 182, 198f., 302, 351, 498, 511
– transzendentaler Nihilismus s. Nihilismus
transzendieren, Transzendierung, Transzendenz – Immanenz, transzendent – immanent (s. a. Aufmerksamkeit u. Standpunkt) 143, 146, *185f.*, 189, 212–214, 297, 462, 519, *531*, 537, 642, *645–652*, 656
Traum 72–74, 77, 92, 102, 106, 287
Trieb, triebhaft 23f., 89, 326, 342, 397, 444, 538, 602, 605
– Antrieb 44, 118
Tugend, Tugendpflicht, Tugendpraxis 96, 248, 414, 479, 544, 561, 570f., 602, *604f.*, 613
– Tugenden der Orientierung, Orientierungstugenden 188, 442
– Tugenden der ethischen Orientierung (s. a. Orientierung, ethische) 189, 414, 448, 540, 594, *604–608*, 625
– aus einer Not eine Tugend machen s. Not

Überraschung, überraschend XVI, *3*, 17, *158–160*, 162, 165f., 168, 170, 179, 204, 251, 256, 276, 292, 297, 313, *365*, 402, 408, 432, 454, 463, 467, *472–474*, 477, 482, 503, 519, *521*, *524–526*, 535, 626f., *632–634*, 636f., *640–642*, 656f.
Übersicht, übersichtlich – unübersichtlich passim, bes. XIX, 15f., 28, 51, 72f., 95, 106, 131, 138f., 144, 146, 180, *185–188*, 191f., 196, 212, 224, 226, *239–242*, 246, 253, 255, 261, 270f., 273, 276, 285, 307, 316, 322, 331–333, 336f., 346, 348, 351–353, 371, 373, 451, 457, 460–462, 466, 468, 470, *475f.*, 478, 491f., 500, 502, 507, 514,

517, 522, *524*, 527, 632, 634, *636*, 639, 642, *654*–656, 662, 666
- übersichtliche Darstellung 131, 187
- Paradoxie der Übersicht s. paradoxieren, Paradoxie

(sich) überzeugen, Überzeugung *15f.*, 18, 67, 73, 77, 248, 255, 328, 403, 368, 395, 400, 518, *533*, 537–539, 587, 608, 612, *617*f., 647
- innere Überzeugung 533, 547, 572
- moralische Überzeugung s. Moral
- religiöse Überzeugung s. Religion
- Überzeugungsarbeit 482

Umsicht, umsichtig 31f., 134, *137–140*, *188f.*, 246, 253, 257, 269f., 351, 377, 402, 413, 416, 419, 429, 441f., 453, 460, 466, 557, 652, 659
- politische Umsicht 478, 492

Umwelt, Umweltsituation 29, 43, 128, 138f., 159, 262, 264f., 292, 319f., 331, 417, 518f., 632, 639
- System – Umwelt 14, 147, 149, 160, 319f., 346, 353, 409, 462f.
- Umweltraum 120
- Umweltinteressen, Umweltorganisationen, Umweltschutz, Umweltzerstörung 500f., 560, 576, 585

Unbefangenheit, unbefangen 492, 599, *605f.*, 617, 625
- sexuelle Unbefangenheit 445

Unbeobachtbarkeit, unbeobachtbar s. beobachten, Beobachtung

Unbeschwertheit s. schwer

Unendlichkeit, doppelte 645f.
- Unendlichkeit der Verantwortung s. Verantwortung, unbegrenzte

Ungewissheit s. Gewissheit

Universalität, Universalisierung, universal, universalistisch 137, 146, 218, 306, 320, 394, 427, 445, 456, *506*, 509, 517, 519, 544, 567, 576–580, 586, 601f., 628, 647, 655
- universales Wissen 655
- mentale Universalie 341

- Universum 102, 155, 218, 538, 649, 655
- Universalhorizont 199
- Universalienstreit 327
- Universalpragmatik 11
- Universalsprache 635

unterhalten, Unterhalt, Lebensunterhalt 232, 234, 437, 614

unterhalten, Unterhaltung 165f., 179, 232, 315, 401f., *476f.*, *523f.*, 569, 639
- Unterhaltungsindustrie 524

unterscheiden, Unterscheidung, Unterschied, Unterschiedlichkeit (s. a. differenzieren, Differenz) passim, bes. *3–5*, 7, 9, 11f., 14, *26*, 29, 49, *104*, *107–109*, *152*, 154, *157*, 159, 163, 220, 271, 314, *322*, 331, *344–346*, 349, 368, 393, *405f.*, 408, 413, 433, 463, 531, 581, *600f.*, 646, 653
- Unterscheidbarkeit – Ununterscheidbarkeit, unterscheidbar – ununterscheidbar 138, 265, 304, 350, 381, 387, 401, *432f.*, 457
- operative Unterscheidung der Unterscheidung 289
- ursprüngliche Unterscheidung, Ausgangsunterscheidung 11, 355
- Leitunterscheidung s. leiten
- Selbstunterscheidung 653
- Entscheidung über Unterscheidungen 269, 337–346, 354f., 372

unterstellen, Unterstellung 7f., 122, 199, 207, 216, 279, 304, 358, 382, 408, 410, 431, 468, 483, 544, 589, 615

Unvoreingenommenheit 510

Ursache – Wirkung 65, 116, 152, 159, 166, 293, 331, 398, 549, 565, 656
- Ursache seiner selbst (causa sui) 65
- Verursacher 564

Ursprung, Ursprünglichkeit, ursprünglich passim, bes. *5f.*, 10f., 20, 23, 67f., 134–136, 141, 150, 169, 191, 203f., 260, 270, 322, 327, 355, 395, 407, 444, 489, 495, 532, 539, *652*, 658f.

– ursprüngliche Unterscheidung s.
  unterscheiden, Unterscheidung

Verachtung s. Achtung
verankern, Verankerung 120, 448, 454
Verantwortung, verantwortlich, selbstverantwortlich (s. a. Schuld) 189, 224, 396f., 464, *490–492*, 502–504, 594f., 624, 630f., 656f., 669, 671
– kollektive Verantwortung 491
– moralische Verantwortung *562–568*, 577, 584f., 591f., 597f., 599, 601, 609
– politische Verantwortung s. Politik
– unbegrenzte Verantwortung (s. a. paradoxieren, Paradoxie) 618–620
– Verantwortungsbereich 490, 568
– Verantwortungsdruck 579
– Verantwortungsethik s. Ethik
– Verantwortungsgefühl s. fühlen, Gefühl
– Verantwortungskultur 568
– Eigenverantwortung 491, 498f., 562, 589
– Metaverantwortung 491
– Sekundär-Verantwortung 564
Verbindlichkeit, verbindlich – unverbindlich 123f., 217, 478, 495, 497, 520f., 526, 536f., 540, 557, 563, 573, 629
– Rechtsverbindlichkeit 436
vergeben, Vergebung, verzeihen, Verzeihung 566, 594, 621, *623f.*
– Unverzeihliches, unverzeihlich 170, 624
vergelten, Vergeltung 468, 539, 554, 570, 595
vergessen, Vergessen 191, 247, 250, 281, *306–310*, 312, 317, 395, 475, 621, 624, 660f.
– selbstvergessen 155, 306–309, 608, 622
(sich) verlassen, Verlass, Verlässlichkeit, verlässlich, Zuverlässigkeit, zuverlässig – unzuverlässig 14f., 17, 18, 46, *69*, 75, 105, 126f., 229, 237f., 253f., 258f., 303,
306–308, 310, 318f., 362, 364f., 415, 417f., 434, 439, 448, 464, 469, 493, 502, 507f., 513, 517f., 536, *546*, 553, 556f., 622, 635, 639, 651

Vernunft 6f., 13, 19f., 29, 31, 51, 63f., 67–70, *72–78*, 80–82, 85, *87–102*, 107, 127, 145f., 148, 175, 199, 201, 211f., 235–237, 251, 256, 293, *297–302*, 323, 326, 328, 350f., 355, 383, 458, 483f., 529f., 532f., 535, 539, 548, 570, 574, 577, 596, 623, 645, 649, 651, 654, 672
– bedürftige Vernunft, Bedürfnis der Vernunft 78, *89f.*, 97f., 111, 529, 651
– bloße, reine Vernunft 79, 81–83, 91f., 96, 101, 212, 298, 647, 651
– eigene – fremde Vernunft 80, 328, 596
– instinktive Vernunft 17
– gemeinsame Vernunft 148, 349, 483, 596
– praktische Vernunft, praktischer Gebrauch der Vernunft 91, 298, 573f., 623
– spekulative Vernunft XVIII, 70, 82, 235, 529
– Vernunfterkenntnis 67, 76, 79, 91, 198, 651
– Vernunftglaube, Vernunftreligion 77, 83, 90–92, 97–99, 102, 150, 189
– (gemeine/r, gesunde/r) Menschenvernunft, -verstand 31, 69f., *74*, 76f., 81f., 91f., 100, 106, 328, 651
– Fakta der Vernunft 94
– Gebrauch der Vernunft s. Gebrauch
– Geographie der Vernunft (s. a. Geographie) 93f.
– Mangel der Vernunft XVIII, 89f.
– positive Unvernunft 51
– Unterstellung von Vernunft (s. a. unterstellen) 483f.

versagen, Versagen 1, 3, 35, 37, 174, 206, 317, 319, *499*, 501, 552, 583, 669
- Rechtsversagen s. Recht
verschieben, Verschiebung, Verschiebbarkeit, verschiebbar 20, 26, 107f., 114, 126, 137, 197f., 205, 215, 221, 223, 262f., 277, 281, 329, 356, 359, 372, 388, 390, 396, 422, 461, 647
- Perspektivenverschiebung s. Perspektive
- Sinnverschiebung s. Sinn
versprechen, Versprechen 232, 400, 511, *546f.*, 621
- erfolgversprechend 2, 151, 181, 188, 253, 257
- vielversprechend 247
verstehen – missverstehen, Verstehen, Verständnis – Missverständnis, Verständigung, Verständlichkeit, verständlich – unverständlich passim, bes. XVI, 16, 19, 23, 32, 69, 85, 90, 114, 122, 129f., 133, *182*, *187*, 197, 199, 318, 328f., 348, 350, 352, 385f., 394, *400f.*, 403–407, *412*, 416, 433, 530, *634f.*, 652
- anders verstehen 339, 403, 413, 431
- zu verstehen geben 392, 430, 621
- Einverständnis s. Einverständnis
- Selbstverständnis 180, 343, 653
- Weltverstehen s. Welt
- Zeichen-Verstehen 274, *276–278*, 280–282
vertrauen – misstrauen, Vertrauen – Misstrauen, misstrauisch 17, 77, 99, 106, 163, 190, 207, 258, 274, 292, 304f., 351, 365, 368, 408, *414–422*, 425, 441, 448, 454, 459, 464, 468–470, 483, 495f., 512, 535, 546, 553, 557, 561, 589f., 604, 608, 630, 667f.
- gegenseitiges Vertrauen 417f.
- religiöses Vertrauen s. Religion
- transitorisches Vertrauen 522
- Selbstvertrauen 167, 175, *304*, 312, 419

- Systemvertrauen 418
- Vertrauensbruch 535
- Vertrauensrisiko s. Risiko
- Paradoxie des Sicherns von Vertrauen s. paradoxieren, Paradoxie
Vertrautheit – Unvertrautheit, vertraut – unvertraut 3, 14, 31, 139f., 276, 292, *302–306*, 309, 365f., 376, 388, 414f., 419, 421f., 438, 440f., 449, 464, 476, 541, 593, 600, 628, 662
Verweisungszusammenhang 138, 140, 183, 270
verzeihen, Verzeihung s. vergeben, Vergebung
verzichten, Verzicht 189, 364, 457, 467, 526, 544, 566, 586, 588f., 607, 650, 621, 656, 607, 621, 623, 638, 652, 656
- Verzicht auf Gegenseitigkeit s. Gegenseitigkeit
verzweifeln, Verzweiflung 2, *164*, 176, 184, 292, 300, 318f., 419, 567, 657
Vieldeutigkeit, vieldeutig s. Deutlichkeit, deutlich
virtualisieren, Virtualisierung 638f.
- virtueller Standpunkt s. Standpunkt
Vorbehalt 125, *236–238*, 246, 410, 413, 419, 473, 482, 504, 545, 565, 585, 647
- vorbehaltlos 66, 146, 362, 388, 484, 537, 550
- Vordergrund s. Hintergrund – Vordergrund
Vorläufigkeit, vorläufig (s. a. Orientierung, vorläufige) 15, 18, 107, 125–128, 136, 175, *243*, 413, 461, *520*, 657
Vornehmheit, vornehm 407, 414, 535, 597, 599, *607*, 609, 620, 622, 625
vornehme Zurückhaltung 169
vorn – hinten *36–38*, 85f., 133, 139f., 375
Vorsicht, vorsichtig 182, *188f.*, 251, 253, 269, 298, 377–397, 402, 410, 413, 423, 429, 442, 502, 512, 557, *667*, 669

vorstellen, Vorstellung 12f., 19f., 35, 50f., 58, 83, 95, 98, 109f., 116–118, 124, 149, 182, 199, 211, 218f., 221, 275, 286f., 295–297, 308, 327, 329, 334, 339f., 347f., 394, 397, 439, 657
– Modellvorstellung 22

wachen, erwachen, Wachheit, wach 72–74, 105, 152, 204, 342, 416, 600, 603
– Wachsamkeit, wachsam 171, 174, 205, 430, 552
– absolute Wachsamkeit 619
Wagenhebereffekt 398
wählen, Wahl, wählerisch 34, 53, 71, 93, 146–148, 241, 243, 251, 255, 308, 319, 340, 344, 398, 404, 411f., 423, 444, 464, 469, 508, 522, 526, 567, 635, 637–639, 655, 673
– politische Wahl, politische Wahlen 479, 481–484
– Wahlfreiheit s. Freiheit
– auswählen, Auswahl 137, 172f., 252, 398, 436, 475
– Wahl unter Anhaltspunkten 238
– Wahl unter Gemeinschaften 439
– Wahl unter Identitäten 638
– Wahl unter Informationen 473–476
– Wahl unter Kategorien 295f.
– Wahl unter Namen 283
– Wahl unter Orientierungswelten 317
– Wahl unter Prinzipien 355
– Wahl unter Richtungen 252f.
– Wahl unter Werten s. Wert
Wahrheit – Falschheit / Irrtum / Lüge, wahr – falsch 9, 11f., 17, 70, 74f., 80, 100, 102f., 107, 148, *163*, 208, 222f., 236, 260, 275, 288, 324, 327, 329, 422, 432, 462, 483f., 451f., *519–522*, 532f., 565, 575, 605, 618, 649, 652
– ewige – zeitliche Wahrheiten 77, 520, 612, 649
– Wahrheitsfunktion 129
– für wahr halten, Fürwahrhalten 67, 88, 97f., 236, 533
wahrnehmen, Wahrnehmung 4, 8, 12f., 24, 67, *84f.*, 90f., 108, 112, 120, *154*–156, 180, 182, 206, 208, 211, 233, 260, 270, 281, 294, 296f., 308, 322, 327f., 334, 340f., 346, 366, 387, 395, 397, 407, 416, 448, 525, 527, 654
– Wahrnehmungskoordination 331
– Wahrnehmungsschwelle s. Schwelle
– Wahrnehmung des Fremden, Fremdwahrnehmung 458, 528, 602
– Wahrnehmen des Wahrnehmens 366, 386
– Spiel der Wahrnehmungen und Gedanken 24
– Welt der Wahrnehmung 401
Wahrscheinlichkeit – Unwahrscheinlichkeit, wahrscheinlich – unwahrscheinlich *17*, 19, 98, *148f.*, 253, 258, *265*, 412, 418, 544, 586
Ware 25, *466–471*, 629
Weg, Metaphorik des Wegs 45, 70, 76, 93, 130f., 141, 177, 181, 185, 188, 191, 229, 246–248, 253, 265, 289, 294, 304, 326, 332, 371f., 519f., 621
– gebahnter Weg 304, 463
– chaotischer Weg 632
– direkter Weg 478
– eigene Wege 42, 636
– günstiger, ökonomischer Weg 265, 466, 632, 638
– kritischer Weg 93, 101
– moralischer Weg 595
– rechter, richtiger Weg (s. a. Rechte, das, recht) 193, 479
– szientifischer, theoretischer Weg 108, 135
– ungewisser Weg 535
– Wegbereitung 143
– Wegekarten 52
– Wegkreuzung 289
– Wegweisen, Wegweiser, Wegweisung 51, 74f., 91, 131, 146, 159
– Abweg, abwegig 279, 406, 458, 510

Begriffsregister 799

– Ausweg, ausweglos 331, 545, 663
– Bildungsweg 62
– Denkweg 265
– Irrweg 75
– Klageweg 585
– Nebenweg 458
– Richtweg (s. a. sich richten) 192
– Scheideweg 73, 247, 344
– Schleichweg 265
– Schifffahrtsweg 237f.
– Umweg 345, 357, 364, 372, 427, *440*, 510, 531
Weisheit 69, 215f., 326, 515, *588*, 621f., 655, 673
– Lebensweisheit 101
Weitsicht *188*, 377, 402, 413, 442, 478, 492
Welt, weltweit XVI, XVIII, 28, 85, 102f., 112f., 115, 118, 120, 125, 127–129, 139, 144, 146, 149, 183, 196, 198f., 203, 219, 223, 271, *284*, 473, 528, 530, 533, 535, 539, 595, 609, 614, 629, 632–634, 636–638, 640, *654*f., 671
– bekannte Welt 304
– eigene Welt 312
– empirische, sinnliche Welt XVIII, 75
– fließende Welt 517
– globale, globalisierte Welt 473, 628, 631
– intellektuelle Welt 106, 345
– organische Welt 310
– orientierte Welt s. Orientiertheit
– soziale Welt 399
– theoretisch objektivierte Welt 32
– wahre Welt 288
– weltloses Subjekt s. Subjekt
– Weltabkürzungskunst s. abkürzen, Abkürzung
– Weltall 645
– Weltanschauung, weltanschaulich (s. a. Orientierung, weltanschauliche) 134, 137, 619, 629
– Weltansicht 407
– Weltausstellung 629
– Weltbahnen 145

– Weltbank 631
– Weltbewusstsein 118
– Weltbilder 497
– Weltbürger 629
– Weltereignisse 628
– Welterzeugung 260, 524
– Weltethos 629
– Weltganzes 143
– Weltgegend s. Gegend
– Weltgeist 629
– Weltgeschehen 528, 628, 631
– Weltgesellschaft s. Gesellschaft
– Welthandel 48, 629
– Welthorizont 199
– Weltkenntnis 86
– Weltkrieg s. Krieg
– Weltkunst, Weltliteratur 260, 629
– Weltmacht 629, 631
– Weltmarkt, Weltmarktorientierung, Weltwirtschaft 629f.
– Weltoffenheit, weltoffen 44, 223
– Weltorientierung s. Orientierung
– Weltparadox s. paradoxieren, Paradoxie
– Weltperspektive s. perspektivieren, Perspektive
– Weltproblem 631
– Welträtsel 629
– Weltraum s. Raum
– Weltrechte 629
– Weltregierung 631
– Weltreligion 629, 670
– Weltrepublik 631
– Weltsicherheitsrat 631
– Welt-Sinngebung 451
– Weltsprache 629, 635f.
– Weltstaat s. Staat
– Weltstadt 629
– Weltsystem 630
– Weltverstehen 144, 198
– Weltwunder 629
– Weltzeit s. Zeit
– Außenwelt 23, 114, 116f., 118, 291
– Interpretationswelten 313
– Lebenswelt 32, 144f., 510f., 599
– Medienwelt 438
– Merkwelt 345
– Orientierungswelt s. Orientierung

800 Begriffsregister

- Sorgenswelt s. sorgen, Sorge
- Staatenwelt 630 f.
- Umwelt s. Umwelt
- Wirklichkeitswelt 126 f.
- x-Welt, Welt x, s. X
- Zeichenwelt s. Zeichen
- Systemschema der Welt 113
- Vielzahl der Welten, mögliche Welten 198, 229
- Welt der Sprache – Welt der Wahrnehmung 401

Werbung 244

werten, bewerten, Wert, Wertung, Wertschätzung, Bewertung, wertvoll 12, 17, 22, 35, 127, 134, 169, 184, 235, 238, 243, 247, 267, 288, 394, 401, 428 f., 448, 452, 466–469, 500, 573, 597, 575 f., 603, 637, 643, 652
- absoluter Wert 574, 576
- innerer Wert 574
- affektive Bewertung 227, *254–256*, 308, 468
- moralische Bewertung, moralischer Wert 334, 369, 488, 543, 565, 569, 573–577, 601, 626
- wertrational 123
- Wertdenken 563
- Wertehierarchie 583
- Werteordnung 409, 574
- Werterniedrigung 597
- Wertethik s. Ethik
- Werteverfall 574 f.
- Wertewandel 574, 643
- Wertfühlen, Wertgefühl s. Fühlen, Gefühl
- Wertgefüge 333
- Wertkonsens 408
- Wertmessung 118
- Wertorientierung, fluktuante s. Fluktuanz, fluktuant
- Wertphilosophie 575
- Wertrelativismus s. Relativismus
- Anschlusswert s. Anschluss
- Gebrauchswert 466
- Gefühlswert s. fühlen, Gefühl
- Geldwert s. Geld
- Grundwert 574, 643

- Kunstwert 358
- Marktwert 467
- Nachrichtenwert s. Nachrichten
- Orientierungswert s. Orientierungswert
- Persönlichkeitswert 420
- Selbstwertschätzung 169
- Tauschwert s. Tausch
- Überraschungswert 526
- Umwertung aller Werte 575
- Zeit-Werte 627, *643 f.*
- Wahl unter Werten 573–575

Wettbewerb 398, 450, 500, 522, 525 f., 630, 633, 639, 642 f.

(sich) widersprechen, Widerspruch, widerspruchsfrei, widerspruchslos 7, 9, 51, 64, 159, 212, 237, 322, 335, 353, 423, 490, *520*, 536, 558–560, 576, 582, 605, 664
- Satz des zu vermeidenden Widerspruchs 11, *327, 353*, 570, 596, 664

widerstehen, Widerstand 26, 118, 220, 345, 442, 478, 489, 565, 669
- ethischer Widerstand 669 f.
- dem Bösen nicht widerstehen 530, 595
- dem Verfall widerstehen 226, *234 f.*
- Widerstandsrecht 500
- unwiderstehlich 673

widerstreben 478, 489, 538, 607

Wiedererkennen s. Erkennen

(sich) wiederholen, Wiederholung 150, 160, 164, 169, 292, 304, 353, *393–395*, 397, 431, 556, 581

Wille 89, 98, 109 f., 118, 125, 157, 252, 285, 334, 368, *421–424*, 426, 429, 448, 454, 458, 471, 493, 496, 534, 541, 545, 614, 623, 671
- freier Wille, Willensfreiheit, Freiheit des Willens 28, 89, 248, 251, 444, 588 f.
- guter Wille 337, *582*, 656
- Wille zur Gegenseitigkeit s. Gegenseitigkeit
- Wille zur Macht s. Macht

– Wählerwille 492
Willkür, willkürlich – unwillkürlich 149, 167–169, 172, 174, 199, 209, 222, 254f., 273–275, 286, 329, 336, 340, 347, 366–368, 373f., 378f., 381, 383, 421, 442, 453, 492, 570, 657, 659
– willkürliche Aufmerksamkeit s. Aufmerksamkeit
– unwillkürliche affektive Bewertung (s. a. werten, bewerten) 227
Wirtschaft, wirtschaftlich (s. a. Ökonomie) 27, 124, 363, 460, 462, 465–468, 511, 584
– Wirtschaftsethik s. Ethik
– Raubwirtschaft 126
wissen, Wissen, wissentlich 2, 14, 18, 82f., 86–88, 90, 93f., 103, 107f., 111, 123, 126, 143f., 157, 159, 162, 238, 247, 278, 280, 304–307, 327, 341f., 385, 404, 409, 421, 423, 430, 446, 448, 473, 507f., 515, 520f., 552, 572f., 594, 601, 628, 638, 646f., 655
– begründetes Wissen s. Grund, rationaler
– öffentliches Wissen 470f.
– universales Wissen s. Universalität
– Wissensbedürfnis s. Bedürfnis
– Wissensbildung, Werden des Wissens 106–109, 262
– Wissenscharakter 517
– Wissenskontrolle 520
– Wissenskultur *517*f.
– Wissenskunst 245
– Wissensmonopol 517
– Wissenspyramide 112
– Alltagswissen s. Alltag
– Allwissenheit 538, 656
– Gebrauchswissen s. Gebrauch
– Mitwissen 295, 471, 547
– Umgangswissen 306
– Verfügungswissen 146, 306
– Orientierungswissen s. Orientierungswissen
– Wissen vom Wissen 295

Wissenschaft, Wissenschaftlichkeit, wissenschaftlich (s. a. Orientierung, wissenschaftliche) XV–XX, 11, 16f., 29, 94, 105, 111f., 133f., 143–145, 163, 166, 180, 195, 198, 218, 260, 285, 330, *350*, 356, 359, 363, 403, 410, 462, 464, 474, 506–525, 527, 563, 579, 599, 612, 628
– normale und revolutionäre Wissenschaft 521
– wissenschaftliche Orientierungsforschung 35, 43, 115f.
– wissenschaftliche Perspektivierung der Moral 586f.
– wissenschaftliches Denken s. Denken
– Wissenschaftstheorie, wissenschaftstheoretisch 17, 279, 509f., 513, 520
– Wissenschaftssystem 11, 522
– Orientierungs-Wissenschaft s. Orientierungs-Wissenschaft
Wohlwollen 100, 425, 441, 541, 599, *605*f., 609, 625
World Wide Web 638, 662
Würde 236, 321, 498, 573f., 603, 608, *613f.*, 620
– Paradoxie der Festlegung der Würde s. paradoxieren, Paradoxie

X (Zeichen X) 13, 104, 114, 272, *285–290*, 531
– x-Welt, Welt x 288

Zeichen, Zeichengebrauch (s. a. Semiose) passim, bes. 132, 138, *269–290*, 329–333, 335–337, 348, 406, 432, 531, 538
– mathematische Zeichen 508
– moralisches Zeichen s. Moral
– Zeichen geben 621
– Zeichen haben – Zeichen sehen 280
– Zeichen setzen 625f.
– zum Zeichen nehmen 270
– Zeichenbild, Zeichenkunst 113, 277

- Zeichen-Kette 358
- Zeichenphilosophie 270, 280, 406
- Zeichenprozess 280f.
- Zeichenschrift 329
- Zeichensprache 69
- Zeichensystem, Bezeichnungssystem 108, 273f., 280
- Zeichentheorie, zeichentheoretisch 52, 270
- Zeichen-Verständnis, metaphysisches 274
- Zeichen-Verstehen s. Verstehen
- Zeichenwelt 270
- Absichtszeichen *392*
- Abzeichen 438
- Anzeichen 138, 173, 282, 391, 660
- Beziehungszeichen 392f.
- Bildzeichen, Erkennungszeichen, Kennzeichen, Merkzeichen 60, 106, 138, 141, 164, 201, 272f., 327, 392
- Körperzeichen s. Körper
- Lautzeichen 274
- Markenzeichen, Markierungszeichen s. markieren, Marke
- Orientierungszeichen s. Orientierungszeichen
- Rücksichtszeichen 392
- Schriftzeichen 272–275, 285, 468
- Verhaltenszeichen 393
- Vorzeichen 392, 523f.
- Zielzeichen 179
- Abkürzung der Welt in Zeichen s. abkürzen, Abkürzungskunst
- Diplomatie der Zeichen s. Diplomatie

(sich) zeigen, anzeigen passim, bes. 185, 187, 239, 244, 261, *269*, 274–276, 288, 380, 449, 492, 531
- Zeiger, Zeigefinger, Zeiger-Uhr, Fingerzeig 142, 218, 239, 382
- Zeigfeld, Zeigwörter, Zeig-Zeug 132, 405, 270

Zeit, Zeiten, Zeitlichkeit, zeitlich (s. a. Orientierung, zeitliche) passim, bes. *7–9*, 12, 24f., 75, 129, 149, 166, 214f., *216–221, 245*, 257, 285, 353, 474, 530, 550, 628, *654*
- absolute Zeit, mathematische Zeit 218f.
- Zeitbewusstsein, inneres 117, 119, 155, 170, 217
- Zeitdruck 15f., 149, 151, 162, *166*f., 216, 225, 303, 335, 337, 362, 378, 402, 404, 468f., 472f., 481, 514, 522, 641
- Zeitigung, Zeitigungssinn 136f.
- Zeitlosigkeit, zeitlos, zeitfest XVII, 24, 211, 229, 279, 302, 322, 324f., 336, 353–357, 432, 507f., 528, 647, *649*, 654, 666
- Zeitnot s. Not
- Zeitprogramm 45
- Zeit-Spiel-Raum 141
- Zeit-Werte s. Werte
- Gleichzeitigkeit, gleichzeitig 157, 170, 173, 219, 264, 276, 315, 353, 371, 404, 474f., 486, 628, 638
- Lebenszeit – Weltzeit (Zeitschere) 671
- Zeit brauchen 335f., 527, 560, 655
- Zeit geben, Zeit lassen 166, 21, *624*
- Zeit gewinnen, Zeitgewinn 336, 382, 405, 413f., 469, 485, 495, *659*, 669
- Zeit haben 335, 415, 518, *659*
- (sich) Zeit nehmen 514
- Zeit nutzen 636
- Zeit tilgen, entzeitlichen 353
- Zeit verschaffen 469
- Zeit rauben 149
- auf Zeit passim, bes. XVI, 9, *15*, 21, 197, 219, *229*, 245, 248, 292, 353, 377, *431*f., 439, 476f., 488, 525, 567, 646, 673
- mit der Zeit geschehen, mit der Zeit gehen passim, bes. XVI, 27f., *184*, 194, 214, 223f., 263, 277, 281, 283, 308, *358f.*, 420, 434, 524, 553, 581, 584, 655
- seine Zeit haben 152, 216, 218f., 322, 495, 654

- von Zeit zu Zeit 32, 311, 330, 358, 464, 472, 545, 548
- zur rechten Zeit, rechtzeitig (s. a. Gelegenheit u. καιρός) 167, 337, 378, 522
- Paradoxie der Zeit, Paradoxierung durch die Zeit s. paradoxieren, Paradoxie
- temporale Perspektivierung der Moral 581 f.

Zentrum, steuerndes 24, 178, 199, 206, 292, 317, 339, 342

Zentrum – Peripherie *178* f., 188, 197, 215, 312, 428, 475, 521, 559 f., 631 f., 645

Zerrissenheit 143, 408

zerstreuen, Zerstreuung, Zerstreutheit, zerstreut 18, 26, 110, 137, 171, 337, 340, 498

Zeuge, Zeugnis, bezeugen 175, 354, *532* f., 548, 657
- Zeugenaussage 503 f., 532
- Glaubenszeugnis 534
- Selbstbezeugung 603

Ziel 2, 45, 61 f., 65, 107, 125, 181, 188, 212, 221, 239, 250, 252 f., 326, 337, 398, 439, 466, 478, 488, 493, 519, 521, 574, 577, 608, 625, 636
- Zielbestimmung, Zielbildung, Zielorientierung, Zielreiz 45, 47, 146, 179, 250
- Zielsicherheit s. Sicherheit
- Zielzeichen s. Zeichen

zufallen, Zufall, Zufälligkeit, zufällig 1, 25, 39, 253 f., 260, 373, 395, 551, 564, 567, 668, 670
- zufälliger Glaube 88
- moralischer Zufall s. Moral
- Zufallen von Macht 585
- Zufallen von Verantwortung 566–568

Zufriedenheit – Unzufriedenheit, zufrieden – unzufrieden 216, 366
- sich zufrieden geben 16, 18

Zukunft 155, 189 f., 240, *247*, 270, 304, 461, 478, *493*, 495, 567, 623, 656

- Zukunftsplan 216

zumuten, Zumutung, Zumutbarkeit 175, 497, 596
- Identitätszumutung 455

zurechnen, Zurechnung 490, 522, 564–566, 568
- Zurechnungsfähigkeit 565
- Zurechnungshorizont 563
- Zurechnungskonstrukt 565

Zurechtbilden, zurechtmachen 260, 358

zurechtkommen 2, 4 f., 7, 14, 22, 73, 151 f., 279, 452, 542, 544, 548

(sich) zurechtfinden s. finden

zurückhalten, Zurückhaltung (s. a. vornehm) 169, 189, 231, 235, 251, *379*, *391*, 401, 410, 413, 427, 441, 504, 571, 617

zuschauen, Zuschauer 96, 104, 118, 261, *514* f., 641 f.
- Fernsehzuschauer 641
- Massenzuschauersport 640

zuschreiben, Zuschreibung 252, 343, 427, 448, 453, 483, 504, 564–566, 589, 656
- Charakterzuschreibung 435
- Identitätszuschreibung s. Identität
- Kausalzuschreibung 116

Zuständigkeit, zuständig 502, 531, 554, 568, 618

Zuversicht 187, 189 f., 534, 536, 633

Zweck, Zweckmäßigkeit, zweckmäßig 95 f., 113, 132, 172, 248, 281, 310, 315, 347, 386, 437 f., 452, 461, 479, 490, 497
- logischer Zweck 125
- zweckrational 123, 583
- Selbstzweck 495

Zweideutigkeit, zweideutig s. Deutlichkeit

zweifeln, Zweifel 6, 16–18, 37, 75, 77, 94, 97, 110, 150, 164, 184, 193, 252, 295, 318, 324, 327, 329, 332, 377, 417, 648
- zweifelbar, bezweifelbar – zweifellos, unbezweifelbar, unbezweifelt 18, 30, 95, 295, 324
- Zweifelsfall 16, 281, 614

- hilflos-zweifelndes Informiertsein 473
- Verzweiflung s. verzweifeln, Verzweiflung
zwingen, erzwingen, Zwang 124f., 141, 177, 183, 246, 336, 403, 460, 473, 490, 493, 496, 499, 537, 546, 572, 586, 595, 630
- logischer Zwang s. Logik
- zwangloser Zwang 572
- Zwangsgewalt, Zwangsmittel, Zwangsmaßnahmen 388, 493, 498f., 578
- Entscheidungszwang s. Entscheidung
- Funktionszwang s. Funktion
- Selbstzwangapparatur 439
- Sinnzwang s. Sinn
- Sozialversicherungszwang 499
- Selbstbezwingung 613